JN397823

7급 / 민간경력자

PSAT

10 + 7개년 기출문제집

시대에듀

2026 최신판 시대에듀
7급/민간경력자 PSAT 10+7개년 기출문제집

Always **with you**

사람의 인연은 길에서 우연하게 만나거나 함께 살아가는 것만을 의미하지는 않습니다.
책을 펴내는 출판사와 그 책을 읽는 독자의 만남도 소중한 인연입니다.
시대에듀는 항상 독자의 마음을 헤아리기 위해 노력하고 있습니다. 늘 독자와 함께하겠습니다.

7급 / 민간경력자 PSAT 준비의 시작!
가장 효율적인 학습법은 기출문제를 분석하는 것입니다.

2004년 외무고등고시에 처음 도입된 공직적격성평가(이하 PSAT)는 이후 2005년 행정고등고시와 입법고등고시 그리고 2011년 민간경력자 시험에 도입되면서 그 중요성이 점차 강조되어 왔습니다. 이제 PSAT는 적용 범위를 더 확대하여 7급 공무원 채용시험에도 도입되는 등 그야말로 공무원 시험의 핵심 요소로 자리 잡았습니다.

PSAT를 준비하는 수험생을 대상으로 한 설문조사에서 대부분의 수험생이 PSAT를 대비하기 위한 방법으로 '기출문제'를 선택하고 있다는 결과가 있었습니다. 이는 PSAT 시험이 해를 거듭하면서 어느 정도 고정된 문제 형태를 가지게 된 결과라고 할 수 있습니다.

PSAT의 효율적인 학습을 위해서는 기출문제를 무작정 풀어보는 것이 아니라, 과목별 기출유형을 꼼꼼히 파악하고 정리하는 습관이 필요합니다. 또한 유형에 맞는 접근법을 생각하고, 신속한 문제해결을 위해 자신만의 풀이 방법을 찾는 과정이 필요합니다.

본서는 이러한 사항들에 집중하여 가장 효과적인 기출문제 정리와 응용력 향상을 위한 빠른 해법의 모범을 보이고자 노력했습니다. 또한, 처음 PSAT를 준비하는 수험생들의 눈높이에 맞도록 정확하고 상세한 해설로 구성하였습니다.

도서의 특징

❶ 2025~2022년 7급/민간경력자 PSAT 최신 기출문제를 수록하였습니다.

❷ 7급 PSAT 기출문제 및 모의평가(2021~2020년)와 민간경력자 PSAT 기출문제(2021~2018년)를 수록하였습니다.

❸ 7개년(2017~2011년) 민간경력자 PSAT 기출문제 및 해설과 PSAT 필수유형을 PDF로 제공하여 추가 학습을 할 수 있도록 하였습니다.

❹ 2025년도 7급/민간경력자 PSAT 언어논리 + 상황판단 + 자료해석 총평을 수록하여 문제 유형 및 난이도를 파악할 수 있도록 하였습니다.

시대에듀는 수험생 여러분의 지치지 않는 노력을 응원하며 합격에 도달하는 가장 빠르고 정확한 길을 제시하고자 힘쓰고 있습니다. 수험생 여러분이 합격의 결승선에 도달하는 그날까지 함께하겠습니다.

시대PSAT연구소 씀

공직적격성평가 PSAT INFORMATION

◇ 도입 배경

21세기 지식기반사회가 필요로 하는 공직자는 정치 · 경제 · 사회 · 문화 등 각 분야에서 일어나는 급속한 변화에 신속히 적응하고 새롭게 발생하는 문제들에 대처할 수 있어야 합니다. 이러한 시대적 요구에 부응하기 위해 단순히 암기된 지식이 아닌 잠재적 학습능력과 문제해결능력을 측정하기 위한 PSAT를 도입하여 공직자로서 갖추어야 할 소양과 자질을 평가하고 있습니다.

◇ 평가 영역

공직적격성평가(PSAT; Public Service Aptitude Test)는 공직자에게 필요한 소양과 자질을 측정하는 시험으로, 논리적 · 비판적 사고능력, 자료의 분석 및 추론능력, 판단 및 의사 결정능력 등 종합적 사고력을 평가합니다.

❶ PSAT의 평가 영역은 언어논리 · 상황판단 · 자료해석 세 영역으로 구성됩니다.

언어논리	글의 이해, 표현, 추론, 비판과 논리적 사고 등의 능력을 평가
상황판단	상황의 이해, 추론 및 분석, 문제해결, 판단과 의사 결정 등의 능력을 평가
자료해석	수치 자료의 정리와 이해, 처리와 응용계산, 분석과 정보 추출 등의 능력을 평가

❷ PSAT는 특정한 지식의 정도를 측정하는 것이 아니라 능력을 측정하는 시험이기 때문에 대학입시수학능력시험과 유사한 측면이 있습니다. 그러나 수학능력시험은 학습능력을 측정하고 있는 데 반해, PSAT는 새로운 상황에서 적응하는 능력과 문제해결, 판단능력을 주로 측정하고 있기 때문에 학습능력보다는 공직자로서 당면하게 될 업무와 문제들에 대한 해결능력과 종합적이고 심도 있는 사고력을 요하는 문제가 중점적으로 출제됩니다.

◇ PSAT 실시 시험 개관

<table>
<tr><th rowspan="2">구분</th><th colspan="3">시행 형태</th></tr>
<tr><th>제1차시험</th><th>제2차시험</th><th>제3차시험</th></tr>
<tr><td>5급 공개경쟁채용시험</td><td rowspan="4">PSAT · 헌법</td><td rowspan="2">직렬별 필수/선택과목(논문형)</td><td rowspan="6">면접</td></tr>
<tr><td>입법고시</td></tr>
<tr><td>외교관후보자 선발시험</td><td>전공평가/통합논술(논문형)</td></tr>
<tr><td>지역인재 7급 수습직원 선발시험</td><td>서류전형</td></tr>
<tr><td>7급 공개경쟁채용시험</td><td rowspan="2">PSAT</td><td>전문과목(선택형)</td></tr>
<tr><td>5 · 7급 민간경력자 선발시험</td><td>서류전형</td></tr>
</table>

PSAT 시험 경향 분석 ANALYSIS

2025년 7급 / 민간경력자 PSAT 언어논리 총평

언어논리 과목은 평년과 유사한 유형과 무난한 수준의 난이도를 보였다는 평가가 지배적입니다. 제시문의 소재들도 역사, 인문, 시사, 과학, 철학, 법 · 제도 등 다양한 분야에서 출제되었으나, 예년과 비슷한 출제 경향으로 과년도 기출문제에서 보았을 법한 제시문들이 다수였습니다.

일치 부합형 문제는 제시문을 차분하게 읽으면서 파악한 정보를 선택지와 대조하는 수준에서 정답을 찾을 수 있는 문제들이 다수였습니다. 다만 난이도가 높지 않은 문항은 정답률 또한 높기 때문에 방심해서 제대로 파악하고서도 오답을 고르는 실수를 하지 않아야 합니다.

핵심 논지 찾기와 추론형 문제는 글 전체를 아우르는 논지를 찾는 유형, 논증 구조를 파악하는 유형 등 내용의 흐름과 문맥, 논리 전개 이해 능력을 검증하는 문제들이 출제되었는데, 이해의 난이도가 예년과 비슷한 수준이었습니다. 다만 제시된 단편적인 사실과의 일치 여부를 확인하는 수준을 넘어 여러 문단에 분산되어 있는 정보를 종합하는 유형, 정보들을 실제 상황에 적용하는 유형, 제시문에 나타난 조건 · 정의 · 개념에 대한 정확한 이해를 요구하는 유형 등에 대비해 세밀한 독해력을 쌓는 연습이 필요합니다.

대화체 유형은 발언자의 진술 내용을 검토해 적절한 자료 조사 내용을 묻거나 빈칸에 들어갈 내용을 유추하는 문제가 출제되었습니다. 악성 민원 대처 · 감소 방안을 소재로 한 9번, 대규모 점포의 의무휴업 규정을 소재로 한 24번이 대화체 유형의 문제입니다. 이러한 대화체 유형은 항상 출제되는 형태로서, 도식적인 논리 사고 능력이 필요할 수 있으므로 평소에 이에 대비해 꼼꼼한 준비가 요구됩니다.

이밖에도 빈칸 채우기, 논리퀴즈, 과학 실험, 전제 찾기, 강화 · 약화 유형 등은 기존의 출제 방식을 따르고 있습니다. 평년과 비교해 출제 비율 조정이 소폭 있었으나, 꾸준히 출제되며 출제 비율 또한 낮지 않은 유형이므로 다양한 문제 풀이를 통해 실수를 방지하는 훈련을 해야 할 것입니다.

2025년 언어논리의 경우 다수의 응시자들이 문제 유형과 출제 방식 · 수준 등이 평년과 유사하고 익숙하게 느껴 전체적으로 무난한 수준이었다고 말하고 있으나, 문제를 세밀하게 들여다보면 만만하지 않았던 것으로 보입니다. 파악해야 할 정보량과 조건들이 많거나 세밀한 분석과 다소 복잡한 추론을 요구하는 문제들이 높은 수준의 집중력을 필요로 하고 시간을 소모하게 했기 때문입니다. 이로 인해 시간 관리에 대한 압박이 커짐에 따라 출제자가 숨겨 놓은 함정을 피하지 못했을 수도 있습니다. 또한 쉬울수록 커트라인이 올라가기에 합격하려면 보다 더 고득점이 요구된다는 점도 간과할 수 없습니다. 결국 문제당 배점이 동일한 객관식 시험을 준비할 때는 쉬운 문제에서 시간을 절약한 만큼 어려운 문제에 시간을 더 할애하는 훈련이 효과적인 정공법이라는 사실에는 변함이 없습니다.

2025년 7급/민간경력자 PSAT 상황판단 총평

전반적으로 문제 간 난이도 편차가 컸습니다. 쉬운 문제는 매우 쉬웠으나, 어려운 문제는 시간을 꽤 써야 했고 상당한 시간을 썼음에도 불구하고 풀이가 어려운 문제가 있었습니다. 또한, 이러한 문제가 주로 후반부에 배치되어 있어 시간의 압박이 상당했을 것으로 생각됩니다.

법조문형과 정보확인 · 추론형 문제는 어렵지 않았습니다. 법조문 문제는 주로 답이 나오는 주어 불일치와 조건, 예외 사항에서 답이 도출되었으며 정보확인 · 추론형 문제는 정보의 미스 매칭으로 답이 나오는 등 통상적인 수준의 정답 및 오답 구성이었습니다. 다만, 정답 선택지의 배치가 비교적 앞부분에 있는 경우가 많아 제대로 답을 도출한 것인지에 대해 의심하며 시간을 허비할 가능성이 있었습니다. 이런 경우, 다른 선택지를 살펴보면 오히려 함정에 걸릴 가능성이 높으므로 자신이 정답이라고 선택한 선택지를 다시 한 번 확인하는 것이 시간을 줄이고, 답에 대한 확신을 얻는 방법일 것입니다.

수리퀴즈 문제는 매우 단순한 구성이었습니다. 다만, 15번 문제와 같이 기초 수학의 감각이 필요한 부분이 있었습니다. 시험장에서 많은 수험생이 혼란을 겪었던 문제였던 만큼 조건을 명확히 인지하지 못했다면 어려움을 겪을 수 있었습니다. 그 외 수리퀴즈 문제는 일반적으로 조건에 맞게 단순 사칙연산만으로도 풀이되는 수준이었습니다.

논리퀴즈 문제는 예년에 비해 어렵게 출제되었습니다. 한눈에 보기에는 어렵지 않아 섣불리 문제에 진입했다가 시간이 지나치게 소요될 가능성이 높았습니다. 특히 상급 수준의 문제를 1~2개 출제하여 변별력을 갖춘 것이 특징이었습니다. 문제 조건이 어려워 보이지 않게 제시되어 자칫하면 함정에 빠질 가능성이 높았으며, 논리구조 자체가 어려워 시간을 많이 소모했음에도 불구하고 포기할 수밖에 없었던 수험생들도 있었습니다. 하지만 문제를 정확하게 풀 수는 없어도 선택지를 통해 답을 유추하는 방식으로 해결할 수는 있었습니다. 시험장에서는 문제를 완벽히 풀어내는 것보다 효과적인 문제풀이 전략을 통해 답을 도출하는 것이 더 중요하기에 선택지를 통해 문제를 해결하는 것도 좋은 풀이 전략입니다.

상황판단의 출제 수준은 갈수록 높아지고 있습니다. PSAT 3과목 중 난도 상승이 가장 눈에 띄며, 더 어려워질 가능성이 매우 높습니다. 특히 퀴즈형 문제가 변별력을 가르는 기준이 되었던 과거 5급 PSAT와 유사한 경향을 보이며, 퀴즈형 문제를 풀지 못하면 고득점을 할 수 없는 상황이 되어가고 있습니다. 7급 기출문제뿐만 아니라 퀴즈형 문제의 경우는 5급 기출문제를 통해 많은 연습을 하는 것이 고득점에 도움이 될 것으로 보입니다.

2025년 7급 / 민간경력자 PSAT 자료해석 총평

전반적인 난이도는 평이했습니다. 다만, 새로운 유형과 까다로운 문제가 2~3문제 정도 존재하였으며 최근 트렌드에 맞게 상황판단 영역과의 경계가 허물어진 모습을 보여주었습니다. 이에 따라 고득점을 위해선 초반부의 쉬운 문제를 빠르고 정확히 풀고 후반부의 문제에 많은 시간을 할애하는 시험 운영 기술이 필요했습니다.

25문항을 5그룹으로 나눠서 접근한다면, 1~5번 문제 첫 번째 그룹은 약간의 계산과 전환형 문제였습니다. 초반부에 계산 예열이 되어 있지 않다면 당황할 수 있었으나 평이한 수준이었습니다. 시험장에서 전년도 문제로 미리 계산 예열을 한다면, 도움이 될 것입니다. 6~10번 문제부터는 그림과 표가 많아져 확인해야 할 요인이 늘어났지만 오히려 내용은 쉬웠습니다. 11~15번 문제 중 13번 문제는 2025년 5급 PSAT의 영향을 받은 것으로 보이며 14번 문제는 새로운 유형의 문제였습니다. 시험장에서 새로운 유형을 맞이하면 긴장할 수 있으나, 오히려 신유형 문제는 수험생들 입장에서 난이도 평가가 완료되지 않은 상태이기에 용이할 수 있습니다. 만일, 구조를 파악하기 위해 1분 이상 시간을 투입했으나 이해가 잘 되지 않는다면 빠르게 포기하는 것 역시 좋은 전략이 될 수 있습니다. 16~20번 문제는 자료해석의 기술에 대한 공부가 필요했습니다. 전년 대비 증가율, 공식, 여집합, 누적량 등 자료해석에서 주로 나오는 유형이었지만, 평소 공부가 되어 있지 않다면 당황할 수 있었을 것입니다. 21~25번 문제는 집중력이 저하되기 쉬운 시점에서 디테일한 부분에 대한 문제가 출제되었습니다. 후반부로 갈수록 시간이 부족한 상태에서 자칫 당황한다면 많은 문제를 포기해야만 하는 상황이 발생할 수 있었을 것입니다. 복잡할수록 돌아간다는 생각으로 차근히 풀이해 나가는 방법이 필요했습니다.

7급 공채 PSAT는 갈수록 난도가 높아지고 있습니다. 아직 5급 공채 PSAT 수준은 아니지만, 빠른 시일 내 비슷한 수준까지 올라갈 것으로 예측되며, 향후에는 2차 시험과의 공부 비중에 대해 고민이 될 수 있을 것입니다. 하지만 자료해석 영역에서 자료해석만을 위한 공부가 필요한 영역은 그리 많지 않습니다. 수에 대한 감각과 계산 능력을 꾸준히 연습한다면 고득점을 확보할 수 있을 것이라 생각합니다.

구성과 특징 STRUCTURES

2025년 7급/민간경력자 PSAT 총평

2025년 7급/민간경력자 PSAT 자료해석 총평

2025년 7급/민간경력자 PSAT 상황판단 총평

2025년 7급/민간경력자 PSAT 언어논리 총평

언어논리 과목은 평년과 유사한 유형과 무난한 수준의 난이도를 보였다는 평가가 지배적입니다. 제시문의 소재들도 역사, 인문, 시사, 과학, 철학, 법 · 제도 등 다양한 분야에서 출제되었으나, 예년과 비슷한 출제 경향으로 과년도 기출문제에서 보았을 법한 제시문들이 다수였습니다.

일치 부합형 문제는 제시문을 차분하게 읽으면서 파악한 정보를 선택지와 대조하는 수준에서 정답을 찾을 수 있는 문제들이 다수였습니다. 다만 난이도가 높지 않은 문항은 정답률 또한 높기 때문에 방심해서 제대로 파악하고서도 오답을 고르는 실수를 하지 않아야 합니다.

핵심 논지 찾기와 추론형 문제는 글 전체를 아우르는 논지를 찾는 유형, 논증 구조를 파악하는 유형 등 내용의 흐름과 문맥, 논리 전개 이해 능력을 검증하는 문제들이 출제되었는데, 이해의 난이도가 예년과 비슷한 수준이었습니다. 다만 제시된 단편적인 사실과의 일치 여부를 확인하는 수준을 넘어 여러 문단에 분산되어 있는 정보를 종합하는 유형, 정보들을 실제 상황에 적용하는 유형, 제시문에 나타난 조건 · 정의 · 개념에 대한 정확한 이해를 요구하는 유형 등에 대비해 세밀한 독해력을 쌓는 연습이 필요합니다.

대화체 유형은 발언자의 진술 내용을 검토해 적절한 자료 조사 내용을 묻거나 빈칸에 들어갈 내용을 유추하는 문제가 출제되었습니다. 악성 민원 대처 · 감소 방안을 소재로 한 9번, 대규모 점포의 의무휴업 규정을 소재로 한 24번이 대화체 유형의 문제입니다. 이러한 대화체 유형은 항상 출제되는 형태로서, 도식적인 논리 사고 능력이 필요할 수 있으므로 평소에 이에 대비해 꼼꼼한 준비가 요구됩니다.

이밖에도 빈칸 채우기, 논리퀴즈, 과학 실험, 전제 찾기, 강화 · 약화 유형 등은 기존의 출제 방식을 따르고 있습니다. 평년과 비교해 출제 비율 조정이 소폭 있었으나, 꾸준히 출제되며 출제 비율 또한 낮지 않은 유형이므로 다양한 문제 풀이를 통해 실수를 방지하는 훈련을 해야 할 것입니다.

2025년 언어논리의 경우 다수의 응시자들이 문제 유형과 출제 방식 · 수준 등이 평년과 유사하고 익숙하게 느껴 전체적으로 무난한 수준이었다고 말하고 있으나, 문제를 세밀하게 들여다보면 만만하지 않았던 것으로 보입니다. 파악해야 할 정보량과 조건들이 많거나 세밀한 분석과 다소 복잡한 추론을 요구하는 문제들이 높은 수준의 집중력을 필요로 하고 시간을 소모하게 했기 때문입니다. 이로 인해 시간 관리에 대한 압박이 커짐에 따라 출제자가 숨겨 놓은 함정을 피하지 못했을 수도 있습니다. 또한 쉬울수록 커트라인이 올라가기에 합격하려면 보다 더 고득점이 요구된다는 점도 간과할 수 없습니다. 결국 문제당 배점이 동일한 객관식 시험을 준비할 때는 쉬운 문제에서 시간을 절약한 만큼 어려운 문제에 시간을 더 할애하는 훈련이 효과적인 정공법이라는 사실에는 변함이 없습니다.

2025년 7월 19일에 시행된 7급/민간경력자 PSAT에 대한 총평을 수록하였습니다.
영역별 문제를 철저하게 분석하여 작성된 총평을 통해 7급/민간경력자 PSAT를 대비할 수 있도록 하였습니다.

7급 / 민간경력자 PSAT 10개년 기출문제

문 3. **다음 글에서 추론할 수 있는 것은?**

우리 사회에는 다양한 연령, 신체 조건, 인지능력, 언어능력 등을 지닌 사람들이 함께 살아가고 있다. '유니버설디자인'은 제품과 서비스 등을 디자인할 때 다양한 특성을 지닌 사람들을 모두 포용해야 한다는 관점에서 디자인하는 것이다. 이 용어를 처음 사용한 사람은 미국의 건축가인데, 휠체어를 이용하는 장애인인 그는 장애인을 위해 디자인된 제품이나 서비스가 오히려 그들을 사회에서 격리하거나 소외하는 것을 자주 목격했다. 이에 장애인을 위한 특별한 디자인보다는 모든 사람이 사용할 수 있는 디자인을 만들어야 한다고 생각하고 유니버설디자인을 주장한 것이다.

이와 동일한 관점이 유럽에서는 '인클루시브디자인' 또는 '모두를위한디자인'이라는 용어로 제시된다. 영국 표준연구소의 정의에 따르면, 인클루시브디자인은 디자인을 특화할 필요 없이 최대한 많은 사람들이 접근하고 사용할 수 있도록 제품과 서비스 디자인하는 것을 의미한다. 용어만 다를 뿐, 고령자, 어린이, 애인, 임산부, 외국인 등 모두가 사용할 수 있는 디자인을 추 함으로써 인간의 존엄성을 지키고 평등을 실현하려 한다는 점 서 유니버설디자인과 관점이 동일하다.

이러한 디자인 관점은 사용상 걸림돌이 되는 요소를 제거히 데 초점을 맞추어 온 기존의 '배리어프리디자인'보다 발전된 제의식을 보여준다. 배리어프리디자인도 고령자 등이 일상에 겪는 어려움을 해결하는 데 큰 기여를 했지만, 배리어프리디 인이 적용된 제품을 사용하는 과정에서 신체적 특성이 부각되 나 차별감을 느낄 수 있기 때문이다. 휠체어 사용자를 위해 지 철역 계단에 설치된 리프트가 이에 해당한다. 유니버설디자인 관점은, 배리어프리디자인처럼 사용자를 다르게 취급하는 디 인은 좋은 해결책이 아니라고 본다. 휠체어 사용자를 포함히 모두가 이용할 수 있는 엘리베이터가 그렇지 않은 리프트보다 람직한 디자인이라는 것이다.

그러나 하나의 디자인을 모든 사람들이 사용할 수 있도록 민 는 일은 현실적으로 대단히 어렵다. 따라서 배제되는 사람을 소화할 수 있는 제품과 서비스를 디자인하는 것이 유니버설디 인의 현실적 목표라고 할 수 있다. 예컨대, 원형 손잡이가 이 라 손에 장애가 있거나 양손에 물건을 든 사람도 위에서 살짝 르기만 하면 문을 열 수 있는 레버형 손잡이가 유니버설디자인 추구하는 해결책이다.

① 배리어프리디자인을 적용한 제품은 모두 인클루시브디자 적용된 제품이다.
② 배리어프리디자인이 적용된 제품을 쓰는 장애인은 차별 기분을 느끼지 않는다.
③ 장애인 화장실 대신 장애인과 비장애인 모두가 사용할 수 화장실을 설치하는 것은 유니버설디자인을 추구한 사례이
④ 휠체어 사용자를 위해 주출입구 계단과 떨어진 곳에 별 설치된 경사로는 인클루시브디자인이 적용된 사례이다.
⑤ 유니버설디자인의 관점은 모두를위한디자인의 관점보다 한 특성의 사람들을 더 많이 포용한다.

문 4. **다음 글의 핵심 논지로 가장 적절한 것은?**

미술에 관심이 많지 않은 사람이라도 다빈치의 「모나리자」나 미켈란젤로의 「천지창조」와 같은 유명한 그림의 미적 가치가 형편없다는 말에 동의하지 않을 것이다. 우리는 이 그림 정도는 책이나 온라인상에서 이미 수십 번을 보았을 것이고, 그 과정에서 작품 자체가 지닌 미적 가치의 위대함을 이해한다고 생각한다. 그런데 과연 미술작품의 미적 가치를 우리가 스스로 이해한 것일까?

일부 사람을 제외하면 우리 기억에 있는 「모나리자」나 「천지창조」는 원본을 사실에 가깝게 찍은 사진 이미지에 불과하다. 실제 본 적도 없으면서 우리가 「모나리자」나 「천지창조」에 감동하는 이유는 실제 그 그림에 내재된 미적 가치를 스스로 알아차렸기 때문이 아니라, 미술 분야 전문가들이 해석하는 미적 가치에 대한 설명과 해설을 들어서 생긴 일종의 학습효과 때문이다. 이것은 원본을 본 경우에도 다르지 않다. 루브르박물관이나 시스티나성

2025년 언어논리

문 1. **다음 글에서 알 수 있는 것은?**

신라 수도였던 경주에는 기원후 4세기 후반에서 5세기 초 사이에 조성된 고분이 많은데, 이곳에서 당시 서아시아 사산조 페르시아에서 유행하던 양식의 물건이 많이 나왔다. 실제로 황남대총에서는 길쭉한 금판에 터키석으로 장식한 팔찌가 나왔는데, 사산조 페르시아 귀족들이 쓰던 팔찌와 그 모양이 같다. 계림로 14호 고분에서도 손잡이에 석류석이 박혀 있고 칼집 입구에 길쭉한 직사각형의 장식물이 붙은 보검이 나왔다. 이 역시 사산조 페르시아에서 유행한 모양 그대로이다.

이런 유물이 신라 고분에서 나온 이유는 무엇일까? 혹자는 신라에 수많은 서아시아인이 살면서 사산조 페르시아산 물건을 팔았기 때문이라고 말한다. 하지만 4세기 후반과 5세기 초 사이에 서아시아인이 신라에 살았다는 증거는 없다. 당시 서아시아인이 신라에 오는 것은 사실상 불가능에 가까운 일이었다.

4세기 후반 신라의 왕은 내물마립간이었다. 그는 고구려와 가깝게 지내면서 군사 · 외교적으로 큰 도움을 받았는데, 377년에 고구려 소수림왕의 허락을 받아 사신을 고구려 영토를 거쳐 전진에 보내는 데 성공했다. 이때 신라 사신은 전진의 황제 부견을 알현해 내물마립간의 친서를 전달했다. 부견은 370년에 중국 화북 지역을 장악한 뒤 곧바로 서쪽으로 진출해 서역의 여러 나라를 정복했으며, 실크로드를 통해 사산조 페르시아와 교류했다. 그 영향으로 신라 사신이 방문하기 얼마 전부터 전진에는 무려 만여 명에 달하는 사산조 페르시아 사람이 들어와 살기 시작했다. 내물마립간이 보낸 사신은 이들로부터 사산조 페르시아에서 유행하던 양식을 갖춘 보검과 팔찌를 사들여왔으며, 이 물건들이 황남대총과 계림로 14호 고분에 부장되었다가 오늘날에 이르러 발굴된 것이다.

① 전진의 황제 부견은 신라의 왕 내물마립간이 보낸 사신을 만난 일이 있다.
② 경주에 소재한 계림로 14호 고분에서 터키석으로 장식된 팔찌가 출토되었다.
③ 사산조 페르시아는 전진과 함께 서역의 여러 나라를 정복하고 실크로드를 개척했다.
④ 고구려 소수림왕은 신라의 요청을 받아들여 전진에 사신을 보내 서아시아 지역에서 제작된 보검을 구해 주었다.
⑤ 신라 사신은 부견의 도움으로 서아시아산 물건을 구해달라는 내용의 친서를 사산조 페르시아에 보낼 수 있었다.

문 2. **다음 글의 내용과 부합하는 것은?**

우리 역사상 최초의 국가인 고조선이 성장할 무렵 한반도 중 · 북부와 만주 곳곳에 '예족'이라는 종족이 살았으며, 그 가운데 오늘날의 함경도 일대에 있던 집단들을 통칭해 동예라고 부른다. 이들은 기원전 2세기 무렵 고조선에 복속되었는데, 고조선은 동예가 중국의 한(漢)과 직접 교역하지 못하게 막고 무역 이권을 독점했다. 이에 분노한 한 무제는 기원전 108년 고조선을 멸한 뒤 낙랑군을 비롯한 몇 개의 군현을 설치했다. 이때 한 무제는 동예가 있는 곳에 임둔군을 설치하고 그 아래에 여러 개의 현을 두었다. 그러나 한은 임둔군을 유지하는 데 너무 큰 비용이 든다고 여겨 기원전 82년 임둔군을 없앤 뒤 그에 속한 현들을 낙랑군에 넘겨 관리하게 했다. 하지만 낙랑군도 동예가 너무 험준한 곳에 있어서 관리를 보내기 어렵다고 판단했다. 이에 그곳에서 가장 강한 불내라는 집단의 우두머리에게 '불내후'라는 직위를 주어 동예의 모든 집단을 관리하게 하고, 불내후가 있는 곳에 동부도위라는 기구를 두어 그 동향을 감시하는 데 그쳤다. 그런데 불내후도 동예의 모든 집단을 직접 지배할 정도로 세력이 크지 않았기 때문에 각 집단에 자치권을 주고 집단들 사이에 발생하는 분쟁을 중재하는 역할만 했다.

이후 낙랑군은 동부도위를 유지하는 데 큰 비용이 든다는 이유로 기원후 30년에 이를 없애고, 동예의 모든 집단으로부터 우호 세력으로 남겠다는 다짐을 받아낸 뒤 독립시켜 주었다. 그러나 이들은 그 약속을 지키지 않고 불내후를 중심으로 뭉쳐 낙랑군을 여러 차례 공격했다. 거듭된 공격에 시달리던 낙랑군은 기원후 245년 대대적으로 군사를 일으켜 동예를 공격했으며, 이때 불내를 비롯한 동예의 모든 집단이 낙랑군에 항복했다. 이로써 동예는 낙랑군의 직접 지배 아래에 들어가게 되었는데, 이후 낙랑군이 고구려에 의해 정복되어 사라지게 되면서 동예가 있던 곳도 고구려 땅이 되었다.

① 불내라는 집단이 있던 곳은 고구려에 의해 낙랑군이 멸망한 뒤 고구려 영토가 되었다.
② 불내후는 오늘날의 함경도 일대에 살던 예족을 직접 다스리기 위해 낙랑군을 두었다.
③ 고구려는 낙랑군을 정복한 뒤 그 지역을 다스리기 위해 동부도위라는 기구를 설치했다.
④ 고조선은 주변에 거주하는 예족의 여러 집단이 복속하자 그들을 다스리기 위해 임둔군을 설치했다.
⑤ 한 무제는 동예가 고조선과 한의 교역을 중간에서 막고 무역 이권을 독점하는 것에 분노해 동예를 정복했다.

2025～2022년 7급 / 민간경력자 PSAT 최신 기출문제를 수록하였습니다.

7급 PSAT 기출문제 및 모의평가(2021～2020년)와 민간경력자 PSAT 기출문제(2021～2018년)를 수록하였습니다.

구성과 특징 STRUCTURES

문항별 상세한 해설

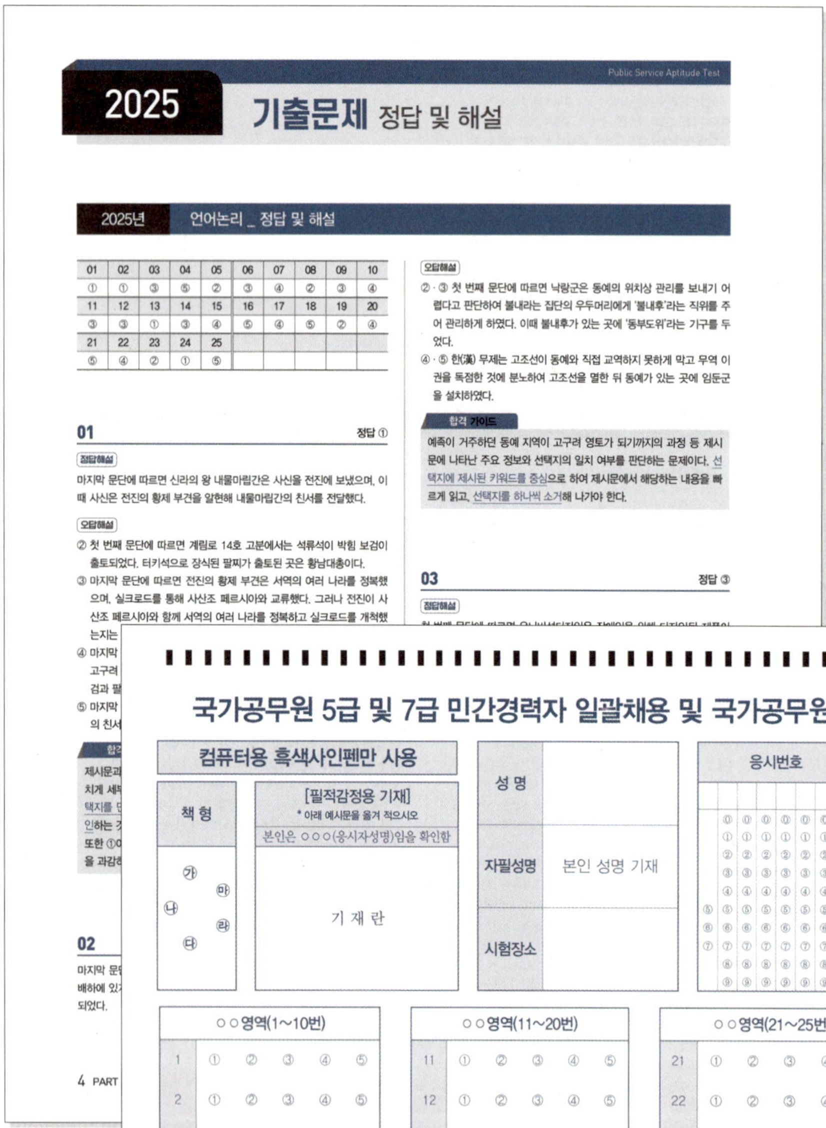

Public Service Aptitude Test
2025 기출문제 정답 및 해설
2025년 언어논리 _ 정답 및 해설
01 정답 ①
정답해설
마지막 문단에 따르면 신라의 왕 내물마립간은 사신을 전진에 보냈으며, 이 때 사신은 전진의 황제 부견을 알현해 내물마립간의 친서를 전달했다.
오답해설
합격 가이드
예족이 거주하던 동예 지역이 고구려 영토가 되기까지의 과정 등 제시문에 나타난 주요 정보와 선택지의 일치 여부를 판단하는 문제이다. 선택지에 제시된 키워드를 중심으로 하여 제시문에서 해당하는 내용을 빠르게 읽고, 선택지를 하나씩 소거해 나가야 한다.
03 정답 ③

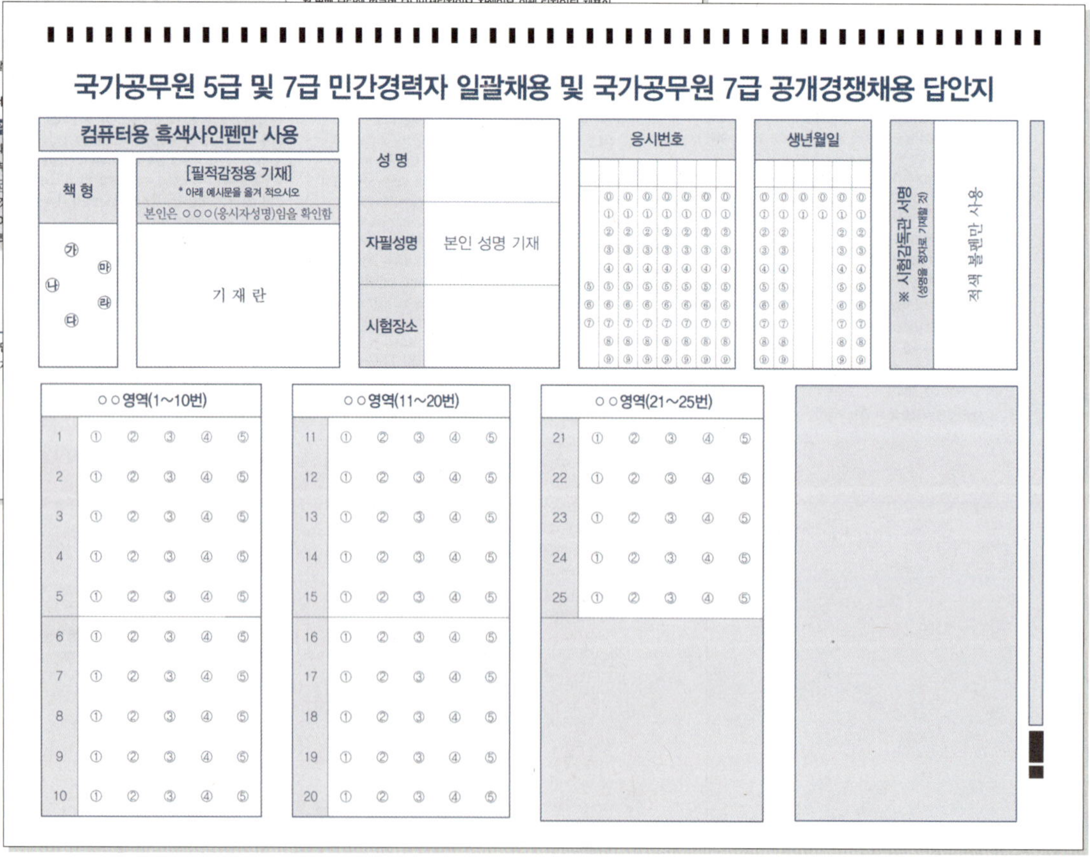

'합격 가이드'를 통해 출제 의도와 문제 풀이 스킬을 제시하였습니다.
또한, 실제 PSAT 시험과 유사한 OCR 답안지를 제공하여 실전과 같은 연습이 가능하도록 하였습니다.

7개년 기출문제 및 PSAT 필수유형

2017년 자료해석

문 1. 다음 〈표〉는 OECD 주요 국가별 삶의 만족도 및 관련 지표를 나타낸 것이다. 이에 대한 설명으로 옳지 않은 것은?

〈표〉 OECD 주요 국가별 삶의 만족도 및 관련 지표

(단위 : 점, %, 시간)

구분 / 국가	삶의 만족도	장시간근로자 비율	여가·개인 돌봄시간
덴마크	7.6	2.1	16.1
아이슬란드	7.5	13.7	14.6
호주	7.4	14.2	14.4
멕시코	7.4	28.8	13.9
미국	7.0	11.4	14.3
영국	6.9	12.3	14.8
프랑스	6.7	8.7	15.3
이탈리아	6.0	5.4	15.0
일본	6.0	22.6	14.9
한국	6.0	28.1	14.6
에스토니아	5.4	3.6	15.1
포르투갈	5.2	9.3	15.0
헝가리	4.9	2.7	15.0

※ 장시간근로자비율은 전체 근로자 중 주 50시간 이상 근무한 근로자의 비율임.

① 삶의 만족도가 가장 높은 국가는 장시간근로자비율이 가장
② 한국의 장시간근로자비율은 삶의 만족도가 가장 낮은 국 장시간근로자비율의 10배 이상이다.
③ 삶의 만족도가 한국보다 낮은 국가들의 장시간근로자비 산술평균은 이탈리아의 장시간근로자비율보다 높다.
④ 여가·개인돌봄시간이 가장 긴 국가와 가장 짧은 국가의 만족도 차이는 0.3점 이하이다.
⑤ 장시간근로자비율이 미국보다 낮은 국가의 여가·개인돌 간은 모두 미국의 여가·개인돌봄시간보다 길다.

문 2. 다음 〈표〉는 A 성씨의 가구 및 인구 분포에 대한 자료이다. 이에 대한 설명으로 옳은 것은?

〈표 1〉 A 성씨의 광역자치단체별 가구 및 인구 분포

(단위 : 가구, 명)

광역자치단체	연도 / 구분	1980 가구	1980 인구	2010 가구	2010 인구
특별시	서울	28	122	73	183
광역시	부산	5	12	11	34
	대구	1	2	2	7
	인천	11	40	18	51
	광주	0	0	9	23
	대전	0	0	8	23

Public Service Aptitude Test

01 Check!

언어논리 필수유형 10

언어논리의 평가대상

언어논리영역에서는 주어진 글을 정확히 이해하고 논리적으로 분석하는 능력이 요구됩니다. 언어논리는 자료해석이나 상황판단에 비해 익숙한 과목이기 때문에 수험생들이 느끼는 체감난도는 낮은 편이지만 최근 들어서는 보다 정교한 논리적 사고능력을 요구하는 문제의 비중이 높아지고 있어 전보다 치밀한 준비가 필요한 과목입니다.

언어논리의 필수유형

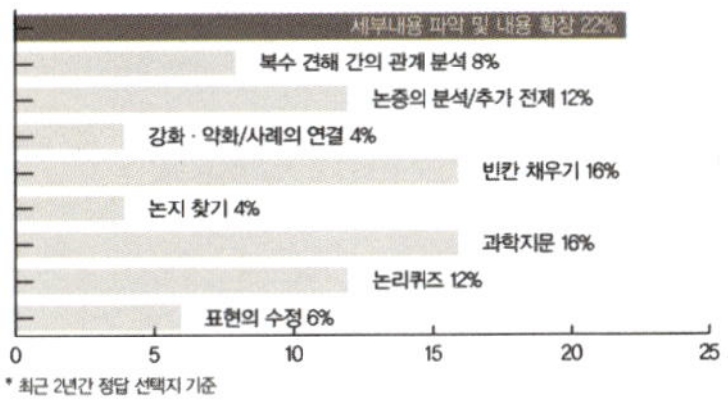

* 최근 2년간 정답 선택지 기준

언어논리의 출제경향

1. 세부내용 파악 유형의 난도 상승

제시문을 잘 읽기만 해도 맞힐 수 있는 유형이었지만 최근에는 단순히 핵심어구만을 통해 정답을 찾을 수 있는 문제가 줄어들고, 그 내면에 함축된 의미까지 파악하여 논리적인 결론을 도출해야 하는 문제가 늘어나고 있습니다. 이는 수험생들의 체감난도를 급격하게 끌어올리는 주 요인이 되었습니다.

2. 아직까지는 해볼 만한 논리퀴즈

또 다른 PSAT시험인 5급 공채와 입법고시에서는 논리퀴즈의 난도가 상당히 높아진 상태이지만 다행히 민간경력자 시험에서는 평이한 난도를 유지하고 있습니다. 제시되는 명제의 길이도 적정한 수준에서 유지되고 있으며 경우의 수를 따져야 하는 시간소모형 퀴즈문제의 출제 비중도 낮은 편입니다.

3. 여전히 어려운 과학지문

PSAT 내지는 유사한 시험인 LEET에서도 과학지문은 대다수의 수험생들을 곤혹스럽게 합니다. 내용 자체가 일반적인 수험생들에게는 생소할뿐더러 제시되는 정보들의 양도 많아 무엇이 중요하고 무엇이 중요하지 않은 정보인지를 판별하는 것 자체가 어렵기 때문입니다. 다행히 민간경력자 시험에서는 도입-상술-결론의 3단락형 지문으로만 출제되고 있어 그나마 독해가 수월한 편입니다. 하지만 최근 시험에서는 내용의 이해와 함께 논리적인 추론과정까지 묻는 유형이 출제되어 극악의 난도를 보여 준 바 있습니다.

2 Check! PSAT 필수유형 30

7개년(2017~2011년) 민간경력자 PSAT 기출문제 및 해설 PDF와
영역별로 출제되는 대표 필수유형 10가지를 분석한 PDF를 제공하여 추가로 학습할 수 있도록 하였습니다.

이 책의 차례 CONTENTS

PART 1 7급/민간경력자 PSAT 최신 기출문제

PART 2 7급 PSAT 기출문제

PART 3 민간경력자 PSAT 기출문제

별 책 정답 및 해설

7급 / 민간경력자 PSAT 기출문제

PSAT

7급 / 민간경력자 PSAT 10+7개년 기출문제집

피셋

Public Service Aptitude Test

PART 1

7급 / 민간경력자 PSAT 최신 기출문제

PSAT

7급 / 민간경력자 PSAT 10+7개년 기출문제집

피셋

Public Service Aptitude Test

2025년 공직적격성평가(PSAT)

국가공무원 5급 · 7급 민간경력자 일괄채용 및 국가공무원 7급 공개경쟁채용 필기시험

응시번호	
성　명	

문제책형
㉧

【시험과목】

제1과목	언어논리
제2과목	상황판단
제3과목	자료해석

문제풀이 시작과 종료 시간을 기입해 주시기 바랍니다.

• 언어논리 · 상황판단(120분) ______시 ______분 ~ ______시 ______분

• 자료해석(60분) ______시 ______분 ~ ______시 ______분

※ 실제 시험의 응시시간을 고려하여 시험과목 순서를 배치하였습니다.

1. 다음 글에서 알 수 있는 것은?

> 신라 수도였던 경주에는 기원후 4세기 후반에서 5세기 초 사이에 조성된 고분이 많은데, 이곳에서 당시 서아시아 사산조 페르시아에서 유행하던 양식의 물건이 많이 나왔다. 실제로 황남대총에서는 길쭉한 금판에 터키석으로 장식한 팔찌가 나왔는데, 사산조 페르시아 귀족들이 쓰던 팔찌와 그 모양이 같다. 계림로 14호 고분에서도 손잡이에 석류석이 박혀 있고 칼집 입구에 길쭉한 직사각형의 장식물이 붙은 보검이 나왔다. 이 역시 사산조 페르시아에서 유행한 모양 그대로이다.
>
> 이런 유물이 신라 고분에서 나온 이유는 무엇일까? 혹자는 신라에 수많은 서아시아인이 살면서 사산조 페르시아산 물건을 팔았기 때문이라고 말한다. 하지만 4세기 후반과 5세기 초 사이에 서아시아인이 신라에 살았다는 증거는 없다. 당시 서아시아인이 신라에 오는 것은 사실상 불가능에 가까운 일이었다.
>
> 4세기 후반 신라의 왕은 내물마립간이었다. 그는 고구려와 가깝게 지내면서 군사·외교적으로 큰 도움을 받았는데, 377년에 고구려 소수림왕의 허락을 받아 사신을 고구려 영토를 거쳐 전진에 보내는 데 성공했다. 이때 신라 사신은 전진의 황제 부견을 알현해 내물마립간의 친서를 전달했다. 부견은 370년에 중국 화북 지역을 장악한 뒤 곧바로 서쪽으로 진출해 서역의 여러 나라를 정복했으며, 실크로드를 통해 사산조 페르시아와 교류했다. 그 영향으로 신라 사신이 방문하기 얼마 전부터 전진에는 무려 만여 명에 달하는 사산조 페르시아 사람이 들어와 살기 시작했다. 내물마립간이 보낸 사신은 이들로부터 사산조 페르시아에서 유행하던 양식을 갖춘 보검과 팔찌를 사들여왔으며, 이 물건들이 황남대총과 계림로 14호 고분에 부장되었다가 오늘날에 이르러 발굴된 것이다.

① 전진의 황제 부견은 신라의 왕 내물마립간이 보낸 사신을 만난 일이 있다.
② 경주에 소재한 계림로 14호 고분에서 터키석으로 장식된 팔찌가 출토되었다.
③ 사산조 페르시아는 전진과 함께 서역의 여러 나라를 정복하고 실크로드를 개척했다.
④ 고구려 소수림왕은 신라의 요청을 받아들여 전진에 사신을 보내 서아시아 지역에서 제작된 보검을 구해 주었다.
⑤ 신라 사신은 부견의 도움으로 서아시아산 물건을 구해달라는 내용의 친서를 사산조 페르시아에 보낼 수 있었다.

2. 다음 글의 내용과 부합하는 것은?

> 우리 역사상 최초의 국가인 고조선이 성장할 무렵 한반도 중·북부와 만주 곳곳에 '예족'이라는 종족이 살았으며, 그 가운데 오늘날의 함경도 일대에 있던 집단들을 통칭해 동예라고 부른다. 이들은 기원전 2세기 무렵 고조선에 복속되었는데, 고조선은 동예가 중국의 한(漢)과 직접 교역하지 못하게 막고 무역 이권을 독점했다. 이에 분노한 한 무제는 기원전 108년 고조선을 멸한 뒤 낙랑군을 비롯한 몇 개의 군현을 설치했다. 이때 한 무제는 동예가 있는 곳에 임둔군을 설치하고 그 아래에 여러 개의 현을 두었다. 그러나 한은 임둔군을 유지하는 데 너무 큰 비용이 든다고 여겨 기원전 82년 임둔군을 없앤 뒤 그에 속한 현들을 낙랑군에 넘겨 관리하게 했다. 하지만 낙랑군도 동예가 너무 험준한 곳에 있어서 관리를 보내기 어렵다고 판단했다. 이에 그곳에서 가장 강한 불내라는 집단의 우두머리에게 '불내후'라는 직위를 주어 동예의 모든 집단을 관리하게 하고, 불내후가 있는 곳에 동부도위라는 기구를 두어 그 동향을 감시하는 데 그쳤다. 그런데 불내후도 동예의 모든 집단을 직접 지배할 정도로 세력이 크지 않았기 때문에 각 집단에 자치권을 주고 집단들 사이에 발생하는 분쟁을 중재하는 역할만 했다.
>
> 이후 낙랑군은 동부도위를 유지하는 데 큰 비용이 든다는 이유로 기원후 30년에 이를 없애고, 동예의 모든 집단으로부터 우호 세력으로 남겠다는 다짐을 받아낸 뒤 독립시켜 주었다. 그러나 이들은 그 약속을 지키지 않고 불내후를 중심으로 뭉쳐 낙랑군을 여러 차례 공격했다. 거듭된 공격에 시달리던 낙랑군은 기원후 245년 대대적으로 군사를 일으켜 동예를 공격했으며, 이때 불내를 비롯한 동예의 모든 집단이 낙랑군에 항복했다. 이로써 동예는 낙랑군의 직접 지배 아래에 들어가게 되었는데, 이후 낙랑군이 고구려에 의해 정복되어 사라지게 되면서 동예가 있던 곳도 고구려 땅이 되었다.

① 불내라는 집단이 있던 곳은 고구려에 의해 낙랑군이 멸망한 뒤 고구려 영토가 되었다.
② 불내후는 오늘날의 함경도 일대에 살던 예족을 직접 다스리기 위해 낙랑군을 두었다.
③ 고구려는 낙랑군을 정복한 뒤 그 지역을 다스리기 위해 동부도위라는 기구를 설치했다.
④ 고조선은 주변에 거주하는 예족의 여러 집단이 복속하자 그들을 다스리기 위해 임둔군을 설치했다.
⑤ 한 무제는 동예가 고조선과 한의 교역을 중간에서 막고 무역 이권을 독점하는 것에 분노해 동예를 정복했다.

3. 다음 글에서 추론할 수 있는 것은?

우리 사회에는 다양한 연령, 신체 조건, 인지능력, 언어능력 등을 지닌 사람들이 함께 살아가고 있다. '유니버설디자인'은 제품과 서비스 등을 디자인할 때 다양한 특성을 지닌 사람들을 모두 포용해야 한다는 관점에서 디자인하는 것이다. 이 용어를 처음 사용한 사람은 미국의 건축가인데, 휠체어를 이용하는 장애인인 그는 장애인을 위해 디자인된 제품이나 서비스가 오히려 그들을 사회에서 격리하거나 소외하는 것을 자주 목격했다. 이에 장애인을 위한 특별한 디자인보다는 모든 사람이 사용할 수 있는 디자인을 만들어야 한다고 생각하고 유니버설디자인을 주장한 것이다.

이와 동일한 관점이 유럽에서는 '인클루시브디자인' 또는 '모두를위한디자인'이라는 용어로 제시된다. 영국 표준연구소의 정의에 따르면, 인클루시브디자인은 디자인을 특화할 필요 없이 최대한 많은 사람들이 접근하고 사용할 수 있도록 제품과 서비스를 디자인하는 것을 의미한다. 용어만 다를 뿐, 고령자, 어린이, 장애인, 임산부, 외국인 등 모두가 사용할 수 있는 디자인을 추구함으로써 인간의 존엄성을 지키고 평등을 실현하려 한다는 점에서 유니버설디자인과 관점이 동일하다.

이러한 디자인 관점은 사용상 걸림돌이 되는 요소를 제거하는 데 초점을 맞추어 온 기존의 '배리어프리디자인'보다 발전된 문제의식을 보여준다. 배리어프리디자인도 고령자 등이 일상에서 겪는 어려움을 해결하는 데 큰 기여를 했지만, 배리어프리디자인이 적용된 제품을 사용하는 과정에서 신체적 특성이 부각되거나 차별감을 느낄 수 있기 때문이다. 휠체어 사용자를 위해 지하철역 계단에 설치된 리프트가 이에 해당한다. 유니버설디자인의 관점은, 배리어프리디자인처럼 사용자를 다르게 취급하는 디자인은 좋은 해결책이 아니라고 본다. 휠체어 사용자를 포함하여 모두가 이용할 수 있는 엘리베이터가 그렇지 않은 리프트보다 바람직한 디자인이라는 것이다.

그러나 하나의 디자인을 모든 사람들이 사용할 수 있도록 만드는 일은 현실적으로 대단히 어렵다. 따라서 배제되는 사람을 최소화할 수 있는 제품과 서비스를 디자인하는 것이 유니버설디자인의 현실적 목표라고 할 수 있다. 예컨대, 원형 손잡이가 아니라 손에 장애가 있거나 양손에 물건을 든 사람도 위에서 살짝 누르기만 하면 문을 열 수 있는 레버형 손잡이가 유니버설디자인이 추구하는 해결책이다.

① 배리어프리디자인을 적용한 제품은 모두 인클루시브디자인이 적용된 제품이다.
② 배리어프리디자인이 적용된 제품을 쓰는 장애인은 차별받는 기분을 느끼지 않는다.
③ 장애인 화장실 대신 장애인과 비장애인 모두가 사용할 수 있는 화장실을 설치하는 것은 유니버설디자인을 추구한 사례이다.
④ 휠체어 사용자를 위해 주출입구 계단과 떨어진 곳에 별도로 설치된 경사로는 인클루시브디자인이 적용된 사례이다.
⑤ 유니버설디자인의 관점은 모두를위한디자인의 관점보다 다양한 특성의 사람들을 더 많이 포용한다.

4. 다음 글의 핵심 논지로 가장 적절한 것은?

미술에 관심이 많지 않은 사람이라도 다빈치의 「모나리자」나 미켈란젤로의 「천지창조」와 같은 유명한 그림의 미적 가치가 형편없다는 말에 동의하지 않을 것이다. 우리는 이 그림 정도는 책이나 온라인상에서 이미 수십 번을 보았을 것이고, 그 과정에서 작품 자체가 지닌 미적 가치의 위대함을 이해한다고 생각한다. 그런데 과연 미술작품의 미적 가치를 우리가 스스로 이해한 것일까?

일부 사람을 제외하면 우리 기억에 있는 「모나리자」나 「천지창조」는 원본을 사실에 가깝게 찍은 사진 이미지에 불과하다. 실제 본 적도 없으면서 우리가 「모나리자」나 「천지창조」에 감동하는 이유는 실제 그 그림에 내재된 미적 가치를 스스로 알아차렸기 때문이 아니라, 미술 분야 전문가들이 해석하는 미적 가치에 대한 설명과 해설을 들어서 생긴 일종의 학습효과 때문이다. 이것은 원본을 본 경우에도 다르지 않다. 루브르박물관이나 시스티나성당에 가서 「모나리자」와 「천지창조」를 직접 보고 올 기회가 생겼다고 하자. 그림을 보는 순간 깊이 감동받아 가슴이 떨릴 수도 있지만, 그것 역시 위대하다고 알려진 미술작품을 직접 알현한 것에 대한 흥분이지 그 대상의 미적 가치에 대한 이해와는 무관하다.

이번에는 「빌렌도르프의 비너스」나 이집트 기자에 있는 피라미드를 생각해 보자. 「빌렌도르프의 비너스」는 원시시대 다산의 상징으로 만들어진 거칠고 투박한 여인상이다. 그런데 거기에 '비너스'라는 이름을 붙이고, 투박한 돌덩어리에 불과한 그것에 질박미라는 미적 가치를 부여한 것은 후대 사람들이다. 다산을 기원하는 모습이라는 해석 역시 후대의 것이다. 그럼 기자의 피라미드는 어떨까? 고대 이집트인들에게 피라미드는 미술작품이 아니라, 귀신이 돌아올 육신을 보존하는 거대한 돌무덤이었다. 그런데 피라미드에 고고학적 가치뿐만 아니라 그 조형성을 바탕으로 미적 가치를 부여한 것은 후대 미술가들이다. 우리는 후대 미술가들의 설명과 해설을 기반으로 미적 가치를 이해한 것이지, 미술작품의 미적 가치를 스스로 이해한 것은 아니다.

① 미술작품의 미적 가치가 위대한지 아닌지는 학습할 수 없다.
② 미술작품의 미적 가치는 다양하기 때문에 단일한 기준으로 평가할 수 없다.
③ 미술작품의 원본을 실제로 보아야 그 작품의 미적 가치를 스스로 이해할 수 있다.
④ 미술작품의 고고학적 가치를 이해하지 않고서는 미술작품의 미적 가치를 이해하지 못한다.
⑤ 미술작품의 미적 가치는 우리 스스로 이해한 것이 아니라 타인의 해석을 바탕으로 이해한 것이다.

5. 다음 글에서 알 수 있는 것은?

오픈사이언스는 디지털 기술을 활용하여 연구성과와 과정 및 그와 관련한 정보를 공개하는 일련의 활동을 총칭한다. 일찍이 오픈사이언스는 과학자들끼리 연구성과를 공개함으로써 상호 검증·발전시키는 연구문화 및 규범을 일컫는 개념이었으나, 디지털 기술의 발달로 성과 공개의 대상과 방식이 확장되면서 개방적인 연구 활동 전반을 일컫는 용어로 재개념화되었다.

연구성과 또는 과정의 개방은 최종 연구성과인 출판논문을 온라인상에 공개하는 오픈액세스라는 활동에서 시작되었다. 오픈액세스는 논문을 오프라인이 아닌 온라인에서 출판하는 활동으로 확장되었는데, 그 결과 기술적으로는 출판물의 생산과 이용에서 시공간적인 접근 제약을 줄이고, 경제적으로는 출판비용 부담의 감소를 통해 이용자의 접근 장벽을 낮췄다.

연구 과정 중 생산된 중간산출물을 공유하는 활동인 오픈데이터도 꾸준히 활성화되고 있다. 출판논문에는 포함되지 않은 연구데이터가 공개되기도 하고, 학술적 가치가 높은 일부 중간산출물은 출판논문과 별도로 연구자 사이에서 공유되기도 한다. 연구 완료 이후 이루어지는 최종 연구성과의 공개인 오픈액세스와 달리, 오픈데이터는 연구 과정의 개방화를 추동한다. 출판논문과 달리 중간산출물은 연구 과정 및 절차와 관련된 상세한 정보를 포함하기 때문이다.

오픈사이언스에 포함되는 활동의 하나로서 오픈콜라보레이션 또한 활성화되고 있다. 오픈콜라보레이션이란 연구의 최종산출물과 중간산출물을 제외한 그 외의 정보들을 온라인 플랫폼을 통해 공유함으로써 연구자들끼리 협력하는 활동을 말한다. 연구자 프로필 웹서비스 이용이나 소셜미디어 활용 등이 이에 해당한다. 오픈콜라보레이션을 통해 연구자들의 활동 영역은 온라인 네트워크로 연결된 가상 공간으로 확장되고 있다.

① 오픈사이언스는 그 용어의 의미가 개방적인 연구 활동을 일컫던 것에서 연구문화 및 규범을 가리키는 것으로 재개념화되었다.
② 오픈데이터는 연구가 종료되기 전의 연구 과정에 관한 정보 및 그 과정에서 생산된 중간산출물의 공유를 촉진한다.
③ 오픈액세스는 연구자들이 오프라인 공간에서 소통하고 협력하기 위한 플랫폼을 제공하는 활동이다.
④ 오픈사이언스는 연구자 간 상호 검증이 가상 공간 바깥에서 이루어지도록 추동한다.
⑤ 오픈콜라보레이션은 연구 절차에 관한 정보 및 출판논문을 공유하는 연구 활동의 하나이다.

6. 다음 글에서 알 수 있는 것은?

1948년 정부 수립 직후에 전기업공업통제협회와 같은 기관이 출범하기도 했지만, 한국에서 전자기술의 산업화에 대한 관심이 싹트기 시작한 것은 한국전쟁이 정전된 1953년 무렵이다. 미군이 전쟁 중 가지고 들어온 라디오와 가전기기 등이 전자기술의 산업화에 대한 관심을 촉발했다. 그런데 전자기술의 하나인 반도체 기술은 1960년대에 외국 반도체 기업들을 통해 국내에 도입되기 시작했다. 따라서 이 시기를 한국 반도체 산업의 태동기라 부를 수 있다.

1960년에 한국은 외자도입의 양적 확대에 초점을 둔 「외자도입촉진법」을 제정했다. 이 법을 통해 한국은 여러 나라와 국제기구로부터의 차관을 확대하여 경제 발전을 이루고자 했다. 1966년에는 「외자도입법」을 제정하였는데, 이 법은 외자도입의 양적 확대를 지양하고 질적 선별을 강화함과 더불어 외국 기업의 투자에 대한 제한을 철폐함으로써, 외국의 선진기술을 받아들이는 것을 장려하였다. 외국 반도체 기업들이 국내 자본과의 합작 또는 직접 투자의 방식으로 한국에 진출하기 시작한 것이 이 법의 제정을 전후한 시기였다. 1965년에 미국의 코미사가 한국 자본과의 합작 투자로 한국 최초의 반도체 조립 업체인 고미전자산업을 설립했다. 당시 반도체 생산을 주도했던 국가는 미국과 일본이었는데, 이들 국가의 기업들은 기술집약적인 공정과 노동집약적인 조립 생산을 분리했다. 그리고 저임금으로 장시간 노동할 수 있는 인력이 풍부해 노동집약적 생산에 적합한 한국에 반도체 제품을 단순 조립할 회사를 연이어 설립했다.

① 외국 반도체 기업 가운데 코미사는 합작 투자가 아닌 방식으로 한국에 진출했다.
② 한국 최초의 반도체 조립 업체가 설립된 것은 「외자도입촉진법」이 제정되기 이전이었다.
③ 전기업공업통제협회가 출범한 당시 한국에 반도체 기술은 아직 도입되지 않은 상태였다.
④ 「외자도입법」이 제정됨으로써 여러 국제기구가 한국의 경제 발전을 위한 차관을 양적으로 확대했다.
⑤ 한국전쟁 발발 이전부터 미군을 통해 유입된 라디오와 가전기기 등은 전자기술에 대한 관심을 촉발했다.

7. 다음 글의 ㉠~㉤을 문맥에 맞게 수정한 것으로 가장 적절한 것은?

'오다'는 ㉠ 화자의 위치를 기준으로 이동의 방향을 지시하는 것이 일반적이다. "창수가 나에게 오면 상세히 설명할게요."와 같은 표현이 그러하다. 그런데 '오다'가 화자의 위치가 아닌 청자의 위치로 이동할 때에 쓰이는 경우가 적지 않다. "창수가 당신에게 오면 잘 타일러 주세요."는 청자 중심의 표현이라고 할 수 있다.

그런데 '오다'가 ㉡ 화자 또는 청자의 위치와 무관하게 쓰이기도 한다. "여보, 창수가 회사에 오지 않았나 봐요."의 사례는 창수가 회사에 출근하지 않은 것을 어머니가 알고 나서 아버지에게 하는 발화이다. 여기에서 '오다'의 쓰임에 대해서 살펴보면, 창수의 이동 목적지인 회사는 화자나 청자의 위치와는 아무런 관련이 없다. 그런데도 이런 표현이 가능한 것은 '오다'가 반드시 대화 참여자의 실제 위치에 기초해서 발화되지 않을 수 있음을 보여준다. 여기서 '오다'는 대화 참여자의 실제 위치가 아닌 대화 참여자가 당연하다고 생각하는 규범적 위치, 곧 표준 위치를 기준으로 발화한 것이다. 출근해야 하는 창수에게 회사가 표준 위치라고 생각하는 것은 대화 참여자 누구에게나 충분히 가능한 일이다. 따라서 이때 '오다'는 ㉢ 이동체가 표준 위치인 회사를 향해서 이동하는 것을 나타낸다.

'오다'의 다른 예를 보자. "창희가 학교에 왔습니까?"는 어머니가 딸의 등교 여부를 알고 싶어서 담임 교사에게 전화로 한 발화이다. 여기에서 '오다'의 쓰임은 두 가지 관점에서 해석할 수 있다. 하나는 '학교'를 청자인 담임 교사가 있는 위치로 간주하고 청자 중심으로 이동했다고 보는 것이다. 다른 하나는 '학교'를 창희가 이동 목표로 삼는 표준 위치로 간주하고 표준 위치로 이동했다고 보는 것이다. 그런데 이 같은 발화는 담임 교사가 학교가 아닌 다른 곳, 예컨대 퇴근 후 집에 있을 때에도 사용할 수 있다. 따라서 여기에서 '오다'는 ㉣ 뒤의 해석보다는 앞의 해석으로 보는 것이 설득력이 있다.

또 다른 예를 보자. "집에 빨리 오너라."는 어머니가 집에 있으면서 외출 중인 딸에게 한 발화이다. 그런데 모녀가 시내에 함께 나왔다가 딸은 남고 어머니만 먼저 집에 들어가야 하는 상황을 가정해 보자. 이 경우에도 어머니가 딸에게 똑같이 말한다면 이는 ㉤ 화자의 도착 예정지를 기준으로 '오다'를 사용하고 있는 것이다.

① ㉠을 '화자의 위치에서 청자의 위치로의 이동을 지시하는'으로 수정한다.
② ㉡을 '화자의 위치와 관련이 있어야 하는 반면 청자의 위치와 무관하게'로 수정한다.
③ ㉢을 '이동체가 표준 위치인 회사에서 벗어나 이동하는'으로 수정한다.
④ ㉣을 '앞의 해석보다는 뒤의 해석으로 보는'으로 수정한다.
⑤ ㉤을 '화자가 현재 위치한 장소를 기준으로'로 수정한다.

8. 다음 글의 (가)와 (나)에 들어갈 말을 적절하게 나열한 것은?

중국계 미국인 경제학자 첸은 언어가 인간의 사고와 행동에 어떻게 영향을 미치는가에 대해 관심을 가졌다. 그는 영어와 중국어의 친족 호칭의 차이점에 주목했다. 영어에서는 조부모의 바로 아래 세대 사람들 중 아버지를 제외한 남성 친족을 모두 '엉클'이라 부르지만, 중국어에서는 이 남성이 모계인지 부계인지, 혈연관계인지 결혼을 통해 맺어진 관계인지, 나의 부모보다 나이가 많은지 적은지가 구분되어 호칭에 드러난다. 예를 들어, 한국어의 큰아버지에 해당하는 중국어 '백부'라는 호칭을 사용할 때는 (가) 사실을 항상 무의식적으로 기억하게 된다. 이로부터 첸은 언어가 단순한 의사소통의 수단이 아니고 개인이 세상을 인식하는 방식을 재창조하고 편집하는 것이라고 생각하게 되었다.

이러한 생각에서 첸은 언어가 다르면 경제적 사고나 행동에서도 차이를 보일 것이라는 가설을 세웠다. 이 가설을 검증하기 위해 그가 살펴보고자 한 것은 시간에 관한 언어 표현의 차이였다. 미래 시제가 확실히 존재하는 언어권 사람들은 언어가 지배하는 무의식의 영역에서 미래를 현재와 동떨어진 것으로 인식할 것이고, 미래 시제가 현재 시제와 차이가 없는 언어권 사람들은 미래가 이미 현재와 다름없이 다가와 있다고 인식할 것이라고 생각한 첸은 76개국을 조사하여 흥미로운 사실을 발견하였다. '미래 시제가 엄격하게 구분되는' 언어와 '문법상 현재와 미래에 차이가 없는' 언어를 비교했을 때, 두 언어의 모국어 사용자 집단 사이에 저축률이 현격한 차이가 있었던 것이다. 영어, 그리스어 등과 같은 전자의 언어를 모국어로 쓰는 사람들은 저축률이 낮고, 중국어, 핀란드어 등 후자의 언어를 모국어로 쓰는 사람들은 저축률이 높았다. 사람들이 (나) 는 점을 확인한 것이다. 이를 통해 첸은 언어가 저축과 같은 경제적 의사결정에도 영향을 미친다고 주장했다.

① (가) : 그가 나의 부계 남성 혈족이며 내 아버지보다 나이가 많다는
  (나) : 미래를 예측하기 쉬우면 저축을 적게 하고, 미래를 예측하기 어려우면 저축을 많이 한다
② (가) : 그가 나의 부계 남성 혈족이며 내 아버지보다 나이가 많다는
  (나) : 미래를 현재와 동떨어진 것으로 여기면 저축을 적게 하고, 미래를 곧 다가올 현재라고 여기면 저축을 많이 한다
③ (가) : 그와 내가 혈연으로 묶인 한 가족의 일원이라는
  (나) : 미래를 예측하기 쉬우면 저축을 적게 하고, 미래를 예측하기 어려우면 저축을 많이 한다
④ (가) : 그가 나의 조부모의 바로 아래 세대 남성 혈족이라는
  (나) : 미래를 현재와 동떨어진 것으로 여기면 저축을 적게 하고, 미래를 곧 다가올 현재라고 여기면 저축을 많이 한다
⑤ (가) : 그가 나의 조부모의 바로 아래 세대 남성 혈족이라는
  (나) : 미래를 예측하기 쉬우면 저축을 적게 하고, 미래를 예측하기 어려우면 저축을 많이 한다

9. 다음 대화의 ㉠으로 적절한 것만을 〈보기〉에서 모두 고르면?

갑 : 최근 우리 A시 행정복지센터에서 악성 민원을 견디다 못해 휴직한 직원이 3명이나 됩니다. 악성 민원에 대처하는 방법이라든가 악성 민원을 줄이는 방법이 있을까요?

을 : 우리 행정복지센터에는 악성 민원 대응 매뉴얼이 마련되어 있지 않습니다. B시의 모든 공공 기관에서는 악성 민원 대응 매뉴얼대로 악성 민원에 대처하고 있는데, B시는 악성 민원 대응 매뉴얼 도입 이후 담당 직원들의 민원 스트레스가 현저히 감소했다고 합니다. 우리 센터도 악성 민원 대응 매뉴얼을 마련해서, 악성 민원으로 인한 직원들의 민원 스트레스를 줄여야 합니다.

병 : 같은 내용의 민원을 반복적으로 제기하는 악성 민원에 대해 담당 직원에게 종결권을 부여하는 것도 좋은 방법입니다. 이 제도를 도입한 기관 직원들의 업무 만족도가 도입 이전보다 높아졌다고 합니다. C시 행정복지센터에도 악성 민원 종결권 제도를 도입하려고 몇 달 전부터 논의 중입니다. 우리 센터도 악성 민원 종결권 제도를 도입해서 직원들의 민원 업무 만족도를 높여야 합니다.

정 : 같은 내용의 민원이라도 민원인이 욕설과 폭언을 하지 않도록 사전에 차단해야 합니다. 최근 D시의 모든 행정복지센터에서는 민원 응대 시 캠코더로 녹화되고 있음을 고지하는 정책을 시행하고 있습니다. D시에서는 이 정책 도입 이후 욕설과 폭언을 하는 민원인이 확실히 줄었다고 합니다. 우리 센터도 캠코더 사용 고지 정책을 도입해야 합니다.

갑 : 의견 감사합니다. 오늘 제안된 방법의 효과성 검증에 ㉠ 필요한 자료를 조사해 주십시오. 이를 바탕으로 일주일 뒤에 심층 논의를 진행하겠습니다.

〈보 기〉

ㄱ. B시 공공 기관의 악성 민원 대응 매뉴얼 도입 후 담당 직원들의 민원 스트레스 감소 정도

ㄴ. A시와 C시의 행정복지센터 직원들의 민원 업무 만족도 차이

ㄷ. D시의 행정복지센터의 캠코더 사용 고지 정책 도입 후 욕설과 폭언을 하는 민원인의 감소 정도

① ㄱ

② ㄴ

③ ㄱ, ㄷ

④ ㄴ, ㄷ

⑤ ㄱ, ㄴ, ㄷ

10. 다음 글의 ㉠~㉥에 대한 설명으로 적절한 것은?

○○청은 개인정보가 포함된 온라인 게시물의 삭제를 도와주는 '디지털 지우개' 서비스를 시작하였다. 이 서비스의 취지는 미성년 시절에 개인정보를 노출하였거나 타인이 무단으로 올린 게시물에 개인정보가 노출된 국민을 구제하기 위함이다.

이 서비스를 이용하려면 먼저 신청인이 ○○청 누리집에서 서비스를 신청해야 한다. 신청이 완료되면 ○○청은 신청 내용을 확인하는데, 이 단계에서 삭제 요청 대상 게시물에 신청인의 개인정보가 포함된 것인지를 판단한다. 포함된 것이 인정되면 ○○청은 해당 게시물을 관리하는 기관에 해당 게시물의 삭제를 요청한다.

게시물 삭제를 요청 받은 기관은 해당 게시물을 삭제하고 ○○청에 처리 결과를 알려야 한다. 그 뒤 ○○청은 해당 게시물이 삭제되었는지 검토하는데, 이 단계에서 해당 기관의 조치가 미흡한 경우 ○○청은 해당 기관에 삭제를 재요청한다. 게시물이 완전히 삭제된 것을 최종 확인하면 ○○청은 신청인에게 결과를 통보한다. 디지털 지우개 서비스의 진행 과정은 다음과 같다.

주체	신청인	㉠		㉡		㉢	
단계	㉣ →	신청 내용 확인 →	㉤ →	삭제 →	㉥ →	검토 →	결과 통보

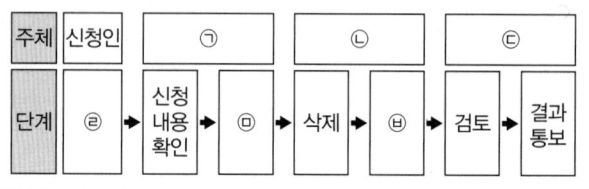

① 신청 내용 확인 단계에서 ㉠은 ㉡에게 신청인의 개인정보가 게시물에 포함되었는지 확인을 요청할 수 있다.

② ㉠과 ㉢은 다른 주체이다.

③ 검토 단계에서 게시물 삭제 조치가 미흡한 것으로 판단되면 ㉣로 돌아간다.

④ 삭제 요청 대상 게시물에 신청인의 개인정보가 포함된 것이 인정되면 ㉤을 수행한다.

⑤ ㉥은 신청인에게 삭제 완료 사실을 통보하는 단계이다.

11. **다음 글에서 알 수 없는 것은?**

왜 지구에서 만들 인공태양은 태양보다 더 높은 온도를 갖는 상태를 유지해야 할까? 핵융합 반응은 플라스마의 밀도와 온도를 곱한 값이 일정 수준에 도달했을 때 발생한다. 플라스마 덩어리인 태양의 중심부 온도는 약 1,500만 ℃이지만, 태양은 큰 질량과 그에 따른 중력에 의해 내부의 플라스마 밀도가 높아서 핵융합 반응이 일어날 수 있다. 하지만 질량이 훨씬 작은 지구에서 태양과 유사한 밀도의 플라스마를 구현하기란 불가능하다. 따라서 플라스마의 온도를 태양보다 훨씬 더 높게, 즉 1억 ℃가 넘게 만들어야 지구에서도 태양에서와 같은 핵융합 반응이 일어나게 할 수 있다. 이를 위해 과학자들은 다양한 플라스마 가열 방식을 사용한다.

플라스마를 가열하는 방식 중에는 공명 가열과 중성 입자 빔 주입이 있다. 공명 가열은 플라스마 내에 있는 이온과 전자 중 무엇을 가열하는지에 따라 이온 공명 가열과 전자 공명 가열로 나뉜다. 외부에서 가하는 힘의 주파수가 힘이 가해진 이온이나 전자가 가진 고유 주파수와 같으면 공명이 일어난다. 공명이 일어나면 이온이나 전자는 원래보다 더 큰 진폭으로 진동을 하면서 해당 이온이나 전자를 가지고 있는 물질의 온도가 올라가게 된다. 이와 같이 공명을 일으키기 위해, 이온 공명 가열의 경우에는 수십 메가헤르츠 대역의 주파수를, 전자 공명 가열의 경우에는 수만~수십만 메가헤르츠 대역의 주파수를 사용한다.

중성 입자 빔 주입은 외부에서 가속된 고에너지의 중성 입자를 플라스마 속으로 투입하여 플라스마를 가열하는 방식이다. 투입된 중성 입자는 플라스마 내의 이온과 충돌을 일으켜 에너지를 전달하고 온도를 높인다. 중성 입자 빔 주입 방식과 공명 가열 방식을 사용하는 우리나라의 핵융합 연구 장치 케이스타는 1억 ℃에서 48초간 플라스마를 유지하는 실험에 성공하였다.

① 케이스타는 고온의 플라스마를 얻기 위해 공명 가열 방식을 사용하고 있다.
② 핵융합 장치에서 공명을 일으킬 때 전자의 경우는 이온의 경우보다 더 높은 주파수를 사용한다.
③ 중성 입자 빔 주입 방식을 통해 플라스마 내로 투입되는 중성 입자는 플라스마 속에 들어와서 가속된다.
④ 공명 가열은 외부에서 가해지는 힘의 주파수와 그 힘을 받는 이온이나 전자의 고유 주파수가 같을 때 가능하다.
⑤ 지구에서 플라스마의 밀도를 더 높일 수 있다면 1억 ℃보다 더 낮은 온도에서 핵융합 반응을 일으키는 것이 가능하다.

12. **다음 글에서 추론할 수 있는 것만을 〈보기〉에서 모두 고르면?**

도체인 금속 내부에는 음전하를 띤 다수의 자유 전자들이 존재하는데, 이것들은 금속 내에 고정된 양이온들 사이에서 자유롭게 움직일 수 있다. 도체 내부에서 자유 전자는 양이온들에 의해 당겨지고 다른 자유 전자들에 의해 밀쳐지면서, 각각에 작용하는 전기력의 합력이 0이 되도록 위치하게 된다.

금속에 전자들을 추가하여 금속을 대전시키면 추가된 전자들은 어디에 위치하게 될까? 대전된 상황에서도 금속 내부의 모든 전자에 작용하는 전기력의 합력은 0이어야 한다. 그런데 만약 금속 내부의 어떤 위치에 전자가 추가된다면, 이 전자는 새로운 전기력을 발생시킬 것이기 때문에 이를 상쇄하기 위해 원래 있던 자유 전자들이 이동할 것이고 이러한 이동으로 인해 또 다른 자유 전자들의 위치도 재조정되어야 한다. 그러나 이러한 위치 재조정은 금속 내부 공간에서는 완료될 수 없다. 따라서 금속 내부에는 새로운 전자가 놓일 자리가 없다.

금속이 대전될 때 추가된 전자들이 내부로 들어갈 수 없다면 그 전자들은 모두 표면에 존재할 수밖에 없다. 이 경우 대전된 금속의 내부에 있는 자유 전자에 작용하는 전기력의 합력은 0인 반면, 표면에 있는 전자에 작용하는 전기력의 합력은 0이 아니다. 이때 표면의 전자에는 표면에 수직인 바깥 방향으로 전기력의 합력이 작용한다.

〈보 기〉

ㄱ. 대전되지 않은 금속 내부에서 자유 전자에 작용하는 전기력의 합력은 0이 된다.
ㄴ. 금속에 전자들이 추가되면 금속 표면에 있는 전자는 외부로 향하는 전기력의 합력을 받는다.
ㄷ. 도체가 대전되면 도체 내부의 자유 전자에 작용하는 전기력의 합력은 0이 아니다.

① ㄱ
② ㄷ
③ ㄱ, ㄴ
④ ㄴ, ㄷ
⑤ ㄱ, ㄴ, ㄷ

13. 다음 글의 (가)~(다)에 들어갈 말을 적절하게 나열한 것은?

조선 후기에 지주들은 소작인으로부터 소작료를 거둘 때, 수확된 결과물의 절반을 수취하는 정률제 방식, 곧 '타작'을 대부분의 논과 밭에 적용했지만, 일부 농토에는 정액제에 해당하는 '도지'를 적용하기도 했다. 도지는 토지를 이용한 대가인 지대량을 이른 봄철에 지주와 소작인이 미리 정하는 농업경영 형태이므로 풍흉에 따른 지대량의 변화가 없는 것이 원칙이었다. 도지가 적용된 논에서는 평년작의 절반 수준에서, 그리고 밭에서는 평년작의 절반보다 훨씬 낮은 수준에서 지대량이 정해지는 것이 일반적이었다.

(가) 은/는 다음과 같은 점에서 지주에게 여러 장점이 있었다. 첫째, 직접적인 관리가 어려운 원격지 소재 전답을 더 효율적으로 관리할 수 있었다. 소작인들의 수확물 은닉 여부를 일일이 감독할 필요가 없었기 때문이다. 둘째, 밭작물의 경우 수확 시기가 매우 다양한데, 이 방식을 적용하면 수확의 정도를 확인하기 위해 서로 다른 수확 시기마다 먼 곳까지 올 필요가 없었다. 이러한 방식하에서 만약 어느 해에 예상과는 달리 풍년이 들었다면, (나) 에게 훨씬 더 유리했다.

지주들은 18세기 후반부터 '집조'를 적용하기도 했다. 집조란 수확이 임박한 시점에 지주가 농사 상황을 실지 조사하여 그해의 작황 수준을 살펴본 다음, 현장에서 지대량을 결정하는 농업경영 형태이다. 이 방식은 당해 연도의 작황 수준이 비교적 정확히 반영된다는 측면에서 (다) 와/과 유사하다.

	(가)	(나)	(다)
①	도지	소작인	타작
②	도지	소작인	도지
③	도지	지주	타작
④	타작	소작인	도지
⑤	타작	지주	타작

14. 다음 글에서 알 수 있는 것은?

말은 정치·경제 발전의 중요한 수단이었다. 말은 빠르기도 하거니와 지구력이 좋고 힘이 세다. 행정, 농업, 목축업, 광업, 제조업, 운송, 통신, 전투 등 거의 모든 분야에서 말의 이런 능력이 활용되었다. 그렇기에 말의 능력을 활용한 지역은 그렇지 않은 지역보다 더 빠르게 발전하는 양상을 보였다.

말은 인간에게 길들여지기 전에 야생에서 살았는데, 야생말은 시기별로 서식지의 분포가 달랐다. 기원전 1만 년경 후기 홍적세 시기까지 야생말은 유라시아의 전 지역과 아메리카 및 북부 아프리카에 서식했다. 그런데 이 시기부터 기원전 약 6천 년경 중기 충적세 시기에 이르는 동안 야생말의 서식 지역의 분포가 바뀌었다. 이 시기에 유라시아의 중북부 스텝 기후 지역을 제외한 대부분의 유라시아 지역에서 사람들이 식용을 목적으로 야생말을 대규모로 사냥했다. 이로 인해 이 스텝 기후 지역을 제외한 유라시아의 야생말은 거의 멸종하다시피 했다. 이와 달리 유라시아 중북부의 스텝 기후 지역은 인구가 많지 않아 인간으로부터 사냥을 당하는 경우가 적었으며, 이 덕분에 야생말은 생존할 수 있었다.

이후 기원전 3,500년경 당나귀에 이어 야생말이 길들여졌다. 그 당시 메소포타미아 지역의 목축업자들이 북쪽으로 이동하면서 유라시아 중북부의 스텝 기후 지역에 들어갔는데, 그들은 이 지역에 살던 야생말을 길들이기 시작했다. 이때부터 인류는 말을 실생활에 이용했다. 말에 안장을 얹어 장거리 이동 수단으로 사용하기도 했고, 등에 짐을 실어 운송 수단으로 활용하기도 했다. 이뿐 아니라 전쟁과 농업에서도 말이 널리 사용되었다. 이런 과정을 거쳐 말은 인류 발전의 밑바탕이 되었다.

① 중기 충적세 시기에 야생말의 지구력이 좋아지기 시작했다.
② 후기 홍적세 시기 이전부터 북부 아프리카에서는 야생말을 운송 수단으로 썼다.
③ 기원전 3,500년경 유라시아 중북부의 스텝 기후 지역에 살던 야생말이 길들여지기 시작했다.
④ 후기 홍적세 시기부터 초기 충적세 시기 사이에 인류는 농업과 운송 등의 실생활에 말을 이용했다.
⑤ 당나귀를 이동 수단으로 쓰던 지역은 말을 이동 수단으로 이용하던 지역보다 정치·경제적으로 더 발전했다.

15. **다음 글의 ㉠을 약화하는 것으로 가장 적절한 것은?**

> 분석은 자연과 사회의 다양한 현상에 대하여 왜 그런 현상이 나타나는지를 설명하기 위한 방법이다. 널리 쓰이는 것은 요소 분석으로, 설명의 대상을 적절한 요소들로 나누어 살피는 분석법이다. 요소 분석의 요체는 분석 대상인 전체와는 다른 속성을 지니면서도 합쳐지면 전체를 구성하는 부분, 즉 '요소'들을 찾아 제시하는 데 있다. 분석자는 그러한 요소들의 속성을 결합하여 대상 전체의 속성을 설명하려 할 것이다.
>
> 그런데 어째서 물이 불을 끌 수 있는가 하는, 물의 속성에 관한 물음을 해명하려는 화학자가 있다고 해 보자. 만일 그가 물을 산소와 수소라는 두 요소로 분석했다면, 그는 수소가 타는 속성을 지닌 기체이고 산소도 연소를 돕는 속성을 지녔다는 사실 앞에서 당황하게 될 것이다. 산소와 수소라는 요소들로 물이 불을 끌 수 있는 이유를 설명할 수 없기 때문이다. 이것은 요소 분석이 지닌 한계를 암시한다. 전체의 속성을 이해하려는 이가 그것을 구성하는 요소들에만 주목할 경우, 이와 유사한 당혹감을 느끼게 될 위험이 크다. 해명되어야 할 속성은 분석 과정에서 증발해 버리고 요소들 간의 관계를 피상적으로 서술하는 일에 그치게 될 위험이 있는 것이다. 그런 분석으로는 설명에 도달할 수 없다.
>
> 따라서 ㉠ 우리는 새로운 종류의 분석, 즉 단위 분석을 선택해야 한다. 단위 분석은 복잡하면서도 모종의 통일성을 지닌 전체를 '단위'로 나누는 분석이다. 단위란 앞에서 화학자의 분석이 주목했던 요소와 달리, 전체의 고유한 속성들을 고스란히 갖추고 있으면서 더 이상 나눌 수 없는, 전체의 살아 있는 부분을 가리킨다. 현상을 제대로 설명하려면 먼저 그런 부분들을 찾아내야 한다. 그렇게 할 때, 요소 분석의 한계를 극복하고 분석의 목적을 실현할 수 있다.

① 분석 대상을 시간 요소로 나누어 살피더라도 인과관계는 드러나지 않기 때문에 설명에 도움이 되지 않는다.
② 요소들의 결합으로 대상 전체가 어떻게 구성되는지 보여주는 데 성공하더라도 그것은 대상의 속성을 설명하는 일과 다르다.
③ 요소 분석에서는 전체를 설명하기 위하여 요소들 간의 상호관계까지 추가로 해명해야 하기 때문에 설명의 경제성이 삭감된다.
④ 단위가 전체의 속성들을 그대로 지닌다면 설명되어야 할 대상 자체와 다를 바 없으므로 단위 분석은 설명에 기여하지 못한다.
⑤ 설명의 적절성은 설명을 요구하는 구체적인 문제의 특성에 따라 달라지기 때문에 설명에는 다양한 단위 분석이 존재할 수 있다.

16. **다음 글의 내용이 참일 때 반드시 참인 것은?**

> △△부에서는 10월에 신설되는 ○○위원회에 파견할 인원을 선발하는 중이다. 박 주무관, 이 주무관, 선 주무관, 남 주무관, 오 주무관이 파견 대상 후보인데, 이와 관련하여 다음과 같은 사실이 알려졌다.
>
> ○ 박 주무관이 선발되면, 오 주무관도 선발된다.
> ○ 이 주무관이 선발되면, 남 주무관도 선발된다.
> ○ 선 주무관이 선발되면, 박 주무관도 선발된다.
> ○ 선 주무관이 선발되거나 이 주무관이 선발된다.

① 남 주무관이 선발된다.
② 이 주무관과 선 주무관이 둘 다 선발된다.
③ 박 주무관이 선발되거나 선 주무관이 선발된다.
④ 오 주무관이 선발되지 않으면 박 주무관은 선발된다.
⑤ 남 주무관과 오 주무관 중 적어도 한 사람은 선발된다.

17. 다음 글의 빈칸에 들어갈 말로 가장 적절한 것은?

심적 대상이 있다면, 심적 대상은 물리적 대상과 같지 않다. 만약 심적 대상이 있고 심적 대상이 물리적 대상과 같지 않다면, 심적 대상의 소유자는 심적 대상에 접근할 수 있는 인식적 특권을 지닌다. 그런데 심적 대상의 소유자가 심적 대상에 접근할 수 있는 인식적 특권을 지닌다면, 심적 대상에 관해 그 소유자만이 알 수 있는 부분이 있다. 심적 대상에 관해 그 소유자만이 알 수 있는 부분이 있다면, 심적 대상에 관해 검증 불가능한 지식이 존재한다. 그러므로 심적 대상은 없다. 왜냐하면 ＿＿＿＿＿＿.

① 심적 대상은 물리적 대상과 같지 않기 때문이다.
② 심적 대상이 물리적 대상과 같다면 심적 대상은 없기 때문이다.
③ 심적 대상에 관해 그 소유자만이 알 수 있는 부분이 있기 때문이다.
④ 심적 대상에 관해 검증 불가능한 지식은 존재하지 않기 때문이다.
⑤ 심적 대상의 소유자가 심적 대상에 접근할 수 있는 인식적 특권을 지니기 때문이다.

18. 다음 글의 내용이 참일 때 반드시 참인 것은?

△△부에서는 3명의 과학기술 직군 수습 주무관 A, B, C와 3명의 행정 직군 수습 주무관 D, E, F를 4개 부서 갑, 을, 병, 정에 배치할 예정이다. 4개의 부서 중 2개의 부서에는 1명씩 배치되고 남은 2개의 부서에는 2명씩 배치된다. 이 배치와 관련하여 다음과 같은 사실이 알려졌다.

○ 갑 부서에는 수습 주무관이 1명만 배치된다.
○ 을 부서에는 과학기술 직군 수습 주무관이 배치되지 않는다.
○ 동일 직군의 수습 주무관은 같은 부서에 배치되지 않는다.
○ A와 D는 다른 수습 주무관 없이 혼자 배치된다.

① A가 갑 부서에 배치되고 C가 정 부서에 배치된다.
② B가 병 부서에 배치되면 E가 정 부서에 배치된다.
③ B가 정 부서에 배치되지 않고 C가 병 부서에 배치된다.
④ D가 을 부서에 배치되지 않고 A도 갑 부서에 배치되지 않는다.
⑤ F가 정 부서에 배치되면 E가 병 부서에 배치된다.

19. 다음 글의 (가)~(다)에 들어갈 말을 적절하게 나열한 것은?

독이 없는 어떤 개구리 종은 독이 있는 개구리 종의 외형을 모방함으로써 새로부터 잡아먹힐 위험을 줄인다. 이것은 의태의 예이다. 모방의 대상이 될 수 있는 종이 여럿일 경우 모방자는 어떤 종을 모방하는 것이 유리할까? 이를 알아보기 위해 다음의 〈실험〉을 수행하였다.

〈실 험〉

○○지역에는 독성이 강한 개구리 종 a와 독성이 약한 개구리 종 b가 있으며 이 두 종은 외형이 조금 다르다. 또한 그 지역에 있는 독 없는 개구리 종 c는 a를 모방하고, 독 없는 개구리 종 d는 b를 모방한다. 새 종 X는 a~d를 잡아먹을 수 있으며, 독성이 있는 개구리 종을 잡아먹으면 학습이 되어 이후 같은 외형을 가진 개구리를 잡아먹는 것을 회피한다.

실험1 : a도 b도 잡아먹어 본 적이 없는 X에게 a를 잡아먹게 하였다. 이 새를 X-1이라고 하고 a, c, d를 잡아먹는지 관찰하였다. X-1은 a, c, d 어느 것도 잡아먹으려 하지 않았다.

실험2 : a도 b도 잡아먹어 본 적이 없는 X에게 b를 잡아먹게 하였다. 이 새를 X-2라고 하고 b, c, d를 잡아먹는지 관찰하였다. X-2는 b와 d를 잡아먹으려 하지 않았지만, c를 잡아먹는 것은 회피하지 않았다.

〈실험 해석〉

독성이 (가) 개구리 종을 잡아먹어 학습된 새는 독성이 강한 개구리 종을 모방한 개구리 종과 독성이 약한 개구리 종을 모방한 개구리 종 중 어느 것도 잡아먹으려 하지 않았다. 독성이 (나) 개구리 종을 잡아먹어 학습된 새는 독성이 강한 개구리 종을 모방한 개구리 종을 잡아먹는 것을 회피하지 않았으나, 독성이 약한 개구리 종을 모방한 개구리 종은 잡아먹으려 하지 않았다. 따라서 ○○지역에 서식하는 독이 없는 개구리가 X에게 잡아먹히지 않으려면 독성이 (다) 개구리 종을 모방하는 것이 더 유리하다는 것을 알 수 있다.

	(가)	(나)	(다)
①	강한	강한	강한
②	강한	약한	약한
③	강한	약한	강한
④	약한	강한	약한
⑤	약한	강한	강한

20. 다음 글의 ㉠에 대한 평가로 적절한 것만을 〈보기〉에서 모두 고르면?

곤충 X는 유충에서 변태를 거쳐 성충이 된다. X의 변태에 관여하는 호르몬으로는 α와 β가 있다. 과학자 A가 조사한 결과는 다음과 같았다. X의 유충 시기에 α, β 각각의 혈중 농도는 변함없이 일정하였고, 성충 시기에도 α, β 각각의 혈중 농도는 변함없이 일정하였으나, 변태 시기 동안 α의 혈중 농도는 증가한 반면에 β의 혈중 농도는 감소하였다. X의 유충 시기에는 α의 혈중 농도가 β의 혈중 농도보다 낮았다. 이에 A는 ㉠ X의 유충 시기보다 성충 시기에 α와 β의 혈중 농도 차이가 더 작다는 가설을 세웠다.

〈보 기〉

ㄱ. X의 성충 시기에 α의 혈중 농도가 β의 혈중 농도보다 높다는 실험 결과가 나오면, ㉠은 강화된다.
ㄴ. X의 성충 시기에 β의 혈중 농도가 α의 혈중 농도보다 높다는 실험 결과가 나오면, ㉠은 강화된다.
ㄷ. X의 성충 시기에 α와 β의 혈중 농도가 같다는 실험 결과가 나오면, ㉠은 강화된다.

① ㄱ
② ㄴ
③ ㄱ, ㄷ
④ ㄴ, ㄷ
⑤ ㄱ, ㄴ, ㄷ

※ 다음 글을 읽고 물음에 답하시오. [21~22]

다음은 사람들이 확률을 활용하여 어떻게 추론하는지를 연구하기 위해 고안한 설문지이다.

〈설문지〉

A시에는 택시가 총 100대 있는데, 이 중 초록색 택시가 90%, 파란색 택시가 10%이다. 그런데 안개가 낀 어느 날 밤에 택시 한 대가 사고를 일으키고 달아났다. 사고의 유일한 목격자인 갑은 달아난 택시가 파란색이었다고 증언했다. 이에 법정에서는 갑의 증언이 신뢰할 만한지 판단하기 위해 사고가 난 밤과 동일한 조건에서 실험하였다. 그 결과, 갑의 증언의 정확도는 80%임이 밝혀졌다. 즉, 갑이 초록색 택시를 초록색으로 알아맞힌 비율도, 파란색 택시를 파란색으로 알아맞힌 비율도 80%였다. 이를 바탕으로 올바르게 추론한 결과는 다음 중 어느 것인가?

(a) 그날 사고를 일으키고 달아난 택시가 파란색이었을 확률이 초록색이었을 확률보다 크다.
(b) 그날 사고를 일으키고 달아난 택시가 초록색이었을 확률이 파란색이었을 확률보다 크다.

정답은 (b)이다. 이것은 다음과 같이 설명할 수 있다. 사고 당시와 동일한 조건에서 A시의 모든 택시를 갑에게 보여 주는 실험을 했다고 가정해 보자. 이 실험에서 갑은 90대의 초록색 택시와 10대의 파란색 택시를 본다. 90대의 초록색 택시 중 그가 파란색이라고 부정확하게 식별한 것은 20%, 즉 18대이다. 그리고 10대의 파란색 택시 중 그가 파란색이라고 정확하게 식별한 것은 80%, 즉 8대이다. 결국 이 실험에서 갑이 파란색 택시라고 식별한 것은 모두 26대이지만, 이 중 단 8대만이 실제로 파란색이다. 따라서 갑이 본 달아난 택시가 실제로 파란색일 확률은 8/26로 약 31%이고, 초록색일 확률은 18/26로 약 69%이다.

그런데 설문 조사 결과, 대다수의 사람들이 (a)를 택했다. 그 이유는 사람들이 기저율을 무시하는 경향이 있기 때문인데, 이렇게 기저율을 무시하여 생기는 오류를 기저율 오류라고 한다. 위 설문지에는 A시의 전체 택시 중에서 파란색 택시의 비율 및 A시의 전체 택시 중에서 초록색 택시의 비율이 기저율로 제시되어 있다. (a)를 택했다면 갑의 증언의 정확도가 80%라는 사실에 초점을 맞춰 추론하면서 A시에 있는 대부분의 택시가 초록색이라는 사실을 무시했기 때문일 것이다.

우리가 합리적 추론을 하기 위해 지켜야 할 원칙 중 하나로 전체 증거의 원칙이 있다. 전체 증거의 원칙이란 확보된 모든 증거를 고려하여 추론해야 한다는 것이다. 위 설문지에서 (a)를 택한 사람들은 기저율을 고려하지 않고 갑의 증언의 정확도에만 초점을 맞춰 추론함으로써 전체 증거의 원칙을 어긴 것이다.

21. 위 글에서 추론할 수 있는 것은?

① 설문지에서 (b)가 옳다고 답변한 사람은 합리적 추론을 한 것이 아니다.
② A시의 택시 중 파란색 택시 비율에만 주목하여 (a)가 옳다고 답변한 사람은 합리적 추론을 한 것이다.
③ 설문지의 조건에서 갑의 증언의 정확도만 70%로 바꿨을 때 (a)가 옳다고 답변한 사람은 기저율 오류를 저지른 것이 아니다.
④ 설문지의 조건에서 A시의 택시 대수만 총 1,000대로 바꿨을 때 (a)가 옳다고 답변한 사람은 기저율 오류를 저지른 것이 아니다.
⑤ A시의 택시 중 파란색 택시 비율과 갑의 증언의 정확도 중 하나라도 고려하지 않은 사람이 (b)가 답이라고 추론한다면, 그 사람은 전체 증거의 원칙을 지키지 않은 것이다.

22. 위 글에 비추어 볼 때, 〈사례〉에 대한 판단으로 적절한 것만을 〈보기〉에서 모두 고르면?

〈사 례〉

을은 100만 명 중 한 명의 비율로 걸리는, 즉 기저율이 1/1,000,000인 병 X에 대한 검사를 받았다. 이 검사법의 정확도는 99%이다. 즉 이 검사법은 X에 걸렸을 때 99%의 확률로 양성 반응이 나타나고, 걸리지 않았을 때 99%의 확률로 음성 반응이 나타난다. 을은 X가 1/1,000,000의 확률로 걸리는 희귀병이라는 점과 그 검사법의 정확도에 대해 알고 있다.

〈보 기〉

ㄱ. 을은 X에 대한 검사에서 양성 반응이 나올 확률이 그렇지 않을 확률보다 크다고 판단할 것이다.
ㄴ. 을이 기저율을 무시한다면, 을은 X에 대한 검사에서 양성 반응이 나왔을 때, 자신이 X에 실제로 걸렸을 확률이 걸리지 않았을 확률보다 크다고 판단할 것이다.
ㄷ. 을이 기저율을 무시하지 않는다면, 을은 X에 대한 검사에서 양성 반응이 나왔을 때, 자신이 X에 실제로 걸렸을 확률이 걸리지 않았을 확률보다 작다고 판단할 것이다.

① ㄱ
② ㄷ
③ ㄱ, ㄴ
④ ㄴ, ㄷ
⑤ ㄱ, ㄴ, ㄷ

23. 다음 글에서 추론할 수 있는 것만을 〈보기〉에서 모두 고르면?

△△부는 '적극행정 가산점' 제도를 시행하고 있는데, 각 직원의 가산점은 유형 Ⅰ과 Ⅱ에서 받은 점수의 합으로 계산된다. 각 유형의 활동별 점수는 다음 표와 같다.

유형	활동	점수
Ⅰ	혁신적인 아이디어 제안	0~1
	예산을 절감하는 성과 창출	0~2
	국민 중점 민원 해결	0~3
Ⅱ	타 부서의 적극행정 추진에 협력	1
	적극행정 신규 사례 발굴	2

유형 Ⅰ에 속하는 활동에 대한 점수는 부서장의 요청과 이에 대한 평가단의 검증을 거쳐 확정된다. 이와 달리 유형 Ⅱ에 속하는 활동에 대한 점수는 외부 전문가들로 구성된 적극행정추진위원회가 요청하면 검증 없이 그대로 확정된다. 올해 △△부 직원에 대한 적극행정 가산점이 모두 확정되었는데, △△부에서 취합한 적극행정 가산점 요청 내역은 다음과 같다.

〈적극행정 가산점 요청 내역〉

○ 부서장의 요청
- 직원 갑 : 혁신적인 아이디어 제안
- 직원 을 : 국민 중점 민원 해결
- 직원 병 : 예산을 절감하는 성과 창출

○ 적극행정추진위원회의 요청
- 직원 갑 : 타 부서의 적극행정 추진에 협력
- 직원 병 : 적극행정 신규 사례 발굴

〈보 기〉

ㄱ. 적극행정 가산점은 갑이 을보다 높을 수 없다.
ㄴ. 적극행정 가산점은 을이 병보다 높을 수 없다.
ㄷ. 적극행정 가산점은 갑이 병보다 높을 수 없다.

① ㄱ
② ㄷ
③ ㄱ, ㄴ
④ ㄴ, ㄷ
⑤ ㄱ, ㄴ, ㄷ

24. 다음 대화의 (가)와 (나)에 들어갈 말을 적절하게 나열한 것은?

갑 : 최근 우리 시에 있는 A마트가 의무휴업일에 영업을 했으니 이에 대해 조치해 달라는 민원이 접수되었습니다. 어떻게 처리하여야 할까요?

을 : A마트가 「유통산업발전법」에 규정된 의무휴업, 개설등록 등이 적용되는 대규모 점포에 해당하는지부터 확인해야겠군요.

갑 : A마트에서 제출한 사용승인 신청서의 내용을 확인해 보니, 「유통산업발전법」 제2조에 규정된 대규모 점포의 요건을 갖춘 것으로 보입니다. 따라서 영업 개시 전에 개설등록을 해야 하고 의무휴업일도 적용됩니다.

을 : 그러면 A마트에 대해 의무휴업 적용 대상이라고 안내하고 기왕의 의무휴업 위반에 대한 제재를 부과해야겠네요. 법령에 의하면 의무휴업 위반 횟수가 2회 이하이면 과태료 부과 대상이고 3회 이상이면 영업정지 처분 대상이니, 우선 A마트의 의무휴업 위반 횟수부터 파악해 봅시다.

갑 : 우리 시의 의무휴업일이 매월 2, 4째 주 일요일인데 A마트는 지난주에 영업을 시작했으니까 위반 횟수는 1회이겠군요. 그런데 A마트가 아직 개설등록을 하지 않았는데 그래도 의무휴업이 적용되는 것인지부터 검토할 필요가 있겠네요.

을 : 제가 전에 비슷한 사안을 처리했는데, 그때 산업통상자원부에 질의하여 (가) 의무휴업이 적용된다는 내용의 회신을 받았습니다.

갑 : 그렇다면 A마트에 대해서는 의무휴업이 적용되지 않겠군요. 그런데 「유통산업발전법」을 보니까 개설등록을 하지 않고 대규모 점포를 개설하여 영업한 것은 위법하고 벌금형 부과 대상이네요.

을 : 네, 그렇습니다. 다만 벌금형 부과는 우리 시에서 할 수는 없으니 수사기관에 고발하는 것까지만 할 수 있겠네요.

갑 : 잘 알겠습니다. 그러면 민원인에게 A마트의 법령 위반 영업 행위에 대해 (나) 진행하겠다고 회신하겠습니다.

① (가) : 개설등록을 하여 적법한 영업 요건을 충족해야
(나) : 수사기관에 고발하는 조치를
② (가) : 개설등록을 하여 적법한 영업 요건을 충족해야
(나) : 수사기관에 고발하는 조치와 과태료 부과 처분을
③ (가) : 대규모 점포에 해당해야
(나) : 수사기관에 고발하는 조치를
④ (가) : 대규모 점포에 해당해야
(나) : 수사기관에 고발하는 조치와 영업정지 처분을
⑤ (가) : 사용승인 처분을 받아야
(나) : 영업정지 처분을

25. 다음 글의 〈논쟁〉에 대한 분석으로 적절한 것만을 〈보기〉에서 모두 고르면?

갑과 을은 △△국 「주택임차인 보호법」 제3조, 제4조의 해석을 놓고 논쟁하고 있다. 그 조문은 다음과 같다.

> 제3조(대항력) ① 임차인이 임차주택에 대한 주민등록을 마친 때에는 임차주택을 매수한 제삼자에게 임대차 계약의 효력을 주장할 수 있다.
> ② 임차주택이 경매된 경우에 임차인이 그 경매 대금으로부터 다른 채권자보다 우선적으로 임대차 보증금을 배당 받으려면 임차주택에 대한 주민등록을 마쳐야 하고 확정일자가 기재된 임대차 계약서를 갖춰야 한다.
> 제4조(계약의 갱신) ① 임대인이 임대차 기간 종료 6개월 전부터 2개월 전까지의 기간에 임차인에게 계약 종료 통지를 하지 않으면 임차인은 임대차 계약이 자동으로 갱신되었다고 주장할 수 있다.

위 법의 적용 대상인 X주택을 그 소유자인 A가 B에게 임대했다. B는 X주택에 대한 주민등록을 마쳤다. 임대차 계약서에는 A의 자필로 계약일자가 기재되어 있었고 확정일자는 없었다.

〈논 쟁〉

쟁점1 : 임대차 기간 중 진행된 X주택에 대한 경매 절차를 통해 C가 X주택의 소유자가 되자 B는 C에게 임대차 계약의 효력을 주장한다. 이러한 B의 주장에 대해 갑은 타당하다고 하지만 을은 부당하다고 한다.

쟁점2 : 임대차 기간 중에 경매된 X주택의 경매 대금으로부터 B가 임대차 보증금을 다른 채권자인 D보다 우선적으로 배당 받을 수 있는지에 대해, 갑은 그렇다고 주장하고 을은 그렇지 않다고 주장한다.

쟁점3 : 임대차 기간 종료 6개월 전부터 2개월 전까지의 기간에 A가 B에게 계약 종료 통지를 하지 않았다. 임대차 계약 기간이 만료된 후 B는 임대차 계약 종료 통지를 했으나 A는 임대차 계약 갱신을 주장하는 경우, 갑은 임대차 계약이 갱신된 것으로 보아야 한다고 주장하나 을은 임대차 계약이 종료된 것으로 보아야 한다고 주장한다.

〈보 기〉

ㄱ. 쟁점1과 관련하여, 경매 절차를 통해 임차주택의 소유권을 취득한 자가 위 법 제3조제1항의 '임차주택을 매수한 제삼자'에 포함된다고 해석하면, 갑의 주장은 옳고 을의 주장은 옳지 않다.

ㄴ. 쟁점2와 관련하여, 갑은 임대인이 자필로 계약일자를 기재한 것도 위 법 제3조제2항의 확정일자가 기재된 것에 해당한다고 해석하고 을은 그렇지 않다고 해석하고 있다면, 갑과 을의 주장 불일치를 설명할 수 있다.

ㄷ. 쟁점3과 관련하여, 위 법 제4조제1항의 목적이 임차인의 선택을 최대한 존중하는 것이라고 해석하면, 갑의 주장은 옳지 않지만 을의 주장은 옳다.

① ㄱ
② ㄷ
③ ㄱ, ㄴ
④ ㄴ, ㄷ
⑤ ㄱ, ㄴ, ㄷ

1. 다음 글을 근거로 판단할 때 옳은 것은?

제00조(기상산업의 실태조사 등) ① 기상청장은 기상산업을 체계적으로 진흥하고 기본계획과 시행계획 등을 효율적으로 수립 · 추진하기 위하여 기상산업에 대한 실태조사(이하 '실태조사'라 한다)와 자료수집을 할 수 있다.
② 기상청장은 실태조사와 자료수집을 위하여 필요하다고 인정하면 관련 행정기관 · 연구기관 · 교육기관 또는 기상사업자 등에게 필요한 자료나 의견을 제출하도록 요청할 수 있다.
③ 기상청장은 실태조사를 기상산업에 관한 전문성을 갖춘 기관 또는 단체에 의뢰하여 실시할 수 있다.
④ 기상청장은 실태조사를 실시한 경우 그 결과를 기상청의 인터넷 홈페이지에 공표해야 한다.
제00조(기상정보의 제공) ① 기상청장은 기상사업자가 기상정보의 제공을 신청한 경우 정당한 이유가 없으면 그 정보를 제공하여야 한다.
② 제1항에 따라 기상청장이 기상정보를 제공할 때에는 그 기상정보의 제공에 드는 비용에 충당하기 위하여 수수료를 징수할 수 있다.
제00조(기상정보의 출처 명시 등) ① 기상사업자는 기상정보를 제3자에게 제공하는 경우 그 출처를 밝혀야 한다.
② 기상청장은 기상사업자가 제1항에 따른 출처를 밝히지 아니하는 경우에는 시정을 요구할 수 있다.

① 기상청장은 실태조사를 직접 실시하지 않고 기상산업에 관한 전문성을 갖춘 단체에 의뢰하여 실시할 수 있다.
② 기상청장은 실태조사와 자료수집을 위해 필요한 경우, 관련 행정기관에게 필요한 자료의 제출을 요청할 수 있지만 기상사업자에게는 요청할 수 없다.
③ 기상사업자는 기상청장으로부터 제공받은 기상정보를 제3자에게 제공할 수 없다.
④ 기상청장이 기상사업자에게 기상정보를 제공할 때에는 기상정보의 경제적 가치에 해당하는 수수료를 징수하여야 한다.
⑤ 기상청장은 기상산업 진흥을 위한 자료수집을 한 경우, 그 결과를 기상청 인터넷 홈페이지에 공표해야 한다.

2. 다음 글을 근거로 판단할 때 옳은 것은?

제00조(정의) 이 법에서 '국제기구 분담금'이란 정부가 국제기구에 의무적으로 납부하여야 하는 경비 또는 국제기구와 협력사업 추진을 위하여 재량적으로 납부하는 경비를 말한다. 다만 국제금융기구 및 녹색기후기금에 납입하는 출자금 또는 출연금은 제외한다.
제00조(국제기구 분담금 심의위원회) ① 국제기구 분담금 관리에 관한 주요사항을 심의 · 조정하기 위하여 외교부장관 소속으로 국제기구 분담금 심의위원회(이하 '위원회'라 한다)를 둔다.
② 위원회는 다음 각 호의 사항을 심의 · 조정한다.
1. 중앙행정기관별 전년도 국제기구 분담금 납부실적 및 자체평가 결과
2. 중앙행정기관별 다음 연도 국제기구 분담금 납부계획
제00조(국제기구 분담금 납부실적에 대한 자체평가 등) ① 중앙행정기관의 장은 소관 국제기구 분담금의 전년도 납부실적 및 납부목적 부합 여부에 대하여 매년 자체평가를 실시하여야 한다.
② 중앙행정기관의 장은 매년 3월 31일까지 소관 국제기구 분담금의 전년도 납부실적, 제1항에 따른 자체평가 결과 및 다음 연도 국제기구 분담금 납부계획을 위원회에 제출하여야 한다.
③ 외교부장관은 제2항에 따라 제출된 납부실적 등에 대한 위원회의 심의 · 조정 결과를 매년 5월 31일까지 기획재정부장관에게 송부하고, 기획재정부장관은 송부받은 위원회의 심의 · 조정 결과를 존중하여 다음 연도 예산안을 편성하여야 한다.

① 위원회는 중앙행정기관별 다음 연도 국제기구 분담금 납부계획을 심의 · 조정한다.
② 위원회는 중앙행정기관이 납부하는 국제기구 분담금의 납부목적 부합 여부에 대한 자체평가를 매년 실시하여야 한다.
③ 환경부가 녹색기후기금에 출연금을 납입하였다면 환경부장관은 해당 납입실적을 위원회에 제출하여야 한다.
④ 외교부장관은 중앙행정기관의 장이 제출한 납부실적을 매년 3월 31일까지 기획재정부장관에게 송부하여야 한다.
⑤ 국제기구와의 협력사업 추진을 위하여 시민단체가 스스로 국제기구에 납부하는 경비는 국제기구 분담금에 해당한다.

3. 다음 글을 근거로 판단할 때 옳은 것은?

제○○조(특허심판원) ① 특허 · 실용신안 · 디자인 · 상표에 관한 심판(이하 '심판사건'이라 한다)을 관장하게 하기 위하여 특허청장 소속으로 특허심판원을 둔다.
② 특허심판원에 특허심판원장(이하 '원장'이라 한다)과 심판관을 둔다.
제□□조(심판관 등의 지정) ① 원장은 각 심판사건에 대하여 제△△조에 따른 합의체를 구성할 심판관을 지정하여야 한다.
② 원장은 제1항에 따라 지정된 심판관 중에서 1명을 심판장으로 지정하여야 한다.
③ 제2항에도 불구하고 원장은 특히 중요하다고 인정되는 심판사건에 대해서는 원장 스스로 심판장이 될 수 있다.
④ 심판장은 그 심판사건에 관한 사무를 총괄한다.
제△△조(심판의 합의체, 심리 등) ① 심판은 3명 또는 5명의 심판관으로 구성되는 합의체가 한다.
② 제1항의 합의체의 합의는 과반수로 결정한다.
③ 심판은 구술심리 또는 서면심리로 한다. 다만 당사자가 구술심리를 신청하였을 때에는 서면심리만으로 결정할 수 있다고 인정되는 경우 외에는 구술심리를 하여야 한다.
④ 구술심리는 공개하여야 한다. 다만 공공의 질서 또는 선량한 풍속에 어긋날 우려가 있으면 그러하지 아니하다.

① 심판의 합의체는 심판장 1명과 심판관 1명으로 구성될 수 있다.
② 원장이 심판장으로서 심판사건에 관한 사무를 총괄하는 경우가 있다.
③ 합의체의 합의는 심판관 전원의 일치된 의견으로 결정한다.
④ 당사자가 구술심리를 신청한 경우에는 서면심리로 심판할 수 없다.
⑤ 서면심리로 심판하는 경우 그 심리는 공개하여야 한다.

4. 다음 글을 근거로 판단할 때 옳은 것은?

제00조(의료 해외진출의 신고) ① 의료 해외진출을 하려는 의료기관의 개설자는 보건복지부장관에게 신고하여야 한다.
② 보건복지부장관은 제1항에 따른 신고를 한 의료기관의 개설자에게 의료 해외진출의 신고확인증을 발급하여야 한다.
제00조(외국인환자 유치에 대한 등록) ① 외국인환자를 유치하려는 의료기관은 다음 각 호의 요건을 갖추어 특별시장 · 광역시장 · 특별자치시장 · 도지사 또는 특별자치도지사(이하 '시 · 도지사'라 한다)에게 등록하여야 한다.
1. 외국인환자를 유치하려는 진료과목별로 전문의를 1명 이상 둘 것
2. 의료배상공제조합 또는 보건복지부령으로 정하는 의료사고배상책임보험에 가입하였을 것
② 외국인환자를 유치하려는 비의료기관은 다음 각 호의 요건을 갖추어 시 · 도지사에게 등록하여야 한다.
1. 보건복지부령으로 정하는 보증보험에 가입하였을 것
2. 국내에 사무소를 설치하였을 것
③ 시 · 도지사는 제1항에 따라 등록한 의료기관(이하 '외국인환자 유치의료기관'이라 한다) 및 제2항에 따라 등록한 비의료기관(이하 '외국인환자 유치사업자'라 한다)에게 등록증을 발급하여야 한다.
④ 제1항 및 제2항에 따른 등록의 유효기간은 등록일부터 3년으로 한다.
⑤ 제4항에 따른 유효기간이 만료된 후 계속하여 외국인환자를 유치하려는 자는 유효기간이 만료되기 전에 그 등록을 갱신하여야 한다.

① 의료 해외진출을 하려는 의료기관의 개설자는 시 · 도지사에게 등록하여야 한다.
② 외국인환자 유치를 위해 시 · 도지사에게 등록하려는 의료기관이 보건복지부령으로 정하는 의료사고배상책임보험에 가입하지 않는다면 의료배상공제조합에는 가입하여야 한다.
③ 외국인환자 유치사업자는 등록일부터 3년이 지난 후에도 그 등록의 갱신 없이 계속하여 외국인환자를 유치할 수 있다.
④ 외국인환자를 유치하려는 비의료기관이 시 · 도지사에게 등록하기 위해서는 진료과목별로 전문의 1명 이상을 두어야 한다.
⑤ 시 · 도지사는 국내에 사무소를 설치하지 않은 비의료기관에게 외국인환자 유치사업자 등록증을 발급할 수 있다.

5. 다음 글을 근거로 판단할 때 옳은 것은?

조선시대에는 서해안과 남해안을 중심으로 소금 생산이 활발했다. 소금의 최대 생산지는 평안도에서 전라도에 이르는 서해안의 갯벌 지대로, 대표적인 지역은 전라도 부안과 충청도 태안이었다. 이러한 소금 생산지에는 염장이라는 관청을 설치해 소금 생산을 관리하였다.

동해안의 소금 생산 방법은 서해안이나 남해안과 달랐다. 동해안에서는 바닷물을 끓여서 소금을 만들었다. 바닷물을 끓일 때 나무가 필요했기 때문에 소금 생산 지역의 주변 산은 대부분 민둥산이었다. 반면 서해안과 남해안은 조석(潮汐) 간만의 차를 이용했다. 해안가에 작은 둑을 쌓아 염전을 만들어 보름에 한 번씩 바닷물을 가두고, 가둔 물을 둑 안에서 자연 증발시켜 소금을 얻었다. 이처럼 자연 증발을 통해 얻은 소금이 천일염이다.

소금은 나루터를 중심으로 유통되었다. 예를 들어, 조선시대 경기도 일대 소금은 대부분 한강의 마포나루에 집결되었다. 그런 까닭으로 조선시대에는 마포염이라는 말이 있을 정도였다. 염전 하나 없는 마포가 소금으로 유명해진 것은 소금 유통의 중심지였기 때문이다. 경강상인은 마포나루를 비롯한 한강 일대의 나루터에 창고를 지어 놓고, 소금, 젓갈, 생선 등을 거래하였다.

① 동해안에서는 조석 간만의 차를 이용한 소금 생산 방식을 주로 사용하였다.
② 조선시대에 경강상인에 의한 소금 거래는 이루어지지 않았다.
③ 조선시대 소금의 최대 생산지는 남해안의 갯벌 지대였다.
④ 마포염은 마포에서 생산된 소금을 이르는 말이다.
⑤ 조선시대에 천일염은 염전에서 얻을 수 있었다.

6. 다음 글을 근거로 판단할 때, 乙이 먹은 어묵의 개수는?

甲 : 분식집에서 얼마 냈어?
乙 : 15,000원.
甲 : 어묵 한 개 1,000원, 떡볶이 한 접시 3,000원, 만두 한 접시 2,000원이었잖아. 둘이 먹었는데 그렇게 많이 나왔어?
乙 : 떡볶이 한 접시와 만두 한 접시를 먹었지. 그리고 어묵은 여러 개 먹었어. 그런데 사장님이 만둣값은 안 받으셨어.
甲 : 어묵을 많이 먹긴 했나 보다.
乙 : 네가 나보다 어묵을 두 개나 더 먹었잖아.

① 5
② 6
③ 7
④ 8
⑤ 9

7. 다음 글을 근거로 판단할 때, 16~20번 문항의 정답으로 가능한 것은?

甲은 5지선다형 20개 문항으로 구성된 시험을 출제한다. 각 문항의 선택지는 A, B, C, D, E이며, 정답별 문항 개수 및 정답 배열에 관한 조건은 다음과 같다.

○ A가 정답인 문항은 2개 이상 6개 이하여야 한다. B~E도 마찬가지이다.
○ 동일한 정답이 연속해서 3회 이상 나와서는 안 된다.

甲은 현재 15번 문항까지 출제하였다. 14번과 15번 문항의 정답은 모두 A이며, 15번까지 정답별 문항 개수는 다음과 같다.

과목	일반과정	속성과정	정답	A	B
문항 개수	2	0	3	5	5

	16번	17번	18번	19번	20번
①	A	B	B	C	B
②	B	A	B	B	C
③	B	A	D	B	D
④	C	B	B	B	D
⑤	D	B	E	C	A

8. 다음 글을 근거로 판단할 때, 세미나 장소 A~E 중 甲이 선정할 곳은?

○ △△부서 주무관 甲은 다음 조건에 따라 정책 세미나 개최를 위한 장소를 선정하고자 한다.
- 세미나 시간은 14:00~16:00이며, 43명이 참석한다.
- 세미나 시간 동안 해당 장소에 타 부서의 예약이 없어야 하며, 프로젝터 사용이 가능한 장소여야 한다.
- 위 조건을 모두 만족하는 장소가 여러 곳인 경우, 그중 다과 제공이 가능한 장소가 있다면 그 장소를 선정한다.

○ 다음은 세미나 장소 A~E에 관한 정보이다.

장소	세미나 당일 타 부서 예약 현황	프로젝터 사용 가능 여부	최대 수용 가능 인원	다과 제공 가능 여부
A	13:00~15:00	○	65명	○
B	없음	○	40명	○
C	11:00~12:30	○	50명	×
D	없음	×	80명	×
E	없음	○	45명	○

① A
② B
③ C
④ D
⑤ E

※ 다음 글을 읽고 물음에 답하시오. [9~10]

○○국은 노후의 건강증진 및 생활안정을 도모하고 부양가족의 부담을 덜어줌으로써 국민 삶의 질을 높이기 위해 노인장기요양보험제도를 시행 중이다. 이를 통해 고령이나 노인성 질병 등의 사유로 혼자 일상생활을 하기 어려운 노인에게 신체활동 또는 가사활동 지원 등의 장기요양급여를 제공하고 있다.

노인장기요양보험제도는 소득에 관계없이 심신기능의 상태를 고려한 요양 필요도에 따라 장기요양 인정을 받은 자에게 서비스를 제공하는 것이다. 이는 국민기초생활보장대상자 등 특정 저소득층을 대상으로 제공되는 기존 노인복지서비스와 차이가 있다.

노인장기요양보험제도 수급자(이하 '수급자'라 한다)가 제공받을 수 있는 급여로는 재가(在家)급여, 시설급여, 복지용구급여, 특별현금급여 네 가지가 있다. 재가급여는 노인요양시설에 입소하지 않은 수급자의 가정을 방문하여 제공하는 방문요양, 방문목욕, 방문간호와 재가 노인을 일정 시간 동안 요양기관에서 보호해 주는 주·야간보호로 이루어져 있다. 시설급여는 수급자를 노인요양시설에서 장기간 보호해 주는 것을 말한다. 복지용구급여는 심신기능이 저하되어 일상생활을 영위하는 데 지장이 있는 수급자에게 일상생활·신체활동 지원 및 인지기능의 유지·향상에 필요한 용구를 구입하거나 대여해 주는 것을 말한다. 단, 시설급여 수급자의 경우 복지용구급여는 제공받지 못한다. 특별현금급여는 수급자가 천재지변, 신체 또는 정신 등의 사유로 재가급여나 시설급여를 받을 수 없어 그 가족 등으로부터 방문요양에 상당하는 서비스를 받을 때 지급하는 현금급여를 뜻하며, 수급자에게 매월 15만 원씩 지급한다.

한편 노인장기요양보험제도 수급자에게는 본인부담금이 발생한다. 급여별 본인부담금은 다음과 같다. 재가급여의 경우 해당 장기요양급여비용의 100분의 15, 시설급여는 100분의 20, 복지용구급여는 100분의 15이다. 다만 국민기초생활보장대상자에게는 본인부담금이 발생하지 않는다.

9. 윗글을 근거로 판단할 때, 〈보기〉에서 옳은 것만을 모두 고르면?

〈보 기〉

ㄱ. 노인장기요양보험제도의 지원 대상은 국민기초생활보장대상자 등 특정 저소득층이다.
ㄴ. 노인요양시설에 입소해 장기간 보호받고 있는 수급자 A는 그 기간 동안 방문목욕급여를 받을 수 없다.
ㄷ. 시설급여 수급자 B는 신체활동 지원에 필요한 용구인 성인용 보행기 대여에 대한 복지용구급여를 받을 수 없다.
ㄹ. 재가급여나 시설급여를 제공받을 수 있음에도 가족으로부터 방문요양에 상당하는 서비스를 받는 C는 특별현금급여를 제공받을 수 있다.

① ㄱ, ㄴ
② ㄱ, ㄹ
③ ㄴ, ㄷ
④ ㄴ, ㄹ
⑤ ㄷ, ㄹ

10. 윗글과 〈상황〉을 근거로 판단할 때, 甲~丙을 이번 달 수급 현황에 따른 본인부담금이 높은 순서대로 나열한 것은?

〈상 황〉

○ 노인장기요양보험제도 급여별 장기요양급여비용은 다음과 같다.

급여 유형	급여 내용	급여비용
재가급여	방문요양	2만 원/시간
	방문목욕	7만 원/회
	방문간호	4만 원/시간
	주·야간보호	1만 원/시간
시설급여	노인요양시설 보호	7만 원/일
복지용구급여	복지용구 구입	복지용구 구입비
	복지용구 대여	복지용구 대여료

○ 노인장기요양보험제도 수급자 甲~丙의 이번 달 수급 현황은 다음과 같다.

수급자	수급 내역	비고
甲	방문목욕 10회, 복지용구(전동침대) 구입	전동침대 구입비 30만 원
乙	주·야간보호 45시간, 방문요양 28시간	국민기초생활보장대상자
丙	노인요양시설 보호 11일	–

① 甲 > 乙 > 丙
② 甲 > 丙 > 乙
③ 乙 > 丙 > 甲
④ 丙 > 甲 > 乙
⑤ 丙 > 乙 > 甲

11. **다음 글을 근거로 판단할 때 옳은 것은?**

> 제00조(행위제한) ① 사람이 거주하지 아니하거나 극히 제한된 지역에만 거주하는 섬으로서 자연생태계 보전을 위하여 환경부장관이 지정하여 고시하는 도서(이하 '특정도서'라 한다)에서 다음 각 호의 어느 하나에 해당하는 행위를 하여서는 아니 된다.
> 1. 건축물 또는 공작물의 신축 · 증축
> 2. 택지의 조성, 토지의 형질변경, 토지의 분할
> 3. 도로의 신설
> 4. 폐기물을 매립하거나 버리는 행위
>
> ② 제1항에도 불구하고 다음 각 호의 어느 하나에 해당하는 경우에는 제1항을 적용하지 아니한다.
> 1. 군사 · 항해 · 조난구호 행위
> 2. 재해의 발생 방지 및 대응을 위하여 필요한 행위
> 3. 국가가 시행하는 해양자원개발 행위
>
> ③ 제2항에 따른 행위를 한 자는 그 행위의 내용과 결과를 환경부장관에게 통보하여야 한다.
>
> 제00조(허가) 환경부장관은 특정도서의 지정 목적에 지장이 없다고 인정하는 경우에는 다음 각 호의 어느 하나에 해당하는 행위를 허가할 수 있다. 다만 문화유산으로 지정된 특정도서에 대하여는 미리 국가유산청장과 협의하여야 한다.
> 1. 국가나 지방자치단체가 등산로, 산책로, 공중화장실, 정자 등을 설치하는 행위
> 2. 자연생태계의 연구 · 조사를 목적으로 하는 행위

① 특정도서에서의 도로 신설이 군사 행위인 경우 그 행위의 내용과 결과를 환경부장관에게 통보할 필요가 없다.
② 특정도서에 거주하는 주민은 재해발생 방지를 위해 필요한 경우에도 특정도서에서의 공작물 신축 행위를 할 수 없다.
③ 환경부장관이 특정도서에서 건축물의 증축을 허가하기 위해서는 미리 국가유산청장과 협의하여야 한다.
④ 민간기업이 영리 목적으로 특정도서에 산책로를 설치하려는 경우 환경부장관은 이를 허가할 수 있다.
⑤ 특정도서에서 자연생태계의 연구 · 조사를 목적으로 하는 행위에 대해 환경부장관의 허가를 얻으면 그 행위를 할 수 있다.

12. **다음 글을 근거로 판단할 때 옳은 것은?**

> 제00조(특수건강진단 등) ① 사업주는 특수건강진단대상업무에 종사하는 근로자의 건강관리를 위하여 특수건강진단을 실시하여야 한다.
>
> ② 사업주는 제△△조 제1항에 따른 특수건강진단기관에서 특수건강진단을 실시하여야 한다.
>
> 제□□조(특수건강진단에 관한 사업주의 의무) ① 사업주는 특수건강진단을 실시하는 경우 근로자대표가 요구하면 근로자대표를 참석시켜야 한다.
>
> ② 사업주는 산업안전보건위원회 또는 근로자대표가 요구할 때에는 특수건강진단 결과에 대하여 설명하여야 한다. 다만 개별 근로자의 특수건강진단 결과는 본인의 동의 없이 공개해서는 아니 된다.
>
> ③ 사업주는 특수건강진단의 결과 근로자의 건강을 유지하기 위하여 필요하다고 인정할 때에는 작업장소 변경, 작업 전환, 근로시간 단축, 야간근로(오후 10시부터 다음 날 오전 6시까지 사이의 근로를 말한다)의 제한, 작업환경측정 또는 시설 · 설비의 설치 · 개선 등 적절한 조치를 하여야 한다.
>
> 제△△조(특수건강진단기관) ① 의료기관이 특수건강진단을 수행하려는 경우에는 고용노동부장관으로부터 특수건강진단을 할 수 있는 기관(이하 '특수건강진단기관'이라 한다)으로 지정받아야 한다.
>
> ② 고용노동부장관은 특수건강진단기관의 진단 · 분석 결과에 대한 정확성과 정밀도를 확보하기 위하여 특수건강진단기관의 진단 · 분석능력을 확인하고, 특수건강진단기관을 지도하거나 교육할 수 있다.
>
> ③ 고용노동부장관은 특수건강진단기관을 평가하고 그 결과(제2항에 따른 진단 · 분석능력의 확인 결과를 포함한다)를 공개할 수 있다.

① 사업주는 특수건강진단을 실시하는 경우 고용노동부장관이 요구하면 근로자대표를 참석시켜야 한다.
② 근로자대표는 산업안전보건위원회의 동의 없이는 사업주가 특수건강진단 결과에 대하여 설명하도록 요구할 수 없다.
③ 산업안전보건위원회는 특수건강진단의 결과 근로자의 건강을 유지하기 위하여 필요하다고 인정할 때에는 야간근로를 제한하는 조치를 하여야 한다.
④ 고용노동부장관은 특수건강진단기관의 진단 · 분석능력 확인 결과를 포함하여 특수건강진단기관에 대한 평가 결과를 공개할 수 있다.
⑤ 사업주는 근로자대표의 요구가 있다면 개별 근로자의 특수건강진단 결과를 본인 동의 없이 공개할 수 있다.

13. 다음 글을 근거로 판단할 때 옳은 것은?

제○○조(소방활동 종사명령, 소방활동 비용지급) ① 소방대장은 화재가 발생한 현장에서 소방활동을 위하여 필요할 때에는 그 현장에 있는 사람으로 하여금 사람을 구출하는 일 또는 불을 끄거나 불이 번지지 아니하도록 하는 일을 하게 할 수 있다.
② 제1항에 따른 명령에 따라 소방활동에 종사한 사람은 시·도지사로부터 소방활동의 비용을 지급받을 수 있다. 다만 다음 각 호의 어느 하나에 해당하는 사람의 경우에는 그러하지 아니하다.
1. 건물·차량·선박·산림·인공구조물 또는 물건(이하 '소방대상물'이라고 한다)에 화재가 발생한 경우 그 소방대상물의 소유자·관리자 또는 점유자
2. 고의 또는 과실로 화재를 발생시킨 사람
3. 화재 또는 구조·구급 현장에서 물건을 가져간 사람

제□□조(강제처분 등) ① 소방대장은 사람을 구출하거나 불이 번지는 것을 막기 위하여 필요할 때에는 화재가 발생하거나 불이 번질 우려가 있는 소방대상물 및 토지에 대한 일시적 사용·사용제한 등 소방활동에 필요한 처분을 할 수 있다.
② 소방대장은 소방활동을 위하여 긴급하게 출동할 때에는 소방자동차의 통행과 소방활동에 방해가 되는 주차 또는 정차된 차량 및 물건 등을 제거하거나 이동시킬 수 있다.
③ 소방대장은 제2항에 따른 소방활동에 방해가 되는 주차 또는 정차된 차량의 제거나 이동을 위하여 관할 지방자치단체 등 관련 기관에 견인차량과 인력 등에 대한 지원을 요청할 수 있다.
④ 시·도지사는 제3항에 따라 견인차량과 인력 등을 지원한 자에게 비용을 지급할 수 있다.

제△△조(손실보상) 소방청장 또는 시·도지사는 다음 각 호의 어느 하나에 해당하는 자에게 손실보상을 하여야 한다.
1. 제○○조 제1항에 따른 소방활동 종사로 인하여 사망하거나 부상을 입은 자
2. 제□□조 제2항에 따른 처분으로 인하여 손실을 입은 자. 다만 법령을 위반하여 소방자동차의 통행과 소방활동에 방해가 된 경우는 제외한다.

① 화재가 발생한 건물의 소유자가 소방대장의 소방활동 종사명령에 따라 해당 건물에서 사람을 구출하는 일을 한 경우, 그는 소방활동의 비용을 지급받을 수 있다.
② 과실로 화재를 발생시킨 사람이 소방대장의 소방활동 종사명령에 따라 불을 끄는 일을 하던 중 부상을 입은 경우, 그는 손실보상을 받을 수 없다.
③ 소방대장은 사람을 구출하기 위하여 필요할 때에는 불이 번질 우려가 있는 토지의 사용을 일시적으로 제한할 수 있다.
④ 소방대장이 화재진압을 위한 소방자동차의 긴급 출동에 방해가 되는 불법 주차 차량을 이동시키던 중 그 차량이 파손된 경우, 해당 차량을 주차한 소유자는 손실보상을 받는다.
⑤ 소방청장은 소방대장의 요청에 따라 견인차량을 지원한 자에게 견인비용을 지급하여야 한다.

14. 다음 글을 근거로 판단할 때, 〈보기〉에서 옳은 것만을 모두 고르면?

甲기업은 A, B 두 개의 공장을 가지고 있으며, 두 공장에서 같은 제품을 생산한다. A에서는 제품 생산을 위해 설비를 가동하는 데 1일 100만 원의 가동비용이 발생하며, 제품 1개를 생산할 때마다 1만 원의 비용이 소요된다. B에서는 가동비용이 발생하지 않으며, 제품 1개를 생산할 때마다 2만 원의 비용이 소요된다. A, B 모두 하루에 각각 최대 150개까지 제품 생산이 가능하다. 甲기업은 최소 비용으로 1일 목표 생산량 Q개를 달성하도록 생산량을 A, B에 배분한다.

〈보 기〉

ㄱ. Q가 120이라면 A에서만 생산해야 한다.
ㄴ. Q가 200이라면 B에서 150개를 생산해야 한다.
ㄷ. Q가 200일 때, A의 가동비용이 1일 50만 원으로 감소해도 A, B에 대한 배분량은 달라지지 않는다.

① ㄱ
② ㄴ
③ ㄱ, ㄷ
④ ㄴ, ㄷ
⑤ ㄱ, ㄴ, ㄷ

15. 다음 글을 근거로 판단할 때 옳은 것은?

甲도는 A~E 총 5개 지역으로 이루어져 있으며, 각 지역의 인구는 서로 다르다. 甲도는 건강행태에 대한 전수조사를 매년 실시하고 있다. 조사하는 지표 중 하나인 건강생활실천율은 거주자 중 금연, 절주, 걷기를 모두 실천하는 사람의 비율이다. 지역별 건강생활실천율은 다음과 같다.

지역	A	B	C	D	E
건강생활실천율(%)	35	30	25	30	30

① A지역에서 금연, 절주, 걷기를 실천하는 사람의 비율이 각각 2%p씩 높아지면 건강생활실천율도 2%p 높아진다.
② 건강생활실천율이 증가하려면 금연, 절주, 걷기를 실천하는 사람의 비율 중 가장 낮은 값이 증가해야만 한다.
③ 금연과 절주를 동시에 실천하는 사람의 비율은 B지역이 C지역보다 높다.
④ D지역에서 걷기를 실천하는 사람의 비율은 최소 30%이다.
⑤ 甲도의 건강생활실천율은 30%이다.

16. 다음 글을 근거로 판단할 때, 甲이 자격증 취득 시 지불해야 하는 최소 수강료는?

甲은 자격증을 취득하려고 한다. 자격증 시험은 각각 100점 만점인 A, B, C 3과목으로 이루어져 있다. 3과목의 점수 합이 150점 이상이면 자격증 취득이 가능하지만, 어느 과목이라도 40점 미만을 받은 경우에는 과락으로 자격증을 취득할 수 없다. 甲은 학원에서 A, B, C 3과목을 모두 수강하되, 그중 2과목은 일반과정, 1과목은 속성과정으로 수강하려고 한다. 甲이 다니는 학원은 수강 과목의 취득점수에 따라 사후적으로 수강료를 부과한다. 다음은 학원에서 수강할 수 있는 과목의 취득점수 1점당 수강료이다.

과목	취득점수 1점당 수강료(원)	
	일반과정	속성과정
A	5,000	10,000
B	3,000	7,000
C	10,000	13,000

① 810,000원
② 930,000원
③ 970,000원
④ 1,010,000원
⑤ 1,030,000원

17. 다음 글과 〈대화〉를 근거로 판단할 때, 甲과 丙의 근무처와 직위를 옳게 나열한 것은?

○ 직급이 5급 이상인 공무원 甲, 乙, 丙은 서로 다른 우체국 A, B, C에서 근무하고 있다.
○ 각 우체국의 5급 이상 공무원에게는 국장, 과장, 팀장의 직위가 부여되며 그 현황은 다음과 같다.
  – A우체국 : 3급 1명(국장), 4급 2명(과장), 5급 1명(팀장)
  – B우체국 : 4급 1명(국장), 5급 3명(과장)
  – C우체국 : 5급 1명(국장)

〈대 화〉

甲 : 저는 C우체국에서 근무하지 않아요.
乙 : 저는 甲과 직급이 같아요.
丙 : 저는 A우체국에서 근무하지 않고, 乙이 근무하는 우체국의 어느 공무원보다도 직급이 높아요.

	甲	丙
①	A우체국 팀장	B우체국 국장
②	A우체국 과장	B우체국 과장
③	A우체국 국장	B우체국 국장
④	B우체국 과장	C우체국 국장
⑤	B우체국 국장	C우체국 국장

18. 다음 글과 〈상황〉을 근거로 판단할 때, 아파트 매물 A~E 중 甲이 선택할 곳은?

○ 甲은 다음 기준에 따라 아파트 매물 중 한 곳을 선택하고자 한다.
  – 10층 이상이고, 2025년 7월 내 입주 가능
  – 담보 대출 없음
  – 전세 보증금 2.3억 원 이하(단, 붙박이장이 있는 경우 2.5억 원 이하)
○ 위 기준을 모두 충족하는 매물이 2개 이상인 경우, 그중 대한동 매물이 있다면 그 매물을 선택한다.

〈상 황〉

다음은 2025년 7월 1일 현재 아파트 매물의 정보이다.

매물	지역	동·호수	입주 가능 시기	전세 보증금 (억 원)	담보 대출	붙박이장
A	대한동	1011동 1601호	즉시	2.5	없음	있음
B	대한동	503동 1704호	즉시	2.3	있음	없음
C	민국동	301동 1504호	즉시	2.0	없음	없음
D	대한동	308동 1306호	2025. 8. 1. 이후	2.0	없음	있음
E	민국동	616동 806호	즉시	2.3	없음	없음

※ 호수가 네 자리 수인 경우 앞 두 자리의 수, 호수가 세 자리 수인 경우 앞 한 자리의 수는 층을 의미한다. 예를 들어 1601호는 16층이다.

① A
② B
③ C
④ D
⑤ E

19. 다음 글과 〈상황〉을 근거로 판단할 때, A부서의 1개월치 월세 지원액의 합은?

A부서는 거주지와 근무지가 멀리 떨어져 있어 출퇴근에 어려움을 겪는 직원에게 매달 월세를 지원한다.

○ 지원 대상은 주택을 소유하지 않은 직원 중, 거주지와 근무지 간 편도 거리가 50km 이상이거나 통근 시간이 1시간 이상인 직원이다.

○ 지원액은 아래의 지급기준에 따라 지원 대상자 본인의 월세를 초과하지 않는 범위 내에서 최대로 한다. 단, 복수의 지급기준에 해당하는 경우에는 더 높은 지원 한도액을 적용한다.

지급기준	지원 한도액
장애, 질병 등으로 출퇴근에 어려움이 있는 자	35만 원
신규임용일로부터 3년이 지나지 않은 자	25만 원
그 이외의 자	20만 원

〈상 황〉

A부서의 직원은 甲~戊이며, 이들의 정보는 아래와 같다. 이들 중 甲과 戊는 신규임용일로부터 3년이 지나지 않았으며, 乙은 질병으로 출퇴근에 어려움이 있다.

직원	거주지와 근무지 간 편도 거리	통근 시간	주택 소유 여부	월세
甲	50km	1시간 10분	○	45만 원
乙	45km	1시간	×	30만 원
丙	100km	1시간 30분	×	45만 원
丁	40km	50분	×	40만 원
戊	70km	1시간 40분	×	35만 원

① 70만 원
② 75만 원
③ 80만 원
④ 95만 원
⑤ 100만 원

20. 다음 글과 〈상황〉을 근거로 판단할 때, A~E 중 세무조사 대상으로 지정될 기업만을 모두 고르면?

甲부처는 2025년 7월 1일 현재, 세무조사 대상 기업을 지정하려고 한다. 아래 기준에 따라 기업 A~E의 점수를 매기고, 그 합산 점수가 7점을 초과하는 경우 세무조사 대상 기업으로 지정한다. 단, 최근 1년 내 세무조사를 받은 기업은 제외한다.

○ 전년도 매출액
 – 500억 원 미만 : 1점
 – 500억 원 이상 5,000억 원 미만 : 3점
 – 5,000억 원 이상 : 5점
○ 최근 1년간 탈세 의심 민원 건수
 – 1건당 0.5점
○ 전년도 부실 거래 건수
 – 1건당 0.3점
○ 최근 5년 내 성실 납세 기업으로 선정된 경우 1점 감해 줌

〈상 황〉

2025년 7월 1일 현재, 기업 A~E의 정보는 다음과 같다.

기업	전년도 매출액 (억 원)	최근 1년간 탈세 의심 민원(건)	전년도 부실 거래 (건)	성실 납세 기업 선정 연도	최근 1년 내 세무조사 여부
A	1,700	5	7	2021년	×
B	480	10	4	2017년	×
C	6,250	6	2	2022년	○
D	3,000	7	5	2023년	×
E	5,000	3	3	2010년	×

① A, D
② B, D
③ B, E
④ A, C, E
⑤ B, D, E

21. **다음 글을 근거로 판단할 때, 甲의 셔츠의 최소 벌수는?**

> 매일 아침 甲은 세탁소에서 찾아온 셔츠를 한 벌 꺼내 입는다. 그는 입었던 셔츠를 한데 모아 놓았다가 매주 월요일 점심에 세탁소에 모두 맡기고 온다. 매주 월요일 저녁에는 세탁이 다 된 셔츠를 세탁소에서 찾아온다. 셔츠 세탁에는 일주일이 소요되므로 찾아오는 셔츠는 그 전주 월요일 점심에 맡겼던 셔츠이다. 단, 세탁소에 다녀올 때는 그날 아침에 꺼내 입은 셔츠를 입는다.

① 7
② 8
③ 14
④ 15
⑤ 16

22. **다음 글을 근거로 판단할 때 옳은 것은?**

> 甲~丁 4명은 동물카드를 이용한 게임을 하려 한다. 동물카드의 종류에는 사자, 불곰, 얼룩말, 하이에나 카드가 있으며, 승부를 정하는 방법은 다음과 같다.
>
> ○ 사자 카드는 얼룩말 카드를 이긴다.
> ○ 불곰 카드는 사자 카드를 이긴다.
> ○ 얼룩말 카드는 하이에나 카드를 이긴다.
> ○ 하이에나 카드는 사자 카드를 이긴다.
> ○ 그 외 카드 조합은 무승부로 한다.
>
> 甲~丁은 서로 다른 동물카드를 한 장씩 나누어 가졌으며, 다음과 같은 대화를 나누었다.
>
> 甲 : 나는 丁과 겨루면 지게 돼.
> 乙 : 내가 丁과 겨루면 이겨.
> 丙 : 나와 丁이 겨루면 무승부야.

① 甲의 카드는 얼룩말 카드이다.
② 乙의 카드는 하이에나 카드이다.
③ 丙의 카드는 불곰 카드이다.
④ 丁의 카드는 사자 카드이다.
⑤ 甲~丁이 가지고 있는 카드는 어느 것도 확정할 수 없다.

23. **다음 글과 〈상황〉을 근거로 판단할 때, 甲이 받을 새로운 식권의 개수는?**

> A부처의 구내식당에서는 점심 가격이 상승하여 기존 식권을 4,500원과 5,500원 두 종류의 새로운 식권으로 교환해 주고 있다. 교환할 때에는 식권의 종류에 상관없이 기존 식권의 총액과 새로운 식권의 총액이 동일하도록 교환한다. 그럴 수 없는 경우, 최소의 추가 금액을 결제하여 교환한다.

〈상 황〉

> 甲은 기존 4,000원 식권 6장과 5,000원 식권 7장을 가지고 있다. 甲은 자신이 가진 모든 식권을 한 번에 교환하려고 한다.

① 10
② 11
③ 12
④ 13
⑤ 14

24. **다음 글을 근거로 판단할 때, 씨앗 A~D의 싹이 튼 순서로 옳은 것은?**

> 찬우는 봄을 맞이하여 네 종류의 씨앗(A~D)을 화단에 심었다. 화단에 심은 씨앗의 싹이 트는 조건은 각각 아래와 같다.
>
> 씨앗 A : 이틀 연속 날이 맑으면 다음 날에 싹이 튼다.
> 씨앗 B : 맑은 날 다음 날에 싹이 튼다.
> 씨앗 C : 비가 온 날이 총 사흘이 된 다음 날에 싹이 튼다.
> 씨앗 D : 이틀 연속 비가 오면 다음 날에 싹이 튼다.
>
> 찬우는 4월 1일 0시에 A~D를 하나씩 심었고, 이후 7일 동안 날짜별로 싹이 튼 씨앗의 개수는 다음과 같다.

4월 1일	4월 2일	4월 3일	4월 4일	4월 5일	4월 6일	4월 7일
0	1	0	1	0	1	1

※이 기간에 맑은 날은 내내 맑았고, 비가 온 날은 내내 비가 왔다.

① A－B－D－C
② B－A－C－D
③ B－A－D－C
④ B－D－A－C
⑤ B－D－C－A

25. 다음 글과 〈상황〉을 근거로 판단할 때, 올해 A기업의 1~3 분기 안전평가에서 '보완' 등급이 부여된 횟수는?

A기업에서는 매 분기 전체 5개 부서 중 3개 이상의 부서를 대상으로 안전평가를 실시하여 '우수' 또는 '보완' 등급을 부여한다. 안전평가 대상은 직전 분기 안전평가에서 보완 등급을 받은 부서이다. 다만 직전 분기에 보완 등급을 받은 부서가 2개 이하인 경우, 안전평가를 받은 지 오래된 순서대로 부서를 추가하여 평가한다.

〈상 황〉

A기업은 올해 1월 초, 4월 초, 7월 초에 각각 1, 2, 3분기 안전평가를 실시하였다. 아래는 A기업의 서로 다른 부서에 속해 있는 5명(甲~戊)의 7월 말 대화이다.

甲 : 이번 달 안전평가에서 3개 부서가 우수 등급을 받았대.
乙 : 우리 부서는 1월 안전평가에서 우수 등급을 받았어.
丙 : 우리 부서는 1월에 안전평가를 받지 않았어.
丁 : 올해 우리 부서는 안전평가를 받지 않았어.
戊 : 우리 부서는 매 분기마다 안전평가를 받았어.

① 1
② 2
③ 3
④ 4
⑤ 5

1. 다음은 '갑'~'무'선수의 A퍼즐 대회 결과와 종합점수 산정 방법에 관한 자료이다. 이를 근거로 판단할 때, '갑'~'무' 중 종합점수가 가장 높은 선수는?

〈표〉 '갑'~'무'선수의 A퍼즐 대회 결과

문제	배점	선수 갑	을	병	정	무
1번	20점					
2번	30점					
3번	30점		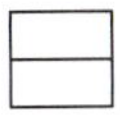			
4번	40점					

※ A퍼즐 대회 문제는 1~4번뿐임

〈종합점수 산정 방법〉

○ 문제별 획득 점수는 다음과 같다.

결과	획득 점수
	0
	배점×0.5
	배점×1.0

○ 문제별 획득 점수를 합하여 종합점수를 산정한다.

① 갑
② 을
③ 병
④ 정
⑤ 무

2. 다음 〈표〉는 2017~2023년 '갑'시의 유치원 현황에 관한 자료이다. 이에 대한 〈보기〉의 설명 중 옳은 것만을 모두 고르면?

〈표〉 2017~2023년 '갑'시의 유치원 현황

(단위 : 개, 명)

연도 \ 구분	유치원수	원아수	교원수
2017	427	44,009	3,042
2018	430	42,324	3,095
2019	423	39,373	2,853
2020	403	38,319	2,920
2021	399	36,170	2,891
2022	396	35,427	2,909
2023	393	34,777	3,042

〈보 기〉

ㄱ. 2018년 교원 1인당 원아수는 10명 이상이다.
ㄴ. 전년 대비 증감 방향은 유치원수와 원아수가 매년 동일하다.
ㄷ. 2017년 대비 2023년 원아수는 20% 이상 감소한다.

① ㄱ
② ㄴ
③ ㄷ
④ ㄱ, ㄷ
⑤ ㄱ, ㄴ, ㄷ

3. 다음은 2022년과 2023년 '갑'시의 민원건수에 관한 자료이다. 제시된 〈표〉 이외에 〈보고서〉를 작성하는 데 사용되지 않은 자료는?

〈표〉 2022년과 2023년 '갑'시의 월별 민원건수

(단위 : 건)

월 \ 연도	2022	2023
1	10,639	9,834
2	9,163	9,595
3	9,464	12,025
4	9,939	11,417
5	10,879	12,365
6	10,597	12,422
7	11,064	13,961
8	11,186	14,281
9	11,222	13,393
10	11,516	12,890
11	11,324	11,991
12	9,873	11,771

〈보고서〉

2023년 '갑'시의 전체 민원건수는 145,945건으로 전년 126,866건 대비 15% 이상 증가하였다. 2023년 월별 민원건수는 8월에 가장 많았고, 1월을 제외하고 매월 전년 동월 대비 증가하였다.

2023년 분야별로는 '교통' 분야의 민원건수가 가장 많았고, 다음으로 '도로', '행정' 분야 순으로 많았다. 특히, 민원건수 상위 3개 분야가 전체 민원건수의 75% 이상을 차지하였다.

2023년 지역별로는 A지역의 민원건수가 60,433건으로 '갑'시 전체 민원건수의 40% 이상을 차지하였으며, B지역의 민원건수는 35,904건으로 그 뒤를 따랐다. B지역의 인구 100명당 민원건수는 30건 이상으로 '갑'시에 속한 A~E지역 중 가장 많았다.

2023년 '갑'시 민원의 상위 10대 키워드에는 '불법주정차', '어린이 보호구역' 등 교통법규 관련 키워드와 '철도역 신설', '버스노선 신설' 등 교통환경 관련 키워드, 그리고 '소음', '악취' 등 주거환경 관련 키워드가 포함되었다.

① 2023년 '갑'시의 지역별 인구

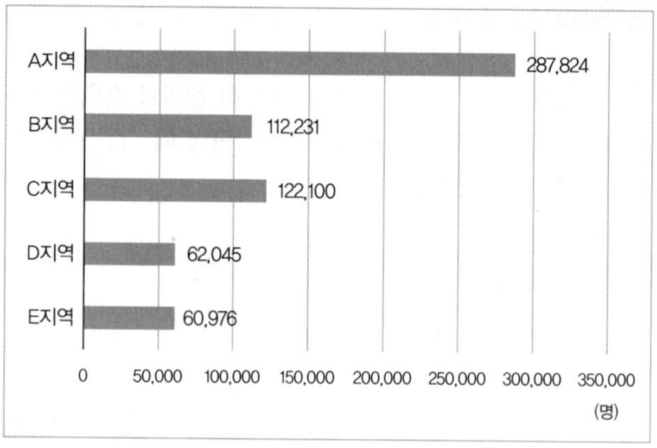

② 2023년 '갑'시의 분야별 민원건수 비중

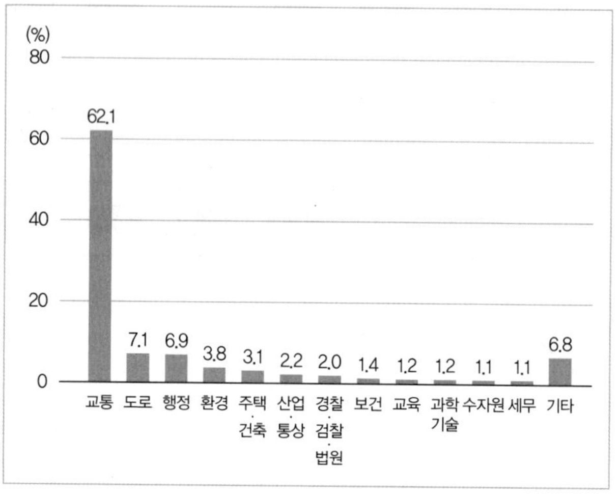

③ 2023년 '갑'시 민원의 상위 10대 키워드

순위	키워드
1	불법주정차
2	어린이 보호구역
3	장애인 전용구역
4	친환경차 충전구역
5	철도역 신설
6	버스노선 신설
7	소음
8	고속도로 개발
9	악취
10	소각장 폐쇄

④ 2023년 '갑'시의 지역별 민원건수

(단위 : 건)

지역	A	B	C	D	E
민원건수	60,433	35,904	26,852	12,399	10,357

⑤ 2022년 대비 2023년 '갑'시의 민원건수 증가 및 감소 분야

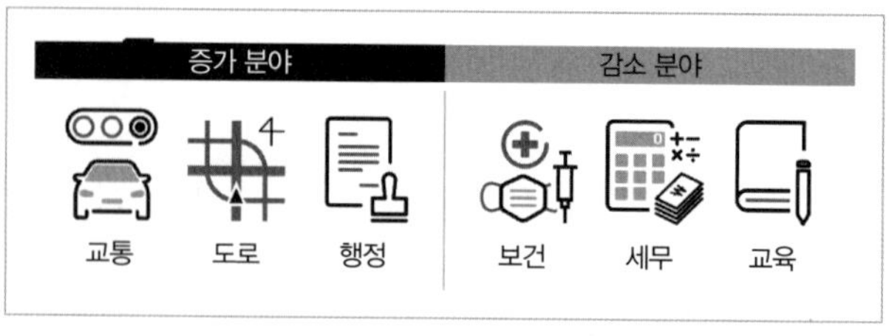

4. **다음은 2024년 '갑'국의 공적개발원조에 대한 국민인식 조사 보고서이다. 〈보고서〉를 작성하는 데 사용되지 않은 자료는?**

〈보고서〉

2024년 '갑'국 국민 1,200명을 대상으로 공적개발원조에 대한 인식을 조사했다. 공적개발원조에 대해 알고 있다는 응답자 비율은 83.8%이고 2021년 이후 증가 추세에 있는 것으로 나타났다. 공적개발원조 관련 정보를 접한 경로로는 'TV 또는 라디오'로 응답한 비율이 가장 높았고, '신문'과 '동영상 플랫폼'이 그 뒤를 이었다. 공적개발원조 제공에 대한 찬반조사 결과를 보면 찬성 비율은 77.8%로 반대 비율보다 높았으며, 특히 여성이 남성보다 찬성 비율이 높게 나타났다.

2024년 공적개발원조 규모에 대한 의견으로는 '부족함'이 48.0%, '적정함'이 31.2%, '과다함'이 20.8%로 나타났다. '갑'국의 2024년 공적개발원조 규모가 과다하다고 응답한 이유로는 '현재 경제상황이 나쁘기 때문에'라는 답변이 46.8%로 가장 많았고, '원조가 어떻게 사용되는지 모르기 때문에'라는 답변이 24.0%로 그 뒤를 이었다. 이에 따라, 공적개발원조 관련 교육의 확대 필요성이 대두되고 있다.

① 2020~2024년 공적개발원조에 대해 알고 있다는 응답자 비율

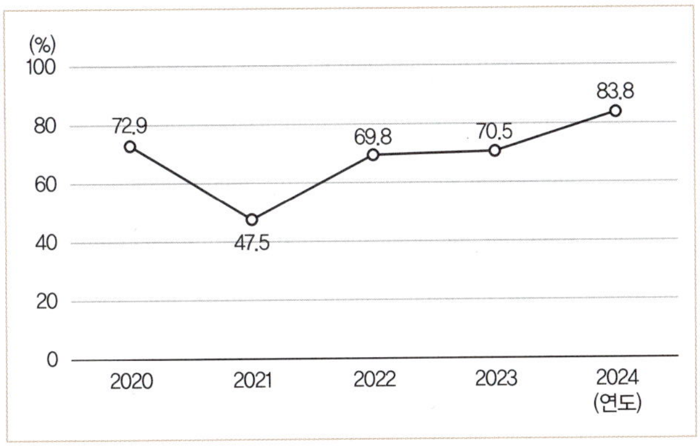

② 2024년 공적개발원조 규모에 대한 의견

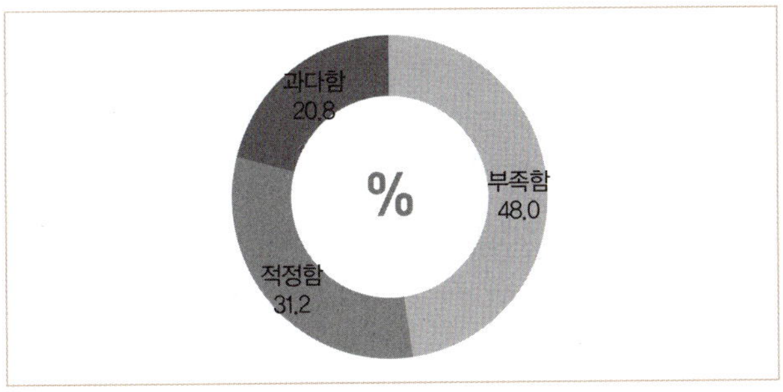

③ 2024년 공적개발원조 제공에 대한 찬반조사 결과

(단위 : %)

구분 성별	찬성		반대	
	매우 찬성한다	약간 찬성한다	약간 반대한다	매우 반대한다
전체	15.0	62.8	16.8	5.4
남성	18.3	55.6	19.2	6.9
여성	11.5	70.6	14.1	3.8

④ 2024년 공적개발원조 관련 교육 경로에 대한 선호도(중복 응답)

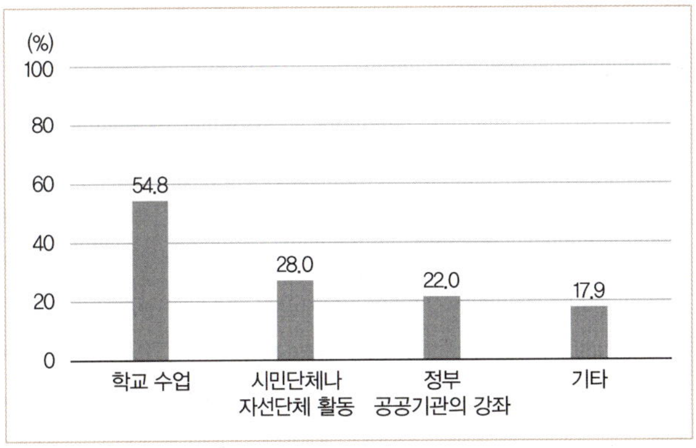

⑤ 2024년 공적개발원조 관련 정보를 접한 경로

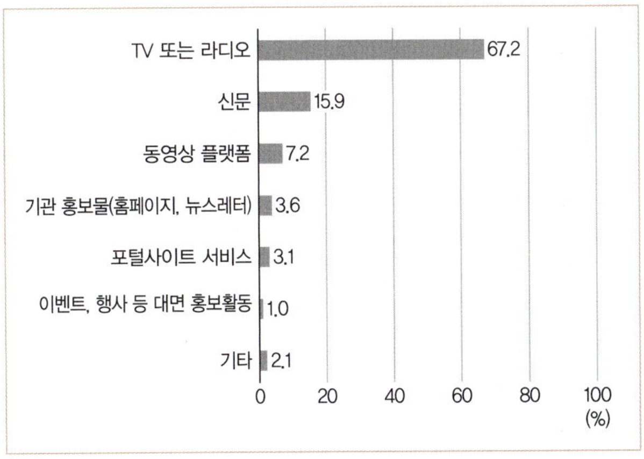

5. **다음 〈표〉는 2024년 '갑'국 원자력발전소 A~D의 발전량에 관한 자료이다. 이를 근거로 A~D를 이용률이 가장 높은 원자력발전소부터 순서대로 바르게 나열한 것은?**

〈표〉 2024년 '갑'국 원자력발전소 A~D의 발전량 현황

(단위 : GWh)

구분 원자력발전소	실제 발전량	최대 발전량
A	4,000	5,000
B	(　)	9,000
C	6,000	(　)
D	9,000	12,000
합계	26,000	35,000

※ 이용률(%) $= \frac{\text{실제 발전량}}{\text{최대 발전량}} \times 100$

① A, B, C, D

② A, B, D, C

③ A, C, B, D

④ B, A, C, D

⑤ B, A, D, C

6. 다음 〈표〉는 '갑' 연구소가 지역별 커피 원두를 항목별로 평가한 결과이다. 이에 대한 설명으로 옳은 것은?

〈표〉 지역별 커피 원두의 항목별 평가결과

지역	지역	항목				
		향	산미	단맛	쓴맛	바디감
아시아	인도네시아 자바	●●●●○	●●○○○	●●●○○	●●○○○	●●●●○
	인도네시아 만델링	●●●●○	●●○○○	●●●●●	●●○○○	●●●●○
	인도네시아 발리 칸타마니	●●●●○	●●○○○	●●●○○	●●○○○	●●●○○
	인도네시아 토리자	●●●●○	●●●●●	●●●○○	●●○○○	●●●●○
	인도 몬순드 말리바	●●●●●	●●●●○	●●●●○	●●●○○	●●●●○
아메리카	콜롬비아 슈프리모	●●●●●	●●●●●	●●●○○	●●○○○	●●●○○
	과테말라 SHB	●●●●●	●●●●○	●●●○○	●●●○○	●●●●○
	도미니카 AA	●●○○○	●●●●○	●●●○○	●●○○○	●○○○○
	브라질 산토스	●●●●○	●●●○○	●●●○○	●●○○○	●●○○○
	페루 HB GRADE1	●●●●●	●●●●○	●●●●○	●●●○○	●●●●○
아프리카	에티오피아 예가체프	●●●●○	●●●●●	●●●○○	●●●○○	●●●●○
	르완다 AB+	●●○○○	●●●○○	●●●○○	●●●○○	●●●●○
	잠바브웨 AA+	●●○○○	●●●●●	●●●●○	●●●●○	●●●●○
	케냐 AA	●●●●○	●●●●●	●●●○○	●●●○○	●●●●○

※ 1) ●(○)는 1(0)점을 나타내며, 항목별로 ● 1개당 1점을 부여하여 5점 척도로 항목별 평가점수를 계산함

2) 종합 평가점수는 항목별 평가점수의 합임

① '단맛'으로 원두를 비교할 때 가장 높은 점수를 받은 원두는 아프리카 지역의 원두이다.

② 아프리카 지역의 원두는 모두 '향' 평가점수가 '단맛' 평가점수보다 높다.

③ 아메리카 지역은 '바디감'으로 원두를 비교할 때 가장 낮은 점수를 받은 원두가 '향'으로 원두를 비교할 때도 가장 낮은 점수를 받았다.

④ 아시아 지역은 '산미'로 원두를 비교할 때 가장 높은 점수를 받은 원두가 종합 평가점수도 가장 높다.

⑤ 각 지역에서 종합 평가점수가 가장 높은 원두의 종합 평가점수는 모두 같다.

7. 다음 〈표〉는 업체 A~E가 제출한 국립묘지 관리사업 제안서를 평가한 결과이고, 〈대화〉는 '갑'업체의 평가결과에 대한 팀장과 주무관 사이의 대화 내용이다. 이를 근거로 판단할 때, A~E 중 '갑'에 해당하는 업체는?

〈표〉 업체 A~E의 국립묘지 관리사업 제안서 평가결과

(단위 : 점)

평가항목 / 세부항목 / 업체	제안개요		제안업체 일반현황		사업수행계획		총점
	제안요청서 부합성	사업 이해도	조직 관리능력	지식·기술능력	세부 계획	사후 관리	
A	4	10	6	14	32	10	76
B	8	6	10	12	24	8	68
C	6	4	8	16	34	2	70
D	8	6	4	20	36	8	82
E	10	6	10	16	28	6	76

※ 평가항목 점수는 해당 평가항목에 속한 세부항목 점수의 합이며, 총점은 각 평가항목 점수의 합임

〈대 화〉

이번 국립묘지 관리사업 제안서 평가는 어떻게 되었나요?
5개 업체가 입찰에 참여했던데, '갑' 업체부터 평가결과를 요약해주세요.
네, '갑' 업체의 평가결과에 대해 말씀드리겠습니다.
윤 팀장
류 주무관
먼저 '제안개요' 평가항목 점수를 보면 14점 이상으로 나타났습니다.
다음으로 '제안업체 일반현황'의 평가항목 점수는 최소 기준인 20점 이상이었고, 두 세부항목 간 점수 차이도 10점 미만이었습니다.
마지막으로 '사업수행계획'의 평가항목 점수는 총점의 50% 이상이었습니다.

① A

② B

③ C

④ D

⑤ E

8. 다음 〈표〉는 2024년 '갑'국 기관 A~D의 재직자 교육 프로그램에 대한 만족도 조사 결과이다. 〈표〉와 〈조건〉을 근거로 A~D에 해당하는 기관을 바르게 연결한 것은?

〈표〉 기관 A~D의 재직자 교육 프로그램 만족도

(단위 : 명, 점)

기관	참여자	교육환경 만족도	내용 만족도	강사 만족도
A	190	4.2	4.1	4.3
B	120	3.9	4.0	3.8
C	180	4.6	4.8	4.1
D	150	3.8	3.6	3.9

※ A~D는 문화청, 발명청, 세무청, 자료청 중 하나임

〈조 건〉

○ '강사 만족도'가 '교육환경 만족도'보다 높은 기관은 발명청과 세무청이다.
○ '내용 만족도'는 자료청이 세무청보다 높다.
○ '참여자'는 문화청이 자료청보다 많다.

	A	B	C	D
①	문화청	세무청	발명청	자료청
②	발명청	문화청	자료청	세무청
③	발명청	자료청	문화청	세무청
④	세무청	문화청	자료청	발명청
⑤	세무청	자료청	문화청	발명청

9. 다음 〈표〉는 2024년 '갑'국의 전력수급 현황에 관한 자료이다. 이에 대한 〈보기〉의 설명 중 옳은 것만을 모두 고르면?

〈표〉 '갑'국의 전력수급 현황

(단위 : TWh)

구분	수도권	비수도권	A지역	B지역	C지역	D지역	전국
발전량	144.4	450.3	33.9	114.1	222.0	80.3	594.7
소비량	214.8	333.1	17.3	92.9	151.2	71.7	547.9

※ 전력자급률(%) $=\frac{\text{발전량}}{\text{소비량}}\times 100$

〈보 기〉

ㄱ. 수도권 소비량은 전국 소비량의 40% 이상이다.
ㄴ. 전력자급률은 A지역이 수도권의 2배 이상이다.
ㄷ. C지역 발전량과 D지역 발전량의 합은 전국 발전량의 50% 이상이다.
ㄹ. B~D 각 지역의 전력자급률은 150% 이상이다.

① ㄱ, ㄴ
② ㄱ, ㄹ
③ ㄴ, ㄷ
④ ㄴ, ㄹ
⑤ ㄷ, ㄹ

10. 다음 〈표〉는 2021~2024년 '갑'국 제조업의 산업군별 재고지수 및 출하지수에 관한 자료이다. 이에 대한 〈보기〉의 설명 중 옳은 것만을 모두 고르면?

〈표〉 2021~2024년 산업군별 재고지수 및 출하지수

연도	산업군 / 지수	고위기술 산업군	중고위기술 산업군	중저위기술 산업군	저위기술 산업군
2021	재고지수	102.9	80.0	89.9	91.8
	출하지수	96.2	102.8	116.7	108.5
2022	재고지수	106.6	91.4	93.8	90.0
	출하지수	92.2	107.1	111.6	107.3
2023	재고지수	112.2	98.9	96.4	95.9
	출하지수	93.4	106.0	106.4	104.7
2024	재고지수	95.0	97.7	97.5	94.9
	출하지수	93.8	104.6	105.9	103.7

※ 1) 산업군은 '고위기술산업군', '중고위기술산업군', '중저위기술산업군', '저위기술산업군'으로만 구성됨
2) 재고(출하)지수는 기준연도 2020년의 재고(출하)량을 100으로 할 때, 해당 연도 재고(출하)량의 상대적인 값임
3) 연도별 재고율(%) $=\frac{\text{해당 연도의 재고지수}}{\text{해당 연도의 출하지수}}\times 100$

〈보 기〉

ㄱ. 2020년 이후 출하지수의 연도별 증감 방향이 '저위기술산업군'과 동일한 산업군은 '중저위기술산업군'뿐이다.
ㄴ. 기준연도를 2024년으로 변경한다면, 모든 산업군별 재고지수는 매년 각각 100 이상이 된다.
ㄷ. 재고율이 매년 100% 이상인 산업군은 '고위기술산업군'뿐이다.

① ㄱ
② ㄴ
③ ㄱ, ㄷ
④ ㄴ, ㄷ
⑤ ㄱ, ㄴ, ㄷ

11. **다음 〈표〉는 통산 승점 기준 상위 9개 국가의 역대 FIFA 월드컵 본선 성적에 관한 자료이다. 이에 대한 〈보기〉의 설명 중 옳은 것만을 모두 고르면?**

〈표〉 통산 승점 기준 상위 9개 국가의 역대 FIFA 월드컵 본선 성적

순위	국가	통산 승점	경기수			
				승리	무승부	패배
1	브라질	247	114	76	19	19
2	독일	225	112	68	21	23
3	아르헨티나	158	88	47	17	24
4	이탈리아	156	83	45	21	17
5	프랑스	131	73	39	14	20
6	잉글랜드	118	74	32	22	20
7	스페인	110	67	31	17	19
8	네덜란드	104	55	30	14	11
9	우루과이	88	59	25	13	21

※ 1) 평균 승점 $=\frac{\text{통산 승점}}{\text{경기수}}$

2) 승률 $=\frac{\text{승리 경기수}}{\text{경기수}}$

〈보 기〉

ㄱ. 순위 8위 이내 국가 중 승률이 0.5 이하인 국가는 2개이다.
ㄴ. 순위가 높은 국가일수록 평균 승점이 높다.
ㄷ. 경기수 중 무승부 경기수의 비중은 독일이 잉글랜드보다 크다.

① ㄱ
② ㄴ
③ ㄷ
④ ㄱ, ㄴ
⑤ ㄱ, ㄷ

12. **다음 〈표〉는 '갑'국의 '환경친화적 자동차 구매목표제' 시행에 따른 민간부문과 공공부문의 구매실적에 관한 자료이다. 이를 근거로 작성한 〈보고서〉의 (가)~(다)에 해당하는 내용을 바르게 연결한 것은?**

〈표 1〉 2024년 민간부문 구매실적

(단위 : 대)

업종구분 \ 차종		하이브리드차	전기차	수소차	합계
공시대상기업집단		6,333	8,771	(　)	15,177
자동차대여사업자		9,393	7,537	6	16,936
시내버스운송사업자		0	399	(　)	407
일반택시운송사업자		0	64	0	64
화물자동차 운수사업자	우수물류	4	68	0	72
	택배서비스	7	62	0	69
전체		15,737	16,901	87	32,725

〈표 2〉 2019~2024년 공공부문 구매실적

(단위 : 대)

연도 \ 차종	하이브리드차	전기차	수소차	합계
2019	833	2,104	61	2,998
2020	1,135	1,486	20	2,641
2021	1,916	2,366	109	4,391
2022	3,422	1,307	136	4,865
2023	682	2,813	174	3,669
2024	307	2,939	95	3,341

※ 환경친화적 자동차는 하이브리드차, 전기차, 수소차뿐임

〈보고서〉

'갑'국에서는 에너지 절감을 위한 '환경친화적 자동차 구매목표제'를 2019년부터 시행하고 있다. 2024년 민간부문과 공공부문 구매실적의 합이 가장 큰 차종은 (가) 였다.

2024년 민간부문의 업종구분별 구매실적을 보면, 자동차대여사업자는 하이브리드차를 가장 많이 구매하였고 그 외의 업종구분에서는 전기차를 가장 많이 구매하였다. 한편, 전기차 구매실적 대비 수소차 구매실적 비율이 가장 높은 업종구분은 (나) (으)로 나타났다.

2019~2024년 공공부문 구매실적을 보면, 하이브리드차의 공공부문 구매실적은 정책 시행 시작연도인 2019년부터 매년 증가하여 (다) 년에 최대가 되었다가 이후 매년 감소하였다.

	(가)	(나)	(다)
①	전기차	공시대상기업집단	2022
②	전기차	시내버스운송사업자	2022
③	전기차	시내버스운송사업자	2023
④	하이브리드차	공시대상기업집단	2023
⑤	하이브리드차	시내버스운송사업자	2023

13. 다음 〈그림〉은 배양기 A~J의 온도지수 및 습도지수이고, 〈표〉는 '갑'세포 생존지수에 따른 배양환경 유형에 관한 자료이다. 이를 근거로 A~J 중 배양환경 유형이 '주의'인 배양기만을 모두 고르면?

〈그림〉 배양기 A~J의 온도지수 및 습도지수

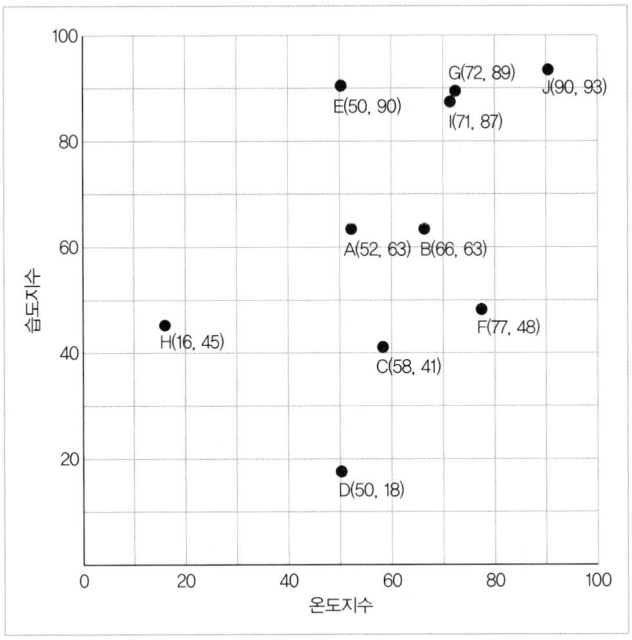

〈표〉 '갑'세포 생존지수에 따른 배양환경 유형

'갑'세포 생존지수	150 미만	150 이상 300 미만	300 이상 350 미만	350 이상
유형	양호	주의	경고	위험

※ '갑'세포 생존지수＝3×온도지수＋2×습도지수

① A, C, D
② B, E, F
③ C, D, H
④ E, G, I, J
⑤ A, B, C, D, F

14. 다음 〈보고서〉는 2022~2024년 A부처의 정부포상 실적에 관한 자료이다. 〈보고서〉의 내용과 부합하는 자료는?

〈보고서〉

A부처는 민간기관의 참여 활성화를 위해 매년 정부포상을 실시하고 있다. 정부포상은 「정부 표창 규정」에 따라 '대통령표창', '국무총리표창', 그리고 '장관표창'으로 구분되고, 2022~2024년 A부처의 연도별 정부포상 실적은 다음과 같다.

먼저, '대통령표창'과 '국무총리표창'은 포상분야 및 포상인원이 각각 매년 증가하였다. 특히 '국무총리표창'의 포상분야는 2024년이 2022년 대비 20% 이상 증가하였다. 2024년 정부포상을 포상분야 1개당 포상인원이 많은 표창부터 순서대로 나열하면 '장관표창', '국무총리표창', '대통령표창' 순이다.

①

(단위 : 개, 명)

연도	2022		2023		2024	
표창 \ 구분	포상분야	포상인원	포상분야	포상인원	포상분야	포상인원
대통령표창	8	24	12	26	15	27
국무총리표창	25	112	27	132	28	141
장관표창	41	253	37	281	39	277

②

(단위 : 개, 명)

연도	2022		2023		2024	
표창 \ 구분	포상분야	포상인원	포상분야	포상인원	포상분야	포상인원
대통령표창	8	21	12	25	9	27
국무총리표창	25	112	31	109	36	117
장관표창	44	253	43	281	45	297

③

(단위 : 개, 명)

연도	2022		2023		2024	
표창 \ 구분	포상분야	포상인원	포상분야	포상인원	포상분야	포상인원
대통령표창	4	24	5	26	6	27
국무총리표창	25	112	27	132	30	141
장관표창	41	253	37	281	39	277

④

(단위 : 개, 명)

연도	2022		2023		2024	
표창 \ 구분	포상분야	포상인원	포상분야	포상인원	포상분야	포상인원
대통령표창	8	21	9	25	9	27
국무총리표창	25	112	31	115	36	117
장관표창	44	281	43	253	45	257

⑤

(단위 : 개, 명)

연도	2022		2023		2024	
표창 \ 구분	포상분야	포상인원	포상분야	포상인원	포상분야	포상인원
대통령표창	4	24	5	26	6	27
국무총리표창	25	129	31	132	36	141
장관표창	41	351	37	281	39	314

15. 다음 〈보고서〉는 2024년 '갑'국의 행정기관위원회에 관한 자료이다. 〈보기〉의 자료 중 〈보고서〉의 내용에 부합하는 것만을 모두 고르면?

〈보고서〉

2024년 '갑'국의 행정기관위원회는 총 590개이고, 이 중 행정위원회가 40개, 자문위원회가 550개였다. 행정기관위원회를 소속별로 보면 부처 소속이 514개로 가장 많았고, 다음으로 국무총리, 대통령 소속 순이었다. 그리고 부처 소속 행정기관위원회는 2020년 이후 매년 전체 행정기관위원회의 80% 이상을 차지한 것으로 나타났다.

2024년 행정기관위원회의 회의 개최 횟수를 살펴보면 4회 이상 회의를 개최한 행정기관위원회는 전체 행정기관위원회의 절반에도 미치지 못했다. 특히 회의를 한 번도 개최하지 않은 행정기관위원회는 69개로 나타났다.

2024년 행정기관위원회를 예산규모별로 보면 예산이 5천만 원을 초과한 행정기관위원회는 전체 행정기관위원회의 20%에도 미치지 못했다. 특히 예산이 미편성된 행정기관위원회가 전체 행정기관위원회의 55%를 넘었다.

〈보 기〉

ㄱ. 2020~2024년 행정기관위원회 중 행정위원회 비중

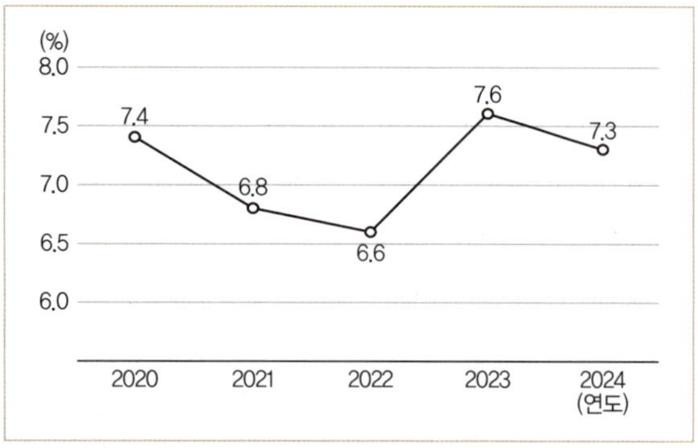

ㄴ. 2020~2024년 소속별 행정기관위원회 수

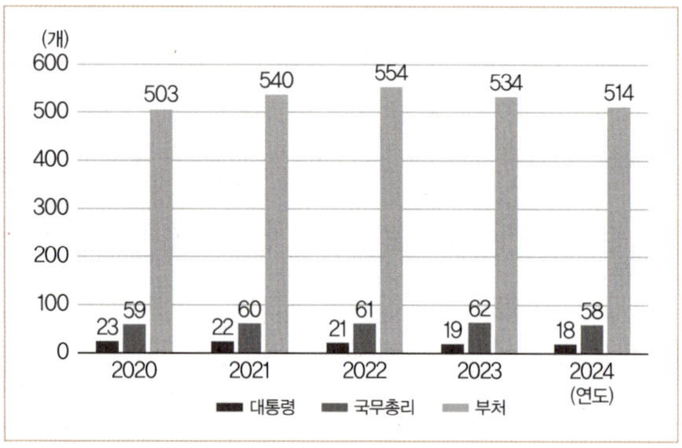

ㄷ. 2024년 회의 개최 횟수별 행정기관위원회 수

(단위 : 개)

회의 횟수	0회	1회	2회	3회	4회	5~10회	11~20회	21회 이상	전체
위원회수	69	88	78	55	62	101	59	78	590

ㄹ. 2024년 예산규모별 행정기관위원회 수

(단위 : 백만 원, 개)

예산규모	미편성	0 초과 10 이하	10 초과 50 이하	50 초과 200 이하	200 초과 1,000 이하	1,000 초과
위원회수	336	71	90	60	27	6

① ㄱ, ㄴ
② ㄱ, ㄷ
③ ㄱ, ㄹ
④ ㄴ, ㄷ
⑤ ㄴ, ㄹ

16. 다음 〈표〉는 2022년과 2023년 A국의 중고차 수출량에 관한 자료이다. 〈표〉와 〈조건〉을 근거로 판단할 때, 2023년 A국의 중고차 수출량 기준 상위 10개 수출대상국 중 '갑'국에 해당하는 국가는?

〈표〉 2023년 A국의 중고차 수출량 기준 상위 10개 수출대상국으로의 2022년과 2023년 중고차 수출량

(단위 : 대)

순위	수출대상국 \ 연도	2023	2022
1	리비아	150,087	54,826
2	이집트	58,534	37,197
3	튀르키예	48,501	21,689
4	요르단	30,865	40,762
5	키르기스스탄	30,734	13,741
6	아제르바이잔	17,584	7,675
7	아랍에미리트연합	16,777	7,137
8	타지키스탄	15,758	12,000
9	알바니아	13,752	1,811
10	몽골	10,735	5,491
A국 전체		502,028	303,416

〈조 건〉

○ 2023년 A국 전체 중고차 수출량에서 '갑'국으로의 중고차 수출량이 차지하는 비중은 10% 이하이다.
○ A국 전체 중고차 수출량에서 '갑'국으로의 중고차 수출량이 차지하는 비중은 2023년이 2022년보다 크다.
○ 2021년 대비 2022년 A국에서 '갑'국으로의 중고차 수출량 증가율이 20%라면, 2021년 A국에서 '갑'국으로의 중고차 수출량은 12,000대 이상이다.

① 리비아
② 요르단
③ 키르기스스탄
④ 타지키스탄
⑤ 튀르키예

17. **다음 〈표〉는 2024년 '갑'시 A~D지역의 도로 현황에 관한 자료이다. 이에 대한 설명으로 옳지 않은 것은?**

〈표〉 2024년 '갑'시 A~D지역의 도로 현황

(단위 : km, km^2, %)

구분 \ 지역	도로 연장	도로 면적	시가화 면적	도로율
A	323	3.43	11.79	29.1
B	330	3.20	13.85	23.1
C	442	5.80	( )	22.2
D	257	2.35	( )	23.9

※ 1) '갑'시는 A~D지역으로만 구성됨

2) 도로율(%) = $\frac{\text{도로 면적}}{\text{시가화 면적}} \times 100$

① '도로 연장'당 '도로 면적'은 A지역이 D지역보다 크다.

② B지역의 '도로 연장'은 '갑'시 '도로 연장'의 25% 이상이다.

③ '도로율'이 가장 낮은 지역은 '시가화 면적'이 가장 크다.

④ D지역의 '시가화 면적'은 $10km^2$ 이하이다.

⑤ '갑'시의 '시가화 면적'은 $50km^2$ 이상이다.

18. **다음 〈표〉는 2020~2024년 A시의 빛공해 민원건수에 관한 자료이다. 이에 대한 설명으로 옳은 것은?**

〈표 1〉 피해유형별 빛공해 민원건수

(단위 : 건)

피해유형 \ 연도	수면방해	생활불편	눈부심	심리불안	전체
2020	2,014	217	177	5	2,413
2021	2,096	294	167	20	2,577
2022	1,490	388	264	26	2,168
2023	1,107	354	333	50	1,844
2024	885	502	390	57	1,834
계	7,592	1,755	1,331	158	10,836

〈표 2〉 조명종류별 빛공해 민원건수

(단위 : 건)

조명종류 \ 연도	공간조명	광고조명	전광판 조명	장식조명	기타	전체
2020	1,792	353	53	75	140	2,413
2021	1,768	464	82	55	208	2,577
2022	1,176	626	41	107	218	2,168
2023	829	560	44	120	291	1,844
2024	827	522	90	101	294	1,834
계	6,392	2,525	310	458	1,151	10,836

① 장식조명 민원건수가 전년 대비 증가한 모든 해에는 전광판조명 민원건수도 전년 대비 증가한다.

② 2023년 공간조명으로 인한 수면방해 민원건수는 92건 이상이다.

③ 2021년 전체 민원건수 중 수면방해 민원건수의 비중은 85% 이상이다.

④ 눈부심 민원건수의 전년 대비 증가율은 2024년이 가장 높다.

⑤ 기타를 제외하고 매년 조명종류의 민원건수 순위는 동일하다.

19. **다음 〈표〉는 2023년 '갑'항구의 월별 컨테이너 물동량에 관한 자료이다. 이에 대한 〈보기〉의 설명 중 옳은 것만을 모두 고르면?**

〈표〉 2023년 '갑'항구의 월별 컨테이너 물동량

(단위 : 천 TEU)

구분 \ 월	물동량	누적 물동량
1	273	273
2	229	( )
3	( )	( )
4	( )	( )
5	282	1,370
6	280	1,650
7	287	( )
8	( )	2,222
9	307	2,529
10	300	( )
11	312	3,141
12	( )	3,461

※ 1) 누적 물동량은 1월부터 해당 월까지의 물동량을 합한 값임

2) 월평균 물동량은 1~12월 물동량의 합을 12(개월)로 나눈 값임

〈보 기〉

ㄱ. 8월 물동량은 7월 물동량보다 많다.

ㄴ. 1월 대비 12월 물동량의 증가율은 15% 이상이다.

ㄷ. 2023년 월평균 물동량보다 물동량이 많은 달은 5개 이상이다.

① ㄱ

② ㄴ

③ ㄷ

④ ㄱ, ㄴ

⑤ ㄴ, ㄷ

20. 다음은 '갑'국 공공기관 A~D의 예산액에 관한 자료이다. 이에 대한 〈보기〉의 설명 중 옳은 것만을 모두 고르면?

〈그림〉 2018~2023년 연도별 공공기관 예산액 중 A~D 예산액 비중

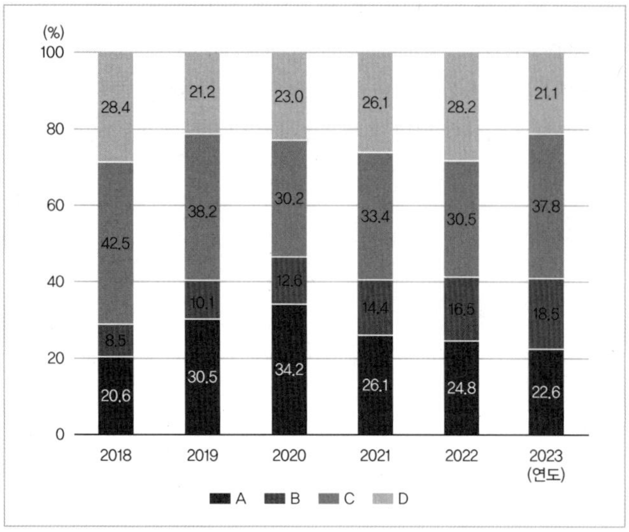

※ '갑'국 공공기관은 A~D뿐임

〈표〉 2021~2023년 연도별 공공기관 A의 예산액

(단위 : 억 원)

구분 \ 연도		2021	2022	2023
일반관리비	인건비	139	160	135
	경비	70	88	80
사업비		443	581	( )
출연금		250	250	260
합계		902	1,079	1,129

※ 예산액은 일반관리비(인건비, 경비), 사업비, 출연금으로만 구성됨

〈보 기〉

ㄱ. 2018~2023년 동안 공공기관 예산액 중 B의 예산액 비중은 매년 1%p 이상 증가하였다.
ㄴ. 2023년 A는 사업비가 출연금의 3배 이상이다.
ㄷ. 2021~2023년 동안 A는 매년 인건비가 일반관리비의 60% 이상이다.
ㄹ. 2022년 C의 예산액은 전년 대비 증가하였다.

① ㄱ, ㄴ
② ㄱ, ㄷ
③ ㄴ, ㄹ
④ ㄱ, ㄷ, ㄹ
⑤ ㄴ, ㄷ, ㄹ

21. 다음은 '갑'국의 2024학년도와 2025학년도 대학입학시험 응시 현황에 관한 자료이다. 이를 근거로 A와 D에 해당하는 값을 바르게 연결한 것은?

〈보고서〉

2024학년도 대학입학시험 응시 현황을 살펴보면, 응시원서 접수 인원은 504,588명이었고, 응시 인원은 그중 88.2%에 해당하는 444,870명이었다. 응시원서 접수 인원 중 '재학생'은 326,646명, '졸업생 및 검정고시학력 인정자'는 177,942명이었다. 응시 인원 중 '재학생'은 287,502명, '졸업생 및 검정고시학력 인정자'는 157,368명으로, 각각 응시 인원의 64.6%, 35.4%를 차지하였다.

〈그림〉 2025학년도 대학입학시험 응시 현황

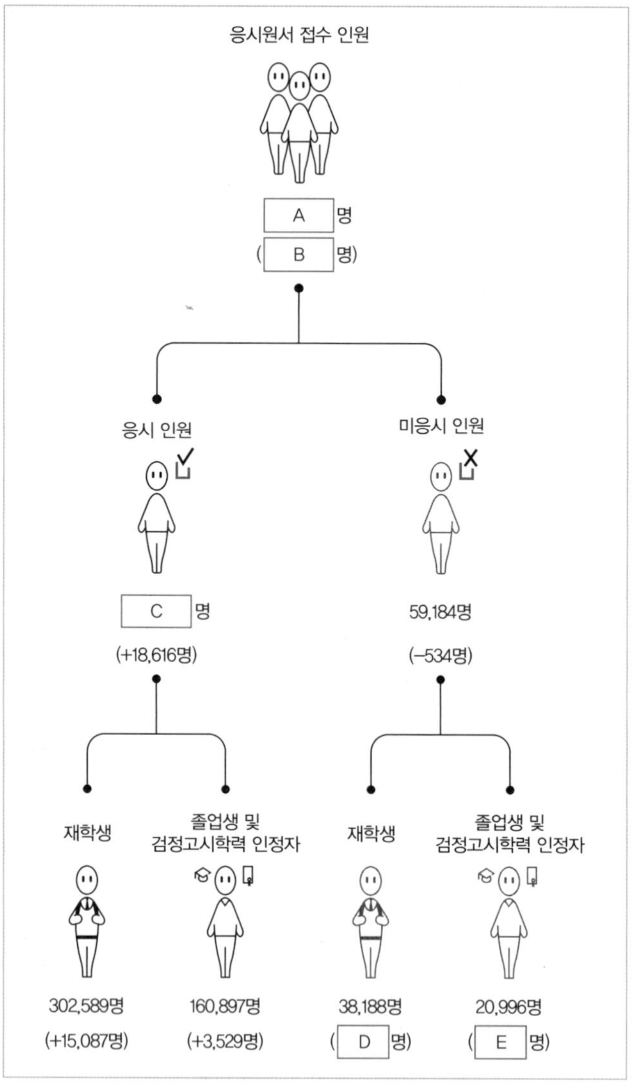

※ 1) ( ) 안의 수치는 2025학년도 인원에서 2024학년도 인원을 뺀 값임
2) 응시원서 접수 인원은 '재학생', '졸업생 및 검정고시학력 인정자'로만 구분됨

	A	D
①	522,670	−956
②	522,670	−926
③	522,670	422
④	523,738	−956
⑤	523,738	422

※ 다음 〈표〉는 2025년 1월 A도매점 및 B소매점의 수산물 가격과 '갑'~'무'요리사가 1월 5주 B소매점에서 구매한 수산물에 관한 자료이다. 다음 물음에 답하시오. [22~23]

〈표 1〉 A도매점의 주별 수산물 가격

(단위 : 원/kg)

수산물 어종	상태	1	2	3	4	5	평균
고등어	냉장	7,700	7,300	6,200	6,900	6,700	6,960
	냉동	5,500	5,600	5,300	5,400	5,600	5,480
갈치	냉동	11,600	11,600	12,100	( )	( )	13,000
오징어	냉장	16,500	16,100	13,500	13,800	14,300	14,840
	냉동	12,300	12,900	14,300	13,900	13,600	13,400
명태	냉동	2,400	2,300	2,200	2,100	2,300	2,260
멸치	건조	14,300	14,200	12,800	12,900	12,800	13,400

〈표 2〉 B소매점의 주별 수산물 가격

(단위 : 원/kg)

수산물 어종	상태	1	2	3	4	5	평균
고등어	냉장	11,700	11,200	12,300	12,700	14,100	12,400
	냉동	12,200	13,500	11,500	11,400	12,800	12,280
갈치	냉동	15,200	15,700	13,600	( )	( )	14,000
오징어	냉장	26,700	24,800	26,300	25,300	26,400	25,900
	냉동	20,100	19,300	20,000	19,200	22,400	20,200
명태	냉동	5,700	5,400	5,500	5,400	6,100	5,620
멸치	건조	29,600	29,200	27,500	27,900	28,800	28,600

※ 1) A도매점과 B소매점은 제시된 수산물만 판매함
2) 주별 수산물 가격은 해당 주 동안 일정함
3) 평균은 1~5주 가격의 합을 5로 나눈 값임

〈표 3〉 '갑'~'무'요리사의 1월 5주 B소매점 구매 수산물 및 총구매액

(단위 : 원/kg)

수산물 어종	상태	갑	을	병	정	무
고등어	냉장	4	3	5	5	5
오징어	냉장	4	5	3	2	1
명태	냉동	2	2	2	3	4
총구매액		174,200	186,500	161,900	141,600	121,300

22. 위 〈표〉에 대한 〈보기〉의 설명 중 옳은 것만을 모두 고르면?

〈보 기〉

ㄱ. 냉동 고등어 가격의 전주 대비 증감 방향은 A도매점과 B소매점이 동일하다.

ㄴ. 냉장 수산물 중 1주 가격 대비 3주 가격 증감률이 가장 큰 어종은 A도매점과 B소매점이 동일하다.

ㄷ. A도매점이 B소매점보다 주별 냉동 갈치 가격이 높은 주가 있다.

① ㄴ
② ㄷ
③ ㄱ, ㄴ
④ ㄱ, ㄷ
⑤ ㄴ, ㄷ

23. '갑'~'무'요리사가 〈표 3〉에서 구매한 수산물을 1월 5주에 A도매점에서 구매한다면, 총구매액이 가장 큰 폭으로 감소하는 요리사는?

① 갑
② 을
③ 병
④ 정
⑤ 무

24. 다음은 주요 10개국의 인공지능(AI) 반도체 분야에 대한 국가별 기술점수 산정 방법과 결과에 관한 자료이다. 이에 대한 〈보기〉의 설명 중 옳은 것만을 모두 고르면?

〈국가별 기술점수 산정 방법〉

○ 해당 국가의 원점수는 '논문', '특허', '전문가 평가' 3가지 부문별로 집계한다.
○ 해당 국가의 변환점수는 3가지 부문별로 다음과 같이 산출한다.
  – 해당 부문에서 원점수가 가장 높은 국가 원점수 대비 해당 국가 원점수의 비율을 구한다.
  – 위 비율에 해당 부문 배점을 곱하여 변환점수를 산출한다(단, 3가지 부문 배점의 합은 100점임).
○ 해당 국가의 기술점수는 3가지 부문 변환점수를 합하여 산정한다.

〈표〉 AI 반도체 분야 주요 10개국 기술점수

(단위 : 점)

부문 / 점수 / 국가	논문		특허		전문가 평가		기술점수
	원점수	변환점수	원점수	변환점수	원점수	변환점수	
미국	511	6.7	4,104	20.0	1,000	70.0	96.7
중국	767	10.0	431	2.1	850	59.5	71.6
한국	153	2.0	248	1.2	835	58.5	61.7
영국	138	1.8	167	0.8	760	53.2	55.8
대만	45	0.6	22	0.1	770	53.9	54.6
이스라엘	14	0.2	117	0.6	760	53.2	54.0
일본	47	0.6	430	2.1	725	50.8	53.5
프랑스	56	0.7	143	0.7	710	49.7	51.1
독일	62	0.8	105	0.5	700	49.0	50.3
캐나다	73	1.0	85	0.4	680	47.6	49.0

※ 변환점수는 소수 둘째 자리에서 반올림한 값임

〈보 기〉

ㄱ. '전문가 평가' 부문 배점은 '논문'과 '특허' 부문 배점 합의 2배 이상이다.
ㄴ. 독일의 '논문' 부문 원점수만 50점 증가한다면, 기술점수는 독일이 프랑스보다 높아진다.
ㄷ. '논문'과 '특허' 부문 배점이 서로 바뀐다면, 기술점수는 이스라엘이 대만보다 높아진다.

① ㄱ
② ㄷ
③ ㄱ, ㄴ
④ ㄱ, ㄷ
⑤ ㄴ, ㄷ

25. 다음 〈표〉는 2024년 133개 국가를 대상으로 세계혁신지수(GII)를 조사하고 소득그룹별로 GII 기준 상위 10개 국가씩 나타낸 자료이다. 이에 대한 〈보기〉의 설명 중 옳은 것만을 모두 고르면?

〈표〉 2024년 소득그룹별 GII 기준 상위 10개 국가

소득그룹(국가수) / 구분 / 소득그룹 내 순위	고소득(51)		중상소득(34)		중저소득(38)		저소득(10)	
	국가	GII 순위	국가	GII 순위	국가	GII 순위	국가	GII 순위
1	스위스	1	중국	11	인도	39	르완다	104
2	스웨덴	2	말레이시아	33	베트남	44	마다가스카르	110
3	미국	3	튀르키예	37	필리핀	53	토고	117
4	싱가포르	4	불가리아	38	우크라이나	60	우간다	121
5	영국	5	태국	41	이란	64	부룬디	127
6	대한민국	6	브라질	50	모로코	66	모잠비크	128
7	핀란드	7	세르비아	52	몽골	67	부르키나파소	129
8	네덜란드	8	인도네시아	54	요르단	73	에티오피아	130
9	독일	9	모리셔스	55	튀니지	81	말리	131
10	덴마크	10	멕시코	56	우즈베키스탄	83	니제르	132

※ 1) 조사 대상 133개 국가는 고소득그룹, 중상소득그룹, 중저소득그룹, 저소득그룹 중 하나로만 분류됨
2) GII 순위는 133개 국가를 대상으로 부여되었으며 공동 순위는 없음
3) 소득그룹 내 순위는 소득그룹별로 GII 순위가 높은 국가부터 순서대로 부여됨

〈보 기〉

ㄱ. GII 순위가 스위스보다 낮고 중국보다 높은 국가는 모두 고소득그룹 국가이다.
ㄴ. GII 순위 41위부터 50위까지 국가 중 고소득그룹 국가 수는 7개이다.
ㄷ. 마다가스카르보다 GII 순위가 낮으면서 저소득그룹이 아닌 국가 수는 14개이다.
ㄹ. 중상소득그룹과 중저소득그룹을 중소득그룹으로 묶으면, 필리핀의 중소득그룹 내 순위는 10위이다.

① ㄱ, ㄷ
② ㄱ, ㄴ, ㄷ
③ ㄱ, ㄴ, ㄹ
④ ㄱ, ㄷ, ㄹ
⑤ ㄴ, ㄷ, ㄹ

2024년 공직적격성평가(PSAT)

국가공무원 5급 · 7급 민간경력자 일괄채용 및 국가공무원 7급 공개경쟁채용 필기시험

응시번호	
성 명	

문제책형
㊅

【시험과목】

제1과목	언어논리
제2과목	상황판단
제3과목	자료해석

문제풀이 시작과 종료 시간을 기입해 주시기 바랍니다.

- 언어논리 · 상황판단(120분) ______시 ______분 ~ ______시 ______분
- 자료해석(60분) ______시 ______분 ~ ______시 ______분

※ 실제 시험의 응시시간을 고려하여 시험과목 순서를 배치하였습니다.

1. 다음 글의 내용과 부합하는 것은?

현재 서울의 청량리 근처에는 홍릉이라는 곳이 있다. 을미사변으로 일본인들에게 시해된 명성황후의 능이 조성된 곳이다. 고종은 홍릉을 자주 찾아 참배했는데, 그때마다 대규모로 가마꾼을 동원하는 등 불편이 작지 않았다. 개항 직후 우리나라에 들어와 경인철도회사를 운영하던 미국인 콜브란은 이 점을 거론하며 서대문에서 청량리까지 전차 노선을 부설해야 한다고 주장했다.

이전부터 전기와 전차 사업에 관심이 많았던 고종은 콜브란의 주장을 받아들여 전차 사업을 목적으로 하는 회사를 설립하기로 결심했다. 고종은 황실이 직접 회사를 설립하는 대신 민간인인 김두승과 이근배로 하여금 농상공부에 회사를 만들겠다는 청원서를 내도록 권유했다. 이에 따라 김두승 등은 전기회사 설립 청원서를 농상공부에 제출한 뒤 허가를 받아 한성전기회사를 설립했다. 한성전기회사는 서울 시내 각지에 전기등을 설치하는 한편 전차 노선 부설 사업을 추진했다. 한성전기회사는 당초 남대문에서 청량리까지 전차 노선을 부설하기로 했으나 당시 부설 중이던 경인철도의 종착역이 서대문역으로 정해졌기 때문에 이와 연결하기 위해 계획을 수정해 서대문에서 청량리까지 부설하기로 변경했다. 이후, 변경된 계획대로 전차 노선이 부설되었으며, 1899년 5월에 정식 개통식이 거행되었다.

한성전기회사는 고종이 단독 출자한 자본금을 바탕으로 설립되고 운영되었지만, 전차 노선 부설에 필요한 공사비가 부족해지자 회사 재산을 담보로 콜브란으로부터 부족분을 빌려 공사를 마무리할 수 있었다. 콜브란은 1902년에 그 상환 기일이 돌아오자 회사 운영을 지원하기 위해 상환 기일을 2년 연장해주었다. 이후 1904년 상환 기일이 다가오자, 고종은 콜브란과 협의하여 채무액의 절반인 75만 원만 상환하고 나머지 금액만큼의 회사 자산을 콜브란에게 넘겨주었다. 이로써 콜브란은 고종과 함께 회사의 대주주가 되어 경영에 참여할 수 있게 되었다. 이때 고종과 콜브란은 한성전기회사를 한미전기회사로 재편하였고, 한미전기회사가 전차 및 전기등 사업을 이어받았다.

① 한성전기회사가 경인철도회사보다 먼저 설립되었다.
② 전차 노선의 시작점은 원래 서대문이었으나 나중에 남대문으로 바뀌었다.
③ 한성전기회사가 전차 노선을 부설하는 데 부족한 자금은 미국인 콜브란이 빌려주었다.
④ 서울 시내에 처음으로 전차 노선을 부설한 회사는 황실이 주도해 농상공부가 설립하였다.
⑤ 서울 시내에서 전기등 설치 사업을 벌인 한미전기회사는 김두승과 이근배의 출자로 설립되었다.

2. 다음 글에서 알 수 있는 것은?

사고(史庫)는 실록을 비롯한 국가의 귀중한 문헌을 보관하는 곳이었으므로 아무나 열 수 없었고, 반드시 중앙 정부에서 파견된 사관이 여는 것이 원칙이었다. 하지만 사관은 그 수가 얼마 되지 않아 사관만으로는 실록 편찬이나 사고의 도서 관리에 관한 모든 일을 담당하기에 벅찼다. 이에 중종 때에 사관을 보좌하기 위해 중앙과 지방에 겸직사관을 여러 명 두었다.

사고에 보관된 도서는 해충이나 곰팡이 피해를 입을 수 있었으므로 관리가 필요했다. 당시 도서를 보존, 관리하는 가장 효과적인 방법은 포쇄였다. 포쇄란 책을 서가에서 꺼내 바람과 햇볕에 일정 시간 노출시켜 책에 생길 수 있는 해충이나 곰팡이 등을 방지하거나 제거하는 것을 말한다. 사고 도서의 포쇄는 3년마다 정기적으로 실시되었다.

사고 도서의 포쇄를 위해서는 사고를 열어 책을 꺼내야 했고, 이 과정에서 귀중한 도서가 분실되거나 훼손될 수 있었다. 따라서 책임 있는 관리가 이 일을 맡아야 했고, 그래서 중앙 정부에서 사관을 파견토록 되어 있었다. 그런데 중종 14년 중종은 사관을 보내는 것은 비용이 많이 드는 등의 폐단이 있다고 하며, 지방 사고의 경우 지방 거주 겸직사관에게 포쇄를 맡기는 것이 효율적이라고 주장했다. 이에 대해 사고 관리의 책임 관청이었던 춘추관이 반대했다. 춘추관은 정식 사관이 아닌 겸직사관에게 포쇄를 맡기는 것은 문헌 보관의 일을 가벼이 볼 수 있는 계기가 될 거라고 주장했다. 그러나 중종은 이 의견을 따르지 않고 사고 도서의 포쇄를 겸직사관에게 맡겼다. 하지만 중종 23년에는 춘추관의 주장에 따라 사관을 파견하는 것으로 결정되었다.

포쇄 때는 반드시 포쇄 상황을 기록한 포쇄형지안이 작성되었다. 포쇄형지안에는 사고를 여닫을 때 이를 책임진 사람의 이름, 사고에서 꺼낸 도서의 목록, 포쇄에 사용한 약품 등을 자세하게 기록했다. 포쇄 때마다 포쇄형지안을 철저하게 작성하여, 사고에 보관된 문헌의 분실이나 훼손을 방지하고 책임 소재를 명확하게 함으로써 귀중한 문헌이 후세에 제대로 전달되도록 했다.

① 겸직사관은 포쇄의 전문가 중에서 선발되어 포쇄의 효율성이 높았다.
② 중종은 포쇄를 위해 사관을 파견하면 문헌이 훼손되는 폐단이 생긴다고 주장했다.
③ 춘추관은 겸직사관이 사고의 관리 책임을 맡으면 문헌 보관의 일을 경시할 수 있게 된다고 하며 겸직사관의 폐지를 주장했다.
④ 사고 도서의 포쇄 상황을 기록한 포쇄형지안은 3년마다 정기적으로 작성되었다.
⑤ 도서에 피해를 입히는 해충을 막기 위해 사고 안에 약품을 살포했다.

3. **다음 글에서 알 수 있는 것은?**

미국 헌법의 전문은 "우리 미합중국의 사람들은"이라는 구절로 시작한다. 여기서 '사람들'에 해당하는 대한민국 헌법상의 용어는 헌법 제정 주체로서의 '국민'이다. 대한민국 헌법의 전문은 "유구한 역사와 전통에 빛나는 우리 대한국민은"으로 시작한다. 이 구절들에서 '사람들'과 '국민'은 맥락상 동일한 의미를 지닌다. 그러나 이 단어들의 사전적 의미 사이에는 간극이 크다. '사람'은 보편적 인간을, '국민'은 국가의 구성원을 의미하기 때문이다. 그래서 '인민'이 '국민'보다 더 적절한 표현이라는 주장이 종종 제기되는데, 사실 대한민국의 제헌헌법 초안에서는 이 단어가 사용되었다.

대한민국 역사에서 '인민'은 개화기부터 통용된 자연스러운 말이며 정부 수립 전까지의 헌법 관련 문헌들 대부분에 빈번히 등장한다. 법학자 유진오가 기초한 제헌헌법의 초안도 "유구한 역사와 전통에 빛나는 우리들 조선 인민은"으로 시작한다. 그러나 '인민'은 공산당의 용어인데 어째서 그러한 말을 쓰려고 하느냐는 공박을 당했고, '인민'은 결국 제정된 제헌헌법에서 '국민'으로 대체되었다.

이에 유진오는 '인민'이 예부터 흔히 사용되어 온 말로 '국민'으로 환원될 수 없는 의미를 지니며, 미국 헌법에서도 국적을 가진 자들로 한정될 수 없는 경우에 '사람들'이 사용되었다고 지적했다. 또한 '국민'은 국가의 구성원이라는 점이 강조된 국가 우월적 표현이기 때문에, 국가조차도 함부로 침범할 수 없는 자유와 권리의 주체로서의 보편적 인간까지 함의하기에는 적절하지 못하다고 비판했다.

'인민'이 모두 '국민'으로 대체되면서 대한민국 헌법에서 혼란의 여지가 생긴 것은 사실이다. '국민'이 국적을 가진 자뿐만 아니라 천부인권을 지니는 보편적 인간까지 지칭하게 되었기 때문이다. 예를 들어 대한민국으로 여행을 온 외국인은 전자에 해당하지 않지만 후자에 속하는 것이 명백하다. 따라서 선거권, 사회권 등 국적을 기반으로 하는 권리까지 주어지는 것은 아니지만, 헌법상의 평등권, 자유권 등 기본적 인권은 보장되는 것이다. 이에 향후 헌법 개정이 있다면 그 기회에 보편적 인간을 의미하는 경우의 '국민'을 '사람들'로 바꾸자는 제안도 있다.

① 대한민국 역사에서 '인민'은 분단 후 공산주의 사상이 금기시되면서 사용되기 시작한 말이다.
② 대한민국으로 여행을 온 외국인은 대한민국 헌법상의 자유권을 보장받지 못한다.
③ 미국 헌법에서 '사람들'은 보편적 인간이 아니라 미국 국적을 가진 자를 의미한다.
④ 법학자 유진오는 '국민'이 보편적 인간을 의미하기에는 적절하지 않다고 비판했다.
⑤ 대한민국 제헌헌법에서는 '인민'이 사용되었으나 비판을 받아 이후의 개정을 통해 헌법에서 삭제되었다.

4. **다음 글에서 알 수 있는 것은?**

필사문화와 초기 인쇄문화에서 독서는 대개 한 사람이 자신이 속한 집단 내에서 다른 사람들에게 책을 읽어서 들려주는 사회적 활동을 의미했다. 개인이 책을 소유하고 혼자 눈으로 읽는 묵독과 같은 오늘날의 독서 방식은 당시 대다수 사람에게 익숙한 일이 아니었다. 근대 초기만 해도 문맹률이 높았기 때문에 공동체적 독서와 음독이 지속되었다.

'공동체적 독서'는 하나의 읽을거리를 가족이나 지역 · 직업공동체가 공유하는 것을 의미한다. 이는 같은 책을 여러 사람이 돌려 읽는 윤독이 이루어졌을 뿐 아니라, 구연을 통하여 특정 공간에 모인 사람들이 책의 내용을 공유했음을 알려준다. 여기에는 도시와 농촌의 여염집 사랑방이나 안방에서 소규모로 이루어진 가족 구성원들의 독서, 도시와 촌락의 장시에서 주로 이루어진 구연을 통한 독서가 포함된다. 공동체적 독서의 목적은 독서에 참여한 사람들로 하여금 책의 사상과 정서에 공감하게 하는 데 있다.

음독은 '소리 내어 읽음'이라는 의미로서 낭송, 낭독, 구연을 포함한다. 낭송은 혼자서 책을 읽으며 암기와 감상을 위하여 읊조리는 행위를, 낭독은 다른 사람들에게 들려주기 위하여 보다 큰 소리로 책을 읽는 행위를 의미한다. 이에 비해 구연은 좀 더 큰 규모의 청중을 상대로 하며 책을 읽는 행위가 연기의 차원으로 높아진 것을 일컫는다. 이런 점에서 볼 때 음독은 공동체적 독서와 긴밀한 연관을 가질 수밖에 없지만, 음독이 꼭 공동체적 독서라고는 할 수 없다.

전근대 사회에서는 개인적 독서의 경우에도 묵독보다는 낭송이 더 일반적인 독서 형태였다. 그렇다고 해서 도식적으로 공동체적 독서와 음독을 전근대 사회의 독서 형태라 간주하고, 개인적 독서를 근대 이후의 독서 형태라 보는 것은 곤란하다. 현대 사회에서도 필요에 따라 공동체적 독서와 음독이 많이 행해지며, 반대로 전근대 사회에서도 지배계급이나 식자층의 독서는 자주 묵독으로 이루어졌을 것이기 때문이다. 다만 '공동체적 독서'에서 '개인적 독서'로의 이행은 전근대 사회에서 근대 사회로 이행하는 과정에서 확인되는 독서 문화의 추이라고 볼 수 있다.

① 필사문화를 통해 묵독이 유행하기 시작했다.
② 전근대 사회에서 낭송은 공동체적 독서를 의미한다.
③ 공동체적 독서와 개인적 독서 모두 현대 사회에서 행해지는 독서 형태이다.
④ 근대 초기 식자층의 독서 방식이었던 음독은 높은 문맹률로 인해 생겨났다.
⑤ 근대 사회에서 윤독은 주로 도시와 촌락의 장시에서 이루어진 독서 형태였다.

5. **다음 글에서 알 수 없는 것은?**

> 의학적 원리만을 놓고 볼 때 '인두법'과 '우두법'은 전혀 차이가 없다. 둘 다 두창을 이미 앓은 개체에서 미량의 딱지나 고름을 취해서 앓지 않은 개체에게 접종하는 방식이다. 그렇지만 인두법 저작인 정약용의 『종두요지』와 우두법 저작인 지석영의 『우두신설』을 비교하면 접종대상자의 선정, 사후 관리, 접종 방식 등 세부적인 측면에서 적지 않은 차이가 발견된다.
>
> 먼저, 접종대상자의 선정 과정을 보면 인두법이 훨씬 까다롭다. 접종대상자는 반드시 생후 12개월이 지난 건강한 아이여야 했다. 중병을 앓고 얼마 되지 않은 아이, 몸이 허약한 아이, 위급한 증세가 있는 아이는 제외되었다. 이렇게 접종대상자의 몸 상태에 세심하게 신경을 쓰는 까닭은 비록 소량이라고 하더라도 사람에게서 취한 두(痘)의 독이 강력했기 때문이다. 한편, 『우두신설』에서는 생후 70~100일 정도의 아이를 접종대상자로 하며, 아이의 몸 상태에 특별히 신경을 쓰지 않는다. 이는 우두의 독력이 인두보다 약한 데서 기인한다. 우두법은 접종 시기를 크게 앞당김으로써 두창 감염에 따른 위험을 줄였고, 아이의 몸 상태에 크게 좌우되지 않는다는 장점이 있었다.
>
> 인두와 우두의 독력 차이로 사후 관리 또한 달랐음을 위 저작들에서 발견할 수 있다. 정약용은 접종 후에 나타나는 각종 후유증을 치료하기 위한 처방을 상세히 기재하고 있는 데 반해, 지석영은 그런 처방을 매우 간략하게 제시하거나 전혀 언급하지 않는다.
>
> 접종 방식의 차이도 두드러진다. 『종두요지』의 대표적인 접종 방식으로 두의 딱지를 말려 코 안으로 불어넣는 한묘법, 두의 딱지를 적셔 코 안에 접종하는 수묘법이 있다. 한묘법은 위험성이 높아서 급하게 효과를 보려고 할 때만 쓴 반면, 수묘법은 일반적으로 통용되었고 안전성 면에서도 보다 좋은 방법이었다. 이에 반해 우두 접종은 의료용 칼을 사용해서 팔뚝 부위에 일부러 흠집을 내어 접종했다. 종래의 인두법에서 코의 점막에 불어넣거나 묻혀서 접종하는 방식은 기도를 통한 발병 위험이 매우 높았기 때문이다.

① 우두법은 접종을 시작할 수 있는 나이가 인두법보다 더 어리다.
② 인두 접종 방식 가운데 수묘법이 한묘법보다 일반적으로 통용되는 접종 방식이었다.
③ 『종두요지』에는 접종 후에 나타나는 후유증을 치료하기 위한 처방이 제시되어 있었다.
④ 인두법은 의료용 칼을 사용하여 팔뚝 부위에 흠집을 낸 후 접종하는 방식이었다.
⑤ 『우두신설』에 따르면 몸이 허약한 아이에게도 접종할 수 있었다.

6. **다음 글에서 알 수 있는 것은?**

> 과학자가 고안한 새로운 이론이 과학적 진보에 기여하는지를 평가할 때, 다음의 세 가지 조건이 고려된다.
>
> 첫째는 통합적 설명 조건이다. 새로운 이론은 여러 현상들을 통합하여 설명할 수 있는 단순한 개념 틀을 제공해야 한다. 예컨대 뉴턴의 새로운 이론은 오랫동안 서로 다르다고 여겨졌던 지상계의 운동과 천상계의 운동을 단지 몇 가지 개념을 통해 설명할 방법을 제시하였다. 하지만 통합적 설명 조건만을 만족한다고 해서 과학적 진보에 기여한다고 보기는 어렵다.
>
> 둘째는 새로운 현상의 예측 조건이다. 새로운 이론은 기존의 이론이 예측할 수 없는 새로운 현상을 예측해야 한다. 새로운 현상을 예측하면, 과학자들은 그 예측이 맞는지 확인하기 위해 다양한 반증 시도를 하게 된다. 그 과정에서 과학자들은 기존에 관심을 두지 않았던 영역을 탐구하게 되고 새로운 관측 방법을 개발한다. 통합적 설명 조건을 만족하면서 동시에 새로운 현상을 예측하여 반증 시도를 허용하는 이론이 과학적 진보에 기여하게 되는 것이다.
>
> 셋째는 통과 조건이다. 이 조건은 위 두 조건을 모두 만족하는 이론이 제시한 새로운 예측이 실제 관측이나 실험 결과에 들어맞아야 한다는 것을 뜻한다. 혹자는 통과 조건을 만족하지 못하고 반증된 이론은 실패한 이론이고 과학적 진보에 기여하지 못한다고 생각하지만, 그렇지 않다. 그런 이론도 새로운 이론을 고안하도록 과학자를 추동하는 역할을 하기 때문이다. 따라서 통과 조건을 만족하지 못하더라도 통합적 설명 조건과 새로운 현상의 예측 조건을 모두 만족하는 이론은 과학적 진보에 기여하는 것으로 평가할 수 있다.

① 단순하면서 통합적인 개념 틀을 제공하는 이론은 통과 조건을 만족한다.
② 통과 조건을 만족하지 못하더라도 과학적 진보에 기여하는 이론이 있을 수 있다.
③ 반증된 이론은 과학자들이 새로운 이론을 고안하도록 추동하는 역할을 하지 못한다.
④ 새로운 현상의 예측 조건을 만족하지 못하는 이론은 통합적 설명 조건을 만족하지 못한다.
⑤ 통합적 설명 조건과 새로운 현상의 예측 조건 중 하나만 만족하는 이론도 과학적 진보에 기여한다.

7. 다음 글의 ㉠~㉤을 문맥에 맞게 수정한 것으로 가장 적절한 것은?

『논어』「자한」편 첫 문장은 일반적으로 "공자께서는 이익, 천명, 인(仁)에 대해서 드물게 말씀하셨다."라고 해석된다. 그런데 『논어』 전체에서 인이 총 106회 언급되었다는 사실과 이 문장 안에 포함된 '드물게(罕)'라는 말은 상충하는 것처럼 보인다. 이러한 충돌을 해결하기 위한 시도는 크게 두 가지 방향에서 이루어졌다. 먼저 해당 한자의 의미를 ㉠ 기존과 다르게 해석하여 이 문장에 대한 일반적 해석을 변경하는 방식으로 이를 해결하려는 시도가 있다. 하지만 이와 다른 방식으로 충돌을 해결할 수 있다고 믿었던 이들도 있다. 그들은 이 문장의 일반적 해석을 바꾸지 않고 다음과 같은 방법들로 문제를 풀려고 시도했다.

첫째, 어떤 이들은 정도를 나타내는 표현이 상대성을 가질 수 있다는 점에 주목했다. 사실, '드물게'라는 것이 과연 어느 정도의 횟수를 의미하는지는 분명하지 않다. '드물다'는 표현은 동일 선상에 있는 다른 것과의 비교를 염두에 둔 것이다. 따라서 ㉡ 인이 106회 언급되었다고 해도 다른 것에 비해서는 드물다고 평가할 수 있다.

둘째, 다른 이들은 텍스트의 형성 과정에 주목했다. 『논어』는 발화자와 기록자가 서로 다른데, 공자 사후 공자의 제자들은 각자가 기억하는 스승의 말이나 스승에 대한 그간의 기록을 모아서 『논어』를 편찬하였다. 이를 염두에 둔다면 다음과 같은 상황을 상상할 수 있다. 공자는 인에 대해 실제로 드물게 말했다. 공자가 인을 중시하면서도 그에 대해 드물게 언급하다 보니 제자들이 자주 물을 수밖에 없었다. 그 대화의 결과들을 끌어모은 것이 『논어』인 까닭에, 『논어』에는 ㉢ 인에 대한 기록이 많아질 수밖에 없었다.

셋째, ㉣ 이 문장을 기록한 제자의 개별적 특성에 주목했던 이들도 있다. 즉, 다른 제자들은 인에 대해 여러 차례 들었지만, 이 문장의 기록자만 드물게 들었을 수 있다. 공자는 질문하는 제자가 어떤 사람인지에 따라 각 제자에게 주는 가르침을 달리했다. 그렇다면 '드물게'는 이 문장을 기록한 제자의 어떤 특성 때문에 나타난 결과일 수 있다.

넷째, 어떤 이들은 시간의 변수를 도입했다. 기록자가 공자의 가르침을 돌아보면서 ㉤ 이 문장을 기록한 시점 이후에 공자는 정말로 인에 대해 드물게 말했는지도 모른다. 그리고 그 뒤 어느 시점부터 공자가 빈번하게 인에 대해 설파하기 시작했으며, 『논어』에 보이는 인에 대한 106회의 언급은 그 결과일 수 있다.

① ㉠을 "기존과 동일하게 해석하여 이 문장에 대한 일반적 해석을 준수하는 방식"으로 고친다.
② ㉡을 "인이 106회 언급되었다면 다른 어떤 것에 비해서도 드물다고 평가할 수 없다"로 고친다.
③ ㉢을 "인에 대한 기록이 적어질 수밖에 없었다"로 고친다.
④ ㉣을 "『논어』를 편찬한 공자 제자들의 공통적 특성"으로 고친다.
⑤ ㉤을 "이 문장을 기록했던 시점까지"로 고친다.

8. 다음 글의 (가)와 (나)에 들어갈 말을 짝지은 것으로 가장 적절한 것은?

오늘날 우리는 끊임없이 무엇인가를 전시하고 이에 대한 주변인의 반응을 기다린다. 특히 전시의 공간이 온라인 플랫폼으로 확장되면서 우리의 삶 자체가 전시물이 되는 시대에 살고 있다. 전시된 삶에 공감하는 익명의 사람들은 '좋아요' 버튼을 누른다. '좋아요'의 수가 많을수록 전시된 콘텐츠의 가치가 높아진다. 이제 얼마나 많은 수의 '좋아요'를 확보하느냐가 관건이 된다.

그러다 보니 우리는 손에 잡히지 않지만 눈으로 확인할 수 있는 누군가의 '좋아요'를 좇게 된다. '좋아요'는 전시된 콘텐츠에 대한 공감의 표현 방식이었지만, 어느 순간 관계가 역전되어 '좋아요'를 얻기 위해 콘텐츠를 가상 공간에 전시하기 시작한다. 이제 우리는 '좋아요'를 많이 얻을 수 있는 콘텐츠를 만들어내는 데 최선의 노력을 기울이게 된다.

이 관계의 역전은 문제를 일으킨다. '좋아요'의 선택을 받기 위해 노력하다 보면 어느 순간 현실에 존재하는 '나'가 사라지고 만다. 타인이 좋아할 만한 일상과 콘텐츠를 선별하거나 심지어 만들어서라도 전시하기 때문이다. (가) . 타인의 '좋아요'를 얻기 위해 현실에 존재하는 내가 사라지고 마는 아이러니를 직면하는 순간이다.

'좋아요'의 공동체 안에서는 타자도 존재하지 않는다. 이 공동체는 '좋아요'를 매개로 모인 서로 '같음'을 공유하는 사람들로 구성된다. 그래서 같은 것을 좋아하고 긍정하는 '좋아요'의 공동체 안에서 각자의 '다름'은 점차 사라진다. (나) . 이제 공동체에서 그러한 타자를 환대하거나 그의 말을 경청하려는 사람은 점점 줄어들고, '다름'은 '좋아요'가 용납하지 않는 별개의 언어가 된다.

'좋아요'는 그 특유의 긍정성 덕분에 뿌리치기 힘든 유혹으로 다가온다. 하지만 '좋아요'에 함몰되는 순간 나와 타자를 동시에 잃어버릴 수 있다. 우리는 '좋아요'를 거부하는 타자들을 인정하고 그들의 말에 귀를 기울여야 한다. 이렇게 '좋아요'가 축출한 '다름'의 언어를 되찾아오기 시작할 때 '좋아요'의 아이러니에서 벗어날 수 있을 것이다.

① (가) : '좋아요'를 얻기 위해 현실의 나와 다른 전시용 나를 제작하는 셈이다
(나) : '좋아요'를 거부하고 다른 의견을 내는 사람은 불편한 대상이자 배제의 대상이 된다
② (가) : '좋아요'를 얻기 위해 현실의 나와 다른 전시용 나를 제작하는 셈이다
(나) : '좋아요'의 공동체에서는 어떠한 갈등이나 의견 대립도 발생하지 않는다
③ (가) : '좋아요'를 얻기 위해 나의 내면과 사생활까지도 타인에게 적극적으로 개방한다
(나) : '좋아요'를 거부하고 다른 의견을 내는 사람은 불편한 대상이자 배제의 대상이 된다

④ (가) : '좋아요'를 얻기 위해 나의 내면과 사생활까지도 타인에게 적극적으로 개방한다
(나) : '좋아요'의 공동체에서는 어떠한 갈등이나 의견 대립도 발생하지 않는다
⑤ (가) : '좋아요'를 얻기 위해 현실의 내가 가진 매력적 콘텐츠를 더욱 많이 발굴하는 것이다
(나) : '좋아요'의 공동체에서는 어떠한 갈등이나 의견 대립도 발생하지 않는다

9. 다음 글의 빈칸에 들어갈 내용으로 가장 적절한 것은?

여행가들은 종종 여행으로 세계에 대한 새로운 지식을 얻었을 뿐만 아니라 차별과 편견을 제거할 수 있었다고 말한다. 이 깨달음은 신경과학자들 덕분에 사실로 입증되었다. 신경과학자들은 여행이 뇌의 전측대상피질(ACC)을 자극한다는 것을 알아냈다. ACC는 자신이 가진 세계 모델을 기초로 앞으로 들어올 지각 정보의 기대치를 결정하고 새로 들어오는 지각 정보들을 추적한다. 새로 들어온 정보가 기대치에 맞지 않으면 ACC는 경보를 발령하고, 이 정보에 대한 판단을 지연시켜 새로운 정보를 분석할 시간을 제공한다. 정보에 대한 판단이 지연되면, 그에 대한 말과 행동 또한 미뤄진다. ACC의 경보가 발령되면 우리는 어색함을 느끼고 멈칫한다. 결국 ACC는 주변 환경을 더 면밀히 관찰하라고 촉구한다.

우리의 뇌는 의식적으로든 반사적으로든 끊임없이 판단을 내린다. 이와 관련하여 인지과학자들은 판단을 늦출수록 판단의 정확성이 높아진다는 사실을 발견했다. 오랜 시간을 들여 더 많은 관련 정보를 파악하는 것이 정확한 판단의 핵심이기 때문이다. 최후의 순간까지 정보에 대한 판단을 유보할수록 정확한 판단을 내릴 가능성이 커진다.

낯선 장소를 방문할 때 우리는 늘 어색함을 느낀다. 음식, 지리, 날씨 등 모든 게 기존의 세계 모델과 일치하지 않기 때문이다. 여행은 ACC를 자극하고, ACC의 경보 발령으로 우리는 신속한 판단이나 반사적 행동을 자제하게 된다. 따라서 더 이질적인 문화를 경험하면, 우리의 뇌는 ________.

① ACC를 덜 활성화시킨다
② 더 적은 정보를 처리한다
③ 주변 환경에 더 친숙해진다
④ 기존의 세계 모델을 더 확신한다
⑤ 정보에 대한 판단을 더 지연시킨다

10. 다음 글의 빈칸에 들어갈 내용으로 가장 적절한 것은?

갑은 이번에 들어온 신입 사원 민철에 대해서 '그는 결혼하지 않았다.'라는 정보와 '그는 비혼이다.'라는 정보를 획득했다. 한편 을은 민철에 대해서 '그는 결혼하지 않았다.'라는 정보와 '그에게는 아이가 있다.'라는 정보를 획득했다. 갑이 획득한 정보 집합과 을이 획득한 정보 집합 중에서 무엇이 더 정합적인가? 다르게 말해 어떤 집합 내 정보들이 서로 더 잘 들어맞는가? 갑의 정보 집합이 더 정합적이라고 여기는 것이 상식적이다.

그렇다면 이런 정보 집합의 정합성은 어떻게 측정할 수 있을까? 그 방법 중 하나인 C는 확률을 이용해 그 정합성의 정도, 즉 정합도를 측정한다. 여러 정보로 이루어진 정보 집합 S가 있다고 해보자. 방법 C에 따르면, S의 정합도는 ________ 으로 정의된다.

그 정의에 따라 정합도를 측정하면, 위 갑과 을이 획득한 정보 집합의 정합성을 우리의 상식에 맞춰 비교할 수 있다. 갑이 획득한 정보에서 '그가 결혼하지 않았으며 비혼일 확률'과 '그가 결혼하지 않았거나 비혼일 확률'은 모두 '그가 비혼일 확률'과 같다. 왜냐하면 결혼하지 않았다는 것과 비혼이라는 것은 서로 같은 말이기 때문이다. 따라서 방법 C에 따르면 갑이 획득한 정보 집합의 정합도는 1이다.

한편, '그가 결혼하지 않았으며 아이가 있을 확률'은 '그가 결혼하지 않았거나 아이가 있을 확률'보다 낮다. 왜냐하면 그가 결혼하지 않았거나 아이가 있는 경우에 비해, 그가 결혼하지 않고 아이가 있는 경우는 드물기 때문이다. 따라서 방법 C에 따르면 을의 정보 집합의 정합도는 1보다 작다. 이런 식으로 방법 C는 갑의 정보 집합의 정합도가 을의 정보 집합의 정합도보다 크다고 말해 준다. 그리고 그 점에서 갑의 정보 집합이 을의 정보 집합보다 더 정합적이라고 판단한다. 이는 우리 상식에 부합하는 결과이다.

① S의 정보 중 적어도 하나가 참일 확률을 S의 모든 정보가 참일 확률로 나눈 값
② S의 모든 정보가 참일 확률을 S의 정보 중 적어도 하나가 참일 확률로 나눈 값
③ S의 정보 중 기껏해야 하나가 참일 확률을 S의 모든 정보가 참일 확률로 나눈 값
④ S의 모든 정보가 참일 확률을 S의 정보 중 기껏해야 하나가 참일 확률로 나눈 값
⑤ S의 정보 중 기껏해야 하나가 참일 확률을 S의 정보 중 적어도 하나가 참일 확률로 나눈 값

11. 다음 글의 ㉠을 이끌어내기 위해 추가해야 할 전제로 가장 적절한 것은?

> 우리는 보고, 듣고, 냄새를 맡는 등 지각적 경험을 한다. 우리가 지각적 경험이 가능한 이유는 이러한 지각을 야기하는 원인이 존재하기 때문이다. 나는 ㉠ 신의 마음이 바로 나의 지각을 야기하는 원인임을 논증을 통해 보이고자 한다.
>
> 이 세상에 존재하는 모든 것은 지각되는 것이고, 그러한 지각을 야기하는 원인이 존재한다. 그러한 원인이 존재한다면 그 원인은 내 마음속 관념이거나 나의 마음이거나 나 이외의 다른 마음 중 하나일 것이다. 하지만 나의 지각을 야기하는 원인은 내 마음속 관념이 아니다. 왜냐하면 지각이 관념의 원인이 될 수는 있지만 관념이 지각을 야기할 수는 없기 때문이다.
>
> 나의 지각을 야기하는 원인은 내 마음도 아니다. 왜냐하면 내 마음이 내 지각의 원인이라면 나는 내가 지각하는 바를 조종할 수 있어야 한다. 예를 들어, 내가 내 앞의 빨간 사과를 보고 있다고 해보자. 나는 이 사과를 빨간색으로 지각할 수밖에 없다. 아무리 내가 이 사과 색깔을 빨간색 대신 노란색으로 지각하려고 안간힘을 쓰더라도 이를 내 마음대로 바꿀 수는 없다. 그러므로 나의 지각을 야기하는 원인은 나 이외의 다른 마음이다.
>
> 나 이외의 다른 마음은 나 이외의 다른 사람의 마음이거나 사람이 아닌 다른 존재의 마음이다. 다른 사람의 마음이 내 지각을 야기하는 원인이 될 수 없다. 그들이 내가 지각하는 바를 조종할 수는 없기 때문이다. 그러므로 나의 지각을 야기하는 원인은 사람이 아닌 다른 존재의 마음이다.

① 내 마음속 관념이 곧 신이다.
② 사람과 신 이외에 마음을 지닌 존재는 없다.
③ 신의 마음은 나의 마음을 야기하는 원인이다.
④ 감각기관을 통한 지각적 경험은 신뢰할 수 있다.
⑤ 나 이외의 다른 마음만이 내가 지각하는 바를 조종할 수 있다.

12. 다음 글의 내용이 참일 때 반드시 참인 것은?

> A부서에서는 새로 시작된 프로젝트에 다섯 명의 주무관 가은, 나은, 다은, 라은, 마은의 참여 여부를 점검하고 있다. 주무관들의 업무 전문성을 고려할 때, 다음과 같은 예측을 할 수 있었고 그 예측들은 모두 옳은 것으로 밝혀졌다.
>
> - 가은이 프로젝트에 참여하면 나은과 다은도 프로젝트에 참여한다.
> - 나은이 프로젝트에 참여하지 않으면 라은이 프로젝트에 참여한다.
> - 가은이 프로젝트에 참여하거나 마은이 프로젝트에 참여한다.

① 가은이 프로젝트에 참여하지 않으면 나은이 프로젝트에 참여한다.
② 다은이 프로젝트에 참여하면 마은이 프로젝트에 참여한다.
③ 다은이 프로젝트에 참여하거나 마은이 프로젝트에 참여한다.
④ 라은이 프로젝트에 참여하면 마은이 프로젝트에 참여한다.
⑤ 라은이 프로젝트에 참여하거나 마은이 프로젝트에 참여한다.

13. 다음 글의 내용이 참일 때 반드시 참인 것은?

> 가훈은 모든 게임에서 2인 1조로 다른 조를 상대해야 한다. 게임은 구슬치기, 징검다리 건너기, 줄다리기, 설탕 뽑기 순으로 진행되며 다른 게임은 없다. 이에 가훈은 남은 참가자 갑, 을, 병, 정, 무 중 각각의 게임에 적합한 서로 다른 인물을 한 명씩 선택하여 조를 구성할 계획을 세웠다. 게임의 총괄 진행자는 가훈의 선택에 대해 다음과 같이 예측하였다.
>
> - 갑은 설탕 뽑기에 선택되고 무는 징검다리 건너기에 선택된다.
> - 을이 구슬치기에 선택되거나 정이 줄다리기에 선택된다.
> - 을은 구슬치기에 선택되지 않고 무는 징검다리 건너기에 선택되지 않는다.
> - 병은 어떤 게임에도 선택되지 않고 정은 줄다리기에 선택된다.
> - 무가 징검다리 건너기에 선택되거나 정이 줄다리기에 선택되지 않는다.
>
> 가훈의 조 구성 결과 이 중 네 예측은 옳고 나머지 한 예측은 그른 것으로 밝혀졌다.

① 갑이 어느 게임에도 선택되지 않았다.
② 을이 구슬치기에 선택되었다.
③ 병이 줄다리기에 선택되었다.
④ 정이 징검다리 건너기에 선택되었다.
⑤ 무가 설탕 뽑기에 선택되었다.

14. **다음 글의 빈칸에 들어갈 말로 적절한 것은?**

> 문 주무관과 공 주무관은 하나의 팀을 이루어 문공 팀 제안서를 제출하였다. 이와 관련하여 공 주무관은 자신이 수집, 정리한 인사 관련 정보를 문 주무관과 다음과 같이 공유하였다. "강 주무관이 업무 평가에서 S등급을 받았다고 가정하면, 남 주무관이 업무 평가에서 S등급을 받은 경우 문공 팀 제안서가 폐기될 것입니다. 그런데 문공 팀 제안서가 폐기되는 일과 도 주무관이 전보 발령 대상이 되는 일, 둘 중 적어도 하나는 일어날 것입니다. 강 주무관과 남 주무관 둘 중 적어도 한 사람은 S등급을 받은 것이 분명합니다. 그런데 강 주무관만 S등급을 받고 남 주무관은 못 받는 그런 일은 없습니다. 다행히도, 문공 팀 제안서가 폐기되지 않고 심층 검토될 예정이라는 소식입니다."
>
> 그러나 공 주무관이 공유한 정보를 살펴보던 문 주무관은 자신이 입수한 정보를 공유하면서 공 주무관에게 말하였다. "공 주무관님, 그런데 조금 전 확인된 바로, [　　　　　　　　　]. 그렇다고 보면, 공 주무관님이 말씀하신 정보는 내적 일관성이 없고 따라서 전부 참일 수는 없습니다. 어딘가 최소한 한 군데는 잘못된 정보라는 말이지요. 지금으로선 어느 부분이 문제인지 알 수 없으니, 수고스럽더라도 어느 부분에 문제가 있는지 다시 확인해주셔야 하겠습니다."

① 남 주무관은 업무 평가에서 S등급을 받았습니다
② 강 주무관은 업무 평가에서 S등급을 받지 못했습니다
③ 도 주무관이 전보 발령 대상이 아닌 경우, 문공 팀 제안서가 폐기됩니다
④ 남 주무관이 업무 평가에서 S등급을 받은 경우, 도 주무관은 전보 발령 대상이 아닙니다
⑤ 강 주무관이 업무 평가에서 S등급을 받은 경우, 남 주무관도 업무 평가에서 S등급을 받습니다

15. **다음 글에서 추론할 수 있는 것만을 〈보기〉에서 모두 고르면?**

> 종이와 같이 전류가 흐르지 않는 성질을 가진 물질을 절연체라 한다. 절연체는 전기적으로 중성이며 전하를 띠지 않는다. 그러나 어떤 상황에서는 전하 사이에 작용하는 힘인 전기력에 의한 운동이 가능하다. 어떻게 이러한 절연체의 운동이 가능한가를 알아보자.
>
> 절연체는 전기적으로 중성이지만 그 안에는 무수히 많은 전하가 존재한다. 다만, 음전하와 양전하가 똑같은 숫자로 존재하며 물체에 균일하게 분포되어 있다. 이들에게 외부의 전하가 작용할 때 발생하는 전기력인 척력과 인력이 서로 상쇄되어 아무런 힘이 작용하지 않을 것처럼 보인다.
>
> 그런데 외부에서 전기력이 작용하면 절연체 내부의 전하들은 개별적으로 그 힘에 반응한다. 가령, 양으로 대전된 물체에 의해서 절연체에 전기력이 작용하는 경우, 절연체 내부의 음전하는 대전된 물체 방향으로 끌려가는 힘인 인력을 받고, 양전하는 밀려나는 힘인 척력을 받는다.
>
> 절연체 내부의 전하들은 이러한 전기력에 의해 미세하게 이동할 수 있는데, 음전하는 양으로 대전된 물체와 가까워지는 방향으로, 양전하는 멀어지는 방향으로 이동하게 된다. 그 결과 대전된 물체의 양전하와 절연체의 음전하 간의 인력이 대전된 물체의 양전하와 절연체의 양전하 간의 척력보다 커져 절연체는 대전된 물체 방향으로 끌려가게 된다. 전기력은 전하 간 거리가 멀수록 작아지는 특성이 있기 때문이다. 다만 절연체의 무게가 충분히 작아야만 이러한 전기력이 절연체의 무게를 극복하고 절연체를 끌어당길 수 있다.

〈보 기〉

ㄱ. 절연체 내부 전하의 위치는 절연체 외부의 영향에 의해서 변할 수 있다.
ㄴ. 대전된 물체는 절연체 내 음전하와 양전하의 구성 비율을 변화시킬 수 있다.
ㄷ. 음으로 대전된 물체를 특정 무게 이하의 절연체에 가까이함으로써 절연체를 밀어내는 것이 가능하다.

① ㄱ
② ㄴ
③ ㄱ, ㄷ
④ ㄴ, ㄷ
⑤ ㄱ, ㄴ, ㄷ

16. **다음 글에서 추론할 수 있는 것은?**

> 사람의 근육 운동은 근육 세포의 수축과 이완이 반복되면서 일어나며, 근육 세포의 수축과 이완이 정상적으로 일어나지 않으면 근육 마비가 일어난다. 근육 세포의 수축과 이완은 근육 세포와 인접해 있는 운동 신경 세포에서 아세틸콜린의 방출을 조절함으로써 일어날 수 있다.
>
> 운동 신경 세포에 작용하는 신호에 의해 운동 신경 세포에서 아세틸콜린이 방출된다. 방출된 아세틸콜린은 근육 세포의 막에 있는 아세틸콜린 결합 단백질에 결합하고 이 근육 세포가 수축되게 한다. 뇌의 운동피질에서 유래한 신호가 운동 신경 세포에 작용하여 이와 같은 현상을 일으킬 수 있다.
>
> 운동 신경 세포에서 아세틸콜린의 방출은 운동 신경 세포와 접하고 있는 억제성 신경 세포에 의해서도 조절될 수 있다. 억제성 신경 세포는 글리신을 방출하는데, 이 글리신은 운동 신경 세포에 작용하여 아세틸콜린의 방출을 막음으로써 근육 세포가 이완되게 한다.
>
> 사람의 근육 운동에 영향을 미치는 물질 중에는 보툴리눔 독소와 파상풍 독소가 있다. 두 독소는 각각 병원균인 보툴리눔균과 파상풍균이 분비하는 독성 단백질이다. 보툴리눔 독소는 운동 신경 세포에 작용하여 아세틸콜린이 방출되는 것을 막아 근육 세포가 이완된 상태로 있게 하여 근육 마비를 일으킨다. 파상풍 독소는 억제성 신경 세포에 작용하여 글리신이 방출되는 것을 막아 근육 세포가 수축된 상태로 있게 하여 근육 마비를 일으킨다.

① 근육 세포의 막에는 글리신 결합 단백질이 있다.
② 보툴리눔 독소는 근육 세포의 수축이 일어나지 않게 하여 근육 마비를 일으킨다.
③ 운동 신경 세포에서 방출된 아세틸콜린은 억제성 신경 세포에서 글리신의 방출을 막는다.
④ 뇌의 운동피질에서 유래된 신호는 운동 신경 세포에서 아세틸콜린의 방출을 막아서 근육의 수축을 일으킨다.
⑤ 파상풍 독소는 운동 신경 세포에서 방출된 아세틸콜린이 근육 세포의 막에 있는 결합 단백질에 결합할 수 없게 한다.

17. **다음 글의 (가)와 (나)에 들어갈 말을 짝지은 것으로 가장 적절한 것은?**

> 진공 상태에서 금속이나 반도체 물질에 높은 전압을 가하면 그 표면에서 전자가 방출된다. 방출된 전자가 형광체에 충돌하면 빛이 발생하는데, 이 빛을 이용하여 디스플레이를 만들 수 있다. 이런 디스플레이를 만들기 위해, 금속이나 반도체 물질로 만들어진 원기둥 형태의 나노 구조체가 기판에 고밀도로 존재하도록 제작하는 기술이 개발되고 있다.
>
> 고밀도의 나노 구조체가 있는 기판을 제작하려는 것은 나노 구조체의 밀도가 높을수록 단위 면적당 더 많은 양의 전자가 방출될 것이라는 가설 H1에 근거하고 있다. 그러나 기판의 단위 면적당 방출되는 전자의 양은 나노 구조체의 밀도가 일정 수준 이상으로 높아지면 오히려 줄어들게 될 것이라는 가설 H2를 주장하는 과학자들의 수가 많아지고 있다. 이는 나노 구조체가 너무 조밀하게 모여 있으면 나노 구조체 각각에 가해지는 실제 전압이 오히려 감소한다는 사실에 기반을 두고 있다.
>
> 과학자 L은 가설 H1과 가설 H2를 확인하기 위한 원기둥 형태의 금속 재질의 나노 구조체 X가 있는 기판을 제작하였다. 이 기판에 동일 거리에서 동일 전압을 가하여 다음의 실험을 수행하였다.
>
> 〈실 험〉
>
> 실험 1 : X가 있는 기판 A와 A보다 면적이 두 배이고 X의 개수가 네 배인 기판 B를 제작하였다. 이때 단위 면적당 방출된 전자의 양은 기판 A와 기판 B가 같았다.
>
> 실험 2 : 단위 면적당 방출된 전자의 양은, 기판 C에 10,000개의 X가 있을 때보다 20,000개의 X가 있을 때 더 많았고, 기판 C에 20,000개의 X가 있을 때보다 30,000개의 X가 있을 때 더 적었다.
>
> 두 실험 중 실험 1은 가설 H1을 ((가)), 실험 2는 가설 H2를 ((나)).

	(가)	(나)
①	강화하고	강화한다
②	강화하고	약화한다
③	약화하지 않고	약화한다
④	약화하고	약화한다
⑤	약화하고	강화한다

18. 다음 글의 실험 결과를 가장 잘 설명하는 것은?

광검출기는 빛을 흡수하고 이를 전기 신호인 광전류로 변환하여 빛의 세기를 측정하는 장치로, 얼마나 넓은 범위의 세기를 측정할 수 있는지가 광검출기의 성능을 결정하는 주요 지표이다.

광검출기에서는 빛이 조사되지 않아도 열에너지의 유입 등 외부 요인에 의해 미세한 전류가 발생할 수 있는데, 이러한 전류를 암전류라 한다. 그런데 어떤 광검출기에 세기가 매우 작은 빛이 입력되어 암전류보다 작은 광전류가 발생한다면, 발생한 전류가 암전류에 의한 것인지 빛의 조사에 의한 것인지 구분할 수 없다. 따라서 이 빛의 세기는 이 광검출기에서 측정할 수 없다.

한편, 광검출기에는 광포화 현상이 발생하는데, 이는 광전류의 크기가 빛의 세기에 따라 증가하다가 특정 세기 이상의 빛이 입력되어도 광전류의 크기가 더 이상 증가하지 않고 일정하게 유지되는 것을 뜻한다. 광포화가 일어나기 위한 빛의 최소 세기를 광포화점이라 하고, 광검출기는 광포화점 이상의 세기를 갖는 서로 다른 빛에 대해서는 각각의 세기를 측정할 수 없다. 결국, 어떤 광검출기가 측정할 수 있는 빛의 최소 세기를 결정하는 암전류의 크기와 빛의 최대 세기를 결정하는 광포화점의 크기는 광검출기의 성능을 결정하는 주요 지표이다.

한 과학자는 세기가 서로 다른 빛 A~D를 이용하여 광검출기 I과 II의 성능 비교 실험을 하였다. 이때 빛의 세기는 A > B > C이며 D > C이다. 광검출기 I과 II로 A~D 각각의 빛의 세기를 측정할 수 있는 경우를 ○, 측정할 수 없는 경우를 ×로 정리하여 실험 결과를 아래 표에 나타내었다.

빛 / 광검출기	A	B	C	D
I	○	○	×	×
II	×	○	×	○

① 두 광검출기가 각각 검출할 수 있는 빛의 최소 세기는 I과 II가 같고, 광포화점은 I이 II보다 작다.
② 두 광검출기가 각각 검출할 수 있는 빛의 최소 세기는 I이 II보다 크고, 광포화점은 I이 II보다 작다.
③ 두 광검출기가 각각 검출할 수 있는 빛의 최소 세기는 I이 II보다 작고, 광포화점은 I이 II보다 작다.
④ 두 광검출기가 각각 검출할 수 있는 빛의 최소 세기는 I이 II보다 작고, 광포화점은 I이 II보다 크다.
⑤ 두 광검출기가 각각 검출할 수 있는 빛의 최소 세기는 I이 II보다 크고, 광포화점은 I이 II보다 크다.

※ 다음 글을 읽고 물음에 답하시오. [19~20]

우리가 임의의 명제 p를 지지하는 증거를 지니면 p에 대한 우리의 믿음은 인식적으로 정당화되고, p를 지지하는 증거를 지니지 않으면 p에 대한 우리의 믿음은 인식적으로 정당화되지 않는다. p에 대한 믿음이 인식적으로 정당화된 상황에서 p를 믿는 것은 우리의 인식적 의무일까? p를 믿는 것이 우리의 인식적 의무라면 이와 관련해 발생하는 문제는 없을까? 이 질문들과 관련해 의무론 논제, 비의지성 논제, 자유주의 논제를 고려해보자.

- 의무론 논제 : ㉠ 만약 우리가 p를 믿는다는 것이 인식적으로 정당화된다면 그것을 믿어야 하고, 만약 우리가 p를 믿는다는 것이 인식적으로 정당화되지 않는다면 그것을 믿어야 하는 것은 아니다. 즉, 우리가 p를 믿어야 한다는 것은 우리가 p를 믿는다는 것이 인식적으로 정당화되기 위한 필요충분조건이다. 이것이 의무론 논제라 불리는 이유는 '우리가 p를 믿어야 한다.'는 것을 인식적 의무로 간주하기 때문이다.
- 비의지성 논제 : ㉡ 우리가 p를 믿는다는 것은 자유롭게 선택할 수 있는 것이 아니다. 즉, 믿음은 선택의 대상이 아니다. 예를 들어, 갑이 창밖에 있는 나무를 바라보며 창밖에 나무가 있다는 것을 믿는다고 해보자. 이때 갑이 이를 믿지 않으려고 해도 그는 그럴 수 없다.
- 자유주의 논제 : ㉢ 만약 우리가 p를 믿는다는 것이 자유롭게 선택할 수 있는 것이 아니라면, 우리에게 p를 믿어야 할 인식적 의무는 없다. 예를 들어, 창밖에 나무가 있다는 갑의 믿음이 비의지적이라면, 갑에게는 창밖에 나무가 있다는 것을 믿어야 할 인식적 의무가 없다.

그런데 의무론 논제, 비의지성 논제, 자유주의 논제를 모두 받아들이면 ㉣ 우리가 p를 믿는다는 것은 인식적으로 정당화되지 않는다는 받아들이기 힘든 결론을 얻는다. 왜 그러한가? 이 논증은 다음과 같이 구성된다. 우선 우리가 p를 믿는다는 것이 자유롭게 선택할 수 있는 것이 아니라고, 즉 우리의 p에 대한 믿음이 비의지적이라고 하자. 그렇다면 자유주의 논제에 따라, 우리에게 p를 믿어야 할 인식적 의무는 없다. 그리고 의무론 논제에 따라, 우리가 p를 믿는다는 것은 인식적으로 정당화되지 않는다. 이러한 결론을 거부하려면 위 세 논제 중 적어도 하나를 거부해야 한다.

철학자 A는 자유주의 논제와 비의지성 논제는 받아들이면서 의무론 논제를 거부하여 위 논증의 결론을 거부한다. A에 따르면 위 논증에서 우리에게 p를 믿어야 할 인식적 의무가 없다는 것은 성립하지만, 우리에게 인식적 의무가 없더라도 그 믿음이 인식적으로 정당화될 수 있는 그런 경우가 있다. 위 예처럼 창밖에 나무가 있다는 것을 믿어야 할 인식적 의무가 없더라도, 창밖의 나무를 실제로 보고 있다는 것으로부터 그 믿음은 충분히 인식적으로 정당화될 수 있다. 따라서 위 논증의 결론은 거부된다.

철학자 B는 의무론 논제와 비의지성 논제는 받아들이면서 자유주의 논제를 거부하여 위 논증의 결론을 거부한다. B에 따르면 위 논증에서 우리의 p에 대한 믿음이 비의지적이더라도 그 믿음에 대한 인식적 의무는 있을 수 있다. 비유적으로 생각해 보자. 돈이 없어서 빚을 갚을지 말지에 대해 선택의 여지가 없다고 하더라도 빚을 갚아야 한다는 의무는 있다. B에 따르면 이러한 방식으로 비의지적인 믿음에 대한 인식적 의무에 대해 말할 수 있다.

19. 윗글의 ㉠~㉣에 대한 분석으로 적절한 것만을 〈보기〉에서 모두 고르면?

〈보 기〉

ㄱ. ㉠과 ㉢만으로는 ㉣이 도출되지 않는다.
ㄴ. ㉡의 부정으로부터 ㉢의 부정이 도출된다.
ㄷ. ㉢과 "'지금 비가 오고 있다.'를 믿는다는 것이 비의지적이다."라는 전제로부터 "우리에게 '지금 비가 오고 있다.'를 믿어야 할 인식적 의무가 없다."는 것이 도출된다.

① ㄱ
② ㄴ
③ ㄱ, ㄷ
④ ㄴ, ㄷ
⑤ ㄱ, ㄴ, ㄷ

20. 윗글에 대한 평가로 적절한 것만을 〈보기〉에서 모두 고르면?

〈보 기〉

ㄱ. "우리가 p를 믿는다는 것은 자유롭게 선택할 수 있는 것이다."는 것이 사실이면, 철학자 A의 입장은 약화된다.
ㄴ. "우리에게 p를 믿어야 할 인식적 의무가 있다면 우리의 p에 대한 믿음이 인식적으로 정당화된다."는 것이 사실이면, 철학자 B의 입장은 강화된다.
ㄷ. "우리가 p를 믿는다는 것이 자유롭게 선택할 수 있는 것이 아니더라도 우리에게 p를 믿어야 할 인식적 의무가 있다."는 것이 사실이면, 철학자 A와 B의 입장은 약화된다.

① ㄱ
② ㄷ
③ ㄱ, ㄴ
④ ㄴ, ㄷ
⑤ ㄱ, ㄴ, ㄷ

21. 다음 대화의 ㉠으로 적절한 것만을 〈보기〉에서 모두 고르면?

갑 : 현재 지방자치단체들에서는 아동학대 피해자들을 위해 아동보호 전문기관과 연계하여 적극적인 보호조치를 취하는 대응체계를 구축하고 있는데요. 그럼에도 불구하고 아동학대로부터 제대로 보호받지 못하는 피해자들이 여전히 많은 이유는 무엇일까요?

을 : 제 생각에는 신속한 보호조치가 미흡한 것 같습니다. 현행 대응체계에서는 신고가 접수된 이후부터 실제 아동학대로 판단되어 보호조치가 취해지기까지 긴 시간이 소요됩니다. 신고를 해 놓고 보호조치를 기다리는 동안 또다시 학대를 받는 아동이 많은 것은 아닐까요?

병 : 글쎄요. 저는 다른 이유가 있다고 생각합니다. 현행 대응체계에서는 일단 아동학대 신고가 접수되면 실제 아동학대로 판단될 수 있는 사례인지를 조사합니다. 그 결과 아동학대로 판단되지 않은 사례에 대해서는 보호조치가 취해지지 않는데요. 당장은 직접적인 학대 정황이 포착되지 않아 아동학대로 판단되지 않았으나, 실제로는 아동학대였던 경우가 많았을 것이라고 생각합니다.

정 : 옳은 지적이긴 합니다. 하지만 저는 더 근본적인 문제가 있다고 생각합니다. 아동학대가 가까운 친인척에 의해 발생한다는 점, 그리고 피해자가 아동이라는 점 등으로 인해 신고 자체가 어려운 경우가 많습니다. 애당초 신고를 하기 어려우니 보호조치가 취해질 가능성 또한 낮은 것이지요.

갑 : 모두들 좋은 의견 감사합니다. 오늘 회의에서 제시하신 의견을 뒷받침할 수 있는 ㉠ 자료 조사를 수행해 주세요.

〈보 기〉

ㄱ. 을의 주장을 뒷받침하기 위해, 신고가 접수된 시점과 아동학대 판단 후 보호조치가 시행된 시점 사이에 아동학대가 재발한 사례의 수를 조사한다.
ㄴ. 병의 주장을 뒷받침하기 위해, 아동학대로 판단되지 않은 신고 사례 가운데 보호조치가 취해지지 않은 사례가 차지하는 비중을 조사한다.
ㄷ. 정의 주장을 뒷받침하기 위해, 아동학대 피해자 가운데 친인척과 동거하지 않으며 보호조치를 받지 못한 사례의 수를 조사한다.

① ㄱ
② ㄴ
③ ㄱ, ㄷ
④ ㄴ, ㄷ
⑤ ㄱ, ㄴ, ㄷ

22. **다음 글에서 추론할 수 있는 것은?**

현재 갑국의 소매업자가 상품을 판매할 수 있는 방식을 정리하면 〈표〉와 같다.

〈표〉 판매 유형 및 방법에 따른 구분

유형 \ 방법	주문 방법	결제 방법	수령 방법
대면	영업장 방문	영업장 방문	영업장 방문
예약 주문	온라인	영업장 방문	영업장 방문
스마트 오더	온라인	온라인	영업장 방문
완전 비대면	온라인	온라인	배송

갑국은 주류에 대하여 국민 건강 증진 및 청소년 보호를 이유로 스마트 오더 및 완전 비대면 방식으로 판매하는 것을 금지해 왔다. 단, 전통주 제조자가 관할 세무서장의 사전 승인을 받은 경우, 그리고 음식점을 운영하는 음식업자가 주문받은 배달 음식과 함께 소량의 주류를 배달하는 경우에 예외적으로 주류의 완전 비대면 판매가 가능했다.

그러나 IT 기술 발전으로 인터넷 상점이나 휴대전화 앱 등을 이용한 재화 및 서비스의 구매 비중이 커져 주류 판매 관련 규제도 변해야 한다는 각계의 요청이 있었다. 이에 갑국 국세청은 관련 고시를 최근 개정하여 주류 소매업자가 이전과 다른 방식으로 주류를 판매하는 것도 허용했다.

이전에는 슈퍼마켓, 편의점 등을 운영하는 주류 소매업자는 대면 및 예약 주문 방식으로만 주류를 판매할 수 있었다. 그러나 개정안에 따르면 주류 소매업자가 스마트 오더 방식으로도 소비자에게 주류를 판매할 수 있게 되었다. 다만 완전 비대면 판매는 이전처럼 예외적인 경우에만 허용된다.

① 고시 개정과 무관하게 음식업자는 주류만 완전 비대면으로 판매할 수 있다.

② 고시 개정 이전에는 슈퍼마켓을 운영하는 주류 소매업자는 온라인으로 주류 주문을 받을 수 없었다.

③ 고시 개정 이전에는 주류를 구매하는 소비자는 반드시 영업장을 방문하여 상품을 대면으로 수령해야 했다.

④ 고시 개정 이전에는 편의점을 운영하는 주류 소매업자는 주류 판매 대금을 온라인으로 결제받을 수 없었다.

⑤ 고시 개정 이후에는 전통주를 구매하는 소비자는 전통주 제조자의 영업장에 방문하여 주류를 구입할 수 없다.

23. **다음 글의 〈표〉에 대한 판단으로 적절한 것만을 〈보기〉에서 모두 고르면?**

갑 부처는 민감정보 및 대규모 개인정보를 처리하는 공공기관에 대해 매년 「공공기관 개인정보 보호수준 평가」(이하 '보호수준 평가')를 실시한다. 갑 부처는 공공기관의 개인정보 보호 업무에 대한 관심도와 관리 수준을 평가하여 우수기관은 표창하고 취약기관에는 과태료를 부과할 수 있다.

보호수준 평가는 접근권한 관리, 암호화 조치, 접속기록 점검의 총 세 항목에 대해서 이루어진다. 각 항목에 대해 '상', '중', '하' 중 하나의 등급을 부여하며, 평가 대상 기관이 세 항목 모두 하 등급을 받으면 취약기관으로 지정된다. 평가 대상 기관이 두 항목에서 하 등급을 받는다면, 그것만으로는 취약기관으로 지정되지 않는다. 그러나 하 등급을 받은 항목의 수가 2년 연속 둘이라면, 그 기관은 취약기관으로 지정된다.

우수기관으로 지정되기 위해서는 당해 연도와 전년도에 각각 둘 이상의 항목에서 상 등급을 받고 당해 연도에는 하 등급을 받은 항목이 없어야 한다.

A기관과 B기관은 2023년과 2024년에 보호수준 평가를 받았으며, 각 항목에 대한 평가 결과는 〈표〉와 같다.

〈표〉 2023년과 2024년 보호수준 평가 결과

기관	연도 \ 항목	접근권한 관리	암호화 조치	접속기록 점검
A	2023	㉠	중	㉡
	2024	㉢	하	상
B	2023	㉣	상	하
	2024	중	㉤	㉥

〈보 기〉

ㄱ. ㉠과 ㉢이 다르면 A기관은 2024년에 우수기관으로도 취약기관으로도 지정되지 않는다.

ㄴ. ㉤과 ㉥이 모두 '하'라면 B기관은 2024년에 취약기관으로 지정된다.

ㄷ. 2024년에 A기관은 취약기관으로 지정되었고 B기관은 우수기관으로 지정되었다면, ㉡과 ㉣은 같지 않다.

① ㄱ

② ㄴ

③ ㄱ, ㄷ

④ ㄴ, ㄷ

⑤ ㄱ, ㄴ, ㄷ

24. 다음 갑~무의 대화에 대한 분석으로 적절하지 않은 것은?

> 갑 : 2017년부터 우리 A시에 주민등록을 하여 거주해 오는 주민이 출산 직후인 2024년 4월 22일에 출산장려금과 산후관리비의 지원을 신청했습니다. 그런데 그 주민은 2023년 8월 30일부터 2023년 9월 8일까지 다른 지역으로 주민등록을 옮겨서 거주한 일이 있어서, 지원 대상이 될 수 없다고 통보하자 민원을 제기했습니다.
> 을 : 안타까운 일이군요. 민원인은 요건상의 기간 중에 배우자의 직장 문제로 열흘 정도 다른 지역에 계셨을 뿐, 줄곧 우리 A시에 살고 계십니다.
> 갑 : 「A시 산후관리비 및 출산장려금 지원에 관한 조례」(이하 'A시 조례') ㉠ 제3조의 산후관리비 지원 자격 요건은 "출산일 기준으로 12개월 전부터 신청일 현재까지 계속하여 A시에 주민등록을 둔 산모"라고 규정합니다. 어쩔 수 없습니다.
> 을 : ㉡ 제7조의 출산장려금 지원 자격 요건은 제3조에서와 동일하게 규정되어 있는데 "계속하여"라는 문구는 없습니다. 그러니 출산장려금은 지급했어야 하는 것 아닙니까?
> 병 : 그것도 또한 계속성을 요구한다고 해석해야 합니다. 우리와 인접한 B시의 「B시 출산장려금 지원 조례」(이하 'B시 조례') ㉢ 제2조의 출산장려금 지원 자격 요건은 A시 조례 제7조와 같은 취지와 형식의 문구로 되어 있으면서 계속성을 명시합니다. 다른 지방자치단체들의 조례도 마찬가지입니다.
> 정 : 그러나 B시 조례를 잘 보면 출산 전 주민등록의 기간은 우리의 절반밖에 되지 않습니다. 이 점을 고려하면, 둘을 동일 선상에 놓고 보아서는 안 됩니다.
> 무 : 판례를 고려하여 해석하는 것이 적절해 보입니다. 갱신되거나 반복된 근로계약에서는 그 사이 일부 공백 기간이 있더라도 근로관계의 계속성을 인정해야 한다는 판결이 있습니다. 근로자를 보호하는 취지인데요. 자녀를 두는 가정을 보호하려는 A시 조례의 두 지원 사업은 그와 일맥상통합니다. 계속성은 유연하게 해석합시다.

① 갑은 민원인이 ㉠을 갖추었는지 여부에 대한 판단에서 병과는 같고 무와는 다르다.
② 을은 ㉠에 관한 조항에 나오는 "계속하여"라는 문구의 의미를 갑, 병과 달리 이해한다.
③ 병은 ㉢에서처럼 주민등록의 계속성을 명시하는 것이 ㉡과 같은 경우보다 일반적이라고 이해한다.
④ 정은 조문의 해석에서 ㉢에서의 주민등록 기간이 ㉡에서와 다르다는 점을 고려할 수 있다고 본다.
⑤ 무는 ㉠과 관련하여 일시적인 단절이 있어도 계속성의 요건이 충족될 수 있다고 본다.

25. 다음 글의 〈논쟁〉에 대한 분석으로 적절한 것만을 〈보기〉에서 모두 고르면?

> K국의 「형법」 제7조(이하 '현행 조항')는 다음과 같다.
>
> > 제7조 죄를 지어 외국에서 형의 전부 또는 일부가 집행된 사람에 대해서는 선고하는 형을 감경 또는 면제할 수 있다.
>
> 최근 K국 의회에서는 현행 조항에서 "할 수 있다"의 문구를 "해야 한다"(이하 '개정 문구')로 개정하려 한다. 이에 대하여 갑과 을이 논쟁한다.
>
> 〈논 쟁〉
>
> 쟁점 1 : 갑은, 이중처벌 금지의 원칙에 따르면 외국에서 받은 형 집행은 K국에서 반드시 반영되어야 하는 것인데도 현행 조항은 법관이 그것을 아예 반영하지 않을 수 있는 재량까지 부여하기 때문에 어떻게든 개정은 해야 한다고 주장한다. 그러나 을은, 현행 조항은 이중처벌 금지의 원칙과 무관하기 때문에 개정 문구가 타당한지를 따질 것도 없이 그 원칙을 개정의 논거로 삼을 수 없다고 주장한다.
>
> 쟁점 2 : 갑은, 현행 조항은 신체의 자유를 과도하게 제한하는 위헌적 조문이라서 향후 국민 기본권의 침해를 피할 수 없으므로 개정이 필요하다고 주장한다. 그러나 을은, 현재 K국 법원은 법률상의 재량을 합리적으로 행사하여 위헌의 사례 없이 사실상 개정 문구대로 운영하므로 현행 조항을 유지해도 된다고 맞선다.

〈보 기〉

> ㄱ. 쟁점 1과 관련하여, 을은 이중처벌 금지가 하나의 범죄행위에 대해 동일한 국가가 형벌권을 거듭 행사해서는 안 된다는 의미라고 해석하는 것이라면, 갑과 을 사이의 주장 불일치를 설명할 수 있다.
> ㄴ. 쟁점 2와 관련하여, 갑은 현행 조항으로 말미암아 헌법상 신체의 자유가 침해될 것이라고 전망하지만, 을은 그러한 전망에 동의하지 않는다.
> ㄷ. '외국에서 형의 집행을 받은 피고인에게 K국 법원이 형을 선고할 때에는 이미 집행된 형량을 공제해야 한다.'는 내용으로 K국 의회가 현행 조항을 개정한다면, 갑과 을은 개정에 반대할 것이다.

① ㄱ
② ㄷ
③ ㄱ, ㄴ
④ ㄴ, ㄷ
⑤ ㄱ, ㄴ, ㄷ

1. 다음 글을 근거로 판단할 때 옳은 것은?

제00조 ① A부장관은 클라우드컴퓨팅(cloud computing)에 관한 정책의 효과적인 수립·시행에 필요한 산업 현황과 통계를 확보하기 위한 실태조사(이하 '실태조사'라 한다)를 할 수 있다.
② A부장관은 실태조사를 위하여 필요한 경우에는 클라우드컴퓨팅서비스 제공자나 그 밖의 관련 기관 또는 단체에 자료의 제출이나 의견의 진술 등을 요청할 수 있다.
③ A부장관은 클라우드컴퓨팅의 발전과 이용 촉진 및 이용자 보호와 관련된 중앙행정기관(이하 '관계 중앙행정기관'이라 한다)의 장이 요구하는 경우 실태조사 결과를 통보하여야 한다.
④ A부장관은 실태조사를 할 때에는 다음 각 호의 사항을 내용에 포함하여야 한다.
1. 클라우드컴퓨팅 관련 기업 현황 및 시장 규모
2. 클라우드컴퓨팅기술 및 클라우드컴퓨팅서비스의 이용·보급 현황
3. 클라우드컴퓨팅 산업의 인력 현황 및 인력 수요 전망
4. 클라우드컴퓨팅 관련 연구개발 및 투자 규모
⑤ 실태조사는 현장조사, 서면조사, 통계조사 및 문헌조사 등의 방법으로 실시하되, 효율적인 실태조사를 위하여 필요한 경우에는 정보통신망 및 전자우편 등의 전자적 방식으로 실시할 수 있다.
제00조 ① 관계 중앙행정기관의 장은 클라우드컴퓨팅기술 및 클라우드컴퓨팅서비스에 관한 연구개발사업을 추진할 수 있다.
② 관계 중앙행정기관의 장은 기업·연구기관 등에 제1항에 따른 연구개발사업을 수행하게 하고 그 사업 수행에 드는 비용의 전부 또는 일부를 지원할 수 있다.
제00조 국가와 지방자치단체는 클라우드컴퓨팅기술 및 클라우드컴퓨팅서비스의 발전과 이용 촉진을 위하여 조세감면을 할 수 있다.

① 실태조사는 전자적 방식으로 실시하는 것을 원칙으로 하되, 필요한 경우 현장조사, 서면조사 등의 방법으로 실시할 수 있다.
② 클라우드컴퓨팅기술 및 클라우드컴퓨팅서비스의 발전과 이용 촉진을 위하여 지방자치단체가 조세감면을 할 수는 없다.
③ A부장관은 실태조사의 내용에 클라우드컴퓨팅 산업의 인력 현황을 포함해야 하지만, 인력 수요에 대한 전망을 포함시킬 필요는 없다.
④ A부장관은 관계 중앙행정기관의 장에게 실태조사 결과를 요구할 수 있고, 이 경우 관계 중앙행정기관의 장은 그 결과를 A부장관에게 통보하여야 한다.
⑤ 관계 중앙행정기관의 장이 연구기관에 클라우드컴퓨팅기술 및 클라우드컴퓨팅서비스에 관한 연구개발사업을 수행하게 한 경우, 그 사업 수행에 드는 비용을 지원할 수 있다.

2. 다음 글을 근거로 판단할 때 옳은 것은?

제00조 이 법에서 사용하는 용어의 뜻은 다음과 같다.
1. "산림병해충"이란 산림에 있는 식물과 산림이 아닌 지역에 있는 수목에 해를 끼치는 병과 해충을 말한다.
2. "예찰"이란 산림병해충이 발생할 우려가 있거나 발생한 지역에 대하여 발생 여부, 발생 정도, 피해 상황 등을 조사하거나 진단하는 것을 말한다.
3. "방제"란 산림병해충이 발생하지 아니하도록 예방하거나, 이미 발생한 산림병해충을 약화시키거나 제거하는 모든 활동을 말한다.
제00조 ① 산림소유자는 산림병해충이 발생할 우려가 있거나 발생하였을 때에는 예찰·방제에 필요한 조치를 하여야 한다.
② 산림청장, 시·도지사, 시장·군수·구청장 또는 지방산림청장은 산림병해충이 발생할 우려가 있거나 발생하였을 때에는 예찰·방제에 필요한 조치를 할 수 있다.
③ 시·도지사, 시장·군수·구청장 또는 지방산림청장(이하 '시·도지사 등'이라 한다)은 산림병해충이 발생할 우려가 있거나 발생하였을 때에는 산림소유자, 산림관리자, 산림사업 종사자, 수목의 소유자 또는 판매자 등에게 다음 각 호의 조치를 하도록 명할 수 있다. 이 경우 명령을 받은 자는 특별한 사유가 없으면 명령에 따라야 한다.
1. 산림병해충이 있는 수목이나 가지 또는 뿌리 등의 제거
2. 산림병해충이 발생할 우려가 있거나 발생한 산림용 종묘, 베어낸 나무, 조경용 수목 등의 이동 제한이나 사용 금지
3. 산림병해충이 발생할 우려가 있거나 발생한 종묘·토양의 소독
④ 시·도지사 등은 제3항 제2호에 따라 산림용 종묘, 베어낸 나무, 조경용 수목 등의 이동 제한이나 사용 금지를 명한 경우에는 그 내용을 해당 기관의 게시판 및 인터넷 홈페이지 등에 10일 이상 공고하여야 한다.
⑤ 시·도지사 등은 제3항 각 호의 조치이행에 따라 발생한 농약대금, 인건비 등의 방제비용을 예산의 범위에서 지원할 수 있다.

① 산림병해충이 발생하지 않도록 예방하는 활동은 방제에 해당하지 않는다.
② 산림병해충이 발생할 우려가 있는 경우, 수목의 판매자는 예찰에 필요한 조치를 하여야 한다.
③ 산림병해충 발생으로 인한 조치 명령을 이행함에 따라 발생한 인건비는 시·도지사 등의 지원 대상이 아니다.
④ 산림병해충이 발생한 종묘에 대해 관할 구청장이 소독을 명한 경우, 그 내용을 구청 게시판 및 인터넷 홈페이지에 10일 이상 공고하여야 한다.
⑤ 산림병해충이 발생하여 관할 지방산림청장이 해당 수목의 소유자에게 수목 제거를 명령하였더라도, 특별한 사유가 있으면 그 명령에 따르지 않을 수 있다.

3. **다음 글을 근거로 판단할 때 옳은 것은?**

> 제00조 ① 게임물의 윤리성 및 공공성을 확보하고 사행심 유발 또는 조장을 방지하며 청소년을 보호하고 불법 게임물의 유통을 방지하기 위하여 ○○관리위원회(이하 '위원회'라 한다)를 둔다.
> ② 위원회는 위원장 1명을 포함한 9명 이내의 위원으로 구성하되, 위원장은 상임으로 한다.
> ③ 위원회의 위원은 문화예술 · 문화산업 · 청소년 · 법률 · 교육 · 정보통신 · 역사 분야에 종사하는 사람으로서 게임산업 · 아동 또는 청소년에 대한 전문성과 경험이 있는 사람 중에서 관련 단체의 장이 추천하는 사람을 A부장관이 위촉하며, 위원장은 위원 중에서 호선한다.
> ④ 위원장 및 위원의 임기는 3년으로 한다.
> 제00조 ① 위원회는 법인으로 한다.
> ② 위원회는 A부장관의 인가를 받아 주된 사무소의 소재지에서 설립등기를 함으로써 성립한다.
> 제00조 ① 위원회의 업무 및 회계에 관한 사항을 감사하기 위하여 위원회에 감사 1인을 둔다.
> ② 감사는 A부장관이 임명하며, 상임으로 한다.
> ③ 감사의 임기는 3년으로 한다.

① 감사와 위원의 임기는 다르다.
② 위원장과 감사는 상임으로 한다.
③ 위원장은 A부장관이 위원 중에서 지명한다.
④ 위원회는 감사를 포함하여 9명으로 구성하여야 한다.
⑤ 위원회는 A부장관의 인가 여부와 관계없이 주된 사무소의 소재지에서 설립등기를 함으로써 성립할 수 있다.

4. **다음 글과 〈상황〉을 근거로 판단할 때, 제사주재자를 옳게 짝지은 것은?**

> 사망한 사람의 제사를 주재하는 사람(이하 '제사주재자'라 한다)은 사망한 사람의 공동상속인들 간 협의에 의해 정하는 것이 원칙이다. 다만 공동상속인들 사이에 협의가 이루어지지 않을 때, 누구를 제사주재자로 결정할 것인지 문제가 된다.
>
> 종전 대법원 판례는, 제사주재자의 지위를 유지할 수 없는 특별한 사정이 없는 한 사망한 사람의 직계비속으로서 장남(장남이 이미 사망한 경우에는 장손자)이 제사주재자가 되고, 공동상속인들 중 아들이 없는 경우에는 장녀가 제사주재자가 된다고 하였다. 이 판례에 대해, 사망한 사람에게 아들, 손자가 있다는 이유만으로 여성 상속인이 자신의 의사와 무관하게 제사주재자가 되지 못한다는 점에서 양성평등의 원칙에 어긋난다는 비판이 있었다.
>
> 이를 반영해서 최근 대법원은 연령을 기준으로 하여 제사주재자가 결정되는 것으로 판례를 변경하였다. 즉, 공동상속인들 사이에 협의가 이루어지지 않으면, 제사주재자의 지위를 유지할 수 없는 특별한 사정이 없는 한 사망한 사람의 직계비속 가운데 남녀를 불문하고 최근친(最近親) 중 연장자가 제사주재자가 된다고 하였다.

〈상 황〉

> 甲과 乙은 혼인하여 자녀 A(딸), B(아들), C(아들)를 두었다. B는 혼인하여 자녀 D(아들)가 있고, A와 C는 자녀가 없다. B는 2023. 5. 1. 43세로 사망하였고, 甲은 2024. 5. 1. 사망하였다. 2024. 6. 1. 현재 甲의 공동상속인인 乙(73세), A(50세), C(40세), D(20세)는 각자 자신이 甲의 제사주재자가 되겠다고 다투고 있다. 이들에게는 제사주재자의 지위를 유지할 수 없는 특별한 사정이 없다.

	종전 대법원 판례	최근 대법원 판례
①	A	C
②	C	A
③	C	乙
④	D	A
⑤	D	乙

5. **다음 글을 근거로 판단할 때 옳은 것은?**

> 자기조절력은 스스로 목표를 설정하고 그 목표를 달성하기 위해 집념과 끈기를 발휘하는 능력을 말한다. 또한 자기조절력은 자기 자신의 감정을 잘 조절하는 능력이기도 하며, 내가 나를 존중하는 능력이기도 하다. 자기조절을 하기 위해서는 도달하고 싶으나 아직 구현되지 않은 나의 미래 상태를 현재 나의 상태와 구별해 낼 수 있어야 한다. 자기조절력의 하위 요소로는 자기절제와 목표달성 등이 있다. 이러한 하위 요소들은 신경망과도 관련이 있는 것으로 알려져 있다.
>
> 우선 자기절제는 충동을 통제하고, 일상적이고도 전형적인 혹은 자동적인 행동을 분명한 의도를 바탕으로 억제하는 것이다. 이처럼 특정한 의도를 갖고 자신의 행동이나 생각을 의식적으로 억제하거나 마음먹은 대로 조절하는 능력은 복외측전전두피질과 내측전전두피질을 중심으로 한 신경망과 관련이 깊다.
>
> 한편 목표달성을 위해서는 두 가지 능력이 필요하다. 첫 번째는 자기 자신에 집중할 수 있는 능력이다. 나 자신에 집중하기 위해서는 끊임없이 자신을 되돌아보며 현재 나의 상태를 알아차리는 자기참조과정이 필요하다. 자기참조과정에 주로 관여하는 것은 내측전전두피질을 중심으로 후방대상피질과 설전부를 연결하는 신경망이다. 두 번째는 자신이 도달하고자 하는 대상에 집중할 수 있는 능력이다. 특정 대상에 주의를 집중하는 데 필요한 뇌 부위는 배외측전전두피질로 알려져 있다. 배외측전전두피질은 주로 내측전전두피질과 연결되어 작동한다. 내측전전두피질과 배외측전전두피질 간의 기능적 연결성이 강할수록 목표를 위해 에너지를 집중하고 지속적인 노력을 쏟아 부을 수 있는 능력이 높아진다.

① 자기조절을 위해서는 현재 나의 상태와 아직 구현되지 않은 나의 미래 상태를 구분할 수 있어야 한다.
② 내측전전두피질과 배외측전전두피질 간의 기능적 연결성이 약할수록 목표를 위한 집중력이 높아진다.
③ 목표달성을 위해서는 일상적이고 전형적인 행동을 강화하는 능력이 필요하다.
④ 자신이 도달하고자 하는 대상에 집중하는 과정을 자기참조과정이라 한다.
⑤ 자기조절력은 자기절제의 하위 요소이다.

6. **다음 글을 근거로 판단할 때, 보이지 않는 숫자를 모두 합한 값은?**

> 甲~丁은 매일 최대한 많이 걷기로 하고 특정 시간에 만나서 각자의 걸음 수와 그 합을 기록하였다. 그 기록한 걸음 수의 합은 199,998걸음이었다. 그런데 수명이 다 된 펜으로 각자의 걸음 수를 쓴 탓이었는지 다음날에 보니 아래와 같이 다섯 개의 숫자(□)가 보이지 않았다.

甲 :	□	5	7	0	1
乙 :	8	4	□	9	8
丙 :	8	3	□	□	4
丁 :	□	6	7	1	5

① 13
② 14
③ 15
④ 16
⑤ 17

7. **다음 글을 근거로 판단할 때, 〈보기〉에서 옳은 것만을 모두 고르면?**

> 甲은 아래 3가지 색의 공을 〈조건〉에 따라 3개의 상자에 나누어 모두 담으려고 한다.

색	무게(g)	개수
빨강	30	3
노랑	40	2
파랑	50	2

〈조 건〉

- 각 상자에는 100g을 초과해 담을 수 없다.
- 각 상자에는 적어도 2가지 색의 공을 담아야 한다.

〈보 기〉

ㄱ. 빨간색 공은 모두 서로 다른 상자에 담기게 된다.
ㄴ. 각 상자에 담긴 공 무게의 합은 서로 다르다.
ㄷ. 빨간색 공이 담긴 상자에는 파란색 공이 담기지 않는다.
ㄹ. 3개의 상자 중에서 공 무게의 합이 가장 작은 상자에는 파란색 공이 담기게 된다.

① ㄱ, ㄴ
② ㄱ, ㄷ
③ ㄴ, ㄷ
④ ㄴ, ㄹ
⑤ ㄷ, ㄹ

8. 다음 글을 근거로 판단할 때, A사가 투자할 작품만을 모두 고르면?

• A사는 투자할 작품을 결정하려고 한다. 작품별 기본점수 등 현황은 다음과 같다.

현황 / 작품	기본 점수 (점)	스태프 인원 (명)	장르	감독의 최근 2개 작품 흥행 여부 (개봉연도)	
성묘	70	55	판타지	성공 (2009)	실패 (2015)
서울의 겨울	85	45	액션	실패 (2018)	실패 (2020)
만날 결심	75	50	추리	실패 (2020)	성공 (2022)
빅 포레스트	65	65	멜로	성공 (2011)	성공 (2018)

• 최종점수는 작품별 기본점수에 아래 기준에 따른 점수를 가감해 산출한다.

기준	가감 점수
스태프 인원이 50명 미만	감점 10점
장르가 판타지	가점 10점
감독의 최근 2개 작품이 모두 흥행 성공	가점 10점
감독의 직전 작품이 흥행 실패	감점 10점

• 최종점수가 75점 이상인 작품에 투자한다.

① 성묘, 만날 결심
② 성묘, 빅 포레스트
③ 서울의 겨울, 만날 결심
④ 만날 결심, 빅 포레스트
⑤ 서울의 겨울, 빅 포레스트

※ 다음 글을 읽고 물음에 답하시오. [9~10]

암호 기술은 일반적인 문장(평문)을 해독 불가능한 암호문으로 변환하거나, 암호문을 해독 가능한 평문으로 변환하기 위한 원리, 수단, 방법 등을 취급하는 기술을 말한다. 이 암호 기술은 암호화와 복호화로 구성된다. 암호화는 평문을 암호문으로 변환하는 것이며, 반대로 암호문에서 평문으로 변환하는 것은 복호화라 한다.

암호 기술에서 사용되는 알고리즘, 즉 암호 알고리즘은 대상 메시지를 재구성하는 방법이다. 암호 알고리즘에는 메시지의 각 원소를 다른 원소에 대응시키는 '대체'와 메시지의 원소들을 재배열하는 '치환'이 있다. 예를 들어 대체는 각 문자를 다른 문자나 기호로 일대일로 대응시키는 것이고, 치환은 단어, 어절 등의 순서를 바꾸는 것이다.

암호 알고리즘에서는 보안을 강화하기 위해 키(key)를 사용하기도 한다. 키는 암호가 작동하는 데 필요한 값이다. 송신자와 수신자가 같은 키를 사용하면 대칭키 방식이라 하고, 다른 키를 사용하면 비대칭키 방식이라 한다. 대칭키 방식은 동일한 키로 상자를 열고 닫는 것이고, 비대칭키 방식은 서로 다른 키로 상자를 열고 닫는 것이다. 비대칭키 방식의 경우에는 수신자가 송신자의 키를 몰라도 자신의 키만 알면 복호화가 가능하다. 그리고 비대칭키 방식은 서로 다른 키를 사용하기 때문에, 키의 유출 염려가 덜해 조금 더 보안성이 높다고 알려져 있다.

한편 암호 알고리즘에 사용하기 위해 만들 수 있는 키의 수는 키를 구성하는 비트(bit)의 수에 따른다. 비트는 0과 1을 표현할 수 있는 가장 작은 단위인데, 예를 들어 8비트로 만들 수 있는 키의 수는 2^8, 즉 256개이다. 키를 구성하는 비트의 수가 많으면 많을수록 모든 키를 체크하는 데 시간이 오래 걸려 보안성이 높아진다. 256개 정도의 키는 컴퓨터로 짧은 시간에 모두 체크할 수 있으나, 100비트로 구성된 키가 사용되었다면 체크해야 할 키의 수가 2^{100}개에 달해 초당 100만 개의 키를 체크할 수 있는 컴퓨터를 사용하더라도 상당히 많은 시간이 걸릴 것이다.

56비트로 구성된 키를 사용하여 만든 암호 알고리즘에는 DES(Data Encryption Standard)가 있다. 그런데 오늘날 컴퓨팅 기술의 발전으로 인해 DES는 더 이상 안전하지 않아, DES보다는 DES를 세 번 적용한 삼중 DES(triple DES)나 그 뒤를 이은 AES(Advanced Encryption Standard)를 사용하고 있다.

9. 윗글을 근거로 판단할 때, 〈보기〉에서 옳은 것만을 모두 고르면?

〈보 기〉

ㄱ. 복호화를 통하여 암호문을 평문으로 변환할 수 있다.
ㄴ. 비대칭키 방식의 경우, 수신자는 송신자의 키를 알아야 암호를 해독할 수 있다.
ㄷ. 대체는 단어, 어절 등의 순서를 바꾸는 것이다.
ㄹ. 삼중 DES 알고리즘은 DES 알고리즘보다 안전성이 높다.

① ㄱ, ㄴ
② ㄱ, ㄹ
③ ㄴ, ㄷ
④ ㄴ, ㄹ
⑤ ㄷ, ㄹ

10. 윗글과 〈상황〉을 근거로 판단할 때, (가)에 해당하는 수는?

〈상 황〉

2^{56}개의 키를 1초에 모두 체크할 수 있는 컴퓨터의 가격이 1,000,000원이다. 컴퓨터의 체크 속도가 2배가 될 때마다 컴퓨터는 10만 원씩 비싸진다. 60비트로 만들 수 있는 키를 1초에 모두 체크할 수 있는 컴퓨터의 최소 가격은 (가) 원이다.

① 1,100,000
② 1,200,000
③ 1,400,000
④ 1,600,000
⑤ 2,000,000

11. 다음 글을 근거로 판단할 때 옳은 것은?

제00조 ① A부장관은 김치산업의 활성화를 위한 제조기술 및 김치와 어울리는 식문화 보급을 위하여 필요한 전문인력을 양성할 수 있다.
② A부장관은 제1항에 따른 전문인력 양성을 위하여 대학·연구소 등 적절한 시설과 인력을 갖춘 기관·단체를 전문인력 양성기관으로 지정·관리할 수 있다.
③ A부장관은 제2항에 따라 지정된 전문인력 양성기관에 대하여 예산의 범위에서 그 양성에 필요한 경비를 지원할 수 있다.
④ A부장관은 김치산업 전문인력 양성기관이 다음 각 호의 어느 하나에 해당하는 경우에는 지정을 취소하거나 6개월 이내의 범위에서 기간을 정하여 업무의 전부 또는 일부를 정지할 수 있다. 다만, 제1호에 해당하는 경우에는 지정을 취소하여야 한다.
1. 거짓이나 그 밖의 부정한 방법으로 지정을 받은 경우
2. 지정받은 사항을 위반하여 업무를 행한 경우
3. 지정기준에 적합하지 아니하게 된 경우

제00조 ① 국가는 김치종주국의 위상제고, 김치의 연구·전시·체험 등을 위하여 세계 김치연구소를 설립하여야 한다.
② 국가와 지방자치단체는 세계 김치연구소의 효율적인 운영·관리를 위하여 필요한 경비를 예산의 범위에서 지원할 수 있다.

제00조 ① 국가와 지방자치단체는 김치산업의 육성, 김치의 수출 경쟁력 제고 및 해외시장 진출 활성화를 위하여 김치의 대표상품을 홍보하거나 해외시장을 개척하는 개인 또는 단체에 대하여 필요한 지원을 할 수 있다.
② A부장관은 김치의 품질향상과 국가 간 교역을 촉진하기 위하여 김치의 국제규격화를 추진하여야 한다.

① 김치산업 전문인력 양성기관으로 지정된 기관이 부정한 방법으로 지정을 받은 경우, A부장관은 그 지정을 취소하여야 한다.
② A부장관은 김치의 품질향상과 국가 간 교역을 촉진하기 위하여 김치의 국제규격화는 지양하여야 한다.
③ A부장관은 적절한 시설을 갖추지 못한 대학이라도 전문인력 양성을 위하여 해당 대학을 김치산업 전문인력 양성기관으로 지정할 수 있다.
④ 국가와 지방자치단체는 김치종주국의 위상제고를 위해 세계 김치연구소를 설립하여야 한다.
⑤ 지방자치단체가 김치의 해외시장 개척을 지원함에 있어서 개인은 그 지원대상이 아니다.

12. 다음 글을 근거로 판단할 때, 인쇄에 필요한 A4용지의 장 수는?

甲주무관은 〈인쇄 규칙〉에 따라 문서 A~D를 각 1부씩 인쇄하였다.

〈인쇄 규칙〉

- 문서는 A4용지에 인쇄한다.
- A4용지 한 면에 2쪽씩 인쇄한다. 단, 중요도가 상에 해당하는 보도자료는 A4용지 한 면에 1쪽씩 인쇄한다.
- 단면 인쇄를 기본으로 한다. 단, 중요도가 하에 해당하는 문서는 양면 인쇄한다.
- 한 장의 A4용지에는 한 종류의 문서만 인쇄한다.

종류	유형	쪽수	중요도
A	보도자료	2	상
B	보도자료	34	중
C	보도자료	5	하
D	설명자료	3	상

① 11장
② 12장
③ 22장
④ 23장
⑤ 24장

13. 다음 글을 근거로 판단할 때 옳은 것은?

이름 뒤에 성이 오는 보통의 서양식 작명법과 달리, A국에서는 별도의 성을 사용하지 않고 이름 뒤에 '부칭(父稱)'이 오도록 작명을 한다. 부칭은 이름을 붙이는 대상자의 아버지 이름에 접미사를 붙여서 만든다. 아들의 경우 그 아버지의 이름 뒤에 s와 손(son)을 붙이고, 딸의 경우 s와 도티르(dottir)를 붙여 '~의 아들' 또는 '~의 딸'이라는 의미를 가지는 부칭을 만든다. 예를 들어, 욘 스테파운손(Jon Stefansson)의 아들 피얄라르(Fjalar)는 '피얄라르 욘손(Fjalar Jonsson)', 딸인 카트린(Katrin)은 '카트린 욘스도티르(Katrin Jonsdottir)'가 되는 식이다.

같은 사회적 집단에 속해 있는 사람끼리 이름과 부칭이 같으면 할아버지의 이름까지 써서 작명하기도 한다. 예를 들어, 욘 토르손이라는 사람이 한 집단에 두 명 있는 경우에는 욘 토르손 아이나르소나르(Jon Thorsson Einarssonar)와 욘 토르손 스테파운소나르(Jon Thorsson Stefanssonar)와 같이 구분한다. 전자의 경우 '아이나르의 아들인 토르의 아들인 욘'을, 후자의 경우 '스테파운의 아들인 토르의 아들인 욘'을 의미한다.

한편 공식적인 자리에서 A국 사람들은 이름을 부르거나 이름과 부칭을 함께 부르며, 부칭만으로 서로를 부르지는 않는다. 또한 A국에서는 부칭이 아닌 이름의 영어 알파벳 순서로 정렬하여 전화번호부를 발행한다.

① 피얄라르 토르손 아이나르소나르(Fjalar Thorsson Einarssonar)로 불리는 사람의 할아버지의 부칭을 알 수 있다.
② 피얄라르 욘손(Fjalar Jonsson)은 공식적인 자리에서 욘손으로 불린다.
③ A국의 전화번호부에는 피얄라르 욘손(Fjalar Jonsson)의 아버지의 이름이 토르 아이나르손(Thor Einarsson)보다 먼저 나올 것이다.
④ 스테파운(Stefan)의 아들 욘(Jon)의 부칭과 손자 피얄라르(Fjalar)의 부칭은 같을 것이다.
⑤ 욘 스테파운손(Jon Stefansson)의 아들과 욘 토르손(Jon Thorsson)의 딸은 동일한 부칭을 사용할 것이다.

14. 다음 글과 〈상황〉을 근거로 판단할 때, 〈보기〉에서 옳은 것만을 모두 고르면?

甲국은 국내 순위 1~10위 선수 10명 중 4명을 국가대표로 선발하고자 한다. 국가대표는 국내 순위가 높은 선수가 우선 선발되나, A, B, C팀 소속 선수가 최소한 1명씩은 포함되어야 한다.

〈상 황〉

- 국내 순위 1~10위 중 공동 순위는 없다.
- 선수 10명 중 4명은 A팀, 3명은 B팀, 3명은 C팀 소속이다.
- C팀 선수 중 국내 순위가 가장 낮은 선수가 A팀 선수 중 국내 순위가 가장 높은 선수보다 국내 순위가 높다.
- B팀 소속 선수 3명의 국내 순위는 각각 2위, 5위, 8위이다.

〈보 기〉

ㄱ. 국내 순위 1위 선수의 소속팀은 C팀이다.
ㄴ. A팀 소속 선수 중 국내 순위가 가장 낮은 선수는 9위이다.
ㄷ. 국가대표 중 국내 순위가 가장 낮은 선수는 7위이다.
ㄹ. 국내 순위 3위 선수와 4위 선수는 같은 팀이다.

① ㄱ, ㄴ
② ㄱ, ㄷ
③ ㄱ, ㄹ
④ ㄴ, ㄷ
⑤ ㄴ, ㄹ

15. 다음 글을 근거로 판단할 때, Q를 100리터 생산하는 데 드는 최소 비용은?

- 화학약품 Q를 생산하려면 A와 B를 2 : 1의 비율로 혼합해야 한다. 이 혼합물을 가공하면 B와 같은 부피의 Q가 생산된다. 예를 들어, A 2리터와 B 1리터를 혼합하여 가공하면 Q 1리터가 생산된다.
- A는 원료 X와 Y를 1 : 2의 비율로 혼합하여 만든다. 이 혼합물을 가공하면 X와 같은 부피의 A가 생산된다. 예를 들어, X 1리터와 Y 2리터를 혼합하여 가공하면 A 1리터가 생산된다.
- B는 원료 Z와 W를 혼합하여 만들거나, Z나 W만 사용하여 만든다. Z와 W를 혼합하여 가공하면 혼합비율에 관계없이 원료 절반 부피의 B가 생산된다. 예를 들어, Z와 W를 1리터씩 혼합하여 가공하면 B 1리터가 생산된다. 두 재료를 혼합하지 않고 Z나 W만 사용하여 가공하는 경우에도 마찬가지로 원료 절반 부피의 B가 생산된다.
- 각 원료의 리터당 가격은 다음과 같다. 원료비 이외의 비용은 발생하지 않는다.

원료	X	Y	Z	W
가격(만 원/리터)	1	2	4	3

① 1,200만 원
② 1,300만 원
③ 1,400만 원
④ 1,500만 원
⑤ 1,600만 원

16. 다음 글과 〈상황〉을 근거로 판단할 때, 〈보기〉에서 옳은 것만을 모두 고르면?

두 선수가 맞붙어 승부를 내는 스포츠 경기가 있다. 이 경기는 개별 게임으로 이루어져 있으며, 한 게임의 승부가 결정되면 그 게임의 승자는 1점을 얻고 패자는 점수를 얻지 못한다. 무승부는 없다. 개별 게임을 반복적으로 진행하여 한 선수의 점수가 다른 선수보다 2점 많아지면 그 선수가 경기의 승자가 되고 경기가 종료된다.

〈상 황〉

두 선수 甲과 乙이 맞붙어 이 경기를 치른 결과, n번째 게임을 끝으로 甲이 경기의 승자가 되고 경기가 종료되었다. 단, $n > 3$이다.

〈보 기〉

ㄱ. n이 홀수인 경우가 있다.
ㄴ. (n−1)번째 게임에서 乙이 이겼을 수도 있다.
ㄷ. (n−2)번째 게임 종료 후 두 선수의 점수는 같았다.
ㄹ. (n−3)번째 게임에서 乙이 이겼을 수도 있다.

① ㄱ
② ㄷ
③ ㄱ, ㄴ
④ ㄴ, ㄹ
⑤ ㄷ, ㄹ

17. 다음 글과 〈상황〉을 근거로 판단할 때, 甲이 치른 3경기의 순위를 모두 합한 수는?

10명의 선수가 참여하는 경기가 있다. 현재까지 3경기가 치러졌다. 참여한 선수에게는 매 경기의 순위에 따라 다음과 같이 점수를 부여한다.

순위	점수	순위	점수
1	100	6	8
2	50	7	6
3	30	8	4
4	20	9	2
5	10	10	1

만약 어떤 순위에 공동 순위가 나온다면, 그 순위를 포함하여 공동 순위자의 수만큼 이어진 순위 각각에 따른 점수의 합을 공동 순위자에게 동일하게 나누어 부여한다. 예를 들어 공동 3위가 3명이면, 공동 3위 각각에게 부여되는 점수는 (30+20+10)÷3으로 20이다. 이 경우 그다음 순위는 6위가 된다.

〈상 황〉

- 甲은 3경기에서 총 157점을 획득하였으며, 공동 순위는 한 번 기록하였다.
- 치러진 3경기에서 공동 순위가 4명 이상인 경우는 없었다.

① 8
② 9
③ 10
④ 11
⑤ 12

18. 다음 글을 근거로 판단할 때 옳지 않은 것은?

인터넷 장애로 인해 甲~丁은 '메일', '공지', '결재', '문의' 중 접속할 수 없는 메뉴가 각자 1개 이상 있다. 다음은 이에 관한 甲~丁의 대화이다.

甲 : 나는 결재를 포함한 2개 메뉴에만 접속할 수 없고, 乙, 丙, 丁은 모두 이 2개 메뉴에 접속할 수 있어.
乙 : 丙이나 丁이 접속하지 못하는 메뉴는 나도 전부 접속할 수 없어.
丙 : 나는 문의에 접속해서 이번 오류에 대해 질문했어.
丁 : 나는 공지에 접속할 수 없고, 丙은 공지에 접속할 수 있어.

① 甲은 공지에 접속할 수 없다.
② 乙은 메일에 접속할 수 없다.
③ 乙은 2개의 메뉴에 접속할 수 있다.
④ 丁은 문의에 접속할 수 있다.
⑤ 甲과 丙이 공통으로 접속할 수 있는 메뉴가 있다.

19. 다음 글을 근거로 판단할 때, 1층 바닥면에서 2층 바닥면까지의 높이는?

1층 바닥면과 2층 바닥면이 계단으로 연결된 건물이 있다. A가 1층 바닥면에 서 있고, B가 2층 바닥면에 서 있을 때, A의 머리 끝과 B의 머리 끝의 높이 차이는 240cm이다. A와 B가 위치를 서로 바꾸는 경우, A와 B의 머리 끝의 높이 차이는 220cm이다. A와 B의 키는 1층 바닥면에서 2층 바닥면까지의 높이보다 크지 않다.

① 210cm
② 220cm
③ 230cm
④ 240cm
⑤ 250cm

20. 다음 글을 근거로 판단할 때, 가장 많은 액수를 지급받을 예술단체의 배정액은?

ㅁㅁ부는 2024년도 예술단체 지원사업 예산 4억 원을 배정하려 한다. 지원 대상이 되는 예술단체의 선정 및 배정액 산정 · 지급 방법은 다음과 같다.

- 2023년도 기준 인원이 30명 미만이거나 운영비가 1억 원 미만인 예술단체를 선정한다.
- 사업분야가 공연인 단체의 배정액은 '(운영비×0.2)+(사업비×0.5)'로 산정한다.
- 사업분야가 교육인 단체의 배정액은 '(운영비×0.5)+(사업비×0.2)'로 산정한다.
- 인원이 많은 단체부터 순차적으로 지급한다. 다만 예산 부족으로 산정된 금액 전부를 지급할 수 없는 단체에는 예산 잔액을 배정액으로 한다.
- 2023년도 기준 예술단체(A~D) 현황은 다음과 같다.

단체	인원(명)	사업분야	운영비(억 원)	사업비(억 원)
A	30	공연	1.8	5.5
B	28	교육	2.0	4.0
C	27	공연	3.0	3.0
D	33	교육	0.8	5.0

① 8,000만 원
② 1억 1,000만 원
③ 1억 4,000만 원
④ 1억 8,000만 원
⑤ 2억 1,000만 원

21. **다음 글과 〈대화〉를 근거로 판단할 때, 직무교육을 이수하지 못한 사람만을 모두 고르면?**

> 甲~丁은 월요일부터 금요일까지 5일 동안 실시되는 직무교육을 받게 되었다. 교육장소에는 2×2로 배열된 책상이 있었으며, 앞줄에 2명, 뒷줄에 2명을 각각 나란히 앉게 하였다. 교육기간 동안 자리 이동은 없었다. 교육 첫째 날과 마지막 날은 4명 모두 교육을 받았다. 직무교육을 이수하기 위해서는 4일 이상 교육을 받아야 한다.

〈대 화〉

> 甲 : 교육 둘째 날에 내 바로 앞사람만 결석했어.
> 乙 : 교육 둘째 날에 나는 출석했어.
> 丙 : 교육 셋째 날에 내 바로 뒷사람만 결석했어.
> 丁 : 교육 넷째 날에 내 바로 앞사람과 나만 교육을 받았어.

① 乙
② 丙
③ 甲, 丙
④ 甲, 丁
⑤ 乙, 丁

22. **다음 글을 근거로 판단할 때, (가)에 해당하는 수는?**

> A공원의 다람쥐 열 마리는 각자 서로 다른 개수의 도토리를 모았는데, 한 다람쥐가 모은 도토리는 최소 1개부터 최대 10개까지였다. 열 마리 다람쥐는 두 마리씩 쌍을 이루어 그날 모은 도토리 일부를 함께 먹었다. 도토리를 모으고 먹는 이런 모습은 매일 동일하게 반복됐다. 이때 도토리를 먹는 방법은 정해져 있었다. 한 쌍의 다람쥐는 각자가 그날 모은 도토리 개수를 비교해서 그 차이 값에 해당하는 개수의 도토리를 함께 먹는다. 예를 들면, 1개의 도토리를 모은 다람쥐와 9개의 도토리를 모은 다람쥐가 쌍을 이루면 이 두 마리는 8개의 도토리를 함께 먹는다.
>
> 열 마리의 다람쥐를 이틀 동안 관찰한 결과, '첫째 날 각 쌍이 먹은 도토리 개수'는 모두 동일했고, '둘째 날 각 쌍이 먹은 도토리 개수'도 모두 동일했다. 하지만 '첫째 날 각 쌍이 먹은 도토리 개수'와 '둘째 날 각 쌍이 먹은 도토리 개수'는 서로 달랐고, 그 차이는 [(가)]개였다.

① 1
② 2
③ 3
④ 4
⑤ 5

23. **다음 글을 근거로 판단할 때, 처음으로 물탱크가 가득 차는 날은?**

> 신축 A아파트에는 용량이 10,000리터인 빈 물탱크가 있다. 관리사무소는 입주민의 입주 시작일인 3월 1일 00 : 00부터 이 물탱크에 물을 채우려고 한다. 관리사무소는 매일 00 : 00부터 00 : 10까지 물탱크에 물을 900리터씩 채운다. 전체 입주민의 1일 물 사용량은 3월 1일부터 3월 5일까지 300리터, 3월 6일부터 3월 10일까지 500리터, 3월 11일부터는 계속 700리터이다. 3월 15일에는 아파트 외벽 청소를 위해 청소업체가 물탱크의 물 1,000리터를 추가로 사용한다. 물을 채우는 시간이라도 물탱크가 가득 차면 물 채우기를 중지하고, 물을 채우는 시간에는 물을 사용할 수 없다.

① 4월 4일
② 4월 6일
③ 4월 7일
④ 4월 9일
⑤ 4월 10일

24. 다음 글을 근거로 판단할 때, 〈보기〉에서 옳은 것만을 모두 고르면?

甲~丁은 6문제로 구성된 직무능력시험 문제를 풀었다.

- 정답을 맞힌 경우, 문제마다 기본점수 1점과 난이도에 따른 추가점수를 부여한다.
- 추가점수는 다음 식에 따라 결정한다.

$$\text{추가점수} = \frac{\text{해당 문제를 틀린 사람의 수}}{\text{해당 문제를 맞힌 사람의 수}}$$

- 6문제의 기본점수와 추가점수를 모두 합한 총합 점수가 5점 이상인 사람이 합격한다.

甲~丁이 6문제를 푼 결과는 다음과 같고, 5번과 6번 문제의 결과는 찢어져 알 수가 없다.

(○: 정답, ×: 오답)

구분	1번	2번	3번	4번	5번	6번
甲	○	×	○	○		
乙	○	×	○	×		
丙	○	○	×	×		
丁	×	○	○	×		
정답률(%)	75	50	75	25	50	50

〈보 기〉

ㄱ. 甲이 최종적으로 받을 수 있는 최대 점수는 $\frac{32}{3}$점이다.
ㄴ. 1~4번 문제에서 받은 점수의 합은 乙이 가장 낮다.
ㄷ. 4명 모두가 합격할 수는 없다.
ㄹ. 4명이 받은 점수의 총합은 24점이다.

① ㄱ, ㄷ
② ㄴ, ㄷ
③ ㄴ, ㄹ
④ ㄱ, ㄴ, ㄷ
⑤ ㄱ, ㄴ, ㄹ

25. 다음 〈상황〉을 근거로 판단할 때, 〈보기〉에서 옳은 것만을 모두 고르면?

〈상 황〉

- 테니스 선수 랭킹은 매달 1일 발표되며, 발표 전날로부터 지난 1년간 선수들이 각종 대회에 참가하여 획득한 점수의 합(이하 '총점수'라 한다)이 높은 순으로 순위가 매겨진다.
- 매년 12월에는 챔피언십 대회(매년 12월 21일~25일)만 개최된다. 이 대회에는 당해 12월 1일 기준으로 랭킹 1~4위의 선수만 참가한다.
- 매년 챔피언십 대회의 순위에 따른 획득 점수 및 2023년 챔피언십 대회 전후 랭킹은 아래와 같다. 단, 챔피언십 대회에서 공동 순위는 없다.

챔피언십 대회 성적	점수
우승	2000
준우승	1000
3위	500
4위	250

〈2023년 12월 1일〉

랭킹	선수	총점수
1위	A	7500
2위	B	7000
3위	C	6500
4위	D	5000
⋮	⋮	⋮

⇨

〈2024년 1월 1일〉

랭킹	선수	총점수
1위	C	7500
2위	B	7250
3위	D	7000
4위	A	6000
⋮	⋮	⋮

- 총점수에는 지난 1년간 획득한 점수만 산입되므로, 〈2024년 1월 1일〉의 총점수에는 2022년 챔피언십 대회에서 획득한 점수는 빠지고, 2023년 챔피언십 대회에서 획득한 점수가 산입되었다.

〈보 기〉

ㄱ. 2022년 챔피언십 대회 우승자는 A였다.
ㄴ. 2023년 챔피언십 대회 4위는 B였다.
ㄷ. 2023년 챔피언십 대회 우승자는 C였다.
ㄹ. 2022년 챔피언십 대회 3위는 D였다.

① ㄱ, ㄴ
② ㄱ, ㄷ
③ ㄴ, ㄷ
④ ㄴ, ㄹ
⑤ ㄱ, ㄴ, ㄹ

1. 다음 〈표〉는 2023년 도시 A~E의 '갑' 감염병 현황에 관한 자료이다. 이를 근거로 치명률이 가장 높은 도시와 가장 낮은 도시를 바르게 연결한 것은?

〈표〉 2023년 도시 A~E의 '갑' 감염병 현황

(단위 : 명)

구분 도시	환자 수	사망자 수
A	300	16
B	20	1
C	50	2
D	100	6
E	200	9

※ 치명률(%) $= \frac{\text{사망자 수}}{\text{환자 수}} \times 100$

	가장 높은 도시	가장 낮은 도시
①	A	C
②	A	E
③	D	B
④	D	C
⑤	D	E

2. 다음 〈그림〉은 2023년 A~C구 공사 건수 및 평균 공사비를 나타낸 자료이다. 이를 근거로 계산한 2023년 A~C구 전체 공사의 평균 공사비는?

〈그림〉 2023년 A~C구 공사 건수 및 평균 공사비

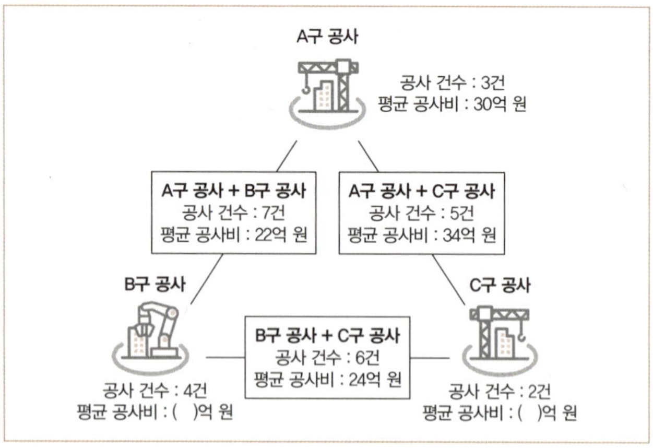

① 26억 원
② 27억 원
③ 28억 원
④ 29억 원
⑤ 30억 원

3. 다음 〈보고서〉는 '갑'시 시민의 2023년 문화예술교육 수강 현황에 관한 자료이다. 〈보고서〉를 작성하는 데 사용되지 않은 자료는?

〈보고서〉

'갑'시 시민 1,000명을 대상으로 2023년 한 해 동안의 문화예술교육 수강 현황을 조사한 결과, 316명이 수강 경험이 있다고 응답하였다. 문화예술교육 수강 경험이 있는 응답자가 가장 많이 수강한 상위 5개 분야는 기타를 제외하고 영화, 사진, 음악, 공예, 미술 순이었다. 문화예술교육 수강자의 평균 지출 비용은 38만 8천 원이었는데, 연령대별로는 40대가 48만 4천 원으로 가장 많았다. 또한 문화예술교육 수강자의 동반자 유형 구성을 살펴보면, '혼자(동반자 없음)' 수강한 비율은 50% 이상이었고, '친구 및 연인'과 함께 수강한 비율은 18.4%였다. 문화예술교육 인지 경로는 '인터넷 검색'이 33.2%로 가장 높았고, 다음으로 '주변 지인'이 19.0%였다. 수강한 문화예술교육의 교육방식은 '예술적 기량 향상을 위한 강습'이 27.5%로 가장 높았다. 문화예술교육 수강 장소별 만족도는 미술관이 가장 높았고, 그 다음으로 박물관, 공연장, 지역문화재단의 순이었다.

① 문화예술교육 수강 경험 유무 및 수강 분야 구성비

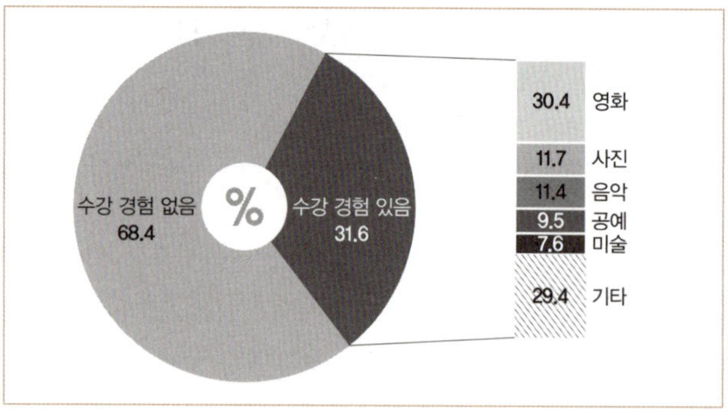

② 문화예술교육 수강자의 연령대별 평균 지출 비용

(단위 : 만 원)

연령대	20대 이하	30대	40대	50대	60대 이상	전체
평균 지출 비용	36.8	46.9	48.4	39.5	19.9	38.8

③ 문화예술교육 수강자의 동반자 유형 구성비

(단위 : %)

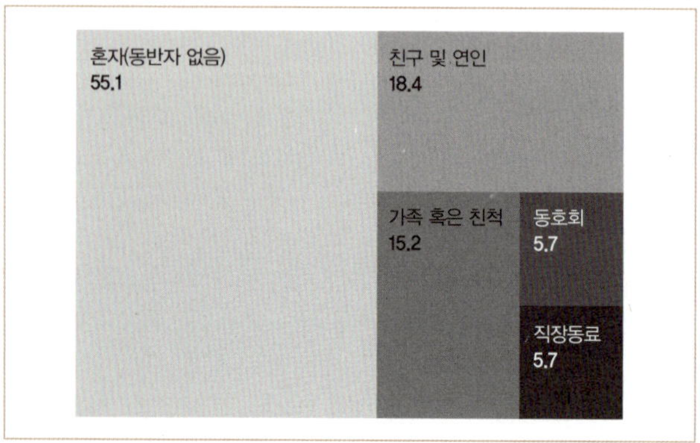

④ 문화예술교육 인지 경로 상위 5개 비율

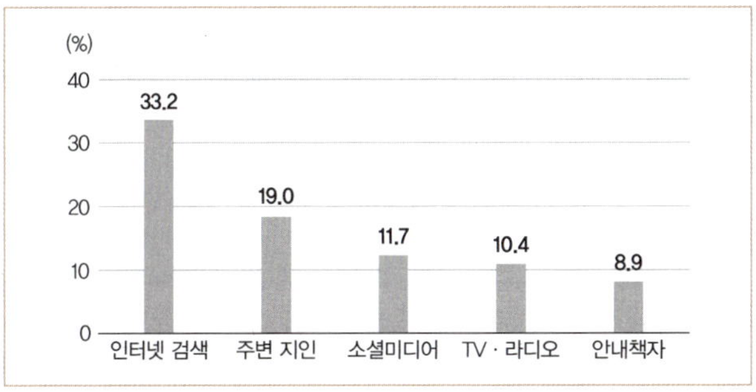

⑤ 문화예술교육 수강 이유 상위 5개 비율

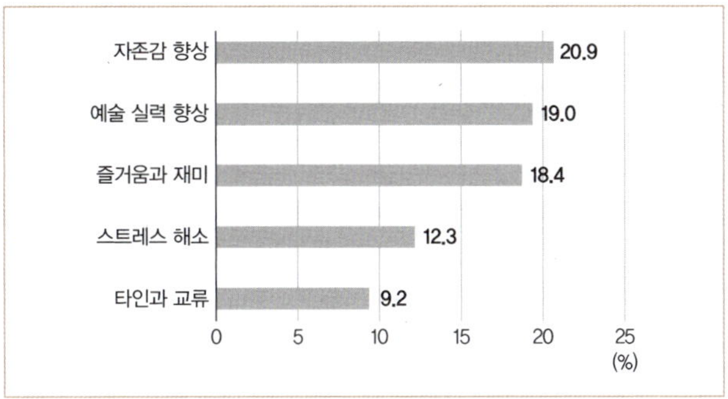

4. 다음은 2023년 '갑'국의 연근해 어선 감척지원금 산정에 관한 자료이다. 이를 근거로 어선 A~D 중 산정된 감척지원금이 가장 많은 어선과 가장 적은 어선을 바르게 연결한 것은?

〈정 보〉

- 감척지원금=어선 잔존가치+(평년수익액×3)+(선원 수×선원당 월 통상임금 고시액×6)
- 선원당 월 통상임금 고시액 : 5백만 원/명

〈표〉 감척지원금 신청 어선 현황

(단위 : 백만 원, 명)

어선	어선 잔존가치	평년수익액	선원 수
A	170	60	6
B	350	80	8
C	200	150	10
D	50	40	3

	가장 많은 어선	가장 적은 어선
①	A	B
②	A	C
③	B	A
④	B	D
⑤	C	D

5. 다음은 2022년과 2023년 '갑'국 주택소유통계에 관한 자료이다. 제시된 〈표〉와 〈정보〉 이외에 〈보고서〉를 작성하기 위해 추가로 필요한 자료만을 〈보기〉에서 모두 고르면?

〈표〉 2022년과 2023년 주택소유 가구 수

(단위 : 만 가구)

연도	2022	2023
주택소유 가구 수	1,146	1,173

〈정 보〉

$$가구\ 주택소유율(\%)=\frac{주택소유\ 가구\ 수}{가구\ 수}\times 100$$

〈보고서〉

'갑'국의 주택 수는 2022년 1,813만 호에서 2023년 1,853만 호로 2.2% 증가하였다. 개인소유 주택 수는 2022년 1,569만 호에서 2023년 1,597만 호로 1.8% 증가하였다. 주택소유 가구 수는 2022년 1,146만 가구에서 2023년 1,173만 가구로 2.4% 증가하였지만, 가구 주택소유율은 2022년 56.3%에서 2023년 56.0%로 감소하였다. 2023년 지역별 가구 주택소유율을 살펴보면, 상위 3개 지역은 A(64.4%), B(63.0%), C(61.0%)로 나타났다.

〈보 기〉

ㄱ. 2019~2023년 '갑'국 주택 수 및 개인소유 주택 수

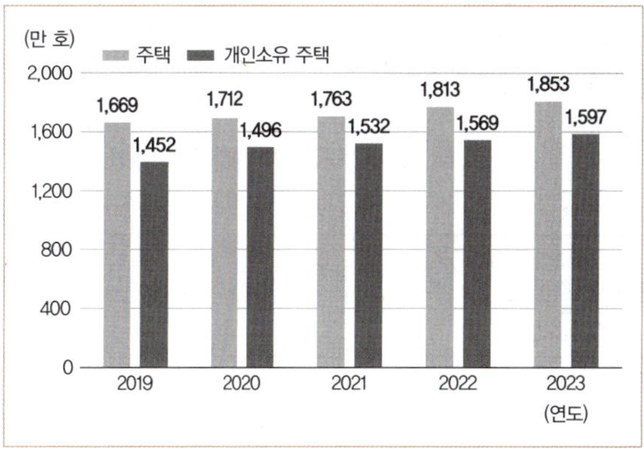

ㄴ. 2022년과 2023년 '갑'국 가구 수

(단위 : 만 가구)

연도	2022	2023
가구 수	2,034	2,093

ㄷ. 2023년 '갑'국 지역별 가구 주택소유율 상위 3개 지역

(단위 : %)

지역	A	B	C
가구 주택소유율	64.4	63.0	61.0

ㄹ. 2023년 '갑'국 가구주 연령대별 가구 주택소유율

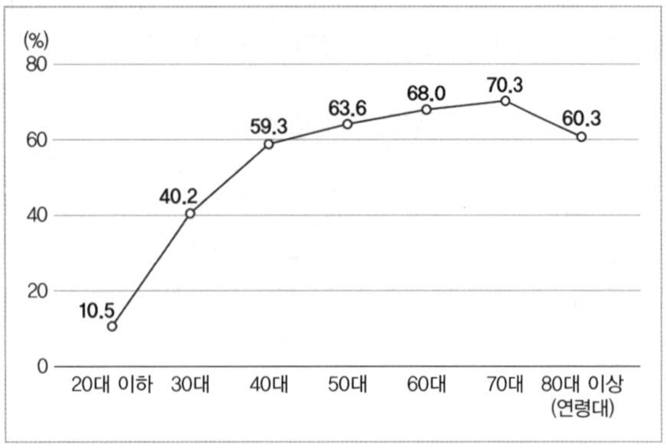

① ㄱ, ㄴ
② ㄱ, ㄹ
③ ㄴ, ㄷ
④ ㄴ, ㄹ
⑤ ㄱ, ㄴ, ㄷ

6. 다음은 '갑'국이 구매를 고려 중인 A~E 전투기의 제원과 평가방법에 관한 자료이다. 이를 근거로 A~E 중 '갑'국이 구매할 전투기를 고르면?

〈표〉 A~E 전투기의 평가항목별 제원

(단위 : 마하, 개, km, 억 달러)

평가항목 \ 전투기	A	B	C	D	E
최고속력	3.0	1.5	2.5	2.0	2.7
미사일 탑재 수	12	14	9	10	8
항속거리	1,400	800	1,200	1,250	1,500
가격	1.4	0.8	0.9	0.7	1.0
공중급유	가능	가능	불가능	가능	불가능
자체수리	불가능	가능	불가능	가능	가능

〈평가방법〉

- 평가항목 중 최고속력, 미사일 탑재 수, 항속거리, 가격은 평가항목별로 전투기 간 상대평가를 하여 가장 우수한 전투기부터 5점, 4점, 3점, 2점, 1점 순으로 부여한다.
- 최고속력은 높을수록, 미사일 탑재 수는 많을수록, 항속거리는 길수록, 가격은 낮을수록 전투기가 우수하다고 평가한다.
- 평가항목 중 공중급유와 자체수리는 평가항목별로 '가능'이면 1점, '불가능'이면 0점을 부여한다.
- '갑'국은 평가항목 점수의 합이 가장 큰 전투기를 구매한다. 단, 동점일 경우 그중에서 가격이 가장 낮은 전투기를 구매한다.

① A
② B
③ C
④ D
⑤ E

7. 다음 〈표〉는 2023년 '갑'국에서 배달대행과 퀵서비스 업종에 종사하는 운전자 실태에 관한 자료이다. 제시된 〈표〉 이외에 〈보고서〉를 작성하기 위해 추가로 필요한 자료만을 〈보기〉에서 모두 고르면?

〈표 1〉 운전자 연령대 구성비 및 평균 연령

(단위 : %, 세)

업종 \ 구분	연령대					평균 연령
	20대 이하	30대	40대	50대	60대 이상	
배달대행	40.0	36.1	17.8	5.4	0.7	33.2
퀵서비스	0.0	3.1	14.1	36.4	46.4	57.8

〈표 2〉 이륜자동차 운전 경력 및 서비스 제공 경력의 평균

(단위 : 년)

구분 \ 업종	배달대행	퀵서비스
이륜자동차 운전 경력	7.4	19.8
서비스 제공 경력	2.8	13.7

〈표 3〉 일평균 근로시간 및 배달건수

(단위 : 시간, 건)

구분 \ 업종	배달대행	퀵서비스
근로시간	10.8	9.8
운행시간	8.5	6.1
운행 외 시간	2.3	3.7
배달건수	41.5	15.1

〈보고서〉

'갑'국에서 배달대행과 퀵서비스 업종에 종사하는 운전자 실태를 조사한 결과는 다음과 같다. 두 업종 모두 이륜자동차를 이용하여 유사한 형태의 서비스를 제공하지만, 운전자 특성에는 큰 차이가 있었다. 우선, 운전자 평균 연령은 퀵서비스가 57.8세로 배달대행 33.2세보다 높았다. 이는 배달대행은 30대 이하 운전자 비중이 전체의 70% 이상이지만 퀵서비스는 50대 이상 운전자가 전체의 80% 이상을 차지하기 때문이다. 운전자의 이륜자동차 운전 경력의 평균과 서비스 제공 경력의 평균도 각각 퀵서비스가 배달대행에 비해 10년 이상 길었다. 한편, 운전자가 배달대행이나 퀵서비스 시장에 진입하기 위해서는 이륜자동차 구입 비용이 소요되는데, 신차와 중고차 구입 각각에서 배달대행이 퀵서비스보다 평균 구입 비용이 높았다. 또한, 운행시간과 운행 외 시간을 합한 일평균 근로시간은 배달대행이 퀵서비스보다 1.0시간 길었고, 월평균 근로일수도 배달대행이 퀵서비스보다 3일 이상 많은 것으로 나타났다.

〈보 기〉

ㄱ. 이륜자동차 운전 경력 구성비

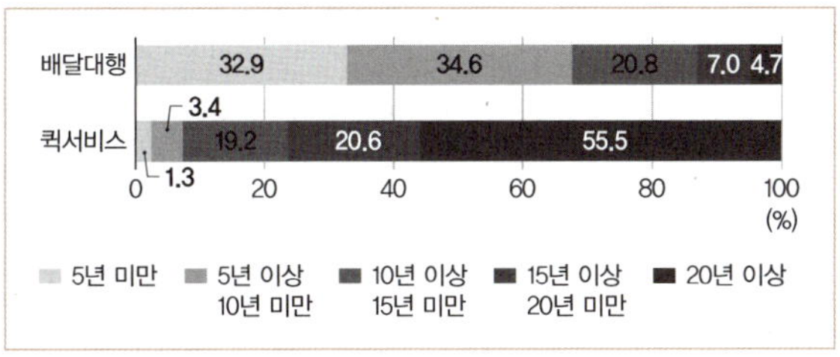

ㄴ. 서비스 제공 경력 구성비

(단위 : %)

경력 / 업종	5년 미만	5년 이상 10년 미만	10년 이상 15년 미만	15년 이상 20년 미만	20년 이상	전체
배달대행	81.9	15.8	2.3	0.0	0.0	100
퀵서비스	14.8	11.3	26.8	14.1	33.0	100

ㄷ. 배달대행 및 퀵서비스 시장 진입을 위한 이륜자동차 평균 구입 비용

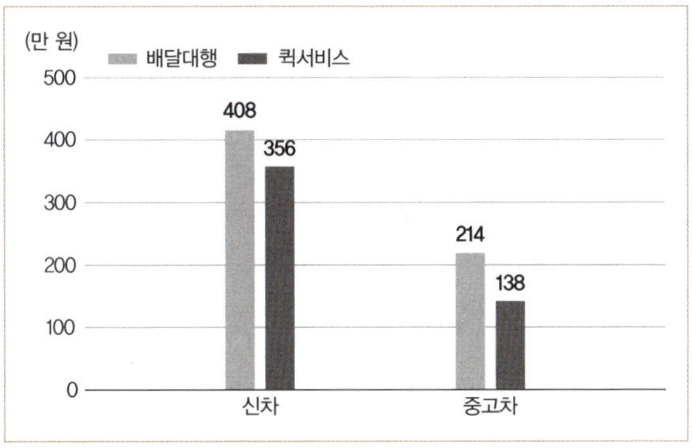

ㄹ. 월평균 근로일수

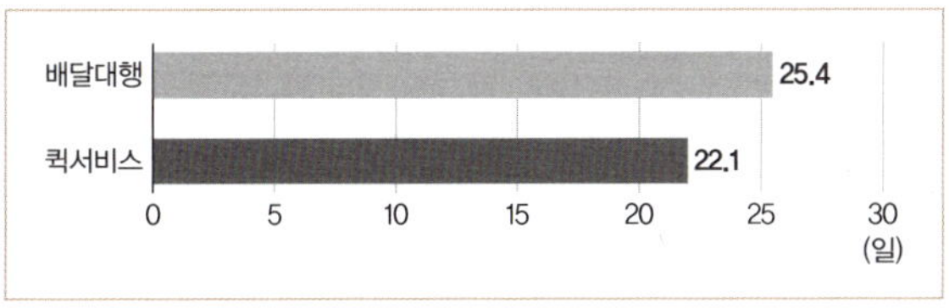

① ㄱ, ㄴ

② ㄴ, ㄷ

③ ㄷ, ㄹ

④ ㄱ, ㄴ, ㄹ

⑤ ㄱ, ㄷ, ㄹ

8. 다음은 2023년 '갑'국 주요 10개 업종의 특허출원 현황에 관한 자료이다. 이를 근거로 A~C에 해당하는 업종을 바르게 연결한 것은?

〈표〉 주요 10개 업종의 기업규모별 특허출원건수 및 특허출원기업 수

(단위 : 건, 개)

구분 / 업종	기업규모별 특허출원건수			특허출원 기업 수
	대기업	중견기업	중소기업	
A	25,234	1,575	4,730	1,725
전기장비	6,611	501	3,265	1,282
기계	1,314	1,870	5,833	2,360
출판	204	345	8,041	2,550
자동차	5,460	1,606	1,116	617
화학제품	2,978	917	2,026	995
의료	52	533	2,855	1,019
B	18	115	3,223	1,154
건축	113	167	2,129	910
C	29	7	596	370

※ 기업규모는 '대기업', '중견기업', '중소기업'으로만 구분됨

〈정 보〉

- '중소기업' 특허출원건수가 해당 업종 전체 기업 특허출원건수의 90% 이상인 업종은 '연구개발', '전문서비스', '출판'이다.
- '대기업' 특허출원건수가 '중견기업'과 '중소기업' 특허출원건수 합의 2배 이상인 업종은 '전자부품', '자동차'이다.
- 특허출원기업당 특허출원건수는 '연구개발'이 '전문서비스'보다 많다.

	A	B	C
①	연구개발	전자부품	전문서비스
②	전자부품	연구개발	전문서비스
③	전자부품	전문서비스	연구개발
④	전문서비스	연구개발	전자부품
⑤	전문서비스	전자부품	연구개발

9. **다음 〈표〉는 2018~2023년 짜장면 가격 및 가격지수와 짜장면 주재료 품목의 판매단위당 가격에 관한 자료이다. 이에 대한 설명으로 옳은 것은?**

〈표 1〉 2018~2023년 짜장면 가격 및 가격지수

(단위 : 원)

구분 \ 연도	2018	2019	2020	2021	2022	2023
가격	5,011	5,201	5,276	5,438	6,025	( )
가격지수	95.0	98.6	100	103.1	114.2	120.6

※ 가격지수는 2020년 짜장면 가격을 100으로 할 때, 해당 연도 짜장면 가격의 상대적인 값임

〈표 2〉 2018~2023년 짜장면 주재료 품목의 판매단위당 가격

(단위 : 원)

품목	판매단위 \ 연도	2018	2019	2020	2021	2022	2023
춘장	14kg	26,000	27,500	27,500	33,000	34,500	34,500
식용유	900mL	3,890	3,580	3,980	3,900	4,600	5,180
밀가루	1kg	1,280	1,280	1,280	1,190	1,590	1,880
설탕	1kg	1,630	1,680	1,350	1,790	1,790	1,980
양파	2kg	2,250	3,500	5,000	8,000	5,000	6,000
청오이	2kg	4,000	8,000	8,000	10,000	10,000	15,000
돼지고기	600g	10,000	10,000	10,000	13,000	15,000	13,000

※ 짜장면 주재료 품목은 제시된 7개뿐임

① 짜장면 가격지수가 80.0이면 짜장면 가격은 4,000원 이하이다.

② 2023년 짜장면 가격은 2018년에 비해 20% 이상 상승하였다.

③ 2018년에 비해 2023년 판매단위당 가격이 2배 이상인 짜장면 주재료 품목은 1개이다.

④ 2020년에 식용유 1,800mL, 밀가루 2kg, 설탕 2kg의 가격 합계는 15,000원 이상이다.

⑤ 매년 판매단위당 가격이 상승한 짜장면 주재료 품목은 2개 이상이다.

10. **다음 〈표〉는 2017~2023년 '갑'국의 '어린이 안전 체험 교실' 사업 운영 현황에 관한 자료이다. 이를 바탕으로 작성한 〈보고서〉의 A~C에 해당하는 내용을 바르게 연결한 것은?**

〈표〉 2017~2023년 '어린이 안전 체험 교실' 사업 운영 현황

(단위 : 개, 회, 명)

연도 \ 구분	참여 자치 단체 수	운영 횟수	교육 참여		자원 봉사자 수
			어린이 수	학부모 수	
2017	9	11	10,265	6,700	2,083
2018	15	30	73,060	19,465	1,600
2019	14	38	55,780	15,785	2,989
2020	18	35	58,680	13,006	2,144
2021	19	39	61,380	11,660	2,568
2022	17	38	59,559	9,071	2,406
2023	18	40	72,261	8,619	2,071

〈보고서〉

안전 체험 시설이 없는 지역으로 찾아가는 '어린이 안전 체험 교실' 사업이 2017년부터 2023년까지 운영되었다. 해당 기간 동안 참여 자치 단체 수, 운영 횟수 등이 변화하였는데 그중 참여 자치 단체 수와 교육 참여 [A] 수의 전년 대비 증감 방향은 매년 같았다.

2021년은 사업 기간 중 참여 자치 단체 수가 가장 많았던 해로 2020년보다 운영 횟수와 교육 참여 어린이 수가 늘었다. 운영 횟수당 교육 참여 어린이 수는 2021년이 2020년보다 [B].

본 사업에 자원봉사자도 꾸준히 참여하였다. 2019년에는 사업 기간 중 가장 많은 자원봉사자가 참여하였다. 자원봉사자당 교육 참여 어린이 수는 2019년이 2017년보다 [C].

	A	B	C
①	어린이	많았다	많았다
②	어린이	적었다	많았다
③	어린이	적었다	적었다
④	학부모	많았다	적었다
⑤	학부모	적었다	적었다

11. **다음 〈표〉는 2019~2023년 '갑'국의 항공편 지연 및 결항에 관한 자료이다. 이에 대한 〈보기〉의 설명 중 옳은 것만을 모두 고르면?**

〈표 1〉 2019~2023년 항공편 지연 현황

(단위 : 편)

분기	월	국내선 2019	국내선 2020	국내선 2021	국내선 2022	국내선 2023	국제선 2019	국제선 2020	국제선 2021	국제선 2022	국제선 2023
1	1	0	0	0	0	0	1	0	0	1	0
	2	0	0	0	0	0	0	0	0	0	2
	3	0	0	0	0	0	6	0	0	0	0
2	4	0	0	0	0	0	0	0	2	0	1
	5	1	0	0	0	0	5	0	0	1	0
	6	0	0	0	0	0	0	0	10	11	1
3	7	40	0	0	3	68	53	23	11	83	55
	8	3	0	0	3	1	27	58	61	111	50
	9	0	0	0	0	161	7	48	46	19	368
4	10	0	93	0	23	32	21	45	44	98	72
	11	0	0	0	1	0	0	0	0	5	11
	12	0	0	0	0	0	2	1	6	0	17
전체		44	93	0	30	262	122	175	180	329	577

〈표 2〉 2019~2023년 항공편 결항 현황

(단위 : 편)

분기	월	국내선 2019	국내선 2020	국내선 2021	국내선 2022	국내선 2023	국제선 2019	국제선 2020	국제선 2021	국제선 2022	국제선 2023
1	1	0	0	0	0	0	0	0	0	0	0
	2	0	0	0	0	0	0	0	0	0	14
	3	0	0	0	0	0	0	0	0	0	0
2	4	1	0	0	0	0	0	0	0	0	0
	5	6	0	0	0	0	10	0	0	0	0
	6	0	0	0	0	0	0	0	0	1	0
3	7	311	0	0	187	507	93	11	5	162	143
	8	62	0	0	1,008	115	39	11	71	127	232
	9	0	0	4	0	1,351	16	30	42	203	437
4	10	0	85	0	589	536	4	48	49	112	176
	11	0	0	0	0	0	0	0	0	0	4
	12	0	0	0	0	0	0	4	4	0	22
전체		380	85	4	1,784	2,509	162	104	171	605	1,028

〈보 기〉

ㄱ. 2022년 3분기 국제선 지연편수는 전년 동기 대비 100편 이상 증가하였다.

ㄴ. 2023년 9월의 결항편수는 국내선이 국제선의 3배 이상이다.

ㄷ. 매년 1월과 3월에는 항공편 결항이 없었다.

① ㄱ　　② ㄷ

③ ㄱ, ㄴ　　④ ㄴ, ㄷ

⑤ ㄱ, ㄴ, ㄷ

12. **다음 〈표〉는 2022학년도 '갑'대학교 졸업생의 취업 및 진학 현황에 관한 자료이다. 이에 대한 설명으로 옳지 않은 것은?**

〈표〉 2022학년도 '갑'대학교 졸업생의 취업 및 진학 현황

(단위 : 명, %)

계열 \ 구분	졸업생 수	취업자 수	취업률	진학자 수	진학률
A	800	500	( )	60	7.5
B	700	400	57.1	50	7.1
C	500	200	40.0	40	( )
전체	2,000	1,100	55.0	150	7.5

※ 1) 취업률(%) $= \frac{\text{취업자 수}}{\text{졸업생 수}} \times 100$

2) 진학률(%) $= \frac{\text{진학자 수}}{\text{졸업생 수}} \times 100$

3) 진로 미결정 비율(%) = 100 − (취업률 + 진학률)

① 취업률은 A계열이 B계열보다 높다.

② 진로 미결정 비율은 B계열이 C계열보다 낮다.

③ 진학자 수만 계열별로 20%씩 증가한다면, 전체의 진학률은 10% 이상이 된다.

④ 취업자 수만 계열별로 10%씩 증가한다면, 전체의 취업률은 60% 이상이 된다.

⑤ 진학률은 A~C계열 중 C계열이 가장 높다.

13. **다음 〈그림〉은 오이와 고추의 재배방식별 파종, 정식, 수확 가능 시기에 관한 자료이다. 이에 대한 설명으로 옳지 않은 것은?**

〈그림〉 오이와 고추의 재배방식별 파종, 정식, 수확 가능 시기

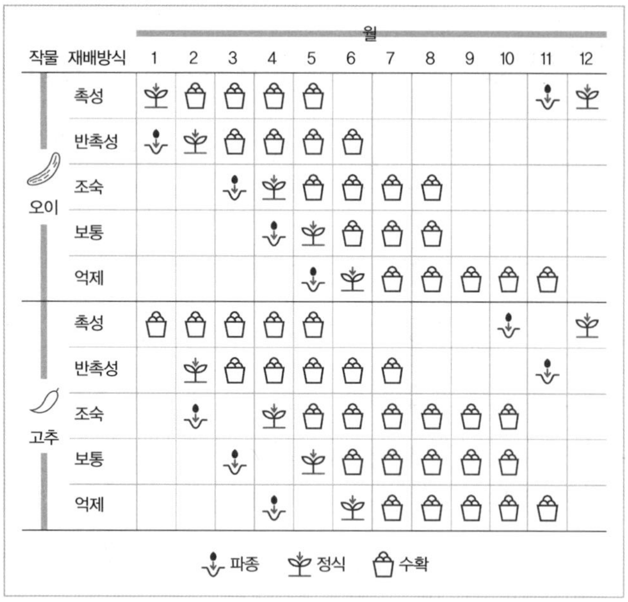

월
작물 재배방식 1 2 3 4 5 6 7 8 9 10 11 12
오이
촉성
반촉성
조숙
보통
억제
고추
촉성
반촉성
조숙
보통
억제
파종 정식 수확

① '촉성' 재배방식에서 정식이 가능한 달의 수는 오이가 고추보다 많다.

② 고추의 각 재배방식에서 파종 가능 시기와 정식 가능 시기의 차이는 1개월 이상이다.

③ 오이는 고추보다 정식과 수확이 모두 가능한 달의 수가 더 많다.

④ 고추의 경우, 수확이 가능한 재배방식의 수는 7월이 가장 많다.

⑤ 오이의 재배방식 중 수확이 가능한 달의 수가 가장 적은 것은 '보통'이다.

14. **다음 〈표〉는 2019~2023년 '갑'국의 양식 품목별 면허어업 건수에 관한 자료이다. 이에 대한 설명으로 옳은 것은?**

〈표〉 2019~2023년 양식 품목별 면허어업 건수

(단위 : 건)

양식 품목 \ 연도	2019	2020	2021	2022	2023
김	781	837	853	880	812
굴	1,292	1,314	1,317	1,293	1,277
새고막	1,076	1,093	1,096	1,115	1,121
바지락	570	587	576	582	565
미역	802	920	898	882	678
전체	4,521	4,751	4,740	4,752	4,453

※ 양식 품목은 '김', '굴', '새고막', '바지락', '미역'뿐임

① '김' 면허어업 건수는 매년 증가한다.

② '굴'과 '새고막'의 면허어업 건수 합은 매년 전체의 50% 이상이다.

③ '바지락' 면허어업 건수의 전년 대비 증가율은 2020년이 2022년보다 낮다.

④ '미역' 면허어업 건수는 2023년이 2020년보다 많다.

⑤ 2023년에 면허어업 건수가 전년 대비 증가한 양식 품목은 2개이다.

15. **다음은 2019~2022년 우리나라의 원산지별 목재펠릿 수입량에 관한 자료이다. 이를 근거로 A~E국 중 우리나라에 해당하는 국가를 고르면?**

〈보고서〉

목재펠릿은 작은 원통형으로 성형한 목재 연료로, 재생 가능한 청정에너지원이며 바이오매스 발전에 사용되고 있다. 2022년 기준 국내 목재펠릿 이용량의 84%가 수입산으로, 전체 수입량은 전년 대비 10% 이상 증가하였다. 매년 전체 목재펠릿 수입량의 절반 이상이 베트남산으로, 베트남에 대한 과도한 의존이 지속되고 있다. 2021년부터 충청남도 서산과 당진에 있는 바이오매스 발전소에 캐나다산 목재펠릿을 공급하면서 캐나다산 목재펠릿 수입이 증가하여 2022년 캐나다산 목재펠릿 수입량은 2019년 대비 30배 이상이 되었다. 또한, 2022년에는 유럽 시장에 수출길이 막힌 러시아산 목재펠릿의 수입량이 크게 증가하여 2022년 기준 러시아산이 우리나라 목재펠릿 수입량 2위를 차지하였다. 인도네시아산 목재펠릿 수입량은 2019년 이후 꾸준히 증가해 2022년에는 말레이시아산 목재펠릿 수입량을 추월하였다.

〈표 1〉 2019~2021년 우리나라의 원산지별 목재펠릿 수입량

(단위 : 천 톤)

원산지 / 연도	베트남	말레이시아	캐나다	인도네시아	러시아	기타	전체
2019	1,941	520	11	239	99	191	3,001
2020	1,912	508	52	303	165	64	3,004
2021	2,102	406	329	315	167	39	3,358

〈표 2〉 2022년 A~E국의 원산지별 목재펠릿 수입량

(단위 : 천 톤)

원산지 / 국가	베트남	말레이시아	캐나다	인도네시아	러시아	기타	전체
A	2,201	400	348	416	453	102	3,920
B	2,245	453	346	400	416	120	3,980
C	2,264	416	400	346	453	106	3,985
D	2,022	322	346	416	400	40	3,546
E	2,010	346	322	400	416	142	3,636

① A
② B
③ C
④ D
⑤ E

16. **다음 〈표〉는 2017~2022년 '갑'시 공공한옥시설의 유형별 현황에 관한 자료이다. 이에 대한 〈보기〉의 설명 중 옳은 것만을 모두 고르면?**

〈표〉 2017~2022년 '갑'시 공공한옥시설의 유형별 현황

(단위 : 개소)

연도 / 유형	2017	2018	2019	2020	2021	2022
문화전시시설	8	8	10	11	12	12
전통공예시설	14	14	11	10	( )	9
주민이용시설	3	3	5	6	8	8
주거체험시설	0	0	1	3	4	( )
한옥숙박시설	2	2	( )	0	0	0
전체	27	27	28	30	34	34

※ 공공한옥시설의 유형은 '문화전시시설', '전통공예시설', '주민이용시설', '주거체험시설', '한옥숙박시설'로만 구분됨

〈보 기〉

ㄱ. '전통공예시설'과 '한옥숙박시설'의 전년 대비 증감 방향은 매년 같다.
ㄴ. 전체 공공한옥시설 중 '문화전시시설'의 비율은 매년 20% 이상이다.
ㄷ. 2020년 대비 2022년 공공한옥시설의 유형별 증가율은 '주거체험시설'이 '주민이용시설'의 2배이다.
ㄹ. '한옥숙박시설'이 '주거체험시설'보다 많은 해는 2017년과 2018년뿐이다.

① ㄱ, ㄴ
② ㄴ, ㄷ
③ ㄴ, ㄹ
④ ㄱ, ㄷ, ㄹ
⑤ ㄴ, ㄷ, ㄹ

17. **다음 〈그림〉은 2015~2023년 '갑'국의 해외직접투자 규모와 최저개발국 직접투자 비중에 관한 자료이다. 이에 대한 설명으로 옳은 것은?**

〈그림〉 해외직접투자 규모와 최저개발국 직접투자 비중

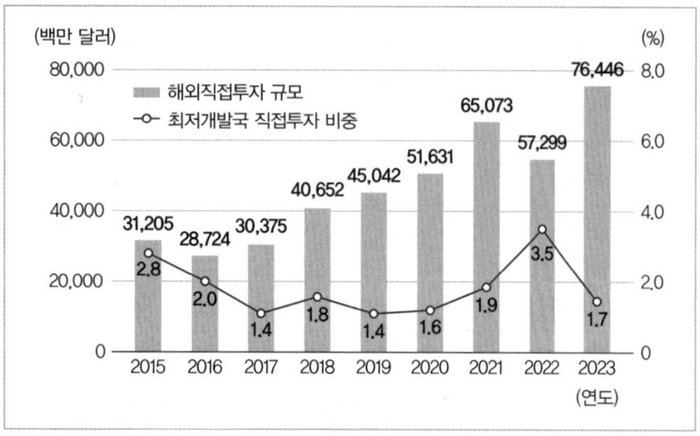

※ 최저개발국 직접투자 비중(%) = $\frac{\text{최저개발국 직접투자 규모}}{\text{해외직접투자 규모}} \times 100$

① 최저개발국 직접투자 규모는 2023년이 2015년보다 크다.
② 2021년 최저개발국 직접투자 비중은 전년보다 감소하였다.
③ 2018년 최저개발국 직접투자 규모는 10억 달러 이상이다.
④ 2023년 해외직접투자 규모는 전년 대비 40% 이상 증가하였다.
⑤ 2017년에 해외직접투자 규모와 최저개발국 직접투자 비중 모두 전년 대비 증가하였다.

18. **다음 〈표〉는 '갑'국의 가맹점 수 기준 상위 5개 편의점 브랜드 현황에 관한 자료이다. 이에 대한 〈보기〉의 설명 중 옳은 것만을 모두 고르면?**

〈표〉 가맹점 수 기준 상위 5개 편의점 브랜드 현황

(단위 : 개, 천 원/개, 천 원/m^2)

순위	브랜드	가맹점 수	가맹점당 매출액	가맹점 면적당 매출액
1	A	14,737	583,999	26,089
2	B	14,593	603,529	32,543
3	C	10,294	465,042	25,483
4	D	4,082	414,841	12,557
5	E	787	559,684	15,448

※ 가맹점 면적당 매출액(천 원/m^2) = $\frac{\text{해당 브랜드 전체 가맹점 매출액의 합}}{\text{해당 브랜드 전체 가맹점 면적의 합}}$

〈보 기〉

ㄱ. '갑'국의 전체 편의점 가맹점 수가 5만 개라면 편의점 브랜드 수는 최소 14개이다.
ㄴ. A~E 중 가맹점당 매출액이 가장 큰 브랜드가 전체 가맹점 매출액의 합도 가장 크다.
ㄷ. A~E 중 해당 브랜드 전체 가맹점 면적의 합이 가장 작은 편의점 브랜드는 E이다.

① ㄱ
② ㄴ
③ ㄷ
④ ㄴ, ㄷ
⑤ ㄱ, ㄴ, ㄷ

19. **다음 〈표〉는 2023년 '갑'시 소각시설 현황에 관한 자료이다. 이에 대한 설명으로 옳은 것은?**

〈표〉 2023년 '갑'시 소각시설 현황

(단위 : 톤/일, 톤, 명)

소각시설	시설용량	연간소각실적	관리인원
전체	2,898	689,052	314
A	800	163,785	66
B	48	12,540	34
C	750	169,781	75
D	400	104,176	65
E	900	238,770	74

※ 시설용량은 1일 가동 시 소각할 수 있는 최대량임

① '연간소각실적'이 많은 소각시설일수록 '관리인원'이 많다.
② '시설용량' 대비 '연간소각실적' 비율이 가장 높은 소각시설은 E이다.
③ '연간소각실적'은 A가 D의 1.5배 이하이다.
④ C의 '시설용량'은 전체 '시설용량'의 30% 이상이다.
⑤ B의 2023년 가동 일수는 250일 미만이다.

※ 다음 〈표〉는 2019~2023년 '갑'국 및 A지역의 식량작물 생산 현황에 관한 자료이다. 다음 물음에 답하시오. [20~21]

〈표 1〉 2019~2023년 식량작물 생산량

(단위 : 톤)

구분 \ 연도		2019	2020	2021	2022	2023
'갑'국 전체		4,397,532	4,374,899	4,046,574	4,456,952	4,331,597
A지역 전체		223,472	228,111	203,893	237,439	221,271
	미곡	153,944	150,901	127,387	155,501	143,938
	맥류	270	369	398	392	201
	잡곡	29,942	23,823	30,972	33,535	30,740
	두류	9,048	10,952	9,560	10,899	10,054
	서류	30,268	42,066	35,576	37,112	36,338

〈표 2〉 2019~2023년 식량작물 생산 면적

(단위 : ha)

구분 \ 연도		2019	2020	2021	2022	2023
'갑'국 전체		924,470	924,291	906,106	905,034	903,885
A지역 전체		46,724	47,446	46,615	47,487	46,542
	미곡	29,006	28,640	28,405	28,903	28,708
	맥류	128	166	177	180	98
	잡곡	6,804	6,239	6,289	6,883	6,317
	두류	5,172	5,925	5,940	5,275	5,741
	서류	5,614	6,476	5,804	6,246	5,678

※ A지역 식량작물은 미곡, 맥류, 잡곡, 두류, 서류뿐임

20. 위 〈표〉에 대한 설명으로 옳지 않은 것은?

① 2023년 식량작물 생산량의 전년 대비 감소율은 A지역 전체가 '갑'국 전체보다 낮다.

② 2019년 대비 2023년 생산량 증감률이 가장 큰 A지역 식량작물은 맥류이다.

③ 미곡은 매년 A지역 전체 식량작물 생산 면적의 절반 이상을 차지한다.

④ 2023년 생산 면적당 생산량이 가장 많은 A지역 식량작물은 서류이다.

⑤ A지역 전체 식량작물 생산량과 A지역 전체 식량작물 생산 면적의 전년 대비 증감 방향은 매년 같다.

21. 위 〈표〉를 이용하여 작성한 〈보기〉의 자료 중 옳은 것만을 모두 고르면?

〈보 기〉

ㄱ. 2020~2023년 '갑'국 전체 식량작물 생산 면적의 전년 대비 감소량

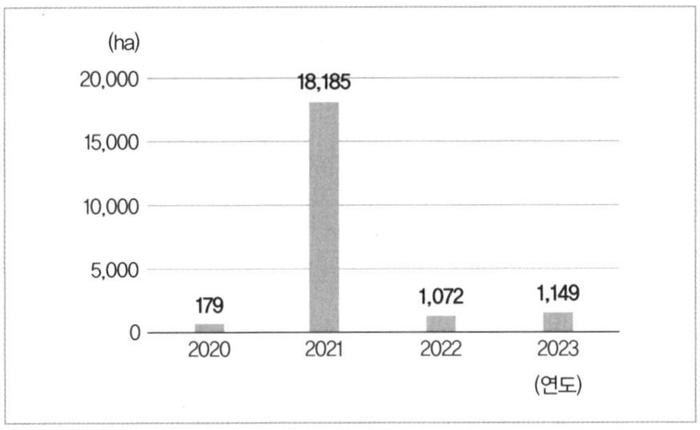

ㄴ. 연도별 A지역 잡곡, 두류, 서류 생산량

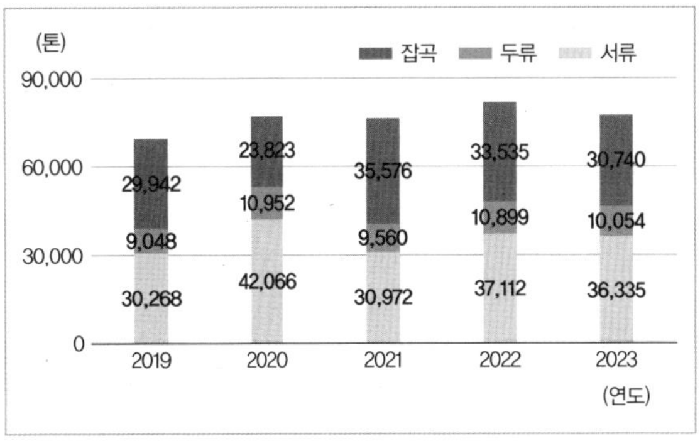

ㄷ. 2019년 대비 연도별 A지역 맥류 생산 면적 증가율

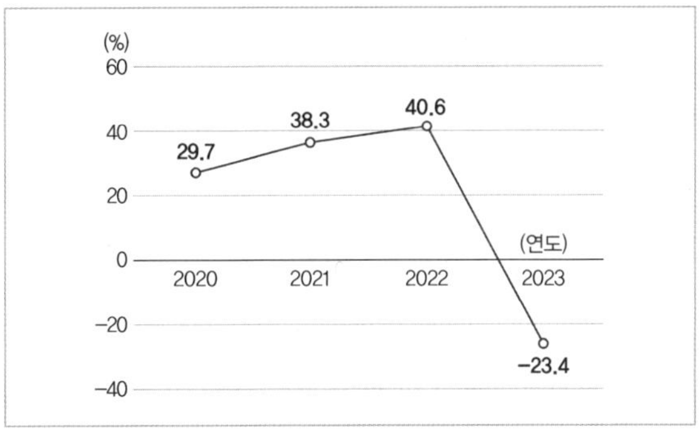

ㄹ. 2023년 A지역 식량작물 생산량 구성비

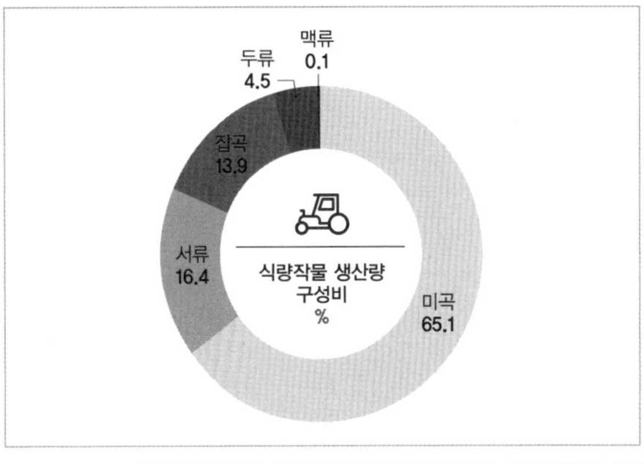

① ㄱ, ㄴ ② ㄱ, ㄷ

③ ㄴ, ㄹ ④ ㄱ, ㄷ, ㄹ

⑤ ㄴ, ㄷ, ㄹ

22. 다음 〈표〉는 2022년 3월 기준 '갑'시 A~L동의 지방소멸위험지수 및 지방소멸위험 수준에 관한 자료이다. 이에 대한 설명으로 옳지 않은 것은?

〈표 1〉 2022년 3월 기준 '갑'시 A~L동의 지방소멸위험지수

(단위 : 명)

동	총인구	65세 이상 인구	20~39세 여성 인구	지방소멸 위험지수
A	14,056	2,790	1,501	0.54
B	23,556	3,365	(　)	0.88
C	29,204	3,495	3,615	1.03
D	21,779	3,889	2,614	0.67
E	11,224	2,300	1,272	(　)
F	16,792	2,043	2,754	1.35
G	19,163	2,469	3,421	1.39
H	27,146	4,045	4,533	1.12
I	23,813	2,656	4,123	(　)
J	29,649	5,733	3,046	0.53
K	36,326	7,596	3,625	(　)
L	15,226	2,798	1,725	0.62

※ 지방소멸위험지수 $= \frac{\text{20~39세 여성 인구}}{\text{65세 이상 인구}}$

〈표 2〉 지방소멸위험 수준

지방소멸위험지수	지방소멸위험 수준
1.5 이상	저위험
1.0 이상 1.5 미만	보통
0.5 이상 1.0 미만	주의
0.5 미만	위험

① 지방소멸위험 수준이 '주의'인 동은 5곳이다.
② '20~39세 여성 인구'는 B동이 G동보다 적다.
③ 지방소멸위험지수가 가장 높은 동의 '65세 이상 인구'는 해당 동 '총인구'의 10% 이상이다.
④ '총인구'가 가장 많은 동은 지방소멸위험지수가 가장 낮다.
⑤ 지방소멸위험 수준이 '보통'인 동의 '총인구' 합은 90,000명 이상이다.

23. 다음 〈표〉는 2023년 '갑'국의 생활계 폐기물 처리실적에 관한 자료이다. 이에 대한 설명으로 옳은 것은?

〈표〉 2023년 처리방법별, 처리주체별 생활계 폐기물 처리실적

(단위 : 만 톤)

처리방법 / 처리주체	재활용	소각	매립	기타	합
공공	403	447	286	7	1,143
자가	14	5	1	1	21
위탁	870	113	4	119	1,106
계	1,287	565	291	127	2,270

① 전체 처리실적 중 '매립'의 비율은 15% 이상이다.
② 기타를 제외하고, 각 처리방법에서 처리실적은 '공공'이 '위탁'보다 많다.
③ 각 처리주체에서 '매립'의 비율은 '공공'이 '자가'보다 높다.
④ 처리주체가 '위탁'인 생활계 폐기물 중 '재활용'의 비율은 75% 이하이다.
⑤ '소각' 처리 생활계 폐기물 중 '공공'의 비율은 90% 이상이다.

24. 다음 자료는 2020~2023년 우리나라 시도 행정심판위원회 사건 처리 현황이다. 이에 대한 〈보고서〉의 설명 중 옳은 것만을 모두 고르면?

〈표〉 2020~2022년 시도 행정심판위원회 인용률

(단위 : %)

연도 / 시도	2020	2021	2022
서울	18.4	15.9	16.3
부산	22.6	15.9	12.8
대구	35.9	39.9	38.4
인천	33.3	36.0	38.1
광주	22.2	30.6	36.0
대전	28.1	47.7	35.8
울산	33.0	38.1	50.9
세종	7.7	16.7	0.0
경기	23.3	19.6	22.3
강원	21.4	14.1	18.2
충북	23.6	28.5	24.3
충남	26.7	19.9	23.1
전북	31.7	34.0	22.1
전남	36.2	34.5	23.8
경북	10.6	23.3	22.9
경남	18.5	25.7	12.4
제주	31.6	25.3	26.2

※ 인용률(%) $= \frac{\text{인용 건수}}{\text{처리 건수}} \times 100$

〈그림〉 2022년과 2023년 시도 행정심판위원회 처리 건수 상위 5개 시도 현황

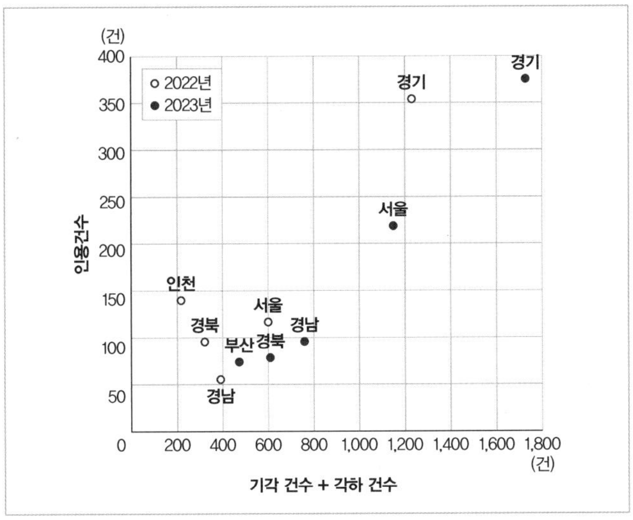

※ 처리 건수=인용 건수+기각 건수+각하 건수

〈보고서〉

2023년 우리나라 시도 행정심판위원회 처리 건수 상위 5개 시도는 경기, 서울, 경남, 경북, 부산이었다. 2022년에는 인천이 처리 건수 362건으로 상위 5개 시도에 속했으나, 2023년 부산에 자리를 넘겨주었다. 또한, ㉠ 2023년 처리 건수 상위 5개 시도의 처리 건수는 각각 전년 대비 증가하였다. 인용 건수를 살펴보면, ㉡ 2023년 처리 건수가 가장 많은 시도의 2023년 인용 건수는 2022년 인용률이 가장 높은 시도의 2022년 인용 건수의 1.5배 이상이다. 인용률을 살펴보면, ㉢ 2020년부터 2023년까지 인용률이 매년 감소한 시도는 3개이다.

① ㄱ

② ㄴ

③ ㄷ

④ ㄱ, ㄴ

⑤ ㄱ, ㄴ, ㄷ

25. 다음 〈표〉는 A회사 전체 임직원 100명의 직급별 인원과 시간당 임금에 관한 자료이다. 이에 대한 〈보기〉의 설명 중 옳은 것만을 모두 고르면?

〈표〉 A회사의 직급별 임직원 수와 시간당 임금

(단위 : 명, 원)

구분 직급	임직원 수	시간당 임금					
		평균	최저	Q1	중간값	Q3	최고
공장 관리직	4	25,000	15,000	15,000	25,000	30,000	(　)
공장 생산직	52	21,500	12,000	20,500	23,500	26,500	31,000
본사 임원	8	(　)	24,000	25,600	48,000	48,000	55,000
본사 직원	36	22,000	11,500	16,800	23,500	27,700	29,000

※ 1) 해당 직급 임직원의 시간당 임금을 낮은 값부터 순서대로 나열하여 4등분한 각 집단을 나열 순서에 따라 1분위, 2분위, 3분위, 4분위로 정함
2) Q1과 Q3은 각각 1분위와 3분위에 속한 값 중 가장 높은 값임
3) 해당 직급 임직원 수가 짝수인 경우, 중간값은 2분위에 속한 값 중 가장 높은 값과 3분위에 속한 값 중 가장 낮은 값의 평균임

〈보 기〉

ㄱ. 공장 관리직의 '시간당 임금' 최고액은 35,000원이다.
ㄴ. '시간당 임금'이 같은 본사 임원은 3명 이상이다.
ㄷ. 본사 임원의 '시간당 임금' 평균은 40,000원 이상이다.
ㄹ. '시간당 임금'이 23,000원 이상인 임직원은 50명 미만이다.

① ㄱ, ㄴ

② ㄱ, ㄹ

③ ㄴ, ㄷ

④ ㄷ, ㄹ

⑤ ㄱ, ㄴ, ㄷ

MEMO

2023년 공직적격성평가(PSAT)

국가공무원 5급 · 7급 민간경력자 일괄채용 및 국가공무원 7급 공개경쟁채용 필기시험

응시번호	
성 명	

문 제 책 형
ⓘ인

【시 험 과 목】

제1과목	언 어 논 리
제2과목	상 황 판 단
제3과목	자 료 해 석

문제풀이 시작과 종료 시간을 기입해 주시기 바랍니다.

• 언어논리 · 상황판단(120분) ______시 ______분 ~ ______시 ______분

• 자료해석(60분) ______시 ______분 ~ ______시 ______분

※ 실제 시험의 응시시간을 고려하여 시험과목 순서를 배치하였습니다.

1. 다음 글에서 알 수 있는 것은?

> 고려 정부는 범죄를 예방하고 사회질서를 유지하기 위하여 여러 가지 방책을 마련하였다. 특히, 수도인 개경은 국왕을 위시하여 정부 관료 등 주요 인사들이 거주하고 있을 뿐 아니라 중요 기관이 밀집된 가장 핵심적인 곳이었다. 그래서 고려 정부는 개경의 중요한 기관과 거점을 지키기 위한 군사 조직을 두었다. 도성 안의 관청과 창고를 지키는 간수군, 도성의 여러 성문을 방어하는 위숙군, 시장이나 시가의 주요 장소에 배치되는 검점군이 그것이다. 간수군을 포함한 이들 세 군사 조직은 본연의 업무뿐 아니라 순찰을 비롯한 도성 안의 치안 활동까지 담당하였다.
>
> 하지만 개경의 도시화가 진전됨에 따라 전문적인 치안 기구의 필요성이 증대되었다. 이에 성종은 개경 시내를 순찰하고 검문을 실시하는 전문적인 치안 조직인 순검군을 조직하였다. 순검군의 설치는 도성을 방위하고 국왕을 지키는 군대의 기능과 도성의 치안 유지를 위한 경찰의 기능이 분리되고 전문화된 것을 의미한다. 기존 군사 조직은 본연의 업무만을 담당하게 되었으며, 순검군은 치안과 질서 유지를 위하여 도성 안에서 순찰 활동, 도적 체포, 비행이나 불법을 저지르는 사람에 대한 단속 등의 활동을 담당하게 되었다.
>
> 그런데 범죄 행위나 정치적 음모, 범죄자의 도피 등은 주로 야간에 많이 일어났다. 이에 정부는 야간 통행을 금지하고 날이 저물면 성문을 닫게 하였으며, 급한 공무나 질병, 출생 등 부득이한 경우에만 사전 신고를 받고 야간에 통행하도록 하였다. 야간 통행이 금지되는 매일 저녁부터 새벽까지 도성 내를 순찰하는 활동, 즉 야경은 순검군의 중요한 업무가 되었다. 순검군은 도성 내의 군사 조직인 간수군, 위숙군, 검점군과 함께 개경의 안전을 책임지는 핵심적인 역할을 수행하였던 것이다.

① 개경은 고려의 다른 어떤 지역보다 범죄 행위가 많이 발생한 곳이었다.

② 순검군이 설치된 이후에도 도성의 성문을 지키는 임무는 위숙군에게 있었다.

③ 야간에 급한 용무로 시내를 통행하려는 사람은 먼저 시가지를 담당하는 검점군에 신고를 하였다.

④ 순검군은 야간 통행이 금지되는 저녁부터 새벽 시간까지 순찰 활동을 하며 성문 방어에도 투입되었다.

⑤ 순검군의 설치 이후에 간수군을 비롯한 개경의 세 군사 조직은 군대의 기능과 경찰의 기능을 모두 수행하였다.

2. 다음 글의 내용과 부합하는 것은?

> 고려 숙종 9년에 여진이 고려 동북면에 있는 정주성을 공격하였다. 고려는 윤관을 보내 여진을 막게 하였으며, 윤관이 이끄는 군대는 정주성 북쪽의 벽등수라는 곳에서 여진과 싸워 이겼다. 이에 여진은 사신을 보내 화의를 요청하였고, 고려는 이를 받아들였다. 그러나 윤관은 전투 과정에서 여진의 기병을 만나 고전하였기 때문에 대책을 세워야 한다고 생각하고, 숙종의 허락을 받아 별무반을 창설하였다. 별무반에는 기병인 신기군과 보병인 신보군, 적의 기병을 활로 막아내는 경궁군 등 다양한 부대가 편성되어 있었다.
>
> 윤관은 숙종의 뒤를 이은 예종 2년에 별무반을 이끌고 여진 정벌에 나섰다. 그는 정주성 북쪽으로 밀고 올라가 여진의 영주, 웅주, 복주, 길주를 점령하고 그곳에 성을 쌓았다. 이듬해 윤관은 정예 병사 8,000여 명을 이끌고 가한촌이라는 곳으로 나아갔다. 그런데 가한촌은 병목 지형이어서 병력을 지휘하기 어려웠다. 여진은 이러한 지형을 이용하여 길 양쪽에 매복하고 있다가 고려군을 기습하였다. 이때 윤관은 큰 위기를 맞이하였지만 멀리서 이를 본 척준경이 10여 명의 결사대를 이끌고 분전한 덕분에 영주로 탈출할 수 있었다. 이후 윤관은 여진의 끈질긴 공격을 물리치면서 함주, 공험진, 의주, 통태진, 평융진에도 성을 쌓아 총 9개의 성을 완성하였다. 윤관이 별무반을 이끌고 출정한 후 여진 지역에 쌓은 성이 모두 9개였기 때문에 그 지역을 동북 9성이라고 부른다.
>
> 하지만 여진은 이후 땅을 되찾기 위하여 여러 차례 웅주와 길주 등을 공격하였다. 윤관이 이끄는 고려군은 가까스로 이를 물리쳤지만, 여진이 성을 둘러싸고 길을 끊는 바람에 고립되는 일이 잦았다. 고려는 윤관 외에도 오연총 등을 파견하여 동북 9성에 대한 방비를 강화하였지만, 전투가 거듭될수록 병사들이 계속 희생되었고 물자 소비도 점점 많아졌다. 그래서 예종 4년에 여진이 자세를 낮추며 강화를 요청했을 때 고려는 이를 받아들이고 여진에 동북 9성 지역을 돌려주기로 하였다.

① 고려는 동북 9성을 방어하는 과정에서 병사들이 계속 희생되고 물자 소비도 늘어났기 때문에 여진의 강화 요청을 받아들였다.

② 오연총은 웅주에 있던 윤관이 여진군에 의해 고립된 사실을 알고 길주로부터 출정하여 그를 구출하였다.

③ 윤관은 여진군과의 끈질긴 전투 끝에 가한촌을 점령하고 그곳에 성을 쌓아 동북 9성을 완성하였다.

④ 척준경은 가한촌 전투에서 패배한 고려군을 이끌고 길주로 후퇴하였다.

⑤ 예종이 즉위하고 다음 해에 신기군과 신보군, 경궁군이 창설되었다.

3. **다음 글의 핵심 논지로 가장 적절한 것은?**

우리는 보통 먹거리의 생산에 대해서는 책임을 묻는 것이 자연스럽다고 생각하면서도 먹거리의 소비는 책임져야 하는 행위로 생각하지 않는다. 우리는 무엇을 먹을 때 좋아하고 익숙한 것 그리고 싸고, 빠르고, 편리한 것을 찾아서 먹을 뿐이다. 그런데 먹는 일에도 윤리적 책임이 동반된다고 생각해 볼 수 있지 않을까?

먹는 행위를 두고 '잘 먹었다' 혹은 '잘 먹는다'고 말할 때 '잘'을 평가하는 기준은 무엇일까? 신체가 요구하는 영양분을 골고루 섭취하는 것은 생물학적 차원에서 잘 먹는 것이고, 섭취하는 음식을 통해 다양한 감각들을 만족시키며 개인의 취향을 계발하는 것은 문화적인 차원에서 잘 먹는 것이다. 그런데 이 경우들의 '잘'은 윤리적 의미를 띠고 있는 것 같지 않다. 이 두 경우는 먹는 행위를 개인적 경험의 차원으로 축소하기 때문이다.

'잘 먹는다'는 것의 윤리적 차원은 우리의 먹는 행위가 그저 개인적 차원에서 일어나는 일이 아니라, 다른 사람들, 동물들, 식물들, 서식지, 토양 등과 관계를 맺는 행위임을 인식하기 시작할 때 비로소 드러난다. 오늘날 먹거리의 전 지구적인 생산 · 유통 · 소비 체계 속에서, 우리는 이들을 경제적 자원으로만 간주하는 특정한 방식으로 이들과 관계를 맺고 있다. 그러한 관계의 방식은 공장식 사육, 심각한 동물 학대, 농약과 화학비료 사용에 따른 토양과 물의 오염, 동식물의 생존에 필수적인 서식지 파괴, 전통적인 농민 공동체의 파괴, 불공정한 노동 착취 등을 동반한다.

우리가 무엇을 어떻게 먹는가 하는 것은 결국 우리가 그런 관계망에 속한 인간이나 비인간 존재를 어떻게 대우하고 있는가를 드러내며, 불가피하게 이러한 관계망의 형성이나 유지 혹은 변화에 기여하게 된다. 우리의 먹는 행위에 따라 이런 관계망의 모습은 바뀔 수도 있다. 그렇기에 이러한 관계들은 먹는 행위를 윤리적 반성의 대상으로 끌어 올린다.

① 윤리적으로 잘 먹기 위해서는 육식을 지양해야 한다.
② 먹는 행위에 대해서도 윤리적 차원을 고려하여야 한다.
③ 건강 증진이나 취향 만족을 위한 먹는 행위는 개인적 차원의 평가 대상일 뿐이다.
④ 먹는 행위는 동물, 식물, 토양 등의 비인간 존재와 인간 사이의 관계를 만들어낸다.
⑤ 먹는 행위를 평가할 때에는 먹거리의 소비자보다 생산자의 윤리적 책임을 더 고려하여야 한다.

4. **다음 글의 핵심 논지로 가장 적절한 것은?**

지방분권화 시대를 맞아 지역의 균형 발전과 경제 활성화를 함께 도모할 수 있는 방안으로 지역문화콘텐츠의 역할이 강조되고 있다. 이와 관련하여 생태환경, 문화재, 유적지 등의 지역 자원을 이용해 지역에 생명을 불어넣고 지역의 특화된 가치를 창출하는 사례가 늘고 있다. 지역문화콘텐츠의 성공은 지역 산업의 동력이 될 뿐 아니라 지역민의 문화향유권 확장에 이바지한다는 점에서도 주목할 만하다.

그러나 지역문화콘텐츠의 전망이 밝기만 한 것은 아니다. 지역 내부의 문제로 우수한 문화자원이 빛을 보지 못하거나 특정 축제를 서로 자기 지역에 유치하기 위한 과잉 경쟁으로 지방자치단체가 몸살을 앓기도 한다. 또한, 불필요한 시설과 인프라 구축, 유사한 콘텐츠의 양산 및 미흡한 활용 등의 문제로 지역 예산을 헛되이 낭비한 사례도 적지 않다.

이러한 문제들이 많아지자, ㅇㅇ부는 유사 · 중복 축제 행사를 통폐합하는 지방재정법 시행령과 심사 규칙 개정안을 내놓았다. 이 개정안은 특색 없는 콘텐츠를 정리하고 경쟁력 있는 콘텐츠 개발을 장려하는 것이 주목적이다. 하지만 이러한 방식만으로는 지역문화콘텐츠의 성공을 기대하기 어렵다.

그동안 지역문화 정책과 사업이 새로운 콘텐츠를 발굴 · 제작하는 데만 주력해 온 탓에 향유의 지속성 측면을 고려하지 못했다. 이로 인해, 관련 사업은 일부 향유자만을 대상으로 하거나 단발적인 제작 지원에 그쳐 지역민의 문화자원 향유가 지속되는 데 어려움이 있었다. 향유자에 초점을 둔 실효성 있는 정책을 실현하려면, 향유의 지속성까지 염두에 두어야 한다. 콘텐츠와 향유자를 잇고, 향유자의 향유 경험을 지속시킬 때 콘텐츠는 영속할 수 있다. 향유자에 의한 콘텐츠의 공유와 확산이 활발하게 이루어지는 향유, 아울러 향유자가 콘텐츠의 소비 · 매개 · 재생산의 주체가 되는 향유를 위한 방안이 개발되어야 한다. 이러한 방안을 통해 이미 만들어진 우수한 지역문화콘텐츠의 생명력을 연장하고 콘텐츠 향유의 활성화를 꾀할 수 있다.

① 중앙정부와 지방자치단체의 협력을 통해 지역문화콘텐츠의 경쟁력을 강화해야 한다.
② 새로운 콘텐츠의 발굴과 제작을 통해 지역문화콘텐츠의 생명력을 연장하고 활성화해야 한다.
③ 지역문화콘텐츠를 향유자와 연결하고 향유자의 향유 경험을 지속하게 할 방안을 마련해야 한다.
④ 지역문화콘텐츠 향유자 스스로 자신이 콘텐츠의 소비 · 매개 · 재생산의 주체임을 인식해야 한다.
⑤ 지역문화콘텐츠가 지역 산업의 발전과 지역민의 문화 향유 기회 확대에 기여할 수 있도록 중앙정부의 경제적 지원이 증대되어야 한다.

5. **다음 글의 내용과 부합하지 않는 것은?**

> 정부는 공공사업 수립 · 추진 과정에서 사회적 갈등이 예상되는 경우 갈등영향분석을 통해 해결책을 마련하여야 한다. 갈등은 다양한 요인 및 양태 그리고 복잡한 이해관계를 갖고 있다. 따라서 갈등영향분석의 실시 여부는 공공사업의 규모, 유형, 사업 관련 이해집단의 분포 등 다양한 지표들을 고려하여 판단하여야 한다.
>
> 갈등영향분석 실시 여부의 대표적인 판단 지표 중 하나는 실시 대상 사업의 경제적 규모이다. 해당 사업을 수행하는 기관장은 예비타당성 조사 실시 기준인 총사업비를 판단 지표로 활용하여 갈등영향분석의 실시 여부를 판단하되, 그 경제적 규모가 실시 기준 이상이라도 갈등 발생 여지가 없거나 미미한 경우에는 갈등관리심의위원회 심의를 거쳐 갈등영향분석을 실시하지 않을 수 있다.
>
> 실시 대상 사업의 유형도 갈등영향분석 실시 여부의 판단 지표가 된다. 쓰레기 매립지, 핵폐기물처리장 등 기피 시설의 입지 선정은 지역사회 갈등을 유발하는 대표적 유형이다. 이러한 사업 유형은 경제적 규모와 관계없이 반드시 갈등영향분석이 이루어져야 한다. 해당 사업을 수행하는 기관장은 대상 시설이 기피 시설인지 여부를 판단할 때, 단독으로 판단하지 말고 지역 주민 관점에서 검토할 수 있도록 민간 갈등관리전문가 등의 자문을 거쳐야 한다.
>
> 갈등영향분석을 시행하기로 결정했다면, 해당 사업을 수행하는 기관장 주관으로, 갈등관리심의위원회의 자문을 거쳐 해당 사업과 관련된 주요 이해당사자들이 중립적이라고 인정하는 전문가가 갈등영향분석서를 작성하여야 한다. 이렇게 작성된 갈등영향분석서는 반드시 모든 이해당사자들의 회람 후에 해당 기관장에게 보고되고 갈등관리심의위원회에서 심의되어야 한다.

① 정부가 갈등영향분석 실시 여부를 판단할 때 예비타당성 조사 실시 기준인 총사업비를 판단 지표로 활용한다.
② 기피 시설 여부를 판단할 때 해당 사업을 수행하는 기관장이 별도 절차 없이 단독으로 판단해서는 안 된다.
③ 갈등영향분석서는 정부가 주관하여 중립적 전문가의 자문하에 해당 기관장이 작성하여야 한다.
④ 갈등영향분석서를 작성한 후에는 이해당사자가 회람하는 절차가 있어야 한다.
⑤ 갈등관리심의위원회는 갈등영향분석 실시 여부의 판단에 관여할 수 있다.

6. **다음 글에서 알 수 있는 것은?**

> ○○시 교육청은 초 · 중학교 기초학력 부진학생의 기초학력 향상을 위해 3단계의 체계적인 지원체계를 구축하였다. 이는 학습 사각지대에 놓여있는 학생들을 조기에 발견하고, 학생 여건과 특성에 맞는 서비스를 제공하여 기초학력 부진을 해결하기 위한 조치이다.
>
> 1단계 지원은 기초학력 부진 판정을 받은 모든 학생을 대상으로 하며, 해당 학생에 대한 지도는 학교 내에서 담임교사가 담당한다. 학교 내에서 교사가 특별학습 프로그램을 진행하는 것이다.
>
> 2단계 지원은 기초학력 부진 판정을 받은 학생 중 복합적인 요인으로 어려움을 겪는 것으로 판정된 학생인 복합요인 기초학력 부진학생을 대상으로 권역학습센터에서 이루어진다. 권역학습센터는 권역별 1곳씩 총 5곳에 설치되어 있으며, 이곳에서 학습멘토 프로그램을 운영한다. 이 프로그램에 참여하는 지원 인력은 ○○시의 인증을 받은 학습상담사이며, 기초학력 부진학생의 학습멘토 역할을 담당하게 된다.
>
> 3단계 지원은 복합요인 기초학력 부진학생 중 주의력결핍 과잉행동장애 또는 난독증 등의 문제로 학습에 어려움을 겪는 학생을 대상으로 ○○시 학습종합클리닉센터에서 이루어진다. ○○시 학습종합클리닉센터는 교육청 차원에서 지역사회 교육 전문가를 초빙하여 해당 학생들을 위한 전문학습클리닉 프로그램을 운영한다. 이에 더해 소아정신과 전문의 등으로 이루어진 의료지원단을 구성하여 의료적 도움을 줄 수 있도록 한다.

① ○○시 학습종합클리닉센터는 ○○시에 총 5곳이 설치되어 있다.
② 기초학력 부진학생으로 판정된 학생은 학습멘토 프로그램에 참여할 수 없다.
③ 복합요인 기초학력 부진학생으로 판정된 학생 중 의료지원단의 의료적 도움을 받는 학생이 있을 수 있다.
④ 학습멘토 프로그램 및 전문학습클리닉 프로그램에 참여하는 지원 인력은 ○○시의 인증을 받지 않아도 된다.
⑤ 난독증이 있는 학생은 기초학력 부진 판정을 받지 않았더라도 ○○시 학습종합클리닉센터에서 운영하는 프로그램에 참여할 수 있다.

7. 다음 대화의 ㉠에 따라 〈안내〉를 수정한 것으로 적절하지 않은 것은?

> 갑 : 지금부터 회의를 시작하겠습니다. 이 자리는 A시 시민안전보험의 안내문을 함께 검토하기 위한 자리입니다. A시 시민안전보험의 내용을 시민들에게 효과적으로 전달하기 위해서 수정 및 보완이 필요한 부분이 있다면 자유롭게 말씀해 주시기 바랍니다.
>
> 을 : 시민안전보험의 혜택을 누릴 수 있는 대상이 더 정확하게 표현되면 좋겠습니다. 단순히 A시에서 생활하는 사람이 아닌 A시에 주민으로 등록한 사람이라는 점이 명확하게 드러나야 한다고 생각합니다.
>
> 병 : 2024년도부터는 시민안전보험의 보장 항목이 기존의 8종에서 10종으로 확대되었습니다. 보장 항목을 안내하면서 새롭게 추가된 두 가지 항목인 개 물림 사고와 사회재난 사망사고를 포함하면 좋겠습니다.
>
> 정 : 시민안전보험의 보험 기간뿐만 아니라 청구 기간에 대한 정보도 필요합니다. 보험 기간 내에 발생한 사고에 대해서 사고 발생 시점을 기준으로 할 때 보험금을 언제까지 청구할 수 있는지에 대한 안내가 추가되면 좋을 것 같습니다.
>
> 무 : 보험금을 어디로 그리고 어떻게 청구할 수 있는지에 대한 구체적 정보도 부족합니다. 시민안전보험에 관심을 가진 시민이라면 연락처 정보만으로는 부족하다고 여길 것 같습니다. 안내문에 보험금 청구에 필요한 대표적인 서류들을 제시하면 어떨까요?
>
> 갑 : 좋은 의견을 개진해주셔서 감사합니다. 참고로 최근 민간기업과의 업무 협약을 통해 A시 누리집뿐만 아니라 코리아톡 앱을 통해서도 A시 시민안전보험에 관한 정보를 확인할 수 있게 되어 이 점 역시 이번에 안내할 계획입니다. 그럼 ㉠ 오늘 회의에서 논의된 내용을 반영하여 안내문을 수정하도록 하겠습니다. 감사합니다.

〈안 내〉

> 우리 모두의 안전은 2024년 A시 시민안전보험 가입으로!
> - 가입 대상 : A시 구성원 누구나
> - 보험 기간 : 2024. 1. 1.~2024. 12. 31.
> - 보장 항목 : 대중교통 이용 중 상해 · 후유장애 등 총 8종의 사고 보장
> - 청구 방법 : B보험사 통합상담센터로 문의
> - 참고 사항 : 자세한 관련 내용은 A시 누리집을 통해서도 확인 가능

① 가입 대상을 'A시에 주민으로 등록한 사람 누구나'로 수정한다.
② 보험 기간을 '2024. 1. 1.~2024. 12. 31. (보험 기간 내 사고 발생일로부터 3년 이내 보험금 청구 가능)'로 수정한다.
③ 보장 항목을 '대중교통 이용 중 상해 · 후유장애, 개 물림 사고, 사회재난 사망 사고 등 총 10종의 사고 보장'으로 수정한다.
④ 청구 방법을 '청구 절차 및 필요 서류는 B보험사 통합상담센터(Tel. 15×× - ××××)로 문의'로 수정한다.
⑤ 참고 사항을 '자세한 관련 내용은 A시 누리집 및 코리아톡 앱을 통해서도 확인 가능'으로 수정한다.

8. 다음 대화의 ㉠으로 적절한 것만을 〈보기〉에서 모두 고르면?

> 갑 : 최근 전동킥보드, 전동휠 등 개인형 이동장치 사고가 급증하고 있습니다. 도대체 무엇 때문에 이러한 현상이 나타나는 것일까요? 이에 대해 여러분은 어떤 의견을 가지고 있나요?
>
> 을 : 원동기 면허만 있으면 19세 미만 미성년자도 개인형 이동장치를 이용할 수 있습니다. 하지만 원동기 면허가 없는 사람들도 많이 이용하고 있습니다. 안전 의식이 부족한 이용자가 증가해 사고가 더 많이 발생하는 것이지요.
>
> 병 : 저는 개인형 이동장치의 경음기 부착 여부가 사고 발생 확률에 유의미한 영향을 미친다고 생각합니다. 현재 상당수의 개인형 이동장치는 경고음을 낼 수 있는 경음기가 부착되어 있지 않기 때문에 개인형 이동장치가 빠른 속도로 달려와도 주변에서 이를 인지하지 못하는 경우가 많습니다. 이것이 사고가 발생하는 주요한 원인이라고 생각합니다.
>
> 정 : 저는 개인형 이동장치를 이용할 수 있는 인프라가 부족하다는 점이 가장 큰 원인이라고 생각합니다. 개인형 이동장치 이용자들은 안전한 운행이 가능한 도로를 원하고 있으나, 그러한 개인형 이동장치 전용도로를 갖춘 지역은 드뭅니다. 이처럼 인프라 수요를 공급이 따라가지 못해 사고가 발생하는 것입니다.
>
> 갑 : 여러분 좋은 의견 제시해주셔서 감사합니다. 그렇다면 말씀하신 의견을 검증하기 위해 ㉠ 필요한 자료를 조사해 주세요.

〈보 기〉

> ㄱ. 미성년자 중 원동기 면허 취득 비율과 19세 이상 성인 중 원동기 면허 취득 비율
> ㄴ. 경음기가 부착된 개인형 이동장치 1대당 평균 사고 발생 건수와 경음기가 부착되지 않은 개인형 이동장치 1대당 평균 사고 발생 건수
> ㄷ. 개인형 이동장치 등록 대수가 가장 많은 지역의 개인형 이동장치 사고 발생 건수와 개인형 이동장치 등록 대수가 가장 적은 지역의 개인형 이동장치 사고 발생 건수

① ㄱ
② ㄴ
③ ㄱ, ㄷ
④ ㄴ, ㄷ
⑤ ㄱ, ㄴ, ㄷ

9. **다음 글의 (가)와 (나)에 들어갈 말을 적절하게 짝지은 것은?**

> 갑은 국민 개인의 삶의 질을 1부터 10까지의 수치로 평가하고 이 수치를 모두 더해 한 국가의 행복 정도를 정량화한다. 예를 들어, 삶의 질이 모두 5인 100명의 국민으로 구성된 국가의 행복 정도는 500이다.
>
> 갑은 이제 국가의 행복 정도가 클수록 더 행복한 국가라고 하면서 어느 국가가 더 행복한 국가인지까지도 서로 비교하고 평가할 수 있다고 주장한다. 하지만 갑의 주장은 받아들이기 어렵다. 행복한 국가라면 그 국가의 대다수 국민이 높은 삶의 질을 누리고 있다고 보는 것이 일반적인 직관인데, 이 직관과 충돌하는 결론이 나오기 때문이다. 예를 들어, A국과 B국의 행복 정도를 비교하는 다음의 경우를 생각해 보자. [(가)], B국에서 가장 높은 삶의 질을 지닌 국민이 A국에서 가장 낮은 삶의 질을 지닌 국민보다 삶의 질 수치가 낮다. 그러면 갑은 [(나)]. 그러나 이러한 결론에 동의할 사람은 거의 없을 것이다.

① (가) : A국의 행복 정도가 B국의 행복 정도보다 더 크지만
(나) : B국이 A국보다 더 행복한 국가라고 말해야 할 것이다
② (가) : A국의 행복 정도가 B국의 행복 정도보다 더 크지만
(나) : A국이 B국보다 더 행복한 국가라고 말해야 할 것이다
③ (가) : A국의 행복 정도와 B국의 행복 정도가 같지만
(나) : B국이 A국보다 더 행복한 국가라고 말해야 할 것이다
④ (가) : B국의 행복 정도가 A국의 행복 정도보다 더 크지만
(나) : B국이 A국보다 더 행복한 국가라고 말해야 할 것이다
⑤ (가) : B국의 행복 정도가 A국의 행복 정도보다 더 크지만
(나) : A국이 B국보다 더 행복한 국가라고 말해야 할 것이다

10. **다음 글의 (가)와 (나)에 들어갈 말을 〈보기〉에서 골라 적절하게 짝지은 것은?**

> 고대 철학자 A가 궁극적인 목적으로 삼았던 것은 행복한 삶이었다. 그런데 A가 가진 행복 개념은 현대인들이 가지고 있는 행복 개념과 다소 차이가 있다. 우리가 일상적으로 '행복'이라는 말을 사용할 때는 단순히 주관적 심리 상태를 지칭하는 경우가 많다. 하지만 A는 행복이 주관적 심리 상태만으로는 충분하지 않고, 그런 심리 상태를 뒷받침하는 객관적 조건이 반드시 갖추어져 있어야 한다고 생각했다. 요컨대, A가 사용한 행복 개념에 따르면, [(가)]. 그러나 A는 행복이 주관적 심리 상태만으로는 충분하지 않다고 하더라도, 주관적 심리 상태가 행복의 필수 조건임은 부정할 수 없다고 보았다. 따라서 A에게는 [(나)].

〈보 기〉

ㄱ. 자신이 행복하다고 느끼고 있으면서도 행복하지 않은 경우란 있을 수 없다
ㄴ. 자신이 행복하다고 느끼고 있으면서도 행복하지 않은 경우가 있을 수 있다
ㄷ. 자신이 행복하지 않다고 느끼고 있으면서도 행복한 경우란 있을 수 없다

	(가)	(나)
①	ㄱ	ㄴ
②	ㄱ	ㄷ
③	ㄴ	ㄱ
④	ㄴ	ㄷ
⑤	ㄷ	ㄴ

11. 다음 글에서 추론할 수 있는 것만을 〈보기〉에서 모두 고르면?

> 진수는 병원에서 급성 중이염을 진단받고, 항생제 투여 결과 이틀 만에 크게 호전되었다. 진수의 중이염 증상이 빠르게 호전된 것을 '항생제 투여 때문'이라고 답하는 것은 자연스러운 설명이다. 그런데 이것이 좋은 설명이 되려면, 그러한 증상의 치유에 항생제의 투여가 관련되어 있음을 보여 줄 필요가 있다.
>
> 확률의 차이는 이러한 관련성을 보여 주는 한 가지 방식이다. 예컨대 급성 중이염 증상에 대해 항생제 투여 없이 그대로 자연치유에 맡기는 경우, 그 증상이 치유될 확률이 20%라고 하자. 이를 기준으로 삼아서 항생제 투여가 급성 중이염의 치유에 대해 갖는 긍정적 효과와 부정적 효과를 구분할 수 있다. 가령 항생제 투여를 할 경우에 그 확률이 80%라면, 이는 항생제 투여가 급성 중이염의 치유에 긍정적 효과가 있음을 보여 주는 것이다. 거꾸로, 급성 중이염의 치유를 위해 개발 과정에 있는 신약을 투여했더니 그 확률이 10%라는 조사 결과가 있다면, 이는 신약 투여가 급성 중이염의 치유에 부정적 효과가 있음을 보여 주는 것이다. 물론 두 경우 모두, 급성 중이염의 치유에 투여된 약 이외의 다른 요인이 개입하지 않았다는 점이 보장되어야 한다.

〈보 기〉

ㄱ. 투여된 약이 증상의 치유에 어떠한 효과도 없다는 것을 보이기 위해서는, 약을 투여하더라도 증상이 치유될 확률에 변화가 없을 뿐 아니라 약의 투여 이외의 다른 요인이 개입되지 않았다는 것이 밝혀져야 한다.
ㄴ. 투여된 약이 증상의 치유에 긍정적인 효과가 있다는 것을 보이기 위해서는 증상이 치유될 확률이 약의 투여 이전보다 이후에 더 높아지는 것을 보이는 것으로 충분하다.
ㄷ. 약 투여 이외의 다른 요인이 개입되지 않았다고 전제할 경우에, 투여된 약이 증상의 치유에 긍정적인 효과가 없다는 것을 보이기 위해서는 증상이 치유될 확률이 약의 투여 이전보다 이후에 더 낮아지는 것을 보이는 것이 필요하다.

① ㄱ
② ㄴ
③ ㄱ, ㄷ
④ ㄴ, ㄷ
⑤ ㄱ, ㄴ, ㄷ

12. 다음 갑~정의 논쟁에 대한 분석으로 적절한 것만을 〈보기〉에서 모두 고르면?

> 갑 : 우리는 보통 인간이나 동물이 어떤 특성을 지니고 있어서 그에 부합하는 도덕적 지위를 갖는다고 생각한다. 의식이 바로 그런 특성이다. 나는 인공지능 로봇도 같은 방식으로 그 도덕적 지위를 결정해야 한다고 생각한다. 그래서 우리는 그런 로봇에게 의식이 있는지를 따져 봐야 할 것이다. 나는 인공지능 로봇이 의식을 갖는다고 생각한다.
>
> 을 : 도덕적 지위를 결정하는 기준에 대해서는 나도 갑과 생각이 같다. 하지만 나는 바로 그런 이유에서 인공지능 로봇에게 도덕적 지위를 부여할 수 없다고 생각한다. 로봇은 기계이므로 의식을 갖는 것이 가능하지 않기 때문이다.
>
> 병 : 나는 인공지능 로봇에게 의식이 있는지 없는지가 그것에게 도덕적 지위를 부여하느냐 마느냐를 결정하는 근거가 될 수 없다고 생각한다. 인공지능 로봇에게 의식이 있을 수도 있겠지만, 인간의 필요에 의해서 만든 도구적 존재에게 도덕적 지위를 부여하는 것은 말이 안 된다.
>
> 정 : 어떤 존재의 도덕적 지위는 우리가 그 존재와 어떤 관계를 맺고 있는지에 따라 결정된다. 우리가 로봇과 가족이나 친구와 같은 유의미한 관계를 맺고 있다면, 인공지능 로봇이 의식을 갖지 않는 경우라 해도, 로봇에게 도덕적 지위를 부여해야 한다.

〈보 기〉

ㄱ. 을과 정은 인공지능 로봇에게는 의식이 없다고 생각한다.
ㄴ. 인공지능 로봇에게 의식이 있어도 도덕적 지위를 부여할 수 없다고 생각하는 사람이 있다.
ㄷ. 인공지능 로봇에게 실제로 의식이 있다고 밝혀진다면, 네 명 중 한 명은 인공지능 로봇에게 도덕적 지위를 부여해야 하는가에 대한 입장을 바꿔야 한다.

① ㄱ
② ㄴ
③ ㄱ, ㄷ
④ ㄴ, ㄷ
⑤ ㄱ, ㄴ, ㄷ

13. **다음 글에서 추론할 수 있는 것만을 〈보기〉에서 모두 고르면?**

ㅇㅇ부는 올여름 폭염으로 국가적 전력 부족 사태가 예상됨에 따라 '공공기관 에너지 절약 세부 실천대책'을 발표하였다. 이에 따르면 공공기관은 냉방설비를 가동할 때 냉방 온도를 25℃ 이상으로 설정하여야 한다. 또한 14~17시에는 불필요한 전기 사용을 자제하여야 한다.

ㅇㅇ부는 추가적으로, 예비전력을 기준으로 전력수급 위기단계를 준비단계(500만 kW 미만 400만 kW 이상), 관심단계(400만 kW 미만 300만 kW 이상), 주의단계(300만 kW 미만 200만 kW 이상), 경계단계(200만 kW 미만 100만 kW 이상), 심각단계(100만 kW 미만) 순의 5단계로 설정하였다. 전력수급 상황에 따라 위기단계가 통보되면 공공기관은 아래 〈표〉에 따라 각 위기단계의 조치 사항을 이행하여야 한다. 이때의 조치 사항에는 그 전 위기단계까지의 조치 사항이 포함되어야 한다.

〈표〉 전력수급 위기단계별 조치 사항

위기단계	조치 사항
준비단계	실내조명과 승강기 사용 자제
관심단계	냉방 온도 28℃ 이상으로 조정
주의단계	냉방기 사용 중지, 실내조명 50% 이상 소등
경계단계	필수 기기를 제외한 모든 사무기기 전원 차단
심각단계	실내조명 완전 소등, 승강기 가동 중지

다만 장애인 승강기는 전력수급 위기단계와 관계없이 상시 가동하여야 한다. 또한 의료기관, 아동 및 노인 등 취약계층 보호시설은 냉방 온도 제한 예외 시설로서 자체적으로 냉방 온도를 설정하여 운영할 수 있다.

〈보 기〉

ㄱ. 예비전력이 50만 kW일 때 모든 공공기관은 실내조명을 완전 소등하여야 하며, 예비전력이 180만 kW일 때는 50% 이상 소등하여야 한다.

ㄴ. 취약계층 보호시설에 해당하지 않는 공공기관은 예비전력이 280만 kW일 때 냉방 온도를 24℃로 설정할 수 없으나, 예비전력이 750만 kW일 때는 설정할 수 있다.

ㄷ. 전력수급 위기단계가 심각단계일 때 취약계층 보호시설에 해당하는 공공기관은 장애인 승강기를 가동할 수 있으나 취약계층 보호시설에 해당하지 않는 공공기관은 장애인 승강기 가동을 중지하여야 한다.

① ㄱ
② ㄷ
③ ㄱ, ㄴ
④ ㄴ, ㄷ
⑤ ㄱ, ㄴ, ㄷ

14. **다음 글의 내용이 참일 때, 반드시 참인 것만을 〈보기〉에서 모두 고르면?**

갑은 〈공직 자세 교육과정〉, 〈리더십 교육과정〉, 〈글로벌 교육과정〉, 〈직무 교육과정〉, 〈전문성 교육과정〉의 다섯 개 과정으로 이루어진 공직자 교육 프로그램에 참여할 것을 고려하고 있다. 갑이 〈공직 자세 교육과정〉을 이수한다면 〈리더십 교육과정〉도 이수한다. 또한 갑이 〈글로벌 교육과정〉을 이수한다면 〈직무 교육과정〉과 〈전문성 교육과정〉도 모두 이수한다. 그런데 갑은 〈리더십 교육과정〉을 이수하지 않거나 〈전문성 교육과정〉을 이수하지 않는다.

〈보 기〉

ㄱ. 갑은 〈공직 자세 교육과정〉을 이수하지 않거나 〈글로벌 교육과정〉을 이수하지 않는다.

ㄴ. 갑이 〈직무 교육과정〉을 이수하지 않는다면 〈글로벌 교육과정〉도 이수하지 않는다.

ㄷ. 갑은 〈공직 자세 교육과정〉을 이수하지 않는다.

① ㄱ
② ㄷ
③ ㄱ, ㄴ
④ ㄴ, ㄷ
⑤ ㄱ, ㄴ, ㄷ

15. **다음 글에서 갑이 새롭게 입수한 '정보'로 적절한 것은?**

월요일부터 목요일까지 하루에 한 차례씩 시험 출제 회의가 열렸다. 회의에 참석한 시험위원들에 관한 자료를 정리하던 주무관 갑은 다음의 사실을 파악하였다.

- 월요일에 참석한 시험위원은 모두 수요일에도 참석했다.
- 화요일에 참석한 시험위원은 누구도 수요일에는 참석하지 않았다.
- 수요일에 참석한 시험위원 중 적어도 한 사람은 목요일에도 참석했다.

갑은 이 사실에 새롭게 입수한 '정보'를 더하여 "월요일에는 참석하지 않았지만 목요일에는 참석한 시험위원이 적어도 한 사람은 있다."라는 것을 알아내었다.

① 월요일에 참석하지 않은 시험위원이 적어도 한 사람은 있다.
② 화요일에 참석하지 않은 시험위원이 적어도 한 사람은 있다.
③ 수요일에 참석한 시험위원 중 적어도 한 사람은 목요일에 참석하지 않았다.
④ 목요일에는 참석하지 않았지만 월요일에는 참석한 시험위원이 적어도 한 사람은 있다.
⑤ 월요일에 참석한 시험위원 중에는 목요일에 참석한 시험위원은 없다.

16. 다음 글의 내용이 참일 때, 반드시 참인 것만을 〈보기〉에서 모두 고르면?

국제해양환경회의에 5명의 대표자가 참석하여 A, B, C, D 4개 정책을 두고 토론회를 열었다. 대표자들은 모두 각 정책에 대해 찬반 중 하나의 입장을 분명하게 표명했으며, 각자 하나 이상의 정책에 찬성하고 하나 이상의 정책에 반대한 것으로 드러났다. 그들의 입장을 정리한 결과는 다음과 같다.

- A에 찬성하는 대표자는 2명이다.
- A에 찬성하는 대표자는 모두 B에 찬성한다.
- B에 찬성하는 대표자 중에 C에 찬성하는 사람과 반대하는 사람은 동수이다.
- B와 D에 모두 찬성하는 대표자는 아무도 없다.
- D에 찬성하는 대표자는 2명이다.
- D에 찬성하는 대표자는 모두 C에 찬성한다.

〈보 기〉

ㄱ. 3개 정책에 반대하는 대표자가 있다.
ㄴ. B에 찬성하는 대표자는 2명이다.
ㄷ. C에 찬성하는 대표자가 가장 많다.

① ㄱ
② ㄴ
③ ㄱ, ㄷ
④ ㄴ, ㄷ
⑤ ㄱ, ㄴ, ㄷ

17. 다음 글에서 추론할 수 있는 것만을 〈보기〉에서 모두 고르면?

포유동물의 발생 과정에서 폐는 가장 늦게 그 기능을 발휘하는 기관 중 하나이다. 폐 내부의 폐포는 숨을 들이마시면 부풀어 오르는데 이때 폐포로 들어온 공기와 폐포를 둘러싸고 있는 모세혈관의 혈액 사이에 기체교환이 일어난다. 즉 공기 중의 산소를 혈액으로 전달하고 혈액에 있는 이산화탄소가 폐포 내에 있는 공기로 배출된다. 폐포가 정상적으로 기능을 발휘하려면 폐포가 접촉해도 서로 들러붙지 않도록 하는 충분한 양의 계면 활성제가 필요하다. 폐포 세포가 분비하는 이 계면 활성제는 임신 기간이 거의 끝날 때쯤, 즉 사람의 경우 임신 약 34주째쯤, 충분히 폐포에 분비되어 비로소 호흡할 수 있는 폐가 형성된다.

태아의 폐가 정상 기능을 하게 되면 곧이어 출산이 일어난다. 쥐 실험을 통해 호흡이 가능한 폐의 형성과 출산이 어떻게 연동되는지 확인되었다. 임신한 실험 쥐의 출산일이 다가오면, 쥐의 태아 폐포에서는 충분한 양의 계면 활성제가 분비되고 그중 일부가 양수액으로 이동하여 양수액에 있는 휴면 상태의 대식세포를 활성화시킨다. 활성화된 대식세포는 양수액에서 모태 쥐의 자궁 근육 안으로 이동하여, 자궁 근육 안에서 물질 A를 분비하게 한다. 물질 A는 비활성 상태의 효소 B에 작용하여 그것을 활성 상태로 바꾸고 활성화된 효소 B는 자궁 근육 안에서 물질 C가 만들어지게 하는데, 물질 C는 효소 B가 없으면 만들어지지 않는다. 이렇게 만들어진 물질 C가 일정 수준의 농도가 되면 자궁 근육을 수축하게 하여 쥐의 출산이 일어나게 하는데, 물질 C가 일정 수준의 농도에 이르지 않으면 자궁 근육의 수축이 일어나지 않는다.

〈보 기〉

ㄱ. 태아 시기 쥐의 폐포에서 물질 A가 충분히 발견되지 않는다면, 그 쥐의 폐는 정상적으로 기능을 발휘할 수 없다.
ㄴ. 임신 초기부터 효소 B가 모두 제거된 상태로 유지된 암쥐는 출산 시기가 되어도 자궁 근육의 수축이 일어나지 않는다.
ㄷ. 출산을 며칠 앞둔 암쥐의 자궁 근육에 물질 C를 주입하여 물질 C가 일정 수준의 농도에 이르게 되면 출산이 유도된다.

① ㄱ
② ㄴ
③ ㄱ, ㄷ
④ ㄴ, ㄷ
⑤ ㄱ, ㄴ, ㄷ

18. 다음 글에서 추론할 수 없는 것은?

물속에서 눈을 뜨면 물체를 뚜렷하게 볼 수 없다. 이는 공기에 대한 각막의 상대 굴절률이 물에 대한 각막의 상대 굴절률과 달라서 물속에서는 상이 망막에 선명하게 맺히기 힘들기 때문이다. 그런데 수경을 쓰면 빛이 공기에서 각막으로 굴절되어 망막에 들어오므로 상이 망막에 선명하게 맺혀서 물체를 뚜렷하게 볼 수 있다.

초기 형태의 수경은 덮개 형태의 두 부분으로 구성되어 있고 두 부분은 각각 오른쪽 눈과 왼쪽 눈을 덮고 있다. 한쪽 부분 안의 공기량이 약 7.5mL인 이 수경을 쓸 경우 3m 이상 잠수하면 결막 출혈이 생길 수 있다. 이런 현상은 다음과 같은 이유로 나타난다. 잠수를 하면 몸은 물의 압력인 수압을 받게 되는데, 수압은 잠수 깊이가 깊어질수록 커진다. 잠수 시 수압에 의해 신체가 압박되어 신체의 부피가 줄어들면서 체내 압력이 커져 수압과 같아지게 되는 반면, 수경 내부 공기의 부피는 변하지 않으므로 수경 내의 공기압인 수경 내압은 변하지 않는다. 이때 체내 압력이 수경 내압보다 일정 수준 이상 커지면 안구 안팎에 큰 압력 차이가 나타나 눈의 혈관이 압력차를 견디지 못하고 파열되어 결막 출혈이 일어난다. 초기 형태의 수경을 사용하던 해녀들은 깊이 잠수해 들어갈 때 흔히 이러한 결막 출혈을 경험하였다.

이러한 문제를 극복할 수 있도록 만들어진 수경 '부글래기'는 기존 수경에 공기가 담긴 고무주머니를 추가한 것인데 이 고무주머니는 수경 내부와 연결되어 있다. 이 수경은 잠수 시 수압에 의해 고무주머니가 압축되면, 고무주머니 내의 공기가 수압과 수경 내압이 같아질 때까지 수경 내로 이동하여 안구 안팎에 압력 차이가 나타나는 것을 막아 잠수 시 나타날 수 있는 결막 출혈을 방지한다. 우리나라에서는 모슬포 지역의 해녀들이 부글래기를 사용한 적이 있다.

오늘날 해녀들은 '큰눈' 또는 '왕눈'으로 불리는, 눈뿐만 아니라 코까지 덮는 수경을 사용한다. 이런 수경을 쓰면 잠수 시 수압에 의하여 폐가 압축되어 수압과 수경 내압이 같아질 때까지 폐의 공기가 기도와 비강을 거쳐 수경 내로 들어온다. 따라서 잠수 시 결막 출혈이 일어나지 않는다.

① 부글래기를 쓰고 잠수하면 빛이 공기에서 각막으로 굴절되어 망막에 들어와 물체를 뚜렷하게 볼 수 있다.
② 수경 내압은 큰눈을 쓰고 잠수했을 때보다 초기 형태의 수경을 쓰고 잠수했을 때가 더 크다.
③ 잠수 시 결막 출혈을 방지할 수 있는 수경이 모슬포 지역에서 사용된 적이 있다.
④ 왕눈을 쓰고 잠수하면 수경 내압과 체내 압력이 같아진다.
⑤ 체내 압력은 잠수하기 전보다 잠수했을 때가 더 크다.

19. 다음 글의 〈실험〉의 결과를 가장 잘 설명하는 것은?

소자 X는 전류가 흐르게 되면 빛을 발생시키는 반도체 소자로, p형 반도체와 n형 반도체가 접합된 구조를 가지고 있다. X에 전류가 흐르게 되면, p형 반도체 부분에 정공이 주입되고 n형 반도체 부분에 전자가 주입된다. 이때 p형 반도체와 n형 반도체의 접합 부분에서는 정공과 전자가 서로 만나 광자, 즉 빛이 발생한다. 그런데 X에 주입되는 모든 정공과 전자가 빛을 발생시키지는 않는다. 어떤 정공과 전자는 서로 만나지 못하기도 하고, 어떤 정공과 전자는 서로 만나더라도 빛을 발생시키지 못한다. 내부 양자효율은 주입된 정공-전자 쌍 중 광자로 변환된 것의 비율을 의미한다. 예를 들어, X에 정공-전자 100쌍이 주입되었을 때 이 소자 내부에서 60개의 광자가 발생하였다면, 내부 양자효율은 0.6으로 계산된다. 이는 X의 성능을 나타내는 중요한 지표 중 하나로, X의 불순물 함유율에 의해서만 결정되고, 불순물 함유율이 낮을수록 내부 양자효율은 높아진다.

X의 성능을 나타내는 또 하나의 지표로 외부 양자효율이 있다. 외부 양자효율은 X 내에서 발생한 광자가 X 외부로 방출되는 정도와 관련된 지표이다. X 내에서 발생한 광자가 X를 벗어나는 과정에서 일부는 반사되어 외부로 나가지 못한다. X 내에서 발생한 광자 중 X 외부로 벗어난 광자의 비율이 외부 양자효율로, 예를 들어 X 내에서 발생한 광자가 100개인데 40개의 광자만이 X 외부로 방출되었다면, 외부 양자효율은 0.4인 것이다. 외부 양자효율은 X의 굴절률에 의해서만 결정되며, 굴절률이 클수록 외부 양자효율은 낮아진다. 같은 개수의 정공-전자 쌍이 주입될 경우, X에서 방출되는 광자의 개수는 외부 양자효율과 내부 양자효율을 곱한 값이 클수록 많아진다.

한 연구자는 X의 세 종류 A, B, C에 대해 다음과 같은 실험을 수행하였다. A와 B의 굴절률은 서로 같았지만, 모두 C의 굴절률보다는 작았다.

〈실 험〉

같은 개수의 정공-전자 쌍이 주입되는 회로에 A, B, C를 각각 연결하고 방출되는 광자의 개수를 측정하였다. 실험 결과, 방출되는 광자의 개수는 A가 가장 많았고 B와 C는 같았다.

① 불순물 함유율은 B가 가장 높고, A가 가장 낮다.
② 불순물 함유율은 C가 가장 높고, A가 가장 낮다.
③ 내부 양자효율은 C가 가장 높고, A가 가장 낮다.
④ 내부 양자효율은 A가 B보다 높고, C가 B보다 높다.
⑤ 내부 양자효율은 C가 A보다 높고, C가 B보다 높다.

20. 다음 글의 논증에 대한 평가로 적절한 것만을 〈보기〉에서 모두 고르면?

사람의 특징 중 하나는 옷을 입는다는 것이다. 그렇다면 사람은 언제부터 옷을 입기 시작했을까? 사람이 옷을 입기 시작한 시점을 추정하기 위해 몇몇 생물학자들은 사람에 기생하는 이에 주목하였다. 사람을 숙주로 삼아 기생하는 이에는 두 종이 있는데, 하나는 옷에서 살아가며 사람 몸에서 피를 빨아 먹는 '사람 몸니'이고 다른 하나는 사람 두피에서 피를 빨아 먹으며 사는 '사람 머릿니'이다.

사람 몸니가 의복류에 적응한 것을 볼 때, 그것들은 아마 사람이 옷을 입기 시작했던 무렵에 사람 머릿니에서 진화적으로 분기되었을 것이다. 생물의 DNA 염기서열은 시간이 지나면서 조금씩 무작위적으로 변하는데 특정한 서식 환경에서 특정한 염기서열이 선택되면서 해당 서식 환경에 적응한 새로운 종이 생겨난다. 그러므로 현재 사람 몸니와 사람 머릿니의 염기서열의 차이를 이용하여 두 종의 이가 공통 조상에서 분기된 시점을 추정할 수 있다. 이를 위해 우선 두 종의 염기서열을 분석하여 두 종 간의 염기서열에 차이가 나는 비율을 산출한다. 그러나 이것만으로 두 종이 언제 분기되었는지 결정할 수는 없다.

사람 몸니와 사람 머릿니의 분기 시점을 추정하기 위해 침팬지의 털에서 사는 침팬지 이와 사람 머릿니를 이용할 수 있다. 우선 침팬지 이와 사람 머릿니의 염기서열을 비교하여 두 종 간의 염기서열에 차이가 나는 비율을 산출한다. 침팬지와 사람이 공통 조상에서 분기되면서 침팬지 이와 사람 머릿니도 공통 조상에서 분기되었다고 볼 수 있고, 화석학적 증거에 따르면 침팬지와 사람의 분기 시점이 약 550만 년 전이므로, 침팬지 이와 사람 머릿니 사이의 염기서열 차이는 550만 년 동안 누적된 변화로 볼 수 있다. 이로부터 1만 년당 이의 염기서열이 얼마나 변화하는지 계산할 수 있다. 이렇게 계산된 이의 염기서열의 변화율을 사람 머릿니와 사람 몸니의 염기서열의 차이에 적용하면, 사람이 옷을 입기 시작한 시점을 설득력 있게 추정할 수 있다. 연구 결과, 사람이 옷을 입기 시작한 시점은 약 12만 년 전 이후인 것으로 추정된다.

〈보 기〉

ㄱ. 염기서열의 변화가 일정한 속도로 축적되는 것이 사실이라면 이 논증은 강화된다.

ㄴ. 침팬지 이와 사람 머릿니의 염기서열의 차이가 사람 몸니와 사람 머릿니의 염기서열의 차이보다 작다면 이 논증은 약화된다.

ㄷ. 염기서열 비교를 통해 침팬지와 사람의 분기 시점이 침팬지 이와 사람 머릿니의 분기 시점보다 50만 년 뒤였음이 밝혀진다면, 이 논증은 약화된다.

① ㄴ

② ㄷ

③ ㄱ, ㄴ

④ ㄱ, ㄷ

⑤ ㄱ, ㄴ, ㄷ

※ 다음 글을 읽고 물음에 답하시오. [21~22]

공리주의에 따르면, 행복은 쾌락의 총량에서 고통의 총량을 뺀 값으로 수치화하여 나타낼 수 있고, 어떤 행위에 대한 도덕적 판단은 그 행위가 산출하는 행복의 증감에 의존하고, 더 큰 행복을 낳는 선택을 하는 것이 옳은 행위이다.

공리주의자 A는 한 개체로 인한 행복의 증감을 다른 개체로 인한 행복의 증감으로 대체할 수 있다는 대체가능성 논제를 받아들여, 육식이 도덕적으로 옳은 행위가 될 수 있다고 주장한다. 예를 들어, 닭고기를 먹는 일은 닭에게 죽음을 발생시키지만, 더 많은 닭의 탄생에도 기여한다. 태어나는 닭의 수를 고려하면 육식을 위한 도축은 거기 연루된 고통까지 고려하더라도 닭 전체의 행복의 총량을 증진한다. 왜냐하면 한 동물이 일생 동안 누릴 쾌락의 총량은 고통의 총량보다 크기 때문이다.

공리주의자 B는 A의 주장이 틀렸다고 비판한다. A가 받아들이는 대체가능성 논제가 존재하지 않는 대상의 고통과 쾌락을 도덕적 판단의 근거로 삼기 때문이다.

이에 A는 두 여인의 임신에 관한 다음의 사고실험을 토대로 B의 주장을 반박한다. 갑은 임신 3개월 때 의사로부터 태아에게 심각하지만 쉽게 치유 가능한 건강 문제가 있다는 진단을 받았다. 갑이 부작용 없는 약 하나만 먹으면 아이의 건강 문제는 사라진다. 을은 의사로부터 만일 지금 임신하면 아이가 심각한 건강 문제를 갖게 되지만, 3개월 후에 임신하면 아무런 문제가 없을 것이라는 진단을 받았다. 이 상황에서 갑은 약을 먹지 않아서, 을은 기다리지 않고 임신해서 둘 다 심각한 건강 문제를 가진 아이를 낳았다고 하자. B의 주장에 따르면 둘 사이에는 중요한 차이가 있다. 갑의 경우에는 태어난 아이에게 해악을 끼쳤다고 할 수 있는 반면, 을의 경우는 그렇지 않다. 을이 태어난 아이에게 해악을 끼쳤다고 평가하려면 그 아이가 건강하게 태어날 수도 있었다는 전제가 필요한데, 만일 을이 3개월을 기다려 임신했다면 그 아이가 아닌 다른 아이가 잉태되었을 것이기 때문이다. 그러나 A에 따르면, 갑과 마찬가지로 을도 도덕적 잘못을 저질렀다는 것이 일반적인 직관이므로 이에 반하는 B의 주장은 수용하기 어렵다.

A는 B의 주장을 수용하기 어려운 이유를 미래세대에 대한 도덕적 책임 문제에서도 찾을 수 있다고 말한다. 만일 현세대가 지금과 같은 삶의 방식을 고수한다면, 온난화가 가속되어 지구 환경은 나빠질 것이다. 그 결과 미래세대의 고통이 증가되었다면 현세대는 이에 대한 도덕적 책임이 있다는 것이 일반적인 직관이다. 그러나 B의 주장에 따르면 그렇게 평가할 수 없다. 왜냐하면 현세대가 미래세대를 고려하여 기존과 다른 삶의 방식을 취하게 되면, 현세대가 기존 방식을 고수했을 때와는 다른 구성원으로 이루어진 미래세대가 생겨나기 때문이다. 그래서 을이 태어난 아이에게 잘못을 저질렀다고 말할 수 없는 것과 마찬가지로, 현세대도 미래세대가 겪는 고통에 대해 도덕적 책임이 없다고 말해야 한다. 그러나 A가 보기에 ㉠ 이는 수용하기 어렵다.

21. 윗글에 대한 분석으로 적절한 것만을 〈보기〉에서 모두 고르면?

〈보 기〉

ㄱ. A의 주장에 따르면, 을의 행위는 도덕적으로 옳은 행위가 아니다.
ㄴ. 갑의 행위에 대한 B의 도덕적 평가는 대체가능성 논제의 수용 여부에 따라 달라지지 않는다.
ㄷ. B의 주장에 따르면, 을의 행위에 대한 도덕적 평가를 할 때 잉태되지 않은 존재의 쾌락이나 고통을 고려해서는 안 된다.

① ㄱ
② ㄷ
③ ㄱ, ㄴ
④ ㄴ, ㄷ
⑤ ㄱ, ㄴ, ㄷ

22. 윗글의 ㉠에 대한 평가로 적절한 것만을 〈보기〉에서 모두 고르면?

〈보 기〉

ㄱ. 미래세대 구성원이 달라질 경우 미래세대가 누릴 행복의 총량이 변한다면, ㉠은 약화되지 않는다.
ㄴ. 아직 현실에 존재하지 않는다는 이유로 미래세대를 도덕적 고려에서 배제하는 것이 불합리하다면, ㉠은 약화된다.
ㄷ. 일반적인 직관에 반하는 결론이 도출된다고 해도 그러한 직관이 옳은지의 여부가 별도로 평가되어야 한다면, ㉠은 약화된다.

① ㄱ
② ㄴ
③ ㄱ, ㄷ
④ ㄴ, ㄷ
⑤ ㄱ, ㄴ, ㄷ

23. 다음 글의 〈표〉에 대한 판단으로 적절한 것만을 〈보기〉에서 모두 고르면?

주무관 갑은 국민이 '적극행정 국민신청'을 하는 경우, '적극행정 국민신청제'의 두 기준을 충족하는지 검토한다. 이때 두 기준을 모두 충족한 신청안에만 적극행정 담당자를 배정하고, 두 기준 중 하나라도 충족하지 못한 신청안은 반려한다.

우선 신청안에 대해 '신청인이 같은 내용으로 민원이나 국민제안을 제출한 적이 있는지 여부'를 기준으로 하여 '제출한 적 있음'과 '제출한 적 없음'을 판단한다. 그리고 '신청인이 이전에 제출한 민원의 거부 또는 국민제안의 불채택 사유가 근거 법령의 미비나 불명확에 해당하는지 여부'를 기준으로 '해당함'과 '해당하지 않음'을 판단한다. 각각의 기준에서 '제출한 적 있음'과 '해당함'을 충족하는 신청안에만 적극행정 담당자가 배정된다.

최근에 접수된 안건 (가)는 신청인이 같은 내용의 민원을 제출한 적이 있으나, 근거 법령의 미비나 불명확 때문이 아니라 민원의 내용이 사인(私人) 간의 권리관계에 관한 것이어서 거부되었다. (나)는 신청인이 같은 내용의 국민제안을 제출한 적이 있으나, 근거 법령이 불명확하다는 이유로 불채택되었다. (다)는 신청인이 같은 내용으로 민원을 제출한 적이 있으나 근거 법령의 미비를 이유로 거부되었다. (라)는 신청인이 같은 내용으로 민원이나 국민제안을 제출한 적이 없었다.

접수된 안건 (가)~(라)에 대해 두 기준 및 그것의 충족 여부를 위의 내용을 바탕으로 다음과 같은 형식의 〈표〉로 나타내었다.

〈표〉 적극행정 국민신청안 처리 현황

기준 \ 안건	(가)	(나)	(다)	(라)
A	㉠	㉡	㉢	㉣
B	㉤	㉥	㉦	㉧

〈보 기〉

ㄱ. A에 '신청인이 같은 내용의 민원이나 국민제안을 제출한 적이 있는지 여부'가 들어가면 ㉠과 ㉡이 같다.
ㄴ. ㉠과 ㉢이 서로 다르다면, B에 '신청인이 이전에 제출한 민원의 거부 또는 국민제안의 불채택 사유가 근거 법령의 미비나 불명확에 해당하는지 여부'가 들어간다.
ㄷ. ㉤과 ㉥이 같다면 ㉦과 ㉧이 같다.

① ㄱ
② ㄴ
③ ㄱ, ㄷ
④ ㄴ, ㄷ
⑤ ㄱ, ㄴ, ㄷ

24. 다음 대화의 빈칸에 들어갈 말로 가장 적절한 것은?

갑 : 안녕하세요. 저는 A도의회 사무처에 근무하는 ○○○입니다. 「재난안전법」 제25조의2 제5항에 따라, 재난 상황에 대비하여 기능연속성계획을 수립해야 한다는 말씀을 듣고 문의드립니다. A도의회도 기능연속성계획을 수립해야 하는지, 만일 수립해야 한다면 그 업무는 A도의회 의장의 업무인지 궁금합니다.

을 : 「재난안전법」상 기능연속성계획을 수립하도록 규정된 기관에는 재난관리책임기관인 중앙행정기관 · 지방자치단체, 그리고 국회 · 법원 · 헌법재판소 · 중앙선거관리위원회가 있습니다. 재난관리책임기관에서는 해당 기관의 장인 장관이나 시 · 도지사가, 국회 · 법원 · 헌법재판소 · 중앙선거관리위원회에서는 해당 기관의 행정사무를 처리하는 조직의 장이 기능연속성계획을 수립해야 합니다.

갑 : 그러면 도의회는 성격상 유사한 의결기관인 국회의 경우에 준하여 도의회 사무처장이 기능연속성계획을 수립하면 될까요?

을 : 도의회가 국회와 같은 의결기관이기는 하지만 국회에 준하여 판단해서는 안 됩니다. 「재난안전법」은 재난관리책임기관을 제3조 제5호의 각 목에서 규정하고 있습니다. 가목에서는 중앙행정기관 및 지방자치단체를, 그리고 나목에서는 지방행정기관 · 공공기관 · 공공단체 및 재난관리의 대상이 되는 중요 시설의 관리기관 등으로서 대통령령으로 정하는 기관을 규정하고 있습니다. 그리고 「지방자치법」 제37조에 따르면 "지방자치단체에 주민의 대의기관인 의회를 둔다."라고 규정하여 도의회는 지방자치단체의 기관이기 때문에 도의회는 그 자체로 「재난안전법」에 명시된 재난관리책임기관이 아닙니다.

갑 : 그렇다면 도의회에 관한 기능연속성계획은 수립되지 않아도 되는 것인가요?

을 : 재난 발생 상황에서도 도의회가 연속성 있게 수행할 필요가 있는 핵심 기능이 있다고 판단되는지가 관건이겠습니다. 「재난안전법」상 그것을 판단할 권한은 해당 지방자치단체의 장에게 있습니다.

갑 : 예, 그러면 [　　　　　　　　　　].

① 재난 상황이 발생하면 A도의회의 핵심 기능 유지를 위해 A도지사의 판단을 거쳐 신속하게 기능연속성계획을 수립해야 하겠군요

② A도의회는 재난 발생 시에도 수행해야 할 핵심 기능이 있기에 자체적으로 기능연속성계획을 수립해야 하겠군요

③ A도의회는 재난관리책임기관이므로 A도의회 의장이 재난에 대비한 기능연속성계획을 수립해야 하겠군요

④ A도의회는 국회 같은 차원의 의결기능을 갖고 있지 않으므로 기능연속성계획을 수립할 일이 없겠군요

⑤ A도의회에 관한 기능연속성계획이 수립되어야 하는지 여부는 A도지사의 판단에 따라 결정되겠군요

25. 다음 글의 ㉠의 내용으로 적절한 것만을 〈보기〉에서 모두 고르면?

A시에 주민등록을 두고 거주하는 갑은 B시 관내에 있는 고등학교에, B시에 주민등록을 두고 거주하는 을은 A시 관내에 있는 고등학교에 신입생으로 입학하게 되었다. 갑과 을이 입학할 예정인 고등학교는 모두 교복을 입는 학교이다. 갑과 을은 A시와 B시에서 교복 구입비 지원사업을 시행하는 것을 확인하고, 교복 구입비 지원을 받을 수 있을 것으로 기대하였다. 그러나 확인 결과, 둘 중 한 명은 A시와 B시 어느 곳에서도 교복 구입비 지원을 받을 수 없다는 문제가 드러났다. A시와 B시는 ㉠ 이 학생의 문제를 해결하기 위해 조례의 일부를 개정하려 한다.

「A시 교복 지원 조례」

제2조(정의) 이 조례에서 사용하는 용어의 뜻은 다음과 같다.

1. "학교"란 「초 · 중등교육법」 제2조에 따른 학교 중 A시 관내 중 · 고등학교를 말한다.

제4조(지원대상) 교복 구입비 지원 대상은 다음 각 호의 어느 하나에 해당하는 사람으로 한다.

1. 교복을 입는 학교에 신입생으로 입학하는 1학년 학생
2. 다른 시 · 도 또는 국외에서 제1호의 학교로 전입학하거나 편입학한 학생

「B시 교복 지원 조례」

제2조(정의) 이 조례에서 사용하는 용어의 정의는 다음과 같다.

1. "학교"란 「초 · 중등교육법」 제2조 규정에 해당하는 학교를 말한다.

제4조(지원대상) ① 교복 구입비 지원 대상은 B시에 주민등록이 되어 있고, 중 · 고등학교에 입학하는 학생을 대상으로 한다.

② 제1항에 따른 입학생은 당해년도 신입생으로 한다.

〈보 기〉

ㄱ. 「A시 교복 지원 조례」 제2조 제1호의 '학교 중 A시 관내 중 · 고등학교'를 '학교'로, 제4조 제1호의 '교복을 입는 학교에 신입생으로 입학하는 1학년 학생'을 'A시에 주민등록이 되어 있고, 교복을 입는 A시 관내 학교에 입학하는 신입생'으로 개정한다.

ㄴ. 「A시 교복 지원 조례」 제4조 제1호의 '교복을 입는 학교에 신입생으로 입학하는 1학년 학생'을 'A시에 주민등록이 되어 있고, 교복을 입는 학교에 신입생으로 입학하는 1학년 학생'으로 개정한다.

ㄷ. 「B시 교복 지원 조례」 제4조 제1항의 'B시에 주민등록이 되어 있고, 중 · 고등학교에 입학하는 학생'을 'B시 관내 중 · 고등학교에 입학하는 학생'으로 개정한다.

① ㄱ　　② ㄷ
③ ㄱ, ㄴ　　④ ㄴ, ㄷ
⑤ ㄱ, ㄴ, ㄷ

1. 다음 글을 근거로 판단할 때 옳은 것은?

제00조(정의) 이 법에서 사용하는 용어의 정의는 다음과 같다.
1. “천문업무”란 우주에 대한 관측업무와 그에 따른 부대업무를 말한다.
2. “천문역법”이란 천체운행의 계산을 통하여 산출되는 날짜와 천체의 출몰시각 등을 정하는 방법을 말한다.
3. “윤초”란 지구자전속도의 불규칙성으로 인하여 발생하는 세계시와 세계협정시의 차이가 1초 이내로 되도록 보정하여 주는 것을 말한다.
4. “그레고리력”이란 1년의 길이를 365.2425일로 정하는 역법 체계로서 윤년을 포함하는 양력을 말한다.
5. “윤년”이란 그레고리력에서 여분의 하루인 2월 29일을 추가하여 1년 동안 날짜의 수가 366일이 되는 해를 말한다.
6. “월력요항”이란 관공서의 공휴일, 기념일, 24절기 등의 자료를 표기한 것으로 달력 제작의 기준이 되는 자료를 말한다.

제00조(천문역법) ① 천문역법을 통하여 계산되는 날짜는 양력인 그레고리력을 기준으로 하되, 음력을 병행하여 사용할 수 있다.
② 과학기술정보통신부장관은 천문역법의 원활한 관리를 위하여 윤초의 결정을 관장하는 국제기구가 결정 · 통보한 윤초를 언론매체나 과학기술정보통신부 인터넷 홈페이지 등을 통하여 지체 없이 발표하여야 한다.
③ 과학기술정보통신부장관은 한국천문연구원으로부터 필요한 자료를 제출받아 매년 6월 말까지 다음 연도의 월력요항을 작성하여 관보에 게재하여야 한다.

① 그레고리력은 윤년을 제외하는 양력을 말한다.
② 달력 제작의 기준이 되는 자료인 월력요항에는 24절기가 표기된다.
③ 과학기술정보통신부장관은 세계시와 세계협정시를 고려하여 윤초를 결정한다.
④ 천문역법을 통해 계산되는 날짜는 음력을 사용할 수 없고, 양력인 그레고리력을 기준으로 한다.
⑤ 과학기술정보통신부장관은 한국천문연구원으로부터 자료를 제출받아 매년 6월 말까지 그해의 월력요항을 작성하여 관보에 게재하여야 한다.

2. 다음 글을 근거로 판단할 때 옳은 것은?

제00조(법 적용의 기준) ① 새로운 법령등은 법령등에 특별한 규정이 있는 경우를 제외하고는 그 법령등의 효력 발생 전에 완성되거나 종결된 사실관계 또는 법률관계에 대해서는 적용되지 아니한다.
② 당사자의 신청에 따른 처분은 법령등에 특별한 규정이 있거나 처분 당시의 법령등을 적용하기 곤란한 특별한 사정이 있는 경우를 제외하고는 처분 당시의 법령등에 따른다.

제00조(처분의 효력) 처분은 권한이 있는 기관이 취소 또는 철회하거나 기간의 경과 등으로 소멸되기 전까지는 유효한 것으로 통용된다. 다만, 무효인 처분은 처음부터 그 효력이 발생하지 아니한다.

제00조(위법 또는 부당한 처분의 취소) ① 행정청은 위법 또는 부당한 처분의 전부나 일부를 소급하여 취소할 수 있다. 다만, 당사자의 신뢰를 보호할 가치가 있는 등 정당한 사유가 있는 경우에는 장래를 향하여 취소할 수 있다.
② 행정청은 제1항에 따라 당사자에게 권리나 이익을 부여하는 처분을 취소하려는 경우에는 취소로 인하여 당사자가 입게 될 불이익을 취소로 달성되는 공익과 비교 · 형량(衡量)하여야 한다. 다만, 다음 각 호의 어느 하나에 해당하는 경우에는 그러하지 아니하다.
1. 거짓이나 그 밖의 부정한 방법으로 처분을 받은 경우
2. 당사자가 처분의 위법성을 알고 있었거나 중대한 과실로 알지 못한 경우

① 새로운 법령등은 법령등에 특별한 규정이 있는 경우에는 그 법령등의 효력 발생 전에 종결된 법률관계에 대해 적용될 수 있다.
② 무효인 처분의 경우 그 처분의 효력이 소멸되기 전까지는 유효한 것으로 통용된다.
③ 행정청은 부당한 처분의 일부는 소급하여 취소할 수 있으나 전부를 소급하여 취소할 수는 없다.
④ 당사자의 신청에 따른 처분은 처분 당시의 법령등을 적용하기 곤란한 특별한 사정이 있는 경우에도 처분 당시의 법령등에 따른다.
⑤ 당사자가 부정한 방법으로 자신에게 이익이 부여되는 처분을 받아 행정청이 그 처분을 취소하고자 하는 경우, 취소로 인해 당사자가 입게 될 불이익과 취소로 달성되는 공익을 비교 · 형량하여야 한다.

3. **다음 글을 근거로 판단할 때 옳은 것은?**

> 제00조(조직 등) ① 자율방범대에는 대장, 부대장, 총무 및 대원을 둔다.
> ② 경찰서장은 자율방범대장이 추천한 사람을 자율방범대원으로 위촉할 수 있다.
> ③ 경찰서장은 자율방범대원이 이 법을 위반하여 파출소장이 해촉을 요청한 경우에는 해당 자율방범대원을 해촉해야 한다.
> 제00조(자율방범활동 등) ① 자율방범대는 다음 각 호의 활동(이하 '자율방범활동'이라 한다)을 한다.
> 1. 범죄예방을 위한 순찰 및 범죄의 신고, 청소년 선도 및 보호
> 2. 시 · 도경찰청장, 경찰서장, 파출소장이 지역사회의 안전을 위해 요청하는 활동
>
> ② 자율방범대원은 자율방범활동을 하는 때에는 자율방범활동 중임을 표시하는 복장을 착용하고 자율방범대원의 신분을 증명하는 신분증을 소지해야 한다.
> ③ 자율방범대원은 경찰과 유사한 복장을 착용해서는 안 되며, 경찰과 유사한 도장이나 표지 등을 한 차량을 운전해서는 안 된다.
> 제00조(금지의무) ① 자율방범대원은 자율방범대의 명칭을 사용하여 다음 각 호의 어느 하나에 해당하는 행위를 해서는 안 된다.
> 1. 기부금품을 모집하는 행위
> 2. 영리목적으로 자율방범대의 명의를 사용하는 행위
> 3. 특정 정당 또는 특정인의 선거운동을 하는 행위
>
> ② 제1항 제3호를 위반한 자에 대해서는 3년 이하의 징역 또는 600만 원 이하의 벌금에 처한다.

① 파출소장은 자율방범대장이 추천한 사람을 자율방범대원으로 위촉할 수 있다.

② 자율방범대원이 범죄예방을 위한 순찰을 하는 경우, 경찰과 유사한 복장을 착용할 수 있다.

③ 자율방범대원이 영리목적으로 자율방범대의 명의를 사용한 경우, 3년 이하의 징역에 처한다.

④ 자율방범대원이 청소년 선도활동을 하는 경우, 자율방범활동 중임을 표시하는 복장을 착용하면 자율방범대원의 신분을 증명하는 신분증을 소지하지 않아도 된다.

⑤ 자율방범대원이 자율방범대의 명칭을 사용하여 기부금품을 모집했고 이를 이유로 파출소장이 그의 해촉을 요청한 경우, 경찰서장은 해당 자율방범대원을 해촉해야 한다.

4. **다음 글과 〈상황〉을 근거로 판단할 때 옳은 것은?**

> 제○○조(허가신청) ① 대기관리권역에서 총량관리대상 오염물질을 배출량 기준을 초과하여 배출하는 사업장을 설치하거나 이에 해당하는 사업장으로 변경하려는 자는 환경부장관으로부터 사업장 설치의 허가를 받아야 한다. 허가받은 사항을 변경하는 경우에도 같다.
> ② 제1항의 허가 또는 변경허가를 받으려는 자는 사업장의 설치 또는 변경의 허가신청서를 환경부장관에게 제출하여야 한다.
> 제□□조(허가제한) 환경부장관은 제○○조 제1항에 따른 설치 또는 변경의 허가신청을 받은 경우, 그 사업장의 설치 또는 변경으로 인하여 지역배출허용총량의 범위를 초과하게 되면 이를 허가하여서는 아니 된다.
> 제△△조(허가취소 등) ① 사업자가 거짓이나 그 밖의 부정한 방법으로 제○○조 제1항에 따른 허가 또는 변경허가를 받은 경우, 환경부장관은 그 허가 또는 변경허가를 취소할 수 있다.
> ② 환경부장관은 다음 각 호의 자에 대하여 해당 사업장의 폐쇄를 명할 수 있다.
> 1. 거짓이나 그 밖의 부정한 방법으로 제○○조 제1항에 따른 허가 또는 변경허가를 받은 자
> 2. 제○○조 제1항에 따른 허가 또는 변경허가를 받지 아니하고 사업장을 설치 · 운영하는 자
>
> 제◇◇조(벌칙) 다음 각 호의 어느 하나에 해당하는 자는 7년 이하의 징역 또는 2억 원 이하의 벌금에 처한다.
> 1. 제○○조 제1항에 따른 허가 또는 변경허가를 받지 아니하고 사업장을 설치하거나 변경한 자
> 2. 제△△조 제2항에 따른 사업장폐쇄명령을 위반한 자

〈상 황〉

> 甲~戊는 대기관리권역에서 총량관리대상 오염물질을 배출량 기준을 초과하여 배출하는 사업장을 설치하려 한다.

① 甲이 사업장 설치의 허가를 받은 경우, 이후 허가받은 사항을 변경하는 때에는 별도의 허가가 필요없다.

② 乙이 허가를 받지 않고 사업장을 설치한 경우, 7년의 징역과 2억 원의 벌금에 처한다.

③ 丙이 허가를 받지 않고 사업장을 설치 · 운영한 경우, 환경부장관은 해당 사업장의 폐쇄를 명할 수 있다.

④ 丁이 사업장 설치의 허가를 신청한 경우, 그 설치로 인해 지역배출허용총량의 범위를 초과하더라도 환경부장관은 이를 허가할 수 있다.

⑤ 戊가 사업장 설치의 허가를 부정한 방법으로 받은 경우에도 환경부장관은 그 허가를 취소할 수 없다.

5. **다음 글을 근거로 판단할 때 옳은 것은?**

> 두부의 주재료는 대두(大豆)라는 콩이다. 50여 년 전만 해도, 모내기가 끝나는 5월쯤 대두의 씨앗을 심어 벼 베기가 끝나는 10월쯤 수확했다. 두부를 만들기 위해서 먼저 콩을 물에 불리는데, 겨울이면 하루 종일, 여름이면 반나절 정도 물에 담가둬야 한다. 콩을 적당히 불린 후 맷돌로 콩을 간다. 물을 조금씩 부어가며 콩을 갈면 맷돌 가운데에서 하얀색의 콩비지가 거품처럼 새어 나온다. 이 콩비지를 솥에 넣고 약한 불로 끓인다. 맷돌에서 막 갈려 나온 콩비지에서는 식물성 단백질에서 나는 묘한 비린내가 나는데, 익히면 이 비린내는 없어진다. 함지박 안에 삼베나 무명으로 만든 주머니를 펼쳐 놓고, 끓인 콩비지를 주머니에 담는다. 콩비지가 다 식기 전에 주머니의 입을 양쪽으로 묶고 그 사이에 나무 막대를 꽂아 돌리면서 마치 탕약 짜듯이 콩물을 빼낸다. 이 콩물을 두유라고 한다. 콩에 함유된 단백질은 두유에 녹아 있다.
>
> 두부는 두유를 응고시킨 음식이다. 두유의 응고를 위해 응고제가 필요한데, 예전에는 응고제로 간수를 사용했다. 간수의 주성분은 염화마그네슘이다. 두유에 함유된 식물성 단백질은 염화마그네슘을 만나면 응고된다. 두유에 간수를 넣고 잠시 기다리면 응고된 하얀 덩어리와 물로 분리된다. 하얀 덩어리는 주머니에 옮겨 담는다. 응고가 아직 다 되지 않았기 때문에 덩어리를 싼 주머니에서는 물이 흘러나온다. 함지박 위에 널빤지를 올리고 그 위에 입을 단단히 묶은 주머니를 올려놓는다. 또 다른 널빤지를 주머니 위에 얹고 무거운 돌을 올려놓는다. 이렇게 한참을 누르고 있으면 주머니에서 물이 빠져나오고 덩어리는 굳어져 두부의 모양을 갖추게 된다.

① 50여 년 전에는 5월쯤 그해 수확한 대두로 두부를 만들 수 있었다.
② 콩비지를 염화마그네슘으로 응고시키면 두부와 두유가 나온다.
③ 익힌 콩비지에서는 식물성 단백질로 인해서 비린내가 난다.
④ 간수는 두유에 함유된 식물성 단백질을 응고시키는 성질이 있다.
⑤ 여름에 두부를 만들기 위해서는 콩을 하루 종일 물에 담가둬야 한다.

6. **다음 글을 근거로 판단할 때, 처방에 따라 아기에게 더 먹여야 하는 해열시럽의 양은?**

> 아기가 열이 나서 부모는 처방에 따라 해열시럽 4mL를 먹여야 하는데, 아기가 약 먹기를 거부했다. 부모는 꾀를 내어 배즙 4mL와 해열시럽 4mL를 균일하게 섞어 주었지만 아기는 맛이 이상했는지 4분의 1만 먹었다. 부모는 아기가 남긴 것 전부와 사과즙 50mL를 다시 균일하게 섞어 주었다. 아기는 그 절반을 먹더니 더 이상 먹지 않았다.

① 1.5mL ② 1.6mL
③ 2.0mL ④ 2.4mL
⑤ 2.5mL

7. **다음 글을 근거로 판단할 때, 甲주무관이 이용할 주차장은?**

> • 甲주무관은 출장 중 총 11시간(09:00~20:00) 동안 요금이 가장 저렴한 주차장 한 곳을 이용하고자 한다.
> • 甲주무관의 자동차는 중형차이며, 3종 저공해차량이다.
> • 주차요금은 기본요금과 추가요금을 합산하여 산정하고, 할인 대상인 경우 주차요금에 대하여 할인이 적용된다.
> • 일 주차권이 있는 주차장의 경우, 甲은 주차요금과 일 주차권 중 더 저렴한 것을 선택한다.
> • 주차장별 요금에 대한 정보는 아래와 같다.

구분	기본요금 (최초 1시간)	추가요금(이후 30분마다)	비고
A주차장	2,000원	1,000원	–
B주차장	3,000원	1,500원	– 경차 전용 주차장 – 저공해차량 30% 할인
C주차장	3,000원	1,750원	– 경차 50% 할인 – 일 주차권 20,000원 (당일 00:00~24:00 이용 가능)
D주차장	5,000원	700원	–
E주차장	5,000원	1,000원	– 경차, 저공해차량(1, 2종) 50% 할인 – 저공해차량(3종) 20% 할인 – 18:00~익일 07:00 무료

① A주차장 ② B주차장
③ C주차장 ④ D주차장
⑤ E주차장

8. 다음 글과 〈상황〉을 근거로 판단할 때, 2023년 현재 甲~戊 중 청년자산형성적금에 가입할 수 있는 사람은?

A국은 청년의 자산형성을 돕기 위해 비과세 혜택을 부여하는 청년자산형성적금을 운영하고 있다.

청년자산형성적금은 가입일이 속한 연도를 기준으로 직전과세년도의 근로소득과 사업소득의 합이 5,000만 원 이하인 청년이 가입할 수 있다. 단, 직전과세년도에 근로소득과 사업소득이 모두 없는 사람과 직전 2개년도 중 한 번이라도 금융소득 종합과세 대상자였던 사람은 가입할 수 없다.

청년은 19~34세인 사람을 의미한다. 단, 군복무기간은 나이를 계산할 때 포함하지 않는다. 예를 들어, 3년간 군복무를 한 36세인 사람은 군복무기간 3년을 제외하면 33세이므로 청년에 해당한다.

〈상 황〉

이름	나이	직전과세년도 소득		최근 금융소득 종합과세 해당년도	군복무 기간
		근로소득	사업소득		
甲	20세	0원	0원	없음	없음
乙	36세	0원	5,000만 원	없음	없음
丙	29세	3,500만 원	1,000만 원	2022년	2년
丁	35세	4,500만 원	0원	2020년	2년
戊	27세	4,000만 원	1,500만 원	2021년	없음

① 甲
② 乙
③ 丙
④ 丁
⑤ 戊

※ 다음 글을 읽고 물음에 답하시오. [9~10]

향수를 만드는 데 사용되는 향료는 천연향료와 합성향료로 나눌 수 있다. 천연향료에는 꽃, 잎, 열매 등의 원료에서 추출한 식물성 향료와 사향, 용연향 등의 동물성 향료가 있다. 합성향료는 채취하기 어렵거나 소량 생산되는 천연향료의 성분을 화학적으로 합성한 것이다. 오늘날 향수의 대부분은 천연향료와 합성향료를 배합하여 만들어진다.

천연향료는 다양한 방법을 통해 얻을 수 있는데, 다음 3가지 방법이 대표적이다. 첫째, 가장 널리 쓰이는 방법은 수증기 증류법이다. 이는 향수 원료에 수증기를 통과시켜서 농축된 향의 원액인 향유를 추출하는 방법이다. 이 방법은 원료를 고온으로 처리하기 때문에 열에 약한 성분이 파괴된다는 단점이 있으나, 한꺼번에 많은 양을 값싸게 얻을 수 있다는 장점이 있다. 둘째, 압착법은 과일 껍질 등과 같은 원료를 압착해서 향유를 얻는 방법이다. 열에 비교적 강하며 물에 잘 녹지 않는 향료에는 수증기 증류법이 이용되지만, 감귤류처럼 열에 약한 것에는 압착법이 이용된다. 셋째, 흡수법은 지방과 같은 비휘발성 용매를 사용하여 향유를 추출하는 방법이다. 원료가 고가이고 향유의 함유량이 적으며 열에 약하고 물에 잘 녹는 경우에는 흡수법이 이용된다.

한편, A국에서 판매되는 향수는 EDC, EDT, EDP, Parfum으로 나뉜다. 이는 부향률, 즉 향료의 함유량 정도에 따른 구분이다. 향수는 부향률이 높을수록 향이 강하고 지속시간이 길다. 먼저 EDC(Eau De Cologne)는 부향률이 2~5%로 지속시간이 1~2시간이다. 향의 지속시간이 가장 짧고 잔향이 거의 없으며, 향이 가볍고 산뜻하다. EDT(Eau De Toilette)는 부향률이 5~15%로 3~5시간 지속되며 일반적으로 가장 많이 사용된다. EDP(Eau De Parfum)는 부향률이 15~20%로 5~8시간 지속된다. 풍부한 향을 가지고 있으며, 오랜 시간 향이 유지되는 것을 선호하는 사람들에게 알맞다. Parfum은 부향률이 20~30%로 8~10시간 지속되며, 가장 향이 강하고 오래간다.

9. 윗글을 근거로 판단할 때 옳은 것은?

① EDP의 부향률이 EDC의 부향률보다 높다.
② 흡수법은 많은 양의 향유를 값싸게 얻을 수 있는 방법이다.
③ 오늘날 많이 사용되는 향수의 대부분은 식물성 천연향료로 만들어진다.
④ 고가이고 향유의 함유량이 적은 원료에서 향유를 추출하고자 할 때는 흡수법보다는 압착법이 이용된다.
⑤ 부향률이 높은 향수일수록 향이 오래 지속되므로, 부향률이 가장 높은 향수가 일반적으로 가장 많이 사용된다.

10. 윗글과 〈대화〉를 근거로 판단할 때, 甲~戊 중 가장 늦은 시각까지 향수의 향이 남아 있는 사람은?

〈대 화〉

甲 : 나는 오늘 오후 4시에 향수를 뿌렸어. 내 향수에는 EDC라고 적혀 있었어.

乙 : 난 오늘 오전 9시 30분에 향수를 뿌렸는데, 우리 중 내가 뿌린 향수의 향이 가장 강해.

丙 : 내 향수의 부향률은 18%라고 적혀 있네. 나는 甲보다 5시간 전에 향수를 뿌렸어.

丁 : 난 오늘 오후 2시에 戊와 함께 향수 가게에 들렀어. 난 가자마자 EDT라고 적힌 향수를 뿌렸고, 戊는 나보다 1시간 뒤에 EDP라고 적힌 걸 뿌렸어.

① 甲
② 乙
③ 丙
④ 丁
⑤ 戊

11. 다음 글을 근거로 판단할 때 옳은 것은?

제○○조(해수욕장의 구역) 관리청은 해수욕장을 이용하는 용도에 따라 물놀이구역과 수상레저구역으로 구분하여 관리·운영하여야 한다. 다만, 해수욕장 이용이나 운영에 상당한 불편을 초래하거나 효율성을 떨어뜨린다고 판단되는 경우에는 그러하지 아니하다.

제□□조(해수욕장의 개장기간 등) ① 관리청은 해수욕장의 특성이나 여건 등을 고려하여 해수욕장의 개장기간 및 개장시간을 정할 수 있다. 이 경우 관리청은 해수욕장협의회의 의견을 듣고, 미리 관계 행정기관의 장과 협의하여야 한다.

② 관리청은 해수욕장 이용자의 안전 확보나 해수욕장의 환경보전 등을 위하여 필요한 경우에는 해수욕장의 개장기간 또는 개장시간을 제한할 수 있다. 이 경우 제1항 후단을 준용한다.

제△△조(해수욕장의 관리·운영 등) ① 해수욕장은 관리청이 직접 관리·운영하여야 한다.

② 관리청은 제1항에도 불구하고 해수욕장의 효율적인 관리·운영을 위하여 필요한 경우 관할 해수욕장 관리·운영업무의 일부를 위탁할 수 있다.

③ 관리청은 제2항에 따라 해수욕장 관리·운영업무를 위탁하려는 경우 지역번영회·어촌계 등 지역공동체 및 공익법인 등을 수탁자로 우선 지정할 수 있다.

④ 제2항 및 제3항에 따라 수탁자로 지정받은 자는 위탁받은 관리·운영업무의 전부 또는 일부를 재위탁하여서는 아니 된다.

제◇◇조(과태료) ① 다음 각 호의 어느 하나에 해당하는 자에게는 500만 원 이하의 과태료를 부과한다.

1. 거짓이나 부정한 방법으로 제△△조에 따른 수탁자로 지정받은 자
2. 제△△조 제4항을 위반하여 위탁받은 관리·운영업무의 전부 또는 일부를 재위탁한 자

② 제1항에 따른 과태료는 관리청이 부과·징수한다.

① 관리청은 해수욕장의 효율적인 관리·운영을 위하여 필요한 경우, 관할 해수욕장 관리·운영업무의 전부를 위탁할 수 있다.
② 관리청은 해수욕장을 운영함에 있어 그 효율성이 떨어진다고 판단하더라도 물놀이구역과 수상레저구역을 구분하여 관리·운영하여야 한다.
③ 관리청이 해수욕장 관리·운영업무를 위탁하려는 경우, 공익법인을 수탁자로 우선 지정할 수 있으나 지역공동체를 수탁자로 우선 지정할 수는 없다.
④ 관리청으로부터 해수욕장 관리·운영업무를 위탁받은 공익법인이 이를 타 기관에 재위탁한 경우, 관리청은 그 공익법인에 대해 300만 원의 과태료를 부과할 수 있다.
⑤ 관리청은 해수욕장의 개장기간 및 개장시간을 정함에 있어 해수욕장의 특성이나 여건 등을 고려해야 하나, 관계 행정기관의 장과 협의할 필요는 없다.

12. 다음 글을 근거로 판단할 때 옳은 것은?

> 제○○조(119구조견교육대의 설치·운영 등) ① 소방청장은 체계적인 구조견 양성·교육훈련 및 보급 등을 위하여 119구조견교육대를 설치·운영하여야 한다.
> ② 119구조견교육대는 중앙119구조본부의 단위조직으로 한다.
> ③ 119구조견교육대가 관리하는 견(犬)은 다음 각 호와 같다.
> 1. 훈련견 : 구조견 양성을 목적으로 도입되어 훈련 중인 개
> 2. 종모견 : 훈련견 번식을 목적으로 보유 중인 개
>
> 제□□조(훈련견 교육 및 평가 등) ① 119구조견교육대는 관리하는 견에 대하여 입문 교육, 정기 교육, 훈련견 교육 등을 실시한다.
> ② 훈련견 평가는 다음 각 호의 평가로 구분하여 실시하고 각 평가에서 정한 요건을 모두 충족한 경우 합격한 것으로 본다.
> 1. 기초평가 : 훈련견에 대한 기본평가
> 가. 생후 12개월 이상 24개월 이하일 것
> 나. 기초평가 기준에 따라 총점 70점 이상을 득점하고, 수의검진 결과 적합판정을 받을 것
> 2. 중간평가 : 양성 중인 훈련견의 건강, 성품 변화, 발전 가능성 및 임무 분석 등의 판정을 위해 실시하는 평가
> 가. 훈련 시작 12개월 이상일 것
> 나. 중간평가 기준에 따라 총점 70점 이상을 득점하고, 수의진료소견 결과 적합판정을 받을 것
> 다. 공격성 보유, 능력 상실 등의 결격사유가 없을 것
>
> ③ 훈련견 평가 중 어느 하나라도 불합격한 훈련견은 유관기관 등 외부기관으로 관리전환할 수 있다.
>
> 제△△조(종모견 도입) 훈련견이 종모견으로 도입되기 위해서는 제□□조 제2항에 따른 훈련견 평가에 모두 합격하여야 하며, 다음 각 호의 요건을 갖추어야 한다.
> 1. 순수한 혈통일 것
> 2. 생후 20개월 이상일 것
> 3. 원친(遠親) 번식에 의한 견일 것

① 중앙119구조본부의 장은 구조견 양성 및 교육훈련 등을 위하여 119구조견교육대를 설치하여야 한다.
② 원친 번식에 의한 생후 20개월인 순수한 혈통의 훈련견은 훈련견 평가결과에 관계없이 종모견으로 도입될 수 있다.
③ 기초평가 기준에 따라 총점 80점을 득점하고, 수의검진 결과 적합판정을 받은 훈련견은 생후 15개월에 종모견으로 도입될 수 있다.
④ 생후 12개월에 훈련을 시작해 반년이 지난 훈련견이 결격사유 없이 중간평가 기준에 따라 총점 75점을 득점하고, 수의진료소견 결과 적합판정을 받는다면 중간평가에 합격한 것으로 본다.
⑤ 기초평가에서 합격했더라도 결격사유가 있어 중간평가에 불합격한 훈련견은 유관기관으로 관리전환할 수 있다.

13. 다음 글을 근거로 판단할 때, ㉠에 해당하는 수는?

> - 산타클로스는 연간 '착한 일 횟수'와 '울음 횟수'에 따라 어린이 甲~戊에게 선물 A, B 중 하나를 주거나 아무것도 주지 않는다.
> - 산타클로스가 선물을 나눠주는 방식은 다음과 같다. 어린이별로 ('착한 일 횟수'×5)−('울음 횟수'× ㉠)의 값을 계산한다. 그 값이 10 이상이면 선물 A를 주고, 0 이상 10 미만이면 선물 B를 주며, 그 값이 음수면 선물을 주지 않는다. 이때, ㉠은 자연수이다.
> - 이 방식을 적용한 결과, 甲~戊 중 1명이 선물 A를 받았고, 3명이 선물 B를 받았으며, 1명은 선물을 받지 못했다.
> - 甲~戊의 연간 '착한 일 횟수'와 '울음 횟수'는 아래와 같다.

구분	착한 일 횟수	울음 횟수
甲	3	3
乙	3	2
丙	2	3
丁	1	0
戊	1	3

① 1
② 2
③ 3
④ 4
⑤ 5

14. 다음 글을 근거로 판단할 때, 甲이 작성한 보고서 한 건의 쪽수의 최댓값은?

> A회사 직원인 甲은 근무일마다 동일한 쪽수의 보고서를 한 건씩 작성한다. 甲은 작성한 보고서를 회사의 임원들 각각에게 당일 출력하여 전달한다. 甲은 A회사에 1개월 전 입사하였으며 총 근무일은 20일을 초과하였다. 甲이 현재까지 출력한 총량은 1,000쪽이며, 임원은 2명 이상이다.

① 5
② 8
③ 10
④ 20
⑤ 40

15. 다음 글을 근거로 판단할 때, A~E 중 한 명만 화상강의 시스템에 접속해 있던 시각으로 가능한 것은?

- 어제 9:00부터 9:30까지 진행된 수업시간 중 학생 A~E가 화상강의 시스템에 접속해 있던 시간은 아래와 같다.

학생	A	B	C	D	E
시간(분)	13	15	17	21	25

- 학생들의 접속 횟수는 각 1회였다.
- A와 C가 접속해 있던 시간은 서로 겹치지 않았다.

① 9:04
② 9:10
③ 9:15
④ 9:21
⑤ 9:24

16. 다음 글을 근거로 판단할 때, 甲이 만든 비밀번호 각 자리의 숫자를 모두 곱한 값은?

- 甲은 1, 2, 3, 4 중에서 숫자를 골라 네 자리 비밀번호를 만들었다.
- 비밀번호 각 자리의 숫자를 '모두 더한 값'과 '모두 곱한 값'이 같았다.

① 8
② 9
③ 10
④ 12
⑤ 16

17. 다음 글과 〈상황〉을 근거로 판단할 때, 甲에게 배정되는 금액은?

A부서는 소속 직원에게 원격지 전보에 따른 이전여비를 지원한다. A부서는 다음과 같은 지침에 따라 지원액을 배정하고자 한다.

- 지원액 배정 지침
  - 이전여비 지원 예산 총액 : 160만 원
  - 심사를 통해 원격지 전보에 해당하는 신청자만 배정대상자로 함
  - 예산 한도 내에서 지원 가능한 최대의 금액 배정
  - 배정대상자 신청액의 합이 지원 예산 총액을 초과할 경우에는 각 배정대상자의 '신청액 대비 배정액 비율'이 모두 같도록 삭감하여 배정

〈상 황〉

다음은 이전여비 지원을 신청한 A부서 직원 甲~戊의 신청액과 원격지 전보 해당 여부이다.

구분	이전여비 신청액(원)	원격지 전보 해당 여부
甲	700,000	해당
乙	400,000	해당하지 않음
丙	500,000	해당
丁	300,000	해당
戊	500,000	해당

① 525,000원
② 560,000원
③ 600,000원
④ 620,000원
⑤ 630,000원

18. **다음 글과 〈상황〉을 근거로 판단할 때, 甲~戊 중 사업자로 선정되는 업체는?**

△△부처는 □□사업에 대하여 용역 입찰공고를 하고, 각 입찰업체의 제안서를 평가하여 사업자를 선정하려 한다.

- 제안서 평가점수는 입찰가격 평가점수(20점 만점)와 기술능력 평가점수(80점 만점)로 이루어진다.
- 입찰가격 평가점수는 각 입찰업체가 제시한 가격에 따라 산정한다.
- 기술능력 평가점수는 다음과 같은 방식으로 산정한다.
  - 5명의 평가위원이 평가한다.
  - 각 평가위원의 평가결과에서 최고점수와 최저점수를 제외한 나머지 3명의 점수를 산술평균하여 산정한다. 이때 최고점수가 복수인 경우 하나를 제외하며, 최저점수가 복수인 경우도 마찬가지이다.
- 기술능력 평가점수에서 만점의 85% 미만의 점수를 받은 업체는 선정에서 제외한다.
- 입찰가격 평가점수와 기술능력 평가점수를 합산한 점수가 가장 높은 업체를 선정한다. 이때 동점이 발생할 경우, 기술능력 평가점수가 가장 높은 업체를 선정한다.

〈상 황〉

- □□사업의 입찰에 참여한 업체는 甲~戊이다.
- 각 업체의 입찰가격 평가점수는 다음과 같다.

(단위 : 점)

구분	甲	乙	丙	丁	戊
평가점수	13	20	15	14	17

- 각 업체의 기술능력에 대한 평가위원 5명의 평가결과는 다음과 같다.

(단위 : 점)

구분	甲	乙	丙	丁	戊
A위원	68	65	73	75	65
B위원	68	73	69	70	60
C위원	68	62	69	65	60
D위원	68	65	65	65	70
E위원	72	65	69	75	75

① 甲
② 乙
③ 丙
④ 丁
⑤ 戊

19. **다음 글을 근거로 판단할 때, 甲~戊 중 금요일과 토요일의 초과근무 인정시간의 합이 가장 많은 근무자는?**

- A기업에서는 근무자가 출근시각과 퇴근시각을 입력하면 초과근무 '실적시간'과 '인정시간'이 분 단위로 자동 계산된다.
  - 실적시간은 근무자의 일과시간(월~금, 09:00~18:00)을 제외한 근무시간을 말한다.
  - 인정시간은 실적시간에서 개인용무시간을 제외한 근무시간을 말한다. 하루 최대 인정시간은 월~금요일은 4시간이며, 토요일은 2시간이다.
  - 재택근무를 하는 경우 실적시간을 인정하지 않는다.
- A기업 근무자 甲~戊의 근무현황은 다음과 같다.

구분	금요일			토요일	
	출근시각	퇴근시각	비고	출근시각	퇴근시각
甲	08:55	20:00	–	10:30	13:30
乙	08:00	19:55	–	–	–
丙	09:00	21:30	개인용무시간 (19:00~19:30)	13:00	14:30
丁	08:30	23:30	재택근무	–	–
戊	07:00	21:30	–	–	–

① 甲
② 乙
③ 丙
④ 丁
⑤ 戊

20. **다음 글을 근거로 판단할 때, 〈보기〉에서 甲의 시험과목별 점수로 옳은 것만을 모두 고르면?**

○○국제교육과정 중에 있는 사람은 수료시험에서 5개 과목(A~E) 평균 60점 이상을 받고 한 과목도 과락(50점 미만)이 아니어야 수료할 수 있다.

甲은 수료시험에서 5개 과목 평균 60점을 받았으나 2개 과목이 과락이어서 ○○국제교육과정을 수료하지 못했다. 甲이 돌려받은 답안지에 점수는 기재되어 있지 않았고, 각 문항에 아래와 같은 표시만 되어 있었다. 이는 국적이 서로 다른 각 과목 강사가 자신의 국가에서 사용하는 방식으로 정답·오답 표시만 해놓은 결과였다.

과목	문항									
	1	2	3	4	5	6	7	8	9	10
A	○	○	×	○	×	○	×	○	○	○
B	V	×	V	V	V	×	V	×	V	V
C	/	○	○	○	○	/	/	○	/	○
D	○	○	V	V	V	○	○	V	V	V
E	/	/	/	/	×	×	/	/	/	/

※ 모든 과목은 각 10문항이며, 문항별 배점은 10점임

〈보 기〉

	시험과목	점수
ㄱ.	A	70
ㄴ.	B	30
ㄷ.	C	60
ㄹ.	D	40
ㅁ.	E	80

① ㄱ, ㄴ
② ㄱ, ㄷ
③ ㄱ, ㄹ, ㅁ
④ ㄴ, ㄷ, ㄹ
⑤ ㄴ, ㄷ, ㅁ

21. **다음 글을 근거로 판단할 때, 식목일의 요일은?**

다음은 가원이의 어느 해 일기장에서 서로 다른 요일의 일기를 일부 발췌하여 날짜순으로 나열한 것이다.

(1) 4월 5일 ○요일
오늘은 식목일이다. 동생과 한 그루의 사과나무를 심었다.
(2) 4월 11일 ○요일
오늘은 아빠와 뒷산에 가서 벚꽃을 봤다.
(3) 4월 □□일 수요일
나는 매주 같은 요일에만 데이트를 한다. 오늘 데이트도 즐거웠다.
(4) 4월 15일 ○요일
오늘은 친구와 미술관에 갔다. 작품들이 멋있었다.
(5) 4월 □□일 ○요일
내일은 대청소를 하는 날이어서 오늘은 휴식을 취했다.
(6) 4월 □□일 ○요일
나는 매달 마지막 일요일에만 대청소를 한다. 그래서 오늘 대청소를 했다.

① 월요일
② 화요일
③ 목요일
④ 금요일
⑤ 토요일

22. **다음 글을 근거로 판단할 때, 〈보기〉에서 옳은 것만을 모두 고르면?**

> • 엘리베이터 안에는 각 층을 나타내는 버튼만 하나씩 있다.
> • 버튼을 한 번 누르면 해당 층에 가게 되고, 다시 누르면 취소된다. 취소된 버튼을 다시 누를 수 있다.
> • 1층에 계속해서 정지해 있던 빈 엘리베이터에 처음으로 승객 7명이 탔다.
> • 승객들이 버튼을 누른 횟수의 합은 10이며, 1층에서만 눌렀다.
> • 승객 3명은 4층에서, 2명은 5층에서 내렸다. 나머지 2명은 6층 이상의 서로 다른 층에서 내렸다.
> • 1층 외의 층에서 엘리베이터를 탄 승객은 없으며, 엘리베이터는 승객이 타거나 내린 층에서만 정지했다.

〈보 기〉

> ㄱ. 각 승객은 1개 이상의 버튼을 눌렀다.
> ㄴ. 5번 누른 버튼이 있다면, 2번 이상 누른 다른 버튼이 있다.
> ㄷ. 4층 버튼을 가장 많이 눌렀다.
> ㄹ. 승객이 내리지 않은 층의 버튼을 누른 사람은 없다.

① ㄱ
② ㄴ
③ ㄱ, ㄷ
④ ㄴ, ㄹ
⑤ ㄷ, ㄹ

23. **다음 글을 근거로 판단할 때 옳은 것은?**

> A~E 간에 갖고 있는 상대방의 연락처에 대한 정보는 다음과 같다.
> • A는 3명의 연락처를 갖고 있는데, 그중 2명만 A의 연락처를 갖고 있다. 그런데 A의 연락처를 갖고 있는 사람은 총 3명이다.
> • B는 2명의 연락처를 갖고 있는데, 그 2명을 제외한 2명만 B의 연락처를 갖고 있다.
> • C는 A의 연락처만 갖고 있는데, A도 C의 연락처를 갖고 있다.
> • D는 2명의 연락처를 갖고 있다.
> • E는 B의 연락처만 갖고 있다.

① A는 B의 연락처를 갖고 있다.
② B는 D의 연락처를 갖고 있다.
③ C의 연락처를 갖고 있는 사람은 3명이다.
④ D의 연락처를 갖고 있는 사람은 A뿐이다.
⑤ E의 연락처를 갖고 있는 사람은 2명이다.

24. **다음 글을 근거로 판단할 때, ㉠에 들어갈 내용으로 옳은 것은?**

> 시계수리공 甲은 고장 난 시계 A를 수리하면서 실수로 시침과 분침을 서로 바꾸어 조립하였다. 잘못 조립한 것을 모르고 있던 甲은 A에 전지를 넣어 작동시킨 후, A를 실제 시각인 정오로 맞추고 작업을 마무리하였다. 그랬더니 A의 시침은 정상일 때의 분침처럼, 분침은 정상일 때의 시침처럼 움직였다. 그 후 A가 처음으로 실제 시각을 가리킨 때는 [㉠] 사이였다.

① 오후 12시 55분 0초부터 오후 1시 정각
② 오후 1시 정각부터 오후 1시 5분 0초
③ 오후 1시 5분 0초부터 오후 1시 10분 0초
④ 오후 1시 10분 0초부터 오후 1시 15분 0초
⑤ 오후 1시 15분 0초부터 오후 1시 20분 0초

25. **다음 글을 근거로 판단할 때 옳은 것은?**

제○○조(정의) 이 법에서 사용하는 용어의 뜻은 다음과 같다.
1. "한부모가족"이란 모자가족 또는 부자가족을 말한다.
2. "모(母)" 또는 "부(父)"란 다음 각 목의 어느 하나에 해당하는 자로서 아동인 자녀를 양육하는 자를 말한다.
   가. 배우자와 사별 또는 이혼하거나 배우자로부터 유기된 자
   나. 정신이나 신체의 장애로 장기간 노동능력을 상실한 배우자를 가진 자
   다. 교정시설 · 치료감호시설에 입소한 배우자 또는 병역복무 중인 배우자를 가진 자
   라. 미혼자
3. "아동"이란 18세 미만(취학 중인 경우에는 22세 미만을 말하되, 병역의무를 이행하고 취학 중인 경우에는 병역의무를 이행한 기간을 가산한 연령 미만을 말한다)의 자를 말한다.

제□□조(지원대상자의 범위) ① 이 법에 따른 지원대상자는 제○○조 제1호부터 제3호까지의 규정에 해당하는 자로 한다.
② 제1항에도 불구하고 부모가 사망하거나 그 생사가 분명하지 아니한 아동을 양육하는 조부 또는 조모는 이 법에 따른 지원대상자가 된다.

제△△조(복지 급여 등) ① 국가나 지방자치단체는 지원대상자의 복지 급여 신청이 있으면 다음 각 호의 복지 급여를 실시하여야 한다.
1. 생계비
2. 아동교육지원비
3. 아동양육비

② 이 법에 따른 지원대상자가 다른 법령에 따라 지원을 받고 있는 경우에는 그 범위에서 이 법에 따른 급여를 실시하지 아니한다. 다만, 제1항 제3호의 아동양육비는 지급할 수 있다.
③ 제1항 제3호의 아동양육비를 지급할 때에 다음 각 호의 어느 하나에 해당하는 경우에는 예산의 범위에서 추가적인 복지 급여를 실시하여야 한다.
1. 미혼모나 미혼부가 5세 이하의 아동을 양육하는 경우
2. 34세 이하의 모 또는 부가 아동을 양육하는 경우

① 5세인 자녀를 홀로 양육하는 자가 지원대상자가 되기 위해서는 미혼자여야 한다.
② 배우자와 사별한 자가 18개월간 병역의무를 이행한 22세의 대학생 자녀를 양육하는 경우, 지원대상자가 될 수 없다.
③ 부모의 생사가 불분명한 6세인 손자를 양육하는 조모에게는 복지 급여 신청이 없어도 생계비를 지급하여야 한다.
④ 30세인 미혼모가 5세인 자녀를 양육하는 경우, 아동양육비를 지급할 때 추가적인 복지 급여를 실시할 수 없다.
⑤ 지원대상자가 다른 법령에 따른 지원을 받고 있는 경우에도 국가나 지방자치단체는 아동양육비를 지급할 수 있다.

1. 다음 〈그림〉은 '갑'지역의 리조트 개발 후보지 A~E의 지리정보 조사 결과이다. 이를 근거로 A~E 중 〈입지조건〉을 모두 만족하는 리조트 개발 후보지를 고르면?

〈그림〉 리조트 개발 후보지 A~E의 지리정보 조사 결과

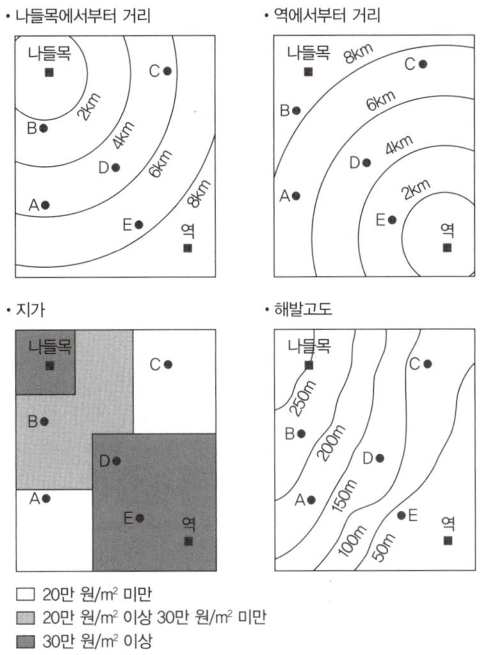

〈입지조건〉

- 나들목에서부터 거리가 6km 이내인 장소
- 역에서부터 거리가 8km 이내인 장소
- 지가가 30만 원/m^2 미만인 장소
- 해발고도가 100m 이상인 장소

① A
② B
③ C
④ D
⑤ E

2. 다음 〈표〉는 4월 5일부터 4월 11일까지 종합병원 A의 날짜별 진료 실적에 관한 자료이다. 4월 7일의 진료의사 1인당 진료환자 수는?

〈표〉 종합병원 A의 날짜별 진료 실적

(단위 : 명)

구분 / 날짜	진료의사 수	진료환자 수	진료의사 1인당 진료환자 수
4월 5일	23	782	34
4월 6일	26	988	38
4월 7일	( )	580	( )
4월 8일	25	700	28
4월 9일	30	1,050	35
4월 10일	15	285	19
4월 11일	4	48	12
계	143	4,433	–

① 20명
② 26명
③ 29명
④ 32명
⑤ 38명

3. 다음 〈표〉는 2022년 '갑'국 주요 수입 농산물의 수입경로별 수입량에 관한 자료이다. 이를 근거로 육로수입량 비중을 농산물별로 비교할 때, 육로수입량 비중이 가장 큰 농산물은?

〈표〉 2022년 '갑'국 주요 수입 농산물의 수입경로별 수입량

(단위 : 톤)

수입경로 / 농산물	육로	해상	항공
콩	2,593	105,340	246,117
건고추	2,483	78,437	86,097
땅콩	2,260	8,219	26,146
참깨	2,024	12,986	76,812
팥	2,020	7,102	42,418

※ 1) 농산물별 수입량 = 농산물별 육로수입량 + 농산물별 해상수입량 + 농산물별 항공수입량

2) 농산물별 육로수입량 비중(%) = $\frac{\text{농산물별 육로수입량}}{\text{농산물별 수입량}} \times 100$

① 건고추
② 땅콩
③ 참깨
④ 콩
⑤ 팥

4. 다음 〈표〉는 '갑'시 공공정책 홍보사업에 입찰한 A~F 홍보업체의 온라인 홍보매체 운영현황에 관한 자료이다. 이를 근거로 A~F 홍보업체 중 〈선정방식〉에 따라 홍보업체를 고르면?

〈표〉 A~F 홍보업체의 온라인 홍보매체 운영현황

(단위 : 만 명)

구분 / 홍보업체	미디어채널 구독자 수	SNS 팔로워 수	공공정책 홍보경력
A	90	50	유
B	180	0	무
C	50	80	유
D	80	60	무
E	100	40	무
F	60	45	유

〈선정방식〉

- 공공정책 홍보경력이 있는 홍보업체 중 인지도가 가장 높은 1곳과 공공정책 홍보경력이 없는 홍보업체 중 인지도가 가장 높은 1곳을 각각 선정함
- 홍보업체 인지도=(미디어채널 구독자 수×0.4)+(SNS 팔로워 수×0.6)

① A, D ② A, E
③ B, C ④ B, F
⑤ C, D

5. 다음은 2013~2022년 '갑'국 국방연구소가 출원한 지식재산권에 관한 자료이다. 제시된 〈표〉 이외에 〈보고서〉를 작성하기 위해 추가로 필요한 자료만을 〈보기〉에서 모두 고르면?

〈표〉 2013~2022년 '갑'국 국방연구소의 특허 출원 건수

(단위 : 건)

구분 / 연도	2013	2014	2015	2016	2017	2018	2019	2020	2021	2022
국내 출원	287	368	385	458	514	481	555	441	189	77
국외 출원	34	17	9	26	21	13	21	16	2	3

〈보고서〉

'갑'국 국방연구소는 국방에 필요한 무기와 국방과학기술을 연구·개발하면서 특허, 상표권, 실용신안 등 관련 지식재산권을 출원하고 있다.

2013~2022년 '갑'국 국방연구소가 출원한 연도별 특허 건수는 2017년까지 매년 증가하였고, 2019년 이후에는 매년 감소하였다. 2013~2022년 국외 출원 특허 건수를 대상 국가별로 살펴보면, 미국에 출원한 특허가 매년 가장 많았다.

2013~2022년 '갑'국 국방연구소는 2015년에만 상표권을 출원하였으며, 그중 국외 출원은 없었다. 또한, 2016년부터 2년마다 1건씩 총 4건의 실용신안을 국내 출원하였다.

〈보 기〉

ㄱ. '갑'국 국방연구소의 연도별 전체 특허 출원 건수

(단위 : 건)

연도	2013	2014	2015	2016	2017	2018	2019	2020	2021	2022
전체	321	385	394	484	535	494	576	457	191	80

ㄴ. '갑'국 국방연구소의 국외 출원 대상 국가별 특허 출원 건수

(단위 : 건)

대상 국가 / 연도	2013	2014	2015	2016	2017	2018	2019	2020	2021	2022
독일	1	1	1	0	0	0	0	0	0	0
미국	26	15	8	18	20	11	16	15	2	3
일본	0	1	0	2	0	0	1	1	0	0
영국	0	0	0	5	1	1	0	0	0	0
프랑스	7	0	0	0	0	0	0	0	0	0
호주	0	0	0	0	0	0	3	0	0	0
기타	0	0	0	1	0	1	1	0	0	0
계	34	17	9	26	21	13	21	16	2	3

ㄷ. '갑'국 국방연구소의 연도별 상표권 출원 건수

(단위 : 건)

구분 / 연도	2013	2014	2015	2016	2017	2018	2019	2020	2021	2022
국내 출원	0	0	2	0	0	0	0	0	0	0
국외 출원	0	0	0	0	0	0	0	0	0	0

ㄹ. '갑'국 국방연구소의 연도별 실용신안 출원 건수

(단위 : 건)

구분 \ 연도	2013	2014	2015	2016	2017	2018	2019	2020	2021	2022
국내 출원	0	0	0	1	0	1	0	1	0	1
국외 출원	0	0	0	0	0	0	0	0	0	0

① ㄱ, ㄴ

② ㄱ, ㄷ

③ ㄴ, ㄷ

④ ㄷ, ㄹ

⑤ ㄴ, ㄷ, ㄹ

6. 다음 〈표〉는 2022년 A~E국의 연구개발 세액감면 현황에 관한 자료이다. 이에 대한 〈보기〉의 설명 중 옳은 것만을 모두 고르면?

〈표〉 2022년 A~E국의 연구개발 세액감면 현황

(단위 : 백만 달러, %)

국가 \ 구분	연구개발 세액감면액	GDP 대비 연구개발 세액감면액 비율	연구개발 총지출액 대비 연구개발 세액감면액 비율
A	3,613	0.20	4.97
B	12,567	0.07	2.85
C	2,104	0.13	8.15
D	4,316	0.16	10.62
E	6,547	0.13	4.14

〈보 기〉

ㄱ. GDP는 C국이 E국보다 크다.

ㄴ. 연구개발 총지출액이 가장 큰 국가는 B국이다.

ㄷ. GDP 대비 연구개발 총지출액 비율은 A국이 B국보다 높다.

① ㄱ

② ㄴ

③ ㄷ

④ ㄴ, ㄷ

⑤ ㄱ, ㄴ, ㄷ

7. 다음 〈표〉는 2013~2022년 '갑'국의 농업진흥지역 면적에 관한 자료이다. 이에 대한 〈보고서〉의 설명 중 옳은 것만을 모두 고르면?

〈표〉 2013~2022년 '갑'국의 농업진흥지역 면적

(단위 : 만 ha)

구분 연도	전체 농지	농업진흥지역		
			논	밭
2013	180.1	91.5	76.9	14.6
2014	175.9	81.5	71.6	9.9
2015	171.5	80.7	71.0	9.7
2016	173.0	80.9	71.2	9.7
2017	169.1	81.1	71.4	9.7
2018	167.9	81.0	71.3	9.7
2019	164.4	78.0	67.9	10.1
2020	162.1	77.7	67.9	9.8
2021	159.6	77.8	68.2	9.6
2022	158.1	77.6	68.7	8.9

〈보고서〉

'갑'국은 우량농지를 보전하고 농지이용률을 높인다는 취지로 농업진흥지역을 지정하고 있다. 그러나, ㉠ 2014년부터 2022년까지 매년 농업진흥지역 면적은 전체 농지 면적의 50% 이하에 그치고 있다. 또한, ㉡ 같은 기간 농업진흥지역 면적은 매년 감소하여, 농업기반이 취약해지는 것으로 분석된다.

농업진흥지역 면적은 2013년 91.5만 ha에서 2022년 77.6만 ha로 15% 이상 감소했으며, 이는 같은 기간 전체 농지 면적의 감소율보다 크다. 한편, ㉢ 농업진흥지역 면적에서 밭 면적이 차지하는 비중은 2013년 이후 매년 15% 이하이다.

① ㄱ
② ㄴ
③ ㄱ, ㄴ
④ ㄱ, ㄷ
⑤ ㄴ, ㄷ

8. 다음은 '갑'군의 농촌관광 사업에 관한 〈방송뉴스〉이다. 〈방송뉴스〉의 내용과 부합하는 자료는?

〈방송뉴스〉

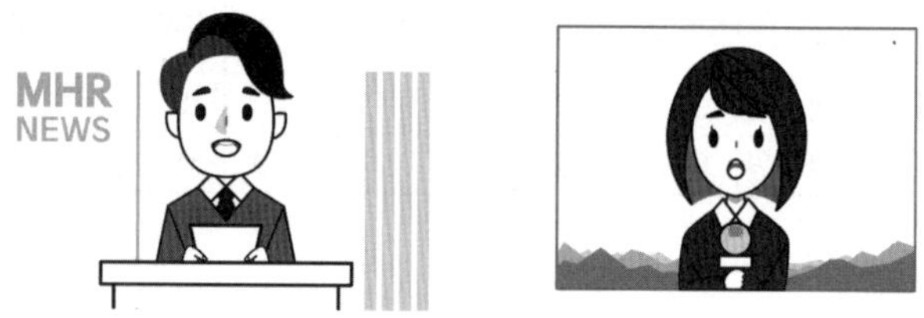

앵커 : 농촌경제 활성화를 위하여 ○○부가 추진해오고 있는 농촌관광 사업이 있습니다. 최근 감염병으로 인해 농촌관광 사업도 큰 어려움을 겪고 있다고 합니다. □□□ 기자가 어려움을 겪고 있는 농촌관광 사업에 대해 보도합니다.

기자 : … (중략) … '갑'군은 농촌의 소득 다변화를 위하여 다양한 농촌관광 사업을 추진했습니다. 하지만 감염병 확산으로 2020년 '갑'군의 농촌관광 방문객 수와 매출액이 크게 줄었습니다. 농촌체험마을은 2020년 방문객 수와 매출액이 2019년에 비해 75% 이상 감소하였습니다. 농촌민박도 2020년 방문객 수와 매출액이 전년과 비교하여 30% 이상 줄어들었습니다. 다만, 농촌융복합사업장은 2020년 방문객 수와 매출액이 전년과 비교해 줄어든 비율이 농촌체험마을보다는 작았습니다.

①

(단위 : 명, 천 원)

구분 연도	농촌체험마을		농촌민박		농촌융복합사업장	
	방문객 수	매출액	방문객 수	매출액	방문객 수	매출액
2019	1,118	12,280	2,968	98,932	395	6,109
2020	266	3,030	2,035	67,832	199	1,827

②

(단위 : 명, 천 원)

구분 연도	농촌체험마을		농촌민박		농촌융복합사업장	
	방문객 수	매출액	방문객 수	매출액	방문객 수	매출액
2019	1,118	12,320	2,968	98,932	395	6,109
2020	266	3,180	2,035	67,832	199	1,827

③

(단위 : 명, 천 원)

구분 연도	농촌체험마을		농촌민박		농촌융복합사업장	
	방문객 수	매출액	방문객 수	매출액	방문객 수	매출액
2019	1,118	12,280	2,968	98,932	395	6,309
2020	266	3,030	2,035	67,832	199	1,290

④

(단위 : 명, 천 원)

구분 연도	농촌체험마을		농촌민박		농촌융복합사업장	
	방문객 수	매출액	방문객 수	매출액	방문객 수	매출액
2019	1,118	12,320	2,968	96,932	395	6,309
2020	266	3,180	2,035	70,069	199	1,290

⑤

(단위 : 명, 천 원)

구분 연도	농촌체험마을		농촌민박		농촌융복합사업장	
	방문객 수	매출액	방문객 수	매출액	방문객 수	매출액
2019	1,118	12,280	2,968	96,932	395	6,109
2020	266	3,030	2,035	70,069	199	1,827

9. 다음 〈그림〉은 2020년과 2021년 '갑'국의 농림축수산물 종류별 수출입량에 관한 자료이다. 이에 대한 〈보기〉의 설명 중 옳은 것만을 모두 고르면?

〈그림〉 2020년과 2021년 농림축수산물 종류별 수출입량

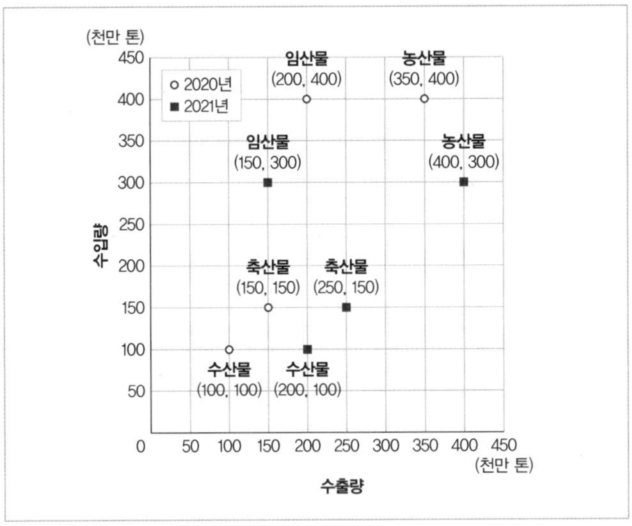

※ 농림축수산물 종류는 농산물, 임산물, 축산물, 수산물로만 구분됨

〈보 기〉

ㄱ. 2021년 농산물, 축산물, 수산물의 수출량은 각각 전년 대비 증가하였다.

ㄴ. 2021년 농림축수산물 총수입량은 전년 대비 증가하였다.

ㄷ. 수출량 대비 수입량 비율이 가장 높은 농림축수산물 종류는 2020년과 2021년이 같다.

ㄹ. 2021년 수출량의 전년 대비 증가율은 축산물이 가장 높다.

① ㄱ, ㄴ
② ㄱ, ㄷ
③ ㄱ, ㄹ
④ ㄴ, ㄷ
⑤ ㄴ, ㄹ

10. 다음 〈표〉는 조선왕조실록에 수록된 1401~1418년의 이상 기상 및 자연재해 발생 건수에 관한 자료이다. 이에 대한 〈보기〉의 설명 중 옳은 것만을 모두 고르면?

〈표〉 1401~1418년 이상 기상 및 자연재해 발생 건수

(단위 : 건)

유형 / 연도	천둥번개	큰 비	벼락	폭설	큰 바람	우박	한파 및 이상 고온	서리	짙은 안개	황충 피해	가뭄 및 홍수	지진 및 해일	전체
1401	2	1	6	0	2	8	3	7	5	1	3	1	39
1402	3	0	5	3	1	3	5	0	( )	2	2	2	41
1403	7	13	12	3	1	3	2	3	9	0	4	0	57
1404	1	18	0	0	1	4	2	0	3	0	0	0	29
1405	8	27	0	6	7	9	5	4	0	5	1	2	74
1406	4	( )	11	3	1	3	3	10	1	0	2	0	59
1407	4	14	8	4	1	3	4	2	2	3	4	0	49
1408	0	4	3	1	1	3	1	0	( )	3	0	0	23
1409	4	7	6	5	2	8	3	2	4	0	2	0	43
1410	14	14	5	1	2	6	1	1	5	2	6	1	58
1411	3	11	6	1	2	6	1	3	1	0	9	1	44
1412	4	8	4	2	5	6	2	0	3	2	2	0	38
1413	5	20	4	3	6	1	0	2	1	5	5	0	52
1414	5	21	7	3	3	3	5	5	0	0	6	0	58
1415	9	18	9	1	3	2	3	2	3	3	2	2	57
1416	5	11	5	1	5	2	0	3	4	1	3	0	40
1417	0	9	5	1	7	4	3	6	1	7	3	0	46
1418	5	17	0	0	6	2	0	2	0	3	3	1	39
합	83	( )	96	38	56	76	43	52	64	37	57	10	846

〈보 기〉

ㄱ. 연도별 전체 발생 건수 상위 2개 연도의 발생 건수 합은 하위 2개 연도의 발생 건수 합의 3배 이상이다.

ㄴ. '큰 비'가 가장 많이 발생한 해에는 '우박'도 가장 많이 발생했다.

ㄷ. 1401~1418년 동안의 발생 건수 합 상위 5개 유형은 '천둥번개', '큰 비', '벼락', '우박', '짙은 안개'이다.

ㄹ. 1402년에 가장 많이 발생한 유형은 1408년에도 가장 많이 발생했다.

① ㄱ, ㄴ
② ㄱ, ㄷ
③ ㄴ, ㄹ
④ ㄷ, ㄹ
⑤ ㄴ, ㄷ, ㄹ

11. **다음 〈표〉는 위원회 회의참석수당 지급규정에 대한 자료이다. 이를 근거로 〈회의〉의 (가)~(라) 중 총지급액이 가장 큰 회의와 세 번째로 큰 회의를 바르게 연결한 것은?**

〈표 1〉 위원회 회의참석수당 지급규정

(단위 : 천 원/인)

구분		전체위원회		조정위원회		전문위원회	기타위원회
		전체회의	소위	전체회의	소위		
안건검토비	위원장	300	250	200	150	200	150
	위원	250	200	150	100	150	100
회의참석비		회의시간이 2시간 미만인 경우 150 회의시간이 2시간 이상인 경우 200					
교통비		교통비 지급규정에 따라 정액 지급					

※ 1) 총지급액은 위원장과 위원의 회의참석수당 합임
2) 위원(장) 회의참석수당 = 위원(장) 안건검토비 + 회의참석비 + 교통비

〈표 2〉 교통비 지급규정

(단위 : 천 원/인)

회의개최장소	1급지	2급지	3급지	4급지
교통비	12	16	25	30

※ 교통비는 회의개최장소의 등급에 따라 지급하고, 회의개최장소는 1~4급지로 구분됨

〈회 의〉

(가) 1급지에서 개최되고 위원장 1인과 위원 2인이 참석하며, 회의시간이 1시간인 전체위원회 소위
(나) 2급지에서 개최되고 위원장 1인과 위원 2인이 참석하며, 회의시간이 3시간인 조정위원회 전체회의
(다) 3급지에서 개최되고 위원장 1인과 위원 2인이 참석하며, 회의시간이 1시간인 전문위원회
(라) 4급지에서 개최되고 위원장 1인과 위원 2인이 참석하며, 회의시간이 4시간인 기타 위원회

	총지급액이 가장 큰 회의	총지급액이 세 번째로 큰 회의
①	(나)	(가)
②	(나)	(다)
③	(나)	(라)
④	(라)	(나)
⑤	(라)	(다)

12. **다음은 '갑'국의 특허 출원인 A~E의 IT 분야 등록특허별 피인용 횟수에 관한 자료이다. 이를 근거로 영향력 지수가 가장 큰 출원인과 기술력 지수가 가장 작은 출원인을 바르게 연결한 것은?**

〈표〉 '갑'국의 특허 출원인 A~E의 IT 분야 등록특허별 피인용 횟수

(단위 : 회)

특허 출원인	등록특허	피인용 횟수
A	A1	3
	A2	25
B	B1	1
	B2	3
	B3	20
C	C1	3
	C2	2
	C3	10
	C4	5
	C5	6
D	D1	12
	D2	21
	D3	15
E	E1	6
	E2	56
	E3	4
	E4	12

※ A~E는 IT 분야 외 등록특허가 없음

〈정 보〉

- 해당 출원인의 영향력 지수
  $= \frac{\text{해당 출원인의 피인용도 지수}}{\text{IT 분야 전체 등록특허의 피인용도 지수}}$
- 해당 출원인의 기술력 지수
  = 해당 출원인의 영향력 지수 × 해당 출원인의 등록특허 수
- 해당 출원인의 피인용도 지수
  $= \frac{\text{해당 출원인의 등록특허 피인용 횟수의 합}}{\text{해당 출원인의 등록특허 수}}$
- IT 분야 전체 등록특허의 피인용도 지수
  $= \frac{\text{IT 분야 전체의 등록특허 피인용 횟수의 합}}{\text{IT 분야 전체의 등록특허 수}}$

	영향력 지수가 가장 큰 출원인	기술력 지수가 가장 작은 출원인
①	A	B
②	D	A
③	D	C
④	E	B
⑤	E	C

13. 다음 〈표〉는 2018~2022년 '갑'국의 양자기술 분야별 정부 R&D 투자금액에 관한 자료이다. 〈표〉를 이용하여 작성한 자료로 옳지 않은 것은?

〈표〉 양자기술 분야별 정부 R&D 투자금액

(단위 : 백만 원)

분야 \ 연도	2018	2019	2020	2021	2022	합
양자컴퓨팅	61	119	200	285	558	1,223
양자내성암호	102	209	314	395	754	1,774
양자통신	110	192	289	358	723	1,672
양자센서	77	106	125	124	209	641
계	350	626	928	1,162	2,244	5,310

※ 양자기술은 양자컴퓨팅, 양자내성암호, 양자통신, 양자센서 분야로만 구분됨

① 2019~2022년 양자통신 분야 정부 R&D 투자금액의 전년 대비 증가율

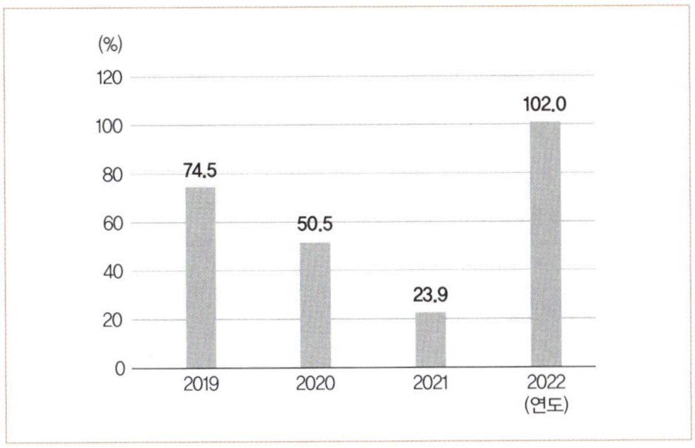

② 연도별 양자컴퓨팅, 양자통신 분야 정부 R&D 투자금액

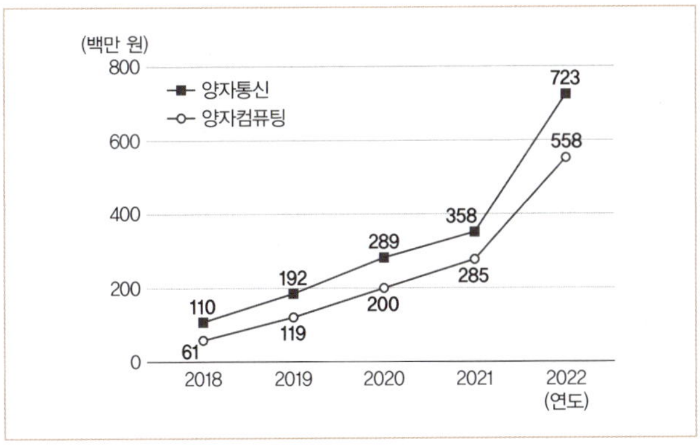

③ 2018~2022년 양자기술 정부 R&D 총투자금액의 분야별 구성비

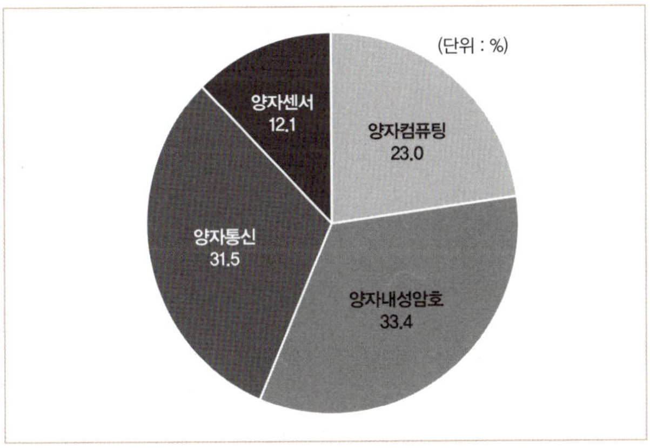

④ 연도별 양자내성암호 분야 정부 R&D 투자금액 대비 양자센서 분야 정부 R&D 투자금액 비율

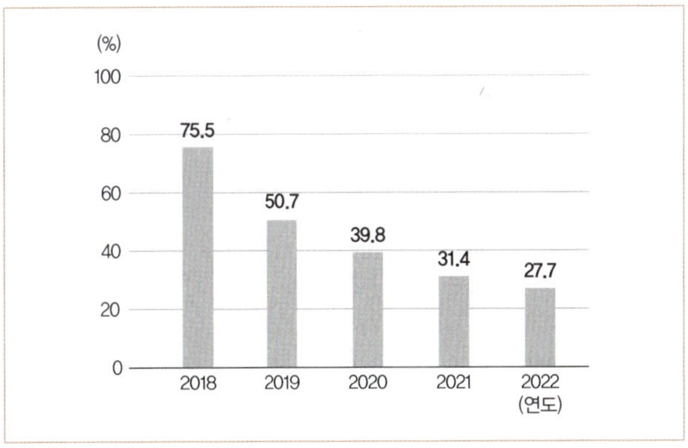

⑤ 2018~2022년 양자기술 정부 R&D 투자금액의 분야별 비중

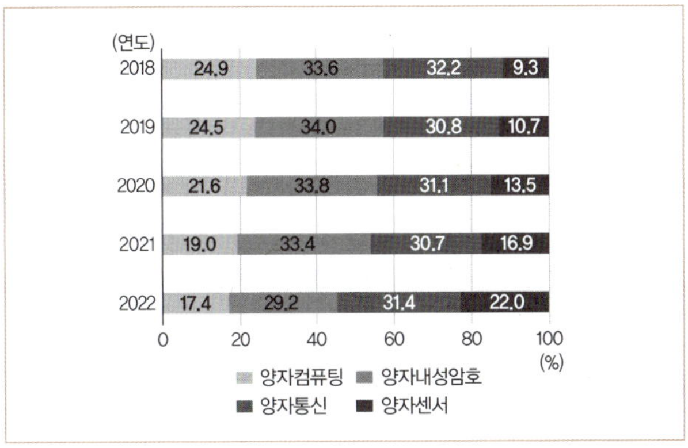

14. 다음 〈표〉는 2017~2022년 '갑'국의 병해충 발생면적에 관한 자료이다. 이에 대한 〈보기〉의 설명 중 옳은 것만을 모두 고르면?

〈표〉 2017~2022년 '갑'국의 병해충 발생면적

(단위 : ha)

병해충 \ 연도	2017	2018	2019	2020	2021	2022
흰불나방	35,964	32,235	29,325	29,332	28,522	32,627
솔잎혹파리	35,707	38,976	( )	27,530	27,638	20,840
솔껍질깍지벌레	4,043	7,718	6,380	5,024	3,566	3,497
참나무시들음병	1,733	1,636	1,576	1,560	1,240	( )
전체	77,447	( )	69,812	63,446	60,966	58,451

〈보 기〉

ㄱ. 2019~2022년 발생면적이 매년 감소한 병해충은 '솔껍질깍지벌레'뿐이다.

ㄴ. 전체 병해충 발생면적이 전년 대비 증가한 해는 2018년뿐이다.

ㄷ. 2019년 '솔잎혹파리' 발생면적은 2022년 '참나무시들음병' 발생면적의 30배 이상이다.

ㄹ. 2022년 병해충 발생면적의 전년 대비 증가율은 '참나무시들음병'이 '흰불나방'보다 낮다.

① ㄱ

② ㄷ

③ ㄱ, ㄴ

④ ㄷ, ㄹ

⑤ ㄱ, ㄴ, ㄹ

15. 다음은 '갑'국의 2017년과 2022년 A~H학생의 신장 및 체중과 체질량지수 분류기준에 관한 자료이다. 이에 대한 설명으로 옳지 않은 것은?

〈그림〉 2017년과 2022년 A~H학생의 신장 및 체중

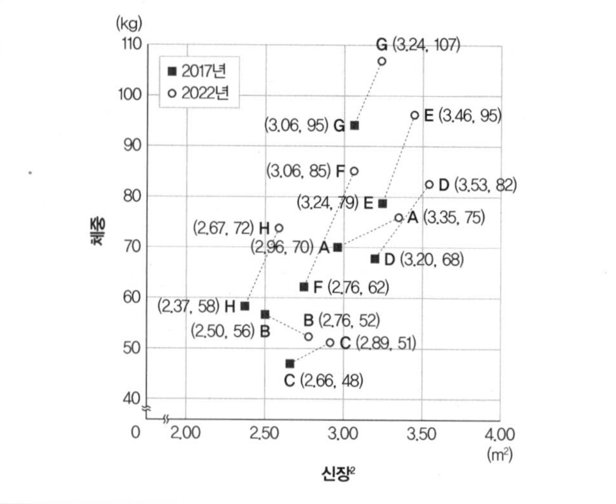

〈표〉 '갑'국의 체질량지수 분류기준

(단위 : kg/m²)

체질량지수	분류
20 미만	저체중
20 이상 25 미만	정상
25 이상 30 미만	과체중
30 이상 40 미만	비만
40 이상	고도비만

※ 체질량지수(kg/m²) $= \frac{\text{체중}}{\text{신장}^2}$

① '저체중'으로 분류된 학생의 수는 2022년이 2017년보다 많다.

② 2022년 A~H학생 체중의 평균은 2017년 대비 10% 이상 증가하였다.

③ 2017년과 2022년에 모두 '정상'으로 분류된 학생은 2명이다.

④ 2017년과 2022년 신장의 차이가 가장 큰 학생은 A이다.

⑤ 2022년 A~H학생의 체질량지수 중 가장 큰 값은 가장 작은 값의 2배 이상이다.

16. 다음은 2016~2022년 '갑'국의 스마트농업 정부연구비에 관한 자료이다. 이에 대한 〈보기〉의 설명 중 옳은 것만을 모두 고르면?

〈그림〉 연도별 스마트농업 정부연구비 및 연구과제 수

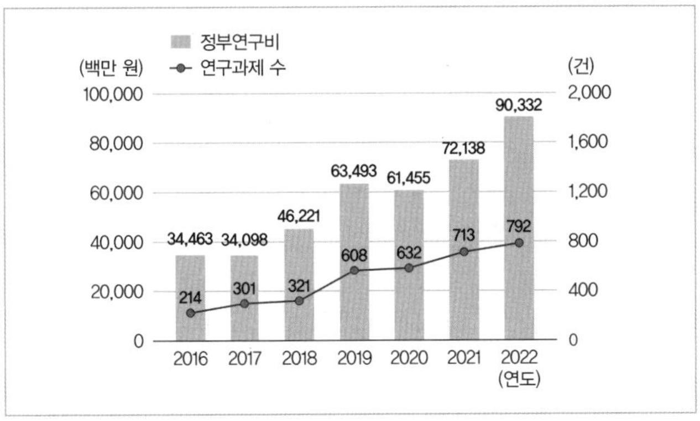

〈표〉 연도별 · 분야별 스마트농업 정부연구비

(단위 : 백만 원)

분야 \ 연도	2016	2017	2018	2019	2020	2021	2022	전체
데이터기반구축	3,520	4,583	8,021	10,603	11,677	16,581	18,226	73,211
자동화설비기기	27,082	19,975	23,046	25,377	22,949	24,330	31,383	( )
융합연구	3,861	9,540	15,154	27,513	26,829	31,227	40,723	( )

※ 스마트농업은 데이터기반구축, 자동화설비기기, 융합연구 분야로만 구분됨

〈보 기〉

ㄱ. 스마트농업의 연구과제당 정부연구비가 가장 많은 해는 2016년이다.

ㄴ. 전체 정부연구비가 가장 많은 스마트농업 분야는 '자동화설비기기'이다.

ㄷ. 스마트농업 정부연구비의 전년 대비 증가율이 가장 높은 해는 2022년이다.

ㄹ. 2019년 대비 2022년 정부연구비 증가율이 가장 높은 스마트농업 분야는 '데이터기반구축'이다.

① ㄱ, ㄴ

② ㄱ, ㄷ

③ ㄷ, ㄹ

④ ㄱ, ㄴ, ㄹ

⑤ ㄴ, ㄷ, ㄹ

17. 다음 〈표〉는 A지역 산불피해 복구에 대한 국비 및 지방비 지원금액에 관한 자료이다. 이에 대한 〈보기〉의 설명 중 옳은 것만을 모두 고르면?

〈표 1〉 A지역 산불피해 복구에 대한 지원항목별, 재원별 지원금액

(단위 : 천만 원)

지원항목 \ 재원	국비	지방비	합
산림시설 복구	32,594	9,000	41,594
주택 복구	5,200	1,800	7,000
이재민 구호	2,954	532	3,486
상 · 하수도 복구	10,930	260	11,190
농경지 복구	1,540	340	1,880
생계안정 지원	1,320	660	1,980
기타	520	0	520
전체	55,058	( )	( )

〈표 2〉 A지역 산불피해 복구에 대한 부처별 국비 지원금액

(단위 : 천만 원)

부처	행정안전부	산림청	국토교통부	환경부	보건복지부	그 외	전체
지원금액	2,930	33,008	( )	9,520	350	240	55,058

〈보 기〉

ㄱ. 기타를 제외하고, 국비 지원금액 대비 지방비 지원금액 비율이 가장 높은 지원항목은 '주택 복구'이다.

ㄴ. 산림청의 '산림시설 복구' 지원금액은 1,000억 원 이상이다.

ㄷ. 국토교통부의 지원금액은 전체 국비 지원금액의 20% 이상이다.

ㄹ. 전체 지방비 지원금액은 '상 · 하수도 복구' 국비 지원금액보다 크다.

① ㄱ, ㄴ

② ㄱ, ㄷ

③ ㄴ, ㄷ

④ ㄴ, ㄹ

⑤ ㄷ, ㄹ

18. 다음 〈표〉는 2022년도 '갑'국의 운전면허 종류별 응시자 및 합격자 수에 관한 자료이다. 이에 대한 설명으로 옳은 것은?

〈표〉 '갑'국의 운전면허 종류별 응시자 및 합격자 수

(단위 : 명)

종류 \ 구분	응시자	남자	여자	합격자	남자	여자
전체	71,976	56,330	15,646	44,012	33,150	10,862
1종	29,507	( )	1,316	16,550	15,736	814
대형	4,199	4,149	50	995	991	4
보통	24,388	23,133	1,255	15,346	14,536	810
특수	920	909	11	209	209	0
2종	( )	( )	14,330	27,462	17,414	10,048
보통	39,312	25,047	14,265	26,289	16,276	10,013
소형	1,758	1,753	5	350	349	1
원동기	1,399	1,339	60	823	789	34

※ 합격률(%) $= \frac{\text{합격자 수}}{\text{응시자 수}} \times 100$

① 2종 면허 응시자 수는 1종 면허 응시자 수의 2배 이상이다.

② 전체 합격률은 60% 미만이다.

③ 1종 보통 면허 합격률은 2종 보통 면허 합격률보다 높다.

④ 1종 면허 남자 응시자 수는 2종 면허 남자 응시자 수보다 많다.

⑤ 1종 대형 면허 여자 합격률은 2종 소형 면허 여자 합격률보다 높다.

19. 다음 〈표〉는 2022년 A~E국의 국방비와 GDP, 군병력, 인구에 관한 자료이다. 이에 대한 〈보기〉의 설명 중 옳은 것만을 모두 고르면?

〈표〉 2022년 A~E국의 국방비와 GDP, 군병력, 인구

(단위 : 억 달러, 만 명)

국가 \ 구분	국방비	GDP	군병력	인구
A	8,010	254,645	133	33,499
B	195	13,899	12	4,722
C	502	16,652	60	5,197
D	320	20,120	17	6,102
E	684	30,706	20	6,814

〈보 기〉

ㄱ. 국방비가 가장 많은 국가의 국방비는 A~E국 국방비 합의 80% 이상이다.

ㄴ. 인구 1인당 GDP는 B국이 C국보다 크다.

ㄷ. 국방비가 많은 국가일수록 GDP 대비 국방비 비율이 높다.

ㄹ. 군병력 1인당 국방비는 A국이 D국의 3배 이상이다.

① ㄱ, ㄴ

② ㄱ, ㄹ

③ ㄴ, ㄷ

④ ㄱ, ㄷ, ㄹ

⑤ ㄴ, ㄷ, ㄹ

20. 다음은 '갑'국의 건설공사 안전관리비에 관한 자료이다. 이에 대한 〈보기〉의 설명 중 옳은 것만을 모두 고르면?

〈표〉 '갑'국의 건설공사 종류 및 대상액별 안전관리비 산정 기준

대상액 / 구분 / 공사 종류	5억 원 미만	5억 원 이상 50억 원 미만		50억 원 이상
	요율(%)	요율(%)	기초액(천 원)	요율(%)
일반건설공사(갑)	2.93	1.86	5,350	1.97
일반건설공사(을)	3.09	1.99	5,500	2.10
중건설공사	3.43	2.35	5,400	2.46
철도 · 궤도신설공사	2.45	1.57	4,400	1.66
특수 및 기타 건설공사	1.85	1.20	3,250	1.27

〈안전관리비 산정 방식〉

- 대상액이 5억 원 미만 또는 50억 원 이상인 경우
  안전관리비＝대상액×요율
- 대상액이 5억 원 이상 50억 원 미만인 경우
  안전관리비＝대상액×요율＋기초액

〈보 기〉

ㄱ. 대상액이 10억 원인 경우, 안전관리비는 '일반건설공사(을)'가 '중건설공사'보다 적다.
ㄴ. 대상액이 4억 원인 경우, '일반건설공사(갑)'와 '철도 · 궤도신설공사'의 안전관리비 차이는 200만 원 이상이다.
ㄷ. '특수 및 기타 건설공사' 안전관리비는 대상액이 100억 원인 경우가 대상액이 10억 원인 경우의 10배 이상이다.

① ㄱ
② ㄴ
③ ㄱ, ㄷ
④ ㄴ, ㄷ
⑤ ㄱ, ㄴ, ㄷ

21. 다음 〈표〉는 '갑'국 재외국민의 5개 지역별 투표 결과에 관한 자료이다. 이에 대한 〈보기〉의 설명 중 옳은 것만을 모두 고르면?

〈표〉 재외국민 지역별 투표 결과

(단위 : 개소, 명, %)

구분 / 지역	제20대 선거				제19대 선거	
	투표소 수	선거인 수	투표자 수	투표율	투표자 수	투표율
아주	( )	110,818	78,051	70.4	106,496	74.0
미주	62	( )	50,440	68.7	68,213	71.7
유럽	47	32,591	25,629	( )	36,170	84.9
중동	21	6,818	5,658	83.0	8,210	84.9
아프리카	21	2,554	2,100	82.2	2,892	85.4
전체	219	226,162	161,878	71.6	221,981	75.3

※ 1) 투표율(%)$=\frac{\text{투표자 수}}{\text{선거인 수}}\times 100$
2) '아주'는 '중동'을 제외한 아시아 및 오세아니아 지역을 의미함

〈보 기〉

ㄱ. 제20대 선거에서 투표소 수는 '아주'가 '중동'의 4배 이상이다.
ㄴ. 제20대 선거에서 투표율이 가장 높은 지역과 가장 낮은 지역의 투표율 차이는 15%p 이상이다.
ㄷ. 제20대 선거에서 투표소당 선거인 수는 '미주'가 '유럽'보다 많다.
ㄹ. 제20대 선거와 제19대 선거의 선거인 수 차이가 큰 지역부터 순서대로 나열하면 '아주', '미주', '유럽', '중동', '아프리카' 순이다.

① ㄱ
② ㄹ
③ ㄷ, ㄹ
④ ㄱ, ㄴ, ㄷ
⑤ ㄴ, ㄷ, ㄹ

22. 다음 〈표〉는 2017~2021년 '갑'국의 해양사고 유형별 발생 건수와 인명피해 인원 현황이다. 〈표〉와 〈조건〉을 근거로 A~E에 해당하는 유형을 바르게 연결한 것은?

〈표 1〉 2017~2021년 해양사고 유형별 발생 건수

(단위 : 건)

유형 / 연도	A	B	C	D	E
2017	258	65	29	96	160
2018	250	46	38	119	162
2019	244	110	61	132	228
2020	277	108	69	128	203
2021	246	96	54	149	174

〈표 2〉 2017~2021년 해양사고 유형별 인명피해 인원

(단위 : 명)

유형 / 연도	A	B	C	D	E
2017	35	20	25	3	60
2018	19	25	1	0	52
2019	10	19	0	16	52
2020	8	25	2	8	79
2021	9	27	3	3	76

※ 해양사고 유형은 '안전사고', '전복', '충돌', '침몰', '화재폭발' 중 하나로만 구분됨

〈조 건〉

- 2017~2019년 동안 '안전사고' 발생 건수는 매년 증가한다.
- 2020년 해양사고 발생 건수 대비 인명피해 인원의 비율이 두 번째로 높은 유형은 '전복'이다.
- 해양사고 발생 건수는 매년 '충돌'이 '전복'의 2배 이상이다.
- 2017~2021년 동안의 해양사고 인명피해 인원 합은 '침몰'이 '안전사고'의 50% 이하이다.
- 2020년과 2021년의 해양사고 인명피해 인원 차이가 가장 큰 유형은 '화재폭발'이다.

	A	B	C	D	E
①	충돌	전복	침몰	화재폭발	안전사고
②	충돌	전복	화재폭발	안전사고	침몰
③	충돌	침몰	전복	화재폭발	안전사고
④	침몰	전복	안전사고	화재폭발	충돌
⑤	침몰	충돌	전복	안전사고	화재폭발

23. 다음 〈표〉는 2017~2022년 '갑'시의 택시 위법행위 유형별 단속건수에 관한 자료이다. 이에 대한 설명으로 옳은 것은?

〈표〉 2017~2022년 '갑'시의 택시 위법행위 유형별 단속건수

(단위 : 건)

유형 / 연도	승차거부	정류소 정차 질서문란	부당요금	방범등 소등위반	사업구역 외 영업	기타	전체
2017	(　)	1,110	125	1,001	123	241	4,166
2018	1,694	701	301	(　)	174	382	4,131
2019	1,991	1,194	441	825	554	349	5,354
2020	717	1,128	51	769	2,845	475	(　)
2021	130	355	40	1,214	1,064	484	(　)
2022	43	193	268	(　)	114	187	2,067

① 위법행위 단속건수 상위 2개 유형은 2017년과 2018년이 같다.
② '부당요금' 단속건수 대비 '승차거부' 단속건수 비율이 가장 높은 연도는 2017년이다.
③ 전체 단속건수가 가장 많은 연도는 2020년이다.
④ 전체 단속건수 중 '방범등 소등위반' 단속건수가 차지하는 비중은 매년 감소한다.
⑤ 2017년 '승차거부' 단속건수는 2022년 '방범등 소등위반' 단속건수보다 적다.

※ 다음 〈표〉는 '갑'국의 2022년 4~6월 A~D정유사의 휘발유와 경유 가격에 관한 자료이다. 다음 물음에 답하시오. [24~25]

〈표〉 정유사별 휘발유와 경유 가격

(단위 : 원/L)

유종 / 월 / 정유사	휘발유			경유		
	4	5	6	4	5	6
A	1,840	1,825	1,979	1,843	1,852	2,014
B	1,795	1,849	1,982	1,806	1,894	2,029
C	1,801	1,867	2,006	1,806	1,885	2,013
D	1,807	1,852	1,979	1,827	1,895	2,024

※ 가격은 해당 월의 정유사별 공시가임

24. 위 〈표〉에 대한 설명으로 옳은 것은?

① 휘발유와 경유의 가격 차이가 가장 큰 정유사는 매월 같다.
② 4월에 휘발유 가격보다 경유 가격이 낮은 정유사는 1개이다.
③ 5월 휘발유 가격이 가장 높은 정유사는 5월 경유 가격도 가장 높다.
④ 각 정유사의 경유 가격은 매월 높아졌다.
⑤ 각 정유사의 5월과 6월 가격 차이는 경유가 휘발유보다 크다.

25. 위 〈표〉와 다음 〈정보〉를 근거로 〈보기〉의 설명 중 옳은 것만을 모두 고르면?

〈정 보〉

- 가격=원가+유류세+부가가치세
- 4월 유류세는 원가의 50%임
- 부가가치세는 원가와 유류세를 합한 금액의 10%임

〈보 기〉

ㄱ. 5월 B의 휘발유 유류세가 원가의 40%라면, 5월 B의 휘발유 원가는 1,300원/L 이상이다.
ㄴ. 5월 C의 경유 원가가 전월과 같다면, 5월 C의 경유 유류세는 600원/L 이상이다.
ㄷ. 6월 D의 경유 유류세가 4월과 같은 금액이라면, 6월 D의 경유 유류세는 원가의 50% 이상이다.

① ㄱ
② ㄴ
③ ㄷ
④ ㄱ, ㄴ
⑤ ㄴ, ㄷ

M E M O

2022년 공직적격성평가(PSAT)

국가공무원 5급 · 7급 민간경력자 일괄채용 및 국가공무원 7급 공개경쟁채용 필기시험

응시번호	
성 명	

문 제 책 형
㉮

【시 험 과 목】

제1과목	언 어 논 리
제2과목	상 황 판 단
제3과목	자 료 해 석

문제풀이 시작과 종료 시간을 기입해 주시기 바랍니다.

• 언어논리 · 상황판단(120분) ______시 ______분 ~ ______시 ______분

• 자료해석(60분) ______시 ______분 ~ ______시 ______분

※ 실제 시험의 응시시간을 고려하여 시험과목 순서를 배치하였습니다.

문 1. 다음 글의 내용과 부합하는 것은?

979년 송 태종은 거란을 공격하러 가는 길에 고려에 원병을 요청했다. 거란은 고려가 참전할 수도 있다는 염려에서 크게 동요했다. 하지만 고려는 송 태종의 요청에 응하지 않았다. 이후 거란은 송에 보복할 기회를 엿보는 한편, 송과 다시 싸우기 전에 고려를 압박해 앞으로도 송을 군사적으로 돕지 않겠다는 약속을 받아내고자 했다.

당시 거란과 고려 사이에는 압록강이 있었는데, 그 하류 유역에는 여진족이 살고 있었다. 이 여진족은 발해의 지배를 받았었지만, 발해가 거란에 의해 멸망한 후에는 어느 나라에도 속하지 않은 채 독자적 세력을 이루고 있었다. 거란은 이 여진족이 사는 땅을 여러 차례 침범해 대군을 고려로 보내는 데 적합한 길을 확보했다. 이후 993년에 거란 장수 소손녕은 군사를 이끌고 고려에 들어와 몇 개의 성을 공격했다. 이때 소손녕은 "고구려 옛 땅은 거란의 것인데 고려가 감히 그 영역을 차지하고 있으니 군사를 일으켜 그 땅을 찾아가고자 한다."라는 내용의 서신을 보냈다. 이 서신이 오자 고려 국왕 성종과 대다수 대신은 "옛 고구려의 영토에 해당하는 땅을 모두 내놓아야 군대를 거두겠다는 뜻이 아니냐?"라며 놀랐다. 하지만 서희는 소손녕이 보낸 서신의 내용은 핑계일 뿐이라고 주장했다. 그는 고려가 병력을 동원해 거란을 치는 일이 없도록 하겠다는 언질을 주면 소손녕이 철군할 것이라고 말했다. 이렇게 논의가 이어지고 있을 때 안융진에 있는 고려군이 소손녕과 싸워 이겼다는 보고가 들어왔다.

패배한 소손녕은 진군을 멈추고 협상을 원한다는 서신을 보내왔다. 이 서신을 받은 성종은 서희를 보내 협상하게 했다. 소손녕은 서희가 오자 "실은 고려가 송과 친하고 우리와는 소원하게 지내고 있어 침입하게 되었다."라고 했다. 이에 서희는 압록강 하류의 여진족 땅을 고려가 지배할 수 있게 묵인해 준다면, 거란과 국교를 맺을 뿐 아니라 거란과 송이 싸울 때 송을 군사적으로 돕지 않겠다는 뜻을 내비쳤다. 이 말을 들은 소손녕은 서희의 요구를 수용하기로 하고 퇴각했다. 이후 고려는 북쪽 국경 너머로 병력을 보내 압록강 하류의 여진족 땅까지 밀고 들어가 영토를 넓혔으며, 그 지역에 강동 6주를 두었다.

① 거란은 압록강 유역에 살던 여진족이 고려의 백성이라고 주장하였다.
② 여진족은 발해의 지배에서 벗어나기 위해 거란과 함께 고려를 공격하였다.
③ 소손녕은 압록강 유역의 여진족 땅을 빼앗아 강동 6주를 둔 후 그곳을 고려에 넘겼다.
④ 고려는 압록강 하류 유역에 있는 여진족의 땅으로 세력을 확대한 거란을 공격하고자 송 태종과 군사동맹을 맺었다.
⑤ 서희는 고려가 거란에 군사적 적대 행위를 하지 않겠다고 약속하면 소손녕이 군대를 이끌고 돌아갈 것이라고 보았다.

문 2. 다음 글에서 알 수 있는 것은?

세종이 즉위한 이듬해 5월에 대마도의 왜구가 충청도 해안에 와서 노략질하는 일이 벌어졌다. 이 왜구는 황해도 해주 앞바다에도 나타나 조선군과 교전을 벌인 후 명의 땅인 요동반도 방향으로 북상했다. 세종에게 왕위를 물려주고 상왕으로 있던 태종은 이종무에게 "북상한 왜구가 본거지로 되돌아가기 전에 대마도를 정벌하라!"라고 명했다. 이에 따라 이종무는 군사를 모아 대마도 정벌에 나섰다.

남북으로 긴 대마도에는 섬을 남과 북의 두 부분으로 나누는 중간에 아소만이라는 곳이 있는데, 이 만의 초입에 두지포라는 요충지가 있었다. 이종무는 이곳을 공격한 후 귀순을 요구하면 대마도주가 응할 것이라 보았다. 그는 6월 20일 두지포에 상륙해 왜인 마을을 불사른 후 계획대로 대마도주에게 서신을 보내 귀순을 요구했다. 하지만 대마도주는 이에 반응을 보이지 않았다. 분노한 이종무는 대마도주를 사로잡아 항복을 받아내기로 하고, 니로라는 곳에 병력을 상륙시켰다. 하지만 그곳에서 조선군은 매복한 적의 공격으로 크게 패했다. 이에 이종무는 군사를 거두어 거제도 견내량으로 돌아왔다.

이종무가 견내량으로 돌아온 다음 날, 태종은 요동반도로 북상했던 대마도의 왜구가 그곳으로부터 남하하던 도중 충청도에서 조운선을 공격했다는 보고를 받았다. 이 사건이 일어난 지 며칠 지나지 않았음을 알게 된 태종은 왜구가 대마도에 당도하기 전에 바다에서 격파해야 한다고 생각하고, 이종무에게 그들을 공격하라고 명했다. 그런데 이 명이 내려진 후에 새로운 보고가 들어왔다. 대마도의 왜구가 요동반도에 상륙했다가 크게 패배하는 바람에 살아남은 자가 겨우 300여 명에 불과하다는 것이었다. 이 보고를 접한 태종은 대마도주가 거느린 병사가 많이 죽어 그 세력이 꺾였으니 그에게 다시금 귀순을 요구하면 응할 것으로 판단했다. 이에 그는 이종무에게 내린 출진 명령을 취소하고, 측근 중 적임자를 골라 대마도주에게 귀순을 요구하는 사신으로 보냈다. 이 사신을 만난 대마도주는 고심 끝에 조선에 귀순하기로 했다.

① 해주 앞바다에 나타나 조선군과 싸운 대마도의 왜구가 요동반도를 향해 북상한 뒤 이종무의 군대가 대마도로 건너갔다.
② 조선이 왜구의 본거지인 대마도를 공격하기로 하자 명의 군대도 대마도까지 가서 정벌에 참여하였다.
③ 이종무는 세종이 대마도에 보내는 사절단에 포함되어 대마도를 여러 차례 방문하였다.
④ 태종은 대마도 정벌을 준비하였지만, 세종의 반대로 뜻을 이루지 못하였다.
⑤ 조선군이 대마도주를 사로잡기 위해 상륙하였다가 패배한 곳은 견내량이다.

문 3. 다음 글에서 알 수 없는 것은?

인간에 대한 혐오의 감정을 긍정적으로 바라보는 인식을 바탕으로, 이를 사회 안정의 도구로 활용해야 한다거나 법적 판단의 근거로 삼아야 한다는 주장은 영미법의 오래된 역사에서 그리 낯설지 않다. 그러나 혐오의 감정이 특정 개인과 집단을 배척하기 위한 강력한 무기로 이용되었다는 사실을 고려하면 이러한 주장이 얼마나 그릇된 것인지 이해할 수 있다.

일반적으로 우리는 분비물이나 배설물, 악취 등에 대해 그리고 시체와 같이 부패하고 퇴화하는 것들에 대해 혐오의 감정을 갖는다. 인간은 타자를 공격하는 데 이러한 오염물의 이미지를 사용한다. 이때 혐오는 특정 집단을 오염물인 것처럼 취급하고 자신은 오염되지 않은 쪽에 속함으로써 얻게 되는 심리적인 우월감 및 만족감과 연결되어 있다. 역사적으로 볼 때 이런 과정을 거쳐 오염물로 취급된 집단 중 하나가 유대인이다.

중세 이후 반유대주의 세력이 유대인에게 부여한 부정적 이미지는 점액성, 악취, 부패, 불결함과 같은 혐오스러운 것들과 결부되어 있다. 히틀러는 유대인을 깨끗하고 건강한 독일 민족의 몸속에 숨겨진, 썩어 가는 시체 속의 구더기라고 표현했다. 혐오스러운 적대자를 설정함으로써 자신의 야욕을 달성하려 했던 것이다. 불행하게도 대다수의 독일인은 이러한 야만적인 정치적 선동에 동의를 표했다. 심지어 유대인을 암세포, 종양, 세균 등으로 묘사하면서 이들을 비인간적 존재로 전락시키는 의학적 담론이 유행하기도 했다. 비인간적으로 묘사되는 유대인의 이미지는 나치가 만든 허상이었음에도 불구하고, 유대인과 연관된 혐오의 이미지는 아이들이 보는 당대의 동화 속에 담겨 있을 정도로 널리 퍼져 있었다.

① 혐오는 정치적 선동의 도구로 이용되지 않았다.
② 개인뿐만 아니라 집단도 혐오의 대상이 될 수 있다.
③ 혐오의 대상이 되는 집단은 비인간적으로 묘사되기도 한다.
④ 혐오의 감정을 법적 판단의 근거로 삼아야 한다는 입장이 있었다.
⑤ 인간에 대한 혐오의 감정은 타자를 혐오함으로써 주체가 얻을 수 있는 심리적인 만족감과 연관되어 있다.

문 4. 다음 글에서 알 수 없는 것은?

'계획적 진부화'는 의도적으로 수명이 짧은 제품이나 서비스를 생산함으로써 소비자들이 새로운 제품을 구매하도록 유도하는 마케팅 전략 중 하나이다. 여기에는 단순히 부품만 교체하는 것이 가능함에도 불구하고 새로운 제품을 구매하도록 유도하는 것도 포함된다.

계획적 진부화의 이유는 무엇일까? 첫째, 기업이 기존 제품의 가격을 인상하기 곤란한 경우, 신제품을 출시한 뒤 여기에 인상된 가격을 매길 수 있기 때문이다. 특히 제품의 기능은 거의 변함없이 디자인만 약간 개선한 신제품을 내놓고 가격을 인상하는 경우도 쉽게 볼 수 있다. 둘째, 중고품 시장에서 거래되는 기존 제품과의 경쟁을 피할 수 있기 때문이다. 자동차처럼 사용 기간이 긴 제품의 경우, 기업은 동일 유형의 제품을 팔고 있는 중고품 판매 업체와 경쟁해야만 한다. 그러나 기업이 새로운 제품을 출시하면, 중고품 시장에서 판매되는 기존 제품은 진부화되고 그 경쟁력도 하락한다. 셋째, 소비자들의 취향이 급속히 변화하는 상황에서 계획적 진부화로 소비자들의 만족도를 높일 수 있기 때문이다. 전통적으로 제품의 사용 기간을 결정짓는 요인은 기능적 특성이나 노후화·손상 등 물리적 특성이 주를 이루었지만, 최근에는 심리적 특성에도 많은 영향을 받고 있다. 이처럼 소비자들의 요구가 다양해지고 그 변화 속도도 빨라지고 있어, 기업들은 이에 대응하기 위해 계획적 진부화를 수행하기도 한다.

기업들은 계획적 진부화를 통해 매출을 확대하고 이익을 늘릴 수 있다. 기존 제품이 사용 가능한 상황에서도 신제품에 대한 소비자들의 수요를 자극하면 구매 의사가 커지기 때문이다. 반면, 기존 제품을 사용하는 소비자 입장에서는 크게 다를 것 없는 신제품 구입으로 불필요한 지출과 실질적인 손실이 발생할 수 있다는 점에서 계획적 진부화는 부정적으로 인식된다. 또한 환경이나 생태를 고려하는 거시적 관점에서도, 계획적 진부화는 소비자들에게 제공하는 가치에 비해 에너지나 자원의 낭비가 심하다는 비판을 받고 있다.

① 계획적 진부화로 소비자들은 불필요한 지출을 할 수 있다.
② 계획적 진부화는 기존 제품과 동일한 중고품의 경쟁력을 높인다.
③ 계획적 진부화는 소비자들의 요구에 대응하기 위하여 수행되기도 한다.
④ 계획적 진부화를 통해 기업은 기존 제품보다 비싼 신제품을 출시할 수 있다.
⑤ 계획적 진부화로 인하여 제품의 실제 사용 기간은 물리적으로 사용 가능한 수명보다 짧아질 수 있다.

문 5. 다음 글에서 알 수 없는 것은?

재화나 용역 중에는 비경합적이고 비배제적인 방식으로 소비되는 것들이 있다. 먼저 재화나 용역이 비경합적으로 소비된다는 말은, 그것에 대한 누군가의 소비가 다른 사람의 소비 가능성을 줄어들게 하지 않는다는 것을 뜻한다. 예컨대 10개의 사탕이 있는데 내가 8개를 먹어 버리면 다른 사람이 그 사탕을 소비할 가능성은 그만큼 줄어들게 된다. 반면에 라디오 방송 서비스 같은 경우는 내가 그것을 이용한다고 해서 다른 사람의 소비 가능성이 줄어들게 되지 않는다는 점에서 비경합적이다.

재화나 용역이 비배제적으로 소비된다는 말은, 그것이 공급되었을 때 누군가 그 대가를 지불하지 않았다고 해서 그 사람이 그 재화나 용역을 소비하지 못하도록 배제할 수 없다는 것을 뜻한다. 이러한 의미에서 국방 서비스는 비배제적으로 소비된다. 정부가 국방 서비스를 제공받는 모든 국민에게 그 비용을 지불하도록 하는 정책을 채택했다고 하자. 이때 어떤 국민이 이런 정책에 불만을 표하며 비용 지불을 거부한다고 해도 정부는 그를 국방 서비스의 수혜에서 배제하기 어렵다. 설령 그를 구속하여 감옥에 가두더라도 그는 국방 서비스의 수혜자 범위에서 제외되지 않는다.

비경합적이고 비배제적인 방식으로 소비되는 재화와 용역의 생산과 배분이 시장에서 제대로 이루어질 수 있을까? 국방의 예를 이어나가 보자. 대부분의 국민은 자신의 생명과 재산을 보호받고자 하는 욕구가 있고 국방 서비스에 대한 수요도 있기 마련이다. 그러나 만약 국방 서비스를 시장에서 생산하여 판매한다면, 경제적으로 합리적인 국민은 국방 서비스를 구매하지 않을 것이다. 왜냐하면 다른 이가 구매하는 국방 서비스에 자신도 무임승차할 수 있기 때문이다. 결과적으로 국방 서비스는 과소 생산되는 문제가 발생하고, 그 피해는 모든 국민에게 돌아가게 될 것이다. 따라서 이와 같은 유형의 재화나 용역을 사회적으로 필요한 만큼 생산하기 위해서는 국가가 개입해야 하기에 이런 재화나 용역에는 공공재라는 이름을 붙이는 것이다.

① 유료 공연에서 일정한 돈을 지불하지 않은 사람의 공연장 입장을 차단한다면, 그 공연은 배제적으로 소비될 수 있다.

② 국방 서비스를 소비하는 모든 국민에게 그 비용을 지불하도록 한다면, 그 서비스는 비경합적으로 소비될 수 없다.

③ 이용할 수 있는 수가 한정된 여객기 좌석은 경합적으로 소비될 수 있다.

④ 무임승차를 쉽게 방지할 수 없는 재화나 용역은 과소 생산될 수 있다.

⑤ 라디오 방송 서비스는 여러 사람이 비경합적으로 소비할 수 있다.

문 6. 다음 글의 핵심 논지로 가장 적절한 것은?

독일 통일을 지칭하는 '흡수 통일'이라는 용어는 동독이 일방적으로 서독에 흡수되었다는 인상을 준다. 그러나 통일 과정에서 동독 주민들이 보여준 행동을 고려하면 흡수 통일은 오해의 여지를 주는 용어일 수 있다.

1989년에 동독에서는 지방선거 부정 의혹을 둘러싼 내부 혼란이 발생했다. 그 과정에서 체제에 환멸을 느낀 많은 동독 주민들이 서독으로 탈출했고, 동독 곳곳에서 개혁과 개방을 주장하는 시위의 물결이 일어나기 시작했다. 초기 시위에서 동독 주민들은 여행 · 신앙 · 언론의 자유를 중심에 둔 내부 개혁을 주장했지만 이후 "우리는 하나의 민족이다!"라는 구호와 함께 동독과 서독의 통일을 요구하기 시작했다. 그렇게 변화하는 사회적 분위기 속에서 1990년 3월 18일에 동독 최초이자 최후의 자유총선거가 실시되었다.

동독 자유총선거를 위한 선거운동 과정에서 서독과 협력하는 동독 정당들이 생겨났고, 이들 정당의 선거운동에 서독 정당과 정치인들이 적극적으로 유세 지원을 하기도 했다. 초반에는 서독 사민당의 지원을 받으며 점진적 통일을 주장하던 동독 사민당이 우세했지만, 실제 선거에서는 서독 기민당의 지원을 받으며 급속한 통일을 주장하던 독일동맹이 승리하게 되었다. 동독 주민들이 자유총선거에서 독일동맹을 선택한 것은 그들 스스로 급속한 통일을 지지한 것이라고 할 수 있다. 이후 동독은 서독과 1990년 5월 18일에 「통화 · 경제 · 사회보장동맹의 창설에 관한 조약」을, 1990년 8월 31일에 「통일조약」을 체결했고, 마침내 1990년 10월 3일에 동서독 통일을 이루게 되었다.

이처럼 독일 통일의 과정에서 동독 주민들의 주체적인 참여를 확인할 수 있다. 독일 통일을 단순히 흡수 통일이라고 부른다면, 통일 과정에서 중요한 역할을 담당했던 동독 주민들을 배제한다는 오해를 불러일으킬 수 있다. 독일 통일의 과정을 온전히 이해하기 위해서는 동독 주민들의 활동에도 주목할 필요가 있다.

① 자유총선거에서 동독 주민들은 점진적 통일보다 급속한 통일을 지지하는 모습을 보여주었다.

② 독일 통일은 동독이 일방적으로 서독에 흡수되었다는 점에서 흔히 흡수 통일이라고 부른다.

③ 독일 통일은 분단국가가 합의된 절차를 거쳐 통일을 이루었다는 점에서 의의가 있다.

④ 독일 통일 전부터 서독의 정당은 물론 개인도 동독의 선거에 개입할 수 있었다.

⑤ 독일 통일의 과정에서 동독 주민들의 주체적 참여가 큰 역할을 하였다.

문 7. **다음 글의 (가)와 (나)에 들어갈 말을 적절하게 나열한 것은?**

> 서양 사람들은 옛날부터 신이 자연 속에 진리를 감추어 놓았다고 믿고 그 진리를 찾기 위해 노력했다. 그들은 숨겨진 진리가 바로 수학이며 자연물 속에 비례의 형태로 숨어 있다고 생각했다. 또한 신이 자연물에 숨겨 놓은 수많은 진리 중에서도 인체 비례야말로 가장 아름다운 진리의 정수로 여겼다. 그래서 서양 사람들은 예로부터 이러한 신의 진리를 드러내기 위해서 완벽한 인체를 구현하는 데 몰두했다. 레오나르도 다빈치의 「인체 비례도」를 보면, 원과 정사각형을 배치하여 사람의 몸을 표현하고 있다. 가장 기본적인 기하 도형이 인체 비례와 관련 있다는 점에 착안하였던 것이다. 르네상스 시대 건축가들은 이러한 기본 기하 도형으로 건축물을 디자인하면 (가) 위대한 건물을 지을 수 있다고 생각했다.
>
> 건축에서 미적 표준으로 인체 비례를 활용하는 조형적 안목은 서양뿐 아니라 동양에서도 찾을 수 있다. 고대부터 중국이나 우리나라에서도 인체 비례를 건축물 축조에 활용하였다. 불국사의 청운교와 백운교는 3 : 4 : 5 비례의 직각삼각형으로 이루어져 있다. 이와 같은 비례로 건축하는 것을 '구고현(勾股弦)법'이라 한다. 뒤꿈치를 바닥에 대고 무릎을 직각으로 구부린 채 누우면 바닥과 다리 사이에 삼각형이 이루어지는데, 이것이 구고현법의 삼각형이다. 짧은 변인 구(勾)는 넓적다리에, 긴 변인 고(股)는 장딴지에 대응하고, 빗변인 현(弦)은 바닥의 선에 대응한다. 이 삼각형은 고대 서양에서 신성불가침의 삼각형이라 불렀던 것과 동일한 비례를 가지고 있다. 동일한 비례를 아름다움의 기준으로 삼았다는 점에서 (나) 는 것을 알 수 있다.

① (가) : 인체 비례에 숨겨진 신의 진리를 구현한
   (나) : 조형미에 대한 동서양의 안목이 유사하였다
② (가) : 신의 진리를 넘어서는 인간의 진리를 구현한
   (나) : 인체 실측에 대한 동서양의 계산법이 동일하였다
③ (가) : 인체 비례에 숨겨진 신의 진리를 구현한
   (나) : 건축물에 대한 동서양의 공간 활용법이 유사하였다
④ (가) : 신의 진리를 넘어서는 인간의 진리를 구현한
   (나) : 조형미에 대한 동서양의 안목이 유사하였다
⑤ (가) : 인체 비례에 숨겨진 신의 진리를 구현한
   (나) : 인체 실측에 대한 동서양의 계산법이 동일하였다

문 8. **다음 글의 ㉠~㉤에서 문맥에 맞지 않는 곳을 찾아 적절하게 수정한 것은?**

> 반세기 동안 지속되던 냉전 체제가 1991년을 기점으로 붕괴되면서 동유럽 체제가 재편되었다. 동유럽에서는 연방에서 벗어나 많은 국가들이 독립하였다. 이 국가들은 자연스럽게 자본주의의 시장경제를 받아들였는데, 이후 몇 년 동안 공통적으로 극심한 경제 위기를 경험하게 되었다. 급기야 IMF(국제통화기금)의 자금 지원을 받게 되는데, 이는 ㉠ 갑작스럽게 외부로부터 도입한 자본주의 시스템에 적응하는 일이 결코 쉽지 않다는 점을 보여준다.
>
> 이 과정에서 해당 국가 국민의 평균 수명이 급격하게 줄어들었는데, 이는 같은 시기 미국, 서유럽 국가들의 평균 수명이 꾸준히 늘었다는 것과 대조적이다. 이러한 현상에 대해 ㉡ 자본주의 시스템 도입을 적극적으로 지지했던 일부 경제학자들은 오래전부터 이어진 ㉢ 동유럽 지역 남성들의 과도한 음주와 흡연, 폭력과 살인 같은 비경제적 요소를 주된 원인으로 꼽았다. 즉 경제 체제의 변화와는 관련이 없다는 것이다.
>
> 이러한 주장에 의문을 품은 영국의 한 연구자는 해당 국가들의 건강 지표가 IMF의 자금 지원 전후로 어떻게 달라졌는지를 살펴보았다. 여러 사회적 상황을 고려하여 통계 모형을 만들고, ㉣ IMF의 자금 지원을 받은 국가와 다른 기관에서 자금 지원을 받은 국가를 비교하였다. 같은 시기 독립한 동유럽 국가 중 슬로베니아만 유일하게 IMF가 아닌 다른 기관에서 돈을 빌렸다. 이때 두 곳의 차이는, IMF는 자금을 지원받은 국가에게 경제와 관련된 구조조정 프로그램을 실시하게 한 반면, 슬로베니아를 지원한 곳은 그렇게 하지 않았다는 점이다. IMF 구조조정 프로그램을 실시한 국가들은 ㉤ 실시 이전부터 결핵 발생률이 크게 증가했던 것으로 나타났다. 그러나 슬로베니아는 같은 기간에 오히려 결핵 사망률이 감소했다. IMF 구조조정 프로그램의 실시 여부는 국가별 결핵 사망률과 일정한 상관관계가 있었던 것이다.

① ㉠을 "자본주의 시스템을 갖추지 않고 지원을 받는 일"로 수정한다.
② ㉡을 "자본주의 시스템 도입을 적극적으로 반대했던"으로 수정한다.
③ ㉢을 "수출입과 같은 국제 경제적 요소"로 수정한다.
④ ㉣을 "IMF의 자금 지원 직후 경제 성장률이 상승한 국가와 하락한 국가"로 수정한다.
⑤ ㉤을 "실시 이후부터 결핵 사망률이 크게 증가했던 것"으로 수정한다.

문 9. **다음 글에서 추론할 수 없는 것은?**

감염병 우려로 인해 △△시험 관리본부가 마련한 대책은 다음과 같다. 먼저 모든 수험생을 확진, 자가격리, 일반 수험생의 세 유형으로 구분한다. 그리고 수험생 유형별로 시험 장소를 안내하고 마스크 착용 규정을 준수하도록 한다.

〈표〉 수험생 유형과 증상에 따른 시험장의 구분

수험생	시험장	증상	세부 시험장
확진 수험생	생활치료센터	유·무 모두	센터장이 지정한 센터 내 장소
자가격리 수험생	특별 방역 시험장	유	외부 차단 1인용 부스
		무	회의실
일반 수험생	최초 공지한 시험장	유	소형 강의실
		무	중대형 강의실

모든 시험장에 공통적으로 적용되는 마스크 착용 규정은 다음과 같다. 첫째, 모든 수험생은 입실부터 퇴실 시점까지 의무적으로 마스크를 착용해야 한다. 둘째, 마스크는 KF99, KF94, KF80의 3개 등급만 허용한다. 마스크 등급을 표시하는 숫자가 클수록 방역 효과가 크다. 셋째, 마스크 착용 규정에서 특정 등급의 마스크 의무 착용을 명시한 경우, 해당 등급보다 높은 등급의 마스크 착용은 가능하지만 낮은 등급의 마스크 착용은 허용되지 않는다.

시험장에 따라 달리 적용되는 마스크 착용 규정은 다음과 같다. 첫째, 생활치료센터에서는 각 센터장이 내린 지침을 의무적으로 따라야 한다. 둘째, 특별 방역 시험장에서는 KF99 마스크를 의무적으로 착용해야 한다. 셋째, 소형 강의실과 중대형 강의실에서는 각각 KF99와 KF94 마스크 착용을 권장하지만 의무 사항은 아니다.

① 일반 수험생 중 유증상자는 KF80 마스크를 착용하고 시험을 치를 수 없다.
② 일반 수험생 중 무증상자는 KF80 마스크를 착용하고 시험을 치를 수 있다.
③ 자가격리 수험생 중 유증상자는 KF99 마스크를 착용하고 시험을 치를 수 있다.
④ 자가격리 수험생 중 무증상자는 KF94 마스크를 착용하고 시험을 치를 수 없다.
⑤ 확진 수험생은 생활치료센터장이 허용하는 경우 KF80 마스크를 착용하고 시험을 치를 수 있다.

문 10. **다음 글의 〈표〉를 수정한 것으로 적절한 것만을 〈보기〉에서 모두 고르면?**

○○부는 철새로 인한 국내 야생 조류 및 가금류 조류인플루엔자(Avian Influenza, AI) 바이러스 감염 확산 여부를 추적 조사하고 있다. AI 바이러스는 병원성 정도에 따라 고병원성과 저병원성 AI 바이러스로 구분한다. 발표 자료에 따르면, 2020년 10월 25일 충남 천안시에서는 야생 조류 분변에서 고병원성 AI 바이러스가 검출되었으며 이는 2018년 2월 1일 충남 아산시에서 검출된 이래 2년 8개월 만의 검출 사례였다.

최근 야생 조류 고병원성 AI 바이러스 검출 사례는 2020년 10월 25일부터 11월 21일까지 경기도에서 3건, 충남에서 2건이 발표되었고, 가금류 고병원성 AI 바이러스 검출 사례는 전국에서 총 3건이 발표되었다. 같은 기간에 야생 조류 저병원성 AI 바이러스 검출 후 발표된 사례는 전국에 총 8건이다. 또한 채집된 의심 야생 조류의 분변 검사 결과, 고병원성·저병원성 AI 바이러스 모두에 해당하지 않아 바이러스 미분리로 분류된 사례는 총 7건이다. 야생 조류 AI 바이러스 검출 현황은 고병원성 AI, 저병원성 AI, 검사 중으로 분류하고 바이러스 미분리는 야생 조류 AI 바이러스 검출 현황에 포함하지 않는다. 야생 조류 AI 바이러스가 검출되고 나서 고병원성 여부를 확인하기 위해 정밀 검사를 하는 데 상당한 기간이 소요되므로, 아직 검사 중인 것이 9건이다. 그중 하나인 제주도 하도리의 경우 11월 22일 고병원성 AI 바이러스 검출 여부를 발표할 예정이다.

○○부 주무관 갑은 2020년 10월 25일부터 11월 21일까지 발표된 야생 조류 AI 바이러스 검출 현황을 아래와 같이 〈표〉로 작성하였으나 검출 현황을 적절히 반영하지 않아 수정이 필요하다.

〈표〉 야생 조류 AI 바이러스 검출 현황

(기간 : 2020년 10월 25일~2020년 11월 21일)

고병원성 AI	저병원성 AI	검사 중	바이러스 미분리
8건	8건	9건	7건

〈보 기〉

ㄱ. 고병원성 AI 항목의 "8건"을 "5건"으로 수정한다.
ㄴ. 검사 중 항목의 "9건"을 "8건"으로 수정한다.
ㄷ. "바이러스 미분리" 항목을 삭제한다.

① ㄱ
② ㄴ
③ ㄱ, ㄷ
④ ㄴ, ㄷ
⑤ ㄱ, ㄴ, ㄷ

문 11. 다음 글의 A~C에 대한 평가로 적절한 것만을 〈보기〉에서 모두 고르면?

인간 존엄성은 모든 인간이 단지 인간이기 때문에 갖는 것으로서, 인간의 숭고한 도덕적 지위나 인간에 대한 윤리적 대우의 근거로 여겨진다. 다음은 인간 존엄성 개념에 대한 A~C의 비판이다.

A : 인간 존엄성은 그 의미가 무엇인지에 대해 사람마다 생각이 달라서 불명료할 뿐 아니라 무용한 개념이다. 가령 존엄성은 존엄사를 옹호하거나 반대하는 논증 모두에서 각각의 주장을 정당화하는 데 사용된다. 어떤 이는 존엄성이란 말을 '자율성의 존중'이라는 뜻으로, 어떤 이는 '생명의 신성함'이라는 뜻으로 사용한다. 결국 쟁점은 존엄성이 아니라 자율성의 존중이나 생명의 가치에 관한 문제이며, 존엄성이란 개념 자체는 그 논의에서 실질적으로 중요한 기여를 하지 않는다.

B : 인간의 권리에 대한 문서에서 존엄성이 광범위하게 사용되는 것은 기독교 신학과 같이 인간 존엄성을 언급하는 많은 종교적 문헌의 영향으로 보인다. 이러한 종교적 뿌리는 어떤 이에게는 가치 있는 것이지만, 다른 이에겐 그런 존엄성 개념을 의심할 근거가 되기도 한다. 특히 존엄성을 신이 인간에게 부여한 독특한 지위로 생각함으로써 인간이 스스로를 지나치게 높게 보도록 했다는 점은 비판을 받아 마땅하다. 이는 인간으로 하여금 인간이 아닌 종과 환경에 대해 인간 자신들이 원하는 것을 마음대로 해도 된다는 오만을 낳았다.

C : 인간 존엄성은 인간이 이성적 존재임을 들어 동물이나 세계에 대해 인간 중심적인 견해를 옹호해 온 근대 휴머니즘의 유산이다. 존엄성은 인간종이 그 자체로 다른 종이나 심지어 환경 자체보다 더 큰 가치가 있다고 생각하는 종족주의의 한 표현에 불과하다. 인간 존엄성은 우리가 서로를 가치 있게 여기도록 만들기도 하지만, 인간 외의 다른 존재에 대해서는 그 대상이 인간이라면 결코 용납하지 않았을 폭력적 처사를 정당화하는 근거로 활용된다.

〈보 기〉

ㄱ. 많은 논란에도 불구하고 존엄사를 인정한 연명의료결정법의 시행은 A의 주장을 약화시키는 사례이다.

ㄴ. C의 주장은 화장품의 안전성 검사를 위한 동물실험의 금지를 촉구하는 캠페인의 근거로 활용될 수 있다.

ㄷ. B와 C는 인간에게 특권적 지위를 부여하는 인간 중심적인 생각을 비판한다는 점에서 공통적이다.

① ㄱ

② ㄷ

③ ㄱ, ㄴ

④ ㄴ, ㄷ

⑤ ㄱ, ㄴ, ㄷ

문 12. 다음 글의 〈논증〉에 대한 분석으로 적절한 것만을 〈보기〉에서 모두 고르면?

우리는 죽음이 나쁜 것이라고 믿는다. 죽고 나면 우리가 존재하지 않기 때문이다. 루크레티우스는 우리가 존재하지 않기 때문에 죽음이 나쁜 것이라면 우리가 태어나기 이전의 비존재도 나쁘다고 말해야 한다고 생각했다. 그러나 우리는 태어나기 이전에 우리가 존재하지 않았다는 사실에 대해서 애석해 하지 않는다. 따라서 루크레티우스는 죽음 이후의 비존재에 대해서도 애석해 할 필요가 없다고 주장했다. 다음은 이러한 루크레티우스의 주장을 반박하는 논증이다.

〈논 증〉

우리는 죽음의 시기가 뒤로 미루어짐으로써 더 오래 사는 상황을 상상해 볼 수 있다. 예를 들어, 50살에 교통사고로 세상을 떠난 누군가를 생각해 보자. 그 사고가 아니었다면 그는 70살이나 80살까지 더 살 수도 있었을 것이다. 그렇다면 50살에 그가 죽은 것은 그의 인생에 일어날 수 있는 여러 가능성 중에 하나였다. 그런데 ㉠ 내가 더 일찍 태어나는 것은 상상할 수 없다. 물론, 조산이나 제왕절개로 내가 조금 더 일찍 세상에 태어날 수도 있었을 것이다. 하지만 여기서 고려해야 할 것은 나의 존재의 시작이다. 나를 있게 하는 것은 특정한 정자와 난자의 결합이다. 누군가는 내 부모님이 10년 앞서 임신할 수 있었다고 주장할 수도 있다. 그러나 그랬다면 내가 아니라 나의 형제가 태어났을 것이다. 그렇기 때문에 '더 일찍 태어났더라면'이라고 말해도 그것이 실제로 내가 더 일찍 태어났을 가능성을 상상한 것은 아니다. 나의 존재는 내가 수정된 바로 그 특정 정자와 난자의 결합에 기초한다. 그러므로 ㉡ 내가 더 일찍 태어나는 일은 불가능하다. 나의 사망 시점은 달라질 수 있지만, 나의 출생 시점은 그렇지 않다. 그런 의미에서 출생은 내 인생 전체를 놓고 볼 때 하나의 필연적인 사건이다. 결국 죽음의 시기를 뒤로 미뤄 더 오래 사는 것은 가능하지만, 출생의 시기를 앞당겨 더 오래 사는 것은 불가능하다. 따라서 내가 더 일찍 태어나지 않은 것은 나쁜 일이 될 수 없다. 즉 죽음 이후와는 달리 ㉢ 태어나기 이전의 비존재는 나쁘다고 말할 수 없다.

〈보 기〉

ㄱ. 냉동 보관된 정자와 난자가 수정되어 태어난 사람의 경우를 고려하면, ㉠은 거짓이다.

ㄴ. ㉠에 "어떤 사건이 가능하면, 그것의 발생을 상상할 수 있다."라는 전제를 추가하면, ㉡을 이끌어 낼 수 있다.

ㄷ. ㉢에 "태어나기 이전의 비존재가 나쁘다면, 내가 더 일찍 태어나는 것이 가능하다."라는 전제를 추가하면, ㉡의 부정을 이끌어 낼 수 있다.

① ㄱ

② ㄷ

③ ㄱ, ㄴ

④ ㄴ, ㄷ

⑤ ㄱ, ㄴ, ㄷ

※ 다음 글을 읽고 물음에 답하시오. [13~14]

인간은 지구상의 생명이 대량 멸종하는 사태를 맞이하고 있지만, 다른 한편으로는 실험실에서 인공적으로 새로운 생명체를 창조하고 있다. 이런 상황에서, 자연적으로 존재하는 종을 멸종으로부터 보존해야 한다는 생물 다양성의 보존 문제를 어떤 시각으로 바라보아야 할까? A는 생물 다양성을 보존해야 한다고 주장한다. 이를 위해 A는 다음과 같은 도구적 정당화를 제시한다. 우리는 의학적, 농업적, 경제적, 과학적 측면에서 이익을 얻기를 원한다. '생물 다양성 보존'은 이를 위한 하나의 수단으로 간주될 수 있다. 바로 그 수단이 우리가 원하는 이익을 얻는 최선의 수단이라는 것이 A의 첫 번째 전제이다. 그리고 (가) 는 것이 A의 두 번째 전제이다. 이 전제들로부터 우리에게는 생물 다양성을 보존할 의무와 필요성이 있다는 결론이 나온다.

이에 대해 B는 생물 다양성 보존이 우리가 원하는 이익을 얻는 최선의 수단이 아님을 지적한다. 특히 합성 생물학은 자연에 존재하는 DNA, 유전자, 세포 등을 인공적으로 합성하고 재구성해 새로운 생명체를 창조하는 것을 목표로 한다. B는 우리가 원하는 이익을 얻고자 한다면, 자연적으로 존재하는 생명체들을 대상으로 보존에 애쓰는 것보다는 합성 생물학을 통해 원하는 목표를 더 합리적이고 체계적으로 성취할 수 있을 것이라고 주장한다. 인공적인 생명체의 창조가 우리가 원하는 이익을 얻는 더 좋은 수단이므로, 생물 다양성 보존을 지지하는 도구적 정당화는 설득력을 잃는다는 것이다. 그래서 B는 A가 제시하는 도구적 정당화에 근거하여 생물 다양성을 보존하자고 주장하는 것은 옹호될 수 없다고 말한다.

한편 C는 모든 종은 보존되어야 한다고 주장하면서 생물 다양성 보존을 옹호한다. C는 대상의 가치를 평가할 때 그 대상이 갖는 도구적 가치와 내재적 가치를 구별한다. 대상의 도구적 가치란 그것이 특정 목적을 달성하는 데 얼마나 쓸모가 있느냐에 따라 인정되는 가치이며, 대상의 내재적 가치란 그 대상이 그 자체로 본래부터 갖고 있다고 인정되는 고유한 가치를 말한다. C에 따르면 생명체는 단지 도구적 가치만을 갖는 것이 아니다. 생명체를 오로지 도구적 가치로만 평가하는 것은 생명체를 그저 인간의 목적을 위해 이용되는 수단으로 보는 인간 중심적 태도이지만, C는 그런 태도는 받아들일 수 없다고 본다. 생명체의 내재적 가치 또한 인정해야 한다는 것이다. 그 생명체들이 속한 종 또한 그 쓸모에 따라서만 가치가 있는 것이 아니다. 그리고 내재적 가치를 지니는 것은 모두 보존되어야 한다. 이로부터 모든 종은 보존되어야 한다는 결론에 다다른다. 왜냐하면 (나) 때문이다.

문 13. 윗글의 (가)와 (나)에 들어갈 내용을 적절하게 나열한 것은?

① (가) : 어떤 것이 우리가 원하는 이익을 얻는 최선의 수단이라면 우리에게는 그것을 실행할 의무와 필요성이 있다
(나) : 생명체의 내재적 가치는 종의 다양성으로부터 비롯되기

② (가) : 어떤 것이 우리가 원하는 이익을 얻는 최선의 수단이 아니라면 우리에게는 그것을 실행할 의무와 필요성이 없다
(나) : 생명체의 내재적 가치는 종의 다양성으로부터 비롯되기

③ (가) : 어떤 것이 우리가 원하는 이익을 얻는 최선의 수단이라면 우리에게는 그것을 실행할 의무와 필요성이 있다
(나) : 모든 종은 그 자체가 본래부터 고유의 가치를 지니기

④ (가) : 어떤 것이 우리가 원하는 이익을 얻는 최선의 수단이 아니라면 우리에게는 그것을 실행할 의무와 필요성이 없다
(나) : 모든 종은 그 자체가 본래부터 고유의 가치를 지니기

⑤ (가) : 우리에게 이익을 제공하는 수단 가운데 생물 다양성의 보존보다 더 나은 수단은 없다
(나) : 모든 종은 그 자체가 본래부터 고유의 가치를 지니기

문 14. 윗글에 대한 분석으로 적절한 것만을 〈보기〉에서 모두 고르면?

〈보 기〉

ㄱ. A는 생물 다양성을 보존해야 한다고 주장하지만, B는 보존하지 않아도 된다고 주장한다.
ㄴ. B는 A의 두 전제가 참이더라도 A의 결론이 반드시 참이 되지는 않는다고 비판한다.
ㄷ. 자연적으로 존재하는 생명체가 도구적 가치를 가지느냐에 대한 A와 C의 평가는 양립할 수 있다.

① ㄱ
② ㄷ
③ ㄱ, ㄴ
④ ㄴ, ㄷ
⑤ ㄱ, ㄴ, ㄷ

문 15. **다음 논쟁에 대한 분석으로 적절한 것만을 〈보기〉에서 모두 고르면?**

갑 : 입증은 증거와 가설 사이의 관계에 대한 것이다. 내가 받아들이는 입증에 대한 입장은 다음과 같다. 증거 발견 후 가설의 확률 증가분이 있다면, 증거가 가설을 입증한다. 즉 증거 발견 후 가설이 참일 확률에서 증거 발견 전 가설이 참일 확률을 뺀 값이 0보다 크다면, 증거가 가설을 입증한다. 예를 들어보자. 사건 현장에서 용의자 X의 것과 유사한 발자국이 발견되었다. 그럼 발자국이 발견되기 전보다 X가 해당 사건의 범인일 확률은 높아질 것이다. 그렇다면 발자국 증거는 X가 범인이라는 가설을 입증한다. 그리고 증거 발견 후 가설의 확률 증가분이 클수록, 증거가 가설을 입증하는 정도가 더 커진다.

을 : 증거가 가설이 참일 확률을 높인다고 하더라도, 그 증거가 해당 가설을 입증하지 못할 수 있다. 가령, X에게 강력한 알리바이가 있다고 해보자. 사건이 일어난 시간에 사건 현장과 멀리 떨어져 있는 X의 모습이 CCTV에 포착된 것이다. 그러면 발자국 증거가 X가 범인일 확률을 높인다고 하더라도, 그가 범인일 확률은 여전히 높지 않을 것이다. 그럼에도 불구하고 갑의 입장은 이러한 상황에서 발자국 증거가 X가 범인이라는 가설을 입증한다고 보게 만드는 문제가 있다. 이 문제는 내가 받아들이는 입증에 대한 다음 입장을 통해 해결될 수 있다. 증거 발견 후 가설의 확률 증가분이 있고 증거 발견 후 가설이 참일 확률이 1/2보다 크다면, 그리고 그런 경우에만 증거가 가설을 입증한다. 가령, 발자국 증거가 X가 범인일 확률을 높이더라도 증거 획득 후 확률이 1/2보다 작다면 발자국 증거는 X가 범인이라는 가설을 입증하지 못한다.

〈보 기〉

ㄱ. 갑의 입장에서, 증거 발견 후 가설의 확률 증가분이 없다면 그 증거가 해당 가설을 입증하지 못한다.
ㄴ. 을의 입장에서, 어떤 증거가 주어진 가설을 입증할 경우 그 증거 획득 이전 해당 가설이 참일 확률은 1/2보다 크다.
ㄷ. 갑의 입장에서 어떤 증거가 주어진 가설을 입증하는 정도가 작더라도, 을의 입장에서 그 증거가 해당 가설을 입증할 수 있다.

① ㄴ
② ㄷ
③ ㄱ, ㄴ
④ ㄱ, ㄷ
⑤ ㄱ, ㄴ, ㄷ

문 16. **다음 글에서 추론할 수 있는 것은?**

국제표준도서번호(ISBN)는 전세계에서 출판되는 각종 도서에 부여하는 고유한 식별 번호이다. 2007년부터는 13자리의 숫자로 구성된 ISBN인 ISBN-13이 부여되고 있지만, 2006년까지 출판된 도서에는 10자리의 숫자로 구성된 ISBN인 ISBN-10이 부여되었다.
ISBN-10은 네 부분으로 되어 있다. 첫 번째 부분은 책이 출판된 국가 또는 언어 권역을 나타내며 1~5자리를 가질 수 있다. 예를 들면, 대한민국은 89, 영어권은 0, 프랑스어권은 2, 중국은 7 그리고 부탄은 99936을 쓴다. 두 번째 부분은 국가별 ISBN 기관에서 그 국가에 있는 각 출판사에 할당한 번호를 나타낸다. 세 번째 부분은 출판사에서 그 책에 임의로 붙인 번호를 나타낸다. 마지막 네 번째 부분은 확인 숫자이다. 이 숫자는 0에서 10까지의 숫자 중 하나가 되는데, 10을 써야 할 때는 로마 숫자인 X를 사용한다. 부여된 ISBN-10이 유효한 것이라면 이 ISBN-10의 열 개 숫자에 각각 순서대로 10, 9, …, 2, 1의 가중치를 곱해서 각 곱셈의 값을 모두 더한 값이 반드시 11로 나누어 떨어져야 한다. 예를 들어, 어떤 책에 부여된 ISBN-10인 '89 - 89422 - 42 - 6'이 유효한 것인지 검사해 보자. $(8\times10)+(9\times9)+(8\times8)+(9\times7)+(4\times6)+(2\times5)+(2\times4)+(4\times3)+(2\times2)+(6\times1)=352$이고, 이 값은 11로 나누어 떨어지기 때문에 이 ISBN-10은 유효한 번호이다. 만약 어떤 ISBN-10의 숫자 중 어느 하나를 잘못 입력했다면 서점에 있는 컴퓨터는 즉시 오류 메시지를 화면에 보여줄 것이다.

① ISBN-10의 첫 번째 부분에 있는 숫자가 같으면 같은 나라에서 출판된 책이다.
② 임의의 책의 ISBN-10에 숫자 3자리를 추가하면 그 책의 ISBN-13을 얻는다.
③ ISBN-10이 '0 - 285 - 00424 - 7'인 책은 해당 출판사에서 424번째로 출판한 책이다.
④ ISBN-10의 두 번째 부분에 있는 숫자가 같은 서로 다른 두 권의 책은 동일한 출판사에서 출판된 책이다.
⑤ 확인 숫자 앞의 아홉 개의 숫자에 정해진 가중치를 곱하여 합한 값이 11의 배수인 ISBN-10이 유효하다면 그 확인 숫자는 반드시 0이어야 한다.

문 17. 다음 글의 내용이 참일 때, 갑이 반드시 수강해야 할 과목은?

> 갑은 A~E 과목에 대해 수강신청을 준비하고 있다. 갑이 수강하기 위해 충족해야 하는 조건은 다음과 같다.
> • A를 수강하면 B를 수강하지 않고, B를 수강하지 않으면 C를 수강하지 않는다.
> • D를 수강하지 않으면 C를 수강하고, A를 수강하지 않으면 E를 수강하지 않는다.
> • E를 수강하지 않으면 C를 수강하지 않는다.

① A
② B
③ C
④ D
⑤ E

문 18. 다음 글의 내용이 참일 때, 반드시 참인 것만을 〈보기〉에서 모두 고르면?

> △△처에서는 채용 후보자들을 대상으로 A, B, C, D 네 종류의 자격증 소지 여부를 조사하였다. 그 결과 다음과 같은 사실이 밝혀졌다.
> • A와 D를 둘 다 가진 후보자가 있다.
> • B와 D를 둘 다 가진 후보자는 없다.
> • A나 B를 가진 후보자는 모두 C는 가지고 있지 않다.
> • A를 가진 후보자는 모두 B는 가지고 있지 않다는 것은 사실이 아니다.

〈보 기〉

ㄱ. 네 종류 중 세 종류의 자격증을 가지고 있는 후보자는 없다.
ㄴ. 어떤 후보자는 B를 가지고 있지 않고, 또 다른 후보자는 D를 가지고 있지 않다.
ㄷ. D를 가지고 있지 않은 후보자는 누구나 C를 가지고 있지 않다면, 네 종류 중 한 종류의 자격증만 가지고 있는 후보자가 있다.

① ㄱ
② ㄷ
③ ㄱ, ㄴ
④ ㄴ, ㄷ
⑤ ㄱ, ㄴ, ㄷ

문 19. 다음 글의 내용이 참일 때, 반드시 참인 것만을 〈보기〉에서 모두 고르면?

> 신입사원을 대상으로 민원, 홍보, 인사, 기획 업무에 대한 선호를 조사하였다. 조사 결과 민원 업무를 선호하는 신입사원은 모두 홍보 업무를 선호하였지만, 그 역은 성립하지 않았다. 모든 업무 중 인사 업무만을 선호하는 신입사원은 있었지만, 민원 업무와 인사 업무를 모두 선호하는 신입사원은 없었다. 그리고 넷 중 세 개 이상의 업무를 선호하는 신입사원도 없었다. 신입사원 갑이 선호하는 업무에는 기획 업무가 포함되어 있었으며, 신입사원 을이 선호하는 업무에는 민원 업무가 포함되어 있었다.

〈보 기〉

ㄱ. 어떤 업무는 갑도 을도 선호하지 않는다.
ㄴ. 적어도 두 명 이상의 신입사원이 홍보 업무를 선호한다.
ㄷ. 조사 대상이 된 업무 중에, 어떤 신입사원도 선호하지 않는 업무는 없다.

① ㄱ
② ㄷ
③ ㄱ, ㄴ
④ ㄴ, ㄷ
⑤ ㄱ, ㄴ, ㄷ

문 20. 다음 글에서 추론할 수 있는 것만을 〈보기〉에서 모두 고르면?

식물의 잎에 있는 기공은 대기로부터 광합성에 필요한 이산화탄소를 흡수하는 통로이다. 기공은 잎에 있는 세포 중 하나인 공변세포의 부피가 커지면 열리고 부피가 작아지면 닫힌다.

그렇다면 무엇이 공변세포의 부피에 변화를 일으킬까? 햇빛이 있는 낮에, 햇빛 속에 있는 청색광이 공변세포에 있는 양성자 펌프를 작동시킨다. 양성자 펌프의 작동은 공변세포 밖에 있는 칼륨이온과 염소이온이 공변세포 안으로 들어오게 한다. 공변세포 안에 이 이온들의 양이 많아짐에 따라 물이 공변세포 안으로 들어오고, 그 결과로 공변세포의 부피가 커져서 기공이 열린다. 햇빛이 없는 밤이 되면, 공변세포에 있는 양성자 펌프가 작동하지 않고 공변세포 안에 있던 칼륨이온과 염소이온은 밖으로 빠져나간다. 이에 따라 공변세포 안에 있던 물이 밖으로 나가면서 세포의 부피가 작아져서 기공이 닫힌다.

공변세포의 부피는 식물이 겪는 수분스트레스 반응에 의해 조절될 수도 있다. 식물 안의 수분량이 줄어듦으로써 식물이 수분스트레스를 받는다. 수분스트레스를 받은 식물은 호르몬 A를 분비한다. 호르몬 A는 공변세포에 있는 수용체에 결합하여 공변세포 안에 있던 칼륨이온과 염소이온이 밖으로 빠져나가게 한다. 이에 따라 공변세포 안에 있던 물이 밖으로 나가면서 세포의 부피가 작아진다. 결국 식물이 수분스트레스를 받으면 햇빛이 있더라도 기공이 열리지 않는다.

또한 기공의 여닫힘은 미생물에 의해 조절되기도 한다. 예를 들면, 식물을 감염시킨 병원균 α는 공변세포의 양성자 펌프를 작동시키는 독소 B를 만든다. 이 독소 B는 공변세포의 부피를 늘려 기공이 닫혀 있어야 하는 때에도 열리게 하고, 결국 식물은 물을 잃어 시들게 된다.

〈보 기〉

ㄱ. 한 식물의 동일한 공변세포 안에 있는 칼륨이온의 양은, 햇빛이 있는 낮에 햇빛의 청색광만 차단하는 필름으로 식물을 덮은 경우가 덮지 않은 경우보다 적다.

ㄴ. 수분스트레스를 받은 식물에 양성자 펌프의 작동을 못하게 하면 햇빛이 있는 낮에 기공이 열린다.

ㄷ. 호르몬 A를 분비하는 식물이 햇빛이 있는 낮에 보이는 기공 개폐 상태와 병원균 α에 감염된 식물이 햇빛이 없는 밤에 보이는 기공 개폐 상태는 다르다.

① ㄱ
② ㄴ
③ ㄱ, ㄷ
④ ㄴ, ㄷ
⑤ ㄱ, ㄴ, ㄷ

문 21. 다음 글의 ㉠과 ㉡에 대한 평가로 적절한 것만을 〈보기〉에서 모두 고르면?

진화론에 따르면 개체는 배우자 선택에 있어서 생존과 번식에 유리한 개체를 선호할 것으로 예측된다. 그런데 생존과 번식에 유리한 능력은 한 가지가 아니므로 합리적 선택은 단순하지 않다. 예를 들어 배우자 후보 α와 β가 있는데, 사냥 능력은 α가 우수한 반면, 위험 회피 능력은 β가 우수하다고 하자. 이 경우 개체는 더 중요하다고 판단하는 능력에 기초하여 배우자를 선택하는 것이 합리적이다. 이를테면 사냥 능력에 가중치를 둔다면 α를 선택하는 것이 합리적이라는 것이다. 그런데 α와 β보다 사냥 능력은 떨어지나 위험 회피 능력은 β와 α의 중간쯤 되는 새로운 배우자 후보 γ가 나타난 경우를 생각해 보자. 이때 개체는 애초의 판단 기준을 유지할 수도 있고 변경할 수도 있다. 즉 애초의 판단 기준에 따르면 선택이 바뀔 이유가 없음에도 불구하고, 새로운 후보의 출현에 의해 판단 기준이 바뀌어 위험 회피 능력이 우수한 β를 선택할 수 있다.

한 과학자는 동물의 배우자 선택에 있어 새로운 배우자 후보가 출현하는 경우, ㉠ 애초의 판단 기준을 유지한다는 가설과 ㉡ 판단 기준에 변화가 발생한다는 가설을 검증하기 위해 다음과 같은 실험을 수행하였다.

〈실 험〉

X개구리의 경우, 암컷은 두 가지 기준으로 수컷을 고르는데, 수컷의 울음소리 톤이 일정할수록 선호하고 울음소리 빈도가 높을수록 선호한다. 세 마리의 수컷 A~C는 각각 다른 소리를 내는데, 울음소리 톤은 C가 가장 일정하고 B가 가장 일정하지 않다. 울음소리 빈도는 A가 가장 높고 C가 가장 낮다. 과학자는 A~C의 울음소리를 발정기의 암컷으로부터 동일한 거리에 있는 서로 다른 위치에서 들려주었다. 상황 1에서는 수컷 두 마리의 울음소리만을 들려주었으며, 상황 2에서는 수컷 세 마리의 울음소리를 모두 들려주고 각 상황에서 암컷이 어느 쪽으로 이동하는지 비교하였다. 암컷은 들려준 울음소리 중 가장 선호하는 쪽으로 이동한다.

〈보 기〉

ㄱ. 상황 1에서 암컷에게 들려준 소리가 A, B인 경우 암컷이 A로, 상황 2에서는 C로 이동했다면, ㉠은 강화되지 않지만 ㉡은 강화된다.

ㄴ. 상황 1에서 암컷에게 들려준 소리가 B, C인 경우 암컷이 B로, 상황 2에서는 A로 이동했다면, ㉠은 강화되지만 ㉡은 강화되지 않는다.

ㄷ. 상황 1에서 암컷에게 들려준 소리가 A, C인 경우 암컷이 C로, 상황 2에서는 A로 이동했다면, ㉠은 강화되지 않지만 ㉡은 강화된다.

① ㄱ
② ㄷ
③ ㄱ, ㄴ
④ ㄴ, ㄷ
⑤ ㄱ, ㄴ, ㄷ

문 22. **다음 글의 ㉠과 ㉡에 대한 평가로 적절한 것만을 〈보기〉에서 모두 고르면?**

18세기에는 빛의 본성에 관한 두 이론이 경쟁하고 있었다. ㉠ 입자이론은 빛이 빠르게 운동하고 있는 아주 작은 입자들의 흐름으로 구성되어 있다고 설명한다. 이에 따르면, 물속에서 빛이 굴절하는 것은 물이 빛을 끌어당기기 때문이며, 공기 중에서는 이런 현상이 발생하지 않기 때문에 결과적으로 물속에서의 빛의 속도가 공기 중에서보다 더 빠르다. 한편 ㉡ 파동이론은 빛이 매질을 통하여 파동처럼 퍼져 나간다는 가설에 기초한다. 이에 따르면, 물속에서 빛이 굴절하는 것은 파동이 전파되는 매질의 밀도가 달라지기 때문이며, 밀도가 높아질수록 파동의 속도는 느려지므로 결과적으로 물속에서의 빛의 속도가 공기 중에서보다 더 느리다.

또한 파동이론에 따르면 빛의 색깔은 파장에 따라 달라진다. 공기 중에서는 파장에 따라 파동의 속도가 달라지지 않지만, 물속에서는 파장에 따라 파동의 속도가 달라진다. 반면 입자이론에 따르면 공기 중에서건 물속에서건 빛의 속도는 색깔에 따라 달라지지 않는다.

두 이론을 검증하기 위해 다음과 같은 실험이 고안되었다. 두 빛이 같은 시점에 발진하여 경로 1 또는 경로 2를 통과한 뒤 빠른 속도로 회전하는 평면거울에 도달한다. 두 개의 경로에서 빛이 진행하는 거리는 같으나, 경로 1에서는 물속을 통과하고, 경로 2에서는 공기만을 통과한다. 평면거울에서 반사된 빛은 반사된 빛이 향하는 방향에 설치된 스크린에 맺힌다. 평면거울에 도달한 빛 중 속도가 빠른 빛은 먼저 도달하고 속도가 느린 빛은 나중에 도달하게 되는데, 평면거울이 빠르게 회전하고 있으므로 먼저 도달한 빛과 늦게 도달한 빛은 반사 각도에 차이가 생기게 된다. 따라서 두 빛이 서로 다른 속도를 가진다면 반사된 두 빛이 도착하는 지점이 서로 달라지며, 더 빨리 평면거울에 도달한 빛일수록 스크린의 오른쪽에, 더 늦게 도달한 빛일수록 스크린의 왼쪽에 맺히게 된다.

〈보 기〉

ㄱ. 색깔이 같은 두 빛이 각각 경로 1과 2를 통과했을 때, 경로 1을 통과한 빛이 경로 2를 통과한 빛보다 스크린의 오른쪽에 맺힌다면 ㉠은 강화되고 ㉡은 약화된다.
ㄴ. 색깔이 다른 두 빛 중 하나는 경로 1을, 다른 하나는 경로 2를 통과했을 때, 경로 1을 통과한 빛이 경로 2를 통과한 빛보다 스크린의 왼쪽에 맺힌다면 ㉠은 약화되고 ㉡은 강화된다.
ㄷ. 색깔이 다른 두 빛이 모두 경로 1을 통과했을 때, 두 빛이 스크린에 맺힌 위치가 다르다면 ㉠은 약화되고 ㉡은 강화된다.

① ㄱ
② ㄴ
③ ㄱ, ㄷ
④ ㄴ, ㄷ
⑤ ㄱ, ㄴ, ㄷ

문 23. **다음 대화의 빈칸에 들어갈 내용으로 가장 적절한 것은?**

갑 : 2022년에 A 보조금이 B 보조금으로 개편되었다고 들었습니다. 2021년에 A 보조금을 수령한 민원인이 B 보조금의 신청과 관련하여 문의하였습니다. 민원인이 중앙부처로 바로 연락하였다는데 B 보조금 신청 자격을 알 수 있을까요?
을 : B 보조금 신청 자격은 A 보조금과 같습니다. 해당 지자체에 농업경영정보를 등록한 농업인이어야 하고 지급 대상 토지도 해당 지자체에 등록된 농지 또는 초지여야 합니다.
갑 : 네. 민원인의 자격 요건에 변동 사항은 없다는 것을 확인했습니다. 그 외에 다른 제한 사항은 없을까요?
을 : 대상자 및 토지 요건을 모두 충족하더라도 전년도에 A 보조금을 부정한 방법으로 수령했다고 판정된 경우에는 B 보조금을 신청할 수가 없어요. 다만 부정한 방법으로 수령했다고 해당 지자체에서 판정하더라도 수령인은 일정 기간 동안 중앙부처에 이의를 제기할 수 있습니다. 이의 제기 심의 기간에는 수령인이 부정한 방법으로 수령하지 않은 것으로 봅니다.
갑 : 우리 중앙부처의 2021년 A 보조금 부정 수령 판정 현황이 어떻게 되죠?
을 : 2021년 A 보조금 부정 수령 판정 이의 제기 신청 기간은 만료되었습니다. 부정 수령 판정이 총 15건이 있었는데, 그중 11건에 대한 이의 제기 신청이 들어왔고 1건은 심의 후 이의 제기가 받아들여져 인용되었습니다. 9건은 이의 제기가 받아들여지지 않아 기각되었고 나머지 1건은 아직 이의 제기 심의 절차가 진행 중입니다.
갑 : 그렇다면 제가 추가로 ______만 확인하고 나면 다른 사유를 확인하지 않고서도 민원인이 현재 B 보조금 신청 자격이 되는지를 바로 알 수 있겠네요.

① 민원인의 부정 수령 판정 여부, 민원인의 이의 제기 여부, 이의 제기 심의 절차 진행 중인 건이 민원인이 제기한 건인지 여부
② 민원인의 부정 수령 판정 여부, 민원인의 이의 제기 여부, 이의 제기 기각 건에 민원인이 제기한 건이 포함되었는지 여부
③ 민원인의 농업인 및 농지 등록 여부, 민원인의 이의 제기 여부, 이의 제기 심의 절차 진행 중인 건의 심의 완료 여부
④ 민원인의 부정 수령 판정 여부, 민원인의 이의 제기 여부, 이의 제기 인용 건이 민원인이 제기한 건인지 여부
⑤ 민원인의 농업인 및 농지 등록 여부, 민원인의 부정 수령 판정 여부, 민원인의 이의 제기 여부

문 24. 다음 대화의 빈칸에 들어갈 내용으로 가장 적절한 것은?

갑 : 안녕하십니까? 저는 공립학교인 A고등학교 교감입니다. 우리 학교의 교육 방침을 명확히 밝히는 조항을 학교 규칙(이하 '학칙')에 새로 추가하려고 합니다. 이때 준수해야 할 것이 무엇입니까?

을 : 네. 학교에서 학칙을 제정하고자 할 때에는 「초 · 중등교육법」(이하 '교육법')에 어긋나지 않는 범위에서 제정이 이루어져야 합니다.

갑 : 그렇군요. 그래서 교육법 제8조 제1항의 학교의 장은 '법령'의 범위에서 학칙을 제정할 수 있다는 규정에 근거해서 학칙을 만들고 있습니다. 그런데 최근 우리 도(道) 의회에서 제정한 「학생인권조례」의 내용을 보니, 우리 학교에서 만들고 있는 학칙과 어긋나는 것이 있습니다. 이러한 경우에 법적 판단은 어떻게 됩니까?

을 : ＿＿＿＿＿＿＿＿＿＿.

갑 : 교육법 제8조 제1항에서는 '법령'이라는 용어를 사용하고, 제10조 제2항에서는 '조례'라는 용어를 사용하고 있으니 교육법에서는 법령과 조례를 구분하는 것으로 보입니다.

을 : 그것은 다른 문제입니다. 교육법 제10조 제2항의 조례는 법령의 위임을 받아 제정되는 위임 입법입니다. 제8조 제1항에서의 법령에는 조례가 포함된다고 해석하고 있으며, 이 경우에 제10조 제2항의 조례와는 그 성격이 다르다고 할 수 있습니다.

갑 : 교육법 제8조 제1항은 초 · 중등학교 운영의 자율과 책임을 위한 것인데 이러한 조례로 인해서 오히려 학교 교육과 운영이 침해당하는 것 아닙니까?

을 : 교육법 제8조 제1항의 목적은 학교의 자율과 책임을 당연히 존중하는 것입니다. 다만 학칙을 제정할 때에도 국가나 지자체에서 반드시 지킬 것을 요구하는 최소한의 한계를 법령의 범위라는 말로 표현한 것입니다. 더욱이 학생들의 학습권, 개성을 실현할 권리 등은 헌법에서 보장된 기본권에서 나오고 교육법 제18조의4에서도 학생의 인권을 보장하도록 규정하고 있습니다. 최근 「학생인권조례」도 이러한 취지에서 제정되었습니다.

① 학칙의 제정을 통하여 학교 운영의 자율과 책임뿐 아니라 학생들의 학습권과 개성을 실현할 권리가 제한될 수 있습니다
② 법령에 조례가 포함된다고 해석할 여지는 없지만 교육법의 체계상 「학생인권조례」를 따라야 합니다
③ 교육법 제10조 제2항에 따라 조례는 입법 목적이나 취지와 관계없이 법령에 포함됩니다
④ 「학생인권조례」에는 교육법에 어긋나는 규정이 있지만 학칙은 이 조례를 따라야 합니다
⑤ 법령의 범위에 있는 「학생인권조례」의 내용에 반하는 학칙은 교육법에 저촉됩니다

문 25. 다음 글의 〈논쟁〉에 대한 분석으로 적절한 것만을 〈보기〉에서 모두 고르면?

갑과 을은 △△국 「주거법」 제○○조의 해석에 대해 논쟁하고 있다. 그 조문은 다음과 같다.

> 제○○조(비거주자의 구분) ① 다음 각 호에 해당하는 △△국 국민은 비거주자로 본다.
> 1. 외국에서 영업활동에 종사하고 있는 사람
> 2. 2년 이상 외국에 체재하고 있는 사람. 이 경우 일시 귀국하여 3개월 이내의 기간 동안 체재한 경우 그 기간은 외국에 체재한 기간에 포함되는 것으로 본다.
> 3. 외국인과 혼인하여 배우자의 국적국에 6개월 이상 체재하는 사람
>
> ② 국내에서 영업활동에 종사하였거나 6개월 이상 체재하였던 외국인으로서 출국하여 외국에서 3개월 이상 체재 중인 사람의 경우에도 비거주자로 본다.

〈논 쟁〉

쟁점 1 : △△국 국민인 A는 일본에서 2년 1개월째 학교에 다니고 있다. A는 매년 여름방학과 겨울방학 기간에 일시 귀국하여 2개월씩 체재하였다. 이에 대해, 갑은 A가 △△국 비거주자로 구분된다고 주장하는 반면, 을은 그렇지 않다고 주장한다.

쟁점 2 : △△국과 미국 국적을 모두 보유한 복수 국적자 B는 △△국 C 법인에서 임원으로 근무하였다. B는 올해 C 법인의 미국 사무소로 발령받아 1개월째 영업활동에 종사 중이다. 이에 대해, 갑은 B가 △△국 비거주자로 구분된다고 주장하는 반면, 을은 그렇지 않다고 주장한다.

쟁점 3 : △△국 국민인 D는 독일 국적의 E와 결혼하여 독일에서 체재 시작 직후부터 5개월째 길거리 음악 연주를 하고 있다. 이에 대해, 갑은 D가 △△국 비거주자로 구분된다고 주장하는 반면, 을은 그렇지 않다고 주장한다.

〈보 기〉

ㄱ. 쟁점 1과 관련하여, 일시 귀국하여 체재한 '3개월 이내의 기간'이 귀국할 때마다 체재한 기간의 합으로 확정된다면, 갑의 주장은 옳고 을의 주장은 그르다.
ㄴ. 쟁점 2와 관련하여, 갑은 B를 △△국 국민이라고 생각하지만 을은 외국인이라고 생각하기 때문이라고 하면, 갑과 을 사이의 주장 불일치를 설명할 수 있다.
ㄷ. 쟁점 3과 관련하여, D의 길거리 음악 연주가 영업활동이 아닌 것으로 확정된다면, 갑의 주장은 그르고 을의 주장은 옳다.

① ㄱ
② ㄷ
③ ㄱ, ㄴ
④ ㄴ, ㄷ
⑤ ㄱ, ㄴ, ㄷ

문 1. 다음 글을 근거로 판단할 때 옳은 것은?

제00조 재해경감 우수기업(이하 '우수기업'이라 한다)이란 재난으로부터 피해를 최소화하기 위한 재해경감활동으로 우수기업 인증을 받은 기업을 말한다.
제00조 ① 우수기업으로 인증받고자 하는 기업은 A부 장관에게 신청하여야 한다.
② A부 장관은 제1항에 따라 신청한 기업의 재해경감활동에 대하여 다음 각 호의 기준에 따라 평가를 실시하고 우수기업으로 인증할 수 있다.
1. 재난관리 전담조직을 갖출 것
2. 매년 1회 이상 종사자에게 재난관리 교육을 실시할 것
3. 재해경감활동 비용으로 총 예산의 5% 이상 할애할 것
4. 방재관련 인력을 총 인원의 2% 이상 갖출 것
③ 제2항 각 호의 충족 여부는 매년 1월 말을 기준으로 평가하며, 모든 요건을 갖춘 경우 우수기업으로 인증한다. 다만 제3호의 경우 최초 평가에 한하여 해당 기준을 3개월 내에 충족할 것을 조건으로 인증할 수 있다.
④ 제3항에서 정하는 평가 및 인증에 소요되는 비용은 신청하는 자가 부담한다.
제00조 A부 장관은 인증받은 우수기업을 6개월마다 재평가하여 다음 각 호의 어느 하나에 해당하는 때에는 인증을 취소할 수 있다. 다만 제1호의 경우에는 인증을 취소하여야 한다.
1. 거짓이나 그 밖의 부정한 방법으로 인증을 받은 경우
2. 인증 평가기준에 미달되는 경우
3. 양도 · 양수 · 합병 등에 의하여 인증받은 요건이 변경된 경우

① 처음 우수기업 인증을 받고자 하는 甲기업이 총 예산의 4 %를 재해경감활동 비용으로 할애하였다면, 다른 모든 기준을 충족하였더라도 우수기업으로 인증받을 여지가 없다.
② A부 장관이 乙기업을 평가하여 2022. 2. 25. 우수기업으로 인증한 경우, A부 장관은 2022. 6. 25.까지 재평가를 해야 한다.
③ 丙기업이 우수기업 인증을 신청하는 경우, 인증에 소요되는 비용은 A부 장관이 부담한다.
④ 丁기업이 재난관리 전담조직을 갖춘 것처럼 거짓으로 신청서를 작성하여 우수기업으로 인증을 받은 경우라도, A부 장관은 인증을 취소하지 않을 수 있다.
⑤ 우수기업인 戊기업이 己기업을 흡수합병하면서 재평가 당시 일시적으로 방재관련 인력이 총 인원의 1.5%가 되었더라도, A부 장관은 戊기업의 인증을 취소하지 않을 수 있다.

문 2. 다음 글과 〈상황〉을 근거로 판단할 때, 김가을의 가족관계등록부에 기록해야 하는 내용이 아닌 것은?

제○○조 ① 가족관계등록부는 전산정보처리조직에 의하여 입력 · 처리된 가족관계 등록사항에 관한 전산정보자료를 제□□조의 등록기준지에 따라 개인별로 구분하여 작성한다.
② 가족관계등록부에는 다음 사항을 기록하여야 한다.
1. 등록기준지
2. 성명 · 본 · 성별 · 출생연월일 및 주민등록번호
3. 출생 · 혼인 · 사망 등 가족관계의 발생 및 변동에 관한 사항
제□□조 출생을 사유로 처음 등록을 하는 경우에는 등록기준지를 자녀가 따르는 성과 본을 가진 부 또는 모의 등록기준지로 한다.

〈상 황〉

경기도 과천시 ☆☆로 1-11에 거주하는 김여름(金海 김씨)과 박겨울(密陽 박씨) 부부 사이에 2021년 10월 10일 경기도 수원시 영통구 소재 병원에서 남자아이가 태어났다. 이 부부는 태어난 아이의 이름을 김가을로 하고 과천시 ▽▽주민센터에 출생신고를 하였다. 김여름의 등록기준지는 부산광역시 남구 ◇◇로 2-22이며, 박겨울은 서울특별시 마포구 △△로 3-33이다.

① 서울특별시 마포구 △△로 3-33
② 부산광역시 남구 ◇◇로 2-22
③ 2021년 10월 10일
④ 金海
⑤ 남

문 3. **다음 글을 근거로 판단할 때 옳은 것은?**

> 제00조 정비사업이란 도시기능을 회복하기 위하여 정비구역에서 정비사업시설을 정비하거나 주택 등 건축물을 개량 또는 건설하는 주거환경개선사업, 재개발사업, 재건축사업 등을 말한다.
> 제00조 특별자치시장 · 특별자치도지사 · 시장 · 군수 · 구청장(이하 '시장 등'이라 한다)은 노후불량건축물이 밀집하는 구역에 대하여 정비계획에 따라 정비구역을 지정할 수 있다.
> 제00조 시장 등이 아닌 자가 정비사업을 시행하려는 경우에는 토지 등 소유자로 구성된 조합을 설립해야 한다.
> 제00조 ① 시장 등이 아닌 사업시행자가 정비사업 공사를 완료한 때에는 시장 등의 준공인가를 받아야 한다.
> ② 제1항에 따라 준공인가신청을 받은 시장 등은 지체 없이 준공검사를 실시해야 한다.
> ③ 시장 등은 제2항에 따른 준공검사를 실시한 결과 정비사업이 인가받은 사업시행 계획대로 완료되었다고 인정되는 때에는 준공인가를 하고 공사의 완료를 해당 지방자치단체의 공보에 고시해야 한다.
> ④ 시장 등은 직접 시행하는 정비사업에 관한 공사가 완료된 때에는 그 완료를 해당 지방자치단체의 공보에 고시해야 한다.
> 제00조 ① 정비구역의 지정은 공사완료의 고시가 있은 날의 다음 날에 해제된 것으로 본다.
> ② 제1항에 따른 정비구역의 해제는 조합의 존속에 영향을 주지 않는다.

① 甲특별자치시장이 직접 정비사업을 시행하려는 경우에는 토지 등 소유자로 구성된 조합을 설립해야 한다.
② A도 乙군수가 직접 시행하는 정비사업에 관한 공사가 완료된 때에는 A도지사에게 준공인가신청을 해야 한다.
③ 丙시장이 사업시행자 B의 정비사업에 관해 준공인가를 하면, 토지 등 소유자로 구성된 조합은 해산된다.
④ 丁시장이 사업시행자 C의 정비사업에 관해 공사완료를 고시하면, 정비구역의 지정은 고시한 날 해제된다.
⑤ 戊시장이 직접 시행하는 정비사업에 관한 공사가 완료된 때에는 그 완료를 戊시의 공보에 고시해야 한다.

문 4. **다음 글을 근거로 판단할 때 옳은 것은?**

> 제00조 ① 선박이란 수상 또는 수중에서 항행용으로 사용하거나 사용할 수 있는 배 종류를 말하며 그 구분은 다음 각 호와 같다.
> 1. 기선 : 기관(機關)을 사용하여 추진하는 선박과 수면비행선박(표면효과 작용을 이용하여 수면에 근접하여 비행하는 선박)
> 2. 범선 : 돛을 사용하여 추진하는 선박
> 3. 부선 : 자력(自力) 항행능력이 없어 다른 선박에 의하여 끌리거나 밀려서 항행되는 선박
>
> ② 소형선박이란 다음 각 호의 어느 하나에 해당하는 선박을 말한다.
> 1. 총톤수 20톤 미만인 기선 및 범선
> 2. 총톤수 100톤 미만인 부선
>
> 제00조 ① 매매계약에 의한 선박 소유권의 이전은 계약당사자 사이의 양도합의만으로 효력이 생긴다. 다만 소형선박 소유권의 이전은 계약당사자 사이의 양도합의와 선박의 등록으로 효력이 생긴다.
> ② 선박의 소유자(제1항 단서의 경우에는 선박의 매수인)는 선박을 취득(제1항 단서의 경우에는 매수)한 날부터 60일 이내에 선적항을 관할하는 지방해양수산청장에게 선박의 등록을 신청하여야 한다. 이 경우 총톤수 20톤 이상인 기선과 범선 및 총톤수 100톤 이상인 부선은 선박의 등기를 한 후에 선박의 등록을 신청하여야 한다.
> ③ 지방해양수산청장은 제2항의 등록신청을 받으면 이를 선박원부(船舶原簿)에 등록하고 신청인에게 선박국적증서를 발급하여야 한다.
> 제00조 선박의 등기는 등기할 선박의 선적항을 관할하는 지방법원, 그 지원 또는 등기소를 관할 등기소로 한다.

① 총톤수 80톤인 부선의 매수인 甲이 선박의 소유권을 취득하기 위해서는 매도인과 양도합의를 하고 선박을 등록해야 한다.
② 총톤수 100톤인 기선의 소유자 乙이 선박의 등기를 하기 위해서는 먼저 관할 지방해양수산청장에게 선박의 등록을 신청해야 한다.
③ 총톤수 60톤인 기선의 소유자 丙은 선박을 매수한 날부터 60일 이내에 해양수산부장관에게 선박의 등록을 신청해야 한다.
④ 총톤수 200톤인 부선의 소유자 丁이 선적항을 관할하는 등기소에 선박의 등기를 신청하면, 등기소는 丁에게 선박국적증서를 발급해야 한다.
⑤ 총톤수 20톤 미만인 범선의 매수인 戊가 선박의 등록을 신청하면, 관할 법원은 이를 선박원부에 등록하고 戊에게 선박국적증서를 발급해야 한다.

문 5. 다음 글을 근거로 판단할 때 옳은 것은?

조선 시대 쌀의 종류에는 가을철 논에서 수확한 벼를 가공한 흰색 쌀 외에 밭에서 자란 곡식을 가공함으로써 얻게 되는 회색 쌀과 노란색 쌀이 있었다. 회색 쌀은 보리의 껍질을 벗긴 보리쌀이었고, 노란색 쌀은 조의 껍질을 벗긴 좁쌀이었다.

남부 지역에서는 보리가 특히 중요시되었다. 가을 곡식이 바닥을 보이기 시작하는 봄철, 농민들의 희망은 들판에 넘실거리는 보리뿐이었다. 보리가 익을 때까지는 주린 배를 움켜쥐고 생활할 수밖에 없었고, 이를 보릿고개라 하였다. 그것은 보리를 수확하는 하지, 즉 낮이 가장 길고 밤이 가장 짧은 시기까지 지속되다가 사라지는 고개였다. 보리 수확기는 여름이었지만 파종 시기는 보리 종류에 따라 달랐다. 가을철에 파종하여 이듬해 수확하는 보리는 가을보리, 봄에 파종하여 그해 수확하는 보리는 봄보리라고 불렀다.

적지 않은 농부들은 보리를 수확하고 그 자리에 다시 콩을 심기도 했다. 이처럼 같은 밭에서 1년 동안 보리와 콩을 교대로 경작하는 방식을 그루갈이라고 한다. 그렇지만 모든 콩이 그루갈이로 재배된 것은 아니었다. 콩 수확기는 가을이었으나, 어떤 콩은 봄철에 파종해야만 제대로 자랄 수 있었고 어떤 콩은 여름에 심을 수도 있었다. 한편 조는 보리, 콩과 달리 모두 봄에 심었다. 그래서 봄철 밭에서는 보리, 콩, 조가 함께 자라는 것을 볼 수 있었다.

① 흰색 쌀과 여름에 심는 콩은 서로 다른 계절에 수확했다.
② 봄보리의 재배 기간은 가을보리의 재배 기간보다 짧았다.
③ 흰색 쌀과 회색 쌀은 논에서 수확된 곡식을 가공한 것이었다.
④ 남부 지역의 보릿고개는 가을 곡식이 바닥을 보이는 하지가 지나면서 더 심해졌다.
⑤ 보리와 콩이 함께 자라는 것은 볼 수 있었지만, 조가 이들과 함께 자라는 것은 볼 수 없었다.

문 6. 다음 글을 근거로 판단할 때, 〈보기〉에서 옳은 것만을 모두 고르면?

甲의 자동차에 장착된 내비게이션 시스템은 목적지까지 운행하는 도중 대안경로를 제안하는 경우가 있다. 이때 이 시스템은 기존경로와 비교하여 남은 거리와 시간이 어떻게 달라지는지 알려준다. 즉 목적지까지의 잔여거리(A)가 몇 km 증가·감소하는지, 잔여시간(B)이 몇 분 증가·감소하는지 알려준다. 甲은 기존경로와 대안경로 중 출발지부터 목적지까지의 평균속력이 더 높을 것으로 예상되는 경로를 항상 선택한다.

〈보 기〉

ㄱ. A가 증가하고 B가 감소하면 甲은 항상 대안경로를 선택한다.
ㄴ. A와 B가 모두 증가하면 甲은 항상 대안경로를 선택한다.
ㄷ. A와 B가 모두 감소할 때 甲이 대안경로를 선택하는 경우가 있다.
ㄹ. A가 감소하고 B가 증가할 때 甲이 대안경로를 선택하는 경우가 있다.

① ㄱ, ㄴ
② ㄱ, ㄷ
③ ㄴ, ㄷ
④ ㄴ, ㄹ
⑤ ㄷ, ㄹ

문 7. 다음 글을 근거로 판단할 때 옳은 것은?

甲은 정기모임의 간식을 준비하기 위해 과일 가게에 들렀다. 甲이 산 과일의 가격과 수량은 아래 표와 같다. 과일 가게 사장이 준 영수증을 보니, 총 228,000원이어야 할 결제 금액이 총 237,300원이었다.

구분	사과	귤	복숭아	딸기
1상자 가격(원)	30,700	25,500	14,300	23,600
구입 수량(상자)	2	3	3	2

① 한 과일이 2상자 더 계산되었다.
② 두 과일이 각각 1상자 더 계산되었다.
③ 한 과일이 1상자 더 계산되고, 다른 한 과일이 1상자 덜 계산되었다.
④ 한 과일이 1상자 더 계산되고, 다른 두 과일이 각각 1상자 덜 계산되었다.
⑤ 두 과일이 각각 1상자 더 계산되고, 다른 두 과일이 각각 1상자 덜 계산되었다.

문 8. **다음 글과 〈상황〉을 근거로 판단할 때, 甲~戊 중 휴가지원사업에 참여할 수 있는 사람만을 모두 고르면?**

〈2023년 휴가지원사업 모집 공고〉

□ 사업 목적
- 직장 내 자유로운 휴가문화 조성 및 국내 여행 활성화

□ 참여 대상
- 중소기업 · 비영리민간단체 · 사회복지법인 · 의료법인 근로자. 단, 아래 근로자는 참여 제외
  - 병 · 의원 소속 의사
  - 회계법인 및 세무법인 소속 회계사 · 세무사 · 노무사
  - 법무법인 소속 변호사 · 변리사
- 대표 및 임원은 참여 대상에서 제외하나, 아래의 경우는 참여 가능
  - 중소기업 및 비영리민간단체의 임원
  - 사회복지법인의 대표 및 임원

〈상 황〉

甲~戊의 재직정보는 아래와 같다.

구분	직장명	직장 유형	비고
간호사 甲	A병원	의료법인	근로자
노무사 乙	B회계법인	중소기업	근로자
사회복지사 丙	C복지센터	사회복지법인	대표
회사원 丁	D물산	대기업	근로자
의사 戊	E재단	비영리민간단체	임원

① 甲, 丙
② 甲, 戊
③ 乙, 丁
④ 甲, 丙, 戊
⑤ 乙, 丙, 丁

※ 다음 글을 읽고 물음에 답하시오. [9~10]

'국민참여예산제도'는 국가 예산사업의 제안, 심사, 우선순위 결정과정에 국민을 참여케 함으로써 예산에 대한 국민의 관심도를 높이고 정부 재정운영의 투명성을 제고하기 위한 제도이다. 이 제도는 정부의 예산편성권과 국회의 예산심의 · 의결권 틀 내에서 운영된다.

국민참여예산제도는 기존 제도인 국민제안제도나 주민참여예산제도와 차이점을 지닌다. 먼저 '국민제안제도'가 국민들이 제안한 사항에 대해 관계부처가 채택 여부를 결정하는 방식이라면, 국민참여예산제도는 국민의 제안 이후 사업심사와 우선순위 결정과정에도 국민의 참여를 가능하게 함으로써 국민의 역할을 확대하는 방식이다. 또한 '주민참여예산제도'가 지방자치단체의 사무를 대상으로 하는 반면, 국민참여예산제도는 중앙정부가 재정을 지원하는 예산사업을 대상으로 한다.

국민참여예산제도에서는 3~4월에 국민사업제안과 제안사업 적격성 검사를 실시하고, 이후 5월까지 각 부처에 예산안을 요구한다. 6월에는 예산국민참여단을 발족하여 참여예산 후보사업을 압축한다. 7월에는 일반국민 설문조사와 더불어 예산국민참여단 투표를 통해 사업선호도 조사를 한다. 이러한 과정을 통해 선호순위가 높은 후보사업은 국민참여예산사업으로 결정되며, 8월에 재정정책자문회의의 논의를 거쳐 국무회의에서 정부예산안에 반영된다. 정부예산안은 국회에 제출되며, 국회는 심의 · 의결을 거쳐 12월까지 예산안을 확정한다.

예산국민참여단은 일반국민을 대상으로 전화를 통해 참여의사를 타진하여 구성한다. 무작위로 표본을 추출하되 성 · 연령 · 지역별 대표성을 확보하는 통계적 구성방법이 사용된다. 예산국민참여단원은 예산학교를 통해 국가재정에 대한 교육을 이수한 후, 참여예산 후보사업을 압축하는 역할을 맡는다. 예산국민참여단이 압축한 후보사업에 대한 일반국민의 선호도는 통계적 대표성이 확보된 표본을 대상으로 한 설문을 통해, 예산국민참여단의 사업선호도는 오프라인 투표를 통해 조사한다.

정부는 2017년에 2018년도 예산을 편성하면서 국민참여예산제도를 시범 도입하였는데, 그 결과 6개의 국민참여예산사업이 선정되었다. 2019년도 예산에는 총 39개 국민참여예산사업에 대해 800억 원이 반영되었다.

문 9. 윗글을 근거로 판단할 때 옳은 것은?

① 국민제안제도에서는 중앙정부가 재정을 지원하는 예산사업의 우선순위를 국민이 정할 수 있다.

② 국민참여예산사업은 국회 심의 · 의결 전에 국무회의에서 정부 예산안에 반영된다.

③ 국민참여예산제도는 정부의 예산편성권 범위 밖에서 운영된다.

④ 참여예산 후보사업은 재정정책자문회의의 논의를 거쳐 제안된다.

⑤ 예산국민참여단의 사업선호도 조사는 전화설문을 통해 이루어진다.

문 10. 윗글과 〈상황〉을 근거로 판단할 때, 甲이 보고할 수치를 옳게 짝지은 것은?

〈상 황〉

2019년도 국민참여예산사업 예산 가운데 688억 원이 생활밀착형사업 예산이고 나머지는 취약계층지원사업 예산이었다. 2020년도 국민참여예산사업 예산 규모는 2019년도에 비해 25% 증가했는데, 이 중 870억 원이 생활밀착형사업 예산이고 나머지는 취약계층지원사업 예산이었다. 국민참여예산제도에 관한 정부부처 담당자 甲은 2019년도와 2020년도 각각에 대해 국민참여예산사업 예산에서 취약계층지원사업 예산이 차지한 비율을 보고하려고 한다.

	2019년도	2020년도
①	13%	12%
②	13%	13%
③	14%	13%
④	14%	14%
⑤	15%	14%

문 11. 다음 글을 근거로 판단할 때, 네 번째로 보고되는 개정안은?

△△처에서 소관 법규 개정안 보고회를 개최하고자 한다. 보고회는 아래와 같은 기준에 따라 진행한다.

- 법규 체계 순위에 따라 법 – 시행령 – 시행규칙의 순서로 보고한다. 법규 체계 순위가 같은 개정안이 여러 개 있는 경우 소관 부서명의 가나다순으로 보고한다.
- 한 부서에서 보고해야 하는 개정안이 여럿인 경우, 해당 부서의 첫 번째 보고 이후 위 기준에도 불구하고 그 부서의 나머지 소관 개정안을 법규 체계 순위에 따라 연달아 보고한다.
- 이상의 모든 기준과 무관하게 보고자가 국장인 경우 가장 먼저 보고한다.

보고 예정인 개정안은 다음과 같다.

개정안명	소관 부서	보고자
A법 개정안	예산담당관	甲사무관
B법 개정안	기획담당관	乙과장
C법 시행령 개정안	기획담당관	乙과장
D법 시행령 개정안	국제화담당관	丙국장
E법 시행규칙 개정안	예산담당관	甲사무관

① A법 개정안

② B법 개정안

③ C법 시행령 개정안

④ D법 시행령 개정안

⑤ E법 시행규칙 개정안

문 12. **다음 글과 〈상황〉을 근거로 판단할 때, 甲이 선택할 사업과 받을 수 있는 지원금을 옳게 짝지은 것은?**

○○군은 집수리지원사업인 A와 B를 운영하고 있다. 신청자는 하나의 사업을 선택하여 지원받을 수 있다. 수리 항목은 외부(방수, 지붕, 담장, 쉼터)와 내부(단열, 설비, 창호)로 나누어진다.

〈사업 A의 지원기준〉

- 외부는 본인부담 10%를 제외한 나머지 소요비용을 1,250만 원 한도 내에서 전액 지원
- 내부는 지원하지 않음

〈사업 B의 지원기준〉

- 담장과 쉼터는 둘 중 하나의 항목만 지원하며, 각각 300만 원과 50만 원 한도 내에서 소요비용 전액 지원
- 담장과 쉼터를 제외한 나머지 항목은 내 · 외부와 관계없이 본인부담 50%를 제외한 나머지 소요비용을 1,200만 원 한도 내에서 전액 지원

〈상 황〉

甲은 본인 집의 창호와 쉼터를 수리하고자 한다. 소요비용은 각각 500만 원과 900만 원이다. 甲은 사업 A와 B 중 지원금이 더 많은 사업을 선택하여 신청하려고 한다.

	사업	지원금
①	A	1,250만 원
②	A	810만 원
③	B	1,250만 원
④	B	810만 원
⑤	B	300만 원

문 13. **다음 글을 근거로 판단할 때, 〈보기〉에서 옳은 것만을 모두 고르면?**

이번 주 甲의 요일별 기본업무량은 다음과 같다.

요일	월	화	수	목	금
기본업무량	60	50	60	50	60

甲은 기본업무량을 초과하여 업무를 처리한 날에 '칭찬'을, 기본업무량 미만으로 업무를 처리한 날에 '꾸중'을 듣는다. 정확히 기본업무량만큼 업무를 처리한 날에는 칭찬도 꾸중도 듣지 않는다.

이번 주 甲은 방식 1~3 중 하나를 선택하여 업무를 처리한다.

방식 1 : 월요일에 100의 업무량을 처리하고, 그다음 날부터는 매일 전날 대비 20 적은 업무량을 처리한다.

방식 2 : 월요일에 0의 업무량을 처리하고, 그다음 날부터는 매일 전날 대비 30 많은 업무량을 처리한다.

방식 3 : 매일 60의 업무량을 처리한다.

〈보 기〉

ㄱ. 방식 1을 선택할 경우 화요일에 꾸중을 듣는다.
ㄴ. 어느 방식을 선택하더라도 수요일에는 칭찬도 꾸중도 듣지 않는다.
ㄷ. 어느 방식을 선택하더라도 칭찬을 듣는 날수는 동일하다.
ㄹ. 칭찬을 듣는 날수에서 꾸중을 듣는 날수를 뺀 값을 최대로 하려면 방식 2를 선택하여야 한다.

① ㄱ, ㄷ
② ㄱ, ㄹ
③ ㄴ, ㄷ
④ ㄴ, ㄹ
⑤ ㄴ, ㄷ, ㄹ

문 14. 다음 글을 근거로 판단할 때, 〈보기〉에서 옳은 것만을 모두 고르면?

○○부의 甲국장은 직원 연수 프로그램을 마련하기 위하여 乙 주무관에게 직원 1,000명 전원을 대상으로 연수 희망 여부와 희망 지역에 대한 의견을 수렴할 것을 요청하였다. 이에 따라 乙은 설문조사를 실시하였고, 甲과 乙은 그 결과에 대해 대화를 나누고 있다.

甲 : 설문조사는 잘 시행되었나요?

乙 : 예. 직원 1,000명 모두 연수 희망 여부에 대해 응답하였습니다. 연수를 희망하는 응답자는 43%였으며, 남자직원의 40%와 여자직원의 50%가 연수를 희망하는 것으로 나타났습니다.

甲 : 연수 희망자 전원이 희망 지역에 대해 응답했나요?

乙 : 예. A지역과 B지역 두 곳 중에서 희망하는 지역을 선택하라고 했더니 B지역을 희망하는 비율이 약간 더 높았습니다. 그리고 연수를 희망하는 여자직원 중 B지역 희망 비율은 연수를 희망하는 남자직원 중 B지역 희망 비율의 2배인 80%였습니다.

〈보 기〉

ㄱ. 전체 직원 중 남자직원의 비율은 50%를 넘는다.
ㄴ. 연수 희망자 중 여자직원의 비율은 40%를 넘는다.
ㄷ. A지역 연수를 희망하는 직원은 200명을 넘지 않는다.
ㄹ. B지역 연수를 희망하는 남자직원은 100명을 넘는다.

① ㄱ, ㄷ
② ㄴ, ㄷ
③ ㄴ, ㄹ
④ ㄱ, ㄴ, ㄹ
⑤ ㄱ, ㄷ, ㄹ

문 15. 다음 글을 근거로 판단할 때, 〈보기〉에서 甲이 지원금을 받는 경우만을 모두 고르면?

• 정부는 자영업자를 지원하기 위하여 2020년 대비 2021년의 이익이 감소한 경우 이익 감소액의 10%를 자영업자에게 지원금으로 지급하기로 하였다.
• 이익은 매출액에서 변동원가와 고정원가를 뺀 금액으로, 자영업자 甲의 2020년 이익은 아래와 같이 계산된다.

구분	금액	비고
매출액	8억 원	판매량(400,000단위)× 판매가격(2,000원)
변동원가	6.4억 원	판매량(400,000단위)× 단위당 변동원가(1,600원)
고정원가	1억 원	판매량과 관계없이 일정함
이익	0.6억 원	8억 원 − 6.4억 원 − 1억 원

〈보 기〉

ㄱ. 2021년의 판매량, 판매가격, 단위당 변동원가, 고정원가는 모두 2020년과 같았다.
ㄴ. 2020년에 비해 2021년에 판매가격을 5% 인하하였고, 판매량, 단위당 변동원가, 고정원가는 2020년과 같았다.
ㄷ. 2020년에 비해 2021년에 판매량은 10% 증가하고 고정원가는 5% 감소하였으나, 판매가격과 단위당 변동원가는 2020년과 같았다.
ㄹ. 2020년에 비해 2021년에 판매가격을 5% 인상했음에도 불구하고 판매량이 25% 증가하였고, 단위당 변동원가와 고정원가는 2020년과 같았다.

① ㄴ
② ㄹ
③ ㄱ, ㄴ
④ ㄴ, ㄷ
⑤ ㄷ, ㄹ

문 16. 다음 글과 〈상황〉을 근거로 판단할 때 옳지 않은 것은?

ㅁㅁ시는 부서 성과 및 개인 성과에 따라 등급을 매겨 직원들에게 성과급을 지급하고 있다.

- 부서 등급과 개인 등급은 각각 S, A, B, C로 나뉘고, 등급별 성과급 산정비율은 다음과 같다.

성과 등급	S	A	B	C
성과급 산정비율(%)	40	20	10	0

- 작년까지 부서 등급과 개인 등급에 따른 성과급 산정비율의 산술평균을 연봉에 곱해 직원의 성과급을 산정해왔다.
  성과급 = 연봉 × {(부서 산정비율 + 개인 산정비율) / 2}
- 올해부터 부서 등급과 개인 등급에 따른 성과급 산정비율 중 더 큰 값을 연봉에 곱해 성과급을 산정하도록 개편하였다.
  성과급 = 연봉 × max{부서 산정비율, 개인 산정비율}

※ max{a, b} = a와 b 중 더 큰 값

〈상 황〉

작년과 올해 ㅁㅁ시 소속 직원 甲~丙의 연봉과 성과 등급은 다음과 같다.

구분	작년			올해		
	연봉(만 원)	성과 등급		연봉(만 원)	성과 등급	
		부서	개인		부서	개인
甲	3,500	S	A	4,000	A	S
乙	4,000	B	S	4,000	S	A
丙	3,000	B	A	3,500	C	B

① 甲의 작년 성과급은 1,050만 원이다.
② 甲과 乙의 올해 성과급은 동일하다.
③ 甲~丙 모두 작년 대비 올해 성과급이 증가한다.
④ 올해 연봉과 성과급의 합이 가장 작은 사람은 丙이다.
⑤ 작년 대비 올해 성과급 상승률이 가장 큰 사람은 乙이다.

문 17. 다음 글을 근거로 판단할 때 옳은 것은?

甲부처 신입직원 선발시험은 전공, 영어, 적성 3개 과목으로 이루어진다. 3개 과목 합계 점수가 높은 사람순으로 정원까지 합격한다. 응시자는 7명(A~G)이며, 7명의 각 과목 성적에 대해서는 다음과 같은 사실이 알려졌다.

- 전공시험 점수 : A는 B보다 높고, B는 E보다 높고, C는 D보다 높다.
- 영어시험 점수 : E는 F보다 높고, F는 G보다 높다.
- 적성시험 점수 : G는 B보다도 높고 C보다도 높다.

합격자 선발 결과, 전공시험 점수가 일정 점수 이상인 응시자는 모두 합격한 반면 그 점수에 달하지 않은 응시자는 모두 불합격한 것으로 밝혀졌고, 이는 영어시험과 적성시험에서도 마찬가지였다.

① A가 합격하였다면, B도 합격하였다.
② G가 합격하였다면, C도 합격하였다.
③ A와 B가 합격하였다면, C와 D도 합격하였다.
④ B와 E가 합격하였다면, F와 G도 합격하였다.
⑤ B가 합격하였다면, B를 포함하여 적어도 6명이 합격하였다.

문 18. 다음 글을 근거로 판단할 때, 〈보기〉에서 옳은 것만을 모두 고르면?

• 甲과 乙이 아래와 같은 방식으로 농구공 던지기 놀이를 하였다.
  – 甲과 乙은 각 5회씩 도전하고, 합계 점수가 더 높은 사람이 승리한다.
  – 2점 슛과 3점 슛을 자유롭게 선택하여 도전할 수 있으며, 성공하면 해당 점수를 획득한다.
  – 5회의 도전 중 4점 슛 도전이 1번 가능한데, '4점 도전'이라고 외친 후 뒤돌아서서 슛을 하여 성공하면 4점을 획득하고, 실패하면 1점을 잃는다.
• 甲과 乙의 던지기 결과는 다음과 같았다.

(성공 : ○, 실패 : ×)

구분	1회	2회	3회	4회	5회
甲	○	×	○	○	○
乙	○	○	×	×	○

〈보 기〉

ㄱ. 甲의 합계 점수는 8점 이상이었다.
ㄴ. 甲이 3점 슛에 2번 도전하였고 乙이 승리하였다면, 乙은 4점 슛에 도전하였을 것이다.
ㄷ. 4점 슛뿐만 아니라 2점 슛, 3점 슛에 대해서도 실패 시 1점을 차감하였다면, 甲이 승리하였을 것이다.

① ㄱ
② ㄴ
③ ㄱ, ㄴ
④ ㄱ, ㄷ
⑤ ㄴ, ㄷ

문 19. 다음 글을 근거로 판단할 때, A군 양봉농가의 최대 수는?

• A군청은 양봉농가가 안정적으로 꿀을 생산할 수 있도록 양봉농가 간 거리가 12km 이상인 경우에만 양봉을 허가하고 있다.
• A군은 반지름이 12km인 원 모양의 평지이며 군 경계를 포함한다.
• A군의 외부에는 양봉농가가 존재하지 않는다.

※ 양봉농가의 면적은 고려하지 않음

① 5개
② 6개
③ 7개
④ 8개
⑤ 9개

문 20. 다음 글을 근거로 판단할 때, ㉠에 해당하는 수는?

甲 : 그저께 나는 만 21살이었는데, 올해 안에 만 23살이 될 거야.
乙 : 올해가 몇 년이지?
甲 : 올해는 2022년이야.
乙 : 그러면 네 주민등록번호 앞 6자리의 각 숫자를 모두 곱하면 [㉠]이구나.
甲 : 그래, 맞아!

① 0　② 81
③ 486　④ 648
⑤ 2,916

문 21. 다음 글과 〈상황〉을 근거로 판단할 때, 올해 말 A검사국이 인사부서에 증원을 요청할 인원은?

농식품 품질 검사를 수행하는 A검사국은 매년 말 다음과 같은 기준에 따라 인사부서에 인력 증원을 요청한다.
• 다음 해 A검사국의 예상 검사 건수를 모두 검사하는 데 필요한 최소 직원 수에서 올해 직원 수를 뺀 인원을 증원 요청한다.
• 직원별로 한 해 동안 수행할 수 있는 최대 검사 건수는 매년 정해지는 '기준 검사 건수'에서 아래와 같이 차감하여 정해진다.
  – 국장은 '기준 검사 건수'의 100%를 차감한다.
  – 사무 처리 직원은 '기준 검사 건수'의 100%를 차감한다.
  – 국장 및 사무 처리 직원을 제외한 모든 직원은 매년 근무시간 중에 품질 검사 교육을 이수해야 하므로, '기준 검사 건수'의 10%를 차감한다.
  – 과장은 '기준 검사 건수'의 50%를 추가 차감한다.

〈상 황〉

• 올해 A검사국에는 국장 1명, 과장 9명, 사무 처리 직원 10명을 포함하여 총 100명의 직원이 있다.
• 내년에도 국장, 과장, 사무 처리 직원의 수는 올해와 동일하다.
• 올해 '기준 검사 건수'는 100건이나, 내년부터는 검사 품질 향상을 위해 90건으로 하향 조정한다.
• A검사국의 올해 검사 건수는 현 직원 모두가 한 해 동안 수행할 수 있는 최대 검사 건수와 같다.
• 내년 A검사국의 예상 검사 건수는 올해 검사 건수의 120%이다.

① 10명　② 14명
③ 18명　④ 21명
⑤ 28명

문 22. 다음 글을 근거로 판단할 때, 〈보기〉에서 옳은 것만을 모두 고르면?

- 甲, 乙, 丙 세 사람은 25개 문제(1~25번)로 구성된 문제집을 푼다.
- 1회차에는 세 사람 모두 1번 문제를 풀고, 2회차부터는 직전 회차 풀이 결과에 따라 풀 문제가 다음과 같이 정해진다.
  - 직전 회차가 정답인 경우 : 직전 회차의 문제 번호에 2를 곱한 후 1을 더한 번호의 문제
  - 직전 회차가 오답인 경우 : 직전 회차의 문제 번호를 2로 나누어 소수점 이하를 버린 후 1을 더한 번호의 문제
- 풀 문제의 번호가 25번을 넘어갈 경우, 25번 문제를 풀고 더 이상 문제를 풀지 않는다.
- 7회차까지 문제를 푼 결과, 세 사람이 맞힌 정답의 개수는 같았고 한 사람이 같은 번호의 문제를 두 번 이상 푼 경우는 없었다.
- 4, 5회차를 제외한 회차별 풀이 결과는 아래와 같다.

(정답 : ○, 오답 : ×)

구분	1	2	3	4	5	6	7
甲	○	○	×			○	×
乙	○	○	○			×	○
丙	○	×	○			○	×

〈보 기〉

ㄱ. 甲과 丙이 4회차에 푼 문제 번호는 같다.
ㄴ. 4회차에 정답을 맞힌 사람은 2명이다.
ㄷ. 5회차에 정답을 맞힌 사람은 없다.
ㄹ. 乙은 7회차에 9번 문제를 풀었다.

① ㄱ, ㄴ
② ㄱ, ㄷ
③ ㄴ, ㄷ
④ ㄴ, ㄹ
⑤ ㄷ, ㄹ

문 23. 다음 글을 근거로 판단할 때 옳지 않은 것은?

△△팀원 7명(A~G)은 새로 부임한 팀장 甲과 함께 하는 환영식사를 계획하고 있다. 모든 팀원은 아래 조건을 전부 만족시키며 甲과 한 번씩만 식사하려 한다.

- 함께 식사하는 총 인원은 4명 이하여야 한다.
- 단둘이 식사하지 않는다.
- 부팀장은 A, B뿐이며, 이 둘은 함께 식사하지 않는다.
- 같은 학교 출신인 C, D는 함께 식사하지 않는다.
- 입사 동기인 E, F는 함께 식사한다.
- 신입사원 G는 부팀장과 함께 식사한다.

① A는 E와 함께 환영식사에 참석할 수 있다.
② B는 C와 함께 환영식사에 참석할 수 있다.
③ C는 G와 함께 환영식사에 참석할 수 있다.
④ D가 E와 함께 환영식사에 참석하는 경우, C는 부팀장과 함께 환영식사에 참석하게 된다.
⑤ G를 포함하여 총 4명이 함께 환영식사에 참석하는 경우, F가 참석하는 환영식사의 인원은 총 3명이다.

문 24. 다음 글을 근거로 판단할 때, ㉠에 해당하는 수는?

甲과 乙은 같은 층의 서로 다른 사무실에서 근무하고 있다. 각 사무실은 일직선 복도의 양쪽 끝에 위치하고 있으며, 두 사람은 복도에서 항상 자신만의 일정한 속력으로 걷는다.

甲은 약속한 시각에 乙에게 서류를 직접 전달하기 위해 자신의 사무실을 나섰다. 甲은 乙의 사무실에 도착하여 서류를 전달하고 곧바로 자신의 사무실로 돌아올 계획이었다.

한편 甲을 기다리고 있던 乙에게 甲의 사무실 쪽으로 가야 할 일이 생겼다. 그래서 乙은 甲이 도착하기로 약속한 시각보다 [㉠]분 일찍 자신의 사무실을 나섰다. 乙은 출발한 지 4분 뒤 복도에서 甲을 만나 서류를 받았다. 서류 전달 후 곧바로 사무실로 돌아온 甲은 원래 예상했던 시각보다 2분 일찍 사무실로 복귀한 사실을 알게 되었다.

① 2
② 3
③ 4
④ 5
⑤ 6

문 25. 다음 글과 〈상황〉을 근거로 판단할 때 옳은 것은?

제00조 ① 재외공관에 근무하는 공무원(이하 '재외공무원'이라 한다)이 공무로 일시귀국하고자 하는 경우에는 장관의 허가를 받아야 한다.

② 공관장이 아닌 재외공무원이 공무 외의 목적으로 일시귀국하려는 경우에는 공관장의 허가를, 공관장이 공무 외의 목적으로 일시귀국하려는 경우에는 장관의 허가를 받아야 한다. 다만 재외공무원 또는 그 배우자의 직계존·비속이 사망하거나 위독한 경우에는 공관장이 아닌 재외공무원은 공관장에게, 공관장은 장관에게 각각 신고하고 일시귀국할 수 있다.

③ 재외공무원이 공무 외의 목적으로 일시귀국할 수 있는 기간은 연 1회 20일 이내로 한다. 다만 다음 각 호의 어느 하나에 해당하는 경우에는 이를 일시귀국의 횟수 및 기간에 산입하지 아니한다.

1. 재외공무원의 직계존·비속이 사망하거나 위독하여 일시귀국하는 경우
2. 재외공무원 또는 그 동반가족의 치료를 위하여 일시귀국하는 경우

④ 제2항에도 불구하고 다음 각 호의 어느 하나에 해당하는 경우에는 장관의 허가를 받아야 한다.

1. 재외공무원이 연 1회 또는 20일을 초과하여 공무 외의 목적으로 일시귀국하려는 경우
2. 재외공무원이 일시귀국 후 국내 체류기간을 연장하는 경우

〈상 황〉

A국 소재 대사관에는 공관장 甲을 포함하여 총 3명의 재외공무원(甲~丙)이 근무하고 있다. 아래는 올해 1월부터 7월 현재까지 甲~丙의 일시귀국 현황이다.

- 甲 : 공무상 회의 참석을 위해 총 2회(총 25일)
- 乙 : 동반자녀의 관절 치료를 위해 총 1회(치료가 더 필요하여 국내 체류기간 1회 연장, 총 17일)
- 丙 : 직계존속의 회갑으로 총 1회(총 3일)

① 甲은 일시귀국 시 장관에게 신고하였을 것이다.

② 甲은 배우자의 직계존속이 위독하여 올해 추가로 일시귀국하기 위해서는 장관의 허가를 받아야 한다.

③ 乙이 직계존속의 회갑으로 인해 올해 3일간 추가로 일시귀국하기 위해서는 장관의 허가를 받아야 한다.

④ 乙이 공관장의 허가를 받아 일시귀국하였더라도 국내 체류기간을 연장하였을 때에는 장관의 허가를 받았을 것이다.

⑤ 丙이 자신의 혼인으로 인해 올해 추가로 일시귀국하기 위해서는 공관장의 허가를 받아야 한다.

문 1. 다음 〈그림〉은 2021년 7월 '갑'지역의 15세 이상 인구를 대상으로 한 경제활동인구조사 결과를 정리한 자료이다. 〈그림〉의 A, B에 해당하는 값을 바르게 나열한 것은?

〈그림〉 2021년 7월 경제활동인구조사 결과

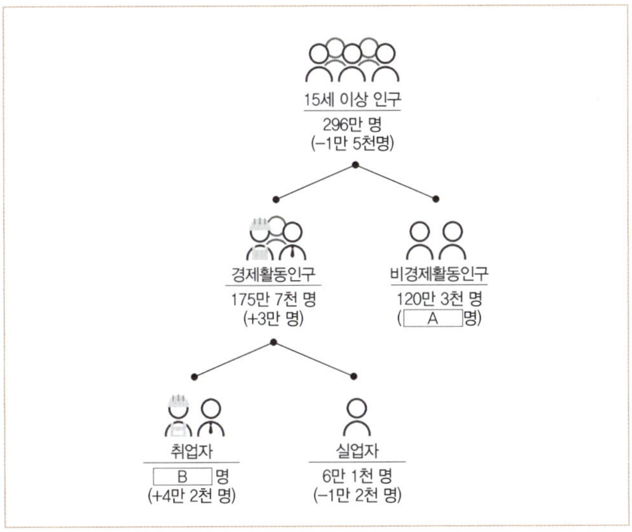

※ ( )는 2020년 7월 대비 증감 인구수임

	A	B
①	−4만 5천	169만 6천
②	−4만 5천	165만 4천
③	−1만 2천	172만 7천
④	−1만 2천	169만 6천
⑤	+4만 2천	172만 7천

문 2. 다음 〈표〉는 2017~2021년 '갑'국의 청구인과 피청구인에 따른 특허심판 청구건수에 관한 자료이다. 이에 대한 〈보기〉의 설명 중 옳은 것만을 모두 고르면?

〈표〉 청구인과 피청구인에 따른 특허심판 청구건수

(단위 : 건)

청구인 / 피청구인 / 연도	내국인		외국인	
	내국인	외국인	내국인	외국인
2017	765	270	204	172
2018	889	1,970	156	119
2019	795	359	191	72
2020	771	401	93	230
2021	741	213	152	46

〈보 기〉

ㄱ. 2019년 청구인이 내국인인 특허심판 청구건수의 전년 대비 감소율은 50% 이상이다.

ㄴ. 2021년 피청구인이 내국인인 특허심판 청구건수는 피청구인이 외국인인 특허심판 청구건수의 3배 이상이다.

ㄷ. 2017년 내국인이 외국인에게 청구한 특허심판 청구건수는 2020년 외국인이 외국인에게 청구한 특허심판 청구건수보다 많다.

① ㄱ
② ㄷ
③ ㄱ, ㄴ
④ ㄴ, ㄷ
⑤ ㄱ, ㄴ, ㄷ

문 3. 다음 〈보고서〉는 2018~2021년 '갑'국의 생활밀접업종 현황에 대한 자료이다. 〈보고서〉의 내용과 부합하지 않는 자료는?

〈보고서〉

생활밀접업종은 소매, 음식, 숙박, 서비스 등과 같이 일상생활과 밀접하게 관련된 재화 또는 용역을 공급하는 업종이다. 생활밀접업종 사업자 수는 2021년 현재 2,215천 명으로 2018년 대비 10% 이상 증가하였다. 2018년 대비 2021년 생활밀접업종 중 73개 업종에서 사업자 수가 증가하였는데, 이 중 스포츠시설운영업이 가장 높은 증가율을 기록하였고 펜션 · 게스트하우스, 애완용품점이 그 뒤를 이었다.

그러나 혼인건수와 출생아 수가 줄어드는 사회적 현상은 관련 업종에도 직접 영향을 미친 것으로 나타났다. 산부인과 병 · 의원 사업자 수는 2018년 이후 매년 감소하였다. 또한, 2018년 이후 예식장과 결혼상담소의 사업자 수도 각각 매년 감소하는 것으로 나타났다.

한편 복잡한 현대사회에서 전문직에 대한 수요는 꾸준히 증가하고 있다. 생활밀접업종을 소매, 음식, 숙박, 병 · 의원, 전문직, 교육, 서비스의 7개 그룹으로 분류했을 때 전문직 그룹의 2018년 대비 2021년 사업자 수 증가율이 17.6%로 가장 높았다.

① 생활밀접업종 사업자 수

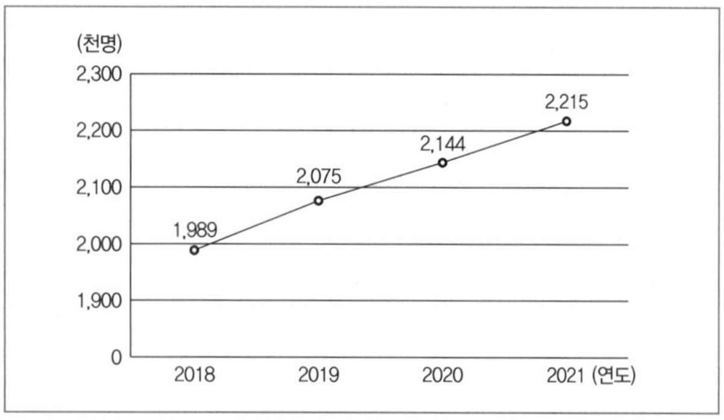

② 2018년 대비 2021년 생활밀접업종 사업자 수 증가율 상위 10개 업종

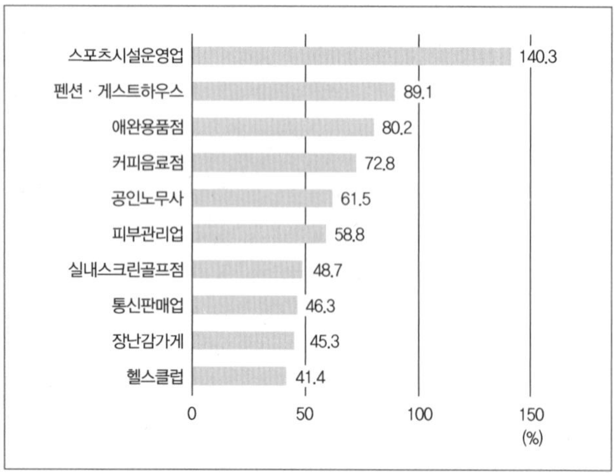

③ 주요 진료과목별 병 · 의원 사업자 수

(단위 : 명)

진료과목 \ 연도	2018	2019	2020	2021
신경정신과	1,270	1,317	1,392	1,488
가정의학과	2,699	2,812	2,952	3,057
피부과 · 비뇨의학과	3,267	3,393	3,521	3,639
이비인후과	2,259	2,305	2,380	2,461
안과	1,485	1,519	1,573	1,603
치과	16,424	16,879	17,217	17,621
일반외과	4,282	4,369	4,474	4,566
성형외과	1,332	1,349	1,372	1,414
내과 · 소아과	10,677	10,861	10,975	11,130
산부인과	1,726	1,713	1,686	1,663

④ 예식장 및 결혼상담소 사업자 수

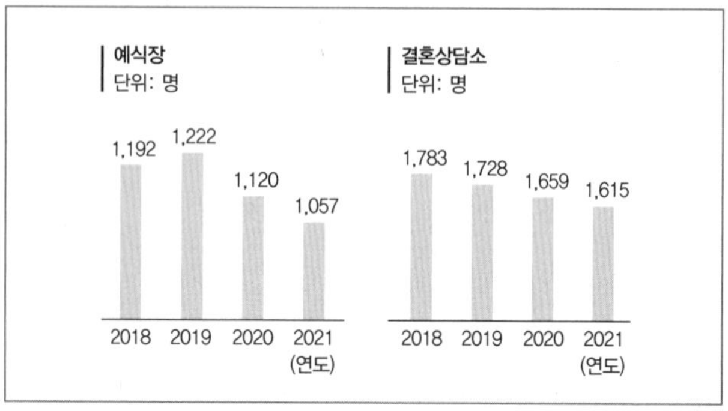

⑤ 2018년 대비 2021년 생활밀접업종의 7개 그룹별 사업자 수 증가율

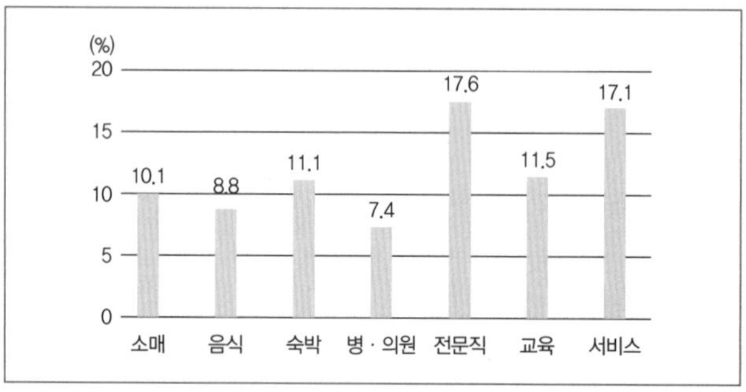

문 4. 다음 〈표〉는 '갑'국 A위원회의 24~26차 회의 심의결과에 관한 자료이다. 이에 대한 〈보기〉의 설명 중 옳은 것만을 모두 고르면?

〈표〉 A위원회의 24~26차 회의 심의결과

회차 / 위원 \ 동의 여부	24		25		26	
	동의	부동의	동의	부동의	동의	부동의
기획재정부장관	○		○		○	
교육부장관	○			○	○	
과학기술정보통신부장관	○		○			○
행정안전부장관	○			○	○	
문화체육관광부장관	○			○	○	
농림축산식품부장관		○	○		○	
산업통상자원부장관		○		○		○
보건복지부장관	○		○		○	
환경부장관		○	○			○
고용노동부장관		○		○	○	
여성가족부장관	○		○		○	
국토교통부장관	○		○		○	
해양수산부장관	○		○		○	
중소벤처기업부장관		○	○			○
문화재청장	○		○		○	
산림청장	○			○	○	

※ 1) A위원회는 〈표〉에 제시된 16명의 위원으로만 구성됨
2) A위원회는 매 회차 개최 시 1건의 안건만을 심의함

〈보 기〉

ㄱ. 24~26차 회의의 심의안건에 모두 동의한 위원은 6명이다.
ㄴ. 심의안건에 부동의한 위원 수는 매 회차 증가하였다.
ㄷ. 전체 위원의 $\frac{2}{3}$ 이상이 동의해야 심의안건이 의결된다면, 24~26차 회의의 심의안건은 모두 의결되었다.

① ㄱ
② ㄴ
③ ㄱ, ㄷ
④ ㄴ, ㄷ
⑤ ㄱ, ㄴ, ㄷ

문 5. 다음 〈표〉는 1990년대 이후 A~E도시의 시기별 및 자본금액별 창업 건수에 관한 자료이고, 〈보고서〉는 A~E 중 한 도시의 창업 건수에 관한 설명이다. 이를 근거로 판단할 때, 〈보고서〉의 내용에 부합하는 도시는?

〈표〉 A~E도시의 시기별 및 자본금액별 창업 건수

(단위 : 건)

시기 / 도시 \ 자본금액	1990년대		2000년대		2010년대		2020년 이후	
	1천만 원 미만	1천만 원 이상	1천만 원 미만	1천만 원 이상	1천만 원 미만	1천만 원 이상	1천만 원 미만	1천만 원 이상
A	198	11	206	32	461	26	788	101
B	46	0	101	5	233	4	458	16
C	12	2	19	17	16	17	76	14
D	27	3	73	34	101	24	225	27
E	4	0	25	0	53	3	246	7

〈보고서〉

이 도시의 시기별 및 자본금액별 창업 건수는 다음과 같은 특징이 있다. 첫째, 1990년대 이후 모든 시기에서 자본금액 1천만 원 미만 창업 건수가 자본금액 1천만 원 이상 창업 건수보다 많다. 둘째, 자본금액 1천만 원 미만 창업 건수와 1천만 원 이상 창업 건수의 차이는 2010년대가 2000년대의 2배 이상이다. 셋째, 2020년 이후 전체 창업 건수는 1990년대 전체 창업 건수의 10배 이상이다. 넷째, 2020년 이후 전체 창업 건수 중 자본금액 1천만 원 이상 창업 건수의 비중은 3% 이상이다.

① A
② B
③ C
④ D
⑤ E

문 6. **다음 〈표〉는 '갑'국의 원료곡종별 및 등급별 가공단가와 A~C지역의 가공량에 관한 자료이다. 이에 대한 〈보기〉의 설명 중 옳은 것만을 모두 고르면?**

〈표 1〉 원료곡종별 및 등급별 가공단가

(단위 : 천 원/톤)

원료곡종 \ 등급	1등급	2등급	3등급
쌀	118	109	100
현미	105	97	89
보리	65	60	55

〈표 2〉 A~C지역의 원료곡종별 및 등급별 가공량

(단위 : 톤)

지역	원료곡종 \ 등급	1등급	2등급	3등급	합계
A	쌀	27	35	25	87
	현미	43	20	10	73
	보리	5	3	7	15
B	쌀	23	25	55	103
	현미	33	25	21	79
	보리	9	9	5	23
C	쌀	30	35	20	85
	현미	30	37	25	92
	보리	8	30	2	40
전체	쌀	80	95	100	275
	현미	106	82	56	244
	보리	22	42	14	78

※ 가공비용=가공단가×가공량

〈보 기〉

ㄱ. A지역의 3등급 쌀 가공비용은 B지역의 2등급 현미 가공비용보다 크다.

ㄴ. 1등급 현미 전체의 가공비용은 2등급 현미 전체 가공비용의 2배 이상이다.

ㄷ. 3등급 쌀과 3등급 보리의 가공단가가 각각 90천 원/톤, 50천 원/톤으로 변경될 경우, 지역별 가공비용 총액 감소폭이 가장 작은 지역은 A이다.

① ㄱ

② ㄷ

③ ㄱ, ㄴ

④ ㄱ, ㄷ

⑤ ㄴ, ㄷ

문 7. **다음 〈표〉는 재해위험지구 '갑', '을', '병'지역을 대상으로 정비사업 투자의 우선순위를 결정하기 위한 자료이다. '편익', '피해액', '재해발생위험도' 3개 평가 항목 점수의 합이 큰 지역일수록 우선순위가 높다. 이에 대한 〈보기〉의 설명 중 옳은 것만을 모두 고르면?**

〈표 1〉 '갑'~'병'지역의 평가 항목별 등급

지역 \ 평가 항목	편익	피해액	재해발생위험도
갑	C	A	B
을	B	D	A
병	A	B	C

〈표 2〉 평가 항목의 등급별 배점

(단위 : 점)

등급 \ 평가 항목	편익	피해액	재해발생위험도
A	10	15	25
B	8	12	17
C	6	9	10
D	4	6	0

〈보 기〉

ㄱ. '재해발생위험도' 점수가 높은 지역일수록 우선순위가 높다.

ㄴ. 우선순위가 가장 높은 지역과 가장 낮은 지역의 '피해액' 점수 차이는 '재해발생위험도' 점수 차이보다 크다.

ㄷ. '피해액' 점수와 '재해발생위험도' 점수의 합이 가장 큰 지역은 '갑'이다.

ㄹ. '갑'지역의 '편익' 등급이 B로 변경되면, 우선순위가 가장 높은 지역은 '갑'이다.

① ㄱ, ㄴ

② ㄱ, ㄷ

③ ㄴ, ㄹ

④ ㄱ, ㄷ, ㄹ

⑤ ㄴ, ㄷ, ㄹ

문 8. 다음 〈그림〉은 2017~2021년 '갑'국의 반려동물 사료 유형별 특허 출원건수에 관한 자료이다. 이에 대한 〈보기〉의 설명 중 옳은 것만을 모두 고르면?

〈그림〉 반려동물 사료 유형별 특허 출원건수

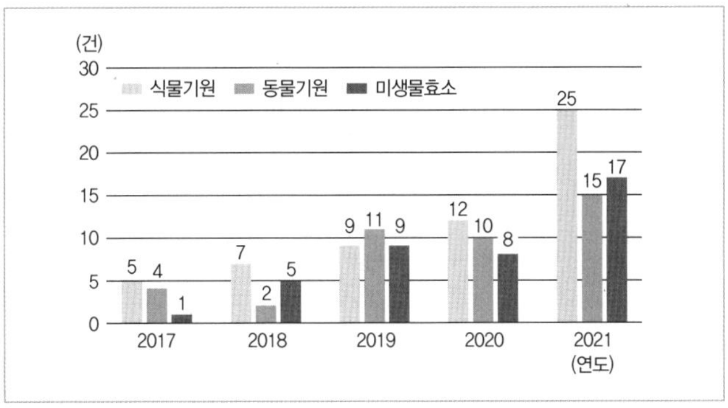

※ 반려동물 사료 유형은 식물기원, 동물기원, 미생물효소로만 구분함

〈보 기〉

ㄱ. 2017~2021년 동안의 특허 출원건수 합이 가장 작은 사료 유형은 '미생물효소'이다.

ㄴ. 연도별 전체 특허 출원건수 대비 각 사료 유형의 특허 출원건수 비율은 '식물기원'이 매년 가장 높다.

ㄷ. 2021년 특허 출원건수의 전년 대비 증가율이 가장 높은 사료 유형은 '식물기원'이다.

① ㄱ

② ㄷ

③ ㄱ, ㄴ

④ ㄱ, ㄷ

⑤ ㄴ, ㄷ

문 9. 다음 〈표〉는 2019년과 2020년 지역별 전체주택 및 빈집 현황에 관한 자료이다. 이를 바탕으로 작성한 〈보고서〉의 A~C에 해당하는 내용을 바르게 나열한 것은?

〈표〉 2019년과 2020년 지역별 전체주택 및 빈집 현황

(단위 : 호, %)

연도 / 구분 / 지역	2019			2020		
	전체주택	빈집	빈집 비율	전체주택	빈집	빈집 비율
서울특별시	2,953,964	93,402	3.2	3,015,371	96,629	3.2
부산광역시	1,249,757	109,651	8.8	1,275,859	113,410	8.9
대구광역시	800,340	40,721	5.1	809,802	39,069	4.8
인천광역시	1,019,365	66,695	6.5	1,032,774	65,861	6.4
광주광역시	526,161	39,625	7.5	538,275	41,585	7.7
대전광역시	492,797	29,640	6.0	496,875	26,983	5.4
울산광역시	391,596	33,114	8.5	394,634	30,241	7.7
세종특별자치시	132,257	16,437	12.4	136,887	14,385	10.5
경기도	4,354,776	278,815	6.4	4,495,115	272,358	6.1
강원도	627,376	84,382	13.4	644,023	84,106	13.1
충청북도	625,957	77,520	12.4	640,256	76,877	12.0
충청남도	850,525	107,609	12.7	865,008	106,430	12.3
전라북도	724,524	91,138	12.6	741,221	95,412	12.9
전라남도	787,816	121,767	15.5	802,043	122,103	15.2
경상북도	1,081,216	143,560	13.3	1,094,306	139,770	12.8
경상남도	1,266,739	147,173	11.6	1,296,944	150,982	11.6
제주특별자치도	241,788	36,566	15.1	246,451	35,105	14.2
전국	18,126,954	1,517,815	8.4	18,525,844	1,511,306	8.2

※ 빈집비율(%) = $\frac{빈집}{전체주택} \times 100$

〈보고서〉

2020년 우리나라 전체주택 수는 전년 대비 39만 호 이상 증가하였으나 빈집 수는 6천 호 이상 감소하여 빈집비율은 전년 대비 감소하였다. 특히 세종특별자치시의 빈집비율이 가장 큰 폭으로 감소하였다.

하지만 2020년에는 [A]개 지역에서 빈집 수가 전년 대비 증가하였고, 전년 대비 빈집비율이 가장 큰 폭으로 증가한 지역은 [B]였다. 빈집비율이 가장 높은 지역과 가장 낮은 지역의 빈집비율 차이는 2019년에 비해 2020년이 [C]하였다.

	A	B	C
①	5	광주광역시	감소
②	5	전라북도	증가
③	6	광주광역시	증가
④	6	전라북도	증가
⑤	6	전라북도	감소

문 10. 다음 〈표〉와 〈보고서〉는 2021년 '갑'국의 초등돌봄교실에 관한 자료이다. 제시된 〈표〉 이외에 〈보고서〉를 작성하기 위해 추가로 필요한 자료만을 〈보기〉에서 모두 고르면?

〈표 1〉 2021년 초등돌봄교실 이용학생 현황

(단위 : 명, %)

구분 \ 학년		1	2	3	4	5	6	합
오후돌봄교실	학생 수	124,000	91,166	16,421	7,708	3,399	2,609	245,303
	비율	50.5	37.2	6.7	3.1	1.4	1.1	100.0
저녁돌봄교실	학생 수	5,215	3,355	772	471	223	202	10,238
	비율	50.9	32.8	7.5	4.6	2.2	2.0	100.0

〈표 2〉 2021년 지원대상 유형별 오후돌봄교실 이용학생 현황

(단위 : 명, %)

구분 \ 지원대상 유형		우선지원대상					일반 지원 대상	합
		저소득층	한부모	맞벌이	기타	소계		
오후돌봄교실	학생 수	23,066	6,855	174,297	17,298	221,516	23,787	245,303
	비율	9.4	2.8	71.1	7.1	90.3	9.7	100.0

〈보고서〉

2021년 '갑'국의 초등돌봄교실 이용학생은 오후돌봄교실 245,303명, 저녁돌봄교실 10,238명이다. 오후돌봄교실의 경우 2021년 기준 전체 초등학교의 98.9%가 참여하고 있다.

오후돌봄교실의 우선지원대상은 저소득층 가정, 한부모 가정, 맞벌이 가정, 기타로 구분되며, 맞벌이 가정이 전체 오후돌봄교실 이용학생의 71.1%로 가장 많고 다음으로 저소득층 가정이 9.4%로 많다.

저녁돌봄교실의 경우 17시부터 22시까지 운영하고 있으나, 19시를 넘는 늦은 시간까지 이용하는 학생 비중은 11.2%에 불과하다. 2021년 현재 저녁돌봄교실 이용학생은 1~2학년이 8,570명으로 전체 저녁돌봄교실 이용학생의 83.7%를 차지한다.

초등돌봄교실 담당인력은 돌봄전담사, 현직교사, 민간위탁업체로 다양하다. 담당인력 구성은 돌봄전담사가 10,237명으로 가장 많고, 다음으로 현직교사 1,480명, 민간위탁업체 565명 순이다. 그중 돌봄전담사는 무기계약직이 6,830명이고 기간제가 3,407명이다.

〈보 기〉

ㄱ. 연도별 오후돌봄교실 참여 초등학교 수 및 참여율

(단위 : 개, %)

구분 \ 연도	2016	2017	2018	2019	2020	2021
학교 수	5,652	5,784	5,938	5,972	5,998	6,054
참여율	96.0	97.3	97.3	96.9	97.0	98.9

ㄴ. 2021년 저녁돌봄교실 이용학생의 이용시간별 분포

(단위 : 명, %)

구분 \ 이용시간	17~18시	17~19시	17~20시	17~21시	17~22시	합
이용학생 수	6,446	2,644	1,005	143	0	10,238
비율	63.0	25.8	9.8	1.4	0.0	100.0

ㄷ. 2021년 저녁돌봄교실 이용학생의 학년별 분포

(단위 : 명, %)

구분 \ 학년	1~2	3~4	5~6	합
이용학생 수	8,570	1,243	425	10,238
비율	83.7	12.1	4.2	100.0

ㄹ. 2021년 초등돌봄교실 담당인력 현황

(단위 : 명, %)

구분	돌봄전담사			현직 교사	민간 위탁 업체	합
	무기 계약직	기간제	소계			
인력	6,830	3,407	10,237	1,480	565	12,282
비율	55.6	27.7	83.3	12.1	4.6	100.0

① ㄱ, ㄴ

② ㄱ, ㄷ

③ ㄷ, ㄹ

④ ㄱ, ㄴ, ㄹ

⑤ ㄴ, ㄷ, ㄹ

문 11. **다음 〈표〉는 2016~2020년 '갑'국의 해양사고 심판현황이다. 이에 대한 〈보기〉의 설명 중 옳은 것만을 모두 고르면?**

〈표〉 2016~2020년 해양사고 심판현황

(단위 : 건)

구분 \ 연도	2016	2017	2018	2019	2020
전년 이월	96	100	( )	71	89
해당 연도 접수	226	223	168	204	252
심판대상	322	( )	258	275	341
재결	222	233	187	186	210

※ '심판대상' 중 '재결'되지 않은 건은 다음 연도로 이월함

〈보 기〉

ㄱ. '심판대상' 중 '전년 이월'의 비중은 2018년이 2016년보다 높다.
ㄴ. 다음 연도로 이월되는 건수가 가장 많은 연도는 2016년이다.
ㄷ. 2017년 이후 '해당 연도 접수' 건수의 전년 대비 증가율이 가장 높은 연도는 2020년이다.
ㄹ. '재결' 건수가 가장 적은 연도에는 '해당 연도 접수' 건수도 가장 적다.

① ㄱ, ㄴ
② ㄱ, ㄷ
③ ㄴ, ㄷ
④ ㄴ, ㄹ
⑤ ㄷ, ㄹ

문 12. **다음 〈표〉는 '갑'주무관이 해양포유류 416종을 4가지 부류(A~D)로 나눈 후 2022년 기준 국제자연보전연맹(IUCN) 적색 목록 지표에 따라 분류한 자료이다. 이를 근거로 작성한 〈보고서〉의 A, B에 해당하는 해양포유류 부류를 바르게 연결한 것은?**

〈표〉 해양포유류의 IUCN 적색 목록 지표별 분류 현황

(단위 : 종)

지표 \ 해양포유류 부류	A	B	C	D	합
절멸종(EX)	3	−	2	8	13
야생절멸종(EW)	−	−	−	2	2
심각한위기종(CR)	−	−	−	15	15
멸종위기종(EN)	11	1	−	48	60
취약종(VU)	7	2	8	57	74
위기근접종(NT)	2	−	−	38	40
관심필요종(LC)	42	2	1	141	186
자료부족종(DD)	2	−	−	24	26
미평가종(NE)	−	−	−	−	0
계	67	5	11	333	416

〈보고서〉

국제자연보전연맹(IUCN)의 적색 목록(Red List)은 지구 동식물종의 보전 상태를 나타내며, 각 동식물종의 보전 상태는 9개의 지표 중 1개로만 분류된다. 이 중 심각한위기종(CR), 멸종위기종(EN), 취약종(VU) 3개 지표 중 하나로 분류되는 동식물종을 멸종우려종(threatened species)이라 한다.

조사대상 416종의 해양포유류를 '고래류', '기각류', '해달류 및 북극곰', '해우류' 4가지 부류로 나눈 후, IUCN의 적색 목록 지표에 따라 분류해 보면 전체 조사대상의 약 36%가 멸종우려종에 속하고 있다. 특히, 멸종우려종 중 '고래류'가 차지하는 비중은 80% 이상이다. 또한 '해달류 및 북극곰'은 9개의 지표 중 멸종우려종 또는 관심필요종(LC)으로만 분류된 것으로 나타났다.

한편 해양포유류에 대한 과학적인 이해가 부족하여 26종은 자료부족종(DD)으로 분류되고 있다. 다만 '해달류 및 북극곰'과 '해우류'는 자료부족종(DD)으로 분류된 종이 없다.

	A	B
①	고래류	기각류
②	고래류	해우류
③	기각류	해달류 및 북극곰
④	기각류	해우류
⑤	해우류	해달류 및 북극곰

문 13. **다음 〈표〉와 〈조건〉은 공유킥보드 운영사 A~D의 2022년 1월 기준 대여요금제와 대여방식이고 〈보고서〉는 공유킥보드 대여요금제 변경 이력에 관한 자료이다. 〈보고서〉에서 (다)에 해당하는 값은?**

〈표〉 공유킥보드 운영사 A~D의 2022년 1월 기준 대여요금제

(단위 : 원)

구분 \ 운영사	A	B	C	D
잠금해제료	0	250	750	1,600
분당대여료	200	150	120	60

〈조 건〉

- 대여요금=잠금해제료+분당대여료×대여시간
- 공유킥보드 이용자는 공유킥보드 대여시간을 분단위로 미리 결정하고 운영사 A~D의 대여요금을 산정한다.
- 공유킥보드 이용자는 산정된 대여요금이 가장 낮은 운영사의 공유킥보드를 대여한다.

〈보고서〉

2022년 1월 기준 대여요금제에 따르면 운영사 (가) 는 이용자의 대여시간이 몇 분이더라도 해당 대여시간에 대해 운영사 A~D 중 가장 낮은 대여요금을 제공하지 못하는 것으로 나타났다. 자사 공유킥보드가 1대도 대여되지 않고 있음을 확인한 운영사 (가) 는 2월부터 잠금해제 이후 처음 5분간 분당대여료를 면제하는 것으로 대여요금제를 변경하였다.

운영사 (나) 가 2월 기준 대여요금제로 운영사 A~D의 대여요금을 재산정한 결과, 이용자의 대여시간이 몇 분이더라도 해당 대여시간에 대해 운영사 A~D 중 가장 낮은 대여요금을 제공하지 못하는 것을 파악하였다. 이에 운영사 (나) 는 3월부터 분당대여료를 50원 인하하는 것으로 대여요금제를 변경하였다.

그 결과 대여시간이 20분일 때, 3월 기준 대여요금제로 산정된 운영사 (가) 와 (나) 의 공유킥보드 대여요금 차이는 (다) 원이다.

① 200
② 250
③ 300
④ 350
⑤ 400

문 14. **다음 〈보고서〉는 2021년 '갑'국 사교육비 조사결과에 대한 자료이다. 〈보고서〉의 내용과 부합하지 않는 자료는?**

〈보고서〉

2021년 전체 학생 수는 532만 명으로 전년보다 감소하였지만, 사교육비 총액은 23조 4천억 원으로 전년 대비 20% 이상 증가하였다. 또한, 사교육의 참여율과 주당 참여시간도 전년 대비 증가한 것으로 나타났다.

2021년 전체 학생의 1인당 월평균 사교육비는 전년 대비 20% 이상 증가하였고, 사교육 참여학생의 1인당 월평균 사교육비 또한 전년 대비 6% 이상 증가하였다. 2021년 전체 학생 중 월평균 사교육비를 20만 원 미만 지출한 학생의 비중은 전년 대비 감소하였으나, 60만 원 이상 지출한 학생의 비중은 전년 대비 증가한 것으로 나타났다.

한편, 2021년 방과후학교 지출 총액은 4,434억 원으로 2019년 대비 50% 이상 감소하였으며, 방과후학교 참여율 또한 28.9%로 2019년 대비 15.0%p 이상 감소하였다.

① 전체 학생 수와 사교육비 총액

(단위 : 만 명, 조 원)

구분 \ 연도	2020	2021
전체 학생 수	535	532
사교육비 총액	19.4	23.4

② 사교육의 참여율과 주당 참여시간

(단위 : %, 시간)

구분 \ 연도	2020	2021
참여율	67.1	75.5
주당 참여시간	5.3	6.7

③ 학생 1인당 월평균 사교육비

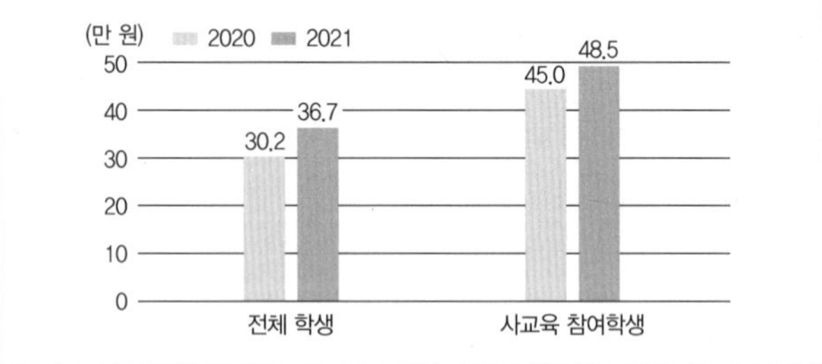

④ 전체 학생의 월평균 사교육비 지출 수준에 따른 분포

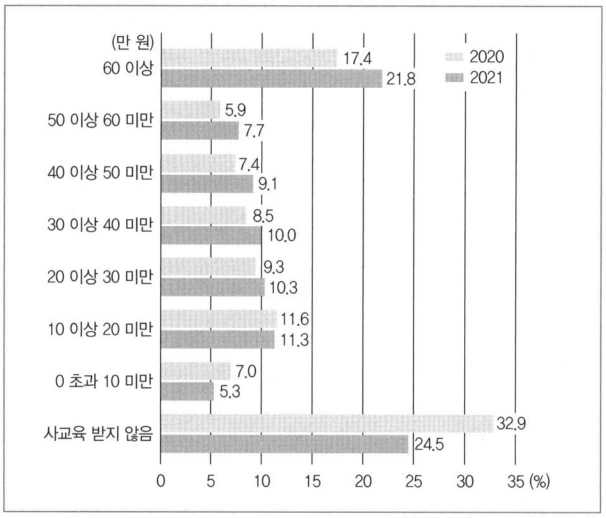

⑤ 방과후학교의 지출 총액과 참여율

(단위 : 억 원, %)

구분 \ 연도	2019	2021
지출 총액	8,250	4,434
참여율	48.4	28.9

문 15. 다음 〈표〉는 '갑'국의 학교급별 여성 교장 수와 비율을 1980년부터 5년마다 조사한 자료이다. 이에 대한 설명으로 옳은 것은?

〈표〉 학교급별 여성 교장 수와 비율

(단위 : 명, %)

학교급	초등학교		중학교		고등학교	
조사연도 \ 구분	여성 교장 수	비율	여성 교장 수	비율	여성 교장 수	비율
1980	117	1.8	66	3.6	47	3.4
1985	122	1.9	98	4.9	60	4.0
1990	159	2.5	136	6.3	64	4.0
1995	222	3.8	181	7.6	66	3.8
2000	490	8.7	255	9.9	132	6.5
2005	832	14.3	330	12.0	139	6.4
2010	1,701	28.7	680	23.2	218	9.5
2015	2,058	34.5	713	24.3	229	9.9
2020	2,418	40.3	747	25.4	242	10.4

※ 1) 학교급별 여성 교장 비율(%) $= \frac{\text{학교급별 여성 교장 수}}{\text{학교급별 전체 교장 수}} \times 100$

2) 교장이 없는 학교는 없으며, 각 학교의 교장은 1명임

① 2000년 이후 중학교 여성 교장 비율은 매년 증가한다.

② 초등학교 수는 2020년이 1980년보다 많다.

③ 고등학교 남성 교장 수는 1985년이 1990년보다 많다.

④ 1995년 초등학교 수는 같은 해 중학교 수와 고등학교 수의 합보다 많다.

⑤ 초등학교 여성 교장 수는 2020년이 2000년의 5배 이상이다.

문 16. 다음 〈표〉는 도지사 선거 후보자 A와 B의 TV 토론회 전후 '가'~'마'지역 유권자의 지지율에 대한 자료이고, 〈보고서〉는 이 중 한 지역의 지지율 변화를 분석한 자료이다. 〈보고서〉의 내용에 해당하는 지역을 '가'~'마' 중에서 고르면?

〈표〉 도지사 선거 후보자 TV 토론회 전후 지지율

(단위 : %)

시기 / 지역 / 후보자	TV 토론회 전		TV 토론회 후	
	A	B	A	B
가	38	52	50	46
나	28	40	39	41
다	31	59	37	36
라	35	49	31	57
마	29	36	43	41

※ 1) 도지사 선거 후보자는 A와 B뿐임
　2) 응답자는 '후보자 A 지지', '후보자 B 지지', '지지 후보자 없음' 중 하나만 응답하고, 무응답은 없음

〈보고서〉

도지사 선거 후보자 TV 토론회를 진행하기 전과 후에 실시한 이 지역의 여론조사 결과, 도지사 후보자 지지율 변화는 다음과 같다. TV 토론회 전에는 B후보자에 대한 지지율이 A후보자보다 10%p 이상 높게 집계되어 B후보자가 선거에 유리한 것으로 보였으나, TV 토론회 후에는 지지율 양상에 변화가 있는 것으로 분석된다.

TV 토론회 후 '지지 후보자 없음'으로 응답한 비율이 줄어 TV 토론회가 그동안 어떤 후보자에 투표할지 고민하던 유권자의 선택에 영향을 미친 것으로 판단된다. 또한, A후보자에 대한 지지율 증가폭이 B후보자보다 큰 것으로 나타나 TV 토론회를 통해 A후보자의 강점이 더 잘 드러났던 것으로 분석된다. 그러나 TV 토론회 후 두 후보자간 지지율 차이가 3%p 이내에 불과하여 이 지역에서 선거의 결과는 예측하기 어렵다.

① 가
② 나
③ 다
④ 라
⑤ 마

문 17. 다음 〈그림〉은 '갑'공업단지 내 8개 업종 업체 수와 업종별 스마트시스템 도입률 및 고도화율에 관한 자료이다. 이에 대한 〈보기〉의 설명 중 옳은 것만을 모두 고르면?

〈그림 1〉 업종별 업체 수

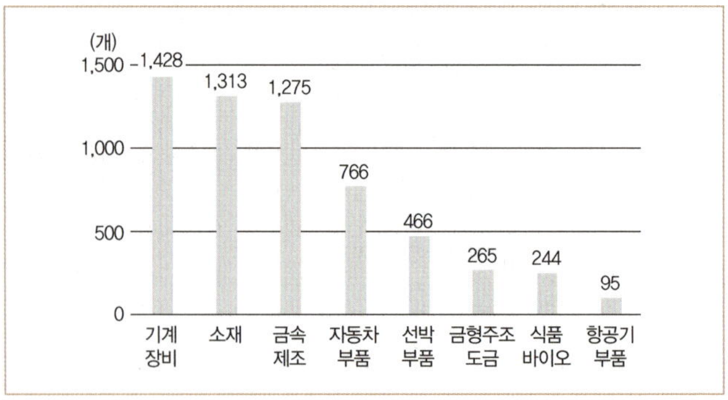

〈그림 2〉 업종별 스마트시스템 도입률 및 고도화율

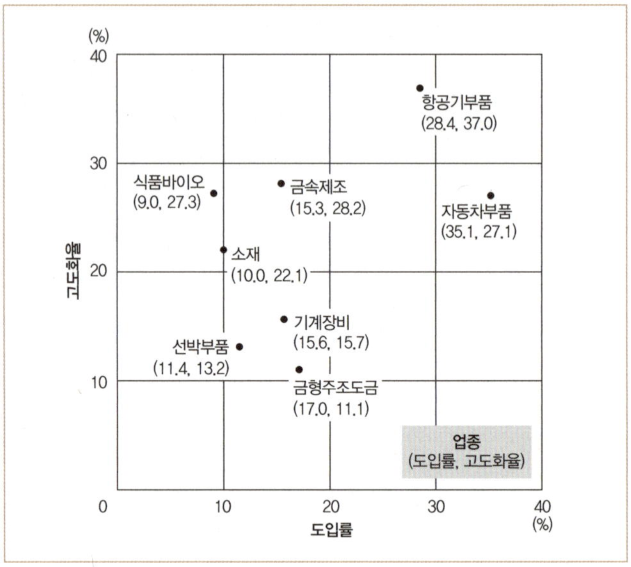

※ 1) 도입률(%) $=\frac{\text{업종별 스마트시스템 도입 업체 수}}{\text{업종별 업체 수}}\times 100$
　2) 고도화율(%) $=\frac{\text{업종별 스마트시스템 고도화 업체 수}}{\text{업종별 스마트시스템 도입 업체 수}}\times 100$

〈보 기〉

ㄱ. 스마트시스템 도입 업체 수가 가장 많은 업종은 '자동차부품'이다.
ㄴ. 고도화율이 가장 높은 업종은 스마트시스템 고도화 업체 수도 가장 많다.
ㄷ. 업체 수 대비 스마트시스템 고도화 업체 수가 가장 높은 업종은 '항공기부품'이다.
ㄹ. 도입률이 가장 낮은 업종은 고도화율도 가장 낮다.

① ㄱ, ㄴ
② ㄱ, ㄷ
③ ㄱ, ㄹ
④ ㄴ, ㄷ
⑤ ㄴ, ㄹ

문 18. 다음 〈표〉는 운전자 A~E의 정지시거 산정을 위해 '갑' 시험장에서 측정한 자료이다. 〈표〉와 〈정보〉에 근거하여 맑은 날과 비 오는 날의 운전자별 정지시거를 바르게 연결한 것은?

〈표〉 운전자 A~E의 정지시거 산정을 위한 자료

(단위 : m/초, 초, m)

구분 운전자	자동차	운행속력	반응시간	반응거리	마찰계수	
					맑은 날	비 오는 날
A	가	20	2.0	40	0.4	0.1
B	나	20	2.0	(　)	0.4	0.2
C	다	20	1.6	(　)	0.8	0.4
D	나	20	2.4	(　)	0.4	0.2
E	나	20	1.4	(　)	0.4	0.2

〈정 보〉

- 정지시거 = 반응거리 + 제동거리
- 반응거리 = 운행속력 × 반응시간
- 제동거리 = $\frac{(\text{운행속력})^2}{2 \times \text{마찰계수} \times g}$

(단, g는 중력가속도이며 10 m/초^{2}으로 가정함)

	운전자	맑은 날 정지시거[m]	비 오는 날 정지시거[m]
①	A	120	240
②	B	90	160
③	C	72	82
④	D	98	158
⑤	E	78	128

문 19. 다음 〈표〉와 〈그림〉은 '갑'국 8개 어종의 2020년 어획량에 관한 자료이다. 이에 대한 〈보기〉의 설명 중 옳은 것만을 모두 고르면?

〈표〉 8개 어종의 2020년 어획량

(단위 : 톤)

어종	갈치	고등어	광어	멸치	오징어	전갱이	조기	참다랑어
어획량	20,666	64,609	5,453	26,473	23,703	19,769	23,696	482

〈그림〉 8개 어종 2020년 어획량의 전년비 및 평년비

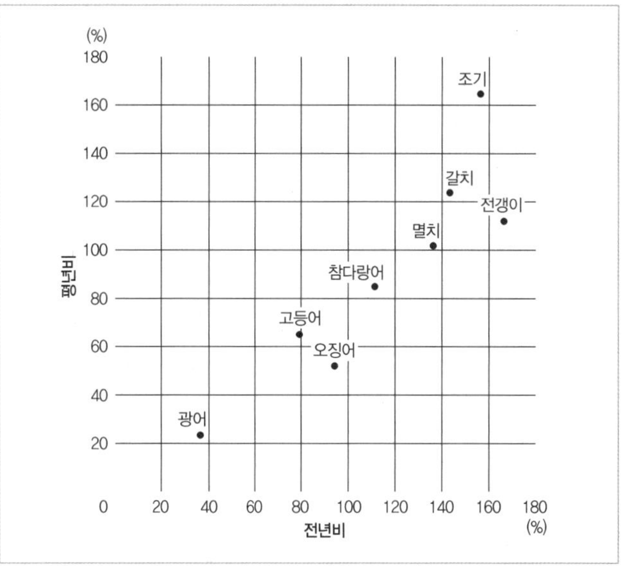

※ 1) 전년비(%) = $\frac{\text{2020년 어획량}}{\text{2019년 어획량}} \times 100$

2) 평년비(%) = $\frac{\text{2020년 어획량}}{\text{2011~2020년 연도별 어획량의 평균}} \times 100$

〈보 기〉

ㄱ. 8개 어종 중 2019년 어획량이 가장 많은 어종은 고등어이다.

ㄴ. 8개 어종 각각의 2019년 어획량은 해당 어종의 2011~2020년 연도별 어획량의 평균보다 적다.

ㄷ. 2021년 갈치 어획량이 2020년과 동일하다면, 갈치의 2011~2021년 연도별 어획량의 평균은 2011~2020년 연도별 어획량의 평균보다 크다.

① ㄱ

② ㄴ

③ ㄱ, ㄷ

④ ㄴ, ㄷ

⑤ ㄱ, ㄴ, ㄷ

문 20. 다음 〈표〉는 2021년 A시에서 개최된 철인3종경기 기록이다. 이에 대한 〈보기〉의 설명 중 옳은 것만을 모두 고르면?

〈표〉 A시 개최 철인3종경기 기록

(단위 : 시간)

종합기록 순위	국적	종합	수영	T1	자전거	T2	달리기
1	러시아	9:22:28	0:48:18	0:02:43	5:04:50	0:02:47	3:23:50
2	브라질	9:34:36	0:57:44	0:02:27	5:02:30	0:01:48	3:30:07
3	대한민국	9:37:41	1:04:14	0:04:08	5:04:21	0:03:05	3:21:53
4	대한민국	9:42:03	1:06:34	0:03:33	5:11:01	0:03:33	3:17:22
5	대한민국	9:43:50	(　)	0:03:20	5:00:33	0:02:14	3:17:24
6	일본	9:44:34	0:52:01	0:03:28	5:25:59	0:02:56	3:20:10
7	러시아	9:45:06	1:08:32	0:03:55	5:07:46	0:03:02	3:21:51
8	독일	9:46:48	1:03:49	0:03:53	4:59:20	0:03:00	(　)
9	영국	(　)	1:07:01	0:03:37	5:07:07	0:03:55	3:26:27
10	중국	9:48:18	1:02:28	0:03:29	5:16:09	0:03:47	3:22:25

※ 1) 기록 '1:01:01'은 1시간 1분 1초를 의미함
2) 'T1', 'T2'는 각각 '수영'에서 '자전거', '자전거'에서 '달리기'로 전환하는 데 걸리는 시간임
3) 경기 참가 선수는 10명뿐이고, 기록이 짧을수록 순위가 높음

〈보 기〉

ㄱ. '수영'기록이 한 시간 이하인 선수는 'T2'기록이 모두 3분 미만이다.
ㄴ. 종합기록 순위 2~10위인 선수 중, 종합기록 순위가 한 단계 더 높은 선수와의 '종합'기록 차이가 1분 미만인 선수는 3명뿐이다.
ㄷ. '달리기'기록 상위 3명의 국적은 모두 대한민국이다.
ㄹ. 종합기록 순위 10위인 선수의 '수영'기록 순위는 '수영'기록과 'T1'기록의 합산 기록 순위와 다르다.

① ㄱ, ㄴ
② ㄱ, ㄷ
③ ㄷ, ㄹ
④ ㄱ, ㄴ, ㄹ
⑤ ㄴ, ㄷ, ㄹ

문 21. 다음 〈표〉는 제품 A~E의 제조원가에 관한 자료이다. 제품 A~E 중 매출액이 가장 작은 제품은?

〈표〉 제품 A~E의 고정원가, 변동원가율, 제조원가율

(단위 : 원, %)

구분 / 제품	고정원가	변동원가율	제조원가율
A	60,000	40	25
B	36,000	60	30
C	33,000	40	30
D	50,000	20	10
E	10,000	50	10

※ 1) 제조원가 = 고정원가 + 변동원가
2) 고정원가율(%) = $\frac{\text{고정원가}}{\text{제조원가}} \times 100$
3) 변동원가율(%) = $\frac{\text{변동원가}}{\text{제조원가}} \times 100$
4) 제조원가율(%) = $\frac{\text{제조원가}}{\text{매출액}} \times 100$

① A
② B
③ C
④ D
⑤ E

※ 다음 〈표〉는 2018~2020년 '갑'국 방위산업의 매출액 및 종사자 수에 관한 자료이다. 다음 물음에 답하시오. [22~23]

〈표 1〉 2018~2020년 '갑'국 방위산업의 국내외 매출액

(단위 : 억 원)

구분 \ 연도	2018	2019	2020
총매출액	136,493	144,521	153,867
국내 매출액	116,502	( )	( )
국외 매출액	19,991	21,048	17,624

〈표 2〉 2020년 '갑'국 방위산업의 기업유형별 매출액 및 종사자 수

(단위 : 억 원, 명)

기업유형 \ 구분	총매출액	국내 매출액	국외 매출액	종사자 수
대기업	136,198	119,586	16,612	27,249
중소기업	17,669	16,657	1,012	5,855
전체	153,867	( )	17,624	33,104

〈표 3〉 2018~2020년 '갑'국 방위산업의 분야별 매출액

(단위 : 억 원)

분야 \ 연도	2018	2019	2020
항공유도	41,984	45,412	49,024
탄약	24,742	21,243	25,351
화력	20,140	20,191	21,031
함정	18,862	25,679	20,619
기동	14,027	14,877	18,270
통신전자	14,898	15,055	16,892
화생방	726	517	749
기타	1,114	1,547	1,931
전체	136,493	144,521	153,867

〈표 4〉 2018~2020년 '갑'국 방위산업의 분야별 종사자 수

(단위 : 명)

분야 \ 연도	2018	2019	2020
A	9,651	10,133	10,108
B	6,969	6,948	6,680
C	3,996	4,537	4,523
D	3,781	3,852	4,053
E	3,988	4,016	3,543
화력	3,312	3,228	3,295
화생방	329	282	228
기타	583	726	674
전체	32,609	33,722	33,104

※ '갑'국 방위산업 분야는 기타를 제외하고 항공유도, 탄약, 화력, 함정, 기동, 통신전자, 화생방으로만 구분함

문 22. 위 〈표〉에 근거한 〈보기〉의 설명 중 옳은 것만을 모두 고르면?

〈보 기〉

ㄱ. 방위산업의 국내 매출액이 가장 큰 연도에 방위산업 총매출액 중 국외 매출액 비중이 가장 작다.

ㄴ. '기타'를 제외하고, 2018년 대비 2020년 매출액 증가율이 가장 낮은 방위산업 분야는 '탄약'이다.

ㄷ. 2020년 방위산업의 기업유형별 종사자당 국외 매출액은 대기업이 중소기업의 4배 이상이다.

ㄹ. 2020년 '항공유도' 분야 대기업 국내 매출액은 14,500억 원 이상이다.

① ㄱ, ㄴ

② ㄱ, ㄷ

③ ㄴ, ㄹ

④ ㄷ, ㄹ

⑤ ㄱ, ㄴ, ㄹ

문 23. 위 〈표〉와 다음 〈보고서〉를 근거로 '항공유도'에 해당하는 방위산업 분야를 〈표 4〉의 A~E 중에서 고르면?

〈보고서〉

2018년 대비 2020년 '갑'국 방위산업의 총매출액은 약 12.7% 증가하였으나 방위산업 전체 종사자 수는 약 1.5% 증가하는 데 그쳤다. '기타'를 제외한 7개 분야에 대해 이를 구체적으로 분석하면 다음과 같다.

2018년 대비 2020년 방위산업 분야별 매출액은 모두 증가하였으나 종사자 수는 '통신전자', '함정', '항공유도' 분야만 증가하고 나머지 분야는 감소한 것으로 나타났다. 2018~2020년 동안 매출액과 종사자 수 모두 매년 증가한 방위산업 분야는 '통신전자'뿐이고, '탄약'과 '화생방' 분야는 종사자 수가 매년 감소하였다. 특히, '기동' 분야는 2018년 대비 2020년 매출액 증가율이 방위산업 분야 중 가장 높았지만 종사자 수는 가장 많이 감소하였다. 2018년 대비 2020년 '함정' 분야 매출액 증가율은 방위산업 전체 매출액 증가율보다 낮았으나 종사자 수는 방위산업 분야 중 가장 많이 증가하였다. 이에 따라 방위산업의 분야별 종사자당 매출액 순위에도 변동이 있었다. 2018년에는 '화력' 분야의 종사자당 매출액이 가장 컸고, 다음으로 '함정', '항공유도' 순으로 컸다. 한편, 2020년에는 '화력' 분야의 종사자당 매출액이 가장 컸고, 다음으로 '기동', '항공유도' 순으로 컸다.

① A

② B

③ C

④ D

⑤ E

문 24. 다음 〈표〉는 2021년 국가 A~D의 국내총생산, 1인당 국내총생산, 1인당 이산화탄소 배출량에 관한 자료이다. 이를 근거로 국가 A~D를 이산화탄소 총배출량이 가장 적은 국가부터 순서대로 바르게 나열한 것은?

〈표〉 국가별 국내총생산, 1인당 국내총생산, 1인당 이산화탄소 배출량

(단위 : 달러, 톤CO2eq.)

구분 \ 국가	국내총생산	1인당 국내총생산	1인당 이산화탄소 배출량
A	20조 4,941억	62,795	16.6
B	4조 9,709억	39,290	9.1
C	1조 6,194억	31,363	12.4
D	13조 6,082억	9,771	7.0

※ 1) 1인당 국내총생산 $= \frac{\text{국내총생산}}{\text{총인구}}$

2) 1인당 이산화탄소 배출량 $= \frac{\text{이산화탄소 총배출량}}{\text{총인구}}$

① A, C, B, D
② A, D, C, B
③ C, A, D, B
④ C, B, A, D
⑤ D, B, C, A

문 25. 다음 〈표〉는 2019~2021년 '갑'국의 장소별 전기차 급속충전기 수에 관한 자료이다. 이에 대한 〈보기〉의 설명 중 옳은 것만을 모두 고르면?

〈표〉 장소별 전기차 급속충전기 수

(단위 : 대)

구분	연도 \ 장소	2019	2020	2021
다중이용시설	쇼핑몰	807	1,701	2,701
	주유소	125	496	( )
	휴게소	( )	( )	2,099
	문화시설	757	1,152	1,646
	체육시설	272	498	604
	숙박시설	79	146	227
	여객시설	64	198	378
	병원	27	98	152
	소계	2,606	5,438	8,858
일반시설	공공시설	1,595	( )	( )
	주차전용시설	565	898	1,275
	자동차정비소	119	303	375
	공동주택	( )	102	221
	기타	476	499	522
	소계	2,784	4,550	6,145
전체		5,390	9,988	15,003

〈보 기〉

ㄱ. 전체 급속충전기 수 대비 '다중이용시설' 급속충전기 수의 비율은 매년 증가한다.
ㄴ. '공공시설' 급속충전기 수는 '주차전용시설'과 '쇼핑몰' 급속충전기 수의 합보다 매년 많다.
ㄷ. '기타'를 제외하고, 2019년 대비 2021년 급속충전기 수의 증가율이 가장 큰 장소는 '주유소'이다.
ㄹ. 급속충전기 수는 '휴게소'가 '문화시설'보다 매년 많다.

① ㄱ, ㄴ
② ㄱ, ㄷ
③ ㄱ, ㄹ
④ ㄴ, ㄷ
⑤ ㄴ, ㄹ

PSAT

7급 / 민간경력자 PSAT 10+7개년 기출문제집

피셋

Public Service Aptitude Test

PART 2

7급 PSAT 기출문제

PSAT

피셋

Public Service Aptitude Test

2021년 공직적격성평가(PSAT)

국가공무원 7급 공개경쟁채용
제1차 필기시험

응시번호	
성　명	

문제책형
㉯

【시험과목】

제1과목	언어논리
제2과목	자료해석
제3과목	상황판단

문제풀이 시작과 종료 시간을 기입해 주시기 바랍니다.

- 언어논리(60분) ______시 ______분 ~ ______시 ______분
- 자료해석(60분) ______시 ______분 ~ ______시 ______분
- 상황판단(60분) ______시 ______분 ~ ______시 ______분

문 1. 다음 글에서 알 수 있는 것은?

우리나라 국기인 태극기에는 태극 문양과 4괘가 그려져 있는데, 중앙에 있는 태극 문양은 만물이 음양 조화로 생장한다는 것을 상징한다. 또 태극 문양의 좌측 하단에 있는 이괘는 불, 우측 상단에 있는 감괘는 물, 좌측 상단에 있는 건괘는 하늘, 우측 하단에 있는 곤괘는 땅을 각각 상징한다. 4괘가 상징하는 바는 그것이 처음 만들어질 때부터 오늘날까지 변함이 없다.

태극 문양을 그린 기는 개항 이전에도 조선 수군이 사용한 깃발 등 여러 개가 있는데, 태극 문양과 4괘만 사용한 기는 개항 후에 처음 나타났다. 1882년 5월 조미수호조규 체결을 위한 전권대신으로 임명된 이응준은 회담 장소에 내걸 국기가 없어 곤란해 하다가 회담 직전 태극 문양을 활용해 기를 만들고 그것을 회담장에 걸어두었다. 그 기에 어떤 문양이 담겼는지는 오랫동안 알려지지 않았다. 그런데 2004년 1월 미국 어느 고서점에서 미국 해군부가 조미수호조규 체결 한 달 후에 만든 『해상 국가들의 깃발들』이라는 책이 발견되었다. 이 책에는 이응준이 그린 것으로 짐작되는 '조선의 기'라는 이름의 기가 실려 있다. 그 기의 중앙에는 태극 문양이 있으며 네 모서리에 괘가 하나씩 있는데, 좌측 상단에 감괘, 우측 상단에 건괘, 좌측 하단에 곤괘, 우측 하단에 이괘가 있다.

조선이 국기를 공식적으로 처음 정한 것은 1883년의 일이다. 1882년 9월에 고종은 박영효를 수신사로 삼아 일본에 보내면서, 그에게 조선을 상징하는 기를 만들어 사용해본 다음 귀국하는 즉시 제출하게 했다. 이에 박영효는 태극 문양이 가운데 있고 4개의 모서리에 각각 하나씩 괘가 있는 기를 만들어 사용한 후 그것을 고종에게 바쳤다. 고종은 이를 조선 국기로 채택하고 통리교섭사무아문으로 하여금 각국 공사관에 배포하게 했다. 이 기는 일본에 의해 강제 병합되기까지 국기로 사용되었는데, 언뜻 보기에 『해상 국가들의 깃발들』에 실린 '조선의 기'와 비슷하다. 하지만 자세히 보면 두 기는 서로 다르다. 조선 국기 좌측 상단에 있는 괘가 '조선의 기'에는 우측 상단에 있고, '조선의 기'의 좌측 상단에 있는 괘는 조선 국기의 우측 상단에 있다. 또 조선 국기의 좌측 하단에 있는 괘는 '조선의 기'의 우측 하단에 있고, '조선의 기'의 좌측 하단에 있는 괘는 조선 국기의 우측 하단에 있다.

① 미국 해군부는 통리교섭사무아문이 각국 공사관에 배포한 국기를 『해상 국가들의 깃발들』에 수록하였다.
② 조미수호조규 체결을 위한 회담 장소에서 사용하고자 이응준이 만든 기는 태극 문양이 담긴 최초의 기다.
③ 통리교섭사무아문이 배포한 기의 우측 상단에 있는 괘와 '조선의 기'의 좌측 하단에 있는 괘가 상징하는 것은 같다.
④ 오늘날 태극기의 우측 하단에 있는 괘와 고종이 조선 국기로 채택한 기의 우측 하단에 있는 괘는 모두 땅을 상징한다.
⑤ 박영효가 그린 기의 좌측 상단에 있는 괘는 물을 상징하고 이응준이 그린 기의 좌측 상단에 있는 괘는 불을 상징한다.

문 2. 다음 대화의 빈칸에 들어갈 내용으로 가장 적절한 것은?

갑 : 국회에서 법률들을 제정하거나 개정할 때, 법률에서 조례를 제정하여 시행하도록 위임하는 경우가 있습니다. 그리고 이런 위임에 따라 지방자치단체에서는 조례를 새로 제정하게 됩니다. 각 지방자치단체가 법률의 위임에 따라 몇 개의 조례를 제정했는지 집계하여 '조례 제정 비율'을 계산하는데, 이 지표는 작년에 이어 올해도 지방자치단체의 업무 평가 기준에 포함되었습니다.

을 : 그렇군요. 그 평가 방식이 구체적으로 어떻게 되고, A 시의 작년 평가 결과는 어땠는지 말씀해 주세요.

갑 : 먼저 그 해 1월 1일부터 12월 31일까지 법률에서 조례를 제정하도록 위임한 사항이 몇 건인지 확인한 뒤, 그 중 12월 31일까지 몇 건이나 조례로 제정되었는지로 평가합니다. 작년에는 법률에서 조례를 제정하도록 위임한 사항이 15건이었는데, 그 중 A 시에서 제정한 조례는 9건으로 그 비율은 60%였습니다.

을 : 그러면 올해는 조례 제정 상황이 어떻습니까?

갑 : 1월 1일부터 7월 10일 현재까지 법률에서 조례를 제정하도록 위임한 사항은 10건인데, A 시는 이 중 7건을 조례로 제정하였으며 조례로 제정하기 위하여 입법 예고 중인 것은 2건입니다. 현재 시의회에서 조례로 제정되기를 기다리며 계류 중인 것은 없습니다.

을 : 모든 조례는 입법 예고를 거친 뒤 시의회에서 제정되므로, 현재 입법 예고 중인 2건은 입법 예고 기간이 끝나야만 제정될 수 있겠네요. 이 2건의 제정 가능성은 예상할 수 있나요?

갑 : 어떤 조례는 신속히 제정되기도 합니다. 그러나 때로는 시의회가 계속 파행하기도 하고 의원들의 입장에 차이가 커 공전될 수도 있기 때문에 현재 시점에서 조례 제정 가능성을 단정하기는 어렵습니다.

을 : 그러면 A 시의 조례 제정 비율과 관련하여 알 수 있는 것은 무엇이 있을까요?

갑 : A 시는 [　　　　　　　　　　]

① 현재 조례로 제정하기 위하여 입법 예고가 필요한 것이 1건입니다.
② 올 한 해의 조례 제정 비율이 작년보다 높아집니다.
③ 올 한 해 총 9건의 조례를 제정하게 됩니다.
④ 현재 시점을 기준으로 평가를 받으면 조례 제정 비율이 90%입니다.
⑤ 올 한 해 법률에서 조례를 제정하도록 위임 받은 사항이 작년보다 줄어듭니다.

문 3. 다음 글의 A~C에 대한 판단으로 가장 적절한 것은?

정책 네트워크는 다원주의 사회에서 정책 영역에 따라 실질적인 정책 결정권을 공유하고 있는 집합체이다. 정책 네트워크는 구성원 간의 상호 의존성, 외부로부터 다른 사회 구성원들의 참여 가능성, 의사결정의 합의 효율성, 지속성의 특징을 고려할 때 다음 세 가지 모형으로 분류될 수 있다.

특징 / 모형	상호 의존성	외부 참여 가능성	합의 효율성	지속성
A	높음	낮음	높음	높음
B	보통	보통	보통	보통
C	낮음	높음	낮음	낮음

A는 의회의 상임위원회, 행정 부처, 이익집단이 형성하는 정책 네트워크로서 안정성이 높아 마치 소정부와 같다. 행정부 수반의 영향력이 작은 정책 분야에서 집중적으로 나타나는 형태이다. A에서는 참여자 간의 결속과 폐쇄적 경계를 강조하며, 배타성이 매우 강해 다른 이익집단의 참여를 철저하게 배제하는 것이 특징이다.

B는 특정 정책과 관련해 이해관계를 같이하는 참여자들로 구성된다. B가 특정 이슈에 대해 유기적인 연계 속에서 기능하면, 전통적인 관료제나 A의 방식보다 더 효과적으로 정책 목표를 달성할 수 있다. B의 주요 참여자는 정치인, 관료, 조직화된 이익집단, 전문가 집단이며, 정책 결정은 주요 참여자 간의 합의와 협력에 의해 일어난다.

C는 특정 이슈를 중심으로 이해관계나 전문성을 가진 이익집단, 개인, 조직으로 구성되고, 참여자는 매우 자율적이고 주도적인 행위자이며 수시로 변경된다. 배타성이 강한 A만으로 정책을 모색하면 정책 결정에 영향을 미칠 수 있는 C와 같은 개방적 참여자들의 네트워크를 놓치기 쉽다. C는 관료제의 영향력이 작고 통제가 약한 분야에서 주로 작동하는데, 참여자가 많아 합의가 어려워 결국 정부가 위원회나 청문회를 활용하여 의견을 조정하려는 경우가 종종 발생한다.

① 외부 참여 가능성이 높은 모형은 관료제의 영향력이 작고 통제가 약한 분야에서 나타나기 쉽다.
② 상호 의존성이 보통인 모형에서는 배타성이 강해 다른 이익집단의 참여를 철저하게 배제한다.
③ 합의 효율성이 높은 모형이 가장 효과적으로 정책 목표를 달성할 수 있다.
④ A에 참여하는 이익집단의 정책 결정 영향력이 B에 참여하는 이익집단의 정책 결정 영향력보다 크다.
⑤ C에서는 참여자의 수가 많아질수록 네트워크의 지속성이 높아진다.

문 4. 다음 글에서 추론할 수 있는 것만을 〈보기〉에서 모두 고르면?

두 입자만으로 이루어지고 이들이 세 가지의 양자 상태 1, 2, 3 중 하나에만 있을 수 있는 계(system)가 있다고 하자. 여기서 양자 상태란 입자가 있을 수 있는 구별 가능한 어떤 상태를 지시하며, 입자는 세 가지 양자 상태 중 하나에 반드시 있어야 한다. 이때 그 계에서 입자들이 어떻게 분포할 수 있는지 경우의 수를 세는 문제는, 각 양자 상태에 대응하는 세 개의 상자 [1][2][3]에 두 입자가 있는 경우의 수를 세는 것과 같다. 경우의 수는 입자들끼리 서로 구별 가능한지와 여러 개의 입자가 하나의 양자 상태에 동시에 있을 수 있는지에 따라 달라진다.

두 입자가 구별 가능하고, 하나의 양자 상태에 여러 개의 입자가 있을 수 있다고 가정하자. 이것을 'MB 방식'이라고 부르며, 두 입자는 각각 a, b로 표시할 수 있다. a가 1의 양자 상태에 있는 경우는 [ab][ ][ ], [a][b][ ], [a][ ][b]의 세 가지이고, a가 2의 양자 상태에 있는 경우와 a가 3의 양자 상태에 있는 경우도 각각 세 가지이다. 그러므로 MB 방식에서 경우의 수는 9이다.

두 입자가 구별되지 않고, 하나의 양자 상태에 여러 개의 입자가 있을 수 있다고 가정하자. 이것을 'BE 방식'이라고 부른다. 이때에는 두 입자 모두 a로 표시하게 되므로 [aa][ ][ ], [ ][aa][ ], [ ][ ][aa], [a][a][ ], [a][ ][a], [ ][a][a]가 가능하다. 그러므로 BE 방식에서 경우의 수는 6이다.

두 입자가 구별되지 않고, 하나의 양자 상태에 하나의 입자만 있을 수 있다고 가정하자. 이것을 'FD 방식'이라고 부른다. 여기에서는 BE 방식과 달리 하나의 양자 상태에 두 개의 입자가 동시에 있는 경우는 허용되지 않으므로 [a][a][ ], [a][ ][a], [ ][a][a]만 가능하다. 그러므로 FD 방식에서 경우의 수는 3이다.

양자 상태의 가짓수가 다를 때에도 MB, BE, FD 방식 모두 위에서 설명한 대로 입자들이 놓이게 되고, 이때 경우의 수는 달라질 수 있다.

〈보 기〉

ㄱ. 두 개의 입자에 대해, 양자 상태가 두 가지이면 BE 방식에서 경우의 수는 2이다.
ㄴ. 두 개의 입자에 대해, 양자 상태의 가짓수가 많아지면 FD 방식에서 두 입자가 서로 다른 양자 상태에 각각 있는 경우의 수는 커진다.
ㄷ. 두 개의 입자에 대해, 양자 상태가 두 가지 이상이면 경우의 수는 BE 방식에서보다 MB 방식에서 언제나 크다.

① ㄱ
② ㄷ
③ ㄱ, ㄴ
④ ㄴ, ㄷ
⑤ ㄱ, ㄴ, ㄷ

문 5. **다음 글에서 추론할 수 있는 것은?**

생쥐가 새로운 소리 자극을 받으면 이 자극 신호는 뇌의 시상에 있는 청각시상으로 전달된다. 청각시상으로 전달된 자극 신호는 뇌의 편도에 있는 측핵으로 전달된다. 측핵에 전달된 신호는 편도의 중핵으로 전달되고, 중핵은 신체의 여러 기관에 전달할 신호를 만들어서 반응이 일어나게 한다.

연구자 K는 '공포' 또는 '안정'을 학습시켰을 때 나타나는 신경생물학적 특징을 탐구하기 위해 두 개의 실험을 수행했다.

첫 번째 실험에서 공포를 학습시켰다. 이를 위해 K는 생쥐에게 소리 자극을 준 뒤에 언제나 공포를 일으킬 만한 충격을 가하여, 생쥐에게 이 소리가 충격을 예고한다는 것을 학습시켰다. 이렇게 학습된 생쥐는 해당 소리 자극을 받으면 방어적인 행동을 취했다. 이 생쥐의 경우, 청각시상으로 전달된 소리 자극 신호는 학습을 수행하기 전 상태에서 전달되는 것보다 훨씬 센 강도의 신호로 증폭되어 측핵으로 전달된다. 이 증폭된 강도의 신호는 중핵을 거쳐 신체의 여러 기관에 전달되고 이는 학습된 공포 반응을 일으킨다.

두 번째 실험에서는 안정을 학습시켰다. 이를 위해 K는 다른 생쥐에게 소리 자극을 준 뒤에 항상 어떤 충격도 주지 않아서, 생쥐에게 이 소리가 안정을 예고한다는 것을 학습시켰다. 이렇게 학습된 생쥐는 이 소리를 들어도 방어적인 행동을 전혀 취하지 않았다. 이 경우 소리 자극 신호를 받은 청각시상에서 만들어진 신호가 측핵으로 전달되는 것이 억제되기 때문에 측핵에 전달된 신호는 매우 미약해진다. 대신 청각시상은 뇌의 선조체에서 반응을 일으킬 수 있는 자극 신호를 만들어서 선조체에 전달한다. 선조체는 안정 상태와 같은 긍정적이고 좋은 느낌을 느낄 수 있게 하는 것에 관여하는 뇌 영역인데, 선조체에서 반응이 세게 나타나면 안정감을 느끼게 되어 학습된 안정 반응을 일으킨다.

① 중핵에서 만들어진 신호의 세기가 강한 경우에는 학습된 안정 반응이 나타난다.

② 학습된 공포 반응을 일으키지 않는 소리 자극은 선조체에서 약한 반응이 일어나게 한다.

③ 학습된 공포 반응을 일으키는 소리 자극은 청각시상에서 선조체로 전달되는 자극 신호를 억제한다.

④ 학습된 안정 반응을 일으키는 청각시상에서 받는 소리 자극 신호는 학습된 공포 반응을 일으키는 청각시상에서 받는 소리 자극 신호보다 약하다.

⑤ 학습된 안정 반응을 일으키는 경우와 학습된 공포 반응을 일으키는 경우 모두, 청각시상에서 측핵으로 전달되는 신호의 세기가 학습하기 전과 달라진다.

문 6. **다음 글의 빈칸에 들어갈 내용으로 가장 적절한 것은?**

민간 문화 교류 증진을 목적으로 열리는 국제 예술 공연의 개최가 확정되었다. 이번 공연이 민간 문화 교류 증진을 목적으로 열린다면, 공연 예술단의 수석대표는 정부 관료가 맡아서는 안 된다. 만일 공연이 민간 문화 교류 증진을 목적으로 열리고 공연 예술단의 수석대표는 정부 관료가 맡아서는 안 된다면, 공연 예술단의 수석대표는 고전음악 지휘자나 대중음악 제작자가 맡아야 한다. 현재 정부 관료 가운데 고전음악 지휘자나 대중음악 제작자는 없다. 예술단에 수석대표는 반드시 있어야 하며 두 사람 이상이 공동으로 맡을 수도 있다. 전체 세대를 아우를 수 있는 사람이 아니라면 수석대표를 맡아서는 안 된다. 전체 세대를 아우를 수 있는 사람이 극히 드물기에, 위에 나열된 조건을 다 갖춘 사람은 모두 수석대표를 맡는다.

누가 공연 예술단의 수석대표를 맡을 것인가와 더불어, 참가하는 예술인이 누구인가도 많은 관심의 대상이다. 그런데 아이돌 그룹 A가 공연 예술단에 참가하는 것은 분명하다. 왜냐하면 만일 갑이나 을이 수석대표를 맡는다면 A가 공연 예술단에 참가하는데, __________ 때문이다.

① 갑은 고전음악 지휘자이며 전체 세대를 아우를 수 있기

② 갑이나 을은 대중음악 제작자 또는 고전음악 지휘자이기

③ 갑과 을은 둘 다 정부 관료가 아니며 전체 세대를 아우를 수 있기

④ 을이 대중음악 제작자가 아니라면 전체 세대를 아우를 수 없을 것이기

⑤ 대중음악 제작자나 고전음악 지휘자라면 누구나 전체 세대를 아우를 수 있기

문 7. **다음 글의 내용이 참일 때, 반드시 참인 것만을 〈보기〉에서 모두 고르면?**

A기술원 해수자원화기술 연구센터는 2014년 세계 최초로 해수전지 원천 기술을 개발한 바 있다. 연구센터는 해수전지 상용화를 위한 학술대회를 열었는데 학술대회로 연구원들이 자리를 비운 사이 누군가 해수전지 상용화를 위한 핵심 기술이 들어 있는 기밀 자료를 훔쳐 갔다. 경찰은 수사 끝에 바다, 다은, 은경, 경아를 용의자로 지목해 학술대회 당일의 상황을 물으며 이들을 심문했는데 이들의 답변은 아래와 같았다.

바다 : 학술대회에서 발표된 상용화 아이디어 중 적어도 하나는 학술대회에 참석한 모든 사람들의 관심을 받았어요. 다은은 범인이 아니에요.

다은 : 학술대회에 참석한 사람들은 누구나 학술대회에서 발표된 하나 이상의 상용화 아이디어에 관심을 가졌어요. 범인은 은경이거나 경아예요.

은경 : 학술대회에 참석한 몇몇 사람은 학술대회에서 발표된 상용화 아이디어 중 적어도 하나에 관심이 있었어요. 경아는 범인이 아니에요.

경아 : 학술대회에 참석한 모든 사람들이 어떤 상용화 아이디어에도 관심이 없었어요. 범인은 바다예요.

수사 결과 이들은 각각 참만을 말하거나 거짓만을 말한 것으로 드러났다. 그리고 네 명 중 한 명만 범인이었다는 것이 밝혀졌다.

〈보 기〉

ㄱ. 바다와 은경의 말이 모두 참일 수 있다.
ㄴ. 다은과 은경의 말이 모두 참인 것은 가능하지 않다.
ㄷ. 용의자 중 거짓말한 사람이 단 한 명이면, 은경이 범인이다.

① ㄱ
② ㄴ
③ ㄱ, ㄷ
④ ㄴ, ㄷ
⑤ ㄱ, ㄴ, ㄷ

문 8. **다음 글의 내용이 참일 때, 반드시 참인 것만을 〈보기〉에서 모두 고르면?**

최근 두 주 동안 직원들은 다음 주에 있을 연례 정책 브리핑을 준비해 왔다. 브리핑의 내용과 진행에 관해 알려진 바는 다음과 같다. 개인건강정보 관리 방식 변경에 관한 가안이 정책제안에 포함된다면, 보건정보의 공적 관리에 관한 가안도 정책제안에 포함될 것이다. 그리고 정책제안을 위해 구성되었던 국민건강 2025팀이 재편된다면, 앞에서 언급한 두 개의 가안이 모두 정책제안에 포함될 것이다. 개인건강정보 관리 방식 변경에 관한 가안이 정책제안에 포함되고 국민건강 2025팀 리더인 최팀장이 다음 주 정책 브리핑을 총괄한다면, 프레젠테이션은 국민건강 2025팀의 팀원인 손공정씨가 맡게 될 것이다. 그런데 보건정보의 공적 관리에 관한 가안이 정책제안에 포함될 경우, 국민건강 2025팀이 재편되거나 다음 주 정책 브리핑을 위해 준비한 보도자료가 대폭 수정될 것이다. 한편, 직원들 사이에서는, 최팀장이 다음 주 정책 브리핑을 총괄하면 팀원 손공정씨가 프레젠테이션을 담당한다는 말이 돌았는데 그 말은 틀린 것으로 밝혀졌다.

〈보 기〉

ㄱ. 개인건강정보 관리 방식 변경에 관한 가안과 보건정보의 공적 관리에 관한 가안 중 어느 것도 정책제안에 포함되지 않는다.
ㄴ. 국민건강 2025팀은 재편되지 않고, 이 팀의 최팀장이 다음 주 정책 브리핑을 총괄한다.
ㄷ. 보건정보의 공적 관리에 관한 가안이 정책제안에 포함된다면, 다음 주 정책 브리핑을 위해 준비한 보도자료가 대폭 수정될 것이다.

① ㄱ
② ㄴ
③ ㄱ, ㄷ
④ ㄴ, ㄷ
⑤ ㄱ, ㄴ, ㄷ

문 9. 다음 글의 내용이 참일 때, 반드시 참인 것은?

A, B, C, D를 포함해 총 8명이 학회에 참석했다. 이들에 관해서 알려진 정보는 다음과 같다.

- 아인슈타인 해석, 많은 세계 해석, 코펜하겐 해석, 보른 해석 말고도 다른 해석들이 있고, 학회에 참석한 이들은 각각 하나의 해석만을 받아들인다.
- 상태 오그라듦 가설을 받아들이는 이들은 모두 5명이고, 나머지는 이 가설을 받아들이지 않는다.
- 상태 오그라듦 가설을 받아들이는 이들은 코펜하겐 해석이나 보른 해석을 받아들인다.
- 코펜하겐 해석이나 보른 해석을 받아들이는 이들은 상태 오그라듦 가설을 받아들인다.
- B는 코펜하겐 해석을 받아들이고, C는 보른 해석을 받아들인다.
- A와 D는 상태 오그라듦 가설을 받아들인다.
- 아인슈타인 해석을 받아들이는 이가 있다.

① 적어도 한 명은 많은 세계 해석을 받아들인다.
② 만일 보른 해석을 받아들이는 이가 두 명이면, A와 D가 받아들이는 해석은 다르다.
③ 만일 A와 D가 받아들이는 해석이 다르다면, 적어도 두 명은 코펜하겐 해석을 받아들인다.
④ 만일 오직 한 명만이 많은 세계 해석을 받아들인다면, 아인슈타인 해석을 받아들이는 이는 두 명이다.
⑤ 만일 코펜하겐 해석을 받아들이는 이가 세 명이면, A와 D 가운데 적어도 한 명은 보른 해석을 받아들인다.

문 10. 다음 글의 〈실험 결과〉에서 추론할 수 있는 것은?

연구자 K는 동물의 뇌 구조 변화가 일어나는 방식을 규명하기 위해 다음의 실험을 수행했다. 실험용 쥐를 총 세 개의 실험군으로 나누었다. 실험군1의 쥐에게는 운동은 최소화하면서 학습을 시키는 '학습 위주 경험'을 하도록 훈련시켰다. 실험군2의 쥐에게는 특별한 기술을 학습할 필요 없이 수행할 수 있는 쳇바퀴 돌리기를 통해 '운동 위주 경험'을 하도록 훈련시켰다. 실험군3의 쥐에게는 어떠한 학습이나 운동도 시키지 않았다.

〈실험 결과〉

- 뇌 신경세포 한 개당 시냅스의 수는 실험군1의 쥐에서 크게 증가했고 실험군2와 3의 쥐에서는 거의 변하지 않았다.
- 뇌 신경세포 한 개당 모세혈관의 수는 실험군 2의 쥐에서 크게 증가했고 실험군1과 3의 쥐에서는 거의 변하지 않았다.
- 실험군1의 쥐에서는 대뇌 피질의 지각 영역에서 구조 변화가 나타났고, 실험군2의 쥐에서는 대뇌 피질의 운동 영역과 더불어 운동 활동을 조절하는 소뇌에서 구조 변화가 나타났다. 실험군3의 쥐에서는 뇌 구조 변화가 거의 나타나지 않았다.

① 대뇌 피질의 구조 변화는 학습 위주 경험보다 운동 위주 경험에 더 큰 영향을 받는다.
② 학습 위주 경험은 뇌의 신경세포당 시냅스의 수에, 운동 위주 경험은 뇌의 신경세포당 모세혈관의 수에 영향을 미친다.
③ 학습 위주 경험과 운동 위주 경험은 뇌의 특정 부위에 있는 신경세포의 수를 늘려 그 부위의 뇌 구조를 변하게 한다.
④ 특정 형태의 경험으로 인해 뇌의 특정 영역에 발생한 구조 변화가 뇌의 신경세포당 모세혈관 또는 시냅스의 수를 변화시킨다.
⑤ 뇌가 영역별로 특별한 구조를 갖는 것이 그 영역에서 신경세포당 모세혈관 또는 시냅스의 수를 변화시켜 특정 형태의 경험을 더 잘 수행할 수 있게 한다.

문 11. **다음 글의 〈실험 결과〉에 대한 판단으로 적절한 것만을 〈보기〉에서 모두 고르면?**

박쥐 X가 잡아먹을 수컷 개구리의 위치를 찾기 위해 사용하는 방법에는 두 가지가 있다. 하나는 수컷 개구리의 울음소리를 듣고 위치를 찾아내는 '음탐지' 방법이다. 다른 하나는 X가 초음파를 사용하여, 울음소리를 낼 때 커졌다 작아졌다 하는 울음주머니의 움직임을 포착하여 위치를 찾아내는 '초음파탐지' 방법이다. 울음주머니의 움직임이 없으면 이 방법으로 수컷 개구리의 위치를 찾을 수 없다.

〈실 험〉

한 과학자가 수컷 개구리를 모방한 두 종류의 로봇개구리를 제작했다. 로봇개구리 A는 수컷 개구리의 울음소리를 내고, 커졌다 작아졌다 하는 울음주머니도 가지고 있다. 로봇개구리 B는 수컷 개구리의 울음소리만 내고, 커졌다 작아졌다 하는 울음주머니는 없다. 같은 수의 A 또는 B를 크기는 같지만 서로 다른 환경의 세 방 안에 같은 위치에 두었다. 세 방의 환경은 다음과 같다.

- 방1 : 로봇개구리 소리만 들리는 환경
- 방2 : 로봇개구리 소리뿐만 아니라, 로봇개구리가 있는 곳과 다른 위치에서 로봇개구리 소리와 같은 소리가 추가로 들리는 환경
- 방3 : 로봇개구리 소리뿐만 아니라, 로봇개구리가 있는 곳과 다른 위치에서 로봇개구리 소리와 전혀 다른 소리가 추가로 들리는 환경

각 방에 같은 수의 X를 넣고 실제로 로봇개구리를 잡아먹기 위해 공격하는 데 걸리는 평균 시간을 측정했다. X가 로봇개구리의 위치를 빨리 알아낼수록 공격하는 데 걸리는 시간은 짧다.

〈실험 결과〉

- 방1 : A를 넣은 경우는 3.4초였고 B를 넣은 경우는 3.3초로 둘 사이에 유의미한 차이는 없었다.
- 방2 : A를 넣은 경우는 8.2초였고 B를 넣은 경우는 공격하지 않았다.
- 방3 : A를 넣은 경우는 3.4초였고 B를 넣은 경우는 3.3초로 둘 사이에 유의미한 차이는 없었다.

〈보 기〉

ㄱ. 방1과 2의 〈실험 결과〉는, X가 음탐지 방법이 방해를 받는 환경에서는 초음파탐지 방법을 사용한다는 가설을 강화한다.

ㄴ. 방2와 3의 〈실험 결과〉는, X가 소리의 종류를 구별할 수 있다는 가설을 강화한다.

ㄷ. 방1과 3의 〈실험 결과〉는, 수컷 개구리의 울음소리와 전혀 다른 소리가 들리는 환경에서는 X가 초음파탐지 방법을 사용한다는 가설을 강화한다.

① ㄱ

② ㄷ

③ ㄱ, ㄴ

④ ㄴ, ㄷ

⑤ ㄱ, ㄴ, ㄷ

문 12. **다음 글에 대한 분석으로 적절한 것만을 〈보기〉에서 모두 고르면?**

'자연화'란 자연과학의 방법론에 따라 자연과학이 수용하는 존재론을 토대 삼아 연구를 수행한다는 의미이다. 심리학을 자연과학의 하나라고 생각하는 철학자 A는, 인식론의 자연화를 주장하기 위해 다음의 〈논증〉을 제시하였다.

〈논 증〉

(1) 전통적 인식론은 적어도 다음의 두 가지 목표를 가진다. 첫째, 세계에 관한 믿음을 정당화하는 것이고, 둘째, 세계에 관한 믿음을 나타내는 문장을 감각 경험을 나타내는 문장으로 번역하는 것이다.

(2) 전통적 인식론은 첫째 목표도 달성할 수 없고 둘째 목표도 달성할 수 없다.

(3) 만약 전통적 인식론이 이 두 가지 목표 중 어느 하나라도 달성할 수가 없다면, 전통적 인식론은 폐기되어야 한다.

(4) 전통적 인식론은 폐기되어야 한다.

(5) 만약 전통적 인식론이 폐기되어야 한다면, 인식론자는 전통적 인식론 대신 심리학을 연구해야 한다.

(6) 인식론자는 전통적 인식론 대신 심리학을 연구해야 한다.

〈보 기〉

ㄱ. 전통적 인식론의 목표에 (1)의 '두 가지 목표' 외에 "세계에 관한 믿음이 형성되는 과정을 규명하는 것"이 추가된다면, 위 논증에서 (6)은 도출되지 않는다.

ㄴ. (2)를 "전통적 인식론은 첫째 목표를 달성할 수 없거나 둘째 목표를 달성할 수 없다."로 바꾸어도 위 논증에서 (6)이 도출된다.

ㄷ. (4)는 논증 안의 어떤 진술들로부터 나오는 결론일 뿐만 아니라 논증 안의 다른 진술의 전제이기도 하다.

① ㄱ

② ㄷ

③ ㄱ, ㄴ

④ ㄴ, ㄷ

⑤ ㄱ, ㄴ, ㄷ

문 13. **다음 글에 대한 분석으로 적절한 것만을 〈보기〉에서 모두 고르면?**

> 어떤 사람이 당신에게 다음과 같이 제안했다고 하자. 당신은 호화 여행을 즐기게 된다. 다만 먼저 10만 원을 내야 한다. 여기에 하나의 추가 조건이 있다. 그것은 제안자의 말인 아래의 (1)이 참이면 그는 10만 원을 돌려주지 않고 약속대로 호화 여행은 제공하는 반면, (1)이 거짓이면 그는 10만 원을 돌려주고 약속대로 호화 여행도 제공한다는 것이다.
>
> (1) 나는 당신에게 10만 원을 돌려주거나 ⓐ 당신은 나에게 10억 원을 지불한다.
>
> 당신은 이 제안을 받아들였고 10만 원을 그에게 주었다.
>
> 이때 어떤 결과가 따를지 검토해 보자. (1)은 참이거나 거짓일 것이다. (1)이 거짓이라고 가정해 보자. 그러면 추가 조건에 따라 그는 당신에게 10만 원을 돌려준다. 또한 가정상 (1)이 거짓이므로, ㉠ 그는 당신에게 10만 원을 돌려주지 않는다. 결국 (1)이 거짓이라고 가정하면 그는 당신에게 10만 원을 돌려준다는 것과 돌려주지 않는다는 것이 모두 성립한다. 이는 가능하지 않다. 따라서 ㉡ (1)은 참일 수밖에 없다. 그런데 (1)이 참이라면 추가 조건에 따라 그는 당신에게 10만 원을 돌려주지 않는다. 따라서 ⓐ가 반드시 참이어야 한다. 즉, ㉢ 당신은 그에게 10억 원을 지불한다.

〈보 기〉

ㄱ. ㉠을 추론하는 데는 'A이거나 B'의 형식을 가진 문장이 거짓이면 A도 B도 모두 반드시 거짓이라는 원리가 사용되었다.

ㄴ. ㉡을 추론하는 데는 어떤 가정하에서 같은 문장의 긍정과 부정이 모두 성립하는 경우 그 가정의 부정은 반드시 참이라는 원리가 사용되었다.

ㄷ. ㉢을 추론하는 데는 'A이거나 B'라는 형식의 참인 문장에서 A가 거짓인 경우 B는 반드시 참이라는 원리가 사용되었다.

① ㄱ

② ㄷ

③ ㄱ, ㄴ

④ ㄴ, ㄷ

⑤ ㄱ, ㄴ, ㄷ

문 14. **다음 글의 ㉠과 ㉡에 대한 평가로 적절한 것만을 〈보기〉에서 모두 고르면?**

> 연역과 귀납, 이 두 종류의 방법은 지적 작업에서 사용될 수 있는 모든 추론을 포괄한다. 철학과 과학을 비롯한 모든 지적 작업에 연역적 방법이 필수적이라는 것을 부정하는 사람은 아무도 없다. 귀납적 방법의 경우 사정은 크게 다르다. 귀납적 방법이 철학적 작업에 들어설 여지가 없다고 믿는 사람이 있는가 하면, 한 걸음 더 나아가 어떠한 지적 작업에도 귀납적 방법이 불필요하다고 주장하는 사람들도 있다.
>
> ㉠ 귀납적 방법이 철학이라는 지적 작업에서 불필요하다는 견해는 독단적인 철학관에 근거한다. 이런 견해에 따르면 철학적 주장의 정당성은 선험적인 것으로, 경험적 지식을 확장하기 위해 사용되는 귀납적 방법에 의존할 수 없다. 그러나 이런 견해는 철학적 주장이 경험적 가설에 의존해서는 안 된다는 부당하게 편협한 철학관과 '귀납적 방법'의 모호성을 딛고 서 있다. 실제로 철학사에 나타나는 목적론적 신 존재 증명이나 외부 세계의 존재에 관한 형이상학적 논증 가운데는 귀납적 방법인 유비 논증과 귀추법을 교묘히 적용하고 있는 것도 있다.
>
> ㉡ 모든 지적 작업에서 귀납적 방법의 필요성을 부정하는 견해는 중요한 철학적 성과를 낳기도 하였다. 포퍼의 철학이 그런 사례 가운데 하나이다. 포퍼는 귀납적 방법의 정당화 가능성에 관한 회의적 결론을 받아들이고, 과학의 탐구가 귀납적 방법으로 진행된다는 견해는 근거가 없음을 보인다. 그에 따르면, 과학의 탐구 과정은 연역 논리 법칙에 따라 전개되는 추측과 반박의 작업으로 이루어진다. 이런 포퍼의 이론은 귀납적 방법의 필요성에 대한 전면적인 부정이 낳을 수 있는 흥미로운 결과 가운데 하나라고 할 수 있다.

〈보 기〉

ㄱ. 과학의 탐구가 귀납적 방법에 의해 진행된다는 주장은 ㉠을 반박한다.

ㄴ. 철학의 일부 논증에서 귀추법의 사용이 불가피하다는 주장은 ㉡을 반박한다.

ㄷ. 연역 논리와 경험적 가설 모두에 의존하는 지적 작업이 있다는 주장은 ㉠과 ㉡을 모두 반박한다.

① ㄱ

② ㄴ

③ ㄱ, ㄷ

④ ㄴ, ㄷ

⑤ ㄱ, ㄴ, ㄷ

문 15. 다음 글의 갑~병에 대한 판단으로 적절한 것만을 〈보기〉에서 모두 고르면?

> 다음 두 삼단논법을 보자.
>
> (1) 모든 춘천시민은 강원도민이다.
> 모든 강원도민은 한국인이다.
> 따라서 모든 춘천시민은 한국인이다.
>
> (2) 모든 수학 고득점자는 우등생이다.
> 모든 과학 고득점자는 우등생이다.
> 따라서 모든 수학 고득점자는 과학 고득점자이다.
>
> (1)은 타당한 삼단논법이지만 (2)는 부당한 삼단논법이다. 하지만 어떤 사람들은 (2)도 타당한 논증이라고 잘못 판단한다. 왜 이런 오류가 발생하는지 설명하기 위해 세 가지 입장이 제시되었다.
>
> 갑 : 사람들은 '모든 A는 B이다'를 '모든 B는 A이다'로 잘못 바꾸는 경향이 있다. '어떤 A도 B가 아니다'나 '어떤 A는 B이다'라는 형태에서는 A와 B의 자리를 바꾸더라도 아무런 문제가 없다. 하지만 '모든 A는 B이다'라는 형태에서는 A와 B의 자리를 바꾸면 논리적 오류가 생겨난다.
>
> 을 : 사람들은 '모든 A는 B이다'를 약한 의미로 이해해야 하는데도 강한 의미로 이해하는 잘못을 저지르는 경향이 있다. 여기서 약한 의미란 그것을 'A는 B에 포함된다'로 이해하는 것이고, 강한 의미란 그것을 'A는 B에 포함되고 또한 B는 A에 포함된다'는 뜻에서 'A와 B가 동일하다'로 이해하는 것이다.
>
> 병 : 사람들은 전제가 모두 '모든 A는 B이다'라는 형태의 명제로 이루어진 것일 경우에는 결론도 그런 형태이기만 하면 타당하다고 생각하고, 전제 가운데 하나가 '어떤 A는 B이다'라는 형태의 명제로 이루어진 것일 경우에는 결론도 그런 형태이기만 하면 타당하다고 생각하는 경향이 있다.

〈보 기〉

> ㄱ. 대다수의 사람이 "어떤 과학자는 운동선수이다. 어떤 철학자도 과학자가 아니다."라는 전제로부터 "어떤 철학자도 운동선수가 아니다."를 타당하게 도출할 수 있는 결론이라고 응답했다는 심리 실험 결과는 갑에 의해 설명된다.
>
> ㄴ. 대다수의 사람이 "모든 적색 블록은 구멍이 난 블록이다. 모든 적색 블록은 삼각 블록이다."라는 전제로부터 "모든 구멍이 난 블록은 삼각 블록이다."를 타당하게 도출할 수 있는 결론이라고 응답했다는 심리 실험 결과는 을에 의해 설명된다.
>
> ㄷ. 대다수의 사람이 "모든 물리학자는 과학자이다. 어떤 컴퓨터 프로그래머는 과학자이다."라는 전제로부터 "어떤 컴퓨터 프로그래머는 물리학자이다."를 타당하게 도출할 수 있는 결론이라고 응답했다는 심리 실험 결과는 병에 의해 설명된다.

① ㄱ
② ㄷ
③ ㄱ, ㄴ
④ ㄴ, ㄷ
⑤ ㄱ, ㄴ, ㄷ

문 16. 다음 대화의 ㉠에 따라 〈계획안〉을 수정한 것으로 적절하지 않은 것은?

> 갑 : 나눠드린 'A시 공공 건축 교육 과정' 계획안을 다 보셨죠? 이제 계획안을 어떻게 수정하면 좋을지 각자의 의견을 자유롭게 말씀해 주십시오.
>
> 을 : 코로나19 상황을 고려해 대면 교육보다 온라인 교육이 좋겠습니다. 그리고 방역 활동에 모범을 보이는 차원에서 온라인 강의로 진행한다는 점을 강조하는 것이 좋겠습니다. 온라인 강의는 편안한 시간에 접속하여 수강하게 하고, 수강 가능한 기간을 명시해야 합니다. 게다가 온라인으로 진행하면 교육 대상을 A시 시민만이 아닌 모든 희망자로 확대하는 장점이 있습니다.
>
> 병 : 좋은 의견입니다. 여기에 덧붙여 교육 대상을 공공 건축 업무 관련 공무원과 일반 시민으로 구분하는 것이 좋겠습니다. 관련 공무원과 일반 시민은 기반 지식에서 차이가 커 같은 내용으로 교육하기에 적합하지 않습니다. 업무와 관련된 직무 교육 과정과 일반 시민 수준의 교양 교육 과정으로 따로 운영하는 것이 좋겠습니다.
>
> 을 : 교육 과정 분리는 좋습니다만, 공무원의 직무 교육은 참고할 자료가 많아 온라인 교육이 비효율적입니다. 직무 교육 과정은 다음에 논의하고, 이번에는 시민 대상 교양 과정으로만 진행하는 것이 좋겠습니다. 그리고 A시의 유명 공공 건축물을 활용해서 A시를 홍보하고 관심을 끌 수 있는 주제의 강의가 있으면 좋겠습니다.
>
> 병 : 그게 좋겠네요. 마지막으로 덧붙이면 신청 방법이 너무 예전 방식입니다. 시 홈페이지에서 신청 게시판을 찾아가는 방법을 안내할 필요는 있지만, 요즘 같은 모바일 시대에 이것만으로는 부족합니다. A시 공식 어플리케이션에서 바로 신청서를 작성하고 제출할 수 있도록 하면 좋겠습니다.
>
> 갑 : ㉠ 오늘 회의에서 나온 의견을 반영하여 계획안을 수정하도록 하겠습니다. 감사합니다.

〈계획안〉

> **A시 공공 건축 교육 과정**
>
> • 강의 주제 : 공공 건축의 미래 / A시의 조경
> • 일시 : 7. 12.(월) 19:00~21:00 / 7. 14.(수) 19:00~21:00
> • 장소 : A시 청사 본관 5층 대회의실
> • 대상 : A시 공공 건축에 관심 있는 A시 시민 누구나
> • 신청 방법 : A시 홈페이지 → '시민참여' → '교육' → '공공 건축 교육 신청 게시판'에서 신청서 작성

① 강의 주제에 "건축가협회 선정 A시의 유명 공공 건축물 TOP3"를 추가한다.
② 일시 항목을 "• 기간 : 7. 12.(월) 06:00~7. 16.(금) 24:00"으로 바꾼다.
③ 장소 항목을 "• 교육방식 : 코로나19 확산 방지를 위해 온라인 교육으로 진행"으로 바꾼다.
④ 대상을 "A시 공공 건축에 관심 있는 사람 누구나"로 바꾼다.
⑤ 신청 방법을 "A시 공식 어플리케이션을 통한 A시 공공 건축 교육 과정 간편 신청"으로 바꾼다.

문 17. 다음 글의 ㉠~㉨에 들어갈 내용에 대한 설명으로 가장 적절한 것은?

○○도는 2022년부터 '공공 기관 통합 채용' 시스템을 운영하여 공공 기관의 채용에 대한 체계적 관리와 비리 발생 예방을 도모할 계획이다. 기존에는 ○○도 산하 공공 기관들이 채용 전(全) 과정을 각기 주관하여 시행하였으나, 2022년부터는 ○○도가 채용 과정에 참여하기로 하였다. ○○도와 산하 공공 기관들이 '따로, 또 같이'하는 통합 채용을 통해 채용 과정의 투명성을 확보하고 기관별 특성에 맞는 인재 선발을 용이하게 하려는 것이다.

○○도는 채용 공고와 원서 접수를 하고 필기시험을 주관한다. 나머지 절차는 ○○도 산하 공공 기관이 주관하여 서류 심사 후 면접시험을 거쳐 합격자를 발표한다. 기존 채용 절차에서 서류 심사에 이어 필기시험을 치던 순서를 맞바꾸었는데, 이는 지원자에게 응시 기회를 확대 제공하기 위해서이다. 절차 변화에 대한 지원자의 혼란을 줄이기 위해 기존의 나머지 채용 절차는 그대로 유지하였다. 또 ○○도는 기존의 필기시험 과목인 영어 · 한국사 · 일반상식을 국가직무능력표준 기반 평가로 바꾸어 기존과 달리 실무 능력을 평가해서 인재를 선발할 수 있도록 제도를 보완하였다. ○○도는 이런 통합 채용 절차를 알기 쉽게 기존 채용 절차와 개선 채용 절차를 비교해서 도표로 나타내었다.

〈기 존〉

주관 기관	㉠				
채용 절차	채용 공고 →	원서 접수 →	㉡ →	㉢ →	㉣ → 합격자 발표

〈개 선〉

주관 기관	㉤			㉥	
채용 절차	채용 공고 →	원서 접수 →	㉦ →	㉧ →	㉨ → 합격자 발표

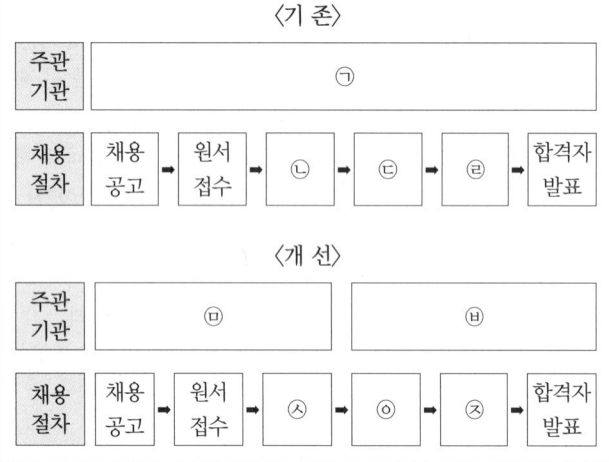

① 개선 이후 ㉠에 해당하는 기관이 주관하는 채용 업무의 양은 이전과 동일할 것이다.
② ㉠과 같은 주관 기관이 들어가는 것은 ㉥이 아니라 ㉤이다.
③ ㉡과 ㉧에는 같은 채용 절차가 들어간다.
④ ㉢과 ㉦에서 지원자들이 평가받는 능력은 같다.
⑤ ㉣을 주관하는 기관과 ㉨을 주관하는 기관은 다르다.

문 18. 다음 글의 〈표〉에 대한 판단으로 적절한 것만을 〈보기〉에서 모두 고르면?

법제처 주무관 갑은 지방자치단체를 대상으로 조례 입안을 지원하고 있다. 갑은 지방자치단체가 조례 입안 지원 신청을 하는 경우, 두 가지 기준에 따라 나누어 신청 안들을 정리하고 있다. 해당 조례안의 입법 예고를 완료하였는지 여부를 기준으로 '완료'와 '미완료'로 나누고, 과거에 입안을 지원하였던 조례안 중에 최근에 접수된 조례안과 내용이 유사한 사례가 있는지를 판단하여 유사 사례 '있음'과 '없음'으로 나눈다. 유사 사례가 존재하지 않는 경우에만 갑은 팀장인 을에게 그 접수된 조례안의 주요 내용을 보고해야 한다.

최근 접수된 조례안 (가)는 지난 분기에 지원하였던 조례안과 많은 부분 유사한 내용을 담고 있다. 입법 예고는 현재 진행 중이다. 조례안 (나)의 경우는 입법 예고가 완료된 후에 접수되었고, 그 주요 내용이 지난해에 지원한 조례안의 주요 내용과 유사하다. 조례안 (다)는 주요 내용이 기존에 지원하였던 조례안과 유사성이 전혀 없는 새로운 내용을 규정하고 있으며, 입법 예고가 진행되지 않았다.

이상의 내용을 다음과 같은 형식으로 나타낼 수 있다.

〈표〉 입안 지원 신청 조례안별 분류

기준 \ 조례안	(가)	(나)	(다)
A	㉠	㉡	㉢
B	㉣	㉤	㉥

〈보 기〉

ㄱ. A에 유사 사례의 유무를 따지는 기준이 들어가면, ㉣과 ㉥이 같다.
ㄴ. B에 따라 을에 대한 갑의 보고 여부가 결정된다면, ㉠과 ㉢은 같다.
ㄷ. ㉣과 ㉤이 같으면, ㉠과 ㉡이 같다.

① ㄱ
② ㄷ
③ ㄱ, ㄴ
④ ㄴ, ㄷ
⑤ ㄱ, ㄴ, ㄷ

문 19. **다음 대화의 ㉠으로 적절한 것만을 〈보기〉에서 모두 고르면?**

> 갑 : 우리 지역 장애인의 체육 활동을 지원하기 위한 '장애인 스포츠강좌 지원사업'의 집행 실적이 저조하다고 합니다. 지원 바우처를 제대로 사용하지 못하고 있다는 의미인데요. 비장애인을 대상으로 하는 '일반 스포츠강좌 지원사업'은 인기가 많아 예산이 금방 소진된다고 합니다. 과연 어디에 문제점이 있는 것일까요?
>
> 을 : 바우처를 수월하게 사용하려면 사용 가능한 가맹 시설이 많이 있어야 합니다. 우리 지역의 '장애인 스포츠강좌 지원사업' 가맹 시설은 10개소이며 '일반 스포츠강좌 지원사업' 가맹 시설은 300개소입니다. 그런데 장애인들은 비장애인들에 비해 바우처를 사용하기 훨씬 어렵습니다. 혹시 장애인의 수에 비해 장애인 대상 가맹 시설의 수가 비장애인의 경우보다 턱없이 적어서 그런 것 아닐까요?
>
> 병 : 글쎄요, 제 생각은 조금 다릅니다. 바우처 지원액이 너무 적은 것은 아닐까요? 장애인을 대상으로 하는 스포츠강좌는 보조인력 비용 등 추가 비용으로 인해, 비장애인 대상 강좌보다 수강료가 높을 수 있습니다. 바우처를 사용한다 해도 자기 부담금이 여전히 크다면 장애인들은 스포츠강좌를 이용하기 어려울 것입니다.
>
> 정 : 하지만 제가 보기엔 장애인들의 주요 연령대가 사업에서 제외된 것 같습니다. 현재 본 사업의 대상 연령은 만 12세에서 만 49세까지인데, 장애인 인구의 고령자 인구 비율이 비장애인 인구에 비해 높다는 사실을 고려하면, 대상 연령의 상한을 적어도 만 64세까지 높여야 한다고 생각합니다.
>
> 갑 : 모두들 좋은 의견 감사합니다. 오늘 회의에서 논의된 내용을 확인하기 위해 ㉠ <u>필요한 자료</u>를 조사해 주세요.

〈보 기〉

ㄱ. 장애인 및 비장애인 각각의 인구 대비 '스포츠강좌 지원사업' 가맹 시설 수

ㄴ. 장애인과 비장애인 각각 '스포츠강좌 지원사업'에 참여하기 위해 본인이 부담해야 하는 금액

ㄷ. 만 50세에서 만 64세까지의 장애인 중 스포츠강좌 수강을 희망하는 인구와 만 50세에서 만 64세까지의 비장애인 중 스포츠강좌 수강을 희망하는 인구

① ㄴ
② ㄷ
③ ㄱ, ㄴ
④ ㄱ, ㄷ
⑤ ㄱ, ㄴ, ㄷ

문 20. **다음 글에서 추론할 수 있는 것만을 〈보기〉에서 모두 고르면?**

> 갑 : 조(粗)출생률은 인구 1천 명당 출생아 수를 의미합니다. 조출생률은 인구 규모가 상이한 지역이나 시점 간의 출산 수준을 간편하게 비교할 때 유용한 지표입니다. 예를 들어, 2016년에 세종시보다 인구 규모가 훨씬 큰 경기도의 출생아 수는 10만 5천 명으로 세종시의 3천 명보다 많지만, 조출생률은 경기도가 8.4명이고 세종시는 14.6명입니다. 출산 수준은 세종시가 더 높다는 의미입니다.
>
> 을 : 그렇군요. 그럼 합계 출산율은 무엇인가요?
>
> 갑 : 합계 출산율은 여성 한 명이 평생 동안 낳을 것으로 예상되는 출생아 수를 의미합니다. 여성이 실제 평생 동안 낳은 아이 수를 측정하는 것은 가임 기간 35년이 지나야 산출할 수 있다는 문제가 있습니다. 이에 비해 합계 출산율은 여성 1명이 출산 가능한 시기를 15세부터 49세까지로 가정하고 그 사이의 각 연령대 출산율을 모두 합해서 얻습니다. 15~19세 연령대 출산율은 한 해 동안 15~19세 여성에게서 태어난 출생아 수를 15~19세 여성의 수로 나눈 수치인데, 15~19세부터 45~49세까지 7개 구간 각각의 연령대 출산율을 모두 합한 것이 합계 출산율입니다. 합계 출산율은 한 여성이 가임 기간 내내 특정 시기의 연령대 출산율 패턴을 그대로 따른다는 가정을 전제로 산출하므로 실제 출산 현실과 차이가 있을 수 있습니다.
>
> 을 : 그렇다면 조출생률과 합계 출산율을 구별하는 이유가 뭐죠?
>
> 갑 : 조출생률과 달리 합계 출산율은 성비 및 연령 구조에 따른 출산 수준의 차이를 표준화할 수 있는 장점이 있습니다. 예를 들어, 이스라엘의 합계 출산율은 3.0인 반면 남아프리카공화국은 2.5 가량입니다. 하지만 조출생률은 거의 비슷하지요. 이것은 남아프리카공화국의 경우 전체 인구 대비 젊은 여성의 비율이 이스라엘보다 높기 때문입니다.

〈보 기〉

ㄱ. 조출생률을 계산할 때는 전체 인구 대비 여성의 비율은 고려하지 않는다.

ㄴ. 두 나라가 인구수와 조출생률에 차이가 없다면 각 나라의 합계 출산율에는 차이가 없다.

ㄷ. 합계 출산율은 한 명의 여성이 일생 동안 출산한 출생아의 수를 집계한 자료를 바탕으로 산출한다.

① ㄱ
② ㄴ
③ ㄱ, ㄷ
④ ㄴ, ㄷ
⑤ ㄱ, ㄴ, ㄷ

※ 다음 글을 읽고 물음에 답하시오. [21～22]

미국의 일부 주에서 판사는 형량을 결정하거나 가석방을 허가하는 판단의 보조 자료로 양형 보조 프로그램 X를 활용한다. X는 유죄가 선고된 범죄자를 대상으로 그 사람의 재범 확률을 추정하여 그 결과를 최저 위험군을 뜻하는 1에서 최고 위험군을 뜻하는 10까지의 위험 지수로 평가한다.

2016년 A는 X를 활용하는 플로리다 주 법정에서 선고받았던 7천여 명의 초범들을 대상으로 X의 예측 결과와 석방 후 2년간의 실제 재범 여부를 조사했다. 이 조사 결과를 토대로 한 ㉠ A의 주장은 X가 흑인과 백인을 차별한다는 것이다. 첫째 근거는 백인의 경우 위험 지수 1로 평가된 사람이 가장 많고 10까지 그 비율이 차츰 감소한 데 비하여 흑인의 위험 지수는 1부터 10까지 고르게 분포되었다는 관찰 결과이다. 즉 고위험군으로 분류된 사람의 비율이 백인보다 흑인이 더 크다는 것이었다. 둘째 근거는 예측의 오류와 관련된 것이다. 2년 이내 재범을 (가) 사람 중에서 (나)으로 잘못 분류되었던 사람의 비율은 흑인의 경우 45%인 반면 백인은 23%에 불과했고, 2년 이내 재범을 (다) 사람 중에서 (라)으로 잘못 분류되었던 사람의 비율은 흑인의 경우 28%인 반면 백인은 48%로 훨씬 컸다. 종합하자면, 재범을 저지른 사람이든 그렇지 않은 사람이든, 흑인은 편파적으로 고위험군으로 분류된 반면 백인은 편파적으로 저위험군으로 분류된 것이다.

X를 개발한 B는 A의 주장을 반박하는 논문을 발표하였다. B는 X의 목적이 재범 가능성에 대한 예측의 정확성을 높이는 것이며, 그 정확성에는 인종 간에 차이가 나타나지 않는다고 주장했다. B에 따르면, 예측의 정확성을 판단하는 데 있어 중요한 것은 고위험군으로 분류된 사람 중 2년 이내 재범을 저지른 사람의 비율과 저위험군으로 분류된 사람 중 2년 이내 재범을 저지르지 않은 사람의 비율이다. B는 전자의 비율이 백인 59%, 흑인 63%, 후자의 비율이 백인 71%, 흑인 65%라고 분석하고, 이 비율들은 인종 간에 유의미한 차이를 드러내지 않는다고 주장했다. 또 B는 X에 의해서 고위험군 혹은 저위험군으로 분류되기 이전의 흑인과 백인의 재범률, 즉 흑인의 기저재범률과 백인의 기저재범률 간에는 이미 상당한 차이가 있었으며, 이런 애초의 차이가 A가 언급한 예측의 오류 차이를 만들어 냈다고 설명한다. 결국 ㉡ B의 주장은 X가 편파적으로 흑인과 백인의 위험 지수를 평가하지 않는다는 것이다.

하지만 기저재범률의 차이로 인종 간 위험 지수의 차이를 설명하여, X가 인종차별적이라는 주장을 반박하는 것은 잘못이다. 기저재범률에는 미국 사회의 오래된 인종차별적 특징, 즉 흑인이 백인보다 범죄자가 되기 쉬운 사회 환경이 반영되어 있기 때문이다. 처음 범죄를 저질러서 재판을 받아야 하는 흑인을 생각해 보자. 그의 위험 지수를 판정할 때 사용되는 기저재범률은 그와 전혀 상관없는 다른 흑인들이 만들어 낸 것이다. 그런 기저재범률이 전혀 상관없는 사람의 형량이나 가석방 여부에 영향을 주는 것은 잘못이다. 더 나아가 이런 식으로 위험 지수를 평가받아 형량이 정해진 흑인들은 더 오랜 기간 교도소에 있게 될 것이며, 향후 재판받을 흑인들의 위험 지수를 더욱 높이는 결과를 가져오게 될 것이다. 따라서 ㉢ X의 지속적인 사용은 미국 사회의 인종차별을 고착화한다.

문 21. 위 글의 (가)~(라)에 들어갈 말을 적절하게 나열한 것은?

	(가)	(나)	(다)	(라)
①	저지르지 않은	고위험군	저지른	저위험군
②	저지르지 않은	고위험군	저지른	고위험군
③	저지르지 않은	저위험군	저지른	저위험군
④	저지른	고위험군	저지르지 않은	저위험군
⑤	저지른	저위험군	저지르지 않은	고위험군

문 22. 위 글의 ㉠~㉢에 대한 평가로 적절한 것만을 〈보기〉에서 모두 고르면?

〈보 기〉

ㄱ. 강력 범죄자 중 위험지수가 10으로 평가된 사람의 비율이 흑인과 백인 사이에 차이가 없다면, ㉠은 강화된다.

ㄴ. 흑인의 기저재범률이 높을수록 흑인에 대한 X의 재범 가능성 예측이 더 정확해진다면, ㉡은 약화된다.

ㄷ. X가 특정 범죄자의 재범률을 평가할 때 사용하는 기저재범률이 동종 범죄를 저지른 사람들로부터 얻은 것이라면, ㉢은 강화되지 않는다.

① ㄱ

② ㄷ

③ ㄱ, ㄴ

④ ㄴ, ㄷ

⑤ ㄱ, ㄴ, ㄷ

문 23. **다음 글의 빈칸에 들어갈 내용으로 가장 적절한 것은?**

갑 : 안녕하십니까. 저는 시청 토목정책과에 근무합니다. 부정 청탁을 받은 때는 신고해야 한다고 들었습니다.

을 : 예, 「부정청탁 및 금품등 수수의 금지에 관한 법률」(이하 '청탁금지법')에서는, 공직자가 부정 청탁을 받았을 때는 명확히 거절 의사를 표현해야 하고, 그랬는데도 상대방이 이후에 다시 동일한 부정 청탁을 해 온다면 소속 기관의 장에게 신고해야 한다고 규정합니다.

갑 : '금품등'에는 접대와 같은 향응도 포함되지요?

을 : 물론이지요. 청탁금지법에 따르면, 공직자는 동일인으로부터 명목에 상관없이 1회 100만 원 혹은 매 회계연도에 300만 원을 초과하는 금품이나 접대를 받을 수 없습니다. 직무 관련성이 있는 경우에는 100만 원 이하라도 대가성 여부와 관계없이 처벌을 받습니다.

갑 : '동일인'이라 하셨는데, 여러 사람이 청탁을 하는 경우는 어떻게 되나요?

을 : 받는 사람을 기준으로 하여 따지게 됩니다. 한 공직자에게 여러 사람이 동일한 부정 청탁을 하며 금품을 제공하려 하였을 때에도 이들의 출처가 같다고 볼 수 있다면 '동일인'으로 해석됩니다. 또한 여러 행위가 계속성 또는 시간적 · 공간적 근접성이 있다고 판단되면, 합쳐서 1회로 간주될 수 있습니다.

갑 : 실은, 연초에 있었던 지역 축제 때 저를 포함한 우리 시청 직원 90명은 행사에 참여한다는 차원으로 장터에 들러 1인당 8천 원씩을 지불하고 식사를 했는데, 이후에 그 식사는 X 회사 사장인 A의 축제 후원금이 1인당 1만 2천 원씩 들어간 것이라는 사실을 알게 되었습니다. 이에 대하여는 결국 대가성 있는 접대도 아니고 직무 관련성도 없는 것으로 확정되었으며, 추가된 식사비도 축제 주최 측에 돌려주었습니다. 그리고 이달 초에는 Y 회사의 임원인 B가 관급 공사 입찰을 도와달라고 청탁하면서 100만 원을 건네려 하길래 거절한 적이 있습니다. 그런데 어제는 고교 동창인 C가 찾아와 X 회사 공장 부지의 용도 변경에 힘써 달라며 200만 원을 주려고 해서 단호히 거절하였습니다.

을 : 그러셨군요. 말씀하신 것을 바탕으로 설명드리겠습니다.

[　　　　　　　　　　　　]

① X 회사로부터 받은 접대는 시간적 · 공간적 근접성으로 보아 청탁금지법을 위반한 향응을 받은 것이 됩니다.
② Y 회사로부터 받은 제안의 내용은 청탁금지법상의 금품이라고는 할 수 없지만 향응에는 포함될 수 있습니다.
③ 청탁금지법상 A와 C는 동일인으로서 부정 청탁을 한 것이 됩니다.
④ 직무 관련성이 없다면 B와 C가 제시한 금액은 청탁금지법상의 허용 한도를 벗어나지 않습니다.
⑤ 현재는 청탁금지법상 C의 청탁을 신고할 의무가 생기지 않지만, C가 같은 청탁을 다시 한다면 신고해야 합니다.

문 24. **다음 글의 ㉠에 해당하는 내용으로 가장 적절한 것은?**

A 시에 거주하면서 1세, 2세, 4세의 세 자녀를 기르는 갑은 육아를 위해 집에서 15km 떨어진 키즈 카페인 B 카페에 자주 방문한다. B 카페는 지역 유일의 키즈 카페라서 언제나 50여 구획의 주차장이 꽉 찰 정도로 성업 중이다. 최근 자동차를 교체하게 된 갑은 친환경 추세에 부응하여 전기차로 구매하였는데, B 카페는 전기차 충전 시설이 없었다. 세 자녀를 돌보느라 거주지에서의 자동차 충전 시기를 놓치는 때가 많은 갑은 이러한 불편함을 호소하며 B 카페에 전기차 충전 시설 설치를 요청하였다. 하지만 B 카페는, 충전 시설을 설치하고 싶지만 비용이 문제라서 A 시의 「환경 친화적 자동차의 보급 및 이용 활성화를 위한 조례」(이하 '조례')에 따른 지원금이라도 받아야 간신히 설치할 수 있는 상황인데, 아래의 조문에서 보듯이 B 카페는 그에 해당하지 않는다고 설명하였다.

> 「환경 친화적 자동차의 보급 및 이용 활성화를 위한 조례」
> 제9조(충전시설 설치대상) ① 주차단위구획 100개 이상을 갖춘 다음 각 호의 시설은 전기자동차 충전시설을 설치하여야 한다.
> 1. 판매 · 운수 · 숙박 · 운동 · 위락 · 관광 · 휴게 · 문화시설
> 2. 500세대 이상의 아파트, 근린생활시설, 기숙사
>
> ② 시장은 제1항의 설치대상에 대하여는 설치비용의 반액을 지원하여야 한다.
> ③ 시장은 제1항의 설치대상에 해당하지 않는 사업장에 대하여도 전기자동차 충전시설의 설치를 권고할 수 있다.

갑은 영유아와 같이 보호가 필요한 이들이 많이 이용하는 키즈 카페 등과 같은 사업장에도 전기차 충전 시설의 설치를 지원해 줄 수 있는 근거를 조례에 마련해 달라는 민원을 제기하였다. 갑의 민원을 검토한 A 시 의회는 관련 규정의 보완이 필요하다고 인정하여, ㉠ 조례 제9조를 개정하였고, B 카페는 이에 근거한 지원금을 받아 전기차 충전 시설을 설치하게 되었다.

① 제1항 제3호로 "다중이용시설(
극장, 음식점, 카페, 주점 등 불특정다수인이 이용하는 시설을 말한다)"을 신설
② 제1항 제3호로 "교통약자(장애인 · 고령자 · 임산부 · 영유아를 동반한 사람, 어린이 등 일상생활에서 이동에 불편을 느끼는 사람을 말한다)를 위한 시설"을 신설
③ 제4항으로 "시장은 제2항에 따른 지원을 할 때 교통약자(장애인 · 고령자 · 임산부 · 영유아를 동반한 사람, 어린이 등 일상생활에서 이동에 불편을 느끼는 사람을 말한다)를 위한 시설을 우선적으로 지원하여야 한다."를 신설
④ 제4항으로 "시장은 제3항의 권고를 받아들이는 사업장에 대하여는 설치비용의 60퍼센트를 지원하여야 한다."를 신설
⑤ 제4항으로 "시장은 전기자동차 충전시설의 의무 설치대상으로서 조기 설치를 희망하는 사업장에는 설치 비용의 전액을 지원할 수 있다."를 신설

문 25. 다음 글의 〈논쟁〉에 대한 분석으로 적절한 것만을 〈보기〉에서 모두 고르면?

갑과 을은 「위원회의 운영에 관한 규정」 제8조에 대한 해석을 놓고 논쟁하고 있다. 그 조문은 다음과 같다.

> 제8조(위원장 및 위원) ① 위원장은 위촉된 위원들 중에서 투표로 선출한다.
> ② 위원장과 위원은 한 차례만 연임할 수 있다.
> ③ 위원장의 사임 등으로 보선된 위원장의 임기는 전임 위원장 임기의 남은 기간으로 한다.

〈논 쟁〉

쟁점 1 : A는 위원을 한 차례 연임하던 중 그 임기의 마지막 해에 위원장으로 선출되어, 2년에 걸쳐 위원장으로 활동하고 있다. 이에 대해, 갑은 A가 규정을 어기고 있다고 주장하지만, 을은 그렇지 않다고 주장한다.

쟁점 2 : B가 위원장을 한 차례 연임하여 활동하던 중에 연임될 때의 투표 절차가 적법하지 않다는 이유로 위원장의 직위가 해제되었는데, 이후의 보선에 B가 출마하였다. 이에 대해, 갑은 B가 선출되면 규정을 어기게 된다고 주장하지만, 을은 그렇지 않다고 주장한다.

쟁점 3 : C는 위원장을 한 차례 연임하였고, 다음 위원장으로 선출된 D는 임기 만료 직전에 사퇴하였는데, 이후의 보선에 C가 출마하였다. 이에 대해, 갑은 C가 선출되면 규정을 어기게 된다고 주장하지만, 을은 그렇지 않다고 주장한다.

〈보 기〉

ㄱ. 쟁점 1과 관련하여, 갑은 위원으로서의 임기가 종료되면 위원장으로서의 자격도 없는 것으로 생각하지만, 을은 위원장이 되는 경우에는 그 임기나 연임 제한이 새롭게 산정된다고 생각하기 때문이라고 하면, 갑과 을 사이의 주장 불일치를 설명할 수 있다.

ㄴ. 쟁점 2와 관련하여, 갑은 위원장이 부적법한 절차로 당선되었더라도 그것이 연임 횟수에 포함된다고 생각하지만, 을은 그렇지 않다고 생각하기 때문이라고 하면, 갑과 을 사이의 주장 불일치를 설명할 수 있다.

ㄷ. 쟁점 3과 관련하여, 위원장 연임 제한의 의미가 '단절되는 일 없이 세 차례 연속하여 위원장이 되는 것만을 막는다'는 것으로 확정된다면, 갑의 주장은 옳고, 을의 주장은 그르다.

① ㄱ

② ㄷ

③ ㄱ, ㄴ

④ ㄴ, ㄷ

⑤ ㄱ, ㄴ, ㄷ

문 1. 다음 〈표〉와 〈보고서〉는 2019년 전국 안전체험관과 생활안전에 관한 자료이다. 제시된 〈표〉 이외에 〈보고서〉를 작성하기 위해 추가로 이용한 자료만을 〈보기〉에서 모두 고르면?

〈표〉 2019년 전국 안전체험관 규모별 현황

(단위 : 개소)

전체	대형		중형		소형
	일반	특성화	일반	특성화	
473	25	7	5	2	434

〈보고서〉

2019년 생활안전 통계에 따르면 전국 473개소의 안전체험관이 운영 중인 것으로 확인되었다. 전국 안전체험관을 규모별로 살펴보면, 대형이 32개소, 중형이 7개소, 소형이 434개소였다. 이 중 대형 안전체험관은 서울이 가장 많고 경북, 충남이 그 뒤를 이었다.

전국 안전사고 사망자 수는 2015년 이후 매년 감소하다가 2018년에는 증가하였다. 교통사고 사망자 수는 2015년 이후 매년 줄어들었고, 특히 2018년에 전년 대비 11.2% 감소하였다.

2019년 분야별 지역안전지수 1등급 지역을 살펴보면 교통사고 분야는 서울, 경기, 화재 분야는 광주, 생활안전 분야는 경기, 부산으로 나타났다.

〈보 기〉

ㄱ. 연도별 전국 교통사고 사망자 수

(단위 : 명)

연도	2015	2016	2017	2018
사망자 수	4,380	4,019	3,973	3,529

ㄴ. 분야별 지역안전지수 4년 연속(2015~2018년) 1등급, 5등급 지역(시 · 도)

분야 / 등급	교통사고	화재	범죄	생활안전	자살
1등급	서울, 경기	–	세종	경기	경기
5등급	전남	세종	제주	제주	부산

ㄷ. 연도별 전국 안전사고 사망자 수

(단위 : 명)

연도	2015	2016	2017	2018
사망자 수	31,582	30,944	29,545	31,111

ㄹ. 2018년 지역별 안전체험관 수

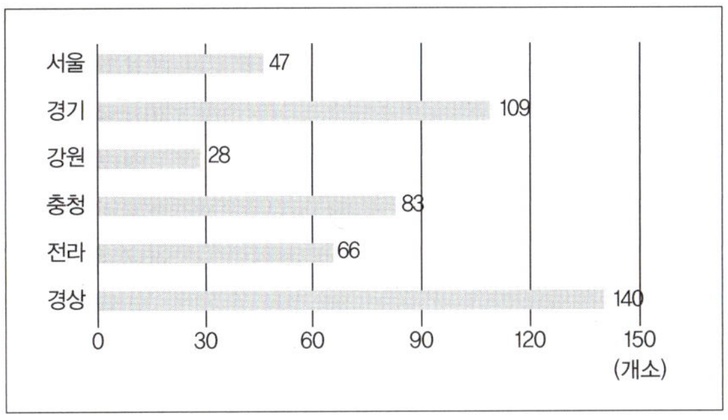

① ㄱ, ㄴ
② ㄱ, ㄷ
③ ㄴ, ㄹ
④ ㄱ, ㄷ, ㄹ
⑤ ㄴ, ㄷ, ㄹ

문 2. 다음 〈표〉는 아프리카연합이 주도한 임무단의 평화유지 활동에 관한 자료이다. 이를 바탕으로 작성한 〈보고서〉의 설명 중 옳지 않은 것은?

〈표〉 임무단의 평화유지활동(2021년 5월 기준)

(단위 : 명)

임무단	파견지	활동기간	주요 임무	파견규모
부룬디 임무단	부룬디	2003. 4.~2004. 6.	평화협정 이행 지원	3,128
수단 임무단	수단	2004. 10.~2007. 12.	다르푸르 지역 정전 감시	300
코모로 선거감시 지원 임무단	코모로	2006. 3.~2006. 6.	코모로 대통령 선거 감시	462
소말리아 임무단	소말리아	2007. 1.~현재	구호 활동 지원	6,000
코모로 치안 지원 임무단	코모로	2007. 5.~2008. 10.	앙주앙 섬 치안 지원	350
다르푸르 지역 임무단	수단	2007. 7.~현재	민간인 보호	6,000
우간다 임무단	우간다	2012. 3.~현재	반군 소탕작전	3,350
말리 임무단	말리	2012. 12.~ 2013. 7.	정부 지원	1,450
중앙아프리카 공화국 임무단	중앙 아프리카 공화국	2013. 12.~2014. 9.	안정 유지	5,961

〈보고서〉

아프리카연합은 아프리카 지역 분쟁 해결 및 평화 구축을 위하여 2021년 5월 현재까지 9개의 임무단을 구성하고 평화유지활동을 주도하였다. ㉠ 평화유지활동 중 가장 오랜 기간 동안 활동한 임무단은 '소말리아 임무단'이다. 이 임무는 소말리아 과도 연방정부가 아프리카연합에 평화유지군을 요청한 것을 계기로 시작되어 현재에 이르고 있다. 한편, ㉡ '코모로 선거감시 지원 임무단'은 가장 짧은 기간 동안 활동하였다. 2006년 코모로는 대통령 선거를 앞두고 아프리카연합에 지원을 요청하였고 같은 해 3월 시작된 평화유지활동은 선거가 끝난 6월에 임무가 종료되었다.

㉢ 아프리카연합이 현재까지 평화유지활동을 위해 파견한 임무단의 총규모는 25,000명 이상이며, 현재 활동 중인 임무단의 규모는 소말리아 6,000명, 수단 6,000명, 우간다 3,350명으로 총 15,000여 명이다.

아프리카연합은 아프리카 내의 문제를 자체적으로 해결하기 위해 다양한 임무단 활동을 활발히 수행하였다. 특히 ㉣ 수단과 코모로에서는 각각 2개의 임무단이 활동하였다.

현재 평화유지활동을 수행 중인 임무단은 3개이지만 ㉤ 2007년 10월 기준 평화유지활동을 수행 중이었던 임무단은 5개였다.

① ㄱ

② ㄴ

③ ㄷ

④ ㄹ

⑤ ㅁ

문 3. 다음 〈그림〉은 2014~2020년 연말 기준 '갑'국의 국가채무 및 GDP에 관한 자료이다. 이에 대한 〈보기〉의 설명 중 옳은 것만을 모두 고르면?

〈그림 1〉 GDP 대비 국가채무 및 적자성채무 비율 추이

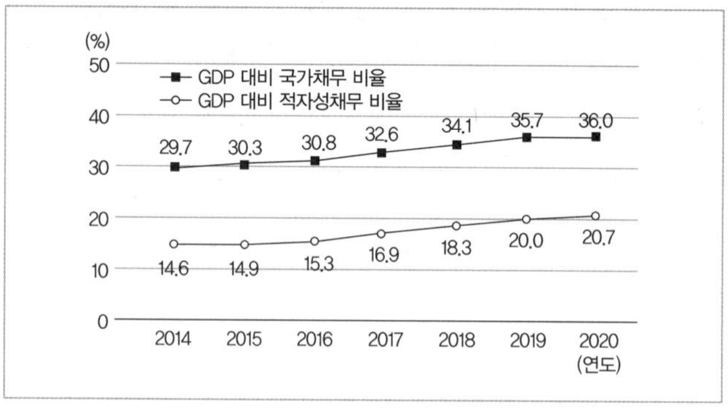

※ 국가채무=적자성채무+금융성채무

〈그림 2〉 GDP 추이

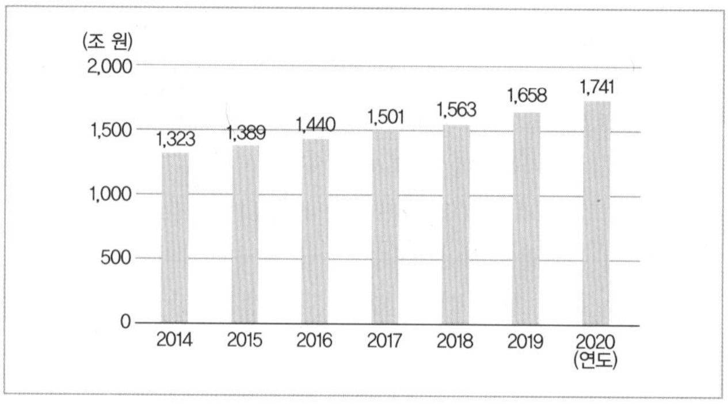

〈보 기〉

ㄱ. 2020년 국가채무는 2014년의 1.5배 이상이다.

ㄴ. GDP 대비 금융성채무 비율은 매년 증가한다.

ㄷ. 적자성채무는 2019년부터 300조 원 이상이다.

ㄹ. 금융성채무는 매년 국가채무의 50% 이상이다.

① ㄱ, ㄴ

② ㄱ, ㄷ

③ ㄴ, ㄹ

④ ㄱ, ㄷ, ㄹ

⑤ ㄴ, ㄷ, ㄹ

문 4. **다음 〈표〉는 최근 이사한 100가구의 이사 전후 주택규모에 관한 조사 결과이다. 이에 대한 〈보기〉의 설명 중 옳은 것만을 모두 고르면?**

〈표〉 이사 전후 주택규모 조사 결과

(단위 : 가구)

이사 후 \ 이사 전	소형	중형	대형	합
소형	15	10	( )	30
중형	( )	30	10	( )
대형	5	10	15	( )
계	( )	( )	( )	100

※ 주택규모는 '소형', '중형', '대형'으로만 구분하며, 동일한 주택규모는 크기도 같음

〈보 기〉

ㄱ. 주택규모가 이사 전 '소형'에서 이사 후 '중형'으로 달라진 가구는 없다.
ㄴ. 이사 전후 주택규모가 달라진 가구 수는 전체 가구 수의 50% 이하이다.
ㄷ. 주택규모가 '대형'인 가구 수는 이사 전이 이사 후보다 적다.
ㄹ. 이사 후 주택규모가 커진 가구 수는 이사 후 주택규모가 작아진 가구 수보다 많다.

① ㄱ, ㄴ
② ㄱ, ㄷ
③ ㄴ, ㄹ
④ ㄷ, ㄹ
⑤ ㄱ, ㄴ, ㄷ

문 5. **다음 〈그림〉은 A사 플라스틱 제품의 제조공정도이다. 1,000kg의 재료가 '혼합' 공정에 투입되는 경우, '폐기처리' 공정에 전달되어 투입되는 재료의 총량은 몇 kg인가?**

〈그림〉 A사 플라스틱 제품의 제조공정도

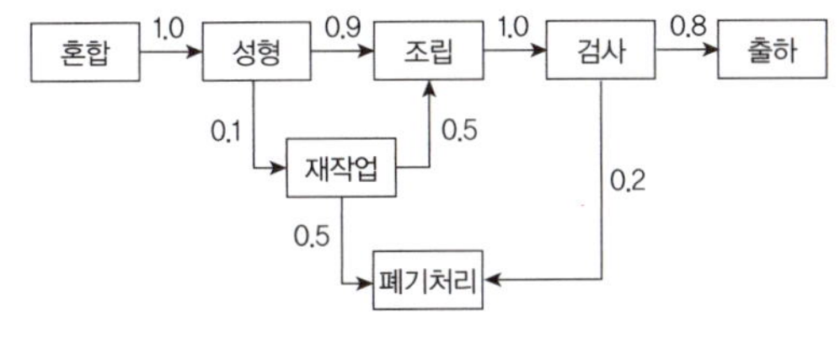

※ 제조공정도 내 수치는 직진율$\left(=\frac{\text{다음 공정에 전달되는 재료의 양}}{\text{해당 공정에 투입되는 재료의 양}}\right)$을 의미함. 예를 들어, [가] →0.2→ [나]는 해당 공정 '가'에 100kg의 재료가 투입되면 이 중 20kg(=100kg×0.2)의 재료가 다음 공정 '나'에 전달되어 투입됨을 의미함

① 50
② 190
③ 230
④ 240
⑤ 280

문 6. **다음 〈그림〉은 12개 국가의 수자원 현황에 관한 자료이며, A~H는 각각 특정 국가를 나타낸다. 〈그림〉과 〈조건〉을 근거로 판단할 때, 국가명을 알 수 없는 것은?**

〈그림〉 12개 국가의 수자원 현황

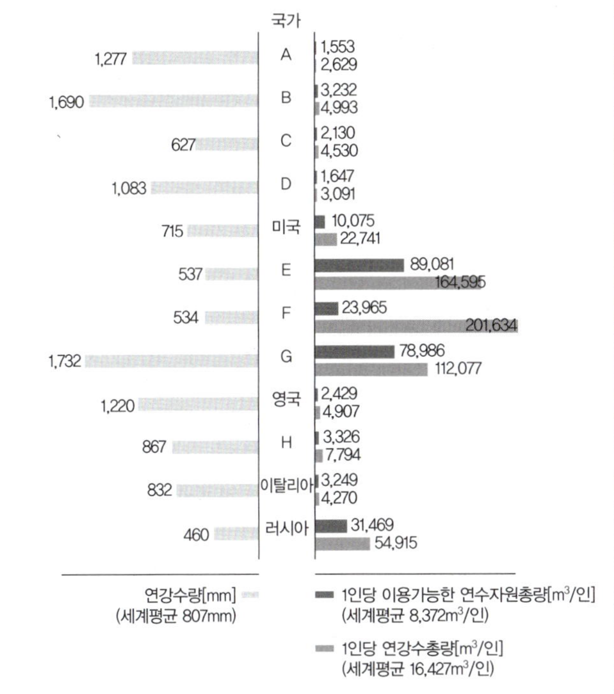

〈조 건〉

- '연강수량'이 세계평균의 2배 이상인 국가는 일본과 뉴질랜드이다.
- '연강수량'이 세계평균보다 많은 국가 중 '1인당 이용가능한 연수자원총량'이 가장 적은 국가는 대한민국이다.
- '1인당 연강수총량'이 세계평균의 5배 이상인 국가를 '연강수량'이 많은 국가부터 나열하면 뉴질랜드, 캐나다, 호주이다.
- '1인당 이용가능한 연수자원총량'이 영국보다 적은 국가 중 '1인당 연강수총량'이 세계평균의 25% 이상인 국가는 중국이다.
- '1인당 이용가능한 연수자원총량'이 6번째로 많은 국가는 프랑스이다.

① B
② C
③ D
④ E
⑤ F

문 7. 다음 〈표〉는 학생 '갑'~'무'의 중간고사 3개 과목 점수에 관한 자료이다. 이에 대한 〈보기〉의 설명 중 옳은 것만을 모두 고르면?

〈표〉 '갑'~'무'의 중간고사 3개 과목 점수

(단위 : 점)

과목 \ 학생	갑	을	병	정	무
성별	남	여	( )	여	남
국어	90	85	60	95	75
영어	90	85	100	65	100
수학	75	70	85	100	100

〈보 기〉

ㄱ. 국어 평균 점수는 80점 이상이다.

ㄴ. 3개 과목 평균 점수가 가장 높은 학생과 가장 낮은 학생의 평균 점수 차이는 10점 이하이다.

ㄷ. 국어, 영어, 수학 점수에 각각 0.4, 0.2, 0.4의 가중치를 곱한 점수의 합이 가장 큰 학생은 '정'이다.

ㄹ. '갑'~'무'의 성별 수학 평균 점수는 남학생이 여학생보다 높다.

① ㄱ, ㄷ ② ㄱ, ㄹ

③ ㄴ, ㄷ ④ ㄱ, ㄷ, ㄹ

⑤ ㄴ, ㄷ, ㄹ

문 8. 다음 〈표〉는 2021~2027년 시스템반도체 중 인공지능반도체의 세계 시장규모 전망이다. 이에 대한 〈보기〉의 설명 중 옳은 것만을 모두 고르면?

〈표〉 시스템반도체 중 인공지능반도체의 세계 시장규모 전망

(단위 : 억 달러, %)

구분 \ 연도	2021	2022	2023	2024	2025	2026	2027
시스템반도체	2,500	2,310	2,686	2,832	( )	3,525	( )
인공지능반도체	70	185	325	439	657	927	1,179
비중	2.8	8.0	( )	15.5	19.9	26.3	31.3

〈보 기〉

ㄱ. 인공지능반도체 비중은 매년 증가한다.

ㄴ. 2027년 시스템반도체 시장규모는 2021년보다 1,000억 달러 이상 증가한다.

ㄷ. 2022년 대비 2025년의 시장규모 증가율은 인공지능반도체가 시스템반도체의 5배 이상이다.

① ㄷ ② ㄱ, ㄴ

③ ㄱ, ㄷ ④ ㄴ, ㄷ

⑤ ㄱ, ㄴ, ㄷ

문 9. 다음 〈표〉는 A~H지역의 화물 이동 현황에 관한 자료이다. 이에 대한 〈보기〉의 설명 중 옳은 것만을 모두 고르면?

〈표〉 화물의 지역 내, 지역 간 이동 현황

(단위 : 개)

출발 지역 \ 도착 지역	A	B	C	D	E	F	G	H	합
A	65	121	54	52	172	198	226	89	977
B	56	152	61	55	172	164	214	70	944
C	29	47	30	22	62	61	85	30	366
D	24	61	30	37	82	80	113	45	472
E	61	112	54	47	187	150	202	72	885
F	50	87	38	41	120	188	150	55	729
G	78	151	83	73	227	208	359	115	1,294
H	27	66	31	28	94	81	116	46	489
계	390	797	381	355	1,116	1,130	1,465	522	6,156

※ 출발 지역과 도착 지역이 동일한 경우는 해당 지역 내에서 화물이 이동한 것임

〈보 기〉

ㄱ. 도착 화물보다 출발 화물이 많은 지역은 3개이다.

ㄴ. 지역 내 이동 화물이 가장 적은 지역은 도착 화물도 가장 적다.

ㄷ. 지역 내 이동 화물을 제외할 때, 출발 화물과 도착 화물의 합이 가장 작은 지역은 출발 화물과 도착 화물의 차이도 가장 작다.

ㄹ. 도착 화물이 가장 많은 지역은 출발 화물 중 지역 내 이동 화물의 비중도 가장 크다.

① ㄱ, ㄴ

② ㄱ, ㄷ

③ ㄴ, ㄷ

④ ㄴ, ㄹ

⑤ ㄱ, ㄷ, ㄹ

문 10. **다음 〈표〉와 〈대화〉는 4월 4일 기준 지자체별 자가격리자 및 모니터링 요원에 관한 자료이다. 〈표〉와 〈대화〉를 근거로 C와 D에 해당하는 지자체를 바르게 나열한 것은?**

〈표〉 지자체별 자가격리자 및 모니터링 요원 현황(4월 4일 기준)

(단위 : 명)

구분 \ 지자체		A	B	C	D
내국인	자가격리자	9,778	1,287	1,147	9,263
	신규 인원	900	70	20	839
	해제 인원	560	195	7	704
외국인	자가격리자	7,796	508	141	7,626
	신규 인원	646	52	15	741
	해제 인원	600	33	5	666
모니터링 요원		10,142	710	196	8,898

※ 해당일 기준 자가격리자=전일 기준 자가격리자+신규 인원−해제 인원

〈대 화〉

갑 : 감염병 확산에 대응하기 위한 회의를 시작합시다. 오늘은 대전, 세종, 충북, 충남의 4월 4일 기준 자가격리자 및 모니터링 요원 현황을 보기로 했는데, 각 지자체의 상황이 어떤가요?

을 : 4개 지자체 중 세종을 제외한 3개 지자체에서 4월 4일 기준 자가격리자가 전일 기준 자가격리자보다 늘어났습니다.

갑 : 모니터링 요원의 업무 부담과 관련된 통계 자료도 있나요?

을 : 4월 4일 기준으로 대전, 세종, 충북은 모니터링 요원 대비 자가격리자의 비율이 1.8 이상입니다.

갑 : 지자체에 모니터링 요원을 추가로 배치해야 할 것 같습니다. 자가격리자 중 외국인이 차지하는 비중이 4개 지자체 가운데 대전이 가장 높으니, 외국어 구사가 가능한 모니터링 요원을 대전에 우선 배치하는 방향으로 검토해 봅시다.

	C	D
①	충북	충남
②	충북	대전
③	충남	충북
④	세종	대전
⑤	대전	충북

문 11. **다음 〈그림〉과 〈조건〉은 직장인 '갑'~'병'이 마일리지 혜택이 있는 알뜰교통카드를 사용하여 출근하는 방법 및 교통비에 관한 자료이다. 이에 근거하여 월간 출근 교통비를 많이 지출하는 직장인부터 순서대로 나열하면?**

〈그림〉 직장인 '갑'~'병'의 출근 방법 및 교통비 관련 정보

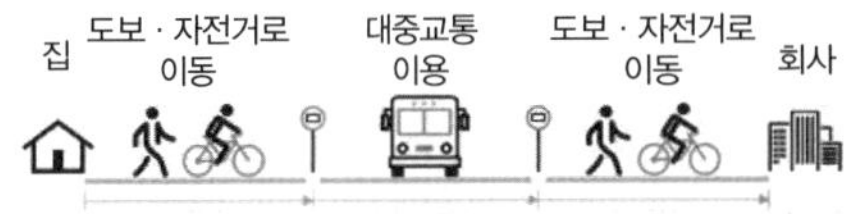

직장인	이동거리 A [m]	출근 1회당 대중교통요금[원]	이동거리 B [m]	월간 출근 횟수[회]	저소득층 여부
갑	600	3,200	200	15	○
을	500	2,300	500	22	×
병	400	1,800	200	22	○

〈조 건〉

- 월간 출근 교통비 $=\left\{\text{출근 1회당 대중교통요금}-(\text{기본 마일리지}+\text{추가 마일리지})\times\left(\frac{\text{마일리지 적용거리}}{800}\right)\right\}\times\text{월간 출근 횟수}$
- 기본 마일리지는 출근 1회당 대중교통요금에 따라 다음과 같이 지급함

출근 1회당 대중교통요금	2천 원 이하	2천 원 초과 3천 원 이하	3천 원 초과
기본 마일리지 (원)	250	350	450

- 추가 마일리지는 저소득층에만 다음과 같이 지급함

출근 1회당 대중교통요금	2천 원 이하	2천 원 초과 3천 원 이하	3천 원 초과
기본 마일리지 (원)	100	150	200

- 마일리지 적용거리(m)는 출근 1회당 도보 · 자전거로 이동한 거리의 합이며 최대 800m까지만 인정함

① 갑, 을, 병
② 갑, 병, 을
③ 을, 갑, 병
④ 을, 병, 갑
⑤ 병, 을, 갑

문 12. 다음 〈그림〉은 개발원조위원회 29개 회원국 중 공적개발원조액 상위 15개국과 국민총소득 대비 공적개발원조액 비율 상위 15개국 자료이다. 이에 대한 〈보기〉의 설명 중 옳은 것만을 모두 고르면?

〈그림 1〉 공적개발원조액 상위 15개 회원국

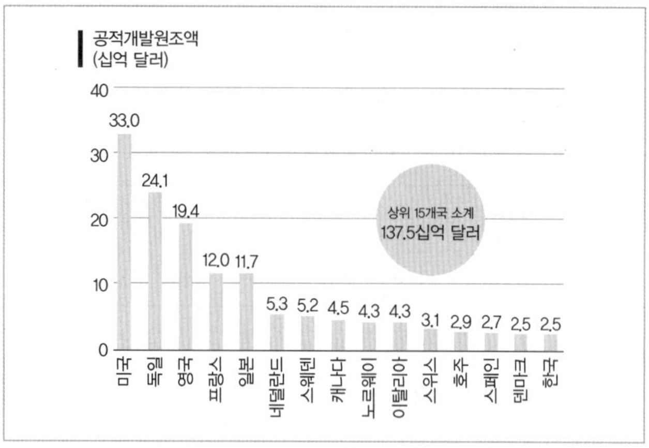

〈그림 2〉 국민총소득 대비 공적개발원조액 비율 상위 15개 회원국

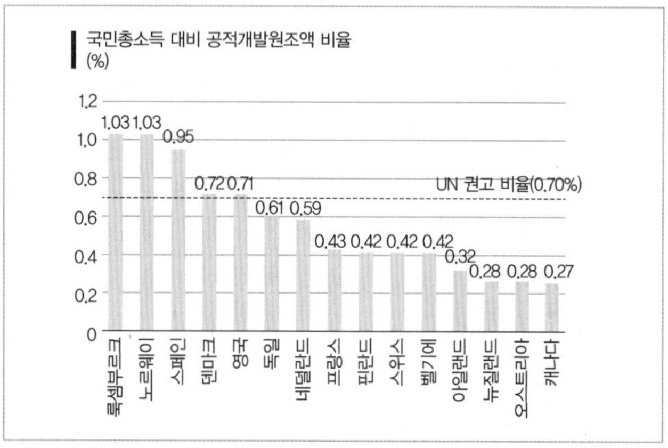

〈보 기〉

ㄱ. 국민총소득 대비 공적개발원조액 비율이 UN 권고 비율보다 큰 국가의 공적개발원조액 합은 250억 달러 이상이다.

ㄴ. 공적개발원조액 상위 5개국의 공적개발원조액 합은 개발원조위원회 29개 회원국 공적개발원조액 합의 50% 이상이다.

ㄷ. 독일이 공적개발원조액만 30억 달러 증액하면 독일의 국민총소득 대비 공적개발원조액 비율은 UN권고 비율 이상이 된다.

① ㄱ

② ㄷ

③ ㄱ, ㄴ

④ ㄴ, ㄷ

⑤ ㄱ, ㄴ, ㄷ

문 13. 다음 〈표〉는 '갑'국의 2020년 농업 생산액 현황 및 2021~2023년의 전년 대비 생산액 변화율 전망치에 관한 자료이다. 이에 대한 〈보기〉의 설명 중 옳은 것만을 모두 고르면?

〈표〉 농업 생산액 현황 및 변화율 전망치

(단위 : 십억 원, %)

구분	2020년 생산액	전년 대비 생산액 변화율 전망치		
		2021년	2022년	2023년
농업	50,052	0.77	0.02	1.38
재배업	30,270	1.50	−0.42	0.60
축산업	19,782	−0.34	0.70	2.57
소	5,668	3.11	0.53	3.51
돼지	7,119	−3.91	0.20	1.79
닭	2,259	1.20	−2.10	2.82
달걀	1,278	5.48	3.78	3.93
우유	2,131	0.52	1.12	0.88
오리	1,327	−5.58	5.27	3.34

※ 축산업은 소, 돼지, 닭, 달걀, 우유, 오리의 6개 세부항목으로만 구성됨

〈보 기〉

ㄱ. 2021년 '오리' 생산액 전망치는 1.2조 원 이상이다.

ㄴ. 2021년 '돼지' 생산액 전망치는 같은 해 '농업' 생산액 전망치의 15% 이상이다.

ㄷ. '축산업' 중 전년 대비 생산액 변화율 전망치가 2022년보다 2023년이 낮은 세부항목은 2개이다.

ㄹ. 2020년 생산액 대비 2022년 생산액 전망치의 증감폭은 '재배업'이 '축산업'보다 크다.

① ㄱ, ㄴ

② ㄱ, ㄷ

③ ㄴ, ㄹ

④ ㄱ, ㄷ, ㄹ

⑤ ㄴ, ㄷ, ㄹ

문 14. 다음 〈그림〉은 2020년 기준 A공제회 현황에 관한 자료이다. 이에 대한 설명으로 옳지 않은 것은?

〈그림〉 2020년 기준 A공제회 현황

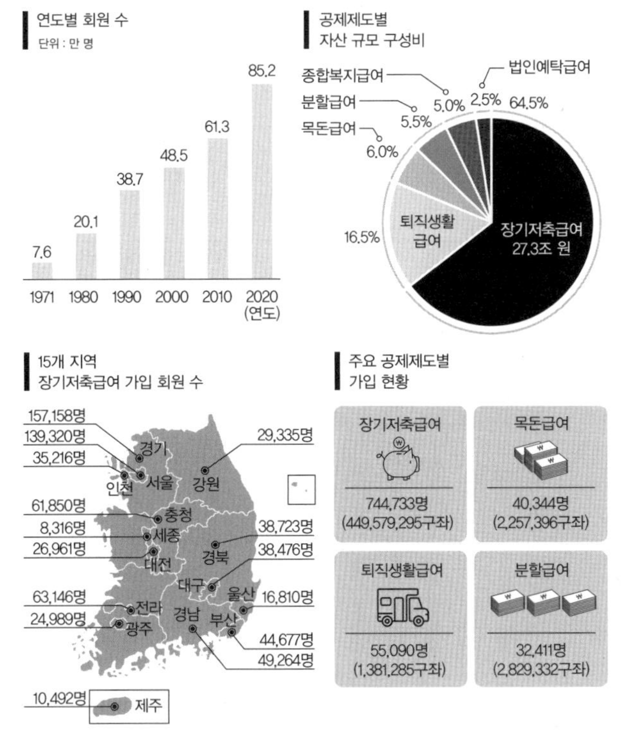

※ 1) 공제제도는 장기저축급여, 퇴직생활급여, 목돈급여, 분할급여, 종합복지급여, 법인예탁급여로만 구성됨
2) 모든 회원은 1개 또는 2개의 공제제도에 가입함

① 장기저축급여 가입 회원 수는 전체 회원의 85% 이하이다.

② 공제제도의 총자산 규모는 40조 원 이상이다.

③ 자산 규모 상위 4개 공제제도 중 2개의 공제제도에 가입한 회원은 2만 명 이상이다.

④ 충청의 장기저축급여 가입 회원 수는 15개 지역 평균 장기저축급여 가입 회원 수보다 많다.

⑤ 공제제도별 1인당 구좌 수는 장기저축급여가 분할급여의 5배 이상이다.

문 15. 다음은 국내 광고산업에 관한 문화체육관광부의 보도자료이다. 이에 부합하지 않는 자료는?

문화체육관광부	보도자료		사람이 있는 문화
보도일시	배포 즉시 보도해 주시기 바랍니다.		
배포일시	2020.2.××.	담당부서	□□□□국
담당과장	○○○ (044-203-○○○○)	담당자	사무관 △△△ (044-203-○○○○)

2018년 국내 광고산업 성장세 지속

• 문화체육관광부는 국내 광고사업체의 현황과 동향을 조사한 '2019년 광고산업조사(2018년 기준)' 결과를 발표했다.

• 이번 조사 결과에 따르면 2018년 기준 광고산업 규모는 17조 2,119억 원(광고사업체 취급액* 기준)으로, 전년 대비 4.5% 이상 증가했고, 광고사업체당 취급액 역시 증가했다.

* 광고사업체 취급액은 광고주가 매체(방송국, 신문사 등)와 매체 외 서비스에 지불하는 비용 전체(수수료 포함)임

– 업종별로 살펴보면 광고대행업이 6조 6,239억 원으로 전체 취급액의 38% 이상을 차지했으나, 취급액의 전년 대비 증가율은 온라인광고대행업이 16% 이상으로 가장 높다.

• 2018년 기준 광고사업체의 매체 광고비* 규모는 11조 362억 원(64.1%), 매체 외 서비스 취급액은 6조 1,757억 원(35.9%)으로 조사됐다.

* 매체 광고비는 방송매체, 인터넷매체, 옥외광고매체, 인쇄매체 취급액의 합임

– 매체 광고비 중 방송매체 취급액은 4조 266억 원으로 가장 큰 비중을 차지하고 있으며, 그 다음으로 인터넷매체, 옥외광고매체, 인쇄매체 순으로 나타났다.

– 인터넷매체 취급액은 3조 8,804억 원으로 전년 대비 6% 이상 증가했다. 특히, 모바일 취급액은 전년 대비 20% 이상 증가하여 인터넷 광고시장의 성장세를 이끌었다.

– 한편, 간접광고(PPL) 취급액은 전년 대비 14% 이상 증가하여 1,270억 원으로 나타났으며, 그 중 지상파TV와 케이블TV 간 비중의 격차는 5%p 이하로 조사됐다.

① 광고사업체 취급액 현황(2018년 기준)

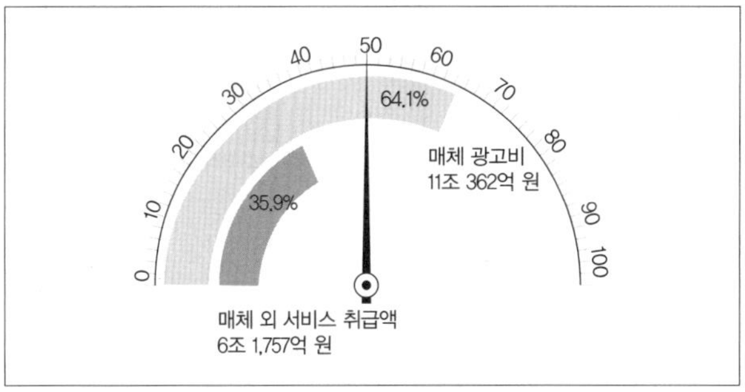

② 인터넷매체(PC, 모바일) 취급액 현황

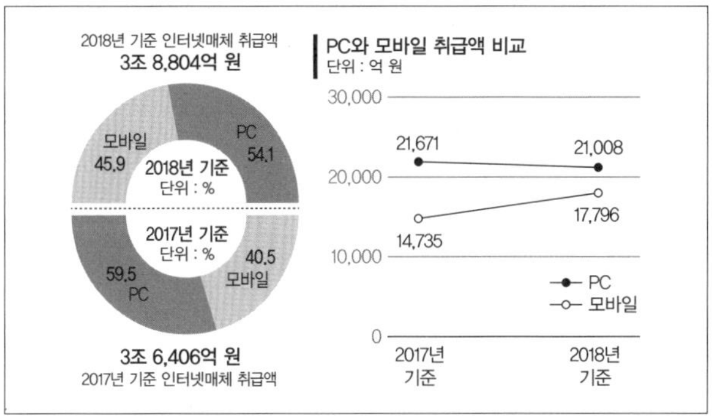

③ 간접광고(PPL) 취급액 현황

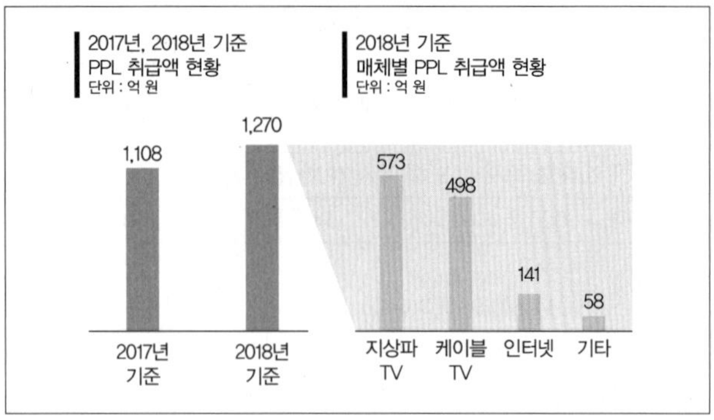

④ 업종별 광고사업체 취급액 현황

(단위 : 개소, 억 원)

구분 업종	2018년 조사(2017년 기준)		2019년 조사(2018년 기준)	
	사업체 수	취급액	사업체 수	취급액
전체	7,234	164,133	7,256	172,119
광고대행업	1,910	64,050	1,887	66,239
광고제작업	1,374	20,102	1,388	20,434
광고전문 서비스업	1,558	31,535	1,553	33,267
인쇄업	921	7,374	921	8,057
온라인광고 대행업	780	27,335	900	31,953
옥외광고업	691	13,737	607	12,169

⑤ 매체별 광고사업체 취급액 현황(2018년 기준)

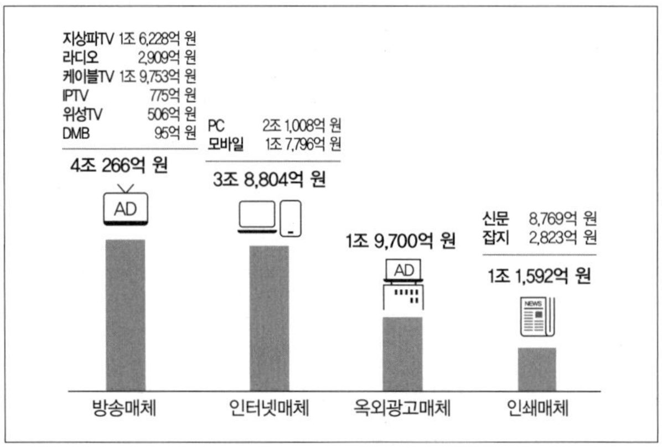

문 16. 다음 〈그림〉은 2020년 '갑'시의 교통사고에 관한 자료이다. 이에 대한 〈보기〉의 설명 중 옳은 것만을 모두 고르면?

〈그림 1〉 2020년 월별 교통사고 사상자

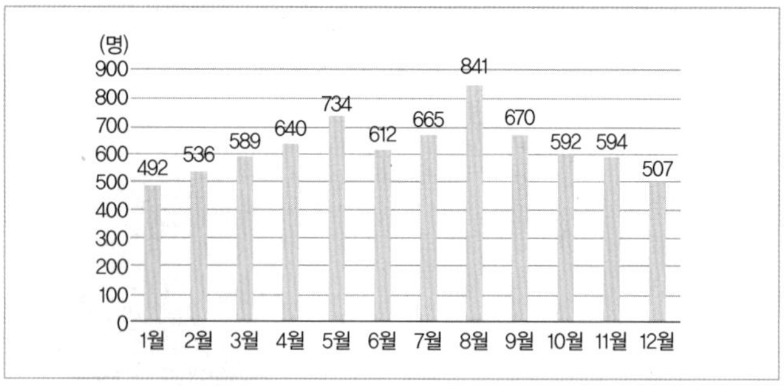

〈그림 2〉 2020년 월별 교통사고 건수

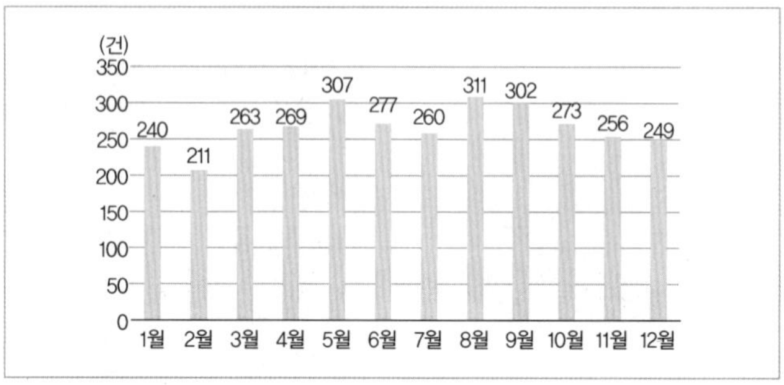

〈그림 3〉 2020년 교통사고 건수의 사고원인별 구성비

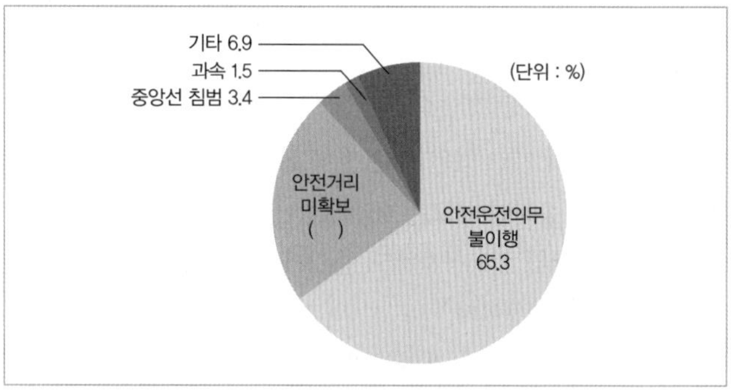

〈보 기〉

ㄱ. 월별 교통사고 사상자는 가장 적은 달이 가장 많은 달의 60% 이하이다.

ㄴ. 2020년 교통사고 건당 사상자는 1.9명 이상이다.

ㄷ. '안전거리 미확보'가 사고원인인 교통사고 건수는 '중앙선 침범'이 사고원인인 교통사고 건수의 7배 이상이다.

ㄹ. 사고원인이 '안전운전의무 불이행'인 교통사고 건수는 2,000건 이하이다.

① ㄱ, ㄴ

② ㄱ, ㄷ

③ ㄴ, ㄷ

④ ㄷ, ㄹ

⑤ ㄱ, ㄴ, ㄹ

문 17. **다음 〈표〉와 〈정보〉는 A~J 지역의 지역발전 지표에 관한 자료이다. 이를 근거로 '가'~'라'에 들어갈 수 있는 값으로만 나열한 것은?**

〈표〉 A~J 지역의 지역발전 지표

(단위 : %, 개)

지표 / 지역	재정 자립도	시가화 면적 비율	10만 명당 문화 시설수	10만 명당 체육 시설수	주택 노후화율	주택 보급률	도로 포장률
A	83.8	61.2	4.1	111.1	17.6	105.9	92.0
B	58.5	24.8	3.1	(다)	22.8	93.6	98.3
C	65.7	35.7	3.5	103.4	13.5	91.2	97.4
D	48.3	25.3	4.3	128.0	15.8	96.6	100.0
E	(가)	20.7	3.7	133.8	12.2	100.3	99.0
F	69.5	22.6	4.1	114.0	8.5	91.0	98.1
G	37.1	22.9	7.7	110.2	20.5	103.8	91.7
H	38.7	28.8	7.8	102.5	19.9	(라)	92.5
I	26.1	(나)	6.9	119.2	33.7	102.5	89.6
J	32.6	21.3	7.5	113.0	26.9	106.1	87.9

〈정 보〉

- 재정자립도가 E보다 높은 지역은 A, C, F임
- 시가화 면적 비율이 가장 낮은 지역은 주택노후화율이 가장 높은 지역임
- 10만 명당 문화시설수가 가장 적은 지역은 10만 명당 체육시설수가 네 번째로 많은 지역임
- 주택보급률이 도로포장률보다 낮은 지역은 B, C, D, F임

	가	나	다	라
①	58.6	20.9	100.9	92.9
②	60.8	19.8	102.4	92.5
③	63.5	20.1	115.7	92.0
④	65.2	20.3	117.1	92.6
⑤	65.8	20.6	118.7	93.7

문 18. **다음 〈표〉는 '갑'국 대학 기숙사 수용 및 기숙사비 납부 방식에 관한 자료이다. 이에 대한 〈보고서〉의 설명 중 옳은 것만을 모두 고르면?**

〈표 1〉 2019년과 2020년 대학 기숙사 수용 현황

(단위 : 명, %)

대학유형 \ 연도·구분		2020 수용가능 인원	2020 재학생 수	2020 수용률	2019 수용가능 인원	2019 재학생 수	2019 수용률
전체(196개교)		354,749	1,583,677	22.4	354,167	1,595,436	22.2
설립주체	국공립 (40개교)	102,025	381,309	26.8	102,906	385,245	26.7
	사립 (156개교)	( )	1,202,368	21.0	251,261	1,210,191	20.8
소재지	수도권 (73개교)	122,099	672,055	18.2	119,940	676,479	( )
	비수도권 (123개교)	232,650	911,622	25.5	234,227	918,957	25.5

※ 수용률(%) = $\frac{\text{수용가능 인원}}{\text{재학생 수}} \times 100$

〈표 2〉 2020년 대학 기숙사비 납부 방식 현황

(단위 : 개교)

대학유형 \ 납부 방식·기숙사 유형		카드납부 가능 직영	카드납부 가능 민자	카드납부 가능 공공	카드납부 가능 합계	현금분할납부 가능 직영	현금분할납부 가능 민자	현금분할납부 가능 공공	현금분할납부 가능 합계
전체(196개교)		27	20	0	47	43	25	9	77
설립주체	국공립 (40개교)	20	17	0	37	18	16	0	34
	사립 (156개교)	7	3	0	10	25	9	9	43
소재지	수도권 (73개교)	3	2	0	5	16	8	4	28
	비수도권 (123개교)	24	18	0	42	27	17	5	49

※ 각 대학은 한 가지 유형의 기숙사만 운영함

〈보고서〉

2020년 대학 기숙사 수용률은 22.4%로, 2019년의 22.2%에 비해 증가하였지만 여전히 20%대 초반에 그쳤다. 대학유형별 기숙사 수용률은 사립대학보다는 국공립대학이 높고, 수도권 대학보다는 비수도권 대학이 높았다. 한편, ㉠ 2019년 대비 2020년 대학유형별 기숙사 수용률은 국공립대학보다 사립대학이, 비수도권대학보다 수도권대학이 더 큰 폭으로 증가하였다.

2020년 대학 기숙사 수용가능 인원의 변화를 설립주체별로 살펴보면, ㉡ 국공립대학은 전년 대비 800명 이상 증가하였으나, 사립대학은 전년 대비 1,400명 이상 감소하였다. 소재지별로 살펴보면 수도권 대학의 기숙사 수용가능 인원은 2019년 119,940명에서 2020년 122,099명으로 2,100명 이상 증가하였으나, 비수도권 대학은 2019년 234,227명에서 2020년 232,650명으로 1,500명 이상 감소하였다.

2020년 대학 기숙사비 납부 방식을 살펴보면, ㉢ 전체 대학 중 기숙사비 카드납부가 가능한 대학은 37.9%에 불과하였다. 이를 기숙사 유형별로 자세히 보면, ㉣ 카드납부가 가능한 공공기숙사는 없었고, 현금분할납부가 가능한 공공기숙사도 사립대학 9개교뿐이었다.

① ㄱ
② ㄱ, ㄴ
③ ㄱ, ㄹ
④ ㄷ, ㄹ
⑤ ㄴ, ㄷ, ㄹ

문 19. 다음 〈조건〉과 〈표〉는 2018~2020년 '가'부서 전체 직원 성과급에 관한 자료이다. 이를 근거로 판단할 때, '가'부서 전체 직원의 2020년 기본 연봉의 합은?

〈조 건〉

- 매년 각 직원의 기본 연봉은 변동 없음
- 성과급은 전체 직원에게 각 직원의 성과등급에 따라 매년 1회 지급함
- 성과급=기본 연봉×지급비율
- 성과등급별 지급비율 및 인원수

성과등급 / 구분	S	A	B
지급비율	20%	10%	5%
인원수	1명	2명	3명

〈표〉 2018~2020년 '가'부서 전체 직원 성과급

(단위 : 백만 원)

연도 / 직원	2018	2019	2020
갑	12.0	6.0	3.0
을	5.0	20.0	5.0
병	6.0	3.0	6.0
정	6.0	6.0	12.0
무	4.5	4.5	4.5
기	6.0	6.0	12.0

① 430백만 원
② 460백만 원
③ 490백만 원
④ 520백만 원
⑤ 550백만 원

문 20. 다음 〈표〉는 '갑'국 하수처리장의 1일 하수처리용량 및 지역등급별 방류수 기준이고, 〈그림〉은 지역등급 및 36개 하수처리장 분포이다. 이에 근거한 〈보기〉의 설명 중 옳은 것만을 모두 고르면?

〈표〉 하수처리장 1일 하수처리용량 및 지역등급별 방류수 기준

(단위 : mg/L)

1일 하수처리용량	항목 / 지역등급	생물학적 산소 요구량	화학적 산소 요구량	총질소	총인
$500m^3$ 이상	Ⅰ	5 이하	20 이하	20 이하	0.2 이하
	Ⅱ	5 이하	20 이하	20 이하	0.3 이하
	Ⅲ	10 이하	40 이하	20 이하	0.5 이하
	Ⅳ	10 이하	40 이하	20 이하	2.0 이하
$50m^3$ 이상 $500m^3$ 미만	Ⅰ~Ⅳ	10 이하	40 이하	20 이하	2.0 이하
$50m^3$ 미만	Ⅰ~Ⅳ	10 이하	40 이하	40 이하	4.0 이하

〈그림〉 지역등급 및 하수처리장 분포

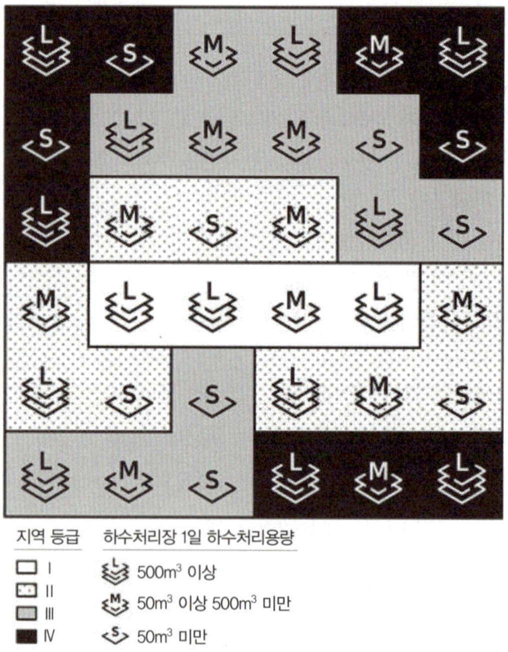

〈보 기〉

ㄱ. 방류수의 생물학적 산소요구량 기준이 '5mg/L 이하'인 하수처리장 수는 5개이다.
ㄴ. 1일 하수처리용량 $500m^3$ 이상인 하수처리장 수는 1일 하수처리용량 $50m^3$ 미만인 하수처리장 수의 1.5배 이상이다.
ㄷ. Ⅱ등급 지역에서 방류수의 총인 기준이 '0.3mg/L 이하'인 하수처리장의 1일 하수처리용량 합은 최소 $1,000m^3$이다.
ㄹ. 방류수의 총질소 기준이 '20mg/L 이하'인 하수처리장 수는 방류수의 화학적 산소요구량 기준이 '20mg/L 이하'인 하수처리장 수의 5배 이상이다.

① ㄱ, ㄴ
② ㄱ, ㄷ
③ ㄴ, ㄹ
④ ㄱ, ㄷ, ㄹ
⑤ ㄴ, ㄷ, ㄹ

문 21. **다음 〈표〉는 직원 '갑'~'무'에 대한 평가자 A~E의 직무평가 점수이다. 이에 대한 〈보기〉의 설명 중 옳은 것만을 모두 고르면?**

〈표〉 직원 '갑'~'무'에 대한 평가자 A~E의 직무평가 점수

(단위 : 점)

평가자 / 직원	A	B	C	D	E	종합점수
갑	91	87	( )	89	95	89.0
을	89	86	90	88	( )	89.0
병	68	76	( )	74	78	( )
정	71	72	85	74	( )	77.0
무	71	72	79	85	( )	78.0

※ 1) 직원별 종합점수는 해당 직원이 평가자 A~E로부터 부여받은 점수 중 최댓값과 최솟값을 제외한 점수의 평균임
2) 각 직원은 평가자 A~E로부터 각각 다른 점수를 부여받았음
3) 모든 평가자는 1~100점 중 1점 단위로 점수를 부여하였음

〈보 기〉

ㄱ. '을'에 대한 직무평가 점수는 평가자 E가 가장 높다.
ㄴ. '병'의 종합점수로 가능한 최댓값과 최솟값의 차이는 5점 이상이다.
ㄷ. 평가자 C의 '갑'에 대한 직무평가 점수는 '갑'의 종합점수보다 높다.
ㄹ. '갑'~'무'의 종합점수 산출 시, 부여한 직무평가 점수가 한 번도 제외되지 않은 평가자는 없다.

① ㄱ
② ㄱ, ㄹ
③ ㄴ, ㄷ
④ ㄱ, ㄴ, ㄹ
⑤ ㄴ, ㄷ, ㄹ

※ **다음 〈표 1〉과 〈표 2〉는 '갑'국 A~E 5개 도시의 지난 30년 월평균 지상 10m 기온과 월평균 지표면 온도이고, 〈표 3〉과 〈표 4〉는 도시별 설계적설하중과 설계기본풍속이다. 다음 물음에 답하시오. [22~23]**

〈표 1〉 도시별 월평균 지상 10m 기온

(단위 : ℃)

도시 / 월	A	B	C	D	E
1	−2.5	1.6	−2.4	−4.5	−2.3
2	−0.3	3.2	−0.5	−1.8	−0.1
3	5.2	7.4	4.5	4.2	5.1
4	12.1	13.1	10.7	11.4	12.2
5	17.4	17.6	15.9	16.8	17.2
6	21.9	21.1	20.4	21.5	21.3
7	25.9	25.0	24.0	24.5	24.4
8	25.4	25.7	24.9	24.3	25.0
9	20.8	21.2	20.7	18.9	19.7
10	14.4	15.9	14.5	12.1	13.0
11	6.9	9.6	7.2	4.8	6.1
12	−0.2	4.0	0.6	−1.7	−0.1

〈표 2〉 도시별 월평균 지표면 온도

(단위 : ℃)

도시 / 월	A	B	C	D	E
1	−2.4	2.7	−1.2	−2.7	0.3
2	−0.3	4.8	0.8	−0.7	2.8
3	5.6	9.3	6.3	4.8	8.7
4	13.4	15.7	13.4	12.6	16.3
5	19.7	20.8	19.4	19.1	22.0
6	24.8	24.2	24.5	24.4	25.9
7	26.8	27.7	26.8	26.9	28.4
8	27.4	28.5	27.5	27.0	29.0
9	22.5	19.6	22.8	21.4	23.5
10	14.8	17.9	15.8	13.5	16.9
11	6.2	10.8	7.5	5.3	8.6
12	−0.1	4.7	1.1	−0.7	2.1

〈표 3〉 도시별 설계적설하중

(단위 : kN/m^2)

도시	A	B	C	D	E
설계적설하중	0.5	0.5	0.7	0.8	2.0

〈표 4〉 도시별 설계기본풍속

(단위 : m/s)

도시	A	B	C	D	E
설계기본풍속	30	45	35	30	40

문 22. 위 〈표〉를 근거로 〈보기〉의 설명 중 옳은 것만을 모두 고르면?

〈보 기〉

ㄱ. '월평균 지상 10m 기온'이 가장 높은 달과 '월평균 지표면 온도'가 가장 높은 달이 다른 도시는 A뿐이다.

ㄴ. 2월의 '월평균 지상 10m 기온'은 영하이지만 '월평균 지표면 온도'가 영상인 도시는 C와 E이다.

ㄷ. 1월의 '월평균 지표면 온도'가 A~E 도시 중 가장 낮은 도시의 설계적설하중은 5개 도시 평균 설계적설하중보다 작다.

ㄹ. 설계기본풍속이 두 번째로 큰 도시는 8월의 '월평균 지상 10m 기온'도 A~E 도시 중 두 번째로 높다.

① ㄱ, ㄴ

② ㄴ, ㄷ

③ ㄴ, ㄹ

④ ㄷ, ㄹ

⑤ ㄱ, ㄷ, ㄹ

문 23. 폭설피해 예방대책으로 위 〈표 3〉에 제시된 도시별 설계적설하중을 수정하고자 한다. 〈규칙〉에 따라 수정하였을 때, A~E 도시 중 설계적설하중 증가폭이 두 번째로 큰 도시와 가장 작은 도시를 바르게 연결한 것은?

〈규 칙〉

단계 1 : 각 도시의 설계적설하중을 50% 증가시킨다.

단계 2 : '월평균 지상 10m 기온'이 영하인 달이 3개 이상인 도시만 단계 1에 의해 산출된 값을 40% 증가시킨다.

단계 3 : 설계기본풍속이 40m/s 이상인 도시만 단계 1~2를 거쳐 산출된 값을 20% 감소시킨다.

단계 4 : 단계 1~3을 거쳐 산출된 값을 수정된 설계적설하중으로 한다. 단, 1.0kN/m^2 미만인 경우 1.0kN/m^2으로 한다.

	두 번째로 큰 도시	가장 작은 도시
①	A	B
②	A	C
③	B	D
④	D	B
⑤	D	C

문 24. 다음 〈표〉는 2017년과 2018년 '갑'국에 운항하는 항공사의 운송실적 및 피해구제 현황에 관한 자료이다. 〈표〉를 이용하여 작성한 그래프로 옳지 않은 것은?

〈표 1〉 2017년과 2018년 국적항공사의 노선별 운송실적

(단위 : 천 명)

국적항공사 \ 노선·연도		국내선 2017	국내선 2018	국제선 2017	국제선 2018
대형 항공사	태양항공	7,989	6,957	18,925	20,052
	무지개항공	5,991	6,129	13,344	13,727
저비용 항공사	알파항공	4,106	4,457	3,004	3,610
	에어세종	0	0	821	1,717
	청렴항공	3,006	3,033	2,515	2,871
	독도항공	4,642	4,676	5,825	7,266
	참에어	3,738	3,475	4,859	5,415
	동해항공	2,935	2,873	3,278	4,128
합계		32,407	31,600	52,571	58,786

〈표 2〉 2017년 피해유형별 항공사의 피해구제 접수 건수 비율

(단위 : %)

항공사 \ 피해유형	취소환불 위약금	지연 결항	정보제공 미흡	수하물 지연 파손	초과 판매	기타	합계
국적항공사	57.14	22.76	5.32	6.81	0.33	7.64	100.00
외국적 항공사	49.06	27.77	6.89	6.68	1.88	7.72	100.00

〈표 3〉 2018년 피해유형별 항공사의 피해구제 접수 건수

(단위 : 건)

항공사 \ 피해유형		취소 환불 위약금	지연 결항	정보 제공 미흡	수하물 지연 파손	초과 판매	기타	합계	전년 대비 증가
대형 항공사	태양항공	31	96	0	7	0	19	153	13
	무지개 항공	20	66	0	5	0	15	106	−2
저비용 항공사	알파항공	9	9	0	1	0	4	23	−6
	에어세종	19	10	2	1	0	12	44	7
	청렴항공	12	33	3	4	0	5	57	16
	독도항공	34	25	3	9	0	27	98	−35
	참에어	33	38	0	6	0	8	85	34
	동해항공	19	32	1	10	0	10	72	9
국적항공사		177	309	9	43	0	100	638	36
외국적항공사		161	201	11	35	0	78	486	7

① 2017년 피해유형별 외국적항공사의 피해구제 접수 건수 대비 국적항공사의 피해구제 접수 건수 비

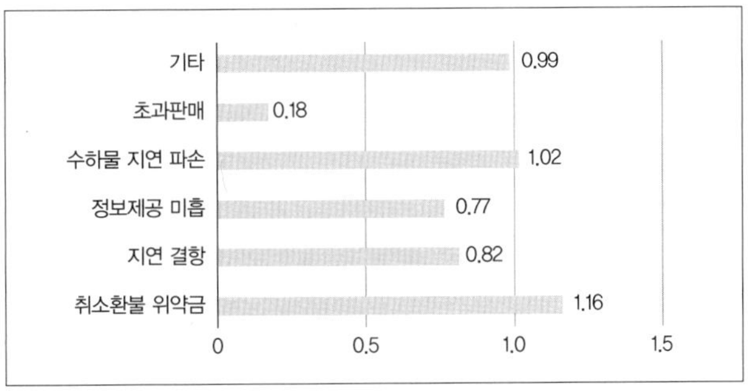

② 2017년 국적항공사별 피해구제 접수 건수 비중

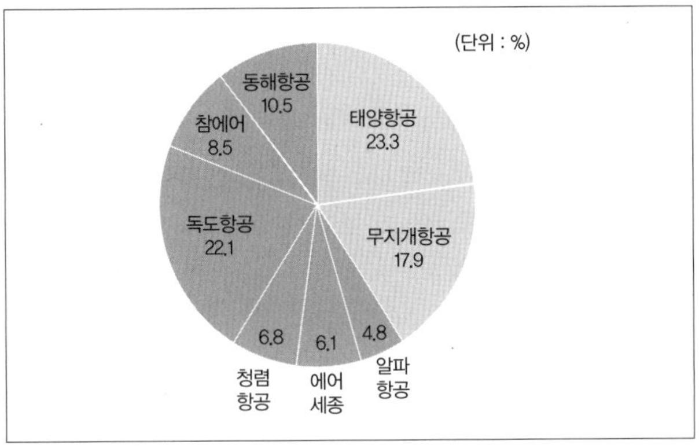

③ 2017년 피해유형별 국적항공사의 피해구제 접수 건수

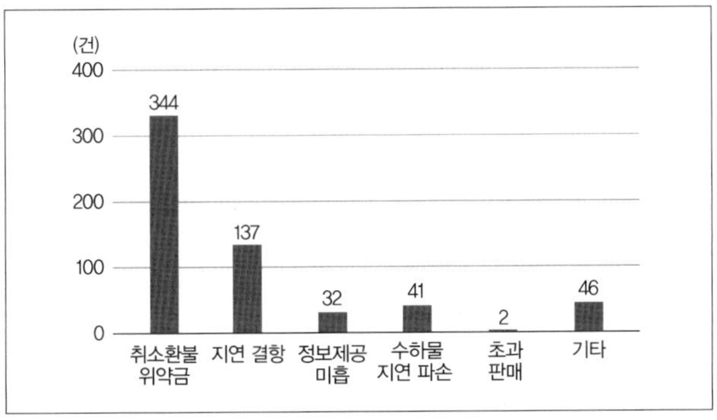

④ 2017년 대비 2018년 저비용 국적항공사의 전체 노선 운송실적 증가율

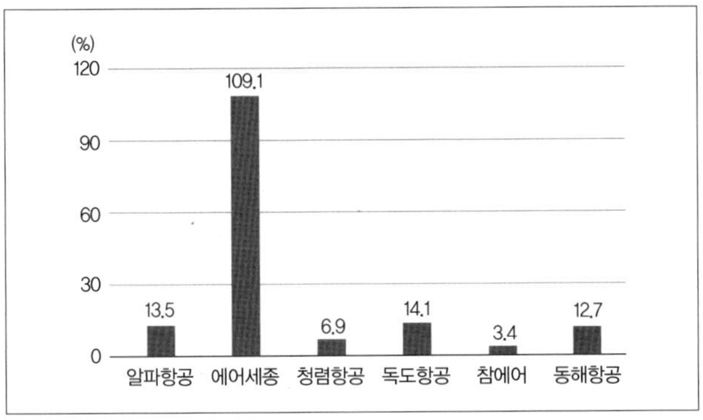

⑤ 대형 국적항공사의 전체 노선 운송실적 대비 피해구제 접수 건수 비

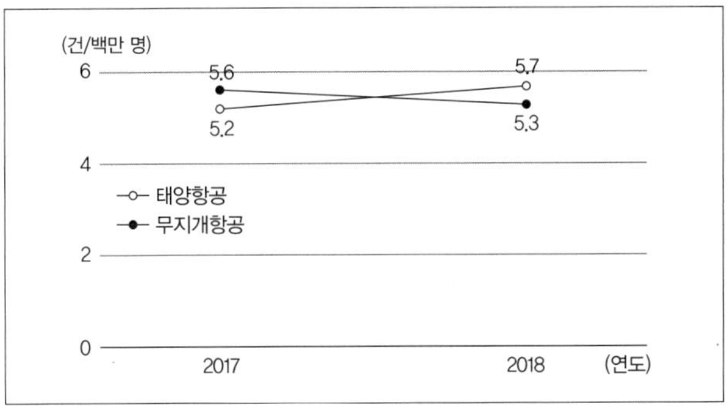

문 25. **다음 〈표〉는 2011~2020년 산불 건수 및 산불 가해자 검거 현황과 2020년 산불 원인별 가해자 검거 현황에 관한 자료이다. 이에 대한 〈보기〉의 설명 중 옳은 것만을 모두 고르면?**

〈표 1〉 2011~2020년 산불 건수 및 산불 가해자 검거 현황

(단위 : 건, %)

구분 / 연도	산불 건수	가해자 검거 건수	검거율
2011	277	131	47.3
2012	197	73	(　)
2013	296	137	46.3
2014	492	167	33.9
2015	623	240	38.5
2016	391	(　)	(　)
2017	692	305	(　)
2018	496	231	46.6
2019	653	239	36.6
2020	620	246	39.7
계	(　)	1,973	(　)

〈표 2〉 2020년 산불 원인별 산불 건수 및 가해자 검거 현황

(단위 : 건, %)

구분 / 산불 원인	산불 건수	가해자 검거 건수	검거율
입산자 실화	(　)	32	(　)
논밭두렁 소각	49	45	(　)
쓰레기 소각	65	(　)	(　)
담뱃불 실화	75	17	22.7
성묘객 실화	9	6	(　)
어린이 불장난	1	1	100.0
건축물 실화	54	33	61.1
기타	150	52	34.7
전체	(　)	246	39.7

※ 1) 산불 1건은 1개의 산불 원인으로만 분류함
2) 가해자 검거 건수는 해당 산불 발생 연도를 기준으로 집계함
3) 검거율(%) $= \frac{\text{가해자 검거 건수}}{\text{산불 건수}} \times 100$

〈보 기〉

ㄱ. 2011~2020년 연평균 산불 건수는 500건 이하이다.
ㄴ. 산불 건수가 가장 많은 연도의 검거율은 산불 건수가 가장 적은 연도의 검거율보다 높다.
ㄷ. 2020년에는 기타를 제외하고 산불 건수가 적은 산불 원인일수록 검거율이 높다.
ㄹ. 2020년 전체 산불 건수 중 입산자 실화가 원인인 산불 건수의 비율은 35%이다.

① ㄱ, ㄴ
② ㄴ, ㄹ
③ ㄷ, ㄹ
④ ㄱ, ㄴ, ㄷ
⑤ ㄱ, ㄴ, ㄹ

문 1. 다음 글과 〈상황〉을 근거로 판단할 때 옳은 것은?

제00조 ① 다음 각 호의 어느 하나에 해당하는 사람은 주민등록지의 시장(특별시장 · 광역시장은 제외하고 특별자치도지사는 포함한다. 이하 같다) · 군수 또는 구청장에게 주민등록번호(이하 '번호'라 한다)의 변경을 신청할 수 있다.

1. 유출된 번호로 인하여 생명 · 신체에 위해를 입거나 입을 우려가 있다고 인정되는 사람
2. 유출된 번호로 인하여 재산에 피해를 입거나 입을 우려가 있다고 인정되는 사람
3. 성폭력피해자, 성매매피해자, 가정폭력피해자로서 유출된 번호로 인하여 피해를 입거나 입을 우려가 있다고 인정되는 사람

② 제1항의 신청 또는 제5항의 이의신청을 받은 주민등록지의 시장 · 군수 · 구청장(이하 '시장 등'이라 한다)은 ○○부의 주민등록번호변경위원회(이하 '변경위원회'라 한다)에 번호변경 여부에 관한 결정을 청구해야 한다.

③ 주민등록지의 시장 등은 변경위원회로부터 번호변경 인용결정을 통보받은 경우에는 신청인의 번호를 다음 각 호의 기준에 따라 지체 없이 변경하고 이를 신청인에게 통지해야 한다.

1. 번호의 앞 6자리(생년월일) 및 뒤 7자리 중 첫째 자리는 변경할 수 없음
2. 제1호 이외의 나머지 6자리는 임의의 숫자로 변경함

④ 제3항의 번호변경 통지를 받은 신청인은 주민등록증, 운전면허증, 여권, 장애인등록증 등에 기재된 번호의 변경을 위해서는 그 번호의 변경을 신청해야 한다.

⑤ 주민등록지의 시장 등은 변경위원회로부터 번호변경 기각결정을 통보받은 경우에는 그 사실을 신청인에게 통지해야 하며, 신청인은 통지를 받은 날부터 30일 이내에 그 시장 등에게 이의신청을 할 수 있다.

〈상 황〉

甲은 주민등록번호 유출로 인해 재산상 피해를 입게 되자 주민등록번호 변경신청을 하였다. 甲의 주민등록지는 A광역시 B구이고, 주민등록번호는 980101−23456ㅁㅁ이다.

① A광역시장이 주민등록번호변경위원회에 甲의 주민등록번호 변경 여부에 관한 결정을 청구해야 한다.
② 주민등록번호변경위원회는 번호변경 인용결정을 하면서 甲의 주민등록번호를 다른 번호로 변경할 수 있다.
③ 주민등록번호변경위원회의 번호변경 인용결정이 있는 경우, 甲의 주민등록번호는 980101−45678ㅁㅁ으로 변경될 수 있다.
④ 甲의 주민등록번호가 변경된 경우, 甲이 운전면허증에 기재된 주민등록번호를 변경하기 위해서는 변경신청을 해야 한다.
⑤ 甲은 번호변경 기각결정을 통지받은 날부터 30일 이내에 주민등록번호변경위원회에 이의신청을 할 수 있다.

문 2. 다음 글을 근거로 판단할 때 옳은 것은?

제00조 ① 각 중앙관서의 장은 그 소관 물품관리에 관한 사무를 소속 공무원에게 위임할 수 있고, 필요하면 다른 중앙관서의 소속 공무원에게 위임할 수 있다.

② 제1항에 따라 각 중앙관서의 장으로부터 물품관리에 관한 사무를 위임받은 공무원을 물품관리관이라 한다.

제00조 ① 물품관리관은 물품수급관리계획에 정하여진 물품에 대하여는 그 계획의 범위에서, 그 밖의 물품에 대하여는 필요할 때마다 계약담당공무원에게 물품의 취득에 관한 필요한 조치를 할 것을 청구하여야 한다.

② 계약담당공무원은 제1항에 따른 청구가 있으면 예산의 범위에서 해당 물품을 취득하기 위한 필요한 조치를 하여야 한다.

제00조 물품은 국가의 시설에 보관하여야 한다. 다만 물품관리관이 국가의 시설에 보관하는 것이 물품의 사용이나 처분에 부적당하다고 인정하거나 그 밖에 특별한 사유가 있으면 국가 외의 자의 시설에 보관할 수 있다.

제00조 ① 물품관리관은 물품을 출납하게 하려면 물품출납공무원에게 출납하여야 할 물품의 분류를 명백히 하여 그 출납을 명하여야 한다.

② 물품출납공무원은 제1항에 따른 명령이 없으면 물품을 출납할 수 없다.

제00조 ① 물품출납공무원은 보관 중인 물품 중 사용할 수 없거나 수선 또는 개조가 필요한 물품이 있다고 인정하면 그 사실을 물품관리관에게 보고하여야 한다.

② 물품관리관은 제1항에 따른 보고에 의하여 수선이나 개조가 필요한 물품이 있다고 인정하면 계약담당공무원이나 그 밖의 관계 공무원에게 그 수선이나 개조를 위한 필요한 조치를 할 것을 청구하여야 한다.

① 물품출납공무원은 물품관리관의 명령이 없으면 자신의 재량으로 물품을 출납할 수 없다.
② A중앙관서의 장이 그 소관 물품관리에 관한 사무를 위임하고자 할 경우, B중앙관서의 소속 공무원에게는 위임할 수 없다.
③ 계약담당공무원은 물품을 국가의 시설에 보관하는 것이 그 사용이나 처분에 부적당하다고 인정하는 경우, 그 물품을 국가 외의 자의 시설에 보관할 수 있다.
④ 물품수급관리계획에 정해진 물품 이외의 물품이 필요한 경우, 물품관리관은 필요할 때마다 물품출납공무원에게 물품의 취득에 관한 필요한 조치를 할 것을 청구해야 한다.
⑤ 물품출납공무원은 보관 중인 물품 중 수선이 필요한 물품이 있다고 인정하는 경우, 계약담당공무원에게 수선에 필요한 조치를 할 것을 청구해야 한다.

문 3. 다음 글을 근거로 판단할 때 옳은 것은?

제ㅇㅇ조 ① 누구든지 법률에 의하지 아니하고는 우편물의 검열·전기통신의 감청 또는 통신사실확인자료의 제공을 하거나 공개되지 아니한 타인 상호간의 대화를 녹음 또는 청취하지 못한다.
② 다음 각 호의 어느 하나에 해당하는 자는 1년 이상 10년 이하의 징역과 5년 이하의 자격정지에 처한다.
1. 제1항에 위반하여 우편물의 검열 또는 전기통신의 감청을 하거나 공개되지 아니한 타인 상호간의 대화를 녹음 또는 청취한 자
2. 제1호에 따라 알게 된 통신 또는 대화의 내용을 공개하거나 누설한 자
③ 누구든지 단말기기 고유번호를 제공하거나 제공받아서는 안 된다. 다만 이동전화단말기 제조업체 또는 이동통신사업자가 단말기의 개통처리 및 수리 등 정당한 업무의 이행을 위하여 제공하거나 제공받는 경우에는 그러하지 아니하다.
④ 제3항을 위반하여 단말기기 고유번호를 제공하거나 제공받은 자는 3년 이하의 징역 또는 1천만 원 이하의 벌금에 처한다.
제ㅁㅁ조 제ㅇㅇ조의 규정에 위반하여, 불법검열에 의하여 취득한 우편물이나 그 내용, 불법감청에 의하여 지득(知得) 또는 채록(採錄)된 전기통신의 내용, 공개되지 아니한 타인 상호 간의 대화를 녹음 또는 청취한 내용은 재판 또는 징계절차에서 증거로 사용할 수 없다.

① 甲이 불법검열에 의하여 취득한 乙의 우편물은 징계절차에서 증거로 사용할 수 있다.
② 甲이 乙과 정책용역을 수행하면서 乙과의 대화를 녹음한 내용은 재판에서 증거로 사용할 수 없다.
③ 甲이 乙과 丙 사이의 공개되지 않은 대화를 녹음하여 공개한 경우, 1천만 원의 벌금에 처해질 수 있다.
④ 이동통신사업자 甲이 乙의 단말기를 개통하기 위하여 단말기기 고유번호를 제공받은 경우, 1년의 징역에 처해질 수 있다.
⑤ 甲이 乙과 丙 사이의 우편물을 불법으로 검열한 경우, 2년의 징역과 3년의 자격정지에 처해질 수 있다.

문 4. 다음 글과 〈지원대상 후보 현황〉을 근거로 판단할 때, 기업 F가 받는 지원금은?

ㅁㅁ부는 2021년도 중소기업 광고비 지원사업 예산 6억 원을 기업에 지원하려 하며, 지원대상 선정 및 지원금 산정 방법은 다음과 같다.

- 2020년도 총매출이 500억 원 미만인 기업만 지원하며, 우선 지원대상 사업분야는 백신, 비대면, 인공지능이다.
- 우선 지원대상 사업분야 내 또는 우선 지원대상이 아닌 사업분야 내에서는 '소요 광고비×2020년도 총매출'이 작은 기업부터 먼저 선정한다.
- 지원금 상한액은 1억 2,000만 원이나, 해당 기업의 2020년도 총매출이 100억 원 이하인 경우 상한액의 2배까지 지원할 수 있다. 단, 지원금은 소요 광고비의 2분의 1을 초과할 수 없다.
- 위의 지원금 산정 방법에 따라 예산 범위 내에서 지급 가능한 최대 금액을 예산이 소진될 때까지 지원대상 기업에 순차로 배정한다.

〈지원대상 후보 현황〉

기업	2020년도 총매출(억 원)	소요 광고비 (억 원)	사업분야
A	600	1	백신
B	500	2	비대면
C	400	3	농산물
D	300	4	인공지능
E	200	5	비대면
F	100	6	의류
G	30	4	백신

① 없음
② 8,000만 원
③ 1억 2,000만 원
④ 1억 6,000만 원
⑤ 2억 4,000만 원

문 5. 다음 글의 ㉠과 ㉡에 해당하는 수를 옳게 짝지은 것은?

> 甲담당관 : 우리 부서 전 직원 57명으로 구성되는 혁신조직을 출범시켰으면 합니다.
> 乙주무관 : 조직은 어떻게 구성할까요?
> 甲담당관 : 5~7명으로 구성된 10개의 소조직을 만들되, 5명, 6명, 7명 소조직이 각각 하나 이상 있었으면 합니다. 단, 각 직원은 하나의 소조직에만 소속되어야 합니다.
> 乙주무관 : 그렇게 할 경우 5명으로 구성되는 소조직은 최소 (㉠)개, 최대 (㉡)개가 가능합니다.

	㉠	㉡
①	1	5
②	3	5
③	3	6
④	4	6
⑤	4	7

문 6. 다음 글을 근거로 판단할 때, 甲이 통합력에 투입해야 하는 노력의 최솟값은?

- 업무역량은 기획력, 창의력, 추진력, 통합력의 4가지 부문으로 나뉜다.
- 부문별 업무역량 값을 수식으로 나타내면 다음과 같다.

> 부문별 업무역량 값
> =(해당 업무역량 재능×4)+(해당 업무역량 노력×3)
> ※ 재능과 노력의 값은 음이 아닌 정수이다.

- 甲의 부문별 업무역량의 재능은 다음과 같다.

기획력	창의력	추진력	통합력
90	100	110	60

- 甲은 통합력의 업무역량 값을 다른 어떤 부문의 값보다 크게 만들고자 한다. 단, 甲이 투입 가능한 노력은 총 100이며 甲은 가능한 노력을 남김없이 투입한다.

① 67
② 68
③ 69
④ 70
⑤ 71

문 7. 다음 글을 근거로 판단할 때, 마지막에 송편을 먹었다면 그 직전에 먹은 떡은?

> 원 쟁반의 둘레를 따라 쑥떡, 인절미, 송편, 무지개떡, 팥떡, 호박떡이 순서대로 한 개씩 시계방향으로 놓여 있다. 이 떡을 먹는 순서는 다음과 같은 규칙에 따른다. 특정한 떡을 시작점(첫 번째)으로 하여 시계방향으로 떡을 세다가 여섯 번째에 해당하는 떡을 먹는다. 떡을 먹고 나면 시계방향으로 이어지는 바로 다음 떡이 새로운 시작점이 된다. 이 과정을 반복하여 떡이 한 개 남게 되면 마지막으로 그 떡을 먹는다.

① 무지개떡
② 쑥떡
③ 인절미
④ 팥떡
⑤ 호박떡

문 8. 다음 글을 근거로 판단할 때, 甲이 구매하려는 두 상품의 무게로 옳은 것은?

> ㅇㅇ마트에서는 쌀 상품 A~D를 판매하고 있다. 상품 무게는 A가 가장 무겁고, B, C, D 순서대로 무게가 가볍다. 무게 측정을 위해 서로 다른 두 상품을 저울에 올린 결과, 각각 35kg, 39kg, 44kg, 45kg, 50kg, 54kg으로 측정되었다. 甲은 가장 무거운 상품과 가장 가벼운 상품을 제외하고 두 상품을 구매하기로 하였다.

※ 상품 무게(kg)의 값은 정수이다.

① 19kg, 25kg
② 19kg, 26kg
③ 20kg, 24kg
④ 21kg, 25kg
⑤ 22kg, 26kg

문 9. 다음 글을 근거로 판단할 때, A 괘종시계가 11시 정각을 알리기 위한 마지막 종을 치는 시각은?

> A 괘종시계는 매시 정각을 알리기 위해 매시 정각부터 일정한 시간 간격으로 해당 시의 수만큼 종을 친다. 예를 들어 7시 정각을 알리기 위해서는 7시 정각에 첫 종을 치기 시작하여 일정한 시간 간격으로 총 7번의 종을 치는 것이다. 이 괘종시계가 정각을 알리기 위해 2번 이상 종을 칠 때, 종을 치는 시간 간격은 몇 시 정각을 알리기 위한 것이든 동일하다. A 괘종시계가 6시 정각을 알리기 위한 마지막 6번째 종을 치는 시각은 6시 6초이다.

① 11시 11초
② 11시 12초
③ 11시 13초
④ 11시 14초
⑤ 11시 15초

문 10. 다음 글을 근거로 판단할 때, 현재 시점에서 두 번째로 많은 양의 일을 한 사람은?

> A부서 주무관 5명(甲~戊)은 오늘 해야 하는 일의 양이 같다. 오늘 업무 개시 후 현재까지 한 일을 비교해 보면 다음과 같다.
>
> 甲은 丙이 아직 하지 못한 일의 절반에 해당하는 양의 일을 했다. 乙은 丁이 남겨 놓고 있는 일의 2배에 해당하는 양의 일을 했다. 丙은 자신이 현재까지 했던 일의 절반에 해당하는 일을 남겨 놓고 있다. 丁은 甲이 남겨 놓고 있는 일과 동일한 양의 일을 했다. 戊는 乙이 남겨 놓은 일의 절반에 해당하는 양의 일을 했다.

① 甲
② 乙
③ 丙
④ 丁
⑤ 戊

문 11. 다음 글과 〈대화〉를 근거로 판단할 때, 丙이 받을 수 있는 최대 성과점수는?

> - A과는 과장 1명과 주무관 4명(甲~丁)으로 구성되어 있으며, 주무관의 직급은 甲이 가장 높고, 乙, 丙, 丁 순으로 낮아진다.
> - A과는 프로젝트를 성공적으로 마친 보상으로 성과점수 30점을 부여받았다. 과장은 A과에 부여된 30점을 자신을 제외한 주무관들에게 분배할 계획을 세우고 있다.
> - 과장은 주무관들의 요구를 모두 반영하여 성과점수를 분배하려 한다.
> - 주무관들이 받는 성과점수는 모두 다른 자연수이다.

〈대 화〉

> 甲 : 과장님이 주시는 대로 받아야죠. 아! 그렇지만 丁보다는 제가 높아야 합니다.
>
> 乙 : 이번 프로젝트 성공에는 제가 가장 큰 기여를 했으니, 제가 가장 높은 성과점수를 받아야 합니다.
>
> 丙 : 기여도를 고려했을 때, 제 경우에는 상급자보다는 낮게 받고 하급자보다는 높게 받아야 합니다.
>
> 丁 : 저는 내년 승진에 필요한 최소 성과점수인 4점만 받겠습니다.

① 6
② 7
③ 8
④ 9
⑤ 10

문 12. **다음 글을 근거로 판단할 때, 아기 돼지 삼형제와 각각 의 집을 옳게 짝지은 것은?**

- 아기 돼지 삼형제는 엄마 돼지로부터 독립하여 벽돌집, 나무집, 지푸라기집 중 각각 다른 한 채씩을 선택하여 짓는다.
- 벽돌집을 지을 때에는 벽돌만 필요하지만, 나무집은 나무와 지지대가, 지푸라기집은 지푸라기와 지지대가 재료로 필요하다. 지지대에 소요되는 비용은 집의 면적과 상관없이 나무집의 경우 20만 원, 지푸라기집의 경우 5만 원이다.
- 재료의 1개당 가격 및 집의 면적 $1m^2$당 필요 개수는 아래와 같다.

구분	벽돌	나무	지푸라기
1개당 가격(원)	6,000	3,000	1,000
$1m^2$당 필요 개수	15	20	30

- 첫째 돼지 집의 면적은 둘째 돼지 집의 2배이고, 셋째 돼지 집의 3배이다. 삼형제 집의 면적의 총합은 $11m^2$이다.
- 모두 집을 짓고 나니, 둘째 돼지 집을 짓는 재료 비용이 가장 많이 들었다.

	첫째	둘째	셋째
①	벽돌집	나무집	지푸라기집
②	벽돌집	지푸라기집	나무집
③	나무집	벽돌집	지푸라기집
④	지푸라기집	벽돌집	나무집
⑤	지푸라기집	나무집	벽돌집

문 13. **다음 〈A기관 특허대리인 보수 지급 기준〉과 〈상황〉을 근거로 판단할 때, 甲과 乙이 지급받는 보수의 차이는?**

〈A기관 특허대리인 보수 지급 기준〉

- A기관은 특허출원을 특허대리인(이하 '대리인')에게 의뢰하고, 이에 따라 특허출원 건을 수임한 대리인에게 보수를 지급한다.
- 보수는 착수금과 사례금의 합이다.
- 착수금은 대리인이 작성한 출원서의 내용에 따라 〈착수금 산정 기준〉의 세부항목을 합산하여 산정한다. 단, 세부항목을 합산한 금액이 140만 원을 초과할 경우 착수금은 140만 원으로 한다.

〈착수금 산정 기준〉

세부항목	금액(원)
기본료	1,200,000
독립항 1개 초과분(1개당)	100,000
종속항(1개당)	35,000
명세서 20면 초과분(1면당)	9,000
도면(1도당)	15,000

※ 독립항 1개 또는 명세서 20면 이하는 해당 항목에 대한 착수금을 산정하지 않는다.

- 사례금은 출원한 특허가 '등록결정'된 경우 착수금과 동일한 금액으로 지급하고, '거절결정'된 경우 0원으로 한다.

〈상 황〉

- 특허대리인 甲과 乙은 A기관이 의뢰한 특허출원을 각각 1건씩 수임하였다.
- 甲은 독립항 1개, 종속항 2개, 명세서 14면, 도면 3도로 출원서를 작성하여 특허를 출원하였고, '등록결정'되었다.
- 乙은 독립항 5개, 종속항 16개, 명세서 50면, 도면 12도로 출원서를 작성하여 특허를 출원하였고, '거절결정'되었다.

① 2만 원
② 8만 5천 원
③ 123만 원
④ 129만 5천 원
⑤ 259만 원

문 14. **다음 글과 〈상황〉을 근거로 판단할 때, 〈보기〉에서 옳은 것만을 모두 고르면?**

ㅁㅁ부서는 매년 △△사업에 대해 사업자 자격 요건 재허가 심사를 실시한다.

• 기본심사 점수에서 감점 점수를 뺀 최종심사 점수가 70점 이상이면 '재허가', 60점 이상 70점 미만이면 '허가 정지', 60점 미만이면 '허가 취소'로 판정한다.
  – 기본심사 점수 : 100점 만점으로, ㉮~㉱의 4가지 항목(각 25점 만점) 점수의 합으로 한다. 단, 점수는 자연수이다.
  – 감점 점수 : 과태료 부과의 경우 1회당 2점, 제재 조치의 경우 경고 1회당 3점, 주의 1회당 1.5점, 권고 1회당 0.5점으로 한다.

〈상 황〉

2020년 사업자 A~C의 기본심사 점수 및 감점 사항은 아래와 같다.

사업자	기본심사 항목별 점수			
	㉮	㉯	㉰	㉱
A	20	23	17	?
B	18	21	18	?
C	23	18	21	16

사업자	과태료 부과횟수	제재 조치 횟수		
		경고	주의	권고
A	3	–	–	6
B	5	–	3	2
C	4	1	2	–

〈보 기〉

ㄱ. A의 ㉱ 항목 점수가 15점이라면 A는 재허가를 받을 수 있다.
ㄴ. B의 허가가 취소되지 않으려면 B의 ㉱ 항목 점수가 19점 이상이어야 한다.
ㄷ. C가 2020년에 과태료를 부과받은 적이 없다면 판정 결과가 달라진다.
ㄹ. 기본심사 점수와 최종심사 점수 간의 차이가 가장 큰 사업자는 C이다.

① ㄱ
② ㄴ
③ ㄱ, ㄴ
④ ㄴ, ㄷ
⑤ ㄷ, ㄹ

문 15. **다음 글과 〈상황〉을 근거로 판단할 때, 수질검사빈도와 수질기준을 둘 다 충족한 검사지점만을 모두 고르면?**

ㅁㅁ법 제00조(수질검사빈도와 수질기준) ① 기초자치단체의 장인 시장·군수·구청장은 다음 각 호의 구분에 따라 지방상수도의 수질검사를 실시하여야 한다.

1. 정수장에서의 검사
   가. 냄새, 맛, 색도, 탁도(濁度), 잔류염소에 관한 검사 : 매일 1회 이상
   나. 일반세균, 대장균, 암모니아성 질소, 질산성 질소, 과망간산칼륨 소비량 및 증발잔류물에 관한 검사 : 매주 1회 이상
   단, 일반세균, 대장균을 제외한 항목 중 지난 1년간 검사를 실시한 결과, 수질기준의 10퍼센트를 초과한 적이 없는 항목에 대하여는 매월 1회 이상
2. 수도꼭지에서의 검사
   가. 일반세균, 대장균, 잔류염소에 관한 검사 : 매월 1회 이상
   나. 정수장별 수도관 노후지역에 대한 일반세균, 대장균, 암모니아성 질소, 동, 아연, 철, 망간, 잔류염소에 관한 검사 : 매월 1회 이상
3. 수돗물 급수과정별 시설(배수지 등)에서의 검사
   일반세균, 대장균, 암모니아성 질소, 동, 수소이온 농도, 아연, 철, 잔류염소에 관한 검사 : 매 분기 1회 이상

② 수질기준은 아래와 같다.

항목	기준	항목	기준
대장균	불검출/100mL	일반세균	100CFU/mL 이하
잔류염소	4mg/L 이하	질산성 질소	10mg/L 이하

〈상 황〉

甲시장은 ㅁㅁ법 제00조에 따라 수질검사를 실시하고 있다. 甲시 관할의 검사지점(A~E)은 이전 검사에서 매번 수질기준을 충족하였고, 이번 수질검사에서 아래와 같은 결과를 보였다.

검사지점	검사대상	검사결과	검사빈도
정수장 A	잔류염소	2mg/L	매일 1회
정수장 B	질산성 질소	11mg/L	매일 1회
정수장 C	일반세균	70CFU/mL	매월 1회
수도꼭지 D	대장균	불검출/100mL	매주 1회
배수지 E	잔류염소	2mg/L	매주 1회

※ 제시된 검사대상 외의 수질검사빈도와 수질기준은 모두 충족한 것으로 본다.

① A, D
② B, D
③ A, D, E
④ A, B, C, E
⑤ A, C, D, E

문 16. 다음 글과 〈상황〉을 근거로 판단할 때 옳은 것은?

• 민원의 종류
법정민원(인가 · 허가 등을 신청하거나 사실 · 법률관계에 관한 확인 또는 증명을 신청하는 민원), 질의민원(법령 · 제도 등에 관하여 행정기관의 설명 · 해석을 요구하는 민원), 건의민원(행정제도의 개선을 요구하는 민원), 기타민원(그 외 상담 · 설명 요구, 불편 해결을 요구하는 민원)으로 구분함

• 민원의 신청
문서(전자문서를 포함, 이하 같음)로 해야 하나, 기타민원은 구술 또는 전화로 가능함

• 민원의 접수
민원실에서 접수하고, 접수증을 교부하여야 함(단, 기타민원, 우편 및 전자문서로 신청한 민원은 접수증 교부를 생략할 수 있음)

• 민원의 이송
접수한 민원이 다른 행정기관의 소관인 경우, 접수된 민원문서를 지체 없이 소관 기관에 이송하여야 함

• 처리결과의 통지
접수된 민원에 대한 처리결과를 민원인에게 문서로 통지하여야 함(단, 기타민원의 경우와 통지에 신속을 요하거나 민원인이 요청하는 경우, 구술 또는 전화로 통지할 수 있음)

• 반복 및 중복 민원의 처리
민원인이 동일한 내용의 민원(법정민원 제외)을 정당한 사유 없이 3회 이상 반복하여 제출한 경우, 2회 이상 그 처리결과를 통지하였다면 그 후 접수되는 민원에 대하여는 바로 종결 처리할 수 있음

〈상 황〉

• 甲은 인근 공사장 소음으로 인한 불편 해결을 요구하는 민원을 A시에 제기하려고 한다.
• 乙은 자신의 영업허가를 신청하는 민원을 A시에 제기하려고 한다.

① 甲은 구술 또는 전화로 민원을 신청할 수 없다.
② 乙은 전자문서로 민원을 신청할 수 없다.
③ 甲이 신청한 민원이 다른 행정기관 소관 사항인 경우라도, A시는 해당 민원을 이송 없이 처리할 수 있다.
④ A시는 甲이 신청한 민원에 대한 처리결과를 전화로 통지할 수 있다.
⑤ 乙이 동일한 내용의 민원을 이미 2번 제출하여 처리결과를 통지받았으나 정당한 사유 없이 다시 신청한 경우, A시는 해당 민원을 바로 종결 처리할 수 있다.

문 17. 다음 글과 〈상황〉을 근거로 판단할 때 옳지 않은 것은?

제00조 ① 건축물을 건축하거나 대수선하려는 자는 특별자치시장 · 특별자치도지사 또는 시장 · 군수 · 구청장의 허가를 받아야 한다. 다만 21층 이상의 건축물이나 연면적 합계 10만 제곱미터 이상인 건축물을 특별시나 광역시에 건축하려면 특별시장이나 광역시장의 허가를 받아야 한다.
② 허가권자는 제1항에 따른 허가를 받은 자가 다음 각 호의 어느 하나에 해당하면 허가를 취소하여야 한다. 다만 제1호에 해당하는 경우로서 정당한 사유가 있다고 인정되면 1년의 범위에서 공사의 착수기간을 연장할 수 있다.
1. 허가를 받은 날부터 2년 이내에 공사에 착수하지 아니한 경우
2. 제1호의 기간 이내에 공사에 착수하였으나 공사의 완료가 불가능하다고 인정되는 경우

제00조 ① ○○부 장관은 국토관리를 위하여 특히 필요하다고 인정하거나 주무부장관이 국방, 문화재보존, 환경보전 또는 국민경제를 위하여 특히 필요하다고 인정하여 요청하면 허가권자의 건축허가나 허가를 받은 건축물의 착공을 제한할 수 있다.
② 특별시장 · 광역시장 · 도지사(이하 '시 · 도지사'라 한다)는 지역계획이나 도시 · 군계획에 특히 필요하다고 인정하면 시장 · 군수 · 구청장의 건축허가나 허가를 받은 건축물의 착공을 제한할 수 있다.
③ ○○부 장관이나 시 · 도지사는 제1항이나 제2항에 따라 건축허가나 건축허가를 받은 건축물의 착공을 제한하려는 경우에는 주민의견을 청취한 후 건축위원회의 심의를 거쳐야 한다.
④ 제1항이나 제2항에 따라 건축허가나 건축물의 착공을 제한하는 경우 제한기간은 2년 이내로 한다. 다만 1회에 한하여 1년 이내의 범위에서 제한기간을 연장할 수 있다.

〈상 황〉

甲은 20층의 연면적 합계 5만 제곱미터인 건축물을, 乙은 연면적 합계 15만 제곱미터인 건축물을 각각 A광역시 B구에 신축하려고 한다.

① 甲은 B구청장에게 건축허가를 받아야 한다.
② 甲이 건축허가를 받은 경우에도 A광역시장은 지역계획에 특히 필요하다고 인정하면 일정한 절차를 거쳐 甲의 건축물 착공을 제한할 수 있다.
③ B구청장은 주민의견을 청취한 후 건축위원회의 심의를 거쳐 건축허가를 받은 乙의 건축물 착공을 제한할 수 있다.
④ 乙이 건축허가를 받은 날로부터 2년 이내에 정당한 사유 없이 공사에 착수하지 않은 경우, A광역시장은 건축허가를 취소하여야 한다.
⑤ 주무부장관이 문화재보존을 위하여 특히 필요하다고 인정하여 요청하는 경우, ○○부 장관은 건축허가를 받은 乙의 건축물에 대해 최대 3년간 착공을 제한할 수 있다.

문 18. **다음 글을 근거로 판단할 때 옳지 않은 것은?**

> 제00조 ① 정보공개심의회(이하 '심의회'라 한다)는 다음 각 호의 구분에 따라 10인 이내의 위원으로 구성한다.
> 1. 내부 위원 : 위원장 1인(○○실장)과 각 부서의 정보공개담당관 중 지명된 3인
> 2. 외부 위원 : 관련분야 전문가 중에서 총 위원수의 3분의 1 이상 위촉
>
> ② 위원은 특정 성별이 다른 성별의 2분의 1 이하가 되지 않도록 한다.
>
> ③ 위원장을 비롯한 내부 위원의 임기는 그 직위에 재직하는 기간으로 하며, 외부 위원의 임기는 2년으로 하되 2회에 한하여 연임할 수 있다.
>
> ④ 심의회는 위원장이 소집하고, 회의는 위원장을 포함한 재적위원 3분의 2 이상의 출석으로 개의하고 출석위원 3분의 2 이상의 찬성으로 의결한다.
>
> ⑤ 위원은 부득이한 이유로 참석할 수 없는 경우에는 서면으로 의견을 제출할 수 있다. 이 경우 해당 위원은 심의회에 출석한 것으로 본다.

① 외부 위원의 최대 임기는 6년이다.

② 정보공개심의회는 최소 6명의 위원으로 구성된다.

③ 정보공개심의회 내부 위원이 모두 여성일 경우, 정보공개심의회는 7명의 위원으로 구성될 수 있다.

④ 정보공개심의회가 8명의 위원으로 구성되면, 위원 3명의 찬성으로 의결되는 경우가 있다.

⑤ 위원장을 포함한 위원 5명이 직접 출석하여 이들 모두 안건에 찬성하고, 위원 2명이 부득이한 이유로 서면으로 의견을 제출한 경우, 제출된 서면 의견에 상관없이 해당 안건은 찬성으로 의결된다.

문 19. **다음 글을 근거로 판단할 때, 〈보기〉에서 옳은 것만을 모두 고르면?**

> 2021년에 적용되는 ○○인재개발원의 분반 허용 기준은 아래와 같다.
>
> • 분반 허용 기준
> – 일반강의 : 직전 2년 수강인원의 평균이 100명 이상이거나, 그 2년 중 1년의 수강인원이 120명 이상
> – 토론강의 : 직전 2년 수강인원의 평균이 60명 이상이거나, 그 2년 중 1년의 수강인원이 80명 이상
> – 영어강의 : 직전 2년 수강인원의 평균이 30명 이상이거나, 그 2년 중 1년의 수강인원이 50명 이상
> – 실습강의 : 직전 2년 수강인원의 평균이 20명 이상
>
> • 이상의 기준에도 불구하고 직전년도 강의만족도 평가점수가 90점 이상이었던 강의는 위에서 기준으로 제시한 수강인원의 90% 이상이면 분반을 허용한다.

〈보 기〉

ㄱ. 2019년과 2020년의 수강인원이 각각 100명과 80명이고 2020년 강의만족도 평가점수가 85점인 일반강의 A는 분반이 허용된다.

ㄴ. 2019년과 2020년의 수강인원이 각각 10명과 45명인 영어강의 B의 분반이 허용되지 않는다면, 2020년 강의만족도 평가점수는 90점 미만이었을 것이다.

ㄷ. 2019년 수강인원이 20명이고 2020년 강의만족도 평가점수가 92점인 실습강의 C의 분반이 허용되지 않는다면, 2020년 강의의 수강인원은 15명을 넘지 않았을 것이다.

① ㄴ

② ㄷ

③ ㄱ, ㄴ

④ ㄱ, ㄷ

⑤ ㄴ, ㄷ

문 20. **다음 글과 〈상황〉을 근거로 판단할 때, 〈사업 공모 지침 수정안〉의 밑줄 친 ㉮~㉲ 중 '관계부처 협의 결과'에 부합한 것만을 모두 고르면?**

- '대학 캠퍼스 혁신파크 사업'을 담당하는 A주무관은 신청 조건과 평가지표 및 배점을 포함한 〈사업 공모 지침 수정안〉을 작성하였다. 평가지표는 Ⅰ~Ⅳ의 지표와 그 하위 지표로 구성되어 있다.

〈사업 공모 지침 수정안〉

㉮ ㅁ 신청 조건

최소 1만m^2 이상의 사업부지 확보. 단, 사업부지에는 건축물이 없어야 함

ㅁ 평가지표 및 배점

평가지표	배점	
	현행	수정
㉯ Ⅰ. 개발 타당성	20	25
– 개발계획의 합리성	10	10
– 관련 정부사업과의 연계가능성	5	10
– 학습여건 보호 가능성	5	5
㉰ Ⅱ. 대학의 사업 추진 역량과 의지	10	15
– 혁신파크 입주기업 지원 방안	5	5
– 사업 전담조직 및 지원체계	5	5
– 대학 내 주체 간 합의 정도	–	5
㉱ Ⅲ. 기업 유치 가능성	10	10
– 기업의 참여 가능성	7	3
– 참여 기업의 재무건전성	3	7
㉲ Ⅳ. 시범사업 조기 활성화 가능성	10	삭제
– 대학 내 주체 간 합의 정도	5	이동
– 부지 조기 확보 가능성	5	삭제
합계	50	50

〈상 황〉

A주무관은 〈사업 공모 지침 수정안〉을 작성한 후 뒤늦게 '관계부처 협의 결과'를 전달받았다. 그 내용은 다음과 같다.

- 대학이 부지를 확보하는 것이 쉽지 않으므로 신청 사업부지 안에 건축물이 포함되어 있어도 신청 허용
- 도시재생뉴딜사업, 창업선도대학 등 '관련 정부사업과의 연계가능성' 평가비중 확대
- 시범사업 기간이 종료되었으므로 시범사업 조기 활성화와 관련된 평가지표를 삭제하되 '대학 내 주체 간 합의 정도'는 타 지표로 이동하여 계속 평가
- 논의된 내용 이외의 하위 지표의 항목과 배점은 사업의 안정성을 위해 현행 유지

① ㉮, ㉯

② ㉮, ㉱

③ ㉯, ㉱

④ ㉰, ㉲

⑤ ㉯, ㉰, ㉲

문 21. **다음 글과 〈대화〉를 근거로 판단할 때, ㉠에 들어갈 丙의 대화내용으로 옳은 것은?**

주무관 丁은 다음과 같은 사실을 알고 있다.

- 이번 주 개업한 A식당은 평일 '점심(12시)'과 '저녁(18시)'으로만 구분해 운영되며, 해당 시각 이전에 예약할 수 있다.
- 주무관 甲~丙은 A식당에 이번 주 월요일부터 수요일까지 서로 겹치지 않게 예약하고 각자 한 번씩 다녀왔다.

〈대 화〉

甲 : 나는 이번 주 乙의 방문후기를 보고 예약했어. 음식이 정말 훌륭하더라!

乙 : 그렇지? 나도 나중에 들었는데 丙은 점심 할인도 받았대. 나도 다음에는 점심에 가야겠어.

丙 : 월요일은 개업일이라 사람이 많을 것 같아서 피했어. [㉠]

丁 : 너희 모두의 말을 다 들어보니, 각자 식당에 언제 갔는지를 정확하게 알겠다!

① 乙이 다녀온 바로 다음 날 점심을 먹었지.

② 甲이 먼저 점심 할인을 받고 나에게 알려준 거야.

③ 甲이 우리 중 가장 늦게 갔었구나.

④ 월요일에 갔던 사람은 아무도 없구나.

⑤ 같이 가려고 했더니 이미 다들 먼저 다녀왔더군.

문 22. **다음 글과 〈상황〉을 근거로 판단할 때, 날씨 예보 앱을 설치한 잠재 사용자의 총수는?**

내일 비가 오는지를 예측하는 날씨 예보시스템을 개발한 A청은 다음과 같은 날씨 예보 앱의 '사전테스트전략'을 수립하였다.

- 같은 날씨 변화를 경험하는 잠재 사용자의 전화번호를 개인의 동의를 얻어 확보한다.
- 첫째 날에는 잠재 사용자를 같은 수의 두 그룹으로 나누어, 한쪽은 "비가 온다"로 다른 한쪽에는 "비가 오지 않는다"로 메시지를 보낸다.
- 둘째 날에는 직전일에 보낸 메시지와 날씨가 일치한 그룹을 다시 같은 수의 두 그룹으로 나누어, 한쪽은 "비가 온다"로 다른 한쪽에는 "비가 오지 않는다"로 메시지를 보낸다.
- 이후 날에도 같은 작업을 계속 반복한다.
- 보낸 메시지와 날씨가 일치하지 않은 잠재 사용자를 대상으로도 같은 작업을 반복한다. 즉, 직전일에 보낸 메시지와 날씨가 일치하지 않은 잠재 사용자를 같은 수의 두 그룹으로 나누어, 한쪽은 "비가 온다"로 다른 한쪽에는 "비가 오지 않는다"로 메시지를 보낸다.

〈상 황〉

A청은 사전테스트전략대로 200,000명의 잠재 사용자에게 월요일부터 금요일까지 5일간 메시지를 보냈다. 받은 메시지와 날씨가 3일 연속 일치한 경우, 해당 잠재 사용자는 날씨 예보 앱을 그날 설치한 후 제거하지 않았다.

① 12,500명
② 25,000명
③ 37,500명
④ 43,750명
⑤ 50,000명

※ 다음 글을 읽고 물음에 답하시오. [23~24]

- 국가는 지방자치단체인 시 · 군 · 구의 인구, 지리적 여건, 생활권 · 경제권, 발전가능성 등을 고려하여 통합이 필요한 지역에 대하여는 지방자치단체 간 통합을 지원해야 한다.
- △△위원회(이하 '위원회')는 통합대상 지방자치단체를 발굴하고 통합방안을 마련한다. 지방자치단체의 장, 지방의회 또는 주민은 인근 지방자치단체와의 통합을 위원회에 건의할 수 있다. 단, 주민이 건의하는 경우에는 해당 지방자치단체의 주민투표권자 총수의 50분의 1 이상의 연서(連書)가 있어야 한다. 지방자치단체의 장, 지방의회 또는 주민은 위원회에 통합을 건의할 때 통합대상 지방자치단체를 관할하는 특별시장 · 광역시장 또는 도지사(이하 '시 · 도지사')를 경유해야 한다. 이 경우 시 · 도지사는 접수받은 통합건의서에 의견을 첨부하여 지체 없이 위원회에 제출해야 한다. 위원회는 위의 건의를 참고하여 시 · 군 · 구 통합방안을 마련해야 한다.
- ㅁㅁ부 장관은 위원회가 마련한 시 · 군 · 구 통합방안에 따라 지방자치단체 간 통합을 해당 지방자치단체의 장에게 권고할 수 있다. ㅁㅁ부 장관은 지방자치단체 간 통합권고안에 관하여 해당 지방의회의 의견을 들어야 한다. 그러나 ㅁㅁ부 장관이 필요하다고 인정하여 해당 지방자치단체의 장에게 주민투표를 요구하여 실시한 경우에는 그렇지 않다. 지방자치단체의 장은 시 · 군 · 구 통합과 관련하여 주민투표의 실시 요구를 받은 때에는 지체 없이 이를 공표하고 주민투표를 실시해야 한다.
- 지방의회 의견청취 또는 주민투표를 통하여 지방자치단체의 통합의사가 확인되면 '관계지방자치단체(통합대상 지방자치단체 및 이를 관할하는 특별시 · 광역시 또는 도)'의 장은 명칭, 청사 소재지, 지방자치단체의 사무 등 통합에 관한 세부사항을 심의하기 위하여 공동으로 '통합추진공동위원회'를 설치해야 한다.
- 통합추진공동위원회의 위원은 관계지방자치단체의 장 및 그 지방의회가 추천하는 자로 한다. 통합추진공동위원회를 구성하는 각각의 관계지방자치단체 위원 수는 다음에 따라 산정한다. 단, 그 결과값이 자연수가 아닌 경우에는 소수점 이하의 수를 올림한 값을 관계지방자치단체 위원 수로 한다.

관계지방자치단체 위원 수=[(통합대상 지방자치단체 수)×6+(통합대상 지방자치단체를 관할하는 특별시 · 광역시 또는 도의 수)×2+1]÷(관계지방자치단체 수)

- 통합추진공동위원회의 전체 위원 수는 위에 따라 산출된 관계지방자치단체 위원 수에 관계지방자치단체 수를 곱한 값이다.

문 23. 윗글을 근거로 판단할 때 옳은 것은?

① ㅁㅁ부 장관이 요구하여 지방자치단체의 통합과 관련한 주민투표가 실시된 경우에는 통합권고안에 대해 지방의회의 의견을 청취하지 않아도 된다.

② 지방의회가 의결을 통해 다른 지방자치단체와의 통합을 추진하고자 한다면 통합건의서는 시 · 도지사를 경유하지 않고 △△위원회에 직접 제출해야 한다.

③ 주민투표권자 총수가 10만 명인 지방자치단체의 주민들이 다른 인근 지방자치단체와의 통합을 △△위원회에 건의하고자 할 때, 주민 200명의 연서가 있으면 가능하다.

④ 통합추진공동위원회의 위원은 ㅁㅁ부 장관과 관계지방자치단체의 장이 추천하는 자로 한다.

⑤ 지방자치단체의 장은 해당 지방자치단체의 통합을 △△위원회에 건의할 때, 지방의회의 의결을 거쳐야 한다.

문 24. 윗글과 〈상황〉을 근거로 판단할 때, '통합추진공동위원회'의 전체 위원 수는?

〈상 황〉

甲도가 관할하는 지방자치단체인 A군과 B군, 乙도가 관할하는 지방자치단체인 C군, 그리고 丙도가 관할하는 지방자치단체인 D군은 관련 절차를 거쳐 하나의 지방자치단체로 통합을 추진하고 있다. 현재 관계지방자치단체장은 공동으로 '통합추진공동위원회'를 설치하고자 한다.

① 42명
② 35명
③ 32명
④ 31명
⑤ 28명

문 25. 다음 글과 〈상황〉을 근거로 판단할 때, 괄호 안의 ㉠과 ㉡에 해당하는 것을 옳게 짝지은 것은?

- 행정구역분류코드는 다섯 자리 숫자로 구성되어 있다.
- 행정구역분류코드의 '처음 두 자리'는 광역자치단체인 시 · 도를 의미하는 고유한 값이다.
- '그 다음 두 자리'는 광역자치단체인 시 · 도에 속하는 기초자치단체인 시 · 군 · 구를 의미하는 고유한 값이다. 단, 광역자치단체인 시에 속하는 기초자치단체는 군 · 구이다.
- '마지막 자리'에는 해당 시 · 군 · 구가 기초자치단체인 경우 0, 자치단체가 아닌 경우 0이 아닌 임의의 숫자를 부여한다.
- 광역자치단체인 시에 속하는 구는 기초자치단체이며, 기초자치단체인 시에 속하는 구는 자치단체가 아니다.

〈상 황〉

ㅇㅇ시의 A구와 B구 중 B구의 행정구역분류코드의 첫 네 자리는 1003이며, 다섯 번째 자리는 알 수 없다.

甲은 ㅇㅇ시가 광역자치단체인지 기초자치단체인지 모르는 상황에서, A구의 행정구역분류코드는 ㅇㅇ시가 광역자치단체라면 (㉠), 기초자치단체라면 (㉡)이/가 가능하다고 판단하였다.

	㉠	㉡
①	10020	10021
②	10020	10033
③	10033	10034
④	10050	10027
⑤	20030	10035

MEMO

2020년 공직적격성평가(PSAT)

국가공무원 7급 PSAT 모의평가

응시번호	
성 명	

문제책형
㉮

【시험과목】

제1과목	언어논리
제2과목	자료해석
제3과목	상황판단

문제풀이 시작과 종료 시간을 기입해 주시기 바랍니다.

- 언어논리(60분) ______시 ______분 ~ ______시 ______분
- 자료해석(60분) ______시 ______분 ~ ______시 ______분
- 상황판단(60분) ______시 ______분 ~ ______시 ______분

문 1. 다음 글에서 알 수 있는 것은?

3 · 1운동 직후 상하이에 모여든 독립운동가들은 임시정부를 만들기 위한 첫걸음으로 조소앙이 기초한 대한민국임시헌장을 채택했다. 대한민국임시헌장을 기초할 때 조소앙은 국호를 '대한민국'으로 하고 정부 명칭도 '대한민국 임시정부'로 하자고 했다. 그 제안이 받아들여졌기 때문에 대한민국임시헌장 제1조에 "대한민국은 민주공화제로 함."이라는 문구가 담기게 된 것이다.

'대한민국'이란 한국인들이 만든 '민국'이라는 뜻이다. 여기서 '민국'이란 국민이 주인인 나라라는 의미가 담긴 용어다. 조소앙은 3 · 1운동이 일어나기 전, 대한제국 황제가 국민의 동의 없이 마음대로 국권을 일제에 넘겼다고 말하면서 국민은 국권을 포기한 적이 없다고 밝힌 대동단결선언을 발표한 적이 있다. 이 선언에는 "구한국 마지막 날은 신한국 최초의 날"이라는 문구가 담겨 있다. '신한국'이란 말 그대로 '새로운 한국'을 의미한다. 조소앙은 대한제국을 대신할 '새로운 한국'이란 다름 아닌 한국 국민이 주인인 나라라고 말했다.

조소앙의 주장은 대한민국 임시정부에 참여한 독립 운동가들로부터 열렬한 지지를 받았다. 독립운동가들은 황제나 일본 제국주의자들이 지배하는 나라가 아니라 국민이 주권을 가진 나라를 만들어야 한다는 데 뜻을 모았다. 1941년에 대한민국 임시정부는 이러한 의지를 보다 선명하게 드러낸 건국강령을 발표하기도 했다. 1948년에 소집된 제헌국회도 대한민국임시헌장에 담긴 정신을 계승했다. 잘 알려진 것처럼 제헌국회는 제헌헌법을 만들었는데, 이 헌법에 우리나라의 명칭을 '대한민국'이라고 한 내용이 있다.

① 대한민국 임시정부는 건국강령을 통해 대한민국임시헌장을 공포했다.
② 조소앙은 대한민국 임시정부의 요청을 받아들여 대동단결선언을 만들었다.
③ 대한민국임시헌장이 공포되기 전에는 '한국'이라는 명칭을 사용한 독립운동가가 없었다.
④ 제헌국회는 대한제국의 정치 제도를 계승하기 위해 '대한민국'이라는 국호를 사용했다.
⑤ 대한민국 임시정부를 만드는 데 참여한 독립운동가들은 민주공화제를 받아들이는 데 합의했다.

문 2. 다음 글에서 알 수 있는 것은?

인조가 남한산성에서 청군에 포위되어 있을 때, 신하들은 척화론과 주화론으로 나뉘어 서로 대립했다. 척화론을 주장한 김상헌은 청에 항복하는 것은 있을 수 없는 일이라며 끝까지 저항하자고 했다. 그는 중화인 명을 버리고 오랑캐와 화의를 맺는 일은 군신의 의리를 버리는 것이라고 말했다. 그와 달리 주화론을 주장한 최명길은 "나아가 싸워 이길 수도 없고 물러나 지킬 수도 없으면 타협하는 수밖에 없다."라고 했다. 그는 명을 섬겨야 한다는 김상헌의 주장에는 동의하지만, 그보다 나라를 보존하는 것이 우선이라고 말했다. 나라가 없어지면 명을 섬기는 것도 불가능하므로 일단 항복한 후 후일을 기약하자는 것이었다.

주화론과 척화론 사이에서 고심하던 인조는 결국 최명길의 입장을 받아들여 청에 항복하는 길을 선택했다. 청군이 물러난 후에 척화론자들은 국왕이 항복의 수모를 당한 것이 모두 주화론자들 탓이라며 비난했다. 그들은 주화론자들을 배신자라고 공격하는 한편 김상헌을 절개 있는 인물이라고 추켜세웠다.

인조 때에는 척화론을 주장했던 사람들이 정국을 주도하지 못했기 때문에 주화론을 내세웠던 사람들이 정계에서 쫓겨나가는 일은 벌어지지 않았다. 그러나 인조의 뒤를 이은 효종이 청에 복수하겠다는 북벌론을 내세우고, 예전에 척화론을 주장했던 자들을 중용하면서 최명길의 편에 섰던 사람들의 입지가 좁아졌다. 효종에 의해 등용되어 정계에 진출할 수 있었던 송시열은 인조가 남한산성에 피신해 있을 때 주화론을 주장했던 사람들과 그 후손들을 정계에서 배제해야 한다고 했다. 송시열 사후에 나타난 노론 세력은 최명길의 주장에 동조했던 사람들의 후손이 요직에 오르지 못하게 막았다. 이는 송시열의 뜻에 따른 것이었다. 이로써 김상헌의 가문인 안동 김씨들은 정계의 요직을 차지할 수 있었다.

① 최명길은 중화 중심의 세계관에서 벗어나야 한다는 생각에서 주화론을 주장했다.
② 효종은 송시열의 주장에 따라 청군의 항복 요구를 받아들이지 않기로 결정했다.
③ 김상헌은 명에 대한 군신의 의리를 지켜야 한다고 주장하면서 주화론에 맞섰다.
④ 인조는 청에 항복한 후 척화론을 받아들여 주화론자들을 정계에서 내쫓았다.
⑤ 노론 세력은 주화론을 받아들여야 한다고 인조를 설득했으나 뜻을 이루지 못했다.

문 3. 다음 글의 논지로 가장 적절한 것은?

사람들은 보통 질병이라고 하면 병균이나 바이러스를 떠올리고, 병에 걸리는 것은 개인적 요인 때문이라고 생각하곤 한다. 어떤 사람이 바이러스에 노출되었다면 그 사람이 평소에 위생 관리를 철저히 하지 않았기 때문이라고 여기는 것이다. 이는 발병 책임을 전적으로 질병에 걸린 사람에게 묻는 생각이다. 꾸준히 건강을 관리하지 않은 사람이나 비만, 허약 체질인 사람이 더 쉽게 병균에 노출된다고 생각하는 경향도 강하다. 그러나 발병한 사람들 전체를 고려하면, 성별, 계층, 직업 등의 사회적 요인에 따라 건강 상태나 질병 종류 및 그 심각성 등이 다르게 나타난다. 따라서 어떤 질병의 성격을 파악할 때 질병의 발생이 개인적 요인뿐만 아니라 계층이나 직업 등의 요인과도 관련될 수 있음을 고려해야 한다.

질병에 대처할 때도 사회적 요인을 고려해야 한다. 물론 어떤 사람들에게는 질병으로 인한 고통과 치료에 대한 부담이 가장 심각한 문제일 수 있다. 그러나 또 다른 사람들에게는 질병에 대한 사회적 편견과 낙인이 오히려 더 심각한 문제일 수 있다. 그들에게는 그러한 편견과 낙인이 더 큰 고통을 안겨 주기 때문이다. 질병이 나타나는 몸은 개인적 영역이면서 동시에 가족이나 직장과도 연결된 사회적인 것이다. 질병의 치료 역시 개인의 문제만으로 그치지 않고 가족과 사회의 문제로 확대되곤 한다. 나의 질병은 내 삶의 위기이자 가족의 근심거리가 되며 나아가 회사와 지역사회에도 긴장을 조성하기 때문이다. 요컨대 질병의 치료가 개인적 영역을 넘어서서 사회적 영역과 관련될 수밖에 없다는 것은 질병의 대처 과정에서 사회적 요인을 반드시 고려해야 한다는 점을 잘 보여준다.

① 병균이나 바이러스로 인한 신체적 이상 증상은 가정이나 지역사회에 위기를 야기할 수 있기에 중요한 사회적 문제이다.

② 한 사람의 몸은 개인적 영역인 동시에 사회적 영역이기에 발병의 책임을 질병에 걸린 사람에게만 묻는 것은 옳지 않다.

③ 질병으로 인한 신체적 고통보다 질병에 대한 사회적 편견으로 인한 고통이 더 크므로 이에 대한 사회적 대책이 필요하다.

④ 질병의 성격을 파악하고 질병에 대처하기 위해서는 사회적인 측면을 고려해야 한다.

⑤ 질병의 치료를 위해서는 개인적 차원보다 사회적 차원의 노력이 더 중요하다.

문 4. 다음 글의 빈칸에 들어갈 내용으로 가장 적절한 것은?

어떤 사람이 오존층을 파괴하는 냉각제를 사용하는 경우를 고려해보자. 오존층 파괴로 인해 무수히 많은 사람이 해악을 입었다고 하더라도, 이 한 사람의 행위가 어떤 특정 개인에게 미친 해악은 매우 미미하다고 말할 수 있을 것이다. 이때 그 사람은 그다지 죄책감을 느끼지 않을 수 있고, 따라서 자신에게 도덕적 책임이 있다는 것을 쉽게 인정하지 않을 수 있다. 이는 다음과 같은 사례를 통해 잘 설명된다.

〈사 례〉

가난한 마을에 갑훈을 포함한 산적 100명이 들이닥쳐 약탈을 저질렀다. 을훈을 포함한 주민 100명에게는 각각 콩 100알씩이 있었는데 산적들은 각자 주민 한 명을 맡아 그 사람의 콩을 몽땅 빼앗았다. 그 결과 모든 주민이 굶주리게 되었다. 이때 갑훈이 콩을 빼앗은 상대가 을훈이었다. 각자가 특정 개인에게 큰 해악을 입혔다는 사실에 죄책감을 느낀 산적들은 두 번째 약탈에서는 방법을 바꾸기로 하였다. 갑훈을 포함한 산적 100명은 이번에는 각자가 을훈을 포함한 모든 주민 100명에게서 각각 콩 한 알씩만 빼앗기로 했다. 콩 한 알의 손실은 미미한 해악에 지나지 않으므로 이번에는 어떤 산적도 특정 주민에게 큰 고통을 준 것은 아니었다. 결과적으로 모든 주민은 이번에도 굶주리게 되었지만, 산적들은 별로 죄책감을 느끼지 않았다.

하지만 이른바 '공범 원리'를 받아들이는 사람들은, 타인의 악행에 가담한 경우 결과에 얼마나 영향을 주었는지와 무관하게 도덕적 책임이 있다고 주장한다. 냉각제의 집단적 사용에서 한 사람의 가담 여부가 특정 개인에게 단지 미미한 해악만을 보탠 것이라서 별로 죄책감이 느껴지지 않는다고 하더라도, 그 사람은 단지 그 해악의 공범이라는 이유만으로 그에 따른 도덕적 책임을 져야 한다는 것이다. 그러므로 '공범 원리'에 따른다면, ______________

① 갑훈은 두 번째 저지른 약탈 행위에 대해서 더 큰 죄책감을 느껴야 한다.

② 전체 해악의 크기가 커질수록 해악에 가담한 사람들의 도덕적 책임도 커진다.

③ 첫 번째 약탈과 두 번째 약탈에서 갑훈이 을훈에게 입힌 해악에는 차이가 없다.

④ 갑훈에게 도덕적 책임이 있다는 점에서 첫 번째 약탈과 두 번째 약탈은 차이가 없다.

⑤ 두 차례 약탈에서 갑훈이 빼앗은 전체 콩알의 수가 같기 때문에 갑훈이 져야 할 도덕적 책임에는 차이가 없다.

문 5. **다음 글에서 알 수 있는 것은?**

갑 : 사전연명의료의향서를 제출하여 연명의료 거부 의사를 표명한 사람에 대해서 병원이 연명의료를 실행하지 않는다는 제도가 2018년 2월부터 도입되었습니다. 이 제도 도입 후에 실제로 사전연명의료의향서를 내는 사람이 날로 늘어나고, 민원을 제기하는 사람도 많아지는 것 같습니다. 어떤 민원들이 들어오고 있습니까?

을 : 자신이 사는 곳에 사전연명의료의향서를 접수하는 곳이 없어 불편하다는 민원이 많았습니다. 연명의료 전문 상담사의 수가 적어 접수 현장에서 너무 오래 기다렸다고 불만을 표시하는 사람도 많습니다. 이러한 민원에 대응해 2020년 1월 1일부터 전화로 상담을 예약할 수 있는 시스템을 도입해 지금까지 원활하게 운영하고 있으며, 2020년 4월 1일부터 전국 모든 보건소에서 사전연명의료의향서를 받도록 조치했습니다. 더 말씀드리자면, 어떤 사람은 연명의료 전문 상담사로부터 상담을 받지 않아도 사전연명의료의향서를 낼 수 있게 해달라고 요청했습니다.

갑 : 연명의료를 거부하는 것은 중대한 사안이니 신중히 사전연명의료의향서를 작성하게 해야 합니다. 지금까지 한 것처럼 연명의료 전문 상담사의 상담을 받게 하는 조치를 유지해 주시기 바랍니다. 한 가지 더 확인하고자 합니다. 전국 모든 보건소에서 사전연명의료의향서를 받기로 했지만, 연명의료 전문 상담사를 모든 보건소에 배치할 수 있는 것은 아니라고 합니다. 혹시 그에 대한 대책을 마련했습니까?

을 : 연명의료 전문 상담사 배치가 어려운 보건소의 직원들을 대상으로 연명의료 관련 기본 필수교육을 실시하고, 그 교육을 이수한 직원이 민원인에게 연명의료에 대해 간단히 설명하게 할 방침입니다. 민원인들이 보건소 직원으로부터 설명을 들은 후 그 자리에서 전화로 연명의료 전문 상담사로부터 구체적인 내용을 상담 받을 수 있도록 하겠습니다.

① 2018년 2월부터 전국 모든 보건소에서 연명의료 전문 상담사가 사전연명의료의향서를 접수하기 시작했다.

② 2020년 4월부터 연명의료를 실행하지 않고자 하는 병원은 보건소에 사전연명의료의향서를 제출해야 한다.

③ 연명의료를 받고자 하는 사람은 주소지 관할 보건소가 지정한 연명의료 전문 상담사로부터 기본 필수교육을 받아야 한다.

④ 사전연명의료의향서 접수기관이 있는 곳의 거주자 중 연명의료 전문 상담사의 상담을 받으려는 사람은 전화 예약 시스템을 이용해야 한다.

⑤ 연명의료 거부 의사가 있는 사람이 연명의료 전문 상담사의 상담을 받지 않은 상태에서 작성한 사전연명의료의향서는 받아들여지지 않는다.

문 6. **다음 대화의 빈칸에 들어갈 내용으로 가장 적절한 것은?**

갑 : 아시는 바와 같이 코로나 19로 인한 위기 상황 속에서 어려움을 겪는 국민의 생계를 지원하기 위해 정부가 지난 5월에 전 국민을 대상으로 긴급재난지원금을 지급했습니다. 그런데 정부는 코로나 19로 영업이 어려워진 소상공인 및 자영업자, 생계가 어려운 가구 등을 대상으로 지원금을 다시금 지급하기로 8월에 결정했습니다. 이 소식을 듣고 지원금 수령 가능 여부를 문의하는 민원인들이 많습니다. 문구점을 운영하는 A씨는 소상공인 및 자영업자에게 주는 지원금을 신청할 수 있는지 문의했습니다.

을 : 이번에는 소상공인 및 자영업자의 일부, 생계 위기 가구 등에 지원금을 주게 되어 있습니다. 사회적 거리두기 2단계의 실시로 출입이 금지된 집합금지 및 집합제한 업종의 자영업자는 특별한 증빙서류 없이 소상공인 및 자영업자 대상 지원금을 받을 수 있습니다. 또 사회적 거리두기 2.5단계부터 운영이 제한된 수도권의 카페나 음식점 등도 집합제한업종에 해당하여 지원금을 받을 수 있습니다. 집합금지 및 집합제한업종에 속하지 않더라도 연 매출 4억 원 이하라는 사실을 증명할 수 있는 자료와 함께 코로나 19 확산으로 매출이 감소했음을 증빙하는 자료를 제출하면 지원금을 받을 수도 있습니다. A씨가 운영하는 가게가 집합금지 및 집합제한업종에 해당하는지 확인하셨습니까?

갑 : 네, A씨가 운영하는 문구점은 집합금지 및 집합제한업종에 해당하지 않는 것으로 확인되었습니다.

을 : 그렇다면 제가 말씀드린 내용을 바탕으로 A씨에게 적절한 답변을 해주시기 바랍니다.

갑 : 잘 알겠습니다. 민원인 A씨에게 [   ]고 말씀 드리겠습니다.

① 문구점은 일반 업종에 해당하지 않으므로 긴급재난지원금을 신청할 수 없다.

② 지난 5월에 긴급재난지원금을 받았다는 사실을 증명하는 서류를 제출해야 한다.

③ 문구점은 집합금지 및 집합제한업종에 해당하지 않는 것으로 확인되었기 때문에 지원금을 받을 수 없다.

④ 사회적 거리두기 2.5단계부터 운영이 제한되거나 금지된 업종이 아니면 긴급재난지원금을 받을 수 없다.

⑤ 연 매출 4억 원에 미치지 못하고 코로나 19로 매출이 감소한 자영업자라면 증빙서류를 갖추어 신청할 수 있다.

문 7. 다음 대화의 ㉠에 따라 〈계획안〉을 수정한 것으로 적절하지 않은 것은?

갑 : 지금부터 회의를 시작하겠습니다. 이 자리는 '보고서 작성법 특강'의 개최계획 검토를 위한 자리입니다. 특강을 성공적으로 개최하기 위해서 어떻게 해야 하는지 각자의 의견을 자유롭게 말씀해 주시기 바랍니다.

을 : 특강 참석 대상을 명확하게 정하고 그에 따라 개최 일시가 조정되었으면 좋겠습니다. 주중에 계속 근무하는 현직 공무원인 경우, 아무래도 주말에는 특강 참석률이 저조합니다. 특강을 평일에 개최하되 참석 시간을 근무 시간으로 인정해 준다면 참석률이 높아질 것 같습니다.

병 : 공무원이 되기 위해 준비하고 있는 예비공무원들에게는 서울이 더 낫겠지만, 중앙부처 소속 공무원에게는 세종시가 접근성이 더 좋습니다. 특강 참석 대상이 누구인가에 따라 장소를 조정할 필요가 있습니다.

정 : 주제가 너무 막연하게 표현되어 있습니다. 보고서의 형식이나 내용은 누구에게 보고하느냐에 따라 크게 달라집니다. 보고 대상이 명시적으로 드러날 수 있도록 주제를 더 구체적으로 표현하면 좋겠습니다.

무 : 특강과 관련된 정보가 부족합니다. 강의에 관심이 있는 사람이라면 별도 비용이 있는지, 있다면 구체적으로 금액은 어떠한지 등이 궁금할 겁니다.

갑 : 얼마 전에 비슷한 특강이 서울에서 개최되었으니 이번 특강은 현직 중앙부처 소속 공무원을 대상으로 진행하도록 하겠습니다. 참고로 특강 수강비용은 무료입니다. ㉠ 오늘 회의에서 논의된 내용을 반영하여 특강 계획을 수정하도록 하겠습니다. 감사합니다.

〈계획안〉

보고서 작성법 특강
- 주제 : 보고서 작성 기법
- 일시 : 2021.11.6.(토) 10:00~12:00
- 장소 : 정부서울청사 본관 5층 대회의실
- 대상 : 현직 공무원 및 공무원을 꿈꾸는 누구나

① 주제를 '효율적 정보 제시를 위한 보고서 작성 기법'으로 변경한다.
② 일시를 '2021.11.10.(수) 10:00~12:00(특강 참여 시 근무 시간으로 인정)'으로 변경한다.
③ 장소를 '정부세종청사 6동 대회의실'로 변경한다.
④ 대상을 '보고서 작성 능력을 키우고 싶은 현직 중앙부처 공무원'으로 변경한다.
⑤ 특강을 듣기 위한 별도 부담 비용이 없다고 안내하는 항목을 추가한다.

문 8. 다음 글의 〈표〉에 대한 판단으로 옳은 것만을 〈보기〉에서 모두 고르면?

우리 몸에는 세 종류의 중요한 근육이 있는데 이것들은 서로 다른 두 기준에 따라 각각 두 종류로 분류될 수 있다. 두 기준은 근육을 구성하는 근섬유에 줄무늬가 있는지의 여부와 근육의 움직임을 우리가 의식적으로 통제할 수 있는지의 여부이다.

세 종류의 중요한 근육 중 뼈대근육은 우리가 의식적으로 통제하여 사용할 수 있기 때문에 수의근이라고 하며 뼈에 부착되어 있다. 이 근육에 있는 근섬유에는 줄무늬가 있어서 줄무늬근으로 분류된다. 뼈대근육은 달리기, 들어올리기와 같은 신체적 동작을 일으킨다. 우리가 신체적 운동을 통해 발달시키고자 하는 근육이 바로 뼈대근육이다.

뼈대근육과 다른 종류로서 내장근육이 있는데, 이 근육은 소화기관, 혈관, 기도에 있는 근육으로서 의식적인 통제하에 있는 것이 아니다. 내장근육에 있는 근섬유에는 줄무늬가 없어서 민무늬근으로 분류된다. 위나 다른 소화기관에 있는 근육은 꿈틀 운동을 일으킨다. 혈관에 있는 근육은 혈관의 직경을 변화시켜서 피의 흐름을 촉진시킨다. 기도에 있는 근육은 기도의 직경을 변화시켜서 공기의 움직임을 촉진시킨다.

심장근육은 심장에서만 발견되는데 심장근육에 있는 근섬유에는 줄무늬가 있다. 심장근육은 심장벽을 구성하고 있고 심장을 수축시키는 역할을 하는데, 이 근육은 우리가 의식적으로 통제할 수 있는 것이 아니기 때문에 불수의근으로 분류된다.
지금까지 기술한 내용을 정리하면 다음과 같다.

〈표〉 근육의 종류와 특징

기준 \ 종류	뼈대근육	내장근육	심장근육
A	㉠	㉡	㉢
B	㉣	㉤	㉥

〈보 기〉

ㄱ. ㉡과 ㉢이 같은 특징이라면, A에는 근섬유에 줄무늬가 있는지를 따지는 기준이 들어간다.
ㄴ. ㉣과 ㉥이 다른 특징이라면, B에는 근육의 움직임을 의식적으로 통제할 수 있는지를 따지는 기준이 들어간다.
ㄷ. ㉠에 '수의근'이 들어간다면, ㉤에는 '민무늬근'이 들어가야 한다.

① ㄱ
② ㄷ
③ ㄱ, ㄴ
④ ㄴ, ㄷ
⑤ ㄱ, ㄴ, ㄷ

문 9. **다음 글의 ㉠~㉤에 대한 설명으로 가장 적절한 것은?**

세균은 산소에 대한 요구성과 내성에 따라 구분된다. '절대 호기성 세균'은 산소에 대한 내성이 있고 대사 과정에서 산소 호흡을 하기 때문에 산소의 농도가 높은 곳에서 잘 자랄 수 있다. 반면에 '미세 호기성 세균'은 산소 호흡을 하지만 산소에 대한 내성이 '절대 호기성 세균'보다 낮아서 '절대 호기성 세균'이 살아가는 환경의 산소 농도보다 낮은 농도의 산소에서만 살 수 있다. 두 종류의 세균은 모두 산소를 이용하는 호흡이 필수적이므로 산소가 없거나 너무 낮은 농도에서는 살 수 없다. '통성 세균'은 산소에 대한 내성이 있고, 산소가 있는 곳에서는 산소 호흡을 하고 산소가 없거나 너무 낮은 농도에서는 산소 호흡 대신 발효 과정을 통해 에너지를 만들어 낼 수 있기 때문에 산소가 있는 환경과 없는 환경 모두에서 자랄 수 있다. 그러나 산소 호흡이 발효 과정보다 많은 에너지를 만들어 내기 때문에 산소 농도가 높은 환경에서 더 잘 자란다. '혐기성 세균'은 산소 호흡을 할 수 없는 세균으로 발효 과정만을 통해 에너지를 만들어 낸다. '혐기성 세균'은 산소에 대한 내성을 가지고 있어 산소가 있어도 자랄 수 있는 '내기 혐기성 세균'과 산소에 대한 내성이 없어 일정 농도 이상의 산소에 노출되면 사멸하는 '절대 혐기성 세균'으로 나뉜다. '내기 혐기성 세균'의 생장은 산소 농도와는 무관하다.

티오글리콜레이트 배양액을 담고 있는 시험관에서 배양액의 위쪽은 공기와 접하고 있어 산소가 충분하다. 시험관 배양액의 산소 농도는 시험관 아래쪽으로 갈수록 감소하며, 시험관의 맨 아래쪽에는 산소가 거의 없다. 아래 그림은 티오글리콜레이트 배양액을 담고 있는 5개의 시험관(㉠~㉤)에 '절대 호기성 세균', '미세 호기성 세균', '통성 세균', '내기 혐기성 세균', '절대 혐기성 세균' 중 하나를 배양한 결과를 나타내며, 각 시험관에는 서로 다른 세균이 배양되었다. 그림에서 검은색 점 각각은 살아 있는 하나의 세균을 나타낸다.

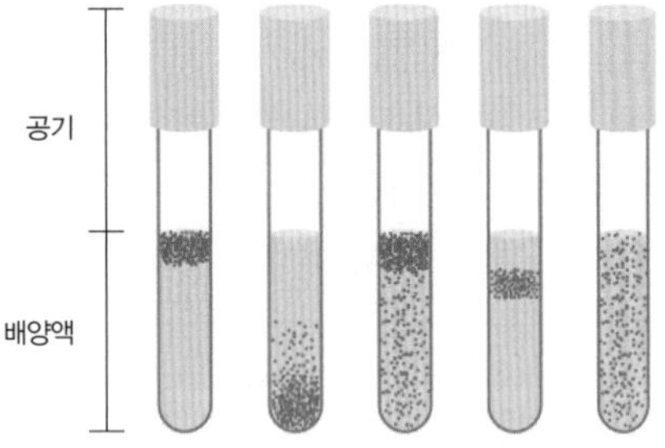

① ㉠은 '통성 세균'이 자란 시험관이다.
② ㉡에서 자란 세균은 발효 과정으로 에너지를 만들어 낸다.
③ ㉢에서 자란 세균은 산소에 대한 내성이 없다.
④ ㉣에서 자란 세균은 산소 호흡을 할 수 없다.
⑤ ㉣과 ㉤은 모두 '혐기성 세균'이 자란 시험관이다.

문 10. **다음 글의 ㉠과 ㉡에 들어갈 진술로 가장 적절한 것은?**

A학파의 가장 큰 특징은 토지 문제를 토지 시장에 국한시키지 않고 경제 전체의 흐름과 밀접하게 연결해서 파악한다는 점이다. A학파의 주장에 따르면, 토지 문제는 이용의 효율에만 관련되는 단순한 문제가 아니라 경제 성장, 실업, 물가 등의 거시경제적 변수를 함께 고려해야만 하는 복잡한 문제이다. 그런 점에서 A학파는 토지 문제가 경기 변동과 직결될 뿐만 아니라 사회 정의와도 관련되는 것이라고 주장한다.

이와 달리 B학파는 다른 모든 종류의 상품과 마찬가지로 토지 문제 역시 수요 · 공급의 법칙에 따라 시장이 자율적으로 조정하도록 맡겨 두면 된다고 주장한다. B학파의 관점에 따르면, [㉠] 토지는 귀금속, 주식, 채권, 은행 예금만큼이나 좋은 투자 대상이다. 부동산의 자본 이득이 충분히 클 경우, 좋은 투자 대상이 되어 막대한 자금이 금융권으로부터 부동산 시장으로 흘러 들어간다. 반대로 자본 이득이 떨어지면 부동산에 투입되었던 자금이 금융권을 통해 회수되어 다른 시장으로 흘러 들어간다. 이와 같이 부동산의 자본 이득은 부동산 시장과 금융권 사이의 연결고리 역할을 한다.

A학파는 B학파와 달리 상품 투자와 토지 투자를 엄격히 구분한다. 상품 투자는 해당 상품의 가격을 상승시켜 상품 공급을 증가시킨다. 공급 증가는 다시 상품 투자의 억제 요인으로 작용하기 때문에 상품 투자에는 내재적 한계가 있기 마련이다. 그러나 [㉡] 그러므로 토지 투자의 경우에는 지가 상승이 투자를 조장하고 투자는 지가 상승을 더욱 부채질하는 악순환이 반복된다. A학파는 이런 악순환의 결과로 토지를 포함한 부동산 가격에 거품이 잔뜩 끼게 된다고 주장한다.

① ㉠ : 토지에 대한 투자는 상품 투자의 일종으로 이해된다.
  ㉡ : 토지 공급은 한정되어 있으므로 토지 투자는 상품 투자의 경우와는 달리 제어장치가 없다.
② ㉠ : 토지에 대한 투자는 상품 투자의 일종으로 이해된다.
  ㉡ : 토지 투자는 다른 상품의 생산 비용을 상승시켜 상품의 가격 상승으로 이어진다.
③ ㉠ : 토지에 대한 투자는 상품 생산의 수단으로 활용된다.
  ㉡ : 토지 공급은 한정되어 있으므로 토지 투자는 상품 투자의 경우와는 달리 제어장치가 없다.
④ ㉠ : 토지 투자와 상품 투자는 거시경제적인 관점에서 상호보완적 역할을 수행한다.
  ㉡ : 토지 투자는 다른 상품의 생산 비용을 상승시켜 상품의 가격 상승으로 이어진다.
⑤ ㉠ : 토지 투자와 상품 투자는 거시경제적인 관점에서 상호보완적 역할을 수행한다.
  ㉡ : 토지 공급은 한정되어 있으므로 토지 투자는 상품 투자의 경우와는 달리 제어장치가 없다.

문 11. 다음 글로부터 추론할 수 있는 것은?

사람의 혈액은 적혈구, 백혈구, 혈소판처럼 혈액 내에 존재하는 세포인 혈구 성분과 이러한 혈구 성분을 제외한 나머지 액상 성분인 혈장으로 나뉜다. 사람의 혈액을 구별하는 대표적인 방법은 혈액의 성분을 기준으로 삼는 ABO형 방법이다. 이에 따르면, 혈액은 적혈구의 표면에 붙어 있는 응집원과 혈장에 들어 있는 응집소의 유무 또는 종류를 기준으로 다음 표와 같이 구분할 수 있다.

혈액형	응집원	응집소
A	A형 응집원	응집소 β
B	B형 응집원	응집소 α
AB	A형 응집원 및 B형 응집원	없음
O	없음	응집소 α 및 응집소 β

이때, A형 응집원이 응집소 α와 결합하거나 B형 응집원이 응집소 β와 결합하면, 응집 반응이 일어난다. 이 반응은 혈액의 응고를 일으키는데, 혈액이 응고되면 혈액의 정상적인 흐름이 방해되어 심각한 문제가 발생할 수 있다. 혈액의 이러한 특성을 활용하면 수혈도를 작성할 수 있다.

① A형 응집원만을 선택적으로 제거한 A형 적혈구를 B형인 사람에게 수혈해도 응집 반응이 일어나지 않는다.
② B형 응집원만을 선택적으로 제거한 AB형 적혈구를 A형인 사람에게 수혈하면 응집 반응이 일어난다.
③ 응집소 β를 선택적으로 제거한 O형 혈장을 A형인 사람에게 수혈해도 응집 반응이 일어나지 않는다.
④ AB형인 사람은 어떤 혈액을 수혈 받아도 응집 반응이 일어나지 않는다.
⑤ O형인 사람은 어떤 적혈구를 수혈 받아도 응집 반응이 일어나지 않는다.

문 12. 다음 글의 ㉠을 이끌어내기 위해 추가해야 할 전제로 가장 적절한 것은?

A국에서는 교육 제도 개선을 추진하고 있다. 이와 관련하여 현재 거론되고 있는 방안 중 다음 네 조건을 모두 충족시키는 방안이 있다면, 정부는 그 방안을 추진해야 한다. 첫째, 공정한 기회 균등과 교육의 수월성을 함께 이룩할 수 있는 방안이어야 한다. 둘째, 신뢰할 수 있는 설문 조사에서 가장 많은 국민이 선호하는 방안으로 선택한 것이어야 한다. 셋째, 정부의 기존 교육 재정만으로 실행될 수 있는 방안이어야 한다. 넷째, 가계의 교육 부담을 줄일 수 있는 방안이어야 한다.

현재 거론되고 있는 방안들 중 선호하는 것에 대하여 국민 2,000명을 대상으로 한 설문 조사 결과, 300명이 대학교 평준화 도입을 꼽았고, 400명이 고등학교 자체 평가 확대를 꼽았으며, 600명이 대입 정시 확대와 수시 축소를 꼽았고, 700명이 고교 평준화 강화를 꼽았다. 이 설문 조사는 표본을 치우치지 않게 잡아 신뢰할 수 있다.

현재 거론된 방안들 가운데 정부의 기존 교육 재정만으로 실행될 수 없는 것은 대학교 평준화 도입 방안뿐이다. 대입 정시 확대와 수시 축소 방안은 가계의 교육 부담을 감소시키지 못하지만 다른 방안들은 그렇지 않다. 고교 평준화 강화 방안은 공정한 기회 균등을 이룰 수 있는 방안임이 분명하다. 따라서 ㉠ 정부는 고교 평준화 강화 방안을 추진해야 한다.

① 고교 평준화 강화는 가장 많은 국민이 선호하는 방안이다.
② 고교 평준화 강화는 교육의 수월성을 이룩할 수 있는 방안이다.
③ 고교 평준화 강화는 가계의 교육 부담을 줄일 수 있는 방안이다.
④ 고교 평준화 강화는 정부의 기존 교육 재정만으로도 실행될 수 있는 방안이다.
⑤ 정부가 고교 평준화 강화 방안을 추진하지 않아도 된다면, 그 방안은 공정한 기회 균등과 교육의 수월성을 함께 이룩할 수 없는 방안이다.

※ 다음 글을 읽고 물음에 답하시오. [13～14]

개정 근로기준법이 적용되면서 일명 '52시간 근무제'에 사람들이 큰 관심을 보였다. 하지만 개정 근로기준법에는 1주 최대 근로시간을 52시간으로 규정하는 조문이 명시적으로 추가된 것이 아니다. 다만, 기존 근로기준법에 '"1주"란 휴일을 포함한 7일을 말한다.'는 문장 하나가 추가되었을 뿐이다. 이 문장이 말하는 바는 상식처럼 보이는데, 이를 추가해서 어떻게 52시간 근무제를 확보할 수 있었을까?

월요일에서 금요일까지 1일 8시간씩 소정근로시간 동안 일하는 근로자를 생각해보자. 여기서 '소정근로시간'이란 근로자가 사용자와 합의하여 정한 근로시간을 말한다. 사실 기존 근로기준법에서도 최대 근로시간은 52시간으로 규정되어 있는 것처럼 보인다. 1일의 최대 소정근로시간이 8시간, 1주의 최대 소정근로시간이 40시간이고, 연장근로는 1주에 12시간까지만 허용되어 있으므로, 이를 단순 합산하면 총 52시간이 되기 때문이다. 그러나 기존 근로기준법에서는 최대 근로시간이 68시간이었다. 이는 휴일근로의 성격을 무엇으로 보느냐에 달려 있다. 기존 근로기준법에서 휴일근로는 소정근로도 아니고 연장근로도 아닌 것으로 간주되었다. 그래서 소정근로 40시간과 연장근로 12시간을 시키고 나서 추가로 휴일근로를 시키더라도 법 위반이 아니었다.

그런데 일요일은 휴일이지만, 토요일은 휴일이 아니라 근로의무가 없는 휴무일이기에 특별한 규정이 없는 한 근로를 시킬 수가 없다. 따라서 기존 근로기준법하에서 더 근로를 시키고 싶던 기업들은 단체협약 등으로 '토요일을 휴일로 한다.'는 특별규정을 두는 일종의 꼼수를 쓰는 경우가 많았다. 이렇게 되면 토요일과 일요일, 2일 간 휴일근로를 추가로 시킬 수 있기에 최대 근로시간이 늘어나게 된다. 이것이 기존 판례의 입장이었다.

개정 근로기준법과 달리 왜 기존 판례는 [　　　　　　　] 그 이유는 연장근로를 소정근로의 연장으로 보았고, 1주의 최대 소정근로시간을 정할 때 기준이 되는 1주를 5일에 입각하여 보았기 때문이다. 즉, 1주 중 소정근로일을 월요일부터 금요일까지의 5일로 보았기에 이 기간에 하는 근로만이 근로기준법상 소정근로시간의 한도에 포함된다고 본 것이다. 다만 이 입장에 따르더라도, 연장근로가 아닌 한 1일의 근로시간은 8시간을 초과할 수 없다고 기존 근로기준법에 규정되어 있기 때문에, 이미 52시간을 근로한 근로자에게 휴일에 1일 8시간을 넘는 근로를 시킬 수 없다. 그 결과 휴일근로로 가능한 시간은 16시간이 되어, 1주 68시간이 최대 근로시간이 된 것이다.

문 13. 위 글의 빈칸에 들어갈 내용으로 가장 적절한 것은?

① 휴일근로가 연장근로가 아니라고 보았을까?

② 토요일에 연장근로를 할 수 있다고 보았을까?

③ 1주의 최대 소정근로시간을 40시간으로 인정하였을까?

④ 1일의 최대 소정근로시간은 8시간을 초과할 수 없다고 보았을까?

⑤ 휴일에는 근로자의 합의가 없는 한 연장근로를 할 수 없다고 보았을까?

문 14. 위 글의 내용을 바르게 적용한 사람만을 〈보기〉에서 모두 고르면?

〈보 기〉

갑 : 개정 근로기준법에 의하면, 1주 중 3일 동안 하루 15시간씩 일한 사람의 경우, 총 근로시간이 45시간으로 52시간보다 적으니 법에 어긋나지 않아.

을 : 개정 근로기준법에 의하면, 월요일부터 목요일까지 매일 10시간씩 일한 사람의 경우, 금요일에 허용되는 최대 근로시간은 12시간이야.

병 : 기존 근로기준법에 의하면, 일요일 12시간을 일했으면 12시간 전부가 휴일근로시간이지, 연장근로시간이 아니야.

① 갑

② 을

③ 갑, 병

④ 을, 병

⑤ 갑, 을, 병

문 15. **다음 글의 내용이 참일 때, 반드시 참인 것은?**

> 갑돌과 정순은 매일 커피를 마시는 흡연자이다. 을순과 병돌은 매년 치석을 없앤다. 그리고 치아의 색깔에 관한 다음의 사실이 알려져 있다.
> - 치석을 매년 없애지 않고 매일 커피를 마시는 사람의 경우, 그의 이가 노랄 확률은 60% 이상이다.
> - 치석을 매년 없애지 않는 흡연자의 경우, 그의 이가 노랄 확률은 80 % 이상이다.
> - 치석을 매년 없애지 않고 매일 커피를 마시는 흡연자의 경우, 그의 이가 노랄 확률은 90% 이상이다.
> - 치석을 매년 없애는 사람의 경우, 그의 이가 노랄 확률은 그의 커피 섭취 및 흡연 여부와 무관하게 20% 미만이다.

① 갑돌의 이가 노랄 확률은 80% 이상이다.
② 을순의 이가 노랗지 않을 확률은 80% 미만이다.
③ 병돌이 흡연자라면, 그의 이가 노랄 확률은 20% 이상이다.
④ 병돌이 매일 커피를 마신다면, 그의 이가 노랄 확률은 20% 이상이다.
⑤ 정순이 치석을 매년 없애지 않는다면, 그의 이가 노랄 확률은 90% 이상이다.

문 16. **다음 글의 내용이 참일 때, 반드시 참인 것만을 〈보기〉에서 모두 고르면?**

> 인접한 지방자치단체인 ○○군을 △△시에 통합하는 안건은 △△시의 5개 구인 A, B, C, D, E 중 3개 구 이상의 찬성으로 승인된다. 안건에 관한 입장은 찬성하거나 찬성하지 않거나 둘 중 하나이다. 각 구의 입장은 다음과 같다.
> - A가 찬성한다면 B와 C도 찬성한다.
> - C는 찬성하지 않는다.
> - D가 찬성한다면 A와 E 중 한 개 이상의 구는 찬성한다.

〈보 기〉

ㄱ. B가 찬성하지 않는다면, 안건은 승인되지 않는다.
ㄴ. B가 찬성하는 경우 E도 찬성한다면, 안건은 승인된다.
ㄷ. E가 찬성하지 않는다면, D도 찬성하지 않는다.

① ㄱ
② ㄴ
③ ㄱ, ㄷ
④ ㄴ, ㄷ
⑤ ㄱ, ㄴ, ㄷ

문 17. **다음 글의 내용이 참일 때, 반드시 참인 것만을 〈보기〉에서 모두 고르면?**

> 일반행정 직렬 주무관으로 새로 채용된 갑진, 을현, 병천은 행정안전부, 고용노동부, 보건복지부에 한 명씩 배치되는 것으로 정해졌다. 가인, 나운, 다은, 라연은 배치 결과를 궁금해 하며 다음과 같이 예측했는데, 이 중 한 명의 예측만 틀렸음이 밝혀졌다.
> 가인 : 을현은 행정안전부에, 병천은 보건복지부에 배치될 거야.
> 나운 : 을현이 행정안전부에 배치되면, 갑진은 고용노동부에 배치될 거야.
> 다은 : 을현이 행정안전부에 배치되지 않으면, 병천이 행정안전부에 배치될 거야.
> 라연 : 갑진은 고용노동부에, 병천은 행정안전부에 배치될 거야.

〈보 기〉

ㄱ. 갑진은 고용노동부에 배치된다.
ㄴ. 을현은 행정안전부에 배치된다.
ㄷ. 라연의 예측은 틀렸다.

① ㄱ
② ㄴ
③ ㄱ, ㄷ
④ ㄴ, ㄷ
⑤ ㄱ, ㄴ, ㄷ

문 18. **다음 글의 ㉠에 대한 판단으로 적절한 것만을 〈보기〉에서 모두 고르면?**

어떤 회사가 소비자들을 A부터 H까지 8개의 동질적인 집단으로 나누어, 이들을 대상으로 마케팅 활동의 효과를 살펴보는 실험을 하였다. 마케팅 활동은 구매 전 활동과 구매 후 활동으로 구성되는데, 구매 전 활동에는 광고와 할인 두 가지가 있고 구매 후 활동은 사후 서비스 한 가지뿐이다. 구매 전 활동이 끝난 뒤 구매율을 평가하고, 구매 후 활동까지 모두 마친 뒤 구매 전과 구매 후의 마케팅 활동을 종합하여 마케팅 만족도를 평가하였다. 구매율과 마케팅 만족도는 모두 a, b, c, d로 평가하였는데, a가 가장 높고 d로 갈수록 낮다. 이 회사가 수행한 ㉠ 실험의 결과는 다음과 같다.

- A와 B를 대상으로는 구매 전 활동을 실시하지 않았는데 구매율은 d였다. 이 중 A에 대해서는 사후 서비스를 하였고 B에 대해서는 하지 않았는데, 마케팅 만족도는 각각 c와 d였다.
- C와 D를 대상으로 구매 전 활동 중 광고만 하였더니 구매율은 c였다. 이 중 C에 대해서는 사후 서비스를 하였고 D에 대해서는 하지 않았는데, 마케팅 만족도는 각각 b와 c였다.
- E와 F를 대상으로 구매 전 활동 중 할인 기회만 제공하였더니 구매율은 b였다. 이 중 E에 대해서는 사후 서비스를 하였고 F에 대해서는 하지 않았는데, 마케팅 만족도는 모두 b였다.
- G와 H를 대상으로 구매 전 활동으로 광고와 함께 할인 기회를 제공하였더니 구매율은 b였다. 이 중 G에 대해서는 사후 서비스를 하였고 H에 대해서는 하지 않았는데, 마케팅 만족도는 각각 a와 b였다.

〈보 기〉

ㄱ. 할인 기회를 제공한 경우가 제공하지 않은 경우보다 구매율이 높다.
ㄴ. 광고를 할 때, 사후 서비스를 한 경우가 하지 않은 경우보다 마케팅 만족도가 낮지 않다.
ㄷ. 사후 서비스를 하지 않을 때, 광고를 한 경우가 하지 않은 경우보다 마케팅 만족도가 높다.

① ㄱ
② ㄷ
③ ㄱ, ㄴ
④ ㄴ, ㄷ
⑤ ㄱ, ㄴ, ㄷ

문 19. **다음 글의 갑~병의 견해에 대한 분석으로 적절한 것만을 〈보기〉에서 모두 고르면?**

우리는 'A라는 성질을 가진 대상이 모두 B라는 성질을 가진다.'고 주장할 때 'A는 모두 B이다.'라는 형식의 진술 U를 사용한다. A라는 성질을 가진 대상이 존재할 때, U가 언제 참이고 언제 거짓인지에 대한 어떤 의견 차이도 없다. 즉 A라는 성질을 가진 대상이 존재할 때, 그 대상들이 모두 B라는 성질을 가진다면 U는 참이고, 그 대상들 중 B라는 성질을 가지지 않는 대상이 있다면 U는 거짓이다. 하지만 A라는 성질을 가진 대상이 존재하지 않을 때, U가 언제 참이고 언제 거짓인지를 둘러싸고 여러 견해가 있다.

- 갑 : U는 'A이면서 B가 아닌 대상은 하나도 없다.'는 주장으로 이해해야 한다. 만약 A인 대상이 존재하지 않는다면, A이면서 B가 아닌 대상은 당연히 존재하지 않는다. 따라서 A인 대상이 존재하지 않는 경우, U는 참이다.
- 을 : U에는 'A이면서 B가 아닌 대상은 하나도 없다.'는 주장과 더불어 'A인 대상이 존재한다.'는 주장까지 담겨 있다. 그러므로 A인 대상이 존재하지 않는다면, 후자의 주장이 거짓이 되므로 U 역시 거짓이다.
- 병 : A인 대상이 존재하지 않는다는 사실만 갖고 U가 참이라거나 거짓이라고 말해서는 안 된다. 오히려 A인 대상이 존재해야 한다는 것은 U를 참이나 거짓으로 판단하기 위해 먼저 성립해야 할 조건이다. 그러므로 A인 대상이 존재하지 않는다면, 이 조건을 충족하지 못한 것이므로 U는 참도 거짓도 아니다.

〈보 기〉

ㄱ. 갑과 을은 'A인 대상이 존재하지만 B인 대상이 존재하지 않는다면, U는 거짓이다.'라는 것에 동의한다.
ㄴ. 을과 병은 'U가 참이라면, A인 대상이 존재한다.'는 것에 동의한다.
ㄷ. 갑과 병은 'U가 거짓이라면, A인 대상이 존재한다.'는 것에 동의한다.

① ㄱ
② ㄷ
③ ㄱ, ㄴ
④ ㄴ, ㄷ
⑤ ㄱ, ㄴ, ㄷ

문 20. 다음 글의 내용을 적용한 것으로 가장 적절한 것은?

연역논증은 전제를 통해 결론이 참이라는 사실을 100% 보장하려는 논증인데, 이 가운데 결론의 참을 100% 보장하는 논증을 '타당한 논증'이라 한다. 반면 귀납논증은 전제를 통해 결론을 개연적으로 뒷받침하려는 논증이다. 귀납논증 중에는 뒷받침하는 정도가 강한 것도 있고 약한 것도 있다. 귀납논증은 형식의 측면에서도 여러 가지로 분류될 수 있는데, 이 중 우리가 자주 쓰는 귀납논증은 다음과 같은 것이다.

- 보편적 일반화 : 유형 I에 속하는 n개의 개체를 조사해보니 이들 모두에서 속성 P를 발견하였다. 따라서 유형 I에 속하는 모든 개체들은 속성 P를 가질 것이다.
- 통계적 일반화 : 유형 I에 속하는 n개의 개체를 조사해 보니 이들 가운데 m개에서 속성 P를 발견하였다. 따라서 유형 I에 속하는 모든 개체 중 m/n이 속성 P를 가질 것이다. 단, m/n은 0보다 크고 1보다 작다.
- 통계적 삼단논법 : 유형 I에 속하는 개체 중 m/n에서 속성 P를 발견하였다. 개체 α는 유형 I에 속한다. 따라서 개체 α는 속성 P를 가질 것이다. 단, m/n은 0보다 크고 1보다 작다.
- 유비추론 : 유형 I에 속하는 개체 α가 속성 P1, P2, P3을 갖고, 유형 II에 속하는 개체 β도 똑같이 속성 P1, P2, P3을 갖는다. 개체 α가 속성 P4를 가진다는 사실이 발견되었다. 따라서 개체 β는 속성 P4를 가질 것이다.

① '우리나라 공무원 중 여행과 음악을 모두 좋아하는 이들의 비율은 전체의 80%를 넘지 않는다. 따라서 우리나라 공무원 중 여행을 좋아하는 이들의 비율은 전체의 80%를 넘지 않을 것이다.'는 타당한 논증으로 분류된다.
② '우리나라 전체 공무원 중 100명을 조사해 보니 이들은 업무의 70% 이상을 효과적으로 수행하고 있다. 따라서 우리나라 전체 공무원들은 업무의 70% 이상을 효과적으로 수행하고 있을 것이다.'는 보편적 일반화로 분류된다.
③ '우리나라 공무원 중 30%가 운동을 좋아한다. 따라서 우리나라 20대 공무원 중 30%는 운동을 좋아할 것이다.'는 통계적 일반화로 분류된다.
④ '해외연수를 다녀온 공무원의 95%가 정부 정책을 지지한다. 공무원 갑은 정부 정책을 지지하고 있다. 따라서 갑은 해외연수를 다녀왔을 것이다.'는 통계적 삼단논법으로 분류된다.
⑤ '임신과 출산으로 태어난 을과 그를 복제하여 만든 병은 유전자와 신경 구조가 똑같다. 따라서 을과 병은 둘 다 80세 이상 살 것이다.'는 유비추론으로 분류된다.

문 21. 다음 글의 실험 결과가 강화하는 것만을 〈보기〉에서 모두 고르면?

한 연구진은 자극 X가 뇌에 미치는 영향을 밝히기 위한 실험을 수행하였다. 그들은 자극 X가 있는 환경에서 성장한 동물과 자극 X가 없는 환경에서 성장한 동물을 비교했을 때 뇌에 차이가 있을 것이라고 추측했다.

실험을 위해 동일한 조건의 연구용 쥐 100마리를 절반씩 나누어 각각 A와 B 그룹으로 배정하였다. A 그룹의 쥐는 자극 X에 노출된 반면, B 그룹의 쥐는 자극 X에 노출되지 않았다. 자극 X를 제외한 다른 조건은 두 그룹에서 동일하였다. 일정 기간이 지나고 두 그룹 쥐의 뇌에 대해서 부위별로 무게 측정과 화학 분석이 이루어졌다. 그 결과 A 그룹의 쥐는 B 그룹의 쥐와 다른 점을 보여주었다.

두 그룹에서 나타난 가장 두드러진 차이점은 전체 뇌 무게에 대한 대뇌피질의 무게 비율이었다. 대뇌피질은 경험에 반응하고 운동, 기억, 학습, 감각적 입력을 관장하는 뇌의 한 부위이다. A 그룹 쥐의 대뇌피질은 B 그룹 쥐의 대뇌피질보다 더 무겁고 더 치밀했지만, 뇌의 나머지 부위의 무게에는 차이가 없었다.

또한 B 그룹 쥐의 뇌보다 A 그룹 쥐의 뇌에서는 크기가 큰 신경세포뿐만 아니라 신경교세포도 더 많이 발견되었다. 신경교세포는 뇌의 신경세포를 성장시켜 크기를 키우는 역할을 하는 세포이다. 세포의 DNA에 대한 RNA의 비율은 세포가 성장하지 않을 때보다 세포가 성장하여 크기가 커질 때 높아진다. 두 그룹 쥐의 뇌를 분석한 결과, DNA에 대한 RNA의 비율이 높아진 뇌 신경세포가 B 그룹보다 A 그룹에 더 많이 있다는 사실이 확인되었다. A 그룹의 쥐의 뇌에서는 신경전달물질 α가 더 많이 분비되었는데, 신경전달물질 α의 양은 A 그룹 쥐의 뇌보다 B 그룹 쥐의 뇌에서 약 30% 이상 더 적은 것으로 확인되었다.

〈보 기〉

ㄱ. 자극 X가 있으면 없을 때보다 신경교세포의 수와 신경전달물질 α의 분비량이 많아진다.
ㄴ. 자극 X가 있으면 없을 때보다 전체 뇌 무게에 대한 대뇌피질의 무게 비율이 높아지고 대뇌피질이 촘촘해진다.
ㄷ. 자극 X가 없으면 있을 때보다 뇌 신경세포의 크기와 수가 늘어난다.

① ㄱ
② ㄷ
③ ㄱ, ㄴ
④ ㄴ, ㄷ
⑤ ㄱ, ㄴ, ㄷ

문 22. **다음 글의 ㉠을 강화하는 것만을 〈보기〉에서 모두 고르면?**

> 1977년 캐나다의 실험에서 연구진은 인공 조미료 사카린이 인간에게 암을 일으킬 수 있는지를 밝히려고 약 200마리의 쥐를 사용해 실험했다. 실험 결과가 발표되자 그 활용의 타당성에 관해 비판이 제기되었다. 투여된 사카린의 양이 쥐가 먹는 음식의 5%로 너무 많다는 것이었다. 인간에게 그 양은 음료수 800병에 함유된 사카린 양인데, 누가 하루에 음료수를 800병이나 마시겠느냐는 비판이었다.
>
> 일리가 없는 말은 아니지만 ㉠ 이것은 합당한 비판이 아니다. 물론 인간에게 적용할 실험 결과를 얻으려면 인간이 사카린에 노출되는 상황을 그대로 재현하여 실험하는 것이 바람직하다. 그러나 일상적인 환경에서 대개의 발암물질은 유효성이 아주 낮아서 수천 명 중 한 명 정도의 비율로만 그 효과를 확인할 수 있다. 발암물질의 유효성은 몸에 해당 물질을 받아들인 개체들 가운데 암에 걸리는 개체의 비율에 의존하는데, 이 비율이 낮을수록 발암물질의 유효성이 낮아진다. 물론 발암물질의 유효성이 낮아도 그 피해는 클 수 있다. 예를 들어 유효성이 매우 낮은 경우라도, 관련 모집단이 수천만 명이라면 그로 인해 암에 걸리는 사람은 수만 명에 이를 수 있다. 이런 상황에서 발암물질의 효과를 확인하려는 동물 실험은 최소한 수만 마리의 쥐를 이용한 실험을 해야 유의미한 결과를 얻을 수 있다. 하지만 그렇게 많은 쥐를 이용해서 실험하는 것은 불가능하다.
>
> 이럴 때 택하는 전형적인 전략은 실험 대상의 수를 줄이고 발암물질의 투여량을 늘리는 것이다. 예를 들어 어떤 발암물질을 통상적인 수준에서 투여한다면 200마리의 쥐 가운데 암이 발생한 것은 거의 없을 것이다. 하지만 그 발암물질을 전체 음식의 5%로 늘리게 되면 200마리의 쥐 가운데에서도 암이 발생한 쥐의 수는 제법 늘어나게 될 것이다. 이렇게 발암물질의 투여량을 늘리면 실험 대상의 수를 줄이더라도 유의미한 실험 결과를 확보할 수 있는 것이다. 결국 사카린과 암 사이의 인과관계를 밝히려한 1977년 실험과 그 활용의 타당성에 근본적인 잘못이 있다고 할 수 없다.

〈보 기〉

ㄱ. 인간이든 쥐든 암이 발생하는 사례의 수는 발암물질의 섭취량에 비례한다.
ㄴ. 쥐에게 다량 투입하였을 때 암을 일으킨 물질 중에는 인간에게 발암물질이 아닌 것이 있다.
ㄷ. 발암물질의 유효성이 클수록 더 많은 수의 실험 대상을 확보해야 유의미한 실험 결과를 얻을 수 있다.

① ㄱ
② ㄷ
③ ㄱ, ㄴ
④ ㄴ, ㄷ
⑤ ㄱ, ㄴ, ㄷ

문 23. **다음 논쟁을 분석한 것으로 적절한 것만을 〈보기〉에서 모두 고르면?**

> A : 종 차별주의란 인간 종이 다른 생물 종과 생김새가 다르다는 이유만으로 특별한 대우를 받아야 한다는 주장이다. 이런 종 차별주의가 옳지 않다는 주장은 모든 종을 동등하게 대우해야 한다는 종 평등주의가 옳다는 말과 같다. 하지만 종 평등주의는 너무나 비상식적인 견해이다.
>
> B : 종 차별주의를 거부하는 것과 종 평등주의를 받아들이는 것은 별개다. 모든 생명체를 동등하게 대우해야 한다는 종 평등주의는 이웃 사람을 죽이는 것이 그른 만큼 양배추를 뽑아 버리는 것도 그르다는 것을 암시한다. 그러나 양배추는 신경계와 뇌가 없으므로 어떠한 경험을 할 수도 어떠한 의식을 가질 수도 없다. 그런 양배추를 뽑아 버리는 것이, 의식을 가지고 높은 수준의 경험을 누리는 이웃 사람을 죽이는 행위와 같을 수 없다. 종 차별주의에 대한 거부는 생김새가 아닌 의식에 의한 차별적 대우를 부정하지 않는다.
>
> C : 의식에 의한 차별이 정당하다는 주장이 옳다면, 각 인간이 가진 가치도 달라야 한다. 왜냐하면 인간마다 의식적 경험의 정도가 다르기 때문이다. 그러나 모든 인간이 동일한 존엄성과 무한한 생명 가치를 가진다는 것은 거부할 수 없는 윤리의 대전제이다. 따라서 의식을 이용하여 종 사이의 차별을 정당화한다면 이런 윤리의 대전제를 부정할 수밖에 없다.

〈보 기〉

ㄱ. A는 종 차별주의와 종 평등주의가 서로 모순된다고 보지만 B는 그렇지 않다.
ㄴ. B와 C는 모든 인간이 동일한 존엄성과 무한한 생명 가치를 가진다는 견해에 동의한다.
ㄷ. C는 인간과 인간이 아닌 것 사이의 차별적 대우를 정당화하는 근거가 있다는 것에 동의하지만, A는 그렇지 않다.

① ㄱ
② ㄴ
③ ㄱ, ㄷ
④ ㄴ, ㄷ
⑤ ㄱ, ㄴ, ㄷ

문 24. 다음 글의 ㉠의 내용으로 가장 적절한 것은?

> 2020년 7월 2일이 출산 예정일이었던 갑은 2020년 6월 28일 아이를 출산하여, 2020년 7월 10일에 ○○구 건강관리센터 산모·신생아 건강관리 서비스를 신청하였다. 2020년 1월 1일에 ○○구에 주민등록이 된 이후 갑은 주민등록지를 변경하지 않았으며, 실제로 ○○구에 거주하였다. 갑의 신청을 검토한 ○○구는 ○○구 산모·신생아 건강관리 지원에 관한 조례(이하 "조례"라 한다)와 ○○구 건강관리센터 운영규정(이하 "운영규정"이라 한다)이 불일치한다는 문제를 발견하였다. 이에 ㉠ 운영규정과 조례 중 무엇도 위반하지 않고 갑이 30만 원 이하의 본인 부담금만으로 해당 서비스를 이용할 수 있도록 조례 또는 운영규정을 일부 개정하였다.
>
> 「○○구 산모·신생아 건강관리 지원에 관한 조례」
> 제8조(산모·신생아 건강관리 지원) ① 구청장은 출산 예정일 또는 출산일을 기준으로 6개월 전부터 계속하여 ○○구에 주민등록을 두고 있는 산모와 출산 예정일 또는 출산일을 기준으로 1년 전부터 계속하여 ○○구를 국내 체류지로 하여 외국인 등록을 하고 ○○구에 체류하는 외국인 산모에게 산모·신생아 건강관리 서비스를 제공할 수 있다.
> ② 구청장은 제1항에 따른 서비스의 본인 부담금을 이용금액 기준에 따라 30만 원 한도 내에서 서비스 수급자에게 부과할 수 있다.
>
> 「○○구 건강관리센터 운영규정」
> 제21조(산모·신생아 건강관리 지원) ① 다음 각 호의 어느 하나에 해당하는 사람은 산모·신생아 건강관리 서비스를 이용할 수 있다.
> 1. 출산일을 기준으로 6개월 전부터 계속하여 ○○구에 주민등록을 두고 실제로 ○○구에 거주하고 있는 산모
> 2. 출산일을 기준으로 6개월 전부터 ○○구를 국내 체류지로 하여 외국인 등록을 하고 실제로 ○○구에 체류하고 있는 외국인 산모
>
> ② 제1항에 따른 서비스를 이용하는 경우 서비스 수급자에게 본인 부담금이 부과될 수 있다. 그 산정은 「○○구 산모·신생아 건강관리 지원에 관한 조례」의 기준에 따른다.

① 운영규정 제21조 제3항과 조례 제8조 제3항으로 '신청일은 출산일 기준 10일을 경과할 수 없다.'를 신설한다.
② 운영규정 제21조 제1항의 '실제로 ○○구에 거주하고'와 '실제로 ○○구에 체류하고'를 삭제한다.
③ 운영규정 제21조 제2항의 '본인 부담금'을 '30만 원 이하의 본인 부담금'으로 개정한다.
④ 운영규정 제21조 제1항의 '출산일'을 모두 '출산 예정일 또는 출산일'로 개정한다.
⑤ 조례 제8조 제1항의 '1년'을 '6개월'로 개정한다.

문 25. 다음 글의 〈논쟁〉에 대한 분석으로 적절한 것만을 〈보기〉에서 모두 고르면?

> 갑과 을은 M국의 손해사정을 업으로 하는 법인 A, B의 「보험업법」 위반 여부에 대해 논쟁하고 있다. 이 논쟁은 「보험업법」의 일부 규정 속 손해사정사가 상근인지 여부, 그리고 각 법인의 손해사정사가 상근인지 여부가 불분명함에서 비롯되었다. 해당 법의 일부 조항은 다음과 같다.
>
> 「보험업법」
> 제00조(손해사정업의 영업기준) ① 손해사정을 업으로 하려는 법인은 2명 이상의 상근 손해사정사를 두어야 한다. 이 경우 총리령으로 정하는 손해사정사의 구분에 따라 수행할 업무의 종류별로 1명 이상의 상근 손해사정사를 두어야 한다.
> ② 제1항에 따른 법인이 지점 또는 사무소를 설치하려는 경우에는 각 지점 또는 사무소별로 총리령으로 정하는 손해사정사의 구분에 따라 수행할 업무의 종류별로 1명 이상의 손해사정사를 두어야 한다.
>
> 〈논 쟁〉
> - 쟁점 1 : 법인 A는 총리령으로 정하는 손해사정사의 구분에 따른 업무의 종류가 4개이고 각 종류마다 2명의 손해사정사를 두고 있는데, 갑은 법인 A가 「보험업법」 제00조 제1항을 어기고 있다고 주장하지만 을은 그렇지 않다고 주장한다.
> - 쟁점 2 : 법인 B의 지점 및 사무소 각각은 총리령으로 정하는 손해사정사의 구분에 따른 업무의 종류가 2개씩이고 각 종류마다 1명의 손해사정사를 두고 있는데, 갑은 법인 B가 「보험업법」 제00조 제2항을 어기고 있다고 주장하지만 을은 그렇지 않다고 주장한다.

〈보 기〉

ㄱ. 쟁점 1과 관련하여, 법인 A에는 비상근 손해사정사가 2명 근무하고 있지만 이들이 수행하는 업무의 종류가 다르다는 사실이 밝혀진다면 갑의 주장은 옳지만 을의 주장은 옳지 않다.
ㄴ. 쟁점 2와 관련하여, 법인 B의 지점에 근무하는 손해사정사가 비상근일 경우에, 갑은 제00조 제2항의 '손해사정사'가 반드시 상근이어야 한다고 생각하지만 을은 비상근이어도 무방하다고 생각한다는 사실은 법인 B에 대한 갑과 을 사이의 주장 불일치를 설명할 수 있다.
ㄷ. 법인 A 및 그 지점 또는 사무소에 근무하는 손해사정사와 법인 B 및 그 지점 또는 사무소에 근무하는 손해사정사가 모두 상근이라면, 을의 주장은 쟁점 1과 쟁점 2 모두에서 옳지 않다.

① ㄱ
② ㄴ
③ ㄱ, ㄷ
④ ㄴ, ㄷ
⑤ ㄱ, ㄴ, ㄷ

문 1. 다음 〈보고서〉는 2019년 '갑'시의 5대 축제(A~E)에 관한 조사 결과이다. 이에 부합하지 않는 자료는?

〈보고서〉

'갑'시의 5대 축제를 분석 · 평가한 결과, 우수축제로 선정된 A 축제는 관람객 수, 인지도, 콘텐츠 영역에서 B축제보다 높은 점수를 받았으나 경제적 효과 영역에서는 B축제보다 낮은 점수를 받았다. 한편, 5대 축제의 관람객 만족도를 보면, 먹거리 만족도가 매년 떨어지고 있고 2019년에는 살거리 만족도도 2018년보다 낮아져 대책 마련이 시급하다는 평가도 있다.

설문조사에 따르면 축제 관련 정보 획득 매체는 연령대별로 차이를 보였다. 20대 이하와 30~40대는 각각 인터넷을 통해 정보를 획득한 관람객 수가 가장 많았다. 반면, 50대 이상은 현수막을 통해 정보를 획득한 관람객 수가 가장 많아 관람객의 연령대별 맞춤형 홍보 전략이 필요하다는 것을 보여준다.

축제로 인한 경제적 효과도 중요한 분석 대상이다. D축제의 경우 취업자 수와 고용인 수 모두 가장 적지만, 고용인 1인당 취업자 수는 가장 많았다. 관람객 1인당 총 지출액에서 숙박비의 비중이 가장 높은 축제는 C축제이고 먹거리 비용의 비중이 가장 높은 축제는 E축제이다.

① 5대 축제별 취업자 수와 고용인 수

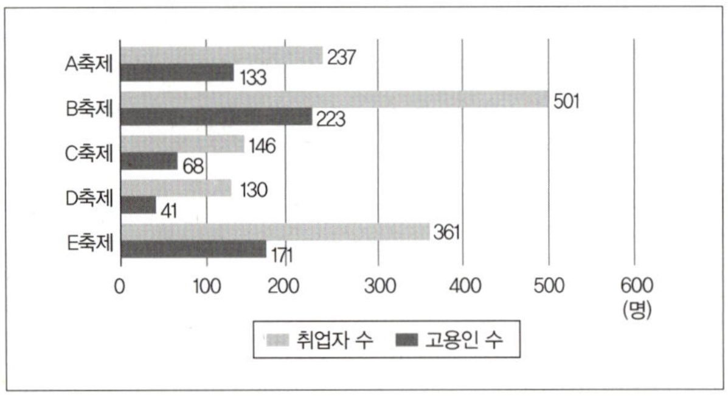

② 5대 축제의 관람객 만족도

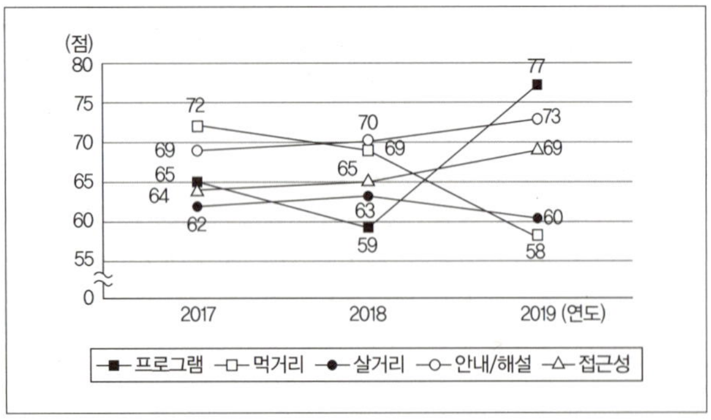

③ 5대 축제별 관람객 1인당 지출액

(단위 : 원)

구분 \ 축제	A	B	C	D	E
숙박비	22,514	9,100	27,462	3,240	4,953
먹거리 비용	18,241	19,697	15,303	8,882	20,716
왕복교통비	846	1,651	9,807	1,448	810
상품구입비	17,659	4,094	6,340	3,340	411
기타	9	48	102	255	1,117
총지출액	59,269	34,590	59,014	17,165	28,007

④ A, B 축제의 영역별 평가점수

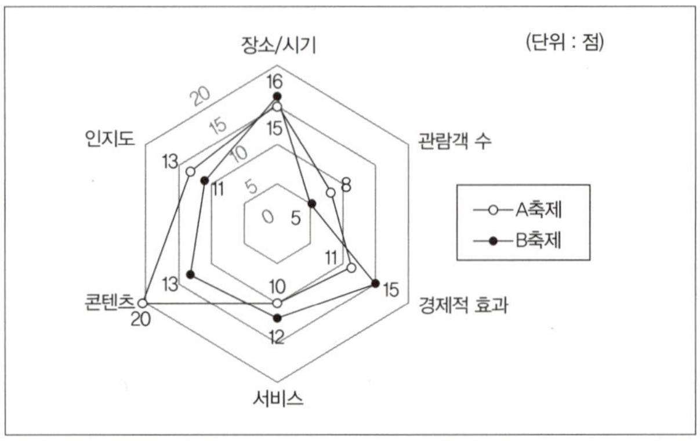

⑤ 관람객의 연령대별 5대 축제 관련 정보 획득 매체

(단위 : %)

연령대 \ 매체	TV	인터넷	신문	현수막	기타
20대 이하	22.0	58.6	10.8	17.5	11.5
30~40대	25.4	35.0	16.5	18.0	9.0
50대 이상	35.0	20.2	21.0	29.5	8.0
전체	26.0	41.5	15.1	20.1	9.8

※ 중복응답 가능함

문 2. 다음 <표>는 2019년 10월 첫 주 '갑' 편의점의 간편식 A~F의 판매량에 관한 자료이다. <표>와 <조건>을 이용하여 간편식 B, E의 판매량을 바르게 나열한 것은?

<표> 간편식 A~F의 판매량

(단위 : 개)

간편식	A	B	C	D	E	F	평균
판매량	95	( )	( )	( )	( )	43	70

<조 건>

- A와 C의 판매량은 같다.
- B와 D의 판매량은 같다.
- E의 판매량은 D보다 23개 적다.

	B	E
①	70	47
②	70	57
③	83	47
④	83	60
⑤	85	62

문 3. 다음 <표>는 2015~2019년 '갑'국의 가스사고 현황에 관한 자료이다. 이에 대한 <보기>의 설명 중 옳은 것만을 모두 고르면?

<표 1> 원인별 사고건수

(단위 : 건)

원인 \ 연도	2015	2016	2017	2018	2019
사용자 취급부주의	41	41	41	38	31
공급자 취급부주의	23	16	22	26	29
제품노후	4	12	19	12	18
고의사고	21	16	16	12	9
타공사	2	6	4	8	7
자연재해	12	9	5	3	3
시설미비	18	20	11	23	24
전체	121	120	118	122	121

<표 2> 사용처별 사고건수

(단위 : 건)

사용처 \ 연도	2015	2016	2017	2018	2019
주택	48	50	39	42	47
식품접객업소	21	10	27	14	20
특수허가업소	14	14	16	16	12
공급시설	3	7	5	5	6
차량	4	5	4	5	6
제1종 보호시설	3	8	6	8	5
공장	9	6	7	6	4
다중이용시설	0	0	0	0	1
야외	19	20	14	26	20
전체	121	120	118	122	121

<보 기>

ㄱ. 2015년 대비 2019년 사고건수의 증가율은 '공급자 취급부주의'가 '시설미비'보다 작다.

ㄴ. '주택'과 '차량'의 연도별 사고건수 증감방향은 같다.

ㄷ. 2016년에는 사고건수 기준 상위 2가지 원인에 의한 사고건수의 합이 나머지 원인에 의한 사고건수의 합보다 적다.

ㄹ. 전체 사고건수에서 '주택'이 차지하는 비중은 매년 35% 이상이다.

① ㄱ, ㄴ

② ㄱ, ㄹ

③ ㄴ, ㄷ

④ ㄱ, ㄷ, ㄹ

⑤ ㄴ, ㄷ, ㄹ

문 4. 다음 〈표〉는 2015~2019년 A~D 지역의 해양수질, 해조류 군집 및 해양 저서동물 출현종수에 관한 자료이다. 이에 대한 설명으로 옳지 않은 것은?

〈표 1〉 A~D 지역의 해양수질

(단위 : mg/L)

측정항목	연도 / 지역	2015	2016	2017	2018	2019
용존 산소량 (DO)	A	8.22	8.13	7.95	8.40	7.60
	B	8.18	8.23	8.12	8.60	8.10
	C	10.20	8.06	8.73	8.10	8.50
	D	7.51	6.97	7.39	8.43	8.35
화학적 산소 요구량 (COD)	A	1.73	1.38	1.19	1.54	1.34
	B	1.38	1.40	1.26	1.47	1.54
	C	2.35	2.29	1.71	1.59	1.69
	D	0.96	0.82	0.70	1.30	1.59
총질소 (Total-N)	A	0.16	0.14	0.16	0.15	0.12
	B	0.16	0.13	0.20	0.15	0.12
	C	0.45	0.51	0.68	0.11	0.08
	D	0.20	0.06	0.05	0.57	0.07

※ 해양수질 등급은 아래 기준으로 판정함
- 1등급은 DO가 7.50mg/L 이상이고 COD는 1.00mg/L 이하이며 Total-N이 0.30mg/L 이하인 경우임
- 2등급은 1등급에 해당하지 않으면서 DO가 2.00mg/L 이상이고 COD는 2.00mg/L 이하이며 Total-N이 0.60mg/L 이하인 경우임
- 등급 외는 1, 2등급에 해당하지 않는 경우임

〈표 2〉 A~D 지역의 해조류 군집 및 해양 저서동물 출현종수

(단위 : 개)

항목	연도 / 지역	2015	2016	2017	2018	2019
해조류 군집 출현 종수	A	108	77	46	48	48
	B	102	77	49	49	52
	C	26	27	28	29	27
	D	102	136	199	86	87
해양 저서동물 출현종수	A	147	79	126	134	153
	B	90	73	128	142	141
	C	112	34	58	85	102
	D	175	351	343	303	304

① 2015~2019년 A와 B 지역의 총질소(Total-N)의 연간 증감방향은 매년 동일하다.

② 2016년 B 지역은 해조류 군집 출현종수의 전년 대비 증감률이 해양 저서동물 출현종수의 전년대비 증감률보다 크다.

③ 2019년에는 해양 저서동물 출현종수가 가장 많은 지역이 총질소(Total-N)가 가장 낮다.

④ 2015년에 해양수질이 1등급인 지역은 D가 유일하다.

⑤ A와 C 지역의 해양수질은 2015년부터 2017년까지 2등급으로 일정하다.

문 5. 다음 〈그림〉과 〈표〉는 2018~2019년 '갑'국의 월별 최대전력수요와 전력수급현황에 관한 자료이다. 이에 대한 설명으로 옳은 것은?

〈그림〉 '갑'국의 월별 최대전력수요

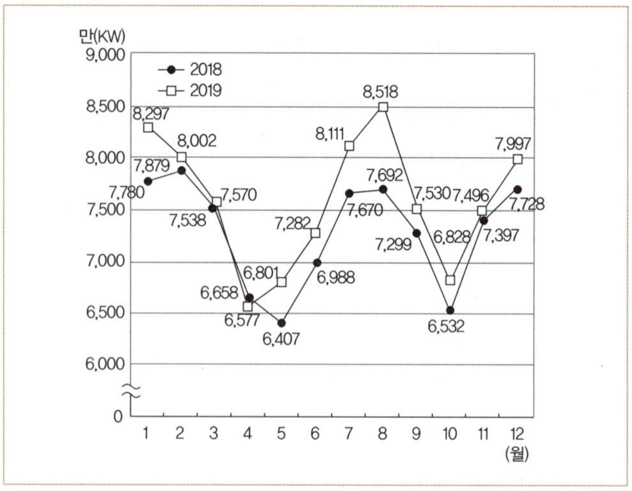

〈표〉 '갑'국의 전력수급현황

(단위 : 만 kW)

구분 \ 시기	2018년 2월	2019년 8월
최대전력수요	7,879	8,518
전력공급능력	8,793	9,240

※ 1) 공급예비력 = 전력공급능력 - 최대전력수요

2) $공급예비율(\%) = \frac{공급예비력}{최대전력수요} \times 100$

① 공급예비력은 2018년 2월이 2019년 8월보다 작다.

② 공급예비율은 2018년 2월이 2019년 8월보다 낮다.

③ 2019년 1~12월 동안 최대전력수요의 월별 증감방향은 2018년과 동일하다.

④ 해당 연도 1~12월 중 최대전력수요가 가장 큰 달과 가장 작은 달의 최대전력수요 차이는 2018년이 2019년보다 작다.

⑤ 2019년 최대전력수요의 전년 동월 대비 증가율이 가장 높은 달은 1월이다.

문 6. 다음 〈표〉는 2018년 '갑'국 A~E 지역의 산사태 위험인자 현황에 관한 자료이다. 〈평가 방법〉에 근거하여 산사태 위험점수가 가장 높은 지역과 가장 낮은 지역을 바르게 나열한 것은?

〈표〉 A~E 지역의 산사태 위험인자 현황

위험인자 \ 지역	A	B	C	D	E
경사길이(m)	180	220	150	80	40
모암	화성암	퇴적암	변성암(편마암)	변성암(천매암)	변성암(편마암)
경사위치	중하부	중상부	중하부	상부	중상부
사면형	상승사면	복합사면	하강사면	복합사면	평형사면
토심(cm)	160	120	70	110	80
경사도(°)	30	20	25	35	55

〈평가 방법〉

• 산사태 위험인자의 평가점수는 다음과 같다.

위험인자 \ 평가점수	0점	10점	20점	30점
경사길이(m)	50 미만	50 이상 100 미만	100 이상 200 미만	200 이상
모암	퇴적암	화성암	변성암(천매암)	변성암(편마암)
경사위치	하부	중하부	중상부	상부
사면형	상승사면	평형사면	하강사면	복합사면
토심(cm)	20 미만	20 이상 100 미만	100 이상 150 미만	150 이상
경사도(°)	40 이상	30 이상 40 미만	25 이상 30 미만	25 미만

• 개별 지역의 산사태 위험점수는 6개 위험인자에 대한 평가점수의 합임

	가장 높은 지역	가장 낮은 지역
①	B	A
②	B	E
③	D	A
④	D	C
⑤	D	E

문 7. 다음 〈표〉는 '갑'시에서 주최한 10km 마라톤 대회에 참가한 선수 A~D의 구간별 기록이다. 이에 대한 〈보기〉의 설명 중 옳은 것만을 모두 고르면?

〈표〉 선수 A~D의 10km 마라톤 대회 구간별 기록

구간 \ 선수	A	B	C	D
0~1km	5분 24초	5분 44초	6분 40초	6분 15초
1~2km	5분 06초	5분 42초	5분 27초	6분 19초
2~3km	5분 03초	5분 50초	5분 18초	6분 00초
3~4km	5분 00초	6분 18초	5분 15초	5분 54초
4~5km	4분 57초	6분 14초	5분 24초	5분 35초
5~6km	5분 10초	6분 03초	5분 03초	5분 27초
6~7km	5분 25초	5분 48초	5분 14초	6분 03초
7~8km	5분 18초	5분 39초	5분 29초	5분 24초
8~9km	5분 10초	5분 33초	5분 26초	5분 11초
9~10km	5분 19초	5분 03초	5분 36초	5분 15초
계	51분 52초	( )	54분 52초	57분 23초

※ 1) A~D는 출발점에서 동시에 출발하여 휴식 없이 완주함
2) A~D는 각 구간 내에서 일정한 속도로 달림

〈보 기〉

ㄱ. 출발 후 6km 지점을 먼저 통과한 선수부터 나열하면 A, C, D, B 순이다.
ㄴ. B의 10km 완주기록은 60분 이상이다.
ㄷ. 3~4km 구간에서 B는 C에게 추월당한다.
ㄹ. A가 10km 지점을 통과한 순간, D는 7~8km 구간을 달리고 있다.

① ㄱ, ㄴ
② ㄱ, ㄷ
③ ㄱ, ㄹ
④ ㄴ, ㄷ
⑤ ㄷ, ㄹ

문 8. 다음 〈표〉는 '갑' 회사 구내식당의 월별 이용자 수 및 매출액에 관한 자료이고, 〈보고서〉는 '갑' 회사 구내식당 가격인상에 관한 내부검토 자료이다. '2019년 1월의 이용자 수 예측'에 대한 그래프로 〈표〉와 〈보고서〉의 내용에 부합하는 것은?

〈표〉 2018년 '갑' 회사 구내식당의 월별 이용자 수 및 매출액

(단위 : 명, 천 원)

월	특선식		일반식		총매출액
	이용자 수	매출액	이용자 수	매출액	
7	901	5,406	1,292	5,168	10,574
8	885	5,310	1,324	5,296	10,606
9	914	5,484	1,284	5,136	10,620
10	979	5,874	1,244	4,976	10,850
11	974	5,844	1,196	4,784	10,628
12	952	5,712	1,210	4,840	10,552

※ 총매출액은 특선식 매출액과 일반식 매출액의 합임

〈보고서〉

2018년 12월 현재 회사 구내식당은 특선식(6,000원)과 일반식(4,000원)의 두 가지 메뉴를 판매하고 있다. 2018년 11월부터 구내식당 총매출액이 감소하고 있어 지난 2년 동안 동결되었던 특선식과 일반식 중 한 가지 메뉴의 가격을 2019년 1월부터 1,000원 인상할지를 검토하였다.

메뉴 가격에 변동이 없을 경우, 일반식 이용자와 특선식 이용자의 수가 모두 2018년 12월에 비해 감소하여 2019년 1월의 총매출액은 2018년 12월보다 감소할 것으로 예측된다.

특선식 가격만을 1,000원 인상하여 7,000원으로 할 경우, 특선식 이용자 수는 2018년 7월 이후 최저치 이하로 감소하지만, 가격 인상의 영향 등으로 총매출액은 2018년 10월 이상으로 증가할 것으로 예측된다.

일반식 가격만을 1,000원 인상하여 5,000원으로 할 경우, 일반식 이용자 수는 2018년 12월 대비 10% 이상 감소하며, 특선식 이용자 수는 2018년 10월보다 증가하지는 않으리라 예측된다.

①
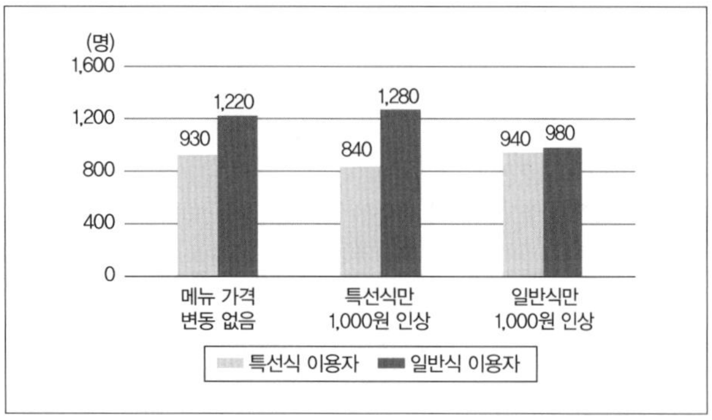

②
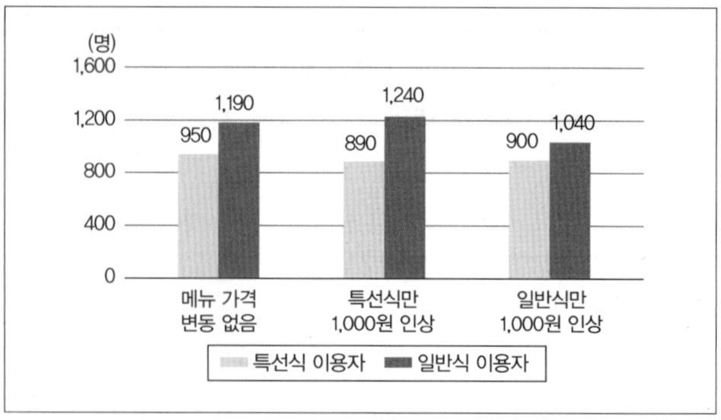

③
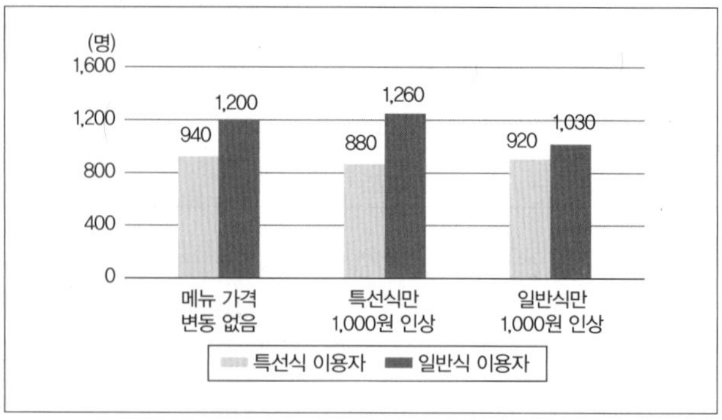

④
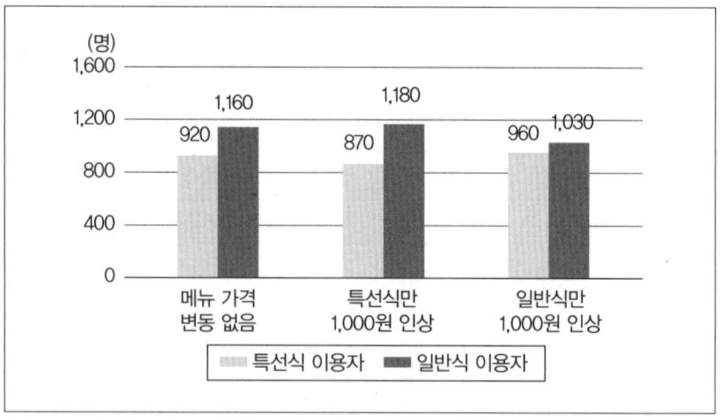

⑤
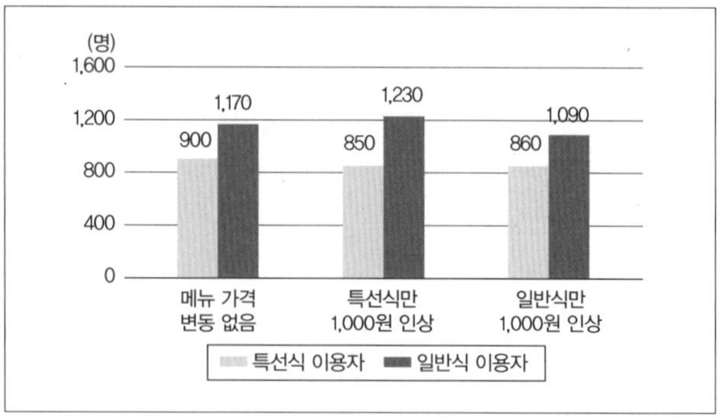

문 9. 다음 〈그림〉은 OECD 회원국 중 5개국의 2018년 가정용, 산업용 전기요금 지수를 나타낸 것이다. 이에 대한 〈보기〉의 설명 중 옳은 것만을 모두 고르면?

〈그림〉 OECD 회원국 중 5개국의 가정용, 산업용 전기요금 지수

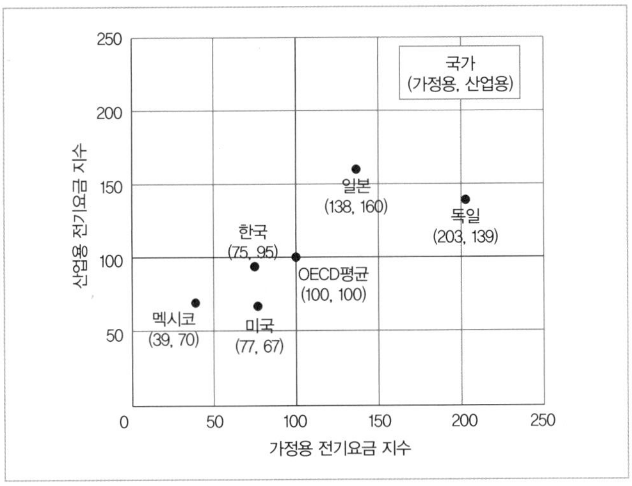

※ 1) OECD 각 국가의 전기요금은 100kWh당 평균 금액($)임

2) 가정용(산업용) 전기요금 지수 $=\frac{\text{해당 국가의 가정용(산업용) 전기요금}}{\text{OECD 평균 가정용(산업용) 전기요금}}\times 100$

3) 2018년 한국의 가정용, 산업용 전기요금은 100kWh당 각각 $120, $95임

〈보 기〉

ㄱ. 산업용 전기요금은 일본이 가장 비싸고 가정용 전기요금은 독일이 가장 비싸다.

ㄴ. OECD 평균 전기요금은 가정용이 산업용의 1.5배 이상이다.

ㄷ. 가정용 전기요금이 한국보다 비싼 국가는 산업용 전기요금도 한국보다 비싸다.

ㄹ. 일본은 산업용 전기요금이 가정용 전기요금보다 비싸다.

① ㄱ, ㄴ

② ㄱ, ㄷ

③ ㄴ, ㄹ

④ ㄷ, ㄹ

⑤ ㄱ, ㄴ, ㄹ

문 10. 다음 〈표〉는 2019년 기관 A~D 소속 퇴직예정공직자의 재취업을 위한 직무관련성 심사결과에 대한 자료이다. 〈표〉와 〈조건〉을 근거로 A~D에 해당하는 기관을 바르게 나열한 것은?

〈표〉 직무관련성 심사결과

(단위 : 건)

구분 / 기관	관련있음	관련없음	각하	전체
A	8	33	4	45
B	17	77	3	97
C	99	350	59	508
D	0	9	0	9

〈조 건〉

- 우주청의 전체 심사결과 중 '관련없음'의 비중은 혁신청의 전체 심사결과 중 '관련없음'의 비중보다 작다.
- 기관별 전체 심사결과 중 '관련없음'의 비중은 문화청이 가장 크다.
- '각하' 건수는 과학청이 혁신청보다 많다.
- '관련없음' 대비 '관련있음' 건수의 비는 과학청이 우주청보다 높다.

	A	B	C	D
①	과학청	문화청	혁신청	우주청
②	과학청	혁신청	우주청	문화청
③	문화청	혁신청	우주청	과학청
④	우주청	혁신청	과학청	문화청
⑤	혁신청	우주청	과학청	문화청

문 11. 다음 〈표〉는 2014~2018년 공공기관 신규채용 합격자 현황에 관한 자료이다. 이를 이용하여 작성한 그래프로 옳지 않은 것은?

〈표 1〉 공공기관 신규채용 합격자 현황

(단위 : 명)

합격자 \ 연도	2014	2015	2016	2017	2018
전체	17,601	19,322	20,982	22,547	33,832
여성	7,502	7,664	8,720	9,918	15,530

〈표 2〉 공공기관 유형별 신규채용 합격자 현황

(단위 : 명)

유형	합격자 \ 연도	2014	2015	2016	2017	2018
공기업	전체	4,937	5,823	5,991	6,805	9,070
	여성	1,068	1,180	1,190	1,646	2,087
준정부기관	전체	5,055	4,892	6,084	6,781	9,847
	여성	2,507	2,206	2,868	3,434	4,947
기타공공기관	전체	7,609	8,607	8,907	8,961	14,915
	여성	3,927	4,278	4,662	4,838	8,496

※ 공공기관은 공기업, 준정부기관, 기타공공기관으로만 구성됨

① 공공기관 유형별 신규채용 합격자 현황

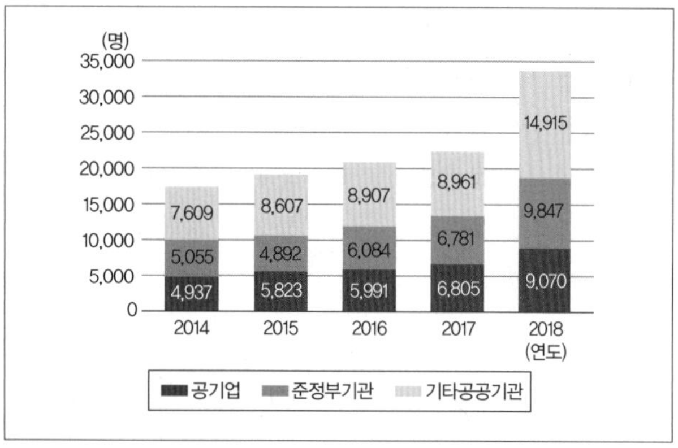

② 2016년 공공기관 유형별 신규채용 남성 합격자 현황

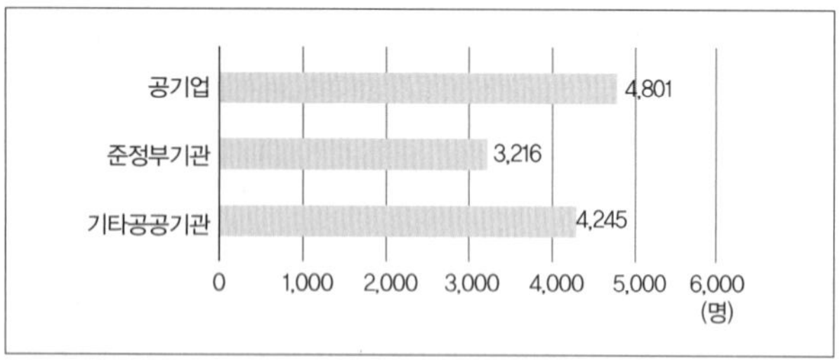

③ 공공기관 유형별 신규채용 합격자 중 여성 비중

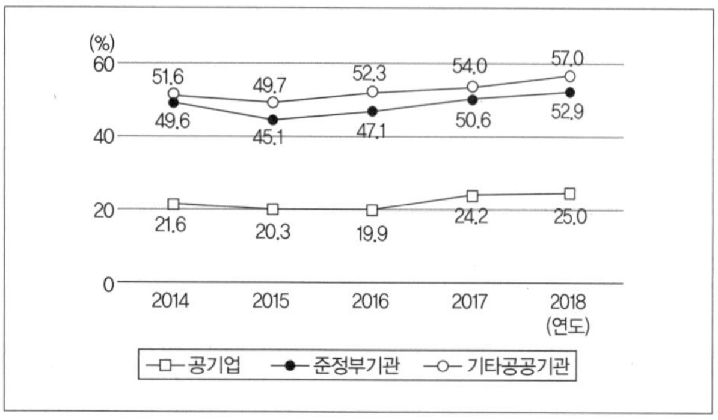

④ 공공기관 신규채용 합격자의 전년대비 증가율

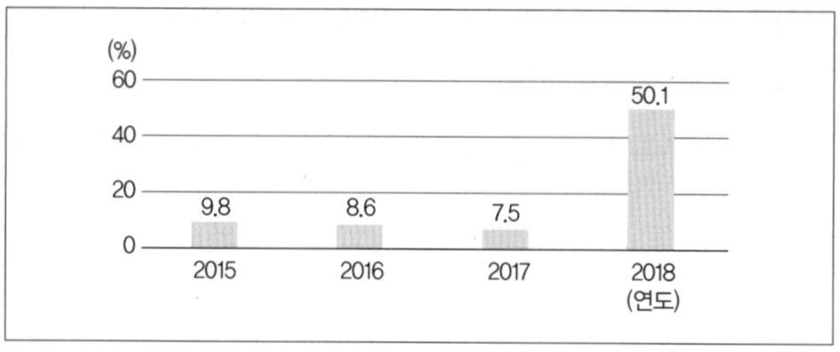

⑤ 2018년 공공기관 신규채용 합격자의 공공기관 유형별 구성비

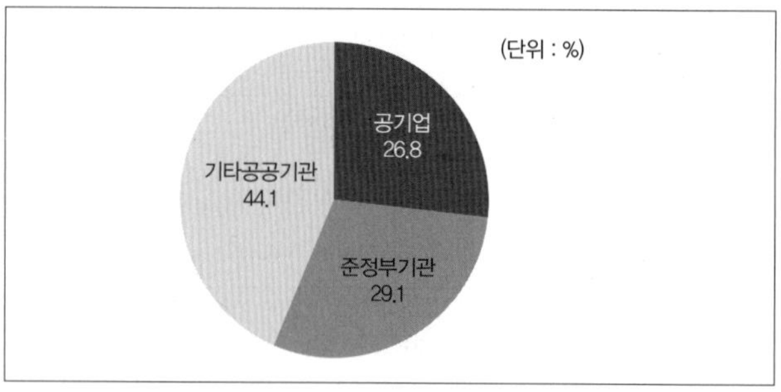

문 12. 다음 〈그림〉은 가구 A~L의 2020년 1월 주거비와 식비, 필수생활비에 관한 자료이다. 이에 대한 설명으로 옳은 것은?

〈그림 1〉 가구 A~L의 주거비와 식비

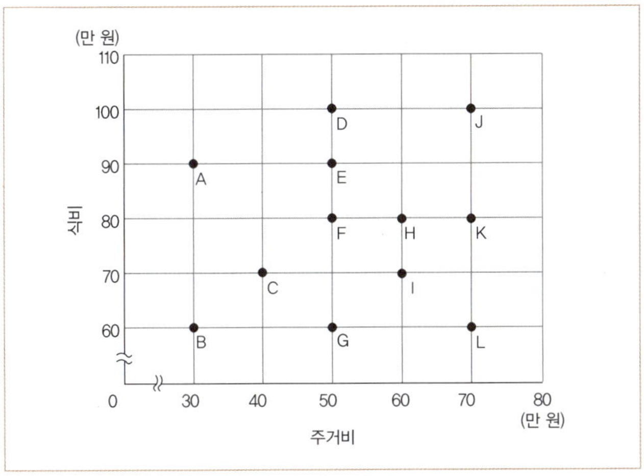

〈그림 2〉 가구 A~L의 식비와 필수생활비

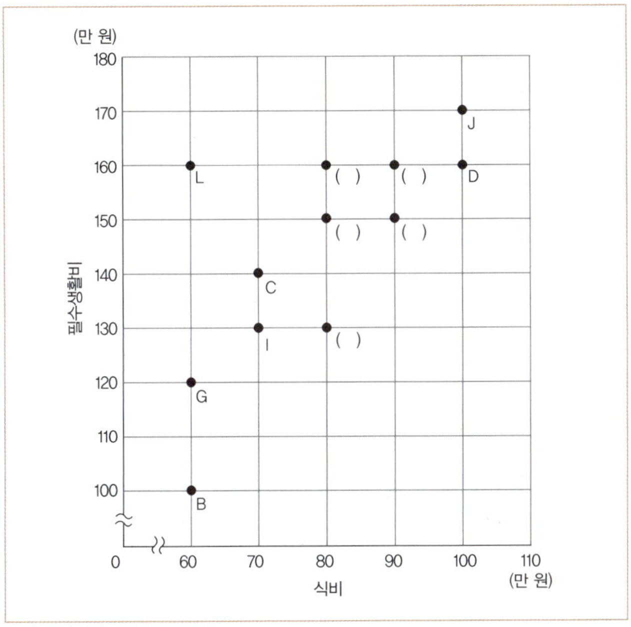

※ 필수생활비 = 주거비 + 식비 + 의복비

① 의복비는 가구 A가 가구 B보다 작다.

② 의복비가 0원인 가구는 1곳이다.

③ 주거비가 40만 원 이하인 가구의 의복비는 각각 10만 원 이상이다.

④ 식비 하위 3개 가구 의복비의 합은 60만 원 이상이다.

⑤ 식비가 80만 원이면서 필수생활비가 130만 원인 가구는 K이다.

문 13. 다음 〈그림〉은 추락사고가 발생한 항공기 200대의 사고 발생 시점과 사고 원인을 정리한 자료이다. 이에 대한 〈보기〉의 설명 중 옳은 것만을 모두 고르면?

〈그림〉 항공기 추락사고의 사고 발생시점과 사고 원인

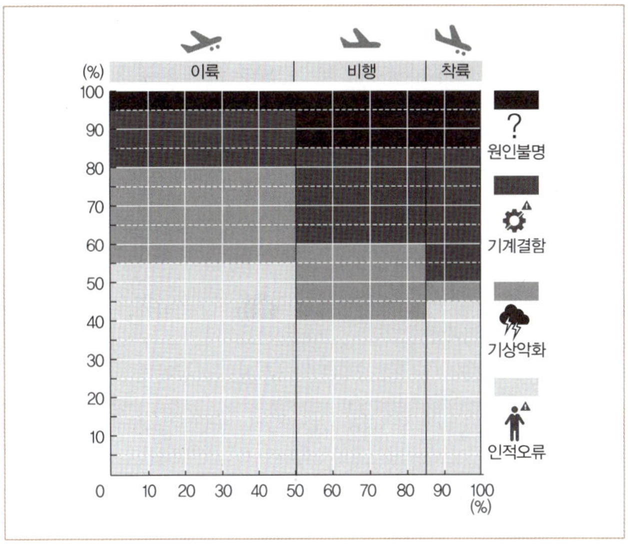

※ 사고 발생시점은 이륙, 비행, 착륙 중 하나이며, 사고 원인은 인적오류, 기상악화, 기계결함, 원인불명 중 하나임

〈보 기〉

ㄱ. 이륙 중에 인적오류로 추락한 항공기 수는 착륙 중에 원인불명으로 추락한 항공기 수의 12배 이상이다.

ㄴ. 비행 중에 원인불명으로 추락한 항공기 수는 착륙 중에 기계결함으로 추락한 항공기 수보다 많다.

ㄷ. 비행 중에 인적오류로 추락한 항공기 수는 이륙 중에 기계결함으로 추락한 항공기 수보다 56대 더 많다.

ㄹ. 기계결함으로 추락한 항공기 수는 추락사고가 발생한 항공기 수의 20% 이상이다.

① ㄱ, ㄴ

② ㄱ, ㄷ

③ ㄱ, ㄹ

④ ㄴ, ㄷ

⑤ ㄷ, ㄹ

문 14. 다음 〈표〉는 '갑'국의 2020년 3월 1~15일 기상상황과 드론 비행 및 촬영 허가신청 결과에 관한 자료이다. 〈표〉와 〈조건〉에 근거한 〈보기〉의 설명으로 옳은 것만을 모두 고르면?

〈표〉 기상상황과 드론 비행 및 촬영 허가신청 결과

구분 / 항목 / 날짜	기상상황			허가신청 결과	
	지자기지수	풍속(m/s)	날씨	비행	촬영
3월 1일	1	3	🌧	불허	불허
3월 2일	2	2	☀	불허	불허
3월 3일	3	3	☁	허가	허가
3월 4일	4	1	🌧	허가	허가
3월 5일	5	7	☁	허가	허가
3월 6일	5	12	☁	허가	허가
3월 7일	5	5	☀	허가	허가
3월 8일	4	3	☀	허가	허가
3월 9일	6	6	☀	허가	허가
3월 10일	3	4	☁	허가	불허
3월 11일	4	3	☁	허가	불허
3월 12일	2	2	☀	허가	허가
3월 13일	2	13	☀	허가	허가
3월 14일	3	5	🌧	허가	허가
3월 15일	1	3	☀	허가	허가

〈조 건〉

• 기상상황 항목별 드론 비행 및 촬영 기준

구분 / 항목	비행	촬영
지자기지수	5 미만	10 미만
풍속(m/s)	10 미만	5 미만
날씨	☀ 또는 ☁	☀ 또는 ☁

• 기상상황 항목별 비행 기준을 모두 충족하고 비행 허가신청 결과가 '허가'일 때, 비행에 적합함
• 기상상황 항목별 촬영 기준을 모두 충족하고 촬영 허가신청 결과가 '허가'일 때, 촬영에 적합함
• 기상상황 항목별 비행 및 촬영 기준을 모두 충족하고 비행 및 촬영 허가신청 결과가 모두 '허가'일 때, 항공촬영에 적합함

〈보 기〉

ㄱ. 비행에 적합한 날은 총 6일이다.
ㄴ. 촬영에 적합한 날은 총 5일이다.
ㄷ. 항공촬영에 적합한 날은 총 4일이다.

① ㄱ
② ㄷ
③ ㄱ, ㄴ
④ ㄱ, ㄷ
⑤ ㄴ, ㄷ

문 15. 다음 〈표〉는 산림경영단지 A~E의 임도 조성 현황에 관한 자료이다. 이 경우 면적이 가장 넓은 산림경영단지는?

〈표〉 산림경영단지 A~E의 임도 조성 현황

(단위 : %, km, km/ha)

구분 / 산림경영단지	작업임도 비율	간선임도 길이	임도 밀도
A	30	70	15
B	20	40	10
C	30	35	20
D	50	20	10
E	40	60	20

※ 1) 임도 길이(km) = 작업임도 길이 + 간선임도 길이

2) 작업임도 비율(%) = $\frac{\text{작업임도 길이}}{\text{임도 길이}} \times 100$

3) 간선임도 비율(%) = $\frac{\text{간선임도 길이}}{\text{임도 길이}} \times 100$

4) 임도 밀도(km/ha) = $\frac{\text{임도 길이}}{\text{산림경영단지 면적}}$

① A
② B
③ C
④ D
⑤ E

문 16. 다음 〈표〉는 2019년 '갑'국 국회의원선거의 당선자 수에 관한 자료이다. 이에 대한 〈보기〉의 설명 중 옳은 것만을 모두 고르면?

〈표〉 '갑'국 국회의원선거의 당선자 수

(단위 : 명)

권역 \ 정당	A	B	C	D	E	합
가	48	( )	0	1	7	65
나	2	( )	( )	0	0	( )
기타	55	98	2	1	4	160
전체	105	110	25	2	11	253

※ '갑'국의 정당은 A~E만 존재함

〈보 기〉

ㄱ. E 정당 전체 당선자 중 '가' 권역 당선자가 차지하는 비중은 60% 이상이다.

ㄴ. 당선자 수의 합은 '가' 권역이 '나' 권역의 3배 이상이다.

ㄷ. C 정당 전체 당선자 중 '나' 권역 당선자가 차지하는 비중은 A 정당 전체 당선자 중 '가' 권역 당선자가 차지하는 비중의 2배 이상이다.

ㄹ. B 정당 당선자 수는 '나' 권역이 '가' 권역보다 많다.

① ㄱ, ㄴ

② ㄱ, ㄷ

③ ㄴ, ㄷ

④ ㄴ, ㄹ

⑤ ㄷ, ㄹ

문 17. 다음 〈표〉는 소프트웨어 경쟁력 종합점수 산출을 위한 영역별 가중치와 소프트웨어 경쟁력 종합순위 1~10위 국가의 영역별 순위 및 원점수에 관한 자료이다. 이에 대한 설명으로 옳지 않은 것은?

〈표 1〉 소프트웨어 경쟁력 종합점수 산출을 위한 영역별 가중치

영역	환경	인력	혁신	성과	활용
가중치	0.15	0.20	0.25	0.15	0.25

〈표 2〉 소프트웨어 경쟁력 평가대상 국가 중 종합순위 1~10위 국가의 영역별 순위 및 원점수

(단위 : 점)

종합순위	종합점수	국가	환경		인력		혁신		성과		활용	
			순위	원점수	순위	원점수	순위	원점수	순위	원점수	순위	원점수
1	72.41	미국	1	67.1	1	89.6	1	78.5	2	54.8	2	66.3
2	47.04	중국	28	20.9	8	35.4	2	66.9	18	11.3	1	73.6
3	41.48	일본	6	50.7	10	34.0	3	44.8	19	10.5	7	57.2
4	( )	호주	5	51.6	6	37.9	7	33.1	22	9.2	3	62.8
5	( )	캐나다	17	37.7	15	29.5	4	42.9	16	13.3	6	57.6
6	38.35	스웨덴	9	42.6	5	38.9	8	28.1	3	26.5	10	52.7
7	38.12	영국	12	40.9	3	46.3	12	20.3	6	23.3	8	56.6
8	( )	프랑스	11	41.9	2	53.6	11	22.5	15	13.8	11	49.3
9	( )	핀란드	10	42.5	14	30.5	10	22.6	4	24.9	4	59.4
10	( )	한국	2	62.9	19	27.5	5	41.5	25	6.7	21	41.1

※ 1) 점수가 높을수록 순위가 높음
2) 영역점수 = 영역 원점수 × 영역 가중치
3) 종합점수는 5개 영역점수의 합임

① 종합순위가 한국보다 낮은 국가 중에 '성과' 영역 원점수가 한국의 8배 이상인 국가가 있다.

② 종합순위 3~10위 국가의 종합점수 합은 320점 이하이다.

③ 소프트웨어 경쟁력 평가대상 국가는 28개국 이상이다.

④ 한국은 5개 영역점수 중 '혁신' 영역점수가 가장 높다.

⑤ 일본의 '활용' 영역 원점수가 중국의 '활용' 영역 원점수로 같아지면 국가별 종합순위는 바뀐다.

문 18. 다음 〈표〉는 2019년 주요 7개 지역(A~G)의 재해 피해 현황이다. 이에 대한 설명으로 옳지 않은 것은?

〈표〉 2019년 주요 7개 지역의 재해 피해 현황

지역 \ 구분	피해액 (천 원)	행정면적 (km^2)	인구 (명)	1인당 피해액 (원)
전국	187,282,994	100,387	51,778,544	3,617
A	2,898,417	1,063	2,948,542	983
B	2,883,752	10,183	12,873,895	224
C	3,475,055	10,540	3,380,404	1,028
D	7,121,830	16,875	1,510,142	4,716
E	24,482,562	8,226	2,116,770	11,566
F	86,648,708	19,031	2,691,706	32,191
G	(　　　)	7,407	1,604,432	36,199

※ 피해밀도(원/km^2) = $\frac{\text{피해액}}{\text{행정면적}}$

① G 지역의 피해액은 전국 피해액의 35% 이하이다.

② 주요 7개 지역을 합친 지역의 1인당 피해액은 나머지 전체 지역의 1인당 피해액보다 크다.

③ D 지역과 F 지역을 합친 지역의 1인당 피해액은 전국 1인당 피해액의 5배 이상이다.

④ 피해밀도는 A 지역이 B 지역의 9배 이상이다.

⑤ 주요 7개 지역 중 피해밀도가 가장 낮은 지역은 D 지역이다.

문 19. 다음 〈표〉는 A사에서 실시한 철근강도 평가 샘플 수 및 합격률에 관한 자료이다. 이에 대한 설명으로 옳은 것은?

〈표〉 철근강도 평가 샘플 수 및 합격률

(단위 : 개, %)

구분 \ 종류		SD400	SD500	SD600	전체
샘플 수		35	(　)	25	(　)
평가항목별 합격률	항복강도	100.0	95.0	92.0	96.0
	인장강도	100.0	100.0	88.0	(　)
최종 합격률		100.0	(　)	84.0	(　)

※ 1) 평가한 철근 종류는 SD400, SD500, SD600뿐임

2) 항복강도와 인장강도 평가에서 모두 합격한 샘플만 최종 합격임

3) 합격률(%) = $\frac{\text{합격한 샘플 수}}{\text{샘플 수}} \times 100$

4) 평가 결과는 합격 또는 불합격임

① SD500 샘플 수는 50개 이상이다.

② 인장강도 평가에서 합격한 SD600 샘플은 항복강도 평가에서도 모두 합격하였다.

③ 항복강도 평가에서 불합격한 SD500 샘플 수는 4개이다.

④ 최종 불합격한 전체 샘플 수는 5개 이하이다.

⑤ 항복강도 평가에서 불합격한 SD600 샘플 수는 최종 불합격한 SD500 샘플 수와 같다.

문 20. 다음 〈표〉는 2015년 와인 생산량 및 소비량 상위 8개국 현황에 관한 자료이다. 이에 대한 〈보기〉의 설명 중 옳은 것만을 모두 고르면?

〈표 1〉 2015년 와인 생산량 상위 8개국 현황

(단위 : 천 L, %)

국가 \ 구분	2015년 생산량	구성비	2013년 생산량 대비 증가율
이탈리아	4,950	17.4	−8.3
프랑스	4,750	16.7	12.8
스페인	3,720	13.1	−18.0
미국	2,975	10.4	−4.5
아르헨티나	1,340	4.7	−10.7
칠레	1,290	4.5	0.8
호주	1,190	4.2	−3.3
남아프리카공화국	1,120	3.9	22.4
계	21,335	74.9	−3.8

〈표 2〉 2015년 와인 소비량 상위 8개국 현황

(단위 : 천 L, %)

국가 \ 구분	2015년 소비량	구성비	2013년 소비량 대비 증가율
미국	3,320	13.3	6.5
프랑스	2,720	10.9	−3.5
이탈리아	2,050	8.2	−5.9
독일	2,050	8.2	1.0
중국	1,600	6.4	−8.4
영국	1,290	5.2	1.6
아르헨티나	1,030	4.1	−0.4
스페인	1,000	4.0	2.0
계	15,060	60.2	−0.8

※ 1) 구성비는 세계 와인 생산(소비)량에서 각 국가 생산(소비)량이 차지하는 비율임

2) 구성비와 증가율은 소수 둘째 자리에서 반올림한 값임

〈보 기〉

ㄱ. 2015년 와인 생산량 상위 8개국 중 와인 소비량이 생산량보다 많은 국가는 1개이다.

ㄴ. 2015년 와인 생산량 상위 8개국만 와인 생산량이 각각 10%씩 증가했다면, 2015년 세계 와인 생산량은 30,000천 L 이상이었을 것이다.

ㄷ. 2015년 중국 와인 소비량은 같은 해 세계 와인 생산량의 6% 미만이다.

ㄹ. 2013년 스페인 와인 생산량은 같은 해 영국 와인 소비량의 3배 미만이다.

① ㄱ, ㄷ

② ㄴ, ㄹ

③ ㄷ, ㄹ

④ ㄱ, ㄴ, ㄷ

⑤ ㄱ, ㄴ, ㄹ

문 21. 다음 〈표〉는 제품 A~E의 회수 시점의 평가 항목별 품질 상태를 나타낸 자료이다. 〈정보〉에 근거하여 재사용 또는 폐기까지의 측정 및 가공 작업에 소요되는 비용이 가장 적은 제품과 가장 많은 제품을 바르게 나열한 것은?

〈표〉 제품 A~E의 회수 시점의 평가 항목별 품질 상태

평가 항목 / 제품	오염도	강도	치수
A	12	11	12
B	6	8	8
C	5	11	7
D	5	3	8
E	10	9	12

〈정 보〉

• 제품 품질 측정 및 가공 작업 공정

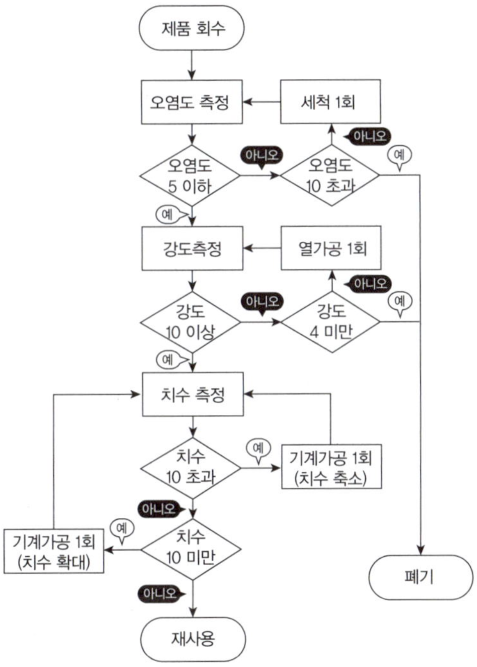

• 단위작업별 내용 및 1회당 비용

(단위 : 천 원)

단위작업	내용		비용
측정 작업	오염도 측정		5
	강도 측정		10
	치수 측정		2
가공 작업	세척		5
	열가공		50
	기계가공	치수 확대	20
		치수 축소	10

※ 세척 1회 시 오염도 1 감소, 열가공 1회 시 강도 1 증가, 기계가공 1회 시 치수 1만큼 확대 또는 축소됨

	소요 비용이 가장 적은 제품	소요 비용이 가장 많은 제품
①	A	B
②	A	C
③	C	E
④	D	B
⑤	D	C

문 22. 다음 〈표〉는 2017년 부산항 해운항만산업 사업실적에 관한 자료이다. 이에 대한 〈보고서〉의 내용 중 업종 A~D에 해당하는 사업체 수의 합은?

〈표〉 2017년 부산항 해운항만산업 사업실적

(단위 : 억 원, 개)

구분 / 업종	매출액	영업비용	영업이익	사업체 수
여객운송업	957	901	56	18
화물운송업	58,279	56,839	1,440	359
대리중개업	62,276	59,618	2,658	1,689
창고업	14,480	13,574	906	166
하역업	15,298	12,856	2,442	65
항만부대업	14,225	13,251	974	323
선용품공급업	58,329	54,858	3,471	1,413
수리업	8,275	7,493	782	478
전체	232,119	219,390	12,729	4,511

※ 영업이익률(%) = $\frac{\text{영업이익}}{\text{매출액}} \times 100$

〈보고서〉

2017년 부산항 해운항만산업 전체 매출액은 232,119억 원이다. 업종별로 보면, 매출액은 대리중개업이 가장 많고, 영업이익은 [A]이 가장 많다.

2017년 부산항 해운항만산업 전체의 영업이익률은 약 5.5%이다. [B]을 제외한 모든 업종이 10% 이하의 영업이익률을 기록하여 해운항만산업 고도화를 통한 부가가치 증대의 필요성을 보여 준다.

2017년 부산항 해운항만산업 전체의 사업체당 매출액은 51억 원 이상이다. [C]은 사업체당 매출액이 부산항 해운항만산업 전체의 사업체당 매출액보다 적지만, 사업체당 영업이익이 3억 원을 초과한다. 반면, [D]은 부산항 해운항만산업 업종 중 사업체당 영업비용과 사업체당 매출액이 모두 가장 적다.

① 1,032
② 1,967
③ 2,232
④ 2,279
⑤ 3,333

문 23. 다음 〈그림〉은 '갑'국의 2003~2019년 교통사고 현황에 관한 자료이다. 이를 근거로 2003년 인구와 2019년 인구 1만 명당 교통사고 건수를 바르게 나열한 것은?

〈그림 1〉 교통사고 건수 및 교통사고 사망자 수

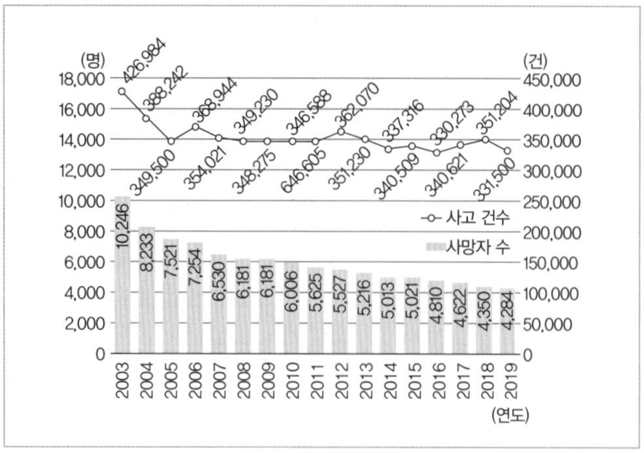

〈그림 2〉 인구 10만 명당 교통사고 사망자 수

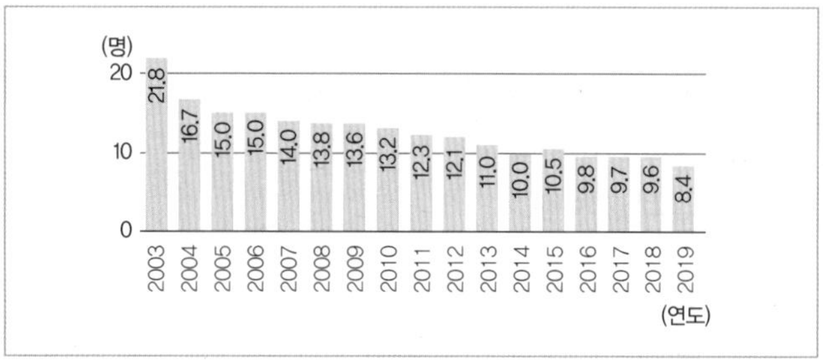

	2003년 인구(백만 명)	2019년 인구 1만 명당 교통사고 건수(건)
①	44	65
②	44	650
③	47	65
④	47	650
⑤	49	65

※ 다음 〈그림〉과 〈표〉는 세계 및 국내 조선업 현황에 대한 자료이다. 다음 물음에 답하시오. [24~25]

〈그림〉 세계 조선업 수주량 추이

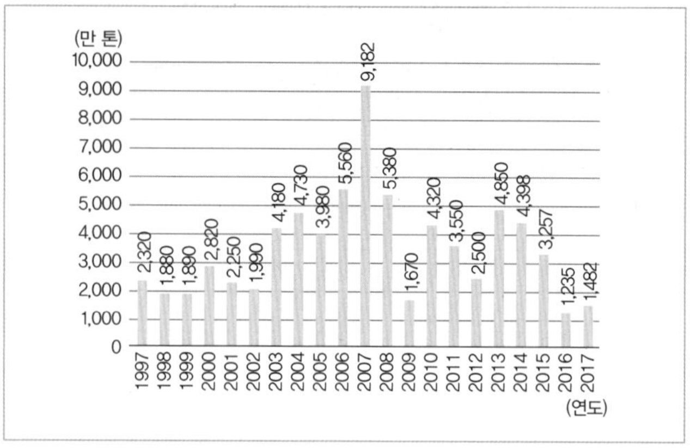

〈표 1〉 2014~2017년 국내 조선업 수주량 및 수주잔량

(단위 : 만 톤, %)

연도 \ 구분	수주량	전년대비 증가율	수주잔량	전년대비 증가율
2014	1,286	−30.1	3,302	−1.6
2015	1,066	(　)	3,164	−4.2
2016	221	(　)	2,043	(　)
2017	619	(　)	1,761	−13.8

※ 해당 연도 수주잔량 = 전년도 수주잔량 + 해당 연도 수주량 − 해당 연도 건조량

〈표 2〉 2014~2016년 국내 조선기자재업체 기업규모별 업체 수 및 이자보상배율이 1 미만인 업체 비율

(단위 : 개, %)

기업규모 \ 연도	업체 수	2014	2015	2016
대형	20	15.0	20.0	25.0
중형	35	25.7	17.1	34.3
소형	96	19.8	28.1	38.5
전체	151	20.5	24.5	35.8

※ 1) 2014년 이후 기업규모별 업체 수는 변화 없음
2) 비율은 소수 둘째 자리에서 반올림한 값임

문 24. 제시된 〈그림〉과 〈표〉 이외에 〈보고서〉를 작성하기 위해 추가로 필요한 자료만을 〈보기〉에서 모두 고르면?

〈보고서〉

세계 조선업 경기는 최악의 부진에서 벗어나는 모습이다. 2016년 세계 조선업의 수주량은 1997년 이후 최저치였다. 2017년 한국은 중국을 밀어내고 수주량 1위를 차지했는데, 이는 2012년 중국에 1위 자리를 내어준 이후 6년 만이다. 3대 조선강국으로 분류되는 일본은 자국 발주 확대에도 불구하고 세계 수주량의 5.8%까지 비중이 하락하였다.

2016년 국내 조선업은 전년대비 79.3% 감소한 수주량을 기록하면서 유례없는 수주절벽을 경험하였다. 그리고 수주량 급감의 영향으로 2016년 수주잔량은 2,043만 톤까지 줄어든 것으로 조사되었다. 2014~2016년 3년간 국내 조선업 평균 건조량이 약 1,295만 톤이었음을 고려하면 수주잔량은 2년 치 미만 일감에 불과한 것으로 나타나 우려는 더욱 커졌다.

2017년 국내 대형 조선사는 해양플랜트 수주량 증가에 힘입어 실적이 개선되고 있다. 그러나 국내 중소형 조선사는 여전히 부진에서 벗어나지 못하고 있으며 국내 조선기자재업체의 실적 회복도 어려울 것으로 전망된다.

〈보 기〉

ㄱ. 2010~2017년 세계 조선업 수주량의 국가별 점유율
ㄴ. 2014~2016년 국내 조선업 건조량
ㄷ. 2014~2016년 중국 조선기자재업체 실적
ㄹ. 2010~2017년 국내 조선사 규모별 해양플랜트 수주량

① ㄱ, ㄴ
② ㄱ, ㄷ
③ ㄱ, ㄹ
④ ㄴ, ㄷ
⑤ ㄴ, ㄹ

문 25. 위 〈표〉에 근거한 〈보기〉의 설명 중 옳은 것만을 모두 고르면?

〈보 기〉

ㄱ. 2014~2016년 중 국내 조선업 건조량이 가장 적은 해는 2016년이다.
ㄴ. 2014년 이후 국내 조선업 수주량의 전년대비 증감률이 가장 큰 해는 2017년이다.
ㄷ. 2014년 이자보상배율이 1 미만인 국내 조선기자재업체 수는 중형이 대형의 3배이다.
ㄹ. 이자보상배율이 1 미만인 국내 조선기자재업체 수의 2015년 대비 2016년 증감폭이 가장 큰 기업규모는 중형이다.

① ㄱ, ㄴ
② ㄴ, ㄷ
③ ㄴ, ㄹ
④ ㄷ, ㄹ
⑤ ㄱ, ㄷ, ㄹ

문 1. 다음 글과 〈상황〉을 근거로 판단할 때 옳은 것은?

제00조(적용범위) 이 규정은 중앙행정기관, 광역자치단체(광역자치단체와 기초자치단체 공동주관 포함)가 국제행사를 개최하기 위하여 10억 원 이상의 국고지원을 요청하는 경우에 적용한다.
제00조(정의) "국제행사"라 함은 5개국 이상의 국가에서 외국인이 참여하고, 총 참여자 중 외국인 비율이 5% 이상(총 참여자 200만 명 이상은 3% 이상)인 국제회의 · 체육행사 · 박람회 · 전시회 · 문화행사 · 관광행사 등을 말한다.
제00조(국고지원의 제외) 국제행사 중 다음 각 호에 해당하는 행사는 국고지원의 대상에서 제외된다. 이 경우 제외되는 시기는 다음 각 호 이후 최초 개최되는 행사의 해당 연도부터로 한다.
1. 매년 1회 정기적으로 개최하는 국제행사로서 국고지원을 7회 받은 경우
2. 그 밖의 주기로 개최하는 국제행사로서 국고지원을 3회 받은 경우

제00조(타당성조사, 전문위원회 검토의 대상 등) ① 국고지원의 타당성조사 대상은 국제행사의 개최에 소요되는 총 사업비가 50억 원 이상인 국제행사로 한다.
② 국고지원의 전문위원회 검토 대상은 국제행사의 개최에 소요되는 총 사업비가 50억 원 미만인 국제행사로 한다.
③ 제1항에도 불구하고 국고지원 비율이 총 사업비의 20% 이내인 경우 타당성조사를 전문위원회 검토로 대체할 수 있다.

〈상 황〉

甲광역자치단체는 2021년에 제6회 A박람회를 국고지원을 받아 개최할 예정이다. A박람회는 매년 1회 총 250만 명이 참여하는 행사로서 20여 개국에서 8만 명 이상의 외국인들이 참여해 왔다. 2021년에도 동일한 규모의 행사가 예정되어 있다. 한편 2020년에 5번째로 국고지원을 받은 A박람회의 총 사업비는 40억 원이었으며, 이 중 국고지원 비율은 25%였다.

① 2021년에 총 250만 명의 참여자 중 외국인 참여자가 감소하여 6만 명이 되더라도 A박람회는 국제행사에 해당된다.
② 2021년에 A박람회가 예정대로 개최된다면, A박람회는 2022년에 국고지원의 대상에서 제외된다.
③ 2021년 총 사업비가 52억 원으로 증가하고 국고지원은 8억 원을 요청한다면, A박람회는 타당성조사 대상이다.
④ 2021년 총 사업비가 60억 원으로 증가하고 국고지원은 전년과 동일한 금액을 요청한다면, A박람회는 전문위원회 검토를 받을 수 있다.
⑤ 2021년 甲광역자치단체와 乙기초자치단체가 공동주관하여 전년과 동일한 총 사업비로 A박람회를 개최한다면, A박람회는 타당성조사 대상이다.

문 2. 다음 글을 근거로 판단할 때 옳은 것은?

제○○조(진흥기금의 징수) ① 영화위원회(이하 "위원회"라 한다)는 영화의 발전 및 영화 · 비디오물산업의 진흥을 위하여 영화상영관에 입장하는 관람객에 대하여 입장권 가액의 100분의 5의 진흥기금을 징수한다. 다만, 직전 연도에 제△△조 제1호에 해당하는 영화를 연간 상영일수의 100분의 60 이상 상영한 영화상영관에 입장하는 관람객에 대해서는 그러하지 아니하다.
② 영화상영관 경영자는 관람객으로부터 제1항의 규정에 따른 진흥기금을 매월 말일까지 징수하여 해당 금액을 다음 달 20일까지 위원회에 납부하여야 한다.
③ 위원회는 영화상영관 경영자가 제2항에 따라 관람객으로부터 수납한 진흥기금을 납부기한까지 납부하지 아니하였을 때에는 체납된 금액의 100분의 3에 해당하는 금액을 가산금으로 부과한다.
④ 위원회는 제2항에 따른 진흥기금 수납에 대한 위탁 수수료를 영화상영관 경영자에게 지급한다. 이 경우 수수료는 제1항에 따른 진흥기금 징수액의 100분의 3을 초과할 수 없다.
제△△조(전용상영관에 대한 지원) 위원회는 청소년 관객의 보호와 영화예술의 확산 등을 위하여 다음 각 호의 어느 하나에 해당하는 영화를 연간 상영일수의 100분의 60 이상 상영하는 영화상영관을 지원할 수 있다.
1. 애니메이션영화 · 단편영화 · 예술영화 · 독립영화
2. 제1호에 해당하지 않는 청소년관람가영화
3. 제1호 및 제2호에 해당하지 않는 국내영화

① 영화상영관 A에서 직전 연도에 연간 상영일수의 100분의 60 이상 청소년관람가 애니메이션영화를 상영한 경우 진흥기금을 징수한다.
② 영화상영관 경영자 B가 8월분 진흥기금 60만 원을 같은 해 9월 18일에 납부하는 경우, 가산금을 포함하여 총 61만 8천 원을 납부하여야 한다.
③ 관람객 C가 입장권 가액과 그 진흥기금을 합하여 영화상영관에 지불하는 금액이 12,000원이라고 할 때, 지불 금액 중 진흥기금은 600원이다.
④ 연간 상영일수가 매년 200일인 영화상영관 D에서 직전 연도에 단편영화를 40일, 독립영화를 60일 상영했다면 진흥기금을 징수하지 않는다.
⑤ 영화상영관 경영자 E가 7월분 진흥기금과 그 가산금을 합한 금액인 103만 원을 같은 해 8월 30일에 납부한 경우, 위원회는 E에게 최대 3만 원의 수수료를 지급할 수 있다.

문 3. 다음 글과 〈상황〉을 근거로 판단할 때 옳은 것은?

민사소송의 1심을 담당하는 법원으로는 지방법원과 지방법원 지원(이하 "그 지원"이라 한다)이 있다. 지방법원과 그 지원이 재판을 담당하는 관할구역은 지역별로 정해져 있는데, 피고의 주소지를 관할하는 지방법원 또는 그 지원이 재판을 담당한다. 다만 금전지급청구소송은 원고의 주소지를 관할하는 지방법원 또는 그 지원도 재판할 수 있다.

한편, 지방법원이나 그 지원의 재판사무의 일부를 처리하기 위해서 그 관할구역 안에 시법원 또는 군법원(이하 "시 · 군법원"이라 한다)이 설치되어 있는 경우가 있다. 시 · 군법원은 지방법원 또는 그 지원이 재판하는 사건 중에서 소송물가액이 3,000만 원 이하인 금전지급청구소송을 전담하여 재판한다. 즉, 이러한 소송의 경우 원고 또는 피고의 주소지를 관할하는 시 · 군법원이 있으면 지방법원과 그 지원은 재판할 수 없고 시 · 군법원만이 재판한다.

※ 소송물가액 : 원고가 승소하면 얻게 될 경제적 이익을 화폐 단위로 평가한 것

〈상 황〉

- 甲은 乙에게 빌려준 돈을 돌려받기 위해 소송물가액 3,000만 원의 금전지급청구의 소(이하 "A청구"라 한다)와 乙에게서 구입한 소송물가액 1억 원의 고려청자 인도청구의 소(이하 "B청구"라 한다)를 각각 1심 법원에 제기하려고 한다.
- 甲의 주소지는 김포시이고 乙의 주소지는 양산시이다. 이들 주소지와 관련된 법원명과 그 관할구역은 다음과 같다.

법원명	관할구역
인천지방법원	인천광역시
인천지방법원 부천지원	부천시, 김포시
김포시법원	김포시
울산지방법원	울산광역시, 양산시
양산시법원	양산시

① 인천지방법원 부천지원은 A청구를 재판할 수 있다.
② 인천지방법원은 A청구를 재판할 수 있다.
③ 양산시법원은 B청구를 재판할 수 있다.
④ 김포시법원은 B청구를 재판할 수 있다.
⑤ 울산지방법원은 B청구를 재판할 수 있다.

문 4. 다음 글과 〈상황〉을 근거로 판단할 때 옳은 것은?

발명에 대해 특허권이 부여되기 위해서는 다음의 두 가지 요건 모두를 충족해야 한다.

첫째, 발명은 지금까지 세상에 없는 새로운 것, 즉 신규성이 있는 발명이어야 한다. 이미 누구나 알고 있는 발명에 대해서 독점권인 특허권을 부여하는 것은 부당하기 때문이다. 이때 발명이 신규인지 여부는 특허청에의 특허출원 시점을 기준으로 판단한다. 따라서 신규의 발명이라도 그에 대한 특허출원 전에 발명 내용이 널리 알려진 경우라든지, 반포된 간행물에 게재된 경우 특허출원 시점에는 신규성이 상실되었기 때문에 특허권이 부여되지 않는다. 그러나 발명자가 자발적으로 위와 같은 신규성을 상실시키는 행위를 하고 그날로부터 12개월 이내에 특허를 출원하면 신규성이 상실되지 않은 것으로 취급된다. 이를 '신규성의 간주'라고 하는데, 신규성을 상실시킨 행위를 한 발명자가 특허출원한 경우에만 신규성이 있는 것으로 간주된다.

둘째, 여러 명의 발명자가 독자적인 연구를 하던 중 우연히 동일한 발명을 완성하였다면, 발명의 완성 시기에 관계없이 가장 먼저 특허청에 특허출원한 발명자에게만 특허권이 부여된다. 이처럼 가장 먼저 출원한 발명자에게만 특허권이 부여되는 것을 '선출원주의'라고 한다. 따라서 특허청에 선출원된 어떤 발명이 신규성 상실로 특허권이 부여되지 못한 경우, 동일한 발명에 대한 후출원은 선출원주의로 인해 특허권이 부여되지 않는다.

〈상 황〉

- 발명자 甲, 乙, 丙은 각각 독자적인 연구개발을 수행하여 동일한 A발명을 완성하였다.
- 甲은 2020. 3. 1. A발명을 완성하였지만 그 발명 내용을 비밀로 유지하다가 2020. 9. 2. 특허출원을 하였다.
- 乙은 2020. 4. 1. A발명을 완성하자 2020. 6. 1. 간행되어 반포된 학술지에 그 발명 내용을 논문으로 게재한 후, 2020. 8. 1. 특허출원을 하였다.
- 丙은 2020. 7. 1. A발명을 완성하자마자 바로 당일에 특허출원을 하였다.

① 甲이 특허권을 부여받는다.
② 乙이 특허권을 부여받는다.
③ 丙이 특허권을 부여받는다.
④ 甲, 乙, 丙이 모두 특허권을 부여받는다.
⑤ 甲, 乙, 丙 중 어느 누구도 특허권을 부여받지 못한다.

문 5. 다음 글과 〈상황〉을 근거로 판단할 때, 〈보기〉에서 옳은 것만을 모두 고르면?

제00조 ① "주택담보노후연금보증"이란 주택소유자가 주택에 저당권을 설정하고 금융기관으로부터 제2항에서 정하는 연금 방식으로 노후생활자금을 대출(이하 "주택담보노후연금대출"이라 한다)받음으로써 부담하는 금전채무를 주택금융공사가 보증하는 행위를 말한다. 이 경우 주택소유자 또는 주택소유자의 배우자는 60세 이상이어야 한다.
② 제1항의 연금 방식이란 다음 각 호의 어느 하나에 해당하는 방식을 말한다.
1. 주택소유자가 생존해 있는 동안 노후생활자금을 매월 지급받는 방식
2. 주택소유자가 선택하는 일정한 기간 동안 노후생활자금을 매월 지급받는 방식
3. 제1호 또는 제2호의 어느 하나의 방식과, 주택소유자가 다음 각 목의 어느 하나의 용도로 사용하기 위하여 일정한 금액(단, 주택담보노후연금대출 한도의 100분의 50 이내의 금액으로 한다)을 지급받는 방식을 결합한 방식
가. 해당 주택을 담보로 대출받은 금액 중 잔액을 상환하는 용도
나. 해당 주택의 임차인에게 임대차보증금을 반환하는 용도

〈상 황〉

A주택의 소유자 甲(61세)은 A주택에 저당권을 설정하여 주택담보노후연금보증을 통해 노후생활자금을 대출받고자 한다. 甲의 A주택에 대한 주택담보노후연금대출 한도액은 3억 원이다.

〈보 기〉

ㄱ. 甲은 A주택의 임차인에게 임대차보증금을 반환하는 용도로 1억 원을 지급받고, 생존해 있는 동안 노후생활자금을 매월 지급받을 수 있다.
ㄴ. 甲의 배우자의 연령이 60세 이상이어야 주택담보노후연금보증을 통해 노후생활자금을 대출받을 수 있다.
ㄷ. 甲은 A주택을 담보로 대출받은 금액 중 잔액을 상환하는 용도로 1억 5천만 원을 지급받고, 향후 10년간 노후생활자금을 매월 지급받을 수 있다.

① ㄱ
② ㄴ
③ ㄱ, ㄷ
④ ㄴ, ㄷ
⑤ ㄱ, ㄴ, ㄷ

문 6. 다음 글과 〈상황〉을 근거로 판단할 때 옳은 것은?

제00조(지역개발 신청 동의 등) ① 지역개발 신청을 하기 위해서는 지역개발을 하고자 하는 지역의 총 토지면적의 3분의 2 이상에 해당하는 토지의 소유자의 동의 및 지역개발을 하고자 하는 지역의 토지의 소유자 총수의 2분의 1 이상의 동의를 받아야 한다.
② 지역개발 신청을 하기 위해서 필요한 동의자의 수는 다음 각 호의 기준에 따라 산정한다.
1. 토지는 지적도상 1필의 토지를 1개의 토지로 한다.
2. 1개의 토지를 여러 명이 공동소유하는 경우에는 다른 공동소유자들을 대표하는 대표 공동소유자 1인만을 해당 토지의 소유자로 본다.
3. 1인이 여러 개의 토지를 소유하고 있는 경우에는 소유하는 토지의 수와 무관하게 1인으로 본다.
4. 지역개발을 하고자 하는 지역에 국유지가 있는 경우 국유지도 포함하여 토지면적을 산정하고, 그 토지의 재산관리청을 토지 소유자로 본다.

〈상 황〉

- X지역은 100개의 토지로 이루어져 있고, 토지면적 합계가 총 $6km^2$이다.
- 동의자 수 산정 기준에 따라 산정된 X지역 토지의 소유자는 모두 82인(이하 "동의대상자"라 한다)이고, 이 중에는 국유지 재산관리청 2인이 포함되어 있다.
- 甲은 X지역에 토지 2개를 소유하고 있고, 해당 토지면적 합계는 X지역 총 토지면적의 4분의 1이다.
- 乙은 X지역에 토지 10개를 소유하고 있고, 해당 토지면적 합계는 총 $2km^2$이다.
- 丙, 丁, 戊, 己는 X지역에 토지 1개를 공동소유하고 있고, 해당 토지면적은 $1km^2$이다.

① 乙이 동의대상자 31인의 동의를 얻으면 지역개발 신청을 위한 X지역 토지의 소유자 총수의 2분의 1 이상의 동의 조건은 갖추게 된다.
② X지역에 대한 지역개발 신청에 甲~己 모두 동의한 경우, 나머지 동의대상자 중 38인의 동의를 얻으면 신청할 수 있다.
③ X지역에 토지 2개 이상을 소유하는 자는 甲, 乙뿐이다.
④ X지역의 1필의 토지면적은 $0.06km^2$로 모두 동일하다.
⑤ X지역 안에 있는 국유지의 면적은 $1.5km^2$이다.

문 7. 다음 글과 〈상황〉을 근거로 판단할 때, 甲~丁 가운데 근무계획이 승인될 수 있는 사람만을 모두 고르면?

〈유연근무제〉

■ 개념
• 주 40시간을 근무하되, 근무시간을 유연하게 관리하여 1주일에 5일 이하로 근무하는 제도
■ 복무관리
• 점심 및 저녁시간 운영
  – 근무 시작과 종료 시각에 관계없이 점심시간은 12:00~13:00, 저녁시간은 18:00~19:00의 각 1시간으로 하고 근무시간으로는 산정하지 않음
• 근무시간 제약
  – 근무일의 경우, 1일 최대 근무시간은 12시간으로 하고 최소 근무시간은 4시간으로 함
  – 하루 중 근무시간으로 인정하는 시간대는 06:00~24:00로 한정함

〈상 황〉

다음은 甲~丁이 제출한 근무계획을 정리한 것이며 위의 〈유연근무제〉에 부합하는 근무계획만 승인된다.

요일 / 직원	월	화	수	목	금
甲	08:00 ~ 18:00	08:00 ~ 18:00	09:00 ~ 13:00	08:00 ~ 18:00	08:00 ~ 18:00
乙	08:00 ~ 22:00	08:00 ~ 22:00	–	08:00 ~ 22:00	08:00 ~ 12:00
丙	08:00 ~ 24:00	08:00 ~ 24:00	–	08:00 ~ 22:00	–
丁	06:00 ~ 16:00	08:00 ~ 22:00	–	09:00 ~ 21:00	09:00 ~ 18:00

① 乙
② 甲, 丙
③ 甲, 丁
④ 乙, 丙
⑤ 乙, 丁

문 8. 다음 글을 근거로 판단할 때, ㉠과 ㉡에 들어갈 수를 옳게 짝지은 것은?

올림픽은 원칙적으로 4년에 한 번씩 개최되는 세계 최대 규모의 스포츠 대회이다. 제1회 하계 올림픽은 1896년 그리스 아테네에서, 제1회 동계 올림픽은 1924년 프랑스 샤모니에서 개최되었다. 그런데 두 대회의 차수(次數)를 계산하는 방식은 서로 다르다.

올림픽 사이의 기간인 4년을 올림피아드(Olympiad)라 부르는데, 하계 올림픽의 차수는 올림피아드를 기준으로 계산한다. 이전 대회부터 하나의 올림피아드만큼 시간이 흐르면 올림픽 대회 차수가 하나씩 올라가게 된다. 대회가 개최되지 못해도 올림피아드가 사라지는 것은 아니기 때문에 대회 차수에는 영향을 미치지 않는다. 실제로 하계 올림픽은 제1 · 2차 세계대전으로 세 차례(1916년, 1940년, 1944년) 개최되지 못하였는데, 1912년 제5회 스톡홀름 올림픽 다음으로 1920년에 벨기에 안트베르펜에서 개최된 올림픽은 제7회 대회였다. 마찬가지로 1936년 제11회 베를린 올림픽 다음으로 개최된 1948년 런던 올림픽은 제(㉠)회 대회였다. 반면에 동계 올림픽의 차수는 실제로 열린 대회만으로 정해진다. 동계 올림픽은 제2차 세계대전으로 두 차례(1940년, 1944년) 열리지 못하였는데, 1936년 제4회 동계 올림픽 다음 대회인 1948년 동계 올림픽은 제5회 대회였다. 이후 2020년 전까지 올림픽이 개최되지 않은 적은 없다.

1992년까지 동계 · 하계 올림픽은 같은 해 치러졌으나 그 이후로는 IOC 결정에 따라 분리되어 2년 격차로 개최되었다. 1994년 노르웨이 릴레함메르에서 열린 동계 올림픽 대회는 이 결정에 따라 처음으로 하계 올림픽에 2년 앞서 치러진 대회였다. 이를 기점으로 동계 올림픽은 지금까지 4년 주기로 빠짐없이 개최되고 있다.

대한민국은 1948년 런던 하계 올림픽에 처음 출전하여, 1976년 제21회 몬트리올 하계 올림픽과 1992년 제(㉡)회 알베르빌 동계 올림픽에서 각각 최초로 금메달을 획득하였다.

	㉠	㉡
①	12	16
②	12	21
③	14	16
④	14	19
⑤	14	21

문 9. 다음 글을 근거로 판단할 때, 〈보기〉에서 옳은 것만을 모두 고르면?

기상예보는 일기예보와 기상특보로 구분할 수 있다. 일기예보는 단기예보, 중기예보, 장기예보 등 시간에 따른 것이고, 기상특보는 주의보, 경보 등 기상현상의 정도에 따른 것이다.

일기예보 중 가장 짧은 기간을 예보하는 단기예보는 3시간 예보와 일일예보로 나뉜다. 3시간 예보는 오늘과 내일의 날씨를 예보하며, 매일 0시 발표부터 시작하여 3시간 간격으로 1일 8회 발표한다. 일일예보는 오늘과 내일, 모레의 날씨를 1일 단위(0시~24시)로 예보하며 매일 5시, 11시, 17시, 23시에 발표한다. 다음으로 중기예보에는 주간예보와 1개월 예보가 있다. 주간예보는 일일예보를 포함하여 일일예보가 예보한 기간의 다음 날부터 5일간의 날씨를 추가로 예보하며 매일 발표한다. 1개월 예보는 앞으로 한 달간의 기상전망을 발표한다. 마지막으로 장기예보는 계절예보로서 봄, 여름, 가을, 겨울의 계절별 기상전망을 발표한다.

기상특보는 주의보와 경보로 나뉜다. 주의보는 재해가 일어날 가능성이 있는 경우에, 경보는 중대한 재해가 예상될 때 발표하는 것이다. 주의보가 발표된 후 기상현상의 경과가 악화된다면 경보로 승격 발표되기도 한다. 또한 기상특보의 기준은 지역마다 다를 수도 있다. 대설주의보의 예보 기준은 24시간 신(新)적설량이 대도시일 때 5cm 이상, 일반지역일 때 10cm 이상, 울릉도일 때 20cm 이상이다. 대설경보의 예보 기준은 24시간 신적설량이 대도시일 때 20cm 이상, 일반지역일 때 30cm 이상, 울릉도일 때 50cm 이상이다.

〈보 기〉

ㄱ. 월요일에 발표되는 주간예보에는 그다음 주 월요일의 날씨가 포함된다.
ㄴ. 일일예보의 발표 시각과 3시간 예보의 발표 시각은 겹치지 않는다.
ㄷ. 오늘 23시에 발표된 일일예보는 오늘 5시에 발표된 일일예보보다 18시간 더 먼 미래의 날씨까지 예보한다.
ㄹ. 대도시 A의 대설경보 예보 기준은 울릉도의 대설주의보 예보 기준과 같다.

① ㄱ, ㄴ
② ㄱ, ㄷ
③ ㄷ, ㄹ
④ ㄱ, ㄴ, ㄹ
⑤ ㄴ, ㄷ, ㄹ

문 10. 다음 글과 〈사무용품 배분방법〉을 근거로 판단할 때, 11월 1일 현재 甲기관의 직원 수는?

甲기관은 사무용품 절약을 위해 〈사무용품 배분방법〉으로 한 달 동안 사용할 네 종류(A, B, C, D)의 사무용품을 매월 1일에 배분한다. 이에 따라 11월 1일에 네 종류의 사무용품을 모든 직원에게 배분하였다. 甲기관이 배분한 사무용품의 개수는 총 1,050개였다.

〈사무용품 배분방법〉

- A는 1인당 1개씩 배분한다.
- B는 2인당 1개씩 배분한다.
- C는 4인당 1개씩 배분한다.
- D는 8인당 1개씩 배분한다.

① 320명
② 400명
③ 480명
④ 560명
⑤ 640명

문 11. 다음 글을 근거로 판단할 때, 예약할 펜션과 워크숍 비용을 옳게 짝지은 것은?

甲은 팀 워크숍을 추진하기 위해 펜션을 예약하려 한다. 팀원은 총 8명으로 한 대의 렌터카로 모두 같이 이동하여 워크숍에 참석한다. 워크숍 기간은 1박 2일이며, 甲은 워크숍 비용을 최소화하고자 한다.

- 워크숍 비용은 아래와 같다.
  워크숍 비용=왕복 교통비+숙박요금
- 교통비는 렌터카 비용을 의미하며, 렌터카 비용은 거리 10km 당 1,500원이다.
- 甲은 다음 펜션 중 한 곳을 1박 예약한다.

구분	A 펜션	B 펜션	C 펜션
펜션까지 거리(km)	100	150	200
1박당 숙박요금(원)	100,000	150,000	120,000
숙박기준인원(인)	4	6	8

- 숙박인원이 숙박기준인원을 초과할 경우, A~C 펜션 모두 초과 인원 1인당 1박 기준 10,000원씩 요금이 추가된다.

	예약할 펜션	워크숍 비용
①	A	155,000원
②	A	170,000원
③	B	215,000원
④	C	150,000원
⑤	C	180,000원

문 12. 다음 글을 근거로 판단할 때, 〈보기〉에서 옳은 것만을 모두 고르면?

- 甲국은 매년 X를 100톤 수입한다. 甲국이 X를 수입할 수 있는 국가는 A국, B국, C국 3개국이며, 甲국은 이 중 한 국가로부터 X를 전량 수입한다.

국가	1톤당 단가	관세율	1톤당 물류비
A국	12달러	0%	3달러
B국	10달러	50%	5달러
C국	20달러	20%	1달러

- 1톤당 수입비용은 다음과 같다.
  1톤당 수입비용=1톤당 단가+(1톤당 단가×관세율)+1톤당 물류비
- 특정 국가와 FTA를 체결하면 그 국가에서 수입하는 X에 대한 관세율이 0%가 된다.
- 甲국은 지금까지 FTA를 체결한 A국으로부터만 X를 수입했다. 그러나 최근 A국으로부터 X의 수입이 일시 중단되었다.

〈보 기〉

ㄱ. 甲국이 B국과도 FTA를 체결한다면, 기존에 A국에서 수입하던 것과 동일한 비용으로 X를 수입할 수 있다.
ㄴ. C국이 A국과 동일한 1톤당 단가를 제시하였다면, 甲국은 기존에 A국에서 수입하던 것보다 저렴한 비용으로 C국으로부터 X를 수입할 수 있다.
ㄷ. A국으로부터 X의 수입이 다시 가능해졌으나 1톤당 6달러의 보험료가 A국으로부터의 수입비용에 추가된다면, 甲국은 A국보다 B국에서 X를 수입하는 것이 수입비용 측면에서 더 유리하다.

① ㄱ
② ㄴ
③ ㄷ
④ ㄱ, ㄴ
⑤ ㄱ, ㄷ

문 13. 다음 글을 근거로 판단할 때, 올바른 우편번호의 첫자리와 끝자리 숫자의 합은?

다섯 자리 자연수로 된 우편번호가 있다. 甲과 乙은 실수로 '올바른 우편번호'에 숫자 2를 하나 추가하여 여섯 자리로 표기하였다. 甲은 올바른 우편번호의 끝자리 뒤에 2를 추가하였고, 乙은 올바른 우편번호의 첫자리 앞에 2를 추가하였다. 그 결과 甲이 잘못 표기한 우편번호 여섯 자리 수는 乙이 잘못 표기한 우편번호 여섯 자리 수의 3배가 되었다. 올바른 우편번호와 甲과 乙이 잘못 표기한 우편번호는 아래와 같다.

- 올바른 우편번호 : □□□□□
- 甲이 잘못 표기한 우편번호 : □□□□□2
- 乙이 잘못 표기한 우편번호 : 2□□□□□

① 11
② 12
③ 13
④ 14
⑤ 15

문 14. 다음 글을 근거로 판단할 때, 甲의 승패 결과는?

甲과 乙이 10회 실시한 가위바위보에 대해 다음과 같은 사실이 알려져 있다.

- 甲은 가위 6회, 바위 1회, 보 3회를 냈다.
- 乙은 가위 4회, 바위 3회, 보 3회를 냈다.
- 甲과 乙이 서로 같은 것을 낸 적은 10회 동안 한 번도 없었다.

① 7승 3패
② 6승 4패
③ 5승 5패
④ 4승 6패
⑤ 3승 7패

문 15. 다음 글을 근거로 판단할 때, 甲과 인사교류를 할 수 있는 사람만을 모두 고르면?

- 甲은 인사교류를 통해 ○○기관에서 타 기관으로 전출하고자 한다. 인사교류란 동일 직급간 신청자끼리 1 : 1로 교류하는 제도로서, 각 신청자가 속한 두 기관의 교류 승인 조건을 모두 충족해야 한다.
- 기관별로 교류를 승인하는 조건은 다음과 같다.
  ○○기관 : 신청자 간 현직급임용년월은 3년 이상 차이 나지 않고, 연령은 7세 이상 차이나지 않는 경우
  □□기관 : 신청자 간 최초임용년월은 5년 이상 차이 나지 않고, 연령은 3세 이상 차이나지 않는 경우
  △△기관 : 신청자 간 최초임용년월은 2년 이상 차이 나지 않고, 연령은 5세 이상 차이나지 않는 경우
- 甲(32세)의 최초임용년월과 현직급임용년월은 2015년 9월로 동일하다.
- 甲과 동일 직급인 인사교류 신청자(A~E)의 인사 정보는 다음과 같다.

신청자	연령(세)	현 소속 기관	최초임용년월	현직급임용년월
A	30	□□	2016년 5월	2019년 5월
B	37	□□	2009년 12월	2017년 3월
C	32	□□	2015년 12월	2015년 12월
D	31	△△	2014년 1월	2014년 1월
E	35	△△	2017년 10월	2017년 10월

① A, B
② B, E
③ C, D
④ A, B, D
⑤ C, D, E

문 16. 다음 글을 근거로 판단할 때 옳지 않은 것은?

1에서부터 5까지 적힌 카드가 각 2장씩 10장이 있다. 5가 적힌 카드 중 하나를 맨 왼쪽에 놓고, 나머지 9장의 카드를 일렬로 배열하려고 한다. 카드는 왼쪽부터 1장씩 놓는데, 각 카드에 적혀 있는 수는 바로 왼쪽 카드에 적혀 있는 수보다 작거나, 같거나, 1만큼 커야 한다.

이 규칙에 따라 카드를 다음과 같이 배열하였다.

5	1	2	3	A	3	B	C	D	E

① A로 가능한 수는 2가지이다.
② B는 4이다.
③ C는 5가 아니다.
④ D가 2라면 A, B, C, E를 모두 알 수 있다.
⑤ E는 1이나 2이다.

문 17. 다음 글과 〈상황〉을 근거로 판단할 때, 2021년 포획·채취 금지 고시의 대상이 되는 수산자원은?

매년 A~H 지역에서 포획·채취 금지가 고시되는 수산자원은 아래 〈기준〉에 따른다.

〈기 준〉

수산자원	금지기간	금지지역
대구	5월 1일 ~ 7월 31일	A, B
전어	9월 1일 ~ 12월 31일	E, F, G
꽃게	6월 1일 ~ 7월 31일	A, B, C
소라	3월 1일 ~ 5월 31일	E, F
	5월 1일 ~ 6월 30일	D, G
새조개	3월 1일 ~ 3월 31일	H

〈상 황〉

정부는 경제상황을 고려해서 2021년에 한하여 다음 중 어느 하나에 해당하는 경우, 〈기준〉에 따른 포획·채취 금지 고시의 대상에서 제외한다.

- 소비장려 수산자원 : 전어
- 소비촉진 기간 : 4월 1일~7월 31일
- 지역경제활성화 지역 : C, D, E, F

① 대구
② 전어
③ 꽃게
④ 소라
⑤ 새조개

문 18. 다음 글과 〈상황〉을 근거로 판단할 때, A~C 자동차 구매 시 지불 금액을 비교한 것으로 옳은 것은?

• 甲국은 전기차 및 하이브리드 자동차 보급을 장려하기 위해 다음과 같이 보조금과 세제 혜택을 제공한다.
  – 정부는 차종을 고려하여 자동차 1대당 보조금을 정액 지급한다. 중형 전기차에 대해서는 1,500만 원, 소형 전기차에 대해서는 1,000만 원, 하이브리드차에 대해서는 500만 원을 지급한다.
  – 정부는 차종을 고려하여 아래 〈기준〉에 따라 세제 혜택을 제공한다. 자동차 구입 시 발생하는 세금은 개별소비세, 교육세, 취득세뿐이며, 개별소비세는 자동차 가격의 10%, 교육세는 2%, 취득세는 5%의 금액이 책정된다.

〈기 준〉

• 자동차 구매 시 지불 금액은 다음과 같다.
  지불 금액=자동차 가격−보조금+세금

구분	개별소비세	교육세	취득세
중형 전기차	비감면	전액감면	전액감면
소형 전기차	전액감면		전액감면
하이브리드차	전액감면		비감면

〈상 황〉

(단위 : 만 원)

자동차	차종	자동차 가격
A	중형 전기차	4,000
B	소형 전기차	3,500
C	하이브리드차	3,500

① A < B < C
② B < A < C
③ B < C < A
④ C < A < B
⑤ C < B < A

문 19. 다음 글을 근거로 판단할 때, △△부가 2021년에 국가인증 농가로 선정할 곳만을 모두 고르면?

• △△부에서는 2021년 고품질·안전 농식품 생산을 선도하는 국가인증 농가를 3곳 선정하려고 한다. 선정 기준은 다음과 같다.
  – 친환경인증을 받으면 30점, 전통식품인증을 받으면 40점을 부여한다. 단, 두 인증을 모두 받은 경우 전통식품인증 점수만을 인정한다.
  – (나)와 (다) 지역 농가에는 친환경인증 또는 전통식품인증 유무에 의한 점수와 도농교류 활성화 점수 합의 10%를 가산점으로 부여한다.
  – 친환경인증 또는 전통식품인증 유무에 의한 점수, 도농교류 활성화 점수, 가산점을 합산하여 점수가 높은 순으로 선정한다.
  – 도농교류 활성화 점수가 50점 미만인 농가는 선정하지 않는다.
  – 동일 지역의 농가를 2곳 이상 선정할 수 없다.
• 2021년 선정후보 농가(A~F) 현황은 다음과 같다.

농가	친환경 인증 유무	전통식품 인증 유무	도농교류 활성화 점수	지역
A	○	○	80	(가)
B	×	○	60	(가)
C	×	○	55	(나)
D	○	○	40	(다)
E	○	×	75	(라)
F	○	○	70	(라)

① A, C, F
② A, D, E
③ A, E, F
④ B, C, E
⑤ B, D, F

문 20. **다음 글을 근거로 판단할 때, 〈보기〉에서 옳은 것만을 모두 고르면?**

- 甲주무관은 A법률 개정안으로 (가), (나), (다) 총 세 가지를 준비하고 있다.
- 이해관계자, 관계부처, 입법부의 수용가능성 및 국정과제 관련도의 4개 평가항목에 따라 평가점수를 부여하고 평가점수 총합이 가장 높은 개정안을 채택한다. 단, 다음의 사항을 고려한다.
  - 평가점수 총합이 동일한 경우, 국정과제 관련도 점수가 가장 높은 개정안을 채택한다.
  - 개정안의 개별 평가항목 점수 중 어느 하나라도 2점 미만인 경우, 해당 개정안은 채택하지 않는다.
- 수용가능성 평가점수를 높일 수 있는 추가 절차는 아래와 같다. 단, 각 절차는 개정안마다 최대 2회 진행할 수 있다.
  - 이해관계자 수용가능성 : 관계자간담회 1회당 1점 추가
  - 관계부처 수용가능성 : 부처간회의 1회당 2점 추가
  - 입법부 수용가능성 : 국회설명회 1회당 0.5점 추가
- 수용가능성 평가항목별 점수를 높일 수 있는 추가 절차를 진행하지 않은 상태에서 개정안별 평가점수는 아래와 같다.

〈A법률 개정안 평가점수〉

개정안	수용가능성			국정과제 관련도	총합
	이해관계자	관계부처	입법부		
(가)	5	3	1	4	13
(나)	3	4	3	3	13
(다)	4	3	3	2	12

〈보 기〉

ㄱ. 추가 절차를 진행하지 않는 경우, (나)가 채택된다.
ㄴ. 3개 개정안 모두를 대상으로 입법부 수용가능성을 높이는 절차를 최대한 진행하는 경우, (가)가 채택된다.
ㄷ. (나)에 대한 부처간회의를 1회 진행하고 (다)에 대한 관계자간담회를 2회 진행하는 경우, (다)가 채택된다.

① ㄱ
② ㄷ
③ ㄱ, ㄴ
④ ㄴ, ㄷ
⑤ ㄱ, ㄴ, ㄷ

문 21. **다음 글을 근거로 판단할 때, 〈보기〉에서 옳은 것만을 모두 고르면?**

- △△부는 적극행정 UCC 공모전에 참가한 甲~戊의 영상을 심사한다.
- 총 점수는 UCC 조회수 등급에 따른 점수와 심사위원 평가점수의 합이고, 총 점수가 높은 순위에 따라 3위까지 수상한다.
- UCC 조회수 등급에 따른 점수는 조회수에 따라 5등급(A, B, C, D, E)으로 나누어 부여된다. 최상위 A를 10점으로 하며 인접 등급 간의 점수 차이는 0.3점이다.
- 심사위원 평가점수는 심사위원 (가)~(마)가 각각 부여한 점수(1~10의 자연수)에서 최고점 및 최저점을 제외한 3개 점수의 평균으로 계산한다. 이때 최고점이 복수인 경우에는 그 중 한 점수만 제외하여 계산한다. 최저점이 복수인 경우에도 이와 동일하다.
- 심사 결과는 다음과 같다.

참가자	조회수 등급	심사위원별 평가점수				
		(가)	(나)	(다)	(라)	(마)
甲	B	9	(㉠)	7	8	7
乙	B	9	8	7	7	7
丙	A	8	7	(㉡)	10	5
丁	B	5	6	7	7	7
戊	C	6	10	10	7	7

〈보 기〉

ㄱ. ㉠이 5점이라면 乙의 총 점수가 甲의 총 점수보다 높다.
ㄴ. 丁은 ㉠과 ㉡에 상관없이 수상하지 못한다.
ㄷ. 戊는 조회수 등급을 D로 받았더라도 수상한다.
ㄹ. ㉠>㉡이면 甲의 총 점수가 丙의 총 점수보다 높다.

① ㄱ, ㄴ
② ㄱ, ㄷ
③ ㄴ, ㄷ
④ ㄴ, ㄹ
⑤ ㄷ, ㄹ

※ 다음 글을 읽고 물음에 답하시오. [22～23]

독립운동가 김우전 선생은 일제강점기 광복군으로 활약한 인물로, 광복군의 무전통신을 위한 한글 암호를 만든 것으로 유명하다. 1922년 평안북도 정주 태생인 선생은 일본에서 대학에 다니던 중 재일학생 민족운동 비밀결사단체인 '조선민족 고유문화 유지계몽단'에 가입했다. 1944년 1월 일본군에 징병돼 중국으로 파병됐지만 같은 해 5월 말 부대를 탈출해 광복군에 들어갔다.

1945년 3월 미 육군 전략정보처는 일본이 머지않아 패망할 것으로 보아 한반도 진공작전을 계획하고 중국에서 광복군과 함께 특수훈련을 하고 있었다. 이 시기에 선생은 한글 암호인 W－K(우전킴) 암호를 만들었다. W－K 암호는 한글의 자음과 모음, 받침을 구분하여 만들어진 암호체계이다. 자음과 모음을 각각 두 자리 숫자로, 받침은 자음을 나타내는 두 자리 숫자의 앞에 '00'을 붙여 네 자리로 표시한다.

W－K 암호체계에서 자음은 '11～29'에, 모음은 '30～50'에 순서대로 대응된다. 받침은 자음 중 ㄱ～ㅎ을 이용하여 '0011'부터 '0024'에 순서대로 대응된다. 예를 들어 '김'은 W－K 암호로 변환하면 'ㄱ'은 11, 'ㅣ'는 39, 받침 'ㅁ'은 0015이므로 '11390015'가 된다. 같은 방식으로 '1334001114390016'은 '독립'으로, '1340243000121334001114390016153000121742'는 '대한독립만세'로 해독된다. 모든 숫자를 붙여 쓰기 때문에 상당히 길지만 네 자리씩 끊어 읽으면 된다.

하지만 어렵사리 만든 W－K 암호는 결국 쓰이지 못했다. 작전 준비가 한창이던 1945년 8월 일본이 갑자기 항복했기 때문이다. 이 암호에 대한 기록은 비밀에 부쳐져 미국 국가기록원에 소장되었다가 1988년 비밀이 해제되어 세상에 알려졌다.

※ W－K 암호체계에서 자음의 순서는 ㄱ, ㄴ, ㄷ, ㄹ, ㅁ, ㅂ, ㅅ, ㅇ, ㅈ, ㅊ, ㅋ, ㅌ, ㅍ, ㅎ, ㄲ, ㄸ, ㅃ, ㅆ, ㅉ이고, 모음의 순서는 ㅏ, ㅑ, ㅓ, ㅕ, ㅗ, ㅛ, ㅜ, ㅠ, ㅡ, ㅣ, ㅐ, ㅒ, ㅔ, ㅖ, ㅘ, ㅙ, ㅚ, ㅝ, ㅞ, ㅟ, ㅢ임

문 22. 윗글을 근거로 판단할 때, 〈보기〉에서 옳은 것만을 모두 고르면?

〈보 기〉

ㄱ. 김우전 선생은 일본군에 징병되었을 때 무전통신을 위해 W－K 암호를 만들었다.

ㄴ. W－K 암호체계에서 한글 단어를 변환한 암호문의 자릿수는 4의 배수이다.

ㄷ. W－K 암호체계에서 '183000152400'은 한글 단어로 해독될 수 없다.

ㄹ. W－K 암호체계에서 한글 '궤'는 '11363239'로 변환된다.

① ㄱ, ㄴ　② ㄴ, ㄷ

③ ㄷ, ㄹ　④ ㄱ, ㄴ, ㄹ

⑤ ㄱ, ㄷ, ㄹ

문 23. 윗글과 다음 〈조건〉을 근거로 판단할 때, '3·1운동!'을 옳게 변환한 것은?

〈조 건〉

숫자와 기호를 표현하기 위하여 W－K 암호체계에 다음의 규칙이 추가되었다.

- 1～9의 숫자는 차례대로 '51～59', 0은 '60'으로 변환하고, 끝에 '00'을 붙여 네 자리로 표시한다.
- 온점(.)은 '70', 가운뎃점(·)은 '80', 느낌표(!)는 '66', 물음표(?)는 '77'로 변환하고, 끝에 '00'을 붙여 네 자리로 표시한다.

① 53008000510018360012133400186600

② 53008000510018360012133500186600

③ 53007000510018360012133400187700

④ 5370005118360012133400176600

⑤ 5380005118360012133500177700

문 24. 다음 글과 〈상황〉을 근거로 판단할 때, 〈보기〉에서 옳은 것만을 모두 고르면?

甲국에서는 4개 기관(A~D)에 대해 전기, 후기 두 번의 평가를 실시하고 있다. 전기평가에서 낮은 점수를 받은 기관이 후기평가를 포기하는 것을 막기 위해 다음과 같은 최종평가점수 산정 방식을 사용하고 있다.

최종평가점수=Max[0.5×전기평가점수+0.5×후기평가점수, 0.2×전기평가점수+0.8×후기평가점수]

여기서 사용한 Max[X, Y]는 X와 Y 중 큰 값을 의미한다. 즉, 전기평가점수와 후기평가점수의 가중치를 50 : 50으로 하여 산정한 점수와 20 : 80으로 하여 산정한 점수 중 더 높은 것이 해당 기관의 최종평가점수이다.

〈상 황〉

4개 기관의 전기평가점수(100점 만점)는 다음과 같다.

기관	A	B	C	D
전기평가점수	60	70	90	80

4개 기관의 후기평가점수(100점 만점)는 모두 자연수이고, C 기관의 후기평가점수는 70점이다. 최종평가점수를 통해 확인된 기관 순위는 1등부터 4등까지 A－B－D－C 순이며 동점인 기관은 없다.

〈보 기〉

ㄱ. A기관의 후기평가점수는 B기관의 후기평가점수보다 최소 3점 높다.
ㄴ. B기관의 후기평가점수는 83점일 수 있다.
ㄷ. A기관과 D기관의 후기평가점수 차이는 5점일 수 있다.

① ㄱ
② ㄴ
③ ㄱ, ㄴ
④ ㄱ, ㄷ
⑤ ㄴ, ㄷ

문 25. 다음 글과 〈대화〉를 근거로 판단할 때, 乙~丁의 소속 과와 과 총원을 옳게 짝지은 것은?

- A부서는 제1과부터 제4과까지 4개 과, 총 35명으로 구성되어 있다.
- A부서 각 과 총원은 과장 1명을 포함하여 7명 이상이며, 그 수가 모두 다르다.
- A부서에 '부여'된 내선번호는 7001번부터 7045번이다.
- 제1과~제4과 순서대로 연속된 오름차순의 내선번호가 부여되는데, 각 과에는 해당 과 총원 이상의 내선번호가 부여된다.
- 모든 직원은 소속 과의 내선번호 중 서로 다른 번호 하나를 각자 '배정'받는다.
- 각 과 과장에게 배정된 내선번호는 해당 과에 부여된 내선번호 중에 제일 앞선다.
- 甲~丁은 모두 A부서의 서로 다른 과 소속이다.

〈대 화〉

甲 : 홈페이지에 내선번호 알림을 새로 해야겠네요. 저희 과는 9명이고, 부여된 내선번호는 7016~7024번입니다.
乙 : 甲주무관님 과는 총원과 내선번호 개수가 같네요. 저희 과 총원이 제일 많은데, 내선번호는 그보다 4개 더 있어요.
丙 : 저희 과는 총원보다 내선번호가 3개 더 많아요. 아, 丁주무관님! 제 내선번호는 7034번이고, 저희 과장님 내선번호는 7025번이에요.
丁 : 저희 과장님 내선번호 끝자리와 丙주무관님 과의 과장님 내선번호 끝자리가 동일하네요.

	직원	소속과	과총원
①	乙	제1과	10명
②	乙	제4과	11명
③	丙	제3과	8명
④	丁	제1과	7명
⑤	丁	제4과	8명

PSAT

7급 / 민간경력자 PSAT 10+7개년 기출문제집

피셋

Public Service Aptitude Test

PART 3

민간경력자 PSAT 기출문제

피셋

Public Service Aptitude Test

2021년 공직적격성평가(PSAT)

국가공무원 5급 · 7급 민간경력자 일괄채용 및 경호공무원 7급 공개경쟁채용 필기시험

응시번호	
성 명	

문제책형
㉯

【시험과목】

제1과목	언어논리
제2과목	자료해석
제3과목	상황판단

문제풀이 시작과 종료 시간을 기입해 주시기 바랍니다.

- 언어논리(60분) ______시 ______분 ~ ______시 ______분
- 자료해석(60분) ______시 ______분 ~ ______시 ______분
- 상황판단(60분) ______시 ______분 ~ ______시 ______분

※ 2021년 민간경력자 기출문제 과목별 11~25번은 2021년 7급 기출문제 1~15번과 중복되어 출제되었음을 알려드립니다.

문 1. 다음 글의 내용과 부합하는 것은?

고려 초기에는 지방 여러 곳에 불교 신자들이 모여 활동하는 '향도(香徒)'라는 이름의 단체가 있었다. 당시에 향도는 석탑을 만들어 사찰에 기부하는 활동과 '매향(埋香)'이라고 불리는 일을 했다. 매향이란 향나무를 갯벌에 묻어두는 행위를 뜻한다. 오랫동안 묻어둔 향나무를 침향이라고 하는데, 그 향이 특히 좋았다. 불교 신자들은 매향한 자리에서 나는 침향의 향기를 미륵불에게 바치는 제물이라고 여겼다. 매향과 석탑 조성에는 상당한 비용이 들어갔는데, 향도는 그 비용을 구성원으로부터 거두어들여 마련했다. 고려 초기에는 향도가 주도하는 매향과 석탑 조성 공사가 많았으며, 지방 향리들이 향도를 만들어 운영하는 것이 일반적이었다. 향리가 지방에 거주하는 사람들 가운데 비교적 재산이 많았기 때문이다. 고려 왕조는 건국 초에 불교를 진흥했는데, 당시 지방 향리들도 불교 신앙을 갖고 자기 지역의 불교 진흥을 위해 향도 활동에 참여했다.

향리들이 향도의 운영을 주도하던 때에는 같은 군현에 속한 향리들이 모두 힘을 합쳐 그 군현 안에 하나의 향도만 만드는 경우가 대다수였다. 그러한 곳에서는 향리들이 자신이 속한 향도가 매향과 석탑 조성 공사를 할 때마다 군현 내 주민들을 마음대로 동원해 필요한 노동을 시키는 일이 자주 벌어졌다. 그런데 12세기에 접어들어 향도가 주도하는 공사의 규모가 이전에 비해 작아지고 매향과 석탑 조성 공사의 횟수도 줄었다. 이러한 분위기 속에서도 하나의 군현 안에 여러 개의 향도가 만들어져 그 숫자가 늘었는데, 그 중에는 같은 마을 주민들만을 구성원으로 한 것도 있었다. 13세기 이후를 고려 후기라고 하는데, 그 시기에는 마을마다 향도가 만들어졌다. 마을 단위로 만들어진 향도는 주민들이 자발적으로 만든 것으로서 그 대부분은 해당 마을의 모든 주민을 구성원으로 한 것이었다. 이런 향도들은 마을 사람들이 관혼상제를 치를 때 그것을 지원했으며 자기 마을 사람들을 위해 하천을 정비하거나 다리를 놓는 등의 일까지 했다.

① 고려 왕조는 불교 진흥을 위해 지방 각 군현에 향도를 조직하였다.

② 향도는 매향으로 얻은 침향을 이용해 향을 만들어 판매하는 일을 하였다.

③ 고려 후기에는 구성원이 장례식을 치를 때 그것을 돕는 일을 하는 향도가 있었다.

④ 고려 초기에는 지방 향리들이 자신이 관할하는 군현의 하천 정비를 위해 향도를 조직하였다.

⑤ 고려 후기로 갈수록 석탑 조성 공사의 횟수가 늘었으며 그로 인해 같은 마을 주민을 구성원으로 하는 향도가 나타났다.

문 2. 다음 글에서 알 수 있는 것은?

1883년에 조선과 일본이 맺은 조일통상장정 제41관에는 "일본인이 조선의 전라도, 경상도, 강원도, 함경도 연해에서 어업 활동을 할 수 있도록 허용한다."라는 내용이 있다. 당시 양측은 이 조항에 적시되지 않은 지방 연해에서 일본인이 어업 활동을 하는 것은 금하기로 했다. 이 장정 체결 직후에 일본은 자국의 각 부·현에 조선해통어조합을 만들어 조선 어장에 대한 정보를 제공하기 시작했다. 이러한 지원으로 조선 연해에서 조업하는 일본인이 늘었는데, 특히 제주도에는 일본인들이 많이 들어와 전복을 마구 잡는 바람에 주민들의 전복 채취량이 급감했다. 이에 제주목사는 1886년 6월에 일본인의 제주도 연해 조업을 금했다. 일본은 이 조치가 조일통상장정 제41관을 위반한 것이라며 항의했고, 조선도 이를 받아들여 조업 금지 조치를 철회하게 했다. 이후 조선은 일본인이 아무런 제약 없이 어업 활동을 하게 해서는 안 된다고 여기게 되었으며, 일본과 여러 차례 협상을 벌여 1889년에 조일통어장정을 맺었다.

조일통어장정에는 일본인이 조일통상장정 제41관에 적시된 지방의 해안선으로부터 3해리 이내 해역에서 어업 활동을 하고자 할 때는 조업하려는 지방의 관리로부터 어업준단을 발급받아야 한다는 내용이 있다. 어업준단의 유효기간은 발급일로부터 1년이었으며, 이를 받고자 하는 자는 소정의 어업세를 먼저 내야 했다. 이 장정 체결 직후에 일본은 조선해통어조합연합회를 만들어 자국민의 어업준단 발급 신청을 지원하게 했다. 이후 일본은 1908년에 '어업에 관한 협정'을 강요해 맺었다. 여기에는 앞으로 한반도 연해에서 어업 활동을 하려는 일본인은 대한제국 어업 법령의 적용을 받도록 한다는 조항이 있다. 대한제국은 이듬해에 한반도 해역에서 어업을 영위하고자 하는 자는 먼저 어업 면허를 취득해야 한다는 내용의 어업법을 공포했고, 일본은 자국민도 이 법의 적용을 받게 해야 한다는 입장을 관철했다. 일본은 1902년에 조선해통어조합연합회를 없애고 조선해수산조합을 만들었는데, 이 조합은 어업법 공포 후 일본인의 어업 면허 신청을 대행하는 등의 일을 했다.

① 조선해통어조합은 '어업에 관한 협정'에 따라 일본인의 어업 면허 신청을 대행하는 업무를 보았다.

② 조일통어장정에는 제주도 해안선으로부터 3해리 밖에서 조선인이 어업 활동을 하는 것을 모두 금한다는 조항이 있다.

③ 조선해통어조합연합회가 만들어져 활동하던 당시에 어업준단을 발급받고자 하는 일본인은 어업세를 내도록 되어 있었다.

④ 조일통상장정에는 조선해통어조합연합회를 조직해 일본인이 한반도 연해에서 조업할 수 있도록 지원한다는 내용이 있다.

⑤ 한반도 해역에서 조업하는 일본인은 조일통상장정 제41관에 따라 조선해통어조합으로부터 어업 면허를 발급받아야 하였다.

문 3. 다음 글에서 알 수 있는 것은?

비정규직 근로자들이 늘어나면서 '프레카리아트'라고 불리는 새로운 계급이 형성되고 있다. 프레카리아트란 '불안한(precarious)'이라는 단어와 '무산계급(proletariat)'이라는 단어를 합친 용어로 불안정한 고용 상태에 놓여 있는 사람들을 의미한다. 프레카리아트에 속한 사람들은 직장 생활을 하다가 쫓겨나 실업자가 되었다가 다시 직장에 복귀하기를 반복한다. 이들은 고용 보장, 직무 보장, 근로안전 보장 등 노동 보장을 받지 못하며, 직장 소속감도 없을 뿐만 아니라, 자신의 직업에 대한 전망이나 직업 정체성도 결여되어있다. 프레카리아트는 분노, 무력감, 걱정, 소외를 경험할 수밖에 없는 '위험한 계급'으로 전락한다. 이는 의미 있는 삶의 길이 막혀 있다는 좌절감과 상대적 박탈감, 계속된 실패의 반복 때문이다. 이러한 사람들이 늘어나면 자연히 갈등, 폭력, 범죄와 같은 사회적 병폐들이 성행하여 우리 사회는 점점 더 불안해지게 된다.

프레카리아트와 비슷하지만 약간 다른 노동자 집단이 있다. 이른바 '긱 노동자'다. '긱(gig)'이란 기업들이 필요에 따라 단기 계약 등을 통해 임시로 인력을 충원하고 그때그때 대가를 지불하는 것을 의미한다. 예를 들어 방송사에서는 드라마를 제작할 때마다 적합한 사람들을 섭외하여 팀을 꾸리고 작업에 착수한다. 긱 노동자들은 고용주가 누구든 간에 자신이 보유한 고유의 직업 역량을 고용주에게 판매하면서, 자신의 직업을 독립적인 '프리랜서' 또는 '개인 사업자' 형태로 인식한다. 정보통신 기술의 발달은 긱을 더욱더 활성화한다. 정보통신 기술을 이용하면 긱 노동자의 모집이 아주 쉬워진다. 기업은 사업 아이디어만 좋으면 인터넷을 이용하여 필요한 긱 노동자를 모집할 수 있다. 기업이 긱을 잘 활용하면 경쟁력을 높여 정규직 위주의 기존 기업들을 앞서나갈 수 있다.

① 긱 노동자가 자신의 직업 형태에 대해 갖는 인식은 자신을 고용한 기업에 따라 달라지지 않는다.
② 정보통신 기술의 발달은 프레카리아트 계급과 긱 노동자 집단을 확산시킨다.
③ 긱 노동자 집단이 확산하면 프레카리아트 계급은 축소된다.
④ '위험한 계급'이 겪는 부정적인 경험이 적은 프레카리아트일수록 정규직 근로자로 변모할 가능성이 크다.
⑤ 비정규직 근로자에 대한 노동 보장의 강화는 프레카리아트 계급을 축소시키고 긱 노동자 집단을 확산시킨다.

문 4. 다음 글에서 알 수 없는 것은?

1859년에 프랑스의 수학자인 르베리에는 태양과 수성 사이에 미지의 행성이 존재한다는 가설을 세웠고, 그 미지의 행성을 '불칸'이라고 이름 붙였다. 당시의 천문학자들은 르베리에를 따라 불칸의 존재를 확신하고 그 첫 번째 관찰자가 되기 위해서 노력했다. 이렇게 확신한 이유는 르베리에가 불칸을 예측하는 데 사용한 방식이 해왕성을 성공적으로 예측하는 데 사용한 방식과 동일했기 때문이다. 해왕성 예측의 성공으로 인해 르베리에에 대한, 그리고 불칸의 예측 방법에 대한 신뢰가 높았던 것이다.

르베리에 또한 죽을 때까지 불칸의 존재를 확신했는데, 그가 그렇게 확신할 수 있었던 것 역시 해왕성 예측의 성공 덕분이었다. 1781년에 천왕성이 처음 발견된 뒤, 천문학자들은 천왕성보다 더 먼 위치에 다른 행성이 존재할 경우에만 천왕성의 궤도에 대한 관찰 결과가 뉴턴의 중력 법칙에 따라 설명될 수 있다고 생각했다. 이에 르베리에는 관찰을 통해 얻은 천왕성의 궤도와 뉴턴의 중력 법칙에 따라 산출한 궤도 사이의 차이를 수학적으로 계산하여 해왕성의 위치를 예측했다. 천문학자인 갈레는 베를린 천문대에서 르베리에의 편지를 받은 그날 밤, 르베리에가 예측한 바로 그 위치에 해왕성이 존재한다는 사실을 확인하였다.

르베리에는 수성의 운동에 대해서도 일찍부터 관심을 가지고 있었다. 르베리에는 수성의 궤도에 대한 관찰 결과 역시 뉴턴의 중력 법칙으로 예측한 궤도와 차이가 있음을 제일 먼저 밝힌 뒤, 1859년에 그 이유를 천왕성-해왕성의 경우와 마찬가지로 수성의 궤도에 미지의 행성이 영향을 끼치기 때문이라는 가설을 세운다. 르베리에는 이 미지의 행성에 '불칸'이라는 이름까지 미리 붙였던 것이며, 마침 르베리에의 가설에 따라 이 행성을 발견했다고 주장하는 천문학자까지 나타났던 것이다. 하지만 불칸의 존재에 대해 의심하는 천문학자들 또한 있었고, 이후 아인슈타인의 상대성이론을 이용해 수성의 궤도를 정확하게 설명하는 데 성공함으로써 가상의 행성인 불칸을 상정해야 할 이유는 사라졌다.

① 르베리에에 의하면 수성의 궤도를 정확하게 설명하기 위해서는 뉴턴의 중력 법칙을 대신할 다른 법칙이 필요하지 않다.
② 르베리에에 의하면 천왕성의 궤도를 정확하게 설명하기 위해서는 뉴턴의 중력 법칙을 대신할 다른 법칙이 필요하다.
③ 수성의 궤도에 대한 르베리에의 가설에 기반하여 연구한 천문학자가 있었다.
④ 르베리에는 해왕성의 위치를 수학적으로 계산하여 추정하였다.
⑤ 르베리에는 불칸의 존재를 수학적으로 계산하여 추정하였다.

문 5. 다음 글의 빈칸에 들어갈 말로 가장 적절한 것은?

> 서구사회의 기독교적 전통하에서 이 전통에 속하는 이들은 자신들을 정상적인 존재로, 이러한 전통에 속하지 않는 이들을 비정상적인 존재로 구별하려 했다. 후자에 해당하는 대표적인 것이 적그리스도, 이교도들, 그리고 나병과 흑사병에 걸린 환자들이었는데, 그들에게 부과한 비정상성을 구체적인 형상을 통해 재현함으로써 그들이 전통 바깥의 존재라는 사실을 명확히 했다.
>
> 당연하게도 기독교에서 가장 큰 적으로 꼽는 것은 사탄의 대리자인 적그리스도였다. 기독교 초기, 몽티에랑데르나 힐데가르트 등이 쓴 유명한 저서들뿐만 아니라 적그리스도의 얼굴이 묘사된 모든 종류의 텍스트들에서 그의 모습은 충격적일 정도로 외설스러울 뿐만 아니라 받아들이기 힘들 정도로 추악하게 나타난다.
>
> 두 번째는 이교도들이었는데, 서유럽과 동유럽의 기독교인들이 이교도들에 대해 사용했던 무기 중 하나가 그들을 추악한 얼굴의 악마로 묘사하는 것이었다. 또한 이교도들이 즐겨 입는 의복이나 진미로 여기는 음식을 끔찍하게 묘사하여 이교도들을 자신들과는 분명히 구분되는 존재로 만들었다.
>
> 마지막으로, 나병과 흑사병에 걸린 환자들을 꼽을 수 있다. 당시의 의학 수준으로 그런 병들은 치료가 불가능했으며, 전염성이 있다고 믿어졌다. 때문에 자신을 정상적 존재라고 생각하는 사람들은 해당 병에 걸린 불행한 사람들을 신에게서 버림받은 죄인이자 공동체에서 추방해야 할 공공의 적으로 여겼다. 그들의 외모나 신체 또한 실제 여부와 무관하게 항상 뒤틀어지고 지극히 흉측한 모습으로 형상화되었다.
>
> 정리하자면, [　　　　　　　　　　]

① 서구의 종교인과 예술가들은 이방인을 추악한 이미지로 각인시키는 데 있어 중심적인 역할을 하였다.

② 서구의 기독교인들은 자신들보다 강한 존재를 추악한 존재로 묘사함으로써 심리적인 우월감을 확보하였다.

③ 정상적 존재와 비정상적 존재의 명확한 구별을 위해 추악한 형상을 활용하는 것은 동서고금을 막론하고 지속되어 왔다.

④ 서구의 기독교적 전통하에서 추악한 형상은 그 전통에 속하지 않는 이들을 전통에 속한 이들과 구분짓기 위해 활용되었다.

⑤ 서구의 기독교인들이 자신들과는 다른 타자들을 추악하게 묘사했던 것은 다른 종교에 의해 자신들의 종교가 침해되는 것을 두려워했기 때문이다.

문 6. 다음 글의 흐름에 맞지 않는 곳을 ㉠~㉤에서 찾아 수정할 때 가장 적절한 것은?

> 에르고딕 이론에 따르면 그룹의 평균을 활용해 개인에 대한 예측치를 이끌어낼 수 있는데, 이를 위해서는 다음의 두 가지 조건을 먼저 충족해야 한다. 첫째는 그룹의 모든 구성원이 ㉠ 질적으로 동일해야 하며, 둘째는 그 그룹의 모든 구성원이 미래에도 여전히 동일해야 한다는 것이다. 특정 그룹이 이 두 가지 조건을 충족하면 해당 그룹은 '에르고딕'으로 인정되면서, ㉡ 그룹의 평균적 행동을 통해 해당 그룹에 속해 있는 개인에 대한 예측을 이끌어낼 수 있다.
>
> 그런데 이 이론에 대해 심리학자 몰레나는 다음과 같은 설명을 덧붙였다. "그룹 평균을 활용해 개인을 평가하는 것은 인간이 모두 동일하고 변하지 않는 냉동 클론이어야만 가능하겠지요? 그런데 인간은 냉동 클론이 아닙니다." 그런데도 등급화와 유형화 같은 평균주의의 결과물들은 정책 결정의 과정에서 중요한 근거로 쓰였다. 몰레나는 이와 같은 위험한 가정을 '에르고딕 스위치'라고 명명했다. 이는 평균주의의 유혹에 속아 집단의 평균에 의해 개인을 파악함으로써 ㉢ 실재하는 개인적 특성을 모조리 무시하게 되는 것을 의미한다.
>
> 지금 타이핑 실력이 뛰어나지 않은 당신이 타이핑 속도의 변화를 통해 오타를 줄이고 싶어 한다고 가정해 보자. 평균주의식으로 접근할 경우 여러 사람의 타이핑 실력을 측정한 뒤에 평균 타이핑 속도와 평균 오타 수를 비교하게 된다. 그 결과 평균적으로 타이핑 속도가 더 빠를수록 오타 수가 더 적은 것으로 나타났다고 하자. 이때 평균주의자는 당신이 타이핑의 오타 수를 줄이고 싶다면 ㉣ 타이핑을 더 빠른 속도로 해야 한다고 말할 것이다. 바로 여기가 '에르고딕 스위치'에 해당하는 지점인데, 사실 타이핑 속도가 빠른 사람들은 대체로 타이핑 실력이 뛰어난 편이며 그만큼 오타 수는 적을 수밖에 없다. 더구나 ㉤ 타이핑 실력이라는 요인이 통제된 상태에서 도출된 평균치를 근거로 당신에게 내린 처방은 적절하지 않을 가능성이 높다.

① ㉠을 '질적으로 다양해야 하며'로 고친다.

② ㉡을 '개인의 특성을 종합하여 집단의 특성에 대한 예측'으로 고친다.

③ ㉢을 '실재하는 그룹 간 편차를 모조리 무시'로 고친다.

④ ㉣을 '타이핑을 더 느린 속도로 해야 한다'로 고친다.

⑤ ㉤을 '타이핑 실력이라는 요인이 통제되지 않은 상태에서'로 고친다.

문 7. 다음 대화의 빈칸에 들어갈 내용으로 가장 적절한 것은?

갑 : 이번 프로젝트는 정보 보안이 매우 중요해서 1인당 2대의 업무용 PC를 사용하기로 하였습니다. 원칙적으로, 1대는 외부 인터넷 접속만 할 수 있는 외부용 PC이고 다른 1대는 내부 통신망만 이용할 수 있는 내부용 PC입니다. 둘 다 통신을 제외한 다른 기능을 사용하는 데는 아무런 제한이 없습니다.

을 : 외부용 PC와 내부용 PC는 각각 별도의 저장 공간을 사용하나요?

갑 : 네, 맞습니다. 그러나 두 PC 간 자료를 공유하려면 두 가지 방법만 쓰도록 되어 있습니다. 첫 번째 방법은 이메일을 이용하는 것입니다. 본래 내부용 PC는 내부 통신망용이라 이메일 계정에 접속할 수 없지만, 프로젝트 팀장의 승인을 받아 ㅇㅇ메일 계정에 접속한 뒤 자신의 ㅇㅇ메일 계정으로 자료를 보내는 것만 허용하였습니다.

을 : 그러면 첫 번째 방법은 내부용 PC에서 외부용 PC로 자료를 보낼 때만 가능하겠군요. 두 번째 방법을 이용하면 외부용 PC에서 내부용 PC로도 자료를 보낼 수 있나요?

갑 : 물론입니다. 두 번째 방법은 내부용 PC와 외부용 PC에 설치된 자료 공유 프로그램을 이용하는 것인데, 이를 이용하면 두 PC 간 자료의 상호 공유가 가능합니다.

을 : 말씀하신 자료 공유 프로그램을 이용하면 두 PC 사이에 자료를 자유롭게 공유할 수 있는 건가요?

갑 : 파일 개수, 용량, 공유 횟수에는 제한이 없습니다. 다만, 이 프로그램을 사용할 때는 보안을 위해 프로젝트 팀장이 비밀번호를 입력해 주어야만 합니다.

을 : 그렇군요. 그런데 외부용 PC로 ㅇㅇ메일이 아닌 일반 이메일 계정에도 접속할 수 있나요?

갑 : 아닙니다. 원칙적으로는 외부용 PC에서 자료를 보내거나 받기 위하여 사용 가능한 이메일 계정은 ㅇㅇ메일 뿐입니다. 그러나 예외적으로 필요한 경우에 한해 보안 부서에 공문으로 요청하여 승인을 받으면, 일반 이메일 계정에 접속하여 자료를 보내거나 받을 수 있습니다.

을 : 아하! 외부 자문위원의 자료를 전달 받아 내부용 PC에 저장하기 위해서는 [ ]

① 굳이 프로젝트 팀장이 비밀번호를 입력할 필요가 없겠군요.
② 사전에 보안 부서에 요청하여 외부용 PC로 일반 이메일 계정에 접속할 수 있는 권한을 부여받는 방법밖에 없겠네요.
③ 외부 자문위원의 PC에서 ㅇㅇ메일 계정으로 자료를 보낸 뒤, 내부용 PC로 ㅇㅇ메일 계정에 접속하여 자료를 내려받으면 되겠군요.
④ 외부 자문위원의 PC에서 일반 이메일 계정으로 자료를 보낸 뒤, 사전에 보안 부서의 승인을 받아 내부용 PC로 일반 이메일 계정에 접속하여 자료를 내려받으면 되겠네요.
⑤ 외부 자문위원의 PC에서 ㅇㅇ메일 계정으로 자료를 보낸 뒤, 외부용 PC로 ㅇㅇ메일 계정에 접속해 자료를 내려받아 자료 공유 프로그램을 이용하여 내부용 PC로 보내면 되겠네요.

문 8. 다음 글에 비추어 볼 때, 아래 〈그림〉의 ㉠~㉣에 들어갈 말을 적절하게 나열한 것은?

도시재생 사업의 목표는 지역 역량의 강화와 지역 가치의 제고라는 두 마리 토끼를 잡는 것이다. 그 결과, 아래 〈그림〉에서 지역의 상태는 A에서 A'으로 변화한다. 둘 중 하나라도 이루어지지 않는다면 도시재생 사업의 목표가 달성되었다고 볼 수 없다. 그러한 실패 사례의 하나가 젠트리피케이션이다. 이는 지역 역량이 강화되지 않은 채 지역 가치만 상승하는 현상을 의미한다.

도시재생 사업의 모범적인 양상은 지역 자산화이다. 지역 자산화는 두 단계로 이루어진다. 첫 번째 단계는 공동체 역량 강화 과정이다. 이는 지역 문제 해결을 위한 프로그램 및 정책 수립, 물리적 시설의 개선, 운영 관리 등으로 구성된 공공 주도 과정이다. 이를 통해 지역 가치와 지역 역량이 모두 낮은 상태에서 일단 지역 역량을 키워 지역 기반의 사회적 자본을 형성하게 된다. 그 다음 두 번째 단계로 전문화 과정이 이어진다. 전문화는 민간의 전문성과 창의성을 적극적으로 활용함으로써, 강화된 지역 역량의 토대 위에서 지역 가치 제고를 이끌어낸다. 이 과정에서 주민과 민간 조직의 전문성에 대한 신뢰를 바탕으로, 공유 시설이나 공간의 설계, 관리, 운영 등 많은 권한이 시민단체를 비롯한 중간 지원 조직에 통합적으로 위임된다.

〈그 림〉

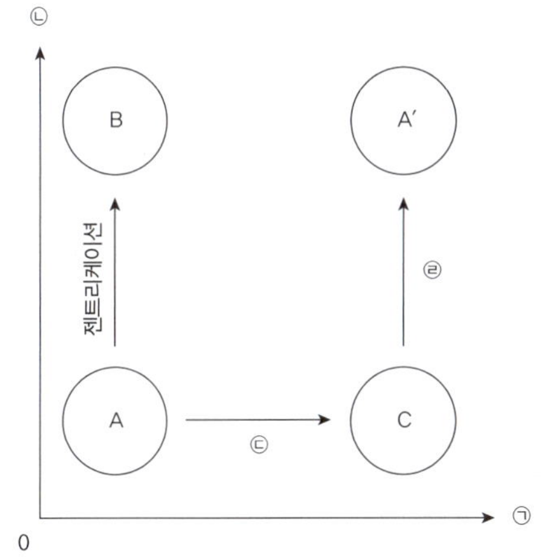

	㉠	㉡	㉢	㉣
①	지역 역량	지역 가치	공동체 역량 강화	전문화
②	지역 역량	지역 가치	공동체 역량 강화	지역 자산화
③	지역 역량	지역 가치	지역 자산화	전문화
④	지역 가치	지역 역량	공동체 역량 강화	지역 자산화
⑤	지역 가치	지역 역량	지역 자산화	전문화

문 9. 다음 글의 (가)와 (나)에 대한 판단으로 적절한 것만을 〈보기〉에서 모두 고르면?

확률적으로 가능성이 희박한 사건이 우리 주변에서 생각보다 자주 일어나는 것처럼 보인다. 왜 이러한 현상이 발생하는지를 설명하는 다음과 같은 두 입장이 있다.

(가) 만일 당신이 가능한 모든 결과들의 목록을 완전하게 작성한다면, 그 결과들 중 하나는 반드시 나타난다. 표준적인 정육면체 주사위를 던지면 1에서 6까지의 수 중 하나가 나오거나 어떤 다른 결과, 이를테면 주사위가 탁자 아래로 떨어져 찾을 수 없게 되는 일 등이 벌어질 수 있다. 동전을 던지면 앞면 또는 뒷면이 나오거나, 동전이 똑바로 서는 등의 일이 일어날 수 있다. 아무튼 가능한 결과 중 하나가 일어나리라는 것만큼은 확실하다.

(나) 한 사람에게 특정한 사건이 발생할 확률이 매우 낮더라도, 충분히 많은 사람에게는 그 사건이 일어날 확률이 매우 높을 수 있다. 예컨대 어떤 불행한 사건이 당신에게 일어날 확률은 낮을지 몰라도, 지구에 현재 약 70억 명이 살고 있으므로, 이들 중 한두 사람이 그 불행한 일을 겪고 있다는 것은 이상한 일이 아니다.

〈보 기〉

ㄱ. 로또 복권 1장을 살 경우 1등에 당첨될 확률은 낮지만, 모든 가능한 숫자의 조합을 모조리 샀을 때 추첨이 이루어진다면 무조건 당첨된다는 사례는 (가)로 설명할 수 있다.

ㄴ. 어떤 사람이 교통사고를 당할 확률은 매우 낮지만, 대한민국에서 교통사고는 거의 매일 발생한다는 사례는 (나)로 설명할 수 있다.

ㄷ. 주사위를 수십 번 던졌을 때 1이 연속으로 여섯 번 나올 확률은 매우 낮지만, 수십만 번 던졌을 때는 이런 사건을 종종 볼 수 있다는 사례는 (가)로 설명할 수 있으나 (나)로는 설명할 수 없다.

① ㄱ
② ㄷ
③ ㄱ, ㄴ
④ ㄴ, ㄷ
⑤ ㄱ, ㄴ, ㄷ

문 10. 다음 논쟁에 대한 평가로 적절한 것만을 〈보기〉에서 모두 고르면?

A : 현실적으로 과학 연구를 위해서는 상당한 규모의 연구비가 필요하기 때문에, 연구자들에게 공공 자원을 배분하는 역할을 하는 사람들은 자신들의 결정이 해당 분야의 발전에 큰 영향을 미친다는 사실을 유념해야 한다. 그들의 의사결정에서 가장 중요한 문제는 공공 자원을 어떤 원칙에 따라 배분할 것인가이다. 각 분야의 주류 견해를 형성하고 있는 연구자들에게만 자원이 편중되어 비주류 연구들이 고사된다면, 그 결과 해당 분야 전체의 발전은 저해될 것이다.

B : 과학 연구에 공공 자원을 배분하는 기준으로는 무엇보다 연구 성과가 우선되어야 한다. 객관적으로 드러난 연구 성과가 가장 우수한 연구자에게 자원을 우선 배분하는 것이 공정성에도 부합할 뿐 아니라, 투자의 사회적 효율성도 높일 수 있다.

A : 그와 같은 원칙으로는 한 분야의 주류 연구자들이 자원을 독점하게 될 가능성이 높다. 비주류 연구에서 우수한 연구 성과가 나오는 일은 상대적으로 드물거나 오랜 시간이 걸리기 때문이다. 특정 분야 내에 상충되는 내용을 가진 연구들이 많을수록 그 분야의 발전 가능성도 커진다. 이는 한 연구의 문제점을 파악하는 것이 자체 시각만으로는 쉽지 않으며, 문제가 감지되더라도 다른 연구자의 관점이 개입되어야 그 문제의 성격이 명확히 파악될 수 있다는 것을 뜻한다.

B : 우수한 연구에 자원을 집중하는 것이 효율성 측면에서 바람직하다. 최근의 과학 연구에서는 연구비 규모가 큰 과제일수록 더 우수한 성과를 얻는 경향이 강해지고 있기 때문이다. 과학의 발전을 위해 성과가 저조한 연구자들이 난립하는 것보다 우수한 연구자에게 자원을 집중적으로 투입하는 것이 낫다.

〈보 기〉

ㄱ. 공공 자원을 연구 성과에 따라 배분하지 않으면 도덕적 해이가 발생할 가능성이 커진다는 사실은 A의 주장을 강화한다.

ㄴ. 연구 성과에 대한 평가가 시간이 지나 뒤집히는 경우가 자주 있다는 사실은 B의 주장을 강화한다.

ㄷ. 성과만을 기준으로 연구자들을 차등 대우하면 연구자들의 사기가 저하되어 해당 분야 전체의 발전이 저해된다는 사실은 A의 주장을 강화하지만 B의 주장은 강화하지 않는다.

① ㄴ
② ㄷ
③ ㄱ, ㄴ
④ ㄱ, ㄷ
⑤ ㄱ, ㄴ, ㄷ

문 11. 다음 글에서 알 수 있는 것은?

우리나라 국기인 태극기에는 태극 문양과 4괘가 그려져 있는데, 중앙에 있는 태극 문양은 만물이 음양 조화로 생장한다는 것을 상징한다. 또 태극 문양의 좌측 하단에 있는 이괘는 불, 우측 상단에 있는 감괘는 물, 좌측 상단에 있는 건괘는 하늘, 우측 하단에 있는 곤괘는 땅을 각각 상징한다. 4괘가 상징하는 바는 그것이 처음 만들어질 때부터 오늘날까지 변함이 없다.

태극 문양을 그린 기는 개항 이전에도 조선 수군이 사용한 깃발 등 여러 개가 있는데, 태극 문양과 4괘만 사용한 기는 개항 후에 처음 나타났다. 1882년 5월 조미수호조규 체결을 위한 전권대신으로 임명된 이응준은 회담 장소에 내걸 국기가 없어 곤란해하다가 회담 직전 태극 문양을 활용해 기를 만들고 그것을 회담장에 걸어두었다. 그 기에 어떤 문양이 담겼는지는 오랫동안 알려지지 않았다. 그런데 2004년 1월 미국 어느 고서점에서 미국 해군부가 조미수호조규 체결 한 달 후에 만든『해상 국가들의 깃발들』이라는 책이 발견되었다. 이 책에는 이응준이 그린 것으로 짐작되는 '조선의 기'라는 이름의 기가 실려 있다. 그 기의 중앙에는 태극 문양이 있으며 네 모서리에 괘가 하나씩 있는데, 좌측 상단에 감괘, 우측 상단에 건괘, 좌측 하단에 곤괘, 우측 하단에 이괘가 있다.

조선이 국기를 공식적으로 처음 정한 것은 1883년의 일이다. 1882년 9월에 고종은 박영효를 수신사로 삼아 일본에 보내면서, 그에게 조선을 상징하는 기를 만들어 사용해본 다음 귀국하는 즉시 제출하게 했다. 이에 박영효는 태극 문양이 가운데 있고 4개의 모서리에 각각 하나씩 괘가 있는 기를 만들어 사용한 후 그것을 고종에게 바쳤다. 고종은 이를 조선 국기로 채택하고 통리교섭사무아문으로 하여금 각국 공사관에 배포하게 했다. 이 기는 일본에 의해 강제 병합되기까지 국기로 사용되었는데, 언뜻 보기에『해상 국가들의 깃발들』에 실린 '조선의 기'와 비슷하다. 하지만 자세히 보면 두 기는 서로 다르다. 조선 국기 좌측 상단에 있는 괘가 '조선의 기'에는 우측 상단에 있고, '조선의 기'의 좌측 상단에 있는 괘는 조선 국기의 우측 상단에 있다. 또 조선 국기의 좌측 하단에 있는 괘는 '조선의 기'의 우측 하단에 있고, '조선의 기'의 좌측 하단에 있는 괘는 조선 국기의 우측 하단에 있다.

① 미국 해군부는 통리교섭사무아문이 각국 공사관에 배포한 국기를『해상 국가들의 깃발들』에 수록하였다.
② 조미수호조규 체결을 위한 회담 장소에서 사용하고자 이응준이 만든 기는 태극 문양이 담긴 최초의 기다.
③ 통리교섭사무아문이 배포한 기의 우측 상단에 있는 괘와 '조선의 기'의 좌측 하단에 있는 괘가 상징하는 것은 같다.
④ 오늘날 태극기의 우측 하단에 있는 괘와 고종이 조선 국기로 채택한 기의 우측 하단에 있는 괘는 모두 땅을 상징한다.
⑤ 박영효가 그린 기의 좌측 상단에 있는 괘는 물을 상징하고 이응준이 그린 기의 좌측 상단에 있는 괘는 불을 상징한다.

문 12. 다음 대화의 빈칸에 들어갈 내용으로 가장 적절한 것은?

갑 : 국회에서 법률들을 제정하거나 개정할 때, 법률에서 조례를 제정하여 시행하도록 위임하는 경우가 있습니다. 그리고 이런 위임에 따라 지방자치단체에서는 조례를 새로 제정하게 됩니다. 각 지방자치단체가 법률의 위임에 따라 몇 개의 조례를 제정했는지 집계하여 '조례 제정 비율'을 계산하는데, 이 지표는 작년에 이어 올해도 지방자치단체의 업무 평가 기준에 포함되었습니다.

을 : 그렇군요. 그 평가 방식이 구체적으로 어떻게 되고, A시의 작년 평가 결과는 어땠는지 말씀해 주세요.

갑 : 먼저 그 해 1월 1일부터 12월 31일까지 법률에서 조례를 제정하도록 위임한 사항이 몇 건인지 확인한 뒤, 그 중 12월 31일까지 몇 건이나 조례로 제정되었는지로 평가합니다. 작년에는 법률에서 조례를 제정하도록 위임한 사항이 15건이었는데, 그 중 A시에서 제정한 조례는 9건으로 그 비율은 60%였습니다.

을 : 그러면 올해는 조례 제정 상황이 어떻습니까?

갑 : 1월 1일부터 7월 10일 현재까지 법률에서 조례를 제정하도록 위임한 사항은 10건인데, A시는 이 중 7건을 조례로 제정하였으며 조례로 제정하기 위하여 입법 예고 중인 것은 2건입니다. 현재 시의회에서 조례로 제정되기를 기다리며 계류 중인 것은 없습니다.

을 : 모든 조례는 입법 예고를 거친 뒤 시의회에서 제정되므로, 현재 입법 예고 중인 2건은 입법 예고 기간이 끝나야만 제정될 수 있겠네요. 이 2건의 제정 가능성은 예상할 수 있나요?

갑 : 어떤 조례는 신속히 제정되기도 합니다. 그러나 때로는 시의회가 계속 파행하기도 하고 의원들의 입장에 차이가 커 공전될 수도 있기 때문에 현재 시점에서 조례 제정 가능성을 단정하기는 어렵습니다.

을 : 그러면 A시의 조례 제정 비율과 관련하여 알 수 있는 것은 무엇이 있을까요?

갑 : A시는 [　　　　　　　　　　]

① 현재 조례로 제정하기 위하여 입법 예고가 필요한 것이 1건입니다.
② 올 한 해의 조례 제정 비율이 작년보다 높아집니다.
③ 올 한 해 총 9건의 조례를 제정하게 됩니다.
④ 현재 시점을 기준으로 평가를 받으면 조례 제정 비율이 90%입니다.
⑤ 올 한 해 법률에서 조례를 제정하도록 위임 받은 사항이 작년보다 줄어듭니다.

문 13. **다음 글의 A~C에 대한 판단으로 가장 적절한 것은?**

정책 네트워크는 다원주의 사회에서 정책 영역에 따라 실질적인 정책 결정권을 공유하고 있는 집합체이다. 정책 네트워크는 구성원 간의 상호 의존성, 외부로부터 다른 사회 구성원들의 참여 가능성, 의사결정의 합의 효율성, 지속성의 특징을 고려할 때 다음 세 가지 모형으로 분류될 수 있다.

특징 / 모형	상호 의존성	외부 참여 가능성	합의 효율성	지속성
A	높음	낮음	높음	높음
B	보통	보통	보통	보통
C	낮음	높음	낮음	낮음

A는 의회의 상임위원회, 행정 부처, 이익집단이 형성하는 정책 네트워크로서 안정성이 높아 마치 소정부와 같다. 행정부 수반의 영향력이 작은 정책 분야에서 집중적으로 나타나는 형태이다. A에서는 참여자 간의 결속과 폐쇄적 경계를 강조하며, 배타성이 매우 강해 다른 이익집단의 참여를 철저하게 배제하는 것이 특징이다.

B는 특정 정책과 관련해 이해관계를 같이하는 참여자들로 구성된다. B가 특정 이슈에 대해 유기적인 연계 속에서 기능하면, 전통적인 관료제나 A의 방식보다 더 효과적으로 정책 목표를 달성할 수 있다. B의 주요 참여자는 정치인, 관료, 조직화된 이익집단, 전문가 집단이며, 정책 결정은 주요 참여자 간의 합의와 협력에 의해 일어난다.

C는 특정 이슈를 중심으로 이해관계나 전문성을 가진 이익집단, 개인, 조직으로 구성되고, 참여자는 매우 자율적이고 주도적인 행위자이며 수시로 변경된다. 배타성이 강한 A만으로 정책을 모색하면 정책 결정에 영향을 미칠 수 있는 C와 같은 개방적 참여자들의 네트워크를 놓치기 쉽다. C는 관료제의 영향력이 작고 통제가 약한 분야에서 주로 작동하는데, 참여자가 많아 합의가 어려워 결국 정부가 위원회나 청문회를 활용하여 의견을 조정하려는 경우가 종종 발생한다.

① 외부 참여 가능성이 높은 모형은 관료제의 영향력이 작고 통제가 약한 분야에서 나타나기 쉽다.
② 상호 의존성이 보통인 모형에서는 배타성이 강해 다른 이익집단의 참여를 철저하게 배제한다.
③ 합의 효율성이 높은 모형이 가장 효과적으로 정책 목표를 달성할 수 있다.
④ A에 참여하는 이익집단의 정책 결정 영향력이 B에 참여하는 이익집단의 정책 결정 영향력보다 크다.
⑤ C에서는 참여자의 수가 많아질수록 네트워크의 지속성이 높아진다.

문 14. **다음 글에서 추론할 수 있는 것만을 〈보기〉에서 모두 고르면?**

두 입자만으로 이루어지고 이들이 세 가지의 양자 상태 1, 2, 3 중 하나에만 있을 수 있는 계(system)가 있다고 하자. 여기서 양자 상태란 입자가 있을 수 있는 구별 가능한 어떤 상태를 지시하며, 입자는 세 가지 양자 상태 중 하나에 반드시 있어야 한다. 이때 그 계에서 입자들이 어떻게 분포할 수 있는지 경우의 수를 세는 문제는, 각 양자 상태에 대응하는 세 개의 상자 [1|2|3]에 두 입자가 있는 경우의 수를 세는 것과 같다. 경우의 수는 입자들끼리 서로 구별 가능한지와 여러 개의 입자가 하나의 양자 상태에 동시에 있을 수 있는지에 따라 달라진다.

두 입자가 구별 가능하고, 하나의 양자 상태에 여러 개의 입자가 있을 수 있다고 가정하자. 이것을 'MB 방식'이라고 부르며, 두 입자는 각각 a, b로 표시할 수 있다. a가 1의 양자 상태에 있는 경우는 [ab| |], [a|b|], [a| |b]의 세 가지이고, a가 2의 양자 상태에 있는 경우와 a가 3의 양자 상태에 있는 경우도 각각 세 가지이다. 그러므로 MB 방식에서 경우의 수는 9이다.

두 입자가 구별되지 않고, 하나의 양자 상태에 여러 개의 입자가 있을 수 있다고 가정하자. 이것을 'BE 방식'이라고 부른다. 이때에는 두 입자 모두 a로 표시하게 되므로 [aa| |], [|aa|], [| |aa], [a|a|], [a| |a], [|a|a]가 가능하다. 그러므로 BE 방식에서 경우의 수는 6이다.

두 입자가 구별되지 않고, 하나의 양자 상태에 하나의 입자만 있을 수 있다고 가정하자. 이것을 'FD 방식'이라고 부른다. 여기에서는 BE 방식과 달리 하나의 양자 상태에 두 개의 입자가 동시에 있는 경우는 허용되지 않으므로 [a|a|], [a| |a], [|a|a]만 가능하다. 그러므로 FD 방식에서 경우의 수는 3이다.

양자 상태의 가짓수가 다를 때에도 MB, BE, FD 방식 모두 위에서 설명한 대로 입자들이 놓이게 되고, 이때 경우의 수는 달라질 수 있다.

〈보 기〉

ㄱ. 두 개의 입자에 대해, 양자 상태가 두 가지이면 BE 방식에서 경우의 수는 2이다.
ㄴ. 두 개의 입자에 대해, 양자 상태의 가짓수가 많아지면 FD 방식에서 두 입자가 서로 다른 양자 상태에 각각 있는 경우의 수는 커진다.
ㄷ. 두 개의 입자에 대해, 양자 상태가 두 가지 이상이면 경우의 수는 BE 방식에서보다 MB 방식에서 언제나 크다.

① ㄱ
② ㄷ
③ ㄱ, ㄴ
④ ㄴ, ㄷ
⑤ ㄱ, ㄴ, ㄷ

문 15. 다음 글에서 추론할 수 있는 것은?

생쥐가 새로운 소리 자극을 받으면 이 자극 신호는 뇌의 시상에 있는 청각시상으로 전달된다. 청각시상으로 전달된 자극 신호는 뇌의 편도에 있는 측핵으로 전달된다. 측핵에 전달된 신호는 편도의 중핵으로 전달되고, 중핵은 신체의 여러 기관에 전달할 신호를 만들어서 반응이 일어나게 한다.

연구자 K는 '공포' 또는 '안정'을 학습시켰을 때 나타나는 신경생물학적 특징을 탐구하기 위해 두 개의 실험을 수행했다.

첫 번째 실험에서 공포를 학습시켰다. 이를 위해 K는 생쥐에게 소리 자극을 준 뒤에 언제나 공포를 일으킬 만한 충격을 가하여, 생쥐에게 이 소리가 충격을 예고한다는 것을 학습시켰다. 이렇게 학습된 생쥐는 해당 소리 자극을 받으면 방어적인 행동을 취했다. 이 생쥐의 경우, 청각시상으로 전달된 소리 자극 신호는 학습을 수행하기 전 상태에서 전달되는 것보다 훨씬 센 강도의 신호로 증폭되어 측핵으로 전달된다. 이 증폭된 강도의 신호는 중핵을 거쳐 신체의 여러 기관에 전달되고 이는 학습된 공포 반응을 일으킨다.

두 번째 실험에서는 안정을 학습시켰다. 이를 위해 K는 다른 생쥐에게 소리 자극을 준 뒤에 항상 어떤 충격도 주지 않아서, 생쥐에게 이 소리가 안정을 예고한다는 것을 학습시켰다. 이렇게 학습된 생쥐는 이 소리를 들어도 방어적인 행동을 전혀 취하지 않았다. 이 경우 소리 자극 신호를 받은 청각시상에서 만들어진 신호가 측핵으로 전달되는 것이 억제되기 때문에 측핵에 전달된 신호는 매우 미약해진다. 대신 청각시상은 뇌의 선조체에서 반응을 일으킬 수 있는 자극 신호를 만들어서 선조체에 전달한다. 선조체는 안정 상태와 같은 긍정적이고 좋은 느낌을 느낄 수 있게 하는 것에 관여하는 뇌 영역인데, 선조체에서 반응이 세게 나타나면 안정감을 느끼게 되어 학습된 안정 반응을 일으킨다.

① 중핵에서 만들어진 신호의 세기가 강한 경우에는 학습된 안정 반응이 나타난다.
② 학습된 공포 반응을 일으키지 않는 소리 자극은 선조체에서 약한 반응이 일어나게 한다.
③ 학습된 공포 반응을 일으키는 소리 자극은 청각시상에서 선조체로 전달되는 자극 신호를 억제한다.
④ 학습된 안정 반응을 일으키는 청각시상에서 받는 소리 자극 신호는 학습된 공포 반응을 일으키는 청각시상에서 받는 소리 자극 신호보다 약하다.
⑤ 학습된 안정 반응을 일으키는 경우와 학습된 공포 반응을 일으키는 경우 모두, 청각시상에서 측핵으로 전달되는 신호의 세기가 학습하기 전과 달라진다.

문 16. 다음 글의 빈칸에 들어갈 내용으로 가장 적절한 것은?

민간 문화 교류 증진을 목적으로 열리는 국제 예술 공연의 개최가 확정되었다. 이번 공연이 민간 문화 교류 증진을 목적으로 열린다면, 공연 예술단의 수석대표는 정부 관료가 맡아서는 안 된다. 만일 공연이 민간 문화 교류 증진을 목적으로 열리고 공연 예술단의 수석대표는 정부 관료가 맡아서는 안 된다면, 공연 예술단의 수석대표는 고전음악 지휘자나 대중음악 제작자가 맡아야 한다. 현재 정부 관료 가운데 고전음악 지휘자나 대중음악 제작자는 없다. 예술단에 수석대표는 반드시 있어야 하며 두 사람 이상이 공동으로 맡을 수도 있다. 전체 세대를 아우를 수 있는 사람이 아니라면 수석대표를 맡아서는 안 된다. 전체 세대를 아우를 수 있는 사람이 극히 드물기에, 위에 나열된 조건을 다 갖춘 사람은 모두 수석대표를 맡는다.

누가 공연 예술단의 수석대표를 맡을 것인가와 더불어, 참가하는 예술인이 누구인가도 많은 관심의 대상이다. 그런데 아이돌 그룹 A가 공연 예술단에 참가하는 것은 분명하다. 왜냐하면 만일 갑이나 을이 수석대표를 맡는다면 A가 공연 예술단에 참가하는데, ____________ 때문이다.

① 갑은 고전음악 지휘자이며 전체 세대를 아우를 수 있기
② 갑이나 을은 대중음악 제작자 또는 고전음악 지휘자이기
③ 갑과 을은 둘 다 정부 관료가 아니며 전체 세대를 아우를 수 있기
④ 을이 대중음악 제작자가 아니라면 전체 세대를 아우를 수 없을 것이기
⑤ 대중음악 제작자나 고전음악 지휘자라면 누구나 전체 세대를 아우를 수 있기

문 17. **다음 글의 내용이 참일 때, 반드시 참인 것만을 〈보기〉에서 모두 고르면?**

> A기술원 해수자원화기술 연구센터는 2014년 세계 최초로 해수전지 원천 기술을 개발한 바 있다. 연구센터는 해수전지 상용화를 위한 학술대회를 열었는데 학술대회로 연구원들이 자리를 비운 사이 누군가 해수전지 상용화를 위한 핵심 기술이 들어 있는 기밀 자료를 훔쳐 갔다. 경찰은 수사 끝에 바다, 다은, 은경, 경아를 용의자로 지목해 학술대회 당일의 상황을 물으며 이들을 심문했는데 이들의 답변은 아래와 같았다.
>
> 바다 : 학술대회에서 발표된 상용화 아이디어 중 적어도 하나는 학술대회에 참석한 모든 사람들의 관심을 받았어요. 다은은 범인이 아니에요.
>
> 다은 : 학술대회에 참석한 사람들은 누구나 학술대회에서 발표된 하나 이상의 상용화 아이디어에 관심을 가졌어요. 범인은 은경이거나 경아예요.
>
> 은경 : 학술대회에 참석한 몇몇 사람은 학술대회에서 발표된 상용화 아이디어 중 적어도 하나에 관심이 있었어요. 경아는 범인이 아니에요.
>
> 경아 : 학술대회에 참석한 모든 사람들이 어떤 상용화 아이디어에도 관심이 없었어요. 범인은 바다예요.
>
> 수사 결과 이들은 각각 참만을 말하거나 거짓만을 말한 것으로 드러났다. 그리고 네 명 중 한 명만 범인이었다는 것이 밝혀졌다.

〈보 기〉

ㄱ. 바다와 은경의 말이 모두 참일 수 있다.
ㄴ. 다은과 은경의 말이 모두 참인 것은 가능하지 않다.
ㄷ. 용의자 중 거짓말한 사람이 단 한 명이면, 은경이 범인이다.

① ㄱ
② ㄴ
③ ㄱ, ㄷ
④ ㄴ, ㄷ
⑤ ㄱ, ㄴ, ㄷ

문 18. **다음 글의 내용이 참일 때, 반드시 참인 것만을 〈보기〉에서 모두 고르면?**

> 최근 두 주 동안 직원들은 다음 주에 있을 연례 정책 브리핑을 준비해 왔다. 브리핑의 내용과 진행에 관해 알려진 바는 다음과 같다. 개인건강정보 관리 방식 변경에 관한 가안이 정책제안에 포함된다면, 보건정보의 공적 관리에 관한 가안도 정책제안에 포함될 것이다. 그리고 정책제안을 위해 구성되었던 국민건강 2025팀이 재편된다면, 앞에서 언급한 두 개의 가안이 모두 정책제안에 포함될 것이다. 개인건강정보 관리 방식 변경에 관한 가안이 정책제안에 포함되고 국민건강 2025팀 리더인 최팀장이 다음 주 정책 브리핑을 총괄한다면, 프레젠테이션은 국민건강 2025팀의 팀원인 손공정씨가 맡게 될 것이다. 그런데 보건정보의 공적 관리에 관한 가안이 정책제안에 포함될 경우, 국민건강 2025팀이 재편되거나 다음 주 정책 브리핑을 위해 준비한 보도자료가 대폭 수정될 것이다. 한편, 직원들 사이에서는, 최팀장이 다음 주 정책 브리핑을 총괄하면 팀원 손공정씨가 프레젠테이션을 담당한다는 말이 돌았는데 그 말은 틀린 것으로 밝혀졌다.

〈보 기〉

ㄱ. 개인건강정보 관리 방식 변경에 관한 가안과 보건정보의 공적 관리에 관한 가안 중 어느 것도 정책제안에 포함되지 않는다.
ㄴ. 국민건강 2025팀은 재편되지 않고, 이 팀의 최팀장이 다음 주 정책 브리핑을 총괄한다.
ㄷ. 보건정보의 공적 관리에 관한 가안이 정책제안에 포함된다면, 다음 주 정책 브리핑을 위해 준비한 보도자료가 대폭 수정될 것이다.

① ㄱ
② ㄴ
③ ㄱ, ㄷ
④ ㄴ, ㄷ
⑤ ㄱ, ㄴ, ㄷ

문 19. **다음 글의 내용이 참일 때, 반드시 참인 것은?**

A, B, C, D를 포함해 총 8명이 학회에 참석했다. 이들에 관해서 알려진 정보는 다음과 같다.

- 아인슈타인 해석, 많은 세계 해석, 코펜하겐 해석, 보른 해석 말고도 다른 해석들이 있고, 학회에 참석한 이들은 각각 하나의 해석만을 받아들인다.
- 상태 오그라듦 가설을 받아들이는 이들은 모두 5명이고, 나머지는 이 가설을 받아들이지 않는다.
- 상태 오그라듦 가설을 받아들이는 이들은 코펜하겐 해석이나 보른 해석을 받아들인다.
- 코펜하겐 해석이나 보른 해석을 받아들이는 이들은 상태 오그라듦 가설을 받아들인다.
- B는 코펜하겐 해석을 받아들이고, C는 보른 해석을 받아들인다.
- A와 D는 상태 오그라듦 가설을 받아들인다.
- 아인슈타인 해석을 받아들이는 이가 있다.

① 적어도 한 명은 많은 세계 해석을 받아들인다.
② 만일 보른 해석을 받아들이는 이가 두 명이면, A와 D가 받아들이는 해석은 다르다.
③ 만일 A와 D가 받아들이는 해석이 다르다면, 적어도 두 명은 코펜하겐 해석을 받아들인다.
④ 만일 오직 한 명만이 많은 세계 해석을 받아들인다면, 아인슈타인 해석을 받아들이는 이는 두 명이다.
⑤ 만일 코펜하겐 해석을 받아들이는 이가 세 명이면, A와 D 가운데 적어도 한 명은 보른 해석을 받아들인다.

문 20. **다음 글의 〈실험 결과〉에서 추론할 수 있는 것은?**

연구자 K는 동물의 뇌 구조 변화가 일어나는 방식을 규명하기 위해 다음의 실험을 수행했다. 실험용 쥐를 총 세 개의 실험군으로 나누었다. 실험군1의 쥐에게는 운동은 최소화하면서 학습을 시키는 '학습 위주 경험'을 하도록 훈련시켰다. 실험군2의 쥐에게는 특별한 기술을 학습할 필요 없이 수행할 수 있는 쳇바퀴 돌리기를 통해 '운동 위주 경험'을 하도록 훈련시켰다. 실험군3의 쥐에게는 어떠한 학습이나 운동도 시키지 않았다.

〈실험 결과〉

- 뇌 신경세포 한 개당 시냅스의 수는 실험군1의 쥐에서 크게 증가했고 실험군2와 3의 쥐에서는 거의 변하지 않았다.
- 뇌 신경세포 한 개당 모세혈관의 수는 실험군2의 쥐에서 크게 증가했고 실험군1과 3의 쥐에서는 거의 변하지 않았다.
- 실험군1의 쥐에서는 대뇌 피질의 지각 영역에서 구조 변화가 나타났고, 실험군2의 쥐에서는 대뇌 피질의 운동 영역과 더불어 운동 활동을 조절하는 소뇌에서 구조 변화가 나타났다. 실험군3의 쥐에서는 뇌 구조 변화가 거의 나타나지 않았다.

① 대뇌 피질의 구조 변화는 학습 위주 경험보다 운동 위주 경험에 더 큰 영향을 받는다.
② 학습 위주 경험은 뇌의 신경세포당 시냅스의 수에, 운동 위주 경험은 뇌의 신경세포당 모세혈관의 수에 영향을 미친다.
③ 학습 위주 경험과 운동 위주 경험은 뇌의 특정 부위에 있는 신경세포의 수를 늘려 그 부위의 뇌 구조를 변하게 한다.
④ 특정 형태의 경험으로 인해 뇌의 특정 영역에 발생한 구조 변화가 뇌의 신경세포당 모세혈관 또는 시냅스의 수를 변화시킨다.
⑤ 뇌가 영역별로 특별한 구조를 갖는 것이 그 영역에서 신경세포당 모세혈관 또는 시냅스의 수를 변화시켜 특정 형태의 경험을 더 잘 수행할 수 있게 한다.

문 21. 다음 글의 〈실험 결과〉에 대한 판단으로 적절한 것만을 〈보기〉에서 모두 고르면?

> 박쥐 X가 잡아먹을 수컷 개구리의 위치를 찾기 위해 사용하는 방법에는 두 가지가 있다. 하나는 수컷 개구리의 울음소리를 듣고 위치를 찾아내는 '음탐지' 방법이다. 다른 하나는 X가 초음파를 사용하여, 울음소리를 낼 때 커졌다 작아졌다 하는 울음주머니의 움직임을 포착하여 위치를 찾아내는 '초음파탐지' 방법이다. 울음주머니의 움직임이 없으면 이 방법으로 수컷 개구리의 위치를 찾을 수 없다.
>
> 〈실 험〉
>
> 한 과학자가 수컷 개구리를 모방한 두 종류의 로봇개구리를 제작했다. 로봇개구리 A는 수컷 개구리의 울음소리를 내고, 커졌다 작아졌다 하는 울음주머니도 가지고 있다. 로봇개구리 B는 수컷 개구리의 울음소리만 내고, 커졌다 작아졌다 하는 울음주머니는 없다. 같은 수의 A 또는 B를 크기는 같지만 서로 다른 환경의 세 방 안에 같은 위치에 두었다. 세 방의 환경은 다음과 같다.
>
> • 방1 : 로봇개구리 소리만 들리는 환경
> • 방2 : 로봇개구리 소리뿐만 아니라, 로봇개구리가 있는 곳과 다른 위치에서 로봇개구리 소리와 같은 소리가 추가로 들리는 환경
> • 방3 : 로봇개구리 소리뿐만 아니라, 로봇개구리가 있는 곳과 다른 위치에서 로봇개구리 소리와 전혀 다른 소리가 추가로 들리는 환경
>
> 각 방에 같은 수의 X를 넣고 실제로 로봇개구리를 잡아먹기 위해 공격하는 데 걸리는 평균 시간을 측정했다. X가 로봇개구리의 위치를 빨리 알아낼수록 공격하는 데 걸리는 시간은 짧다.
>
> 〈실험 결과〉
>
> • 방1 : A를 넣은 경우는 3.4초였고 B를 넣은 경우는 3.3초로 둘 사이에 유의미한 차이는 없었다.
> • 방2 : A를 넣은 경우는 8.2초였고 B를 넣은 경우는 공격하지 않았다.
> • 방3 : A를 넣은 경우는 3.4초였고 B를 넣은 경우는 3.3초로 둘 사이에 유의미한 차이는 없었다.

〈보 기〉

ㄱ. 방1과 2의 〈실험 결과〉는, X가 음탐지 방법이 방해를 받는 환경에서는 초음파탐지 방법을 사용한다는 가설을 강화한다.
ㄴ. 방2와 3의 〈실험 결과〉는, X가 소리의 종류를 구별할 수 있다는 가설을 강화한다.
ㄷ. 방1과 3의 〈실험 결과〉는, 수컷 개구리의 울음소리와 전혀 다른 소리가 들리는 환경에서는 X가 초음파탐지 방법을 사용한다는 가설을 강화한다.

① ㄱ
② ㄷ
③ ㄱ, ㄴ
④ ㄴ, ㄷ
⑤ ㄱ, ㄴ, ㄷ

문 22. 다음 글에 대한 분석으로 적절한 것만을 〈보기〉에서 모두 고르면?

> '자연화'란 자연과학의 방법론에 따라 자연과학이 수용하는 존재론을 토대 삼아 연구를 수행한다는 의미이다. 심리학을 자연과학의 하나라고 생각하는 철학자 A는, 인식론의 자연화를 주장하기 위해 다음의 〈논증〉을 제시하였다.
>
> 〈논 증〉
>
> (1) 전통적 인식론은 적어도 다음의 두 가지 목표를 가진다. 첫째, 세계에 관한 믿음을 정당화하는 것이고, 둘째, 세계에 관한 믿음을 나타내는 문장을 감각 경험을 나타내는 문장으로 번역하는 것이다.
> (2) 전통적 인식론은 첫째 목표도 달성할 수 없고 둘째 목표도 달성할 수 없다.
> (3) 만약 전통적 인식론이 이 두 가지 목표 중 어느 하나라도 달성할 수가 없다면, 전통적 인식론은 폐기되어야 한다.
> (4) 전통적 인식론은 폐기되어야 한다.
> (5) 만약 전통적 인식론이 폐기되어야 한다면, 인식론자는 전통적 인식론 대신 심리학을 연구해야 한다.
> (6) 인식론자는 전통적 인식론 대신 심리학을 연구해야 한다.

〈보 기〉

ㄱ. 전통적 인식론의 목표에 (1)의 '두 가지 목표' 외에 "세계에 관한 믿음이 형성되는 과정을 규명하는 것"이 추가된다면, 위 논증에서 (6)은 도출되지 않는다.
ㄴ. (2)를 "전통적 인식론은 첫째 목표를 달성할 수 없거나 둘째 목표를 달성할 수 없다."로 바꾸어도 위 논증에서 (6)이 도출된다.
ㄷ. (4)는 논증 안의 어떤 진술들로부터 나오는 결론일 뿐만 아니라 논증 안의 다른 진술의 전제이기도 하다.

① ㄱ
② ㄷ
③ ㄱ, ㄴ
④ ㄴ, ㄷ
⑤ ㄱ, ㄴ, ㄷ

문 23. 다음 글에 대한 분석으로 적절한 것만을 〈보기〉에서 모두 고르면?

> 어떤 사람이 당신에게 다음과 같이 제안했다고 하자. 당신은 호화 여행을 즐기게 된다. 다만 먼저 10만 원을 내야 한다. 여기에 하나의 추가 조건이 있다. 그것은 제안자의 말인 아래의 (1)이 참이면 그는 10만 원을 돌려주지 않고 약속대로 호화 여행은 제공하는 반면, (1)이 거짓이면 그는 10만 원을 돌려주고 약속대로 호화 여행도 제공한다는 것이다.
>
> (1) 나는 당신에게 10만 원을 돌려주거나 ⓐ 당신은 나에게 10억 원을 지불한다.
>
> 당신은 이 제안을 받아들였고 10만 원을 그에게 주었다.
>
> 이때 어떤 결과가 따를지 검토해 보자. (1)은 참이거나 거짓일 것이다. (1)이 거짓이라고 가정해 보자. 그러면 추가 조건에 따라 그는 당신에게 10만 원을 돌려준다. 또한 가정상 (1)이 거짓이므로, ㉠ 그는 당신에게 10만 원을 돌려주지 않는다. 결국 (1)이 거짓이라고 가정하면 그는 당신에게 10만 원을 돌려준다는 것과 돌려주지 않는다는 것이 모두 성립한다. 이는 가능하지 않다. 따라서 ㉡ (1)은 참일 수밖에 없다. 그런데 (1)이 참이라면 추가 조건에 따라 그는 당신에게 10만 원을 돌려주지 않는다. 따라서 ⓐ가 반드시 참이어야 한다. 즉, ㉢ 당신은 그에게 10억 원을 지불한다.

〈보 기〉

ㄱ. ㉠을 추론하는 데는 'A이거나 B'의 형식을 가진 문장이 거짓이면 A도 B도 모두 반드시 거짓이라는 원리가 사용되었다.

ㄴ. ㉡을 추론하는 데는 어떤 가정하에서 같은 문장의 긍정과 부정이 모두 성립하는 경우 그 가정의 부정은 반드시 참이라는 원리가 사용되었다.

ㄷ. ㉢을 추론하는 데는 'A이거나 B'라는 형식의 참인 문장에서 A가 거짓인 경우 B는 반드시 참이라는 원리가 사용되었다.

① ㄱ
② ㄷ
③ ㄱ, ㄴ
④ ㄴ, ㄷ
⑤ ㄱ, ㄴ, ㄷ

문 24. 다음 글의 ㉠과 ㉡에 대한 평가로 적절한 것만을 〈보기〉에서 모두 고르면?

> 연역과 귀납, 이 두 종류의 방법은 지적 작업에서 사용될 수 있는 모든 추론을 포괄한다. 철학과 과학을 비롯한 모든 지적 작업에 연역적 방법이 필수적이라는 것을 부정하는 사람은 아무도 없다. 귀납적 방법의 경우 사정은 크게 다르다. 귀납적 방법이 철학적 작업에 들어설 여지가 없다고 믿는 사람이 있는가 하면, 한 걸음 더 나아가 어떠한 지적 작업에도 귀납적 방법이 불필요하다고 주장하는 사람들도 있다.
>
> ㉠ 귀납적 방법이 철학이라는 지적 작업에서 불필요하다는 견해는 독단적인 철학관에 근거한다. 이런 견해에 따르면 철학적 주장의 정당성은 선험적인 것으로, 경험적 지식을 확장하기 위해 사용되는 귀납적 방법에 의존할 수 없다. 그러나 이런 견해는 철학적 주장이 경험적 가설에 의존해서는 안 된다는 부당하게 편협한 철학관과 '귀납적 방법'의 모호성을 딛고 서 있다. 실제로 철학사에 나타나는 목적론적 신 존재 증명이나 외부 세계의 존재에 관한 형이상학적 논증 가운데는 귀납적 방법인 유비 논증과 귀추법을 교묘히 적용하고 있는 것도 있다.
>
> ㉡ 모든 지적 작업에서 귀납적 방법의 필요성을 부정하는 견해는 중요한 철학적 성과를 낳기도 하였다. 포퍼의 철학이 그런 사례 가운데 하나이다. 포퍼는 귀납적 방법의 정당화 가능성에 관한 회의적 결론을 받아들이고, 과학의 탐구가 귀납적 방법으로 진행된다는 견해는 근거가 없음을 보인다. 그에 따르면, 과학의 탐구 과정은 연역 논리 법칙에 따라 전개되는 추측과 반박의 작업으로 이루어진다. 이런 포퍼의 이론은 귀납적 방법의 필요성에 대한 전면적인 부정이 낳을 수 있는 흥미로운 결과 가운데 하나라고 할 수 있다.

〈보 기〉

ㄱ. 과학의 탐구가 귀납적 방법에 의해 진행된다는 주장은 ㉠을 반박한다.

ㄴ. 철학의 일부 논증에서 귀추법의 사용이 불가피하다는 주장은 ㉡을 반박한다.

ㄷ. 연역 논리와 경험적 가설 모두에 의존하는 지적 작업이 있다는 주장은 ㉠과 ㉡을 모두 반박한다.

① ㄱ
② ㄴ
③ ㄱ, ㄷ
④ ㄴ, ㄷ
⑤ ㄱ, ㄴ, ㄷ

문 25. **다음 글의 갑~병에 대한 판단으로 적절한 것만을 〈보기〉에서 모두 고르면?**

다음 두 삼단논법을 보자.

(1) 모든 춘천시민은 강원도민이다.
모든 강원도민은 한국인이다.
따라서 모든 춘천시민은 한국인이다.

(2) 모든 수학 고득점자는 우등생이다.
모든 과학 고득점자는 우등생이다.
따라서 모든 수학 고득점자는 과학 고득점자이다.

(1)은 타당한 삼단논법이지만 (2)는 부당한 삼단논법이다. 하지만 어떤 사람들은 (2)도 타당한 논증이라고 잘못 판단한다. 왜 이런 오류가 발생하는지 설명하기 위해 세 가지 입장이 제시되었다.

갑 : 사람들은 '모든 A는 B이다'를 '모든 B는 A이다'로 잘못 바꾸는 경향이 있다. '어떤 A도 B가 아니다'나 '어떤 A는 B이다'라는 형태에서는 A와 B의 자리를 바꾸더라도 아무런 문제가 없다. 하지만 '모든 A는 B이다'라는 형태에서는 A와 B의 자리를 바꾸면 논리적 오류가 생겨난다.

을 : 사람들은 '모든 A는 B이다'를 약한 의미로 이해해야 하는데도 강한 의미로 이해하는 잘못을 저지르는 경향이 있다. 여기서 약한 의미란 그것을 'A는 B에 포함된다'로 이해하는 것이고, 강한 의미란 그것을 'A는 B에 포함되고 또한 B는 A에 포함된다'는 뜻에서 'A와 B가 동일하다'로 이해하는 것이다.

병 : 사람들은 전제가 모두 '모든 A는 B이다'라는 형태의 명제로 이루어진 것일 경우에는 결론도 그런 형태이기만 하면 타당하다고 생각하고, 전제 가운데 하나가 '어떤 A는 B이다'라는 형태의 명제로 이루어진 것일 경우에는 결론도 그런 형태이기만 하면 타당하다고 생각하는 경향이 있다.

〈보 기〉

ㄱ. 대다수의 사람이 "어떤 과학자는 운동선수이다. 어떤 철학자도 과학자가 아니다."라는 전제로부터 "어떤 철학자도 운동선수가 아니다."를 타당하게 도출할 수 있는 결론이라고 응답했다는 심리 실험 결과는 갑에 의해 설명된다.

ㄴ. 대다수의 사람이 "모든 적색 블록은 구멍이 난 블록이다. 모든 적색 블록은 삼각 블록이다."라는 전제로부터 "모든 구멍이 난 블록은 삼각 블록이다."를 타당하게 도출할 수 있는 결론이라고 응답했다는 심리 실험 결과는 을에 의해 설명된다.

ㄷ. 대다수의 사람이 "모든 물리학자는 과학자이다. 어떤 컴퓨터 프로그래머는 과학자이다."라는 전제로부터 "어떤 컴퓨터 프로그래머는 물리학자이다."를 타당하게 도출할 수 있는 결론이라고 응답했다는 심리 실험 결과는 병에 의해 설명된다.

① ㄱ
② ㄷ
③ ㄱ, ㄴ
④ ㄴ, ㄷ
⑤ ㄱ, ㄴ, ㄷ

문 1. 다음 〈표〉는 2021년 우리나라 17개 지역의 도시재생사업비이다. 이에 대한 〈보기〉의 설명 중 옳은 것만을 모두 고르면?

〈표〉 지역별 도시재생사업비

(단위 : 억 원)

지역	사업비
서울	160
부산	240
대구	200
인천	80
광주	160
대전	160
울산	120
세종	0
경기	360
강원	420
충북	300
충남	320
전북	280
전남	320
경북	320
경남	440
제주	120
전체	( )

〈보 기〉

ㄱ. 부산보다 사업비가 많은 지역은 8개이다.
ㄴ. 사업비 상위 2개 지역의 사업비 합은 사업비 하위 4개 지역의 사업비 합의 2배 이상이다.
ㄷ. 사업비가 전체 사업비의 10% 이상인 지역은 2개이다.

① ㄱ
② ㄷ
③ ㄱ, ㄴ
④ ㄴ, ㄷ
⑤ ㄱ, ㄴ, ㄷ

문 2. 다음 〈표〉는 전분기 대비 2분기의 권역별 지역경제 동향을 부문별로 정리한 자료이다. 이에 대한 〈보고서〉의 내용이 〈표〉와 부합하지 않은 부문은?

〈표〉 전분기 대비 2분기의 권역별 지역경제 동향

부문 \ 권역	수도권	동남권	충청권	호남권	대경권	강원권	제주권
제조업 생산	▲	–	▲	▲	▲	–	▽
서비스업 생산	–	▽	–	▽	–	–	▲
소비	▲	▽	–	–	–	–	–
설비투자	▲	–	▲	▲	▲	–	–
건설투자	–	▲	▽	▽	–	▽	▽
수출	▲	▽	▲	▲	▲	▲	–

※ 전분기 대비 경제동향은 ▲(증가), –(보합), ▽(감소)로만 구분됨

〈보고서〉

제조업 생산은 수도권과 충청권, 호남권, 대경권이 '증가'이고, 동남권 및 강원권이 '보합', 제주권이 '감소'였다. 서비스업 생산은 제주권이 '증가'이고, 동남권과 호남권이 '감소'인 가운데 나머지 권역이 '보합'이었다. 소비는 수도권이 '증가'이고 동남권이 '감소'였으며, 나머지 권역의 소비는 모두 '보합'이었다. 설비투자는 수도권과 충청권, 호남권, 대경권이 '증가'이고 나머지 권역이 '보합'이었다. 건설투자는 동남권만 '증가'인 반면, 수출은 동남권을 제외한 모든 권역이 '증가'였다.

① 제조업 생산
② 서비스업 생산
③ 소비
④ 건설투자
⑤ 수출

문 3. 다음 〈표〉는 2014~2018년 독립유공자 포상 인원에 관한 자료이다. 이에 대한 〈보기〉의 설명 중 옳은 것만을 모두 고르면?

〈표〉 연도별 독립유공자 포상 인원

(단위 : 명)

연도 \ 훈격	전체	건국훈장				건국포장	대통령표창
			독립장	애국장	애족장		
2014	341(10)	266(2)	4(0)	111(1)	151(1)	30(2)	45(6)
2015	510(21)	326(3)	2(0)	130(0)	194(3)	74(5)	110(13)
2016	312(14)	204(4)	0(0)	87(0)	117(4)	36(2)	72(8)
2017	269(11)	152(8)	1(0)	43(0)	108(8)	43(1)	74(2)
2018	355(60)	150(11)	0(0)	51(2)	99(9)	51(9)	154(40)

※ ( ) 안은 포상 인원 중 여성 포상 인원임

〈보 기〉

ㄱ. 여성 건국훈장 포상 인원은 매년 증가한다.

ㄴ. 매년 건국훈장 포상 인원은 전체 포상 인원의 절반 이상이다.

ㄷ. 남성 애국장 포상 인원과 남성 애족장 포상 인원의 차이가 가장 큰 해는 2015년이다.

ㄹ. 건국포장 포상 인원 중 여성 비율이 가장 낮은 해에는 대통령표창 포상 인원 중 여성 비율도 가장 낮다.

① ㄱ, ㄴ

② ㄱ, ㄹ

③ ㄴ, ㄷ

④ ㄱ, ㄷ, ㄹ

⑤ ㄴ, ㄷ, ㄹ

문 4. 다음 〈표〉는 2020년 '갑'국 관세청의 민원 상담 현황에 관한 자료이고, 〈그림〉은 상담내용 A와 B의 민원인별 상담건수 구성비를 나타낸 자료이다. 이를 근거로 A와 B를 바르게 나열한 것은?

〈표〉 2020년 민원 상담 현황

(단위 : 건)

상담내용 \ 민원인	관세사	무역업체	개인	세관	선사/항공사	기타	합계
전산처리	24,496	63,475	48,658	1,603	4,851	4,308	147,391
수입	24,857	5,361	4,290	7,941	400	664	43,513
사전검증	22,228	5,179	1,692	241	2,247	3,586	35,173
징수	9,948	5,482	3,963	3,753	182	476	23,804
요건신청	4,944	12,072	380	37	131	251	17,815
수출	6,678	4,196	3,053	1,605	424	337	16,293
화물	3,846	896	36	3,835	2,619	3,107	14,339
환급	3,809	1,040	79	1,815	13	101	6,857

〈그림〉 상담내용 A와 B의 민원인별 상담건수 구성비(2020년)

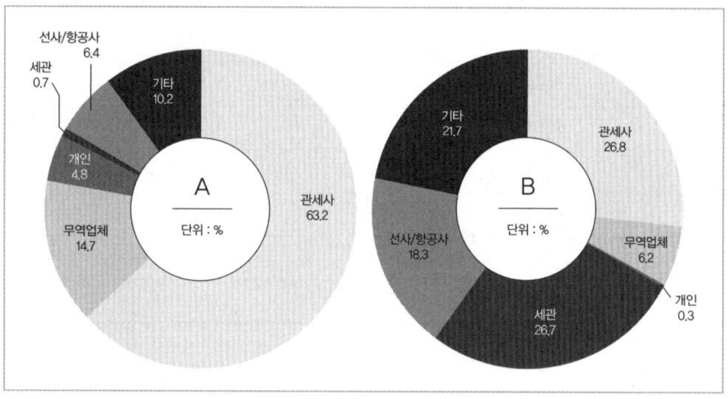

	A	B
①	수입	요건신청
②	사전검증	화물
③	사전검증	환급
④	환급	요건신청
⑤	환급	화물

문 5. **다음 〈표〉는 '갑'잡지가 발표한 세계 스포츠 구단 중 2020년 가치액 기준 상위 10개 구단에 관한 자료이다. 이에 대한 〈보기〉의 설명 중 옳은 것만을 모두 고르면?**

〈표〉 2020년 가치액 상위 10개 스포츠 구단

(단위 : 억 달러)

순위	구단	종목	가치액
1(1)	A	미식축구	58(58)
2(2)	B	야구	50(50)
3(5)	C	농구	45(39)
4(8)	D	농구	44(36)
5(9)	E	농구	42(33)
6(3)	F	축구	41(42)
7(7)	G	미식축구	40(37)
8(4)	H	축구	39(41)
9(11)	I	미식축구	37(31)
10(6)	J	축구	36(38)

※ ( ) 안은 2019년도 값임

〈보 기〉

ㄱ. 2020년 상위 10개 스포츠 구단 중 전년보다 순위가 상승한 구단이 순위가 하락한 구단보다 많다.

ㄴ. 2020년 상위 10개 스포츠 구단 중 미식축구 구단 가치액 합은 농구 구단 가치액 합보다 크다.

ㄷ. 2020년 상위 10개 스포츠 구단 중 전년 대비 가치액 상승률이 가장 큰 구단의 종목은 미식축구이다.

ㄹ. 연도별 상위 10개 스포츠 구단의 가치액 합은 2019년이 2020년보다 크다.

① ㄱ, ㄴ
② ㄱ, ㄹ
③ ㄷ, ㄹ
④ ㄱ, ㄴ, ㄷ
⑤ ㄴ, ㄷ, ㄹ

문 6. **다음 〈표〉와 〈보고서〉는 A시 청년의 희망직업 취업 여부에 관한 조사 결과이다. 제시된 〈표〉 이외에 〈보고서〉를 작성하기 위해 추가로 이용한 자료만을 〈보기〉에서 모두 고르면?**

〈표〉 전공계열별 희망직업 취업 현황

(단위 : 명, %)

구분 \ 전공계열	전체	인문사회계열	이공계열	의약/교육/예체능계열
취업자 수	2,988	1,090	1,054	844
희망직업 취업률	52.3	52.4	43.0	63.7
희망직업 외 취업률	47.7	47.6	57.0	36.3

〈보고서〉

A시의 취업한 청년 2,988명을 대상으로 조사한 결과 52.3%가 희망직업에 취업했다고 응답하였다. 전공계열별로 살펴보면 의약/교육/예체능계열, 인문사회계열, 이공계열 순으로 희망직업 취업률이 높게 나타났다.

전공계열별로 희망직업을 선택한 동기를 살펴보면 이공계열과 의약/교육/예체능계열의 경우 '전공분야'라고 응답한 비율이 각각 50.3%와 49.9%였고, 인문사회계열은 그 비율이 33.3%였다. 전공계열별 희망직업의 선호도 분포를 분석한 결과, 인문사회계열은 '경영', 이공계열은 '연구직', 그리고 의약/교육/예체능계열은 '보건 · 의료 · 교육'에 대한 선호도가 가장 높았다.

한편, 전공계열별로 희망직업에 취업한 청년과 희망직업 외에 취업한 청년의 직장 만족도를 살펴보면 차이가 가장 큰 계열은 이공계열로 0.41점이었다.

〈보 기〉

ㄱ. 구인 · 구직 추이

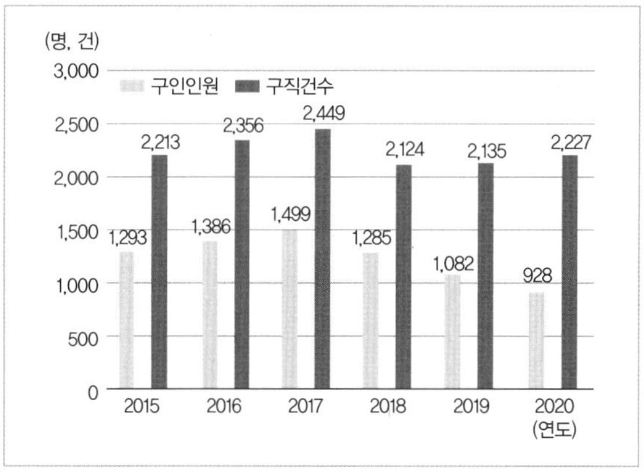

ㄴ. 전공계열별 희망직업 선호도 분포

(단위 : %)

희망직업 \ 전공계열	전체	인문사회계열	이공계열	의약/교육/예체능계열
경영	24.2	47.7	15.4	5.1
연구직	19.8	1.9	52.8	1.8
보건 · 의료 · 교육	33.2	28.6	14.6	62.2
예술 · 스포츠	10.7	8.9	4.2	21.2
여행 · 요식	8.7	12.2	5.5	8.0
생산 · 농림어업	3.4	0.7	7.5	1.7

ㄷ. 전공계열별 희망직업 선택 동기 구성비

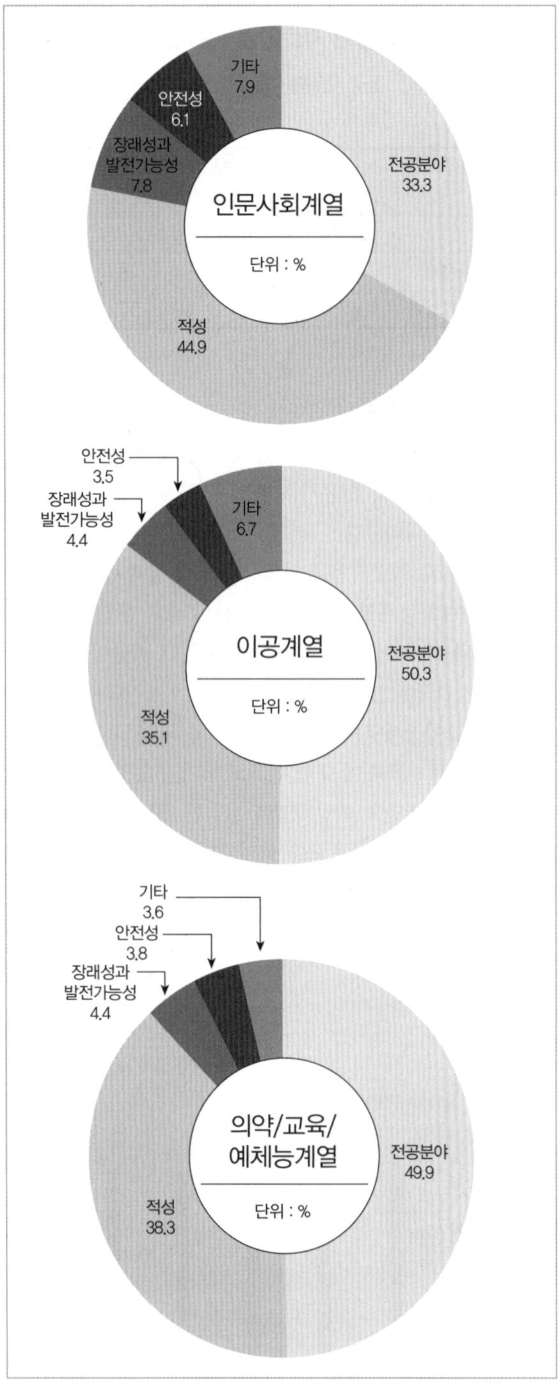

ㄹ. 희망직업 취업여부에 따른 항목별 직장 만족도(5점 만점)

(단위 : 점)

항목 / 희망직업 취업여부	업무내용	소득	고용안정
전체	3.72	3.57	3.28
희망직업 취업	3.83	3.70	3.35
희망직업 외 취업	3.59	3.42	3.21

① ㄱ, ㄷ

② ㄱ, ㄹ

③ ㄴ, ㄷ

④ ㄱ, ㄴ, ㄹ

⑤ ㄴ, ㄷ, ㄹ

문 7. 다음 〈표〉는 A프로세서 성능 평가를 위한 8개 프로그램 수행 결과에 관한 자료이다. 이에 대한 설명으로 옳은 것은?

〈표〉 A프로세서 성능 평가를 위한 8개 프로그램 수행 결과

(단위 : 십억 개, 초)

항목 / 프로그램	명령어 수	CPI	수행시간	기준시간	성능지표
숫자 정렬	2,390	0.70	669	9,634	14.4
문서 편집	221	2.66	235	9,120	38.8
인공지능 바둑	1,274	1.10	( )	10,490	18.7
유전체 분석	2,616	0.60	628	9,357	14.9
인공지능 체스	1,948	0.80	623	12,100	19.4
양자 컴퓨팅	659	0.44	116	20,720	178.6
영상 압축	3,793	0.50	759	22,163	29.2
내비게이션	1,250	1.00	500	7,020	( )

※ 1) CPI(Clock Cycles per Instruction) $= \frac{\text{클럭 사이클 수}}{\text{명령어 수}}$

2) 성능지표 $= \frac{\text{기준시간}}{\text{수행시간}}$

① 명령어 수가 많은 프로그램일수록 수행시간이 길다.

② CPI가 가장 낮은 프로그램은 기준시간이 가장 길다.

③ 수행시간은 인공지능 바둑이 내비게이션보다 짧다.

④ 기준시간이 짧은 프로그램일수록 클럭 사이클 수가 적다.

⑤ 성능지표가 가장 낮은 프로그램은 내비게이션이다.

문 8. 다음 〈표〉와 〈그림〉은 2019년 '갑'국의 A~J 지역별 산불피해 현황에 관한 자료이다. 이에 대한 〈보기〉의 설명 중 옳은 것만을 모두 고르면?

〈표〉 A~J 지역별 산불 발생건수

(단위 : 건)

지역	A	B	C	D	E	F	G	H	I	J
산불 발생건수	516	570	350	277	197	296	492	623	391	165

〈그림 1〉 A~J 지역별 산불 발생건수 및 피해액

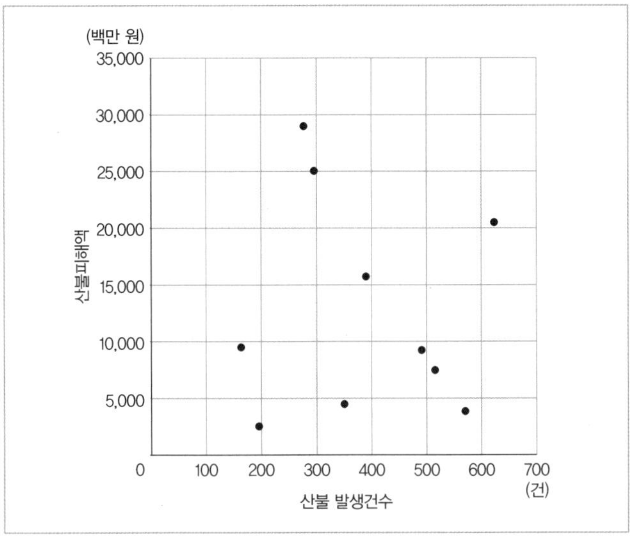

※ 산불 피해액은 산불로 인한 손실 금액을 의미함

〈그림 2〉 A~J 지역별 산불 발생건수 및 피해재적

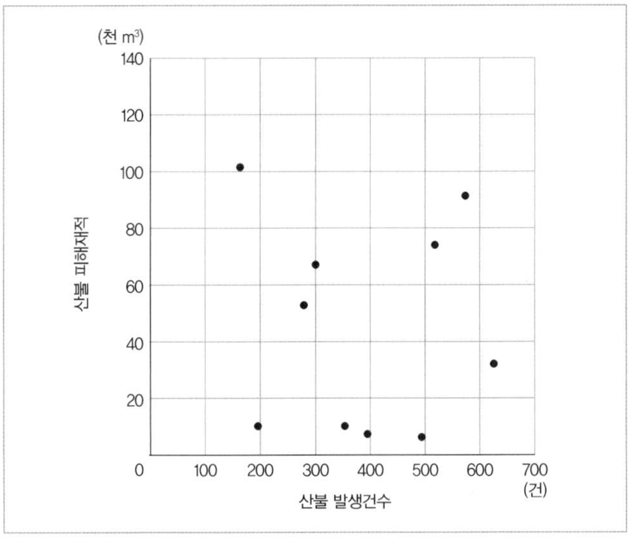

※ 산불 피해재적은 산불 피해를 입은 입목의 재적을 의미함

〈그림 3〉 A~J 지역별 산불 발생건수 및 발생건당 피해면적

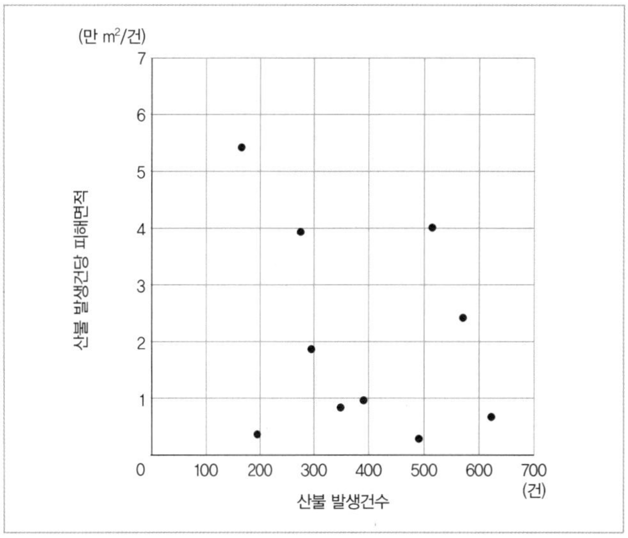

※ 산불 피해면적은 산불이 발생하여 지상입목, 관목, 시초 등을 연소시키면서 지나간 면적을 의미함

〈보 기〉

ㄱ. 산불 발생건당 피해면적은 J지역이 가장 크다.

ㄴ. 산불 발생건당 피해재적은 B지역이 가장 크고 E지역이 가장 작다.

ㄷ. 산불 발생건당 피해액은 D지역이 가장 크고 B지역이 가장 작다.

ㄹ. 산불 피해면적은 H지역이 가장 크고 E지역이 가장 작다.

① ㄱ, ㄴ

② ㄱ, ㄷ

③ ㄱ, ㄹ

④ ㄴ, ㄷ

⑤ ㄷ, ㄹ

문 9. 다음 〈표〉는 2020년 '갑'국 A~E 지역의 월별 최대 순간 풍속과 타워크레인 작업 유형별 작업제한 기준 순간 풍속에 관한 자료이다. 〈표〉와 〈정보〉에 근거하여 '가'~'다'를 큰 것부터 순서대로 나열한 것은?

〈표 1〉 A~E 지역의 월별 최대 순간 풍속

(단위 : m/s)

월 \ 지역	A	B	C	D	E
1	15.7	12.8	18.4	26.9	23.4
2	14.5	13.5	19.0	25.7	(다)
3	19.5	17.5	21.5	23.5	24.5
4	18.9	16.7	19.8	24.7	26.0
5	13.7	21.0	14.1	22.8	21.5
6	16.5	18.8	17.0	29.0	24.0
7	16.8	22.0	25.0	32.3	31.5
8	15.8	29.6	25.2	33.0	31.6
9	21.5	19.9	(나)	32.7	34.2
10	18.2	16.3	19.5	21.4	28.8
11	12.0	17.3	20.1	22.2	19.2
12	19.4	(가)	20.3	26.0	23.9

〈표 2〉 타워크레인 작업 유형별 작업제한 기준 순간 풍속

(단위 : m/s)

타워크레인 작업 유형	설치	운전
작업제한 기준 순간 풍속	15	20

※ 순간 풍속이 타워크레인 작업 유형별 작업제한 기준 이상인 경우, 해당 작업 유형에 대한 작업제한 조치가 시행됨

〈정 보〉

- B지역에서 타워크레인 작업제한 조치가 한 번도 시행되지 않은 '월'은 3개이다.
- 매월 C지역의 최대 순간 풍속은 A지역보다 높고 D지역보다 낮다.
- E지역에서 '설치' 작업제한 조치는 매월 시행되었고 '운전' 작업제한 조치는 2개 '월'을 제외한 모든 '월'에 시행되었다.

① 가, 나, 다
② 가, 다, 나
③ 나, 가, 다
④ 나, 다, 가
⑤ 다, 가, 나

문 10. 다음 〈표〉는 5개국의 발전원별 발전량 및 비중에 관한 자료이다. 이에 대한 설명으로 옳지 않은 것은?

〈표〉 5개국의 발전원별 발전량 및 비중

(단위 : TWh, %)

국가	연도 \ 발전원	원자력	화력			수력	신재생 에너지	전체
			석탄	LNG	유류			
독일	2010	140.6 (22.2)	273.5 (43.2)	90.4 (14.3)	8.7 (1.4)	27.4 (4.3)	92.5 (14.6)	633.1 (100.0)
	2015	91.8 (14.2)	283.7 (43.9)	63.0 (9.7)	6.2 (1.0)	24.9 (3.8)	177.3 (27.4)	646.9 (100.0)
미국	2010	838.9 (19.2)	1,994.2 (45.5)	1,017.9 (23.2)	48.1 (1.1)	286.3 (6.5)	193.0 (4.4)	4,378.4 (100.0)
	2015	830.3 (19.2)	1,471.0 (34.1)	1,372.6 (31.8)	38.8 (0.9)	271.1 (6.3)	333.3 ( )	4,317.1 (100.0)
프랑스	2010	428.5 (75.3)	26.3 (4.6)	23.8 (4.2)	5.5 (1.0)	67.5 (11.9)	17.5 (3.1)	569.1 (100.0)
	2015	437.4 ( )	12.2 (2.1)	19.8 (3.5)	2.2 (0.4)	59.4 (10.4)	37.5 (6.6)	568.5 (100.0)
영국	2010	62.1 (16.3)	108.8 (28.5)	175.3 (45.9)	5.0 (1.3)	6.7 (1.8)	23.7 (6.2)	381.6 (100.0)
	2015	70.4 (20.8)	76.7 (22.6)	100.0 (29.5)	2.1 (0.6)	9.0 (2.7)	80.9 ( )	339.1 (100.0)
일본	2010	288.2 (25.1)	309.5 (26.9)	318.6 (27.7)	100.2 (8.7)	90.7 (7.9)	41.3 (3.6)	1,148.5 (100.0)
	2015	9.4 (0.9)	343.2 (33.0)	409.8 (39.4)	102.5 (9.8)	91.3 (8.8)	85.1 (8.2)	1,041.3 (100.0)

※ 발전원은 원자력, 화력, 수력, 신재생 에너지로만 구성됨

① 2015년 프랑스의 전체 발전량 중 원자력 발전량의 비중은 75% 이하이다.
② 영국의 전체 발전량 중 신재생 에너지 발전량의 비중은 2010년 대비 2015년에 15%p 이상 증가하였다.
③ 2010년 석탄 발전량은 미국이 일본의 6배 이상이다.
④ 2010년 대비 2015년 전체 발전량이 증가한 국가는 독일뿐이다.
⑤ 2010년 대비 2015년 각 국가에서 신재생 에너지의 발전량과 비중은 모두 증가하였다.

문 11. 다음 〈표〉와 〈보고서〉는 2019년 전국 안전체험관과 생활안전에 관한 자료이다. 제시된 〈표〉 이외에 〈보고서〉를 작성하기 위해 추가로 이용한 자료만을 〈보기〉에서 모두 고르면?

〈표〉 2019년 전국 안전체험관 규모별 현황

(단위 : 개소)

전체	대형		중형		소형
	일반	특성화	일반	특성화	
473	25	7	5	2	434

〈보고서〉

2019년 생활안전 통계에 따르면 전국 473개소의 안전체험관이 운영 중인 것으로 확인되었다. 전국 안전체험관을 규모별로 살펴보면, 대형이 32개소, 중형이 7개소, 소형이 434개소였다. 이 중 대형 안전체험관은 서울이 가장 많고 경북, 충남이 그 뒤를 이었다.

전국 안전사고 사망자 수는 2015년 이후 매년 감소하다가 2018년에는 증가하였다. 교통사고 사망자 수는 2015년 이후 매년 줄어들었고, 특히 2018년에 전년 대비 11.2% 감소하였다.

2019년 분야별 지역안전지수 1등급 지역을 살펴보면 교통사고 분야는 서울, 경기, 화재 분야는 광주, 생활안전 분야는 경기, 부산으로 나타났다.

〈보 기〉

ㄱ. 연도별 전국 교통사고 사망자 수

(단위 : 명)

연도	2015	2016	2017	2018
사망자 수	4,380	4,019	3,973	3,529

ㄴ. 분야별 지역안전지수 4년 연속(2015~2018년) 1등급, 5등급 지역(시 · 도)

분야 / 등급	교통사고	화재	범죄	생활안전	자살
1등급	서울, 경기	-	세종	경기	경기
5등급	전남	세종	제주	제주	부산

ㄷ. 연도별 전국 안전사고 사망자 수

(단위 : 명)

연도	2015	2016	2017	2018
사망자 수	31,582	30,944	29,545	31,111

ㄹ. 2018년 지역별 안전체험관 수

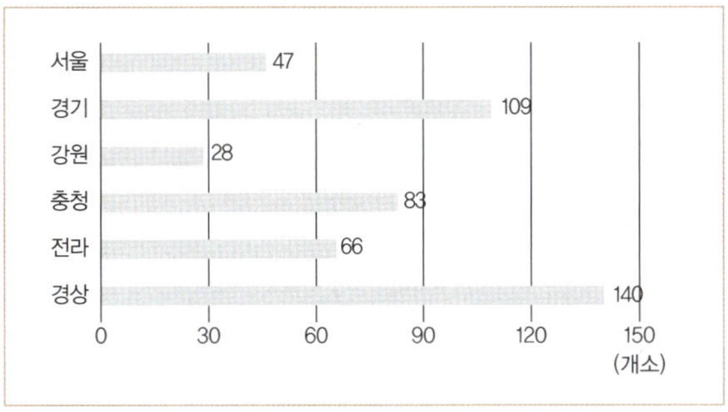

① ㄱ, ㄴ
② ㄱ, ㄷ
③ ㄴ, ㄹ
④ ㄱ, ㄷ, ㄹ
⑤ ㄴ, ㄷ, ㄹ

문 12. 다음 〈표〉는 아프리카연합이 주도한 임무단의 평화유지활동에 관한 자료이다. 이를 바탕으로 작성한 〈보고서〉의 설명 중 옳지 않은 것은?

〈표〉 임무단의 평화유지활동(2021년 5월 기준)

(단위 : 명)

임무단	파견지	활동기간	주요 임무	파견규모
부룬디 임무단	부룬디	2003. 4.~2004. 6.	평화협정 이행 지원	3,128
수단 임무단	수단	2004. 10.~2007. 12.	다르푸르 지역 정전 감시	300
코모로 선거감시 지원 임무단	코모로	2006. 3.~2006. 6.	코모로 대통령 선거 감시	462
소말리아 임무단	소말리아	2007. 1.~현재	구호 활동 지원	6,000
코모로 치안 지원 임무단	코모로	2007. 5.~2008. 10.	앙주앙 섬 치안 지원	350
다르푸르 지역 임무단	수단	2007. 7.~현재	민간인 보호	6,000
우간다 임무단	우간다	2012. 3.~현재	반군 소탕작전	3,350
말리 임무단	말리	2012. 12.~ 2013. 7.	정부 지원	1,450
중앙아프리카 공화국 임무단	중앙아프리카 공화국	2013. 12.~2014. 9.	안정 유지	5,961

〈보고서〉

아프리카연합은 아프리카 지역 분쟁 해결 및 평화 구축을 위하여 2021년 5월 현재까지 9개의 임무단을 구성하고 평화유지활동을 주도하였다. ㉠ 평화유지활동 중 가장 오랜 기간 동안 활동한 임무단은 '소말리아 임무단'이다. 이 임무는 소말리아 과도 연방정부가 아프리카연합에 평화유지군을 요청한 것을 계기로 시작되어 현재에 이르고 있다. 한편, ㉡ '코모로 선거감시 지원 임무단'은 가장 짧은 기간 동안 활동하였다. 2006년 코모로는 대통령 선거를 앞두고 아프리카연합에 지원을 요청하였고 같은 해 3월 시작된 평화유지활동은 선거가 끝난 6월에 임무가 종료되었다.

㉢ 아프리카연합이 현재까지 평화유지활동을 위해 파견한 임무단의 총규모는 25,000명 이상이며, 현재 활동 중인 임무단의 규모는 소말리아 6,000명, 수단 6,000명, 우간다 3,350명으로 총 15,000여 명이다.

아프리카연합은 아프리카 내의 문제를 자체적으로 해결하기 위해 다양한 임무단 활동을 활발히 수행하였다. 특히 ㉣ 수단과 코모로에서는 각각 2개의 임무단이 활동하였다.

현재 평화유지활동을 수행 중인 임무단은 3개이지만 ㉤ 2007년 10월 기준 평화유지활동을 수행 중이었던 임무단은 5개였다.

① ㉠
② ㉡
③ ㉢
④ ㉣
⑤ ㉤

문 13. **다음 〈그림〉은 2014~2020년 연말 기준 '갑'국의 국가채무 및 GDP에 관한 자료이다. 이에 대한 〈보기〉의 설명 중 옳은 것만을 모두 고르면?**

〈그림 1〉 GDP 대비 국가채무 및 적자성채무 비율 추이

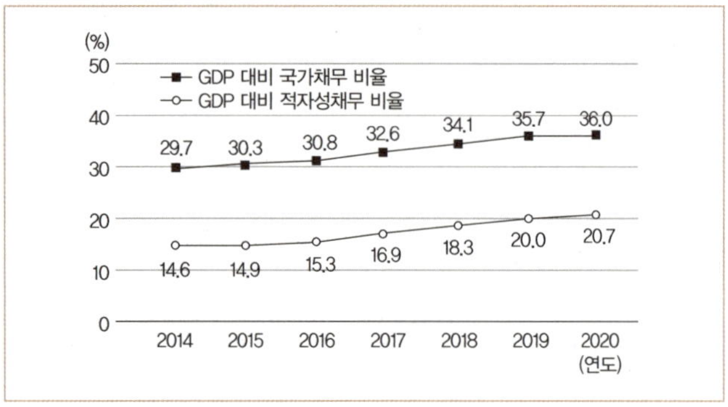

※ 국가채무 = 적자성채무 + 금융성채무

〈그림 2〉 GDP 추이

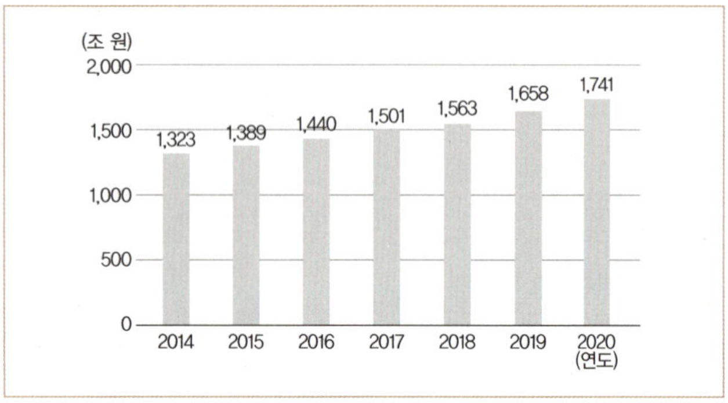

〈보 기〉

ㄱ. 2020년 국가채무는 2014년의 1.5배 이상이다.
ㄴ. GDP 대비 금융성채무 비율은 매년 증가한다.
ㄷ. 적자성채무는 2019년부터 300조 원 이상이다.
ㄹ. 금융성채무는 매년 국가채무의 50% 이상이다.

① ㄱ, ㄴ
② ㄱ, ㄷ
③ ㄴ, ㄹ
④ ㄱ, ㄷ, ㄹ
⑤ ㄴ, ㄷ, ㄹ

문 14. **다음 〈표〉는 최근 이사한 100가구의 이사 전후 주택규모에 관한 조사 결과이다. 이에 대한 〈보기〉의 설명 중 옳은 것만을 모두 고르면?**

〈표〉 이사 전후 주택규모 조사 결과

(단위 : 가구)

이사 후 \ 이사 전	소형	중형	대형	합
소형	15	10	(　)	30
중형	(　)	30	10	(　)
대형	5	10	15	(　)
계	(　)	(　)	(　)	100

※ 주택규모는 '소형', '중형', '대형'으로만 구분하며, 동일한 주택규모는 크기도 같음

〈보 기〉

ㄱ. 주택규모가 이사 전 '소형'에서 이사 후 '중형'으로 달라진 가구는 없다.
ㄴ. 이사 전후 주택규모가 달라진 가구 수는 전체 가구 수의 50% 이하이다.
ㄷ. 주택규모가 '대형'인 가구 수는 이사 전이 이사 후보다 적다.
ㄹ. 이사 후 주택규모가 커진 가구 수는 이사 후 주택규모가 작아진 가구 수보다 많다.

① ㄱ, ㄴ　　② ㄱ, ㄷ
③ ㄴ, ㄹ　　④ ㄷ, ㄹ
⑤ ㄱ, ㄴ, ㄷ

문 15. **다음 〈그림〉은 A사 플라스틱 제품의 제조공정도이다. 1,000kg의 재료가 '혼합' 공정에 투입되는 경우, '폐기처리' 공정에 전달되어 투입되는 재료의 총량은 몇 kg인가?**

〈그림〉 A사 플라스틱 제품의 제조공정도

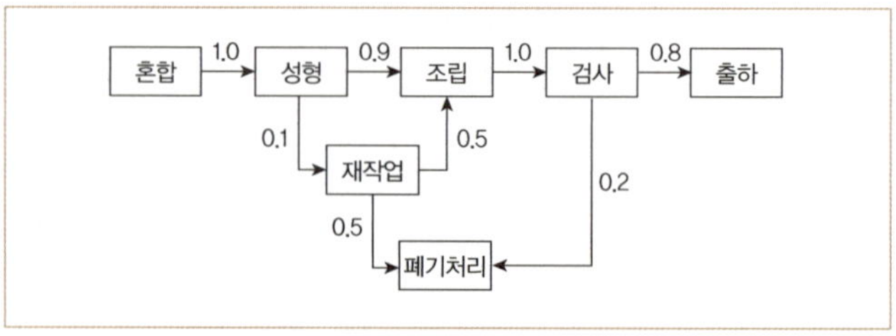

※ 제조공정도 내 수치는 직진율$\left(=\frac{\text{다음 공정에 전달되는 재료의 양}}{\text{해당 공정에 투입되는 재료의 양}}\right)$을 의미함. 예를 들어, [가] →0.2→ [나]는 해당 공정 '가'에 100kg의 재료가 투입되면 이 중 20kg(= 100kg×0.2)의 재료가 다음 공정 '나'에 전달되어 투입됨을 의미함

① 50　　② 190
③ 230　　④ 240
⑤ 280

문 16. 다음 〈그림〉은 12개 국가의 수자원 현황에 관한 자료이며, A~H는 각각 특정 국가를 나타낸다. 〈그림〉과 〈조건〉을 근거로 판단할 때, 국가명을 알 수 없는 것은?

〈그림〉 12개 국가의 수자원 현황

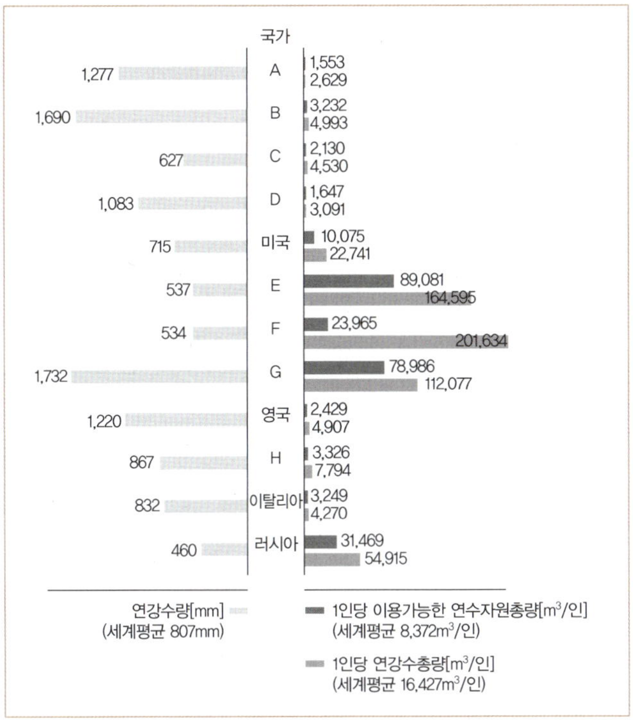

〈조 건〉

- '연강수량'이 세계평균의 2배 이상인 국가는 일본과 뉴질랜드이다.
- '연강수량'이 세계평균보다 많은 국가 중 '1인당 이용가능한 연수자원총량'이 가장 적은 국가는 대한민국이다.
- '1인당 연강수총량'이 세계평균의 5배 이상인 국가를 '연강수량'이 많은 국가부터 나열하면 뉴질랜드, 캐나다, 호주이다.
- '1인당 이용가능한 연수자원총량'이 영국보다 적은 국가 중 '1인당 연강수총량'이 세계평균의 25% 이상인 국가는 중국이다.
- '1인당 이용가능한 연수자원총량'이 6번째로 많은 국가는 프랑스이다.

① B
② C
③ D
④ E
⑤ F

문 17. 다음 〈표〉는 학생 '갑'~'무'의 중간고사 3개 과목 점수에 관한 자료이다. 이에 대한 〈보기〉의 설명 중 옳은 것만을 모두 고르면?

〈표〉 '갑'~'무'의 중간고사 3개 과목 점수

(단위 : 점)

과목 \ 학생 / 성별	갑	을	병	정	무
	남	여	( )	여	남
국어	90	85	60	95	75
영어	90	85	100	65	100
수학	75	70	85	100	100

〈보 기〉

ㄱ. 국어 평균 점수는 80점 이상이다.
ㄴ. 3개 과목 평균 점수가 가장 높은 학생과 가장 낮은 학생의 평균 점수 차이는 10점 이하이다.
ㄷ. 국어, 영어, 수학 점수에 각각 0.4, 0.2, 0.4의 가중치를 곱한 점수의 합이 가장 큰 학생은 '정'이다.
ㄹ. '갑'~'무'의 성별 수학 평균 점수는 남학생이 여학생보다 높다.

① ㄱ, ㄷ
② ㄱ, ㄹ
③ ㄴ, ㄷ
④ ㄱ, ㄷ, ㄹ
⑤ ㄴ, ㄷ, ㄹ

문 18. 다음 〈표〉는 2021~2027년 시스템반도체 중 인공지능반도체의 세계 시장규모 전망이다. 이에 대한 〈보기〉의 설명 중 옳은 것만을 모두 고르면?

〈표〉 시스템반도체 중 인공지능반도체의 세계 시장규모 전망

(단위 : 억 달러, %)

구분 \ 연도	2021	2022	2023	2024	2025	2026	2027
시스템반도체	2,500	2,310	2,686	2,832	( )	3,525	( )
인공지능반도체	70	185	325	439	657	927	1,179
비중	2.8	8.0	( )	15.5	19.9	26.3	31.3

〈보 기〉

ㄱ. 인공지능반도체 비중은 매년 증가한다.
ㄴ. 2027년 시스템반도체 시장규모는 2021년보다 1,000억 달러 이상 증가한다.
ㄷ. 2022년 대비 2025년의 시장규모 증가율은 인공지능반도체가 시스템반도체의 5배 이상이다.

① ㄷ
② ㄱ, ㄴ
③ ㄱ, ㄷ
④ ㄴ, ㄷ
⑤ ㄱ, ㄴ, ㄷ

문 19. **다음 〈표〉는 A~H지역의 화물 이동 현황에 관한 자료이다. 이에 대한 〈보기〉의 설명 중 옳은 것만을 모두 고르면?**

〈표〉 화물의 지역 내, 지역 간 이동 현황

(단위 : 개)

출발 지역 \ 도착 지역	A	B	C	D	E	F	G	H	합
A	65	121	54	52	172	198	226	89	977
B	56	152	61	55	172	164	214	70	944
C	29	47	30	22	62	61	85	30	366
D	24	61	30	37	82	80	113	45	472
E	61	112	54	47	187	150	202	72	885
F	50	87	38	41	120	188	150	55	729
G	78	151	83	73	227	208	359	115	1,294
H	27	66	31	28	94	81	116	46	489
계	390	797	381	355	1,116	1,130	1,465	522	6,156

※ 출발 지역과 도착 지역이 동일한 경우는 해당 지역 내에서 화물이 이동한 것임

〈보 기〉

ㄱ. 도착 화물보다 출발 화물이 많은 지역은 3개이다.
ㄴ. 지역 내 이동 화물이 가장 적은 지역은 도착 화물도 가장 적다.
ㄷ. 지역 내 이동 화물을 제외할 때, 출발 화물과 도착 화물의 합이 가장 작은 지역은 출발 화물과 도착 화물의 차이도 가장 작다.
ㄹ. 도착 화물이 가장 많은 지역은 출발 화물 중 지역 내 이동 화물의 비중도 가장 크다.

① ㄱ, ㄴ
② ㄱ, ㄷ
③ ㄴ, ㄷ
④ ㄴ, ㄹ
⑤ ㄱ, ㄷ, ㄹ

문 20. **다음 〈표〉와 〈대화〉는 4월 4일 기준 지자체별 자가격리자 및 모니터링 요원에 관한 자료이다. 〈표〉와 〈대화〉를 근거로 C와 D에 해당하는 지자체를 바르게 나열한 것은?**

〈표〉 지자체별 자가격리자 및 모니터링 요원 현황(4월 4일 기준)

(단위 : 명)

구분		A	B	C	D
내국인	자가격리자	9,778	1,287	1,147	9,263
	신규 인원	900	70	20	839
	해제 인원	560	195	7	704
외국인	자가격리자	7,796	508	141	7,626
	신규 인원	646	52	15	741
	해제 인원	600	33	5	666
모니터링 요원		10,142	710	196	8,898

※ 해당일 기준 자가격리자=전일 기준 자가격리자+신규 인원−해제 인원

〈대 화〉

갑 : 감염병 확산에 대응하기 위한 회의를 시작합시다. 오늘은 대전, 세종, 충북, 충남의 4월 4일 기준 자가격리자 및 모니터링 요원 현황을 보기로 했는데, 각 지자체의 상황이 어떤가요?
을 : 4개 지자체 중 세종을 제외한 3개 지자체에서 4월 4일 기준 자가격리자가 전일 기준 자가격리자보다 늘어났습니다.
갑 : 모니터링 요원의 업무 부담과 관련된 통계 자료도 있나요?
을 : 4월 4일 기준으로 대전, 세종, 충북은 모니터링 요원 대비 자가격리자의 비율이 1.8 이상입니다.
갑 : 지자체에 모니터링 요원을 추가로 배치해야 할 것 같습니다. 자가격리자 중 외국인이 차지하는 비중이 4개 지자체 가운데 대전이 가장 높으니, 외국어 구사가 가능한 모니터링 요원을 대전에 우선 배치하는 방향으로 검토해 봅시다.

	C	D
①	충북	충남
②	충북	대전
③	충남	충북
④	세종	대전
⑤	대전	충북

문 21. 다음 〈그림〉과 〈조건〉은 직장인 '갑'~'병'이 마일리지 혜택이 있는 알뜰교통카드를 사용하여 출근하는 방법 및 교통비에 관한 자료이다. 이에 근거하여 월간 출근 교통비를 많이 지출하는 직장인부터 순서대로 나열하면?

〈그림〉 직장인 '갑'~'병'의 출근 방법 및 교통비 관련 정보

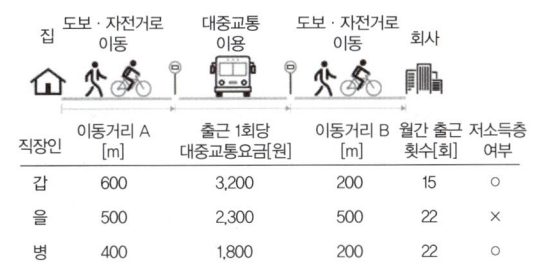

직장인	이동거리 A [m]	출근 1회당 대중교통요금[원]	이동거리 B [m]	월간 출근 횟수[회]	저소득층 여부
갑	600	3,200	200	15	○
을	500	2,300	500	22	×
병	400	1,800	200	22	○

〈조 건〉

- 월간 출근 교통비 $=\left\{\text{출근 1회당 대중교통요금}-(\text{기본 마일리지}+\text{추가 마일리지})\times\left(\dfrac{\text{마일리지 적용거리}}{800}\right)\right\}\times\text{월간 출근 횟수}$
- 기본 마일리지는 출근 1회당 대중교통요금에 따라 다음과 같이 지급함

출근 1회당 대중교통요금	2천 원 이하	2천 원 초과 3천 원 이하	3천 원 초과
기본 마일리지 (원)	250	350	450

- 추가 마일리지는 저소득층에만 다음과 같이 지급함

출근 1회당 대중교통요금	2천 원 이하	2천 원 초과 3천 원 이하	3천 원 초과
기본 마일리지 (원)	100	150	200

- 마일리지 적용거리(m)는 출근 1회당 도보 · 자전거로 이동한 거리의 합이며 최대 800m까지만 인정함

① 갑, 을, 병
② 갑, 병, 을
③ 을, 갑, 병
④ 을, 병, 갑
⑤ 병, 을, 갑

문 22. 다음 〈그림〉은 개발원조위원회 29개 회원국 중 공적개발원조액 상위 15개국과 국민총소득 대비 공적개발원조액 비율 상위 15개국 자료이다. 이에 대한 〈보기〉의 설명 중 옳은 것만을 모두 고르면?

〈그림 1〉 공적개발원조액 상위 15개 회원국

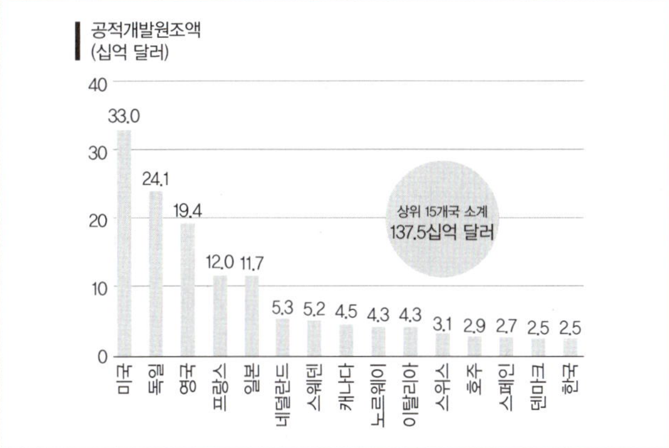

〈그림 2〉 국민총소득 대비 공적개발원조액 비율 상위 15개 회원국

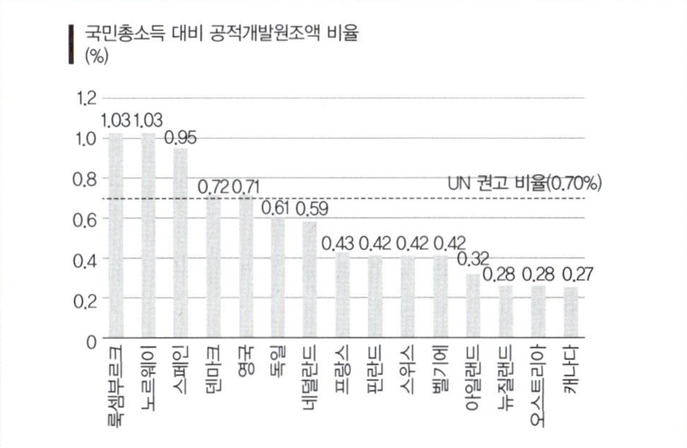

〈보 기〉

ㄱ. 국민총소득 대비 공적개발원조액 비율이 UN 권고 비율보다 큰 국가의 공적개발원조액 합은 250억 달러 이상이다.
ㄴ. 공적개발원조액 상위 5개국의 공적개발원조액 합은 개발원조위원회 29개 회원국 공적개발원조액 합의 50% 이상이다.
ㄷ. 독일이 공적개발원조액만 30억 달러 증액하면 독일의 국민총소득 대비 공적개발원조액 비율은 UN권고 비율 이상이 된다.

① ㄱ
② ㄷ
③ ㄱ, ㄴ
④ ㄴ, ㄷ
⑤ ㄱ, ㄴ, ㄷ

문 23. 다음 〈표〉는 '갑'국의 2020년 농업 생산액 현황 및 2021~2023년의 전년 대비 생산액 변화율 전망치에 관한 자료이다. 이에 대한 〈보기〉의 설명 중 옳은 것만을 모두 고르면?

〈표〉 농업 생산액 현황 및 변화율 전망치

(단위 : 십억 원, %)

구분	2020년 생산액	전년 대비 생산액 변화율 전망치		
		2021년	2022년	2023년
농업	50,052	0.77	0.02	1.38
재배업	30,270	1.50	−0.42	0.60
축산업	19,782	−0.34	0.70	2.57
소	5,668	3.11	0.53	3.51
돼지	7,119	−3.91	0.20	1.79
닭	2,259	1.20	−2.10	2.82
달걀	1,278	5.48	3.78	3.93
우유	2,131	0.52	1.12	0.88
오리	1,327	−5.58	5.27	3.34

※ 축산업은 소, 돼지, 닭, 달걀, 우유, 오리의 6개 세부항목으로만 구성됨

〈보 기〉

ㄱ. 2021년 '오리' 생산액 전망치는 1.2조 원 이상이다.

ㄴ. 2021년 '돼지' 생산액 전망치는 같은 해 '농업' 생산액 전망치의 15% 이상이다.

ㄷ. '축산업' 중 전년 대비 생산액 변화율 전망치가 2022년보다 2023년이 낮은 세부항목은 2개이다.

ㄹ. 2020년 생산액 대비 2022년 생산액 전망치의 증감폭은 '재배업'이 '축산업'보다 크다.

① ㄱ, ㄴ

② ㄱ, ㄷ

③ ㄴ, ㄹ

④ ㄱ, ㄷ, ㄹ

⑤ ㄴ, ㄷ, ㄹ

문 24. 다음 〈그림〉은 2020년 기준 A공제회 현황에 관한 자료이다. 이에 대한 설명으로 옳지 않은 것은?

〈그림〉 2020년 기준 A공제회 현황

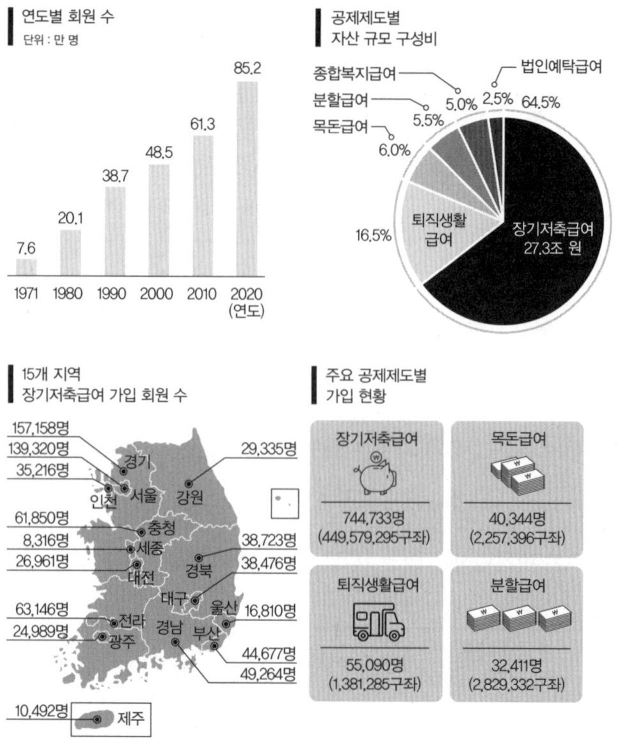

※ 1) 공제제도는 장기저축급여, 퇴직생활급여, 목돈급여, 분할급여, 종합복지급여, 법인예탁급여로만 구성됨

2) 모든 회원은 1개 또는 2개의 공제제도에 가입함

① 장기저축급여 가입 회원 수는 전체 회원의 85% 이하이다.

② 공제제도의 총자산 규모는 40조 원 이상이다.

③ 자산 규모 상위 4개 공제제도 중 2개의 공제제도에 가입한 회원은 2만 명 이상이다.

④ 충청의 장기저축급여 가입 회원 수는 15개 지역 평균 장기저축급여 가입 회원 수보다 많다.

⑤ 공제제도별 1인당 구좌 수는 장기저축급여가 분할급여의 5배 이상이다.

문 25. **다음은 국내 광고산업에 관한 문화체육관광부의 보도자료이다. 이에 부합하지 않는 자료는?**

문화체육관광부	보도자료	사람이 있는 문화

보도일시	배포 즉시 보도해 주시기 바랍니다.		
배포일시	2020.2.××.	담당부서	ㅁㅁㅁㅁ국
담당과장	○○○ (044-203-○○○○)	담당자	사무관 △△△ (044-203-○○○○)

2018년 국내 광고산업 성장세 지속

- 문화체육관광부는 국내 광고사업체의 현황과 동향을 조사한 '2019년 광고산업조사(2018년 기준)' 결과를 발표했다.
- 이번 조사 결과에 따르면 2018년 기준 광고산업 규모는 17조 2,119억 원(광고사업체 취급액* 기준)으로, 전년 대비 4.5% 이상 증가했고, 광고사업체당 취급액 역시 증가했다.

※ 광고사업체 취급액은 광고주가 매체(방송국, 신문사 등)와 매체 외 서비스에 지불하는 비용 전체(수수료 포함)임

- 업종별로 살펴보면 광고대행업이 6조 6,239억 원으로 전체 취급액의 38% 이상을 차지했으나, 취급액의 전년 대비 증가율은 온라인 광고대행업이 16% 이상으로 가장 높다.

- 2018년 기준 광고사업체의 매체 광고비* 규모는 11조 362억 원(64.1%), 매체 외 서비스 취급액은 6조 1,757억 원(35.9%)으로 조사됐다.

※ 매체 광고비는 방송매체, 인터넷매체, 옥외광고매체, 인쇄매체 취급액의 합임

- 매체 광고비 중 방송매체 취급액은 4조 266억 원으로 가장 큰 비중을 차지하고 있으며, 그 다음으로 인터넷매체, 옥외광고매체, 인쇄매체 순으로 나타났다.
- 인터넷매체 취급액은 3조 8,804억 원으로 전년 대비 6% 이상 증가했다. 특히, 모바일 취급액은 전년 대비 20% 이상 증가하여 인터넷 광고시장의 성장세를 이끌었다.
- 한편, 간접광고(PPL) 취급액은 전년 대비 14% 이상 증가하여 1,270억 원으로 나타났으며, 그 중 지상파TV와 케이블TV 간 비중의 격차는 5%p 이하로 조사됐다.

① 광고사업체 취급액 현황(2018년 기준)

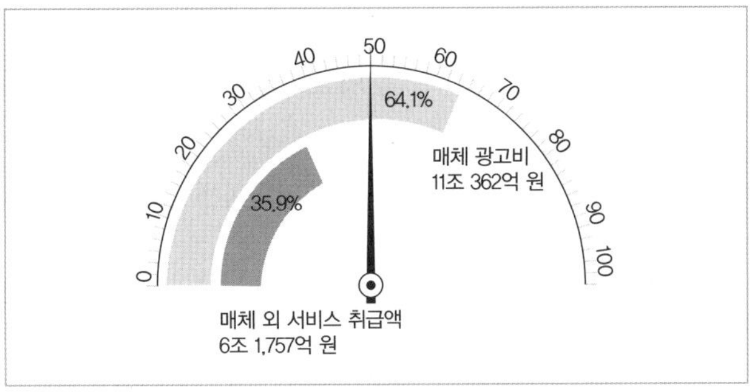

② 인터넷매체(PC, 모바일) 취급액 현황

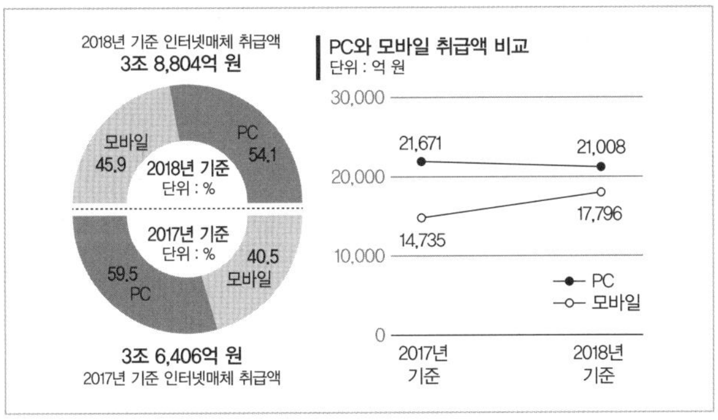

③ 간접광고(PPL) 취급액 현황

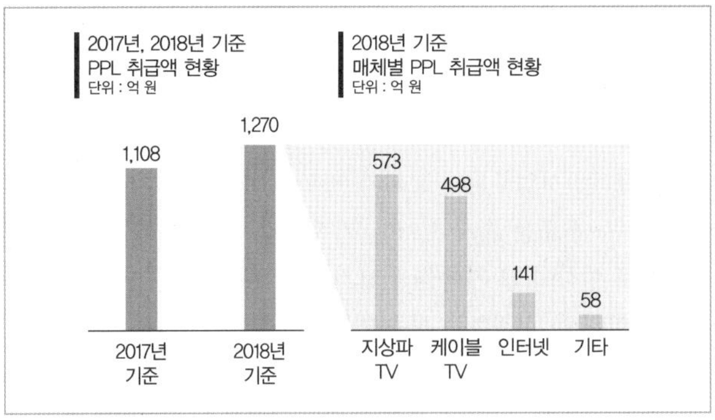

④ 업종별 광고사업체 취급액 현황

(단위 : 개소, 억 원)

업종 \ 구분	2018년 조사(2017년 기준)		2019년 조사(2018년 기준)	
	사업체 수	취급액	사업체 수	취급액
전체	7,234	164,133	7,256	172,119
광고대행업	1,910	64,050	1,887	66,239
광고제작업	1,374	20,102	1,388	20,434
광고전문 서비스업	1,558	31,535	1,553	33,267
인쇄업	921	7,374	921	8,057
온라인광고 대행업	780	27,335	900	31,953
옥외광고업	691	13,737	607	12,169

⑤ 매체별 광고사업체 취급액 현황(2018년 기준)

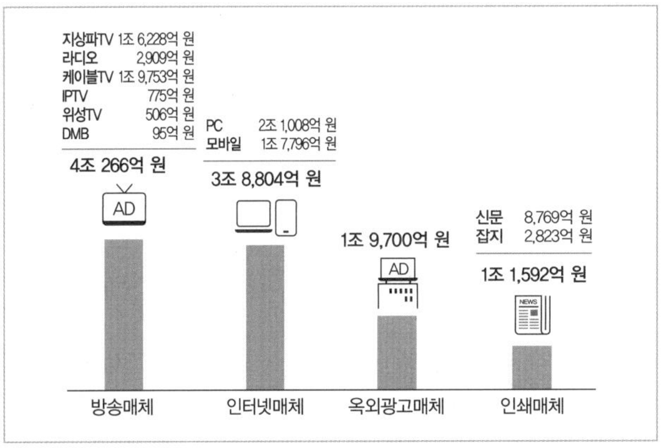

문 1. 다음 글을 근거로 판단할 때 옳은 것은?

제00조 ① 사업주는 근로자가 조부모, 부모, 배우자, 배우자의 부모, 자녀 또는 손자녀(이하 '가족'이라 한다)의 질병, 사고, 노령으로 인하여 그 가족을 돌보기 위한 휴직(이하 '가족돌봄휴직'이라 한다)을 신청하는 경우 이를 허용하여야 한다. 다만 대체인력 채용이 불가능한 경우, 정상적인 사업 운영에 중대한 지장을 초래하는 경우, 근로자 본인 외에도 조부모의 직계비속 또는 손자녀의 직계존속이 있는 경우에는 그러하지 아니하다.

② 사업주는 근로자가 가족(조부모 또는 손자녀의 경우 근로자 본인 외에도 직계비속 또는 직계존속이 있는 경우는 제외한다)의 질병, 사고, 노령 또는 자녀의 양육으로 인하여 긴급하게 그 가족을 돌보기 위한 휴가(이하 '가족돌봄휴가'라 한다)를 신청하는 경우 이를 허용하여야 한다. 다만 근로자가 청구한 시기에 가족돌봄휴가를 주는 것이 정상적인 사업 운영에 중대한 지장을 초래하는 경우에는 근로자와 협의하여 그 시기를 변경할 수 있다.

③ 제1항 단서에 따라 사업주가 가족돌봄휴직을 허용하지 아니하는 경우에는 해당 근로자에게 그 사유를 서면으로 통보하여야 한다.

④ 가족돌봄휴직 및 가족돌봄휴가의 사용기간은 다음 각 호에 따른다.

1. 가족돌봄휴직 기간은 연간 최장 90일로 하며, 이를 나누어 사용할 수 있을 것
2. 가족돌봄휴가 기간은 연간 최장 10일로 하며, 일 단위로 사용할 수 있을 것. 다만 가족돌봄휴가 기간은 가족돌봄휴직 기간에 포함된다.
3. ㅇㅇ부 장관은 감염병의 확산 등을 원인으로 심각단계의 위기경보가 발령되는 경우, 가족돌봄휴가 기간을 연간 10일의 범위에서 연장할 수 있다.

① 조부모와 부모를 함께 모시고 사는 근로자가 조부모의 질병을 이유로 가족돌봄휴직을 신청한 경우, 사업주는 가족돌봄휴직을 허용하지 않을 수 있다.

② 사업주는 근로자가 신청한 가족돌봄휴직을 허용하지 않는 경우, 해당 근로자에게 그 사유를 구술 또는 서면으로 통보해야 한다.

③ 정상적인 사업 운영에 중대한 지장을 초래하는 경우, 사업주는 근로자의 가족돌봄휴가 시기를 근로자와 협의 없이 변경할 수 있다.

④ 근로자가 가족돌봄휴가를 8일 사용한 경우, 사업주는 이와 별도로 그에게 가족돌봄휴직을 연간 90일까지 허용해야 한다.

⑤ 감염병의 확산으로 심각단계의 위기경보가 발령되고 가족돌봄휴가 기간이 5일 연장된 경우, 사업주는 근로자에게 연간 20일의 가족돌봄휴가를 허용해야 한다.

문 2. 다음 글을 근거로 판단할 때 옳은 것은?

제00조 ① 영화업자는 제작 또는 수입한 영화(예고편영화를 포함한다)에 대하여 그 상영 전까지 영상물등급위원회로부터 상영등급을 분류받아야 한다. 다만 다음 각 호의 어느 하나에 해당하는 영화에 대하여는 그러하지 아니하다.

1. 대가를 받지 아니하고 청소년이 포함되지 아니한 특정인에 한하여 상영하는 단편영화
2. 영화진흥위원회가 추천하는 영화제에서 상영하는 영화

② 제1항 본문의 규정에 의한 영화의 상영등급은 영화의 내용 및 영상 등의 표현 정도에 따라 다음 각 호와 같이 분류한다. 다만 예고편영화는 제1호 또는 제4호로 분류하고 청소년 관람불가 예고편영화는 청소년 관람불가 영화의 상영 전후에만 상영할 수 있다.

1. 전체관람가 : 모든 연령에 해당하는 자가 관람할 수 있는 영화
2. 12세 이상 관람가 : 12세 이상의 자가 관람할 수 있는 영화
3. 15세 이상 관람가 : 15세 이상의 자가 관람할 수 있는 영화
4. 청소년 관람불가 : 청소년은 관람할 수 없는 영화

③ 누구든지 제1항 및 제2항의 규정을 위반하여 상영등급을 분류받지 아니한 영화를 상영하여서는 안 된다.

④ 누구든지 제2항 제2호 또는 제3호의 규정에 의한 상영등급에 해당하는 영화의 경우에는 해당 영화를 관람할 수 있는 연령에 도달하지 아니한 자를 입장시켜서는 안 된다. 다만 부모 등 보호자를 동반하여 관람하는 경우에는 그러하지 아니하다.

⑤ 누구든지 제2항 제4호의 규정에 의한 상영등급에 해당하는 영화의 경우에는 청소년을 입장시켜서는 안 된다.

① 예고편영화는 12세 이상 관람가 상영등급을 받을 수 있다.

② 청소년 관람불가 영화의 경우, 청소년은 부모와 함께 영화관에 입장하여 관람할 수 있다.

③ 상영등급 분류를 받지 않은 영화의 경우, 영화업자는 영화진흥위원회가 추천한 △△영화제에서 상영할 수 없다.

④ 영화업자는 청소년 관람불가 예고편영화를 15세 이상 관람가 영화의 상영 직전에 상영할 수 있다.

⑤ 영화업자는 초청한 노인을 대상으로 상영등급을 분류받지 않은 단편영화를 무료로 상영할 수 있다.

문 3. **다음 글과 〈상황〉을 근거로 판단할 때 옳은 것은?**

제00조 ① 집합건물을 건축하여 분양한 분양자와 분양자와의 계약에 따라 건물을 건축한 시공자는 구분소유자에게 제2항 각 호의 하자에 대하여 과실이 없더라도 담보책임을 진다.
② 제1항의 담보책임 존속기간은 다음 각 호와 같다.
1. 내력벽, 주기둥, 바닥, 보, 지붕틀 및 지반공사의 하자 : 10년
2. 대지조성공사, 철근콘크리트공사, 철골공사, 조적(組積)공사, 지붕 및 방수공사의 하자 : 5년
3. 목공사, 창호공사 및 조경공사의 하자 : 3년
③ 제2항의 기간은 다음 각 호의 날부터 기산한다.
1. 전유부분 : 구분소유자에게 인도한 날
2. 공용부분 : 사용승인일
④ 제2항 및 제3항에도 불구하고 제2항 각 호의 하자로 인하여 건물이 멸실(滅失)된 경우에는 담보책임 존속기간은 멸실된 날로부터 1년으로 한다.
⑤ 분양자와 시공자의 담보책임에 관하여 이 법에 규정된 것보다 매수인에게 불리한 특약은 효력이 없다.

※ 구분소유자 : 집합건물(예: 아파트, 공동주택 등) 각 호실의 소유자
※ 담보책임 : 집합건물의 하자로 인해 분양자, 시공자가 구분소유자에 대하여 지는 손해배상, 하자보수 등의 책임

〈상 황〉

甲은 乙이 분양하는 아파트를 매수하려고 乙과 아파트 분양계약을 체결하였다. 丙건설사는 乙과의 계약에 따라 아파트를 시공하였고, 준공검사 후 아파트는 2020. 5. 1. 사용승인을 받았다. 甲은 아파트를 2020. 7. 1. 인도받고 등기를 완료하였다.

① 丙은 창호공사의 하자에 대해 2025. 7. 1.까지 담보책임을 진다.
② 丙은 철골공사의 하자에 과실이 없으면 담보책임을 지지 않는다.
③ 乙은 甲의 전유부분인 거실에 물이 새는 방수공사의 하자에 대해 2025. 5. 1.까지 담보책임을 진다.
④ 대지조성공사의 하자로 인하여 2023. 10. 1. 공용부분인 주차장 건물이 멸실된다면 丙은 2024. 7. 1. 이후에는 담보책임을 지지 않는다.
⑤ 乙이 甲과의 분양계약에서 지반공사의 하자에 대한 담보책임 존속기간을 5년으로 정한 경우라도, 2027. 10. 1. 그 하자가 발생한다면 담보책임을 진다.

문 4. **다음 글과 〈상황〉을 근거로 판단할 때, 甲의 계약 의뢰 날짜와 공고 종료 후 결과통지 날짜를 옳게 짝지은 것은?**

• A국의 정책연구용역 계약 체결을 위한 절차는 다음과 같다.

순서	단계	소요기간
1	계약 의뢰	1일
2	서류 검토	2일
3	입찰 공고	40일 (긴급계약의 경우 10일)
4	공고 종료 후 결과통지	1일
5	입찰서류 평가	10일
6	우선순위 대상자와 협상	7일

※ 소요기간은 해당 절차의 시작부터 종료까지 걸리는 기간이다. 모든 절차는 하루 단위로 주말(토, 일) 및 공휴일에도 중단이나 중복 없이 진행된다.

〈상 황〉

A국 공무원인 甲은 정책연구용역 계약을 4월 30일에 체결하는 것을 목표로 계약부서에 긴급계약으로 의뢰하려 한다. 계약은 우선순위 대상자와 협상이 끝난 날의 다음 날에 체결된다.

	계약 의뢰 날짜	공고 종료 후 결과통지 날짜
①	3월 30일	4월 11일
②	3월 30일	4월 12일
③	3월 30일	4월 13일
④	3월 31일	4월 12일
⑤	3월 31일	4월 13일

문 5. **다음 글을 근거로 판단할 때, A에게 전달할 책의 제목과 A의 연구실 번호를 옳게 짝지은 것은?**

• 5명의 연구원(A~E)에게 책 1권씩을 전달해야 하고, 책 제목은 모두 다르다.
• 5명은 모두 각자의 연구실에 있고, 연구실 번호는 311호부터 315호까지이다.
• C는 315호, D는 312호, E는 311호에 있다.
• B에게 「연구개발」, D에게 「공공정책」을 전달해야 한다.
• 「전환이론」은 311호에, 「사회혁신」은 314호에, 「복지실천」은 315호에 전달해야 한다.

	책 제목	연구실 번호
①	「전환이론」	311호
②	「공공정책」	312호
③	「연구개발」	313호
④	「사회혁신」	314호
⑤	「복지실천」	315호

문 6. 다음 글을 근거로 판단할 때, ㉠에 해당하는 수는?

> ㅇㅇ부처의 주무관은 모두 20명이며, 성과등급은 4단계(S, A, B, C)로 구성된다. 아래는 ㅇㅇ부처 소속 직원들의 대화 내용이다.
>
> 甲주무관 : 乙주무관 축하해! 작년에 비해 올해 성과등급이 비약적으로 올랐던데? 우리 부처에서 성과등급이 세 단계나 변한 주무관은 乙주무관 외에 없잖아.
>
> 乙주무관 : 고마워. 올해는 평가방식을 많이 바꿨다며? 작년이랑 똑같은 성과등급을 받은 주무관은 우리 부처에서 한 명 밖에 없어.
>
> 甲주무관 : 그렇구나. 우리 부처에서 작년에 비해 성과등급이 한 단계 변한 주무관 수는 두 단계 변한 주무관 수의 2배라고 해.
>
> 乙주무관 : 그러면 우리 부처에서 성과등급이 한 단계 변한 주무관은 (㉠)명이네.

① 4

② 6

③ 8

④ 10

⑤ 12

문 7. 다음 글을 근거로 판단할 때, 〈보기〉에서 옳은 것만을 모두 고르면?

> A지역에는 독특한 결혼 풍습이 있다. 남자는 4개의 부족인 '잇파이 · 굼보 · 물으리 · 굿피'로 나뉘어 있고, 여자도 4개의 부족인 '잇파타 · 뿌타 · 마타 · 카포타'로 나뉘어 있다. 아래 〈표〉는 결혼을 할 수 있는 부족과 그 사이에서 출생하는 자녀가 어떤 부족이 되는지를 나타낸다. 예컨대 '잇파이' 남자는 '카포타' 여자와만 결혼할 수 있고, 그 사이에 낳은 아이가 남아면 '물으리', 여아면 '마타'로 분류된다. 모든 부족에게는 결혼할 수 있는 서로 다른 부족이 1:1로 대응하여 존재한다.

〈표〉

결혼할 수 있는 부족		자녀의 부족	
남자	여자	남아	여아
잇파이	카포타	물으리	마타
굼보	마타	굿피	카포타
물으리	뿌타	잇파이	잇파타
굿피	잇파타	굼보	뿌타

〈보 기〉

ㄱ. 물으리와 뿌타의 친손자는 뿌타와 결혼할 수 있다.

ㄴ. 잇파이와 카포타의 친손자는 굿피이다.

ㄷ. 굼보와 마타의 외손녀는 카포타이다.

ㄹ. 굿피와 잇파타의 친손녀는 물으리와 결혼할 수 있다.

① ㄱ

② ㄱ, ㄹ

③ ㄷ, ㄹ

④ ㄱ, ㄴ, ㄷ

⑤ ㄴ, ㄷ, ㄹ

문 8. **다음 글을 근거로 판단할 때, 7월 1일부터 6일까지 지역 농산물 유통센터에서 판매된 甲의 수박 총 판매액은?**

- A시는 농산물의 판매를 촉진하기 위하여 지역 농산물 유통센터를 운영하고 있다. 해당 유통센터는 농산물을 수확 당일 모두 판매하는 것을 목표로 운영하며, 당일 판매하지 못한 농산물은 판매가에서 20%를 할인하여 다음 날 판매한다.
- 농부 甲은 7월 1일부터 5일까지 매일 수확한 수박 100개씩을 수확 당일 A시 지역 농산물 유통센터에 공급하였다.
- 甲으로부터 공급받은 수박의 당일 판매가는 개당 1만 원이며, 매일 판매된 수박 개수는 아래와 같았다. 단, 수확 당일 판매되지 않은 수박은 다음 날 모두 판매되었다.

날짜(일)	1	2	3	4	5	6
판매된 수박(개)	80	100	110	100	100	10

① 482만 원
② 484만 원
③ 486만 원
④ 488만 원
⑤ 490만 원

문 9. **다음 글을 근거로 판단할 때, 〈보기〉에서 옳은 것만을 모두 고르면?**

A부처는 CO_2 배출량 감소를 위해 전기와 도시가스 사용을 줄이는 가구를 대상으로 CO_2 배출 감소량에 비례하여 현금처럼 사용할 수 있는 포인트를 지급하는 제도를 시행하고 있다. 전기는 5kWh, 도시가스는 $1m^3$를 사용할 때 각각 2kg의 CO_2가 배출되며, 전기 1kWh당 사용 요금은 20원, 도시가스 $1m^3$당 사용 요금은 60원이다.

〈보 기〉

ㄱ. 매월 전기 요금과 도시가스 요금을 각각 1만 2천 원씩 부담하는 가구는 전기 사용으로 인한 월 CO_2 배출량이 도시가스 사용으로 인한 월 CO_2 배출량보다 적다.
ㄴ. 매월 전기 요금을 5만 원, 도시가스 요금을 3만 원 부담하는 가구는 전기와 도시가스 사용에 따른 월 CO_2 배출량이 동일하다.
ㄷ. 전기 1kWh를 절약한 가구는 도시가스 $1m^3$를 절약한 가구보다 많은 포인트를 지급받는다.

① ㄱ
② ㄷ
③ ㄱ, ㄴ
④ ㄴ, ㄷ
⑤ ㄱ, ㄴ, ㄷ

문 10. **다음 글과 〈상황〉을 근거로 판단할 때, 〈보기〉에서 옳은 것만을 모두 고르면?**

- 지방자치단체는 공립 박물관·미술관을 설립하려는 경우 ㅁㅁ부로부터 설립타당성에 관한 사전평가(이하 '사전평가')를 받아야 한다.
- 사전평가는 연 2회(상반기, 하반기) 진행한다.
  - 신청기한 : 1월 31일(상반기), 7월 31일(하반기)
  - 평가기간 : 2월 1일~4월 30일(상반기)
    8월 1일~10월 31일(하반기)
- 사전평가 결과는 '적정' 또는 '부적정'으로 판정한다.
- 지방자치단체가 동일한 공립 박물관·미술관 설립에 대해 3회 연속으로 사전평가를 신청하여 모두 '부적정'으로 판정받았다면, 그 박물관·미술관 설립에 대해서는 향후 1년간 사전평가 신청이 불가능하다.
- 사전평가 결과 '적정'으로 판정되는 경우, 지방자치단체는 부지매입비를 제외한 건립비의 최대 40%를 국비로 지원받을 수 있다.

〈상 황〉

아래의 〈표〉는 지방자치단체 A~C가 설립하려는 공립 박물관·미술관과 건립비를 나타낸 것이다.

〈표〉

지방자치단체	설립 예정 공립 박물관·미술관	건립비(원)	
		부지매입비	건물건축비
A	甲미술관	30억	70억
B	乙박물관	40억	40억
C	丙박물관	10억	80억

〈보 기〉

ㄱ. 甲미술관을 국비 지원 없이 설립하기로 했다면, A는 사전평가를 거치지 않고도 甲미술관을 설립할 수 있다.
ㄴ. 乙박물관이 사전평가에서 '적정'으로 판정될 경우, B는 최대 32억 원까지 국비를 지원받을 수 있다.
ㄷ. 丙박물관이 2019년 하반기, 2020년 상반기, 2020년 하반기 사전평가에서 모두 '부적정'으로 판정된 경우, C는 丙박물관에 대한 2021년 상반기 사전평가를 신청할 수 없다.

① ㄱ
② ㄷ
③ ㄱ, ㄴ
④ ㄴ, ㄷ
⑤ ㄱ, ㄴ, ㄷ

문 11. **다음 글과 〈상황〉을 근거로 판단할 때 옳은 것은?**

제00조 ① 다음 각 호의 어느 하나에 해당하는 사람은 주민등록지의 시장(특별시장 · 광역시장은 제외하고 특별자치도지사는 포함한다. 이하 같다) · 군수 또는 구청장에게 주민등록번호(이하 '번호'라 한다)의 변경을 신청할 수 있다.

1. 유출된 번호로 인하여 생명 · 신체에 위해를 입거나 입을 우려가 있다고 인정되는 사람
2. 유출된 번호로 인하여 재산에 피해를 입거나 입을 우려가 있다고 인정되는 사람
3. 성폭력피해자, 성매매피해자, 가정폭력피해자로서 유출된 번호로 인하여 피해를 입거나 입을 우려가 있다고 인정되는 사람

② 제1항의 신청 또는 제5항의 이의신청을 받은 주민등록지의 시장 · 군수 · 구청장(이하 '시장 등'이라 한다)은 ㅇㅇ부의 주민등록번호변경위원회(이하 '변경위원회'라 한다)에 번호변경 여부에 관한 결정을 청구해야 한다.

③ 주민등록지의 시장 등은 변경위원회로부터 번호변경 인용결정을 통보받은 경우에는 신청인의 번호를 다음 각 호의 기준에 따라 지체 없이 변경하고 이를 신청인에게 통지해야 한다.

1. 번호의 앞 6자리(생년월일) 및 뒤 7자리 중 첫째 자리는 변경할 수 없음
2. 제1호 이외의 나머지 6자리는 임의의 숫자로 변경함

④ 제3항의 번호변경 통지를 받은 신청인은 주민등록증, 운전면허증, 여권, 장애인등록증 등에 기재된 번호의 변경을 위해서는 그 번호의 변경을 신청해야 한다.

⑤ 주민등록지의 시장 등은 변경위원회로부터 번호변경 기각결정을 통보받은 경우에는 그 사실을 신청인에게 통지해야 하며, 신청인은 통지를 받은 날부터 30일 이내에 그 시장 등에게 이의신청을 할 수 있다.

〈상 황〉

甲은 주민등록번호 유출로 인해 재산상 피해를 입게 되자 주민등록번호 변경신청을 하였다. 甲의 주민등록지는 A광역시 B구이고, 주민등록번호는 980101－23456ㅁㅁ이다.

① A광역시장이 주민등록번호변경위원회에 甲의 주민등록번호 변경 여부에 관한 결정을 청구해야 한다.
② 주민등록번호변경위원회는 번호변경 인용결정을 하면서 甲의 주민등록번호를 다른 번호로 변경할 수 있다.
③ 주민등록번호변경위원회의 번호변경 인용결정이 있는 경우, 甲의 주민등록번호는 980101－45678ㅁㅁ으로 변경될 수 있다.
④ 甲의 주민등록번호가 변경된 경우, 甲이 운전면허증에 기재된 주민등록번호를 변경하기 위해서는 변경신청을 해야 한다.
⑤ 甲은 번호변경 기각결정을 통지받은 날부터 30일 이내에 주민등록번호변경위원회에 이의신청을 할 수 있다.

문 12. **다음 글을 근거로 판단할 때 옳은 것은?**

제00조 ① 각 중앙관서의 장은 그 소관 물품관리에 관한 사무를 소속 공무원에게 위임할 수 있고, 필요하면 다른 중앙관서의 소속 공무원에게 위임할 수 있다.

② 제1항에 따라 각 중앙관서의 장으로부터 물품관리에 관한 사무를 위임받은 공무원을 물품관리관이라 한다.

제00조 ① 물품관리관은 물품수급관리계획에 정하여진 물품에 대하여는 그 계획의 범위에서, 그 밖의 물품에 대하여는 필요할 때마다 계약담당공무원에게 물품의 취득에 관한 필요한 조치를 할 것을 청구하여야 한다.

② 계약담당공무원은 제1항에 따른 청구가 있으면 예산의 범위에서 해당 물품을 취득하기 위한 필요한 조치를 하여야 한다.

제00조 물품은 국가의 시설에 보관하여야 한다. 다만 물품관리관이 국가의 시설에 보관하는 것이 물품의 사용이나 처분에 부적당하다고 인정하거나 그 밖에 특별한 사유가 있으면 국가 외의 자의 시설에 보관할 수 있다.

제00조 ① 물품관리관은 물품을 출납하게 하려면 물품출납공무원에게 출납하여야 할 물품의 분류를 명백히 하여 그 출납을 명하여야 한다.

② 물품출납공무원은 제1항에 따른 명령이 없으면 물품을 출납할 수 없다.

제00조 ① 물품출납공무원은 보관 중인 물품 중 사용할 수 없거나 수선 또는 개조가 필요한 물품이 있다고 인정하면 그 사실을 물품관리관에게 보고하여야 한다.

② 물품관리관은 제1항에 따른 보고에 의하여 수선이나 개조가 필요한 물품이 있다고 인정하면 계약담당공무원이나 그 밖의 관계 공무원에게 그 수선이나 개조를 위한 필요한 조치를 할 것을 청구하여야 한다.

① 물품출납공무원은 물품관리관의 명령이 없으면 자신의 재량으로 물품을 출납할 수 없다.
② A중앙관서의 장이 그 소관 물품관리에 관한 사무를 위임하고자 할 경우, B중앙관서의 소속 공무원에게는 위임할 수 없다.
③ 계약담당공무원은 물품을 국가의 시설에 보관하는 것이 그 사용이나 처분에 부적당하다고 인정하는 경우, 그 물품을 국가 외의 자의 시설에 보관할 수 있다.
④ 물품수급관리계획에 정해진 물품 이외의 물품이 필요한 경우, 물품관리관은 필요할 때마다 물품출납공무원에게 물품의 취득에 관한 필요한 조치를 할 것을 청구해야 한다.
⑤ 물품출납공무원은 보관 중인 물품 중 수선이 필요한 물품이 있다고 인정하는 경우, 계약담당공무원에게 수선에 필요한 조치를 할 것을 청구해야 한다.

문 13. 다음 글을 근거로 판단할 때 옳은 것은?

제○○조 ① 누구든지 법률에 의하지 아니하고는 우편물의 검열·전기통신의 감청 또는 통신사실확인자료의 제공을 하거나 공개되지 아니한 타인 상호간의 대화를 녹음 또는 청취하지 못한다.
② 다음 각 호의 어느 하나에 해당하는 자는 1년 이상 10년 이하의 징역과 5년 이하의 자격정지에 처한다.
1. 제1항에 위반하여 우편물의 검열 또는 전기통신의 감청을 하거나 공개되지 아니한 타인 상호간의 대화를 녹음 또는 청취한 자
2. 제1호에 따라 알게 된 통신 또는 대화의 내용을 공개하거나 누설한 자
③ 누구든지 단말기기 고유번호를 제공하거나 제공받아서는 안 된다. 다만 이동전화단말기 제조업체 또는 이동통신사업자가 단말기의 개통처리 및 수리 등 정당한 업무의 이행을 위하여 제공하거나 제공받는 경우에는 그러하지 아니하다.
④ 제3항을 위반하여 단말기기 고유번호를 제공하거나 제공받은 자는 3년 이하의 징역 또는 1천만 원 이하의 벌금에 처한다.
제□□조 제○○조의 규정에 위반하여, 불법검열에 의하여 취득한 우편물이나 그 내용, 불법감청에 의하여 지득(知得) 또는 채록(採錄)된 전기통신의 내용, 공개되지 아니한 타인 상호 간의 대화를 녹음 또는 청취한 내용은 재판 또는 징계절차에서 증거로 사용할 수 없다.

① 甲이 불법검열에 의하여 취득한 乙의 우편물은 징계절차에서 증거로 사용할 수 있다.
② 甲이 乙과 정책용역을 수행하면서 乙과의 대화를 녹음한 내용은 재판에서 증거로 사용할 수 없다.
③ 甲이 乙과 丙 사이의 공개되지 않은 대화를 녹음하여 공개한 경우, 1천만 원의 벌금에 처해질 수 있다.
④ 이동통신사업자 甲이 乙의 단말기를 개통하기 위하여 단말기기 고유번호를 제공받은 경우, 1년의 징역에 처해질 수 있다.
⑤ 甲이 乙과 丙 사이의 우편물을 불법으로 검열한 경우, 2년의 징역과 3년의 자격정지에 처해질 수 있다.

문 14. 다음 글과 〈지원대상 후보 현황〉을 근거로 판단할 때, 기업 F가 받는 지원금은?

□□부는 2021년도 중소기업 광고비 지원사업 예산 6억 원을 기업에 지원하려 하며, 지원대상 선정 및 지원금 산정 방법은 다음과 같다.

- 2020년도 총매출이 500억 원 미만인 기업만 지원하며, 우선 지원대상 사업분야는 백신, 비대면, 인공지능이다.
- 우선 지원대상 사업분야 내 또는 우선 지원대상이 아닌 사업분야 내에서는 '소요 광고비×2020년도 총매출'이 작은 기업부터 먼저 선정한다.
- 지원금 상한액은 1억 2,000만 원이나, 해당 기업의 2020년도 총매출이 100억 원 이하인 경우 상한액의 2배까지 지원할 수 있다. 단, 지원금은 소요 광고비의 2분의 1을 초과할 수 없다.
- 위의 지원금 산정 방법에 따라 예산 범위 내에서 지급 가능한 최대 금액을 예산이 소진될 때까지 지원대상 기업에 순차로 배정한다.

〈지원대상 후보 현황〉

기업	2020년도 총매출(억 원)	소요 광고비 (억 원)	사업분야
A	600	1	백신
B	500	2	비대면
C	400	3	농산물
D	300	4	인공지능
E	200	5	비대면
F	100	6	의류
G	30	4	백신

① 없음
② 8,000만 원
③ 1억 2,000만 원
④ 1억 6,000만 원
⑤ 2억 4,000만 원

문 15. 다음 글의 ㉠과 ㉡에 해당하는 수를 옳게 짝지은 것은?

> 甲담당관 : 우리 부서 전 직원 57명으로 구성되는 혁신조직을 출범시켰으면 합니다.
> 乙주무관 : 조직은 어떻게 구성할까요?
> 甲담당관 : 5~7명으로 구성된 10개의 소조직을 만들되, 5명, 6명, 7명 소조직이 각각 하나 이상 있었으면 합니다. 단, 각 직원은 하나의 소조직에만 소속되어야 합니다.
> 乙주무관 : 그렇게 할 경우 5명으로 구성되는 소조직은 최소 (㉠)개, 최대 (㉡)개가 가능합니다.

	㉠	㉡
①	1	5
②	3	5
③	3	6
④	4	6
⑤	4	7

문 16. 다음 글을 근거로 판단할 때, 甲이 통합력에 투입해야 하는 노력의 최솟값은?

- 업무역량은 기획력, 창의력, 추진력, 통합력의 4가지 부문으로 나뉜다.
- 부문별 업무역량 값을 수식으로 나타내면 다음과 같다.

> 부문별 업무역량 값
> =(해당 업무역량 재능×4)+(해당 업무역량 노력×3)
> ※ 재능과 노력의 값은 음이 아닌 정수이다.

- 甲의 부문별 업무역량의 재능은 다음과 같다.

기획력	창의력	추진력	통합력
90	100	110	60

- 甲은 통합력의 업무역량 값을 다른 어떤 부문의 값보다 크게 만들고자 한다. 단, 甲이 투입 가능한 노력은 총 100이며 甲은 가능한 노력을 남김없이 투입한다.

① 67
② 68
③ 69
④ 70
⑤ 71

문 17. 다음 글을 근거로 판단할 때, 마지막에 송편을 먹었다면 그 직전에 먹은 떡은?

> 원 쟁반의 둘레를 따라 쑥떡, 인절미, 송편, 무지개떡, 팥떡, 호박떡이 순서대로 한 개씩 시계방향으로 놓여 있다. 이 떡을 먹는 순서는 다음과 같은 규칙에 따른다. 특정한 떡을 시작점(첫 번째)으로 하여 시계방향으로 떡을 세다가 여섯 번째에 해당하는 떡을 먹는다. 떡을 먹고 나면 시계방향으로 이어지는 바로 다음 떡이 새로운 시작점이 된다. 이 과정을 반복하여 떡이 한 개 남게 되면 마지막으로 그 떡을 먹는다.

① 무지개떡
② 쑥떡
③ 인절미
④ 팥떡
⑤ 호박떡

문 18. 다음 글을 근거로 판단할 때, 甲이 구매하려는 두 상품의 무게로 옳은 것은?

> ○○마트에서는 쌀 상품 A~D를 판매하고 있다. 상품 무게는 A가 가장 무겁고, B, C, D 순서대로 무게가 가볍다. 무게 측정을 위해 서로 다른 두 상품을 저울에 올린 결과, 각각 35kg, 39kg, 44kg, 45kg, 50kg, 54kg으로 측정되었다. 甲은 가장 무거운 상품과 가장 가벼운 상품을 제외하고 두 상품을 구매하기로 하였다.

※ 상품 무게(kg)의 값은 정수이다.

① 19kg, 25kg
② 19kg, 26kg
③ 20kg, 24kg
④ 21kg, 25kg
⑤ 22kg, 26kg

문 19. 다음 글을 근거로 판단할 때, A괘종시계가 11시 정각을 알리기 위한 마지막 종을 치는 시각은?

> A괘종시계는 매시 정각을 알리기 위해 매시 정각부터 일정한 시간 간격으로 해당 시의 수만큼 종을 친다. 예를 들어 7시 정각을 알리기 위해서는 7시 정각에 첫 종을 치기 시작하여 일정한 시간 간격으로 총 7번의 종을 치는 것이다. 이 괘종시계가 정각을 알리기 위해 2번 이상 종을 칠 때, 종을 치는 시간 간격은 몇 시 정각을 알리기 위한 것이든 동일하다. A괘종시계가 6시 정각을 알리기 위한 마지막 6번째 종을 치는 시각은 6시 6초이다.

① 11시 11초
② 11시 12초
③ 11시 13초
④ 11시 14초
⑤ 11시 15초

문 20. 다음 글을 근거로 판단할 때, 현재 시점에서 두 번째로 많은 양의 일을 한 사람은?

> A부서 주무관 5명(甲~戊)은 오늘 해야 하는 일의 양이 같다. 오늘 업무 개시 후 현재까지 한 일을 비교해 보면 다음과 같다.
>
> 甲은 丙이 아직 하지 못한 일의 절반에 해당하는 양의 일을 했다. 乙은 丁이 남겨 놓고 있는 일의 2배에 해당하는 양의 일을 했다. 丙은 자신이 현재까지 했던 일의 절반에 해당하는 일을 남겨 놓고 있다. 丁은 甲이 남겨 놓고 있는 일과 동일한 양의 일을 했다. 戊는 乙이 남겨 놓은 일의 절반에 해당하는 양의 일을 했다.

① 甲
② 乙
③ 丙
④ 丁
⑤ 戊

문 21. 다음 글과 〈대화〉를 근거로 판단할 때, 丙이 받을 수 있는 최대 성과점수는?

> - A과는 과장 1명과 주무관 4명(甲~丁)으로 구성되어 있으며, 주무관의 직급은 甲이 가장 높고, 乙, 丙, 丁 순으로 낮아진다.
> - A과는 프로젝트를 성공적으로 마친 보상으로 성과점수 30점을 부여받았다. 과장은 A과에 부여된 30점을 자신을 제외한 주무관들에게 분배할 계획을 세우고 있다.
> - 과장은 주무관들의 요구를 모두 반영하여 성과점수를 분배하려 한다.
> - 주무관들이 받는 성과점수는 모두 다른 자연수이다.

〈대 화〉

> 甲 : 과장님이 주시는 대로 받아야죠. 아! 그렇지만 丁보다는 제가 높아야 합니다.
> 乙 : 이번 프로젝트 성공에는 제가 가장 큰 기여를 했으니, 제가 가장 높은 성과점수를 받아야 합니다.
> 丙 : 기여도를 고려했을 때, 제 경우에는 상급자보다는 낮게 받고 하급자보다는 높게 받아야 합니다.
> 丁 : 저는 내년 승진에 필요한 최소 성과점수인 4점만 받겠습니다.

① 6
② 7
③ 8
④ 9
⑤ 10

문 22. 다음 글을 근거로 판단할 때, 아기 돼지 삼형제와 각각의 집을 옳게 짝지은 것은?

- 아기 돼지 삼형제는 엄마 돼지로부터 독립하여 벽돌집, 나무집, 지푸라기집 중 각각 다른 한 채씩을 선택하여 짓는다.
- 벽돌집을 지을 때에는 벽돌만 필요하지만, 나무집은 나무와 지지대가, 지푸라기집은 지푸라기와 지지대가 재료로 필요하다. 지지대에 소요되는 비용은 집의 면적과 상관없이 나무집의 경우 20만 원, 지푸라기집의 경우 5만 원이다.
- 재료의 1개당 가격 및 집의 면적 $1m^2$당 필요 개수는 아래와 같다.

구분	벽돌	나무	지푸라기
1개당 가격(원)	6,000	3,000	1,000
$1m^2$당 필요 개수	15	20	30

- 첫째 돼지 집의 면적은 둘째 돼지 집의 2배이고, 셋째 돼지 집의 3배이다. 삼형제 집의 면적의 총합은 $11m^2$이다.
- 모두 집을 짓고 나니, 둘째 돼지 집을 짓는 재료 비용이 가장 많이 들었다.

	첫째	둘째	셋째
①	벽돌집	나무집	지푸라기집
②	벽돌집	지푸라기집	나무집
③	나무집	벽돌집	지푸라기집
④	지푸라기집	벽돌집	나무집
⑤	지푸라기집	나무집	벽돌집

문 23. 다음 〈A기관 특허대리인 보수 지급 기준〉과 〈상황〉을 근거로 판단할 때, 甲과 乙이 지급받는 보수의 차이는?

〈A기관 특허대리인 보수 지급 기준〉

- A기관은 특허출원을 특허대리인(이하 '대리인')에게 의뢰하고, 이에 따라 특허출원 건을 수임한 대리인에게 보수를 지급한다.
- 보수는 착수금과 사례금의 합이다.
- 착수금은 대리인이 작성한 출원서의 내용에 따라 〈착수금 산정 기준〉의 세부항목을 합산하여 산정한다. 단, 세부항목을 합산한 금액이 140만 원을 초과할 경우 착수금은 140만 원으로 한다.

〈착수금 산정 기준〉

세부항목	금액(원)
기본료	1,200,000
독립항 1개 초과분(1개당)	100,000
종속항(1개당)	35,000
명세서 20면 초과분(1면당)	9,000
도면(1도당)	15,000

※ 독립항 1개 또는 명세서 20면 이하는 해당 항목에 대한 착수금을 산정하지 않는다.

- 사례금은 출원한 특허가 '등록결정'된 경우 착수금과 동일한 금액으로 지급하고, '거절결정'된 경우 0원으로 한다.

〈상 황〉

- 특허대리인 甲과 乙은 A기관이 의뢰한 특허출원을 각각 1건씩 수임하였다.
- 甲은 독립항 1개, 종속항 2개, 명세서 14면, 도면 3도로 출원서를 작성하여 특허를 출원하였고, '등록결정'되었다.
- 乙은 독립항 5개, 종속항 16개, 명세서 50면, 도면 12도로 출원서를 작성하여 특허를 출원하였고, '거절결정'되었다.

① 2만 원
② 8만 5천 원
③ 123만 원
④ 129만 5천 원
⑤ 259만 원

문 24. 다음 글과 <상황>을 근거로 판단할 때, <보기>에서 옳은 것만을 모두 고르면?

ㅁㅁ부서는 매년 △△사업에 대해 사업자 자격 요건 재허가 심사를 실시한다.

- 기본심사 점수에서 감점 점수를 뺀 최종심사 점수가 70점 이상이면 '재허가', 60점 이상 70점 미만이면 '허가 정지', 60점 미만이면 '허가 취소'로 판정한다.
  - 기본심사 점수 : 100점 만점으로, ㉮~㉱의 4가지 항목(각 25점 만점) 점수의 합으로 한다. 단, 점수는 자연수이다.
  - 감점 점수 : 과태료 부과의 경우 1회당 2점, 제재 조치의 경우 경고 1회당 3점, 주의 1회당 1.5점, 권고 1회당 0.5점으로 한다.

〈상 황〉

2020년 사업자 A~C의 기본심사 점수 및 감점 사항은 아래와 같다.

사업자	기본심사 항목별 점수			
	㉮	㉯	㉰	㉱
A	20	23	17	?
B	18	21	18	?
C	23	18	21	16

사업자	과태료 부과횟수	제재 조치 횟수		
		경고	주의	권고
A	3	–	–	6
B	5	–	3	2
C	4	1	2	–

〈보 기〉

ㄱ. A의 ㉱ 항목 점수가 15점이라면 A는 재허가를 받을 수 있다.

ㄴ. B의 허가가 취소되지 않으려면 B의 ㉱ 항목 점수가 19점 이상이어야 한다.

ㄷ. C가 2020년에 과태료를 부과받은 적이 없다면 판정 결과가 달라진다.

ㄹ. 기본심사 점수와 최종심사 점수 간의 차이가 가장 큰 사업자는 C이다.

① ㄱ
② ㄴ
③ ㄱ, ㄴ
④ ㄴ, ㄷ
⑤ ㄷ, ㄹ

문 25. 다음 글과 <상황>을 근거로 판단할 때, 수질검사빈도와 수질기준을 둘 다 충족한 검사지점만을 모두 고르면?

ㅁㅁ법 제00조(수질검사빈도와 수질기준) ① 기초자치단체의 장인 시장 · 군수 · 구청장은 다음 각 호의 구분에 따라 지방상수도의 수질검사를 실시하여야 한다.

1. 정수장에서의 검사
   가. 냄새, 맛, 색도, 탁도(濁度), 잔류염소에 관한 검사 : 매일 1회 이상
   나. 일반세균, 대장균, 암모니아성 질소, 질산성 질소, 과망간산칼륨 소비량 및 증발잔류물에 관한 검사 : 매주 1회 이상
   단, 일반세균, 대장균을 제외한 항목 중 지난 1년간 검사를 실시한 결과, 수질기준의 10퍼센트를 초과한 적이 없는 항목에 대하여는 매월 1회 이상
2. 수도꼭지에서의 검사
   가. 일반세균, 대장균, 잔류염소에 관한 검사 : 매월 1회 이상
   나. 정수장별 수도관 노후지역에 대한 일반세균, 대장균, 암모니아성 질소, 동, 아연, 철, 망간, 잔류염소에 관한 검사 : 매월 1회 이상
3. 수돗물 급수과정별 시설(배수지 등)에서의 검사
   일반세균, 대장균, 암모니아성 질소, 동, 수소이온 농도, 아연, 철, 잔류염소에 관한 검사 : 매 분기 1회 이상

② 수질기준은 아래와 같다.

항목	기준	항목	기준
대장균	불검출/100mL	일반세균	100CFU/mL 이하
잔류염소	4mg/L 이하	질산성 질소	10mg/L 이하

〈상 황〉

甲시장은 ㅁㅁ법 제00조에 따라 수질검사를 실시하고 있다. 甲시 관할의 검사지점(A~E)은 이전 검사에서 매번 수질기준을 충족하였고, 이번 수질검사에서 아래와 같은 결과를 보였다.

검사지점	검사대상	검사결과	검사빈도
정수장 A	잔류염소	2mg/L	매일 1회
정수장 B	질산성 질소	11mg/L	매일 1회
정수장 C	일반세균	70CFU/mL	매월 1회
수도꼭지 D	대장균	불검출/100mL	매주 1회
배수지 E	잔류염소	2mg/L	매주 1회

※ 제시된 검사대상 외의 수질검사빈도와 수질기준은 모두 충족한 것으로 본다.

① A, D
② B, D
③ A, D, E
④ A, B, C, E
⑤ A, C, D, E

M E M O

2020년 공직적격성평가(PSAT)

국가공무원 5급 · 7급 민간경력자 일괄채용 및 경호공무원 7급 공개경쟁채용 필기시험

응시번호	
성 명	

문제책형
㉮

【시험과목】

제1과목	언어논리
제2과목	자료해석
제3과목	상황판단

문제풀이 시작과 종료 시간을 기입해 주시기 바랍니다.

- 언어논리(60분) ______시 ______분 ~ ______시 ______분
- 자료해석(60분) ______시 ______분 ~ ______시 ______분
- 상황판단(60분) ______시 ______분 ~ ______시 ______분

문 1. 다음 글의 내용과 부합하지 않는 것은?

우리나라 헌법상 정부는 대통령과 행정부로 구성된다. 행정부에는 국무총리, 행정각부, 감사원 등이 있으며, 이들은 모두 대통령 소속하에 있다. 이외에도 행정부에는 국무회의와 각종 대통령 자문기관들이 있다.

우리나라 국무회의는 정부의 중요 정책에 대한 최고 심의기관으로, 그 설치를 헌법에서 규정하고 있다. 미국 대통령제의 각료회의는 헌법에 규정이 없는 편의상의 기구라는 점에서, 영국 의원내각제의 내각은 의결기관이라는 점에서 우리나라의 국무회의는 이들과 법적 성격이 다르다.

대통령이 국무회의 심의 결과에 구속되지 않는다는 점에서 국무회의는 자문기관과 큰 차이가 없다. 그러나 일반 대통령 자문기관들은 대통령이 임의적으로 요청하는 사항에 응하여 자문을 개진하는 것과 달리 국무회의는 심의 사항이 헌법에 명시되어 있으며 해당 심의는 필수적이라는 점에서 단순한 자문기관도 아니다.

행정각부의 장은 대통령, 국무총리와 함께 국무회의를 구성하는 국무위원임과 동시에 대통령이 결정한 정책을 집행하는 행정관청이다. 그러나 행정각부의 장이 국무위원으로서 갖는 지위와 행정관청으로서 갖는 지위는 구별된다. 국무위원으로서 행정각부의 장은 대통령, 국무총리와 법적으로 동등한 지위를 갖지만, 행정관청으로서 행정각부의 장은 대통령은 물론 상급행정관청인 국무총리의 지휘와 감독에 따라야 한다.

① 감사원은 대통령 소속하에 있는 기관이다.
② 국무회의는 의결기관도 단순 자문기관도 아닌 심의기관이다.
③ 국무회의 심의 결과는 대통령을 구속한다는 점에서 국가의사를 표시한다.
④ 우리나라 헌법은 국무회의에서 반드시 심의하여야 할 사항을 규정하고 있다.
⑤ 국무총리와 행정각부의 장은 국무회의 심의 석상에서는 국무위원으로서 법적으로 동등한 지위를 갖는다.

문 2. 다음 글의 내용과 부합하는 것은?

조선 시대에는 각 고을에 '유향소'라는 기구가 있었다. 이 기구는 해당 지역의 명망가들로 구성되어 있었으며, 지방관을 보좌하고 아전을 감독하는 역할을 했다. 유향소는 그 회원들의 이름을 '향안'이라는 책자에 기록해 두었다. 향안에 이름이 오른 사람은 유향소의 장(長)인 좌수 혹은 별감을 선출하는 선거에 참여할 수 있었고, 유향소가 개최하는 회의에 참석해 지방행정에 관한 의견을 개진할 수 있었다. 또 회원 자격을 획득한 후 일정한 기간이 지나면 좌수와 별감으로 뽑힐 수도 있었다.

향안에 이름이 오르는 것을 '입록'이라고 불렀다. 향안에 입록되는 것은 당시로서는 큰 영예였다. 16세기에 대부분의 유향소는 부친, 모친, 처가 모두 그 지역 출신이어야 향안에 입록될 수 있도록 했는데, 이 조건을 '삼향'이라고 불렀다. 그런데 당시에는 멀리 떨어진 고을의 가문과 혼인 관계를 맺는 일이 잦아 삼향의 조건을 갖춘 사람은 드물었다. 유향소가 이 조건을 고수한다면 전국적인 명망가라고 하더라도 유향소 회원이 되기 어려웠다. 이런 까닭에 삼향이라는 조건을 거두어들이는 유향소가 늘어났다. 그 결과 17세기에는 삼향의 조건을 갖추지 않았다는 이유로 향안 입록을 거부하는 유향소가 크게 줄었다.

한편 서얼이나 상민과 혼인한 사람은 어떤 경우라도 향안에 입록될 수 없었고, 이 규정이 사라진 적도 없었다. 향안에 들어가고자 하는 사람은 기존 유향소 회원들의 동의도 받아야 했다. 향안 입록 신청자가 생기면 유향소 회원들은 한 곳에 모여 투표를 해 허용 여부를 결정했다. 입록 신청자를 받아들일지 결정하는 투표를 '권점'이라고 불렀다. 권점을 통과하기 위해서는 일정한 비율 이상의 찬성표가 나와야 했다. 이 때문에 향안에 이름을 올리려는 자는 평소 나쁜 평판이 퍼지지 않게 행실에 주의를 기울였다.

① 향안에 입록된 사람은 해당 지역 유향소의 별감이나 좌수를 뽑는 데 참여할 수 있었다.
② 각 지역 유향소들은 아전의 부정행위를 막기 위해 17세기에 향안 입록 조건을 완화하였다.
③ 유향소 회의에 참여할 자격을 얻기 위해서는 향안에 입록된 후에 다시 권점을 통과해야 하였다.
④ 16세기에는 서얼 가문과 혼인한 사람이 향안에 입록될 수 없었으나, 17세기에는 입록될 수 있었다.
⑤ 17세기에 새로이 유향소 회원이 된 사람들은 모두 삼향의 조건을 갖추고 권점을 통과한 인물이었다.

문 3. 다음 글에서 알 수 있는 것은?

부처의 말씀을 담은 경장과 그 해설서인 논장, 수행자의 계율을 담은 율장 외에 여러 가지 불교 관련 자료들을 모아 펴낸 것을 대장경이라고 부른다. 고려는 몇 차례 대장경 간행 사업을 벌였는데, 처음 대장경 간행에 돌입한 것은 거란의 침입을 받았던 현종 때 일이다. 당시 고려는 대장경을 만드는 데 필요한 자료들을 확보하지 못해 애를 먹다가 거란에서 만든 대장경을 수입해 분석한 후 선종 때 이를 완성했다. 이 대장경을 '초조대장경'이라고 부른다.

한편 고려는 몽골이 침략해 들어오자 불교 신앙으로 국난을 극복하겠다는 뜻에서 다시 대장경 제작 사업에 돌입했다. 이 대장경은 두 번째로 만든 것이라고 해서 '재조대장경'이라 불렀다. 고려는 재조대장경을 활자로 인쇄하기로 하고, 전국 각지에서 나무를 베어 경판을 만들었다. 완성된 경판의 숫자가 8만여 개에 이르기 때문에 이 대장경을 '팔만대장경'이라고도 부른다. 재조대장경을 찍어내기 위해 만든 경판은 현재까지 남아 있는데, 이는 전세계에 남아 있는 대장경 인쇄용 경판 가운데 가장 오래된 것이다. 재조대장경판은 그 규모가 무척 커서 제작을 시작한 지 16년 만에 완성할 수 있었다.

재조대장경을 찍어내고자 수많은 경판을 만들었다는 사실에서 알 수 있듯이 한반도에서는 인쇄술이 일찍부터 발달해 있었다. 이를 잘 보여주는 유물이 불국사에서 발견된 『무구정광대다라니경』이다. 분석 결과, 이 유물은 통일신라 경덕왕 때 목판으로 찍어낸 것으로 밝혀졌다. 『무구정광대다라니경』은 목판으로 인쇄되어 전하는 자료 가운데 세계에서 가장 오래된 것이다. 금속활자를 이용한 인쇄술도 일찍부터 발달했다. 몽골의 1차 고려 침략이 시작된 해에 세계 최초로 금속활자를 이용한 『상정고금예문』이 고려에서 발간되었다고 알려져 있다. 이처럼 고려 사람들은 선진 인쇄술을 바탕으로 문화를 발전시켜 나갔다.

① 재조대장경판의 제작이 완료되기 전에 금속활자로 『상정고금예문』을 발간한 일이 있었던 것으로 전해진다.
② 재조대장경은 고려 현종 때 외적의 침입을 막고자 거란에서 들여온 대장경을 참고해 만든 것이다.
③ 고려 시대에 만들어진 대장경판으로서 현재 남아있는 것 중 가장 오래된 것은 초조대장경판이다.
④ 『무구정광대다라니경』은 목판으로 인쇄되었으며, 재조대장경은 금속활자로 인쇄되었다.
⑤ 불교 진흥을 위해 고려 시대에 만들어진 최초의 대장경은 팔만대장경이다.

문 4. 다음 글에서 알 수 있는 것은?

많은 국가들의 소년사법 제도는 영국의 관습법에서 유래한다. 영국 관습법에 따르면 7세 이하 소년은 범죄 의도를 소유할 능력이 없는 것으로 간주되고, 8세 이상 14세 미만의 소년은 형사책임을 물을 수 없고, 14세 이상의 소년에 대해서는 형사책임을 물을 수 있다.

우리나라의 소년사법 역시 소년의 나이에 따라 세 그룹으로 구분하여 범죄 의도 소유 능력 여부와 형사책임 여부를 결정한다. 다만 그 나이의 기준을 9세 이하, 10세 이상 14세 미만, 그리고 14세 이상 19세 미만으로 구분할 뿐이다. 우리나라 『소년법』은 10세 이상 14세 미만의 소년 중 형벌 법령에 저촉되는 행위를 한 자를 촉법소년으로 규정하여 소년사법의 대상으로 하고 있다. 또한, 10세 이상 19세 미만의 소년 중 이유 없는 가출을 하거나 술을 마시는 행동을 하는 등 그대로 두면 장래에 범법행위를 할 우려가 있는 소년을 우범소년으로 규정하여 소년사법의 대상으로 하고 있다. 일부에서는 단순히 불량성이 있을 뿐 범죄를 저지르지 않았음에도 소년사법의 대상이 되는 우범소년 제도에 의문을 품기도 한다.

소년사법은 범죄를 저지르지 않은 소년까지도 사법의 대상으로 한다는 점에서 자기책임주의를 엄격히 적용하는 성인사법과 구별된다. 소년사법의 이러한 특징은 국가가 궁극적 보호자로서 아동을 양육하고 보호해야 한다는 국친 사상에 근거를 둔다. 과거 봉건 국가 시대에는 친부모가 자녀에 대한 양육 · 보호를 제대로 하지 못하는 경우 왕이 양육 · 보호책임을 진다고 믿었다. 이런 취지에서 오늘날에도 비록 죄를 범하지는 않았지만 그대로 둔다면 범행을 할 가능성이 있는 소년까지 소년사법의 대상으로 보는 것이다. 이처럼 소년사법의 철학적 기초에는 국친 사상이 있다.

① 국친 사상은 소년사법의 대상 범위를 축소하는 철학적 기초이다.
② 성인범도 국친 사상의 대상이 되어 범행할 가능성이 있으면 처벌을 받는다.
③ 우리나라 소년법상 촉법소년은 범죄 의도를 소유할 수 없는 것으로 간주된다.
④ 영국의 관습법상 7세의 소년은 범죄 의도는 소유할 수 있지만, 형사책임이 없는 것으로 간주된다.
⑤ 우리나라 소년법상 10세 이상 19세 미만의 소년은 범죄를 저지를 우려가 있으면 범죄를 저지르지 않아도 소년사법의 적용을 받을 수 있다.

문 5. **다음 글에서 알 수 있는 것은?**

바르트는 언어를 '랑그', '스틸', '에크리튀르'로 구분해서 파악했다. 랑그는 영어의 'language'에 해당한다. 인간은 한국어, 중국어, 영어 등 어떤 언어를 공유하는 집단에서 태어난다. 그때 부모나 주변 사람들이 이야기하는 언어가 '모어(母語)'이고 그것이 랑그이다.

랑그에 대해 유일하게 말할 수 있는 사실은, 태어날 때부터 부모가 쓰는 언어여서 우리에게 선택권이 없다는 것이다. 인간은 '모어 속에 던져지는' 방식으로 태어나기 때문에 랑그에는 관여할 수 없다. 태어나면서 쉼 없이 랑그를 듣고 자라기 때문에 어느새 그 언어로 사고하고, 그 언어로 숫자를 세고, 그 언어로 말장난을 하고, 그 언어로 신어(新語)를 창조한다.

스틸의 사전적인 번역어는 '문체'이지만 실제 의미는 '어감'에 가깝다. 이는 언어에 대한 개인적인 호오(好惡)의 감각을 말한다. 누구나 언어의 소리나 리듬에 대한 호오가 있다. 글자 모양에 대해서도 사람마다 취향이 다르다. 이는 좋고 싫음의 문제이기 때문에 어쩔 도리가 없다. 따라서 스틸은 기호에 대한 개인적 호오라고 해도 좋다. 다시 말해 스틸은 몸에 각인된 것이어서 주체가 자유롭게 선택할 수 없다.

인간이 언어기호를 조작할 때에는 두 가지 규제가 있다. 랑그는 외적인 규제, 스틸은 내적인 규제이다. 에크리튀르는 이 두 가지 규제의 중간에 위치한다. 에크리튀르는 한국어로 옮기기 어려운데, 굳이 말하자면 '사회방언'이라고 할 수 있다. 방언은 한 언어의 큰 틀 속에 산재하고 있으며, 국소적으로 형성된 것이다. 흔히 방언이라고 하면 '지역방언'을 떠올리는데, 이는 태어나 자란 지역의 언어이므로 랑그로 분류된다. 하지만 사회적으로 형성된 방언은 직업이나 생활양식을 선택할 때 동시에 따라온다. 불량청소년의 말, 영업사원의 말 등은 우리가 선택할 수 있다.

① 랑그는 선택의 여지가 없지만, 스틸과 에크리튀르는 자유로운 선택이 가능하다.
② 방언에 대한 선택은 언어에 대한 개인의 호오 감각에 기인한다.
③ 동일한 에크리튀르를 사용하는 사람들은 같은 지역 출신이다.
④ 같은 모어를 사용하는 형제라도 스틸은 다를 수 있다.
⑤ 스틸과 에크리튀르는 언어 규제상 성격이 같다.

문 6. **다음 글에서 알 수 있는 것은?**

도덕에 관한 이론인 정서주의는 언어 사용의 세 가지 목적에 주목한다. 첫째, 화자가 청자에게 정보를 전달하는 목적이다. 예를 들어, "세종대왕은 조선의 왕이다."라는 문장은 참 혹은 거짓을 판단할 수 있는 정보를 전달하고 있다. 둘째, 화자가 청자에게 행위를 하도록 요구하는 목적이다. "백성을 사랑하라."라는 명령문 형식의 문장은 청자에게 특정한 행위를 요구한다. 셋째, 화자의 태도를 청자에게 표현하는 목적이다. "세종대왕은 정말 멋져!"라는 감탄문 형식의 문장은 세종대왕에 대한 화자의 태도를 표현하고 있다.

정서주의자들은 도덕적 언어를 정보 전달의 목적으로 사용하는 것이 아니라, 사람의 행위에 영향을 주거나 자신의 태도를 표현하는 목적으로 사용한다고 말한다. "너는 거짓말을 해서는 안 된다."라고 말한다면, 화자는 청자가 그러한 행위를 하지 못하게 하려는 것이다. 따라서 이러한 진술은 정보를 전달하는 것이 아니라, "거짓말을 하지 마라."라고 명령하는 것이다.

정서주의자들에 따르면 태도를 표현하는 목적으로 도덕적 언어를 사용하는 것은 태도를 보고하는 것이 아니다. 만약 "나는 세종대왕을 존경한다."라고 말한다면 이 말은 화자가 세종대왕에 대해 긍정적인 태도를 지니고 있다는 사실을 보고하는 것이다. 즉, 이는 참 혹은 거짓을 판단할 수 있는 정보를 전달하는 문장이다. 반면, "세종대왕은 정말 멋져!"라고 외친다면 화자는 결코 어떤 종류에 관한 사실을 전달하거나, 태도를 갖고 있다고 보고하는 것이 아니다. 이는 화자의 세종대왕에 대한 태도를 표현하고 있는 것이다.

① 정서주의에 따르면 화자의 태도를 표현하는 문장은 참이거나 거짓이다.
② 정서주의에 따르면 도덕적 언어는 화자의 태도를 보고하는 데 사용된다.
③ 정서주의에 따르면 "세종대왕은 한글을 창제하였다."는 참도 거짓도 아니다.
④ 정서주의에 따르면 언어 사용의 가장 중요한 목적은 정보를 전달하는 것이다.
⑤ 정서주의에 따르면 도덕적 언어의 사용은 명령을 하거나 화자의 태도를 표현하기 위한 것이다.

문 7. **다음 글의 빈칸에 들어갈 내용으로 가장 적절한 것은?**

> 텔레비전이라는 단어는 '멀리'라는 뜻의 그리스어 '텔레'와 '시야'를 뜻하는 라틴어 '비지오'에서 왔다. 원래 텔레비전은 우리가 멀리서도 볼 수 있도록 해주는 기기로 인식됐다. 하지만 조만간 텔레비전은 멀리에서 우리를 보이게 해 줄 것이다. 오웰의 『1984』에서 상상한 것처럼, 우리가 텔레비전을 보는 동안 텔레비전이 우리를 감시할 것이다. 우리는 텔레비전에서 본 내용을 대부분 잊어버리겠지만, 텔레비전에 영상을 공급하는 기업은 우리가 만들어낸 데이터를 기반으로 하여 알고리즘을 통해 우리 입맛에 맞는 영화를 골라 줄 것이다. 나아가 인생에서 중요한 것들, 이를테면 어디서 일해야 하는지, 누구와 결혼해야 하는지도 대신 결정해 줄 것이다.
>
> 그들의 답이 늘 옳지는 않을 것이다. 그것은 불가능하다. 데이터 부족, 프로그램 오류, 삶의 근본적인 무질서 때문에 알고리즘은 실수를 범할 수밖에 없다. 하지만 완벽해야 할 필요는 없다. 평균적으로 우리 인간보다 낫기만 하면 된다. 그 정도는 그리 어려운 일이 아니다. 왜냐하면 대부분의 사람은 자신을 잘 모르기 때문이다. 사람들은 인생의 중요한 결정을 내리면서도 끔찍한 실수를 저지를 때가 많다. 데이터 부족, 프로그램 오류, 삶의 근본적인 무질서로 인한 고충도 인간이 알고리즘보다 훨씬 더 크게 겪는다.
>
> 우리는 알고리즘을 둘러싼 많은 문제들을 열거하고 나서, 그렇기 때문에 사람들은 결코 알고리즘을 신뢰하지 않을 거라고 결론 내릴 수도 있다. 하지만 그것은 민주주의의 모든 결점들을 나열한 후에 '제정신인 사람이라면 그런 체제는 지지하려 들지 않을 것'이라고 결론짓는 것과 비슷하다. 처칠의 유명한 말이 있지 않은가? "민주주의는 세상에서 가장 나쁜 정치 체제다. 다른 모든 체제를 제외하면." 알고리즘에 대해서도 마찬가지로 다음과 같은 결론을 내릴 수 있다.
>
> [ ]

① 알고리즘의 모든 결점을 제거하면 최선의 선택이 가능할 것이다.
② 우리는 자신이 무엇을 원하는지를 알기 위해서 점점 더 알고리즘에 의존한다.
③ 데이터를 가진 기업이 다수의 사람을 은밀히 감시하는 사례는 더 늘어날 것이다.
④ 실수를 범하기는 하지만 현실적으로 알고리즘보다 더 신뢰할 만한 대안을 찾기 어렵다.
⑤ 알고리즘이 갖는 결점이 지금은 보이지 않지만, 어느 순간 이 결점 때문에 우리의 질서가 무너질 것이다.

문 8. **다음 글에서 추론할 수 없는 것은?**

> 아이를 엄격하게 키우는 것은 부모와 다른 사람들에 대해 반감과 공격성을 일으킬 수 있고, 그 결과 죄책감과 불안감을 낳으며, 결국에는 아이의 창조적인 잠재성을 해치게 된다. 반면에 아이를 너그럽게 키우는 것은 그와 같은 결과를 피하고, 더 행복한 인간관계를 만들며, 풍요로운 마음과 자기신뢰를 고취하고, 자신의 잠재력을 발전시킬 수 있도록 한다. 이와 같은 진술은 과학적 탐구의 범위에 속하는 진술이다. 논의의 편의상 이 두 주장이 실제로 강력하게 입증되었다고 가정해보자. 그렇다면 우리는 이로부터 엄격한 방식보다는 너그러운 방식으로 아이를 키우는 것이 더 좋다는 점이 과학적 연구에 의해 객관적으로 확립되었다고 말할 수 있을까?
>
> 위의 연구를 통해 확립된 것은 다음과 같은 조건부 진술일 뿐이다. 만약 우리의 아이를 죄책감을 지닌 혼란스러운 영혼이 아니라 행복하고 정서적으로 안정된 창조적인 개인으로 키우고자 한다면, 아이를 엄격한 방식보다는 너그러운 방식으로 키우는 것이 더 좋다. 이와 같은 진술은 상대적인 가치판단을 나타낸다. 상대적인 가치판단은 특정한 목표를 달성하려면 어떤 행위가 좋다는 것을 진술하는데, 이런 종류의 진술은 경험적 진술이고, 경험적 진술은 모두 관찰을 통해 객관적인 과학적 테스트가 가능하다. 반면 "아이를 엄격한 방식보다는 너그러운 방식으로 키우는 것이 더 좋다."라는 문장은 가령 "살인은 악이다."와 같은 문장처럼 절대적인 가치판단을 표현한다. 그런 문장은 관찰에 의해 테스트할 수 있는 주장을 표현하지 않는다. 오히려 그런 문장은 행위의 도덕적 평가기준 또는 행위의 규범을 표현한다. 절대적인 가치판단은 과학적 테스트를 통한 입증의 대상이 될 수 없다. 왜냐하면 그와 같은 판단은 주장을 표현하는 것이 아니라 행위의 기준이나 규범을 나타내기 때문이다.

① 아이를 엄격한 방식보다는 너그러운 방식으로 키우는 것이 더 좋다는 것은 경험적 진술이 아니다.
② 아이를 엄격한 방식보다는 너그러운 방식으로 키우는 것이 더 좋다는 것은 상대적인 가치판단이다.
③ 아이를 엄격한 방식보다는 너그러운 방식으로 키우는 것이 더 좋다는 것은 과학적 연구에 의해 객관적으로 입증될 수 있는 주장이 아니다.
④ 정서적으로 안정된 창조적 개인으로 키우려면, 아이를 엄격한 방식보다는 너그러운 방식으로 키우는 것이 더 좋다는 것은 상대적인 가치판단이다.
⑤ 정서적으로 안정된 창조적 개인으로 키우려면, 아이를 엄격한 방식보다는 너그러운 방식으로 키우는 것이 더 좋다는 것은 과학적으로 테스트할 수 있다.

문 9. 다음 글의 실험 결과를 가장 잘 설명하는 가설은?

> 한 무리의 개미들에게 둥지에서 먹이통 사이를 오가는 왕복 훈련을 시킨 후 120마리를 포획하여 20마리씩 6그룹으로 나눴다.
>
> 먼저 1~3그룹의 개미들을 10m 거리에 있는 먹이통으로 가게 한 후, 다음처럼 일부 그룹의 다리 길이를 조절하는 처치를 했다. 1그룹은 모든 다리의 끝 분절을 제거하여 다리 길이를 줄이고, 2그룹은 모든 다리에 돼지의 거친 털을 붙여 다리 길이를 늘이고, 3그룹은 다리 길이를 그대로 둔 것이다. 이렇게 처치를 끝낸 1~3그룹의 개미들을 둥지로 돌아가게 한 결과, 1그룹 개미들은 둥지에 훨씬 못 미쳐 멈췄고, 2그룹 개미들은 둥지를 훨씬 지나 멈췄으며, 3그룹 개미들만 둥지에서 멈췄다.
>
> 이제 4~6그룹의 개미들은 먹이통으로 출발하기 전에 미리 앞서와 같은 방식으로 일부 그룹의 다리 길이를 조절하는 처치를 했다. 즉, 4그룹은 다리 길이를 줄이고, 5그룹은 다리 길이를 늘이고, 6그룹은 다리 길이를 그대로 두었다. 이 개미들을 10m 거리에 있는 먹이통까지 갔다 오게 했더니, 4~6그룹의 개미 모두가 먹이통까지 갔다가 되돌아와 둥지에서 멈췄다. 4~6그룹의 개미들은 그룹별로 이동 거리의 차이가 없었다.

① 개미의 이동 거리는 다리 길이에 비례한다.
② 개미는 걸음 수에 따라서 이동 거리를 판단한다.
③ 개미의 다리 끝 분절은 개미의 이동에 필수적인 부위이다.
④ 개미는 다리 길이가 조절되고 나면 이동 거리를 측정하지 못한다.
⑤ 개미는 먹이를 찾으러 갈 때와 둥지로 되돌아올 때, 이동 거리를 측정하는 방법이 다르다.

문 10. 다음 글의 ㉠~㉢에 들어갈 일반 원칙을 바르게 나열한 것은?

> 우리가 하는 주장 가운데 어떤 것은 도덕적 주장이고 어떤 것은 도덕과 무관한 주장이다. 가령 아래의 (1)은 도덕적 주장인 반면 (2)는 도덕과 무관한 주장이라는 데 모두 동의할 것이다.
>
> (1) 갑은 선한 사람이다.
>
> (2) 을은 병을 싫어한다.
>
> 이런 종류의 주장과 관련한 일반 원칙으로 우리가 다음 세 가지를 받아들인다고 하자.
>
> A : 어떤 주장이 도덕적 주장이라면, 그 주장의 부정도 도덕적 주장이다.
>
> B : 어떤 주장이 도덕과 무관한 주장이라면, 그 주장의 부정도 도덕과 무관한 주장이다.
>
> C : 도덕과 무관한 주장으로부터 도출된 것은 모두 도덕과 무관한 주장이다.
>
> 나아가 어떠한 주장이든지 그것은 도덕적 주장이거나 도덕과 무관한 주장이라고 해보자. 이때 우리는 다음의 (3)이 도덕적 주장이라는 것을 증명할 수 있다.
>
> (3) 갑은 선한 사람이거나 을은 병을 싫어한다.
>
> 이를 위해 먼저 (3)이 도덕과 무관한 주장이라고 가정해보자. 우리는 이런 가정이 모순을 초래한다는 사실을 보일 것이다. (3)이 도덕과 무관한 주장이므로 일반 원칙 [㉠]에 따라 우리는 다음의 (4)도 도덕과 무관한 주장이라고 해야 한다.
>
> (4) 갑은 선한 사람이 아니고 을은 병을 싫어하지 않는다.
>
> (4)가 도덕과 무관한 주장이므로 일반 원칙 [㉡]에 따라 우리는 (4)로부터 도출되는 다음의 (5)도 도덕과 무관한 주장이라고 해야 한다.
>
> (5) 갑은 선한 사람이 아니다.
>
> 하지만 우리는 애초에 (1)이 도덕적 주장이라는 점을 받아들였다. 그러므로 일반 원칙 [㉢]에 따라 우리는 (1)을 부정한 것인 (5)가 도덕적 주장이라고 해야 한다. 마침내 우리는 (5)가 도덕과 무관한 주장이면서 또한 도덕적 주장이라는 모순된 결과에 다다르게 되었다. (3)이 도덕과 무관한 주장이라는 가정은 이처럼 모순을 초래하므로, 결국 우리는 (3)이 도덕적 주장이라고 결론내려야 한다.

	㉠	㉡	㉢
①	A	B	C
②	A	C	B
③	B	A	C
④	B	C	A
⑤	C	B	A

문 11. 다음 대화의 ㉠과 ㉡에 들어갈 말을 적절하게 짝지은 것은?

> 갑 : 신입직원 가운데 일부가 봉사활동에 지원했습니다. 그리고 [㉠]
>
> 을 : 지금 하신 말씀에 따르자면, 제 판단으로는 하계연수에 참여하지 않은 사람 중에 신입직원이 있다는 결론이 나오는군요.
>
> 갑 : 그렇게 판단하신 게 정확히 맞습니다. 아니, 잠깐만요. 아차, 제가 앞에서 말씀드린 부분 중에 오류가 있었군요. 죄송합니다. 신입직원 가운데 일부가 봉사활동에 지원했다는 것은 맞는데, 그 다음이 틀렸습니다. 봉사활동 지원자는 전부 하계연수에도 참여했다고 말씀드렸어야 했습니다.
>
> 을 : 알겠습니다. 그렇다면 아까와 달리 "[㉡]"라는 결론이 나오는 것이로군요.
>
> 갑 : 바로 그렇습니다.

① ㉠ : 하계연수 참여자 가운데는 봉사활동에 지원했던 사람이 없습니다.
  ㉡ : 신입직원 가운데 하계연수 참여자가 있다.

② ㉠ : 하계연수 참여자 가운데는 봉사활동에 지원했던 사람이 없습니다.
  ㉡ : 신입직원 가운데 하계연수 참여자는 한 명도 없다.

③ ㉠ : 하계연수 참여자는 모두 봉사활동에도 지원했던 사람입니다.
  ㉡ : 신입직원 가운데 하계연수 참여자는 한 명도 없다.

④ ㉠ : 하계연수 참여자 가운데 봉사활동에도 지원했던 사람이 있습니다.
  ㉡ : 신입직원 가운데 하계연수 참여자가 있다.

⑤ ㉠ : 하계연수 참여자 가운데 봉사활동에도 지원했던 사람이 있습니다.
  ㉡ : 신입직원은 모두 하계연수 참여자이다.

문 12. 다음 글의 내용이 참일 때, 대책회의에 참석하는 전문가의 최대 인원수는?

> 8명의 전문가 A~H를 대상으로 코로나19 대책회의 참석 여부에 관해 조사한 결과 다음과 같은 정보를 얻었다.
>
> - A, B, C 세 사람이 모두 참석하면, D나 E 가운데 적어도 한 사람은 참석한다.
> - C와 D 두 사람이 모두 참석하면, F도 참석한다.
> - E는 참석하지 않는다.
> - F나 G 가운데 적어도 한 사람이 참석하면, C와 E 두 사람도 참석한다.
> - H가 참석하면, F나 G 가운데 적어도 한 사람은 참석하지 않는다.

① 3명

② 4명

③ 5명

④ 6명

⑤ 7명

문 13. 다음 글의 내용과 부합하는 것은?

조선 시대에는 왕실과 관청이 필요로 하는 물품을 '공물'이라는 이름으로 백성들로부터 수취하는 제도가 있었다. 조선 왕조는 각 지역의 특산물이 무엇인지 조사한 후, 그 결과를 바탕으로 백성들이 내야 할 공물의 종류와 양을 지역마다 미리 규정해두었다. 그런데 시간이 지남에 따라 환경 변화 등으로 그 물품이 생산되지 않는 곳이 많아졌다. 이에 백성들은 부과된 공물을 상인으로 하여금 생산지에서 구매해 대납하게 했는데, 이를 '방납'이라고 부른다.

방납은 16세기 이후 크게 성행했다. 그런데 방납을 의뢰받은 상인들은 대개 시세보다 높은 값을 부르거나 품질이 떨어지는 물품을 대납해 부당 이익을 취했다. 이런 폐단이 날로 심해지자 "공물을 면포나 쌀로 거둔 후, 그것으로 필요한 물품을 관청이 직접 구매하자."라는 주장이 나타났다. 이런 주장은 임진왜란이 끝난 후 거세졌다. 한백겸과 이원익 등은 광해군 즉위 초에 경기도에 한해 '백성들이 소유한 토지의 다과에 따라 쌀을 공물로 거두고, 이렇게 수납한 쌀을 선혜청으로 운반해 국가가 필요로 하는 물품을 구매'하는 정책, 즉 '대동법'을 시행하자고 했다. 광해군이 이를 받아들이자 경기도민들은 크게 환영했다. 광해군은 이 정책에 대한 반응이 좋다는 것을 알고 경기도 외에 다른 곳으로 확대 시행할 것을 고려했으나 그렇게 하지는 못했다.

광해군을 몰아내고 왕이 된 인조는 김육의 주장을 받아들여 강원도, 충청도, 전라도까지 대동법을 확대 시행했다. 그런데 그 직후 전국에 흉년이 들어 농민들이 제대로 쌀을 구하지 못할 정도가 되었다. 이에 인조는 충청도와 전라도에 대동법을 시행한다는 결정을 철회했다. 인조의 뒤를 이은 효종은 전라도 일부 지역과 충청도가 흉년에서 벗어났다고 생각해 그 지역들에 대동법을 다시 시행했고, 효종을 이은 현종도 전라도 전역에 대동법을 확대 시행했다. 이처럼 대동법 시행 지역은 조금씩 늘어났다.

① 현종은 방납의 폐단을 없애기 위해 대동법을 전국 모든 지역에 시행하였다.

② 효종은 김육의 요청대로 충청도, 전라도, 경상도에 대동법을 적용하였다.

③ 광해군이 국왕으로 재위할 때 공물을 쌀로 내게 하는 조치가 경기도에 취해졌다.

④ 인조는 이원익 등의 제안대로 방납이라는 방식으로 공물을 납부하는 행위를 전면 금지하였다.

⑤ 한백겸은 상인이 관청의 의뢰를 받아 특산물을 생산지에서 구매해 대납하는 것은 부당하다고 하였다.

문 14. 다음 글에서 알 수 있는 것은?

불교가 이 땅에 전래된 후 불교신앙을 전파하고자 신앙결사를 만든 승려가 여러 명 나타났다. 통일신라 초기에 왕실은 화엄종을 후원했는데, 화엄종 계통의 승려들은 수도에 대규모 신앙결사를 만들어 놓고 불교신앙에 관심을 가진 귀족들을 대상으로 불교 수행법을 전파했다. 통일신라가 쇠퇴기에 접어든 신라 하대에는 지방에도 신앙결사가 만들어졌다. 신라 하대에 나타난 신앙결사는 대부분 미륵신앙을 지향하는 정토종 승려들이 만든 것이었다.

신앙결사 운동이 더욱 확장된 것은 고려 때의 일이다. 고려 시대 가장 유명한 신앙결사는 지눌의 정혜사다. 지눌은 명종 때 거조사라는 절에서 정혜사라는 이름의 신앙결사를 만들었다. 그는 돈오점수 사상을 내세우고, 조계선이라는 수행 방법을 강조했다. 지눌이 만든 신앙결사에 참여해 함께 수행하는 승려가 날로 늘었다. 그 가운데 가장 유명한 사람이 요세라는 승려다. 요세는 무신집권자 최충헌이 명종을 쫓아내고 신종을 국왕으로 옹립한 해에 지눌과 함께 순천으로 근거지를 옮기는 도중에 따로 독립했다. 순천으로 옮겨 간 지눌은 그곳에서 정혜사라는 명칭을 수선사로 바꾸어 활동했고, 요세는 강진에서 백련사라는 결사를 새로 만들어 활동했다.

지눌의 수선사는 불교에 대한 이해가 높은 사람들을 대상으로 다소 난해한 돈오점수 사상을 전파하는 데 주력했다. 그 때문에 대중적이지 않다는 평을 받았다. 요세는 지눌과 달리 불교 지식을 갖추지 못한 평민도 쉽게 수행할 수 있도록 간명하게 수행법을 제시한 천태종을 중시했다. 또 그는 평민들이 백련사에 참여하는 것을 당연하다고 여겼다. 백련사가 세워진 후 많은 사람들이 참여하자 권력층도 관심을 갖고 후원하기 시작했다. 명종 때부터 권력을 줄곧 독차지하고 있던 최충헌을 비롯해 여러 명의 고위 관료들이 백련사에 토지와 재물을 헌납해 그 활동을 도왔다.

① 화엄종은 돈오점수 사상을 전파하고자 신앙결사를 만들어 활동하였다.

② 백련사는 수선사와는 달리 조계선이라는 수행 방법을 고수해 주목받았다.

③ 요세는 무신이 권력을 잡고 있던 시기에 불교 신앙결사를 만들어 활동하였다.

④ 정혜사는 강진에서 조직되었던 반면 백련사는 순천에 근거지를 두고 활동하였다.

⑤ 지눌은 정토종 출신의 승려인 요세가 정혜사에 참여하자 그를 설득해 천태종으로 끌어들였다.

문 15. **다음 글의 빈칸에 들어갈 내용으로 가장 적절한 것은?**

대안적 분쟁해결절차(ADR)는 재판보다 분쟁을 신속하게 해결한다고 알려져 있다. 그러나 재판이 서면 심리를 중심으로 진행되는 반면, ADR은 당사자 의견도 충분히 청취하기 때문에 재판보다 더 많은 시간이 소요된다. 그럼에도 불구하고 ADR이 재판보다 신속하다고 알려진 이유는 법원에 지나치게 많은 사건이 밀려 있어 재판이 더디게 이루어지기 때문이다.

법원행정처는 재판이 너무 더디다는 비난에 대응하기 위해 일선 법원에서도 사법형 ADR인 조정제도를 적극적으로 활용할 것을 독려하고 있다. 그러나 이는 법관이 신속한 조정안 도출을 위해 사건 당사자에게 화해를 압박하는 부작용을 낳을 수 있다. 사법형 ADR 활성화 정책은 법관의 증원 없이 과도한 사건 부담 문제를 해결하려는 미봉책일 뿐이다. 결국, 사법형 ADR 활성화 정책은 사법 불신으로 이어져 재판 정당성에 대한 국민의 인식을 더욱 떨어뜨리게 한다.

또한 사법형 ADR 활성화 정책은 민간형 ADR이 활성화되는 것을 저해한다. 분쟁 당사자들이 민간형 ADR의 조정안을 따르도록 하려면, 재판에서도 거의 같은 결과가 나온다는 확신이 들게 해야 한다. 그러기 위해서는 법원이 확고한 판례를 제시하여야 한다. 그런데 사법형 ADR 활성화 정책은 새롭고 복잡한 사건을 재판보다는 ADR로 유도하게 된다. 이렇게 되면 새롭고 복잡한 사건에 대한 판례가 만들어지지 않고, 민간형 ADR에서 분쟁을 해결할 기준도 마련되지 않게 된다. 결국 판례가 없는 수많은 사건들이 끊임없이 법원으로 밀려들게 된다.

따라서 [   ] 먼저 법원은 본연의 임무인 재판을 통해 당사자의 응어리를 풀어주겠다는 의식으로 접근해야 할 것이다. 그것이 현재 법원의 실정으로 어렵다고 판단되면, 국민의 동의를 구해 예산과 인력을 확충하는 방향으로 나아가는 것이 옳은 방법이다. 법원의 인프라를 확충하고 판례를 충실히 쌓아가면, 민간형 ADR도 활성화될 것이다.

① 분쟁 해결에 대한 사회적 관심을 높이도록 유도해야 한다.
② 재판이 추구하는 목표와 ADR이 추구하는 목표는 서로 다르지 않다.
③ 법원으로 폭주하는 사건 수를 줄이기 위해 시민들의 준법의식을 강화하여야 한다.
④ 법원은 재판에 주력하여야 하며 그것이 결과적으로 민간형 ADR의 활성화에도 도움이 된다.
⑤ 민간형 ADR 기관의 전문성을 제고하여 분쟁 당사자들이 굳이 법원에 가지 않더라도 신속하게 분쟁을 해결할 수 있게 만들어야 한다.

문 16. **다음 글의 흐름에 맞지 않는 곳을 ㉠~㉤에서 찾아 수정할 때 가장 적절한 것은?**

경제적 차원에서 가장 불리한 계층, 예컨대 노예와 날품팔이는 ㉠ 특정한 종교 세력에 편입되거나 포교의 대상이 된 적이 없었다. 기독교 등 고대 종교의 포교활동은 이들보다는 소시민층, 즉 야심을 가지고 열심히 노동하며 경제적으로 합리적인 생활을 하는 계층을 겨냥하였다. 고대사회의 대농장에서 일하던 노예들에게 관심을 갖는 종교는 없었다.

모든 시대의 하층 수공업자 대부분은 ㉡ 독특한 소시민적 종교 경향을 지니고 있었다. 이들은 특히 공인되지 않은 종파적 종교성에 기우는 경우가 매우 흔하였다. 곤궁한 일상과 불안정한 생계 활동에 시달리며 동료의 도움에 의존해야 하는 하층 수공업자층은 공인되지 않은 신흥 종교집단이나 비주류 종교집단의 주된 포교 대상이었다.

근대에 형성된 프롤레타리아트는 ㉢ 종교에 우호적이며 관심이 많았다. 이들은 자신의 처지가 자신의 능력과 업적에 의존한다는 의식이 약하고 그 대신 사회적 상황이나 경기 변동, 법적으로 보장된 권력관계에 종속되어 있다는 의식이 강하였다. 이에 반해 자신의 처지가 주술적 힘, 신이나 우주의 섭리와 같은 것에 종속되어 있다는 견해에는 부정적이었다.

프롤레타리아트가 스스로의 힘으로 ㉣ 특정 종교 이념을 창출하는 것은 쉽지 않았다. 이들에게는 비종교적인 이념들이 삶을 지배하는 경향이 훨씬 우세했기 때문이다. 물론 프롤레타리아트 가운데 경제적으로 불안정한 최하위 계층과 지속적인 곤궁으로 인해 프롤레타리아트화의 위험에 처한 몰락하는 소시민계층은 ㉤ 종교적 포교의 대상이 되기 쉬웠다. 특히 이들을 포섭한 많은 종교는 원초적 주술을 사용하거나, 아니면 주술적·광란적 은총 수여에 대한 대용물을 제공했다. 이 계층에서 종교 윤리의 합리적 요소보다 감정적 요소가 훨씬 더 쉽게 성장할 수 있었다.

① ㉠을 "고대 종교에서는 주요한 세력이자 포섭 대상이었다."로 수정한다.
② ㉡을 "종교나 정치와는 괴리된 삶을 살았다."로 수정한다.
③ ㉢을 "종교에 우호적이지도 관심이 많지도 않았다."로 수정한다.
④ ㉣을 "특정 종교 이념을 창출한 경우가 많았다."로 수정한다.
⑤ ㉤을 "종교보다는 정치집단의 포섭 대상이 되었다."로 수정한다.

문 17. **다음 글의 빈칸에 들어갈 내용으로 가장 적절한 것은?**

> A는 말벌이 어떻게 둥지를 찾아가는지 알아내고자 했다. 이에 A는 말벌이 둥지에 있을 때, 둥지를 중심으로 솔방울들을 원형으로 배치했는데, 그 말벌은 먹이를 찾아 둥지를 떠났다가 다시 둥지로 잘 돌아왔다. 이번에는 말벌이 먹이를 찾아 둥지를 떠난 사이, A가 그 솔방울들을 수거하여 둥지 부근 다른 곳으로 옮겨 똑같이 원형으로 배치했다. 그랬더니 돌아온 말벌은 솔방울들이 치워진 그 둥지로 가지 않고 원형으로 배치된 솔방울들의 중심으로 날아갔다.
>
> 이러한 결과를 관찰한 A는 말벌이 방향을 찾을 때 솔방울이라는 물체의 재질에 의존한 것인지 혹은 솔방울들로 만든 모양에 의존한 것인지를 알아내고자 하였다. 그래서 이번에는 말벌이 다시 먹이를 찾아 둥지를 떠난 사이, 앞서 원형으로 배치했던 솔방울들을 치우고 그 자리에 돌멩이들을 원형으로 배치했다. 그리고 거기 있던 솔방울들을 다시 가져와 둥지를 중심으로 삼각형으로 배치했다. 그러자 A는 돌아온 말벌이 원형으로 배치된 돌멩이들의 중심으로 날아가는 것을 관찰할 수 있었다.
>
> 이 실험을 통해 A는 먹이를 찾으러 간 말벌이 둥지로 돌아올 때, ＿＿＿＿＿＿＿＿＿＿는 결론에 이르렀다.

① 물체의 재질보다 물체로 만든 모양에 의존하여 방향을 찾는다
② 물체로 만든 모양보다 물체의 재질에 의존하여 방향을 찾는다
③ 물체의 재질과 물체로 만든 모양 모두에 의존하여 방향을 찾는다
④ 물체의 재질이나 물체로 만든 모양에 의존하지 않고 방향을 찾는다
⑤ 경우에 따라 물체의 재질에 의존하기도 하고 물체로 만든 모양에 의존하기도 하면서 방향을 찾는다

문 18. **다음 글의 ㉠에 대한 진술로 적절하지 않은 것은?**

> 해녀들이 고무 잠수복을 받아들일 때 잠수복 바지, 저고리, 모자, 버선은 받아들였으나 흥미롭게도 장갑은 제외시켰다. 손은 부피당 표면적이 커서 수중에서 열손실이 쉽게 일어나는 부위이다. 손의 온도가 떨어지면 움직임이 둔해지고 정확도가 떨어지므로 물속에서의 작업 수행 능력이 감소된다. 이런 점을 고려할 때 장갑 착용은 작업 능률을 향상시킬 것으로 생각되는데 수온이 낮은 겨울철에도 해녀들이 잠수 장갑을 끼지 않는 데는 어떤 이유가 있을 것이다. 그 이유를 알아보기 위하여 ㉠ 겨울철 해녀의 작업 시 장갑 착용이 손의 열손실에 어떤 영향을 미치는지 연구하였다.
>
> 겨울철에 해녀가 작업을 할 때, 장갑을 끼는 경우와 끼지 않는 경우에 손의 열손실을 측정하였다. 열손실은 단위시간당 손실되는 열의 양으로 측정하였다. 입수 초기에는 장갑을 낄 때나 안 낄 때나 손의 열손실이 증가하는데 장갑을 낄 때보다 안 낄 때 더 빠르게 증가한다. 그런데 입수 초기가 지나면 손의 열손실은 시간에 따라 점차 감소하는데 장갑을 낄 때보다 안 낄 때 더 빠르게 감소한다. 그래서 입수 후 약 20분이 지나면 손의 열손실이 장갑을 낄 때보다 안 낄 때 더 작아지는 기현상이 생긴다.
>
> 이러한 현상은 입수 시 나타나는 손의 열절연도 변화로 설명할 수 있다. 물체의 열손실은 그 물체의 열절연도에 의해 좌우되는데 열절연도가 커질수록 열손실이 작아진다. 입수 후 손의 열절연도는 장갑을 낄 때보다 안 낄 때 더 빠르게 증가하여 입수 후 약 20분이 지나면 손의 열손실이 장갑을 낄 때보다 안 낄 때 더 작아진다. 또한 팔의 열절연도도 입수 후 시간이 지남에 따라 장갑을 낄 때보다 안 낄 때 더 빠르게 증가하여 팔의 열손실은 장갑을 낄 때보다 안 낄 때 더 빠르게 감소한다.

① 손의 온도는 해녀의 작업 수행 능력에 영향을 준다.
② 장갑 착용 여부는 손과 팔의 열손실에 영향을 준다.
③ 입수 초기에는 장갑을 낄 때보다 안 낄 때 손의 열손실이 더 빠르게 증가한다.
④ 입수 후 시간이 지남에 따라 손의 열절연도는 장갑을 낄 때보다 안 낄 때 더 빠르게 증가한다.
⑤ 입수 후 장갑을 안 낄 때는 손의 열손실이 시간이 지남에 따라 증가한 후 감소하지만 장갑을 낄 때는 그렇지 않다.

문 19. 다음 글의 내용이 참일 때, 반드시 참인 것만을 〈보기〉에서 모두 고르면?

A, B, C, D, E는 스키, 봅슬레이, 컬링, 쇼트트랙, 아이스하키 등 총 다섯 종목 중 각자 한 종목을 관람하고자 한다. 스키와 봅슬레이는 산악지역에서 열리며, 나머지 종목은 해안지역에서 열린다. 다섯 명의 관람 종목에 대한 조건은 다음과 같다.

- A, B, C, D, E는 서로 다른 종목을 관람한다.
- A와 B는 서로 다른 지역에서 열리는 종목을 관람한다.
- C는 스키를 관람한다.
- B가 쇼트트랙을 관람하면, D가 봅슬레이를 관람한다.
- E가 쇼트트랙이나 아이스하키를 관람하면, A는 봅슬레이를 관람한다.

〈보 기〉

ㄱ. A가 봅슬레이를 관람하면, D는 아이스하키를 관람한다.
ㄴ. B는 쇼트트랙을 관람하지 않는다.
ㄷ. E가 쇼트트랙을 관람하면, B는 컬링이나 아이스하키를 관람한다.

① ㄱ
② ㄴ
③ ㄱ, ㄷ
④ ㄴ, ㄷ
⑤ ㄱ, ㄴ, ㄷ

문 20. 다음 글의 내용이 참일 때, 반드시 참인 것은?

도시발전계획의 하나로 관할 지역 안에 문화특화지역과 경제특화지역을 지정하여 활성화하는 정책을 추진하고 있는 A시와 관련하여 다음 사항이 알려졌다.

- A시의 관할 지역은 동구와 서구로 나뉘어 있고 갑, 을, 병, 정, 무는 이 시에 거주하는 주민이다.
- A시는 문화특화지역과 경제특화지역을 곳곳에 지정하였으나, 두 지역이 서로 겹치는 경우는 없다.
- 문화특화지역으로 지정된 곳에서는 모두 유물이 발견되었다.
- 동구에서 경제특화지역으로 지정된 곳의 주민은 모두 부유하다.
- 서구에 거주하는 주민은 모두 아파트에 산다.

① 갑이 유물이 발견된 지역에 거주한다면, 그는 부유하지 않다.
② 을이 부유하다면, 그는 경제특화지역에 거주하고 있다.
③ 병이 아파트에 살지는 않지만 경제특화지역에 거주한다면, 그는 부유하다.
④ 정이 아파트에 살지 않는다면, 그는 유물이 발견되지 않은 지역에 거주한다.
⑤ 무가 문화특화지역에 거주한다면, 그는 아파트에 살지 않는다.

문 21. 다음 글의 ㉠으로 적절한 것은?

규범윤리학의 핵심 물음은 "무엇이 도덕적으로 올바른 행위인가?"이다. 이에 답하기 위해서는 '도덕 규범'이라고 불리는 도덕적 판단 기준에 대한 논의가 필요하다. 도덕적 판단 기준이 개개인의 주관적 판단에 의존한다고 여기는 사람들이 다수 있지만 이는 옳지 않은 생각이다. 도덕 규범은 그것이 무엇이든 우리의 주관적 판단에 의존하지 않는다. 이러한 주장이 반드시 참임은 다음 논증을 통해 보일 수 있다.

도덕 규범이면서 우리의 주관적 판단에 의존하는 규범이 있다고 가정하면, 문제가 생긴다. 우리는 다음 명제들을 의심의 여지 없이 참이라고 받아들이기 때문이다. 첫째, 주관적 판단에 의존하는 규범은 모두 우연적 요소에 좌우된다. 둘째, 우연적 요소에 좌우되는 규범은 어느 것도 보편적으로 적용되지 않는다. 셋째, 보편적으로 적용되지 않는 규범은 그것이 무엇이든 객관성이 보장되지 않는다. 이 세 명제에 ㉠ 하나의 명제를 추가하기만 하면 주관적 판단에 의존하는 규범은 어느 것도 도덕 규범이 아니라는 것을 이끌어낼 수 있다. 이는 앞의 가정과 모순된다. 따라서 도덕 규범은 어느 것도 우리의 주관적 판단에 의존하지 않는다.

① 우연적 요소에 좌우되는 도덕 규범이 있다.
② 객관성이 보장되지 않는 규범은 어느 것도 도덕 규범이 아니다.
③ 객관성이 보장되는 규범은 그것이 무엇이든 보편적으로 적용된다.
④ 보편적으로 적용되는 규범은 어느 것도 우연적 요소에 좌우되지 않는다.
⑤ 주관적 판단에 의존하면서 보편적으로 적용되지 않는 도덕 규범이 있다.

문 22. 다음 갑~병의 주장에 대한 평가로 적절한 것만을 〈보기〉에서 모두 고르면?

갑 : 어떤 나라의 법이 불공정하거나 악법이라고 해도 그 나라의 시민은 그것을 준수해야 한다. 그 나라의 시민으로 살아간다는 것이 법을 준수하겠다는 암묵적인 합의를 한 것이나 마찬가지이기 때문이다. 우리에게는 약속을 지켜야 할 의무가 있다. 만일 우리의 법이 마음에 들지 않았다면 처음부터 이 나라를 떠나 이웃 나라로 이주할 수 있는 자유가 언제나 있었던 것이다. 이 나라에서 시민으로 일정 기간 이상 살았다면 법을 그것의 공정 여부와 무관하게 마땅히 지켜야만 하는 것이 우리 시민의 의무이다.

을 : 법을 지키겠다는 암묵적 합의는 그 법이 공정한 것인 한에서만 유효한 것이다. 만일 어떤 법이 공정하지 않다면 그런 법을 지키는 것은 오히려 타인의 인권을 침해할 소지가 있고, 따라서 그런 법의 준수를 암묵적 합의의 일부로 간주해서는 안 될 것이다. 그러므로 공정한 법에 대해서만 선별적으로 준수의 의무를 부과하는 것이 타당하다.

병 : 법은 정합적인 체계로 구성되어 있어서 어떤 개별 법 조항도 다른 법과 무관하게 독자적으로 주어질 수 없다. 모든 법은 상호 의존적이어서 어느 한 법의 준수를 거부하면 반드시 다른 법의 준수 여부에도 영향을 미칠 수밖에 없다. 예를 들어, 조세법이 부자에게 유리하고 빈자에게 불리한 불공정한 법이라고 해서 그것 하나만 따로 떼어내어 선별적으로 거부한다는 것은 불가능하다. 그렇게 했다가는 결국 아무 문제가 없는 공정한 법의 준수 여부에까지 영향을 미치게 될 것이다. 따라서 법의 선별적 준수는 전체 법체계의 유지에 큰 혼란을 불러올 우려가 있으므로 받아들여서는 안 된다.

〈보 기〉

ㄱ. 예외적인 경우에 약속을 지키지 않아도 된다면 갑의 주장은 강화된다.
ㄴ. 법의 공정성을 판단하는 별도의 기준이 없다면 을의 주장은 약화된다.
ㄷ. 이민자를 차별하는 법이 존재한다면 병의 주장은 약화된다.

① ㄱ
② ㄴ
③ ㄱ, ㄷ
④ ㄴ, ㄷ
⑤ ㄱ, ㄴ, ㄷ

문 23. 다음 글에 비추어 볼 때, 〈실험〉에 대한 분석으로 적절한 것만을 〈보기〉에서 모두 고르면?

통계학자들은 오직 두 가설, 즉 영가설과 대립가설만을 고려하는 경우가 있다. 여기서 영가설이란 취해진 조치가 조치의 대상에 아무런 영향을 주지 않는다는 가설이고, 대립가설이란 영향을 준다는 가설이다. 예컨대 의사의 조치가 특정 질병 치료에 아무런 효과도 없다는 가설은 영가설이고, 의사의 조치가 그 질병을 치료하는 데 효과가 있다는 가설은 대립가설이다.

〈실 험〉

A는 다음의 두 가설과 관련하여 아래 실험을 수행하였다.

• 가설 1 : 쥐가 동일한 행동을 반복할 때 이전 행동에서 이루어진 강제조치가 다음 번 행동에 영향을 준다.
• 가설 2 : 쥐가 동일한 행동을 반복할 때 이전 행동에서 이루어진 강제조치가 다음 번 행동에 영향을 주지 않는다.

왼쪽 방향 또는 오른쪽 방향으로 갈 수 있는 갈림길이 있는 미로가 있다. 실험자는 쥐 1마리를 이 미로의 입구에 집어넣었다. 미로에 들어간 쥐가 갈림길에 도달하면 실험자가 개입하여 쥐가 한 쪽 방향으로 가도록 강제조치했다. 그런 다음 실험자는 미로의 출구 부분에서 쥐를 꺼내 다시 미로의 입구에 집어넣고 쥐가 갈림길에서 어느 방향으로 가는지를 관찰하였다. 100마리의 쥐를 대상으로 이러한 실험을 실시한 결과 대부분의 쥐들은 이전에 가지 않았던 방향으로 갔다.

〈보 기〉

ㄱ. 가설 1은 대립가설이고 가설 2는 영가설이다.
ㄴ. 〈실험〉의 결과는 대립가설을 강화한다.
ㄷ. 〈실험〉에서 미로에 처음 들어간 쥐들에게 갈림길에서 50마리의 쥐들은 왼쪽 방향으로, 나머지 50마리의 쥐들은 오른쪽 방향으로 가도록 실험자가 강제조치하였다는 사실이 밝혀진다면 영가설은 강화된다.

① ㄱ
② ㄷ
③ ㄱ, ㄴ
④ ㄴ, ㄷ
⑤ ㄱ, ㄴ, ㄷ

문 24. 다음 글의 ㉠을 강화하는 것만을 〈보기〉에서 모두 고르면?

동물의 감각이나 반응을 일으키는 최소한의 자극을 '식역'이라고 한다. 인간의 경우 일반적으로 40밀리 초 이하의 시각적 자극은 '보았다'고 답하는 경우가 거의 없다. 그렇다면 식역 이하의 시각적 자극은 우리에게 아무런 영향도 주지 않는 것일까?

연구자들은 사람들에게 식역 이하의 짧은 시간 동안 문자열을 먼저 제시한 후 뒤이어 의식적으로 지각할 수 있을 만큼 문자열을 제시하는 실험을 진행했다. 이 실험에서 연구자들은 먼저 제시된 문자열을 '프라임'으로, 뒤이어 제시된 문자열을 '타깃'으로 불렀다. 프라임을 식역 이하로 제시한 후 뒤이어 타깃을 의식적으로 볼 수 있을 만큼 제시했을 때 피험자들은 타깃 앞에 프라임이 있었다는 사실조차 알아차리지 못했다.

거듭된 실험을 통해 밝혀진 사실 가운데 하나는 피험자가 비록 보았다고 의식하지 못한 낱말일지라도 제시된 프라임이 타깃과 동일한 낱말인 경우 처리속도가 빨라진다는 것이었다. 예컨대 'radio' 앞에 'house'가 제시되었을 때보다 'radio'가 제시되었을 때 반응이 빨라졌다. 동일한 낱말의 반복이 인지 반응을 촉진한 것이었다. 식역 이하로 제시된 낱말임에도 불구하고 뒤이어 나온 낱말의 처리속도에 영향을 미친 이런 효과를 가리켜 '식역 이하의 반복 점화'라고 부른다.

흥미로운 점은, 프라임이 소문자로 된 낱말 'radio'이고 타깃이 대문자로 된 낱말 'RADIO'일 때 점화 효과가 나타났다는 것이다. 시각적으로 그 둘의 외양은 다르다. 그렇다면 두 종류의 표기에 익숙한 언어적, 문화적 관습에 따라 'radio'와 'RADIO'를 같은 낱말로 인지한 것으로 볼 수 있다. 이에 비추어 볼 때, ㉠ 식역 이하의 반복 점화는 추상적인 수준에서 나타나는 것으로 보인다.

〈보 기〉

ㄱ. 같은 낱말을 식역 이하로 반복하여 여러 번 눈앞에 제시해도 피험자들은 그 낱말을 인지하지 못하였다.
ㄴ. 샛별이 금성이라는 것을 아는 사람에게 프라임으로 '금성'을 식역 이하로 제시한 후 타깃으로 '샛별'을 의식적으로 볼 수 있을 만큼 제시했을 때, 점화 효과가 나타나지 않았다.
ㄷ. 한국어와 영어에 능숙한 사람에게 'five'만을 의식적으로 볼 수 있을 만큼 제시한 경우보다 프라임으로 '다섯'을 식역 이하로 제시한 후 타깃으로 'five'를 의식적으로 볼 수 있을 만큼 제시했을 때, 'five'에 대한 반응이 더 빨랐다.

① ㄱ
② ㄷ
③ ㄱ, ㄴ
④ ㄴ, ㄷ
⑤ ㄱ, ㄴ, ㄷ

문 25. 다음 글에 대한 분석으로 적절한 것만을 〈보기〉에서 모두 고르면?

갑 : 우리는 예전에 몰랐던 많은 과학 지식을 가지고 있다. 예를 들어, 과거에는 물이 산소와 수소로 구성된다는 것을 몰랐지만 현재는 그 사실을 알고 있다. 과거에는 어떤 기준 좌표에서 관찰하더라도 빛의 속도가 일정하다는 것을 몰랐지만 현재의 우리는 그 사실을 알고 있다. 이처럼 우리가 알게 된 과학 지식의 수는 누적적으로 증가하고 있으며, 이 점에서 과학은 성장한다고 말할 수 있다.

을 : 과학의 역사에서 과거에 과학 지식이었던 것이 더 이상 과학 지식이 아닌 것으로 판정된 사례는 많다. 예를 들어, 과거에 우리는 플로지스톤 이론이 옳다고 생각했지만 현재 그 이론이 옳다고 생각하는 사람은 아무도 없다. 이런 점에서 과학 지식의 수는 누적적으로 증가하고 있지 않다.

병 : 그렇다고 해서 과학이 성장한다고 말할 수 없는 것은 아니다. 과학에서 해결해야 할 문제들은 정해져 있으며, 그 중 해결된 문제의 수는 증가하고 있다. 예를 들어 과거의 뉴턴 역학은 수성의 근일점 이동을 정확하게 예측할 수 없었지만 현재의 상대성 이론은 정확하게 예측할 수 있다. 따라서 해결된 문제의 수가 증가하고 있다는 이유에서 과학은 성장한다고 말할 수 있다.

정 : 그렇게 말할 수 없다. 우리가 어떤 과학 이론을 받아들이냐에 따라서 해결해야 할 문제가 달라지고, 해결된 문제의 수가 증가했는지 판단할 수도 없기 때문이다. 서로 다른 이론을 받아들이는 사람들이 해결한 문제의 수는 서로 비교할 수 없다.

〈보 기〉

ㄱ. 갑과 병은 모두 과학의 성장 여부를 평가할 수 있는 어떤 기준이 있다는 것을 인정한다.
ㄴ. 을은 과학 지식의 수가 실제로 누적적으로 증가하지 않는다는 이유로 갑을 비판한다.
ㄷ. 정은 과학의 성장 여부를 말할 수 있는 근거의 진위를 판단할 수 없다는 점을 들어 병을 비판한다.

① ㄱ
② ㄷ
③ ㄱ, ㄴ
④ ㄴ, ㄷ
⑤ ㄱ, ㄴ, ㄷ

문 1. 다음은 회계부정행위 신고 및 포상금 지급에 관한 〈보고서〉이다. 이를 작성하기 위해 사용된 자료만을 〈보기〉에서 모두 고르면?

〈보고서〉

2019년 회계부정행위 신고 건수는 모두 64건으로 2018년보다 29건 감소하였다. 회계부정행위 신고에 대한 최대 포상금 한도가 2017년 11월 규정 개정 후에는 1억 원에서 10억 원으로 상향됨에 따라 회계부정행위 신고에 대한 사회적 관심이 증가하여 2018년에는 신고 건수가 전년 대비 크게 증가(111.4%)하였다. 2019년 회계부정행위 신고 건수는 전년 대비 31.2% 감소하였지만 2013년부터 2016년까지 연간 최대 32건에 불과하였던 점을 감안하면 2017년 11월 포상금 규정 개정 전보다 여전히 높은 수준이었다.

〈보 기〉

ㄱ. 회계부정행위 신고 현황

(단위 : 건, %)

구분 \ 연도	2017	2018	2019
회계부정행위 신고 건수	44	93	64
전년 대비 증가율	−	111.4	−31.2

ㄴ. 연도별 회계부정행위 신고 건수 추이(2013~2016년)

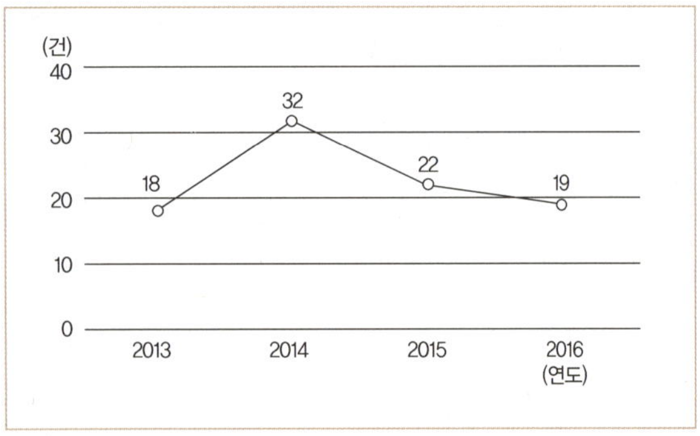

ㄷ. 회계부정행위 신고에 대한 최대 포상금 규정

(단위 : 만 원)

시점 \ 구분		최대 포상금 한도	
		자산총액 5천억 원 미만 기업	자산총액 5천억 원 이상 기업
2017년 11월 규정 개정	개정 후	50,000	100,000
	개정 전	5,000	10,000

ㄹ. 회계부정행위 신고 포상금 지급 현황

(단위 : 건, 만 원)

구분 \ 연도	2008~2015	2016	2017	2018	2019	합계
지급 건수	6	2	2	1	2	13
지급액	5,010	2,740	3,610	330	11,940	23,630

① ㄱ, ㄷ
② ㄴ, ㄹ
③ ㄷ, ㄹ
④ ㄱ, ㄴ, ㄷ
⑤ ㄱ, ㄴ, ㄹ

문 2. 다음 〈표〉는 '갑'건축물을 건설하기 위한 공종의 공법별 공사기간 및 항목별 공사비에 관한 자료이다. 〈표〉와 〈조건〉에 근거하여 총공사비를 최소화하도록 공법을 적용할 때, 총공사기간은?

〈표〉 공종의 공법별 공사기간 및 항목별 공사비

(단위 : 개월, 억 원)

공종 \ 구분 \ 공법		공사기간	항목별 공사비		
			재료비	노무비	경비
토공사	A	4	4	6	4
	B	3	7	5	3
	C	3	5	5	3
골조공사	D	12	30	20	14
	E	14	24	20	15
	F	15	24	24	16
마감공사	G	6	50	30	10
	H	7	50	24	12

〈조 건〉

- 공종, 공법, 항목별 공사비는 각각 제시된 3가지, 8종류, 3항목만 있음.
- 공사는 세 가지 공종을 모두 포함하고, 공종별로 한 종류의 공법만을 적용함.
- 항목별 공사비는 해당 공법의 공사기간 동안 소요되는 해당 항목의 총비용임.
- 총공사기간은 공종별로 적용한 공법의 공사기간의 합이고, 총공사비는 공종별로 적용한 공법의 항목별 공사비의 총합임.

① 22개월
② 23개월
③ 24개월
④ 25개월
⑤ 6개월

문 3. 다음 〈표〉는 2017~2019년 '갑'대학의 장학금 유형(A~ E)별 지급 현황에 관한 자료이다. 이에 대한 〈보기〉의 설명 중 옳은 것만을 고르면?

〈표〉 2017~2019년 '갑'대학의 장학금 유형별 지급 현황

(단위 : 명, 백만 원)

학기		구분 \ 장학금 유형	A	B	C	D	E
2017년	1학기	장학생 수	112	22	66	543	2,004
		장학금 총액	404	78	230	963	2,181
	2학기	장학생 수	106	26	70	542	1,963
		장학금 총액	379	91	230	969	2,118
2018년	1학기	장학생 수	108	21	79	555	1,888
		장학금 총액	391	74	273	989	2,025
	2학기	장학생 수	112	20	103	687	2,060
		장학금 총액	404	70	355	1,216	2,243
2019년	1학기	장학생 수	110	20	137	749	2,188
		장학금 총액	398	70	481	1,330	2,379
	2학기	장학생 수	104	20	122	584	1,767
		장학금 총액	372	70	419	1,039	1,904

※ '갑'대학의 학기는 매년 1학기와 2학기만 존재함

〈보 기〉

ㄱ. 2017~2019년 동안 매학기 장학생 수가 증가하는 장학금 유형은 1개이다.

ㄴ. 2018년 1학기에 비해 2018년 2학기에 장학생 수와 장학금 총액이 모두 증가한 장학금 유형은 4개이다.

ㄷ. 2019년 2학기 장학생 1인당 장학금이 가장 많은 장학금 유형은 B이다.

ㄹ. E장학금 유형에서 장학생 수와 장학금 총액이 가장 많은 학기는 2019년 1학기이다.

① ㄱ, ㄴ
② ㄱ, ㄷ
③ ㄴ, ㄷ
④ ㄴ, ㄹ
⑤ ㄷ, ㄹ

문 4. 다음 〈표〉는 2019년 '갑'회사의 지점(A~E)별 매출 관련 현황에 관한 자료이다. 이에 대한 〈보기〉의 설명 중 옳은 것만을 모두 고르면?

〈표〉 '갑'회사의 지점별 매출 관련 현황

(단위 : 억 원, 명)

구분 \ 지점	A	B	C	D	E	전체
매출액	10	21	18	10	12	71
목표매출액	15	26	20	13	16	90
직원수	5	10	8	3	6	32

※ 목표매출액 달성률(%) $= \frac{\text{매출액}}{\text{목표매출액}} \times 100$

〈보 기〉

ㄱ. 직원 1인당 매출액이 가장 많은 지점은 D이다.

ㄴ. 목표매출액 달성률이 가장 높은 지점은 C이다.

ㄷ. 지점 매출액이 5개 지점 매출액의 평균을 초과하는 지점은 3곳이다.

ㄹ. 5개 지점의 매출액이 각각 20%씩 증가한다면, 전체 매출액은 전체 목표매출액을 초과한다.

① ㄱ, ㄴ　　② ㄱ, ㄷ
③ ㄷ, ㄹ　　④ ㄱ, ㄴ, ㄹ
⑤ ㄴ, ㄷ, ㄹ

문 5. 다음 〈표〉는 A~C가 참가한 사격게임 결과에 대한 자료이다. 〈표〉와 〈조건〉을 근거로 1~5라운드 후 A의 총 적중횟수의 최솟값과 C의 총 적중횟수의 최댓값의 차이를 구하면?

〈표〉 참가자의 라운드별 적중률 현황

(단위 : %)

참가자 \ 라운드	1	2	3	4	5
A	20.0	(　)	60.0	37.5	(　)
B	40.0	62.5	100.0	12.5	12.5
C	(　)	62.5	80.0	(　)	62.5

※ 사격게임 결과는 적중과 미적중으로만 구분함

〈조 건〉

• 1, 3라운드에는 각각 5발을 발사하고, 2, 4, 5라운드에는 각각 8발을 발사함.

• 각 참가자의 라운드별 적중횟수는 최소 1발부터 최대 5발까지임.

• 참가자별로 1발만 적중시킨 라운드 횟수는 2회 이하임.

① 10　　② 11
③ 12　　④ 13
⑤ 14

문 6. 다음 〈그림〉은 2015년 16개 지역의 초미세먼지 농도, 연령표준화사망률 및 초미세먼지로 인한 조기사망자수를 조사한 자료이다. 이에 대한 〈보기〉의 설명 중 옳은 것만을 고르면?

〈그림〉 지역별 초미세먼지 농도, 연령표준화사망률 및 초미세먼지로 인한 조기사망자수

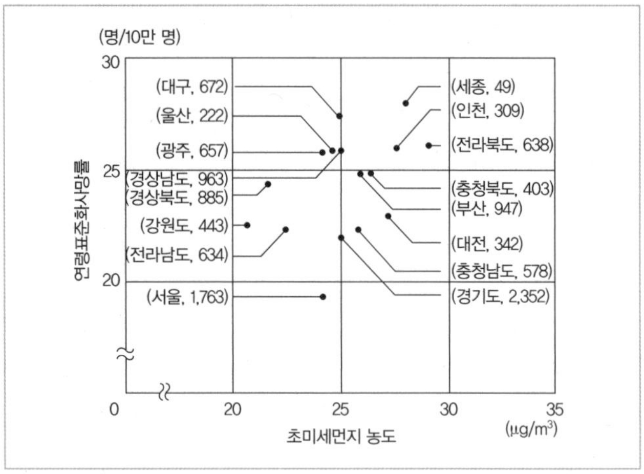

※ 1) (지역, N)은 해당 지역의 초미세먼지로 인한 조기사망자수가 N명임을 의미함
2) 연령표준화사망률은 인구구조가 다른 집단 간의 사망 수준을 비교하기 위하여 연령구조가 사망률에 미치는 영향을 제거한 사망률을 의미함

〈보 기〉

ㄱ. 초미세먼지로 인한 조기사망자수가 가장 많은 지역은 서울이다.

ㄴ. 연령표준화사망률이 높은 지역일수록 초미세먼지로 인한 조기사망자수는 적다.

ㄷ. 초미세먼지 농도가 가장 낮은 지역의 초미세먼지로 인한 조기사망자수는 충청북도보다 많다.

ㄹ. 대구는 부산보다 연령표준화사망률은 높지만 초미세먼지로 인한 조기사망자수는 적다.

① ㄱ, ㄴ

② ㄱ, ㄷ

③ ㄴ, ㄷ

④ ㄴ, ㄹ

⑤ ㄷ, ㄹ

문 7. 다음 〈표〉는 2018년과 2019년 14개 지역에 등록된 5톤 미만 어선 수에 관한 자료이다. 이에 대한 설명으로 옳은 것은?

〈표〉 2018년과 2019년 14개 지역에 등록된 5톤 미만 어선 수

(단위 : 척)

연도	톤급 / 지역	1톤 미만	1톤 이상 2톤 미만	2톤 이상 3톤 미만	3톤 이상 4톤 미만	4톤 이상 5톤 미만
2019	부산	746	1,401	374	134	117
	대구	6	0	0	0	0
	인천	98	244	170	174	168
	울산	134	378	83	51	32
	세종	8	0	0	0	0
	경기	910	283	158	114	118
	강원	467	735	541	296	179
	충북	427	5	1	0	0
	충남	901	1,316	743	758	438
	전북	348	1,055	544	168	184
	전남	6,861	10,318	2,413	1,106	2,278
	경북	608	640	370	303	366
	경남	2,612	4,548	2,253	1,327	1,631
	제주	123	145	156	349	246
2018	부산	793	1,412	351	136	117
	대구	6	0	0	0	0
	인천	147	355	184	191	177
	울산	138	389	83	52	33
	세종	7	0	0	0	0
	경기	946	330	175	135	117
	강원	473	724	536	292	181
	충북	434	5	1	0	0
	충남	1,036	1,429	777	743	468
	전북	434	1,203	550	151	188
	전남	7,023	10,246	2,332	1,102	2,297
	경북	634	652	372	300	368
	경남	2,789	4,637	2,326	1,313	1,601
	제주	142	163	153	335	250

① 2019년 경기의 5톤 미만 어선 수의 전년 대비 증감률은 10% 미만이다.

② 2019년 대구를 제외한 각 지역에서 '1톤 미만' 어선 수는 전년보다 감소한다.

③ 2018년 대구, 세종, 충북을 제외한 각 지역에서 '1톤 이상 2톤 미만'부터 '4톤 이상 5톤 미만'까지 톤급이 증가할수록 어선 수는 감소한다.

④ 2018년과 2019년 모두 '1톤 이상 2톤 미만' 어선 수는 충남이 세 번째로 크다.

⑤ 2018년과 2019년 모두 '1톤 미만' 어선 수 대비 '3톤 이상 4톤 미만' 어선 수의 비가 가장 높은 지역은 인천이다.

문 8. **다음 〈표〉는 2008~2018년 '갑'국의 황산화물 배출권 거래 현황에 대한 자료이다. 〈표〉를 이용하여 작성한 그래프로 옳지 않은 것은?**

〈표〉 2008~2018년 '갑'국의 황산화물 배출권 거래 현황

(단위 : 건, kg, 원/kg)

연도	전체		무상거래		유상거래				
	거래건수	거래량	거래건수	거래량	거래건수	거래량	거래가격		
							최고	최저	평균
2008	10	115,894	3	42,500	7	73,394	1,000	30	319
2009	8	241,004	4	121,624	4	119,380	500	60	96
2010	32	1,712,694	9	192,639	23	1,520,055	500	50	58
2011	25	1,568,065	6	28,300	19	1,539,765	400	10	53
2012	32	1,401,374	7	30,910	25	1,370,464	400	30	92
2013	59	2,901,457	5	31,500	54	2,869,957	600	60	180
2014	22	547,500	1	2,000	21	545,500	500	65	269
2015	12	66,200	5	22,000	7	44,200	450	100	140
2016	10	89,500	3	12,000	7	77,500	500	150	197
2017	20	150,966	5	38,100	15	112,866	160	100	124
2018	28	143,324	3	5,524	25	137,800	250	74	140

① 2010~2013년 연도별 전체 거래의 건당 거래량

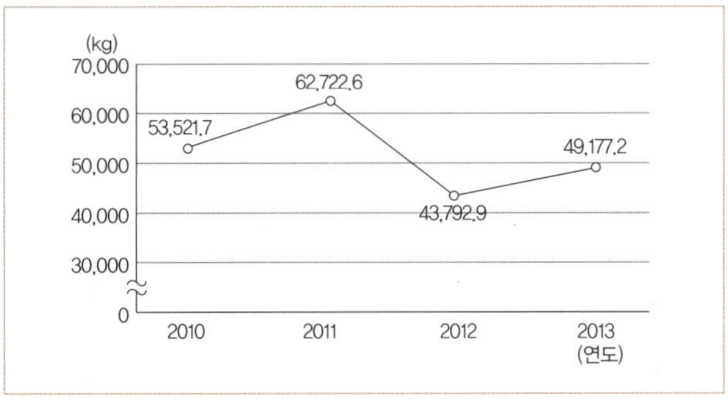

② 2009~2013년 유상거래 최고 가격과 최저 가격

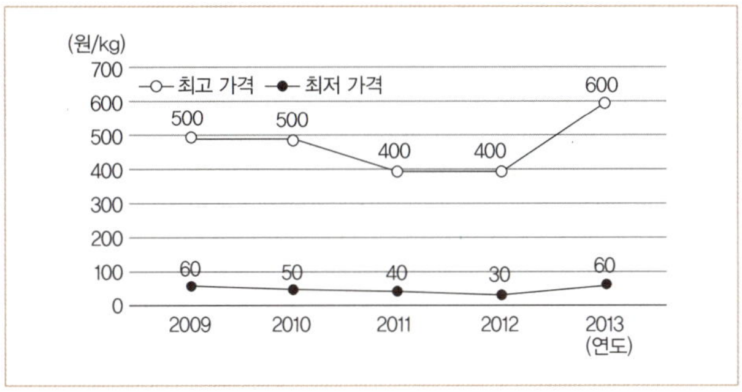

③ 2013~2017년 유상거래 평균 가격

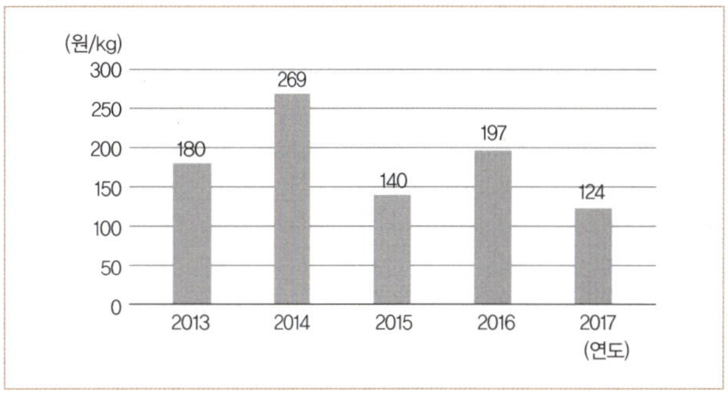

④ 2008년 전체 거래량 구성비

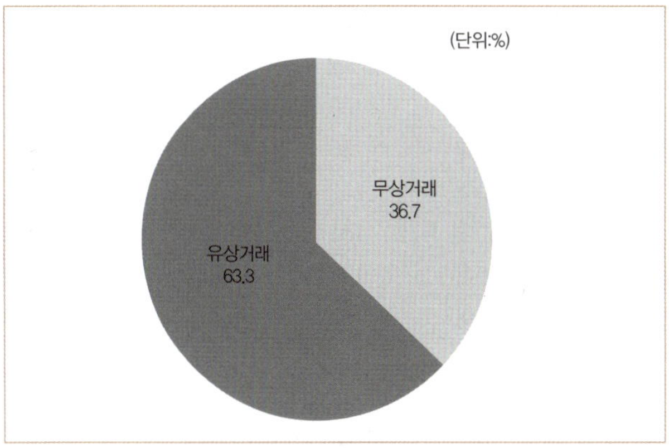

⑤ 2010~2013년 무상거래 건수와 유상거래 건수

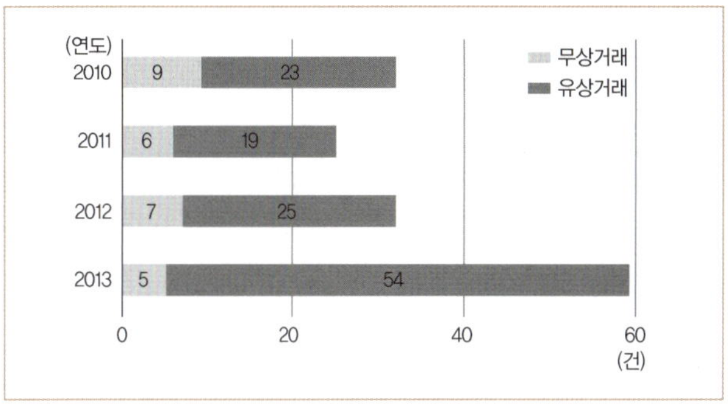

문 9. 다음 〈표〉는 성인 남녀 1,500명을 대상으로 탈모 증상 경험 여부와 탈모 증상 경험자의 탈모 증상 완화 시도 방법에 관해 설문조사한 결과이다. 이에 대한 설명으로 옳지 않은 것은?

〈표 1〉 탈모 증상 경험 여부

구분			응답자 수(명)	탈모 증상 경험 여부(%)	
				있음	없음
성별		남성	743	28.8	71.2
		여성	757	15.2	84.8
연령대		20대	259	4.6	95.4
		30대	253	12.6	87.4
		40대	295	21.4	78.6
		50대	301	25.6	74.4
		60대	392	37.0	63.0
성별·연령대	남성	20대	136	5.1	94.9
		30대	130	16.2	83.8
		40대	150	30.0	70.0
		50대	151	35.8	64.2
		60대	176	49.4	50.6
	여성	20대	123	4.1	95.9
		30대	123	8.9	91.1
		40대	145	12.4	87.6
		50대	150	15.3	84.7
		60대	216	26.9	73.1

※ 1) 무응답과 복수응답은 없음
2) 소수점 아래 둘째 자리에서 반올림한 값임

〈표 2〉 탈모 증상 경험자의 탈모 증상 완화 시도 여부 및 방법

구분		응답자 수(명)	탈모 증상 완화 시도 방법(%)					시도하지 않음(%)
			모발관리제품사용	민간요법	치료제구입	병원진료	미용실탈모관리	
성별	남성	214	38.8	14.0	9.8	8.9	4.2	49.1
	여성	115	45.2	7.0	2.6	4.3	11.3	44.3
연령대	20대	12	50.0	0.0	16.7	16.7	16.7	0.0
	30대	32	62.5	12.5	6.3	9.4	9.4	25.0
	40대	63	52.4	7.9	6.3	12.7	7.9	36.5
	50대	77	46.8	15.6	10.4	5.2	10.4	39.0
	60대	145	26.2	11.7	6.2	4.1	2.8	62.8
부모의 탈모 경험 여부	있음	236	47.0	14.8	8.1	7.2	8.9	41.1
	없음	93	24.7	4.3	7.5	7.5	1.1	62.4
탈모 증상의 심각성	심각함	150	45.3	16.0	13.3	13.3	10.0	34.0
	심각하지 않음	179	36.9	7.8	2.8	2.2	2.8	58.1

※ 1) 무응답은 없으며, 탈모 증상 완화 시도 방법에 대한 복수응답을 허용함
2) 소수점 아래 둘째 자리에서 반올림한 값임

① 남녀 각각 연령대가 높을수록 탈모 증상 경험자의 비율도 높다.

② 탈모 증상 경험자 중 탈모 증상 완화 시도 방법으로 미용실 탈모 관리를 받았다고 한 응답자의 수는 남성이 여성보다 많다.

③ 탈모 증상 경험자의 연령대가 낮을수록 탈모 증상 완화를 시도한 응답자의 비율이 높다.

④ 탈모 증상 경험자 중 부모의 탈모 경험이 있다고 한 응답자의 비율은 70% 이상이다.

⑤ 탈모 증상이 심각하다고 한 응답자 중 부모의 탈모 경험이 있다고 한 응답자는 57명 이상이다.

문 10. 다음 〈표〉는 도입과 출산을 통한 반달가슴곰 복원 현황에 관한 자료이다. 이에 대한 〈보기〉의 설명 중 옳은 것만을 모두 고르면?

〈표〉 도입과 출산을 통한 반달가슴곰 복원 현황

(단위 : 개체)

구분		생존			폐사	전체	폐사원인
			자연적응	학습장			
도입처	러시아	13	5	8	9	22	자연사 : 8 올무 : 3 농약 : 1 기타 : 3
	북한	3	2	1	4	7	
	중국	3	0	3	1	4	
	서울대공원	6	5	1	1	7	
	청주동물원	1	0	1	0	1	
	소계	26	12	14	15	41	
출산방식	자연출산	41	39	2	5	46	자연사 : 4 올무 : 2
	증식장출산	7	4	3	1	8	
	소계	48	43	5	6	54	
계		74	55	19	21	95	–

※ 1) 도입처(출산방식)별 자연적응률(%)

$= \frac{\text{도입처(출산방식)별 자연적응 반달가슴곰 수}}{\text{도입처(출산방식)별 전체 반달가슴곰 수}} \times 100$

2) 도입처(출산방식)별 생존율(%)

$= \frac{\text{도입처(출산방식)별 생존 반달가슴곰 수}}{\text{도입처(출산방식)별 전체 반달가슴곰 수}} \times 100$

3) 도입처(출산방식)별 폐사율(%)

$= \frac{\text{도입처(출산방식)별 폐사 반달가슴곰 수}}{\text{도입처(출산방식)별 전체 반달가슴곰 수}} \times 100$

〈보 기〉

ㄱ. 도입처가 서울대공원인 반달가슴곰의 자연적응률은 자연출산 반달가슴곰의 자연적응률보다 낮다.
ㄴ. 자연출산 반달가슴곰의 생존율은 90%를 넘는다.
ㄷ. 반달가슴곰의 폐사율은 자연출산이 증식장출산보다 낮다.
ㄹ. 도입처가 러시아인 반달가슴곰 중 적어도 두 개체의 폐사원인은 '자연사'이다.

① ㄱ, ㄴ
② ㄱ, ㄷ
③ ㄴ, ㄹ
④ ㄱ, ㄷ, ㄹ
⑤ ㄴ, ㄷ, ㄹ

문 11. 다음은 세계 및 국내 드론 산업 현황에 관한 〈보고서〉이다. 이를 작성하기 위해 사용하지 않은 자료는?

〈보고서〉

세계의 드론 산업 시장은 주로 미국과 유럽을 중심으로 형성되어 왔으나, 2013년과 비교하여 2018년에는 유럽 시장보다 오히려 아시아 · 태평양 시장의 점유율이 더 높아졌다.

2017년 국내 드론 활용 분야별 사업체수를 살펴보면, 농업과 콘텐츠 제작 분야의 사업체수가 전체의 80% 이상을 차지하였고, 사업체수의 전년 대비 증가율에 있어서는 교육 분야가 농업과 콘텐츠 제작 분야보다 각각 높았다. 2017년 국내 드론 활용 산업의 주요 관리 항목을 2013년 대비 증가율이 높은 항목부터 순서대로 나열하면 조종자격 취득자수, 장치신고 대수, 드론 활용 사업체수 순이다.

우리나라는 성장 잠재력이 큰 드론 산업 육성을 위해 다양한 정책을 추진하고 있다. 특히 세계 최고 수준과의 기술 격차를 줄이기 위해 정부 R&D 예산 비중을 꾸준히 확대하고 있다. 2015~2017년 기술 분야별로 정부 R&D 예산 비중을 살펴보면, 기반기술과 응용서비스기술의 예산 비중의 합은 매년 65% 이상이다.

① 2016~2017년 국내 드론 활용 분야별 사업체수 현황

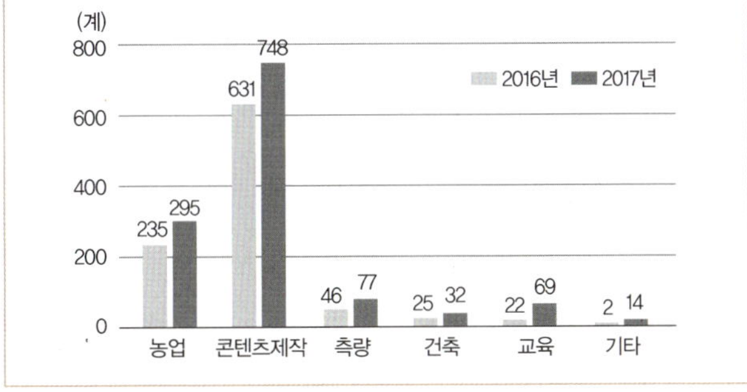

② 2013년과 2018년 세계 드론 시장 점유율 현황

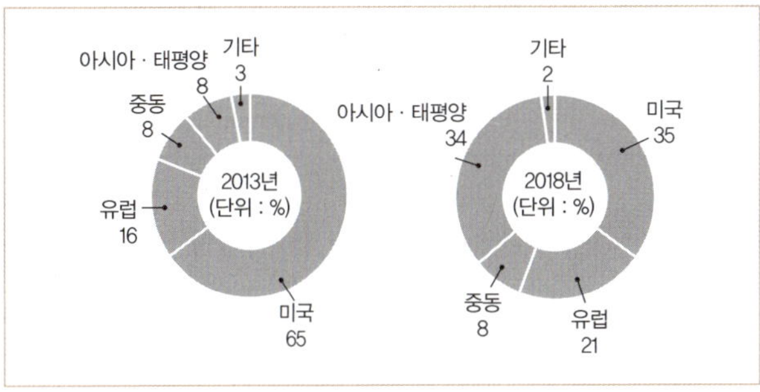

③ 2015~2017년 국내 드론 산업 관련 민간 R&D 기업규모별 투자 현황

(단위 : 백만 원)

구분 \ 연도	2015	2016	2017
대기업	2,138	10,583	11,060
중견기업	4,122	3,769	1,280
중소기업	11,500	29,477	43,312

④ 2015~2017년 국내 드론 산업 관련 기술 분야별 정부 R&D 예산 비중 현황

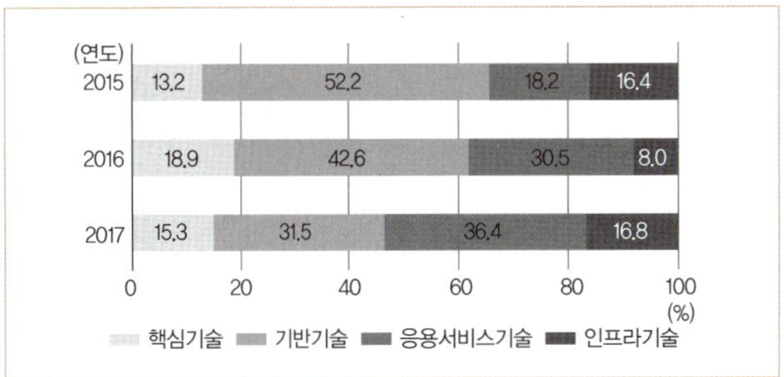

⑤ 2013~2017년 국내 드론 활용 산업의 주요 관리 항목별 현황

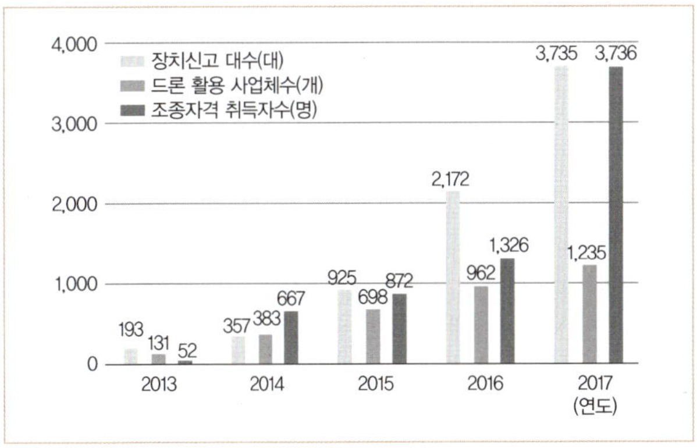

문 12. 다음 〈표〉는 A대학 재학생 교육 만족도 조사 결과에 관한 자료이다. 이에 대한 〈보기〉의 설명 중 옳은 것만을 고르면?

〈표〉 A대학 재학생 교육 만족도 조사 결과

(단위 : 명, 점)

학년	응답인원 \ 항목	전공	교양	시설	기자재	행정
1	2,374	3.90	3.70	3.78	3.73	3.63
2	2,349	3.95	3.75	3.76	3.71	3.64
3	2,615	3.96	3.74	3.74	3.69	3.66
4	2,781	3.94	3.77	3.75	3.70	3.65

※ 점수는 5점 만점이며, 점수가 높을수록 만족도가 높음

〈보 기〉

ㄱ. '시설'과 '기자재' 항목은 응답인원이 많은 학년일수록 항목별 교육 만족도가 높다.
ㄴ. 항목별로 교육 만족도가 높은 순서대로 학년을 나열할 때, 순서가 일치하는 항목들이 있다.
ㄷ. 학년이 높아질수록 항목별 교육 만족도가 높아지는 항목은 1개이다.
ㄹ. 각 학년에서 교육 만족도가 가장 높은 항목은 모두 '전공'이다.

① ㄱ, ㄴ
② ㄱ, ㄷ
③ ㄴ, ㄷ
④ ㄴ, ㄹ
⑤ ㄷ, ㄹ

문 13. 다음 〈표〉는 2017~2019년 '갑'국 A~D지역의 1인 1일당 단백질 섭취량과 지역별 전체 인구에 대한 자료이다. 〈표〉를 이용하여 작성한 그래프로 옳지 않은 것은?

〈표 1〉 지역별 1인 1일당 단백질 섭취량

(단위 : g)

지역 \ 연도	2017	2018	2019
A	50	60	75
B	100	100	110
C	100	90	80
D	50	50	50

※ 단백질은 동물성 단백질과 식물성 단백질로만 구성됨

〈표 2〉 지역별 1인 1일당 식물성 단백질 섭취량

(단위 : g)

지역 \ 연도	2017	2018	2019
A	25	25	25
B	10	30	50
C	20	20	20
D	10	5	5

〈표 3〉 지역별 전체 인구

(단위 : 명)

지역 \ 연도	2017	2018	2019
A	1,000	1,000	1,100
B	1,000	1,000	1,000
C	800	700	600
D	100	100	100

① 2017~2019년 B와 D지역의 1인 1일당 동물성 단백질 섭취량

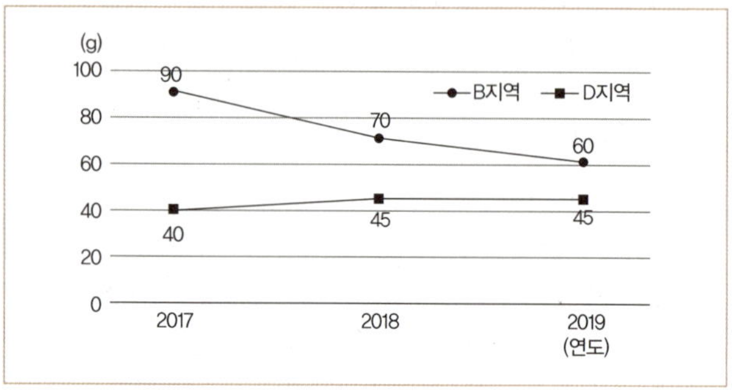

② 2019년 지역별 1일 단백질 총섭취량

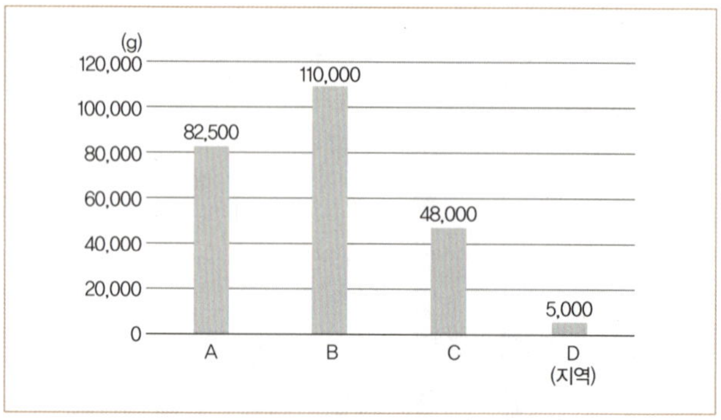

③ 2017년 지역별 1인 1일당 단백질 섭취량 구성비

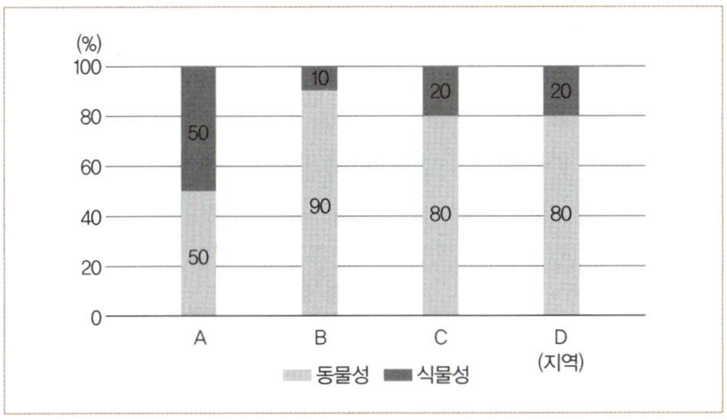

④ 2017~2019년 A와 C지역의 1인 1일당 동물성 단백질 섭취량과 1인 1일당 식물성 단백질 섭취량의 차이

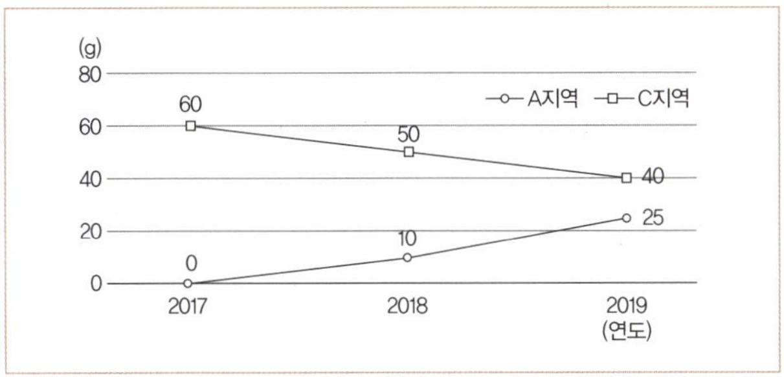

⑤ 지역별 2017년 대비 2018년 1인 1일당 식물성 단백질 섭취량 증감률

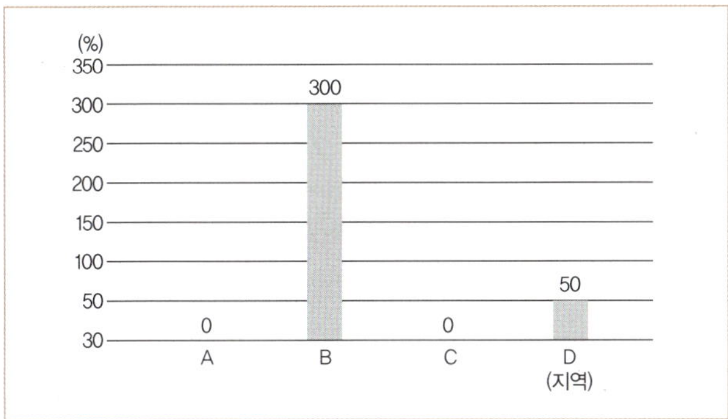

문 14. 다음 〈표〉는 2016~2019년 '갑'국의 방송통신 매체별 광고매출액에 관한 자료이다. 이에 대한 〈보기〉의 설명 중 옳은 것만을 고르면?

〈표〉 2016~2019년 방송통신 매체별 광고매출액

(단위 : 억 원)

매체	세부 매체 \ 연도	2016	2017	2018	2019
방송	지상파TV	15,517	14,219	12,352	12,310
	라디오	2,530	2,073	1,943	1,816
	지상파DMB	53	44	36	35
	케이블PP	18,537	17,130	16,646	( )
	케이블SO	1,391	1,408	1,275	1,369
	위성방송	480	511	504	503
	소계	38,508	35,385	32,756	31,041
온라인	인터넷(PC)	19,092	20,554	19,614	19,109
	모바일	28,659	36,618	45,678	54,781
	소계	47,751	57,172	65,292	73,890

〈보 기〉

ㄱ. 2017~2019년 동안 모바일 광고매출액의 전년 대비 증가율은 매년 30% 이상이다.

ㄴ. 2017년의 경우, 방송 매체 중 지상파TV 광고매출액이 차지하는 비중은 온라인 매체 중 인터넷(PC) 광고매출액이 차지하는 비중보다 작다.

ㄷ. 케이블PP의 광고매출액은 매년 감소한다.

ㄹ. 2016년 대비 2019년 광고매출액 증감률이 가장 큰 세부 매체는 모바일이다.

① ㄱ, ㄴ

② ㄱ, ㄷ

③ ㄴ, ㄷ

④ ㄴ, ㄹ

⑤ ㄷ, ㄹ

문 15. 다음 〈그림〉은 '갑'국 6개 지방청 전체의 부동산과 자동차 압류건수의 지방청별 구성비에 관한 자료이다. 〈그림〉과 〈조건〉을 근거로 B와 D에 해당하는 지방청을 바르게 나열한 것은?

〈그림 1〉 부동산 압류건수의 지방청별 구성비

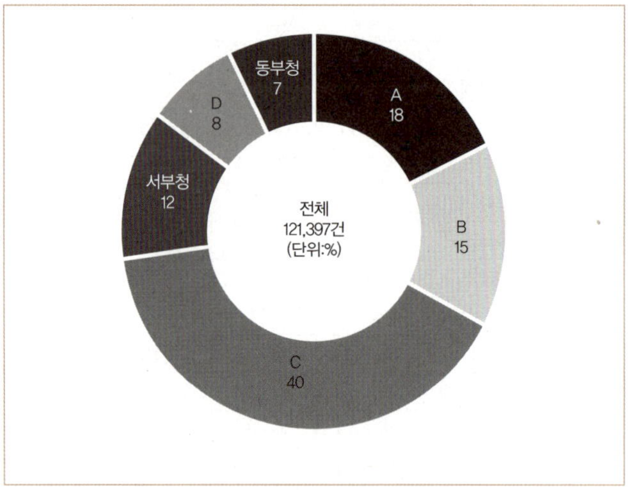

※ 지방청은 동부청, 서부청, 남부청, 북부청, 남동청, 중부청으로만 구성됨

〈그림 2〉 자동차 압류건수의 지방청별 구성비

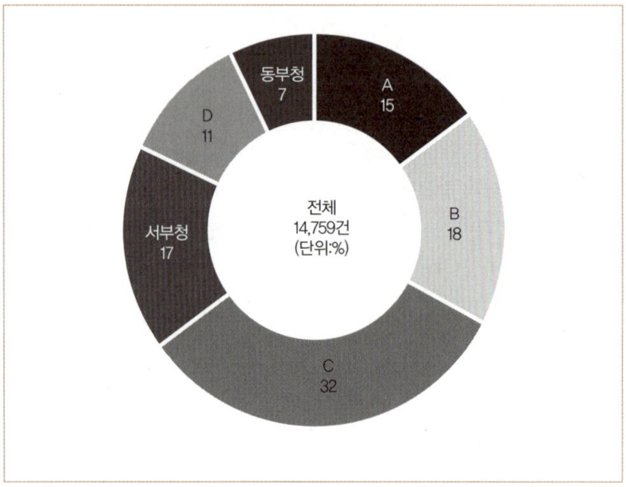

〈조 건〉

- 자동차 압류건수는 중부청이 남동청의 2배 이상이다.
- 남부청과 북부청의 부동산 압류건수는 각각 2만 건 이하이다.
- 지방청을 부동산 압류건수와 자동차 압류건수가 큰 값부터 순서대로 각각 나열할 때, 순서가 동일한 지방청은 동부청, 남부청, 중부청이다.

	B	D
①	남동청	남부청
②	남동청	북부청
③	남부청	북부청
④	북부청	남부청
⑤	중부청	남부청

문 16. 다음 〈표〉는 조사연도별 국세 및 국세청세수와 국세청세수 징세비 및 국세청 직원수 현황에 대한 자료이다. 〈보고서〉를 작성하기 위해 〈표〉 이외에 추가로 필요한 자료만을 〈보기〉에서 모두 고르면?

〈표 1〉 국세 및 국세청세수 현황

(단위 : 억 원)

구분 조사연도	국세	국세청세수	일반회계	특별회계
2002	1,039,678	966,166	876,844	89,322
2007	1,614,591	1,530,628	1,479,753	50,875
2012	2,030,149	1,920,926	1,863,469	57,457
2017	2,653,849	2,555,932	2,499,810	56,122

〈표 2〉 국세청세수 징세비 및 국세청 직원수 현황

(단위 : 백만 원, 명)

구분 조사연도	징세비	국세청 직원수
2002	817,385	15,158
2007	1,081,983	18,362
2012	1,339,749	18,797
2017	1,592,674	19,131

〈보고서〉

2017년 국세청세수는 255.6조 원으로, 전년도보다 22.3조 원 증가하였다. 세목별로는 소득세(76.8조 원), 부가가치세(67.1조 원), 법인세(59.2조 원) 순으로 높다. 세무서별로 살펴보면 세수 1위는 남대문세무서(11.6조 원), 2위는 수영세무서(10.9조 원)이다. 2017년 기준 국세청세수에서 특별회계가 차지하는 비중은 2.2%로서, 2002년 기준 9.2%와 비교해 감소하였다. 국세는 국세청세수에 관세청 소관분과 지방자치단체 소관분을 합한 금액으로, 2002년부터 2017년까지 국세 대비 국세청세수의 비율은 매년 증가 추세를 보인다. 2002년 기준 92.9%였던 국세 대비 국세청세수의 비율은 2017년에는 96.3%로 3.0%p 이상 증가하였다.

구체적으로 살펴보면, 국세청 직원 1인당 국세청세수는 2007년 8,336백만 원, 2017년 13,360백만 원으로 큰 폭의 상승세를 보인다. 국세청세수 100원당 징세비는 2017년 기준 0.62원으로 2002년 0.85원에 비해 20% 이상 감소하였다. 2017년 현재 19,131명의 국세청 직원들이 세수확보를 위해 노력 중이며, 국세청 직원수는 2002년 대비 25% 이상 증가하였다.

〈보 기〉

ㄱ. 2003~2016년의 국세 및 국세청세수
ㄴ. 2003~2016년의 관세청 소관분
ㄷ. 2017년의 세무서별 · 세목별 세수 실적
ㄹ. 2002~2017년의 국세청 직원 1인당 국세청세수

① ㄱ, ㄴ
② ㄱ, ㄷ
③ ㄴ, ㄹ
④ ㄱ, ㄷ, ㄹ
⑤ ㄴ, ㄷ, ㄹ

문 17. 다음 〈표〉는 '가' 곤충도감에 기록된 분류군별 경제적 중요도와 '갑~병'국의 종의 수에 관한 자료이다. 이에 대한 〈보기〉의 설명 중 옳은 것만을 고르면?

〈표〉 분류군별 경제적 중요도와 '갑~병'국의 종의 수

(단위 : 종)

분류군	경제적 중요도	국가			전체
		갑	을	병	
무시류	C	303	462	435	11,500
고시류	C	187	307	1,031	8,600
메뚜기목	A	297	372	1,161	34,300
강도래목	C	47	163	400	2,000
다듬이벌레목	B	12	83	280	4,400
털이목	C	4	150	320	2,800
이목	C	22	32	70	500
총채벌레목	A	87	176	600	5,000
노린재목	S	1,886	2,744	11,300	90,000
풀잠자리목	A	52	160	350	6,500
딱정벌레목	S	3,658	9,992	30,000	350,000
부채벌레목	C	7	22	60	300
벌목	S	2,791	4,870	17,400	125,000
밑들이목	C	11	44	85	600
벼룩목	C	40	72	250	2,500
파리목	S	1,594	4,692	18,000	120,000
날도래목	C	202	339	975	11,000
나비목	S	3,702	5,057	11,000	150,000

※ 해당 국가의 분류군별 종 다양성(%) $= \frac{\text{해당 국가의 분류군별 종의 수}}{\text{분류군별 전체 종의 수}} \times 100$

〈보 기〉

ㄱ. 경제적 중요도가 S인 분류군 중, '갑'국에서 종의 수가 세 번째로 많은 분류군은 노린재목이다.

ㄴ. 경제적 중요도가 A인 분류군 중, '을'국에서 종의 수가 두 번째로 많은 분류군은 총채벌레목이다.

ㄷ. 경제적 중요도가 C인 분류군 중, '갑'국의 분류군별 종 다양성이 가장 낮은 분류군은 털이목이다.

ㄹ. 경제적 중요도가 S인 분류군 중, '병'국의 분류군별 종 다양성이 10% 이상인 분류군은 4개이다.

① ㄱ, ㄴ
② ㄱ, ㄷ
③ ㄴ, ㄷ
④ ㄴ, ㄹ
⑤ ㄷ, ㄹ

문 18. 다음 〈표〉는 '갑'공기업의 신규 사업 선정을 위한 2개 사업(A, B) 평가에 관한 자료이다. 〈표〉와 〈조건〉에 근거한 〈보기〉의 설명 중 옳은 것만을 고르면?

〈표 1〉 A와 B사업의 평가 항목별 원점수

(단위 : 점)

구분	평가 항목	A사업	B사업
사업적 가치	경영전략 달성 기여도	80	90
	수익창출 기여도	80	90
공적 가치	정부정책 지원 기여도	90	80
	사회적 편익 기여도	90	80
참여 여건	전문인력 확보 정도	70	70
	사내 공감대 형성 정도	70	70

※ 평가 항목별 원점수는 100점 만점임

〈표 2〉 평가 항목별 가중치

구분	평가 항목	가중치
사업적 가치	경영전략 달성 기여도	0.2
	수익창출 기여도	0.1
공적 가치	정부정책 지원 기여도	0.3
	사회적 편익 기여도	0.2
참여 여건	전문인력 확보 정도	0.1
	사내 공감대 형성 정도	0.1
계		1.0

〈조 건〉

- 신규 사업 선정을 위한 각 사업의 최종 점수는 평가 항목별 원점수에 해당 평가 항목의 가중치를 곱한 값을 모두 합하여 산정함.
- A와 B사업 중 최종 점수가 더 높은 사업을 신규 사업으로 최종 선정함.

〈보 기〉

ㄱ. 각 사업의 6개 평가 항목 원점수의 합은 A사업과 B사업이 같다.

ㄴ. '공적 가치'에 할당된 가중치의 합은 '참여 여건'에 할당된 가중치의 합보다 작고, '사업적 가치'에 할당된 가중치의 합보다 크다.

ㄷ. '갑'공기업은 A 사업을 신규 사업으로 최종 선정한다.

ㄹ. '정부정책 지원 기여도' 가중치와 '수익창출 기여도' 가중치를 서로 바꾸더라도 최종 선정되는 신규 사업은 동일하다.

① ㄱ, ㄴ
② ㄱ, ㄷ
③ ㄱ, ㄹ
④ ㄴ, ㄹ
⑤ ㄷ, ㄹ

문 19. 다음 〈표〉는 2016~2019년 '갑'조사기관이 발표한 이미지 분야 및 실체 분야 국가브랜드 상위 10개국을 나타낸 자료이다. 이를 바탕으로 작성한 〈보고서〉의 A~C에 해당하는 내용을 바르게 나열한 것은?

〈표〉 2016~2019년 국가브랜드 상위 10개국

순위 \ 연도·분야	2016	2017	2018	2019	
	이미지	이미지	이미지	이미지	실체
1	프랑스	독일	일본	미국	미국
2	일본	캐나다	독일	독일	독일
3	스웨덴	일본	미국	영국	프랑스
4	영국	미국	캐나다	일본	영국
5	독일	영국	영국	스위스	일본
6	미국	스위스	프랑스	스웨덴	스위스
7	스위스	프랑스	스웨덴	캐나다	호주
8	캐나다	스웨덴	호주	프랑스	스웨덴
9	네덜란드	이탈리아	스위스	호주	네덜란드
10	이탈리아	호주	오스트리아	네덜란드	캐나다

※ 1) 국가브랜드는 이미지 분야와 실체 분야로 나누어 각각 순위가 결정되며 공동 순위는 없음
2) 조사대상 국가는 매년 동일함

〈보고서〉

최근 국가브랜드의 중요성이 커지면서 국가브랜드 순위에 대한 관심이 높아지고 있다. '갑'조사기관이 발표한 2016~2019년 이미지 분야 및 실체 분야 국가브랜드 순위를 살펴보면, 미국의 이미지 분야 순위는 매년 [A]하고 있다. 또한, 이 기간에 연도별 이미지 분야 순위가 모두 상위 10위 이내에 든 국가는 총 8개국이다.

2019년 이미지 분야 순위가 상위 10위 이내에 든 국가는 모두 2019년 실체 분야 순위도 상위 10위 이내에 들었다. 2019년 이미지 분야 순위 상위 10개국 중 2019년 이미지 분야 순위와 실체 분야 순위의 차이가 가장 큰 국가는 [B]인 것으로 나타났다. 2017년 이미지 분야 순위 상위 10개국 중 2016년에 비해 2017년 이미지 분야 순위가 상승한 국가는 총 [C] 개국이었고, 특히 캐나다의 높은 순위 상승이 눈에 띈다. 2019년에는 2018년과 비교하여 이미지 분야 순위가 하락한 국가가 많았으나, 네덜란드의 경우 이미지 분야 순위가 상승하여 주목받고 있다.

	A	B	C
①	상승	캐나다	6
②	상승	프랑스	5
③	상승	프랑스	6
④	하락	스웨덴	5
⑤	하락	캐나다	6

문 20. 다음 〈그림〉은 W경제포럼이 발표한 25개 글로벌 리스크의 분류와 영향도 및 발생가능성 지수에 관한 자료이다. 이에 대한 설명으로 옳지 않은 것은?

〈그림〉 글로벌 리스크의 분류와 영향도 및 발생가능성 지수

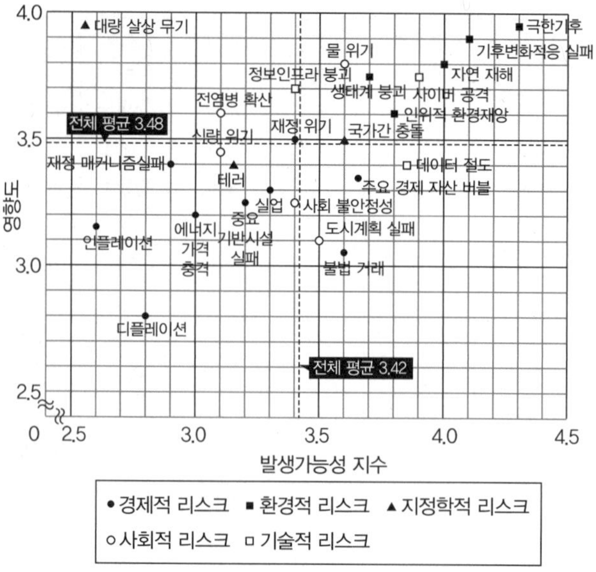

① 모든 환경적 리스크의 발생가능성 지수 대비 영향도의 비는 1 이상이다.

② 영향도와 발생가능성 지수의 차이가 가장 큰 글로벌 리스크는 '대량 살상 무기'이다.

③ '에너지가격 충격'의 영향도 대비 발생가능성 지수의 비는 1 이하이다.

④ 영향도와 발생가능성 지수가 각각의 '전체 평균' 이하인 경제적 리스크의 수는 영향도나 발생가능성 지수가 각각의 '전체 평균' 이상인 경제적 리스크의 수보다 많다.

⑤ 모든 환경적 리스크는 영향도와 발생가능성 지수가 각각의 '전체 평균' 이상이다.

문 21. **다음 〈표〉는 '갑'국의 멸종위기종 지정 현황에 관한 자료이다. 이에 대한 설명으로 옳지 않은 것은?**

〈표〉 멸종위기종 지정 현황

(단위 : 종)

지정 / 분류	멸종위기종		
		멸종위기 I 급	멸종위기 II 급
포유류	20	12	8
조류	63	14	49
양서 · 파충류	8	2	6
어류	27	11	16
곤충류	26	6	20
무척추동물	32	4	28
식물	88	11	77
전체	264	60	204

※ 멸종위기종은 멸종위기 I 급과 멸종위기 II 급으로 구분함

① 멸종위기종으로 '포유류'만 10종을 추가로 지정한다면, 전체 멸종위기종 중 '포유류'의 비율은 10% 이상이다.

② 각 분류에서 멸종위기종 중 멸종위기 I 급의 비율은 '무척추동물'과 '식물'이 동일하다.

③ 각 분류의 멸종위기종에서 5종씩 지정을 취소한다면, 전체 멸종위기종 중 '조류'의 비율은 감소한다.

④ 각 분류에서 멸종위기종 중 멸종위기 II 급의 비율은 '조류'가 '양서 · 파충류'보다 높다.

⑤ '포유류'를 제외한 모든 분류에서 각 분류의 멸종위기종 중 멸종위기 II 급의 비율은 각 분류의 멸종위기종 중 멸종위기 I 급의 비율보다 높다.

문 22. **다음 〈조사개요〉와 〈표〉는 A기관 5개 지방청에 대한 외부고객 만족도 조사 결과이다. 이에 대한 설명으로 옳지 않은 것은?**

〈조사개요〉

- 조사기간 : 2019년 7월 28일~2019년 8월 8일
- 조사방법 :전화 조사
- 조사목적 : A기관 5개 지방청 외부고객의 주소지 관할 지방청에 대한 만족도 조사
- 응답자 수 : 총 101명(조사항목별 무응답은 없음)
- 조사항목 : 업무 만족도, 인적 만족도, 시설 만족도

〈표〉 A기관 5개 지방청 외부고객 만족도 조사 결과

(단위 : 점)

구분 \ 조사항목		업무 만족도	인적 만족도	시설 만족도
전체		4.12	4.29	4.20
성별	남자	4.07	4.33	4.19
	여자	4.15	4.27	4.20
연령대	30세 미만	3.82	3.83	3.70
	30세 이상 40세 미만	3.97	4.18	4.25
	40세 이상 50세 미만	4.17	4.39	4.19
	50세 이상	4.48	4.56	4.37
지방청	경인청	4.35	4.48	4.30
	동북청	4.20	4.39	4.28
	호남청	4.00	4.03	4.04
	동남청	4.19	4.39	4.30
	충청청	3.73	4.16	4.00

※ 1) 주어진 점수는 응답자의 조사항목별 만족도의 평균이며, 점수가 높을수록 만족도가 높음(5점 만점)
2) 점수는 소수점 아래 셋째 자리에서 반올림한 값임

① 모든 연령대에서 '업무 만족도'보다 '인적 만족도'가 높다.

② '업무 만족도'가 높은 지방청일수록 '인적 만족도'도 높다.

③ 응답자의 연령대가 높을수록 '업무 만족도'와 '인적 만족도'가 모두 높다.

④ '업무 만족도', '인적 만족도', '시설 만족도'의 합이 가장 큰 지방청은 경인청이다.

⑤ 남자 응답자보다 여자 응답자가 많다.

문 23. 다음 〈그림〉은 2019년 '갑'국의 가구별 근로장려금 산정기준에 관한 자료이다. 이에 대한 〈보기〉의 설명 중 옳은 것만을 모두 고르면?

〈그림〉 2019년 가구별 근로장려금 산정기준

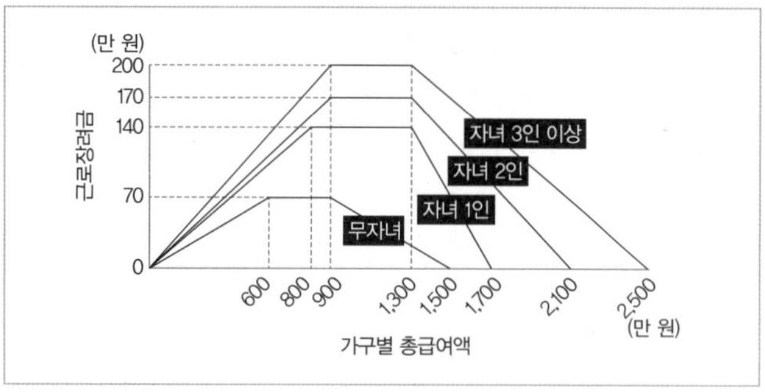

※ 2019년 가구별 근로장려금은 2018년 가구별 자녀수와 총급여액을 기준으로 산정함

〈보 기〉

ㄱ. 2018년 총급여액이 1,000만 원이고 자녀가 1명인 가구의 2019년 근로장려금은 140만 원이다.

ㄴ. 2018년 총급여액이 800만 원 이하인 무자녀 가구는 2018년 총급여액이 많을수록 2019년 근로장려금도 많다.

ㄷ. 2018년 총급여액이 2,200만 원이고 자녀가 3명 이상인 가구의 2019년 근로장려금은 2018년 총급여액이 600만 원이고 자녀가 1명인 가구의 2019년 근로장려금보다 적다.

ㄹ. 2018년 총급여액이 2,000만 원인 가구의 경우, 자녀가 많을수록 2019년 근로장려금도 많다.

① ㄱ, ㄷ

② ㄱ, ㄹ

③ ㄴ, ㄷ

④ ㄱ, ㄴ, ㄹ

⑤ ㄴ, ㄷ, ㄹ

문 24. 다음 〈그림〉은 '갑'지역의 주민을 대상으로 육교 설치에 대한 찬성 또는 반대 의견을 3차례 조사한 결과이다. 이에 대한 설명으로 옳은 것은?

〈그림〉 '갑'지역 육교 설치에 대한 1~3차 조사 결과

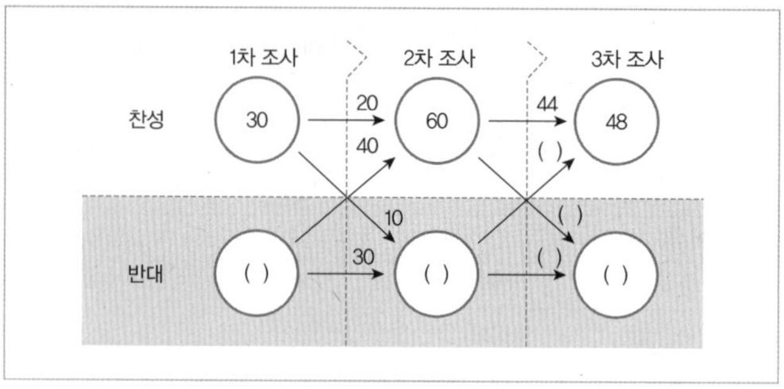

※ 1) 1~3차 조사에 응답한 사람은 모두 같고, 무응답과 복수응답은 없음

2) 예를 들어, 찬성 (1차 조사) 30 —20→ 60 (2차 조사) 은 1차 조사에서 찬성한다고 응답한 30명 중 20명이 2차 조사에서도 찬성한다고 응답하였고, 2차 조사에서 찬성한다고 응답한 사람은 총 60명임을 의미함

① 3차 조사에 응답한 사람은 130명 이상이다.

② 2차 조사에서 반대한다고 응답한 사람 중 3차 조사에서도 반대한다고 응답한 사람은 32명이다.

③ 2차 조사에서 찬성한다고 응답한 사람 중 3차 조사에서 반대한다고 응답한 사람은 20명이다.

④ 1차 조사에서 반대한다고 응답한 사람 중 3차 조사에서 찬성한다고 응답한 사람은 45명 이상이다.

⑤ 1~3차 조사에서 한 번도 의견을 바꾸지 않은 사람은 30명 이상이다.

문 25. 다음 〈그림〉과 〈표〉는 조사연도별 '갑'국 병사의 계급별 월급과 군내매점에서 판매하는 주요품목 가격에 관한 자료이다. 이에 대한 설명으로 옳은 것은?

〈그림〉 조사연도별 병사의 계급별 월급

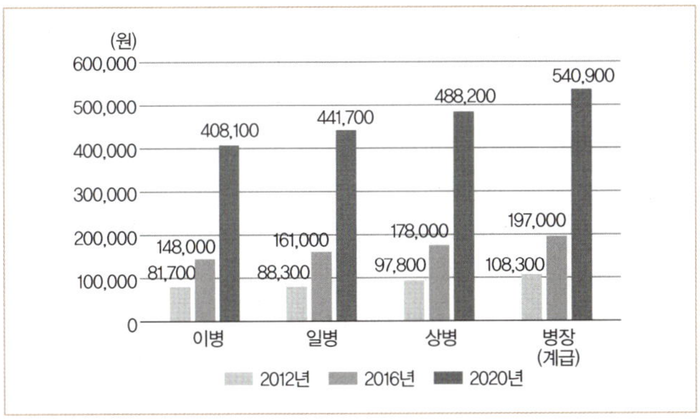

〈표〉 조사연도별 군내매점 주요품목 가격

(단위 : 원/개)

품목 조사연도	캔커피	단팥빵	햄버거
2012	250	600	2,400
2016	300	1,000	2,800
2020	500	1,400	3,500

① 이병 월급은 2020년이 2012년보다 500% 이상 증액되었다.

② 2012년 대비 2016년 상병 월급 증가율은 2016년 대비 2020년 상병 월급 증가율보다 더 높다.

③ 군내매점 주요품목 각각의 2012년 대비 2016년 가격인상률은 2016년 대비 2020년 가격인상률보다 낮다.

④ 일병이 한 달 월급만을 사용하여 군내매점에서 해당 연도 가격으로 140개의 단팥빵을 구매하고 남은 금액은 2016년이 2012년보다 15,000원 이상 더 많다.

⑤ 병장이 한 달 월급만을 사용하여 군내매점에서 해당 연도 가격으로 구매할 수 있는 햄버거의 최대 개수는 2020년이 2012년의 3배 이하이다.

문 1. 다음 글을 근거로 판단할 때 옳은 것은?

제00조 ① 광역교통위원회는 위원장 1명과 상임위원 1명 및 다음 각 호의 위원을 포함하여 30명 이내로 구성한다.
1. 대도시권 광역교통 관련 업무를 담당하는 중앙행정기관 소속 고위공무원 중 대통령령으로 정하는 사람
2. 대도시권에 포함되는 광역지방자치단체의 부단체장 중 대통령령으로 정하는 사람
3. 그 밖에 광역교통 관련 전문지식과 경험이 풍부한 사람

② 광역교통위원회의 위원장은 국토교통부장관의 제청으로 대통령이 임명하고, 위원은 국토교통부장관이 임명 또는 위촉한다.

제00조 ① 실무위원회는 다음 각 호의 사항을 심의한다.
1. 광역교통위원회에 부칠 안건의 사전검토 또는 조정에 관한 사항
2. 그 밖에 실무위원회의 위원장이 심의가 필요하다고 인정하는 사항

② 실무위원회의 위원장은 광역교통위원회의 상임위원이 된다.
③ 실무위원회의 위원은 다음 각 호의 사람이 된다.
1. 기획재정부 · 행정안전부 · 국토교통부 및 행정중심복합도시건설청 소속 공무원 중 소속 기관의 장이 지명하는 사람
2. 대도시권에 포함되는 시 · 도 또는 시 · 군 · 구(자치구를 말한다) 소속 공무원 중 소속 기관의 장이 광역교통위원회와 협의해 지명하는 사람
3. 교통 · 도시계획 · 재정 · 행정 · 환경 등 광역교통에 관한 학식과 경험이 풍부한 사람 중에서 광역교통위원회의 위원장이 성별을 고려해 위촉하는 50명 이내의 사람

① 실무위원회의 위원 위촉 시 성별은 고려하지 않는다.
② 광역교통위원회의 구성원은 실무위원회의 구성원이 될 수 없다.
③ 광역교통위원회 위원장의 위촉 없이도 실무위원회의 위원이 될 수 있다.
④ 공무원이 아닌 사람은 실무위원회의 위원은 될 수 있으나, 광역교통위원회의 위원은 될 수 없다.
⑤ 광역교통위원회의 위원으로 행정안전부 소속 공무원을 선정하는 경우 행정안전부장관이 임명한다.

문 2. 다음 글을 근거로 판단할 때 옳은 것은?

제○○조 이 법에서 사용하는 용어의 뜻은 다음과 같다.
1. '배아'란 인간의 수정란 및 수정된 때부터 발생학적으로 모든 기관이 형성되기 전까지의 분열된 세포군을 말한다.
2. '잔여배아'란 체외수정으로 생성된 배아 중 임신의 목적으로 이용하고 남은 배아를 말한다.

제△△조 ① 누구든지 임신 외의 목적으로 배아를 생성하여서는 아니 된다.
② 누구든지 배아를 생성할 때 다음 각 호의 어느 하나에 해당하는 행위를 하여서는 아니 된다.
1. 특정의 성을 선택할 목적으로 난자와 정자를 선별하여 수정시키는 행위
2. 사망한 사람의 난자 또는 정자로 수정하는 행위
3. 미성년자의 난자 또는 정자로 수정하는 행위. 다만 혼인한 미성년자가 그 자녀를 얻기 위하여 수정하는 경우는 제외한다.

③ 누구든지 금전, 재산상의 이익 또는 그 밖의 반대급부를 조건으로 배아나 난자 또는 정자를 제공 또는 이용하거나 이를 유인하거나 알선하여서는 아니 된다.

제□□조 ① 배아의 보존기간은 5년으로 한다. 다만 난자 또는 정자의 기증자가 배아의 보존기간을 5년 미만으로 정한 경우에는 이를 보존기간으로 한다.
② 제1항에도 불구하고 제1항의 기증자가 항암치료를 받는 경우 그 기증자는 보존기간을 5년 이상으로 정할 수 있다.
③ 배아생성의료기관은 제1항 또는 제2항에 따른 보존기간이 끝난 배아 중 제◇◇조에 따른 연구의 목적으로 이용하지 아니할 배아는 폐기하여야 한다.

제◇◇조 제□□조에 따른 배아의 보존기간이 지난 잔여배아는 발생학적으로 원시선(原始線)이 나타나기 전까지만 체외에서 다음 각 호의 연구 목적으로 이용할 수 있다.
1. 난임치료법 및 피임기술의 개발을 위한 연구
2. 희귀 · 난치병의 치료를 위한 연구

※ 원시선 : 중배엽 형성 초기에 세포의 이동에 의해서 형성되는 배반(胚盤)의 꼬리쪽 끝에서 볼 수 있는 얇은 선

① 배아생성의료기관은 불임부부를 위해 반대급부를 조건으로 배아의 제공을 알선할 수 있다.
② 난자 또는 정자의 기증자는 항암치료를 받지 않더라도 배아의 보존기간을 6년으로 정할 수 있다.
③ 배아생성의료기관은 혼인한 미성년자의 정자를 임신 외의 목적으로 수정하여 배아를 생성할 수 있다.
④ 보존기간이 남은 잔여배아는 발생학적으로 원시선이 나타나기 전이라면 체내에서 난치병 치료를 위한 연구 목적으로 이용할 수 있다.
⑤ 생성 후 5년이 지나지 않은 잔여배아도 발생학적으로 원시선이 나타나기 전까지 체외에서 피임기술 개발을 위한 연구에 이용하는 것이 가능한 경우가 있다.

문 3. **다음 글을 근거로 판단할 때 옳은 것은?**

> 제00조 ① 수입신고를 하려는 자(업소를 포함한다)는 해당 수입식품의 안전성 확보 등을 위하여 식품의약품안전처장이 정하는 기준에 따라 해외제조업소에 대하여 위생관리 상태를 점검할 수 있다.
> ② 제1항에 따라 위생관리 상태를 점검한 자는 식품의약품안전처장에게 우수수입업소 등록을 신청할 수 있다.
> ③ 식품의약품안전처장은 제2항에 따라 신청된 내용이 식품의약품안전처장이 정하는 기준에 적합한 경우에는 우수수입업소 등록증을 신청인에게 발급하여야 한다.
> ④ 우수수입업소 등록의 유효기간은 등록된 날부터 3년으로 한다.
> ⑤ 식품의약품안전처장은 우수수입업소가 다음 각 호의 어느 하나에 해당하는 경우에는 그 등록을 취소하거나 시정을 명할 수 있다. 다만 우수수입업소가 제1호에 해당하는 경우에는 등록을 취소하여야 한다.
> 1. 거짓이나 그 밖의 부정한 방법으로 등록된 경우
> 2. 수입식품 수입 · 판매업의 시설기준을 위배하여 영업정지 2개월 이상의 행정처분을 받은 경우
> 3. 수입식품에 대한 부당한 표시를 하여 영업정지 2개월 이상의 행정처분을 받은 경우
>
> ⑥ 제5항에 따라 등록이 취소된 업소는 그 취소가 있은 날부터 3년 동안 우수수입업소 등록을 신청할 수 없다.
> 제00조 ① 식품의약품안전처장은 수입신고된 수입식품에 대하여 관계공무원으로 하여금 필요한 검사를 하게 하여야 한다.
> ② 식품의약품안전처장은 수입신고된 수입식품이 다음 각 호의 어느 하나에 해당하는 경우에는 제1항에도 불구하고 수입식품의 검사 전부 또는 일부를 생략할 수 있다.
> 1. 우수수입업소로 등록된 자가 수입하는 수입식품
> 2. 해외우수제조업소로 등록된 자가 수출하는 수입식품

① 업소 甲이 우수수입업소 등록을 신청하기 위해서는 식품의약품안전처장이 정하는 기준에 따라 국내 자기업소에 대한 위생관리 상태를 점검하여야 한다.
② 업소 乙이 2020년 2월 20일에 우수수입업소로 등록되었다면, 그 등록은 2024년 2월 20일까지 유효하다.
③ 업소 丙이 부정한 방법으로 우수수입업소로 등록된 경우 식품의약품안전처장은 등록을 취소하지 않고 시정을 명할 수 있다.
④ 우수수입업소 丁이 수입식품 수입 · 판매업의 시설기준을 위배하여 영업정지 1개월의 행정처분을 받았다면, 그 때로부터 3년 동안 丁은 우수수입업소 등록을 신청할 수 없다.
⑤ 식품의약품안전처장은 우수수입업소 戊가 수입신고한 수입식품에 대한 검사를 전부 생략할 수 있다.

문 4. **다음 글을 근거로 판단할 때, 〈보기〉에서 저작권자의 허락없이 허용되는 행위만을 모두 고르면?**

> 제00조 타인의 공표된 저작물의 내용 · 형식을 변환하거나 그 저작물을 복제 · 배포 · 공연 또는 공중송신(방송 · 전송을 포함한다)하기 위해서는 특별한 규정이 없는 한 저작권자의 허락을 받아야 한다.
> 제00조 ① 누구든지 공표된 저작물을 저작권자의 허락없이 시각장애인을 위하여 점자로 복제 · 배포할 수 있다.
> ② 시각장애인을 보호하고 있는 시설, 시각장애인을 위한 특수학교 또는 점자도서관은 영리를 목적으로 하지 아니하고 시각장애인의 이용에 제공하기 위하여, 공표된 어문저작물을 저작권자의 허락없이 녹음하여 복제하거나 디지털음성정보기록방식으로 복제 · 배포 또는 전송할 수 있다.
> 제00조 ① 누구든지 공표된 저작물을 저작권자의 허락없이 청각장애인을 위하여 한국수어로 변환할 수 있으며 이러한 한국수어를 복제 · 배포 · 공연 또는 공중송신할 수 있다.
> ② 청각장애인을 보호하고 있는 시설, 청각장애인을 위한 특수학교 또는 한국어수어통역센터는 영리를 목적으로 하지 아니하고 청각장애인의 이용에 제공하기 위하여, 공표된 저작물에 포함된 음성 및 음향 등을 저작권자의 허락없이 자막 등 청각장애인이 인지할 수 있는 방식으로 변환할 수 있으며 이러한 자막 등을 청각장애인이 이용할 수 있도록 복제 · 배포 · 공연 또는 공중송신할 수 있다.

※ 어문저작물 : 소설 · 시 · 논문 · 각본 등 문자로 이루어진 저작물

〈보 기〉

ㄱ. 학교도서관이 공표된 소설을 청각장애인을 위하여 한국수어로 변환하고 이 한국수어를 복제 · 공중송신하는 행위
ㄴ. 한국어수어통역센터가 영리를 목적으로 청각장애인의 이용에 제공하기 위하여, 공표된 영화에 포함된 음성을 자막으로 변환하여 배포하는 행위
ㄷ. 점자도서관이 영리를 목적으로 하지 아니하고 시각장애인의 이용에 제공하기 위하여, 공표된 피아니스트의 연주 음악을 녹음하여 복제 · 전송하는 행위

① ㄱ
② ㄴ
③ ㄱ, ㄷ
④ ㄴ, ㄷ
⑤ ㄱ, ㄴ, ㄷ

문 5. 다음 글을 근거로 판단할 때 옳지 않은 것은?

이해충돌은 공직자들에게 부여된 공적 의무와 사적 이익이 충돌하는 갈등상황을 지칭한다. 공적 의무와 사적 이익이 충돌한다는 점에서 이해충돌은 공직부패와 공통점이 있다. 하지만 공직부패가 사적 이익을 위해 공적 의무를 저버리고 권력을 남용하는 것이라면, 이해충돌은 공적 의무와 사적 이익이 대립하는 객관적 상황 자체를 의미한다. 이해충돌 하에서 공직자는 공적 의무가 아닌 사적 이익을 추구하는 결정을 내릴 위험성이 있지만 항상 그런 결정을 내리는 것은 아니다.

공직자의 이해충돌은 공직부패 발생의 상황요인이며 공직부패의 사전 단계가 될 수 있기 때문에 이에 대한 적절한 규제가 필요하다. 공직부패가 의도적 행위의 결과인 반면, 이해충돌은 의도하지 않은 상태에서 발생하는 상황이다. 또한 공직부패는 드문 현상이지만 이해충돌은 일상적으로 발생하기 때문에 직무수행 과정에서 빈번하게 나타날 수 있다. 그런 이유로 이해충돌에 대한 전통적인 규제는 공직부패의 사전예방에 초점이 맞추어져 있었다.

최근에는 이해충돌에 대한 규제의 초점이 정부의 의사결정 과정과 결과에 대한 신뢰성 확보로 변화되고 있다. 이는 정부의 의사결정 과정의 정당성과 공정성 자체에 대한 불신이 커지고, 그 결과가 시민의 요구와 선호를 충족하지 못하고 있다는 의구심이 제기되고 있는 상황을 반영하고 있다. 신뢰성 확보로 규제의 초점이 변화되면서 이해충돌의 개념이 확대되어, 외관상 발생 가능성이 있는 것만으로도 이해충돌에 대해 규제하는 것이 정당화되고 있다.

① 공직부패는 권력 남용과 관계없이 공적 의무와 사적 이익이 대립하는 객관적 상황 자체를 의미한다.
② 이해충돌 발생 가능성이 외관상으로만 존재해도 이해충돌에 대해 규제하는 것이 정당화되고 있다.
③ 공직자의 이해충돌과 공직부패는 공적 의무와 사적 이익의 충돌이라는 점에서 공통점이 있다.
④ 공직자의 이해충돌은 직무수행 과정에서 빈번하게 발생할 가능성이 있다.
⑤ 이해충돌에 대한 규제의 초점은 공직부패의 사전예방에서 정부의 의사결정 과정과 결과에 대한 신뢰성 확보로 변화되고 있다.

문 6. 다음 글을 근거로 판단할 때, A서비스를 이용할 수 있는 경우는?

A서비스는 공항에서 출국하는 승객이 공항 외의 지정된 곳에서 수하물을 보내고 목적지에 도착한 후 찾아가는 신개념 수하물 위탁서비스이다.

A서비스를 이용하고자 하는 승객은 ○○호텔에 마련된 체크인 카운터에서 본인 확인과 보안 절차를 거친 후 탑승권을 발급받고 수하물을 위탁하면 된다. ○○호텔 투숙객이 아니더라도 이 서비스를 이용할 수 있다.

○○호텔에 마련된 체크인 카운터는 매일 08:00~16:00에 운영된다. 인천공항에서 13:00~24:00에 출발하는 국제선 이용 승객을 대상으로 A서비스가 제공된다. 단, 미주노선(괌/사이판 포함)은 제외된다.

	숙박 호텔	항공기 출발 시각	출발지	목적지
①	○○호텔	15:30	김포공항	제주
②	◇◇호텔	14:00	김포공항	베이징
③	○○호텔	15:30	인천공항	사이판
④	◇◇호텔	21:00	인천공항	홍콩
⑤	○○호텔	10:00	인천공항	베이징

문 7. 다음 글을 근거로 판단할 때, 2019년의 무역의존도가 높은 순서대로 세 국가(A~C)를 나열한 것은?

A, B, C 세 국가는 서로 간에만 무역을 하고 있다. 2019년 세 국가의 수출액은 다음과 같다.

- A의 B와 C에 대한 수출액은 각각 200억 달러와 100억 달러였다.
- B의 A와 C에 대한 수출액은 각각 150억 달러와 100억 달러였다.
- C의 A와 B에 대한 수출액은 각각 150억 달러와 50억 달러였다.

A, B, C의 2019년 국내총생산은 각각 1,000억 달러, 3,000억 달러, 2,000억 달러였고, 각 국가의 무역의존도는 다음과 같이 계산한다.

$$\text{무역의존도} = \frac{\text{총 수출액} + \text{총 수입액}}{\text{국내총생산}}$$

① A, B, C
② A, C, B
③ B, A, C
④ B, C, A
⑤ C, A, B

문 8. 다음 글을 근거로 판단할 때, 〈보기〉에서 옳은 것만을 모두 고르면?

△△부처는 직원 교육에 사용할 교재를 외부 업체에 위탁하여 제작하려 한다. 업체가 제출한 시안을 5개의 항목으로 평가하고, 평가 점수의 총합이 가장 높은 시안을 채택한다. 평가 점수의 총합이 동점일 경우, 평가 항목 중 학습내용 점수가 가장 높은 시안을 채택한다. 5개의 업체가 제출한 시안(A~E)의 평가 결과는 다음과 같다.

(단위 : 점)

평가 항목(배점) \ 시안	A	B	C	D	E
학습내용(30)	25	30	20	25	20
학습체계(30)	25	(㉠)	30	25	20
교수법(20)	20	17	(㉡)	20	15
학습평가(10)	10	10	10	5	10
학습매체(10)	10	10	10	10	10

〈보 기〉

ㄱ. D와 E는 채택되지 않는다.
ㄴ. ㉡의 점수와 상관없이 C는 채택되지 않는다.
ㄷ. ㉠이 23점이라면 B가 채택된다.

① ㄱ
② ㄷ
③ ㄱ, ㄴ
④ ㄴ, ㄷ
⑤ ㄱ, ㄴ, ㄷ

문 9. 다음 글을 근거로 판단할 때, 숫자코드가 될 수 있는 것은?

숫자코드를 만드는 규칙은 다음과 같다.

- 그림과 같이 작은 정사각형 4개로 이루어진 큰 정사각형이 있고, 작은 정사각형의 꼭짓점마다 1~9의 번호가 지정되어 있다.

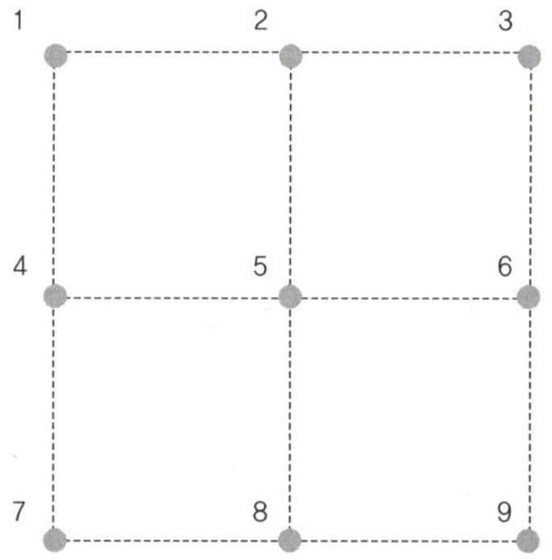

- 펜을 이용해서 9개의 점 중 임의의 하나의 점에서 시작하여(이하 시작점이라 한다) 다른 점으로 직선을 그어 나간다.
- 다른 점에 도달하면 펜을 종이 위에서 떼지 않고 또 다른 점으로 계속해서 직선을 그어 나간다. 단, 한번 그은 직선 위에 또 다른 직선을 겹쳐서 그을 수 없다.
- 시작점을 포함하여 4개 이상의 점에 도달한 후 펜을 종이 위에서 뗄 수 있다. 단, 시작점과 동일한 점에서는 뗄 수 없다.
- 펜을 종이에서 뗀 후, 그어진 직선이 지나는 점의 번호를 순서대로 모두 나열한 것이 숫자코드가 된다. 예를 들어 1번 점에서 시작하여 6번, 5번, 8번 순으로 직선을 그었다면 숫자코드는 1658이다.

① 596
② 15953
③ 53695
④ 642987
⑤ 9874126

문 10. **다음 〈지정 기준〉과 〈신청 현황〉을 근거로 판단할 때, 신청병원(甲~戊) 중 산재보험 의료기관으로 지정되는 것은?**

〈지정 기준〉

• 신청병원 중 인력 점수, 경력 점수, 행정처분 점수, 지역별 분포 점수의 총합이 가장 높은 병원을 산재보험 의료기관으로 지정한다.

• 전문의 수가 2명 이하이거나, 가장 가까이 있는 기존 산재보험 의료기관까지의 거리가 1km 미만인 병원은 지정 대상에서 제외한다.

• 각각의 점수는 아래의 항목별 배점 기준에 따라 부여한다.

항목	배점 기준
인력 점수	전문의 수 7명 이상은 10점
	전문의 수 4명 이상 6명 이하는 8점
	전문의 수 3명 이하는 3점
경력 점수	전문의 평균 임상경력 1년당 2점(단, 평균 임상경력이 10년 이상이면 20점)
행정처분 점수	2명 이하의 의사가 행정처분을 받은 적이 있는 경우 10점
	3명 이상의 의사가 행정처분을 받은 적이 있는 경우 2점
지역별 분포 점수	가장 가까이 있는 기존 산재보험 의료기관이 8km 이상 떨어져 있을 경우, 인력 점수와 경력 점수 합의 20%에 해당하는 점수
	가장 가까이 있는 기존 산재보험 의료기관이 3km 이상 8km 미만 떨어져 있을 경우, 인력 점수와 경력 점수 합의 10%에 해당하는 점수
	가장 가까이 있는 기존 산재보험 의료기관이 3km 미만 떨어져 있을 경우, 인력 점수와 경력 점수 합의 20%에 해당하는 점수 감점

〈신청 현황〉

신청병원	전문의 수	전문의 평균 임상경력	행정처분을 받은 적이 있는 의사 수	가장 가까이 있는 기존 산재보험 의료기관까지의 거리
甲	6명	7년	4명	10km
乙	2명	17년	1명	8km
丙	8명	5년	0명	1km
丁	4명	11년	3명	2km
戊	3명	12년	2명	500m

① 甲
② 乙
③ 丙
④ 丁
⑤ 戊

문 11. **다음 글을 근거로 판단할 때 옳은 것은?**

제00조 이 규칙은 법원이 소지하는 국가기밀에 속하는 문서 등의 보안업무에 관한 사항을 규정함을 목적으로 한다.
제00조 이 규칙에서 비밀이라 함은 그 내용이 누설되는 경우 국가안전보장에 유해한 결과를 초래할 우려가 있는 국가기밀로서 이 규칙에 의하여 비밀로 분류된 것을 말한다.
제00조 ① Ⅰ급비밀 취급 인가권자는 대법원장, 대법관, 법원행정처장으로 한다.
② Ⅱ급 및 Ⅲ급비밀 취급 인가권자는 다음과 같다.
1. Ⅰ급비밀 취급 인가권자
2. 사법연수원장, 고등법원장, 특허법원장, 사법정책연구원장, 법원공무원교육원장, 법원도서관장
3. 지방법원장, 가정법원장, 행정법원장, 회생법원장
제00조 ① 비밀 취급 인가권자는 비밀을 취급 또는 비밀에 접근할 직원에 대하여 해당 등급의 비밀 취급을 인가한다.
② 비밀 취급의 인가는 대상자의 직책에 따라 필요한 최소한의 인원으로 제한하여야 한다.
③ 비밀 취급 인가를 받은 자가 다음 각 호의 어느 하나에 해당하는 경우에는 그 취급의 인가를 해제하여야 한다.
1. 고의 또는 중대한 과실로 중대한 보안 사고를 범한 때
2. 비밀 취급이 불필요하게 된 때
④ 비밀 취급의 인가 및 해제와 인가 등급의 변경은 문서로 하여야 하며 직원의 인사기록사항에 이를 기록하여야 한다.
제00조 ① 비밀 취급 인가권자는 임무 및 직책상 해당 등급의 비밀을 항상 사무적으로 취급하는 자에 한하여 비밀 취급을 인가하여야 한다.
② 비밀 취급 인가권자는 소속직원의 인사기록카드에 기록된 비밀 취급의 인가 및 해제사유와 임용시의 신원조사회보서에 의하여 새로 신원조사를 행하지 아니하고 비밀 취급을 인가할 수 있다. 다만 Ⅰ급비밀 취급을 인가하는 때에는 새로 신원조사를 실시하여야 한다.

① 비밀 취급 인가의 해제는 구술로 할 수 있다.
② 법원행정처장은 Ⅰ급비밀, Ⅱ급비밀, Ⅲ급비밀 모두에 대해 취급 인가권을 가진다.
③ 비밀 취급 인가는 대상자의 직책에 따라 가능한 한 제한 없이 충분한 인원에게 하여야 한다.
④ 비밀 취급 인가를 받은 자가 중대한 보안 사고를 범한 경우 고의가 없었다면 그 취급의 인가를 해제할 수 없다.
⑤ 비밀 취급 인가권자는 소속직원에 대해 새로 신원조사를 행하지 아니하고 Ⅰ급비밀 취급을 인가할 수 있다.

문 12. 다음 글을 근거로 판단할 때 옳은 것은?

> 제○○조 ① 국유재산은 다음 각 호의 어느 하나에 해당하지 않는 경우에는 매각할 수 있다.
> 1. 제△△조에 의한 매각제한의 대상에 해당하는 경우
> 2. 제□□조에 의한 총괄청의 매각승인을 받지 않은 경우
>
> ② 국유재산의 매각은 일반경쟁입찰을 원칙으로 한다. 다만 필요한 경우에는 제한경쟁, 지명경쟁 또는 수의계약의 방법으로 매각할 수 있다.
>
> 제△△조 다음 각 호의 어느 하나에 해당하는 경우에는 매각할 수 없다.
> 1. 중앙관서의 장이 행정목적으로 사용하기 위하여 그 국유재산을 행정재산으로 사용 승인한 경우
> 2. 소유자 없는 부동산에 대하여 공고를 거쳐 국유재산으로 취득한 후 10년이 지나지 아니한 경우. 다만 해당 국유재산에 대하여 중앙관서의 장이 공익사업에 필요하다고 인정한 경우와 행정재산의 용도로 사용하던 소유자 없는 부동산을 행정재산으로 취득하였으나 그 행정재산을 당해 용도로 사용하지 아니하게 된 경우에는 그러하지 아니하다.
>
> 제□□조 ① 국유일반재산인 토지의 면적이 특별시·광역시 지역에서는 1,000제곱미터를, 그 밖의 시 지역에서는 2,000제곱미터를 초과하는 재산을 매각하고자 하는 경우에는 총괄청의 승인을 받아야 한다.
>
> ② 제1항에도 불구하고 다음 각 호의 어느 하나에 해당하는 경우에는 총괄청의 승인을 요하지 아니한다.
> 1. 수의계약의 방법으로 매각하는 경우
> 2. 다른 법률에 따른 무상귀속
> 3. 법원의 확정판결·결정 등에 따른 소유권의 변경

① 중앙관서의 장이 행정목적으로 사용하기 위하여 행정재산으로 사용 승인한 국유재산인 건물은 총괄청의 매각승인을 받아야 매각될 수 있다.

② 총괄청의 매각승인 대상인 국유일반재산이더라도 그 매각방법이 지명경쟁인 경우에는 총괄청의 승인없이 매각할 수 있다.

③ 법원의 확정판결로 국유일반재산의 소유권을 변경하려는 경우 총괄청의 승인을 받아야 한다.

④ 광역시에 소재하는 국유일반재산인 1,500제곱미터 면적의 토지를 수의계약의 방법으로 매각하려는 경우에는 총괄청의 승인을 받아야 한다.

⑤ 행정재산의 용도로 사용하던 소유자 없는 500제곱미터 면적의 토지를 공고를 거쳐 행정재산으로 취득한 후 이를 당해 용도로 사용하지 않게 된 경우, 취득한 때로부터 10년이 경과하지 않았더라도 매각할 수 있다.

문 13. 다음 글을 근거로 판단할 때 옳은 것은?

> A국은 다음 5가지 사항을 반영하여 특허법을 제정하였다.
> (1) 새로운 기술에 의한 발명을 한 사람에게 특허권이라는 독점권을 주는 제도와 정부가 금전적 보상을 해주는 보상제도 중, A국은 전자를 선택하였다.
> (2) 특허권을 별도의 특허심사절차 없이 부여하는 방식과 신청에 의한 특허심사절차를 통해 부여하는 방식 중, A국은 후자를 선택하였다.
> (3) 새로운 기술에 의한 발명인지를 판단하는 데 있어서 전세계에서의 새로운 기술을 기준으로 하는 것과 국내에서의 새로운 기술을 기준으로 하는 것 중, A국은 후자를 선택하였다.
> (4) 특허권의 효력발생범위를 A국 영토 내로 한정하는 것과 A국 영토 밖으로 확대하는 것 중, A국은 전자를 선택하였다. 따라서 특허권이 부여된 발명을 A국 영토 내에서 특허권자의 허락없이 무단으로 제조·판매하는 행위를 금지하며, 이를 위반한 자에게는 손해배상의무를 부과한다.
> (5) 특허권의 보호기간을 한정하는 방법과 한정하지 않는 방법 중, A국은 전자를 선택하였다. 그리고 그 보호기간은 특허권을 부여받은 날로부터 10년으로 한정하였다.

① A국에서 알려지지 않은 새로운 기술로 알코올램프를 발명한 자는 그 기술이 이미 다른 나라에서 널리 알려진 것이라도 A국에서 특허권을 부여받을 수 있다.

② A국에서 특허권을 부여받은 날로부터 11년이 지난 손전등을 제조·판매하기 위해서는 발명자로부터 허락을 받아야 한다.

③ A국에서 새로운 기술로 석유램프를 발명한 자는 A국 정부로부터 그 발명에 대해 금전적 보상을 받을 수 있다.

④ A국에서 새로운 기술로 필기구를 발명한 자는 특허심사절차를 밟지 않더라도 A국 내에서 다른 사람이 그 필기구를 무단으로 제조·판매하는 것을 금지시킬 수 있다.

⑤ A국에서 망원경에 대해 특허권을 부여받은 자는 다른 나라에서 그 망원경을 무단으로 제조 및 판매한 자로부터 A국 특허법에 따라 손해배상을 받을 수 있다.

문 14. **다음 글을 근거로 판단할 때 옳지 않은 것은?**

> 최근 공직자의 재산상태와 같은 세세한 사생활 정보까지 공개하라는 요구가 높아지고 있다. 공직자의 사생활은 일반시민의 사생활만큼 보호될 필요가 없다는 것이 그 이유다. 비슷한 맥락에서 일찍이 플라톤은 통치자는 가족과 사유재산을 갖지 말아야 한다고 주장했다.
>
> 공직자의 사생활 보호에 대한 논의는 '동등한 사생활 보호의 원칙'과 '축소된 사생활 보호의 원칙'으로 구분된다. 동등한 사생활 보호의 원칙은 공직자의 사생활도 일반시민과 동등한 정도로 보호되어야 한다고 본다. 이 원칙의 지지자들은 우선 공직자의 사생활 보호로 공적으로 활용가능한 인재가 증가한다는 점을 강조한다. 사생활이 보장되지 않으면 공직 희망자가 적어져 인재 활용이 제한되고 다양성도 줄어들게 된다는 것이다. 또한 이들은 선정적인 사생활 폭로가 난무하여 공공정책에 대한 실질적 토론과 민주적 숙고가 사라져 버릴 위험성에 대해서도 경고한다.
>
> 반면, 공직자는 일반시민보다 우월한 권력을 가지고 있다는 것과 시민을 대표한다는 것 때문에 축소된 사생활 보호의 원칙이 적용되어야 한다는 주장도 있다. 공직자는 일반시민이 아니기 때문에 동등한 사생활 보호의 원칙을 적용할 수 없다는 것이다. 이 원칙의 지지자들은 공직자들이 시민 생활에 영향을 미치는 결정을 내리기 때문에, 사적 목적을 위해 권력을 남용하지 않고 부당한 압력에 굴복하지 않으며 시민이 기대하는 정책을 추구할 가능성이 높은 사람이어야 한다고 주장한다. 즉 이러한 공직자가 행사하는 권력에 대해 책임을 묻기 위해서는 사생활 중 관련된 내용은 공개되어야 한다는 것이다. 또한 공직자는 시민을 대표하기 때문에 훌륭한 인간상으로 시민의 모범이 되어야 한다는 이유도 들고 있다.

① 축소된 사생활 보호의 원칙은 공직자와 일반시민의 사생활 보장의 정도가 달라야 한다고 본다.
② 통치자의 사생활에 대한 플라톤의 생각은 동등한 사생활 보호의 원칙보다 축소된 사생활 보호의 원칙에 더 가깝다.
③ 동등한 사생활 보호의 원칙을 지지하는 이유 중 하나는 공직자가 시민을 대표하는 훌륭한 인간상이어야 하기 때문이다.
④ 동등한 사생활 보호의 원칙을 지지하는 이유 중 하나는 사생활이 보장되지 않으면 공직 희망자가 적어질 수 있다고 보기 때문이다.
⑤ 축소된 사생활 보호의 원칙을 지지하는 이유 중 하나는 공직자가 일반시민보다 우월한 권력을 가지고 있다고 보기 때문이다.

문 15. **다음 글을 근거로 판단할 때, 〈보기〉에서 옳은 것만을 모두 고르면?**

> 일반적인 내연기관에서는 휘발유와 공기가 엔진 내부의 실린더 속에서 압축된 후 점화 장치에 의하여 점화되어 연소된다. 이때의 연소는 휘발유의 주성분인 탄화수소가 공기 중의 산소와 반응하여 이산화탄소와 물을 생성하는 것이다. 여러 개의 실린더에서 규칙적이고 연속적으로 일어나는 '공기 · 휘발유' 혼합물의 연소에서 발생하는 힘으로 자동차는 달리게 된다. 그런데 간혹 실린더 내의 과도한 열이나 압력, 혹은 질 낮은 연료의 사용 등으로 인해 '노킹(knocking)' 현상이 발생하기도 한다. 노킹 현상이란 공기 · 휘발유 혼합물의 조기 연소 현상을 지칭한다. 공기 · 휘발유 혼합물이 점화되기도 전에 연소되는 노킹 현상이 지속되면 엔진의 성능은 급격히 저하된다.
>
> 자동차 연료로 사용되는 휘발유에는 '옥탄가(octane number)'라는 값에 따른 등급이 부여된다. 옥탄가는 휘발유의 특성을 나타내는 수치 중 하나로, 이 값이 높을수록 노킹 현상이 발생할 가능성은 줄어든다. 甲국에서는 보통, 중급, 고급으로 분류되는 세 가지 등급의 휘발유가 판매되고 있는데, 이 등급을 구분하는 최소 옥탄가의 기준은 각각 87, 89, 93이다. 하지만 甲국의 고산지대에 위치한 A시에서 판매되는 휘발유는 다른 지역의 휘발유보다 등급을 구분하는 최소 옥탄가의 기준이 등급별로 2씩 낮다. 이는 산소의 밀도가 낮아 노킹 현상이 발생할 가능성이 더 낮은 고산지대의 특징을 반영한 것이다.

〈보 기〉

ㄱ. A시에서 고급 휘발유로 판매되는 휘발유의 옥탄가는 91 이상이다.
ㄴ. 실린더 내에 과도한 열이 발생하면 노킹 현상이 발생할 수 있다.
ㄷ. 노킹 현상이 일어나지 않는다면, 일반적인 내연기관 내부의 실린더 속에서 공기 · 휘발유 혼합물은 점화가 된 후에 연소된다.
ㄹ. 내연기관 내에서의 연소는 이산화탄소와 산소가 반응하여 물을 생성하는 것이다.

① ㄱ, ㄴ
② ㄱ, ㄹ
③ ㄷ, ㄹ
④ ㄱ, ㄴ, ㄷ
⑤ ㄴ, ㄷ, ㄹ

문 16. 다음 글과 〈국내이전비 신청현황〉을 근거로 판단할 때, 국내이전비를 지급받는 공무원만을 모두 고르면?

> 청사 소재지 이전에 따라 거주지를 이전하거나, 현 근무지 외의 지역으로 부임의 명을 받아 거주지를 이전하는 공무원은 다음 요건에 모두 부합하는 경우 국내이전비를 지급받는다.
>
> 첫째, 전임지에서 신임지로 거주지를 이전하고 이사화물도 옮겨야 한다. 다만 동일한 시(특별시, 광역시 및 특별자치시 포함)·군 및 섬(제주특별자치도 제외) 안에서 거주지를 이전하는 공무원에게는 국내이전비를 지급하지 않는다. 둘째, 거주지와 이사화물은 발령을 받은 후에 이전하여야 한다.

〈국내이전비 신청현황〉

공무원	전임지	신임지	발령 일자	이전 일자	이전여부	
					거주지	이사 화물
甲	울산광역시 중구	울산광역시 북구	'20.2.13.	'20.2.20.	○	○
乙	경기도 고양시	세종 특별자치시	'19.12.3.	'19.12.5.	○	×
丙	광주광역시	대구광역시	'19.6.1.	'19.6.15.	×	○
丁	제주특별 자치도 서귀포시	제주특별 자치도 제주시	'20.1.2.	'20.1.13.	○	○
戊	서울특별시	충청북도 청주시	'19.9.3.	'19.9.8.	○	○
己	부산광역시	서울특별시	'20.4.25.	'20.4.1.	○	○

① 甲, 乙
② 乙, 丁
③ 丙, 己
④ 丁, 戊
⑤ 戊, 己

문 17. 다음 글과 〈상황〉을 근거로 판단할 때, 甲의 말이 최종적으로 위치하는 칸은?

- 참가자는 그림과 같이 A~L까지 12개의 칸으로 구성된 게임판에서, A칸에 말을 놓고 시작한다.

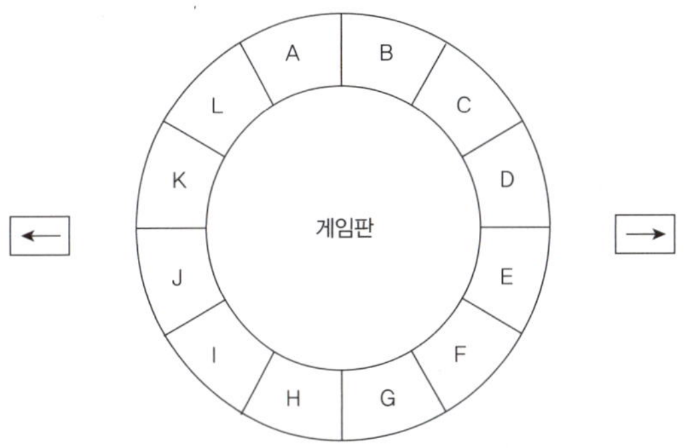

- 참가자는 ← 또는 → 버튼을 누를 수 있다.
- 버튼을 맨 처음 누를 때, ← 버튼을 누르면 말을 반시계방향으로 1칸 이동하고 → 버튼을 누르면 말을 시계방향으로 1칸 이동한다.
- 그 다음부터는 매번 버튼을 누르면, 그 버튼을 누르기 직전에 누른 버튼에 따라 아래와 같이 말을 이동한다.

누른 버튼	직전에 누른 버튼	말의 이동
←	←	반시계방향으로 2칸 이동
	→	움직이지 않음
→	←	움직이지 않음
	→	시계방향으로 2칸 이동

- 참가자는 버튼을 총 5회 누른다.

〈상 황〉

甲은 다음과 같이 버튼을 눌렀다.

누른 순서	1	2	3	4	5
누른 버튼	←	→	→	←	←

① A칸
② C칸
③ H칸
④ J칸
⑤ L칸

문 18. **다음 〈상황〉과 〈기준〉을 근거로 판단할 때, A기관이 원천징수 후 甲에게 지급하는 금액은?**

〈상 황〉

ㅇㅇ국 A기관은 甲을 '지역경제 활성화 위원회'의 외부위원으로 위촉하였다. 甲은 2020년 2월 24일 오후 2시부터 5시까지 위원회에 참석해서 지역경제 활성화와 관련한 내용을 슬라이드 20면으로 발표하였다. A기관은 아래 〈기준〉에 따라 甲에게 해당 위원회 참석수당과 원고료를 지급한다.

〈기 준〉

- 참석수당 지급기준액

구분	단가
참석수당	• 기본료(2시간) : 100,000원 • 2시간 초과 후 1시간마다 50,000원

- 원고료 지급기준액

구분	단가
원고료	10,000원/A4 1면

※ 슬라이드 2면을 A4 1면으로 한다.

- 위원회 참석수당 및 원고료는 기타소득이다.
- 위원회 참석수당 및 원고료는 지급기준액에서 다음과 같은 기타소득세와 주민세를 원천징수하고 지급한다.
  - 기타소득세 : (지급기준액－필요경비)×소득세율(20%)
  - 주민세 : 기타소득세×주민세율(10%)

※ 필요경비는 지급기준액의 60%로 한다.

① 220,000원
② 228,000원
③ 256,000원
④ 263,000원
⑤ 270,000원

문 19. **다음 글을 근거로 판단할 때, 비밀번호의 둘째 자리 숫자와 넷째 자리 숫자의 합은?**

甲은 친구의 자전거를 빌려 타기로 했다. 친구의 자전거는 다이얼을 돌려 다섯 자리의 비밀번호를 맞춰야 열리는 자물쇠로 잠겨 있다. 각 다이얼은 0~9 중 하나가 표시된다. 자물쇠에 현재 표시된 숫자는 첫째 자리부터 순서대로 3－6－4－4－9이다. 친구는 비밀번호에 대해 다음과 같은 힌트를 주었다.

- 비밀번호는 모두 다른 숫자로 구성되어 있다.
- 자물쇠에 현재 표시된 모든 숫자는 비밀번호에 쓰이지 않는다.
- 현재 짝수가 표시된 자리에는 홀수가, 현재 홀수가 표시된 자리에는 짝수가 온다. 단, 0은 짝수로 간주한다.
- 비밀번호를 구성하는 숫자 중 가장 큰 숫자가 첫째 자리에 오고, 가장 작은 숫자가 다섯째 자리에 온다.
- 비밀번호 둘째 자리 숫자는 현재 둘째 자리에 표시된 숫자보다 크다.
- 서로 인접한 두 숫자의 차이는 5보다 작다.

① 7
② 8
③ 10
④ 12
⑤ 13

문 20. 다음 글을 근거로 판단할 때, 〈보기〉에서 옳은 것만을 모두 고르면?

• 다음과 같이 9개의 도시(A~I)가 위치하고 있다.

A	B	C
D	E	F
G	H	I

• A~I시가 미세먼지 저감을 위해 5월부터 차량 운행 제한 정책을 시행함에 따라 제한 차량의 도시 진입 및 도시 내 운행이 금지된다.

• 모든 차량은 4개의 숫자로 된 차량번호를 부여받으며 각 도시의 제한 요건은 아래와 같다.

도시	제한 차량	
A, E, F, I	홀수일	차량번호가 홀수로 끝나는 차량
	짝수일	차량번호가 짝수로 끝나는 차량
B, G, H	홀수일	차량번호가 짝수로 끝나는 차량
	짝수일	차량번호가 홀수로 끝나는 차량
C, D	월요일	차량번호가 1 또는 6으로 끝나는 차량
	화요일	차량번호가 2 또는 7로 끝나는 차량
	수요일	차량번호가 3 또는 8로 끝나는 차량
	목요일	차량번호가 4 또는 9로 끝나는 차량
	금요일	차량번호가 0 또는 5로 끝나는 차량
	토 · 일요일	없음

※ 단, 0은 짝수로 간주한다.

• 도시 간 이동 시에는 도시 경계선이 서로 맞닿아 있지 않은 도시로 바로 이동할 수 없다. 예컨대 A시에서 E시로 이동하기 위해서는 반드시 B시나 D시를 거쳐야 한다.

〈보 기〉

ㄱ. 甲은 5월 1일(토)에 E시에서 차량번호가 1234인 차량을 운행할 수 있다.

ㄴ. 乙은 5월 6일(목)에 차량번호가 5639인 차량으로 A시에서 D시로 이동할 수 있다.

ㄷ. 丙은 5월 중 어느 하루에 동일한 차량으로 A시에서 H시로 이동할 수 있다.

ㄹ. 丁은 5월 15일(토)에 차량번호가 9790인 차량으로 D시에서 F시로 이동할 수 있다.

① ㄱ, ㄴ

② ㄱ, ㄷ

③ ㄱ, ㄹ

④ ㄴ, ㄷ

⑤ ㄴ, ㄹ

문 21. 다음 글을 근거로 판단할 때, 〈보기〉에서 옳은 것만을 모두 고르면?

키가 서로 다른 6명의 어린이를 다음 그림과 같이 한 방향을 바라보도록 일렬로 세우려고 한다. 그림은 일렬로 세운 하나의 예이다. 한 어린이(이하 甲이라 한다)의 등 뒤에 甲보다 키가 큰 어린이가 1명이라도 있으면 A방향에서 甲의 뒤통수는 보이지 않고, 1명도 없으면 A방향에서 甲의 뒤통수는 보인다. 반대로 甲의 앞에 甲보다 키가 큰 어린이가 1명이라도 있으면 B방향에서 甲의 얼굴은 보이지 않고, 1명도 없으면 B방향에서 甲의 얼굴은 보인다.

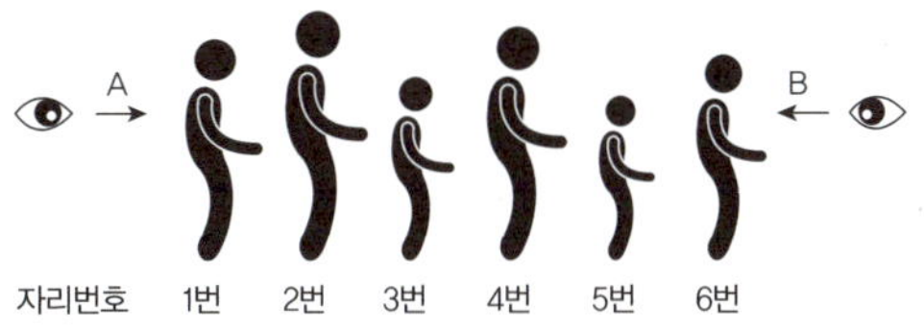

〈보 기〉

ㄱ. A방향에서 보았을 때 모든 어린이의 뒤통수가 다 보이게 세우는 방법은 1가지뿐이다.

ㄴ. 키가 세 번째로 큰 어린이를 5번 자리에 세운다면, A방향에서 보았을 때 그 어린이의 뒤통수는 보이지 않는다.

ㄷ. B방향에서 2명의 얼굴만 보이도록 어린이들을 세웠을 때, A방향에서 6번 자리에 서 있는 어린이의 뒤통수는 보이지 않는다.

ㄹ. B방향에서 3명의 얼굴이 보인다면, A방향에서 4명의 뒤통수가 보일 수 없다.

① ㄱ, ㄴ

② ㄷ, ㄹ

③ ㄱ, ㄴ, ㄷ

④ ㄱ, ㄷ, ㄹ

⑤ ㄴ, ㄷ, ㄹ

문 22. 다음 글과 〈상황〉을 근거로 판단할 때, 〈보기〉에서 옳은 것만을 모두 고르면?

A팀과 B팀은 다음과 같이 게임을 한다. A팀과 B팀은 각각 3명으로 구성되며, 왼손잡이, 오른손잡이, 양손잡이가 각 1명씩이다. 총 5라운드에 걸쳐 가위바위보를 하며 규칙은 아래와 같다.

- 모든 선수는 1개 라운드 이상 출전하여야 한다.
- 왼손잡이는 '가위'만 내고 오른손잡이는 '보'만 내며, 양손잡이는 '바위'만 낸다.
- 각 라운드마다 가위바위보를 이긴 선수의 팀이 획득하는 점수는 다음과 같다.
  - 이긴 선수가 왼손잡이인 경우 : 2점
  - 이긴 선수가 오른손잡이인 경우 : 0점
  - 이긴 선수가 양손잡이인 경우 : 3점
- 두 팀은 1라운드를 시작하기 전에 각 라운드에 출전할 선수를 결정하여 명단을 제출한다.
- 5라운드를 마쳤을 때 획득한 총 점수가 더 높은 팀이 게임에서 승리한다.

〈상 황〉

다음은 3라운드를 마친 현재까지의 결과이다.

구분	1라운드	2라운드	3라운드	4라운드	5라운드
A팀	왼손잡이	왼손잡이	양손잡이		
B팀	오른손잡이	오른손잡이	오른손잡이		

※ 각 라운드에서 가위바위보가 비긴 경우는 없다.

〈보 기〉

ㄱ. 3라운드까지 A팀이 획득한 점수와 B팀이 획득한 점수의 합은 4점이다.
ㄴ. A팀이 잔여 라운드에서 모두 오른손잡이를 출전시킨다면 B팀이 게임에서 승리한다.
ㄷ. B팀이 게임에서 승리하는 경우가 있다.

① ㄴ
② ㄷ
③ ㄱ, ㄴ
④ ㄱ, ㄷ
⑤ ㄱ, ㄴ, ㄷ

문 23. 다음 글을 근거로 판단할 때 옳은 것은?

네 사람(甲~丁)은 각각 주식, 채권, 선물, 옵션 중 서로 다른 하나의 금융상품에 투자하고 있으며, 투자액과 수익률도 각각 다르다.

- 네 사람 중 투자액이 가장 큰 50대 주부는 주식에 투자하였다.
- 30대 회사원 丙은 네 사람 중 가장 높은 수익률을 올려 아내와 여행을 다녀왔다.
- 甲은 주식과 옵션에는 투자하지 않았다.
- 40대 회사원 乙은 옵션에 투자하지 않았다.
- 60대 사업가는 채권에 투자하지 않았다.

① 채권 투자자는 甲이다.
② 선물 투자자는 사업가이다.
③ 투자액이 가장 큰 사람은 乙이다.
④ 회사원은 옵션에 투자하지 않았다.
⑤ 가장 높은 수익률을 올린 사람은 선물 투자자이다.

문 24. 다음 글과 〈상황〉을 근거로 판단할 때, 공기청정기가 자동으로 꺼지는 시각은?

- A학교 학생들은 방과 후에 자기주도학습을 위해 교실을 이용한다.
- 교실 안에 있는 학생 각각은 매 순간 일정한 양의 미세먼지를 발생시켜, 10분마다 5를 증가시킨다.
- 교실에 설치된 공기청정기는 매 순간 일정한 양의 미세먼지를 제거하여, 10분마다 15를 감소시킨다.
- 미세먼지는 사람에 의해서만 발생하고, 공기청정기에 의해서만 제거된다.
- 공기청정기는 매 순간 미세먼지 양을 표시하며 교실 내 미세먼지 양이 30이 되는 순간 자동으로 꺼진다.

〈상 황〉

15시 50분 현재, A학교의 교실에는 아무도 없었고 켜져 있는 공기청정기가 나타내는 교실 내 미세먼지 양은 90이었다. 16시 정각에 학생 두 명이 교실에 들어와 공부를 시작하였고, 40분 후 학생 세 명이 더 들어와 공부를 시작하였다. 학생들은 모두 18시 정각에 교실에서 나왔다.

① 18시 50분
② 19시 00분
③ 19시 10분
④ 19시 20분
⑤ 19시 30분

문 25. **다음 글과 〈상황〉을 근거로 판단할 때, 갑돌이가 할 수 없는 행위는?**

'AD카드'란 올림픽 및 패럴림픽에서 정해진 구역을 출입하거나 차량을 탑승하기 위한 권한을 증명하는 일종의 신분증이다. 모든 관계자들은 반드시 AD카드를 패용해야 해당 구역에 출입하거나 차량을 탑승할 수 있다. 아래는 AD카드에 담긴 정보에 대한 설명이다.

〈AD카드 예시〉

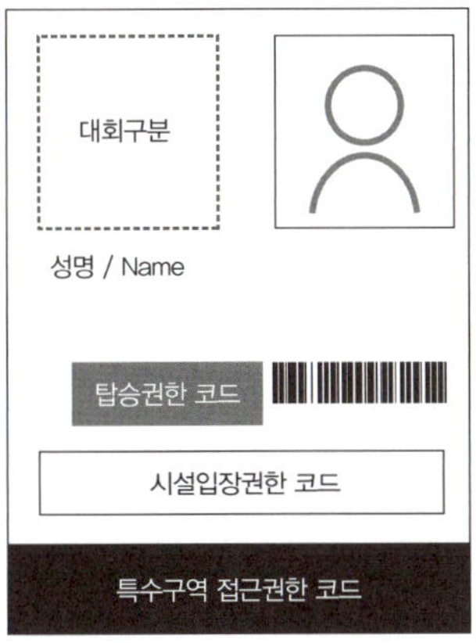

<table>
<tr><td>대회구분</td><td>• 올림픽 AD카드에는 다섯 개의 원이 겹쳐진 '오륜기'가, 패럴림픽 AD카드에는 세 개의 반달이 나열된 '아지토스'가 부착된다.
• 올림픽 기간 동안에는 올림픽 AD카드만이, 패럴림픽 기간 동안에는 패럴림픽 AD카드만이 유효하다.
• 두 대회의 기간은 겹치지 않는다.</td></tr>
<tr><td>탑승권한</td><td>• AD카드 소지자가 탑승 가능한 교통서비스를 나타낸다. 탑승권한 코드는 복수로 부여될 수 있다.
<table>
<tr><th>코드</th><th>탑승 가능 교통서비스</th></tr>
<tr><td>T1</td><td>VIP용 지정차량</td></tr>
<tr><td>TA</td><td>선수단 셔틀버스</td></tr>
<tr><td>TM</td><td>미디어 셔틀버스</td></tr>
</table></td></tr>
<tr><td>시설입장권한</td><td>• AD카드 소지자가 입장 가능한 시설을 나타낸다. 시설입장권한 코드는 복수로 부여될 수 있다.
<table>
<tr><th>코드</th><th>입장 가능 시설</th></tr>
<tr><td>IBC</td><td>국제 방송센터</td></tr>
<tr><td>HAL</td><td>알파인 경기장</td></tr>
<tr><td>HCC</td><td>컬링센터</td></tr>
<tr><td>OFH</td><td>올림픽 패밀리 호텔</td></tr>
<tr><td>ALL</td><td>모든 시설</td></tr>
</table></td></tr>
<tr><td>특수구역 접근권한</td><td>• AD카드 소지자가 시설 내부에서 접근 가능한 특수구역을 나타낸다. 특수구역 접근권한 코드는 복수로 부여될 수 있다.
<table>
<tr><th>코드</th><th>접근 가능 구역</th></tr>
<tr><td>2</td><td>선수준비 구역</td></tr>
<tr><td>4</td><td>프레스 구역</td></tr>
<tr><td>6</td><td>VIP 구역</td></tr>
</table></td></tr>
</table>

〈상 황〉

갑돌이는 올림픽 및 패럴림픽 관계자이다. 다음은 갑돌이가 패용한 AD카드이다.

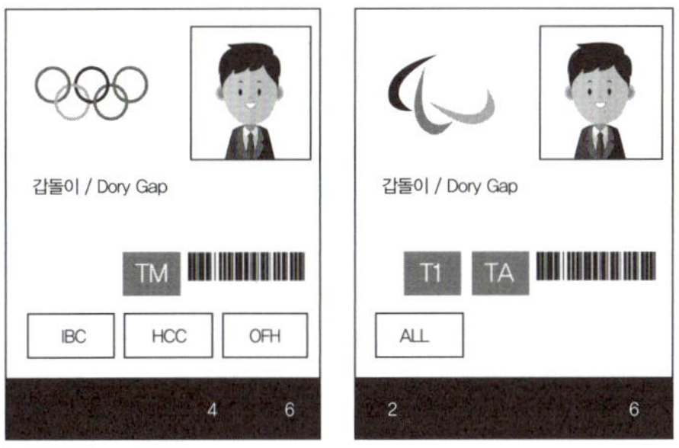

① 패럴림픽 기간 동안 알파인 경기장에 들어간다.
② 패럴림픽 기간 동안 VIP용 지정차량에 탑승한다.
③ 올림픽 기간 동안 올림픽 패밀리 호텔에 들어간다.
④ 올림픽 기간 동안 컬링센터 내부에 있는 선수준비 구역에 들어간다.
⑤ 올림픽 기간 동안 미디어 셔틀버스를 타고 이동한 후 국제 방송센터에 들어간다.

M E M O

2019년 공직적격성평가(PSAT)

국가공무원 5급 · 7급 민간경력자 일괄채용 및 경호공무원 7급 공개경쟁채용 필기시험

응시번호	
성 명	

문제책형
㉯

【시험과목】

제1과목	언어논리
제2과목	자료해석
제3과목	상황판단

문제풀이 시작과 종료 시간을 기입해 주시기 바랍니다.

- 언어논리(60분) ______시 ______분 ~ ______시 ______분
- 자료해석(60분) ______시 ______분 ~ ______시 ______분
- 상황판단(60분) ______시 ______분 ~ ______시 ______분

문 1. 다음 글의 문맥상 (가)~(마)에 들어갈 내용으로 적절하지 않은 것은?

'방언(方言)'이라는 용어는 표준어와 대립되는 개념으로 사용될 수 있다. 이때 방언이란 '교양 있는 사람들이 두루 쓰는 현대 서울말'로서의 표준어가 아닌 말, 즉 비표준어라는 뜻을 갖는다. 가령 [(가)]는 생각에는 방언을 비표준어로서 낮잡아 보는 인식이 담겨 있다. 이러한 개념으로서의 방언은 '사투리'라는 용어로 바뀌어 쓰이는 수가 많다. '충청도 사투리', '평안도 사투리'라고 할 때의 사투리는 대개 이러한 개념으로 쓰이는 경우이다. 이때의 방언이나 사투리는, 말하자면 표준어인 서울말이 아닌 어느 지역의 말을 가리키거나, 더 나아가 [(나)]을 일컫는다. 이러한 용법에는 방언이 표준어보다 열등하다는 오해와 편견이 포함되어 있다. 여기에는 표준어보다 못하다거나 세련되지 못하고 규칙에 엄격하지 않다와 같은 부정적 평가가 담겨 있는 것이다. 그런가 하면 사투리는 한 지역의 언어 체계 전반을 뜻하기보다 그 지역의 말 가운데 표준어에는 없는, 그 지역 특유의 언어 요소만을 일컫기도 한다. [(다)]고 할 때의 사투리가 그러한 경우에 해당된다.

언어학에서의 방언은 한 언어를 형성하고 있는 하위 단위로서의 언어 체계 전부를 일컫는 말로 사용된다. 가령 한국어를 예로 들면 한국어를 이루고 있는 각 지역의 말 하나하나, 즉 그 지역의 언어 체계 전부를 방언이라 한다. 서울말은 이 경우 표준어이면서 한국어의 한 방언이다. 그리고 나머지 지역의 방언들은 [(라)]. 이러한 의미에서의 '충청도 방언'은, 충청도에서만 쓰이는, 표준어에도 없고 다른 도의 말에도 없는 충청도 특유의 언어 요소만을 가리키는 것이 아니다. '충청도 방언'은 충청도의 토박이들이 전래적으로 써 온 한국어 전부를 가리킨다. 이 점에서 한국어는 [(마)].

① (가) : 바른말을 써야 하는 아나운서가 방언을 써서는 안 된다
② (나) : 표준어가 아닌, 세련되지 못하고 격을 갖추지 못한 말
③ (다) : 사투리를 많이 쓰는 사람과는 의사소통이 어렵다
④ (라) : 한국어라는 한 언어의 하위 단위이기 때문에 방언이다
⑤ (마) : 표준어와 지역 방언의 공통부분을 지칭하는 개념이다

문 2. 다음 글에서 알 수 있는 것은?

고려의 수도 개경 안에는 궁궐이 있고, 그 주변으로 가옥과 상점이 모여 시가지를 형성하고 있었다. 이 궁궐과 시가지를 둘러싼 성벽을 개경 도성이라고 불렀다. 개경 도성에는 여러 개의 출입문이 있었는데, 서쪽에 있는 문 가운데 가장 많은 사람이 드나든 곳은 선의문이었다. 동쪽에는 숭인문이라는 문도 있었다. 도성 안에는 선의문과 숭인문을 잇는 큰 도로가 있었다. 이 도로는 궁궐의 출입문인 광화문으로부터 도성 남쪽 출입문 방향으로 나 있는 다른 도로와 만나는데, 두 도로의 교차점을 십자가라고 불렀다.

고려 때에는 개경의 십자가로부터 광화문까지 난 거리를 남대가라고 불렀다. 남대가 양편에는 관청의 허가를 받아 영업하는 상점인 시전들이 도로를 따라 나란히 위치해 있었다. 이 거리는 비단이나 신발을 파는 시전, 과일 파는 시전 등이 밀집한 번화가였다. 고려 정부는 이 거리를 관리하기 위해 남대가의 남쪽 끝 지점에 경시서라는 관청을 두었다.

개경에는 남대가에만 시전이 있는 것이 아니었다. 십자가에서 숭인문 방향으로 몇백 미터를 걸어가면 그 도로 북쪽 편에 자남산이라는 조그마한 산이 있었다. 이 산은 도로에서 불과 몇십 미터 떨어져 있지 않은데, 그 산과 남대가 사이의 공간에 기름만 취급하는 시전들이 따로 모인 유시 골목이 있었다. 또 십자가에서 남쪽으로 이어진 길로 백여 미터만 가도 그 길에 접한 서쪽면에 돼지고기만 따로 파는 저전들이 있었다. 이외에도 십자가와 선의문 사이를 잇는 길의 중간 지점에 수륙교라는 다리가 있었는데, 그 옆에 종이만 파는 저시 골목이 있었다.

① 남대가의 북쪽 끝에 궁궐의 출입문이 자리잡고 있었다.
② 수륙교가 있던 곳으로부터 서북쪽 방향에 자남산이 있다.
③ 숭인문과 경시서의 중간 지점에 저시 골목이 위치해 있었다.
④ 선의문과 십자가를 연결하는 길의 중간 지점에 저전이 모여 있었다.
⑤ 십자가에서 유시 골목으로 가는 길의 중간 지점에 수륙교가 위치해 있었다.

문 3. 다음 글에서 알 수 없는 것은?

A효과란 기업이 시장에 최초로 진입하여 무형 및 유형의 이익을 얻는 것을 의미한다. 반면 뒤늦게 뛰어든 기업이 앞서 진출한 기업의 투자를 징검다리로 이용하여 성공적으로 시장에 안착하는 것을 B효과라고 한다. 물론 B효과는 후발진입기업이 최초진입기업과 동등한 수준의 기술 및 제품을 보다 낮은 비용으로 개발할 수 있을 때만 가능하다.

생산량이 증가할수록 평균생산비용이 감소하는 규모의 경제 효과 측면에서, 후발진입기업에 비해 최초진입기업이 유리하다. 즉, 대량 생산, 인프라 구축 등에서 우위를 조기에 확보하여 효율성 증대와 생산성 향상을 꾀할 수 있다. 반면 후발진입기업 역시 연구개발 투자 측면에서 최초진입기업에 비해 상대적으로 유리한 면이 있다. 후발진입기업의 모방 비용은 최초진입기업이 신제품 개발에 투자한 비용 대비 65% 수준이기 때문이다. 최초진입기업의 경우, 규모의 경제 효과를 얼마나 단기간에 이룰 수 있는가가 성공의 필수 요건이 된다. 후발진입기업의 경우, 절감된 비용을 마케팅 등에 효과적으로 투자하여 최초진입기업의 시장 점유율을 단기간에 빼앗아 오는 것이 성공의 핵심 조건이다.

규모의 경제 달성으로 인한 비용상의 이점 이외에도 최초진입기업이 누릴 수 있는 강점은 강력한 진입 장벽을 구축할 수 있다는 것이다. 시장에 최초로 진입했기에 소비자에게 우선적으로 인식된다. 그로 인해 후발진입기업에 비해 적어도 인지도 측면에서는 월등한 우위를 확보한다. 또한 기술적 우위를 확보하여 라이센스, 특허 전략 등을 통해 후발진입기업의 시장 진입을 방해하기도 한다. 뿐만 아니라 소비자들이 후발진입기업의 브랜드로 전환하려고 할 때 발생하는 노력, 비용, 심리적 위험 등을 마케팅에 활용하여 후발진입기업이 시장에 진입하기 어렵게 할 수도 있다. 결국 A효과를 극대화할 수 있는지는 규모의 경제 달성 이외에도 얼마나 오랫동안 후발주자가 진입하지 못하도록 할 수 있는가에 달려 있다.

① 최초진입기업은 후발진입기업에 비해 매년 더 많은 마케팅 비용을 사용한다.
② 후발진입기업의 모방 비용은 최초진입기업이 신제품 개발에 투자한 비용보다 적다.
③ 최초진입기업이 후발진입기업에 비해 인지도 측면에서 우위에 있다는 것은 A효과에 해당한다.
④ 후발진입기업이 성공하려면 절감된 비용을 효과적으로 투자하여 최초진입기업의 시장점유율을 단기간에 빼앗아 와야 한다.
⑤ 후발진입기업이 최초진입기업과 동등한 수준의 기술 및 제품을 보다 낮은 비용으로 개발할 수 없다면 B효과를 얻을 수 없다.

문 4. 다음 글에서 알 수 있는 것은?

1996년 미국, EU 및 캐나다는 일본에서 위스키의 주세율이 소주에 비해 지나치게 높다는 이유로 일본을 WTO에 제소했다. WTO 패널은 제소국인 미국, EU 및 캐나다의 손을 들어주었다. 이 판정을 근거로 미국과 EU는 한국에 대해서도 소주와 위스키의 주세율을 조정해줄 것을 요구했는데, 받아들여지지 않자 한국을 WTO에 제소했다. 당시 소주의 주세율은 증류식이 50%, 희석식이 35%였는데, 위스키의 주세율은 100%로 소주에 비해 크게 높았다. 한국에 위스키 원액을 수출하던 EU는 1997년 4월에 한국을 제소했고, 5월에는 미국도 한국을 제소했다. 패널은 1998년 7월에 한국의 패소를 결정했다.

패널의 판정은, 소주와 위스키가 직접적인 경쟁 관계에 있고 동시에 대체 관계가 존재하므로 국산품인 소주에 비해 수입품인 위스키에 높은 주세율을 적용하고 있는 한국의 주세 제도가 WTO 협정의 내국민대우 조항에 위배된다는 것이었다. 그리고 3개월 후 한국이 패널의 판정에 대해 상소했으나 상소 기구에서 패널의 판정이 그대로 인정되었다. 따라서 한국은 소주와 위스키 간 주세율의 차이를 해소해야 했는데, 그 방안은 위스키의 주세를 낮추거나 소주의 주세를 올리는 것이었다. 당시 어느 것이 옳은가에 대한 논쟁이 적지 않았다. 결국 소주의 주세율은 올리고 위스키의 주세율은 내려서, 똑같이 72%로 맞추는 방식으로 2000년 1월 주세법을 개정하여 차이를 해소했다.

① WTO 협정에 따르면, 제품 간 대체 관계가 존재하면 세율이 같아야 한다.
② 2000년 주세법 개정 결과 희석식 소주가 증류식 소주보다 주세율 상승폭이 컸다.
③ 2000년 주세법 개정 이후 소주와 위스키의 세금 총액은 개정 전에 비해 증가하였다.
④ 미국, EU 및 캐나다는 일본과의 WTO 분쟁 판정 결과를 근거로 한국에서도 주세율을 조정하고자 했다.
⑤ 한국의 소주와 위스키의 주세율을 일본과 동일하게 하라는 권고가 WTO 패널의 판정에 포함되어 있다.

문 5. 다음 글에서 추론할 수 있는 것은?

종자와 농약을 생산하는 대기업들은 자신들이 유전자 기술로 조작한 종자가 농약을 현저히 적게 사용해도 되기 때문에 농부들이 더 많은 이윤을 낼 수 있다고 주장하였다. 그러나 미국에서 유전자 변형 작물을 재배한 16년(1996년~2011년) 동안의 농약 사용량을 살펴보면, 이 주장은 사실이 아님을 알 수 있다.

유전자 변형 작물은 해충에 훨씬 더 잘 견디는 장점이 있다. 유전자 변형 작물이 해충을 막기 위해 자체적으로 독소를 만들어내기 때문이다. 독소를 함유한 유전자 변형 작물을 재배함으로써 일반 작물 재배와 비교하여 16년 동안 살충제 소비를 약 56,000톤 줄일 수 있었다. 그런데 제초제의 경우는 달랐다. 처음 4~5년 동안에는 제초제의 사용이 감소하였다. 그렇지만 전체 재배 기간을 고려하면 일반 작물 재배와 비교할 때 약 239,000톤이 더 소비되었다. 늘어난 제초제의 양에서 줄어든 살충제의 양을 빼면 일반 작물 재배와 비교하여 농약 사용이 재배 기간 16년 동안 183,000톤 증가했다.

M사의 제초제인 글리포세이트에 내성을 가진 유전자 변형 작물을 재배하기 시작한 농부들은 그 제초제를 매년 반복해서 사용했다. 이로 인해 그 지역에서는 글리포세이트에 대해 내성을 가진 잡초가 생겨났다. 이와 같이 제초제에 내성을 가진 잡초를 슈퍼잡초라고 부른다. 유전자 변형 작물을 재배하는 농지는 대부분 이러한 슈퍼잡초로 인해 어려움을 겪게 되었다. 슈퍼잡초를 제거하기 위해서는 제초제를 더 자주 사용하거나 여러 제초제를 섞어서 사용하거나 아니면 새로 개발된 제초제를 사용해야 한다. 이로 인해 농부들은 더 많은 비용을 지불할 수밖에 없었다.

① 유전자 변형 작물을 재배하는 지역에서는 모든 종류의 농약 사용이 증가했다.
② 유전자 변형 작물을 도입한 해부터 그 작물을 재배하는 지역에 슈퍼잡초가 나타났다.
③ 유전자 변형 작물을 도입한 후 일반 작물 재배의 경우에도 살충제의 사용이 증가했다.
④ 유전자 변형 작물 재배로 슈퍼잡초가 발생한 지역에서는 작물 생산 비용이 증가했다.
⑤ 유전자 변형 작물을 재배하는 지역과 일반 작물을 재배하는 지역에서 슈퍼잡초의 발생 정도가 비슷했다.

문 6. 다음 글의 빈칸에 들어갈 내용으로 가장 적절한 것은?

알레르기는 도시화와 산업화가 진행되는 지역에서 매우 빠르게 증가하고 있는데, 알레르기의 발병 원인에 대한 20세기의 지배적 이론은 알레르기는 병원균의 침입에 의해 발생하는 감염성 질병이라는 것이다. 하지만 1989년 영국 의사 S는 이 전통적인 이론에 맞서 다음 가설을 제시했다.

[   ]

S는 1958년 3월 둘째 주에 태어난 17,000명 이상의 영국 어린이를 대상으로 그들이 23세가 될 때까지 수집한 개인 정보 데이터베이스를 분석하여, 이 가설을 뒷받침하는 증거를 찾았다. 이들의 가족 관계, 사회적 지위, 경제력, 거주 지역, 건강 등의 정보를 비교 분석한 결과, 두 개 항목이 꽃가루 알레르기와 상관관계를 가졌다. 첫째, 함께 자란 형제자매의 수이다. 외동으로 자란 아이의 경우 형제가 서넛인 아이에 비해 꽃가루 알레르기에 취약했다. 둘째, 가족 관계에서 차지하는 서열이다. 동생이 많은 아이보다 손위 형제가 많은 아이가 알레르기에 걸릴 확률이 낮았다.

S의 주장에 따르면 가족 구성원이 많은 집에 사는 아이들은 가족 구성원, 특히 손위 형제들이 집안으로 끌고 들어오는 온갖 병균에 의한 잦은 감염 덕분에 장기적으로는 알레르기 예방에 오히려 유리하다. S는 유년기에 겪은 이런 감염이 꽃가루 알레르기를 비롯한 알레르기성 질환으로부터 아이들을 보호해 왔다고 생각했다.

① 알레르기는 유년기에 병원균 노출의 기회가 적을수록 발생 확률이 높아진다.
② 알레르기는 가족 관계에서 서열이 높은 가족 구성원에게 더 많이 발생한다.
③ 알레르기는 성인보다 유년기의 아이들에게 더 많이 발생한다.
④ 알레르기는 도시화에 따른 전염병의 증가로 인해 유발된다.
⑤ 알레르기는 형제가 많을수록 발생 확률이 낮아진다.

문 7. **다음 글에 대한 평가로 적절하지 않은 것은?**

> 당신은 '행복 기계'에 들어갈 것인지 망설이고 있다. 만일 들어간다면 그 순간 당신은 기계에 들어왔다는 것을 완전히 잊게 되고, 이 기계를 만나기 전에는 맛보기 힘든 멋진 시간을 가상현실 기술을 통해 경험하게 된다. 단, 누구든 한 번 그 기계에 들어가면 삶을 마칠 때까지 거기서 나올 수 없다. 이 기계에는 고장도 오작동도 없다. 당신은 이 기계에 들어가겠는가? 우리의 삶은 고난과 좌절로 가득 차 있지만, 우리는 그것들이 실제로 사라지기를 원하지 그저 사라졌다고 믿기를 원하지 않는다. 이러한 사실은, 참인 믿음이 우리에게 아무런 이익이 되지 않거나 심지어 손해를 가져오는 경우에도 우리가 거짓인 믿음보다 참인 믿음을 가지기를 선호한다는 견해를 뒷받침한다.
>
> 돈의 가치는 숫자가 적힌 종이 자체에 있지 않다. 돈이 가치를 지니는 것은 그것이 좋은 것들을 얻는 도구로 기능하기 때문이다. 참인 믿음을 가지는 것이 유용한 경우가 많은 것은 사실이지만, 다른 것들을 얻기 위한 수단인 돈과 달리 참인 믿음은 그 자체로 가치가 있다. 그리고 행복 기계에 관한 우리의 태도는 이를 분명하게 보여준다.
>
> 다른 것에 대한 선호로는 설명될 수 없는 원초적인 선호를 '기초 선호'라고 부른다. 가령 신체의 고통을 피하려는 것은 기초 선호로 보인다. 참인 믿음은 어떤가? 만약 참인 믿음이 기초 선호의 대상이 아니라면, 참인 믿음과 거짓인 믿음이 실용적 손익에서 동등할 경우 전자를 후자보다 더 선호해야 할 이유는 없다. 여기서 확인하게 되는 결론은, 참인 믿음이 기초 선호의 대상이라는 것이다. 그렇지 않다면, 사람들이 행복 기계에 들어가 행복한 거짓 믿음 속에 사는 편을 택하지 않을 이유가 없을 것이다.

① 대부분의 사람이 행복 기계에 들어가는 편을 택할 경우, 논지는 강화된다.
② 행복 기계가 현실에 존재하지 않는다는 사실이 논지를 약화하지는 않는다.
③ 치료를 위해 신체의 고통을 기꺼이 견디는 사람들이 있다고 해도 논지는 약화되지 않는다.
④ 행복 기계에 들어가지 않는 유일한 이유가 참과 무관한 실용적 이익임이 확인될 경우, 논지는 약화된다.
⑤ 실용적 이익이 없음에도 불구하고 우리가 수학적 참인 정리를 믿는 것을 선호한다는 사실은 논지를 강화한다.

문 8. **다음 글에 대한 분석으로 적절하지 않은 것은?**

> 공포영화에 자주 등장하는 좀비는 철학에서도 자주 논의된다. 철학적 논의에서 좀비는 '의식을 갖지는 않지만 겉으로 드러나는 행동에서는 인간과 구별되지 않는 존재'로 정의된다. 이를 '철학적 좀비'라고 하자. ㉠ <u>인간은 고통을 느끼지만, 철학적 좀비는 고통을 느끼지 못한다</u>. 즉 고통에 대한 의식을 가질 수 없는 존재라는 것이다. 그러나 ㉡ <u>철학적 좀비도 압정을 밟으면 인간과 마찬가지로 비명을 지르며 상처 부위를 부여잡을 것이다</u>. 즉 행동 성향에서는 인간과 차이가 없다. 그렇기 때문에 겉으로 드러나는 모습만으로는 철학적 좀비와 인간을 구별할 수 없다. 그러나 ㉢ <u>인간과 철학적 좀비는 동일한 존재가 아니다</u>. ㉣ <u>인간이 철학적 좀비와 동일한 존재라면, 인간도 고통을 느끼지 못하는 존재여야 한다</u>.
>
> 물론 철학적 좀비는 상상의 산물이다. 그러나 우리가 철학적 좀비를 모순 없이 상상할 수 있다는 사실은 마음에 관한 이론인 행동주의에 문제가 있다는 점을 보여준다. 행동주의는 마음을 행동 성향과 동일시하는 입장이다. 이에 따르면, ㉤ <u>마음은 특정 자극에 따라 이러저러한 행동을 하려는 성향이다</u>. ㉥ <u>행동주의가 옳다면, 인간이 철학적 좀비와 동일한 존재라는 점을 인정할 수밖에 없다</u>. 그러나 인간과 달리 철학적 좀비는 마음이 없어서 어떤 의식도 가질 수 없는 존재다. 따라서 ㉦ <u>행동주의는 옳지 않다</u>.

① ㉠과 ㉡은 동시에 참일 수 있다.
② ㉠과 ㉣이 모두 참이면, ㉢도 반드시 참이다.
③ ㉡과 ㉥이 모두 참이면, ㉤도 반드시 참이다.
④ ㉢과 ㉥이 모두 참이면, ㉦도 반드시 참이다.
⑤ ㉤과 ㉦은 동시에 거짓일 수 없다.

문 9. 다음 글의 내용이 참일 때, 참인지 거짓인지 알 수 있는 것만을 〈보기〉에서 모두 고르면?

> 머신러닝은 컴퓨터 공학에서 최근 주목 받고 있는 분야이다. 이 중 샤펠식 과정은 성공적인 적용 사례들로 인해 우리에게 많이 알려진 학습 방법이다. 머신러닝의 사례 가운데 샤펠식 과정에 해당하면서 의사결정트리 방식을 따르지 않는 경우는 없다.
>
> 머신러닝은 지도학습과 비지도학습이라는 두 배타적 유형으로 나눌 수 있고, 모든 머신러닝의 사례는 이 두 유형 중 어디엔가 속한다. 샤펠식 과정은 모두 전자에 속한다. 머신러닝에서 새로 떠오르는 방법은 강화학습인데, 강화학습을 활용하는 모든 경우는 후자에 속한다. 그리고 의사결정트리 방식을 적용한 사례들 가운데 강화학습을 활용하는 머신러닝의 사례도 있다.

〈보 기〉

ㄱ. 의사결정트리 방식을 적용한 모든 사례는 지도학습의 사례이다.
ㄴ. 샤펠식 과정의 적용 사례가 아니면서 의사결정트리 방식을 적용한 경우가 존재한다.
ㄷ. 강화학습을 활용하는 머신러닝 사례들 가운데 의사결정트리 방식이 적용되지 않은 경우는 없다.

① ㄴ
② ㄷ
③ ㄱ, ㄴ
④ ㄱ, ㄷ
⑤ ㄱ, ㄴ, ㄷ

문 10. 다음 글의 내용이 참일 때, 반드시 참인 것만을 〈보기〉에서 모두 고르면?

> 전통문화 활성화 정책의 일환으로 일부 도시를 선정하여 문화관광특구로 지정할 예정이다. 특구 지정 신청을 받아본 결과, A, B, C, D, 네 개의 도시가 신청하였다. 선정과 관련하여 다음 사실이 밝혀졌다.
>
> • A가 선정되면 B도 선정된다.
> • B와 C가 모두 선정되는 것은 아니다.
> • B와 D 중 적어도 한 도시는 선정된다.
> • C가 선정되지 않으면 B도 선정되지 않는다.

〈보 기〉

ㄱ. A와 B 가운데 적어도 한 도시는 선정되지 않는다.
ㄴ. B도 선정되지 않고 C도 선정되지 않는다.
ㄷ. D는 선정된다.

① ㄱ
② ㄴ
③ ㄱ, ㄷ
④ ㄴ, ㄷ
⑤ ㄱ, ㄴ, ㄷ

문 11. 다음 글의 내용과 부합하지 않는 것은?

기원전 3천 년쯤 처음 나타난 원시 수메르어 문자 체계는 두 종류의 기호를 사용했다. 한 종류는 숫자를 나타냈고, 1, 10, 60 등에 해당하는 기호가 있었다. 다른 종류의 기호는 사람, 동물, 사유물, 토지 등을 나타냈다. 두 종류의 기호를 사용하여 수메르인들은 많은 정보를 보존할 수 있었다.

이 시기의 수메르어 기록은 사물과 숫자에 한정되었다. 쓰기는 시간과 노고를 요구하는 일이었고, 기호를 읽고 쓸 줄 아는 사람은 얼마 되지 않았다. 이런 고비용의 기호를 장부 기록 이외의 일에 활용할 이유가 없었다. 현존하는 원시 수메르어 문서 가운데 예외는 하나뿐이고, 그 내용은 기록하는 일을 맡게 된 견습생이 교육을 받으면서 반복해서 썼던 단어들이다. 지루해진 견습생이 자기 마음을 표현하는 시를 적고 싶었더라도 그는 그렇게 할 수 없었다. 원시 수메르어 문자 체계는 완전한 문자 체계가 아니었기 때문이다. 완전한 문자 체계란 구어의 범위를 포괄하는 기호 체계, 즉 시를 포함하여 사람들이 말하는 것은 무엇이든 표현할 수 있는 체계이다. 반면에 불완전한 문자 체계는 인간 행동의 제한된 영역에 속하는 특정한 종류의 정보만 표현할 수 있는 기호 체계다. 라틴어, 고대 이집트 상형문자, 브라유 점자는 완전한 문자 체계이다. 이것들로는 상거래를 기록하고, 상법을 명문화하고, 역사책을 쓰고, 연애시를 쓸 수 있다. 이와 달리 원시 수메르어 문자 체계는 수학의 언어나 음악 기호처럼 불완전했다. 그러나 수메르인들은 불편함을 느끼지 않았다. 그들이 문자를 만들어 쓴 이유는 구어를 고스란히 베끼기 위해서가 아니라 거래 기록의 보존처럼 구어로는 하지 못할 일을 하기 위해서였기 때문이다.

① 원시 수메르어 문자 체계는 구어를 보완하는 도구였다.
② 원시 수메르어 문자 체계는 감정을 표현하는 일에 적합하지 않았다.
③ 원시 수메르어 문자를 당시 모든 구성원이 사용할 줄 아는 것은 아니었다.
④ 원시 수메르어 문자는 사물과 숫자를 나타내는 데 상이한 종류의 기호를 사용하였다.
⑤ 원시 수메르어 문자와 마찬가지로 고대 이집트 상형문자는 구어의 범위를 포괄하지 못했다.

문 12. 다음 글에서 알 수 있는 것은?

조선 왕조가 개창될 당시에는 승려에게 군역을 부과하지 않는 것이 상례였는데, 이를 노리고 승려가 되어 군역을 피하는 자가 많았다. 태조 이성계는 이를 막기 위해 국왕이 되자마자 앞으로 승려가 되려는 자는 빠짐없이 일종의 승려 신분증인 도첩을 발급받으라고 명했다. 그는 도첩을 받은 자만 승려가 될 수 있으며 도첩을 신청할 때는 반드시 면포 150필을 내야 한다는 규정을 공포했다. 그런데 평범한 사람이 면포 150필을 마련하기란 쉽지 않았다. 이 때문에 도첩을 위조해 승려 행세하는 자들이 생겨났다.

태종은 이 문제를 해결하고자 즉위한 지 16년째 되는 해에 담당 관청으로 하여금 도첩을 위조해 승려 행세하는 자를 색출하게 했다. 이처럼 엄한 대응책 탓에 도첩을 위조해 승려 행세하는 사람은 크게 줄어들었다. 하지만 정식으로 도첩을 받은 후 승려 명부에 이름만 올려놓고 실제로는 승려 생활을 하지 않는 부자가 많은 것이 드러났다. 이런 자들은 불교 지식도 갖추지 않은 것으로 나타났다. 태종과 태종의 뒤를 이은 세종은 태조가 세운 방침을 준수할 뿐 이 문제에 대해 특별한 대책을 내놓지 않았다.

세조는 이 문제를 해결하기 위해 즉위하자마자 담당 관청에 대책을 세우라고 명했다. 그는 수년 후 담당 관청이 작성한 방안을 바탕으로 새 규정을 시행하였다. 이 방침에는 도첩을 신청한 자가 내야 할 면포 수량을 30필로 낮추되 불교 경전인 심경, 금강경, 살달타를 암송하는 자에게만 도첩을 준다는 내용이 있었다. 세조의 뒤를 이은 예종은 규정을 고쳐 도첩 신청자가 납부해야 할 면포 수량을 20필 더 늘리고, 암송할 불경에 법화경을 추가하였다. 이처럼 기준이 강화되자 도첩 신청자 수가 줄어들었다. 이에 성종 때에는 세조가 정한 규정으로 돌아가자는 주장이 나왔다. 하지만 성종은 이를 거부하고, 예종 때 만들어진 규정을 그대로 유지했다.

① 태종은 도첩을 위조해 승려가 된 자를 색출한 후 면포 30필을 내게 했다.
② 태조는 자신이 국왕이 되기 전부터 승려였던 자들에게 면포 150필을 일괄적으로 거두어들였다.
③ 세조가 즉위한 해부터 심경, 금강경, 살달타를 암송한 자에게만 도첩을 발급한다는 규정이 시행되었다.
④ 성종은 법화경을 암송할 수 있다는 사실을 인정받은 자가 면포 20필을 납부할 때에만 도첩을 내주게 했다.
⑤ 세종 때 도첩 신청자가 내도록 규정된 면포 수량은 예종 때 도첩 신청자가 내도록 규정된 면포 수량보다 많았다.

문 13. **다음 글에서 알 수 있는 것은?**

대부분의 미국 경찰관은 총격 사건을 경험하지 않고 은퇴하지만, 그럼에도 매년 약 600명이 총에 맞아 사망하고, 약 200명은 부상당한다. 미국에서 총격 사건 중 총기 발사 경험이 있는 경찰관 대부분이 심리적 문제를 보인다.

총격 사건을 겪은 경찰관을 조사한 결과, 총격 사건이 일어나는 동안 발생하는 중요한 심리현상 중의 하나가 시간·시각·청각왜곡을 포함하는 지각왜곡이었다. 83%의 경찰관이 총격이 오가는 동안 시간왜곡을 경험했는데, 그들 대부분은 한 시점에서 시간이 감속하여 모든 것이 느려진다고 느꼈다. 또한 56%가 시각왜곡을, 63%가 청각왜곡을 겪었다. 시각왜곡 중에서 가장 빈번한 증상은 한 가지 물체에만 주의가 집중되고 그 밖의 장면은 무시되는 것이다. 청각왜곡은 권총 소리, 고함 소리, 지시 사항 등의 소리를 제대로 듣지 못하는 것이다.

총격 사건에서 총기를 발사한 경찰관은 사건 후 수많은 심리증상을 경험한다. 가장 일반적인 심리증상은 높은 위험 지각, 분노, 불면, 고립감 등인데, 이러한 반응은 특히 총격 피해자 사망 시에 잘 나타난다. 총격 사건을 겪은 경찰관은 이전에 생각했던 것보다 자신의 직업이 더욱 위험하다고 지각하게 된다. 그들은 총격 피해자, 부서, 동료, 또는 사회에 분노를 느끼기도 하는데, 이는 자신을 누군가에게 총을 쏴야만 하는 상황으로 몰아넣었다는 생각 때문에 발생한다. 이러한 심리증상은 그 정도에서 큰 차이를 보였다. 37%의 경찰관은 심리증상이 경미했고, 35%는 중간 정도이며, 28%는 심각했다. 이러한 심리증상의 정도는 총격 사건이 발생한 상황에서 경찰관 자신의 총기 사용이 얼마나 정당했는가와 반비례하는 것으로 보인다. 수적으로 열세인 것, 권총으로 강력한 자동화기를 상대해야 하는 것 등의 요소가 총기 사용의 정당성을 높여준다.

① 총격 사건 중에 경험하는 지각왜곡 중에서 청각왜곡이 가장 빈번하게 나타난다.
② 전체 미국 경찰관 중 총격 사건을 경험하는 사람이 경험하지 않는 사람보다 많다.
③ 총격 피해자가 사망했을 경우 경찰관이 경험하는 청각왜곡은 그렇지 않은 경우보다 심각할 것이다.
④ 총격 사건 후 경찰관이 느끼는 높은 위험 지각, 분노 등의 심리증상은 지각왜곡의 정도에 의해 영향을 받는다.
⑤ 범죄자가 경찰관보다 강력한 무기로 무장했을 경우 경찰관이 총격 사건 후 경험하는 심리증상은 반대의 경우보다 약할 것이다.

문 14. **다음 글에서 알 수 있는 것은?**

탁주는 혼탁한 술이다. 탁주는 알코올 농도가 낮고, 맑지 않아 맛이 텁텁하다. 반면 청주는 탁주에 비해 알코올 농도가 높고 맑은 술이다. 그러나 얼마만큼 맑아야 청주이고 얼마나 흐려야 탁주인가 하는 질문에는 명쾌하게 답을 내리기가 쉽지 않다. 탁주의 정의 자체에 혼탁이라는 다소 불분명한 용어가 쓰이기 때문이다. 과학적이라고 볼 수는 없지만, 투명한 병에 술을 담고 그 병 뒤에 작은 물체를 두었을 경우 그 물체가 희미하게 보이거나 아예 보이지 않으면 탁주라고 부른다. 술을 담은 병 뒤에 둔 작은 물체가 희미하게 보일 때 이 술의 탁도는 350ebc 정도이다. 청주의 탁도는 18ebc 이하이며, 탁주 중에 막걸리는 탁도가 1,500 ebc 이상인 술이다.

막걸리를 만들기 위해서는 찹쌀, 보리, 밀가루 등을 시루에 쪄서 만든 지에밥이 필요하다. 적당히 말린 지에밥에 누룩, 효모와 물을 섞어 술독에 넣고 나서 며칠 지나면 막걸리가 만들어진다. 술독에서는 미생물에 의한 당화과정과 발효과정이 거의 동시에 일어나며, 이 두 과정을 통해 지에밥의 녹말이 알코올로 바뀌게 된다. 효모가 녹말을 바로 분해하지 못하므로, 지에밥에 들어있는 녹말을 엿당이나 포도당으로 분해하는 당화과정에서는 누룩곰팡이가 중요한 역할을 한다. 누룩곰팡이가 갖고 있는 아밀라아제는 녹말을 잘게 잘라 엿당이나 포도당으로 분해한다. 이 당화과정에서 만들어진 엿당이나 포도당을 효모가 알코올로 분해하는 과정을 발효과정이라 한다. 당화과정과 발효과정 중에 나오는 에너지로 인하여 열이 발생하게 되며, 이 열로 술독 내부의 온도인 품온(品溫)이 높아진다. 품온은 막걸리의 질과 풍미를 결정하기에 적정 품온이 유지되도록 술독을 관리해야 하는데, 일반적인 적정 품온은 23~28℃이다.

※ ebc : 유럽양조협회에서 정한 탁도의 단위

① 청주와 막걸리의 탁도는 다르지만 알코올 농도는 같다.
② 지에밥의 녹말이 알코올로 변하면서 발생하는 열이 품온을 높인다.
③ 누룩곰팡이가 지닌 아밀라아제는 엿당이나 포도당을 알코올로 분해한다.
④ 술독에 넣는 효모의 양을 조절하면 청주와 막걸리를 구분하여 만들 수 있다.
⑤ 막걸리를 만들 때, 술독 안의 당화과정은 발효과정이 완료된 이후에 시작된다.

문 15. 다음 글에서 추론할 수 있는 것만을 〈보기〉에서 모두 고르면?

생산자가 어떤 자원을 투입물로 사용해서 어떤 제품이나 서비스 등의 산출물을 만드는 생산과정을 생각하자. 산출물의 가치에서 생산하는 데 소요된 모든 비용을 뺀 것이 '순생산가치'이다. 생산자가 생산과정에서 투입물 1단위를 추가할 때 순생산가치의 증가분이 '한계순생산가치'이다. 경제학자 P는 이를 ⓐ '사적(私的) 한계순생산가치'와 ⓑ '사회적 한계순생산가치'로 구분했다.

사적 한계순생산가치란 한 기업이 생산과정에서 투입물 1단위를 추가할 때 그 기업에 직접 발생하는 순생산가치의 증가분이다. 사회적 한계순생산가치란 한 기업이 투입물 1단위를 추가할 때 발생하는 사적 한계순생산가치에 그 생산에 의해 부가적으로 발생하는 사회적 비용을 빼고 편익을 더한 것이다. 여기서 이 생산과정에서 부가적으로 발생하는 사회적 비용이나 편익에는 그 기업의 사적 한계순생산가치가 포함되지 않는다.

〈보 기〉

ㄱ. ⓐ의 크기는 기업의 생산이 사회에 부가적인 편익을 발생시키는지의 여부와 무관하게 결정된다.
ㄴ. 어떤 기업이 투입물 1단위를 추가할 때 사회에 발생하는 부가적인 편익이나 비용이 없는 경우, 이 기업이 야기하는 ⓐ와 ⓑ의 크기는 같다.
ㄷ. 기업 A와 기업 B가 동일한 투입물 1단위를 추가했을 때 각 기업에 의해 사회에 부가적으로 발생하는 비용이 같을 경우, 두 기업이 야기하는 ⓑ의 크기는 같다.

① ㄱ
② ㄷ
③ ㄱ, ㄴ
④ ㄴ, ㄷ
⑤ ㄱ, ㄴ, ㄷ

문 16. 다음 글의 ⓐ와 ⓑ에 들어가기에 적절한 것을 〈보기〉에서 골라 알맞게 짝지은 것은?

귀납주의란 과학적 탐구 방법의 핵심이 귀납이라는 입장이다. 즉, 과학적 이론은 귀납을 통해 만들어지고, 그 정당화 역시 귀납을 통해 이루어진다는 것이다. 그러나 실제 과학의 역사를 고려하면 귀납주의는 문제에 처하게 된다. 이러한 문제 상황은 다음과 같은 타당한 논증을 통해 제시될 수 있다.

만약 귀납이 과학의 역사에서 사용된 경우가 드물다면, 과학의 역사는 바람직한 방향으로 발전하지 않았거나 또는 귀납주의는 실제로 행해진 과학적 탐구 방법의 특징을 드러내는 데 실패했다고 보아야 한다. 과학의 역사가 바람직한 방향으로 발전하지 않았다면, 귀납주의에서는 수많은 과학적 지식을 정당화되지 않은 것으로 간주해야 한다. 그리고 귀납주의가 실제로 행해진 과학적 탐구 방법의 특징을 드러내는 데 실패했다면, 귀납주의는 과학적 탐구 방법에 대한 잘못된 이론이다. 그런데 우리는 과학의 역사가 바람직한 방향으로 발전하지 않았거나, 귀납주의가 실제로 행해진 과학적 탐구 방법의 특징을 드러내는 데 실패했다고 보아야 한다. 그 이유는 [ⓐ]는 것이다. 그리고 이로부터 우리는 다음 결론을 도출하게 된다. [ⓑ].

〈보 기〉

ㄱ. 과학의 역사에서 귀납이 사용된 경우는 드물다
ㄴ. 과학의 역사에서 귀납 외에도 다양한 방법들이 사용되었다
ㄷ. 귀납주의는 과학적 탐구 방법에 대한 잘못된 이론이고, 귀납주의에서는 수많은 과학적 지식을 정당화되지 않은 것으로 간주해야 한다
ㄹ. 귀납주의가 과학적 탐구 방법에 대한 잘못된 이론이라면, 귀납주의에서는 수많은 과학적 지식을 정당화되지 않은 것으로 간주해야 한다
ㅁ. 귀납주의가 과학적 탐구 방법에 대한 잘못된 이론이 아니라면, 귀납주의에서는 수많은 과학적 지식을 정당화되지 않은 것으로 간주해야 한다

	ⓐ	ⓑ
①	ㄱ	ㄷ
②	ㄱ	ㄹ
③	ㄱ	ㅁ
④	ㄴ	ㄹ
⑤	ㄴ	ㅁ

문 17. 다음 글의 ㉠에 대한 비판으로 가장 적절한 것은?

> "프랑스 수도가 어디지?"라는 가영의 물음에 나정이 "프랑스 수도는 로마지."라고 대답했다고 하자. 나정이 가영에게 제공한 것을 정보라고 할 수 있을까? 정보의 일반적 정의는 '올바른 문법 형식을 갖추어 의미를 갖는 자료'다. 이 정의에 따르면 나정의 대답은 정보를 담고 있다. 다음 진술은 이런 관점을 대변하는 진리 중립성 논제를 표현한다. "정보를 준다는 것이 반드시 그 내용이 참이라는 것을 의미하지는 않는다." 이 논제의 관점에서 보자면, 올바른 문법 형식을 갖추어 의미를 해석할 수 있는 자료는 모두 정보의 자격을 갖는다. 그 내용이 어떤 사태를 표상하든, 참을 말하든, 거짓을 말하든 상관없다.
>
> 그러나 이 조건만으로는 불충분하다는 지적이 있다. 철학자 플로리디는 전달된 자료를 정보라고 하려면 그 내용이 참이어야 한다고 주장한다. 즉, 정보란 올바른 문법 형식을 갖춘, 의미 있고 참인 자료라는 것이다. 이를 ㉠ 진리성 논제라고 한다. 그라이스는 이렇게 말한다. "거짓 '정보'는 저급한 종류의 정보가 아니다. 그것은 아예 정보가 아니기 때문이다." 이 점에서 그 역시 이 논제를 받아들이고 있다.
>
> 이런 논쟁은 용어법에 관한 시시한 언쟁처럼 보일 수도 있지만, 두 진영 간에는 정보 개념이 어떤 역할을 해야 하는가에 대한 근본적인 견해 차이가 있다. 진리성 논제를 비판하는 사람들은 틀린 '정보'도 정보로 인정되어야 한다고 말한다. 자료의 내용이 그것을 이해하는 주체의 인지 행위에서 분명한 역할을 수행한다는 이유에서다. '프랑스 수도가 로마'라는 말을 토대로 가영은 이런저런 행동을 할 수 있다. 가령, 프랑스어를 배우기 위해 로마로 떠날 수도 있고, 프랑스 수도를 묻는 퀴즈에서 오답을 낼 수도 있다. 거짓인 자료는 정보가 아니라고 볼 경우, '정보'라는 말이 적절하게 사용되는 사례들의 범위를 부당하게 제한하는 꼴이 된다.

① '정보'라는 표현이 일상적으로 사용되는 사례가 모두 적절한 것은 아니다.

② 올바른 문법 형식을 갖추지 못한 자료는 정보라는 지위에 도달할 수 없다.

③ 사실과 다른 내용의 자료를 숙지하고 있는 사람은 정보를 안다고 볼 수 없다.

④ 내용이 거짓인 자료를 토대로 행동을 하는 사람은 자신이 의도한 결과에 도달할 수 없다.

⑤ 거짓으로 밝혀질 자료도 그것을 믿는 사람의 인지 행위에서 분명한 역할을 한다면 정보라고 볼 수 있다.

문 18. 다음 글의 논증을 약화하는 것만을 〈보기〉에서 모두 고르면?

> 인간 본성은 기나긴 진화 과정의 결과로 생긴 복잡한 전체다. 여기서 '복잡한 전체'란 그 전체가 단순한 부분들의 합보다 더 크다는 의미이다. 인간을 인간답게 만드는 것, 즉 인간에게 존엄성을 부여하는 것은 인간이 갖고 있는 개별적인 요소들이 아니라 이것들이 모여 만들어내는 복잡한 전체이다. 또한 인간 본성이라는 복잡한 전체를 구성하고 있는 하부 체계들은 상호 간에 극단적으로 밀접하게 연관되어 있다. 따라서 그중 일부라도 인위적으로 변경하면, 이는 불가피하게 전체의 통일성을 무너지게 한다. 이 때문에 과학기술을 이용해 인간 본성을 인위적으로 변경하여 지금의 인간을 보다 향상된 인간으로 만들려는 시도는 금지되어야 한다. 이런 시도를 하는 사람들은 인간이 가져야 할 훌륭함이 무엇인지 스스로 잘 안다고 생각하며, 거기에 부합하지 않는 특성들을 선택해 이를 개선하고자 한다. 그러나 인간 본성의 '좋은' 특성은 '나쁜' 특성과 밀접하게 연결되어 있기 때문에, 후자를 개선하려는 시도는 전자에 대해서도 영향을 미칠 수밖에 없다. 예를 들어, 우리가 질투심을 느끼지 못한다면 사랑 또한 느끼지 못하게 된다는 것이다. 사랑을 느끼지 못하는 인간들이 살아가는 사회에서 어떤 불행이 펼쳐질지 우리는 가늠조차 할 수 없다. 즉 인간 본성을 선별적으로 개선하려 들면, 복잡한 전체를 무너뜨리는 위험성이 불가피하게 발생하게 된다. 따라서 우리는 인간 본성을 구성하는 어떠한 특성에 대해서도 그것을 인위적으로 개선하려는 시도에 반대해야 한다.

〈보 기〉

ㄱ. 인간 본성은 인간이 갖는 도덕적 지위와 존엄성의 궁극적 근거이다.

ㄴ. 모든 인간은 자신을 포함하여 인간 본성을 지닌 모든 존재가 지금의 상태보다 더 훌륭하게 되길 희망한다.

ㄷ. 인간 본성의 하부 체계는 상호 분리된 모듈들로 구성되어 있기 때문에 인간 본성의 특정 부분을 인위적으로 변경하더라도 그 변화는 모듈 내로 제한된다.

① ㄱ

② ㄷ

③ ㄱ, ㄴ

④ ㄴ, ㄷ

⑤ ㄱ, ㄴ, ㄷ

문 19. 다음 글의 내용이 참일 때, 반드시 참인 것만을 〈보기〉에서 모두 고르면?

> 공군이 차기 전투기 도입에서 고려해야 하는 사항은 비행시간이 길어야 한다는 것, 정비시간이 짧아야 한다는 것, 폭탄 적재량이 많아야 한다는 것, 그리고 공대공 전투능력이 높아야 한다는 것, 이상 네 가지이다. 그리고 이 네 가지는 각각 그런 경우와 그런 경우의 반대 둘 중의 하나이며 그 중간은 없다.
>
> 전투기의 폭탄 적재량이 많거나 공대공 전투능력이 높다면, 정비시간은 길다. 반면에 비행시간이 길면 공대공 전투능력은 낮다. 공군은 네 가지 고려사항 중에서 최소한 두 가지 이상을 통과한 기종을 선정해야 한다. 그런데 공군은 위 고려사항 중에서 정비시간이 짧아야 한다는 조건만큼은 결코 포기할 수 없다는 입장이다. 따라서 정비시간이 짧아야 한다는 것은 차기 전투기로 선정되기 위한 필수적인 조건이다.
>
> 한편, 이번 전투기 도입 사업에 입찰한 업체들 중 하나인 A사는 비행시간이 길고 폭탄 적재량이 많은 기종을 제안했다. 언론에서는 A사의 기종이 선정될 것이라고 예측하였다. 이후 공군에서는 선정 조건에 맞게 네 고려사항 중 둘 이상을 통과한 기종의 전투기를 도입하였는데 그것이 A사의 기종이었는지는 아직 알려지지 않았다.

〈보 기〉

ㄱ. 언론의 예측은 옳았다.
ㄴ. 공군이 도입한 기종은 비행시간이 길다.
ㄷ. 입찰한 업체의 기종이 공대공 전투능력이 높다면, 그 기종은 비행시간이 짧다.

① ㄱ
② ㄴ
③ ㄱ, ㄷ
④ ㄴ, ㄷ
⑤ ㄱ, ㄴ, ㄷ

문 20. 다음 대화 내용이 참일 때, ㉠으로 적절한 것은?

> 서희 : 우리 회사 전 직원을 대상으로 A, B, C 업무 중에서 자신이 선호하는 것을 모두 고르라는 설문 조사를 실시했는데, A와 B를 둘 다 선호한 사람은 없었어.
>
> 영민 : 나도 그건 알고 있어. 그뿐만 아니라 C를 선호한 사람은 A를 선호하거나 B를 선호한다는 것도 이미 알고 있지.
>
> 서희 : A는 선호하지 않지만 B는 선호하는 사람이 있다는 것도 이미 확인된 사실이야.
>
> 영민 : 그럼, ㉠ 종범이 말한 것이 참이라면, B만 선호한 사람이 적어도 한 명 있겠군.

① A를 선호하는 사람은 모두 C를 선호한다.
② A를 선호하는 사람은 누구도 C를 선호하지 않는다.
③ B를 선호하는 사람은 모두 C를 선호한다.
④ B를 선호하는 사람은 누구도 C를 선호하지 않는다.
⑤ C를 선호하는 사람은 모두 B를 선호한다.

문 21. **다음 글에서 알 수 있는 것은?**

무신 집권자 최우는 몽골이 침입하자 항복하고, 매년 공물을 보내기로 약속하였다. 그러나 그는 약속을 어기고, 강화도로 수도를 옮겼다. 이에 몽골은 살리타를 대장으로 삼아 두 번째로 침입하였다. 몽골군은 한동안 고려의 여러 지방을 공격하다가 살리타가 처인성에서 전사하자 퇴각하였다. 몽골은 이후 몇 차례 고려에 개경 복귀를 요구하였다. 당시 대신 중에는 이를 받아들이자고 주장하는 사람이 많았다. 하지만 최우는 몽골이 결국 자기의 권력을 빼앗을 것이라고 걱정해 이를 묵살하였다. 이에 몽골은 1235년에 세 번째로 침입하였다. 이때 최우는 강화도를 지키는 데 급급할 뿐 항전을 하지 않았다. 아무런 저항을 받지 않은 몽골군은 고려에 무려 4년 동안 머물며 전국을 유린하다가 철군하였다. 몽골은 이후 한동안 침입하지 않다가 1247년에 다시 침입해 약탈을 자행하다가 2년 후 돌아갔다. 그 직후에 최우가 죽고, 뒤를 이어 최항이 집권하였다.

몽골은 1253년에 예쿠라는 장수를 보내 또 침입해 왔다. 몽골군은 고려군의 저항을 쉽사리 물리치며 남하해 충주성까지 공격했다. 충주성의 천민들은 관군의 도움 없이 몽골군에 맞서 끝까지 성을 지켜냈다. 남하를 멈춘 몽골군이 개경 인근으로 되돌아온다는 소식을 들은 최항은 강화 협상에 나서기로 했으나 육지로 나오라는 요구는 묵살했다. 몽골은 군대를 일단 철수했다가 이듬해인 1254년에 잔인하기로 이름난 자랄타이로 하여금 다시 침입하게 했다. 그는 무려 20만 명을 포로로 잡아 그해 말 돌아갔다.

거듭된 전란에도 아랑곳하지 않고 강화도에서 권력을 휘두르던 최항은 집권한 지 9년 만에 죽었다. 그해에 자랄타이는 다시금 고려를 침입했는데, 최항의 뒤를 이은 최의가 집권 11개월 만에 김준, 유경에 의해 죽자 고려가 완전히 항복할 것이라 보고 군대를 모두 철수하였다. 실제로 고려 정부는 항복 의사를 전달했으며, 이로써 장기간 고려를 괴롭힌 전쟁은 끝날 수 있게 되었다.

① 몽골군은 최우가 집권한 이후 모두 다섯 차례 고려를 침입하였다.

② 자랄타이가 고려를 처음으로 침입하기 직전에 최의가 집권하였다.

③ 김준과 유경은 무신 집권자 최의를 죽이고 고려 국왕에게 권력을 되돌려 주었다.

④ 최항이 집권한 시기에 예쿠가 이끄는 몽골군은 충주성을 공격했으나 점령하지 못했다.

⑤ 고려를 침입한 살리타가 처인성에서 사망하자 최우는 개경에서 강화도로 수도를 옮겼다.

문 22. **다음 글의 ㉠과 ㉡에 대한 평가로 적절하지 않은 것은?**

미국 수정헌법 제1조는 국가가 시민들에게 진리에 대한 권위주의적 시각을 강제하는 일을 금지함으로써 정부가 다양한 견해들에 중립적이어야 한다는 중립성 원칙을 명시하였다. 특히 표현에 관한 중립성 원칙은 지난 수십 년에 걸쳐 발전해 왔다. 이 발전 과정의 초기에 미국 연방대법원은 표현의 자유를 부르짖는 급진주의자들의 요구에 선동적 표현의 위험성을 근거로 내세우며 맞섰다. 1940~50년대에 연방대법원은 수정헌법 제1조가 보호하는 표현과 그렇지 않은 표현을 구분하는 ㉠ 이중기준론을 표방하면서, 수정헌법 제1조의 보호 대상이 아닌 표현들이 있다고 판결했다. 추잡하고 음란한 말, 신성 모독적인 말, 인신공격이나 타인을 모욕하는 말, 즉 발언만으로도 누군가에게 해를 입히거나 사회의 양속을 해칠 말이 이에 포함되었다.

이중기준론의 비판자들은 연방대법원이 표현의 범주를 구분하는 과정에서 표현의 내용에 관한 가치 판단을 내림으로써 실제로 표현의 자유를 침해했다고 공격하였다. 1960~70년대를 거치며 연방대법원은 점차 비판자들의 견해를 수용했다. 1976년 연방대법원이 상업적 표현도 수정헌법 제1조의 보호범위에 포함된다고 판결한 데 이어, 인신 비방 발언과 음란성 표현 등도 표현의 자유에 포함되기에 이르렀다.

정부가 모든 표현에 대해 중립적이어야 한다는 원칙은 1970~80년대에 ㉡ 내용중립성 원칙을 통해 한층 더 또렷이 표명되었다. 내용중립성 원칙이란, 정부가 어떤 경우에도 표현되는 내용에 대한 평가에 근거하여 표현을 제한해서는 안 된다는 것이다. 다시 말해 정부는 표현되는 사상이나 주제나 내용을 이유로 표현을 제한할 수 없다. 이렇게 해석된 수정헌법 제1조에 따르면, 미국 정부는 특정 견해를 편들 수 없을 뿐만 아니라 어떤 문제가 공공의 영역에서 토론하거나 논쟁할 가치가 있는지 없는지 미리 판단하여 선택해서도 안 된다.

① 시민을 보호하기 위해 제한해야 할 만큼 저속한 표현의 기준을 정부가 정하는 것은 ㉠과 상충하지 않는다.

② 음란물이 저속하고 부도덕하다는 이유에서 음란물 유포를 금하는 법령은 ㉠과 상충한다.

③ 어떤 영화의 주제가 나치즘 찬미라는 이유에서 상영을 금하는 법령은 ㉡에 저촉된다.

④ 경쟁 기업을 비방하는 내용의 광고라는 이유로 광고의 방영을 금지하는 법령은 ㉡에 저촉된다.

⑤ 인신공격하는 표현으로 특정 정치인을 힐난하는 내용의 기획물이라는 이유로 TV 방송을 제재할 것인지에 관해 ㉠과 ㉡은 상반되게 답할 것이다.

문 23. 다음 글에서 알 수 없는 것은?

휴대전화를 뜻하는 '셀룰러폰'은 이동 통신 서비스에서 하나의 기지국이 담당하는 지역을 셀이라고 말한 것에서 유래하였다. 이동 통신은 주어진 총 주파수 대역폭을 다수의 사용자가 이용하므로 통화 채널당 할당된 주파수 대역을 재사용하는 기술이 무엇보다 중요하다. 이동 통신 회사들은 제한된 주파수 자원을 보다 효율적으로 사용하기 위하여 넓은 지역을 작은 셀로 나누고, 셀의 중심에 기지국을 만든다. 각 기지국마다 특정 주파수 대역을 사용해 서비스를 제공하는데, 일정 거리 이상 떨어진 기지국은 동일한 주파수 대역을 다시 사용함으로써 주파수 재사용률을 높인다. 예를 들면, 아래 그림은 특정 지역에 이동 통신 서비스를 제공하기 위하여 네 종류의 주파수 대역(F_1, F_2, F_3, F_4)을 사용하고 있다. 주파수 간섭 문제를 피하기 위해 인접한 셀들은 서로 다른 주파수 대역을 사용하지만, 인접하지 않은 셀에서는 이미 사용하고 있는 주파수 대역을 다시 사용하는 것을 볼 수 있다. 이렇게 셀을 구성하여 방대한 지역을 제한된 몇 개의 주파수 대역으로 서비스할 수 있다.

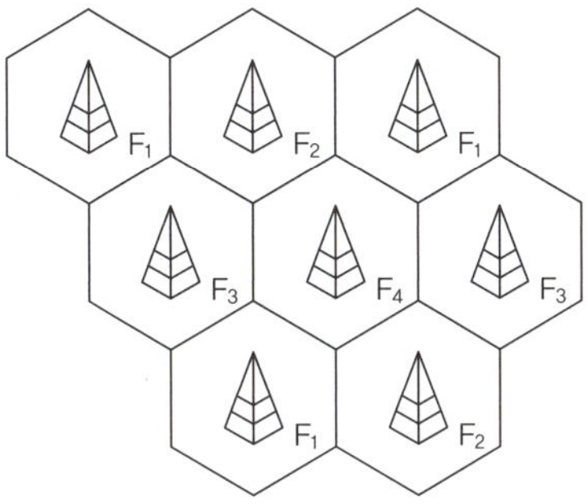

하나의 기지국이 감당할 수 있는 최대 통화량은 일정하다. 평지에서 기지국이 전파를 발사하면 전파의 장은 기지국을 중심으로 한 원 모양이지만, 서비스 지역에 셀을 배치하는 시스템 설계자는 해당 지역을 육각형의 셀로 디자인하여 중심에 기지국을 배치한다. 기지국의 전파 강도를 조절하여 셀의 반지름을 반으로 줄이면 면적은 약 1/4로 줄어들게 된다. 따라서 셀의 반지름을 반으로 줄일 경우 동일한 지역에는 셀의 수가 약 4배가 되고, 수용 가능한 통화량도 약 4배로 증가하게 된다. 이를 이용하여 시스템 설계자는 평소 통화량이 많은 곳은 셀의 반지름을 줄이고 통화량이 적은 곳은 셀의 반지름을 늘려 서비스 효율성을 높인다.

① 주파수 재사용률을 높이기 위해 기지국의 전파 강도를 높여 이동 통신 서비스를 제공한다.
② 제한된 수의 주파수 대역으로 넓은 지역에 이동 통신 서비스를 제공할 수 있다.
③ 인접 셀에서 같은 주파수 대역을 사용하면 주파수 간섭 문제가 발생할 수 있다.
④ 시스템 설계자는 서비스 지역의 통화량에 따라 셀의 반지름을 정한다.
⑤ 기지국 수를 늘리면 수용 가능한 통화량이 증가한다.

문 24. 다음 글에서 알 수 있는 것만을 〈보기〉에서 모두 고르면?

코페르니쿠스 체계에 대한 당대의 부정적 평가는, 일반적으로 그 당시 천문학자들이 가지고 있었던 비합리적인 종교적 편견에서 비롯되었다고 이해된다. 그러나 그들이 코페르니쿠스 체계를 거부한 데에는 나름 합리적인 이유가 있었다. 그들은 당대 최고의 천문학자였던 티코 브라헤가 코페르니쿠스 체계를 반증했다고 믿었기 때문이다.

티코 브라헤는, 코페르니쿠스 체계가 옳다면 공전 궤도상 서로 마주 보는 두 지점에서 한 별을 관찰했을 때 서로 다른 각도로 관찰된다는 점에 주목했다. 이처럼 지구가 공전 궤도에서 차지하는 상대적 위치에 따라 달라지는 별의 겉보기 각도 차이를 '연주시차'라고 한다. 티코 브라헤는 이 연주시차가 관찰되는지를 오랜 시간에 걸쳐 꼼꼼하게 조사했는데, 연주시차는 전혀 관찰되지 않았다. 티코 브라헤는 논리적 절차에 따라 코페르니쿠스 체계를 반증했다.

그러나 티코 브라헤의 반증은 후일 오류로 판명되었다. 현재 알려진 사실은 가장 가까운 별조차 연주시차가 너무 작아서 당시의 천문학 기술로는 누구도 연주시차를 관측할 수 없었다는 것이다. 이는 별이 태양계로부터 아주 멀리 떨어져 있다는 것을 의미한다. 흥미로운 점은 티코 브라헤가 자신이 관찰한 별이 너무 멀리 떨어져 있어서 당시의 관측 기술로는 연주시차가 관찰되지 않을 가능성을 고려했다는 사실이다. 그러나 티코 브라헤는 이런 가능성을 부정했다. 당시, 천체의 운동을 설명하는 유일한 이론은 아리스토텔레스의 자연학이었다. 그러나 연주시차가 관찰될 수 없을 만큼 별들이 멀리 떨어져 있다는 생각은 아리스토텔레스의 자연학과 양립할 수 없었다. 천체 운동에 대한 설명을 포기할 수 없었던 티코 브라헤는 결국 별이 그토록 멀리 떨어져 있다는 가능성을 부정할 수밖에 없었다.

〈보 기〉

ㄱ. 티코 브라헤는 기술적 한계 때문에 연주시차가 관찰되지 않았을 가능성을 당시 천체 운동을 설명하던 이론에 근거하여 부정하였다.
ㄴ. 티코 브라헤는 반증 과정에서 관찰 내용에 대한 최선의 이론적 설명이 아니라 종교적 편견에 따른 비합리적 설명을 선택함으로써 오류에 빠지게 되었다.
ㄷ. 티코 브라헤의 반증은, '코페르니쿠스 체계가 옳다면 연주시차가 관찰된다. 연주시차는 관찰되지 않았다. 따라서 코페르니쿠스 체계는 옳지 않다.'의 절차로 재구성할 수 있다.

① ㄱ
② ㄴ
③ ㄱ, ㄷ
④ ㄴ, ㄷ
⑤ ㄱ, ㄴ, ㄷ

문 25. 다음 글의 빈칸에 들어갈 내용으로 가장 적절한 것은?

노랑초파리에 있는 Ir75a 유전자는 시큼한 냄새가 나는 아세트산을 감지하는 후각수용체 단백질을 만들 수 있다. 하지만 세이셸 군도의 토착종인 세셸리아초파리는 Ir75a 유전자를 가지고 있지만 아세트산 냄새를 못 맡는다. 따라서 이 세셸리아초파리의 Ir75a 유전자는 해당 단백질을 만들지 못하는 '위유전자(pseudogene)'라고 여겨졌다. 세셸리아초파리는 노니의 열매만 먹고 살기 때문에 아세트산의 시큼한 냄새를 못 맡아도 별 문제가 없다. 그런데 스위스 로잔대 연구진은 세셸리아초파리가 땀 냄새가 연상되는 프로피온산 냄새를 맡을 수 있다는 사실을 발견했다.

이 발견이 중요한 이유는 [　　　　　　　　　] 그렇다면 세셸리아초파리의 Ir75a 유전자도 후각수용체 단백질을 만든다는 것인데, 왜 세셸리아초파리는 아세트산 냄새를 못 맡을까? 세셸리아초파리와 노랑초파리의 Ir75a 유전자가 만드는 후각수용체 단백질의 아미노산 서열을 비교한 결과, 냄새 분자가 달라붙는 걸로 추정되는 부위에서 세 군데가 달랐다. 단백질의 구조가 바뀌어 감지할 수 있는 냄새 분자의 목록이 달라진 것이다. 즉 노랑초파리의 Ir75a 유전자가 만드는 후각수용체는 아세트산과 프로피온산에 반응하고, 세셸리아초파리의 이것은 프로피온산과 들쩍지근한 다소 불쾌한 냄새가 나는 부티르산에 반응한다.

흥미롭게도 세셸리아초파리의 주식인 노니의 열매는 익으면서 부티르산이 연상되는 냄새가 강해진다. 연구자들은 세셸리아초파리의 Ir75a 유전자는 위유전자가 아니라 노랑초파리와는 다른 기능을 하는 후각수용체 단백질을 만드는 유전자로 진화한 것이라 주장하며, 세셸리아초파리의 Ir75a 유전자를 '위-위유전자(pseudo-pseudogene)'라고 불렀다.

① 세셸리아초파리가 주로 먹는 노니의 열매는 프로피온산 냄새가 나지 않기 때문이다.

② 프로피온산 냄새를 담당하는 후각수용체 단백질은 Ir75a 유전자와 상관이 없기 때문이다.

③ 노랑초파리에서 프로피온산 냄새를 담당하는 후각수용체 유전자는 위유전자가 되었기 때문이다.

④ 세셸리아초파리와 노랑초파리에서 Ir75a 유전자가 만드는 후각수용체 단백질이 똑같기 때문이다.

⑤ 노랑초파리에서 프로피온산 냄새를 담당하는 후각수용체 단백질을 만드는 것이 Ir75a 유전자이기 때문이다.

문 1. 다음 〈표〉와 〈보고서〉는 '갑'국 13~19대 국회 의원입법안 발의 및 처리 현황에 대한 자료이다. 〈보고서〉를 작성하기 위해 〈표〉 이외에 추가로 필요한 자료만을 〈보기〉에서 모두 고르면?

〈표〉 국회 의원입법안 발의 및 처리 법안수 현황

(단위 : 건)

구분 \ 국회	13대	14대	15대	16대	17대	18대	19대
발의 법안수	570	321	1,144	1,912	6,387	12,220	16,728
처리 법안수	352	167	687	1,028	2,893	4,890	6,626

※ 1) 법안 반영률(%) $= \frac{\text{처리 법안수}}{\text{발의 법안수}} \times 100$

2) 각 국회별로 국회의원 임기는 4년이고, 해당 국회에서 처리되지 않은 법안은 폐기됨

〈보고서〉

19대 국회의 의원입법안을 분석한 결과 16,728건이 발의되었고 이는 19대 국회 동안 월평균 340건 이상, 국회의원 1인당 50건 이상의 법안이 제출된 셈이다.

국회 상임위원회 활동으로 보면 상임위원회당 처리 법안수가 13대 20.7건에서 19대 414.1건으로 20배 이상이 되었다. 하지만 국회 상임위원회 법안소위에도 오르지 않은 법안의 증가로 인해 13대 국회에서 61.8%에 달했던 법안 반영률은 19대에 39.6%까지 낮아졌다.

이처럼 국회 본연의 임무인 입법 기능이 저하되는 가운데 국회 국민청원건수는 16대 이후로 감소하고 있다. 구체적으로는 13대 503건에서 지속적으로 증가해 16대에 765건으로 정점을 찍은 후 급감하였고, 19대 들어 227건에 그쳐 13대 이후 최저 수준을 기록하였다.

〈보 기〉

ㄱ. 국회 국민청원건수

국회	13대	14대	15대	16대	17대	18대	19대
건수(건)	503	534	595	765	432	272	227

ㄴ. 국회 국민청원 중 본회의 처리건수

국회	13대	14대	15대	16대	17대	18대	19대
건수(건)	13	11	3	4	4	3	2

ㄷ. 국회 상임위원회수

국회	13대	14대	15대	16대	17대	18대	19대
상임위원회 수(개)	17	16	16	17	17	16	16

ㄹ. 국회의원수

국회	13대	14대	15대	16대	17대	18대	19대
의원수(명)	299	299	299	273	299	299	300

① ㄱ, ㄴ　② ㄱ, ㄹ
③ ㄱ, ㄴ, ㄷ　④ ㄱ, ㄷ, ㄹ
⑤ ㄴ, ㄷ, ㄹ

문 2. 다음 〈그림〉과 〈표〉는 주요 10개국의 인간개발지수와 시민지식 평균점수 및 주요 지표에 관한 자료이다. 이에 대한 〈보기〉의 설명 중 옳은 것만을 모두 고르면?

〈그림〉 국가별 인간개발지수와 시민지식 평균점수의 산포도

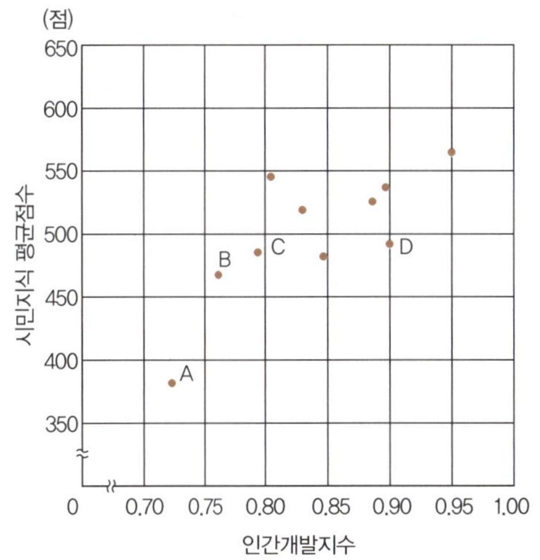

〈표〉 국가별 주요 지표

국가 \ 구분	인간개발지수	최근 국회의원 선거 투표율(%)	GDP 대비 공교육비 비율(%)	인터넷 사용률(%)	1인당 GDP(달러)
벨기에	0.896	92.5	6.4	85	41,138
불가리아	0.794	54.1	3.5	57	16,956
칠레	0.847	49.3	4.6	64	22,145
도미니카 공화국	0.722	69.6	2.1	52	13,375
이탈리아	0.887	75.2	4.1	66	33,587
대한민국	0.901	58.0	4.6	90	34,387
라트비아	0.830	58.9	4.9	79	22,628
멕시코	0.762	47.7	5.2	57	16,502
노르웨이	0.949	78.2	7.4	97	64,451
러시아	0.804	60.1	4.2	73	23,895

〈보 기〉

ㄱ. A국의 인터넷 사용률은 60% 미만이다.
ㄴ. B국은 C국보다 GDP 대비 공교육비 비율이 낮다.
ㄷ. D국은 최근 국회의원 선거 투표율 하위 3개국 중 하나이다.
ㄹ. 1인당 GDP가 가장 높은 국가는 시민지식 평균점수도 가장 높다.

① ㄱ, ㄴ　② ㄱ, ㄷ
③ ㄱ, ㄹ　④ ㄴ, ㄷ
⑤ ㄴ, ㄹ

문 3. 다음 〈표〉는 2012~2017년 '갑'국의 화재발생 현황에 대한 자료이다. 이를 이용하여 작성한 그래프로 옳지 않은 것은?

〈표〉 '갑'국의 화재발생 현황

(단위 : 건, 명)

구분 연도	화재발생건수	인명피해자수	구조활동건수
2012	43,249	2,222	427,735
2013	40,932	2,184	400,089
2014	42,135	2,180	451,050
2015	44,435	2,093	479,786
2016	43,413	2,024	609,211
2017	44,178	2,197	655,485
평균	43,057	2,150	503,893

① 화재발생건수

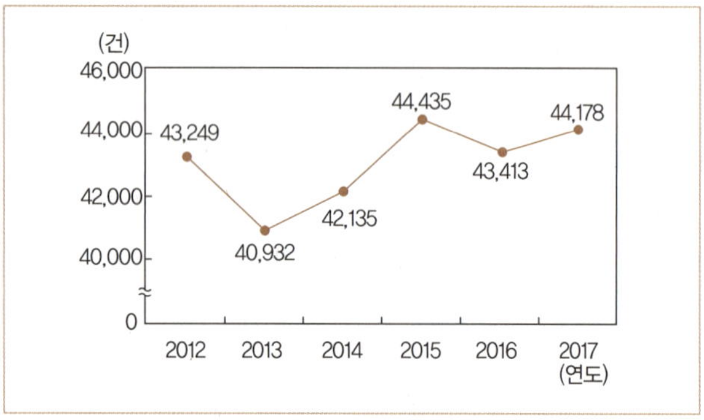

② 인명피해자수 편차의 절대값

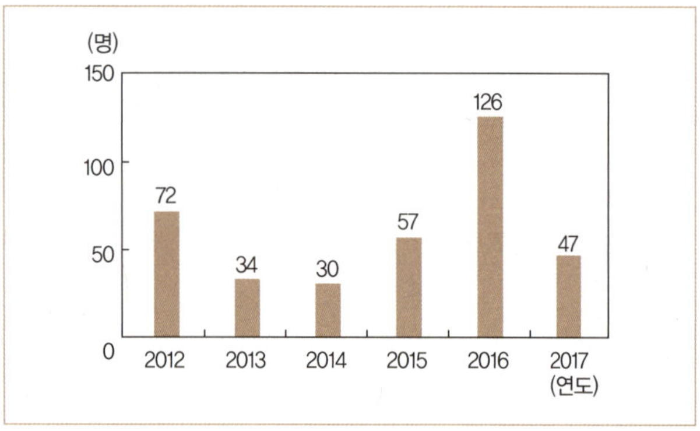

※ 인명피해자수 편차는 해당연도 인명피해자수에서 평균 인명피해자수를 뺀 값임

③ 구조활동건수의 전년대비 증가량

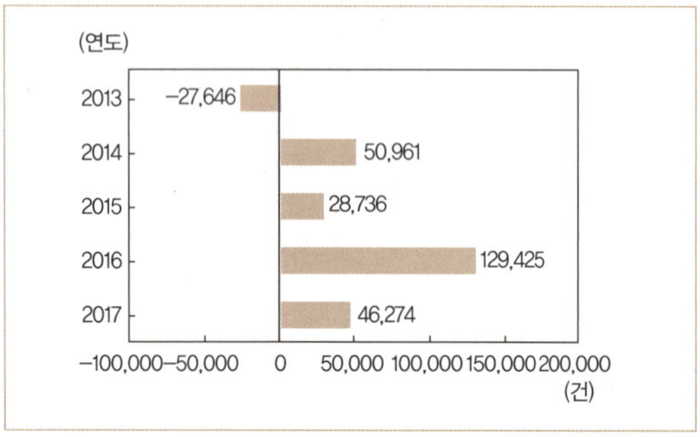

④ 화재발생건수 대비 인명피해자수 비율

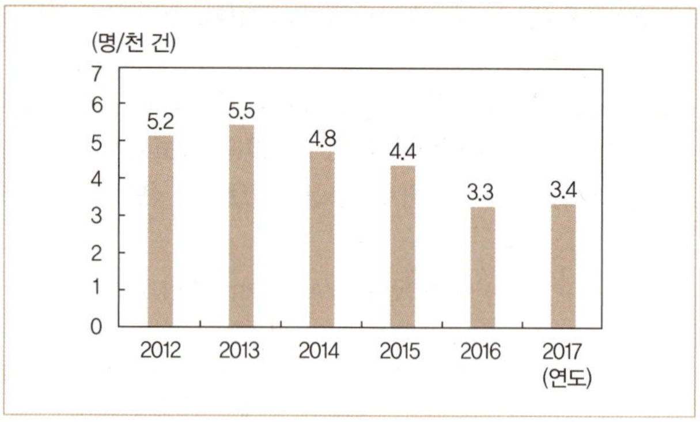

⑤ 화재발생건수의 전년대비 증가율

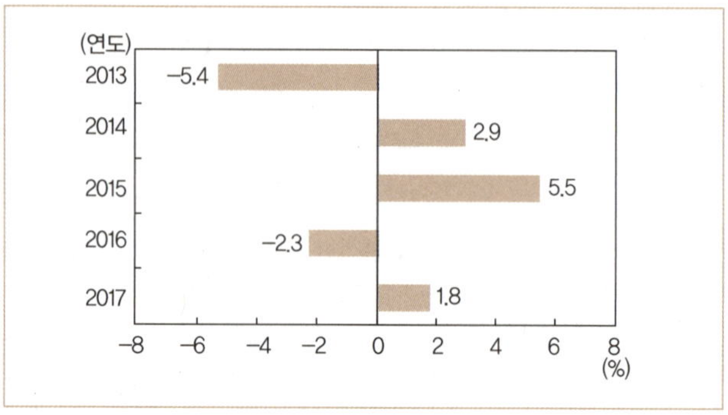

문 4. 다음 〈표〉는 2012~2018년 '갑'국의 지가변동률에 대한 자료이다. 이에 대한 〈보기〉의 설명 중 옳은 것만을 모두 고르면?

〈표〉 연도별 지가변동률

(단위 : %)

지역 연도	수도권	비수도권
2012	0.37	1.47
2013	1.20	1.30
2014	2.68	2.06
2015	1.90	2.77
2016	2.99	2.97
2017	4.31	3.97
2018	6.11	3.64

〈보 기〉

ㄱ. 비수도권의 지가변동률은 매년 상승하였다.

ㄴ. 비수도권의 지가변동률이 수도권의 지가변동률보다 높은 연도는 3개이다.

ㄷ. 전년대비 지가변동률 차이가 가장 큰 연도는 수도권과 비수도권이 동일하다.

① ㄱ
② ㄴ
③ ㄱ, ㄷ
④ ㄴ, ㄷ
⑤ ㄱ, ㄴ, ㄷ

문 5. 다음 〈그림〉과 〈표〉는 '갑'국을 포함한 주요 10개국의 학업성취도 평가 자료이다. 이에 대한 설명으로 옳은 것은?

〈그림〉 1998~2018년 '갑'국의 성별 학업성취도 평균점수

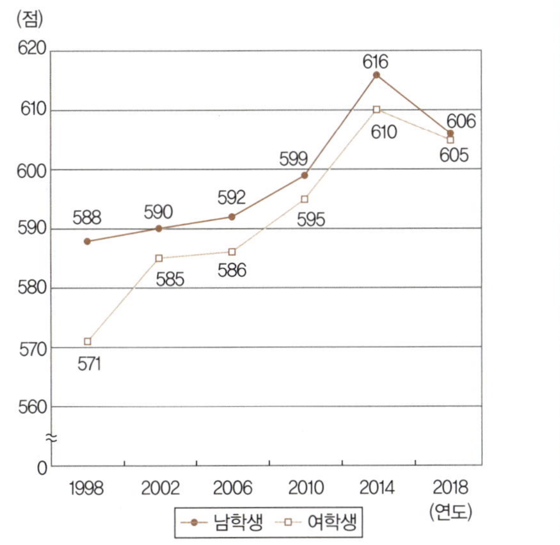

※ 학업성취도 평균점수는 소수점 아래 첫째 자리에서 반올림한 값임

〈표〉 2018년 주요 10개국의 학업성취도 평균점수 및 점수대별 누적 학생비율

(단위 : 점, %)

구분 / 국가	평균 점수	학업성취도 점수대별 누적 학생비율			
		625점 이상	550점 이상	475점 이상	400점 이상
A	621	54	81	94	99
갑	606	43	75	93	99
B	599	42	72	88	97
C	594	37	75	92	98
D	586	34	67	89	98
E	538	14	46	78	95
F	528	12	41	71	91
G	527	7	39	78	96
H	523	7	38	76	94
I	518	10	36	69	93

※ 학업성취수준은 수월수준(625점 이상), 우수수준(550점 이상 625점 미만), 보통수준(475점 이상 550점 미만), 기초수준(400점 이상 475점 미만), 기초수준 미달(400점 미만)로 구분됨

① '갑'국 남학생과 여학생의 평균점수 차이는 2018년이 1998년보다 크다.

② '갑'국의 평균점수는 2018년이 2014년보다 크다.

③ 2018년 주요 10개 국가는 '수월수준'의 학생비율이 높을수록 평균점수가 높다.

④ 2018년 주요 10개 국가 중 '기초수준 미달'의 학생비율이 가장 높은 국가는 I국이다.

⑤ 2018년 '우수수준'의 학생비율은 D국이 B국보다 높다.

문 6. 다음 〈표〉는 2017년과 2018년 주요 10개 자동차 브랜드 가치평가에 관한 자료이다. 이에 대한 〈보기〉의 설명 중 옳은 것만을 모두 고르면?

〈표 1〉 브랜드 가치평가액

(단위 : 억 달러)

연도 / 브랜드	2017	2018
TO	248	279
BE	200	218
BM	171	196
HO	158	170
FO	132	110
WO	56	60
AU	37	42
HY	35	41
XO	38	39
NI	32	31

〈표 2〉 브랜드 가치평가액 순위

구분 / 연도 / 브랜드	전체 제조업계 내 순위		자동차업계 내 순위	
	2017	2018	2017	2018
TO	9	7	1	1
BE	11	10	2	2
BM	16	15	3	3
HO	19	19	4	4
FO	22	29	5	5
WO	56	56	6	6
AU	78	74	8	7
HY	84	75	9	8
XO	76	80	7	9
NI	85	90	10	10

〈보 기〉

ㄱ. 2017년 대비 2018년 '전체 제조업계 내 순위'가 하락한 브랜드는 2017년 대비 2018년 브랜드 가치평가액도 감소하였다.

ㄴ. 2017년과 2018년의 브랜드 가치평가액 차이가 세 번째로 큰 브랜드는 BE이다.

ㄷ. 2017년 대비 2018년 '전체 제조업계 내 순위'와 '자동차업계 내 순위'가 모두 상승한 브랜드는 2개뿐이다.

ㄹ. 연도별 '자동차업계 내 순위' 기준 상위 7개 브랜드 가치평가액 평균은 2018년이 2017년보다 크다.

① ㄱ, ㄴ

② ㄱ, ㄹ

③ ㄴ, ㄷ

④ ㄴ, ㄹ

⑤ ㄷ, ㄹ

문 7. 다음 〈표〉는 2019년 5월 10일 A프랜차이즈의 지역별 가맹점수와 결제 실적에 관한 자료이다. 이에 대한 설명으로 옳지 않은 것은?

〈표 1〉 A프랜차이즈의 지역별 가맹점수, 결제건수 및 결제금액

(단위 : 개, 건, 만 원)

지역 \ 구분		가맹점수	결제건수	결제금액
서울		1,269	142,248	241,442
6대 광역시	부산	34	3,082	7,639
	대구	8	291	2,431
	인천	20	1,317	2,548
	광주	8	306	793
	대전	13	874	1,811
	울산	11	205	635
전체		1,363	148,323	257,299

〈표 2〉 A프랜차이즈의 가맹점 규모별 결제건수 및 결제금액

(단위 : 건, 만 원)

가맹점 규모 \ 구분	결제건수	결제금액
소규모	143,565	250,390
중규모	3,476	4,426
대규모	1,282	2,483
전체	148,323	257,299

① '서울' 지역 소규모 가맹점의 결제건수는 137,000건 이하이다.
② 6대 광역시 가맹점의 결제건수 합은 6,000건 이상이다.
③ 결제건수 대비 결제금액을 가맹점 규모별로 비교할 때 가장 작은 가맹점 규모는 중규모이다.
④ 가맹점수 대비 결제금액이 가장 큰 지역은 '대구'이다.
⑤ 전체 가맹점수에서 '서울' 지역 가맹점수 비중은 90% 이상이다.

문 8. 다음 〈표〉와 〈그림〉은 '갑'국의 방송사별 만족도지수, 질평가지수, 시청자평가지수를 나타낸 자료이다. 이에 대한 〈보기〉의 설명 중 옳은 것만을 모두 고르면?

〈표〉 방송사별 전체 및 주시청 시간대의 만족도지수와 질평가지수

유형	구분 \ 방송사	전체 시간대 만족도지수	전체 시간대 질평가지수	주시청 시간대 만족도지수	주시청 시간대 질평가지수
지상파	A	7.37	7.33	( )	7.20
	B	7.22	7.05	7.23	( )
	C	7.14	6.97	7.11	6.93
	D	7.32	7.16	( )	7.23
종합편성	E	6.94	6.90	7.10	7.02
	F	7.75	7.67	( )	7.88
	G	7.14	7.04	7.20	( )
	H	7.03	6.95	7.08	7.00

〈그림〉 방송사별 주시청 시간대의 시청자평가지수

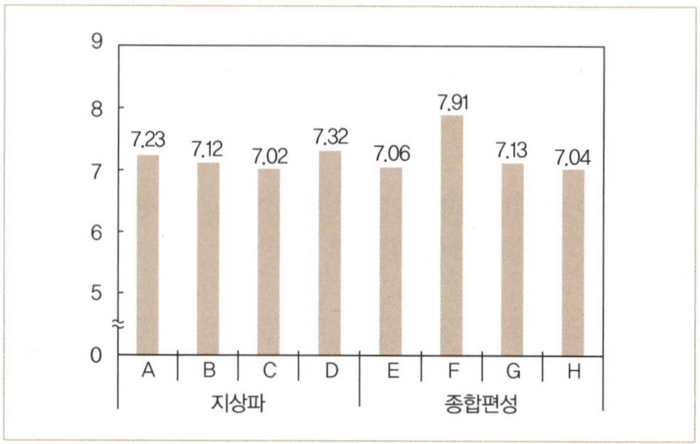

※ 전체(주시청)시간대 시청자평가지수 = $\left(\frac{\text{전체(주시청)시간대 만족도지수} + \text{전체(주시청)시간대 질평가지수}}{2}\right)$

〈보 기〉

ㄱ. 각 지상파 방송사는 전체 시간대와 주시청 시간대 모두 만족도지수가 질평가지수보다 높다.
ㄴ. 각 종합편성 방송사의 질평가지수는 주시청 시간대가 전체 시간대보다 높다.
ㄷ. 각 지상파 방송사의 시청자평가지수는 전체 시간대가 주시청 시간대보다 높다.
ㄹ. 만족도지수는 주시청 시간대가 전체 시간대보다 높으면서 시청자평가지수는 주시청 시간대가 전체 시간대보다 낮은 방송사는 2개이다.

① ㄱ, ㄴ
② ㄱ, ㄷ
③ ㄴ, ㄹ
④ ㄱ, ㄷ, ㄹ
⑤ ㄴ, ㄷ, ㄹ

문 9. 다음 〈표〉와 〈그림〉은 2018년 A대학의 학생상담 현황에 대한 자료이다. 이에 대한 〈보기〉의 설명 중 옳은 것만을 모두 고르면?

〈표〉 상담자별, 학년별 상담건수

(단위 : 건)

상담자 \ 학년	1학년	2학년	3학년	4학년	합
교수	1,085	1,020	911	1,269	4,285
상담직원	154	97	107	56	414
진로컨설턴트	67	112	64	398	641
전체	1,306	1,229	1,082	1,723	5,340

〈그림 1〉 상담횟수별 학생 수

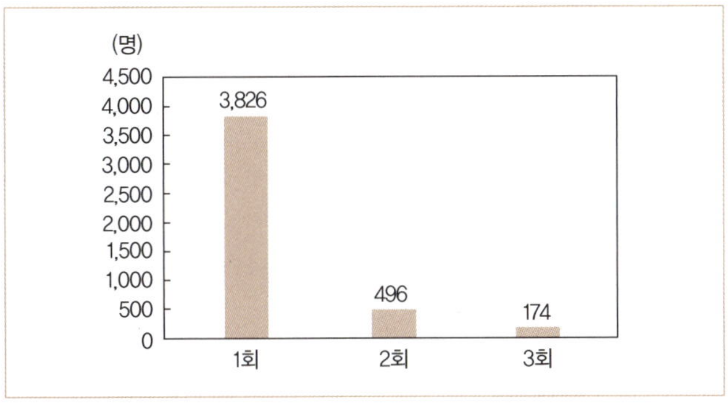

〈그림 2〉 전체 상담건수의 유형별 구성비

〈보 기〉

ㄱ. 학년별 전체 상담건수 중 '상담직원'의 상담건수가 차지하는 비중이 큰 학년부터 순서대로 나열하면 1학년, 2학년, 3학년, 4학년 순이다.

ㄴ. '진로컨설턴트'가 상담한 유형이 모두 진로상담이고, '상담직원'이 상담한 유형이 모두 생활상담 또는 학업상담이라면, '교수'가 상담한 유형 중 진로상담이 차지하는 비중은 30% 이상이다.

ㄷ. 상담건수가 많은 학년부터 순서대로 나열하면 4학년, 1학년, 2학년, 3학년 순이다.

ㄹ. 최소 한 번이라도 상담을 받은 학생 수는 4,600명 이하이다.

① ㄱ, ㄷ
② ㄴ, ㄹ
③ ㄱ, ㄴ, ㄷ
④ ㄱ, ㄷ, ㄹ
⑤ ㄴ, ㄷ, ㄹ

문 10. 다음 〈표〉는 2018년 A~E기업의 영업이익, 직원 1인당 영업이익, 평균연봉을 나타낸 자료이다. 〈보기〉의 설명을 근거로 '나', '라'에 해당하는 기업을 바르게 나열한 것은?

〈표〉 A~E기업의 영업이익, 직원 1인당 영업이익, 평균연봉

(단위 : 백만 원)

기업 \ 항목	영업이익	직원 1인당 영업이익	평균연봉
가	83,600	34	66
나	33,900	34	34
다	21,600	18	58
라	24,600	7	66
마	50,100	30	75

〈보 기〉

- A는 B, C, E에 비해 직원 수가 많다.
- C는 B, D, E에 비해 평균연봉 대비 직원 1인당 영업이익이 적다.
- A, B, C의 영업이익을 합쳐도 D의 영업이익보다 적다.
- E는 B에 비해 직원 1인당 영업이익이 적다.

	나	라
①	B	A
②	B	D
③	C	B
④	C	E
⑤	D	A

문 11. 다음 〈보고서〉는 2017년 세종특별자치시의 자원봉사 현황을 요약한 자료이다. 〈보고서〉의 내용을 작성하는 데 직접적인 근거로 활용되지 않은 자료는?

〈보고서〉

• 자원봉사자 등록 현황

– 세종특별자치시 인구수 대비 자원봉사자 등록률 : 16.20%

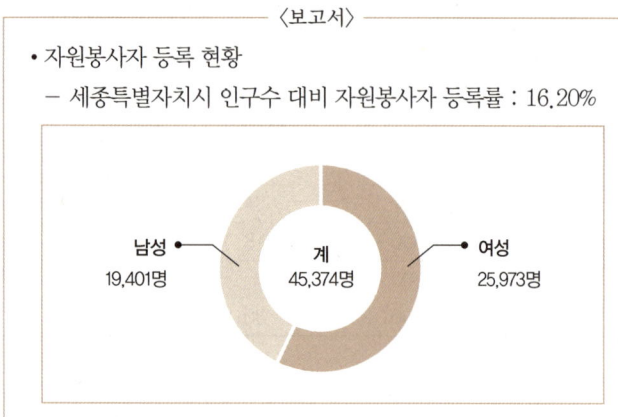

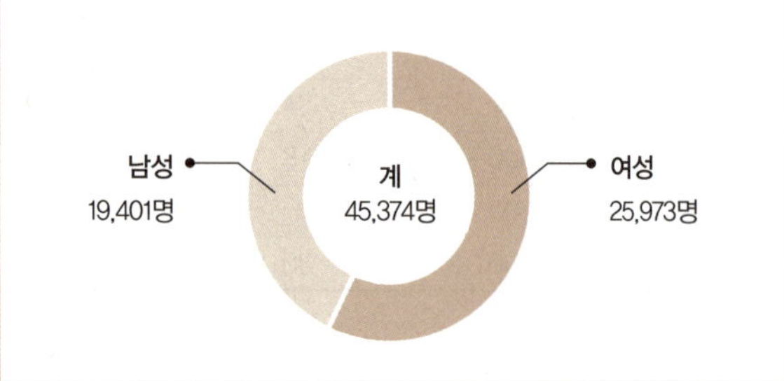

• 자원봉사단체 등록 현황

• 연령대별 자원봉사자 등록 현황

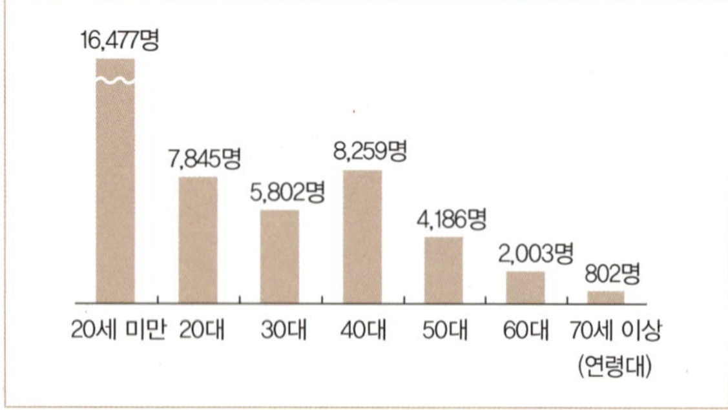

• 자원봉사자 활동 현황

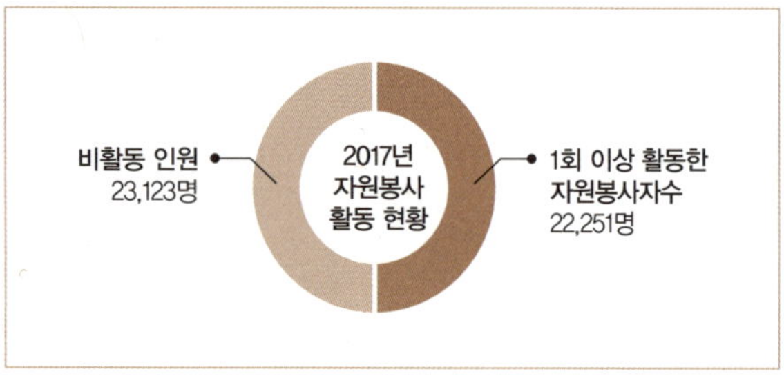

• 자원봉사 누적시간대별 자원봉사 참여자수 현황

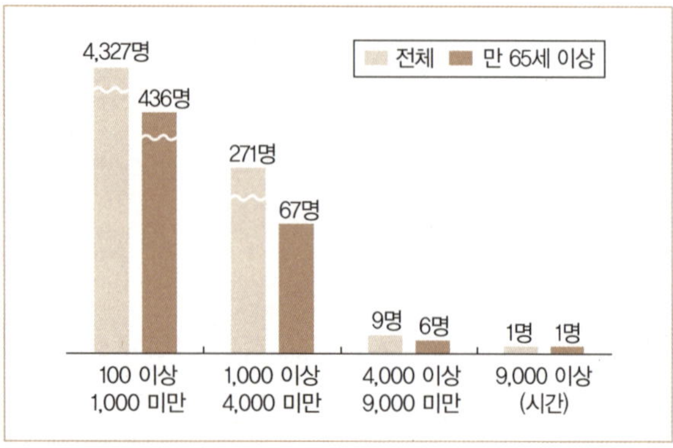

① 2017년 세종특별자치시에 등록된 자원봉사단체별 회원수 현황

② 2017년 세종특별자치시 인구 현황

③ 2017년 세종특별자치시에 등록된 성별, 연령별 자원봉사자수 현황

④ 2017년 세종특별자치시 연간 1회 이상 활동한 자원봉사자수 현황

⑤ 2017년 세종특별자치시 연령별, 1일 시간대별 자원봉사 참여자수 현황

문 12. 다음 〈표〉는 2018년 '갑'국의 대학유형별 현황에 관한 자료이다. 이에 대한 〈보기〉의 설명 중 옳은 것만을 모두 고르면?

〈표〉 대학유형별 현황

(단위 : 개, 명)

구분 \ 유형	국립대학	공립대학	사립대학	전체
학교	34	1	154	189
학과	2,776	40	8,353	11,169
교원	15,299	354	49,770	65,423
여성	2,131	43	12,266	14,440
직원	8,987	205	17,459	26,651
여성	3,254	115	5,259	8,628
입학생	78,888	1,923	274,961	355,772
재적생	471,465	13,331	1,628,497	2,113,293
졸업생	66,890	1,941	253,582	322,413

〈보 기〉

ㄱ. 학과당 교원 수는 공립대학이 사립대학보다 많다.

ㄴ. 전체 대학 입학생 수에서 국립대학 입학생 수가 차지하는 비율은 20% 이상이다.

ㄷ. 입학생 수 대비 졸업생 수의 비율은 공립대학이 국립대학보다 높다.

ㄹ. 각 대학유형에서 남성 직원 수가 여성 직원 수보다 많다.

① ㄱ, ㄷ

② ㄱ, ㄹ

③ ㄴ, ㄹ

④ ㄱ, ㄴ, ㄷ

⑤ ㄴ, ㄷ, ㄹ

문 13. 다음 〈표〉는 2014~2018년 '갑'국 체류외국인수 및 체류외국인 범죄건수에 대한 자료이다. 이에 대한 〈보기〉의 설명 중 옳은 것만을 모두 고르면?

〈표〉 체류외국인수 및 체류외국인 범죄건수

(단위 : 명, 건)

구분 \ 연도	2014	2015	2016	2017	2018
체류외국인수	1,168,477	1,261,415	1,395,077	1,445,103	1,576,034
합법체류외국인수	990,522	1,092,900	1,227,297	1,267,249	1,392,928
불법체류외국인수	177,955	168,515	167,780	177,854	183,106
체류외국인 범죄건수	21,235	19,445	25,507	22,914	24,984
합법체류외국인 범죄건수	18,645	17,538	23,970	21,323	22,951
불법체류외국인 범죄건수	2,590	1,907	1,537	1,591	2,033

〈보 기〉

ㄱ. 매년 불법체류외국인수는 체류외국인수의 10% 이상이다.

ㄴ. 불법체류외국인 범죄건수의 전년대비 증가율이 가장 높은 해에 합법체류외국인 범죄건수의 전년대비 증가율도 가장 높다.

ㄷ. 체류외국인 범죄건수가 전년에 비해 감소한 해에는 합법체류외국인 범죄건수와 불법체류외국인 범죄건수도 각각 전년에 비해 감소하였다.

ㄹ. 매년 합법체류외국인 범죄건수는 체류외국인 범죄건수의 80% 이상이다.

① ㄱ, ㄹ

② ㄴ, ㄷ

③ ㄴ, ㄹ

④ ㄱ, ㄴ, ㄷ

⑤ ㄱ, ㄷ, ㄹ

문 14. 다음 〈그림〉은 한국, 일본, 미국, 벨기에의 2010년, 2015년, 2020년 자동차 온실가스 배출량 기준에 관한 자료이다. 〈그림〉과 〈조건〉에 근거하여 A~D에 해당하는 국가를 바르게 나열한 것은?

〈그림〉 자동차 온실가스 배출량 기준

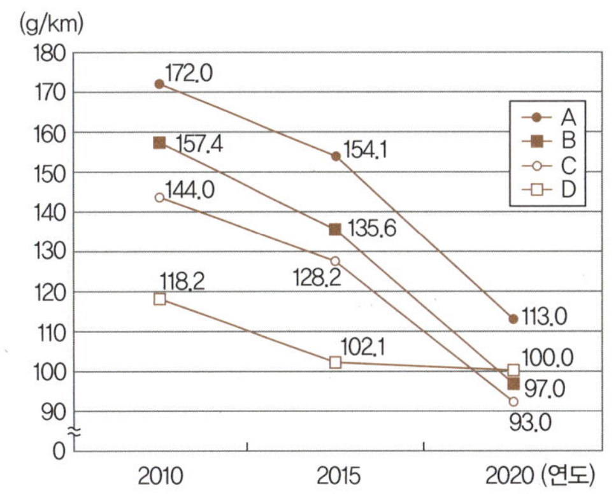

〈조 건〉

- 2010년 대비 2020년 자동차 온실가스 배출량 기준 감소율은 한국이 일본, 미국, 벨기에보다 높다.
- 2015년 한국과 일본의 자동차 온실가스 배출량 기준 차이는 30g/km 이상이다.
- 2020년 자동차 온실가스 배출량 기준은 미국이 한국과 벨기에보다 높다.

	A	B	C	D
①	미국	벨기에	한국	일본
②	미국	한국	벨기에	일본
③	벨기에	한국	미국	일본
④	일본	벨기에	한국	미국
⑤	한국	일본	벨기에	미국

문 15. 다음 〈그림〉은 '갑'자치구의 예산내역에 관한 자료이다. 이에 대한 〈보기〉의 설명 중 옳은 것만을 모두 고르면?

〈그림〉 '갑'자치구 예산내역

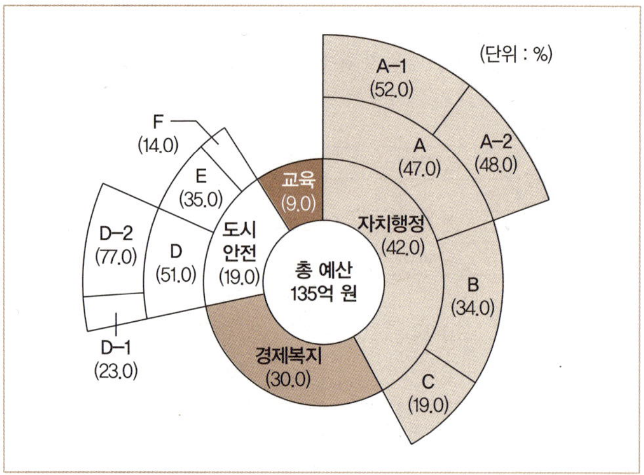

※ 1) 괄호 안의 값은 예산 비중을 의미함
2) 예를 들어, A(47.0)은 A사업의 예산이 '자치행정' 분야 예산의 47.0%임을 나타내고, D–1사업의 예산은 3.0억 원임

〈보 기〉

ㄱ. '교육' 분야 예산은 13억 원 이상이다.
ㄴ. C사업 예산은 D사업 예산보다 적다.
ㄷ. '경제복지' 분야 예산은 B사업과 C사업 예산의 합보다 많다.
ㄹ. '도시안전' 분야 예산은 A–2사업 예산의 3배 이상이다.

① ㄱ, ㄴ
② ㄱ, ㄷ
③ ㄴ, ㄷ
④ ㄴ, ㄹ
⑤ ㄷ, ㄹ

문 16. 다음 〈표〉는 고려시대 왕의 혼인종류별 후비(后妃) 수를 조사한 것이다. 이에 대한 설명으로 옳지 않은 것은?

〈표〉 고려시대 왕의 혼인종류별 후비 수

(단위 : 명)

왕 \ 혼인종류		족외혼	족내혼	몽골출신	왕 \ 혼인종류		족외혼	족내혼	몽골출신
1대	태조	29	0	–	19대	명종	0	1	–
2대	혜종	4	0	–	20대	신종	0	1	–
3대	정종	3	0	–	21대	희종	0	1	–
4대	광종	0	2	–	22대	강종	1	1	–
5대	경종	1	( )	–	23대	고종	0	1	–
6대	성종	2	1	–	24대	원종	1	1	–
7대	목종	1	1	–	25대	충렬왕	1	1	1
8대	현종	10	3	–	26대	충선왕	3	1	2
9대	덕종	3	2	–	27대	충숙왕	2	0	( )
10대	정종	5	0	–	28대	충혜왕	3	1	1
11대	문종	4	1	–	29대	충목왕	0	0	0
12대	순종	2	1	–	30대	충정왕	0	0	0
13대	선종	3	0	–	31대	공민왕	3	1	1
14대	헌종	0	0	–	32대	우왕	2	0	0
15대	숙종	1	0	–	33대	창왕	0	0	0
16대	예종	2	2	–	34대	공양왕	1	0	0
17대	인종	4	0	–	전체		( )	28	8
18대	의종	1	1	–					

※ 혼인종류는 족외혼, 족내혼, 몽골출신만으로 구성되며, 몽골출신과의 혼인은 충렬왕부터임

① 전체 족외혼 후비 수는 전체 족내혼 후비 수의 3배 이상이다.
② 몽골출신 후비 수가 가장 많은 왕은 충숙왕이다.
③ 태조부터 경종까지의 족내혼 후비 수의 합은 문종부터 희종까지의 족내혼 후비 수의 합과 같다.
④ 태조의 후비 수는 광종과 경종의 모든 후비 수의 합의 4배 이상이다.
⑤ 경종의 족내혼 후비 수가 충숙왕의 몽골출신 후비 수보다 많다.

문 17. 다음 〈그림〉은 '갑'국 국회의원 선거의 지역별 정당지지율에 관한 자료이다. 〈그림〉과 〈조건〉에 근거하여 선거구를 획정할 때, 〈보기〉 중 B정당의 국회의원이 가장 많이 선출되는 선거구 획정 방법을 고르면?

〈그림〉 국회의원 선거의 지역별 정당지지율

(단위 : %)

가 (90 : 10 : 0)	나 (80 : 20 : 0)	다 (70 : 20 : 10)	라 (40 : 50 : 10)
마 (60 : 20 : 20)	바 (60 : 10 : 30)	사 (30 : 30 : 40)	아 (10 : 60 : 30)
자 (30 : 60 : 10)	차 (20 : 40 : 40)	카 (20 : 20 : 60)	타 (10 : 80 : 10)

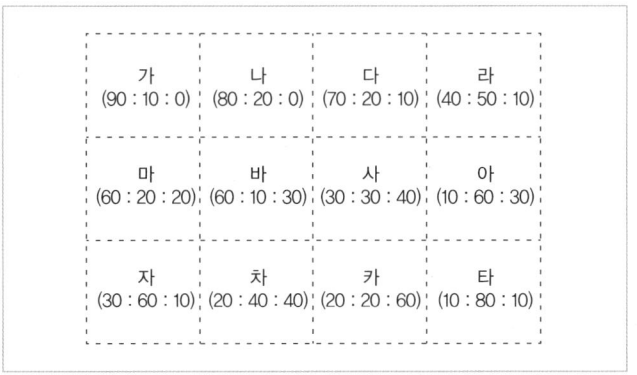

※ 괄호 안의 수치는 해당 지역의 각 정당지지율(A정당 : B정당 : C정당)을 의미함

〈조 건〉

- 3개 지역을 묶어서 1개의 선거구로 획정한다.
  - 지역 경계는 점선(⋯)으로 표시되며, 선거구 경계는 실선(—)으로 표시된다.
  - 아래 그림은 '가', '나', '바' 지역이 1개의 선거구로 획정됨을 의미한다.

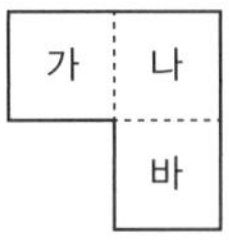

- 선거구당 1명의 국회의원을 선출한다.
- 선거구 내 지역별 각 정당지지율의 합이 가장 큰 정당의 후보가 국회의원으로 선출된다.

〈보 기〉

ㄱ.

ㄴ.

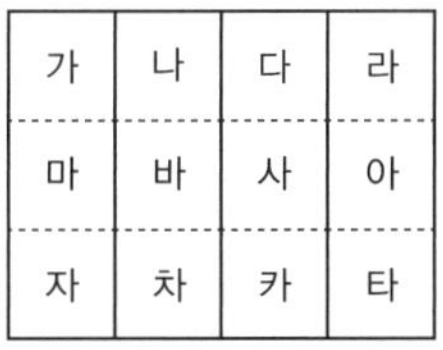

ㄷ.

ㄹ.

ㅁ.

① ㄱ
② ㄴ
③ ㄷ
④ ㄹ
⑤ ㅁ

문 18. 다음 〈표〉는 '갑'국 A~E대학의 재학생수 및 재직 교원수와 법정 필요 교원수 산정기준에 관한 자료이다. 이에 근거하여 법정 필요 교원수를 충족시키기 위해 충원해야 할 교원수가 많은 대학부터 순서대로 나열하면?

〈표 1〉 재학생수 및 재직 교원수

(단위 : 명)

구분 \ 대학	A	B	C	D	E
재학생수	900	30,000	13,300	4,200	18,000
재직 교원수	44	1,260	450	130	860

〈표 2〉 법정 필요 교원수 산정기준

재학생수	법정 필요 교원수
1,000명 미만	재학생 22명당 교원 1명
1,000명 이상 10,000명 미만	재학생 21명당 교원 1명
10,000명 이상 20,000명 미만	재학생 20명당 교원 1명
20,000명 이상	재학생 19명당 교원 1명

※ 법정 필요 교원수 계산 시 소수점 아래 첫째 자리에서 올림

① B, C, D, A, E
② B, C, D, E, A
③ B, D, C, E, A
④ C, B, D, A, E
⑤ C, B, D, E, A

문 19. 다음 〈표〉는 2018년 행정구역별 공동주택의 실내 라돈 농도에 대한 자료이다. 이에 대한 〈보고서〉의 설명 중 옳은 것만을 모두 고르면?

〈표〉 행정구역별 공동주택 실내 라돈 농도

항목 행정구역	조사대상 공동주택수 (호)	평균값 (Bq/m^3)	중앙값 (Bq/m^3)	$200Bq/m^3$ 초과 공동주택수 (호)
서울특별시	532	66.5	45.4	25
부산광역시	434	51.4	35.3	12
대구광역시	437	61.5	41.6	16
인천광역시	378	48.5	33.8	9
광주광역시	308	58.3	48.2	6
대전광역시	201	110.1	84.2	27
울산광역시	247	55.0	35.3	7
세종특별자치시	30	83.8	69.8	1
경기도	697	74.3	52.5	37
강원도	508	93.4	63.6	47
충청북도	472	86.3	57.8	32
충청남도	448	93.3	59.9	46
전라북도	576	85.7	56.7	40
전라남도	569	75.5	51.5	32
경상북도	610	72.4	48.3	34
경상남도	640	57.5	36.7	21
제주특별자치도	154	68.2	40.9	11
전국	7,241	–	–	403

〈보고서〉

우리나라에서는 2018년 처음으로 공동주택에 대한 '실내 라돈 권고 기준치'를 $200Bq/m^3$ 이하로 정하고 공동주택의 실내 라돈 농도를 조사하였다.

이번 공동주택 실내 라돈 농도 조사에서 ㉠ 조사대상 공동주택의 실내 라돈 농도 평균값은 경기도가 서울특별시의 1.1배 이상이다. 한편, ㉡ 행정구역별로 비교했을 때 실내 라돈 농도의 평균값이 클수록 중앙값도 컸으며 두 항목 모두 대전광역시가 가장 높았다. ㉢ 조사대상 공동주택 중 실내 라돈 농도가 실내 라돈 권고 기준치를 초과하는 공동주택의 비율이 5% 이상인 행정구역은 9곳이며, 10% 이상인 행정구역은 2곳으로 조사되었다.

① ㄱ
② ㄴ
③ ㄱ, ㄷ
④ ㄴ, ㄷ
⑤ ㄱ, ㄴ, ㄷ

문 20. 다음 〈표〉는 콘크리트 유형별 기준강도 및 시험체 강도 판정결과에 관한 자료이다. 〈표〉와 〈판정기준〉에 근거하여 (가), (나), (다)에 해당하는 강도판정결과를 바르게 나열한 것은?

〈표〉 콘크리트 유형별 기준강도 및 시험체 강도판정결과

(단위 : MPa)

구분 콘크리트 유형	기준 강도	시험체 강도				강도 판정 결과
		시험체 1	시험체 2	시험체 3	평균	
A	24	22.8	29.0	20.8	( )	(가)
B	27	26.1	25.0	28.1	( )	불합격
C	35	36.9	36.8	31.6	( )	(나)
D	40	36.4	36.3	47.6	40.1	합격
E	45	40.3	49.4	46.8	( )	(다)

※ 강도판정결과는 '합격'과 '불합격'으로 구분됨

〈판정기준〉

- 아래 조건을 모두 만족하는 경우에만 강도판정결과가 '합격'이다.
  - 시험체 강도의 평균은 기준강도 이상이어야 한다.
  - 기준강도가 35MPa 초과인 경우에는 각 시험체 강도가 모두 기준강도의 90% 이상이어야 한다.
  - 기준강도가 35MPa 이하인 경우에는 각 시험체 강도가 모두 기준강도에서 3.5MPa을 뺀 값 이상이어야 한다.

	(가)	(나)	(다)
①	합격	합격	합격
②	합격	합격	불합격
③	합격	불합격	불합격
④	불합격	합격	합격
⑤	불합격	합격	불합격

문 21. 다음 〈표〉는 2017~2018년 '갑'학교 학생식당의 메뉴별 제공횟수 및 만족도에 대한 자료이다. 〈표〉와 〈조건〉에 근거한 설명으로 옳지 않은 것은?

〈표〉 메뉴별 제공횟수 및 만족도

(단위 : 회, 점)

구분 / 연도 / 메뉴	제공횟수	만족도	
	2017	2017	2018
A	40	87	75
B	34	71	72
C	45	53	35
D	31	79	79
E	40	62	77
F	60	74	68
G	–	–	73
전체	250	–	–

〈조 건〉

- 전체 메뉴 제공횟수는 매년 250회로 일정하며, 2018년에는 메뉴 G만 추가되었고, 2019년에는 메뉴 H만 추가되었다.
- 각 메뉴의 다음 연도 제공횟수는 당해 연도 만족도에 따라 아래와 같이 결정된다.

만족도	다음 연도 제공횟수
0점 이상 50점 미만	당해 연도 제공횟수 대비 100% 감소
50점 이상 60점 미만	당해 연도 제공횟수 대비 20% 감소
60점 이상 70점 미만	당해 연도 제공횟수 대비 10% 감소
70점 이상 80점 미만	당해 연도 제공횟수와 동일
80점 이상 90점 미만	당해 연도 제공횟수 대비 10% 증가
90점 이상 100점 이하	당해 연도 제공횟수 대비 20% 증가

① 메뉴 A~F 중 2017년 대비 2019년 제공횟수가 증가한 메뉴는 1개이다.
② 2018년 메뉴 G의 제공횟수는 9회이다.
③ 2019년 메뉴 H의 제공횟수는 42회이다.
④ 2019년 메뉴 E의 제공횟수는 메뉴 A의 제공횟수보다 많다.
⑤ 메뉴 A~G 중 2018년과 2019년 제공횟수의 차이가 두 번째로 큰 메뉴는 F이다.

문 22. 다음 〈그림〉과 〈표〉는 2017~2018년 A, B기업이 '갑' 자동차회사에 납품한 엔진과 변속기에 관한 자료이다. 이에 대한 설명으로 옳은 것은?

〈그림 1〉 연도별 '갑' 자동차회사가 납품받은 엔진과 변속기 개수의 합

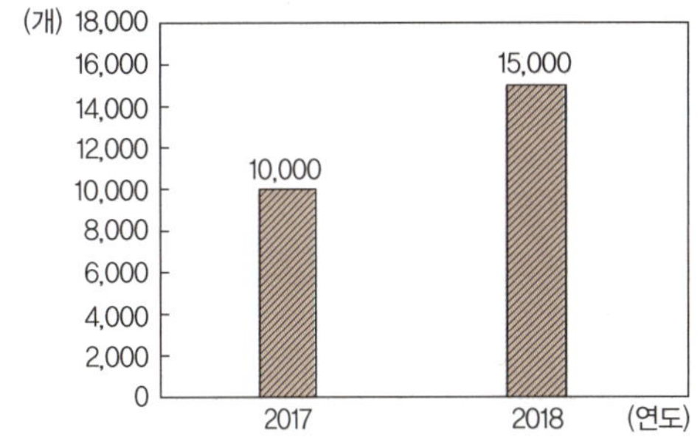

〈그림 2〉 2018년 기업별 엔진과 변속기 납품 개수의 합

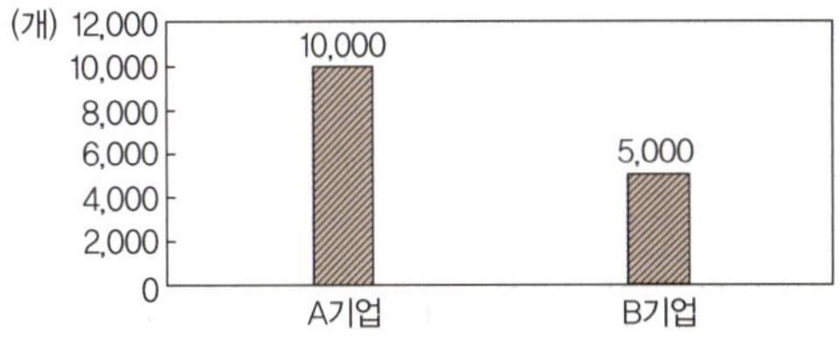

〈그림 3〉 A 기업의 연도별 엔진과 변속기 납품 개수 비율

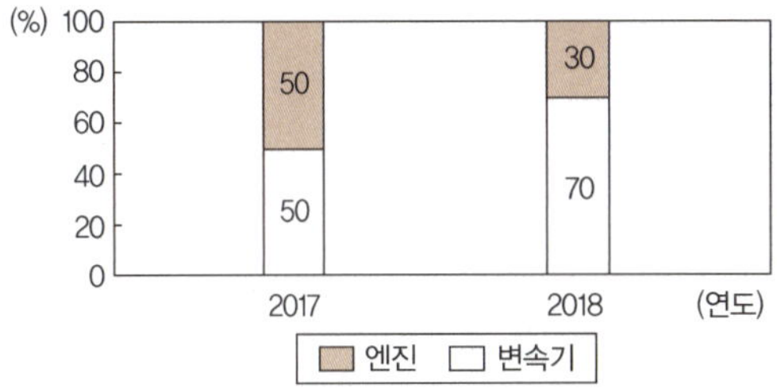

※ 1) '갑' 자동차회사는 엔진과 변속기를 2017년에는 A기업으로부터만 납품받았으며, 2018년에는 A, B 두 기업에서만 납품받았음
2) A, B기업은 '갑' 자동차회사에만 납품함
3) 매년 '갑'자동차회사가 납품받는 엔진 개수는 변속기 개수와 같음

〈표〉 A, B기업의 연도별 엔진과 변속기의 납품 단가

(단위 : 만 원/개)

구분 / 연도	엔진	변속기
2017	100	80
2018	90	75

① A기업의 엔진 납품 개수는 2018년이 2017년의 80%이다.
② 2018년 B기업은 변속기 납품 개수가 엔진 납품 개수의 12.5%이다.
③ '갑'자동차회사가 납품받은 엔진과 변속기 납품액 합은 2018년이 2017년에 비해 30% 이상 증가하였다.
④ '갑'자동차회사가 납품받은 변속기 납품 개수는 2018년이 2017년의 2배 이상이다.
⑤ 2018년 A, B기업의 엔진 납품액 합은 변속기 납품액 합보다 작다.

문 23. 다음 〈표〉는 A~F행정동으로 구성된 '갑'시의 자치구 개편 및 행정동 간 인접 현황에 관한 자료이다. 〈표〉와 〈조건〉에 근거한 설명으로 옳지 않은 것은?

〈표 1〉 행정동별 인구와 개편 전 · 후 자치구 현황

구분 / 행정동	인구(명)	개편 전 자치구	개편 후 자치구
A	1,500	가	( )
B	2,000	( )	( )
C	1,500	나	( )
D	1,500	( )	라
E	1,000	( )	마
F	1,500	다	( )

※ 자치구 개편 전 · 후 각 행정동의 인구수는 변화없음

〈표 2〉 행정동 간 인접 현황

행정동	A	B	C	D	E	F
A		1	0	1	0	0
B	1		1	1	1	0
C	0	1		0	1	1
D	1	1	0		1	0
E	0	1	1	1		1
F	0	0	1	0	1	

※ 두 행정동이 인접하면 1, 인접하지 않으면 0임

〈조 건〉

- 개편 전 자치구는 '가', '나', '다' 3개이며, 개편 후 자치구는 '라', '마' 2개이다.
- 개편 전에는 한 자치구에 2개의 행정동이 속하고, 개편 후에는 3개의 행정동이 속한다.
- 동일 자치구에 속하는 행정동은 서로 인접하고 있으며, 행정동 간 인접 여부는 〈표 2〉에 따라 판단한다.

① 자치구 개편 전, 행정동 E는 자치구 '다'에 속한다.

② 자치구 개편 후, 행정동 C와 행정동 E는 같은 자치구에 속한다.

③ 자치구 개편 전, 자치구 '가'의 인구가 자치구 '나'의 인구보다 많다.

④ 자치구 개편 후, 자치구 '라'의 인구가 자치구 '마'의 인구보다 많다.

⑤ 행정동 B는 개편 전 자치구 '나'에 속하고, 개편 후 자치구 '라'에 속한다.

문 24. 다음 〈그림〉은 A기업 4개팀 체육대회의 종목별 대진표 및 중간경기결과이며, 〈표〉는 종목별 승점 배점표이다. 이에 근거하여 남은 경기결과에 따른 최종 대회성적에 대한 설명으로 옳지 않은 것은?

〈그림〉 A기업 체육대회의 종목별 대진표 및 중간경기결과

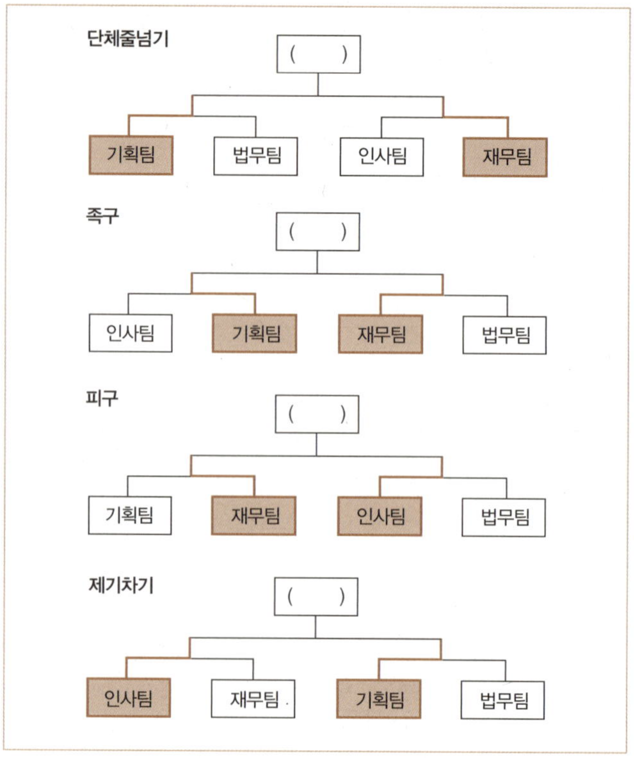

※ 굵은 선과 음영(▭)으로 표시된 팀은 이긴 팀을 의미하며, 결승전만을 남긴 상황임

〈표〉 종목별 승점 배점표

종목 / 순위	단체줄넘기	족구	피구	제기차기
1위	120	90	90	60
2위	80	60	60	40
3 · 4위	40	30	30	20

※ 1) 최종 대회성적은 종목별 승점합계가 가장 높은 팀이 종합 우승, 두 번째로 높은 팀이 종합 준우승임
2) 승점합계가 동일한 팀이 나올 경우, 단체줄넘기 종목의 순위가 높은 팀이 최종 순위가 높음
3) 모든 경기에 무승부는 없음

① 남은 경기결과와 상관없이 법무팀은 종합 우승을 할 수 없다.

② 재무팀이 남은 경기 중 2종목에서 이기더라도 기획팀이 종합 우승을 할 수 있다.

③ 기획팀이 남은 경기에서 모두 지면, 재무팀이 종합 우승을 한다.

④ 재무팀이 남은 경기에서 모두 지더라도 재무팀은 종합 준우승을 한다.

⑤ 인사팀이 남은 경기에서 모두 이기더라도 인사팀은 종합 우승을 할 수 없다.

문 25. **다음 〈표〉, 〈정보〉, 〈그림〉은 A사의 공장에서 물류센터까지의 수송량과 수송비용에 관한 자료이다. 이에 대한 설명으로 옳지 않은 것은?**

〈표〉 공장에서 물류센터까지의 수송량

(단위 : 개)

물류센터 / 공장	서울	부산	대구	광주
구미	0	200	( )	( )
청주	300	( )	0	0
덕평	300	0	0	0

〈정 보〉

- 해당 공장에서 각 물류센터까지의 수송량의 합은 해당 공장의 '최대공급량'보다 작거나 같다.
- 각 공장에서 해당 물류센터까지의 수송량의 합은 해당 물류센터의 '최소요구량'보다 크거나 같다.
- 공장별 '최대공급량'은 구미 600개, 청주 500개, 덕평 300개이다.
- 물류센터별 '최소요구량'은 서울 600개, 부산 400개, 대구 200개, 광주 150개이다.
- 수송비용=(수송량)×(개당 수송비용)
- 총 수송비용은 각 공장에서 각 물류센터까지의 수송비용의 합이다.

〈그림〉 공장에서 물류센터까지의 개당 수송비용

(단위 : 천 원/개)

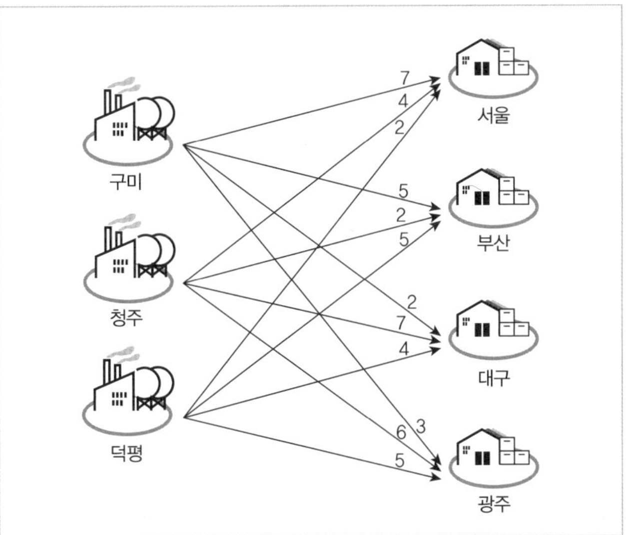

※ 예시 : '청주 $\xrightarrow{2}$ 부산'은 청주 공장에서 부산 물류센터까지의 개당 수송비용이 2천 원임을 의미함

① 청주 공장에서 부산 물류센터까지의 수송량은 200개이다.

② 총 수송비용을 최소화할 때, 구미 공장에서 광주 물류센터까지의 수송량은 150개이다.

③ 총 수송비용의 최소 금액은 405만 원이다.

④ 구미 공장에서 서울 물류센터까지의 개당 수송비용이 7천 원에서 8천 원으로 증가해도 총 수송비용의 최소 금액은 증가하지 않는다.

⑤ 구미 공장의 '최대공급량'이 600개에서 550개로 줄어들면, 총 수송비용의 최소 금액은 감소한다.

문 1. 다음 글을 근거로 판단할 때, 〈보기〉에서 옳은 것만을 모두 고르면?

제00조 지방자치단체의 장은 행정재산에 대하여 그 목적 또는 용도에 장애가 되지 않는 범위에서 사용 또는 수익을 허가할 수 있다.

제00조 ① 행정재산의 사용·수익허가기간은 그 허가를 받은 날부터 5년 이내로 한다.

② 지방자치단체의 장은 허가기간이 끝나기 전에 사용·수익허가를 갱신할 수 있다.

③ 제2항에 따라 사용·수익허가를 갱신 받으려는 자는 사용·수익허가기간이 끝나기 1개월 전에 지방자치단체의 장에게 사용·수익허가의 갱신을 신청하여야 한다.

제00조 ① 지방자치단체의 장은 행정재산의 사용·수익을 허가하였을 때에는 매년 사용료를 징수한다.

② 지방자치단체의 장은 행정재산의 사용·수익을 허가할 때 다음 각 호의 어느 하나에 해당하면 제1항에도 불구하고 그 사용료를 면제할 수 있다.

1. 국가나 다른 지방자치단체가 직접 해당 행정재산을 공용·공공용 또는 비영리 공익사업용으로 사용하려는 경우
2. 천재지변이나 재난을 입은 지역주민에게 일정기간 사용·수익을 허가하는 경우

제00조 ① 지방자치단체의 장은 행정재산의 사용·수익허가를 받은 자가 다음 각 호의 어느 하나에 해당하면 그 허가를 취소할 수 있다.

1. 지방자치단체의 장의 승인 없이 사용·수익의 허가를 받은 행정재산의 원상을 변경한 경우
2. 해당 행정재산의 관리를 게을리하거나 그 사용 목적에 위배되게 사용한 경우

② 지방자치단체의 장은 사용·수익을 허가한 행정재산을 국가나 지방자치단체가 직접 공용 또는 공공용으로 사용하기 위하여 필요로 하게 된 경우에는 그 허가를 취소할 수 있다.

③ 제2항의 경우에 그 취소로 인하여 해당 허가를 받은 자에게 손실이 발생한 경우에는 이를 보상한다.

〈보 기〉

ㄱ. A시의 장은 A시의 행정재산에 대하여 B기업에게 사용허가를 했더라도 국가가 그 행정재산을 직접 공용으로 사용하기 위해 필요로 하게 된 경우, 그 허가를 취소할 수 있다.

ㄴ. C시의 행정재산에 대하여 C시의 장이 천재지변으로 주택을 잃은 지역주민에게 임시 거처로 사용하도록 허가한 경우, C시의 장은 그 사용료를 면제할 수 있다.

ㄷ. D시의 행정재산에 대하여 사용허가를 받은 E기업이 사용 목적에 위배되게 사용한다는 이유로 허가가 취소되었다면, D시의 장은 E기업의 손실을 보상하여야 한다.

ㄹ. 2014년 3월 1일에 5년 기한으로 F시의 행정재산에 대하여 수익허가를 받은 G가 허가 갱신을 받으려면, 2019년 2월 28일까지 허가 갱신을 신청하여야 한다.

① ㄱ, ㄴ
② ㄴ, ㄷ
③ ㄷ, ㄹ
④ ㄱ, ㄴ, ㄹ
⑤ ㄴ, ㄷ, ㄹ

문 2. 다음 글과 〈상황〉을 근거로 판단할 때 옳은 것은?

제00조 이 법에서 사용하는 용어의 뜻은 다음과 같다.

1. '자연장(自然葬)'이란 화장한 유골의 골분(骨粉)을 수목·화초·잔디 등의 밑이나 주변에 묻어 장사하는 것을 말한다.
2. '개장(改葬)'이란 매장한 시신이나 유골을 다른 분묘에 옮기거나 화장 또는 자연장하는 것을 말한다.

제00조 ① 사망한 때부터 24시간이 지난 후가 아니면 매장 또는 화장을 하지 못한다.

② 누구든지 허가를 받은 공설묘지, 공설자연장지, 사설묘지 및 사설자연장지 외의 구역에 매장하여서는 안 된다.

제00조 ① 매장(단, 자연장 제외)을 한 자는 매장 후 30일 이내에 매장지를 관할하는 시장·군수·구청장(이하 '시장 등'이라 한다)에게 신고하여야 한다.

② 화장을 하려는 자는 화장시설을 관할하는 시장 등에게 신고하여야 한다.

③ 개장을 하려는 자는 다음 각 호의 구분에 따라 시신 또는 유골의 현존지(現存地) 또는 개장지(改葬地)를 관할하는 시장 등에게 각각 신고하여야 한다.

1. 매장한 시신 또는 유골을 다른 분묘로 옮기거나 화장하는 경우 : 시신 또는 유골의 현존지와 개장지
2. 매장한 시신 또는 유골을 자연장하는 경우 : 시신 또는 유골의 현존지

제00조 ① 국가, 시·도지사 또는 시장 등이 아닌 자는 가족묘지, 종중·문중묘지 등을 설치·관리할 수 있다.

② 제1항의 묘지를 설치·관리하려는 자는 해당 묘지 소재지를 관할하는 시장 등의 허가를 받아야 한다.

〈상 황〉

甲은 90세의 나이로 2019년 7월 10일 아침 7시 A시에서 사망하였다. 이에 甲의 자녀는 이미 사망한 甲의 배우자 乙의 묘지(B시 소재 공설묘지)에서 유골을 옮겨 가족묘지를 만드는 것을 포함하여 장례에 대하여 논의하였다.

① 甲을 2019년 7월 10일 매장할 수 있다.
② 甲을 C시 소재 화장시설에서 화장하려는 경우, 그 시설을 관할하는 C시의 장에게 신고하여야 한다.
③ 甲의 자녀가 가족묘지를 설치·관리하려는 경우, 그 소재지의 관할 시장 등에게 신고하여야 한다.
④ 甲의 유골의 골분을 자연장한 경우, 자연장지 소재지의 관할 시장에게 2019년 8월 10일까지는 허가를 받아야 한다.
⑤ 乙의 유골을 甲과 함께 D시 소재 공설묘지에 합장하려는 경우, B시의 장과 D시의 장의 허가를 각각 받아야 한다.

문 3. 다음 글과 〈상황〉을 근거로 판단할 때, 甲이 납부해야 할 수수료를 옳게 짝지은 것은?

특허에 관한 절차를 밟는 사람은 다음 각 호의 수수료를 내야 한다.

1. 특허출원료
   가. 특허출원을 국어로 작성된 전자문서로 제출하는 경우 : 매건 46,000원. 다만 전자문서를 특허청에서 제공하지 아니한 소프트웨어로 작성하여 제출한 경우에는 매건 56,000원으로 한다.
   나. 특허출원을 국어로 작성된 서면으로 제출하는 경우 : 매건 66,000원에 서면이 20면을 초과하는 경우 초과하는 1면마다 1,000원을 가산한 금액
   다. 특허출원을 외국어로 작성된 전자문서로 제출하는 경우 : 매건 73,000원
   라. 특허출원을 외국어로 작성된 서면으로 제출하는 경우 : 매건 93,000원에 서면이 20면을 초과하는 경우 초과하는 1면마다 1,000원을 가산한 금액
2. 특허심사청구료 : 매건 143,000원에 청구범위의 1항마다 44,000원을 가산한 금액

〈상 황〉

甲은 청구범위가 3개 항으로 구성된 총 27면의 서면을 작성하여 1건의 특허출원을 하면서, 이에 대한 특허심사도 함께 청구한다.

	국어로 작성한 경우	외국어로 작성한 경우
①	66,000원	275,000원
②	73,000원	343,000원
③	348,000원	343,000원
④	348,000원	375,000원
⑤	349,000원	375,000원

문 4. 다음 글을 근거로 판단할 때 옳지 않은 것은?

조선시대 임금에게 올리는 진지상을 수라상이라 하였다. 수라는 올리는 시간 순서에 따라 각각 조(朝)수라, 주(晝)수라, 석(夕)수라로 구분되고, 조수라 전에 밥 대신 죽을 주식으로 올리는 죽(粥)수라도 있었다. 수라상은 두 개의 상, 즉 원(元)반과 협(狹)반에 차려졌다.

수라 전후에 반과(盤果)상이나 미음(米飮)상이 차려지기도 했는데, 반과상은 올리는 시간 순서에 따라 조다(早茶), 주다(晝茶), 만다(晩茶), 야다(夜茶) 등을 앞에 붙여서 달리 불렀다. 반과상은 국수를 주식으로 하고, 찬과 후식류를 자기(磁器)에 담아 한 상에 차렸다. 미음상은 미음을 주식으로 하고, 육류 음식인 고음(膏飮)과 후식류를 한 상에 차렸다.

다음은 경복궁을 출발한 행차 첫째 날과 둘째 날에 임금에게 올리기 위해 차린 전체 상차림이다.

첫째 날		둘째 날	
장소	상차림	장소	상차림
노량참	조다반과	화성참	죽수라
노량참	조수라	화성참	조수라
시흥참	주다반과	화성참	주다반과
시흥참	석수라	화성참	석수라
시흥참	야다반과	화성참	야다반과
중로	미음		

① 행차 둘째 날에 협반은 총 1회 사용되었다.
② 화성참에서는 미음이 주식인 상이 차려지지 않았다.
③ 행차 첫째 날 낮과 둘째 날 낮에는 주수라가 차려지지 않았다.
④ 행차 첫째 날 밤과 둘째 날 밤에는 후식류를 자기에 담은 상차림이 있었다.
⑤ 국수를 주식으로 한 상은 행차 첫째 날과 둘째 날을 통틀어 총 5회 차려졌다.

문 5. 다음 〈조건〉을 근거로 판단할 때, 〈보기〉에서 옳은 것만을 모두 고르면?

〈조 건〉

- 한글 단어의 '단어점수'는 그 단어를 구성하는 자음으로만 결정된다.
- '단어점수'는 각기 다른 자음의 '자음점수'를 모두 더한 값을 그 단어를 구성하는 자음 종류의 개수로 나눈 값이다.
- '자음점수'는 그 자음이 단어에 사용된 횟수만큼 2를 거듭제곱한 값이다. 단, 사용되지 않는 자음의 '자음점수'는 0이다.
- 예를 들어 글자 수가 4개인 '셋방살이'는 ㅅ 3개, ㅇ 2개, ㅂ 1개, ㄹ 1개의 자음으로 구성되므로 '단어점수'는 $2^3+2^2+2^1+2^1/4$의 값인 4점이다.

※ 의미가 없는 글자의 나열도 단어로 인정한다.

〈보 기〉

ㄱ. '각기'는 '논리'보다 단어점수가 더 높다.
ㄴ. 단어의 글자 수가 달라도 단어점수가 같을 수 있다.
ㄷ. 글자 수가 4개인 단어의 단어점수는 250점을 넘을 수 없다.

① ㄴ
② ㄷ
③ ㄱ, ㄴ
④ ㄱ, ㄷ
⑤ ㄱ, ㄴ, ㄷ

문 6. 다음 글을 근거로 판단할 때, 국제행사의 개최도시로 선정될 곳은?

甲사무관은 대한민국에서 열리는 국제행사의 개최도시를 선정하기 위해 다음과 같은 〈후보도시 평가표〉를 만들었다. 〈후보도시 평가표〉에 따른 점수와 〈국제해양기구의 의견〉을 모두 반영하여, 합산점수가 가장 높은 도시를 개최도시로 선정하고자 한다.

〈후보도시 평가표〉

구분	서울	인천	대전	부산	제주
1) 회의 시설 1,500명 이상 수용가능한 대회의장 보유 등	A	A	C	B	C
2) 숙박 시설 도보거리에 특급 호텔 보유 등	A	B	A	A	C
3) 교통 공항접근성 등	B	A	C	B	B
4) 개최 역량 대규모 국제행사 개최 경험 등	A	C	C	A	B

※ A : 10점, B : 7점, C : 3점

〈국제해양기구의 의견〉

- 외국인 참석자의 편의를 위해 '교통'에서 A를 받은 도시의 경우 추가로 5점을 부여해 줄 것
- 바다를 끼고 있는 도시의 경우 추가로 5점을 부여해 줄 것
- 예상 참석자가 2,000명 이상이므로 '회의 시설'에서 C를 받은 도시는 제외할 것

① 서울
② 인천
③ 대전
④ 부산
⑤ 제주

문 7. 다음 글을 근거로 판단할 때, B구역 청소를 하는 요일은?

甲레스토랑은 매주 1회 휴업일(수요일)을 제외하고 매일 영업한다. 甲레스토랑의 청소시간은 영업일 저녁 9시부터 10시까지이다. 이 시간에 A구역, B구역, C구역 중 하나를 청소한다. 청소의 효율성을 위하여 청소를 한 구역은 바로 다음 영업일에는 하지 않는다. 각 구역은 매주 다음과 같이 청소한다.

- A구역 청소는 일주일에 1회 한다.
- B구역 청소는 일주일에 2회 하되, B구역 청소를 한 후 영업일과 휴업일을 가리지 않고 이틀간은 B구역 청소를 하지 않는다.
- C구역 청소는 일주일에 3회 하되, 그중 1회는 일요일에 한다.

① 월요일과 목요일
② 월요일과 금요일
③ 월요일과 토요일
④ 화요일과 금요일
⑤ 화요일과 토요일

문 8. 다음 글을 근거로 판단할 때, 〈보기〉에서 옳은 것만을 모두 고르면?

甲은 결혼 준비를 위해 스튜디오 업체(A, B), 드레스 업체(C, D), 메이크업 업체(E, F)의 견적서를 각각 받았는데, 최근 생긴 B업체만 정가에서 10% 할인한 가격을 제시하였다. 아래 〈표〉는 각 업체가 제시한 가격의 총액을 계산한 결과이다. (단, A~F 각 업체의 가격은 모두 상이하다)

〈표〉

스튜디오	드레스	메이크업	총액
A	C	E	76만 원
이용 안함	C	F	58만 원
A	D	E	100만 원
이용 안함	D	F	82만 원
B	D	F	127만 원

〈보 기〉

ㄱ. A업체 가격이 26만 원이라면, E업체 가격이 F업체 가격보다 8만 원 비싸다.
ㄴ. B업체의 할인 전 가격은 50만 원이다.
ㄷ. C업체 가격이 30만 원이라면, E업체 가격은 28만 원이다.
ㄹ. D업체 가격이 C업체 가격보다 26만 원 비싸다.

① ㄱ
② ㄴ
③ ㄷ
④ ㄴ, ㄷ
⑤ ㄷ, ㄹ

문 9. 다음 글과 〈상황〉을 근거로 판단할 때, 〈보기〉에서 옳은 것만을 모두 고르면?

K국에서는 모든 법인에 대하여 다음과 같이 구분하여 주민세를 부과하고 있다.

구분	세액(원)
• 자본금액 100억 원을 초과하는 법인으로서 종업원 수가 100명을 초과하는 법인	500,000
• 자본금액 50억 원 초과 100억 원 이하 법인으로서 종업원 수가 100명을 초과하는 법인	350,000
• 자본금액 50억 원을 초과하는 법인으로서 종업원 수가 100명 이하인 법인 • 자본금액 30억 원 초과 50억 원 이하 법인으로서 종업원 수가 100명을 초과하는 법인	200,000
• 자본금액 30억 원 초과 50억 원 이하 법인으로서 종업원 수가 100명 이하인 법인 • 자본금액 10억 원 초과 30억 원 이하 법인으로서 종업원 수가 100명을 초과하는 법인	100,000
• 그 밖의 법인	50,000

〈상 황〉

법인	자본금액(억 원)	종업원 수(명)
甲	200	?
乙	20	?
丙	?	200

〈보 기〉

ㄱ. 甲이 납부해야 할 주민세 최소 금액은 20만 원이다.
ㄴ. 乙의 종업원이 50명인 경우 10만 원의 주민세를 납부해야 한다.
ㄷ. 丙이 납부해야 할 주민세 최소 금액은 10만 원이다.
ㄹ. 甲, 乙, 丙이 납부해야 할 주민세 금액의 합계는 최대 110만 원이다.

① ㄱ, ㄴ
② ㄱ, ㄷ
③ ㄱ, ㄹ
④ ㄴ, ㄷ
⑤ ㄴ, ㄹ

문 10. 다음 〈재난관리 평가지침〉과 〈상황〉을 근거로 판단할 때 옳은 것은?

〈재난관리 평가지침〉

ㅁ 순위산정 기준
• 최종순위 결정
 – 정량평가 점수(80점)와 정성평가 점수(20점)의 합으로 계산된 최종점수가 높은 순서대로 순위 결정
• 동점기관 처리
 – 최종점수가 동점일 경우에는 정성평가 점수가 높은 순서대로 순위 결정

ㅁ 정성평가 기준
• 지자체 및 민간분야와의 재난안전분야 협력(10점 만점)

평가	상	중	하
선정비율	20%	60%	20%
배점	10점	6점	3점

• 재난관리에 대한 종합평가(10점 만점)

평가	상	중	하
선정비율	20%	60%	20%
배점	10점	5점	1점

〈상 황〉

일부 훼손된 평가표는 아래와 같다. (단, 평가대상기관은 5개이다)

기관 \ 평가	정량평가 (80점 만점)	정성평가 (20점 만점)
A	71	20
B	80	11
C	69	11
D	74	
E	66	

① A기관이 2위일 수도 있다.
② B기관이 3위일 수도 있다.
③ C기관이 4위일 가능성은 없다.
④ D기관이 3위일 가능성은 없다.
⑤ E기관은 어떠한 경우에도 5위일 것이다.

문 11. 다음 글과 〈상황〉을 근거로 판단할 때, 〈보기〉에서 옳은 것만을 모두 고르면?

제00조 ① 기획재정부장관은 각 국제금융기구에 출자를 할 때에는 국무회의의 심의를 거쳐 대통령의 승인을 받아 미합중국통화 또는 그 밖의 자유교환성 통화나 금(金) 또는 내국통화로 그 출자금을 한꺼번에 또는 분할하여 납입할 수 있다.
② 기획재정부장관은 제1항에 따라 내국통화로 출자하는 경우에 그 출자금의 전부 또는 일부를 국무회의의 심의를 거쳐 대통령의 승인을 받아 내국통화로 표시된 증권으로 출자할 수 있다.
제00조 ① 기획재정부장관은 전조(前條) 제2항에 따라 출자한 증권의 전부 또는 일부에 대하여 각 국제금융기구가 지급을 청구하면 지체 없이 이를 지급하여야 한다.
② 기획재정부장관은 제1항에 따른 지급의 청구를 받은 경우에 지급할 재원(財源)이 부족하여 그 청구금액의 전부 또는 일부를 지급할 수 없을 때에는 국무회의의 심의를 거쳐 대통령의 승인을 받아 한국은행으로부터 차입하여 지급하거나 한국은행으로 하여금 그 금액에 상당하는 증권을 해당 국제금융기구로부터 매입하게 할 수 있다.

〈상 황〉

기획재정부장관은 적법한 절차에 따라 A국제금융기구에 일정액을 출자한다.

〈보 기〉

ㄱ. 기획재정부장관은 출자금을 자유교환성 통화로 납입할 수 있다.
ㄴ. 기획재정부장관은 출자금을 내국통화로 분할하여 납입할 수 없다.
ㄷ. 출자금 전부를 내국통화로 출자하는 경우, 그중 일부액을 미합중국통화로 표시된 증권으로 출자할 수 있다.
ㄹ. 만약 출자금을 내국통화로 표시된 증권으로 출자한다면, A국제금융기구가 그 지급을 청구할 경우에 한국은행장은 지체 없이 이를 지급하여야 한다.

① ㄱ
② ㄴ
③ ㄱ, ㄹ
④ ㄷ, ㄹ
⑤ ㄴ, ㄷ, ㄹ

문 12. 다음 글과 〈상황〉을 근거로 판단할 때 옳은 것은?

매매목적물에 하자가 있는 경우, 하자가 있는 사실을 과실 없이 알지 못한 매수인은 매도인에 대하여 하자담보책임을 물어 계약을 해제하거나, 손해배상을 청구할 수 있다. 이때 매도인이 하자를 알았는지 여부나 그의 과실 유무를 묻지 않는다. 매매목적물의 하자는 통상 거래상의 관념에 비추어 그 물건이 지니고 있어야 할 품질 · 성질 · 견고성 · 성분 등을 갖추지 못해서 계약의 적합성을 갖지 못한 경우를 말한다. 가령 진품인 줄 알고 매수한 그림이 위작인 경우가 그렇다. 매수인은 이러한 계약해제권 · 손해배상청구권을 하자가 있는 사실을 안 날로부터 6개월 내에 행사하여야 한다.

한편 계약의 중요 부분에 착오가 있는 경우, 착오에 중대한 과실이 없는 계약당사자는 계약을 취소할 수 있다. 여기서 착오는 계약을 맺을 때에 실제로 없는 사실을 있는 사실로 잘못 알았거나 아니면 실제로 있는 사실을 없는 사실로 잘못 생각하듯이, 계약당사자(의사표시자)의 인식과 그 실제 사실이 어긋나는 경우를 가리킨다. 가령 위작을 진품으로 알고 매수한 경우가 그렇다. 이러한 취소권을 행사하려면, 착오자(착오로 의사표시를 한 사람)가 착오 상태에서 벗어난 날(예 진품이 위작임을 안 날)로부터 3년 이내에, 계약을 체결한 날로부터 10년 이내에 행사하여야 한다. 착오로 인한 취소는 매도인의 하자담보책임과 다른 제도이다. 따라서 매매계약 내용의 중요 부분에 착오가 있는 경우, 매수인은 매도인의 하자담보책임이 성립하는지와 상관없이 착오를 이유로 매매계약을 취소할 수 있다.

〈상 황〉

2018년 3월 10일 매수인 甲은 매도인 乙 소유의 '나루터그림'을 과실 없이 진품으로 믿고 1,000만 원에 매매계약을 체결한 당일 그림을 넘겨받았다. 그 후 2018년 6월 20일 甲은 나루터그림이 위작이라는 사실을 알게 되었다.

① 2018년 6월 20일 乙은 하자를 이유로 甲과의 매매계약을 해제할 수 있다.
② 2019년 6월 20일 甲은 乙에게 하자를 이유로 손해배상을 청구할 수 있다.
③ 2019년 6월 20일 甲은 착오를 이유로 乙과의 매매계약을 취소할 수 없다.
④ 乙이 매매계약 당시 위작이라는 사실을 과실 없이 알지 못하였더라도, 2019년 6월 20일 甲은 하자를 이유로 乙과의 매매계약을 해제할 수 있다.
⑤ 乙이 위작임을 알았더라도 2019년 6월 20일 甲은 하자를 이유로 乙과의 매매계약을 해제할 수 없지만, 착오를 이유로 취소할 수 있다.

문 13. 다음 글을 근거로 판단할 때 옳은 것은?

> 제00조 ① 재산명시절차의 관할법원은 재산명시절차에서 채무자가 제출한 재산목록의 재산만으로 집행채권의 만족을 얻기에 부족한 경우, 그 재산명시를 신청한 채권자의 신청에 따라 개인의 재산 및 신용에 관한 전산망을 관리하는 공공기관·금융기관·단체 등에 채무자 명의의 재산에 관하여 조회할 수 있다.
> ② 채권자가 제1항의 신청을 할 경우에는 조회할 기관·단체를 특정하여야 하며 조회에 드는 비용을 미리 내야 한다.
> ③ 법원이 제1항의 규정에 따라 조회할 경우에는 채무자의 인적사항을 적은 문서에 의하여 해당 기관·단체의 장에게 채무자의 재산 및 신용에 관하여 그 기관·단체가 보유하고 있는 자료를 한꺼번에 모아 제출하도록 요구할 수 있다.
> ④ 공공기관·금융기관·단체 등은 정당한 사유 없이 제1항 및 제3항의 조회를 거부하지 못한다.
> ⑤ 제1항 및 제3항의 조회를 받은 기관·단체의 장이 정당한 사유 없이 거짓 자료를 제출하거나 자료를 제출할 것을 거부한 때에는 결정으로 500만 원 이하의 과태료에 처한다.
> 제00조 ① 누구든지 재산조회의 결과를 강제집행 외의 목적으로 사용하여서는 안 된다.
> ② 제1항의 규정에 위반한 사람은 2년 이하의 징역 또는 500만 원 이하의 벌금에 처한다.

① 채무자 甲이 제출한 재산목록의 재산만으로 집행채권의 만족을 얻기 부족한 경우에는 재산명시절차의 관할법원은 직권으로 금융기관에 甲 명의의 재산에 관해 조회할 수 있다.
② 재산명시절차의 관할법원으로부터 채무자 명의의 재산에 관해 조회를 받은 공공기관은 정당한 사유가 있는 경우 이를 거부할 수 있다.
③ 채무자 乙의 재산조회 결과를 획득한 채권자 丙은 해당 결과를 강제집행 외의 목적으로도 사용할 수 있다.
④ 재산명시절차의 관할법원으로부터 채무자 명의의 재산에 관해 조회를 받은 기관의 장이 정당한 사유 없이 자료제출을 거부하였다면, 법원은 결정으로 500만 원의 벌금에 처한다.
⑤ 채권자 丁이 채무자 명의의 재산에 관한 조회를 신청할 경우, 조회에 드는 비용은 재산조회가 종료된 후 납부하면 된다.

문 14. 다음 글을 근거로 판단할 때, 〈보기〉에서 옳은 것만을 모두 고르면?

> 현대적 의미의 시력 검사법은 1909년 이탈리아의 나폴리에서 개최된 국제안과학회에서 란돌트 고리를 이용한 검사법을 국제기준으로 결정하면서 탄생하였다. 란돌트 고리란 시력 검사표에서 흔히 볼 수 있는 C자형 고리를 말한다. 란돌트 고리를 이용한 시력 검사에서는 5m 거리에서 직경이 7.5mm인 원형 고리에 있는 1.5mm 벌어진 틈을 식별할 수 있는지 없는지를 판단한다. 5m 거리의 1.5mm이면 각도로 따져서 약 1′(1분)에 해당한다. 1°(1도)의 1/60이 1′이고, 1′의 1/60이 1″(1초)이다.
> 이 시력 검사법에서는 구분 가능한 최소 각도가 1′일 때를 1.0의 시력으로 본다. 시력은 구분 가능한 최소 각도와 반비례한다. 예를 들어 구분할 수 있는 최소 각도가 1′의 2배인 2′이라면 시력은 1.0의 1/2배인 0.5이다. 만약 이 최소 각도가 0.5′이라면, 즉 1′의 1/2배라면 시력은 1.0의 2배인 2.0이다. 마찬가지로 최소 각도가 1′의 4배인 4′이라면 시력은 1.0의 1/4배인 0.25이다. 일반적으로 시력 검사표에는 2.0까지 나와 있지만 실제로는 이보다 시력이 좋은 사람도 있다. 천문학자 A는 5″까지의 차이도 구분할 수 있었던 것으로 알려져 있다.

〈보 기〉

ㄱ. 구분할 수 있는 최소 각도가 10′인 사람의 시력은 0.1이다.
ㄴ. 천문학자 A의 시력은 12인 것으로 추정된다.
ㄷ. 구분할 수 있는 최소 각도가 1.25′인 甲은 구분할 수 있는 최소 각도가 0.1′인 乙보다 시력이 더 좋다.

① ㄱ
② ㄱ, ㄴ
③ ㄴ, ㄷ
④ ㄱ, ㄷ
⑤ ㄱ, ㄴ, ㄷ

문 15. 다음 글을 근거로 판단할 때, 〈가락〉을 연주하기 위해 ㉵를 누른 상태로 줄을 튕기는 횟수는?

줄이 하나인 현악기가 있다. 이 악기는 줄을 누를 수 있는 지점이 ㉮부터 ㉸까지 총 11곳 있고, 이 중 어느 한 지점을 누른 상태로 줄을 튕겨서 연주한다. ㉮를 누르고 줄을 튕기면 A음이 나고, ㉯를 누르고 줄을 튕기면 A음 보다 반음 높은 소리가 난다. 이런 식으로 ㉮~㉸순으로 누르는 지점을 옮길 때마다 반음씩 더 높은 소리가 나며, 최저 A음부터 최고 G음까지 낼 수 있다.

이들 음은 다음과 같은 특징이 있다.
- 반음 차이 두 개의 합은 한음 차이와 같다.
- A음보다 B음이, C음보다 D음이, D음보다 E음이, F음보다 G음이 한음 높고, 둘 중 낮은 음보다 반음 높은 음은 낮은 음의 이름 오른쪽에 #을 붙여 표시한다.
- B음보다 C음이, E음보다 F음이 반음 높다.

〈가 락〉

E D# E D# E B D C A A A A B E G B C

① 0
② 1
③ 2
④ 3
⑤ 4

문 16. 다음 글을 근거로 판단할 때, 〈상황〉의 ㉠과 ㉡을 옳게 짝지은 것은?

채용에서 가장 중요한 점은 조직에 적합한 인재의 선발, 즉 필요한 수준의 기본적 직무적성·태도 등 전반적 잠재력을 가진 지원자를 선발하는 것이다. 그러나 채용 과정에서 적합한 사람을 채용하지 않거나, 적합하지 않은 사람을 채용하는 경우도 있다. 적합한 지원자 중 탈락시킨 지원자의 비율을 오탈락률이라 하고, 적합하지 않은 지원자 중 채용한 지원자의 비율을 오채용률이라 한다.

〈상 황〉

甲회사의 신입사원 채용 공고에 1,200명이 지원하여, 이 중에 360명이 채용되었다. 신입사원 채용 후 조사해보니 1,200명의 지원자 중 회사에 적합한 지원자는 800명이었고, 적합하지 않은 지원자는 400명이었다. 채용된 360명의 신입사원 중 회사에 적합하지 않은 인원은 40명으로 확인되었다. 이에 따르면 오탈락률은 (㉠)%이고, 오채용률은 (㉡)%이다.

	㉠	㉡
①	40	5
②	40	10
③	55	10
④	60	5
⑤	60	10

문 17. **다음 글과 〈상황〉을 근거로 판단할 때, 甲, 乙, 丙의 자동차 번호 끝자리 숫자의 합으로 가능한 최댓값은?**

• A사는 자동차 요일제를 시행하고 있으며, 요일별로 운행할 수 없는 자동차 번호 끝자리 숫자는 아래와 같다.

요일	월	화	수	목	금
숫자	1, 2	3, 4	5, 6	7, 8	9, 0

• 미세먼지 비상저감조치가 시행될 경우 A사는 자동차 요일제가 아닌 차량 홀짝제를 시행한다. 차량 홀짝제를 시행하는 날에는 시행일이 홀수이면 자동차 번호 끝자리 숫자가 홀수인 차량만 운행할 수 있고, 시행일이 짝수이면 자동차 번호 끝자리 숫자가 홀수가 아닌 차량만 운행할 수 있다.

〈상 황〉

A사의 직원인 甲, 乙, 丙은 12일(월)부터 16일(금)까지 5일 모두 출근했고, 12일, 13일, 14일에는 미세먼지 비상저감조치가 시행되었다. 자동차 요일제와 차량 홀짝제로 인해 자동차를 운행할 수 없는 경우를 제외하면, 3명 모두 자신이 소유한 자동차로 출근을 했다. 다음은 甲, 乙, 丙이 16일에 출근한 후 나눈 대화이다.

• 甲 : 나는 12일에 내 자동차로 출근을 했어. 따져보니 이번 주에 총 4일이나 내 자동차로 출근했어.
• 乙 : 저는 이번 주에 이틀만 제 자동차로 출근했어요.
• 丙 : 나는 이번 주엔 13일, 15일, 16일만 내 자동차로 출근할 수 있었어.

※ 甲, 乙, 丙은 자동차를 각각 1대씩 소유하고 있다.

① 14
② 16
③ 18
④ 20
⑤ 22

문 18. **다음 글을 근거로 판단할 때, 방에 출입한 사람의 순서는?**

방에는 1부터 6까지의 번호가 각각 적힌 6개의 전구가 다음과 같이 놓여있다.

왼쪽 ← → 오른쪽

전구 번호	1	2	3	4	5	6
상태	켜짐	켜짐	켜짐	꺼짐	꺼짐	꺼짐

총 3명(A~C)이 각각 한 번씩 홀로 방에 들어가 자신이 정한 규칙에 의해서만 전구를 켜거나 끄고 나왔다.

• A는 번호가 3의 배수인 전구가 켜진 상태라면 그 전구를 끄고, 꺼진 상태라면 그대로 둔다.
• B는 번호가 2의 배수인 전구가 켜진 상태라면 그 전구를 끄고, 꺼진 상태라면 그 전구를 켠다.
• C는 3번 전구는 그대로 두고, 3번 전구를 기준으로 왼쪽과 오른쪽 중 켜진 전구의 개수가 많은 쪽의 전구를 전부 끈다. 다만 켜진 전구의 개수가 같다면 양쪽에 켜진 전구를 모두 끈다.

마지막 사람이 방에서 나왔을 때, 방의 전구는 모두 꺼져 있었다.

① A−B−C
② A−C−B
③ B−A−C
④ B−C−A
⑤ C−B−A

문 19. 다음 글을 근거로 판단할 때, 〈보기〉에서 옳은 것만을 모두 고르면?

K국의 「영유아보육법」은 영유아가 안전하고 쾌적한 환경에서 건강하게 성장할 수 있도록 다음과 같이 어린이집의 보육교사 최소 배치 기준을 규정하고 있다.

연령	보육교사 대 영유아비율
(1) 만 1세 미만	1:3
(2) 만 1세 이상 만 2세 미만	1:5
(3) 만 2세 이상 만 3세 미만	1:7

위와 같이 연령별로 반을 편성하고 각 반마다 보육교사를 배치하되, 다음 기준에 따라 혼합반을 운영할 수 있다.

혼합반 편성	보육교사 대 영유아비율
(1)과 (2)	1:3
(2)와 (3)	1:5
(1)과 (3)	편성 불가능

〈보 기〉

ㄱ. 만 1세 미만 영유아 4명, 만 1세 이상 만 2세 미만 영유아 5명을 보육하는 어린이집은 보육교사를 최소 3명 배치해야 한다.
ㄴ. 만 1세 이상 만 2세 미만 영유아 6명, 만 2세 이상 만 3세 미만 영유아 12명을 보육하는 어린이집은 보육교사를 최소 3명 배치해야 한다.
ㄷ. 만 1세 미만 영유아 1명, 만 2세 이상 만 3세 미만 영유아 2명을 보육하는 어린이집은 보육교사를 최소 1명 배치해야 한다.

① ㄱ
② ㄴ
③ ㄷ
④ ㄱ, ㄴ
⑤ ㄱ, ㄷ

문 20. 다음 글과 〈상황〉을 근거로 판단할 때, 〈보기〉에서 옳은 것만을 모두 고르면?

K대학교 교과목 성적 평정(학점)은 총점을 기준으로 상위 점수부터 하위 점수까지 A^+, A^0, B^+~F 순으로 한다. 각 등급별 비율은 아래 〈성적 평정 기준표〉를 따르되, 상위 등급의 비율을 최대 기준보다 낮게 배정할 경우에는 잔여 비율을 하위 등급 비율에 가산하여 배정할 수 있다. 예컨대 A등급 배정 비율은 10~30%이나, 만일 25%로 배정한 경우에는 잔여 비율인 5%를 하위 등급 하나에 배정하거나 여러 하위 등급에 나누어 배정할 수 있다. 한편 A, B, C, D 각 등급 내에서 +와 0의 비율은 교수 재량으로 정할 수 있다.

〈성적 평정 기준표〉

등급	A		B		C		D		F
학점	A^+	A^0	B^+	B^0	C^+	C^0	D^+	D^0	
비율(%)	10~30		20~35		20~40		0~40		0~40

※ 평정대상 총원 중 해당 등급 인원 비율

〈상 황〉

〈△△교과목 성적산출 자료〉

성명	총점	순위	성명	총점	순위
양다경	99	1	양대원	74	11
이지후	97	2	권치원	72	12
이태연	93	3	김도윤	68	13
남소연	89	4	권세연	66	14
김윤채	86	5	남원중	65	15
엄선민	84	6	권수진	64	16
이태근	79	7	양호정	61	17
김경민	78	8	정호채	59	18
이연후	77	9	이신영	57	19
엄주용	75	10	전희연	57	19

※ 평정대상은 총 20명임

〈보 기〉

ㄱ. 평정대상 전원에게 C^+ 이상의 학점을 부여할 수 있다.
ㄴ. 79점을 받은 학생이 받을 수 있는 가장 낮은 학점은 B^0이다.
ㄷ. 5명에게 A등급을 부여하면, 최대 8명의 학생에게 B^+학점을 부여할 수 있다.
ㄹ. 59점을 받은 학생에게 부여할 수 있는 학점은 C^+, C^0, D^+, D^0, F 중 하나이다.

① ㄱ, ㄴ
② ㄱ, ㄹ
③ ㄷ, ㄹ
④ ㄱ, ㄷ, ㄹ
⑤ ㄴ, ㄷ, ㄹ

문 21. 다음 글을 근거로 판단할 때, A시에서 B시까지의 거리는?

甲은 乙이 운전하는 자동차를 타고 A시에서 B시를 거쳐 C시로 가는 중이었다. A, B, C는 일직선 상에 순서대로 있으며, 乙은 자동차를 일정한 속력으로 운전하여 도시 간 최단 경로로 이동했다. A시를 출발한지 20분 후 甲은 乙에게 지금까지 얼마나 왔는지 물어보았다.

"여기서부터 B시까지 거리의 딱 절반만큼 왔어."라고 乙이 대답하였다.

그로부터 75km를 더 간 후에 甲은 다시 물어보았다.

"C시까지는 얼마나 남았지?"

乙은 다음과 같이 대답했다.

"여기서부터 B시까지 거리의 딱 절반만큼 남았어."

그로부터 30분 뒤에 甲과 乙은 C시에 도착하였다.

① 35km
② 40km
③ 45km
④ 50km
⑤ 55km

문 22. 다음 〈상황〉과 〈대화〉를 근거로 판단할 때 6월생은?

〈상 황〉

- 같은 해에 태어난 5명(지나, 정선, 혜명, 민경, 효인)은 각자 자신의 생일을 알고 있다.
- 5명은 자신을 제외한 나머지 4명의 생일이 언제인지는 모르지만, 3월생이 2명, 6월생이 1명, 9월생이 2명이라는 사실은 알고 있다.
- 아래 〈대화〉는 5명이 한 자리에 모여 나눈 대화를 순서대로 기록한 것이다.
- 5명은 〈대화〉의 진행에 따라 상황을 논리적으로 판단하고, 솔직하게 대답한다.

〈대 화〉

민경 : 지나야, 네 생일이 5명 중에서 제일 빠르니?
지나 : 그럴 수도 있지만 확실히는 모르겠어.
정선 : 혜명아, 네가 지나보다 생일이 빠르니?
혜명 : 그럴 수도 있지만 확실히는 모르겠어.
지나 : 민경아, 넌 정선이가 몇 월생인지 알겠니?
민경 : 아니, 모르겠어.
혜명 : 효인아, 넌 민경이보다 생일이 빠르니?
효인 : 그럴 수도 있지만 확실히는 모르겠어.

① 지나
② 정선
③ 혜명
④ 민경
⑤ 효인

문 23. 다음 글과 〈상황〉을 근거로 판단할 때 옳은 것은?

○○시는 A정류장을 출발지로 하는 40인승 시내버스를 운영하고 있다. 승객은 정류장에서만 시내버스에 승·하차할 수 있다. 또한 시내버스는 좌석제로 운영되어 버스에 빈 좌석이 없는 경우 승객은 더 이상 승차할 수 없으며, 탑승객 1인은 1개의 좌석을 차지한다.

한편 ○○시는 애플리케이션을 통해 시내버스의 구간별 혼잡도 정보를 제공한다. 탑승객이 0~5명일 때는 '매우쾌적', 6~15명일 때는 '쾌적', 16~25명일 때는 '보통', 26~35명일 때는 '혼잡', 36~40명일 때는 '매우혼잡'으로 표시된다.

구간별 혼잡도는 시내버스의 한 정류장에서 다음 정류장까지 탑승객의 수를 측정하여 표시한다. 예를 들어 'A－B' 구간의 혼잡도는 A정류장에서 출발한 후 B정류장에 도착하기 전까지 탑승객의 수에 따라 표시된다.

※ 버스기사는 고려하지 않는다.

〈상 황〉

A정류장에서 07:00에 출발한 시내버스의 〈승·하차내역〉과 〈구간별 혼잡도 정보〉는 다음과 같다.

〈승·하차내역〉

정류장	승차(명)	하차(명)
A	20	0
B	(㉠)	10
C	5	( )
D	( )	10
E	15	( )
F	0	( )

※ 승·하차는 동시에 이루어진다.

〈구간별 혼잡도 정보〉

구간	표시
A－B	(㉡)
B－C	매우혼잡
C－D	매우혼잡
D－E	(㉢)
E－F	보통

① C정류장에서 하차한 사람은 아무도 없다.
② E정류장에서 하차한 사람은 10명 이하이다.
③ ㉠에 들어갈 수 있는 최솟값과 최댓값의 합은 55이다.
④ ㉡은 혼잡이다.
⑤ ㉢은 혼잡 또는 매우혼잡이다.

문 24. 다음 글을 근거로 판단할 때, 〈보기〉에서 옳은 것만을 모두 고르면?

사슴은 맹수에게 계속 괴롭힘을 당하자 자신을 맹수로 바꾸어 달라고 산신령에게 빌었다. 사슴을 불쌍하게 여긴 산신령은 사슴에게 남은 수명 중 n년(n은 자연수)을 포기하면 여생을 아래 5가지의 맹수 중 하나로 살 수 있게 해주겠다고 했다.

사슴으로 살 경우의 1년당 효용은 40이며, 다른 맹수로 살 경우의 1년당 효용과 그 맹수로 살기 위해 사슴이 포기해야 하는 수명은 아래의 〈표〉와 같다. 예를 들어 사슴의 남은 수명이 12년일 경우 사슴으로 계속 산다면 12×40=480의 총 효용을 얻지만, 독수리로 사는 것을 선택한다면 (12－5)×50=350의 총 효용을 얻는다.

사슴은 여생의 총 효용이 줄어드는 선택은 하지 않으며, 포기해야 하는 수명이 사슴의 남은 수명 이상인 맹수는 선택할 수 없다. 1년당 효용이 큰 맹수일수록, 사슴은 그 맹수가 되기 위해 더 많은 수명을 포기해야 한다. 사슴은 자신의 남은 수명과 〈표〉의 '?'로 표시된 수를 알고 있다.

〈표〉

맹수	1년당 효용	포기해야 하는 수명(년)
사자	250	14
호랑이	200	?
곰	170	11
악어	70	?
독수리	50	5

〈보 기〉

ㄱ. 사슴의 남은 수명이 13년이라면, 사슴은 곰을 선택할 것이다.
ㄴ. 사슴의 남은 수명이 20년이라면, 사슴은 독수리를 선택하지는 않을 것이다.
ㄷ. 호랑이로 살기 위해 포기해야 하는 수명이 13년이라면, 사슴의 남은 수명에 따라 사자를 선택했을 때와 호랑이를 선택했을 때 여생의 총 효용이 같은 경우가 있다.

① ㄴ
② ㄷ
③ ㄱ, ㄴ
④ ㄴ, ㄷ
⑤ ㄱ, ㄴ, ㄷ

문 25. 다음 글과 〈상황〉을 근거로 판단할 때, 〈보기〉에서 옳은 것만을 모두 고르면?

소송절차의 '정지'란 소송이 개시된 뒤 절차가 종료되기 전에 소송절차가 법률상 진행되지 않는 상태를 말한다. 여기에는 '중단'과 '중지'가 있다.

소송절차의 중단은 소송진행 중 당사자에게 소송을 수행할 수 없는 사유가 발생하였을 경우, 새로운 소송수행자가 나타나 소송에 관여할 수 있을 때까지 법률상 당연히 절차진행이 정지되는 것이다. 예컨대 당사자가 사망한 경우, 그 상속인이 소송을 수행할 수 있을 때까지 절차진행이 정지되며, 이후 상속인의 수계신청 또는 법원의 속행명령에 의해 중단이 해소되고 절차는 다시 진행된다. 다만 사망한 당사자에게 이미 변호사가 소송대리인으로 선임되어 있을 때는 변호사가 소송을 대리하는 데 지장이 없으므로 절차는 중단되지 않는다. 소송대리인인 변호사의 사망도 중단사유가 아니다. 당사자가 절차를 진행할 수 있기 때문이다.

소송절차의 중지는 법원이나 당사자에게 소송을 진행할 수 없는 장애가 생겼거나 진행에 부적당한 사유가 발생하여 법률상 당연히 또는 법원의 재판에 의하여 절차가 정지되는 것이다. 이는 새로운 소송수행자로 교체되지 않는다는 점에서 중단과 다르다. 소송절차의 중지에는 당연중지와 재판중지가 있다. 당연중지는 천재지변이나 그 밖의 사고로 법원이 직무수행을 할 수 없게 된 경우에 법원의 재판 없이 당연히 절차진행이 정지되는 것을 말한다. 이 경우 법원의 직무수행불능 상태가 소멸함과 동시에 중지도 해소되고 절차는 진행된다. 재판중지는 법원이 직무수행을 할 수 있지만 당사자가 법원에 출석하여 소송을 진행할 수 없는 장애사유가 발생한 경우, 예컨대 전쟁이나 그 밖의 사유로 교통이 두절되어 당사자가 출석할 수 없는 경우에 법원의 재판에 의해 절차진행이 정지되는 것을 의미한다. 이때는 법원의 취소재판에 의하여 중지가 해소되고 절차는 진행된다.

※ 수계신청 : 법원에 대해 중단된 절차의 속행을 구하는 신청

〈상 황〉

원고 甲과 피고 乙 사이에 대여금반환청구소송이 A법원에서 진행 중이다. 甲은 변호사 丙을 소송대리인으로 선임하였지만, 乙은 소송대리인을 선임하지 않았다.

〈보 기〉

ㄱ. 소송진행 중 甲이 사망하였다면, 절차진행은 중단되며 甲의 상속인의 수계신청에 의해 중단이 해소되고 절차가 진행된다.

ㄴ. 소송진행 중 丙이 사망하였다면, 절차진행은 중단되며 甲이 새로운 변호사를 소송대리인으로 선임하면 중단은 해소되고 절차가 진행된다.

ㄷ. 소송진행 중 A법원의 건물이 화재로 전소(全燒)되어 직무수행이 불가능해졌다면, 절차진행은 중단되며 이후 A법원의 속행명령이 있으면 절차가 진행된다.

ㄹ. 소송진행 중 乙이 거주하고 있는 장소에서만 발생한 지진으로 교통이 두절되어 乙이 A법원에 출석할 수 없는 경우, A법원의 재판에 의해 절차진행이 중지되며 이후 A법원의 취소재판에 의해 중지는 해소되고 절차가 진행된다.

① ㄹ
② ㄱ, ㄴ
③ ㄱ, ㄹ
④ ㄴ, ㄷ
⑤ ㄷ, ㄹ

2018년 공직적격성평가(PSAT)

국가공무원 5급 · 7급 민간경력자 일괄채용 필기시험

응시번호	
성　　명	

문제책형
㉮

【시험과목】

제1과목	언어논리
제2과목	자료해석
제3과목	상황판단

문제풀이 시작과 종료 시간을 기입해 주시기 바랍니다.

• 언어논리(60분) ______시 ______분 ~ ______시 ______분

• 자료해석(60분) ______시 ______분 ~ ______시 ______분

• 상황판단(60분) ______시 ______분 ~ ______시 ______분

문 1. 다음 글의 빈칸에 들어갈 진술로 가장 적절한 것은?

조선 후기에는 이앙법이 전국적으로 확산되었다. 이앙법을 수용하면 잡초 제거에 드는 시간과 노동력이 줄어든다. 상당수 역사학자들은 조선 후기 이앙법의 확대 수용 결과 광작(廣作)이 확산되고 상업적 농업 경영이 가능하게 되었다고 생각한다. 즉 한 사람이 경작할 수 있는 면적이 늘어남은 물론 많은 양의 다양한 농작물 수확이 가능하게 되어 판매까지 활성화되었다는 것이다. 그 결과 양반과 농민 가운데 다수의 부농이 나타나게 되었다고 주장한다.

그런데 A는 조선 후기에 다수의 양반이 광작을 통해 부농이 되었다는 주장을 근거가 없다고 비판한다. 그에 의하면 조선 전기에는 자녀 균분 상속이 일반적이었다. 그런데 균분 상속을 하게 되면 자식들이 소유하게 될 땅의 면적이 선대에 비해 줄어들게 된다. 이에 조선 후기 양반들은 가문의 경제력을 보전해야 한다고 생각해 대를 이을 장자에게만 전답을 상속해주기 시작했고, 그 결과 장자를 제외한 사람들은 영세한 소작인으로 전락했다는 것이 그의 주장이다.

또한 A는 조선 후기의 대다수 농민은 소작인이었으며, 그나마 이들이 소작할 수 있는 땅도 적었다고 주장한다. 그는 반복된 자연재해로 전답의 상당수가 황폐해져 전체적으로 경작지가 줄어들었기 때문에 이앙법 확산의 효과를 기대하기 어려운 여건이었다고 하였다. 이런 여건에서 정부의 재정 지출 증가로 농민의 부세 부담 또한 늘어났고, 늘어난 부세를 부담하기 위해 한정된 경작지에 되도록 많은 작물을 경작하려 한 결과 집약적 농업이 성행하게 되었다고 보았다. 그런데 집약적으로 농사를 짓게 되면 농업 생산력이 높아질 리 없다는 것이 그의 주장이다. 가령 면화를 재배하면서도 동시에 다른 작물을 면화 사이에 심어 기르는 경우가 많았는데, 이렇듯 제한된 면적에 한꺼번에 많은 양의 작물을 재배하면 지력이 떨어지고 수확량은 줄어들어 자연히 시장에 농산물을 내다 팔 여력이 거의 없게 된다는 것이다.

요컨대 A의 주장은 [　　　　　　　　　　]는 것이다.

① 이앙법의 확산 효과는 시기별, 신분별로 다르게 나타났다
② 자녀 균분 상속제가 사라져 농작물 수확량이 급속히 감소하였다
③ 집약적 농업이 성행하였기 때문에 이앙법의 확산을 기대하기 어려웠다
④ 조선 후기에는 양반이든 농민이든 부농으로 성장할 수 있는 가능성이 높지 않았다
⑤ 대다수 농민이 광작과 상업적 농업에 주력했음에도 불구하고 자연재해로 인해 생산력은 오히려 낮아졌다

문 2. 다음 글의 ㉠~㉤에서 전체 흐름과 맞지 않는 한 곳을 찾아 수정할 때, 가장 적절한 것은?

상업적 농업이란 전통적인 자급자족 형태의 농업과 달리 ㉠ 판매를 위해 경작하는 농업을 일컫는다. 농업이 상업화된다는 것은 산출할 수 있는 최대의 수익을 얻기 위해 경작이 이루어짐을 뜻한다. 이를 위해 쟁기질, 제초작업 등과 같은 생산 과정의 일부를 인간보다 효율이 높은 기계로 작업하게 되고, 농장에서 일하는 노동자도 다른 산업 분야처럼 경영상의 이유에 따라 쉽게 고용되고 해고된다. 이처럼 상업적 농업의 도입은 근대 사회의 상업화를 촉진한 측면이 있다.

홉스봄은 18세기 유럽에 상업적 농업이 도입되면서 일어난 몇 가지 변화에 주목했다. 중세 말기 장원의 해체로 인해 지주와 소작인 간의 인간적이었던 관계가 사라진 것처럼, ㉡ 농장주와 농장 노동자의 친밀하고 가까웠던 관계가 상업적 농업의 도입으로 인해 사라졌다. 토지는 삶의 터전이라기보다는 수익의 원천으로 여겨지게 되었고, 농장 노동자는 시세대로 고용되어 임금을 받는 존재로 변화하였다. 결국 대량 판매 시장을 위한 ㉢ 대규모 생산이 점점 더 강조되면서 기계가 인간을 대체하기 시작했다.

또한 상업적 농업의 도입은 중요한 사회적 결과를 가져왔다. 점차적으로 ㉣ 중간 계급으로의 수렴현상이 나타난 것이다. 저임금 구조의 고착화로 농장주와 농장 노동자 간의 소득 격차는 갈수록 벌어졌고, 농장 노동자의 처지는 위생과 복지의 양 측면에서 이전보다 더욱 열악해졌다.

나아가 상업화로 인해 그동안 호혜성의 원리가 적용되어왔던 대상들의 성격이 변화하였는데, 특히 돈과 관련된 것, 즉 재산권이 그러했다. 수익을 얻기 위한 토지 매매가 본격화되면서 ㉤ 재산권은 공유되기보다는 개별화되었다. 이에 따라 이전에 평등주의 가치관이 우세했던 일부 유럽 국가에서조차 자원의 불평등한 분배와 사회적 양극화가 심화되었다.

① ㉠을 "개인적인 소비를 위해 경작하는 농업"으로 고친다.
② ㉡을 "농장주와 농장 노동자의 이질적이고 사용 관계에 가까웠던 관계"로 고친다.
③ ㉢을 "기술적 전문성이 점점 더 강조되면서 인간이 기계를 대체"로 고친다.
④ ㉣을 "계급의 양극화가 나타난 것이다"로 고친다.
⑤ ㉤을 "재산권은 개별화되기보다는 사회 구성원 내에서 공유되었다"로 고친다.

문 3. 다음 글에서 알 수 있는 것은?

공동의 번영과 조화를 뜻하는 공화(共和)에서 비롯된 공화국이라는 용어는 국가라는 정치 공동체 전체를 위해 때로는 개인의 양보가 필요할 수 있음을 전제하고 있다는 점에서 사회적 공공성 개념과 연결된다. 이미 1919년 임시정부가 출범하면서 '민주공화국'이라는 표현이 등장하였고 헌법 제1조에도 '대한민국은 민주공화국'이라고 명시되어 있지만, 분단 이후 북한도 '공화국'이라는 용어를 사용함에 따라 한국에서는 이 용어의 사용이 기피되었다. 냉전 체제의 고착화로 인해 반공이 국시가 되면서 '공화국'보다는 오히려 '자유민주주의'라는 용어가 훨씬 더 널리 사용되었는데, 이때에도 민주주의보다는 자유가 강조되었다.

그런데 해방 이후 한국 사회에 널리 유포된 자유의 개념은 대체로 서구의 고전적 자유주의 전통에서 비롯된 것이다. 이 전통에서 보자면, 자유란 '국가의 강제에 대립하여 자신의 사유 재산권을 자기 마음대로 행사할 수 있는 것'을 의미한다. 이 같은 자유 개념에 기초하고 있는 자유민주주의에서는 개인의 자유를 강조할수록 사회적 공공성은 약화될 수밖에 없다.

자유민주주의가 1960년대 이후 급속히 팽배하기 시작한 개인주의와 결합하면서 사회적 공공성은 더욱 후퇴하였다. 이 시기 군사정권이 내세웠던 "잘 살아보세."라는 표어는 우리 공동체 전체가 다 함께 잘 사는 것이라기보다는 사실상 나 또는 내 가족만큼은 잘 살아보자는 개인적 욕망의 합리화를 의미했다. 그 결과 공동체 전체의 번영을 위한 사회 전반의 공공성이 강화되기보다는 사유 재산의 증대를 위해 국가의 간섭을 배제해야 한다는 논리가 강화되었던 것이다.

① 한국 사회에서 자유민주주의라는 용어는 공화국의 이념을 충실하게 수용한 것이다.
② 임시정부에서 민주공화국이라는 용어를 사용한 것은 자유주의의 전통에 따른 것이다.
③ 고전적 자유주의에서 비롯된 자유 개념을 강조할수록 사회적 공공성이 약화될 수 있다.
④ 반공이 국시가 된 이후 국가 공동체에 대한 충성을 강조한 결과 공공성에 대한 관심이 증대되었다.
⑤ 1960년대 이후 개인주의와 자유민주주의의 결합은 공동체 전체의 번영이라는 사회적 결과를 낳았다.

문 4. 다음 글에서 알 수 있는 것은?

구글의 디지털도서관은 출판된 모든 책을 디지털화하여 온라인을 통해 제공하는 프로젝트이다. 이는 전 세계 모든 정보를 취합하여 정리한다는 목표에 따라 진행되며, 이미 1,500만 권의 도서를 스캔하였다. 덕분에 셰익스피어 저작집 등 저작권 보호 기간이 지난 책들이 무료로 서비스되고 있다.

이에 대해 미국 출판업계가 소송을 제기하였고, 2008년에 구글이 1억 2,500만 달러를 출판업계에 지급하는 것으로 양자 간 합의안이 도출되었다. 그러나 연방법원은 이 합의안을 거부하였다. 디지털도서관은 많은 사람들에게 혜택을 줄 수 있지만, 이는 구글의 시장독점을 초래할 우려가 있으며, 저작권 침해의 소지도 있기에 저작권자도 소송에 참여하라고 주문하였다.

구글의 지식 통합 작업은 많은 이점을 가져오겠지만, 모든 지식을 한곳에 집중시키는 것이 옳은 방향인가에 대해서는 숙고가 필요하다. 문명사회를 지탱하고 있는 사회계약이란 시민과 국가 간의 책임과 권리에 관한 암묵적 동의이며, 집단과 구성원 간, 또는 개인 간의 계약을 의미한다. 이러한 계약을 위해서는 쌍방이 서로에 대해 비슷한 정도의 지식을 가지고 있어야 한다는 전제조건이 충족되어야 한다. 그런데 지식 통합 작업을 통한 지식의 독점은 한쪽 편이 상대방보다 훨씬 많은 지식을 가지는 지식의 비대칭성을 강화한다. 따라서 사회계약의 토대 자체가 무너질 수 있다. 또한 지식 통합 작업은 지식을 수집하여 독자들에게 제공하고자 하는 것이지만, 더 나아가면 지식의 수집뿐만 아니라 선별하고 배치하는 편집 권한까지 포함하게 된다. 이에 따라 사람들이 알아도 될 것과 그렇지 않은 것을 결정하는 막강한 권력을 구글이 갖게 되는 상황이 초래될 수 있다.

① 구글과 저작권자의 갈등은 소송을 통해 해결되었다.
② 구글의 지식 통합 작업은 사회계약의 전제조건을 더 공고하게 할 것이다.
③ 구글의 지식 통합 작업은 독자들과 구글 사이에 평등한 권력 관계를 확대할 것이다.
④ 구글의 디지털도서관은 지금까지 스캔한 1,500만 권의 책을 무료로 서비스하고 있다.
⑤ 구글의 지식 통합 작업은 지식의 수집에서 편집권을 포함하는 것까지 확대될 수 있다.

문 5. 다음 글에서 알 수 있는 것은?

체험사업을 운영하는 이들은 아이들에게 다양한 직업의 현장과 삶의 실상, 즉 현실을 체험하게 해준다고 홍보한다. 직접 겪지 못하는 현실을 잠시나마 체험함으로써 미래에 더 좋은 선택을 할 수 있게 한다는 것이다. 체험은 생산자에게는 홍보와 돈벌이 수단이 되고, 소비자에게는 교육의 연장이자 주말 나들이 거리가 된다. 이런 필요와 전략이 맞물려 체험사업이 번성한다. 그러나 이때의 현실은 체험하는 사람의 필요와 여건에 맞추어 미리 짜놓은 현실, 치밀하게 계산된 현실이다. 다른 말로 하면 가상현실이다. 아이들의 상황을 고려해서 눈앞에 보일 만한 것, 손에 닿을 만한 것, 짧은 시간에 마칠 수 있는 것을 잘 계산해서 마련해 놓은 맞춤형 가상현실인 것이다. 눈에 보이지 않는 구조, 손에 닿지 않는 제도, 장기간 반복되는 일상은 체험행사에서는 제공될 수 없다.

여기서 주목해야 할 것은 경험과 체험의 차이이다. 경험은 타자와의 만남이다. 반면 체험 속에서 인간은 언제나 자기 자신만을 볼 뿐이다. 타자들로 가득한 현실을 경험함으로써 인간은 스스로 변화하는 동시에 현실을 변화시킬 동력을 얻는다. 이와 달리 가상현실에서는 그것을 체험하고 있는 자신을 재확인하는 것으로 귀결되기 마련이다. 경험 대신 체험을 제공하는 가상현실은 실제와 가상의 경계를 모호하게 할 뿐만 아니라 우리를 현실에 순응하도록 이끈다. 요즘 미래 기술로 각광받는 디지털 가상현실 기술은 경험을 체험으로 대체하려는 오랜 시도의 결정판이다. 버튼 하나만 누르면 3차원으로 재현된 세계가 바로 앞에 펼쳐진다. 한층 빠르고 정교한 계산으로 구현한 가상현실은 우리에게 필요한 모든 것을 눈앞에서 체험할 수 있는 본격 체험사회를 예고하는 것만 같다.

① 체험사업은 장기간의 반복적 일상을 가상현실을 통해 경험하도록 해준다.

② 현실을 변화시킬 수 있는 동력은 체험이 아닌 현실을 경험함으로써 얻게 된다.

③ 가상현실은 실제와 가상 세계의 경계를 구분하여 자기 자신을 체험할 수 없도록 한다.

④ 체험사업은 아이들에게 타자와의 만남을 경험하게 해줌으로써 경제적 이윤을 얻고 있다.

⑤ 디지털 가상현실 기술은 아이들에게 현실을 경험하게 함으로써 미래에 더 좋은 선택을 하도록 돕는다.

문 6. 다음 글에서 알 수 없는 것은?

고대에는 별이 뜨고 지는 것을 통해 방위를 파악했다. 최근까지 서태평양 캐롤라인 제도의 주민은 현대식 항해 장치 없이도 방위를 파악하여 카누 하나만으로 드넓은 열대 바다를 항해하였다. 인류학자들에 따르면, 그들은 별을 나침반처럼 이용하여 여러 섬을 찾아다녔고 이때의 방위는 북쪽의 북극성, 남쪽의 남십자성, 그 밖에 특별히 선정한 별이 뜨고 지는 것에 따라 정해졌다.

캐롤라인 제도는 적도의 북쪽에 있어서 그 주민들은 북쪽 수평선의 바로 위쪽에서 북극성을 볼 수 있다. 북극성은 천구의 북극점으로부터 매우 가까운 거리에서 작은 원을 그리며 공전한다. 천구의 북극점은 지구 자전축의 북쪽 연장선상에 있기 때문에 천구의 북극점에 있는 별은 공전을 하지 않고 정지된 것처럼 보인다. 이처럼 천구의 북극점에 있는 별을 제외하고 북극성을 포함한 별이 천구의 북극점을 중심으로 공전하는 것처럼 보이는 것은 지구가 자전하기 때문이다.

캐롤라인 제도의 주민이 북쪽을 찾기 위해 이용했던 북극성은 자기(磁氣) 나침반보다 더 정확하게 천구의 북극점을 가리킨다. 이는 나침반의 바늘이 지구의 자전축으로부터 거리가 멀리 떨어져 있는 지구자기의 북극점을 향하기 때문이다. 또한 천구의 남극점 근처에서 쉽게 관측할 수 있는 고정된 별은 없으므로 캐롤라인 제도의 주민은 남극점 자체를 볼 수 없다. 그러나 남십자성이 천구의 남극점 주위를 돌고 있으므로 남쪽을 파악하는 데는 큰 어려움이 없다.

① 고대에 사용되었던 방위 파악 방법 중에는 최근까지 이용된 것도 있다.

② 캐롤라인 제도의 주민은 밤하늘에 있는 남십자성을 이용하여 남쪽을 알아낼 수 있었다.

③ 지구 자전축의 연장선상에 별이 있다면, 밤하늘을 보았을 때 그 별은 정지된 것처럼 보인다.

④ 자기 나침반을 이용하면 북극성을 이용할 때보다 더 정확히 천구의 북극점을 찾을 수 있다.

⑤ 캐롤라인 제도의 주민이 관찰한 별이 천구의 북극점을 중심으로 공전하는 것처럼 보이는 이유는 지구가 자전하기 때문이다.

문 7. 다음 글의 ⓐ와 ⓑ에 들어갈 말을 〈보기〉에서 골라 적절하게 나열한 것은?

갈릴레오는 망원경으로 목성을 항상 따라다니는 네 개의 위성을 관찰하였다. 이 관찰 결과는 지동설을 지지해 줄 수 있는 것이었다. 당시 지동설에 대한 반대 논증 중 하나는 다음과 같은 타당한 논증이었다.

(가) ______ⓐ______.

(나) 달은 지구를 항상 따라다닌다.

따라서 (다) 지구는 공전하지 않는다.

갈릴레오의 관찰 결과는 이 논증의 (가)를 반박할 수 있는 것이었다. 왜냐하면 목성이 공전한다는 것은 당시 천동설 학자들도 받아들이고 있었고 그의 관찰로 인해 위성들이 공전하는 목성을 따라다닌다는 것이 밝혀지는 셈이기 때문이다. 그런데 문제는 당시의 학자들이 망원경을 통한 관찰을 신뢰하지 않는다는 데 있었다. 당시 학자들 대부분은 육안을 통한 관찰로만 실제 존재를 파악할 수 있다고 믿었다. 따라서 갈릴레오는 망원경을 통한 관찰이 육안을 통한 관찰만큼 신뢰할 만하다는 것을 입증해야 했다. 이를 보이기 위해 그는 '빛 번짐 현상'을 활용하였다.

빛 번짐 현상이란, 멀리 떨어져 있는 작고 밝은 광원을 어두운 배경에서 볼 때 실제 크기보다 광원이 크게 보이는 현상이다. 육안으로 금성을 관찰할 경우, 금성이 주변 환경에 비해 더 밝게 보이는 밤에 관찰하는 것보다 낮에 관찰하는 것이 더 정확하다. 그런데 낮에 관찰한 결과는 연중 금성의 외견상 크기가 변한다는 것을 보여준다.

그렇다면 망원경을 통한 관찰이 신뢰할 만하다는 것은 어떻게 보일 수 있었을까? 갈릴레오는 밤에 금성을 관찰할 때 망원경을 사용하면 빛 번짐 현상을 없앨 수 있다는 것을 강조하면서 다음과 같은 논증을 펼쳤다.

(라) ___ⓑ___면, 망원경에 의한 관찰 자료를 신뢰할 수 있다.

(마) ___ⓑ___.

따라서 (바) 망원경에 의한 관찰 자료를 신뢰할 수 있다.

결국 갈릴레오는 (마)를 입증함으로써, (바)를 보일 수 있었다.

〈보 기〉

ㄱ. 지구가 공전한다면, 달은 지구를 따라다니지 못한다.
ㄴ. 달이 지구를 따라다니지 못한다면, 지구는 공전한다.
ㄷ. 낮에 망원경을 통해 본 금성의 크기 변화와 낮에 육안으로 관찰한 금성의 크기 변화가 유사하다.
ㄹ. 낮에 망원경을 통해 본 금성의 크기 변화와 밤에 망원경을 통해 본 금성의 크기 변화가 유사하다.
ㅁ. 낮에 육안으로 관찰한 금성의 크기 변화와 밤에 망원경을 통해 본 금성의 크기 변화가 유사하다.

	ⓐ	ⓑ
①	ㄱ	ㄷ
②	ㄱ	ㅁ
③	ㄴ	ㄷ
④	ㄴ	ㄹ
⑤	ㄴ	ㅁ

문 8. 다음 글에 대한 분석으로 적절한 것만을 〈보기〉에서 모두 고르면?

우리는 흔히 행위를 윤리적 관점에서 '해야 하는 행위'와 '하지 말아야 하는 행위'로 구분한다. 그리고 전자에는 '윤리적으로 옳음'이라는 가치 속성을, 후자에는 '윤리적으로 그름'이라는 가치 속성을 부여한다. 그런데 윤리적 담론의 대상이 되는 행위 중에는 윤리적으로 권장되는 행위나 윤리적으로 허용되는 행위도 존재한다.

윤리적으로 권장되는 행위는 자선을 베푸는 것과 같이 윤리적인 의무는 아니지만 윤리적으로 바람직하다고 판단되는 행위를 의미한다. 이와 달리 윤리적으로 허용되는 행위는 윤리적으로 그르지 않으면서 정당화 가능한 행위를 의미한다. 예를 들어, 응급환자를 태우고 병원 응급실로 달려가던 중 신호를 위반하고 질주하는 행위는 맥락에 따라 윤리적으로 정당화 가능한 행위라고 판단될 것이다. 우리가 윤리적으로 권장되는 행위나 윤리적으로 허용되는 행위에 대해 옳음이나 그름이라는 윤리적 가치 속성을 부여한다면, 이 행위들에는 윤리적으로 옳음이라는 속성이 부여될 것이다.

이런 점에서 '윤리적으로 옳음'이란 윤리적으로 해야 하는 행위, 권장되는 행위, 허용되는 행위 모두에 적용되는 매우 포괄적인 용어임에 유의할 필요가 있다. '윤리적으로 옳은 행위가 무엇인가?'라는 질문에 답할 때, 이러한 포괄성을 염두에 두지 않고, 윤리적으로 해야 하는 행위, 즉 적극적인 윤리적 의무에 대해서만 주목하는 경향이 있다. 하지만 구체적인 행위에 대해 '윤리적으로 옳은가?'라는 질문을 할 때에는 위와 같은 분류를 바탕으로 해당 행위가 해야 하는 행위인지, 권장되는 행위인지, 혹은 허용되는 행위인지 따져볼 필요가 있다.

〈보 기〉

ㄱ. 어떤 행위는 그 행위가 이루어진 맥락에 따라 윤리적으로 허용되는지의 여부가 결정된다.
ㄴ. '윤리적으로 옳은 행위가 무엇인가?'라는 질문에 답하기 위해서는 적극적인 윤리적 의무에만 주목해야 한다.
ㄷ. 윤리적으로 권장되는 행위와 윤리적으로 허용되는 행위에 대해서는 윤리적으로 옳음이라는 가치 속성이 부여될 수 있다.

① ㄱ
② ㄴ
③ ㄱ, ㄷ
④ ㄴ, ㄷ
⑤ ㄱ, ㄴ, ㄷ

문 9. 다음 글에서 추론할 수 없는 것은?

동물의 행동을 선하다거나 악하다고 평가할 수 없는 이유는 동물이 단지 본능적 욕구에 따라 행동할 뿐이기 때문이다. 오직 인간만이 욕구와 감정에 맞서서 행동할 수 있다. 인간만이 이성을 가지고 있다. 그러나 인간이 전적으로 이성적인 존재는 아니다. 다른 동물과 마찬가지로 인간 또한 감정과 욕구를 가진 존재다. 그래서 인간은 이성과 감정의 갈등을 겪게 된다.

그러한 갈등에도 불구하고 인간이 도덕적 행위를 할 수 있는 까닭은 이성이 우리에게 도덕적인 명령을 내리기 때문이다. 도덕적 명령에 따를 때에야 비로소 우리는 의무에서 비롯된 행위를 한 것이다. 만약 어떤 행위가 이성의 명령에 따른 것이 아닐 경우 그것이 결과적으로 의무와 부합할지라도 의무에서 나온 행위는 아니다. 의무에서 나온 행위가 아니라면 심리적 성향에서 비롯된 행위가 되는데, 심리적 성향에서 비롯된 행위는 도덕성과 무관하다. 불쌍한 사람을 보고 마음이 아파서 도움을 주었다면 이는 결국 심리적 성향에 따라 행동한 것이다. 그것은 감정과 욕구에 따른 것이기 때문에 도덕적 행위일 수가 없다.

감정이나 욕구와 같은 심리적 성향에 따른 행위가 도덕적일 수 없는 또 다른 이유는, 그것이 상대적이기 때문이다. 감정이나 욕구는 주관적이어서 사람마다 다르며, 같은 사람이라도 상황에 따라 변하기 마련이다. 때문에 이는 시공간을 넘어 모든 인간에게 적용될 수 있는 보편적인 도덕의 원리가 될 수 없다. 감정이나 욕구가 어떠하든지 간에 이성의 명령에 따르는 것이 도덕이다. 이러한 입장이 사랑이나 연민과 같은 감정에서 나온 행위를 인정하지 않는다거나 가치가 없다고 평가하는 것은 아니다. 단지 사랑이나 연민은 도덕적 차원의 문제가 아닐 뿐이다.

① 동물의 행위는 도덕적 평가의 대상이 아니다.
② 감정이나 욕구는 보편적인 도덕의 원리가 될 수 없다.
③ 심리적 성향에서 비롯된 행위는 도덕적 행위일 수 없다.
④ 이성의 명령에 따른 행위가 심리적 성향에 따른 행위와 일치하는 경우는 없다.
⑤ 인간의 행위 중에는 심리적 성향에서 비롯된 것도 있고 의무에서 나온 것도 있다.

문 10. 다음 글의 내용이 참일 때, 최종 선정되는 단체는?

○○부는 우수 문화예술 단체 A, B, C, D, E 중 한 곳을 선정하여 지원하려 한다. ○○부의 금번 선정 방침은 다음 두 가지다. 첫째, 어떤 형태로든 지원을 받고 있는 단체는 최종 후보가 될 수 없다. 둘째, 최종 선정 시 올림픽 관련 단체를 엔터테인먼트 사업(드라마, 영화, K-pop) 단체보다 우선한다.

A단체는 자유무역협정을 체결한 갑국에 드라마 컨텐츠를 수출하고 있지만 올림픽과 관련된 사업은 하지 않는다. B는 올림픽의 개막식 행사를, C는 폐막식 행사를 각각 주관하는 단체다. E는 오랫동안 한국 음식문화를 세계에 보급해 온 단체다. A와 C 중 적어도 한 단체가 최종 후보가 되지 못한다면, 대신 B와 E 중 적어도 한 단체는 최종 후보가 된다. 반면 게임 개발로 각광을 받은 단체인 D가 최종 후보가 된다면, 한국과 자유무역협정을 체결한 국가와 교역을 하는 단체는 모두 최종 후보가 될 수 없다. 후보 단체들 중 가장 적은 부가가치를 창출한 단체는 최종 후보가 될 수 없고, 최종 선정은 최종 후보가 된 단체 중에서만 이루어진다.

○○부의 조사 결과, 올림픽의 개막식 행사를 주관하는 모든 단체는 이미 □□부로부터 지원을 받고 있다. 그리고 위 문화예술 단체 가운데 한국 음식문화 보급과 관련된 단체의 부가가치 창출이 가장 저조하였다.

① A
② B
③ C
④ D
⑤ E

문 11. 다음 글에서 알 수 있는 것은?

불교가 삼국에 전래될 때 대개 불경과 불상 그리고 사리가 들어왔다. 이에 예불을 올리고 불상과 사리를 모실 공간으로 사찰이 건립되었다. 불교가 전래된 초기에는 불상보다는 석가모니의 진신사리를 모시는 탑이 예배의 중심이 되었다.

불교에서 전하기를, 석가모니가 보리수 아래에서 열반에 든 후 화장(火葬)을 하자 여덟 말의 사리가 나왔다고 한다. 이것이 진신사리이며 이를 모시는 공간이 탑이다. 탑은 석가모니의 분신을 모신 곳으로 간주되어 사찰의 중심에 놓였다. 그러나 진신사리는 그 수가 한정되어 있었기 때문에 삼국시대 말기에는 사리를 대신하여 작은 불상이나 불경을 모셨다. 이제 탑은 석가모니의 분신을 모신 곳이 아니라 사찰의 상징적 건축물로 그 의미가 변했고, 예배의 중심은 탑에서 불상을 모신 금당으로 자연스럽게 옮겨갔다.

삼국시대 사찰은 탑을 중심으로 하고 그 주위를 회랑※으로 두른 다음 부속 건물들을 정연한 비례에 의해 좌우대칭으로 배치하는 구성을 보였다. 그리하여 이 시기 사찰에서는 기본적으로 남문 · 중문 · 탑 · 금당 · 강당 · 승방 등이 남북으로 일직선상에 놓였다. 그리고 반드시 중문과 강당 사이를 회랑으로 연결하여 탑을 감쌌다. 동서양을 막론하고 모든 고대국가의 신전에는 이러한 회랑이 공통적으로 보이는데, 이는 신전이 성역임을 나타내기 위한 건축적 장치가 회랑이기 때문이다. 특히 삼국시대 사찰은 후대의 산사와 달리 도심 속 평지 사찰이었기 때문에 회랑이 필수적이었다.

※ 회랑 : 종교 건축이나 궁궐 등에서 중요 부분을 둘러싸고 있는 지붕 달린 복도

① 삼국시대의 사찰에서 탑은 중문과 강당 사이에 위치한다.
② 진신사리를 모시는 곳은 탑에서 금당의 불상으로 바뀌었다.
③ 삼국시대 말기에는 진신사리가 부족하여 탑 안을 비워두었다.
④ 삼국시대 이후에는 평지 사찰과 산사를 막론하고 회랑을 세우지 않았다.
⑤ 탑을 사찰의 중심에 세웠던 것은 사찰이 성역임을 나타내기 위해서였다.

문 12. 다음 글의 내용 흐름상 가장 적절한 문단 배열의 순서는?

(가) 회전문의 축은 중심에 있다. 축을 중심으로 통상 네 짝의 문이 계속 돌게 되어 있다. 마치 계속 열려 있는 듯한 착각을 일으키지만, 사실은 네 짝의 문이 계속 안 또는 밖을 차단하도록 만든 것이다. 실질적으로는 열려 있는 순간 없이 계속 닫혀 있는 셈이다.

(나) 문은 열림과 닫힘을 위해 존재한다. 이 본연의 기능을 하지 못한다는 점에서 계속 닫혀 있는 문이 무의미하듯이, 계속 열려 있는 문 또한 그 존재 가치와 의미가 없다. 그런데 현대 사회의 문은 대부분의 경우 닫힌 구조로 사람들을 맞고 있다. 따라서 사람들을 환대하는 것이 아니라 박대하고 있다고 할 수 있다. 그 대표적인 예가 회전문이다. 가만히 회전문의 구조와 그 기능을 머릿속에 그려보라. 그것이 어떤 식으로 열리고 닫히는지 알고는 놀랄 것이다.

(다) 회전문은 인간이 만들고 실용화한 문 가운데 가장 문명적이고 가장 발전된 형태로 보일지 모르지만, 사실상 열림을 가장한 닫힘의 연속이기 때문에 오히려 가장 야만적이며 가장 미개한 형태의 문이다.

(라) 또한 회전문을 이용하는 사람들은 회전문의 구조와 운동 메커니즘에 맞추어야 실수 없이 문을 통과해 안으로 들어가거나 밖으로 나올 수 있다. 어린아이, 허약한 사람, 또는 민첩하지 못한 노인은 쉽게 그것에 맞출 수 없다. 더구나 휠체어를 탄 사람이라면 더 말할 나위도 없다. 이들에게 회전문은 문이 아니다. 실질적으로 닫혀 있는 기능만 하는 문은 문이 아니기 때문이다.

① (가)－(나)－(라)－(다)
② (가)－(라)－(나)－(다)
③ (나)－(가)－(라)－(다)
④ (나)－(다)－(라)－(가)
⑤ (다)－(가)－(라)－(나)

문 13. 다음 글의 내용과 부합하는 것은?

유교 전통에서는 이상적 정치가 군주 개인의 윤리적 실천에 의해 실현된다고 보았을 뿐 윤리와 구별되는 정치 그 자체의 독자적 영역을 설정하지는 않았다. 달리 말하면 유교 전통에서는 통치자의 윤리만을 문제 삼았을 뿐, 갈등하는 세력들 간의 공존을 위한 정치나 정치제도에는 관심을 두지 않았다. 유교 전통의 이런 측면은 동아시아에서의 민주주의의 실현 가능성을 제한하였다.

'조화(調和)'를 이상으로 생각하는 유교의 전통 또한 차이와 갈등을 긍정하는 서구의 민주주의 정치 전통과는 거리가 있다. 유교 전통에 따르면, 인간의 행위와 사회 제도는 모두 자연의 운행처럼 조화를 이루어야 한다. 조화를 이루지 못하는 것은 근본적으로 그릇된 것이기 때문에 모든 것은 계절이 자연스럽게 변화하듯 조화를 실현해야 한다. 그러나 서구의 개인주의적 맥락에서 보자면 정치란 서로 다른 개인들 간의 갈등을 조정하는 제도적 장치를 마련하는 과정이었다. 그 결과 서구의 민주주의 사회에서는 다양한 정치적 입장들이 독자적인 형태를 취하면서 경쟁하며 공존할 수 있었다.

물론 유교 전통 하에서도 다양한 정치적 입장들이 존재했다고 주장할 수 있다. 군주 절대권이 인정되었다고 해도, 실질적 국가 운영을 맡았던 것은 문사(文士) 계층이었고 이들은 다양한 정치적 견해를 군주에게 전달할 수 있었다. 문사 계층은 윤리적 덕목을 군주가 실천하도록 함으로써 갈등 자체가 발생하지 않도록 힘썼다. 또한 이들은 유교 윤리에서 벗어난 군주의 그릇된 행위를 비판하기도 하였다. 그렇다고 하더라도 이들이 서구의 계몽사상가들처럼 기존의 유교적 질서와 다른 정치적 대안을 제시할 수는 없었다. 이들에게 정치는 윤리와 구별되는 독자적 영역으로 인식되지 못하였다.

① 유교 전통에서 사회적 갈등을 원활히 관리하지 못하는 군주는 교체될 수 있었다.
② 유교 전통에서 문사 계층은 기존 유교적 질서와 다른 정치적 대안을 제시하지는 못했다.
③ 조화를 강조하는 유교 전통에서는 서구의 민주주의와 다른 새로운 유형의 민주주의가 등장하였다.
④ 유교 전통에서는 조화의 이상에 따라 군주의 주도로 갈등하는 세력이 공존하는 정치가 유지될 수 있었다.
⑤ 군주의 통치 행위에 대해 다양하게 비판할 수 있었던 유교 전통으로 인해 동아시아에서 민주주의가 발전하였다.

문 14. 다음 글에서 알 수 없는 것은?

루머는 구전과 인터넷을 통해 확산되고, 그 과정에서 여러 사람들의 의견이 더해진다. 루머는 특히 사회적 불안감이 형성되었을 때 빠르게 확산되는데, 이는 사람들이 사회적·개인적 불안감을 해소하기 위한 수단으로 루머에 의지하기 때문이다.

나아가 루머가 확산되는 데는 사회적 동조가 중요한 영향을 미친다. 사회적 동조란 '다수의 의견이나 사회적 규범에 개인의 의견과 행동을 맞추거나 동화시키는 경향'을 뜻한다. 사회적 동조는 루머가 사실로 인식되고 대중적으로 수용되는 과정에서도 큰 영향력을 행사한다.

사회적 동조는 개인이 어떤 정보에 대해 판단하거나 그에 대한 태도를 결정하는 데 정당성을 제공한다. 다수의 의견을 따름으로써 어떤 정보를 믿는 것에 대한 합리적 이유를 갖게 되는 것이다. 실제로 루머에 대한 지지 댓글을 많이 본 사람들은 루머에 대한 반박 댓글을 많이 본 사람들에 비해 루머를 사실로 믿는 경향이 더욱 강한 것으로 나타났다. 또한 사회적 동조가 있는 상태에서는 개인의 성향과 상관없이 루머를 사실이라고 믿는 경우가 많았다.

사회적 동조의 또 다른 역할은 사람들이 자신의 의견을 제시할 때 사회적 분위기를 고려하게 하는 것이다. 소속된 집단으로부터 소외되지 않기 위해서 다수에 의해 지지되는 의견을 따라가는 현상이 발생하기도 한다. 이와 같은 현상은 개인주의 문화권보다는 집단주의 문화권에 있는 사람들에게서 더 잘 나타난다. 집단주의 문화권 사람들은 루머를 믿는 사람들로부터 루머에 대한 정보를 얻고 그것을 근거로 하여 판단하며, 다른 사람들의 의견에 개인의 생각을 일치시키는 경향이 두드러진다.

① 사람들은 루머를 사회적 불안감을 해소하기 위한 수단으로 삼기도 한다.
② 사회적 동조는 개인이 루머를 사실로 받아들이는 결정을 함에 있어 정당성을 제공한다.
③ 집단주의 문화권에서는 개인주의 문화권보다 사회적 동조가 루머의 확산에 미치는 영향이 더 크게 나타난다.
④ 루머에 대한 반박 댓글을 많이 본 사람들이 지지 댓글을 많이 본 사람들보다 루머를 사실로 믿는 경향이 더 약하다.
⑤ 사회적 동조가 있을 때, 충동적인 사람들은 충동적이지 않은 사람들에 비해 루머를 사실로 믿는 경향이 더 강하다.

문 15. 다음 (가)~(다)에 대한 평가로 적절한 것만을 〈보기〉에서 모두 고르면?

(가) 기술의 발전 덕분에 더 풍요로운 세계를 만들 수 있다. 원료, 자본, 노동 같은 생산요소의 투입량을 줄이면서 산출량은 더 늘릴 수 있는 세계 말이다. 디지털 기술의 발전은 경외감을 불러일으키는 개선과 풍요의 엔진이 된다. 반면 그것은 시간이 흐를수록 부, 소득, 생활수준, 발전 기회 등에서 점점 더 큰 격차를 만드는 엔진이기도 하다. 즉 기술의 발전은 경제적 풍요와 격차를 모두 가져온다.

(나) 기술의 발전에 따른 풍요가 더 중요한 현상이며, 격차도 풍요라는 기반 위에 있기 때문에 모든 사람의 삶이 풍요로워지는 데 초점을 맞추어야 한다. 고도로 숙련된 노동자와 나머지 사람들과의 격차가 벌어지고 있다는 것을 인정하지만, 모든 사람들의 경제적 삶이 나아지고 있기에 누군가의 삶이 다른 사람보다 더 많이 나아지고 있다는 사실에 관심을 둘 필요가 없다.

(다) 중산층들이 과거에 비해 경제적으로 더 취약해졌기 때문에 기술의 발전에 따른 풍요보다 격차에 초점을 맞추어야 한다. 실제로 주택, 보건, 의료 등과 같이 그들의 삶에서 중요한 항목에 들어가는 비용의 증가율은 시간이 흐르면서 가계소득의 증가율에 비해 훨씬 더 높아지고 있다. 설상가상으로 소득 분포의 밑바닥에 속한 가정에서 태어난 아이가 상층으로 이동할 기회는 점점 더 줄어들고 있다.

〈보 기〉

ㄱ. 현재의 정보기술은 덜 숙련된 노동자보다 숙련된 노동자를 선호하고, 노동자보다 자본가에게 돌아가는 수익을 늘린다는 사실은 (가)의 논지를 약화한다.

ㄴ. 기술의 발전이 전 세계의 가난한 사람들에게도 도움을 주며, 휴대전화와 같은 혁신사례들이 모든 사람들의 소득과 기타 행복의 수준을 개선한다는 연구결과는 (나)의 논지를 강화한다.

ㄷ. 기술의 발전이 가져온 경제적 풍요가 엄청나게 벌어진 격차를 보상할 만큼은 아니라는 것을 보여주는 자료는 (다)의 논지를 약화한다.

① ㄱ

② ㄴ

③ ㄱ, ㄷ

④ ㄴ, ㄷ

⑤ㄱ, ㄴ, ㄷ

문 16. 다음 글에서 알 수 있는 것만을 〈보기〉에서 모두 고르면?

사람은 사진이나 영상만 보고도 어떤 사물의 이미지인지 아주 쉽게 분별하지만 컴퓨터는 매우 복잡한 과정을 거쳐야만 분별할 수 있다. 이를 해결하기 위해 컴퓨터가 스스로 학습하면서 패턴을 찾아내 분류하는 기술적 방식인 '기계학습'이 고안됐다. 기계학습을 통해 컴퓨터가 입력되는 수많은 데이터 중에서 비슷한 것들끼리 분류할 수 있도록 학습시킨다. 데이터 분류 방식을 컴퓨터에게 학습시키기 위해 많은 기계학습 알고리즘이 개발되었다.

기계학습 알고리즘은 컴퓨터에서 사용되는 사물 분별 방식에 기반하고 있는데, 이러한 사물 분별 방식은 크게 '지도 학습'과 '자율 학습' 두 가지로 나뉜다. 초기의 기계학습 알고리즘들은 대부분 지도 학습에 기초하고 있다. 지도 학습 방식에서는 컴퓨터에 먼저 '이런 이미지가 고양이야'라고 학습시키면, 컴퓨터는 학습된 결과를 바탕으로 고양이 사진을 분별하게 된다. 따라서 사전 학습 데이터가 반드시 제공되어야 한다. 사전 학습 데이터가 적으면 오류가 커지므로 데이터의 양도 충분해야만 한다. 반면 지도 학습 방식보다 진일보한 방식인 자율 학습에서는 이 과정이 생략된다. '이런 이미지가 고양이야'라고 학습시키지 않아도 컴퓨터는 자율적으로 '이런 이미지가 고양이군'이라고 학습하게 된다. 이러한 자율 학습 방식을 응용하여 '심화신경망' 알고리즘을 활용한 기계학습 분야를 '딥러닝'이라고 일컫는다.

그러나 딥러닝 작업은 고도의 연산 능력이 요구되기 때문에, 웬만한 컴퓨팅 능력으로는 이를 시도하기 쉽지 않았다. A교수가 1989년에 필기체 인식을 위해 심화신경망 알고리즘을 도입했을 때 연산에만 3일이 걸렸다는 사실은 잘 알려져 있다. 하지만 고성능 CPU가 등장하면서 연산을 위한 시간의 문제는 자연스럽게 해소되었다. 딥러닝 기술의 활용 범위는 RBM과 드롭아웃이라는 새로운 알고리즘이 개발된 후에야 비로소 넓어졌다.

〈보 기〉

ㄱ. 지도 학습 방식을 사용하여 컴퓨터가 사물을 분별하기 위해서는 사전 학습 데이터가 주어져야 한다.

ㄴ. 자율 학습은 지도 학습보다 학습의 단계가 단축되었기에 낮은 연산 능력으로도 수행 가능하다.

ㄷ. 딥러닝 기술의 활용 범위는 새로운 알고리즘 개발보다는 고성능 CPU 등장 때문에 넓어졌다.

① ㄱ

② ㄷ

③ ㄱ, ㄴ

④ ㄴ, ㄷ

⑤ ㄱ, ㄴ, ㄷ

문 17. 다음 글의 주장을 강화하는 것만을 〈보기〉에서 모두 고르면?

우리는 물체까지의 거리 자체를 직접 볼 수는 없다. 거리는 눈과 그 물체를 이은 직선의 길이인데, 우리의 망막에는 직선의 한쪽 끝 점이 투영될 뿐이기 때문이다. 그러므로 물체까지의 거리 판단은 경험을 통한 추론에 의해서 이루어진다고 보아야 한다. 예컨대 우리는 건물, 나무 같은 친숙한 대상들의 크기가 얼마나 되는지, 이들이 주변 배경에서 얼마나 공간을 차지하는지 등을 경험을 통해 이미 알고 있다. 우리는 물체와 우리 사이에 혹은 물체 주위에 이런 친숙한 대상들이 어느 정도 거리에 위치해 있는지를 우선 지각한다. 이로부터 우리는 그 물체가 얼마나 멀리 떨어져 있는지를 추론하게 된다. 또한 그 정도 떨어진 다른 사물들이 보이는 방식에 대한 경험을 토대로, 그보다 작고 희미하게 보이는 대상들은 더 멀리 떨어져 있다고 판단한다. 거리에 대한 이런 추론은 과거의 경험에 기초하는 것이다.

반면에 물체가 손이 닿을 정도로 아주 가까이에 있는 경우, 물체까지의 거리를 지각하는 방식은 이와 다르다. 우리의 두 눈은 약간의 간격을 두고 서로 떨어져 있다. 이에 우리는 두 눈과 대상이 위치한 한 점을 연결하는 두 직선이 이루는 각의 크기를 감지함으로써 물체까지의 거리를 알게 된다. 물체를 바라보는 두 눈의 시선에 해당하는 두 직선이 이루는 각은 물체까지의 거리가 멀어질수록 필연적으로 더 작아진다. 대상까지의 거리가 몇 미터만 넘어도 그 각의 차이는 너무 미세해서 우리가 감지할 수 없다. 하지만 팔 뻗는 거리 안의 가까운 물체에 대해서는 그 각도를 감지하는 것이 가능하다.

〈보 기〉

ㄱ. 100미터 떨어진 지점에 민수가 한 번도 본 적이 없는 대상만 보이도록 두고 다른 사물들은 보이지 않도록 민수의 시야 나머지 부분을 가리는 경우, 민수는 그 대상을 보고도 얼마나 떨어져 있는지 판단하지 못한다.

ㄴ. 아무것도 보이지 않는 캄캄한 밤에 안개 속의 숲길을 걷다가 앞쪽 멀리서 반짝이는 불빛을 발견한 태훈이가 불빛이 있는 곳까지의 거리를 어렵잖게 짐작한다.

ㄷ. 태어날 때부터 한쪽 눈이 실명인 영호가 30센티미터 거리에 있는 낯선 물체 외엔 어떤 것도 보이지 않는 상황에서 그 물체까지의 거리를 옳게 판단한다.

① ㄱ
② ㄷ
③ ㄱ, ㄴ
④ ㄴ, ㄷ
⑤ ㄱ, ㄴ, ㄷ

문 18. 다음 글의 '나'의 견해와 부합하는 것만을 〈보기〉에서 모두 고르면?

이제 '나'는 사람들이 동물실험의 모순적 상황을 직시하기를 바랍니다. 생리에 대한 실험이건, 심리에 대한 실험이건, 동물을 대상으로 하는 실험은 동물이 어떤 자극에 대해 반응하고 행동하는 양상이 인간과 유사하다는 것을 전제합니다. 동물실험을 옹호하는 측에서는 인간과 동물이 유사하기 때문에 실험결과에 실효성이 있다고 주장합니다. 그런데 설령 동물실험을 통해 아무리 큰 성과를 얻을지라도 동물실험 옹호론자들은 중대한 모순을 피할 수 없습니다. 그들은 인간과 동물이 다르다는 것을 실험에서 동물을 이용해도 된다는 이유로 제시하고 있기 때문입니다. 이것은 명백히 모순적인 상황이 아닐 수 없습니다.

이러한 모순적 상황은 영장류의 심리를 연구할 때 확연히 드러납니다. 최근 어느 실험에서 심리 연구를 위해 아기 원숭이를 장기간 어미 원숭이와 떼어놓아 정서적으로 고립시켰습니다. 사람들은 이 실험이 우울증과 같은 인간의 심리적 질환을 이해하기 위한 연구라는 구실을 앞세워 이 잔인한 행위를 합리화하고자 했습니다. 즉 이 실험은 원숭이가 인간과 유사하게 고통과 우울을 느끼는 존재라는 사실을 가정하고 있습니다. 인간과 동물이 심리적으로 유사하다는 사실을 인정하면서도 사람에게는 차마 하지 못할 잔인한 행동을 동물에게 하고 있는 것입니다.

또 동물의 피부나 혈액을 이용해서 제품을 실험할 때, 동물실험 옹호론자들은 이 실험이 오로지 인간과 동물 사이의 '생리적 유사성'에만 바탕을 두고 있을 뿐이라고 변명합니다. 이처럼 인간과 동물이 오로지 '생리적'으로만 유사할 뿐이라고 생각한다면, 이는 동물실험의 모순적 상황을 외면하는 것입니다.

〈보 기〉

ㄱ. 동물실험은 동물이 인간과 유사하면서도 유사하지 않다고 가정하는 모순적 상황에 놓여 있다.

ㄴ. 인간과 동물 간 생리적 유사성에도 불구하고 심리적 유사성이 불확실하기 때문에 동물실험은 모순적 상황에 있다.

ㄷ. 인간과 원숭이 간에 심리적 유사성이 존재하기 때문에 인간의 우울증 연구를 위해 아기 원숭이를 정서적으로 고립시키는 실험은 윤리적으로 정당화된다.

① ㄱ
② ㄴ
③ ㄱ, ㄷ
④ ㄴ, ㄷ
⑤ ㄱ, ㄴ, ㄷ

문 19. **다음 글의 빈칸에 들어갈 진술로 가장 적절한 것은?**

> 모두가 서로를 알고 지내는 작은 규모의 사회에서는 거짓이나 사기가 번성할 수 없다. 반면 그렇지 않은 사회에서는 누군가를 기만하여 이득을 보는 경우가 많이 발생한다. 이런 현상이 발생하는 이유를 확인하는 연구가 이루어졌다. A교수는 그가 마키아벨리아니즘이라고 칭한 성격 특성을 지닌 사람을 판별하는 검사를 고안해냈다. 이 성격 특성은 다른 사람을 교묘하게 이용하고 기만하는 능력을 포함한다. 그의 연구는 사람들 중 일부는 다른 사람들을 교묘하게 이용하거나 기만하여 자기 이익을 챙긴다는 사실을 보여준다. 수백 명의 학생을 대상으로 한 조사에서, 마키아벨리아니즘을 갖는 것으로 분류된 학생들은 대체로 대도시 출신임이 밝혀졌다.
>
> 위 연구들이 보여주는 바를 대도시 사람들의 상호작용을 이해하기 위해 확장시켜 보자. 일반적으로 낯선 사람들이 모여 사는 대도시에서는 자기 이익을 위해 다른 사람을 이용하는 성향을 지닌 사람이 많다고 생각하기 쉽다. 대도시 사람들은 모두가 사기꾼처럼 보인다는 주장이 일리 있게 들리기도 한다. 그러나 다른 사람들의 협조 성향을 이용하여 도움을 받으면서도 다른 사람에게 도움을 주지 않는 사람이 존재하기 위해서는 일정한 틈새가 만들어져 있어야 한다. [　　　　　　] 때문에 이 틈새가 존재할 수 있는 것이다. 이는 기생 식물이 양분을 빨아먹기 위해서는 건강한 나무가 있어야 하는 것과 같다. 나무가 건강을 잃게 되면 기생 식물 또한 기생할 터전을 잃게 된다. 그렇다면 어떤 의미에서는 모든 사람들이 사기꾼이라는 냉소적인 견해는 낯선 사람과의 상호작용을 잘못 이해한 것이다. 모든 사람들이 사기꾼이라면 사기를 칠 가능성도 사라지게 된다고 이해하는 것이 맞다.

① 대도시라는 환경적 특성
② 인간은 사회를 필요로 하기
③ 많은 사람들이 진정으로 협조하기
④ 많은 사람들이 이기적 동기에 따라 행동하기
⑤ 누가 마키아벨리아니즘을 갖고 있는지 판별하기 어렵기

문 20. **다음 글의 내용이 참일 때, 반드시 거짓인 것은?**

> 사무관 갑, 을, 병, 정, 무는 정책조정부서에 근무하고 있다. 이 부서에서는 지방자치단체와의 업무 협조를 위해 지방의 네 지역으로 사무관들을 출장 보낼 계획을 수립하였다. 원활한 업무 수행을 위해서, 모든 출장은 위 사무관들 중 두 명 또는 세 명으로 구성된 팀 단위로 이루어진다. 네 팀이 구성되어 네 지역에 각각 한 팀씩 출장이 배정된다. 네 지역 출장 날짜는 모두 다르며, 모든 사무관은 최소한 한 번 출장에 참가한다. 이번 출장 업무를 총괄하는 사무관은 단 한 명밖에 없으며, 그는 네 지역 모두의 출장에 참가한다. 더불어 업무 경력을 고려하여, 단 한 지역의 출장에만 참가하는 것은 신임 사무관으로 제한한다. 정책조정부서에 근무하는 신임 사무관은 한 명밖에 없다. 이런 기준 아래에서 출장 계획을 수립한 결과, 을은 갑과 단둘이 가는 한 번의 출장 이외에 다른 어떤 출장도 가지 않으며, 병과 정이 함께 출장을 가는 경우는 단 한 번밖에 없다. 그리고 네 지역 가운데 광역시가 두 곳인데, 단 두 명의 사무관만이 두 광역시 모두에 출장을 간다.

① 갑은 이번 출장 업무를 총괄하는 사무관이다.
② 을은 광역시에 출장을 가지 않는다.
③ 병이 갑, 무와 함께 출장을 가는 지역이 있다.
④ 정은 총 세 곳에 출장을 간다.
⑤ 무가 출장을 가는 지역은 두 곳이고 그중 한 곳은 정과 함께 간다.

문 21. **다음 글에서 추론할 수 없는 것은?**

미국과 영국은 1921년 워싱턴 강화회의를 기점으로 태평양 및 중국에 대한 일본의 침략을 견제하기 시작하였다. 가중되는 외교적 고립으로 인해 일본은 광물과 곡물을 수입하는 태평양 경로를 상실할 위험에 처하였다. 이에 대처하기 위해 일본은 식민지 조선의 북부 지역에서 광물과 목재 등 군수산업 원료를 약탈하는 데 주력하게 되었다. 콩 또한 확보해야 할 주요 물자 중 하나였는데, 콩은 당시 일본에서 선호하던 식량일 뿐만 아니라 군수산업을 위한 원료이기도 하였다.

일본은 확보된 공업 원료와 식량 자원을 자국으로 수송하는 물류 거점으로 함경도를 주목하였다. 특히 청진 · 나진 · 웅기 등 대륙 종단의 시발점이 되는 항구와 조선의 최북단 지역이던 무산 · 회령 · 종성 · 온성을 중시하였다. 또한 조선의 남부 지방에서는 면화, 북부 지방에서는 양모 생산을 장려하였던 조선총독부의 정책에 따라 두만강을 통해 바로 만주로 진출할 수 있는 회령 · 종성 · 온성은 양을 목축하는 축산 거점으로 부상하였다. 일본은 만주와 함경도에서 생산된 광물자원과 콩, 두만강변 원시림의 목재를 일본으로 수송하기 위해 함경선, 백무선 등의 철도를 잇따라 부설하였다. 더불어 무산과 회령, 경흥에서는 석탄 및 철광 광산을 본격적으로 개발하였다. 이에 따라 오지의 작은 읍이었던 무산 · 회령 · 종성 · 온성의 개발이 촉진되어 근대적 도시로 발전하였다. 일본의 정책들은 함경도를 만주와 같은 경제권으로 묶음으로써 조선의 다른 지역과 경제적으로 분리시켰다.

철도 부설 및 광산 개발을 위해 일본은 조선 노동자들을 강제 동원하였고, 수많은 조선 노동자들이 강제 노동 끝에 산록과 땅속 깊은 곳에서 비참한 삶을 마쳤다. 1935년 회령의 유선탄광에서 폭약이 터져 800여 명의 광부가 매몰돼 사망했던 사건은 그 단적인 예이다. 영화 〈아리랑〉의 감독 겸 주연이었던 나운규는 그의 고향 회령에서 청진까지 부설되었던 철도 공사에 조선인 노동자들이 강제 동원되어 잔혹한 노동에 혹사되는 참상을 목도하였다. 그때 그는 노동자들이 부르던 아리랑의 애달픈 노랫가락을 듣고 영화 〈아리랑〉의 기본 줄거리를 착상하였다.

① 영화 〈아리랑〉 감독의 고향에서 탄광 폭발사고가 발생하였다.

② 조선 최북단 지역의 몇몇 작은 읍들은 근대적 도시로 발전하였다.

③ 축산 거점에서 대륙 종단의 시발점이 되는 항구까지 부설된 철도가 있었다.

④ 군수산업 원료를 일본으로 수송하는 것이 함경선 부설의 목적 중 하나였다.

⑤ 일본은 함경도를 포함하여 한반도와 만주를 같은 경제권으로 묶는 정책을 폈다.

문 22. **다음 글에서 추론할 수 있는 것만을 〈보기〉에서 모두 고르면?**

우리가 가진 믿음들은 때때로 여러 방식으로 표현된다. 예를 들어, 영희가 일으킨 교통사고 현장을 목격한 철수를 생각해보자. 영희는 철수가 아는 사람이므로, 현장을 목격한 철수는 영희가 사고를 일으켰다는 믿음을 가지게 되었다. 철수의 이런 믿음을 표현하는 한 가지 방법은 "철수는 영희가 교통사고를 일으켰다고 믿는다."라고 표현하는 것이다. 이것을 진술 A라고 하자. 진술 A의 의미를 분명히 생각해보기 위해서, "영희는 민호의 아내다."라고 가정해보자. 그럼 진술 A로부터 "철수는 민호의 아내가 교통사고를 일으켰다고 믿는다."가 참이라는 것이 반드시 도출되는가? 그렇지 않다. 왜냐하면 철수는 영희가 민호의 아내라는 것을 모를 수도 있고, 다른 사람의 아내로 잘못 알 수도 있기 때문이다.

한편 철수의 믿음은 "교통사고를 일으켰다고 철수가 믿고 있는 사람은 영희다."라고도 표현될 수 있다. 이것을 진술 B라고 하자. 다시 "영희는 민호의 아내다."라고 가정해보자. 그리고 진술 B로부터 "교통사고를 일으켰다고 철수가 믿고 있는 사람은 민호의 아내다."가 도출되는지 생각해보자. 진술 B는 '교통사고를 일으켰다고 철수가 믿고 있는 사람'이 가리키는 것과 '영희'가 가리키는 것이 동일하다는 것을 의미한다. 그리고 '영희'가 가리키는 것은 '민호의 아내'가 가리키는 것과 동일하다. 그러므로 '교통사고를 일으켰다고 철수가 믿고 있는 사람'이 가리키는 것은 '민호의 아내'가 가리키는 것과 동일하다. 따라서 진술 B로부터 "교통사고를 일으켰다고 철수가 믿고 있는 사람은 민호의 아내다."가 도출된다. 이처럼 철수의 믿음을 표현하는 두 방식 사이에는 차이가 있다.

〈보 기〉

ㄱ. "영희는 민호의 아내가 아니다."라고 가정한다면, 진술 A로부터 "철수는 민호의 아내가 교통사고를 일으켰다고 믿지 않는다."가 도출된다.

ㄴ. "영희가 초보운전자이고 철수가 이 사실을 알고 있다."라고 가정한다면, 진술 A로부터 "철수는 어떤 초보운전자가 교통사고를 일으켰다고 믿는다."가 도출된다.

ㄷ. "영희가 동철의 엄마이지만 철수는 이 사실을 모르고 있다."라고 가정한다면, 진술 B로부터 "교통사고를 일으켰다고 철수가 믿고 있는 사람은 동철의 엄마다."가 도출된다.

① ㄱ

② ㄴ

③ ㄱ, ㄷ

④ ㄴ, ㄷ

⑤ ㄱ, ㄴ, ㄷ

문 23. **다음 글에서 알 수 있는 것은?**

> 주주 자본주의는 주주의 이윤을 극대화하는 것을 회사 경영의 목표로 하는 시스템을 말한다. 이 시스템은 자본가 계급을 사업가와 투자가로 나누어 놓았다. 그런데 주주 자본주의가 바꿔놓은 것이 하나 더 있다. 그것은 바로 노동자의 지위다. 주식회사가 생기기 이전에는 노동자가 생산수단들을 소유할 수 없었지만 이제는 거의 모든 생산수단이 잘게 쪼개져 누구나 그 일부를 구입할 수 있다. 노동자는 사업가를 위해서 일하고 사업가는 투자가를 위해 일하지만, 투자가들 중에는 노동자도 있는 것이다.
>
> 주주 자본주의를 비판하는 사람들은 기업이 주주의 이익만을 고려한다면, 다수의 사람들이 이익을 얻는 것이 아니라 소수의 독점적인 투자가들만 이익을 보장받는다고 지적한다. 또한 그들은 주주의 이익뿐만 아니라 기업과 연계되어 있는 이해관계자들 전체, 즉 노동자, 소비자, 지역사회 등을 고려해야 한다고 주장한다. 이러한 입장을 이해관계자 자본주의라고 한다.
>
> 주주 자본주의와 이해관계자 자본주의는 '기업이 존재하는 목적이 무엇인가?'라는 물음에 대한 답변이라고 할 수 있다. 물론 오늘날의 기업들은 극단적으로 한 가지 형태를 띠는 것이 아니라 양자가 혼합된 모습을 보인다. 기업은 주주의 이익을 최우선적으로 고려하지만, 노조 활동을 인정하고, 지역과 환경에 투자하며, 기부와 봉사 등 사회적 활동을 위해 노력하기도 한다.

① 주주 자본주의에서 주주의 이익과 사회적 공헌이 상충할 때 기업은 사회적 공헌을 우선적으로 선택한다.
② 주주 자본주의에서는 과거에 생산수단을 소유할 수 없었던 이들이 그것을 부분적으로 소유할 수 있게 되었다.
③ 이해관계자 자본주의에서는 지역사회의 일반 주민까지도 기업 경영의 전반적 영역에서 주도적인 역할을 담당한다.
④ 주주 자본주의와 이해관계자 자본주의가 혼합되면 기업의 사회적 공헌활동은 주주 자본주의에서보다 약화될 것이다.
⑤ 주주 자본주의와 이해관계자 자본주의가 혼합된 형태의 기업은 지역사회의 이익을 높이는 것을 최우선적으로 고려한다.

문 24. **다음 ㉠과 ㉡에 들어갈 말을 가장 적절하게 나열한 것은?**

> 음향학에 관련된 다음의 두 가지 명제는 세 개의 원형 판을 가지고 실험함으로써 입증될 수 있다. 하나의 명제는 "지름과 모양이 같은 동일 재질의 원형 판이 진동할 때 발생하는 진동수는 두께에 비례한다."이고 다른 명제는 "모양과 두께가 같은 동일 재질의 원형 판이 진동할 때 발생하는 진동수는 판 지름의 제곱에 반비례한다."이다. 이를 입증하기 위해 모양이 같은 동일 재질의 원형 판 A, B 그리고 C를 준비하되 A와 B는 두께가 같고 C는 두께가 A의 두께의 두 배이며, A와 C는 지름이 같고 B의 지름은 A의 지름의 절반이 되도록 한다. 판을 때려서 발생하는 음을 듣고 B는 A보다 [㉠] 음을 내고, C는 A보다 [㉡] 음을 내는 것을 확인한다. 진동수가 두 배가 될 때 한 옥타브 높은 음이 나므로 두 명제는 입증이 된다.

	㉠	㉡
①	한 옥타브 낮은	두 옥타브 낮은
②	한 옥타브 높은	두 옥타브 높은
③	두 옥타브 낮은	한 옥타브 높은
④	두 옥타브 높은	한 옥타브 낮은
⑤	두 옥타브 높은	한 옥타브 높은

문 25. 다음 글의 내용이 참일 때, 가해자인 것이 확실한 사람(들)과 가해자가 아닌 것이 확실한 사람(들)의 쌍으로 적절한 것은?

> 폭력 사건의 용의자로 A, B, C가 지목되었다. 조사 과정에서 A, B, C가 각각 〈아래〉와 같이 진술하였는데, 이들 가운데 가해자는 거짓만을 진술하고 가해자가 아닌 사람은 참만을 진술한 것으로 드러났다.

〈아 래〉

> A : 우리 셋 중 정확히 한 명이 거짓말을 하고 있다.
> B : 우리 셋 중 정확히 두 명이 거짓말을 하고 있다.
> C : A, B 중 정확히 한 명이 거짓말을 하고 있다.

	가해자인 것이 확실	가해자가 아닌 것이 확실
①	A	C
②	B	없음
③	B	A, C
④	A, C	B
⑤	A, B, C	없음

문 1. 다음 〈표〉는 '갑' 연구소에서 제습기 A~E의 습도별 연간소비전력량을 측정한 자료이다. 이에 대한 〈보기〉의 설명 중 옳은 것만을 모두 고르면?

〈표〉 제습기 A~E의 습도별 연간소비전력량

(단위 : kWh)

제습기 \ 습도	40%	50%	60%	70%	80%
A	550	620	680	790	840
B	560	640	740	810	890
C	580	650	730	800	880
D	600	700	810	880	950
E	660	730	800	920	970

〈보 기〉

ㄱ. 습도가 70%일 때 연간소비전력량이 가장 적은 제습기는 A이다.

ㄴ. 각 습도에서 연간소비전력량이 많은 제습기부터 순서대로 나열하면, 습도 60%일 때와 습도 70%일 때의 순서는 동일하다.

ㄷ. 습도가 40%일 때 제습기 E의 연간소비전력량은 습도가 50%일 때 제습기 B의 연간소비전력량보다 많다.

ㄹ. 제습기 각각에서 연간소비전력량은 습도가 80%일 때가 40%일 때의 1.5배 이상이다.

① ㄱ, ㄴ
② ㄱ, ㄷ
③ ㄴ, ㄹ
④ ㄱ, ㄷ, ㄹ
⑤ ㄴ, ㄷ, ㄹ

문 2. 다음 〈표〉는 통신사 '갑', '을', '병'의 스마트폰 소매가격 및 평가점수 자료이다. 이에 대한 〈보기〉의 설명 중 옳은 것만을 모두 고르면?

〈표〉 통신사별 스마트폰의 소매가격 및 평가점수

(단위 : 달러, 점)

통신사	스마트폰	소매가격	평가항목					종합품질점수
			화질	내비게이션	멀티미디어	배터리수명	통화성능	
갑	A	150	3	3	3	3	1	13
	B	200	2	2	3	1	2	( )
	C	200	3	3	3	1	1	( )
을	D	180	3	3	3	2	1	( )
	E	100	2	3	3	2	1	11
	F	70	2	1	3	2	1	( )
병	G	200	3	3	3	2	2	( )
	H	50	3	2	3	2	1	( )
	I	150	3	2	2	3	2	12

※ 스마트폰의 '종합품질점수'는 해당 스마트폰의 평가항목별 평가점수의 합임

〈보 기〉

ㄱ. 소매가격이 200달러인 스마트폰 중 '종합품질점수'가 가장 높은 스마트폰은 C이다.

ㄴ. 소매가격이 가장 낮은 스마트폰은 '종합품질점수'도 가장 낮다.

ㄷ. 통신사 각각에 대해서 해당 통신사 스마트폰의 '통화성능' 평가점수의 평균을 계산하여 통신사별로 비교하면 '병'이 가장 높다.

ㄹ. 평가항목 각각에 대해서 스마트폰 A~I 평가점수의 합을 계산하여 평가항목별로 비교하면 '멀티미디어'가 가장 높다.

① ㄱ
② ㄷ
③ ㄱ, ㄴ
④ ㄴ, ㄹ
⑤ ㄷ, ㄹ

문 3. 다음 〈표〉는 2016년과 2017년 A~F항공사의 공급석 및 탑승객 수를 나타낸 자료이다. 〈표〉를 이용하여 작성한 그래프로 옳지 않은 것은?

〈표〉 항공사별 공급석 및 탑승객 수

(단위 : 만 개, 만 명)

구분 / 연도 / 항공사	공급석 수		탑승객 수	
	2016	2017	2016	2017
A	260	360	220	300
B	20	110	10	70
C	240	300	210	250
D	490	660	410	580
E	450	570	380	480
F	250	390	200	320
전체	1,710	2,390	1,430	2,000

① 연도별 A~F항공사 전체의 공급석 및 탑승객 수

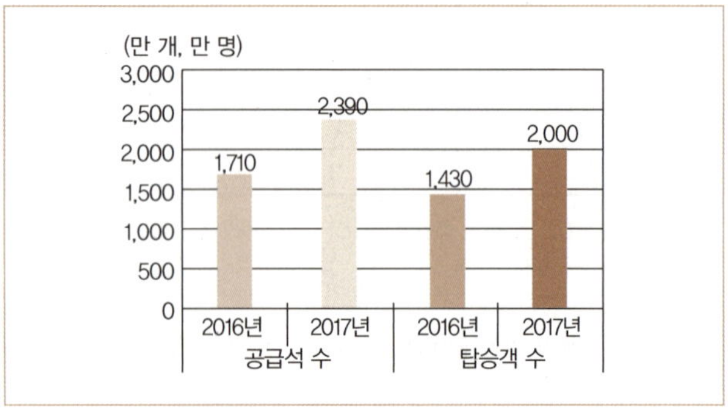

② 항공사별 탑승객 수

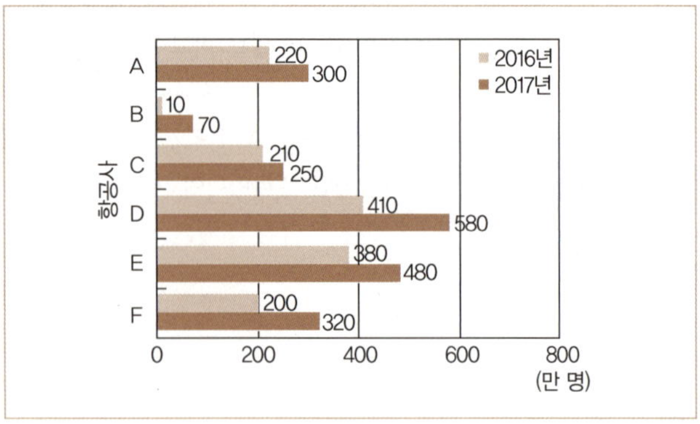

③ 2017년 탑승객 수의 항공사별 구성비

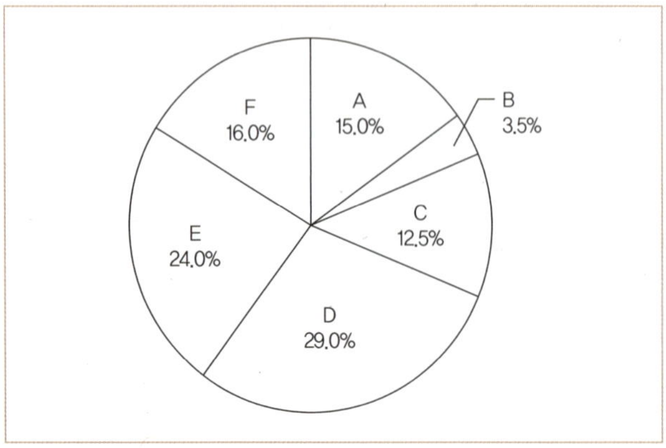

④ 2016년 대비 2017년 항공사별 공급석 수 증가량

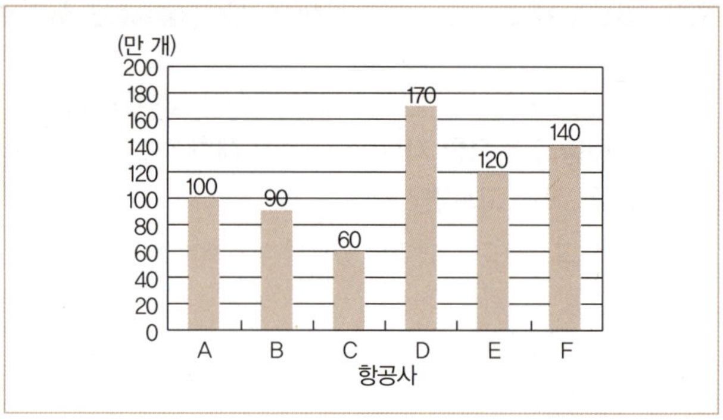

⑤ 2017년 항공사별 잔여석 수

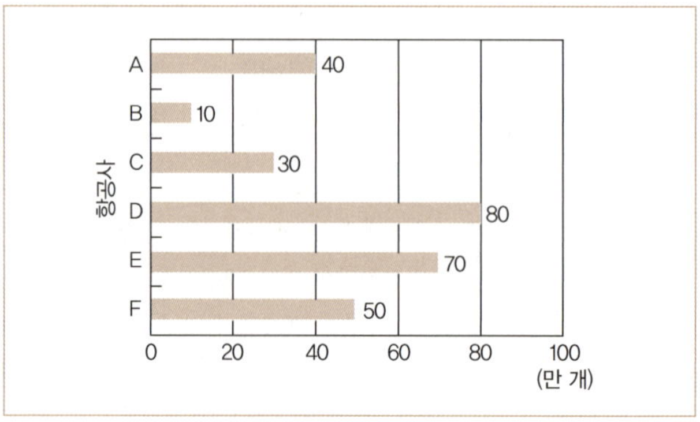

※ 잔여석 수 = 공급석 수 − 탑승객 수

문 4. **다음 〈그림〉은 A국의 2012~2017년 태양광 산업 분야 투자액 및 투자건수에 관한 자료이다. 이에 대한 설명으로 옳지 않은 것은?**

〈그림〉 태양광 산업 분야 투자액 및 투자건수

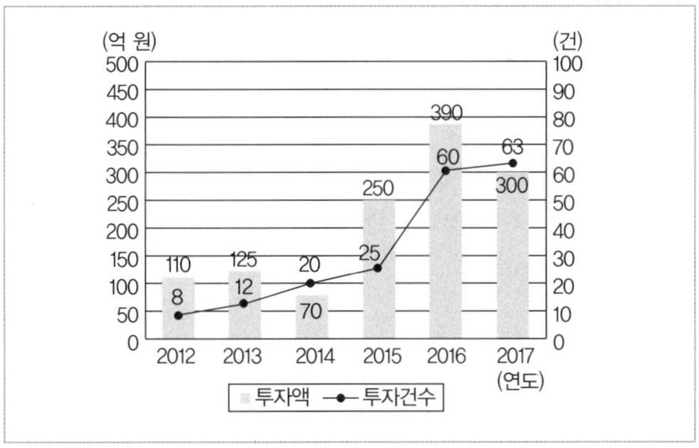

① 2013~2017년 동안 투자액의 전년대비 증가율은 2016년이 가장 높다.

② 2013~2017년 동안 투자건수의 전년대비 증가율은 2017년이 가장 낮다.

③ 2012년과 2015년 투자건수의 합은 2017년 투자건수보다 작다.

④ 투자액이 가장 큰 연도는 2016년이다.

⑤ 투자건수는 매년 증가하였다.

문 5. **다음 〈표〉는 15개 종목이 개최된 2018 평창 동계올림픽 참가국 A~D의 메달 획득 결과를 나타낸 자료이다. 이에 대한 설명으로 옳은 것은?**

〈표〉 2018 평창 동계올림픽 참가국 A~D의 메달 획득 결과

(단위 : 개)

국가 / 종목	A국			B국			C국			D국		
메달	금	은	동	금	은	동	금	은	동	금	은	동
노르딕복합	3	1	1					1				
루지	3	1	2		1						1	1
바이애슬론	3	1	3				1	3	2			
봅슬레이	3	1			1					1		1
쇼트트랙					1					1	1	3
스노보드		1	1	4	2	1				1	2	1
스켈레톤		1										
스키점프	1	3					2	1	2			
스피드스케이팅						1	2	1	1	1	1	
아이스하키		1		1							1	1
알파인스키				1	1	1	1	4	2			
컬링				1					1	1		
크로스컨트리				1			7	4	3			
프리스타일스키				1	2	1	1			4	2	1
피겨스케이팅	1					2				2		2

※ 빈칸은 0을 의미함

① 동일 종목에서, A국이 획득한 모든 메달 수와 B국이 획득한 모든 메달 수를 합하여 종목별로 비교하면, 15개 종목 중 스노보드가 가장 많다.

② A국이 획득한 금메달 수와 C국이 획득한 동메달 수는 같다.

③ A국이 루지, 봅슬레이, 스켈레톤 종목에서 획득한 모든 메달 수의 합은 C국이 크로스컨트리 종목에서 획득한 모든 메달 수보다 많다.

④ A~D국 중 메달을 획득한 종목의 수가 가장 많은 국가는 D국이다.

⑤ 획득한 은메달 수가 많은 국가부터 순서대로 나열하면 C, B, A, D국 순이다.

문 6. **다음 〈표〉는 A국의 흥행순위별 2017년 영화개봉작 정보와 월별 개봉편수 및 관객수에 대한 자료이다. 이에 대한 설명으로 옳지 않은 것은?**

〈표 1〉 A국의 흥행순위별 2017년 영화개봉작 정보

(단위 : 천 명)

흥행순위	영화명	개봉시기	제작	관객수
1	버스운전사	8월	국내	12,100
2	님과 함께	12월	국내	8,540
3	동조	1월	국내	7,817
4	거미인간	7월	국외	7,258
5	착한도시	10월	국내	6,851
6	군함만	7월	국내	6,592
7	소년경찰	8월	국내	5,636
8	더 퀸	1월	국내	5,316
9	투수와 야수	3월	국외	5,138
10	퀸스맨	9월	국외	4,945
11	썬더맨	10월	국외	4,854
12	꾸러기	11월	국내	4,018
13	가랑비	12월	국내	4,013
14	동래산성	10월	국내	3,823
15	좀비	6월	국외	3,689
16	행복의 질주	4월	국외	3,653
17	나의 이름은	4월	국외	3,637
18	슈퍼카인드	7월	국외	3,325
19	아이 캔 토크	9월	국내	3,279
20	캐리비안	5월	국외	3,050

※ 관객수는 개봉일로부터 2017년 12월 31일까지 누적한 값임

〈표 2〉 A국의 2017년 월별 개봉편수 및 관객수

(단위 : 편, 천 명)

제작 / 구분 / 월	국내		국외	
	개봉편수	관객수	개봉편수	관객수
1	35	12,682	105	10,570
2	39	8,900	96	6,282
3	31	4,369	116	9,486
4	29	4,285	80	6,929
5	31	6,470	131	12,210
6	49	4,910	124	10,194
7	50	6,863	96	14,495
8	49	21,382	110	8,504
9	48	5,987	123	6,733
10	35	12,964	91	8,622
11	56	6,427	104	6,729
12	43	18,666	95	5,215
전체	495	113,905	1,271	105,969

※ 관객수는 당월 상영영화에 대해 월말 집계한 값임

① 흥행순위 1~20위 내의 영화 중 한 편의 영화도 개봉되지 않았던 달에는 국외제작영화 관객수가 국내제작영화 관객수보다 적다.

② 10월에 개봉된 영화 중 흥행순위 1~20위 내에 든 영화는 국내제작영화뿐이다.

③ 국외제작영화 개봉편수는 국내제작영화 개봉편수보다 매달 많다.

④ 국외제작영화 관객수가 가장 많았던 달에 개봉된 영화 중 흥행순위 1~20위 내에 든 국외제작영화 개봉작은 2편이다.

⑤ 흥행순위가 1위인 영화의 관객수는 국내제작영화 전체 관객수의 10% 이상이다.

문 7. **다음 〈표〉는 조선시대 A지역 인구 및 사노비 비율에 대한 자료이다. 이에 대한 〈보기〉의 설명 중 옳은 것만을 모두 고르면?**

〈표〉 A지역 인구 및 사노비 비율

구분 / 조사연도	인구(명)	인구 중 사노비 비율(%)			
		솔거노비	외거노비	도망노비	전체
1720	2,228	18.5	10.0	11.5	40.0
1735	3,143	13.8	6.8	12.8	33.4
1762	3,380	11.5	8.5	11.7	31.7
1774	3,189	14.0	8.8	12.0	34.8
1783	3,056	14.9	6.7	9.3	30.9
1795	2,359	18.2	4.3	6.5	29.0

※ 1) 사노비는 솔거노비, 외거노비, 도망노비로만 구분됨
2) 비율은 소수점 둘째 자리에서 반올림한 값임

〈보 기〉

ㄱ. A지역 인구 중 도망노비를 제외한 사노비가 차지하는 비율은 조사연도 중 1720년이 가장 높다.

ㄴ. A지역 사노비 수는 1774년이 1720년보다 많다.

ㄷ. A지역 사노비 중 외거노비가 차지하는 비율은 1720년이 1762년보다 높다.

ㄹ. A지역 인구 중 솔거노비가 차지하는 비율은 매 조사연도마다 낮아진다.

① ㄱ, ㄴ

② ㄱ, ㄷ

③ ㄷ, ㄹ

④ ㄱ, ㄴ, ㄹ

⑤ ㄴ, ㄷ, ㄹ

문 8. 다음 〈표〉는 2013~2017년 '갑'국의 사회간접자본(SOC) 투자규모에 관한 자료이다. 이에 대한 설명으로 옳지 않은 것은?

〈표〉 '갑'국의 사회간접자본(SOC) 투자규모

(단위 : 조 원, %)

구분 \ 연도	2013	2014	2015	2016	2017
SOC 투자규모	20.5	25.4	25.1	24.4	23.1
총지출 대비 SOC 투자규모 비중	7.8	8.4	8.6	7.9	6.9

① 2017년 총지출은 300조 원 이상이다.

② 2014년 'SOC 투자규모'의 전년대비 증가율은 30% 이하이다.

③ 2014~2017년 동안 'SOC 투자규모'가 전년에 비해 가장 큰 비율로 감소한 해는 2017년이다.

④ 2014~2017년 동안 'SOC 투자규모'와 '총지출 대비 SOC 투자규모 비중'의 전년대비 증감방향은 동일하다.

⑤ 2018년 'SOC 투자규모'의 전년대비 감소율이 2017년과 동일하다면, 2018년 'SOC 투자규모'는 20조 원 이상이다.

문 9. 다음 〈표〉는 물품 A~E의 가격에 대한 자료이다. 〈조건〉에 부합하는 (가), (나), (다)로 가능한 것은?

〈표〉 물품 A~E의 가격

(단위 : 원/개)

물품	가격
A	24,000
B	(가)
C	(나)
D	(다)
E	16,000

〈조 건〉

- '갑', '을', '병'의 배낭에 담긴 물품은 각각 다음과 같다.
  - 갑 : B, C, D
  - 을 : A, C
  - 병 : B, D, E
- 배낭에는 해당 물품이 한 개씩만 담겨있다.
- 배낭에 담긴 물품 가격의 합이 높은 사람부터 순서대로 나열하면 '갑', '을', '병' 순이다.
- '병'의 배낭에 담긴 물품 가격의 합은 44,000원이다.

	(가)	(나)	(다)
①	11,000	23,000	14,000
②	12,000	14,000	16,000
③	12,000	19,000	16,000
④	13,000	19,000	15,000
⑤	13,000	23,000	15,000

문 10. 다음 〈표〉와 〈그림〉은 A국 초·중·고등학생 평균 키 및 평균 체중과 비만에 대한 자료이다. 이에 대한 〈보기〉의 설명 중 옳은 것만을 모두 고르면?

〈표 1〉 학교급별 평균 키 및 평균 체중 현황

(단위 : cm, kg)

학교급	성별	2017년		2016년		2015년		2014년		2013년	
		키	체중	키	체중	키	체중	키	체중	키	체중
초	남	152.1	48.2	151.4	46.8	151.4	46.8	150.4	46.0	150.0	44.7
	여	152.3	45.5	151.9	45.2	151.8	45.1	151.1	44.4	151.0	43.7
중	남	170.0	63.7	169.7	62.3	169.2	61.9	168.9	61.6	168.7	60.5
	여	159.8	54.4	159.8	54.3	159.8	54.1	159.5	53.6	160.0	52.9
고	남	173.5	70.0	173.5	69.4	173.5	68.5	173.7	68.3	174.0	68.2
	여	160.9	57.2	160.9	57.1	160.9	56.8	161.1	56.2	161.1	55.4

〈표 2〉 2017년 학교급별 비만학생 구성비

(단위 : %)

학교급 \ 구분	성별	비만 아닌 학생	비만학생			학생 비만율
			경도 비만	중등도 비만	고도 비만	
초	남	82.6	8.5	7.3	1.6	17.4
	여	88.3	6.5	4.4	0.8	11.7
중	남	81.5	9.0	7.5	2.0	18.5
	여	86.2	7.5	4.9	1.4	13.8
고	남	79.5	8.7	8.4	3.4	20.5
	여	81.2	8.6	7.5	2.7	18.8
전체		83.5	8.1	6.5	1.9	16.5

※ '학생비만율'은 학생 중 비만학생(경도 비만+중등도 비만+고도 비만)의 구성비임

〈그림〉 연도별 초·중·고 전체의 비만학생 구성비

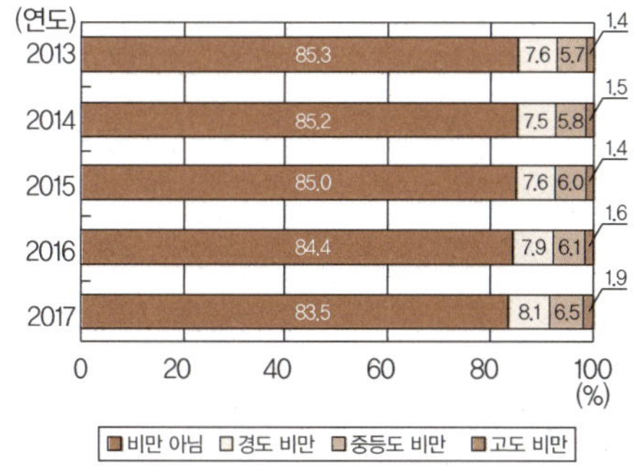

〈보 기〉

ㄱ. 중학교 여학생의 평균 키는 매년 증가하였다.

ㄴ. 초·중·고 전체의 '학생비만율'은 매년 증가하였다.

ㄷ. 고등학교 남학생의 '학생비만율'은 2013년이 2017년보다 작다.

ㄹ. 2017년 '학생비만율'의 남녀 학생 간 차이는 중학생이 초등학생보다 작다.

① ㄱ, ㄴ ② ㄴ, ㄷ

③ ㄴ, ㄹ ④ ㄷ, ㄹ

⑤ ㄱ, ㄷ, ㄹ

문 11. 다음 〈그림〉은 A~F국의 2016년 GDP와 'GDP 대비 국가자산총액'을 나타낸 자료이다. 이에 대한 〈보기〉의 설명 중 옳은 것만을 모두 고르면?

〈그림〉 A~F국의 2016년 GDP와 'GDP 대비 국가자산총액'

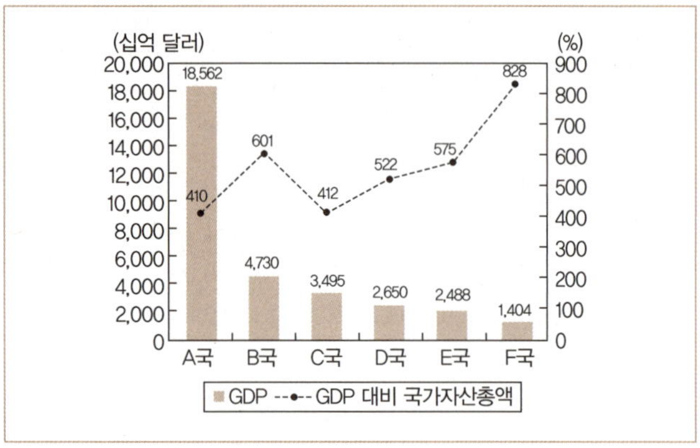

※ GDP 대비 국가자산총액(%) = $\frac{\text{국가자산총액}}{\text{GDP}} \times 100$

〈보 기〉

ㄱ. GDP가 높은 국가일수록 'GDP 대비 국가자산총액'이 작다.
ㄴ. A국의 GDP는 나머지 5개국 GDP의 합보다 크다.
ㄷ. 국가자산총액은 F국이 D국보다 크다.

① ㄱ
② ㄴ
③ ㄷ
④ ㄱ, ㄴ
⑤ ㄴ, ㄷ

문 12. 다음 〈그림〉은 아래 〈규칙〉에 따라 2에서 10까지의 서로 다른 자연수의 관계를 나타낸 것이다. 이때 '가', '나', '다'에 해당하는 수의 합은?

〈그 림〉

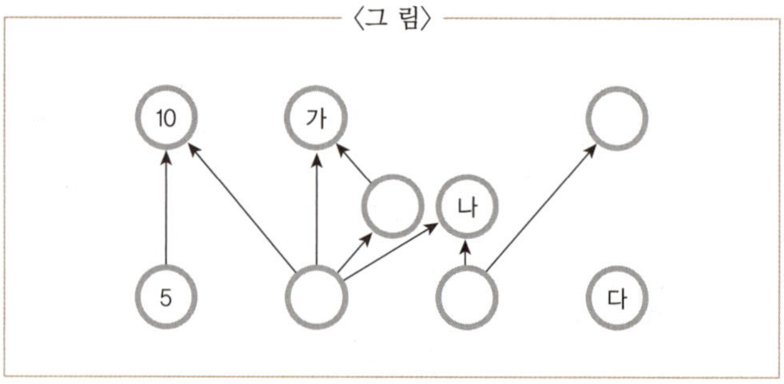

〈규 칙〉

• 〈그림〉에서 2에서 10까지의 자연수는 ○안에 한 개씩만 사용되고, 사용되지 않는 자연수는 없다.
• 2에서 10까지의 서로 다른 임의의 자연수 3개를 x, y, z라고 할 때,
  – ⓧ→ⓨ는 y가 x의 배수임을 나타낸다.
  – 화살표로 연결되지 않은 ⓩ는 z가 x, y와 약수나 배수 관계가 없음을 나타낸다.

① 20
② 21
③ 22
④ 23
⑤ 24

문 13. 다음 〈표〉는 7월 1~10일 동안 도시 A~E에 대한 인공지능 시스템의 예측 날씨와 실제 날씨이다. 이에 대한 〈보기〉의 설명 중 옳은 것만을 모두 고르면?

〈표〉 도시 A~E에 대한 예측 날씨와 실제 날씨

도시	구분 \ 날짜	7.1.	7.2.	7.3.	7.4.	7.5.	7.6.	7.7.	7.8.	7.9.	7.10.
A	예측	☂	☁	☼	☂	☼	☼	☂	☂	☼	☁
	실제	☂	☼	☂	☂	☼	☼	☂	☼	☼	☂
B	예측	☼	☂	☼	☂	☁	☼	☂	☼	☼	☼
	실제	☂	☼	☼	☂	☁	☼	☂	☂	☼	☼
C	예측	☂	☼	☂	☂	☼	☂	☼	☂	☂	☂
	실제	☂	☂	☼	☁	☂	☂	☁	☂	☂	☂
D	예측	☂	☂	☼	☼	☼	☂	☂	☼	☼	☂
	실제	☂	☁	☂	☂	☂	☂	☂	☂	☼	☼
E	예측	☂	☼	☼	☂	☂	☂	☼	☁	☼	☂
	실제	☂	☂	☁	☂	☂	☼	☂	☼	☂	☼

※ ☼ : 맑음, ☁ : 흐림, ☂ : 비

〈보 기〉

ㄱ. 도시 A에서는 예측 날씨가 '비'인 날 실제 날씨도 모두 '비'였다.
ㄴ. 도시 A~E 중 예측 날씨와 실제 날씨가 일치한 일수가 가장 많은 도시는 B이다.
ㄷ. 7월 1~10일 중 예측 날씨와 실제 날씨가 일치한 도시 수가 가장 적은 날짜는 7월 2일이다.

① ㄱ
② ㄴ
③ ㄷ
④ ㄴ, ㄷ
⑤ ㄱ, ㄴ, ㄷ

문 14. 다음 〈표〉는 1930~1934년 동안 A지역의 곡물 재배면적 및 생산량을 정리한 자료이다. 이에 대한 설명으로 옳은 것은?

〈표〉 A지역의 곡물 재배면적 및 생산량

(단위 : 천 정보, 천 석)

곡물	구분 \ 연도	1930	1931	1932	1933	1934
미곡	재배면적	1,148	1,100	998	1,118	1,164
	생산량	15,276	14,145	13,057	15,553	18,585
맥류	재배면적	1,146	773	829	963	1,034
	생산량	7,347	4,407	4,407	6,339	7,795
두류	재배면적	450	283	301	317	339
	생산량	1,940	1,140	1,143	1,215	1,362
잡곡	재배면적	334	224	264	215	208
	생산량	1,136	600	750	633	772
서류	재배면적	59	88	87	101	138
	생산량	821	1,093	1,228	1,436	2,612
전체	재배면적	3,137	2,468	2,479	2,714	2,883
	생산량	26,520	21,385	20,585	25,176	31,126

① 1931~1934년 동안 재배면적의 전년대비 증감방향은 미곡과 두류가 동일하다.
② 생산량은 매년 두류가 서류보다 많다.
③ 재배면적은 매년 잡곡이 서류의 2배 이상이다.
④ 1934년 재배면적당 생산량이 가장 큰 곡물은 미곡이다.
⑤ 1933년 미곡과 맥류 재배면적의 합은 1933년 곡물 재배면적 전체의 70% 이상이다.

문 15. 다음 〈그림〉은 주요국(한국, 미국, 일본, 프랑스)이 화장품산업 경쟁력 4대 분야에서 획득한 점수에 대한 자료이다. 이에 대한 설명으로 옳은 것은?

〈그림〉 주요국의 화장품산업 경쟁력 4대 분야별 점수

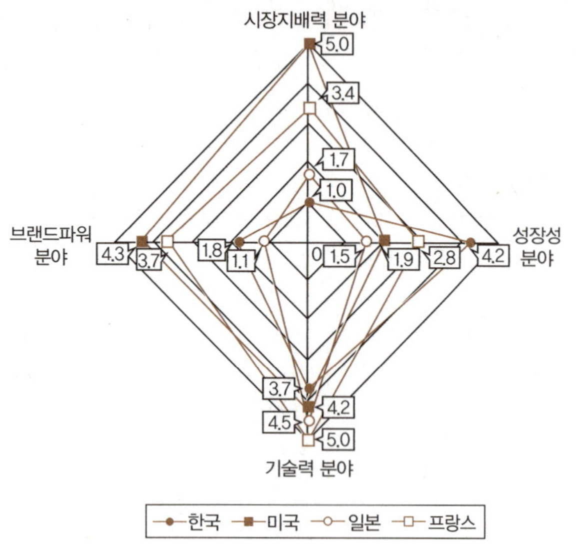

① 기술력 분야에서는 한국의 점수가 가장 높다.

② 성장성 분야에서 점수가 가장 높은 국가는 시장지배력 분야에서도 점수가 가장 높다.

③ 브랜드파워 분야에서 각국이 획득한 점수의 최댓값과 최솟값의 차이는 3 이하이다.

④ 미국이 4대 분야에서 획득한 점수의 합은 프랑스가 4대 분야에서 획득한 점수의 합보다 크다.

⑤ 시장지배력 분야의 점수는 일본이 프랑스보다 높지만 미국보다는 낮다.

문 16. 다음 〈그림〉은 기업 A, B의 2014~2017년 에너지원단위 및 매출액 자료이다. 이에 대한 〈보기〉의 설명 중 옳은 것만을 모두 고르면?

〈그림〉 기업 A, B의 2014~2017년 에너지원단위 및 매출액

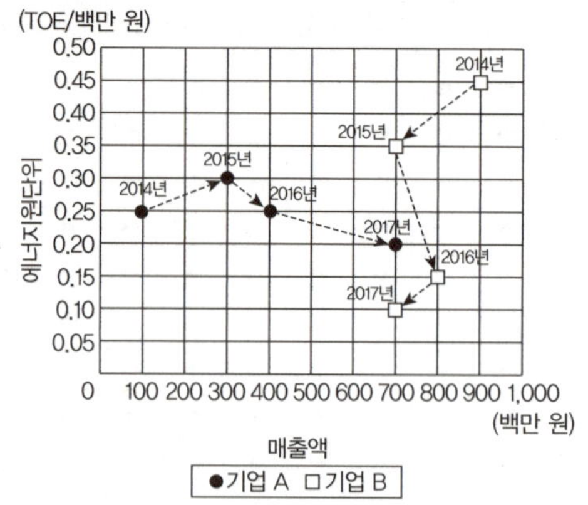

※ 에너지원단위(TOE/백만 원) = $\frac{\text{에너지소비량(TOE)}}{\text{매출액(백만 원)}}$

〈보 기〉

ㄱ. 기업 A, B는 각각 에너지원단위가 매년 감소하였다.
ㄴ. 기업 A의 에너지소비량은 매년 증가하였다.
ㄷ. 2016년 에너지소비량은 기업 B가 기업 A보다 많다.

① ㄱ

② ㄴ

③ ㄷ

④ ㄱ, ㄴ

⑤ ㄴ, ㄷ

문 17. 다음 〈표〉와 〈그림〉은 A지역 2016년 주요 버섯의 도 · 소매가와 주요 버섯 소매가의 전년 동분기 대비 등락액을 나타낸 자료이다. 이에 대한 〈보기〉의 설명 중 옳은 것만을 모두 고르면?

〈표〉 2016년 주요 버섯의 도 · 소매가

(단위 : 원/kg)

버섯종류	구분 \ 분기	1분기	2분기	3분기	4분기
느타리	도매	5,779	6,752	7,505	7,088
	소매	9,393	9,237	10,007	10,027
새송이	도매	4,235	4,201	4,231	4,423
	소매	5,233	5,267	5,357	5,363
팽이	도매	1,886	1,727	1,798	2,116
	소매	3,136	3,080	3,080	3,516

〈그림〉 2016년 주요 버섯 소매가의 전년 동분기 대비 등락액

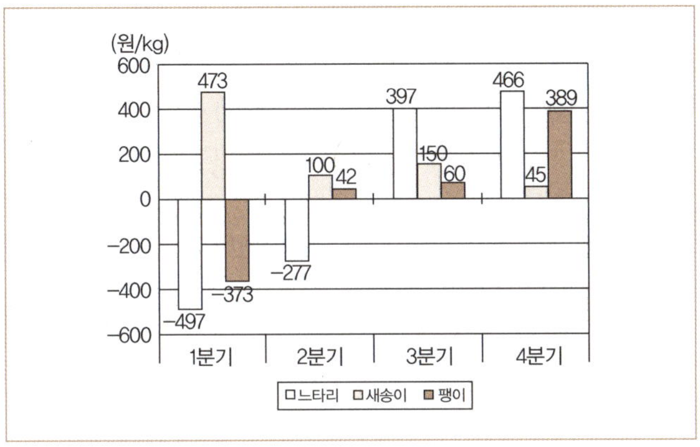

〈보 기〉

ㄱ. 2016년 매분기 '느타리' 1kg의 도매가는 '팽이' 3kg의 도매가보다 높다.
ㄴ. 2015년 매분기 '팽이'의 소매가는 3,000원/kg 이상이다.
ㄷ. 2016년 1분기 '새송이'의 소매가는 2015년 4분기에 비해 상승했다.
ㄹ. 2016년 매분기 '느타리'의 소매가는 도매가의 1.5배 미만이다.

① ㄱ, ㄴ
② ㄱ, ㄷ
③ ㄴ, ㄷ
④ ㄴ, ㄹ
⑤ ㄷ, ㄹ

문 18. 다음 〈표〉는 A~E면접관이 '갑'~'정'응시자에게 부여한 면접 점수이다. 이에 대한 〈보기〉의 설명 중 옳은 것만을 모두 고르면?

〈표〉 '갑'~'정'응시자의 면접 점수

(단위 : 점)

면접관 \ 응시자	갑	을	병	정	범위
A	7	8	8	6	2
B	4	6	8	10	( )
C	5	9	8	8	( )
D	6	10	9	7	4
E	9	7	6	5	4
중앙값	( )	( )	8	( )	−
교정점수	( )	8	( )	7	−

※ 1) 범위 : 해당 면접관이 각 응시자에게 부여한 면접 점수 중 최댓값에서 최솟값을 뺀 값
2) 중앙값 : 해당 응시자가 A~E면접관에게 받은 모든 면접 점수를 크기순으로 나열할 때 한가운데 값
3) 교정점수 : 해당 응시자가 A~E면접관에게 받은 모든 면접 점수 중 최댓값과 최솟값을 제외한 면접 점수의 산술 평균값

〈보 기〉

ㄱ. 면접관 중 범위가 가장 큰 면접관은 B이다.
ㄴ. 응시자 중 중앙값이 가장 작은 응시자는 '정'이다.
ㄷ. 교정점수는 '병'이 '갑'보다 크다.

① ㄱ
② ㄴ
③ ㄱ, ㄷ
④ ㄴ, ㄷ
⑤ ㄱ, ㄴ, ㄷ

문 19. 다음 〈표〉는 2000년과 2013년 한국, 중국, 일본의 재화 수출액 및 수입액 자료이고, 〈용어 정의〉는 무역수지와 무역특화지수에 대한 설명이다. 이에 대한 〈보기〉의 설명 중 옳은 것만을 모두 고르면?

〈표〉 한국, 중국, 일본의 재화 수출액 및 수입액

(단위 : 억 달러)

연도	재화 \ 수출입액 \ 국가	한국 수출액	한국 수입액	중국 수출액	중국 수입액	일본 수출액	일본 수입액
2000	원자재	578	832	741	1,122	905	1,707
	소비재	117	104	796	138	305	847
	자본재	1,028	668	955	991	3,583	1,243
2013	원자재	2,015	3,232	5,954	9,172	2,089	4,760
	소비재	138	375	4,083	2,119	521	1,362
	자본재	3,444	1,549	12,054	8,209	4,541	2,209

〈용어 정의〉

- 무역수지=수출액−수입액
  - 무역수지 값이 양(+)이면 흑자, 음(−)이면 적자이다.
- 무역특화지수$=\frac{\text{수출액}-\text{수입액}}{\text{수출액}+\text{수입액}}$
  - 무역특화지수의 값이 클수록 수출경쟁력이 높다.

〈보 기〉

ㄱ. 2013년 한국, 중국, 일본 각각에서 원자재 무역수지는 적자이다.

ㄴ. 2013년 한국의 원자재, 소비재, 자본재 수출액은 2000년에 비해 각각 50% 이상 증가하였다.

ㄷ. 2013년 자본재 수출경쟁력은 일본이 한국보다 높다.

① ㄱ

② ㄴ

③ ㄱ, ㄴ

④ ㄱ, ㄷ

⑤ ㄴ, ㄷ

문 20. 다음 〈표〉는 A~D국의 성별 평균소득과 대학진학률의 격차지수만으로 계산한 '간이 성평등지수'에 관한 자료이다. 이에 대한 〈보기〉의 설명 중 옳은 것만을 모두 고르면?

〈표〉 A~D국의 성별 평균소득, 대학진학률 및 '간이 성평등지수'

(단위 : 달러, %)

국가 \ 항목	평균소득 여성	평균소득 남성	평균소득 격차지수	대학진학률 여성	대학진학률 남성	대학진학률 격차지수	간이 성평등지수
A	8,000	16,000	0.50	68	48	1.00	0.75
B	36,000	60,000	0.60	( )	80	( )	( )
C	20,000	25,000	0.80	70	84	0.83	0.82
D	3,500	5,000	0.70	11	15	0.73	0.72

※ 1) 격차지수는 남성 항목값 대비 여성 항목값의 비율로 계산하며, 그 값이 1을 넘으면 1로 함

2) '간이 성평등지수'는 평균소득 격차지수와 대학진학률 격차지수의 산술 평균임

3) 격차지수와 '간이 성평등지수'는 소수점 셋째자리에서 반올림한 값임

〈보 기〉

ㄱ. A국의 여성 평균소득과 남성 평균소득이 각각 1,000달러씩 증가하면 A국의 '간이 성평등지수'는 0.80 이상이 된다.

ㄴ. B국의 여성 대학진학률이 85%이면 '간이 성평등지수'는 B국이 C국보다 높다.

ㄷ. D국의 여성 대학진학률이 4%p 상승하면 D국의 '간이 성평등지수'는 0.80 이상이 된다.

① ㄱ

② ㄴ

③ ㄷ

④ ㄱ, ㄴ

⑤ ㄱ, ㄷ

문 21. 다음 〈표〉와 〈그림〉은 2018년 테니스 팀 A~E의 선수 인원수 및 총 연봉과 각각의 전년대비 증가율에 대한 자료이다. 이에 대한 설명으로 옳지 않은 것은?

〈표〉 2018년 테니스 팀 A~E의 선수 인원수 및 총 연봉

(단위 : 명, 억 원)

테니스 팀	선수 인원수	총 연봉
A	5	15
B	10	25
C	8	24
D	6	30
E	6	24

※ 팀 선수 평균 연봉 = $\frac{\text{총 연봉}}{\text{선수 인원수}}$

〈그림〉 2018년 테니스 팀 A~E의 선수 인원수 및 총 연봉의 전년대비 증가율

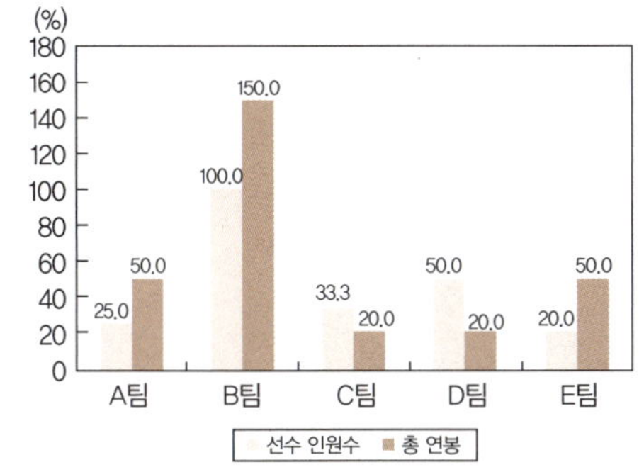

※ 전년대비 증가율은 소수점 둘째 자리에서 반올림한 값임

① 2018년 '팀 선수 평균 연봉'은 D팀이 가장 많다.

② 2018년 전년대비 증가한 선수 인원수는 C팀과 D팀이 동일하다.

③ 2018년 A팀의 '팀 선수 평균 연봉'은 전년대비 증가하였다.

④ 2018년 선수 인원수가 전년대비 가장 많이 증가한 팀은 총 연봉도 가장 많이 증가하였다.

⑤ 2017년 총 연봉은 A팀이 E팀보다 많다.

문 22. 다음 〈표〉는 A~D국의 연구개발비에 대한 자료이다. 다음 〈보고서〉를 작성하기 위해 〈표〉 이외에 추가로 필요한 자료만을 〈보기〉에서 모두 고르면?

〈표〉 A~D국의 연구개발비

연도	구분 \ 국가	A	B	C	D
2016	연구개발비(억 달러)	605	4,569	1,709	1,064
	GDP 대비(%)	4.29	2.73	3.47	2.85
2015	민간연구개발비 : 정부연구개발비	24:76	35:65	25:75	30:70

※ 연구개발비 = 정부연구개발비 + 민간연구개발비

〈보고서〉

A~D국 모두 2015년에 비하여 2016년 연구개발비가 증가하였지만, A국은 약 3% 증가에 불과하여 A~D국 평균 증가율인 6% 수준에도 미치지 못했다. 특히, 2016년에 A국은 정부연구개발비 대비 민간연구개발비 비율이 가장 작다. 이는 2014~2016년 동안, A국 민간연구개발에 대한 정부의 지원금액이 매년 감소한 데 따른 것으로 분석된다.

〈보 기〉

ㄱ. 2013~2015년 A~D국 전년대비 GDP 증가율

ㄴ. 2015~2016년 연도별 A~D국 민간연구개발비

ㄷ. 2013~2016년 연도별 A국 민간연구개발에 대한 정부의 지원금액

ㄹ. 2014~2015년 A~D국 전년대비 연구개발비 증가율

① ㄱ, ㄴ

② ㄱ, ㄹ

③ ㄴ, ㄷ

④ ㄴ, ㄹ

⑤ ㄷ, ㄹ

문 23. 다음 〈표〉는 근무지 이동 전 '갑'회사의 근무 현황에 대한 자료이다. 〈표〉와 〈근무지 이동 지침〉에 따라 이동한 후 근무지별 인원수로 가능한 것은?

〈표〉 근무지 이동 전 '갑'회사의 근무 현황

(단위 : 명)

근무지	팀명	인원수
본관 1층	인사팀	10
	지원팀	16
	기획1팀	16
본관 2층	기획2팀	21
	영업1팀	27
본관 3층	영업2팀	30
	영업3팀	23
별관	–	0
전체		143

※ 1) '갑' 회사의 근무지는 본관 1, 2, 3층과 별관만 있음
2) 팀별 인원수의 변동은 없음

〈근무지 이동 지침〉

- 본관 내 이동은 없고, 인사팀은 이동하지 않음.
- 팀별로 전원 이동하며, 본관에서 별관으로 2개 팀만 이동함.
- 1개 층에서는 최대 1개 팀만 별관으로 이동할 수 있음.
- 이동한 후 별관 인원수는 40명을 넘지 않도록 함.

①

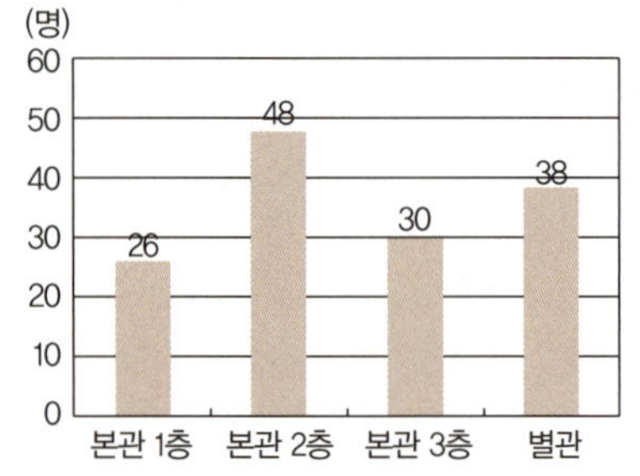

②

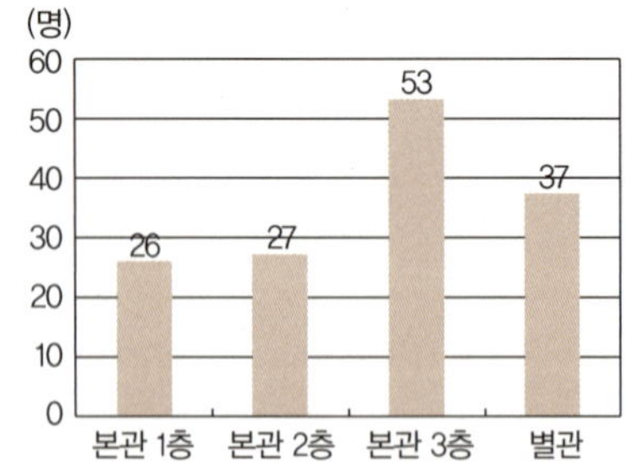

③

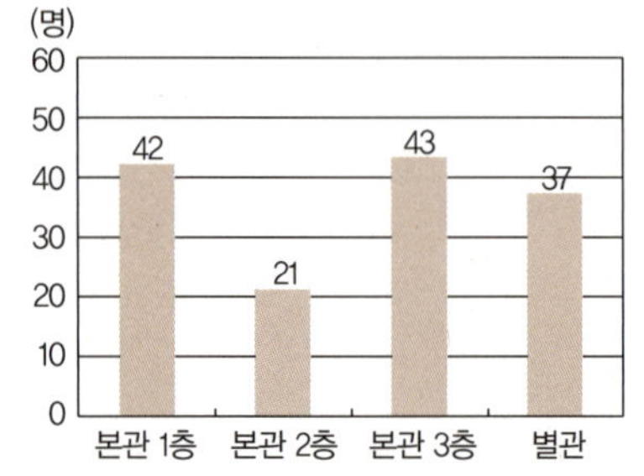

④

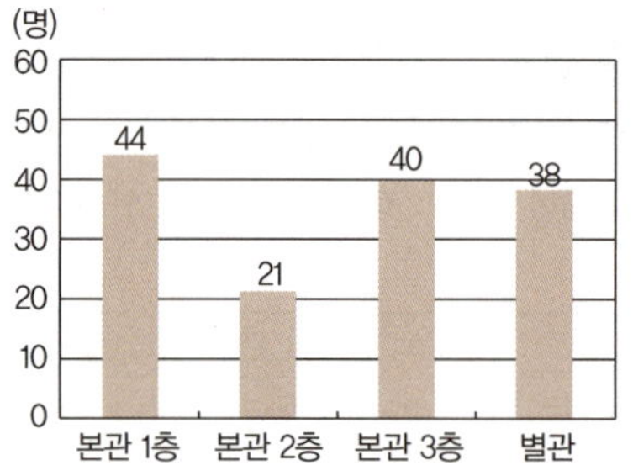

⑤

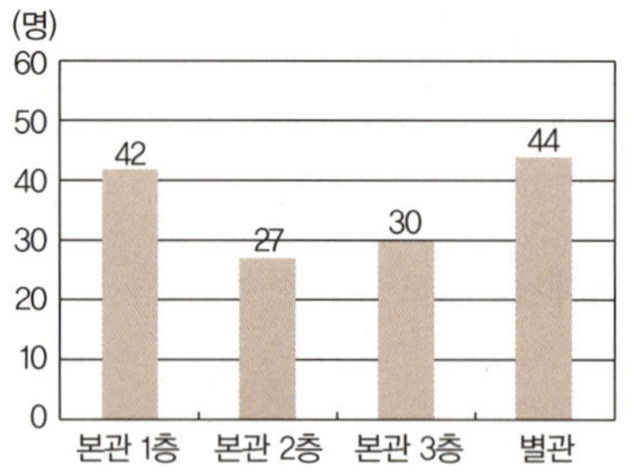

문 24. 다음 〈표 1〉은 창의경진대회에 참가한 팀 A, B, C의 '팀 인원수' 및 '팀 평균점수'이며, 〈표 2〉는 〈표 1〉에 기초하여 '팀 연합 인원수' 및 '팀 연합 평균점수'를 각각 산출한 자료이다. (가)와 (나)에 들어갈 값을 바르게 나열한 것은?

〈표 1〉 팀 인원수 및 팀 평균점수

(단위 : 명, 점)

팀	A	B	C
인원수	( )	( )	( )
평균점수	40.0	60.0	90.0

※ 1) 각 참가자는 A, B, C팀 중 하나의 팀에만 속하고, 개인별로 점수를 획득함

2) 팀 평균점수 = $\frac{\text{해당 팀 참가자 개인별 점수의 합}}{\text{해당 팀 참가자 인원수}}$

〈표 2〉 팀 연합 인원수 및 팀 연합 평균점수

(단위 : 명, 점)

팀 연합	A+B	B+C	C+A
인원수	80	120	(가)
평균점수	52.5	77.5	(나)

※ 1) A+B는 A팀과 B팀, B+C는 B팀과 C팀, C+A는 C팀과 A팀의 인원을 합친 팀 연합임

2) 팀 연합 평균점수 = $\frac{\text{해당 팀 연합 참가자 개인별 점수의 합}}{\text{해당 팀 연합 참가자 인원수}}$

	(가)	(나)
①	90	72.5
②	90	75.0
③	100	72.5
④	100	75.0
⑤	110	72.5

문 25. 다음 〈표〉는 참가자 A~D의 회차별 가위 · 바위 · 보 게임 기록 및 판정이고, 〈그림〉은 아래 〈규칙〉에 따른 5회차 게임 종료 후 A~D의 위치를 나타낸 것이다. 이 때 (가), (나), (다)에 해당하는 것을 바르게 나열한 것은?

〈표〉 가위 · 바위 · 보 게임 기록 및 판정

회차 / 구분 / 참가자	1		2		3		4		5	
	기록	판정	기록	판정	기록	판정	기록	판정	기록	판정
A	가위	승	바위	승	보	승	바위	( )	보	( )
B	가위	승	(가)	( )	바위	패	가위	( )	보	( )
C	보	패	가위	패	바위	패	(나)	( )	보	( )
D	보	패	가위	패	바위	패	가위	( )	(다)	( )

〈그림〉 5회차 게임 종료 후 A~D의 위치

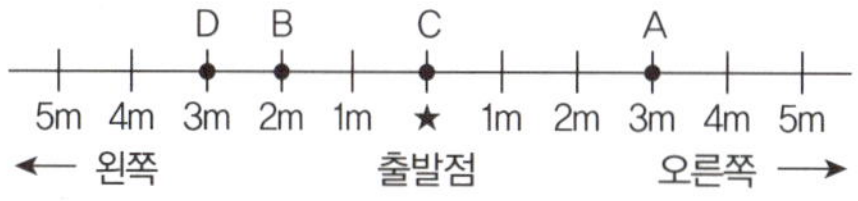

〈규 칙〉

- A~D는 모두 출발점(★)에서 1회차 가위 · 바위 · 보 게임을 하고, 2회차부터는 직전 회차 게임 종료 후 각자의 위치에서 게임을 한다.
- 각 회차의 판정에 따라 지거나 비기면 이동하지 않고, 가위로 이긴 사람은 왼쪽으로 3m, 바위로 이긴 사람은 오른쪽으로 1m, 보로 이긴 사람은 오른쪽으로 5m를 각각 이동하여 해당 회차 게임을 종료한다.

	(가)	(나)	(다)
①	가위	바위	보
②	가위	보	바위
③	바위	가위	보
④	바위	보	가위
⑤	보	바위	가위

문 1. 다음 글을 근거로 판단할 때 옳은 것은?

> 정책의 쟁점 관리는 정책 쟁점에 대한 부정적 인식을 최소화하여 정책의 결정 및 집행에 우호적인 환경을 조성하기 위한 행위를 말한다. 이는 정책 쟁점이 미디어 의제로 전환된 후부터 진행된다.
>
> 정책의 쟁점 관리에서는 쟁점에 대한 지식수준과 관여도에 따라 공중(公衆)의 유형을 구분하여 공중의 특성에 맞는 전략적 대응방안을 제시한다. 어떤 쟁점에 대해 지식수준과 관여도가 모두 낮은 공중은 '비활동 공중'이라고 한다. 그러나 쟁점에 대한 지식수준이 낮더라도 쟁점에 노출되어 쟁점에 대한 관여도가 높아지게 되면 이들은 '환기 공중'으로 변화한다. 이러한 환기 공중이 쟁점에 대한 지식수준까지 높아지면 지식수준과 관여도가 모두 높은 '활동 공중'으로 변하게 된다. 쟁점에 대한 지식수준이 높지만 관여도가 높지 않은 공중은 '인지 공중'이라고 한다.
>
> 인지 공중은 사회의 다양한 쟁점에 관한 지식을 가지고 있지만 적극적으로 활동하지 않아 이른바 행동하지 않는 지식인이라고도 불리는데, 이들의 관여도를 높여 활동 공중으로 이끄는 것은 매우 어렵다. 이 때문에 이들이 정책 쟁점에 긍정적 태도를 가지게 하는 것만으로도 전략적 성공이라고 볼 수 있다. 반면 환기 공중은 지식수준은 낮지만 쟁점 관여도가 높은 편이어서 문제해결에 필요한 지식을 얻게 된다면 활동 공중으로 변화한다. 따라서 이들에게는 쟁점에 대한 미디어 노출을 증가시키거나 다른 사람과 쟁점에 대해 토론하게 함으로써 지식수준을 높이는 전략을 취할 필요가 있다. 한편 활동 공중은 쟁점에 대한 지식수준과 관여도가 모두 높기 때문에 조직화될 개연성이 크고, 자신의 목적을 이루기 위해 시간과 노력을 아낌없이 투자할 자세가 되어 있다. 정책의 쟁점 관리를 제대로 하려면 이들이 정책을 우호적으로 판단할 수 있도록 하는 다양한 전략을 마련하여야 한다.

① 정책의 쟁점 관리는 정책 쟁점이 미디어 의제로 전환되기 전에 이루어진다.

② 어떤 쟁점에 대한 지식수준이 높지만 관여도가 낮은 공중을 비활동 공중이라고 한다.

③ 비활동 공중이 어떤 쟁점에 노출되면서 관여도가 높아지면 환기 공중으로 변한다.

④ 공중은 한 유형에서 다른 유형으로 변화할 수 없기 때문에 정책의 쟁점 관리를 할 필요가 없다.

⑤ 인지 공중의 경우, 쟁점에 대한 미디어 노출을 증가시키고 다른 사람과 쟁점에 대해 토론하게 만든다면 활동 공중으로 쉽게 변한다.

문 2. 다음 글을 근거로 판단할 때 옳은 것은?

> 제○○조 ① 지방자치단체의 장은 하수도정비기본계획에 따라 공공하수도를 설치하여야 한다.
>
> ② 시·도지사는 공공하수도를 설치하고자 하는 때에는 사업시행지의 위치 및 면적, 설치하고자 하는 시설의 종류, 사업시행기간 등을 고시하여야 한다. 고시한 사항을 변경 또는 폐지하고자 하는 때에도 또한 같다.
>
> ③ 시장·군수·구청장(자치구의 구청장을 말한다. 이하 같다)은 공공하수도를 설치하려면 시·도지사의 인가를 받아야 한다.
>
> ④ 시장·군수·구청장은 제3항에 따라 인가받은 사항을 변경하거나 폐지하려면 시·도지사의 인가를 받아야 한다.
>
> ⑤ 시·도지사는 국가의 보조를 받아 설치하고자 하는 공공하수도에 대하여 제2항에 따른 고시 또는 제3항의 규정에 따른 인가를 하고자 할 때에는 그 설치에 필요한 재원의 조달 및 사용에 관하여 환경부장관과 미리 협의하여야 한다.
>
> 제□□조 ① 공공하수도관리청(이하 '관리청'이라 한다)은 관할 지방자치단체의 장이 된다.
>
> ② 공공하수도가 둘 이상의 지방자치단체의 장의 관할구역에 걸치는 경우, 관리청이 되는 자는 제○○조 제2항에 따른 공공하수도 설치의 고시를 한 시·도지사 또는 같은 조 제3항에 따른 인가를 받은 시장·군수·구청장으로 한다.

※ 공공하수도 : 지방자치단체가 설치 또는 관리하는 하수도

① A자치구의 구청장이 관할구역 내에 공공하수도를 설치하려고 인가를 받았는데, 그 공공하수도가 B자치구에 걸치는 경우, 설치하려는 공공하수도의 관리청은 B자치구의 구청장이다.

② 시·도지사가 국가의 보조를 받아 공공하수도를 설치하려면, 그 설치에 필요한 재원의 조달 등에 관하여 환경부장관의 인가를 받아야 한다.

③ 시장·군수·구청장이 공공하수도 설치에 관하여 인가받은 사항을 폐지할 경우에는 시·도지사의 인가를 필요로 하지 않는다.

④ 시·도지사가 공공하수도 설치를 위해 고시한 사항은 변경할 수 없다.

⑤ 시장·군수·구청장이 공공하수도를 설치하려면 시·도지사의 인가를 받아야 한다.

문 3. 다음 글을 근거로 판단할 때 옳은 것은?

다산 정약용은 아전의 핵심적인 직책으로 향승(鄕丞)과 좌수(座首), 좌우별감(左右別監)을 들고 있다. 향승은 지방관서장인 현령의 행정보좌역이고, 좌수는 지방자치기관인 향청의 우두머리로 이방과 병방의 직무를 관장한다. 좌우별감은 좌수의 아랫자리인데, 좌별감은 호방과 예방의 직무를 관장하고, 우별감은 형방과 공방의 직무를 관장한다.

다산은 향승이 현령을 보좌해야 하는 자리이기 때문에 반드시 그 고을에서 가장 착한 사람, 즉 도덕성이 가장 높은 사람에게 그 직책을 맡겨야 한다고 하였다. 또한 좌수는 그 자리의 중요성을 감안하여 진실로 마땅한 사람으로 얻어야 한다고 강조하였다. 좌수를 선발하기 위해 다산이 제시한 방법은 다음과 같다. 먼저 좌수후보자들에게 모두 종사랑(從仕郎)의 품계를 주고 해마다 공적을 평가해 감사나 어사로 하여금 식년(式年)에 각각 9명씩을 추천하게 한다. 그리고 그 가운데 3명을 뽑아 경관(京官)에 임명하면, 자신을 갈고 닦아 명성이 있고 품행이 바른 사람이 그 속에서 반드시 나올 것이라고 주장했다. 좌우별감을 선발할 때에도 역시 마땅히 쓸 만한 사람을 골라 정사를 의논해야 한다고 했다.

다산은 아전을 임명할 때, 진실로 쓸 만한 사람을 얻지 못하면 그저 자리를 채우기는 하되 정사는 맡기지 말라고 했다. 아울러 아첨을 잘하는 자는 충성스럽지 못하므로 이를 잘 살피도록 권고했다. 한편 다산은 문관뿐만 아니라 무관의 자질에 대해서도 언급하였다. 그에 따르면 무관의 반열에 서는 자는 모두 굳세고 씩씩해 적을 막아낼 만한 기색이 있는 사람으로 뽑되, 도덕성을 첫째의 자질로 삼고 재주와 슬기를 다음으로 해야 한다고 강조하였다.

※ 식년(式年) : 과거를 보는 시기로 정한 해

① 관직의 서열로 보면 좌우별감은 좌수의 상관이다.
② 다산이 주장하는 좌수 선발방법에 따르면, 향승은 식년에 3명의 좌수후보자를 추천한다.
③ 다산은 아전으로 쓸 만한 사람이 없을 때에는 자리를 채우지 말아야 한다고 하였다.
④ 다산은 경관 가운데 우수한 공적이 있는 사람에게 종사랑의 품계를 주어야 한다고 주장했다.
⑤ 다산은 무관의 자질로 재주와 슬기보다 도덕성이 우선한다고 보았다.

문 4. 다음 〈A도서관 자료 폐기 지침〉을 근거로 판단할 때 옳은 것은?

〈A도서관 자료 폐기 지침〉

가. 자료 선정
도서관 직원은 누구든지 수시로 서가를 살펴보고, 이용하기 곤란하다고 생각되는 자료는 발견 즉시 회수하여 사무실로 옮겨야 한다.

나. 목록 작성
사무실에 회수된 자료는 사서들이 일차적으로 갱신 대상을 추려내어 갱신하고, 폐기 대상 자료로 판단되는 것은 폐기심의대상 목록으로 작성하여 폐기심의위원회에 제출한다.

다. 폐기심의위원회 운영
폐기심의위원회 회의(이하 '회의'라 한다)는 연 2회 정기적으로 개최한다. 회의는 폐기심의대상 목록과 자료의 실물을 비치한 회의실에서 진행되고, 위원들은 실물과 목록을 대조하여 확인하여야 한다. 폐기심의위원회는 폐기 여부만을 판정하며 폐기 방법의 결정은 사서에게 위임한다. 폐기 대상 판정시 위원들 사이에 이견(異見)이 있는 자료는 당해 연도의 폐기 대상에서 제외하고, 다음 연도의 회의에서 재결정한다.

라. 폐기 방법
(1) 기증 : 상태가 양호하여 다른 도서관에서 이용될 수 있다고 판단되는 자료는 기증 의사를 공고하고 다른 도서관 등 희망하는 기관에 기증한다.
(2) 이관 : 상태가 양호하고 나름의 가치가 있는 자료는 자체 기록보존소, 지역 및 국가의 보존전문도서관 등에 이관한다.
(3) 매각과 소각 : 폐지로 재활용 가능한 자료는 매각하고, 폐지로도 매각할 수 없는 자료는 최종적으로 소각 처리한다.

마. 기록 보존 및 목록 최신화
연도별로 폐기한 자료의 목록과 폐기 경위에 관한 기록을 보존하되, 폐기한 자료에 대한 내용을 도서관의 각종 현행자료 목록에서 삭제하여 목록을 최신화한다.

※ 갱신 : 손상된 자료의 외형을 수선하거나 복사본을 만듦

① 사서는 폐기심의대상 목록만을 작성하고, 자료의 폐기 방법은 폐기심의위원회가 결정한다.
② 폐기 대상 판정시 폐기심의위원들 간에 이견이 있는 자료의 경우, 바로 다음 회의에서 그 자료의 폐기 여부가 논의되지 않을 수 있다.
③ 폐기심의위원회는 자료의 실물을 확인하지 않고 폐기 여부를 판정할 수 있다.
④ 매각 또는 소각한 자료는 현행자료 목록에서 삭제하고, 폐기 경위에 관한 기록도 제거하여야 한다.
⑤ 사서가 아닌 도서관 직원은, 이용하기 곤란하다고 생각되는 자료를 발견하면 갱신하거나 폐기심의대상 목록을 작성하여야 한다.

문 5. 다음 글을 근거로 판단할 때, 〈보기〉에서 옳은 것만을 모두 고르면?

제00조 ① 민사에 관한 분쟁의 당사자는 법원에 조정을 신청할 수 있다.
② 조정을 신청하는 당사자를 신청인이라고 하고, 그 상대방을 피신청인이라고 한다.
제00조 ① 신청인은 다음 각 호의 어느 하나에 해당하는 곳을 관할하는 지방법원에 조정을 신청해야 한다.
1. 피신청인의 주소지, 피신청인의 사무소 또는 영업소 소재지, 피신청인의 근무지
2. 분쟁의 목적물 소재지, 손해 발생지
② 조정사건은 조정담당판사가 처리한다.
제00조 ① 조정담당판사는 사건이 그 성질상 조정을 하기에 적당하지 아니하다고 인정하거나 신청인이 부당한 목적으로 조정신청을 한 것임을 인정하는 경우에는 조정을 하지 아니하는 결정으로 사건을 종결시킬 수 있다. 신청인은 이 결정에 대해서 불복할 수 없다.
② 조정담당판사는 신청인과 피신청인 사이에 합의가 성립되지 아니한 경우 조정 불성립으로 사건을 종결시킬 수 있다.
③ 조정담당판사는 신청인과 피신청인 사이에 합의된 사항이 조정조서에 기재되면 조정 성립으로 사건을 종결시킨다. 조정조서는 판결과 동일한 효력이 있다.
제00조 다음 각 호의 어느 하나에 해당하는 경우에는 조정신청을 한 때에 민사소송이 제기된 것으로 본다.
1. 조정을 하지 아니하는 결정이 있는 경우
2. 조정 불성립으로 사건이 종결된 경우

〈보 기〉

ㄱ. 신청인은 피신청인의 근무지를 관할하는 지방법원에 조정을 신청할 수 있다.
ㄴ. 조정을 하지 아니하는 결정을 조정담당판사가 한 경우, 신청인은 이에 대해 불복할 수 있다.
ㄷ. 신청인과 피신청인 사이에 합의된 사항이 기재된 조정조서는 판결과 동일한 효력을 갖는다.
ㄹ. 조정 불성립으로 사건이 종결된 경우, 사건이 종결된 때를 민사소송이 제기된 시점으로 본다.
ㅁ. 조정담당판사는 신청인이 부당한 목적으로 조정신청을 한 것으로 인정하는 경우, 조정 불성립으로 사건을 종결시킬 수 있다.

① ㄱ, ㄷ
② ㄴ, ㄹ
③ ㄱ, ㄷ, ㄹ
④ ㄱ, ㄷ, ㅁ
⑤ ㄴ, ㄹ, ㅁ

문 6. 다음 글을 근거로 판단할 때, 〈보기〉에서 옳은 것만을 모두 고르면?

제○○조 이 법에서 '폐교'란 학생 수 감소, 학교 통폐합 등의 사유로 폐지된 공립학교를 말한다.
제△△조 ① 시 · 도 교육감은 폐교재산을 교육용시설, 사회복지시설, 문화시설, 공공체육시설로 활용하려는 자 또는 소득증대시설로 활용하려는 자에게 그 폐교재산의 용도와 사용 기간을 정하여 임대할 수 있다.
② 제1항에 따라 폐교재산을 임대하는 경우, 연간 임대료는 해당 폐교재산평정가격의 1천분의 10을 하한으로 한다.
제□□조 ① 제△△조 제2항에도 불구하고 시 · 도 교육감은 다음 각 호의 어느 하나에 해당하는 경우에는 폐교재산의 연간 임대료를 감액하여 임대할 수 있다.
1. 국가 또는 지방자치단체가 폐교재산을 교육용시설, 사회복지시설, 문화시설, 공공체육시설 또는 소득증대시설로 사용하려는 경우
2. 단체 또는 사인(私人)이 폐교재산을 교육용시설, 사회복지시설, 문화시설 또는 공공체육시설로 사용하려는 경우
3. 폐교가 소재한 시 · 군 · 구에 주민등록이 되어 있고 실제 거주하는 지역주민이 공동으로 폐교재산을 소득증대시설로 사용하려는 경우
② 전항에 따라 폐교재산의 임대료를 감액하는 경우 연간 임대료의 감액분은 다음 각 호에서 정한 바를 초과하지 아니하는 범위에서 정한다.
1. 교육용시설, 사회복지시설, 문화시설, 공공체육시설로 사용하는 경우 : 제△△조 제2항에 따른 연간 임대료의 1천분의 500
2. 소득증대시설로 사용하는 경우 : 제△△조 제2항에 따른 연간 임대료의 1천분의 300

〈보 기〉

ㄱ. 시 · 도 교육감은, 폐교가 소재하는 시 · 군 · 구에 거주하지 않으면서 폐교재산을 사회복지시설로 활용하려는 자에게 그 폐교재산을 임대할 수 있다.
ㄴ. 폐교재산평정가격이 5억 원인 폐교재산을 지방자치단체가 문화시설로 사용하려는 경우, 연간 임대료의 최저액은 250만 원이다.
ㄷ. 폐교가 소재한 군에 주민등록이 되어 있고 실제 거주하는 지역주민이 단독으로 폐교재산을 소득증대시설로 사용하려는 경우, 연간 임대료로 지불해야 할 최저액은 폐교재산평정가격의 0.7%이다.
ㄹ. 폐교재산을 활용하려는 자가 폐교 소재 지역주민이 아니어도 그 폐교재산을 공공체육시설로 사용할 수 있으나 임대료 감액은 받을 수 없다.

① ㄱ, ㄴ
② ㄱ, ㄷ
③ ㄱ, ㄴ, ㄹ
④ ㄱ, ㄷ, ㄹ
⑤ ㄴ, ㄷ, ㄹ

문 7. 다음 〈측량학 수업 필기〉를 근거로 판단할 때, 〈예제〉의 괄호 안에 들어갈 수는?

〈측량학 수업 필기〉

축척 : 실제 수평 거리를 지도상에 얼마나 축소해서 나타냈는지를 보여주는 비율. 1/50,000, 1/25,000, 1/10,000, 1/5,000 등을 일반적으로 사용함

예 1/50,000은 실제 수평 거리 50,000cm를 지도상에 1cm로 나타냄

등고선 : 지도에서 표고가 같은 지점들을 연결한 선

→ 표준 해면으로부터 지표의 어느 지점까지의 수직 거리

축척 1/50,000 지도에서는 표고 20m마다, 1/25,000 지도에서는 표고 10m마다, 1/10,000 지도에서는 표고 5m마다 등고선을 그림

예 축척 1/50,000 지도에서 등고선이 그려진 모습

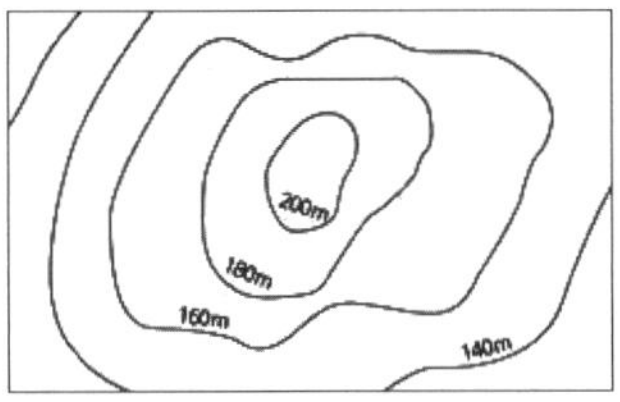

경사도 : 어떤 두 지점 X와 Y를 잇는 사면의 경사도는 다음의 식으로 계산

$$\text{경사도} = \frac{\text{두 지점 사이의 표고 차이}}{\text{두 지점 사이의 실제 수평 거리}}$$

〈예 제〉

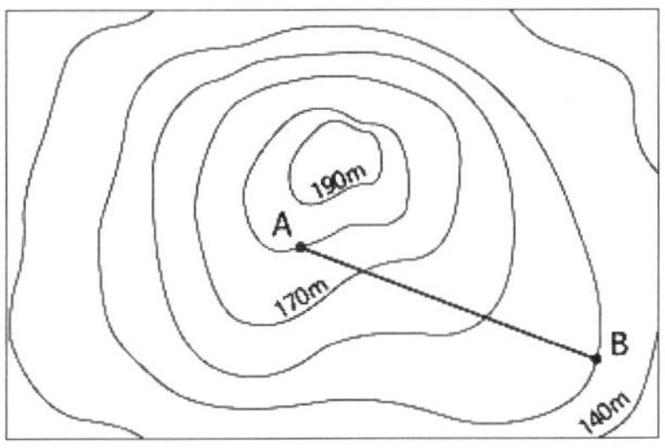

위의 지도는 축척 1/25,000로 제작되었다. 지도상의 지점 A와 B를 잇는 선분을 자로 재어 보니 길이가 4cm였다. 이때 두 지점 A와 B를 잇는 사면의 경사도는 (　　)이다.

① 0.015
② 0.025
③ 0.03
④ 0.055
⑤ 0.7

문 8. 다음 글을 근거로 판단할 때, 〈보기〉에서 옳은 것만을 모두 고르면?

소아기 예방접종 프로그램에 포함된 백신(A~C)은 지속적인 항체 반응을 위해서 2회 이상 접종이 필요하다.

최소 접종연령(첫 접종의 최소연령) 및 최소 접종간격을 지켰을 때 적절한 예방력이 생기며, 이러한 예방접종을 유효하다고 한다. 다만 최소 접종연령 및 최소 접종간격에서 4일 이내로 앞당겨서 일찍 접종을 한 경우에도 유효한 것으로 본다. 그러나 만약 5일 이상 앞당겨서 일찍 접종했다면 무효로 간주하고 최소 접종연령 및 최소 접종간격에 맞춰 다시 접종하여야 한다.

다음은 각 백신의 최소 접종연령 및 최소 접종간격을 나타낸 표이다.

종류	최소 접종연령	최소 접종간격			
		1, 2차 사이	2, 3차 사이	3, 4차 사이	4, 5차 사이
백신 A	12개월	12개월	–	–	–
백신 B	6주	4주	4주	6개월	–
백신 C	6주	4주	4주	6개월	6개월

다만 백신 B의 경우 만 4세 이후에 3차 접종을 유효하게 했다면, 4차 접종은 생략한다.

〈보 기〉

ㄱ. 만 2세가 되기 전에 백신 A의 예방접종을 2회 모두 유효하게 실시할 수 있다.

ㄴ. 생후 45개월에 백신 B를 1차 접종했다면, 4차 접종은 반드시 생략한다.

ㄷ. 생후 40일에 백신 C를 1차 접종했다면, 생후 60일에 한 2차 접종은 유효하다.

① ㄱ
② ㄴ
③ ㄷ
④ ㄱ, ㄴ
⑤ ㄱ, ㄷ

문 9. 다음 글을 근거로 판단할 때, 〈그림 2〉의 정육면체 아랫면에 쓰인 36개 숫자의 합은?

정육면체인 하얀 블록 5개와 검은 블록 1개를 일렬로 붙인 막대를 30개 만든다. 각 막대의 윗면에는 가장 위에 있는 블록부터, 아랫면에는 가장 아래에 있는 블록부터 세어 검은 블록이 몇 번째 블록인지를 나타내는 숫자를 쓴다. 이런 규칙에 따르면 〈그림 1〉의 예에서는 윗면에 2를, 아랫면에 5를 쓰게 된다.

다음으로 검은 블록 없이 하얀 블록 6개를 일렬로 붙인 막대를 6개 만든다. 검은 블록이 없으므로 윗면과 아랫면 모두에 0을 쓴다.

이렇게 만든 36개의 막대를 붙여 〈그림 2〉와 같은 큰 정육면체를 만들었더니, 윗면에 쓰인 36개 숫자의 합이 109였다.

〈그림 1〉

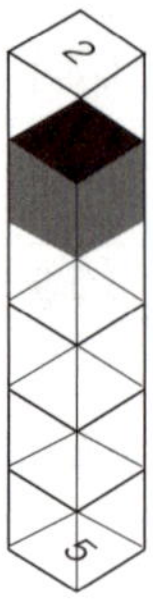

〈그림 2〉

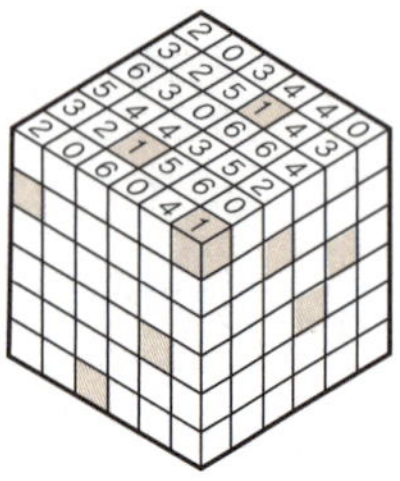

① 97
② 100
③ 101
④ 103
⑤ 104

문 10. 다음 글과 〈상황〉을 근거로 판단할 때, A복지관에 채용될 2명의 후보자는?

A복지관은 청소년업무 담당자 2명을 채용하고자 한다. 청소년업무 담당자들은 심리상담, 위기청소년지원, 진학지도, 지역안전망구축 등 4가지 업무를 수행해야 한다. 채용되는 2명은 서로 다른 업무를 맡아 4가지 업무를 빠짐없이 분담해야 한다.

4가지 업무에 관련된 직무역량으로는 의사소통역량, 대인관계역량, 문제해결역량, 정보수집역량, 자원관리역량 등 5가지가 있다. 각 업무를 수행하기 위해서는 반드시 해당 업무에 필요한 직무역량을 모두 갖춰야 한다. 아래는 이를 표로 정리한 것이다.

업무	필요 직무역량
심리상담	의사소통역량, 대인관계역량
위기청소년지원	의사소통역량, 문제해결역량
진학지도	문제해결역량, 정보수집역량
지역안전망구축	대인관계역량, 자원관리역량

〈상 황〉

- A복지관의 채용후보자는 4명(甲, 乙, 丙, 丁)이며, 각 채용후보자는 5가지 직무역량 중 3가지씩을 갖추고 있다.
- 자원관리역량은 丙을 제외한 모든 채용후보자가 갖추고 있다.
- 丁이 진학지도업무를 제외한 모든 업무를 수행하려면, 의사소통역량만 추가로 갖추면 된다.
- 甲은 심리상담업무를 수행할 수 있고, 乙과 丙은 진학지도업무를 수행할 수 있다.
- 대인관계역량을 갖춘 채용후보자는 2명이다.

① 甲, 乙
② 甲, 丙
③ 乙, 丙
④ 乙, 丁
⑤ 丙, 丁

문 11. **다음 글을 근거로 판단할 때 옳지 않은 것은?**

> 정부는 저출산 문제 해소를 위해 공무원이 안심하고 일과 출산 · 육아를 병행할 수 있도록 관련 제도를 정비하여 시행 중이다.
>
> 먼저 임신 12주 이내 또는 임신 36주 이상인 여성 공무원을 대상으로 하던 '모성보호시간'을 임신 기간 전체로 확대하여 임신부터 출산시까지 근무시간을 1일에 2시간씩 단축할 수 있게 하였다.
>
> 다음으로 생후 1년 미만의 영아를 자녀로 둔 공무원을 대상으로 1주일에 2일에 한해 1일에 1시간씩 단축근무를 허용하던 '육아시간'을, 만 5세 이하 자녀를 둔 공무원을 대상으로 1주일에 2일에 한해 1일에 2시간 범위 내에서 사용할 수 있도록 하였다. 또한 부부 공동육아 실현을 위해 '배우자 출산휴가'를 10일(기존 5일)로 확대하였다.
>
> 마지막으로 어린이집, 유치원, 초 · 중 · 고등학교에서 공식적으로 주최하는 행사와 공식적인 상담에만 허용되었던 '자녀돌봄휴가'(공무원 1인당 연간 최대 2일)를 자녀의 병원진료 · 검진 · 예방접종 등에도 쓸 수 있도록 하고, 자녀가 3명 이상일 경우 1일을 가산할 수 있도록 하였다.

① 변경된 현행 제도에서는 변경 전에 비해 '육아시간'의 적용 대상 및 시간이 확대되었다.

② 변경된 현행 제도에 따르면, 초등학생 자녀 3명을 둔 공무원은 연간 3일의 '자녀돌봄휴가'를 사용할 수 있다.

③ 변경된 현행 제도에 따르면, 임신 5개월인 여성 공무원은 산부인과 진료를 받기 위해 '모성보호시간'을 사용할 수 있다.

④ 변경 전 제도에서 공무원은 초등학교 1학년인 자녀의 병원진료를 위해 '자녀돌봄휴가'를 사용할 수 있었다.

⑤ 변경된 현행 제도에 따르면, 만 2세 자녀를 둔 공무원은 '육아시간'을 사용하여 근무시간을 1주일에 총 4시간 단축할 수 있다.

문 12. **다음 글을 근거로 판단할 때, 〈보기〉에서 옳은 것만을 모두 고르면?**

> 제○○조 ① 사업자는 소비자를 속이거나 소비자로 하여금 잘못 알게 할 우려가 있는 표시 · 광고 행위로서 공정한 거래질서를 해칠 우려가 있는 다음 각 호의 행위를 하거나 다른 사업자로 하여금 하게 하여서는 안 된다.
> 1. 거짓 · 과장의 표시 · 광고
> 2. 기만적인 표시 · 광고
> 3. 부당하게 비교하는 표시 · 광고
> 4. 비방적인 표시 · 광고
>
> ② 제1항을 위반하여 제1항 각 호의 행위를 하거나 다른 사업자로 하여금 하게 한 사업자는 2년 이하의 징역 또는 1억 5천만 원 이하의 벌금에 처한다.
>
> 제△△조 ① 공정거래위원회는 상품 등이나 거래 분야의 성질에 비추어 소비자 보호 또는 공정한 거래질서 유지를 위하여 필요한 경우에는 사업자가 표시 · 광고에 포함하여야 하는 사항(이하 '중요정보'라 한다)과 표시 · 광고의 방법을 고시할 수 있다.
>
> ② 공정거래위원회는 제1항에 따라 고시를 하려면 관계 행정기관의 장과 미리 협의하여야 한다. 이 경우 필요하다고 인정하면 공청회를 개최하여 사업자단체, 소비자단체, 그 밖의 이해관계인 등의 의견을 들을 수 있다.
>
> ③ 사업자가 표시 · 광고 행위를 하는 경우에는 제1항에 따라 고시된 중요정보를 표시 · 광고하여야 한다.
>
> 제□□조 ① 사업자가 제△△조 제3항을 위반하여 고시된 중요정보를 표시 · 광고하지 않은 경우에는 1억 원 이하의 과태료를 부과한다.
>
> ② 제1항에 따른 과태료는 공정거래위원회가 부과 · 징수한다.

〈보 기〉

ㄱ. 공정거래위원회가 중요정보 고시 여부를 결정함에 있어 상품 등이나 거래 분야는 고려의 대상이 아니다.

ㄴ. 사업자A가 다른 사업자B로 하여금 공정한 거래질서를 해칠 우려가 있는 비방적인 표시 · 광고를 하게 한 경우, 공정거래위원회는 사업자A에게 과태료를 부과한다.

ㄷ. 사업자가 표시 · 광고 행위를 하면서 고시된 중요정보를 표시 · 광고하지 않은 경우, 공정거래위원회는 5천만 원의 과태료를 부과할 수 있다.

ㄹ. 공정거래위원회는 소비자 보호를 위해 필요한 경우, 사업자가 표시 · 광고에 포함하여야 하는 사항과 함께 그 표시 · 광고의 방법도 고시할 수 있다.

① ㄱ, ㄴ

② ㄱ, ㄷ

③ ㄴ, ㄷ

④ ㄴ, ㄹ

⑤ ㄷ, ㄹ

문 13. **다음 글을 근거로 판단할 때 옳은 것은?**

> 군국기무처는 1894년 7월 27일부터 같은 해 12월 17일까지 존속한 최고 정책결정 기관이었다. 1894년 7월 흥선대원군을 추대한 새로운 정권이 수립되자, 그 이전부터 논의되어 오던 제도개혁을 실시하고자 합의체 형식의 초정부적 정책결정 기구인 군국기무처를 구성하였다. 이 기구의 이름은 1882년부터 1883년까지 존속하였던 기무처의 이름을 따서 흥선대원군이 명명하였다.
>
> 군국기무처가 실제로 활동한 기간은 약 3개월이었다. 이 기간 중 군국기무처는 40회의 회의를 통해 약 210건의 의안을 심의하여 통과시켰는데, 그중에는 189개의 개혁의안도 포함되어 있었다. 군국기무처가 심의하여 통과시킨 의안은 국왕의 재가를 거쳐 국법으로 시행하였는데, 그 가운데는 전제왕권의 제약이나 재정제도의 일원화뿐만 아니라, 양반 · 상인 등 계급의 타파, 공 · 사노비제의 폐지, 조혼의 금지, 과부의 재가 허용 등 조선사회의 경제 · 사회질서를 근본적으로 변혁시키는 내용도 있었다. 여기에는 1880년대 이래 개화운동에서 강조한 개혁안과 더불어 동학운동에서 요구한 개혁안이 포함되기도 하였다. 군국기무처가 추진한 이때의 개혁을 갑오개혁이라고 부른다.
>
> 그러나 군국기무처의 기능은 청일전쟁에서 일본이 최초의 결정적인 승리를 거둔 1894년 9월 중순 이후 서서히 약화되기 시작하였다. 청일전쟁의 초기에는 조선의 개혁정권에 대해 회유정책을 쓰며 군국기무처의 활동에 간섭을 하지 않았던 일본이 청일전쟁의 승리가 확실해지자 적극적인 개입정책을 쓰기 시작하였던 것이다. 일본 정부가 새로 임명한 주한공사 이노우에는 군국기무처를 자신이 추진하려는 일본의 제도적 개입의 방해물로 간주하여 11월 20일 고종에게 요구한 20개의 안건에 군국기무처의 폐지를 포함시켰다. 고종도 그의 전제왕권을 제약한 군국기무처의 존재를 탐탁지 않게 여기던 터였으므로 이 기구를 12월 17일 칙령으로 폐지하였다.

① 흥선대원군은 군국기무처를 칙령으로 폐지하였다.
② 군국기무처는 기무처의 이름을 따서 고종이 명명하였다.
③ 일본의 청일전쟁 승리가 확실해지면서 군국기무처의 기능은 더욱 강화되었다.
④ 군국기무처는 실제 활동 기간 동안 월 평균 210건 이상의 개혁의안을 통과시켰다.
⑤ 군국기무처가 통과시킨 의안에는 동학운동에서 요구한 개혁안이 담기기도 하였다.

문 14. **다음 글을 근거로 판단할 때, 〈보기〉에서 옳은 것만을 모두 고르면?**

> 국회의원 선거는 목적에 따라 총선거, 재선거, 보궐선거 등으로 나누어진다. 대통령제 국가에서는 의원의 임기가 만료될 때 총선거가 실시된다. 반면 의원내각제 국가에서는 의원의 임기가 만료될 때뿐만 아니라 의원의 임기가 남아 있으나 총리(수상)에 의해 의회가 해산된 때에도 총선거가 실시된다.
>
> 대다수의 국가는 총선거로 전체 의원을 동시에 새롭게 선출하지만, 의회의 안정성과 연속성을 고려하여 전체 의석 중 일부만 교체하기도 한다. 이러한 예는 미국, 일본, 프랑스 등의 상원선거에서 나타나는데, 미국은 임기 6년의 상원의원을 매 2년마다 1/3씩, 일본은 임기 6년의 참의원을 매 3년마다 1/2씩 선출한다. 프랑스 역시 임기 6년의 상원의원을 매 3년마다 1/2씩 선출한다.
>
> 재선거는 총선거가 실시된 이후에 당선 무효나 선거 자체의 무효 사유가 발생하였을 때 다시 실시되는 선거를 말한다. 예를 들어 우리나라에서는 선거 무효 판결, 당선 무효, 당선인의 임기 개시 전 사망 등의 사유가 있는 경우에 재선거를 실시한다.
>
> 보궐선거는 의원이 임기 중 직책을 사퇴하거나 사망하는 등 부득이한 사유로 의정 활동을 수행할 수 없는 경우에 이를 보충하기 위해 실시되는 선거이다. 다수대표제를 사용하는 대부분의 국가는 보궐선거를 실시하는 반면, 비례대표제를 사용하는 대부분의 국가는 필요시 의원직을 수행할 승계인을 총선거 때 함께 정해 두어 보궐선거를 실시하지 않는다.

〈보 기〉

ㄱ. 일본 참의원의 임기는 프랑스 상원의원의 임기와 같다.
ㄴ. 미국은 2년마다 전체 상원의원을 새로 선출한다.
ㄷ. 우리나라에서는 국회의원 당선인이 임기 개시 전 사망한 경우 재선거가 실시된다.
ㄹ. 다수대표제를 사용하는 대부분의 국가에서는 의원이 임기 중 사망하였을 때 보궐선거를 실시한다.

① ㄱ, ㄴ
② ㄱ, ㄷ
③ ㄴ, ㄹ
④ ㄱ, ㄷ, ㄹ
⑤ ㄴ, ㄷ, ㄹ

문 15. **다음 글을 근거로 판단할 때 옳은 것은?**

> 제○○조 ① 무죄재판을 받아 확정된 사건(이하 '무죄재판사건'이라 한다)의 피고인은 무죄재판이 확정된 때부터 3년 이내에, 확정된 무죄재판사건의 재판서(이하 '무죄재판서'라 한다)를 법무부 인터넷 홈페이지에 게재하도록 해당 사건을 기소한 검사의 소속 지방검찰청에 청구할 수 있다.
> ② 피고인이 제1항의 무죄재판서 게재 청구를 하지 아니하고 사망한 때에는 그 상속인이 이를 청구할 수 있다. 이 경우 같은 순위의 상속인이 여러 명일 때에는 상속인 모두가 그 청구에 동의하였음을 소명하는 자료도 함께 제출하여야 한다.
> ③ 무죄재판서 게재 청구가 취소된 경우에는 다시 그 청구를 할 수 없다.
> 제□□조 ① 제○○조의 청구를 받은 날부터 1개월 이내에 무죄재판서를 법무부 인터넷 홈페이지에 게재하여야 한다.
> ② 다음 각 호의 어느 하나에 해당할 때에는 무죄재판서의 일부를 삭제하여 게재할 수 있다.
> 1. 청구인이 무죄재판서 중 일부 내용의 삭제를 원하는 의사를 명시적으로 밝힌 경우
> 2. 무죄재판서의 공개로 인하여 사건 관계인의 명예나 사생활의 비밀 또는 생명·신체의 안전이나 생활의 평온을 현저히 해칠 우려가 있는 경우
>
> ③ 제2항 제1호의 경우에는 청구인의 의사를 서면으로 확인하여야 한다.
> ④ 제1항에 따른 무죄재판서의 게재기간은 1년으로 한다.

① 무죄재판이 확정된 피고인 甲은 무죄재판이 확정된 때부터 3년 이내에 관할법원에 무죄재판서 게재 청구를 할 수 있다.
② 무죄재판이 확정된 피고인 乙이 무죄재판서 게재 청구를 취소한 후 사망한 경우, 乙의 상속인은 무죄재판이 확정된 때부터 3년 이내에 무죄재판서 게재 청구를 할 수 있다.
③ 무죄재판이 확정된 피고인 丙이 무죄재판서 게재 청구 없이 사망한 경우, 丙의 상속인은 같은 순위의 다른 상속인의 동의 없이 무죄재판서 게재 청구를 할 수 있다.
④ 무죄재판이 확정된 피고인 丁이 무죄재판서 게재 청구를 하면 그의 무죄재판서는 법무부 인터넷 홈페이지에 3년간 게재된다.
⑤ 무죄재판이 확정된 피고인 戊의 청구로 무죄재판서가 공개되면 사건 관계인의 명예를 현저히 해칠 우려가 있는 경우, 무죄재판서의 일부를 삭제하여 게재할 수 있다.

문 16. **다음 글과 〈상황〉을 근거로 판단할 때, 〈보기〉에서 옳은 것만을 모두 고르면?**

> 제00조(유치권의 내용) 타인의 물건 또는 유가증권을 점유한 자는 그 물건이나 유가증권에 관하여 생긴 채권이 변제기에 있는 경우에는 변제를 받을 때까지 그 물건 또는 유가증권을 유치할 권리가 있다.
> 제00조(유치권의 불가분성) 유치권자는 채권 전부의 변제를 받을 때까지 유치물 전부에 대하여 그 권리를 행사할 수 있다.
> 제00조(유치권자의 선관의무) ① 유치권자는 선량한 관리자의 주의로 유치물을 점유하여야 한다.
> ② 유치권자는 채무자의 승낙 없이 유치물의 사용, 대여 또는 담보제공을 하지 못한다. 그러나 유치물의 보존에 필요한 사용은 그러하지 아니하다.
> 제00조(경매) 유치권자는 채권의 변제를 받기 위하여 유치물을 경매할 수 있다.
> 제00조(점유상실과 유치권소멸) 유치권은 점유의 상실로 인하여 소멸한다.

※ 유치 : 물건 등을 일정한 지배 아래 둠

〈상 황〉

> 甲은 아버지의 양복을 면접시험에서 입으려고 乙에게 수선을 맡겼다. 수선비는 다음 날까지 계좌로 송금하기로 하고 옷은 일주일 후 찾기로 하였다. 甲은 수선비를 송금하지 않은 채 일주일 후 옷을 찾으러 갔고, 옷 수선을 마친 乙은 수선비를 받을 때까지 수선한 옷을 돌려주지 않겠다며 유치권을 행사하고 있다.

〈보 기〉

> ㄱ. 甲이 수선비의 일부라도 지급한다면 乙은 수선한 옷을 돌려주어야 한다.
> ㄴ. 甲이 수선한 옷을 돌려받지 못한 채 면접시험을 치렀고 이후 필요가 없어 옷을 찾으러 가지 않겠다고 한 경우, 乙은 수선비의 변제를 받기 위해 그 옷을 경매할 수 있다.
> ㄷ. 甲이 수선을 맡긴 옷을 乙이 도둑맞아 점유를 상실하였다면 乙의 유치권은 소멸한다.
> ㄹ. 甲이 수선비를 지급할 때까지, 乙은 수선한 옷을 甲의 승낙 없이 다른 사람에게 대여할 수 있다.

① ㄱ, ㄴ
② ㄱ, ㄹ
③ ㄴ, ㄷ
④ ㄷ, ㄹ
⑤ ㄴ, ㄷ, ㄹ

문 17. **다음 글을 근거로 판단할 때, 〈보기〉의 각 괄호 안에 들어갈 숫자의 합은?**

A부처와 B부처에 소속된 공무원 수는 각각 100명이고, 모두 소속된 부처에 있었다. 그런데 A부처는 국가 행사를 담당하게 되어 B부처에 9명의 인력지원을 요청하였다. B부처는 소속 공무원 100명 중 9명을 무작위로 선정해서 A부처에 지원 인력으로 보냈다. 얼마 후 B부처 역시 또 다른 국가 행사를 담당하게 되어 A부처에 인력지원을 요청하였다. A부처는 B부처로부터 지원받았던 인력을 포함한 109명 중 9명을 무작위로 선정해서 B부처에 지원 인력으로 보냈다.

〈보 기〉

ㄱ. A부처와 B부처 간 인력지원이 한 차례씩 이루어진 후, A부처에 B부처 소속 공무원이 3명 남아있다면 B부처에는 A부처 소속 공무원이 (   )명 있다.
ㄴ. A부처와 B부처 간 인력지원이 한 차례씩 이루어진 후, B부처에 A부처 소속 공무원이 2명 남아있다면 A부처에는 B부처 소속 공무원이 (   )명 있다.

① 5
② 8
③ 10
④ 13
⑤ 15

문 18. **다음 글을 근거로 판단할 때, 甲~戊 중 가장 많은 지원금을 받는 신청자는?**

A국은 신재생에너지 보급 사업 활성화를 위하여 신재생에너지 설비에 대한 지원 내용을 공고하였다. 〈지원 기준〉과 〈지원 신청 현황〉은 아래와 같다.

〈지원 기준〉

구분		용량(성능)	지원금 단가
태양광	단독주택	2kW 이하	kW당 80만 원
		2kW 초과 3kW 이하	kW당 60만 원
	공동주택	30kW 이하	kW당 80만 원
태양열	평판형 · 진공관형	$10m^2$ 이하	m^2당 50만 원
		$10m^2$ 초과 $20m^2$ 이하	m^2당 30만 원
지열	수직밀폐형	10kW 이하	kW당 60만 원
		10kW 초과	kW당 50만 원
연료전지	인산형 등	1kW 이하	kW당 2,100만 원

- 지원금은 '용량(성능)×지원금 단가'로 산정
- 국가 및 지방자치단체 소유 건물은 지원 대상에서 제외
- 전월 전력사용량이 450kWh 이상인 건물은 태양열 설비 지원 대상에서 제외
- 용량(성능)이 〈지원 기준〉의 범위를 벗어나는 신청은 지원 대상에서 제외

〈지원 신청 현황〉

신청자	설비 종류	용량(성능)	건물 소유자	전월 전력사용량	비고
甲	태양광	8kW	개인	350kWh	공동주택
乙	태양열	$15m^2$	개인	550kWh	진공관형
丙	태양열	$5m^2$	국가	400kWh	평판형
丁	지열	15kW	개인	200kWh	수직밀폐형
戊	연료전지	3kW	개인	500kWh	인산형

① 甲
② 乙
③ 丙
④ 丁
⑤ 戊

문 19. 다음 글을 근거로 판단할 때, 〈보기〉에서 옳은 것만을 모두 고르면?

1부터 5까지 숫자가 하나씩 적힌 5장의 카드와 3개의 구역이 있는 다트판이 있다. 甲과 乙은 다음 방법에 따라 점수를 얻는 게임을 하기로 했다.

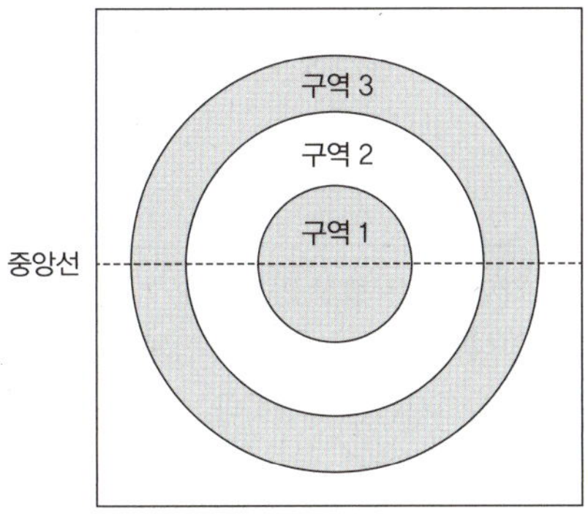

- 우선 5장의 카드 중 1장을 임의로 뽑고, 그 후 다트를 1차 시기와 2차 시기에 각 1번씩 총 2번 던진다.
- 뽑힌 카드에 적혀 있는 숫자가 '카드점수'가 되며 점수를 얻는 방법은 다음과 같다.

〈1차 시기 점수 산정 방법〉

– 다트가 구역1에 꽂힐 경우 : 카드점수×3
– 다트가 구역2에 꽂힐 경우 : 카드점수×2
– 다트가 구역3에 꽂힐 경우 : 카드점수×1
– 다트가 그 외 영역에 꽂힐 경우 : 카드점수×0

〈2차 시기 점수 산정 방법〉

– 다트가 다트판의 중앙선 위쪽에 꽂힐 경우 : 2점
– 다트가 다트판의 중앙선 아래쪽에 꽂힐 경우 : 0점

〈최종점수 산정 방법〉

– 최종점수 : 1차 시기 점수+2차 시기 점수

※ 다트판의 선에 꽂히는 경우 등 그 외 조건은 고려하지 않는다.

〈보 기〉

ㄱ. 甲이 짝수가 적힌 카드를 뽑았다면, 최종점수는 홀수가 될 수 없다.
ㄴ. 甲이 숫자 2가 적힌 카드를 뽑았다면, 가능한 최종점수는 8가지이다.
ㄷ. 甲이 숫자 4가 적힌 카드를, 乙이 숫자 2가 적힌 카드를 뽑았다면, 가능한 甲의 최종점수 최댓값과 乙의 최종점수 최솟값의 차이는 14점이다.

① ㄱ
② ㄷ
③ ㄱ, ㄴ
④ ㄱ, ㄷ
⑤ ㄴ, ㄷ

문 20. 다음 글과 〈대화〉를 근거로 판단할 때 대장 두더지는?

- 甲은 튀어나온 두더지를 뿅망치로 때리는 '두더지 게임'을 했다.
- 두더지는 총 5마리(A~E)이며, 이 중 1마리는 대장 두더지이고 나머지 4마리는 부하 두더지이다.
- 대장 두더지를 맞혔을 때는 2점, 부하 두더지를 맞혔을 때는 1점을 획득한다.
- 두더지 게임 결과, 甲은 총 14점을 획득하였다.
- 두더지 게임이 끝난 후 두더지들은 아래와 같은 〈대화〉를 하였다.

〈대 화〉

두더지 A : 나는 맞은 두더지 중에 가장 적게 맞았고, 맞은 횟수는 짝수야.
두더지 B : 나는 두더지 C와 똑같은 횟수로 맞았어.
두더지 C : 나와 두더지 A, 두더지 D가 맞은 횟수를 모두 더하면 모든 두더지가 맞은 횟수의 3/4이야.
두더지 D : 우리 중에 한 번도 맞지 않은 두더지가 1마리 있지만 나는 아니야.
두더지 E : 우리가 맞은 횟수를 모두 더하면 12번이야.

① 두더지 A
② 두더지 B
③ 두더지 C
④ 두더지 D
⑤ 두더지 E

문 21. 다음 〈상황〉을 근거로 판단할 때, 〈보기〉에서 옳은 것만을 모두 고르면?

〈상 황〉

- A위원회는 12명의 위원으로 구성되며, 위원 중에서 위원장을 선출한다.
- 12명의 위원은 자신을 제외한 11명 중 서로 다른 2명에게 1표씩 투표하여 최다 득표자를 위원장으로 결정한다.
- 최다 득표자가 여러 명인 경우 추첨을 통해 이들 중 1명을 위원장으로 결정한다.

※ 기권 및 무효표는 없다.

〈보 기〉

ㄱ. 득표자 중 5표를 얻은 위원이 존재하고 추첨을 통해 위원장이 결정되었다면, 득표자는 3명 이하이다.
ㄴ. 득표자가 총 3명이고 그중 1명이 7표를 얻었다면, 위원장을 추첨으로 결정하지 않아도 된다.
ㄷ. 득표자 중 최다 득표자가 8표를 얻었고 추첨 없이 위원장이 결정되었다면, 득표자는 4명 이상이다.

① ㄴ
② ㄷ
③ ㄱ, ㄴ
④ ㄱ, ㄷ
⑤ ㄴ, ㄷ

문 22. 다음 글을 근거로 판단할 때, 〈보기〉에서 옳은 것만을 모두 고르면?

- 甲시청은 관내 도장업체(A~C)에 청사 바닥(면적 : 60m^2) 도장공사를 의뢰하려 한다.

〈관내 도장업체 정보〉

업체	1m^{2}당 작업시간	시간당 비용
A	30분	10만 원
B	1시간	8만 원
C	40분	9만 원

- 개별 업체의 작업속도는 항상 일정하다.
- 여러 업체가 참여하는 경우, 각 참여 업체는 언제나 동시에 작업하며 업체당 작업시간은 동일하다. 이때 각 참여 업체가 작업하는 면은 겹치지 않는다.
- 모든 업체는 시간당 비용에 비례하여 분당 비용을 받는다. (예 A가 6분 동안 작업한 경우 1만 원을 받는다)

〈보 기〉

ㄱ. 작업을 가장 빠르게 끝내기 위해서는 A와 C에게만 작업을 맡겨야 한다.
ㄴ. B와 C에게 작업을 맡기는 경우, 작업 완료까지 24시간이 소요된다.
ㄷ. A, B, C에게 작업을 맡기는 경우, B와 C에게 작업을 맡기는 경우보다 많은 비용이 든다.

① ㄱ
② ㄴ
③ ㄷ
④ ㄱ, ㄴ
⑤ ㄴ, ㄷ

문 23. 다음 글을 근거로 판단할 때, 〈보기〉에서 옳은 것만을 모두 고르면?

> • 손글씨 대회 참가자 100명을 왼손으로만 필기할 수 있는 왼손잡이, 오른손으로만 필기할 수 있는 오른손잡이, 양손으로 모두 필기할 수 있는 양손잡이로 분류하고자 한다.
> • 참가자를 대상으로 아래 세 가지 질문을 차례대로 하여 해당하는 참가자는 한 번만 손을 들도록 하였다.
> [질문 1] 왼손으로만 필기할 수 있는 사람은?
> [질문 2] 오른손으로만 필기할 수 있는 사람은?
> [질문 3] 양손으로 모두 필기할 수 있는 사람은?
> • 양손잡이 중 일부는 제대로 알아듣지 못해 질문 1, 2, 3에 모두 손을 들었고, 그 외 모든 참가자는 올바르게 손을 들었다.
> • 질문 1에 손을 든 참가자는 16명, 질문 2에 손을 든 참가자는 80명, 질문 3에 손을 든 참가자는 10명이다.

〈보 기〉

ㄱ. 양손잡이는 총 10명이다.
ㄴ. 왼손잡이 수는 양손잡이 수보다 많다.
ㄷ. 오른손잡이 수는 왼손잡이 수의 6배 이상이다.

① ㄱ
② ㄴ
③ ㄱ, ㄴ
④ ㄱ, ㄷ
⑤ ㄴ, ㄷ

문 24. 다음 글을 근거로 판단할 때, 〈보기〉에서 옳은 것만을 모두 고르면?

> 엘로 평점 시스템(Elo Rating System)은 체스 등 일대일 방식의 종목에서 선수들의 실력을 표현하는 방법으로 물리학자 아르파드 엘로(Arpad Elo)가 고안했다.
> 임의의 두 선수 X, Y의 엘로 점수를 각각 E_X, E_Y라 하고 X가 Y에게 승리할 확률을 P_{XY}, Y가 X에게 승리할 확률을 P_{YX}라고 하면, 각 선수가 승리할 확률은 다음 식과 같이 계산된다. 무승부는 고려하지 않으므로 두 선수가 승리할 확률의 합은 항상 1이 된다.
>
> $$P_{XY}=\frac{1}{1+10^{-(E_X-E_Y)/400}}$$
>
> $$P_{YX}=\frac{1}{1+10^{-(E_Y-E_X)/400}}$$
>
> 두 선수의 엘로 점수가 같다면, 각 선수가 승리할 확률은 0.5로 같다. 만약 한 선수가 다른 선수보다 엘로 점수가 200점 높다면, 그 선수가 승리할 확률은 약 0.76이 된다.
> 경기 결과에 따라 각 선수의 엘로 점수는 변화한다. 경기에서 승리한 선수는 그 경기에서 패배할 확률에 K를 곱한 만큼 점수를 얻고, 경기에서 패배한 선수는 그 경기에서 승리할 확률에 K를 곱한 만큼 점수를 잃는다(K는 상수로, 보통 32를 사용한다). 승리할 확률이 높은 경기보다 승리할 확률이 낮은 경기에서 승리했을 경우 더 많은 점수를 얻는다.

〈보 기〉

ㄱ. 경기에서 승리한 선수가 얻는 엘로 점수와 그 경기에서 패배한 선수가 잃는 엘로 점수는 다를 수 있다.
ㄴ. K=32라면, 한 경기에서 아무리 강한 상대에게 승리해도 얻을 수 있는 엘로 점수는 32점 이하이다.
ㄷ. A가 B에게 패배할 확률이 0.1이라면, A와 B의 엘로 점수 차이는 400점 이상이다.
ㄹ. A가 B에게 승리할 확률이 0.8, B가 C에게 승리할 확률이 0.8이라면, A가 C에게 승리할 확률은 0.9 이상이다.

① ㄱ, ㄴ
② ㄴ, ㄹ
③ ㄱ, ㄴ, ㄷ
④ ㄱ, ㄷ, ㄹ
⑤ ㄴ, ㄷ, ㄹ

문 25. **다음 〈상황〉과 〈목차〉를 근거로 판단할 때, 〈보기〉에서 옳은 것만을 모두 고르면?**

〈상 황〉

- 책 A는 〈목차〉와 같이 구성되어 있고, 비어 있는 쪽은 없다.
- 책 A의 각 쪽은 모두 제1절부터 제14절까지 14개의 절 중 하나의 절에 포함된다.
- 甲은 3월 1일부터 책 A를 읽기 시작해서, 1쪽부터 마지막 쪽인 133쪽까지 순서대로 읽는다.
- 甲은 한번 읽기 시작한 절은 그날 모두 읽되, 하루에 최대 40쪽을 읽을 수 있다.
- 甲은 절 제목에 '과학' 또는 '정책'이 들어간 절을 하루에 한 개 이상 읽는다.

〈목 차〉

- 시민참여
  - 제1절 시민참여의 등장 배경과 개념적 특성……1
  - 제2절 과학기술정책의 특성과 시민참여……4
  - 제3절 결 론……21
- 거버넌스 구조
  - 제4절 서 론……31
  - 제5절 제3세대 과학기술혁신 정책이론과 거버넌스……34
  - 제6절 과학기술정책의 거버넌스 구조분석 모형……49
  - 제7절 결 론……62
- 연구기관 평가지표
  - 제8절 서 론……65
  - 제9절 지적자본의 개념과 성과평가로의 활용가능성……68
  - 제10절 평가지표 전환을 위한 정책방향……89
  - 제11절 결 론……92
- 기초연구의 경제적 편익
  - 제12절 과학기술연구와 경제성장 간의 관계……104
  - 제13절 공적으로 투자된 기초연구의 경제적 편익……107
  - 제14절 맺음말 : 정책적 시사점……130

〈보 기〉

ㄱ. 3월 1일에 甲은 책 A를 20쪽 이상 읽는다.
ㄴ. 3월 3일에 甲이 제6절까지 읽었다면, 甲은 3월 5일까지 책 A를 다 읽을 수 있다.
ㄷ. 甲이 책 A를 다 읽으려면 최소 5일 걸린다.

① ㄱ
② ㄴ
③ ㄱ, ㄴ
④ ㄱ, ㄷ
⑤ ㄴ, ㄷ

7급 공채 | 민간경력자 5·7급 | 경호공무원 7급 공채 | NCS 공기업

2026

7급/민간경력자 PSAT

10+7개년 기출문제집

편저 | 시대PSAT연구소

언어논리

상황판단

자료해석

정답 및 해설

시대에듀

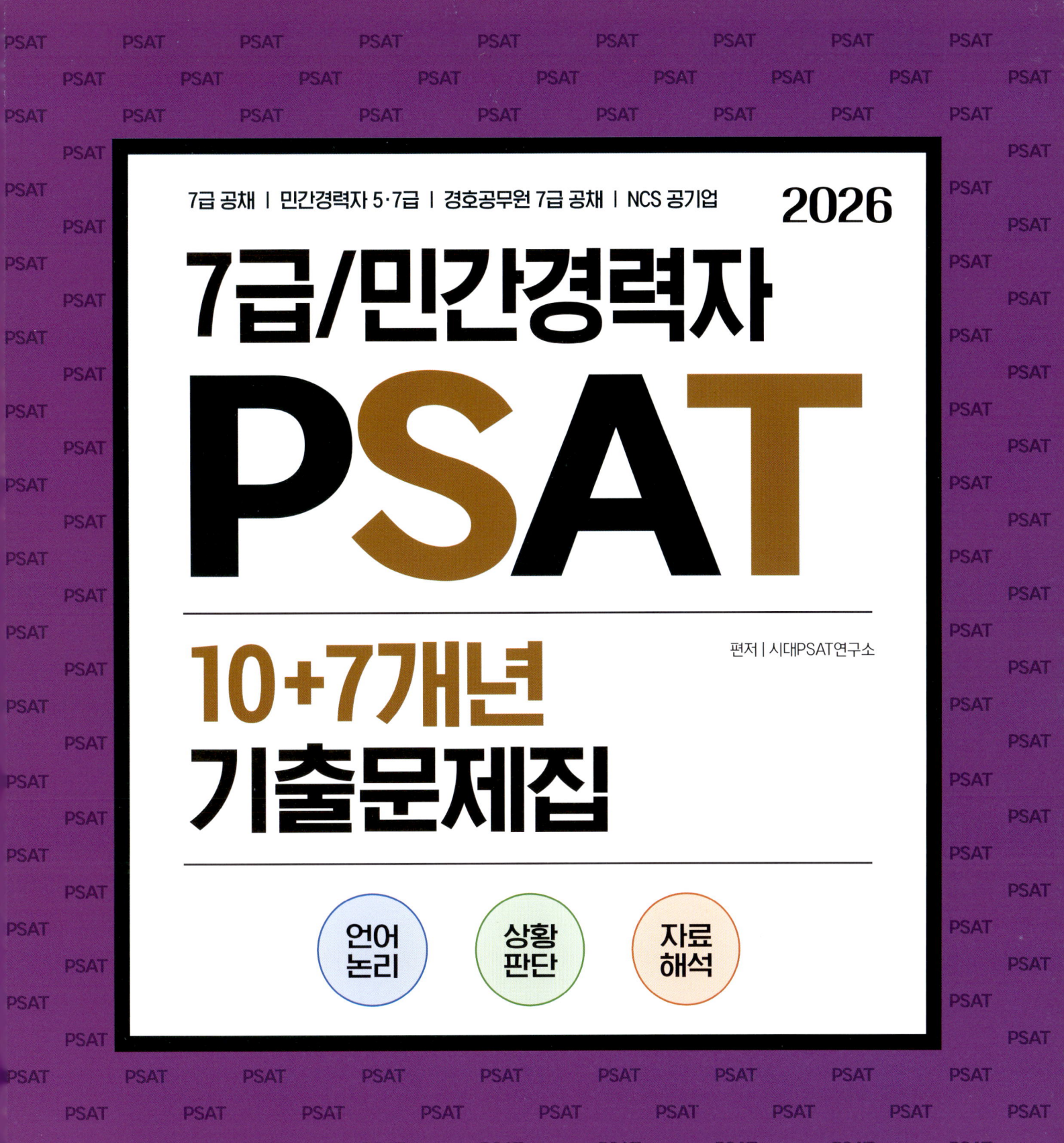

7급 / 민간경력자 PSAT 기출문제 정답 및 해설

PSAT 피셋

7급 / 민간경력자 PSAT 10+7개년 기출문제집

Public Service Aptitude Test

PART 1

7급 / 민간경력자 PSAT 최신 기출문제 정답 및 해설

2025 기출문제 정답 및 해설

2025년 언어논리 _ 정답 및 해설

01	02	03	04	05	06	07	08	09	10
①	①	③	⑤	②	③	④	②	③	④
11	12	13	14	15	16	17	18	19	20
③	③	①	③	④	⑤	④	⑤	②	④
21	22	23	24	25					
⑤	④	②	①	⑤					

01 정답 ①

정답해설

마지막 문단에 따르면 신라의 왕 내물마립간은 사신을 전진에 보냈으며, 이때 사신은 전진의 황제 부견을 알현해 내물마립간의 친서를 전달했다.

오답해설

② 첫 번째 문단에 따르면 계림로 14호 고분에서는 석류석이 박힘 보검이 출토되었다. 터키석으로 장식된 팔찌가 출토된 곳은 황남대총이다.

③ 마지막 문단에 따르면 전진의 황제 부견은 서역의 여러 나라를 정복했으며, 실크로드를 통해 사산조 페르시아와 교류했다. 그러나 전진이 사산조 페르시아와 함께 서역의 여러 나라를 정복하고 실크로드를 개척했는지는 알 수 없다.

④ 마지막 문단에 따르면 신라는 고구려 소수림왕의 허락을 받아 사신을 고구려 영토를 거쳐 전진에 보냈으며, 신라의 사신이 직접 전진에서 보검과 팔찌를 샀다.

⑤ 마지막 문단에 따르면 신라의 사신은 전진의 황제 부견에게 내물마립간의 친서를 전달했으며, 제시문에서 그 내용은 알 수 없다.

합격 가이드

제시문과 선택지의 일치 여부를 묻는 기본적인 형태의 문제이다. 지나치게 세부적인 내용까지 파악하느라 시간을 소모할 필요는 없으며, 선택지를 먼저 읽은 후에 선택지의 진위를 판단할 근거를 제시문에서 확인하는 것이 효율적이다.

또한 ①이 정답이라 확신한다면 나머지 ②~⑤의 진위를 확인하는 시간을 과감히 생략할 수 있다.

02 정답 ①

정답해설

마지막 문단에 따르면 불내라는 집단이 있던 동예는 낙랑군에 항복하며 지배하에 있게 되었고, 이후 낙랑군이 고구려에 의해 정복되면서 고구려 땅이 되었다.

오답해설

②·③ 첫 번째 문단에 따르면 낙랑군은 동예의 위치상 관리를 보내기 어렵다고 판단하여 불내라는 집단의 우두머리에게 '불내후'라는 직위를 주어 관리하게 하였다. 이때 불내후가 있는 곳에 '동부도위'라는 기구를 두었다.

④·⑤ 한(漢) 무제는 고조선이 동예와 직접 교역하지 못하게 막고 무역 이권을 독점한 것에 분노하여 고조선을 멸한 뒤 동예가 있는 곳에 임둔군을 설치하였다.

합격 가이드

예족이 거주하던 동예 지역이 고구려 영토가 되기까지의 과정 등 제시문에 나타난 주요 정보와 선택지의 일치 여부를 판단하는 문제이다. 선택지에 제시된 키워드를 중심으로 하여 제시문에서 해당하는 내용을 빠르게 읽고, 선택지를 하나씩 소거해 나가야 한다.

03 정답 ③

정답해설

첫 번째 문단에 따르면 유니버설디자인은 장애인을 위해 디자인된 제품이나 서비스라기보다는 모든 사람이 사용할 수 있는 디자인이라고 하였다. 따라서 장애인을 위한 화장실 대신 장애인과 비장애인 모두 사용할 수 있는 화장실은 유니버설디자인의 사례이다.

오답해설

① 세 번째 문단에 따르면 인클루시브디자인은 기존의 배리어프리디자인보다 발전된 것이므로, 모든 배리어프리디자인에 인클루시브디자인이 적용되었다는 추론은 옳지 않다.

② 세 번째 문단에 따르면 배리어프리디자인이 적용된 제품을 사용하는 과정에서 신체적 특성이 부각되거나 차별감을 느낄 수 있다.

④ 세 번째 문단에서는 배리어프리디자인의 예로 휠체어 사용자를 위해 지하철역 계단에 설치된 리프트를 들고 있다. 이처럼 휠체어 사용자를 다르게 취급하여 별도로 설치된 경사로는 인클루시브디자인이 아닌 배리어프리디자인이 적용된 사례이다.

⑤ 다양한 특성을 지닌 사람들을 모두 포용하는 제품과 서비스를 디자인해야 한다는 관점이 미국에서는 '유니버설디자인'으로, 유럽에서는 '인클루시브디자인' 또는 '모두를위한디자인'으로 불린다.

합격 가이드

유니버설디자인 등 주요 개념들의 정의, 유사점 · 차이점 등 기본 정보를 파악해 간단한 수준의 추론을 할 수 있는지 묻는 문제이다. 제시문의 내용과 논리 구조가 어렵지 않으므로, 선택지를 먼저 읽고 관련 내용을 제시문에서 찾는 방식으로 신속하고 정확하게 정답을 선택할 수 있어야 한다.

04

정답 ⑤

정답해설

첫 번째 문단에서 "그런데 과연 미술작품의 미적 가치를 우리가 스스로 이해한 것일까?"라며 제시문 전체를 관통하는 의문을 제기하였다. 또한 두 번째~세 번째 문단에 따르면 미술작품의 위대함을 느끼고 감동하는 이유는 내재된 미적 가치를 우리 스스로 이해했기 때문이 아닌 후대 미술가들의 설명과 해설을 토대로 미적 가치를 이해한 것이다. 따라서 제시문의 핵심 논지로 가장 적절한 것은 ⑤이다.

오답해설

① 두 번째 문단에 따르면 우리가 미술작품을 보고 감동하는 이유는 미술 분야 전문가들이 해석하는 미적 가치에 대한 설명과 해설을 들어서 생긴 일종의 학습효과 때문이다. 따라서 미술작품의 미적 가치가 위대한지 아닌지는 학습될 수 있다.
② 제시문에는 미술작품의 미적 가치를 평가할 수 있는 기준을 설명하는 내용이 없다.
③ 두 번째 문단에 따르면 미술작품을 실제로 보고 감동을 느낀다고 해도 위대하다고 알려진 미술작품을 직접 본 것에 대한 흥분이지 미적 가치를 이해한 것은 아니다.
④ 세 번째 문단에 따르면 미술작품에 고고학적 가치와 미적 가치를 부여한 주체는 후대 사람들이며, 우리는 이를 기반으로 미적 가치를 이해한 것일 뿐이다. 또한 제시문에서 미술작품의 고고학적 가치에 대한 이해가 그 미술작품의 미적 가치를 이해하는 필수조건인지에 대해서는 알 수 없다.

합격 가이드

제시문의 핵심 논지, 즉 주제가 무엇인지를 묻는 문제이다. 우리는 타인(후대의 미술 전문가들)의 설명과 해설을 토대로 미술작품의 미적 가치를 이해한다는 것이 제시문의 주제이다. 문단별로 반복되는 키워드를 중심으로 읽어나간다면 어렵지 않게 논지를 파악할 수 있을 것이다.

05

정답 ②

정답해설

세 번째 문단에 따르면 오픈데이터는 연구 과정 중, 즉 연구가 종료되기 전에 생산된 중간산출물을 공유하는 활동이다.

오답해설

① 첫 번째 문단에 따르면 오픈사이언스는 연구문화 및 규범을 일컫는 개념이었으나, 디지털 기술의 발달로 개방적인 연구 활동 전반을 일컫는 용어로 재개념화되었다.
③ 두 번째 문단에 따르면 오픈액세스는 오프라인이 아닌 온라인상에 최종 연구성과인 출판논문을 출판하는 활동이다.
④ 오픈사이언스는 디지털 기술을 활용하는 것이며, 오픈액세스라는 활동에서 시작되었다. 이때 오픈액세스는 최종 연구성과인 출판논문을 온라인상에 공개하는 것을 뜻한다. 따라서 검증이 가상 공간(온라인) 바깥에서 이루어지도록 추동한다는 내용은 옳지 않다.
⑤ 오픈콜라보레이션은 연구의 최종 · 중간산출물을 제외한 정보들을 온라인상에서 공유하며 연구자들끼리 협력하는 활동이다. 한편, 연구 절차에 관한 정보를 공유하는 활동은 오픈데이터이며, 출판논문을 공유하는 활동은 오픈액세스이다.

합격 가이드

제시문의 내용을 토대로 알 수 있는 사실을 고르는 전형적인 유형의 문제이다. 오픈사이언스의 개념을 이해하는 것은 물론 오픈사이언스에 포함되는 오픈액세스, 오픈데이터, 오픈콜라보레이션 등의 차이점을 파악해야 한다. 오픈액세스는 최종 연구성과(출판논문)를, 오픈데이터는 중간산출물을 공유하며, 오픈콜라보레이션은 최종 연구성과나 중간산출물 이외의 정보를 공유한다는 점에서 차이가 있다. 외래어로 된 용어가 생소하게 느껴질 수도 있지만, 내용 자체는 이해하기 어렵지 않으므로 차분히 읽는다면 무난하게 정답을 찾을 수 있다.

06

정답 ③

정답해설

전기업공업통제협회가 출범한 시기는 1948년이며, 반도체 기술은 1960년대에 외국 반도체 기업들을 통해 국내에 도입되기 시작했다. 따라서 전기업공업통제협회가 출범할 당시 한국에 반도체 기술은 아직 도입되지 않았음을 알 수 있다.

오답해설

① 1965년에 코미사가 한국 자본과의 합작 투자로 한국 최초의 반도체 조립 업체인 고미전자산업을 설립했다.
② 한국 최초의 반도체 조립 업체인 고미전자산업이 설립된 시기는 1965년이며, 「외자도입촉진법」이 제정된 시기는 1960년이다.
④ 1966년에 제정된 「외자도입법」은 외자도입의 양적 확대를 지양하고 질적 선별을 강화하였다.
⑤ 미군이 한국전쟁 중에 한국으로 들여온 라디오와 가전기기 등이 전자기술의 산업화에 대한 관심을 촉발했으며, 한국전쟁이 정전된 1953년 무렵에 한국에서 전자기술의 산업화에 대한 관심이 싹트기 시작했다.

07

정답 ④

정답해설

세 번째 문단에 따르면 "창희가 학교에 왔습니까?"라는 발화를 해석하는 두 가지 관점 중 하나는 청자인 담임 교사가 있는 위치로 창희가 이동했냐고 묻는 것이다. 그런데 이때 담임 교사가 학교가 아닌 다른 곳에 있다면 "창희가 학교에 왔습니까?"라는 발화는 사용할 수 없다. 다른 관점은 표준 위치인 학교로 창희가 이동했냐고 묻는 것이다. 표준 위치 관점에서는 "창희가 학교에 왔습니까?"라는 발화는 담임 교사가 학교가 아닌 곳에 있을 때에도 사용할 수 있다. 이런 경우 '오다'는 청자 중심보다는 표준 위치 중심으로 해석하는 것이 더 설득력 있다. 따라서 ㉣은 '앞의 해석(청자 중심)보다는 뒤의 해석(표준 위치 중심)으로 보는'으로 수정하는 것이 적절하다.

오답해설

① 첫 번째 문단에 따르면 "창수가 나에게 오면 상세히 설명할게요."라는 발화에서 '오다'는 말을 하고 있는 '나', 즉 화자가 있는 위치로 이동의 방향(화자 중심)을 나타낸다. 따라서 ㉠은 수정할 필요가 없다.
② 두 번째 문단에 따르면 "여보, 창수가 회사에 오지 않았나 봐요."의 발화 사례에서 화자는 '어머니'이고 청자는 '아버지'이다. 또한 '오다'의 이동 목적지는 '어머니(화자), 아버지(청자)'의 위치와 관련이 없는 '회사'이다. 이러한 상황에서 "여보, 창수가 회사에 오지 않았나 봐요."라는 발화가 가능한 것은 '오다'가 대화 참여자의 실제 위치에 기초해서 발화되지 않을 수 있기 때문이다. 이를 통해 당연하다고 생각하는 표준 위치, 곧 '회사'를 표준 위치로 생각한 것임을 알 수 있다. 따라서 ㉡은 수정할 필요가 없다.
③ 두 번째 문단에 따르면 "여보, 창수가 회사에 오지 않았나 봐요."의 발화 사례에서 '오다'의 행동 주체는 '창수'이다. 또한 '오다'는 행동 주체인 '창수'가 표준 위치인 '회사'를 향해서 이동하는 것을 지시한다. 따라서 ㉢은 수정할 필요가 없다.
⑤ 마지막 문단에 따르면 "집에 빨리 오너라."의 발화 사례에서 화자인 '어머니'는 집이 아니라 시내에 있고, 집으로 가려고 한다. 즉, 화자는 현재 위치한 '시내'가 아니라 도착 예정지인 '집'을 기준으로 '오다'를 사용하고 있음을 알 수 있다. 따라서 ㉤은 수정할 필요가 없다.

합격 가이드

문맥에 따라 문장을 적절하게 수정하는 유형의 문제는 밑줄 그은 부분의 앞뒤 문장을 주목해 문맥의 연결이 자연스러운지 살펴본다. 이 문제는 화자 중심, 청자 중심, 표준 위치 중심, 화자의 도착 예정지 중심 등 어느 관점에 따라 표준 위치를 정하는가에 따라 '오다'의 의미를 다르게 해석할 수 있다. 이처럼 제시된 다양한 정보와 조건을 정확하게 이해해야 정답을 찾을 수 있기 때문에 세밀한 주의와 높은 집중력이 필요하다. 한편, 선택지에서 제시한 수정 사항을 제시문에 직접 적용해 보는 것도 선택지의 진위 여부를 가늠할 수 있는 방법이며, 정답이 아닌 선택지는 굳이 수정할 필요가 없음을 알 수 있다.

08

정답 ②

정답해설

(가) : 조부모의 바로 아래 세대 사람들 중 아버지를 제외한 남성 친족을 호칭할 때, 중국어에서는 이 남성이 모계인지 부계인지, 혈연관계인지 결혼을 통해 맺어진 관계인지, 나의 부모보다 나이가 많은지 적은지를 구분한다. 따라서 (가)에 들어갈 내용으로 '그가 나의 부계 남성 혈족이며 내 아버지보다 나이가 많다는'이 적절하다.
(나) : (나)의 앞 내용에 따르면 영어 · 그리스어처럼 미래 시제가 엄격하게 구분되는 언어를 모국어로 쓰는 사람들은 저축률이 낮고, 중국어 · 핀란드어처럼 문법상 현재와 미래에 차이가 없는 언어를 모국어로 쓰는 사람들은 저축률이 높았다. 이는 미래 시제가 확실히 존재하는 언어권 사람들은 미래를 현재와 동떨어진 것으로 인식할 것이고, 미래 시제가 현재 시제와 차이가 없는 언어권 사람들은 미래가 이미 현재와 다름없이 다가와 있다고 인식할 것이라는 첸의 생각을 입증하는 사례이다. 따라서 (나)에 들어갈 내용으로 '미래를 현재와 동떨어진 것으로 여기면 저축을 적게 하고, 미래를 곧 다가올 현재라고 여기면 저축을 많이 한다'가 적절하다.

합격 가이드

제시문의 빈칸에 들어갈 내용을 고르는 유형의 문제를 풀려면 논리의 전개를 토대로 선택지가 문맥을 자연스럽게 이어지게 하는지 점검해야 한다. 이러한 유형의 문제는 선택지를 빈칸에 직접 넣어보는 방식이 가장 효과적일 것이다.

09

정답 ③

정답해설

ㄱ. 을의 발언에 따르면 B시는 악성 민원 대응 매뉴얼 도입 이후 담당 직원들의 민원 스트레스가 현저히 감소했다. 따라서 ㄱ은 악성 민원 대처 및 악성 민원 감소 방법 등의 효과성 검증에 필요한 자료로 적절하다.
ㄷ. 정의 발언에 따르면 D시는 민원 응대 시 캠코더로 녹화되고 있음을 고지하는 정책을 도입한 이후 욕설과 폭언을 하는 민원인이 확실히 줄었다. 따라서 ㄷ은 악성 민원 대처 및 악성 민원 감소 방법 등의 효과성 검증에 필요한 자료로 적절하다.

오답해설

ㄴ. 병의 발언에 따르면 악성 민원에 대해 담당 직원에게 종결권을 부여하는 제도를 도입한 기관 직원들의 업무 만족도가 도입 이전보다 높아졌으며, C시는 이러한 제도의 도입을 검토 중이라고 했다. 따라서 C시의 행정복지센터에는 악성 민원 종결권 제도가 도입되지 않았으므로 ㄴ은 악성 민원 대처 및 악성 민원 감소 방법 등의 효과성 검증에 필요한 자료로 적절하지 않다.

합격 가이드

이 문제와 같은 대화체 유형의 문제는 출제 비중이 높으며, 논리형 문제와도 결합될 수 있으므로 해당 유형의 문제들을 많이 풀어보는 것이 도움이 될 것이다.

10

정답 ④

정답해설

제시문에 따라 ㉠~㉥에 들어갈 내용을 정리하면 ㉠과 ㉢은 ○○청, ㉡은 게시물 관리 기관, ㉣은 서비스 신청, ㉤은 삭제 요청, ㉥은 결과 통보임을 알 수 있다. 따라서 두 번째 문단에 따라 삭제 요청 대상 게시물에 신청인의 개인정보가 포함된 것이 인정되면 ㉤인 삭제 요청을 수행해야 한다.

오답해설

① 신청인의 개인정보가 게시물에 포함되었는지 확인하는 것은 ㉠인 ○○청이 해야 한다.
② ㉠과 ㉢에 들어갈 주체는 ○○청으로 같다.
③ 마지막 문단에 따르면 검토 단계에서 게시물 삭제 조치가 미흡한 것으로 판단되는 경우 ㉤으로 돌아가 삭제를 재요청해야 한다.
⑤ ㉥인 결과 통보는 신청인이 아닌 ○○청에게 삭제 완료 사실을 통보하는 것이다.

11 정답 ③

정답해설

마지막 문단에 따르면 중성 입자 빔 주입은 외부에서 가속된 고에너지의 중성 입자를 플라스마 속으로 투입해 플라스마를 가열하는 방식이다. 따라서 중성입자는 플라스마의 외부에서 가속된다.

오답해설

① 마지막 문단에 따르면 케이스타는 중성 입자 빔 주입 방식과 공명 가열 방식을 사용해 1억 ℃에서 48초간 플라스마를 유지하는 실험에 성공했다.
② 두 번째 문단에 따르면 이온 공명 가열 방식은 플라스마 내에 있는 이온을 공명시키기 위해 수십 메가헤르츠 대역의 주파수를 사용한다. 반면 전자 공명 가열은 플라스마 내에 있는 전자를 공명시키기 위해 수만~수십만 메가헤르츠 대역의 주파수를 사용한다. 따라서 공명을 일으킬 때 전자는 이온보다 더 높은 주파수를 사용한다.
④ 두 번째 문단에 따르면 공명 가열은 외부에서 가하는 힘의 주파수가 힘이 가해진 이온이나 전자가 가진 고유 주파수와 같으면 공명이 발생하고, 공명이 일어나면 이온이나 전자가 원래보다 더 큰 진폭으로 진동하면서 해당 이온이나 전자를 가지고 있는 물질의 온도가 올라가는 현상을 이용한 것이다.
⑤ 첫 번째 문단에 따르면 플라스마의 밀도와 플라스마 온도를 곱한 값이 일정 수준에 도달했을 때 핵융합 반응이 발생한다. 지구는 태양보다 질량이 훨씬 작기 때문에 태양과 유사한 밀도의 플라스마를 구현할 수 없으므로, 핵융합 반응을 일으키려면 태양보다 높은 약 1억 ℃ 이상의 플라스마 온도가 필요하다. 따라서 지구에서 플라스마의 밀도를 더 높일 수 있다면 1억 ℃보다 더 낮은 온도에서 핵융합 반응을 일으킬 수 있다.

12 정답 ③

정답해설

ㄱ. 첫 번째 문단에 따르면 도체 내부의 자유 전자는 전기력의 합이 0이 되는 곳에 위치하게 된다. 두 번째 문단에 따르면 대전된 상황에서도 금속 내부의 모든 전자에 작용하는 전기력의 합력은 0이다. 따라서 대전 여부를 불문하고 금속 내부에 존재하는 자유 전자에 작용하는 전기력의 합력은 0이 됨을 알 수 있다.
ㄴ. 마지막 문단에 따르면 금속이 대전될 때 추가된 전자들이 내부로 들어갈 수 없기 때문에 그 전자들은 모두 표면에 존재할 수밖에 없으며, 이 때 표면의 전자에는 표면에 수직인 바깥 방향으로 전기력의 합력이 작용한다.

오답해설

ㄷ. 두 번째 문단에 따르면 금속에 전자들을 추가해 금속을 대전시킨 상황에서도 금속 내부의 모든 전자에 작용하는 전기력의 합력은 0이어야 한다.

13 정답 ①

정답해설

(가) : 지주가 소작인들의 수확물 은닉 여부를 일일이 감독할 필요가 없고, 수확의 정도를 확인하기 위해 서로 다른 수확 시기마다 먼 곳까지 올 필요가 없다는 장점은 정액제 방식인 도지에서만 가능하다. 따라서 (가)에 들어갈 말은 '도지'이다.
(나) : 도지(정액제)의 원칙은 풍흉에 따른 지대량의 변화가 없다는 것이다. 예상과 달리 풍년이 들어 예상보다 많이 수확했다면, 미리 정해진 지대량을 제외한 나머지 수확물, 즉 소작인의 몫이 증가하므로 소작인에게 훨씬 유리하다. 따라서 (나)에 들어갈 말은 '소작인'이다.
(다) : 집조는 수확이 임박한 시점에 지주가 직접 그해의 작황 수준을 조사한 후 지대량을 결정하는 방식으로, 당해 연도의 작황 수준을 비교적 정확하게 반영한다. 따라서 수확된 결과물의 절반을 수취하는 '타작'과 유사할 것이다.

14 정답 ③

정답해설

마지막 문단에 따르면 기원전 3,500년경 유라시아 중북부의 스텝 기후 지역에 들어간 목축업자들은 이 지역에 서식하던 야생말을 길들이기 시작했다.

오답해설

① 야생말의 지구력 변화와 관련한 내용은 제시문에서 찾을 수 없다.
② 제시문에 따르면 기원전 3,500년경 목축업자들은 유라시아 중북부의 스텝 기후 지역에 살던 야생말을 길들이기 시작했으며, 그들은 말을 운송 수단으로 활용하기도 했다. 따라서 기원전 1만 년경 후기 홍적세 시기 이전부터 북부 아메리카에서 야생말이 운송 수단으로 사용되었다는 것은 옳지 않다.
④ 인간이 야생말을 길들이기 시작해 운송과 농업에서 말을 널리 사용한 시기는 기원전 3,500년경이다.
⑤ 첫 번째 문단에서 말의 능력을 활용한 지역은 그렇지 않은 지역보다 더 빠르게 발전하는 양상을 보였다고 했지만, 당나귀를 이동 수단으로 쓰던 지역과 말을 이동 수단으로 이용하던 지역 중 어느 지역이 정치·경제적으로 더 발전했는지는 제시문에서 찾을 수 없다.

15 정답 ④

정답해설

요소 분석으로는 설명에 도달할 수 없기 때문에 단위 분석을 선택해야 한다는 것이 ㉠의 주장이다. 마지막 문단에 따르면 단위 분석은 전체의 고유한 속성들을 고스란히 갖추고 있으면서 더 이상 나눌 수 없는 단위를 이용해 전체의 현상을 제대로 설명하려는 것이다. 그러나 단위가 전체의 속성을 그대로 지닌다면 대상 자체와 다르지 않게 되므로 단위 분석 또한 한계에 부딪히게 된다. 따라서 단위 분석을 선택해야 한다는 ㉠의 주장은 약화된다.

오답해설

①·② 두 번째 문단에 따르면 요소 분석은 해명되어야 할 속성이 분석 과정에서 증발해 버린다는 점, 요소들 간의 관계에 대한 피상적인 서술에 그치게 될 수 있다는 점 등으로 인해 설명에 도달할 수 없다는 한계가 있다. 그래서 요소 분석이 아니라 단위 분석을 선택해야 한다는 것이 ㉠의 주장이다. 따라서 요소 분석의 한계를 지적하는 ①과 ②는 ㉠의 주장의 근거가 될 수 있으므로 ㉠을 약화하지 않는다.
③ 요소들 간의 상호 관계까지 추가로 해명해야 하므로 설명의 경제성이 삭감된다는 ③의 진술은 요소 분석에 대한 내용이며, '설명의 경제성'은 요소 분석으로는 설명에 도달할 수 없다는 ㉠의 전제와 관계가 없다. 따라서 ③은 ㉠을 약화하지 않는다.
⑤ 마지막 문단에 따르면 전체의 고유한 속성들을 고스란히 갖추고 있으면서 더 이상 나눌 수 없는, 전체의 살아 있는 부분들을 찾아내야 현상을 제대로 설명할 수 있다. 즉, 단위는 다양하게 존재할 수 있고, 이처럼 단위가 다양하게 존재할 수 있다는 것은 단위를 구분하는 기준도 다양할 수 있다는 뜻이므로 단위 분석 또한 다양하게 존재할 수 있다. 또한 단

위 분석이 다양하게 존재한다고 해도 현상을 설명할 수 있기 때문에 단위 분석 자체에 한계가 있다고 볼 수 없다. 따라서 ⑤는 ㉠을 약화하지 않는다.

합격 가이드

강화 · 약화 유형의 문제로, 제시문의 내용을 근거로 ㉠이라는 주장을 약화시키는 선택지를 찾는 문제이다. 요소 분석에는 한계가 있으므로 요소 분석이 아니라 단위 분석을 선택해야 한다는 것이 ㉠의 주장이다. 따라서 선택지의 내용이 단위 분석의 한계를 드러낼 수 있는지를 확인함으로써 ㉠의 주장에 대한 선택지의 강화 · 약화 여부 또는 무관함을 식별할 수 있다.

16 정답 ⑤

정답해설

제시된 조건을 정리하면 다음과 같다.

- 박 → 오
- 이 → 남
- 선 → 박
- 선∨이

'선 → 박 → 오'이므로 선 주무관이 선발되면 오 주무관이 선발되고, 이 주무관이 선발되면 남 주무관이 선발된다. 마지막 조건에 따라 선 주무관이 선발되거나 이 주무관이 선발되므로 남 주무관과 오 주무관 중 적어도 한 사람은 선발된다.

오답해설

① 제시된 조건만으로 남 주무관이 선발되는지는 알 수 없다.
② 마지막 조건에 따라 선 주무관이 선발되거나 이 주무관이 선발되는 것은 알 수 있지만 둘 다 선발되는지는 알 수 없다.
③ 제시된 조건만으로 알 수 없다.
④ 첫 번째 조건의 대우인 '~오 → ~박'에 따라 오 주무관이 선발되지 않으면 박 주무관도 선발되지 않는다.

17 정답 ④

정답해설

'심적 대상이 있음'을 A, '심적 대상은 물리적 대상과 같지 않음'을 B, '심적 대상의 소유자는 심적 대상에 접근할 수 있는 인식적 특권을 지님'을 C, '심적 대상에 관해 그 소유자만이 알 수 있는 부분이 있음'을 D, '심적 대상에 관해 검증 불가능한 지식이 존재함'을 E라고 할 때, 조건과 그 대우를 정리하면 다음과 같다.

- A → B ≡ ~B → ~A
- (A∧B) → C ≡ ~C → (~A∨~B)
- C → D ≡ ~D → ~C
- D → E ≡ ~E → ~D

∴ ~A

위 조건을 연결하면 (A∧B) → C → D → E이고 그 대우는 ~E → ~D → ~C → ~A∨~B이다. 따라서 ~E인 '심적 대상에 관해 검증 불가능한 지식은 존재하지 않는다.'가 있다면 '심적 대상은 없다.'는 ~A를 도출할 수 있다.

오답해설

① B에 해당하며, 이는 ~A를 도출할 수 없다.
② ~B → ~A에 해당하며, 이는 첫 번째 조건의 대우와 같다.
③ D에 해당하며, 이는 ~A를 도출할 수 없다.
⑤ C에 해당하며, 이는 ~A를 도출할 수 없다.

합격 가이드

논리의 흐름에 따라 '심적 대상은 없다.'는 결론을 이끌어내기 위해 추가되어야 할 전제를 선택지 중에서 찾는 유형의 문제이다. 이러한 유형의 문제는 제시문에서 생략된 논리적 단계를 역으로 재구성해야 하므로 전제가 제시되고 결론을 찾는 문제보다 어렵게 느껴질 수 있다. 이때 제시문의 논리 구조를 파악해 결론의 성립에 필요한 전제를 찾는 방법이 정공법이겠으나, 선택지 ①~⑤를 적용해 논리가 성립하는지 살펴보는 것도 시간을 절약하는 공략법이 될 수 있다.

18 정답 ⑤

정답해설

첫 번째, 두 번째, 세 번째 조건에 따라 수습 주무관이 1명만 배치되는 부서는 갑과 을임을 알 수 있다. 네 번째 조건에 따라 혼자 배치되는 수습 주무관은 A와 D이므로 A와 D가 갑 또는 을에 각각 배치된다. 그러므로 2명씩 배치되는 부서는 병과 정이며, 동일 직군의 수습 주무관은 같은 부서에 배치되지 않으므로 병 또는 정에 B 또는 C가 1명씩, E 또는 F가 1명씩 따로 배치된다. 따라서 F가 정 부서에 배치되었다면 E는 병 부서에 배치된다는 반드시 참이다.

오답해설

① A는 갑 또는 을, C는 병 또는 정 부서에 배치될 수 있으므로 반드시 참이 아니다.
② B가 병 부서에 배치되면 C가 정 부서에 배치되지만, E는 병 또는 정 부서에 배치될 수 있으므로 반드시 참이 아니다.
③ B가 정 부서에 배치되지 않으면 병 부서에 배치되고, C는 정 부서에 배치되므로 참이 아니다.
④ A와 D는 갑 또는 을 부서에 1명씩 배치된다. 따라서 D가 을 부서에 배치되지 않으면 A는 갑 부서에 배치되어야 하므로 참이 아니다.

합격 가이드

인원 배치 유형 문제에서 가장 먼저 해야 할 것은 확정적인 조건을 추려내는 일이다. 이 문제는 네 번째 조건을 통해 'A는 갑 부서, D는 을 부서에 배치됨'을 알아내는 것이 문제 풀이의 실마리이다. 또한 혼동을 피하기 위해 부서별 배치 인원을 표로 정리하는 것도 좋은 방법이다.

19 정답 ②

정답해설

(가) : 실험1에서 독성이 강한 개구리 종 a를 잡아먹은 X-1은 c(강한 독 모방), d(약한 독 모방)를 모두를 회피했다. 따라서 실험1의 결과를 통해 (가)에는 '강한'이 들어가야 함을 알 수 있다.
(나) : 실험2에서 독성이 약한 개구리 종 b를 잡아먹은 X-2는 d(약한 독 모방)를 회피한 반면, c(강한 독 모방)를 회피하지 않았다. 따라서 실험 2의 결과를 통해 (나)에는 '약한'이 들어가야 함을 알 수 있다.
(다) : 실험1에서 강한 독을 먹은 경험이 있는 X-1은 강한 독을 모방한 c, 약한 독을 모방한 d 모두를 회피했다. 또한 실험2에서 약한 독을 먹은 경험이 있는 X-2는 약한 독을 모방한 d를 회피한 반면, 강한 독

을 모방한 c는 회피하지 않았다. 따라서 모방자의 입장에서는 강한 독보다는 약한 독을 모방해야 생존에 유리하므로 (다)에는 '약한'이 들어가야 함을 알 수 있다.

합격 가이드

실험 결과를 바르게 해석할 수 있는지 묻는 유형으로서, (가)에 들어갈 말은 실험1을 통해, (나)에 들어갈 말은 실험2를 통해 그리고 (다)에 들어갈 말은 실험1과 실험2의 결과를 종합해 추론할 수 있다. 이때 '모방자는 어떤 종을 모방하는 것이 유리할까?'라는 질문에 답하기 위해 실험이 설계되므로 모방자의 입장에서 실험 결과를 해석하면 좀 더 쉽게 정답을 도출할 수 있을 것이다.

20 정답 ④

정답해설

ㄴ. 성충 시기에 β의 혈중 농도가 α의 혈중 농도보다 높다면(α<β) 대소 관계가 유지된 것이다. 대소 관계가 유지되는 한도 내에서 큰 값이 감소하고 작은 값은 증가했다면 차이는 감소할 수밖에 없다. 따라서 유충 시기보다 성충 시기에 α와 β의 혈중 농도 차이가 더 작다는 ㉠의 가설은 강화된다.

ㄷ. 성충 시기에 α와 β의 혈중 농도가 같다면(α=β) 당연히 α<β일 때보다 둘의 차이가 작아진 것이다. 따라서 유충 시기보다 성충 시기에 α와 β의 혈중 농도 차이가 더 작다는 ㉠의 가설은 강화된다.

오답해설

ㄱ. 제시문에서 혈중 농도와 변화량에 대한 구체적인 수치를 제시하지 않았으므로 다음과 같이 성충 시기에 α의 혈중 농도가 β의 혈중 농도보다 높은 경우(α>β)를 가정하여 풀이한다.

구분	호르몬의 혈중 농도		α와 β의 차이
	α	β	
유충 시기	150	200	200−150=50
변태 시기	100 증가	75 감소	−
성충 시기	250	125	250−125=125

α와 β의 혈중 농도 차이는 유충 시기에는 50이고 성충 시기에는 125로, 유충 시기보다 성충 시기에서 차이가 더 크다. 따라서 ㄱ에서 언급한 실험 결과는 ㉠에 대한 반례가 될 수 있으므로 ㉠을 강화한다고 볼 수 없다.

합격 가이드

제시문을 바탕으로 ㉠이라는 가설을 강화하는 선택지를 찾는 유형의 문제이다. 그러므로 정답 도출의 근거 역시 제시문에서 찾아야 한다. 내용에 대한 정확한 이해를 바탕으로 선택지의 사례의 ㉠ 입증 여부를 확인하는 수준에서 가설 ㉠에 대한 선택지의 강화 여부를 판별할 수 있다. 예컨대 ㄱ의 진위를 식별할 때, 변태 시기 동안 α와 β의 정확한 변화량이 제시되지 않았으므로 ㉠의 주장에 부합하지 않는 사례가 발생할 가능성을 부정할 수 없다는 점에서 ㄱ은 ㉠을 강화하는 사례라고 볼 수 없다.

21 정답 ⑤

정답해설

마지막 문단에 따르면 전체 증거의 원칙은 기저율과 정확도 등 확보된 모든 증거를 고려하여 합리적 추론을 하는 것이다. 따라서 (b)를 답이라고 추론했다고 해도 기저율과 갑의 증언의 정확도 중 하나라도 고려하지 않았다면 전체 증거의 원칙을 따르지 않은 것이다.

오답해설

① 마지막 문단에 따르면 합리적 추론을 하기 위해서는 기저율을 고려해 추론함으로써 전체 증거의 원칙을 지켜야 한다. 세 번째 문단에 따르면 (a)가 옳다고 한 사람들은 기저율을 무시한 채 갑의 증언의 정확도에만 초점을 맞춰서 추론하였다. 반면 (b)가 옳다고 한 사람들은 갑의 증언의 정확도와 기저율을 모두 고려해 전체 증거의 원칙을 지켜 합리적 추론을 한 것이다.

② 마지막 문단에 따르면 합리적 추론을 하기 위해서는 전체 증거의 원칙에 따라 확보된 모든 증거를 고려해야 한다. 따라서 A시의 택시 중 파란색 택시 비율에만 주목하여 (a)가 옳다고 답변한 사람은 합리적 추론을 한 것이 아니다.

③ 갑의 증언의 정확도를 70%로 낮춘다고 해도 (a)를 정답으로 택한 사람들이 갑의 증언의 정확도에만 초점을 맞추고 기저율을 무시한 사실에는 변함이 없다. 또한 정확도가 80%에서 70%로 낮아졌다고 해도 사고를 일으킨 택시가 초록색일 확률이 파란색일 확률보다 여전히 크다. 따라서 (a)가 옳다고 답변한 사람은 여전히 기저율 오류를 저지른 것이다.

④ A시의 택시 대수만 총 1,000대로 바꾼다고 해도 초록색 택시는 90%, 파란색 택시는 10%라는 비율은 변하지 않으므로 사고를 일으킨 택시가 초록색일 확률이 파란색일 확률보다 여전히 크다. 따라서 (a)가 옳다고 답변한 사람은 여전히 기저율 오류를 저지른 것이다.

합격 가이드

제시문은 합리적 추론을 하기 위한 조건으로 전체 증거의 원칙을 제시했으며, 전체 증거의 원칙은 기저율, 증언의 정확도 등 확보된 모든 증거를 고려하는 것이다. 또한 전체 증거의 원칙을 (a)는 어겼고 (b)는 준수하고 있다고 설명하였다. 그러므로 (b)의 추론은 확보된 모든 증거를 모두 고려했지만 (a)의 추론은 기저율이라는 증거를 무시함으로써 전체 증거의 원칙을 어겼음을 파악하는 것이 이 문제의 정답을 찾는 단서이다. 또한 정답은 (a)가 아니라 (b)라고 확정적으로 말하고 있으므로 (a)가 옳다고 답변한 사람이 '합리적 추론을 했다.' 또는 '기저율 오류를 범하지 않았다.'고 하는 ②·③·④는 제시문의 내용과 배치되기에 정답이 될 수 없음을 쉽게 알 수 있다.

22 정답 ④

정답해설

ㄴ. 검사법의 정확도는 99%이므로, 실제로 병 X에 걸렸을 때 양성 반응이 나타날 확률은 99%이고, 실제로 병 X에 걸리지 않았을 때 음성 반응이 나타날 확률도 99%이다. 만약 을이 기저율을 무시한다면 양성 반응이 나타났을 때 검사법의 정확도가 99%라는 사실에 초점을 맞추어 자신이 실제로 병에 걸렸을 확률이 걸리지 않았을 확률보다 더 크다고 판단할 것이다. 따라서 ㄴ은 사례에 대한 판단으로 적절하다.

ㄷ. 검사법에 따라 을이 X에 대한 검사에서 양성 반응이 나왔을 때의 확률을 계산하면 다음과 같다.

• 을이 실제로 X에 걸렸고 검사 결과가 양성 반응일 확률
: 1/1,000,000×99%=0.000099%

- 을이 실제로는 X에 걸리지 않았으나 검사 결과가 양성 반응일 확률
  : (1－1/1,000,000)×1%＝0.999999%
- 검사 결과가 양성이고 을이 실제로도 X에 걸렸을 확률
  : 0.000099/(0.000099＋0.999999)×100≒0.0099%
- 검사 결과가 양성이지만 을이 실제로는 X에 걸리지 않았을 확률
  : 0.999999/(0.000099＋0.999999)×100≒99.9901%
  을이 기저율을 무시하지 않는다면 기저율과 검사법의 정확도를 모두 고려하므로, 검사 결과가 양성일 때 실제로 X에 걸렸을 확률(0.0099%)이 X에 걸리지 않았을 확률(99.9901%)보다 작다고 판단할 것이다. 따라서 ㄷ은 사례에 대한 판단으로 적절하다.

오답해설

ㄱ. X에 대한 검사에서 양성 반응이 나오는 경우는 실제로 X에 걸렸고, 검사 결과도 정확한 경우와 실제로 X에 걸리지 않았으나 검사 결과가 틀린 경우가 있다. 반대로 X에 대한 검사에서 양성 반응이 나오지 않는 경우, 즉 음성 반응이 나오는 경우에는 실제로 X에 걸렸으나 검사 결과가 틀린 경우와 실제로 X에 걸리지 않았고 검사 결과도 정확한 경우가 있다. 이를 바탕으로 검사 결과가 양성 반응인 경우와 음성 반응인 경우의 확률을 계산하면 다음과 같다.
- 양성 반응인 경우
  : 1/1,000,000×99%＋(1－1/1,000,000)×1%＝1.000098%
- 음성 반응인 경우
  : (1－1/1,000,000)×99%＋1/1,000,000×1%＝98.999902%

따라서 검사 결과가 음성일 확률이 양성일 확률보다 더 크므로 을은 X에 대한 검사에서 양성 반응이 나올 확률이 그렇지 않을 확률보다 낮다고 판단해야 한다.

합격 가이드

이 문제는 기저율이라는 생소한 통계학의 개념을 정확하게 이해하여 추가 제시된 사례를 분석할 수 있는지 묻는 문제로서, 다소 복잡한 확률적 사고 과정을 통한 까다로운 추론이 필요해 난도가 높다. 그러므로 시간이 들더라도 정확한 사고 과정을 거쳐야 정답에 다가갈 수 있다. 다만 첫 번째 선택지인 ㄱ이 오답임을 확인했다면 먼저 ㄱ을 포함한 ①·③·⑤를 정답에서 제외한 후에, ②와 ④에 공통으로 들어간 ㄷ의 진위 여부는 파악할 필요 없이 ㄴ의 진위 여부만 판단하여 시간을 절약할 수 있다.

23

정답 ②

정답해설

갑이 유형 Ⅰ에서 받을 수 있는 점수는 0~1점이고, 유형 Ⅱ에서는 1점을 받는다. 그러므로 갑이 받을 수 있는 가산점은 최소 1점 최대 2점이다. 병이 유형 Ⅰ에서 받을 수 있는 점수는 0~2점이고, 유형 Ⅱ에서는 2점을 받는다. 그러므로 병이 받을 수 있는 가산점은 최소 2점 최대 4점이다. 따라서 갑의 가산점은 병보다 높을 수 없다.

오답해설

ㄱ. 갑이 받을 수 있는 가산점은 최소 1점 최대 2점이다. 을이 유형 Ⅰ에서 받을 수 있는 점수는 0~3점이고, 유형 Ⅱ에서는 해당 사항이 없다. 그러므로 을이 받을 수 있는 가산점은 최소 0점 최대 3점이다. 따라서 갑이 2점을 받고 을은 2점 미만의 점수를 받는 경우가 가능하므로 갑의 가산점이 을보다 높을 수 있다.

ㄴ. 을이 받을 수 있는 가산점은 최소 0점 최대 3점이고, 병이 받을 수 있는 가산점은 최소 2점 최대 4점이다. 따라서 을이 3점을 받고, 병이 2점을 받는 경우가 가능하므로 을의 가산점이 병보다 높을 수 있다.

24

정답 ①

정답해설

(가) : A마트는 대규모 점포의 요건을 갖추었으나 아직 개설등록을 하지 않았다. 또한 갑의 발언에 따르면 A마트에 대해서는 의무휴업이 적용되지 않는다. 따라서 대규모 점포의 요건을 갖추었다고 해도 '개설등록을 하여 적법한 영업 요건을 충족해야' 의무휴업 규정이 적용됨을 알 수 있다.

(나) : A마트는 아직 개설등록을 하지 않았으며, 의무휴업이 적용되지 않는다. 그러므로 의무휴업 규정 위반에 따른 과태료 처분은 불가능하다. 또한 갑의 발언에 따르면 대규모 점포를 개설하여 영업한 것은 위법행위로 벌금형 부과 대상이고, 을의 발언에 따르면 시에서는 벌금형 부과를 할 수 없고 수사기관에 고발하는 것까지만 할 수 있으므로 민원인에게 A마트의 법령 위반 영업 행위에 대해 '수사기관에 고발하는 조치를' 진행하겠다고 회신해야 한다.

25

정답 ⑤

정답해설

ㄱ. 쟁점1에 드러난 논쟁점은 "임차주택의 소유권을 취득한 자는 법 제3조 제1항에서 언급한 '임차주택을 매수한 제삼자'에 해당하는가?"이다. 이때 ㄱ의 진술처럼 임차주택의 소유권을 취득한 자인 C가 임차주택을 매수한 제삼자에 포함된다면 B는 C에게 임대차 계약의 효력을 주장할 수 있다. 따라서 갑의 주장은 옳고, 을의 주장은 옳지 않다.

ㄴ. 법 제3조 제2항에 따르면 경매 대금으로부터 우선적으로 임대차 보증금을 배당받을 수 있는 조건 두 가지는 '임차주택에 대한 주민등록을 마쳤을 것'과 '확정일자가 기재된 임대차 계약서를 갖추었을 것'이다. 그런데 임차인 B는 주민등록은 했지만 계약서에 확정일자는 없었다. 이때 갑처럼 A가 자필로 계약일자를 적은 것을 확정일자에 해당한다고 본다면 B는 제3조 제2항에 규정된 두 가지 조건을 모두 충족하므로 임대차 보증금을 우선적으로 배당받을 수 있다. 반대로 을처럼 B가 확정일자 요건을 충족하지 못했다고 본다면 보증금을 우선적으로 배당받을 수 없다.

ㄷ. 법 제4조 제1항에 따르면 임대인 A가 정해진 기한 내에 임차인 B에게 계약 종료 통지를 하지 않을 경우에 B는 임대차 계약의 자동 갱신을 주장할 수 있다. 이러한 규정의 목적이 ㄷ의 진술처럼 임차인의 선택을 존중하기 위한 것이라면 쟁점3에서는 선택의 우위권을 가진 임차인 B의 의견을 따라 계약이 종료된 것으로 보아야 한다. 따라서 계약이 갱신된다는 갑의 주장은 옳지 않으며, 계약이 종료된다는 을의 주장은 옳다.

합격 가이드

이 문제는 법조문을 해석해 쟁점 상황에 적용하는 유형으로서, 법에서 규정하는 조건들을 정확히 이해해야 정답을 찾을 수 있다. 쟁점1~3에서 갑과 을이 다투는 쟁점의 핵심을 다음과 같이 파악해야 한다면 정답을 찾기 쉽다.
- 쟁점1 : 주택의 새로운 소유자는 임차주택을 매수한 제삼자에 해당하는가?
  → 그렇다(갑). / 그렇지 않다(을).
- 쟁점2 : 임대인이 계약서에 자필로 기재한 계약일자가 확정일자에 해당하는가?
  → 그렇다(갑). / 그렇지 않다(을).
- 쟁점3 : 계약의 자동 갱신에 있어 임대인과 임차인 중 누구의 의견이 우선인가?
  → 임대인이다(갑). / 임차인이다(을).

01	02	03	04	05	06	07	08	09	10
①	①	②	②	⑤	①	②	⑤	③	④
11	12	13	14	15	16	17	18	19	20
⑤	④	③	③	④	②	①	①	②	③
21	22	23	24	25					
④	③	③	④	⑤					

※ 해설의 편의를 위해 첫 번째 제00조를 첫 번째 조, 두 번째 제00조를 두 번째 조 등으로 표기하였다.

01

정답 ①

정답해설

첫 번째 조 제3항에서 기상청장은 실태조사를 기상산업에 관한 전문성을 갖춘 단체에 의뢰하여 실시할 수 있다.

오답해설

② 첫 번째 조 제2항에서 기상청장은 실태조사와 자료수집을 위하여 필요하다고 인정하면 기상사업자 등에게 필요한 자료나 의견을 제출하도록 요청할 수 있다.

③ 두 번째 조 제1항에서 기상청장은 기상사업자가 기상정보의 제공을 신청한 경우 정당한 이유가 없으면 그 정보를 제공하여야 한다고 규정하고 있으며, 세 번째 조 제1항에서 기상사업자는 기상정보를 제3자에게 제공하는 경우 그 출처를 밝혀야 한다고 규정하고 있다. 따라서 기상사업자는 기상청장으로부터 제공받은 기상정보를 제3자에게 제공할 수 있으며, 출처를 표시하여야 한다.

④ 두 번째 조 제2항에서 기상청장이 기상정보를 제공할 때에는 그 기상정보의 제공에 드는 비용에 충당하기 위하여 수수료를 징수할 수 있다고 규정하고 있다. 따라서 기상정보의 경제적 가치에 해당하는 수수료를 징수할 수 있는 것은 아니다.

⑤ 첫 번째 조 제4항에서 기상청장은 실태조사를 실시한 경우 그 결과를 기상청 인터넷 홈페이지에 공표해야 한다고 규정하고 있다. 따라서 자료수집을 한 경우는 공표 의무가 없다.

02

정답 ①

정답해설

두 번째 조 제2항 제2호에서 중앙행정기관별 다음 연도 국제기구 분담금 납부계획에 대해 심의 · 조정한다고 규정하고 있다.

오답해설

② 세 번째 조 제1항에서 중앙행정기관의 장은 소관국제기구 분담금의 전년도 납부실적 및 납부목적 부합 여부에 대하여 매년 자체평가를 실시하여야 한다고 규정하고 있다. 따라서 위원회가 아닌 중앙행정기관의 장이 실시하여야 한다.

③ 첫 번째 조에서 '국제기구 분담금'에서 국제금융기구 및 녹색기후기금에 납입하는 출자금 또는 출연금은 제외한다고 규정하고 있다. 따라서 환경부가 녹색기후기금에 출연금을 납입하였다면, 납입실적을 위원회에 제출할 의무는 없다.

④ 세 번째 조 제3항에서 외교부장관은 제2항에 따라 제출된 납부실적 등에 대한 위원회의 심의 · 조정 결과를 매년 5월 31일까지 기획재정부장관에게 송부한다고 규정하고 있다. 따라서 외교부장관이 기획재정부장관에게 송부하는 것은 중앙행정기관의 장이 제출한 납부실적이 아닌 그에 대한 위원회의 심의 · 조정 결과이며, 3월 31일까지가 아닌 5월 31일까지 송부하여야 한다.

⑤ 첫 번째 조에서 '국제기구 분담금'이란 정부가 국제기구에 의무적으로 납부하여야 하는 경비 또는 국제기구와 협력사업 추진을 위하여 재량적으로 납부하는 경비이다. 따라서 시민단체가 국제기구에 납부하는 경비는 국제기구 분담금에 해당하지 않는다.

03

정답 ②

정답해설

두 번째 조 제3항에서 원장은 특히 중요하다고 인정되는 심판사건에 대해서는 원장 스스로 심판장이 될 수 있다고 하였으며, 제4항에서는 심판장은 그 심판사건에 관한 사무를 총괄한다고 규정하고 있다. 따라서 원장이 심판장으로서 심판사건에 관한 사무를 총괄하는 경우가 있다.

오답해설

① 세 번째 조 제1항에서 심판은 3명 또는 5명의 심판관으로 구성되는 합의체가 한다고 규정하고 있다. 따라서 심판장 1명과 심판관 1명으로는 구성될 수 없다.

③ 세 번째 조 제2항에서 합의체의 합의는 과반수로 결정한다고 규정하고 있다. 따라서 심판관 전원의 일치된 의견으로 결정하는 것은 아니다.

④ 세 번째 조 제3항에서 당사자가 구술심리를 신청하였을 때에는 서면심리만으로 결정할 수 있다고 인정되는 경우 외에는 구술심리를 하여야 한다고 규정하고 있다. 따라서 구술심리를 신청하였음에도 서면심리만으로 결정할 수 있다고 인정된다면 서면심리로 심판할 수 있다.

⑤ 세 번째 조 제4항에서 구술심리는 공개하여야 한다고 규정하고 있으며, 서면심리에 대한 규정은 없다. 따라서 서면심리로 심판하는 경우 그 심리를 공개하여야 하는지는 알 수 없다.

04

정답 ②

정답해설

두 번째 조 제1항 제2호에서 외국인환자를 유치하려는 의료기관은 의료배상공제조합 또는 보건복지부령으로 정하는 의료사고 배상책임보험에 가입하여 시 · 도지사에게 등록하여야 한다고 규정하고 있다. 따라서 보건복지부령으로 정하는 의료사고 배상책임보험에 가입하지 않는다면 의료배상공제조합에는 가입하여야 한다.

오답해설

① 첫 번째 조 제1항에서 의료 해외진출을 하려는 의료기관의 개설자는 보건복지부장관에게 신고하여야 한다고 규정하고 있다. 따라서 시 · 도지사에게 등록하는 것이 아니다.

③ 두 번째 조 제4항에서 등록의 유효기간은 등록일부터 3년으로 한다고 규정하고 있고, 제5항에서 유효기간이 만료되기 전에 그 등록을 갱신하여야 한다고 규정하고 있다. 따라서 외국인환자 유치사업자는 등록일부터 3년이 지난 후에는 갱신을 해야 외국인환자를 유치할 수 있다.

④ 두 번째 조 제2항에서 외국인환자를 유치하려는 비의료기관은 제1호에 따라 보건복지부령으로 정하는 보증보험에 가입하고, 제2호에 따라 국내에 사무소를 설치하고 시 · 도지사에게 등록하여야 할 것을 규정하고 있다. 반면, 진료과목별로 전문의 1명 이상을 두어야 하는 곳은 의료기관이다.

⑤ 두 번째 조 제2항에서 외국인환자를 유치하려는 비의료기관은 제1호에 따라 보건복지부령으로 정하는 보증보험에 가입하고, 제2호에 따라 국내에 사무소를 설치하여야 할 것을 규정하고 있다. 따라서 국내에 사무소를 설치하지 않은 비의료기관에게는 등록증을 발급할 수 없다.

05 정답 ⑤

정답해설

두 번째 문단에 따르면 해안가에 작은 둑을 쌓아 염전을 만들고, 가둔 물을 자연 증발시켜 소금을 얻고 이렇게 얻은 소금을 천일염이라고 하였다. 따라서 조선시대에 천일염은 염전에서 얻을 수 있었음을 알 수 있다.

오답해설

① 두 번째 문단에 따르면 조석 간만의 차를 이용하는 곳은 서해안과 남해안이다.

② 마지막 문단에 따르면 경강상인은 마포나루를 비롯한 한강 일대의 나루터에 창고를 지어 놓고, 소금, 젓갈, 생선 등을 거래하였다.

③ 첫 번째 문단에 따르면 소금의 최대 생산지는 평안도에서 전라도에 이르는 서해안의 갯벌지대이다.

④ 마지막 문단에 따르면 마포염은 마포에서 생산된 소금이 아니라 경기도 일대의 소금이 마포에 집결되었기 때문에 유명해진 것이다.

06 정답 ①

정답해설

甲과 乙은 분식집에서 총 15,000원을 냈으며, 이 중 떡볶이 한 접시는 3,000원이고 만둣값은 지불하지 않았으므로 어묵값은 총 15,000−3,000=12,000원이다. 어묵 한 개가 1,000원이므로 甲과 乙은 어묵을 12,000÷1,000=12개 먹었다. 乙이 먹은 어묵 개수를 x개라고 하면 甲이 먹은 어묵 개수는 $x+2$개이다.

$x+x+2=12$

$\rightarrow 2x=10$

$\therefore x=5$

따라서 乙이 먹은 어묵은 5개이다.

07 정답 ②

정답해설

14번과 15번 문항의 정답이 모두 A였으므로 동일한 정답이 연속해서 3회 이상 나와서는 안 된다는 조건에 따라 16번 정답이 A인 ①은 제외된다. 또한, 17~19번 정답이 모두 B인 ④ 또한 같은 이유로 제외된다.

A~E가 정답인 문항은 각각 2개 이상 6개 이하여야 하는데, 1~15번까지 정답이 D인 문항은 5개이므로 16~20번 문항 중 정답이 D인 것은 최대 1개여야 한다. 그러므로 18번과 20번 정답이 D인 ③은 제외된다. A~E가 정답인 문항은 최소 2개 이상이어야 하는데, 1~15번까지 정답이 B인 문항은 0개이므로 16~20번 문항 중 정답이 B인 것은 최소 2개 이상이어야 한다. 그러나 ⑤의 경우 B가 1개이므로 제외된다.

따라서 16~20번 문항의 정답으로 가능한 것은 ②이다.

08 정답 ⑤

정답해설

첫 번째 조건에 따라 세미나 참석인원이 43명 미만인 B장소는 제외한다.

두 번째 조건에 따라 세미나 시간과 타 부서 예약이 겹치는 A장소는 제외하고, 프로젝터를 사용할 수 없는 D장소도 제외한다.

세 번째 조건에 따라 C, E장소 중 다과를 제공하는 E장소를 세미나 장소로 선택한다.

09 정답 ③

정답해설

ㄴ. 세 번째 문단에 따르면 방문목욕급여에 해당하는 재가급여는 노인요양시설에 입소하지 않은 수급자의 가정을 방문하여 제공하는 것이므로 노인요양시설에 입소해 장기간 보호받고 있는 수급자 A는 방문목욕급여를 받을 수 없다.

ㄷ. 세 번째 문단에 따르면 복지용구급여는 시설급여 수급자의 경우 제공받지 못하므로 시설급여 수급자인 B는 성인용 보행기 대여에 대한 복지용구급여를 받을 수 없다.

오답해설

ㄱ. 두 번째 문단에 따르면 노인장기요양보험제도는 소득에 관계없이 제공되는 것으로, 특정 저소득층을 대상으로 제공되는 기존 노인복지서비스와는 차이가 있다. 따라서 노인장기요양보험제도의 지원 대상은 특정 저소득층이 아니다.

ㄹ. 세 번째 문단에 따르면 특별현금급여는 재가급여나 시설급여를 받을 수 없어 그 가족 등으로부터 방문요양에 상당하는 서비스를 받을 때 지급하는 현금급여다. 따라서 재가급여나 시설급여를 제공받을 수 있는 C는 특별현금급여를 제공받을 수 없다.

10 정답 ④

정답해설

마지막 문단에 따르면 재가급여는 100분의 15, 시설급여는 100분의 20, 복지용구급여는 100분의 15의 본인부담금이 발생한다. 수급 현황에 따른 본인부담금을 계산하면 다음과 같다.

- 甲 : (7만 원×10회×0.15)+(30만 원×0.15)=15만 원
- 乙 : 국민기초생활보장대상자이므로 본인부담금이 발생하지 않음
- 丙 : 7만 원×11일×0.2=15만 4천 원

따라서 본인부담금이 높은 순서대로 나열하면 '丙>甲>乙' 순이다.

11

정답 ⑤

정답해설

두 번째 조 제2호에서 자연생태계의 연구 · 조사를 목적으로 하는 행위에 대해 환경부장관은 허가할 수 있다고 규정하고 있다. 따라서 특정도서에서 자연생태계의 연구 · 조사를 목적으로 하는 행위에 대해 환경부장관의 허가를 얻으면 그 행위를 할 수 있다.

오답해설

① 첫 번째 조 제3항에서 제2항에 따른 행위를 한 자는 그 행위의 내용과 결과를 환경부장관에게 통보하여야 한다고 하였으며, 제2항 제1호에서 군사 · 항해 · 조난구호 행위를 규정하고 있다. 따라서 특정도서에서의 도로 신설이 군사 행위인 경우 그 행위의 내용과 결과를 환경부장관에게 통보하여야 한다.

② 첫 번째 조 제2항에서 각 호에 해당하는 경우 제1항을 적용하지 않을 수 있다고 규정하고, 제2호에서 재해의 발생 방지 및 대응을 위하여 필요한 행위를 규정하고 있다. 따라서 특정도서에 거주하는 주민은 재해 발생 방지를 위해 필요한 경우 특정도서에서의 공작물 신축 행위를 할 수 있다.

③ 두 번째 조 환경부장관은 특정도서의 지정 목적에 지장이 없다고 인정하는 경우에는 행위를 허가할 수 있고, 다만 문화유산으로 지정된 특정도서에 대하여는 미리 국가유산청장과 협의하여야 한다고 규정하고 있다. 따라서 문화유산으로 지정되지 않은 특정도서에 대해서는 국가유산청장과 협의하지 않아도 된다.

④ 두 번째 조 제1호에서 국가나 지방자치단체가 산책로를 설치하는 경우 환경부장관은 이를 허가할 수 있다고 규정하고 있다. 따라서 민간기업이 영리 목적으로 특정도서에 산책로를 설치하려는 경우에 대해서는 환경부장관이 허가할 수 없다.

12

정답 ④

정답해설

세 번째 조 제3항에서 고용노동부장관은 특수건강진단기관을 평가하고 그 결과(제2항에 따른 진단 · 분석능력의 확인 결과를 포함한다)를 공개할 수 있다고 규정하고 있다. 따라서 고용노동부장관은 특수건강진단기관의 진단 · 분석능력 확인 결과를 포함하여 특수건강진단기관에 대한 평가 결과를 공개할 수 있다.

오답해설

① 두 번째 조 제1항에서 사업주는 특수건강진단을 실시하는 경우 근로자대표가 요구하면 근로자대표를 참석시켜야 한다고 규정하고 있다. 따라서 사업주는 특수건강진단을 실시하는 경우 고용노동부장관이 아닌, 근로자대표가 요구하면 근로자대표를 참석시켜야 한다.

② 두 번째 조 제2항에서 사업주는 산업안전보건위원회 또는 근로자대표가 요구할 때에는 특수건강진단 결과에 대하여 설명하여야 한다고 규정하고 있다. 따라서 근로자대표는 산업안전보건위원회의 동의 없이도 사업주가 특수건강진단 결과에 대하여 설명하도록 요구할 수 있다.

③ 두 번째 조 제3항에서 사업주는 특수건강진단의 결과 근로자의 건강을 유지하기 위하여 필요하다고 인정할 때에는 야간근로의 제한 등 적절한 조치를 하여야 한다고 규정하고 있다. 따라서 산업안전보건위원회가 아닌 사업주가 야간근로를 제한하는 조치를 하여야 한다.

⑤ 두 번째 조 제2항에서 개별 근로자의 특수건강진단 결과는 본인의 동의 없이 공개해서는 아니 된다고 규정하고 있다. 따라서 사업주는 근로자대표의 요구가 있다고 하여도 개별 근로자의 특수건강진단 결과는 본인 동의 없이 공개할 수 없다.

13

정답 ③

정답해설

두 번째 조 제1항에서 소방대장은 사람을 구출하거나 불이 번지는 것을 막기 위하여 필요한 때에는 화재가 발생하거나 불이 번질 우려가 있는 소방대상물 및 토지에 대한 일시적 사용 · 사용제한 등 소방활동에 필요한 처분을 할 수 있다고 규정하고 있다. 따라서 소방대장은 불이 번질 우려가 있는 토지의 사용을 일시적으로 제한할 수 있다.

오답해설

① 첫 번째 조 제2항에서 제1항에 따른 명령에 따라 소방활동에 종사한 사람은 시 · 도지사로부터 소방활동의 비용을 지급받을 수 있으며 다만, 다음 각 호의 어느 하나에 해당하는 사람의 경우에는 그러하지 아니하다고 규정하고 있고, 제1호에서 건물 · 차량 · 선박 · 산림 · 인공구조물 또는 물건에 화재가 발생한 경우 그 소방대상물의 소유자 · 관리자 또는 점유자라고 규정하고 있다. 따라서 화재가 발생한 건물의 소유자인 경우 소방활동의 비용을 지급받을 수 없다.

② 세 번째 조에서 소방청장 또는 시 · 도지사는 다음 각 호의 어느 하나에 해당하는 자에게 손실보상을 하여야 한다고 규정하고 있으며, 제1호에서 첫 번째 조 제1항에 따른 소방활동 종사로 인하여 사망하거나 부상을 입은 자라고 규정하고 있다. 따라서 과실로 화재를 발생시켰더라도 소방대장의 소방활동 종사명령에 따라 불을 끄는 일을 하던 중 부상을 입은 경우 손실보상을 받을 수 있다. 과실로 화재를 발생시킨 사람이 받을 수 없는 것은 소방활동의 비용이다.

④ 세 번째 조 제2호에서 법령을 위반하여 소방자동차의 통행과 소방활동에 방해가 된 경우는 제외한다고 규정하고 있다. 따라서 불법 주차 차량을 이동시키던 중 파손된 경우는 손실보상을 받을 수 없다.

⑤ 두 번째 조 제4항에서 시 · 도지사는 제3항에 따라 견인차량과 인력 등을 지원한 자에게 비용을 지급할 수 있다고 규정하고 있다. 따라서 소방청장이 아닌 시 · 도지사가 견인비용을 지급한다.

14

정답 ③

정답해설

ㄱ. 각 공장에서 생산하는 제품의 개수를 x개라고 하면, A공장에서 생산할 때 드는 비용은 $x+100$만 원, B공장에서 생산할 때 드는 비용은 $2x$만 원이다. 그러므로 제품이 100개 미만인 경우에는 B공장에서 생산하는 것이, 100개 초과일 경우에는 A공장에서 생산하는 것이 유리하다. 甲기업은 최소 비용으로 목표 생산량을 달성하고자 하므로 목표 생산량 Q가 120개인 경우 A공장에서만 생산해야 한다.

ㄷ. A공장의 1일 가동비용이 50만 원으로 감소한다면, 제품 생산 시 드는 비용은 A공장이 $x+50$만 원, B공장이 $2x$만 원이다. 그러므로 제품이 50개 미만인 경우에는 B공장에서 생산하는 것이, 50개 초과일 경우에는 A공장에서 생산하는 것이 유리하다. 단, A공장과 B공장 모두 각각 최대 150개까지 생산할 수 있으므로 목표 생산량 Q가 200인 경우 A공장이 150개, B공장이 50개를 생산해야 한다. 이는 ㄴ 해설에서 구한 배분량과 같다.

오답해설

ㄴ. 목표 생산량 Q가 200개인 경우, 생산할 수 있는 최대 개수인 150개를 A공장에서 생산하고 나머지 50개를 B공장에서 생산하는 것이 최소 비용이다.

15

정답 ④

정답해설

건강생활실천율은 거주자 중 금연, 절주, 걷기를 모두 실천하는 사람의 비율이다. D지역의 경우 건강생활실천율이 30%인데 이는 금연, 절주, 걷기를 모두 실천하는 사람이 적어도 30%라는 뜻이므로 걷기를 실천하는 사람의 비율은 최소 30%임을 알 수 있다.

오답해설

① 금연, 절주, 걷기를 실천하는 사람의 비율이 2%p씩 높아지더라도, 금연, 절주, 걷기를 모두 실천하는 사람의 비율이 늘어나지 않는다면 건강생활실천율은 높아지지 않는다.
② 금연, 절주, 걷기를 실천하는 사람의 비율 중 가장 낮은 값이 증가하더라도, 이를 모두 실천하는 사람의 비율이 증가하지 않는다면 건강생활실천율은 증가하지 않는다.
③ 금연과 절주를 동시에 실천하는 사람의 비율은 제시된 자료만으로 알 수 없다.
⑤ A~E지역의 인구는 서로 다르기 때문에 甲도의 건강생활실천율은 A~E지역의 건강생활실천율 단순평균값이 될 수 없다. 따라서 甲도의 건강생활실천율은 알 수 없다.

16

정답 ②

정답해설

2과목은 일반과정, 1과목은 속성과정으로 수강하고자 하므로 일반과정 대비 속성과정의 수강료가 가장 낮은 과목을 속성과정으로 수강하는 것이 유리하다. A~C 3과목의 일반과정 대비 속성과정의 수강료를 계산하면 다음과 같다.

- A : 10,000÷5,000=2
- B : 7,000÷3,000≒2.3
- C : 13,000÷10,000=1.3

그러므로 C과목을 속성과정으로 수강해야 한다.

3과목 점수 합이 150점 이상이되, 모든 과목이 40점 이상이어야 하므로 수강료가 가장 저렴한 B과목 일반과정을 70점, A과목 일반과정을 40점, C과목 속성과정을 40점 수강해야 한다.

따라서 甲이 자격증 취득 시 지불할 최소 수강료는 5,000×40+3,000×70+13,000×40=930,000원이다.

17

정답 ①

정답해설

甲, 乙, 丙은 서로 다른 우체국에서 근무하므로 C우체국에서 근무하지 않는다는 甲의 발언에 의하면 乙 또는 丙이 C우체국에서 근무한다. 이때 丙은 A우체국에서 근무하지 않고, 乙이 근무하는 우체국의 어느 공무원보다도 직급이 높으므로 B우체국의 4급 국장으로 근무함을 알 수 있다. 이에 따라 C우체국에서 근무하는 乙은 5급 국장이고, 甲은 A우체국에 근무한다. 甲과 직급이 같다는 乙의 발언에 따라 甲은 A우체국의 5급 팀장임을 알 수 있다.

따라서 바르게 나열한 것은 ①이다.

18

정답 ①

정답해설

첫 번째 조건에 따라 10층 이하인 E와 2025년 8월 1일 이후에 입주가 가능한 D는 제외한다.

두 번째 조건에 따라 담보 대출이 있는 B는 제외한다.

세 번째 조건에 따라 전세 보증금이 2.3억 원 이하여야 하는데, A의 경우 전세 보증금이 2.5억 원이지만 붙박이장이 있으므로 조건에 해당한다.

따라서 모든 조건을 만족하는 A와 C 중 대한동 매물인 A를 최종적으로 선택한다.

19

정답 ②

정답해설

첫 번째 조건에 따라 주택을 소유한 甲과 편도 거리 50km 이상과 통근 시간 1시간 이상을 둘 다 만족하지 못하는 丁은 지원 대상에서 제외되므로 월세 지원을 받을 수 있는 직원은 乙, 丙, 戊이다.

乙의 경우 질병 등으로 출퇴근에 어려움이 있으므로 지원 한도액은 35만 원이며, 월세는 30만 원이므로 30만 원을 지원받는다.

丙의 경우 그 이외의 자에 해당하므로 지원 한도액은 20만 원이며, 월세는 45만 원이므로 20만 원을 지원받는다.

戊의 경우 신규임용일로부터 3년이 지나지 않았으므로 지원 한도액은 25만 원이며, 월세는 35만 원이므로 25만 원을 지원받는다.

따라서 A부서의 1개월치 월세 지원액의 합은 30+20+25=75만 원이다.

20

정답 ③

정답해설

합산 점수가 7점을 초과하는 경우 세무조사 대상 기업으로 지정되지만 최근 1년 내 세무조사를 받은 기업은 제외되므로 최근 1년 내 세무조사를 받은 C는 제외된다. C를 제외한 나머지 기업의 합산 점수를 계산하면 다음과 같다.

- A : 3+5×0.5+7×0.3−1=6.6점
- B : 1+10×0.5+4×0.3=7.2점
- C : 3+7×0.5+5×0.3−1=7점
- E : 5+3×0.5+3×0.3=7.4점

따라서 합산 점수가 7점을 초과하는 B, E가 세무조사 대상으로 지정된다.

21

정답 ④

정답해설

셔츠 세탁에 일주일이 소요되므로 월요일 저녁에 찾아오는 셔츠는 그 전주 월요일 점심에 맡겼던 셔츠이다. 그러므로 세탁이 되고 있는 셔츠 7벌과 그 동안 입고 있을 셔츠 7벌이 필요하다. 또한, 세탁소에 다녀올 때 그날 아침에 꺼내 입은 셔츠를 입는다고 하였으므로 세탁소에 다녀오기 위해 입을 셔츠 1벌이 추가로 필요하다.

따라서 甲의 셔츠의 최소 벌수는 7+7+1=15벌이다.

22

정답 ③

정답해설

승부를 정하는 방법을 정리하면 다음과 같다.

- 사자>얼룩말
- 불곰>사자
- 얼룩말>하이에나
- 하이에나>사자

甲~丙의 대화를 정리하면 다음과 같다.

- 丁>甲
- 乙>丁
- 丙=丁

대화에서 丁은 다른 사람과 게임을 하여 이길 수도 있고, 질 수도 있는 카드를 가졌음을 알 수 있으며, 이에 해당하는 카드는 사자, 하이에나, 얼룩말 카드이다. 이를 바탕으로 경우의 수를 살펴보면 다음과 같다.

- 丁이 사자 카드인 경우 : 甲은 얼룩말, 乙은 불곰, 丙은 하이에나 카드를 갖는다. 그러나 丙과 丁은 무승부여야 하는데 하이에나 카드가 사자 카드를 이기므로 성립할 수 없다.
- 丁이 하이에나 카드인 경우 : 甲은 사자, 乙은 얼룩말, 丙은 사자 카드를 갖는다. 그러나 丙과 丁은 무승부여야 하는데 하이에나 카드가 사자 카드를 이기므로 성립할 수 없다.
- 丁이 얼룩말 카드인 경우 : 甲은 하이에나, 乙은 사자, 丙은 불곰 카드를 갖는다. 이때 丙과 丁의 관계를 보면 무승부이므로 성립한다.

따라서 甲은 하이에나, 乙은 사자, 丙은 불곰, 丁은 얼룩말 카드를 갖고 있으므로 옳은 것은 ③이다.

23

정답 ③

정답해설

甲이 가진 식권은 4,000원 6장과 5,000원 7장으로 총금액은 4,000×6+5,000×7=59,000원이다.

먼저 새로운 식권이 10장인 경우 5,500원 식권으로 10장을 모두 채워도 총금액이 59,000원이 안 되기 때문에 ①은 제외된다. 또한, 새로운 식권이 14장인 경우 4,500원 식권으로 14장을 채워도 총금액이 59,000원을 초과하기 때문에 ⑤는 제외된다.

남은 선택지를 살펴보면, 4,500원 식권 7장과 5,500원 식권 5장, 총 12장인 경우 총금액이 59,000원으로 추가 결제 없이 한 번에 교환할 수 있다.

따라서 甲이 받을 새로운 식권은 12장이다.

24

정답 ④

정답해설

씨앗 A~D가 싹이 트는 데 필요한 최소한의 일수를 정리하면, 씨앗 A는 2일, 씨앗 B는 1일, 씨앗 C는 3일, 씨앗 D는 2일이 필요하다. 4월 2일은 씨앗을 심은 지 단 1일만 지난 뒤 싹이 텄으므로 가능한 씨앗은 B이다. 그러므로 4월 1일은 맑은 날이었음을 알 수 있다.

4월 1일이 맑았는데 만약 4월 2일도 맑았다면, 4월 3일에 씨앗 A가 싹이 터야 한다. 하지만 4월 3일은 싹이 트지 않았으므로 4월 2일은 비가 내렸다.

4월 4일에 싹이 텄는데, 만약 4월 3일이 맑았더라도 4월 4일엔 씨앗 A가 싹이 틀 수 없다. 4월 1일이 맑았으므로 4월 3일에 비가 왔다고 하더라도 비가 온 날이 총 사흘이 되지 않아 씨앗 C가 싹이 틀 수 없다. 그러므로 4월 4일에는 씨앗 D가 싹이 텄고, 4월 3일엔 비가 왔다.

만약 4월 4일도 비가 왔다면 4월 5일에는 씨앗 C가 싹이 터야 하는데, 그렇지 않았으므로 4월 4일은 맑았다.

만약 4월 5일에 비가 왔다면, 4월 6일 싹이 튼 것은 씨앗 C이다. 그리고 4월 6일이 맑았다고 하더라도 4월 5일과 4월 6일은 이틀 연속으로 맑은 날이 아니기에 4월 7일에 씨앗 A가 싹이 틀 수 없다. 그러므로 4월 5일은 맑았다.

4월 4일과 4월 5일이 이틀 연속 맑았기에 4월 6일 싹이 튼 씨앗은 씨앗 A이고, 4월 6일에 비가 왔다면 4월 7일에 씨앗 C가 싹이 튼다.

이를 정리하면 다음 표와 같다.

구분	4월 1일	4월 2일	4월 3일	4월 4일	4월 5일	4월 6일	4월 7일
날씨	맑음	비	비	맑음	맑음	비	
씨앗		B		D		A	C

따라서 씨앗은 'B-D-A-C' 순으로 싹이 텄다.

25

정답 ⑤

정답해설

안전평가는 매 분기 최소 3개 부서를 대상으로 이뤄지며, 丁부서는 올해 안전평가를 받지 않았으므로 안전평가를 받은 부서는 직전 분기에 보완 평가를 받아야만 한다. 2분기에서 乙부서와 丁부서가 안전평가를 실시하지 않았으므로, 甲, 丙, 戊부서는 안전평가를 실시하여야 한다.

甲부서가 2분기에도 안전평가를 받는다면, 1분기 평가는 보완 등급을 받았다. 또한, 2분기에서 안전평가를 받아 3분기에서도 안전평가를 받아야 하므로 2분기에도 보완 등급을 받아야 한다. 丙이 3분기에서 우수 등급을 받기 위해선 3분기에 안전평가를 받아야 하는데, 만약 2분기에서 우수 등급을 받았다면, 丁이 3분기에 안전평가를 받았어야 한다. 1분기에 보완 등급을 받은 곳이 甲과 戊이기에 안전평가를 받은 지 가장 오래된 부서가 2분기에 안전 평가를 받아야 하는데, 丙과 丁 중 丁은 안전평가를 받지 않았다고 했으므로 丙이 2분기에 안전평가를 받는다. 이를 정리하면 다음과 같다.

구분		1분기	2분기	3분기
甲	실시 여부	○	○	○
	평가 등급	보완	보완	우수
乙	실시 여부	○	×	×
	평가 등급	우수		
丙	실시 여부	×	○	○
	평가 등급		보완	우수
丁	실시 여부	×	×	×
	평가 등급			
戊	실시 여부	○	○	○
	평가 등급	보완	보완	우수

따라서 A기업의 1~3분기 안전평가에서 보완 등급이 부여된 횟수는 총 5회이다.

01	02	03	04	05	06	07	08	09	10
④	④	⑤	④	②	③	①	③	③	③
11	12	13	14	15	16	17	18	19	20
①	②	①	③	⑤	⑤	②	②	⑤	④
21	22	23	24	25					
①	⑤	②	①	③					

01

정답 ④

정답해설

'갑'~'무'의 종합점수를 계산하면 다음과 같다.

- 갑 : 20×0.5+30×1.0+30×1.0+40×0=70점
- 을 : 20×0+30×1.0+30×0+40×1.0=70점
- 병 : 20×1.0+30×0+30×0.5+40×1=75점
- 정 : 20×1.0+30×1.0+30×0.5+40×0.5=85점
- 무 : 20×0.5+30×0.5+30×0.5+40×1.0=80점

따라서 종합점수가 가장 높은 선수는 '정'이다.

02

정답 ④

정답해설

ㄱ. 2018년 교원 1인당 원아수는 42,324÷3,095≒13.67명으로 10명 이상이다.

ㄷ. 2017년 대비 2023년 원아수 감소율은 (44,009−34,777)÷44,009×100≒20.98%로 20% 이상 감소하였다.

오답해설

ㄴ. 2018년의 경우 유치원수는 전년 대비 증가하였지만, 원아수는 전년 대비 감소하였으므로 증감 방향은 매년 동일하지 않다.

03

정답 ⑤

정답해설

2022년 대비 2023년 '갑'시의 민원건수 증가 및 감소 분야에 대한 내용은 보고서에서 찾을 수 없다.

오답해설

① 보고서 세 번째 문단 두 번째 문장을 작성하기 위해 필요한 자료이다. 또한 B지역 인구 100명당 민원건수는 35,904÷(112,231÷100)≒32건임을 알 수 있다.

② 보고서 두 번째 문단을 작성하기 위해 필요한 자료이다.

③ 보고서 마지막 문단을 작성하기 위해 필요한 자료이다.

④ 보고서 세 번째 문단 첫 번째 문장을 작성하기 위해 필요한 자료이다.

04

정답 ④

정답해설

2024년 공적개발원조 관련 교육 경로에 대한 선호도 관련 내용은 보고서에 확인할 수 없다.

오답해설

① 첫 번째 문단 두 번째 문장을 작성하기 위해 필요한 자료이다.

② 두 번째 문단 첫 번째 문장을 작성하기 위해 필요한 자료이다.

③ 첫 번째 문단 마지막 문장을 작성하기 위해 필요한 자료이다.

⑤ 첫 번째 문단 세 번째 문장을 작성하기 위해 필요한 자료이다.

05

정답 ②

정답해설

A~D 원자력발전소의 이용률을 계산하기 위해 표의 빈칸을 먼저 계산하면 다음과 같다.

- B의 실제 발전량 : 26,000−4,000−6,000−9,000=7,000GWh
- C의 최대 발전량 : 35,000−5,000−9,000−12,000=9,000GWh

이를 바탕으로 원자력발전소별 이용률을 계산하면 다음과 같다.

- A : 4,000÷5,000×100=80%
- B : 7,000÷9,000×100≒77.8%
- C : 6,000÷9,000×100≒66.7%
- D : 9,000÷12,000×100=75%

따라서 이용률이 높은 순서대로 나열하면 A, B, D, C이다.

06

정답 ③

정답해설

아메리카 지역에서 '바디감'이 가장 낮은 점수를 받은 원두는 '도미니카 AA'이고, '향'으로 가장 낮은 점수를 받은 원도 역시 '도미니카 AA'이다.

오답해설

① '단맛'으로 원두를 비교할 때 가장 높은 점수를 받은 원두는 '인도네시아 만델링'으로 아시아 지역의 원두이다.

② 아프리카 지역 원두 중 '르완다 AB+'는 '향' 평가점수가 '단맛' 평가점수보다 낮다.

④ 아시아 지역에서 '산미' 점수가 가장 높은 원두는 '인도네시아 토리자'이고, 종합 평가점수가 가장 높은 원두는 '인도 몬순드 말리바'이다.

⑤ 아시아 지역에서 종합 평가점수가 가장 높은 원두는 '인도 모순드 말리바'로 5+4+4+3+4=20점이고, 아메리카 지역에서 종합 평가점수가 가장 높은 원두는 '페루 HB GRADE1'으로 5+4+4+3+4=20점이다. 아프리카 지역에서 종합 평가점수가 가장 높은 원두는 '짐바브웨 AA+'로 4+5+4+4+4=21점이므로 종합 평가점수는 모두 같지 않다.

07

정답 ①

정답해설

'제안개요' 평가항목 점수에서 14점 이상이 아닌 업체인 C업체는 제외된다. '제안업체 일반현황'의 평가항목 점수가 20점 이상이 아닌 업체는 없으며, 세부항목 간 점수 차이가 10점 미만이 아닌 D업체는 제외된다.

남은 A, B, E업체의 총점 중 '사업수행계획' 평가항목 점수의 비율을 계산하면 다음과 같다.

- A업체 : (32+10)÷76×100≒55.3%
- B업체 : (24+8)÷68×100≒47.1%
- E업체 : (28+6)÷76×100≒44.7%

따라서 '갑'에 해당하는 업체는 A이다.

08

정답 ③

정답해설

첫 번째 조건에 따라 '강사 만족도'가 '교육환경 만족도'보다 높은 기관은 A, D이므로 발명청과 세무청은 A 또는 D이다. 그러므로 자료청과 문화청은 B 또는 C이다.

세 번째 조건에서 '참여자'는 문화청이 자료청보다 많다고 하였으므로 B와 C 중 참여자가 더 많은 C가 문화청, B가 자료청임을 알 수 있다.

또한 B가 자료청이므로 두 번째 조건에 따라 자료청의 '내용 만족도' 점수인 4.0점보다 낮은 D가 세무청임을 알 수 있다.

따라서 바르게 연결한 것은 ③이다.

09

정답 ③

정답해설

ㄴ. A지역과 수도권의 전력자급률을 계산하면 다음과 같다.

- A지역 : 33.9÷17.3×100≒196%
- 수도권 : 144.4÷214.8×100≒67.2%

따라서 196>67.2×2이므로 A지역이 수도권의 2배 이상이다.

ㄷ. C지역과 D지역의 발전량 합은 222+80.3=302.3TWh이다. 전국 발전량에서 차지하는 비중은 302.3÷594.7×100≒50.8%로 50% 이상이다.

오답해설

ㄱ. 수도권 소비량은 214.8TWh이고, 전국 소비량은 547.9TWh이므로 214.8÷547.9×100≒39.2%로 40% 미만이다.

ㄹ. B~D지역의 전력자급률을 계산하면 다음과 같다.

- B지역 : 114.1÷92.9×100≒122.8%
- C지역 : 222÷151.2×100≒146.8%
- D지역 : 80.3÷71.7×100≒112%

따라서 B~D지역의 전력자급률은 모두 150% 미만이다.

10

정답 ③

정답해설

ㄱ. 2020년 이후 '저위기술산업군' 출하지수의 연도별 증감 방향은 '증가-감소-감소-감소'이다. 이와 동일한 증감 방향을 보인 산업군은 '중저위기술산업군'뿐이다.

ㄷ. 재고율이 100% 이상이 되기 위해선 재고지수가 출하지수보다 높아야 한다. 매년 재고지수가 출하지수보다 높은 산업군은 '고위기술산업군'뿐이다.

오답해설

ㄴ. 기준연도를 2024년으로 변경하여 모든 산업군별 재고지수가 매년 각각 100 이상이 되기 위해선 모든 산업군에서 2024년 재고지수가 가장 낮아야 한다. 그러나 '고위기술산업군'을 제외하고는 이를 만족하지 않는다.

11

정답 ①

정답해설

승률이 0.5 이하이기 위해서는 경기수가 승리 경기수의 2배 이하여야 한다. 국가별 승리 경기수의 2배와 경기수를 비교하면 다음과 같다.

- 브라질 : 76×2>114
- 독일 : 68×2>112
- 아르헨티나 : 47×2>88
- 이탈리아 : 45×2>83
- 프랑스 : 39×2>73
- 잉글랜드 : 32×2<74
- 스페인 : 31×2<67
- 네덜란드 : 30×2>55

따라서 승률이 0.5 이하인 국가는 잉글랜드와 스페인 2개국이다.

오답해설

ㄴ. 3위인 아르헨티나의 평균 승점은 158÷88≒1.8점이고 4위인 이탈리아의 평균 승점은 156÷83≒1.9점이다. 순위는 아르헨티나가 더 높지만, 평균 승점은 이탈리아가 더 높다.

ㄷ. 독일과 잉글랜드의 경기수 중 무승부 경기수의 비중을 계산하면 다음과 같다.

- 독일 : 21÷112×100=18.75%
- 잉글랜드 : 22÷74×100≒29.7%

따라서 경기수 중 무승부 경기수의 비중은 독일이 잉글랜드보다 작다.

12

정답 ②

정답해설

(가) : 차종별 2024년 민간부문과 공공부문의 구매실적의 합을 계산하면 다음과 같다.

- 하이브리드차 : 15,737+307=16,044대
- 전기차 : 16,901+2,939=19,840대
- 수소차 : 87+95=182대

따라서 2024년 민간부문과 공공부문의 구매실적 합이 가장 큰 차종은 '전기차'이다.

(나) : 2024년 민간부문의 업종구분별 전기차 구매실적 대비 수소차 구매실적 비율을 계산하기 위해 먼저 빈칸을 채워야 한다. 공시대상기업집단의 수소차 구매 실적은 15,177-(6,333+8,771)=73대이고, 시내버스운송사업자의 수소차 구매 실적은 407-399=8대이다. 수소차 구매실적이 0대인 일반택시운송사업자와 화물자동차운수사업자를 제외하고 전기차 구매실적 대비 수소차 구매실적 비율을 구하면 다음과 같다.

- 공시대상기업집단 : 73÷8,771×100≒0.83%
- 자동차대여사업자 : 6÷7,537×100≒0.08%

• 시내버스운송사업자 : 8÷399×100≒2%
따라서 2024년 전기차 대비 수소차 구매실적 비율이 가장 높은 업종 구분은 '시내버스운송사업자'이다.

(다) : 하이브리드차의 공공부문 구매실적은 '2022년'에 3,422대로 최대가 되었다가 이후 매년 감소함을 알 수 있다.

13

정답 ①

정답해설

배양기 A~J의 '갑'세포 생존지수를 계산하면 다음과 같다.

- A : (3×52)+(2×63)=282
- B : (3×66)+(2×63)=324
- C : (3×58)+(2×41)=256
- D : (3×50)+(2×18)=186
- E : (3×50)+(2×90)=330
- F : (3×77)+(2×48)=327
- G : (3×72)+(2×89)=394
- H : (3×16)+(2×45)=138
- I : (3×71)+(2×87)=387
- J : (3×90)+(2×93)=456

배양환경 유형이 '주의'에 해당하려면 생존지수가 150 이상 300 미만이어야 하므로, 이에 해당하는 배양기는 A, C, D이다.

14

정답 ③

정답해설

보고서에 서술된 A부처의 정보를 정리하면 다음과 같다.

- 대통령표창과 국무총리표창의 포상분야 및 포상인원이 매년 증가
- 2024년 국무총리표창 포상분야가 2022년에 비해 20% 이상 증가
- 2024년 포상분야 1개당 포상인원은 장관표창－국무총리표창－대통령표창 순으로 많음

첫 번째 정보에 따라 2024년 대통령표창 포상분야가 전년보다 감소한 ②와 동일한 ④는 제외된다.

두 번째 정보에 따라 남은 ①, ③, ⑤의 국무총리표창 포상분야의 2022년 대비 2024년 증가율을 구하면 다음과 같다.

구분	국무총리표창의 2022년 대비 2024년 증가율
①	(28－25)÷25×100=12%
③	(30－25)÷25×100=20%
⑤	(36－25)÷25×100=44%

그러므로 증가율이 20% 미만인 ①은 제외된다.

남은 ③, ⑤의 2024년 포상분야 1개당 포상인원을 계산하면 다음과 같다.

구분	대통령표창	국무총리표창	장관표창
③	27÷6=4.5	141÷30=4.7	277÷39≒7.1
⑤	27÷6=4.5	141÷36≒3.9	314÷39≒8.1

2024년 포상분야 1개당 포상인원이 많은 순이 장관표창－국무총리표창－대통령표창인 것은 ③이므로 보고서의 내용과 부합하는 자료는 ③이다.

합격 가이드

제시된 조건에 따른 표를 만들어 내는 신유형의 문제이다. 단순 확인으로 파악할 수 있는 정보들을 통해 먼저 조건에 맞지 않는 선택지를 제거하고 간단한 계산을 통해 정답을 찾아가는 방법으로 풀이한다.

15

정답 ⑤

정답해설

ㄴ. 보고서 첫 번째 문단 두 번째 문장에 따르면 2024년 '갑'국의 행정기관위원회는 부처 소속이 514개로 가장 많았고, 다음으로 국무총리, 대통령 소속 순으로 많다. 자료에 따르면 부처 소속이 514개, 국무총리 소속이 58개, 대통령 소속이 18개 순으로 많으며 이를 모두 더하면 514+58+18=590개이다. 또한 보고서 첫 번째 문단 세 번째 문장에 따라 부처 소속 행정기관위원회가 2020년 이후 매년 전체 행정기관위원회의 80% 이상을 차지해야 하는데 연도별로 그 비율을 구하면 2020년은 약 86%, 2021년은 약 86.8%, 2022년은 약 87.1%, 2023년은 약 86.8%, 2024년은 87.1%로 매년 80% 이상임을 알 수 있다.

ㄹ. 보고서 마지막 문단 첫 번째 문장에 따르면 예산이 5천만 원을 초과한 행정기관위원회는 전체의 20% 미만이어야 한다. 5천만 원을 초과한 행정기관위원회의 수를 계산하면 60+27+6=93개로 그 비율은 93÷590×100≒15.8%로 20% 미만임을 알 수 있다. 또한 보고서 마지막 문단 두 번째 문장에서 예산이 미편성된 위원회가 전체의 55%를 넘었다고 하였는데 이를 계산하면 336÷590×100≒56.9%로 55%를 초과함을 알 수 있다.

오답해설

ㄱ. 보고서 첫 번째 문단 첫 번째 문장에 따르면 2024년 '갑'국의 행정기관위원회 중 행정위원회의 비중은 40÷590×100≒6.8%인데 자료에는 7.3%로 되어 있으므로 부합하지 않는다.

ㄷ. 보고서 두 번째 문단에 따르면 회의를 한 번도 개최하지 않은 행정기관위원회는 69개로 자료와 동일하지만, 4회 이상 회의를 개최한 행정기관위원회는 62+101+59+78=300개로 전체의 300÷590≒50.8%이므로 절반 이상이다. 따라서 보고서의 내용에 부합하지 않는다.

16

정답 ⑤

정답해설

첫 번째 조건에 따라 2023년 A국 전체 중고차 수출량에서 '갑'국으로의 중고차 수출량이 차지하는 비중이 10% 이하여야 하므로 502,028×0.1=50,202.8대 이하여야 한다. 그러므로 리비아, 이집트는 제외된다.

세 번째 조건에 따라 2021년 대비 2022년 증가율이 20%일 때, 2021년 A국에서 '갑'국으로의 중고차 수출량이 12,000대 이상이어야 하므로, 즉 2022년 중고차 수출량이 12,000×1.2=14,400대 이상이어야 한다. 그러므로 이에 해당하는 국가는 튀르키예와 요르단뿐이다.

마지막으로 두 번째 조건에 따라 A국 전체 중고차 수출량에서 차지하는 비중이 2022년보다 2023년이 더 커야 한다. 튀르키예와 요르단에 대해 이를 계산하면 다음과 같다.

- 2022년 튀르키예 : 21,689÷303,416×100≒7.1%
- 2023년 튀르키예 : 48,501÷502,028×100≒9.7%
- 2022년 요르단 : 40,762÷303,416×100≒13.4%
- 2023년 요르단 : 30,865÷502,028×100≒6.1%

따라서 A국 전체 중고차 수출량에서 차지하는 비중이 2022년보다 2023년이 큰 국가는 튀르키예이므로 '갑'국은 튀르키예이다.

합격 가이드

매칭형 문제는 조건의 순서를 꼭 차례대로 풀이할 필요가 없다. 오히려 차례대로 풀이 후 마지막 조건의 차이로 정답이 나오도록 설계해 수험생의 시간 낭비를 유도하는 경우가 많다. 이에 따라 마지막 조건을 먼저 풀이하는 것도 좋은 방법이다.

17 정답 ②

정답해설

B지역의 도로 연장은 330km, '갑'시의 도로 연장은 323+330+442+257=1,352km이다. 따라서 1,352×0.25=338>330이므로 B지역의 도로 연장은 '갑'시 도로 연장의 25% 미만이다.

오답해설

① A지역과 D지역의 도로 연장당 도로 면적을 계산하면 다음과 같다.
- A지역 : 3.43÷323≒0.011
- D지역 : 2.35÷257≒0.009

따라서 A지역이 D지역보다 크다.

③ 도로율이 가장 낮은 지역은 C지역이다. C지역과 D지역의 시가화 면적을 계산하면 다음과 같다.
- C지역 : 5.80÷22.2×100≒26.13km²
- D지역 : 2.35÷23.9×100≒9.83km²

따라서 시가화 면적이 가장 큰 곳 또한 C지역이다.

④ D지역 시가화 면적은 9.83km²로 10km² 이하이다.

⑤ '갑'시의 시가화 면적은 11.79+13.85+26.13+9.83=61.6km²로 50km² 이상이다.

18 정답 ②

정답해설

2023년 공간조명으로 인한 민원건수는 829건이고, 생활불편, 눈부심, 심리불안으로 접수된 민원은 354+333+50=737건이다. 생활불편, 눈부심, 심리불안으로 접수된 737건이 모두 공간조명으로 인한 민원이라고 가정하여도, 829−737=92건은 수면방해로 접수되어야만 한다. 따라서 2023년 공간조명으로 인한 수면방해 민원건수는 92건 이상이다.

오답해설

① 장식조명 민원건수가 전년 대비 증가한 해는 2022년, 2023년이다. 2022년 전광판 조명으로 인한 민원은 전년 대비 감소하였다.

③ 2021년 전체 민원건수 중 수면방해 민원건수의 비중은 2,096÷2,577×100≒81.3%로 85% 미만이다.

④ 눈부심 민원건수의 전년 대비 증가율을 계산하면 다음과 같다.
- 2021년 : (167−177)÷177×100≒−5.6%
- 2022년 : (264−167)÷167×100≒58.1%
- 2023년 : (333−264)÷264×100≒26.1%
- 2024년 : (390−333)÷333×100≒17.1%

따라서 눈부심 민원건수의 전년 대비 증가율은 2022년이 가장 높다.

⑤ 기타를 제외하고 2020년의 조명종류별 민원건수는 '공간조명−광고조명−장식조명−전광판조명' 순으로 많지만, 2021년은 '공간조명−광고조명−전광판조명−장식조명' 순으로 많으므로 순위는 동일하지 않다.

합격 가이드

여집합 유형의 문제 출제가 빈번해지고 있다. 이와 같은 유형의 문제를 다양하게 풀이하여 여집합 계산 방법을 명확히 숙지해야 시험장에서 혼동하지 않을 것이다.

19 정답 ⑤

정답해설

문제를 풀기 위해 채울 수 있는 빈칸을 채우면 다음과 같다.

(단위 : 천 TEU)

월 \ 구분	물동량	누적 물동량
1	273	273
2	229	(502)
3	(　)	(　)
4	(　)	(1,088)
5	282	1,370
6	280	1,650
7	287	(1,937)
8	(285)	2,222
9	307	2,529
10	300	(2,829)
11	312	3,141
12	(320)	3,461

ㄴ. 1월 대비 12월의 물동량 증가율은 (320−273)÷273×100≒17.2%로 15% 이상이다.

ㄷ. 2023년 월 평균 물동량은 3,461÷12≒288.4천 TEU이다. 이보다 물동량이 많은 달은 9월, 10월, 11월, 12월이다. 3월과 4월의 물동량을 정확히 알 수 없는데 4월 누적 물동량에서 2월 누적 물동량을 빼면 3~4월 물동량을 알 수 있다. 3~4월 물동량은 1,088−502=586천 TEU이며, 평균은 293천 TEU이다. 그러므로 3월과 4월 중 적어도 1달은 288.4천 TEU 이상의 물동량을 기록했을 것임을 알 수 있다. 따라서 2023년 월평균 물동량보다 물동량이 많은 달은 5개 이상이다.

오답해설

ㄱ. 8월 물동량은 285천 TEU이고, 7월 물동량은 287 천 TEU이므로 8월 물동량은 7월 물동량보다 적다.

20 정답 ④

정답해설

ㄱ. 2018~2023년 동안 공공기관 예산액 중 B의 예산액 비중의 전년 대비 증가폭을 계산하면 다음과 같다.
- 2019년 : 10.1−8.5=1.6%p
- 2020년 : 12.6−10.1=2.5%p
- 2021년 : 14.4−12.6=1.8%p
- 2022년 : 16.5−14.4=2.1%p
- 2023년 : 18.5−16.5=2.0%p

따라서 B의 예산액 비중은 매해 1%p 이상 증가하였다.

ㄷ. 2021~2023년 동안 공공기관 A의 인건비가 일반관리비에서 차지하는 비중을 계산하면 다음과 같다.

- 2021년 : 139÷(139+70)×100≒66.5%
- 2022년 : 160÷(160+88)×100≒64.5%
- 2023년 : 135÷(135+80)×100≒62.8%

따라서 A의 인건비는 매년 일반관리비의 60% 이상이다. 인건비가 일반관리비의 60% 이상인지 확인하기 위해서 인건비가 경비의 1.5배 이상인지 확인하면 좀 더 빠른 풀이가 가능하다.

ㄹ. 연도별 C의 예산액을 x억 원이라고 할 때, x는 A의 예산액 비중과 예산액의 비를 활용하여 구할 수 있다.

- 2021년 : $26.1:902=33.4:x$
  → $26.1x=902\times33.4$
  ∴ x≒1,154억 원
- 2022년 : $24.8:1{,}079=30.5:x$
  → $24.8x=1{,}079\times30.5$
  ∴ x≒1,327억 원

따라서 2022년 C의 예산액은 전년 대비 증가하였다.

오답해설

ㄴ. 2023년 A의 사업비는 1,129−(135+80+260)=654억 원, 출연금은 260억 원이다. 654<260×3이므로 사업비가 출연금의 3배 미만이다.

21 정답 ①

정답해설

보고서를 바탕으로 2024학년도와 2025학년도의 대학입학시험 응시 현황을 정리하면 다음과 같다.

- 2024년 대학입학시험 응시 현황
  - 응시원서 접수 인원 : 504,588명
  - 응시 인원 : 444,870명
  - 응시 인원 중 재학생 : 287,502명
  - 응시 인원 중 졸업생 및 검정고시학력 인정자 : 157,368명
  - 미응시 인원 : 504,588−444,870=59,718명
  - 미응시 인원 중 재학생 : 326,646−287,502=39,144명
  - 미응시 인원 중 졸업생 및 검정고시학력 인정자 : 177,942−157,368 =20,574명
- 2025년 대학입학시험 응시 현황
  - 응시원서 접수 인원(A) : 463,486+59,184=522,670명
  - 응시 인원(C) : 444,870+18,616=463,486명
  - 응시 인원 중 재학생 : 302,589명
  - 응시 인원 중 졸업생 및 검정고시학력 인정자 : 160,897명
  - 미응시 인원 : 59,184명
  - 미응시 인원 중 재학생 : 38,188명
  - 미응시 인원 중 졸업생 및 검정고시학력 인정자 : 20,996명

그러므로 B는 522,670−504,588=18,082, D는 38,188−39,144=−956, E는 20,996−20,574=422가 된다. 따라서 바르게 연결된 것은 ①이다.

22 정답 ⑤

정답해설

ㄴ. A도매점의 냉장 수산물 1주 가격 대비 3주 가격 증가율을 계산하면 다음과 같다.

- 고등어 : (6,200−7,700)÷7,700×100≒−19.45%
- 오징어 : (13,500−16,500)÷16,500×100≒−18.2%

B소매점의 냉장 수산물의 1주 가격 대비 3주 가격 증가율을 계산하면 다음과 같다.

- 고등어 : (12,300−11,700)÷11,700×100≒5.1%
- 오징어 : (26,300−26,700)÷26,700×100≒−1.5%

증감률을 물었으므로 증가율의 절댓값으로 판단하여야 한다. 따라서 A도매점과 B소매점 모두 고등어의 증감률이 가장 크다.

ㄷ. A도매점의 1~5주 냉동 갈치 가격의 합은 13,000×5=65,000원/kg이고, 1~3주 냉동 갈치 가격의 합은 11,600+11,600+12,100=35,300원/kg이다. 그러므로 4~5주 냉동 갈치 가격의 합은 65,000−35,300=29,700원/kg임을 알 수 있다. 같은 방법으로 B소매점의 1~5주 냉동 갈치 가격의 합은 14,000×5=70,000원/kg이고, 1~3주 냉동 갈치 가격의 합은 15,200+15,700+13,600=44,500원/kg이다. 그러므로 4~5주 냉동 갈치 가격의 합은 70,000−44,500=25,500원/kg이다. A도매점 냉동 갈치의 4~5주 평균 가격이 B소매점 냉동 갈치의 4~5주 평균 가격보다 높으므로, 4~5주 동안 적어도 1주는 A도매점의 냉동 갈치 가격이 B소매점의 냉동 갈치 가격보다 높을 것임을 알 수 있다.

오답해설

ㄱ. A도매점 냉동 고등어 가격의 전주 대비 증감 방향은 '증가−감소−증가−증가'이고, B소매점 냉동 고등어 가격의 전주 대비 증감 방향은 '증가−감소−감소−증가'이다. 따라서 4주 차의 전주 대비 증감 방향이 다르다.

23 정답 ②

정답해설

'갑'~'무'요리사가 A도매점에서 구입할 때, 총구매액을 계산하면 다음과 같다.

- 갑 : 4×6,700+4×14,300+2×2,300=88,600원
- 을 : 3×6,700+5×14,300+2×2,300=96,200원
- 병 : 5×6,700+3×14,300+2×2,300=81,000원
- 정 : 5×6,700+2×14,300+3×2,300=69,000원
- 무 : 5×6,700+1×14,300+4×2,300=57,000원

'갑'~'무'요리사가 B소매점에서 구입한 가격과 A도매점에서 구입한 가격 차이를 계산하면 다음과 같다.

- 갑 : 174,200−88,600=85,600원
- 을 : 186,500−96,200=90,300원
- 병 : 161,900−81,000=80,900원
- 정 : 141,600−69,000=72,600원
- 무 : 121,300−57,000=64,300원

따라서 총구매액이 가장 큰 폭으로 감소하는 요리사는 '을'이다.

위와 같이 총구매액과 그 차이를 전부 계산하지 않고 A도매점과 B소매점의 수산물 가격 차이를 활용한다면 더 빠른 풀이가 가능하다. A도매점과 B소매점의 수산물 가격 차이를 계산하면 다음과 같다.

- 냉장 고등어 : 14,100−6,700=7,400원
- 냉장 오징어 : 26,400−14,300=12,100원
- 냉동 명태 : 6,100−2,300=3,800원

'갑'~'무'요리사는 모두 10개 어종을 구매하였는데, 그 감소폭이 가장 크기 위해선 가격 차이가 가장 큰 수산물을 구매하여야 한다. 따라서 냉장 오징어를 가장 많이 구매한 '을'요리사의 총구매액이 가장 큰 폭으로 감소할 것임을 알 수 있다.

24

정답 ①

정답해설

원점수가 가장 높은 국가의 변환점수를 확인하면 부문별 배점을 확인할 수 있다. '논문' 분야의 경우 중국이 원점수 767점으로 가장 높은데 변환점수는 10.0점이므로 배점은 10점임을 알 수 있다. 같은 방법으로 '특허' 분야에서는 미국을 통해 배점이 20점, '전문가 평가' 분야에서는 미국을 통해 배점이 70점임을 알 수 있다. 따라서 70>(10+20)×20이므로 옳다.

오답해설

ㄴ. 독일의 '논문' 부문 원점수가 50점 증가하였다면, 변환점수는 (62+50)÷767×10≒1.5점이므로 독일의 기술점수는 1.5+0.5+49=51점이 된다. 프랑스의 기술점수는 51.1점이므로 여전히 프랑스가 더 높다.

ㄷ. '논문'과 '특허' 부문 배점이 바뀐 상태에서의 대만과 이스라엘의 기술점수는 다음과 같다.

- 대만 : (45÷767)×20+(22÷4,104)×10+53.9≒55.2점
- 이스라엘 : (14÷767)×20+(117÷4,104)×10+53.2≒53.9점

따라서 배점이 바뀌더라도 대만이 이스라엘보다 높다.

'논문'과 '특허' 부문의 변환점수를 새로 계산하지 않고도 표에 제시된 '논문'의 변환점수를 2배, '특허'의 변환점수를 0.5배하여 계산한다면 좀 더 빠르게 계산할 수 있다.

- 대만 : 0.6×2+0.1×0.5+53.9≒55.2점
- 이스라엘 : 0.2×2+0.6×0.5+53.2≒53.9점

25

정답 ③

정답해설

ㄱ. GII 순위가 스위스보다 낮고 중국보다 높은 국가는 GII 순위 2~10위 국가이다. 이 국가들은 모두 고소득그룹 국가이다.

ㄴ. 제시된 표에 GII 순위 41위부터 50위로 나온 국가로는 중상소득 그룹의 태국(41위), 브라질(50위), 중저소득 그룹의 베트남(44위)로 3개국이 있다. 이때 중상소득그룹에 GII 순위가 태국보다 낮고 브라질보다 높은 국가가 있었다면, 브라질 순위보다 위에 있어야 한다. 마찬가지로 중저소득그룹에서도 GII 순위가 베트남보다 낮고 50위 이상이었다면 필리핀보다 위에 있어야 하지만 그렇지 않다. 또한 저소득그룹의 경우 소득그룹 내 1위인 국가가 르완다(104위)로 41~50위 순위 국가는 존재하지 않는다. 따라서 GII 순위 41위부터 50위까지 국가 중 태국, 베트남, 브라질을 제외한 7개국은 고소득그룹에 속한다.

ㄹ. 중상소득그룹과 중저소득그룹을 중소득그룹으로 묶는다면 중소득그룹 내 순위는 '중국-말레이시아-튀르키예-불가리아-인도-태국-베트남-브라질-세르비아-필리핀' 순이다. 따라서 필리핀의 중소득그룹 내 순위는 10위이다.

오답해설

ㄷ. 마다가스카르의 GII 순위는 110위로, 조사한 133개국 중 마다가스카르보다 순위가 낮은 국가는 23개국이다. 저소득그룹은 10개국인데, 이 중 저소득그룹에 해당하는 국가는 토고, 우간다, 부룬디, 모잠비크, 부르키나파소, 에티오피아, 말리, 니제르로 8개국이다. 따라서 마다가스카르보다 GII 순위가 낮으면서 저소득그룹이 아닌 국가는 23-8=15개국이다.

2024 기출문제 정답 및 해설

2024년 언어논리 _ 정답 및 해설

01	02	03	04	05	06	07	08	09	10
③	④	④	③	④	②	⑤	①	⑤	②
11	12	13	14	15	16	17	18	19	20
②	③	②	④	①	②	⑤	⑤	③	③
21	22	23	24	25					
①	④	③	②	③					

01

정답 ③

정답해설

한성전기회사는 전차 노선 공사비가 부족했고, 미국인 콜브란에게 부족한 공사비를 빌려 공사를 마무리했다.

오답해설

① 개항 직후 우리나라에 들어와 경인철도회사를 운영하던 콜브란은 서대문에서 청량리까지 전차 노선을 부설해야 한다고 주장했으며, 이러한 콜브란의 주장을 고종이 받아들여 한성전기회사가 설립되었다. 따라서 한성전기회사가 경인철도회사보다 나중에 설립되었음을 알 수 있다.
② 당초에 한성전기회사가 계획했던 전차 노선 구간은 남대문에서 청량리까지였으나, 경인철도의 종착역이 서대문역으로 정해졌기 때문에 전차 노선을 서대문역과 연결하기 위해 서대문에서 청량리까지 부설하기로 변경했다.
④ 서울 시내에 처음으로 전차 노선을 부설한 회사는 한성전기회사이며, 이는 민간인인 김두승과 이근배가 주도해 설립한 회사이다. 반면, 농상공부는 한성전기회사의 설립을 허가한 관청이다.
⑤ 한성전기회사는 고종이 단독 출자한 자본금을 토대로 설립 · 운영되었으며, 고종과 콜브란이 이를 한미전기회사로 재편하였다.

합격 가이드

제시문의 내용과 선택지의 부합 여부를 묻는 기본적인 형태의 문제이다. 따라서 선후 관계, 주체, 주요 사항을 파악하면서 읽어야 한다. 다만 정독하면서 지엽적인 내용까지 파악할 필요는 없으며, 신속한 풀이를 위해 선택지를 먼저 읽은 후에 제시문에서 선택지의 진위를 확인하는 것이 효율적이다.

02

정답 ④

정답해설

사고 도서의 포쇄는 3년마다 정기적으로 실시되었으며, 포쇄 때는 반드시 포쇄 상황을 기록한 포쇄형지안을 작성하였다. 따라서 사고 도서의 포쇄 상황을 기록한 포쇄형지안이 3년마다 정기적으로 작성되었음을 알 수 있다.

오답해설

① 중종은 지방 사고의 경우 지방 거주 겸직사관에게 포쇄를 맡기는 것이 효율적이라고 주장했다. 그러나 겸직사관 선발 기준에 대한 언급이 없기 때문에 겸직사관이 포쇄의 전문가 중에서 선발되었는지는 알 수 없다.
② 사고에 보관된 도서를 포쇄하려고 책을 꺼내는 과정에서 도서가 분실 · 훼손될 수 있었기 때문에 중앙 정부에서 파견한 사관이 이 일을 맡도록 했다. 그러나 중종은 사관을 보내는 것은 비용이 많이 드는 등의 폐단이 있다고 주장했다.
③ 춘추관은 정식사관이 아닌 겸직사관에게 포쇄를 맡기는 것은 문헌 보관의 일을 가벼이 볼 수 있는 계기가 될 것이라고 주장했다. 이는 겸직사관에게 포쇄를 맡길 수 없다고 주장한 것으로, 겸직사관을 폐지하자고 주장한 것은 아니다.
⑤ 포쇄 상황을 기록한 포쇄형지안에는 포쇄에 사용한 약품을 기록하였다. 즉, 포쇄 작업 중에 약품을 사용했음을 알 수 있으나, 사고 안에 약품을 살포했는지는 알 수 없다.

03

정답 ④

정답해설

법학자 유진오는 '인민'은 예부터 흔히 사용되어 온 말로, '국민'으로 환원될 수 없는 의미가 있다고 보았으며, '국민'은 국가조차도 함부로 침범할 수 없는 자유와 권리의 주체로서의 보편적 인간까지 함의하기에는 적절하지 못하다고 비판했다.

오답해설

① 대한민국 역사에서 '인민'은 개화기부터 통용된 자연스러운 말로, 정부 수립 전까지의 헌법 관련 문헌들 대부분에 빈번히 등장하였다.
② 대한민국으로 여행을 온 외국인은 대한민국 '국민'이 아니기 때문에 선거권 · 사회권 등 국적을 기반으로 하는 권리는 주어지지 않지만, 천부인권을 지니는 보편적 인간이기 때문에 헌법상의 평등권 · 자유권 등 기본적 인권이 보장된다.
③ 미국 헌법의 '사람들'에 해당하는 대한민국 헌법상의 용어는 '국민'이다. 이때 '사람'은 보편적 인간을, '국민'은 국가의 구성원을 가리킨다는 점에서 사전적 의미에 차이가 있다.
⑤ 제헌헌법의 초안을 작성할 당시에는 '인민'이라는 단어가 사용되었으나, '인민'은 공산당의 용어로 인식되었고, 제정된 제헌헌법에서 '국민'으로 대체되었다.

04

정답 ③

정답해설

마지막 문단에 따르면 현대 사회에서도 필요에 따라 공동체적 독서와 음독이 많이 행해지고 있다. 또한, '공동체적 독서'에서 '개인적 독서'로의 이행은 전근대 사회에서 근대 사회로 이행하는 과정에서 확인되는 독서 문화의 추이라고 볼 수 있다. 따라서 현대 사회에서는 공동체적 독서와 개인적 독서 모두 행해지고 있음을 알 수 있다.

오답해설

① 필사문화를 통해 묵독이 유행하기 시작했는지는 제시문을 통해 확인할 수 없다.

② 소리 내어 읽는 음독에는 낭송, 낭독, 구연이 포함된다. 이때 음독은 공동체적 독서와 긴밀한 연관을 가지지만, 음독이 꼭 공동체적 독서라고는 할 수 없다. 또한, 공동체적 독서와 음독을 전근대 사회의 독서 형태라 간주하고, 개인적 독서를 근대 이후의 독서 형태라 하는 것은 어렵다.

④ 근대 초기에 독서와 음독이 지속된 이유는 당시에 문맹률이 높았기 때문이다. 즉, 높은 문맹률 때문에 음독이 지속된 것이며, 음독이 높은 문맹률로 인해 발생한 것은 아니다.

⑤ 도시와 촌락의 장시에서 주로 이루어진 독서 형태는 윤독이 아니라 구연이다.

05

정답 ④

정답해설

의료용 칼을 사용해서 팔뚝 부위에 일부러 흠집을 내어 접종하는 방식은 우두법이다. 반면, 인두법은 코의 점막에 두의 딱지를 불어넣거나 묻혀서 접종하는 방식이다.

오답해설

① 인두법의 접종대상자는 반드시 생후 12개월이 지난 건강한 아이여야 했다. 반면 우두법은 생후 70~100일 정도의 아이를 접종대상자로 한다. 따라서 우두법에서의 접종 가능 나이는 인두법보다 더 어리다.

② 인두법의 대표적 접종 방식에는 한묘법과 수묘법이 있으며, 수묘법은 일반적으로 통용되었고 안전성 면에서도 한묘법보다 좋은 방법이었다.

③ 정약용의 『종두요지』는 인두법 저작으로, 접종 후에 나타나는 각종 후유증을 치료하기 위한 처방을 상세히 기재했다.

⑤ 지석영의 『우두신설』은 우두법 저작으로, 생후 70~100일 정도의 아이를 접종대상자로 하였다. 또한, 아이의 몸 상태에 크게 좌우되지 않는다는 장점이 있었다.

06

정답 ②

정답해설

마지막 문단에 따르면 통과 조건을 만족하지 못한 이론도 다른 새로운 이론을 고안하도록 과학자를 추동하는 역할을 할 수 있기 때문에 통합적 설명 조건과 새로운 현상의 예측 조건을 모두 만족한다면 과학적 진보에 기여한다고 평가할 수 있다.

오답해설

① 통합적 설명 조건은 새로운 이론이 여러 현상들을 통합해 설명할 수 있는 단순한 개념 틀을 제공해야 한다. 반면 통과 조건은 통합적 설명 조건과 새로운 현상의 예측 조건을 모두 충족하는 이론이 제시한 새로운 예측이 실제 관측이나 실험 결과에 들어맞아야 한다. 따라서 단순하면서 통합적인 개념 틀을 제공하는 이론, 즉 통합적 설명 조건을 만족한 이론이 반드시 통과 조건을 만족하는 것은 아니다.

③ 통과 조건을 만족하지 못하고 반증된 이론도 새로운 이론을 고안하도록 과학자를 추동하는 역할을 할 수 있다.

④ 통합적 설명 조건과 새로운 현상의 예측 조건의 충족 여부는 서로 별개의 문제이므로 새로운 현상의 예측 조건을 만족하지 못한다고 해서 통합적 설명 조건 또한 만족하지 못하는 것은 아니다.

⑤ 통합적 설명 조건만을 만족하는 이론은 과학적 진보에 기여한다고 평가하기 어렵고, 통합적 설명 조건과 새로운 현상의 예측 조건을 모두 만족해야 과학적 진보에 기여한다고 평가할 수 있다. 따라서 통합적 설명 조건과 새로운 현상의 예측 조건 중 하나만 만족하는 이론은 과학적 진보에 기여한다고 보기 어렵다.

07

정답 ⑤

정답해설

㉤에서 '이 문장을 기록한 시점 이후'와 '그 뒤 어느 시점부터'의 시간적 의미는 같다. 그러나 인(仁)에 대한 공자의 언급 빈도는 다르다(드물게 / 빈번하게). 따라서 이러한 모순을 해소하려면 ㉤을 '이 문장을 기록했던 시점까지'로 고치는 것이 적절하다.

오답해설

① "공자께서는 이익, 천명, 인에 대해서 드물게 말씀하셨다."라는 문장에서의 '드물게(罕)'라는 말은 『논어』 전체에서 인(仁)이 총 106회 언급되었다는 사실과 상충하는 것처럼 보인다. 이러한 충돌을 해결하기 위한 두 가지 방향 중 첫 번째는 일반적 해석을 변경하는 방식(㉠)이며, 두 번째는 일반적 해석을 변경하지 않는 것이다. 따라서 ㉠을 '일반적 해석을 준수하는 방식'으로 고쳐야 한다는 것은 적절하지 않다.

② 정도를 나타내는 표현은 상대성을 가질 수 있다. 즉, 106회나 언급되었다고 해도 더 많이 언급된 다른 것과 비교할 때는 드물다고 볼 수 있다. 따라서 ㉡을 '드물다고 평가할 수 없다'로 고쳐야 한다는 것은 적절하지 않다.

③ 공자가 인(仁)을 중시하면서도 인에 대해 드물게 말했다면, 제자들이 인에 대해 자주 물을 수밖에 없었을 것이고, 『논어』는 공자와 제자들 사이의 대화를 기록한 책이기 때문에 인에 대한 기록이 많아질 수밖에 없었을 것이다. 따라서 ㉢을 '인에 대한 기록이 적어질 수밖에 없었다'로 고쳐야 한다는 것은 적절하지 않다.

④ 공자는 질문하는 제자가 어떤 사람인지에 따라 제자에게 주는 가르침을 달리하였으므로, "공자께서는 이익, 천명, 인(仁)에 대해서 드물게 말씀하셨다."라는 문장은 이를 기록한 제자의 개별적 특성을 반영한 것일 수 있다. 따라서 ㉣을 '제자들의 공통적 특성'으로 고쳐야 한다는 것은 적절하지 않다.

08

정답 ①

정답해설

(가) : 세 번째 문단을 요약하면 '좋아요'의 선택을 받기 위해 노력하다 보면 타인이 좋아할 만한 일상과 콘텐츠를 선별하거나 만들어서 전시하기 때문에 어느 순간 현실에 존재하는 '나'는 사라진다는 것이다. 따라서 (가)에는 "'좋아요'를 얻기 위해 현실의 나와 다른 전시용 나를 제작하는 셈이다"라는 문장이 가장 적절하다.

(나) : 네 번째 문단을 요약하면 '좋아요'의 공동체 안에서 각자의 '다름'은 점차 사라지며, 타자의 말을 경청하려는 사람은 줄어들고 '다름'은 '좋아요'가 용납하지 않는 별개의 언어가 된다는 것이다. 따라서 (나)에는 "'좋아요'를 거부하고 다른 의견을 내는 사람은 불편한 대상이자 배제의 대상이 된다"라는 문장이 가장 적절하다.

합격 가이드

선택지 중에서 제시문의 빈칸에 들어갈 문장을 고르는 유형의 문제를 풀 때는 논리의 전개를 토대로 선택지가 문맥을 자연스럽게 이어지게 하는지 확인해야 한다. 이러한 유형의 문제는 선택지를 빈칸에 직접 대입하는 방식이 가장 효율적이다.

09 정답 ⑤

정답해설

ACC는 기대치에 맞지 않는 새로운 정보에 대한 판단을 지연시켜 이러한 정보를 분석할 시간을 제공하는 역할을 한다. 이러한 ACC의 경보 발령으로 인간은 신속한 판단이나 반사적 행동을 자제하게 된다. 즉, 기존과 다른 문화가 ACC를 자극하면 ACC의 경보를 통해 판단이 지연될 것이다. 따라서 빈칸에는 "정보에 대한 판단을 더 지연시킨다"라는 내용이 들어가야 한다.

10 정답 ②

정답해설

갑과 을이 민철에 대해 획득한 정보 '민철은 결혼하지 않았다.'를 X, '민철은 비혼이다.'를 Y, '민철에게는 아이가 있다.'를 Z라 하자.

- 갑이 획득한 정보 집합(X · Y)의 정합도 : 갑이 획득한 정보에서 'X이며 Y일 확률'과 'X이거나 Y일 확률'은 모두 'Y일 확률'과 같다(결혼하지 않았음=비혼). 이때 방법 C에 따른 정보 집합 S의 정합도의 정의를 "정보 집합 S의 모든 정보가 참일 확률을 정보 중 적어도 하나가 참일 확률로 나눈 값"이라고 한다면 갑의 정보 집합의 정합도는 분자와 분모가 같으므로 1이 된다. 따라서 방법 C에 따르면 갑이 획득한 정보 집합 X와 Y의 정합도는 1이다.
- 을이 획득한 정보 집합(X · Z)의 정합도 : 'X이며 Z일 확률'은 'X이거나 Z일 확률'보다 낮다. 왜냐하면 'X이거나 Z인 경우'에 비해 'X이고 Z인 경우'가 드물기 때문이다. 이때 주어진 S의 정합도의 정의에 따르면 을의 정보 집합의 정합도는 분자가 분모가 작으므로 1보다 작게 된다. 따라서 방법 C에 따르면 을이 획득한 정보 집합 X와 Z의 정합도는 1보다 작다.

따라서 ②가 빈칸에 들어갈 내용으로 가장 적절하다.

오답해설

① 을이 획득한 정보 집합(X · Z)의 정합도의 경우 'S의 정보 중 적어도 하나가 참일 확률(분자)'이 'S의 모든 정보가 참일 확률(분모)'보다 크기 때문에 1을 초과한다. 이는 제시문의 내용과 다르다.

③ • 갑이 획득한 정보 집합(X · Y)의 정합도 : 'S의 정보 중 기껏해야 하나가 참일 확률'은 S의 정보 중 많아봤자 1개만 참인 경우를 말하는데, 이는 X이며 Y(결혼 ×이며 비혼 ○)일 확률을 제외한 나머지를 가리키기 때문이다. 이때 갑의 입장에서 X와 Y는 같은 뜻이기 때문에 'X이며 Y일 확률'은 1이 되고, 'X 또는 Y 중 1개만 참일 확률'은 0이 된다. 따라서 분자가 0이므로 갑의 정보 집합의 정합도 또한 0이 된다. 이는 제시문의 내용과 다르다.

• 을이 획득한 정보 집합(X · Z)의 정합도 : 을의 입장에서 'X(결혼 ×)와 Z(아이 ○) 중에서 1개만 참일 확률'을 알 수 없기 때문에 'X이며 Z일 확률'보다 큰지 작은지도 알 수 없다. 따라서 을의 정보 집합의 정합도는 구할 수 없다.

④ 갑이 획득한 정보 집합(X · Y)의 정합도의 경우 'S의 모든 정보가 참일 확률(분자)'은 1이고, 'S의 정보 중 기껏해야 하나가 참일 확률(분모)'은 0이다. 이는 제시문의 내용과 다르다.

⑤ 갑이 획득한 정보 집합(X · Y)의 정합도의 경우 'S의 정보 중 기껏해야 하나가 참일 확률(분자)'은 0이다. 즉, 분자가 0이므로 갑의 정보 집합의 정합도 또한 0이다. 이는 제시문의 내용과 다르다.

합격 가이드

제시문의 길이는 짧지만 문제 해결을 위해 논리적 · 수학적 분석 능력이 필요한 유형이다. 갑과 을이 획득한 정보를 X, Y, Z 등의 문자로 치환한 후에 선택지를 분수식 형태로 도식화해 제시문의 내용과 대조하며 진위를 확인하는 방식을 통해 오답을 피할 수 있다.

11 정답 ②

정답해설

지각을 야기하는 원인은 '내 마음속 관념, 나의 마음, 나 이외의 다른 마음' 중 하나이다. 이때 관념은 지각을 야기할 수 없기 때문에 '내 마음속 관념'은 나의 지각을 야기하는 원인이 될 수 없다. 내가 지각하는 바를 스스로 조종하지 못하기 때문에 '나의 마음'도 나의 지각을 야기하는 원인이 아니다. 또한, '나 이외의 다른 마음'은 나 이외의 다른 사람 또는 사람이 아닌 다른 존재의 마음으로, 다른 사람이 내가 지각하는 바를 조종할 수 없기 때문에 나 이외의 다른 사람의 마음은 나의 지각을 야기하는 원인이 될 수 없다. 그러므로 나의 지각을 야기하는 원인은 사람이 아닌 다른 존재의 마음이다. 이때 '사람이 아닌 다른 존재의 마음'이 ㉠에서 제시한 '신의 마음'이라고 말할 수 있는 전제를 제시해야 한다. ②와 같이 사람과 신만이 마음을 지녔다면, 나 이외의 다른 사람의 마음은 나의 지각을 야기하는 원인이 될 수 없으므로 결국 다른 존재인 신의 마음만이 나의 지각을 야기하는 원인이 된다.

12 정답 ③

정답해설

먼저 제시문에 주어진 명제를 기호화하여 ⓐ~ⓒ로 정리하면 다음과 같다.

ⓐ 가은 → 나은∧다은

ⓑ ~나은 → 라은

ⓒ 가은∨마은

ⓒ에 따르면 가은 또는 마은이 프로젝트에 참여한다. 먼저, 가은이 프로젝트에 참여할 경우 ⓐ에 따라 다은도 프로젝트에 참여한다. 반면, 가은이 프로젝트에 참여하지 않고 마은이 프로젝트에 참여할 수도 있다. 따라서 다은 또는 마은이 프로젝트에 참여한다. 따라서 반드시 참인 것은 ③이다.

오답해설

① · ② · ④ · ⑤ 제시문의 내용만으로는 판단할 수 없다.

합격 가이드

제시문에 나타난 명제를 '∨, ∧, ~, →' 등의 논리 기호로 정리해 도식화하면 보다 빠르게 정답을 찾을 수 있다. 만약 제시문이나 선택지에 확정 명제가 없는 경우에는 선택지의 전건을 제시문의 명제에 대입해 답을 구할 수 있다.

13 정답 ②

정답해설

먼저 제시문에 주어진 진행자의 예측을 기호화하여 정리하면 다음과 같다.

ⓐ 설탕 뽑기는 갑∧징검다리 건너기는 무
→ ~ⓐ는 갑이 설탕 뽑기에 선택되지 않거나 무가 징검다리 건너기에 선택되지 않는다(설탕 뽑기는 ~갑∨징검다리 건너기는 ~무).

ⓑ 구슬치기는 을∨줄다리기는 정

ⓒ 구슬치기는 ~을∧징검다리 건너기는 ~무
→ ~ⓒ는 을이 구슬치기에 선택되거나 무가 징검다리 건너기에 선택된다(구슬치기는 을∨징검다리 건너기는 무).

ⓓ 모든 게임은 ~병∧줄다리기는 정

ⓔ 징검다리 건너기는 무∨줄다리기는 ~정

징검다리 건너기에 무가 선택된다는 ⓐ와 징검다리 건너기에 무가 선택되지 않는다는 ⓒ는 양립할 수 없으므로 ⓐ와 ⓒ 중 하나는 참이고, 다른 하나는 거짓이다. 또한 예측 중 하나만 틀렸다고 했으므로 ⓑ · ⓓ · ⓔ는 참임을 확정할 수 있다.

ⓐ가 참이고 ⓒ가 거짓이라면 다음과 같은 게임별 인원 편성이 예측된다.

구분	갑	을	병	정	무
구슬치기		○	×		
징검다리 건너기			×		○
줄다리기			×	○	
설탕 뽑기	○		×		

반대로 ⓐ가 거짓이고 ⓒ가 참이라면 다음과 같은 게임별 인원 편성이 예측된다.

구분	갑	을	병	정	무
구슬치기		×	×		
징검다리 건너기			×		×
줄다리기			×	○/×	
설탕 뽑기			×		

ⓔ에 따라 무가 징검다리 건너기에 선택되지 않는다면 정이 줄다리기에 선택되지 않아야 한다. 그러나 ⓓ에 의하면 정이 줄다리기에 선택되는 것이 참이기 때문에 모순이 발생하므로 ⓒ는 참이 될 수 없다. 그러므로 ⓐ가 거짓이고 ⓒ가 참인 경우는 불가능하며, ⓐ가 참이고 ⓒ가 거짓임을 알 수 있다. 따라서 ②는 참이 된다.

오답해설

① 갑은 설탕 뽑기 게임에 선택되었으며, 어느 게임에도 선택되지 않은 사람은 병이다.

③ 병은 어느 게임에도 선택되지 않았으며, 줄다리기에 선택된 사람은 병이 아니라 정이다.

④ 정은 줄다리기 게임에 선택되었으며, 징검다리 건너기 게임에 선택된 사람은 정이 아니라 무이다.

⑤ 무는 징검다리 건너기 게임에 선택되었으며, 설탕 뽑기 게임에 선택된 사람은 무가 아니라 갑이다.

14 정답 ④

정답해설

공 주무관이 제시한 정보를 ⓐ~ⓔ로 정리하면 다음과 같다.

ⓐ 강 주무관이 S등급이고 남 주무관도 S등급이면 문공 팀 제안서가 폐기될 것이다.

ⓑ 문공 팀 제안서가 폐기되는 일과 도 주무관이 전보 발령 대상이 되는 일 중 적어도 하나는 일어난다.

ⓒ 강 주무관과 남 주무관 중 적어도 한 사람은 S등급을 받았다.

ⓓ 강 주무관만 S등급을 받고 남 주무관은 S등급을 못 받는 일은 없다.

ⓔ 문공 팀 제안서가 폐기되지 않았다.

ⓐ와 ⓔ를 고려하면 강 주무관과 남 주무관이 둘 다 S등급을 받지는 않았음을 알 수 있다. 이때 ⓒ와 ⓓ를 통해 남 주무관은 S등급을 받았고 강 주무관은 S등급을 받지 못했음을 추론할 수 있다.

또한 문 주무관은 공 주무관이 말한 정보가 모두 참일 수는 없으며, 최소한 하나는 틀렸다고 하였으므로 빈칸의 내용이 공 주무관이 말한 정보 중에서 적어도 하나와는 양립 불가능해야 한다.

이때 ④와 같이 도 주무관이 전보 발령 대상이 아니라고 가정하면 ⓑ에 따라 문공 팀 제안서가 폐기되는 일은 반드시 일어나야 한다. 그러나 ⓔ에 따르면 문공 팀 제안서는 폐기되지 않았다. 따라서 공 주무관이 공유한 정보에서 모순이 발생하므로 빈칸에 들어갈 말로 가장 적절한 것은 ④이다.

오답해설

① ⓒ · ⓓ를 통해 강 주무관이 S등급을 받았는지 여부와 상관없이 남 주무관은 업무 평가에서 S등급을 받았음을 알 수 있다.

② ⓒ · ⓓ에 따르면 강 주무관은 업무 평가에서 S등급을 받지 못했을 수도 있다.

③ ⓑ에 따르면 도 주무관이 전보 발령 대상이 아닌 경우에는 문공 팀 제안서가 반드시 폐기되어야 한다. 또한 문공 팀 제안서가 폐기되었다면 ⓐ에 따라 강 주무관과 남 주무관은 모두 업무 평가에서 S등급을 받을 것이다.

⑤ ⓒ · ⓓ에 따르면 강 주무관이 S등급을 받고 남 주무관도 S등급을 받는 경우가 가능하다.

15 정답 ①

정답해설

절연체 내부의 전하들은 외부에서 작용하는 전기력에 의해 미세하게 이동할 수 있다. 따라서 절연체 외부의 영향에 의해서 절연체 내부 전하의 위치가 변할 수 있음을 추론할 수 있다.

오답해설

ㄴ. 절연체 내부에 무수히 많이 존재하는 음전하와 양전하의 숫자는 똑같다. 그러나 대전된 물체가 절연체 내부의 구성 비율에 영향을 끼치는지는 제시문에서 언급하지 않았다.

ㄷ. 음으로 대전된 물체를 특정 무게 이하의 절연체에 가까이 두면 대전체의 음전하와 절연체의 양전하 사이에 작용하는 인력이 대전체의 음전하와 절연체의 음전하 사이에 작용하는 척력보다 커져 절연체는 대전된 물체 방향으로 이동하게 될 것이다.

합격 가이드

제시문의 핵심을 정리하면 "대전체와 절연체를 가까이할 때는 인력과 척력 등의 전기력이 발생하며, 전기력은 전하 사이 거리가 멀수록 작아지므로 인력이 척력보다 커져 절연체는 대전체 방향으로 이동하게 된다."는 것이다. 이를 토대로 ㄱ이 옳고 ㄷ은 옳지 않음을 알 수 있다. 따라서 ㄱ이 없는 ②·④와 ㄷ이 있는 ③·④·⑤를 제외하면 ㄴ을 고려하지 않아도 정답은 ①뿐임을 알 수 있다.

16

정답 ②

정답해설

운동 신경 세포에서 방출된 아세틸콜린이 근육 세포의 막에 있는 아세틸콜린 결합 단백질과 결합함으로써 근육 세포의 수축이 일어난다. 또한 보툴리눔 독소는 운동 신경 세포가 아세틸콜린을 방출하는 것을 막아 근육 세포가 이완된 상태를 유지하게 한다. 즉, 보툴리눔 독소는 근육이 수축되는 것을 막음으로써 근육 마비를 일으킨다.

오답해설

① 근육 세포의 막에 아세틸콜린 결합 단백질 외에 글리신 결합 단백질도 있는지는 제시문의 내용만으로는 알 수 없다.
③ 억제성 신경 세포가 방출한 글리신은 운동 신경 세포가 아세틸콜린을 방출하는 것을 막아 근육 세포의 이완을 일으킨다. 따라서 '억제성 신경 세포의 글리신 방출 → 운동 신경 세포의 아세틸콜린 방출 억제'의 방향으로 작용한다.
④ 뇌의 운동피질로부터 신호를 받은 운동 신경 세포가 아세틸콜린을 방출하면, 이 아세틸콜린은 근육 세포의 막에 있는 아세틸콜린 결합 단백질에 결합해 근육 세포가 수축되게 한다. 따라서 뇌의 운동피질에서 보낸 신호가 아세틸콜린의 방출을 막아 근육을 수축시킨다는 것은 옳지 않다.
⑤ 파상풍 독소는 억제성 신경 세포에 작용해 글리신의 방출을 막아 근육 세포가 수축된 상태로 있게 해 근육을 마비시킨다. 따라서 파상풍 독소는 아세틸콜린이 아니라 글리신에 관여하므로 옳지 않다.

17

정답 ⑤

정답해설

(가) : 가설 H1에 따르면 나노 구조체의 밀도가 높을수록 단위 면적당 더 많은 양의 전자가 방출될 것이다. 즉, H1은 '밀도 증가 → 단위 면적당 전자 방출량 증가'로, 정비례 관계에 있다고 보는 것이다. 이때 실험 1에서 기판 B는 기판 A보다 면적은 2배이고, 나노 구조체 X의 개수는 4배이므로, 단위 면적당 X의 밀도는 기판 B가 기판 A보다 높다. 그런데 실험 결과에서 단위 면적당 전자 방출량은 기판 A와 기판 B가 같았다. 즉, 밀도가 증가했으나 단위 면적당 전자 방출량은 변화가 없는 것이다. 따라서 실험 1의 결과는 가설 H1을 약화한다.

(나) : 가설 H2에 따르면 나노 구조체의 밀도가 일정 수준 이상으로 높아지면 단위 면적당 전자 방출량은 오히려 감소할 것이다. 즉, H2는 '나노 구조체 밀도 증가 → 단위 면적당 전자 방출량 증가 → 나노 구조체 밀도가 일정 수준 초과 → 단위 면적당 전자 방출량 감소'로, 어느 정도까지는 증가하지만 과밀하면 오히려 감소한다고 보는 것이다. 이때 실험 2에서 기판 C에 나노 구조체 X가 10,000개, 20,000개, 30,000개 있을 때 단위 면적당 전자 방출량을 비교하면 '10,000개 < 20,000개, 20,000개 > 30,000개'로 20,000개인 경우가 가장 많았다. 즉, X가 10,000개에서 20,000개로 증가할 때는 전자 방출량도 증가하지만, X가 20,000개에서 30,000개로 증가할 때는 전자 방출량이 감소한 것이다. 따라서 실험 2의 결과는 가설 H2를 강화한다.

18

정답 ⑤

정답해설

제시문의 실험에서 세기가 서로 다른 빛 A~D의 세기는 A > B > C이며 D > C라고 했으므로, 세기가 가장 작은 빛은 C이다. 이에 따라 빛의 세기 순서가 D > A > B > C, A > D > B > C, A > B > D > C인 경우를 각각 분석하면 다음과 같다.

- 빛의 세기 순서가 D > A > B > C인 경우
  실험 결과표에 따르면 광검출기 Ⅰ과 Ⅱ는 모두 빛 B의 세기를 측정할 수 있으므로 빛 B의 세기는 광검출기 Ⅰ과 Ⅱ의 암전류 초과 광포화점 미만 사이에 있음을 알 수 있다. 또한 광검출기 Ⅱ는 빛 A는 측정 불가능하고, 빛 D는 측정 가능하다. 즉, 빛 A가 광검출기 Ⅱ에서 광포화점의 크기를 넘어섰다는 의미이다. 이때 빛 D의 세기가 빛 A보다 높다면 광검출기 Ⅱ는 빛 A보다 더 밝은 빛 D 또한 측정할 수 없어야 한다. 따라서 모순이 발생하므로 빛 D의 세기보다 빛 A의 세기가 더 높음을 추론할 수 있다.
- 빛의 세기 순서가 A > D > B > C인 경우
  실험 결과표에 따르면 광검출기 Ⅰ은 빛 D는 측정 불가능하고, 빛 A와 빛 B는 측정 가능하다. 즉, 빛 D의 세기가 빛 B보다 높다고 할 때 광검출기 Ⅰ은 빛 B보다 밝고 빛 A보다 어두운 빛 D 또한 측정 가능해야 한다. 따라서 모순이 발생하므로 빛 D의 세기보다 빛 B의 세기가 더 높음을 추론할 수 있다.
- 빛의 세기 순서가 A > B > D > C인 경우
  실험 결과표에 따르면 광검출기 Ⅰ이 측정 가능한 빛의 최소 세기는 빛 A부터 빛 B까지이고, 빛 C와 빛 D는 측정 불가능하다. 그리고 광검출기 Ⅱ가 측정 가능한 빛의 세기 범위는 빛 B(최대)~빛 D(최소) 사이이고, 빛 B를 초과하는 빛 A와 빛 D 미만의 빛 C는 측정 불가능하다. 이에 따라 빛의 세기 순서는 'A > B > D > C'임을 알 수 있으며, 각 광검출기의 측정 가능한 광전류의 범위를 정리하면 다음과 같다.

구분	측정 가능(○) 범위	측정 불가능(×) 범위
광검출기 Ⅰ	빛 A~빛 B	빛 B 미만 (빛 D~빛 C)
광검출기 Ⅱ	빛 B~빛 D	빛 B 초과 또는 빛 D 미만 (빛 A 또는 빛 C)

광검출기 Ⅰ이 검출할 수 있는 빛의 최소 세기는 빛 B를 초과하고, 광검출기 Ⅱ에서는 빛 D를 초과한다. 이때 빛 B가 빛 D보다 세기가 높으므로, 검출 가능한 빛의 최소 세기는 광검출기 Ⅰ이 광검출기 Ⅱ보다 크다. 또한 광검출기 Ⅰ의 광포화점은 빛 A를 초과하고, 광검출기 Ⅱ에서는 빛 B를 초과한다. 이때 빛 A가 빛 B보다 세기가 높으므로, 광포화점은 광검출기 Ⅰ이 광검출기 Ⅱ보다 크다.

19

정답 ③

정답해설

ㄱ. ㉡에 따르면 p를 믿는다는 것은 자유로운 선택의 대상이 아니다. 또한 ㉢에 따르면 ㉡이 참이라면, p를 믿어야 한다는 인식적 의무는 없다. 그리고 ㉠에 따르면 p를 믿는다는 것이 인식적으로 정당화된다면 p를 믿어야 하고, 인식적으로 정당화되지 않는다면 p를 믿어야 하는 것은 아니다. 이때 ㉠의 대우 'p를 믿어야 한다는 인식적 의무가 없다면, p를 믿는다는 것은 인식적으로 정당화되지 않는다.'가 성립한다. 따라서 ㉠과 ㉢만으로는 ㉣의 결론을 도출할 수 없고, '믿음은 자유로운 선택의 대상이 아니다.'라는 ㉡을 전제로 추가해야 한다. 즉, ㉡ → ㉢ → ㉠을 통해 ㉣의 결론에 도달할 수 있다.

ㄷ. ㉢에 따르면 p를 믿는 것이 자유로운 선택의 대상이 아니라면, p를 믿어야 할 인식적 의무는 없다. 예컨대, 창밖에 있는 나무를 바라보며 창밖에 있는 나무가 있는 것을 믿는 경우에는 그 나무가 있다고 믿지 않는 것은 불가능하므로, 즉 비의지적이므로 창밖에 나무가 있다는 것을 믿어야 할 인식적 의무가 없다. 따라서 ㉢과 "'지금 비가 오고 있다.'를 믿는다는 것이 비의지적이다."라는 전제로부터 '지금 비가 오고 있다.'를 믿어야 할 인식적 의무가 없다."는 결론이 도출된다.

오답해설

ㄴ. ㉡에 따르면 p를 믿는다는 것은 자유롭게 선택할 수 있는 것이 아니다. 즉, p를 믿는 것은 선택의 대상이 아니라는 뜻이다. 이러한 ㉡을 부정하면 'p를 믿는 것은 자유로운 선택의 대상이다.'이다. 반면 ㉢에 따르면 p를 믿는다는 것이 자유롭게 선택할 수 있는 것이 아니라면, p를 믿어야 하는 인식적 의무는 없다. 이러한 ㉢의 부정은 'p를 믿는다는 것이 자유롭게 선택할 수 있는 것이라면, p를 믿어야 하는 인식적 의무가 있다.'이다. ㉢의 부정을 통해 다음과 같은 분석을 할 수 있다['~'는 '부정', '≡'는 '동치', '∨'는 '또는(or)', '∧'는 '그리고(and)'를 나타냄].

~(p를 믿는 것은 자유로운 선택의 대상이 아님 → p를 믿어야 할 인식적 의무 없음)

≡~(p를 믿는 것은 자유로운 선택의 대상임∨p를 믿어야 할 인식적 의무 없음)

≡(p를 믿는 것은 자유로운 선택의 대상이 아님∧p를 믿어야 할 인식적 의무 있음)

이때 ㉢의 부정에서 ㉡을 도출할 수 있다. 따라서 ㉡의 부정으로부터 ㉢의 부정이 도출된다는 것은 옳지 않다.

20

정답 ③

정답해설

ㄱ. 철학자 A는 자유주의 논제(㉢)와 비의지성 논제(㉡)는 수용하는 반면, 의무론 논제(㉠)는 거부하여 '우리가 p를 믿는다는 것은 인식적으로 정당화되지 않는다.'는 ㉣의 결론을 거부한다. 또한, 'p를 믿어야 할 인식적 의무가 없다고 해도 p를 믿는다는 것이 인식적으로 정당화될 수 있는 경우가 있다.'는 결론을 도출한다. 이해의 편의를 위해 ㉠~㉣을 요약하면 다음과 같다.

㉠ 의무론 논제 : p에 대한 믿음이 인식적 정당화됨 → p를 믿음≡p에 대한 믿음이 인식적 정당화되지 않음 → p를 믿지 않을 수 있음

㉡ 비의지성 논제 : p에 대한 믿음은 비의지적(=p에 대한 믿음은 선택의 대상 아님)

㉢ 자유주의 논제 : p에 대한 믿음은 선택의 대상 아님 → p를 믿어야 할 인식적 의무 없음

㉣ ㉠~㉢으로부터 도출된 결론 : p를 믿는다는 것은 인식적으로 정당화되지 않음

이때 'p를 믿는다는 것은 자유롭게 선택할 수 있는 것이다.'가 사실이면, 이는 p에 대한 믿음이 의지적이라는 의미이다. 그러나 철학자 A가 받아들인 비의지성 논제에 따르면 p에 대한 믿음은 비의지적이다. 따라서 ㄱ의 진술이 참이라면 철학자 A의 입장은 약화된다.

ㄴ. 철학자 B는 의무론 논제(㉠)와 비의지성 논제(㉡)는 수용하는 반면, 자유주의 논제(㉢)를 거부하여 ㉣의 결론을 거부한다. 또한, 'p에 대한 믿음이 비의지적이더라도 p를 믿는다는 것에 대한 인식적 의무는 있을 수 있다.'는 결론을 도출한다. 이때 'p를 믿어야 할 인식적 의무가 있다면 p에 대한 믿음은 인식적으로 정당화된다.'는 ㄴ의 진술은 철학자 B가 받아들인 의무론 논제와 상통한다. 따라서 ㄴ의 진술이 참이라면 철학자 B의 입장은 강화된다.

오답해설

ㄷ. 철학자 A는 자유주의 논제와 비의지성 논제를 수용하는 반면, 의무론 논제를 거부한다. 그러므로 p에 대한 믿음이 선택의 대상이 아니더라도 p를 믿어야 할 인식적 의무가 있다는 ㄷ의 진술은 '인식적 의무가 없다'는 철학자 A의 입장과 상충한다. 따라서 ㄷ의 진술이 참이라면 철학자 A의 입장은 약화된다. 반면 철학자 B는 의무론 논제와 비의지성 논제를 수용하는 반면, 자유주의 논제를 거부한다. 즉, 'p를 믿는다는 것은 자유롭게 선택할 수 있는 것이 아니라고 해도, p를 믿어야 할 인식적 의무가 있다는 것이 철학자 B의 입장이다. 따라서 ㄷ의 진술이 참이라면 철학자 B의 입장은 강화된다.

21

정답 ①

정답해설

제시된 회의의 주제는 '아동학대로부터 제대로 보호받지 못하는 피해자들이 여전히 많은 이유는 무엇인가?'이다. 이에 대해 을은 신속한 보호조치가 미흡하기 때문이라며, 신고 접수 후 보호조치를 기다리는 동안 재차 학대를 받는 아동이 많을 것이라고 주장하였다. 따라서 을의 의견을 뒷받침하기 위해서는 신고가 접수되어 아동학대 판단 후 보호조치가 시행되기까지 아동학대가 재발한 사례의 수를 조사하는 것이 적절하다.

오답해설

ㄴ. 병은 실제로는 아동학대였으나 직접적인 학대 정황을 포착하지 못해 아동학대로 판단하지 않아 보호조치를 취하지 않은 경우가 많았기 때문일 것이라는 의견을 제시했다. 아동학대로 판단하지 않으면 보호조치 또한 취하지 않을 것이므로 병의 의견을 뒷받침하기 위해서는 아동학대로 판단하지 않은 신고 사례 중에 실제로는 아동학대였던 사례의 수를 조사하는 것이 더 적절하다.

ㄷ. 정은 가해자가 친인척인 점, 피해자가 아동인 점 때문에 신고 자체가 어려운 경우가 많고, 보호조치가 취해질 가능성 또한 낮기 때문일 것이라는 의견을 제시했다. 따라서 정의 의견을 뒷받침하기 위해서는 신고되지 않은 아동학대 피해 사례 중에서 가해자가 피해 아동의 친인척인 사례의 수를 조사하는 것이 더 적절하다.

22

정답 ④

정답해설

갑국에서 고시 개정 이전에는 편의점을 운영하는 주류 소매업자는 '대면'과 '예약 주문' 방식으로만 주류를 판매할 수 있었다. 제시된 표에서 '대면'과 '예약 주문'의 결제 방법은 '영업장 방문'이다. 따라서 고시 개정 이전에는 편의점을 운영하는 주류 소매업자는 온라인으로는 주류 판매 대금을 결제 받을 수 없었음을 알 수 있다.

오답해설

① 고시 개정 이전에는 음식업자가 스마트 오더 및 완전 비대면 방식으로 주류를 판매하는 것을 금지했다. 다만, 음식업자가 주문을 받은 배달 음식과 함께 소량의 주류를 배달하는 경우에는 예외적으로 주류의 완전 비대면 판매가 가능했다. 즉, 음식과 함께 소량의 주류에 대해서 완전 비대면 판매가 가능하였으므로 음식과 같은 주류 이외의 상품에서도 완전 비대면 판매가 가능하였음을 추론할 수 있다.

② 고시 개정 이전에는 슈퍼마켓을 운영하는 주류 소매업자가 주류를 판매할 수 있었던 유형은 '대면'과 '예약 주문'이다. 표에 따르면 '대면'은 '영업장 방문'으로, '예약 주문'은 '온라인'으로 주문을 받았다.

③ 고시 개정 이전에는 소비자는 예외적으로 음식과 함께 소량의 주류를 음식점에 주문하는 경우에는 주류를 배송받을 수 있었다. 따라서 영업장 방문뿐만 아니라 배송으로도 주류 수령이 가능했다.

⑤ 개정안에 따르면 소비자는 '대면'과 '예약 주문', '스마트 오더' 방식을 통해 주류를 구매할 수 있다. 이때 '대면' 방식의 경우 주문부터 결제 및 수령까지 모두 영업장 방문을 통해 할 수 있다. 따라서 전통주를 구매하고자 하는 소비자는 전통주 제조자의 영업장에 방문하여 주류를 구매할 수 있다.

23

정답 ③

정답해설

ㄱ. 평가 항목은 접근권한 관리, 암호화 조치, 접속기록 점검이고, 보호수준 평가에서 우수기관으로 지정되려면 다음의 ⓐ, ⓑ를 모두 충족해야 한다.

ⓐ 당해 연도와 전년도에 각각 2개 이상의 항목에서 상 등급을 받음

ⓑ 당해 연도에 하 등급을 받은 항목 없음

2024년에 A기관은 암호화 조치에서 하 등급을 받았으므로 ㉢과 관계없이 ⓑ에 따라 우수기관으로 지정되지 않는다.

또한 다음의 ⓒ, ⓓ 중 어느 하나라도 해당될 때는 취약기관으로 지정된다.

ⓒ 3개 항목에서 모두 하 등급을 받음

ⓓ 2년 연속으로 2개 항목에서 하 등급을 받음

2024년에 A기관은 3개 항목에서 모두 하 등급을 받은 것이 아니므로 ⓒ에 의해서는 취약기관으로 지정되지 않는다. 이때 ㉠과 ㉢이 다른 경우에 ㉡과 ㉢에서 하 등급을 받았더라도 ㉠은 하 등급이 아니기 때문에 ⓓ에 의해서도 취약기관으로 지정되지 않는다. 따라서 2024년에 A기관은 우수기관으로도 취약기관으로도 지정되지 않는다.

ㄷ. 2년 연속으로 2개 항목에서 하 등급을 받은 경우에 취약기관으로 지정된다고 했으므로, 'A기관이 2024년에 취약기관으로 지정된 경우'에는 ㉠·㉡·㉢이 모두 하 등급이다. 또한 당해 연도와 전년도에 각각 2개 이상의 항목에서 상 등급을 받고 당해 연도에 하 등급을 받은 항목이 없어야 우수기관으로 지정된다고 했으므로, 'B기관이 2024년에 우수기관으로 지정된 경우'에는 ㉣·㉤·㉥이 모두 상 등급이다. 이에 따라 A기관이 취약기관이고 B기관이 우수기관인 경우를 정리하면 다음과 같다.

기관	항목 / 연도	접근권한 관리	암호화 조치	접속기록 점검
A	2023	하	중	하
	2024	하	하	상
B	2023	상	상	하
	2024	중	상	상

따라서 ㉡은 하 등급이고, ㉣은 상 등급이므로 ㉡과 ㉣은 같지 않다.

오답해설

ㄴ. 3개 항목에서 모두 하 등급을 받거나 2년 연속으로 2개 항목에서 하 등급을 받으면 취약기관으로 지정된다고 하였다. ㉤과 ㉥이 모두 하 등급인 경우 접근권한 관리에서 중 등급을 받았으므로 2024년의 평가 결과만 놓고 보면 취약기관으로 지정되지 않는다. 또한 ㉣에서 하 등급이 아니라 상·중 등급을 받는다면 2년 연속으로 2개 항목에서 하 등급을 받은 것이 아니므로 취약기관으로 지정되지 않는다. 따라서 ㉣·㉤·㉥이 모두 하 등급일 경우에만 취약기관으로 지정된다.

합격 가이드

우수기관으로 지정되려면 정리한 기준 ⓐ, ⓑ를 모두 충족해야 하고, 정리한 기준 ⓒ, ⓓ 중 어느 하나라도 해당되면 취약기관으로 지정된다는 것에 유의하며 문제를 풀어야 한다.

24

정답 ②

정답해설

갑은 ㉠에서 명시한 "계속하여"라는 문구를 근거로 산후관리비를 지원하지 않은 것은 문제가 없다는 입장이다. 병은 "계속하여"라는 문구가 없는 ㉡도 계속성을 요구한다고 해석해야 한다고 주장한다. 즉, 갑과 병은 "계속하여"를 문자 그대로 유연하지 않게 해석해야 한다고 보고 있다. 반면 을은 ㉡에는 "계속하여"라는 문구는 없기 때문에 출산장려금을 지급했어야 한다고 본다. 그러나 을이 ㉠에 관한 조항에 나오는 "계속하여"라는 문구를 어떻게 해석해야 하는지에 대해서는 따로 언급하지 않았다.

오답해설

① 갑과 병은 "계속하여"를 문자 그대로 유연하지 않게 해석해야 한다고 보고 있다. 즉, 산후관리비·출산장려금 지원 자격을 갖추려면 중간에 공백 없이 계속해서 거주해야 한다고 보고 있다. 그러므로 갑은 민원인이 ㉠을 갖추었는지 여부에 대해서 병과 같은 판단을 할 것이다. 이와 달리 무는 갱신되거나 반복된 근로계약에서는 그 사이 일부 공백 기간이 있더라도 근로관계의 계속성을 인정해야 한다는 판결은 근로자를 보호하려는 것이며, A시 조례의 산후관리비·출산장려금 지원 사업도 자녀를 둔 가정을 보호하려는 취지이므로 근로계약의 경우와 마찬가지로 계속성을 유연하게 해석해야 한다고 본다. 따라서 갑과 무는 ㉠을 갖추었는지 여부에 대해서 다른 판단을 할 것이다.

③ 을의 두 번째 발언에 따르면 ㉡에는 "계속하여"라는 문구가 없다(계속성을 명시하지 않음). 반면 병의 발언에 따르면 ㉢은 계속성을 명시하고 있으며, 다른 지방자치단체들의 조례도 계속성을 명시하고 있다. 따라서 병은 ㉢에서처럼 계속성을 명시하는 경우가 명시하지 않는 경우보다 일반적이라고 보고 있다.

④ A시 조례의 ㉠은 계속성을 명시하고 있으며 산후관리비 지원 자격 기간은 "출산일 기준으로 12개월"이다. 또한 A시 조례의 ㉡은 계속성을 명시하지 않았으며 출산장려금 지원 자격 기간은 ㉠과 동일하게 "출산일 기준으로 12개월"이다. 이에 대해 정은 B시 조례는 출산 전 주민등록의

기간이 A시의 절반밖에 되지 않으므로, A시 조례와 B시 조례를 동일 선상에서 해석할 수 없다고 본다. 따라서 정은 조문을 해석할 때 ⓔ에서 요구하는 주민등록 기간은 6개월로, ⓛ에서 요구하는 12개월과 다르다는 점을 고려하고 있다.

⑤ 무의 주장에 따르면 갱신 또는 반복된 근로계약에 있어서 일부 공백 기간이 있더라도 근로관계의 계속성을 인정해야 한다고 판결하는 것은 근로자를 보호하는 취지이다. 이와 같이 A시 조례에서의 출산장려금 · 산후관리비 지원 사업의 취지도 자녀를 둔 가정을 보호하려는 것이므로, ⓖ에서 명시한 "계속하여"라는 문구에 나타난 계속성은 유연하게 해석해야 한다.

합격 가이드

갑~무는 조례의 "계속하여"라는 문구를 유연하게 해석해 계속성을 인정해야 한다는 의견과 이와 반대로 문자 그대로 해석해 단절된 것으로 보아 계속성을 인정하지 않아야 한다는 의견으로 나뉜다. 따라서 이를 토대로 찬반 의견을 뒷받침하는 근거를 이해해야 한다.

25

정답 ③

정답해설

ㄱ. 쟁점 1은 '현행 조항(형법 제7조)이 이중처벌 금지의 원칙을 위배하는가?'이다. 이에 대해 갑은 현행 조항이 이 원칙을 위배하므로 반드시 개정해야 한다고 주장한다. 즉, 갑은 동일한 범죄에 대해 거듭해 처벌할 수 없다고 보는 것이다. 반면에 을은 현행 조항이 이중처벌 금지의 원칙과 무관하므로 개정 문구의 타당성을 따질 필요조차 없기 때문에 이 원칙은 현행 조항의 개정을 주장하는 근거가 될 수 없다고 본다. 즉, 을이 이중처벌 금지의 원칙을 동일한 국가가 하나의 범죄에 대해 거듭해 처벌할 수 없다는 의미로 이해하고 있다면, 범죄자가 외국에서 처벌을 받은 것은 K국에서 동일한 범죄로 처벌을 받는 것과 무관하므로 이중처벌 금지의 원칙과도 무관하다고 주장할 수 있다. 이중처벌 금지의 원칙에 대해 갑은 처벌 주체인 국가의 수를 불문하고 동일한 범죄에 대한 이중처벌을 금지하는 것으로 해석하고, 을은 동일한 국가에 의한 이중처벌을 금지하는 것으로 해석하는 것이다. 따라서 이중처벌 금지의 원칙에 대한 해석이 다르므로 현행 조항의 개정 여부에 대한 찬반 의견 또한 다르다.

ㄴ. 쟁점 2는 '현행 조항(형법 제7조)이 헌법을 위배하는가?'이다. 이에 대해 갑은 현행 조항이 신체의 자유를 과도하게 제한하는 위헌적 조문이기 때문에 향후 국민 기본권을 침해하게 될 수밖에 없으므로 현행 조항을 개정해야 한다고 주장한다. 반면에 을은 K국 법원이 법률에서 인정하고 있는 법관의 재량권을 합리적으로 행사해 위헌의 사례 없이 "해야 한다"는 개정 문구대로 실제로는 형을 감경 또는 면제하고 있기 때문에 현행 조항을 유지해도 된다고 주장한다. 따라서 현행 조항이 헌법에서 보장하고 있는 신체의 자유를 침해할 것이라는 갑의 전망에 을은 동의하지 않을 것이다.

오답해설

ㄷ. 외국에서 형의 집행을 받은 피고인에게 K국 법원이 형을 선고할 때에는 이미 집행된 형량을 공제해야 한다는 것은 '외국에서 형의 전부 또는 일부가 집행된 사람에 대해서는 선고하는 형을 감경 또는 면제해야 한다.'는 개정 문구와 동일한 의미이다. 이때 법률 개정에 대해 갑은 찬성의 입장을, 을은 반대의 입장을 나타내고 있다. 따라서 갑이 현행 조항의 개정에 반대할 것이라는 분석은 적절하지 않다.

01	02	03	04	05	06	07	08	09	10
⑤	⑤	②	④	①	②	④	④	②	③
11	12	13	14	15	16	17	18	19	20
①	④	③	③	⑤	⑤	②	①	③	④
21	22	23	24	25					
③	④	②	⑤	①					

※ 해설의 편의를 위해 첫 번째 제00조를 첫 번째 조, 두 번째 제00조를 두 번째 조 등으로 표기하였다.

01 정답 ⑤

정답해설

두 번째 조 제2항에 따르면 관계 중앙행정기관의 장은 연구기관에 클라우딩컴퓨팅기술 및 클라우드컴퓨팅서비스에 관한 연구개발사업을 수행하게 하고, 그 사업 수행에 드는 비용의 전부 또는 일부를 지원할 수 있다.

오답해설

① 첫 번째 조 제5항에 따르면 실태조사는 현장조사, 서면조사, 통계조사 및 문헌조사 등의 방법으로 실시하되, 효율적인 실태조사를 위하여 필요한 경우에는 정보통신망 및 전자우편 등의 전자적 방식으로 실시할 수 있다.
② 세 번째 조에 따르면 지방자치단체는 클라우드컴퓨팅기술 및 클라우드컴퓨팅서비스의 발전과 이용 촉진을 위하여 조세감면을 할 수 있다.
③ 첫 번째 조 제4항 제3호에 따르면 A부장관은 실태조사를 할 때에는 클라우드컴퓨팅 산업의 인력 현황과 함께 인력 수요 전망을 내용에 포함하여야 한다.
④ 첫 번째 조 제3항에 따르면 A부장관은 클라우드컴퓨팅의 발전과 이용 촉진 및 이용자 보호와 관련된 관계 중앙행정기관의 장이 요구하는 경우 실태조사 결과를 통보하여야 한다.

02 정답 ⑤

정답해설

두 번째 조 제3항 제1호에 따르면 산림병해충이 발생하여 관할 지방산림청장이 해당 수목의 소유자에게 수목 제거를 명할 경우 명령을 받은 자는 특별한 사유가 없으면 명령에 따라야 하므로, 특별한 사유가 있으면 그 명령에 따르지 않을 수 있음을 알 수 있다.

오답해설

① 첫 번째 조 제3호에 따르면 산림병해충이 발생하지 아니하도록 예방하거나, 이미 발생한 산림병해충을 약화시키거나 제거하는 모든 활동은 방제에 해당한다.
② 두 번째 조 제1항 · 제2항에 따르면 산림소유자는 산림병해충이 발생할 우려가 있거나 발생한 경우 예찰 · 방제에 필요한 조치를 하여야 하고, 산림청장, 시 · 도지사, 시장 · 군수 · 구청장 또는 지방산림청장은 산림병해충이 발생할 우려가 있거나 발생한 경우 예찰 · 방제에 필요한 조치를 할 수 있다. 이때 수목의 판매자는 해당되지 않는다.
③ 두 번째 조 제5항에 따르면 시 · 도지사 등은 산림병해충 발생으로 인한 조치 명령을 이행함에 따라 발생한 농약대금, 인건비 등의 방제비용을 예산의 범위에서 지원할 수 있다.
④ 두 번째 조 제4항에 따르면 시 · 도지사 등은 산림용 종묘, 베어낸 나무, 조경용 수목 등의 이동 제한이나 사용 금지를 명한 경우, 그 내용을 해당 기관의 게시판 및 인터넷 홈페이지 등에 10일 이상 공고하여야 한다.

합격 가이드

법조문 문제에서는 각 조항의 주어(주체)를 표시하면서 읽어야 한다. 특히 ②와 같은 선택지는 법조문 유형에서 반드시 출제되는 매력적인 오답이기 때문에 주의해야 한다.

03 정답 ②

정답해설

첫 번째 조 제2항과 세 번째 조 제2항에 따르면 위원장과 감사는 상임으로 한다.

오답해설

① 첫 번째 조 제4항과 세 번째 조 제3항에 따르면 감사와 위원의 임기는 3년으로 같다.
③ 첫 번째 조 제3항에 따르면 위원회의 위원은 관련 단체의 장이 추천하는 사람을 A부장관이 위촉하며, 위원장은 위원 중에서 호선한다.
④ 첫 번째 조 제2항과 세 번째 조 제1항에 따르면 위원회는 위원장 1명을 포함한 9명 이내의 위원으로 구성하고, 위원회의 업무 및 회계에 관한 사항을 감사하기 위하여 위원회에 감사 1인을 둔다.
⑤ 두 번째 조 제2항에 따르면 위원회는 A부장관의 인가를 받아 주된 사무소의 소재지에서 설립등기를 함으로써 성립한다.

04 정답 ④

정답해설

종전 대법원 판례에서는 제사주재자의 지위를 유지할 수 없는 특별한 사정이 없는 한 사망한 사람의 직계비속으로서 장남(장남이 이미 사망한 경우에는 장손자)이 제사주재자가 된다고 하였다. 이에 따라 사망한 장남 B의 아들이자 甲의 장손자인 D가 제사주재자가 된다.
반면 최근 대법원 판례에서는 제사주재자의 지위를 유지할 수 없는 특별한 사정이 없는 한 사망한 사람의 직계비속 가운데 남녀를 불문하고 최근친 중 연장자가 제사주재자가 된다고 하였다. 이에 따라 甲의 직계비속 가운데 최근친 중 연장자는 딸 A이므로, A가 제사주재자가 된다.

05 정답 ①

정답해설

첫 번째 문단에 따르면 자기조절을 하기 위해서는 도달하고 싶으나 아직 구현되지 않은 나의 미래 상태를 현재 나의 상태와 구별해 낼 수 있어야 한다.

오답해설

② 내측전전두피질과 배외측전전두피질 간의 기능적 연결성이 강할수록 목표를 위한 집중력이 높아진다.
③ 목표달성을 위해서는 자기 자신에 집중할 수 있는 능력과 자신이 도달

하고자 하는 대상에 집중할 수 있는 능력이 필요하다.

④ 자기참조과정은 끊임없이 자신을 되돌아보며 현재 나의 상태를 알아차리는 과정을 말한다.

⑤ 자기절제와 목표달성이 자기조절력의 하위 요소이다.

합격 가이드

줄글 형태 제시문의 단순한 정보확인 문제는 답을 찾기 수월하여 풀이 시간이 비교적 짧다. 따라서 시간을 최대한 절약하여 후반부의 난도가 높은 문제를 푸는 데 활용할 수 있도록 시간 배분을 적절히 하는 것이 중요하다.

06

정답 ②

정답해설

- 甲 : d 5 7 0 1
- 乙 : 8 4 b 9 8
- 丙 : 8 3 c a 4
- 丁 : e 6 7 1 5

甲, 乙, 丙, 丁 걸음 수의 일의 자릿수끼리의 합에서 10을 십의 자리로 받아올림한 후 십의 자릿수를 모두 더하여 9가 되어야 하므로 1+0+9+a+1=19 → a=8이다.

십의 자릿수끼리의 합에서 10을 백의 자리로 받아올림한 후 백의 자릿수를 모두 더하여 9가 되어야 하므로 1+7+b+c+7=19 → b+c=4이다.

백의 자릿수끼리의 합에서 10을 천의 자리로 받아올림한 후 천의 자릿수를 모두 더하면 1+5+4+3+6=19이다. 그러므로 10을 만의 자리로 받아올림한 후 만의 자릿수를 모두 더하면 1+d+8+8+e=19 → d+e=2이다.

따라서 a+b+c+d+e=14이다.

07

정답 ④

정답해설

조건에 따라 공을 3개의 상자에 나누어 담으면 30g, 50g / 40g, 50g / 30g, 30g, 40g으로 나누어 담게 된다.

ㄴ. 각 상자에 담긴 공 무게의 합은 80g, 90g, 100g으로 서로 다르다.

ㄹ. 3개의 상자 중에서 공 무게의 합이 가장 작은 상자(80g)에는 빨간색 공과 파란색 공이 담기게 된다.

오답해설

ㄱ. 3개의 빨간색 공은 2개의 상자에 나누어 담기게 된다.

ㄷ. 빨간색 공이 담긴 상자에는 파란색 공이 담긴다.

08

정답 ④

정답해설

- 성묘 : 기본점수는 70점이며, 장르가 판타지이므로 10점이 가산되고 감독의 직전 작품이 흥행에 실패했으므로 10점이 감산되어 최종점수는 70+10−10=70점이다.
- 서울의 겨울 : 기본점수는 85점이며, 스태프 인원이 50명 미만이므로 10점이 감산되고 감독의 직전 작품이 흥행에 실패했으므로 10점이 추가로 감산되어 최종점수는 85−10−10=65점이다.
- 만날 결심 : 기본점수는 75점이며, 가감 점수 기준에 해당하는 항목이 없으므로 최종점수도 75점이다.
- 빅 포레스트 : 기본점수는 65점이며, 감독의 최근 2개 작품이 모두 흥행에 성공하였으므로 10점이 가산되어 최종점수는 65+10=75점이다.

따라서 A사가 투자할 작품은 최종점수가 75점 이상인 만날 결심과 빅 포레스트이다.

09

정답 ②

정답해설

ㄱ. 암호화는 평문을 암호문으로 변화하는 것이며, 반대로 암호문에서 평문으로 변환하는 것은 복호화라 한다.

ㄹ. 오늘날에는 컴퓨팅 기술의 발전으로 인해 DES 알고리즘은 더 이상 안전하지 않아 DES 알고리즘보다는 삼중 DES 알고리즘을 사용하고 있다.

오답해설

ㄴ. 비대칭키 방식의 경우 수신자가 송신자의 키를 몰라도 자신의 키만 알면 암호를 해독할 수 있다.

ㄷ. 단어, 어절 등의 순서를 바꾸는 것은 치환이고, 대체는 각 문자를 다른 문자나 기호로 일대일로 대응시키는 것이다.

10

정답 ③

정답해설

- 56비트로 만들 수 있는 키의 수 : 2^{56}개
- 60비트로 만들 수 있는 키의 수 : $2^{60}=2^{56}\times2\times2\times2\times2=2^{56+1+1+1+1}$개

컴퓨터의 체크 속도가 2배가 될 때마다 컴퓨터는 10만 원씩 비싸지므로 60비트로 만들 수 있는 키를 1초에 모두 체크할 수 있는 컴퓨터의 최소 가격은 1,000,000+(100,000×4)=1,400,000원이다. 따라서 (가)에 해당하는 수는 1,400,000이다.

11

정답 ①

정답해설

첫 번째 조 제4항 제1호에 따르면 A부장관은 김치산업 전문인력 양성기관으로 지정된 기관이 거짓이나 그 밖의 부정한 방법으로 지정을 받은 경우에는 지정을 취소하여야 한다. 지정받은 사항을 위반하여 업무를 행한 경우나 지정기준에 적합하지 아니하게 된 경우에는 지정을 취소하거나 6개월 이내의 범위에서 기간을 정하여 업무의 전부 또는 일부를 정지할 수 있다.

오답해설

② 세 번째 조 제2항에 따르면 A부장관은 김치의 품질향상과 국가 간 교역을 촉진하기 위하여 김치의 국제규격화를 추진하여야 한다.

③ 첫 번째 조 제2항에 따르면 A부장관은 전문인력 양성을 위하여 적절한 시설과 인력을 갖춘 대학을 전문인력 양성기관으로 지정할 수 있다.

④ 두 번째 조 제1항에 따르면 국가는 김치종주국의 위상제고를 위하여 세계 김치연구소를 설립하여야 한다. 이때 지방자치단체는 해당하지 않는다.

⑤ 세 번째 조 제1항에 따르면 지방자치단체는 김치의 해외시장을 개척하는 개인 또는 단체에 대하여 필요한 지원을 할 수 있다.

12

정답 ④

정답해설

A는 중요도 상에 해당하는 보도자료이므로 한 면에 1쪽씩 단면 인쇄한다. 그러므로 A4용지 2장이 필요하다.

B는 중요도 중에 해당하는 보도자료이고, D는 중요도 상에 해당하는 설명자료이므로 각각 한 면에 2쪽씩 단면 인쇄한다. 그러므로 B는 A4용지 17장, D는 A4용지 2장이 필요하다.

C는 중요도 하에 해당하는 보도자료이므로 한 면에 2쪽씩 양면 인쇄한다. 그러므로 A4용지 2장이 필요하다.

따라서 인쇄에 필요한 A4용지는 총 2+17+2+2=23장이다.

13

정답 ③

정답해설

A국에서는 부칭이 아닌 이름의 영어 알파벳 순서로 정렬하여 전화번호부를 발행한다. 따라서 피얄라르 욘손(Fjalar Jonsson)의 아버지의 이름은 욘(Jon)이고, 토르 아이나르손(Thor Einarsson)의 이름은 토르(Thor)이므로 피얄라르 욘손(Fjalar Jonsson)의 아버지의 이름이 토르 아이나르손(Thor Einarsson)보다 먼저 나올 것이다.

오답해설

① 피얄라르 토르손 아이나르소나르(Fjalar Thorsson Einarssonar)의 할아버지 이름은 아이나르(Einar)이다. 그러나 할아버지(아이나르)의 부칭은 알 수 없다.

② 공식적인 자리에서 이름을 부르거나 이름과 부칭을 함께 부르며, 부칭만으로 서로를 부르지는 않는다. 따라서 부칭인 욘손으로 불리지 않는다.

④ 스테파운(Stefan)의 아들 욘(Jon)의 부칭은 스테파운손(Stefansson)이고, 스테파운(Stefan)의 손자 피얄라르(Fjalar)의 부칭은 욘손(Jonsson)으로 같지 않다.

⑤ 욘 스테파운손(Jon Stefansson)의 아들의 부칭은 욘손(Jonsson)이고, 욘 토르손(Jon Thorsson)의 딸의 부칭은 욘스도티르(Jonsdottir)로 같지 않다.

14

정답 ③

정답해설

제시된 상황에 따라 B팀 소속 선수 3명의 국내 순위는 각각 2위, 5위, 8위이다. 또한 C팀 선수 중 국내 순위가 가장 낮은 선수가 A팀 선수 중 국내 순위가 가장 높은 선수보다 국내 순위가 높다고 했으므로 C팀 선수 3명은 모두 A팀 선수 4명보다 국내 순위가 높다.

따라서 국내 순위 1~10위 선수의 소속팀을 정리하면 다음과 같다.

1위	2위	3위	4위	5위	6위	7위	8위	9위	10위
C	B	C	C	B	A	A	B	A	A

ㄱ. 국내 순위 1위 선수의 소속팀은 C팀이다.

ㄹ. 국내 순위 3위 선수와 4위 선수는 모두 C팀 선수이다.

오답해설

ㄴ. A팀 소속 선수 중 국내 순위가 가장 낮은 선수는 10위이다.

ㄷ. 국가대표는 국내 순위가 높은 선수가 우선으로 선발되나, A, B, C팀 소속 선수가 최소한 1명씩은 포함되어야 하므로 1위(C팀), 2위(B팀), 3위(C팀), 6위(A팀)가 선발된다. 따라서 국가대표 중 국내 순위가 가장 낮은 선수는 6위이다.

15

정답 ⑤

정답해설

제시문의 내용을 식으로 정리하면 다음과 같다.

- 2A+B=Q
- X+2Y=A
- Z+W=B
- Z=0.5B → 2Z=B
- W=0.5B → 2W=B

Q 100리터를 생산하는 데 최소 비용이 들기 위해서는 Z와 W 중 리터당 가격이 더 낮은 원료 W를 사용해야 한다.

Q=2A+B=2(X+2Y)+2W=2X+4Y+2W=2×1+4×2+2×3=16만 원/리터

따라서 Q를 100리터 생산하는 데 드는 최소 비용은 16×100=1,600만 원이다.

16

정답 ⑤

정답해설

ㄷ. n > 3이므로 n을 4라고 가정하면 제시된 상황에 따라 4번째 게임에서 경기가 종료되어야 한다. 이때 2번째 게임까지 甲과 乙 중 1명이 모두 이겼다면, 경기는 2번째 게임에서 종료되었을 것이다. 따라서 4번째 게임에서 경기가 종료되기 위해서는 (n−2)=4−2=2번째 게임 종료 후 두 선수의 점수가 각각 1점으로 같아야 한다.

ㄹ. n > 3이므로 n을 4라고 가정하면 (n−3)=4−3=1번째 게임에서 乙이 이길 수 있는 경우도 가능하다.

오답해설

ㄱ. 甲이 승자가 되기 위해서는 乙보다 2점이 많아야 하므로 마지막 게임과 그 바로 전 게임을 甲이 모두 이겨야 하며, 그 이전까지 甲과 乙의 점수가 같아야 한다. n > 3이므로 n을 5라고 가정하면, 甲이 승자가 되기 위해서는 4번째, 5번째 게임을 甲이 모두 이기고, 그 이전 3번의 게임 결과 甲과 乙의 점수가 같아야 한다. 그러나 3번의 게임은 홀수이기 때문에 甲과 乙의 점수가 동점이 될 수 없으므로 n이 홀수인 경우는 없다.

ㄴ. 甲이 경기의 승자가 되기 위해서는 게임이 종료되는 시점에 甲이 乙보다 2점이 많아야 한다. 즉, n번째 게임과 (n−1)번째 게임에서는 甲이 이겨야 한다. 따라서 (n−1)번째 게임에서는 乙이 이길 수 없다.

17

정답 ②

정답해설

甲이 3경기에서 총 157점을 획득하려면 2경기에서 1순위(100점)와 2순위(50점)를 한 번씩 기록하여야 하고, 공동 순위를 기록할 때는 157−(100+50)=7점을 얻어야 한다.

만약 공동 순위가 3명이라면 해당 순위를 포함하여 공동 순위자의 수만큼 이어진 순위 각각에 따른 점수의 합이 21점이어야 7점을 얻을 수 있다. 그러나 점수의 합이 21점인 경우는 없으므로 6순위로 공동 순위가 2명일 때 (8+6)÷2=7점을 얻을 수 있다.

따라서 甲이 치른 3경기의 순위를 모두 합한 수는 1+2+6=9이다.

18

정답 ①

정답해설

甲의 대화 내용에 따르면 甲은 결재에 접속할 수 없고 乙, 丙, 丁은 모두 결재에 접속할 수 있다. 이어서 丙의 대화 내용에 따르면 丙은 문의에 접속할 수 있으며, 丁의 대화 내용에 따르면 丁은 공지에 접속할 수 없고 丙은 공지에 접속할 수 있다. 甲~丁은 메일, 공지, 결재, 문의 중 접속할 수 없는 메뉴가 각자 1개 이상 있으므로 공지, 결재, 문의에 모두 접속할 수 있는 丙은 메일에 접속할 수 없다. 이에 따라 甲은 결재 외에 乙, 丙, 丁이 모두 접속할 수 있는 문의에 접속할 수 없으므로 메일과 공지에 접속할 수 있다. 마지막으로 乙의 대화 내용에 따르면 乙은 메일과 공지에 접속할 수 없다.
甲~丁의 메일, 공지, 결재, 문의 메뉴 접속 가능 여부를 정리하면 다음과 같다.

(가능 : ○, 불가능 : ×)

구분	메일	공지	결재	문의
甲	○	○	×	×
乙	×	×	○	○
丙	×	○	○	○
丁		×	○	○

따라서 甲은 공지에 접속할 수 있다.

오답해설

②·③ 乙은 메일에 접속할 수 없고, 결재와 문의 2개의 메뉴에 접속할 수 있다.
④ 丁은 문의에 접속할 수 있다.
⑤ 공지는 甲과 丙이 공통으로 접속할 수 있는 메뉴이다.

19

정답 ③

정답해설

A의 키를 acm, B의 키를 bcm, 1층 바닥면에서 2층 바닥면까지의 높이를 hcm라고 하면, 다음과 같은 식이 성립한다.
$h-a+b=240$ … ㉠
$h-b+a=220$ … ㉡
㉠과 ㉡을 연립하여 ㉠+㉡을 하면, $2h=460 \rightarrow h=230$
따라서 1층 바닥면에서 2층 바닥면까지의 높이는 230cm이다.

20

정답 ④

정답해설

2023년도 기준 인원이 30명 미만이거나 운영비가 1억 원 미만인 예술단체를 선정하므로 A단체는 대상에서 제외된다.
배정액 산정식에 따라 B~D단체에 지급될 배정액을 구하면 다음과 같다.
- B : $(2\times0.5)+(4\times0.2)=1.8$억 원
- C : $(3\times0.2)+(3\times0.5)=2.1$억 원
- D : $(0.8\times0.5)+(5\times0.2)=1.4$억 원

인원이 많은 단체부터 순차적으로 지급하고, 예산 부족으로 산정된 금액 전부를 지급할 수 없는 단체에는 예산 잔액이 배정되므로 순차적으로 D단체에 1.4억 원, B단체에 1.8억 원이 지급되고, C단체에는 $4-(1.4+1.8)=0.8$억 원이 지급된다.
따라서 가장 많은 액수를 지급받을 예술단체의 배정액은 1억 8,000만 원이다.

합격 가이드

제시된 조건에 따라 계산 전 제외할 수 있는 부분을 제외하고 문제를 풀면 풀이시간을 단축시킬 수 있다. 2023년도 기준 인원이 30명 이상이거나 운영비가 1억 원 이상인 예술단체는 지원대상에서 제외되므로 A단체를 제외한 후 나머지 단체들의 배정액만 계산하면 된다.

21

정답 ③

정답해설

甲, 丙, 丁의 대화 내용에 따르면 2×2로 배열된 책상의 앞줄에는 乙과 丙이 앉고, 뒷줄에는 甲과 丁이 앉는다. 乙의 대화 내용에 따라 乙은 교육 둘째 날 출석했으므로 교육 둘째 날에 결석한 甲 바로 앞사람은 丙이다. 이에 따라 乙은 丁 바로 앞에 앉는다.
교육 셋째 날에는 丙 바로 뒷사람인 甲만 결석했고, 교육 넷째 날에는 丁 바로 앞사람인 乙과 丁만 교육을 받았으므로 甲과 丙은 결석했다.
교육 첫째 날과 마지막 날은 4명 모두 교육을 받았으므로 甲~丁의 출석 여부를 정리하면 다음과 같다.

(출석 : ○, 결석 : ×)

구분	월	화	수	목	금
甲	○	○	×	×	○
乙	○	○	○	○	○
丙	○	×	○	×	○
丁	○	○	○	○	○

직무교육을 이수하기 위해서는 4일 이상 교육을 받아야 하므로 직무교육을 이수하지 못한 사람은 甲과 丙이다.

22

정답 ④

정답해설

열 마리의 다람쥐가 각자 최소 1개부터 최대 10개까지 각자 서로 다른 개수의 도토리를 모았고, 도토리를 모은 모습이 매일 동일하게 반복됐다고 했으므로 첫째 날과 둘째 날 모두 열 마리가 모은 도토리의 개수는 각각 1~10개이다.
열 마리의 다람쥐는 두 마리씩 쌍을 이루어 그날 모은 도토리 개수를 비교해서 그 차이 값에 해당하는 개수의 도토리를 먹었다. 첫째 날 각 쌍이 먹은 도토리 개수는 모두 동일했고 둘째 날 각 쌍이 먹은 도토리 개수도 모두 동일했으나 첫째 날 각 쌍이 먹은 도토리 개수와 둘째 날 각 쌍이 먹은 도토리 개수는 서로 달랐으므로 다음과 같이 쌍을 이루어 먹게 된다.
- 각 쌍이 5개를 먹은 경우 : 10, 5 / 9, 4 / 8, 3 / 7, 2 / 6, 1
- 각 쌍이 1개를 먹은 경우 : 10, 9 / 8, 7 / 6, 5 / 4, 3 / 2, 1

따라서 (가)에 해당하는 수는 $5-1=4$이다.

23

정답 ②

정답해설

물탱크에 물은 3월 1일부터 매일 900리터씩 채운다. 3월 1일부터 5일까지는 매일 300리터씩 사용하므로 물탱크의 물 잔여량은 매일 600리터씩 늘고, 3월 6일부터 10일까지는 매일 500리터씩 사용하므로 물 잔여량은 매일 400리터씩 는다. 또한, 3월 11일부터는 15일까지는 매일 700리터씩 사용하므로 물 잔여량은 매일 200리터씩 늘고 15일에는 아파트 외벽 청소로 1,000리터를 추가로 사용하므로 15일에 물 잔여량은 $(900-300)\times 5+(900-500)\times 5+(900-700)\times 5-1{,}000=5{,}000$리터가 된다.

3월 16일부터 31일까지는 물탱크의 물 잔여량이 매일 200리터씩 늘어 31일 물 잔여량은 $5{,}000+(900-700)\times 16=8{,}200$리터가 된다. 이후 4월 1일부터 5일까지도 물 잔여량이 매일 200리터씩 늘어 $8{,}200+(900-700)\times 5=9{,}200$리터가 된다.

물탱크가 가득 차기까지 남은 800리터는 4월 6일에 채울 수 있으므로 처음으로 물탱크가 가득 차는 날은 4월 6일이다.

24

정답 ⑤

정답해설

정답을 맞힌 경우, 난이도에 따라 부여되는 추가점수는 1번 문제가 $\frac{1}{3}$점, 2번 문제가 1점, 3번 문제가 $\frac{1}{3}$점, 4번 문제가 3점이다. 5번과 6번 문제는 정답률이 50%이므로 해당 문제를 틀린 사람의 수와 맞힌 사람의 수가 같아 추가점수는 각각 1점이다.

ㄱ. 甲이 최대 점수를 받을 수 있는 경우는 5번과 6번 문제 모두 정답을 맞혔을 때이다. 이때 甲이 최종적으로 받을 수 있는 최대 점수는 5문제를 맞혔으므로 기본점수 5점에 추가점수 $\frac{1}{3}+\frac{1}{3}+3+1+1=\frac{1+1+9+3+3}{3}=\frac{17}{3}$점이 부여되어 $5+\frac{17}{3}=\frac{15+17}{3}=\frac{32}{3}$점이다.

ㄴ. 甲~丁 중 甲은 1~4번 문제 중 3문제를 맞혔으므로 받은 점수가 가장 높다. 乙, 丙, 丁은 모두 2문제씩 맞혔으나 乙의 추가점수는 $\frac{1}{3}+\frac{1}{3}=\frac{2}{3}$점, 丙과 丁의 추가점수는 각각 $\frac{1}{3}+1=\frac{4}{3}$점이므로 1~4번 문제에서 받은 점수의 합은 乙이 가장 낮다.

ㄹ. 5번과 6번 문제는 정답률이 50%이므로 각각 甲~丁 중 2명이 맞혔다. 따라서 甲~丁 4명은 총 13문제를 맞혔으므로 4명이 받은 기본점수는 13점이고, 추가점수는 $\frac{1}{3}\times 6+1\times 6+3=11$점이므로 4명이 받은 점수의 총합은 24점이다.

오답해설

ㄷ. 6문제의 기본점수와 추가점수를 모두 합한 총합 점수가 5점 이상인 사람이 합격한다. 이때 甲은 5번과 6번 문제를 모두 틀렸어도 총합 점수 $3+\frac{1}{3}+\frac{1}{3}+3=\frac{9+1+1+9}{3}=\frac{20}{3}$점으로 합격하고, 乙은 5번과 6번 문제 모두 맞힌다면 총합 점수 $4+\frac{1}{3}+\frac{1}{3}+1+1=\frac{12+1+1+3+3}{3}=\frac{20}{3}$점으로 합격할 수 있다. 또한 丙과 丁은 각각 5번과 6번 문제 중 한 문제만 맞힌다면 총합 점수 $3+\frac{1}{3}+1+1=\frac{9+1+3+3}{3}=\frac{16}{3}$점으로 합격할 수 있다. 따라서 4명 모두가 합격할 수 있다.

25

정답 ①

정답해설

ㄱ. A의 경우 2023년 12월 1일 대비 2024년 1월 1일 총점수 증감폭은 $6{,}000-7{,}500=-1{,}500$점으로, A는 2022년 챔피언십 대회에서 우승을 하여 2,000점을 획득했지만, 2023년에는 3위를 하여 500점을 획득함으로써 증감폭이 $-1{,}500$점이 된 것이다. 따라서 2022년 챔피언십 대회 우승자는 A였음을 알 수 있다.

ㄴ. B의 경우는 2023년 12월 1일 대비 2024년 1월 1일 총점수 증감폭이 $7{,}250-7{,}000=250$점으로, B는 2022년 챔피언십 대회에서 4위를 하여 250점을 획득하고 2023년 챔피언십 대회에서 3위를 하여 500점을 획득해야 하지만, A가 2023년 챔피언십 대회에서 3위를 하여 500점을 획득했기 때문에 B는 3위를 할 수 없다. 따라서 B는 2022년 챔피언십 대회에 참가를 하지 못하고, 2023년 챔피언십 대회에서 4위를 하여 250점을 획득하였음을 알 수 있다.

오답해설

ㄷ · ㄹ. 2023년 12월 1일 대비 2024년 1월 1일 총점수 증감폭은 C의 경우는 $7{,}500-6{,}500=1{,}000$점으로, C는 2022년 챔피언십 대회에 참가하지 못하고 2023년 챔피언십 대회에서 준우승을 하여 1,000점을 획득하였다. 반면, D의 경우는 $7{,}000-5{,}000=2{,}000$점으로, D는 2022년 챔피언십 대회에 참가하지 못하고 2023년 챔피언십 대회에서 우승을 하여 2,000점을 획득한 것이다. 따라서 D는 2023년 챔피언십 대회 우승자이고, 2022년 챔피언십 대회 3위가 아니다.

01	02	03	04	05	06	07	08	09	10
④	①	⑤	⑤	⑤	④	③	②	②	②
11	12	13	14	15	16	17	18	19	20
④	③	③	②	①	⑤	①	④	②	①
21	22	23	24	25					
④	①	③	④	⑤					

01

정답 ④

정답해설

도시별 '갑' 감염병 치명률을 계산하면 다음과 같다.

- A : $\frac{16}{300}\times100 \fallingdotseq 5.3\%$
- B : $\frac{1}{20}\times100=5\%$
- C : $\frac{2}{50}\times100=4\%$
- D : $\frac{6}{100}\times100=6\%$
- E : $\frac{9}{200}\times100=4.5\%$

따라서 치명률이 가장 높은 도시는 D이고, 가장 낮은 도시는 C이다.

02

정답 ①

정답해설

- A구 공사 전체 공사비 : 30×3=90억 원
- B구 공사+C구 공사 전체 공사비 : 24×6=144억 원
- A구 공사+B구 공사+C구 공사 전체 공사비 : 90+144=234억 원

따라서 A~C구 전체 공사의 평균 공사비는 $\frac{234}{9}=26$억 원이다.

합격 가이드

자료에 있는 모든 빈칸의 값을 구할 필요는 없다. 답을 구하는 데 필요한 빈칸의 수치만 구해 답을 도출하면 풀이시간을 단축시킬 수 있다.

03

정답 ⑤

정답해설

①의 자료는 보고서의 3~5번째 줄에서, ②의 자료는 5~7번째 줄에서, ③의 자료는 7~9번째 줄에서, ④의 자료는 9~11번째 줄에서 사용되었다. 따라서 보고서를 작성하는 데 사용되지 않은 자료는 ⑤이다.

04

정답 ⑤

정답해설

어선별 감척지원금을 계산하면 다음과 같다.

- A : 170+(60×3)+(6×5×6)=530백만 원
- B : 350+(80×3)+(8×5×6)=830백만 원
- C : 200+(150×3)+(10×5×6)=950백만 원
- D : 50+(40×3)+(3×5×6)=260백만 원

따라서 감척지원금이 가장 많은 어선은 C이고, 가장 적은 어선은 D이다.

05

정답 ⑤

정답해설

보고서에는 '갑'국 주택 수 및 개인소유 주택 수, 주택소유 가구 수, 가구 주택소유율, 지역별 가구 주택소유율 상위 3개 지역 수치에 대한 내용이 언급되어 있다. 그러나 제시된 표와 정보에는 주택소유 가구 수와 가구 주택소유율 공식에 대한 내용만 있으므로 '갑'국 주택 수 및 개인소유 주택 수(ㄱ), 가구 수(ㄴ), 지역별 가구 주택소유율 상위 3개 지역 수치(ㄷ)에 대한 자료가 추가로 필요하다.

오답해설

ㄹ. '갑'국 가구주 연령대별 가구 주택소유율은 보고서에 언급된 내용이 아니므로 추가로 필요한 자료가 아니다.

합격 가이드

추가로 필요한 자료 유형의 문제를 풀기 위해서는 이미 주어진 자료로 보고서의 내용을 작성할 수 있는 경우 추가로 자료가 필요하지 않다는 것을 주의하여야 한다. 또한, 보고서에서 언급되지 않은 내용의 자료를 추가하는 것은 적절하지 않다.

06

정답 ④

정답해설

전투기별 제원과 평가방법에 따른 평가항목 점수의 합을 계산하면 다음과 같다.

(단위 : 점)

평가항목 \ 전투기	A	B	C	D	E
최고속력	5	1	3	2	4
미사일 탑재 수	4	5	2	3	1
항속거리	4	1	2	3	5
가격	1	4	3	5	2
공중급유	1	1	0	1	0
자체수리	0	1	0	1	1
합계	15	13	10	15	13

'갑'국은 평가항목 점수의 합이 가장 큰 전투기를 구매하며, 동점일 경우 그 중에서 가격이 가장 낮은 전투기를 구매하므로 '갑'국이 구매할 전투기는 D이다.

07

정답 ③

정답해설

보고서에는 '갑'국 배달대행과 퀵서비스 운전자의 연령대 구성비 및 평균 연령, 이륜자동차 운전 경력 및 서비스 제공 경력의 평균, 배달대행 및 퀵서비스 시장 진입을 위한 이륜자동차 평균 구입 비용, 일평균 근로시간, 월평균 근로일수에 대한 내용이 언급되어 있다. 그러나 제시된 표에는 '갑'국 배달대행과 퀵서비스 운전자의 연령대 구성비 및 평균 연령, 이륜자동차 운전 경력 및 서비스 제공 경력의 평균, 일평균 근로시간에 대한 내용만 있으므로 배달대행 및 퀵서비스 시장 진입을 위한 이륜자동차 평균 구입 비용(ㄷ)과 월평균 근로일수(ㄹ)에 대한 자료가 추가로 필요하다.

오답해설

ㄱ·ㄴ. 이륜자동차 운전 경력 구성비와 서비스 제공 경력 구성비는 보고서에 언급된 내용이 아니므로 추가로 필요한 자료가 아니다.

08

정답 ②

정답해설

첫 번째 정보에 따라 중소기업 특허출원건수가 해당 업종 전체 기업 특허출원건수의 90% 이상인 업종은 출판, B, C이다.

- 출판 : $\frac{8,041}{204+345+8,041}\times100=\frac{8,041}{8,590}\times100≒93.6\%$
- B : $\frac{3,223}{18+115+3,223}\times100=\frac{3,223}{3,356}\times100≒96.0\%$
- C : $\frac{596}{29+7+596}\times100=\frac{596}{632}\times100≒94.3\%$

그러므로 B와 C는 각각 연구개발과 전문서비스 중 하나이다. 이에 따라 ①, ④, ⑤는 답에서 제외된다.

B와 C는 각각 연구개발과 전문서비스 중 하나이므로 세 번째 정보에 따라 B와 C의 특허출원기업당 특허출원건수를 계산하면 다음과 같다.

- B : $\frac{18+115+3,223}{1,154}=\frac{3,356}{1,154}≒2.9$건/개
- C : $\frac{29+7+596}{370}=\frac{632}{370}≒1.7$건/개

그러므로 B는 연구개발, C는 전문서비스이다.

두 번째 정보에 따라 대기업 특허출원건수가 중견기업과 중소기업 특허출원건수 합의 2배 이상인 업종은 A와 자동차이다.

- A : 25,234 > (1,575+4,730)×2 → 25,234 > 12,610
- 자동차 : 5,460 > (1,606+1,116)×2 → 5,460 > 5,444

그러므로 A는 전자부품이다.

따라서 A는 전자부품, B는 연구개발, C는 전문서비스이다.

합격 가이드

답을 찾기 위해서 주어진 모든 정보를 고려하지 않아도 된다. 이 문제의 경우에는 첫 번째 정보를 통해 B와 C가 각각 연구개발과 전문서비스 중 하나라는 것을 알 수 있으므로 선택지 중 B와 C에 연구개발과 전문서비스가 모두 들어간 것을 찾으면 된다. ②와 ③의 A는 전자부품으로 같으므로 세 번째 정보에 따라 B와 C에 해당하는 업종을 알 수 있다. 따라서 두 번째 정보를 고려하지 않아도 답을 찾을 수 있다.

09

정답 ②

정답해설

2018년 짜장면 가격지수는 95이고, 2023년 짜장면 가격지수는 120.6이므로 2023년 짜장면 가격은 2018년에 비해 $\frac{120.6-95}{95}\times100≒\frac{120-95}{95}\times100≒26.3\%$ 상승하였다. 따라서 2023년 짜장면 가격은 2018년에 비해 20% 이상 상승하였다.

오답해설

① 2020년 짜장면 가격지수가 100일 때, 짜장면 가격은 5,276원이므로 짜장면 가격지수가 80이면 짜장면 가격은 5,276×0.8=4,220.8원이다. 따라서 짜장면 가격은 4,000원을 초과한다.

③ 2018년에 비해 2023년 판매단위당 가격이 2배 이상인 짜장면 주재료 품목은 양파와 청오이 2개이다.
- 양파 : 6,000 > 2,250×2 → 6,000 > 4,500
- 청오이 : 15,000 > 4,000×2 → 15,000 > 8,000

④ 2020년에 식용유 1,800mL, 밀가루 2kg, 설탕 2kg의 가격 합계는 (3,980+1,280+1,350)×2=6,610×2=13,220원으로 15,000원 미만이다.

⑤ 매년 판매단위당 가격이 상승한 짜장면 주재료 품목은 없다.

10

정답 ②

정답해설

참여 자치 단체 수의 전년 대비 증감 방향은 '증가 - 감소 - 증가 - 증가 - 감소 - 증가'로, 교육 참여 어린이(A) 수의 전년 대비 증감 방향과 매년 같다. 이에 따라 ④, ⑤는 답에서 제외된다.

운영 횟수당 교육 참여 어린이 수는 2020년에 $\frac{58,680}{35}≒1,677$명/회, 2021년에 $\frac{61,380}{39}≒1,574$명/회로 2021년이 2020년보다 적었다(B). 이에 따라 ①은 답에서 제외된다.

자원봉사자당 교육 참여 어린이 수는 2017년에 $\frac{10,265}{2,083}≒4.9$명, 2019년에 $\frac{55,780}{2,989}≒18.7$명으로 2019년이 2017년보다 많았다(C).

따라서 ②가 답이 된다.

11

정답 ④

정답해설

ㄴ. 2023년 9월의 결항편수는 국내선이 국제선의 $\frac{1,351}{437}≒3.1$배로, 3배 이상이다.

ㄷ. 2019~2023년 동안 매년 1월과 3월에는 항공편 결항편수가 0편으로, 항공편 결항이 없었다.

오답해설

ㄱ. 2021년 3분기 국제선 지연편수는 11+61+46=118편이다. 2022년 3분기 국제선 지연편수는 83+111+19=213편으로 전년 동기인 2021년 3분기 대비 213−118=95편 증가하였다. 따라서 옳지 않은 설명이다.

12

정답 ③

정답해설

진학자 수가 계열별로 20%씩 증가하는 것은 전체 진학자 수가 20% 증가하는 것과 같으므로 전체의 진학률 역시 20% 증가한다. 따라서 전체의 진학률은 $7.5\times1.2=9$%가 된다.

오답해설

① 취업률은 A계열이 $\frac{500}{800}\times100=62.5$%, B계열이 57.1%로 A계열이 B계열보다 높다.

② B계열의 진로 미결정 비율은 $100-(57.1+7.1)=35.8$%이고, C계열의 진학률은 $\frac{40}{500}\times100=8$%이므로 C계열의 진로 미결정 비율은 $100-(40+8)=52$%이다. 따라서 진로 미결정 비율은 B계열이 C계열보다 낮다.

④ 취업자 수가 계열별로 10%씩 증가하는 것은 전체 취업자 수가 10% 증가하는 것과 같으므로 전체의 취업률 역시 10% 증가한다. 따라서 전체의 취업률은 $55\times1.1=60.5$%가 된다.

⑤ 진학률은 C계열이 8%로 A~C계열 중 가장 높다.

13

정답 ③

정답해설

정식과 수확이 모두 가능한 달의 수는 오이가 4개(2월, 4월, 5월, 6월), 고추가 4개(2월, 4월, 5월, 6월)로 같으므로 옳지 않은 설명이다.

오답해설

① 촉성 재배방식에서 정식이 가능한 달의 수는 오이가 2개(1월, 12월), 고추가 1개(12월)로 오이가 고추보다 많다.

② 고추의 각 재배방식에서 파종 가능 시기와 정식 가능 시기의 차이는 촉성이 2개월, 반촉성이 3개월, 조숙이 2개월, 보통이 2개월, 억제가 2개월로 모두 1개월 이상이다.

④ 고추의 경우, 수확이 가능한 재배방식의 수는 7월이 4개(반촉성, 조숙, 보통, 억제)로 가장 많다.

⑤ 오이의 재배방식 중 수확이 가능한 달의 수는 보통이 3개(6월, 7월, 8월)로 가장 적다.

14

정답 ②

정답해설

굴과 새고막의 면허어업 건수 합은 매년 전체의 50% 이상이다.

- 2019년 : $(1,292+1,076)\times2 > 4,521 \rightarrow 4,736 > 4,521$
- 2020년 : $(1,314+1,093)\times2 > 4,751 \rightarrow 4,814 > 4,751$
- 2021년 : $(1,317+1,096)\times2 > 4,740 \rightarrow 4,826 > 4,740$
- 2022년 : $(1,293+1,115)\times2 > 4,752 \rightarrow 4,816 > 4,752$
- 2023년 : $(1,277+1,121)\times2 > 4,453 \rightarrow 4,796 > 4,453$

오답해설

① 김 면허어업 건수는 2022년에 880건에서 2023년에 812건으로 전년 대비 감소하였다.

③ 2020년과 2022년의 바지락 면허어업 건수의 전년 대비 증가율은 다음과 같다.

- 2020년 : $\frac{587-570}{570}\times100=\frac{17}{570}\times100$
- 2022년 : $\frac{582-576}{576}\times100=\frac{6}{576}\times100$

값을 계산하지 않아도 2020년 증가율이 2022년의 증가율보다 분자가 크고 분모는 작으므로 바지락 면허어업 건수의 전년 대비 증가율은 2020년이 2022년보다 높다.

④ 미역 면허어업 건수는 2020년에 920건, 2023년에 678건으로 2023년이 2020년보다 적다.

⑤ 2023년에 면허어업 건수가 전년 대비 증가한 양식 품목은 새고막으로, 1개이다.

15

정답 ①

정답해설

보고서의 8~9번째 줄에 언급된 '2022년 캐나다산 목재펠릿 수입량은 2019년 대비 30배 이상이 되었다.'라는 내용에 따라 2022년 캐나다산 목재펠릿 수입량이 2019년 수입량(11천 톤)의 30배(330천 톤) 미만인 E국이 제외된다.

다음으로 보고서의 11~12번째 줄에 언급된 '2022년 기준 러시아산이 우리나라 목재펠릿 수입량 2위를 차지하였다.'라는 내용에 따라 B국과 D국이 제외된다.

마지막으로 보고서의 12~13번째 줄에 언급된 '인도네시아산 목재펠릿 수입량은 2019년 이후 꾸준히 증가해 2022년에는 말레이시아산 목재펠릿 수입량을 추월하였다.'라는 내용에 따라 C국이 제외된다.

따라서 우리나라에 해당하는 국가는 A이다.

16

정답 ⑤

정답해설

ㄴ. 전체 공공한옥시설 중 문화전시시설의 비율은 매년 20% 이상이다. 계산의 편의를 위해 식을 간략화하면 다음과 같다.

- 2017년 : $8\times5 > 27$
- 2018년 : $8\times5 > 27$
- 2019년 : $10\times5 > 28$
- 2020년 : $11\times5 > 30$
- 2021년 : $12\times5 > 34$
- 2022년 : $12\times5 > 34$

ㄷ. 2022년 주거체험시설의 수는 $34-(12+9+8)=5$개소로, 주민이용시설과 주거체험시설의 2020년 대비 2022년 증가율은 다음과 같다.

- 주민이용시설 : $\frac{8-6}{6}\times100=\frac{1}{3}\times100$
- 주거체험시설 : $\frac{5-3}{3}\times100=\frac{2}{3}\times100$

따라서 주거체험시설의 증가율은 주민이용시설 증가율의 2배이다.

ㄹ. 한옥숙박시설이 주거체험시설보다 많은 해는 2017년과 2018년뿐이다.

오답해설

ㄱ. 2021년 전통공예시설 수는 $34-(12+8+4)=10$개소로, 2022년 전통공예시설의 전년 대비 증감 방향은 '감소'이나, 2022년 한옥숙박시설의 전년 대비 증감 방향은 '동일'로 매년 같지 않다.

17

정답 ①

정답해설

(최저개발국 직접투자 규모)

$=(\text{해외직접투자 규모})\times\frac{[\text{최저개발국 직접투자 비중(\%)}]}{100}$

이므로 최저개발국 직접투자 규모는 2015년이 31,205×0.028백만 달러, 2023년이 76,446×0.017백만 달러이다. 해외직접투자 규모는 2023년이 2015년의 2배 이상이지만, 최저개발국 직접투자 비중은 2023년이 2015년의 $\frac{1}{2}$ 미만이다. 따라서 최저개발국 직접투자 규모는 2023년이 2015년보다 크다.

오답해설

② 2021년 최저개발국 직접투자 비중은 1.9%로, 2020년(1.6%)보다 증가하였다.

③ 2018년 최저개발국 직접투자 규모는 40,657×0.018=731.826백만 달러=7.31286억 달러로, 10억 달러 미만이다.

④ 2023년 해외직접투자 규모의 전년 대비 증가율은 $\frac{76,446-57,299}{57,299}\times 100=\frac{19,147}{57,299}\times 100$이다. 이때 분모가 분자의 약 3배이므로 증가율은 40% 미만이다.

⑤ 2017년에 해외직접투자 규모는 30,375백만 달러로 2016년(28,724백만 달러)보다 증가하였지만, 최저개발국 직접투자 비중은 1.4%로 2016년(2.0%)보다 감소하였다.

18

정답 ④

정답해설

ㄴ. A~E 중 가맹점당 매출액이 가장 큰 브랜드는 B이다. '(해당 브랜드 전체 가맹점 매출액의 합)=(가맹점 수)×(가맹점당 매출액)'이므로 가맹점당 매출액이 B보다는 적으나 가맹점 수가 더 많은 A와 전체 가맹점 매출액의 합을 비교하면 다음과 같다.

- A : 14,737×583,999≒14,700×584,000=858,480천만 원
- B : 14,593×603,529≒14,600×604,000=881,840천만 원

따라서 해당 브랜드 전체 가맹점 매출액의 합도 B가 가장 크다.

ㄷ. '$(\text{가맹점 면적당 매출액})=\frac{(\text{해당 브랜드 전체 가맹점 매출액의 합})}{(\text{해당 브랜드 전체 가맹점 면적의 합})}$'이므로

(해당 브랜드 전체 가맹점 면적의 합)

$=\frac{(\text{해당 브랜드 전체 가맹점 매출액의 합})}{(\text{가맹점 면적당 매출액})}$

$=\frac{(\text{가맹점 수})\times(\text{가맹점당 매출액})}{(\text{가맹점 면적당 매출액})}$

이때 E의 가맹점 수가 다른 브랜드에 비해 현저히 적으므로 해당 브랜드 전체 가맹점 면적의 합도 E가 가장 작다.

오답해설

ㄱ. '갑'국의 전체 편의점 가맹점 수가 5만 개라면, 1위부터 5위까지 편의점 가맹점 수가 총 14,737+14,593+10,294+4,082+787=44,493개이므로 6위 이하의 편의점 가맹점 수는 총 50,000−44,493=5,507개이다. 6위 이하 각 브랜드의 가맹점 수가 5위보다 1개 적은 786개라고 가정하면, $\frac{5,507}{786}$≒7.01개이므로 6위 이하 브랜드 수는 8개이다. 따라서 '갑'국의 전체 편의점 가맹점 수가 5만 개라면, 편의점 브랜드 수는 최소 5+8=13개이다.

19

정답 ②

정답해설

소각시설별 시설용량 대비 연간소각실적 비율을 계산하면 다음과 같다.

- A : $\frac{163,785}{800}$≒204.73일
- B : $\frac{12,540}{48}$=261.25일
- C : $\frac{169,781}{750}$≒226.37일
- D : $\frac{104,176}{400}$=260.44일
- E : $\frac{238,770}{900}$=265.3일

따라서 시설용량 대비 연간소각실적 비율이 가장 높은 소각시설은 E이다.

오답해설

① 연간소각실적은 E가 가장 많으나 관리인원은 C가 가장 많다.

③ D의 연간소각실적의 1.5배는 104,176×1.5=156,264톤이므로 A의 연간소각실적(163,785톤)은 D의 1.5배를 초과한다.

④ 전체 시설용량의 30%는 2,898×0.3=869.4톤/일이므로 C의 시설용량(750톤/일)은 전체 시설용량의 30% 미만이다.

⑤ 시설용량은 1일 가동 시 소각할 수 있는 최대량이므로 '$(\text{가동 일수})=\frac{(\text{연간소각실적})}{(\text{시설용량})}$'이다. 따라서 B의 2023년 가동 일수는 $\frac{12,540}{48}$=261.25일로, 250일 이상이다.

20

정답 ①

정답해설

A지역 전체와 '갑'국 전체의 2023년 식량작물 생산량의 전년 대비 감소율을 계산하면 다음과 같다.

- A지역 전체

$\frac{237,439-221,271}{237,439}\times 100≒\frac{237-221}{237}\times 100≒6.8\%$

- '갑'국 전체

$\frac{4,456,952-4,331,597}{4,456,952}\times 100≒\frac{4,457-4,332}{4,457}\times 100≒2.8\%$

따라서 2023년 식량작물 생산량의 전년 대비 감소율은 A지역 전체가 '갑'국 전체보다 높다.

오답해설

② A지역 식량작물별 2019년 대비 2023년 생산량 증감률을 계산하면 다음과 같다.

- 미곡 : $\frac{143,938-153,944}{153,944}\times 100≒-6.5\%$
- 맥류 : $\frac{201-270}{270}\times 100≒-25.6\%$
- 잡곡 : $\frac{30,740-29,942}{29,942}\times 100≒2.7\%$
- 두류 : $\frac{10,054-9,048}{9,048}\times 100≒11.1\%$
- 서류 : $\frac{36,338-30,268}{30,268}\times 100≒20.1\%$

따라서 2019년 대비 2023년 생산량 증감률이 가장 큰 A지역 식량작물은 맥류이다.

③ 미곡의 생산 면적은 매년 A지역 전체 식량작물 생산 면적의 절반 이상을 차지한다.

- 2019년 : 29,006×2 > 46,724 → 58,012 > 46,724
- 2020년 : 28,640×2 > 47,446 → 57,280 > 47,446
- 2021년 : 28,405×2 > 46,615 → 56,810 > 46,615
- 2022년 : 28,903×2 > 47,487 → 57,806 > 47,487
- 2023년 : 28,708×2 > 46,542 → 57,416 > 46,542

④ A지역 식량작물별 2023년 생산 면적당 생산량을 계산하면 다음과 같다.

- 미곡 : $\frac{143,938}{28,708} \fallingdotseq 5.0$톤/ha
- 맥류 : $\frac{201}{98} \fallingdotseq 2.1$톤/ha
- 잡곡 : $\frac{30,740}{6,317} \fallingdotseq 4.9$톤/ha
- 두류 : $\frac{10,054}{5,741} \fallingdotseq 1.8$톤/ha
- 서류 : $\frac{36,338}{5,678} \fallingdotseq 6.4$톤/ha

따라서 2023년 생산 면적당 생산량이 가장 많은 A지역 식량작물은 서류이다.

⑤ A지역 전체 식량작물 생산량과 A지역 전체 식량작물 생산 면적의 전년 대비 증감 방향은 '증가 - 감소 - 증가 - 감소'로 매년 같다.

21 정답 ④

정답해설

ㄱ. 2020~2023년 '갑'국 전체 식량작물 생산 면적의 전년 대비 감소량을 계산하면 다음과 같다.

- 2020년 : 924,470−924,291=179ha
- 2021년 : 924,291−906,106=18,185ha
- 2022년 : 906,106−905,034=1,072ha
- 2023년 : 905,034−903,885=1,149ha

따라서 옳은 자료이다.

ㄷ. 2019년 대비 연도별 A지역 맥류 생산 면적 증가율을 계산하면 다음과 같다.

- 2020년 : $\frac{166-128}{128} \times 100 \fallingdotseq 29.7\%$
- 2021년 : $\frac{177-128}{128} \times 100 \fallingdotseq 38.3\%$
- 2022년 : $\frac{180-128}{128} \times 100 \fallingdotseq 40.6\%$
- 2023년 : $\frac{98-128}{128} \times 100 \fallingdotseq -23.4\%$

따라서 옳은 자료이다.

ㄹ. 2023년 A지역 식량작물 생산량 구성비를 계산하면 다음과 같다.

- 미곡 : $\frac{143,938}{221,271} \times 100 \fallingdotseq 65.1\%$
- 맥류 : $\frac{201}{221,271} \times 100 \fallingdotseq 0.1\%$
- 잡곡 : $\frac{30,740}{221,271} \times 100 \fallingdotseq 13.9\%$
- 두류 : $\frac{10,054}{221,271} \times 100 \fallingdotseq 4.5\%$
- 서류 : $\frac{36,338}{221,271} \times 100 \fallingdotseq 16.4\%$

따라서 옳은 자료이다.

오답해설

ㄴ. 2021년 잡곡과 서류의 위치가 바뀌었다.

22 정답 ①

정답해설

E동, I동, K동의 지방소멸위험지수는 다음과 같다.

- E동 : $\frac{1,272}{2,300} \fallingdotseq 0.55$
- I동 : $\frac{4,123}{2,656} \fallingdotseq 1.55$
- K동 : $\frac{3,625}{7,596} \fallingdotseq 0.48$

따라서 지방소멸위험 수준이 '주위'인 동은 A, B, D, E, J, L동으로 6곳이다.

오답해설

② B동의 20~39세 여성 인구는 3,365×0.88≒2,961명으로, G동(3,421명)보다 적다.

③ 지방소멸위험지수가 가장 높은 동은 I동이다. I동의 65세 이상 인구는 2,656명으로, 총인구의 10%인 23,813×0.1≒2,381명보다 많다. 따라서 I동의 65세 이상 인구는 해당 동 총인구의 10% 이상이다.

④ 총인구가 가장 많은 동은 K동으로, 지방소멸위험지수가 0.48로 가장 낮다.

⑤ 지방소멸위험 수준이 보통인 동은 C, F, G, H동이다. 4개 동의 총인구의 합은 29,204+16,792+19,163+27,146=92,305명으로, 90,000명 이상이다.

23 정답 ③

정답해설

공공과 자가에서 매립의 비율을 계산하면 다음과 같다.

- 공공 : $\frac{286}{1,143} \times 100 \fallingdotseq 25.0\%$
- 자가 : $\frac{1}{21} \times 100 \fallingdotseq 4.8\%$

따라서 매립의 비율은 공공이 자가보다 높다.

오답해설

① 전체 처리실적의 15%는 2,270×0.15=340.5만 톤이므로 전체 처리실적 중 매립(291만 톤)의 비율은 15% 미만이다.

② 재활용에서 처리실적은 공공이 위탁보다 적다.

④ 처리주체가 위탁인 생활계 폐기물 중 재활용의 비율은 $\frac{870}{1,106} \times 100 \fallingdotseq 78.7\%$로, 75%를 초과한다.

⑤ 소각 처리 생활계 폐기물 중 공공의 비율은 $\frac{447}{565} \times 100 \fallingdotseq 79.1\%$로, 90% 미만이다.

24

정답 ④

정답해설

ㄱ. 제시된 그림을 통해 서울, 경기, 경북, 경남은 2023년 처리 건수가 각각 전년 대비 증가한 것을 알 수 있다. 부산의 경우에는 2022년에 처리 건수가 5위인 인천보다도 적어 상위 5개 시도에 포함되지 않았으므로 2023년 처리 건수는 전년 대비 증가했음을 알 수 있다.

ㄴ. 2023년 처리 건수가 가장 많은 시도는 경기이고, 경기의 2023년 인용 건수는 약 370건이다. 2022년 인용률이 가장 높은 시도는 울산이고, 울산의 2022년 인용 건수를 처리 건수가 5위인 인천의 처리 건수 약 350건의 50.9%인 178건으로 가정하면, 경기의 2023년 인용 건수는 울산의 2022년 인용 건수의 $\frac{370}{178}$≒2.1배로, 1.5배 이상이다.

오답해설

ㄷ. 2020년부터 2023년까지 인용률이 매년 감소한 시도는 부산과 전남으로 2개이다.

25

정답 ⑤

정답해설

ㄱ. 공장 관리직 전체 시간당 임금의 합은 25,000×4=100,000원이다. 이때 공장 관리직 임직원은 4명이므로 1분위, 2분위, 3분위, 4분위에 해당하는 임직원은 1명씩이다. 공장 관리직 시간당 임금의 중간값 25,000원은 $\frac{(\text{2분위 시간당 임금})+30,000}{2}$이므로 2분위 시간당 임금은 20,000원이다. 따라서 4분위 시간당 임금은 100,000−(15,000+20,000+30,000)=35,000원이므로 공장 관리직의 시간당 임금 최고액은 35,000원이다.

ㄴ. 본사 임원 시간당 임금의 중간값은 48,000원이고, 3분위에 속한 값 중 가장 높은 값이 48,000원이므로 2분위에 속한 값 중 가장 높은 값과 3분위에 속한 값 중 가장 낮은 값 역시 48,000원이어야 한다. 본사 임원 임직원은 8명이므로 1분위, 2분위, 3분위, 4분위에 해당하는 임직원은 2명씩이다. 따라서 시간당 임금이 같은 본사 임원은 3명 이상이다.

ㄷ. 본사 임원의 시간당 임금 평균이 40,000원이라고 하면, 전체 시간당 임금의 합은 40,000×8=320,000원이다. 시간당 임금을 알 수 없는 임원들의 시간당 임금을 최솟값으로 가정하면, 각 분위에 해당하는 임원들의 시간당 임금은 1분위가 24,000원, 25,600원, 2분위가 25,600원, 48,000원, 3분위가 48,000원, 48,000원, 4분위가 48,000원, 55,000원이다. 본사 임원 전체 시간당 임금의 합 320,000원에서 모든 임직원의 시간당 임금을 빼면 −2,200원이므로 본사 임원의 시간당 임금 평균은 40,000원 이상이다.

오답해설

ㄹ. 공장 관리직과 본사 임원 중 시간당 임금이 23,000원 이상인 임직원은 각각 2명, 8명으로 총 10명이다. 공장 생산직의 경우는 시간당 임금 중간값이 23,500원이므로 시간당 임금이 23,000원 이상인 임직원은 최소 52명의 절반인 26명이며, 본사 직원의 경우 역시 시간당 임금 중간값이 23,500원이므로 시간당 임금이 23,000원 이상인 임직원은 최소 36명의 절반인 18명이다. 따라서 시간당 임금이 23,000원 이상인 임직원은 최소 2+26+8+18=54명으로, 50명 이상이다.

2023 기출문제 정답 및 해설

2023년 언어논리 _ 정답 및 해설

01	02	03	04	05	06	07	08	09	10
②	①	②	③	③	③	④	②	④	④
11	12	13	14	15	16	17	18	19	20
①	④	①	③	⑤	⑤	④	②	④	⑤
21	22	23	24	25					
⑤	③	①	⑤	②					

01 정답 ②

정답해설

순검군의 설치로 기존 군사 조직은 본연의 업무만을 담당하게 되었으므로 도성의 성문을 지키는 임무는 위숙군에게 있었다.

오답해설

① 제시문을 통해서는 알 수 없는 내용이다.
③ 사전에 신고를 해야 하는 것은 맞지만 어느 곳에 신고해야 하는지는 알 수 없다.
④ 성문 방어는 위숙군의 임무였다.
⑤ 순검군의 설치 이후 기존의 군사 조직은 군대의 기능을, 순검군은 경찰의 기능을 수행하였다.

02 정답 ①

정답해설

전투가 거듭될수록 병사들이 계속 희생되었고 물자 소비도 점점 많아져 예종 4년에 여진의 강화 요청을 받아들였다.

오답해설

② 윤관을 구출한 것은 척준경이며, 구출장소는 가한촌이다.
③ 윤관이 가한촌에서 기습을 당해 가까스로 탈출하였다는 내용만 알 수 있다.
④ 척준경이 윤관을 구출하여 영주로 탈출하였다는 내용만 알 수 있다.
⑤ 신기군, 신보군, 경궁군 등이 편성된 별무반은 숙종 때 만들어진 조직이다.

03 정답 ②

정답해설

제시문에서 먹는 행위는 단지 개인적 차원에서 일어나는 일이 아니라, 다른 존재들과의 관계를 맺는 행위라고 하였으며, 이 관계들은 먹는 행위를 윤리적 반성의 대상으로 끌어 올린다고 하였다. 따라서 핵심 논지로 가장 적절한 것은 ②이다.

04 정답 ③

정답해설

제시문에서는 기존의 정책과 사업이 지역문화 향유의 지속성 측면을 고려하지 못했으므로 향유자에 초점을 둔 실효성 있는 정책이 추진되어야 한다고 하였다. 따라서 핵심 논지로 가장 적절한 것은 ③이다.

05 정답 ③

정답해설

갈등영향분석서는 정부가 아니라 기관장이 주관하여 갈등관리심의위원회의 자문을 거쳐 중립적 전문가가 작성하여야 한다.

오답해설

① 기관장은 예비타당성 조사 실시 기준인 총사업비를 판단 지표로 활용하여 갈등영향분석의 실시 여부를 판단한다.
② 기관장은 대상 시설이 기피 시설인지 여부를 판단할 때, 단독으로 판단하지 말고 민간 갈등관리전문가 등의 자문을 거쳐야 한다.
④ 갈등영향분석서는 반드시 모든 이해당사자들의 회람 후에 해당 기관장에게 보고되어야 한다.
⑤ 갈등 발생 여지가 없거나 미미한 경우에는 갈등관리심의위원회 심의를 거쳐 갈등영향분석을 실시하지 않을 수 있다.

06 정답 ③

정답해설

복합요인 기초학력 부진학생이 주의력결핍 과잉행동장애 또는 난독증 등의 문제로 학습에 어려움을 겪는 경우에 해당한다면 의료지원단의 도움을 받을 수 있다.

오답해설

① 권역학습센터가 권역별 1곳씩 총 5곳에 설치되어 있으나, 학습종합클리닉센터는 몇 곳이 설치되어 있는지 알 수 없다.
② 기초학력 부진 판정을 받은 학생 중 복합요인 기초학력 부진학생으로 판정된 경우 학습멘토 프로그램에 참여할 수 있다.
④ 학습멘토 프로그램에 참여하는 지원 인력은 ○○시의 인증을 받은 학습상담사여야 한다.
⑤ 학습종합클리닉센터에서 운영하는 프로그램 참여대상자는 복합요인 기초학력 부진학생 중 주의력결핍 과잉행동장애 등의 문제가 있는 학생이다. 그런데 복합요인 기초학력 부진학생은 기초학력 부진 판정을 받은 학생 중에서 선별되므로 기초학력 부진 판정을 받아야 프로그램에 참여할 수 있다.

07

정답 ④

정답해설

'무'가 연락처 정보만으로는 부족하고 보험금 청구에 필요한 대표적인 서류들을 제시하자고 하였으므로 통합상담센터의 연락처만 기재하는 것은 적절하지 않다.

오답해설

① '을'이 단순히 A시에서 생활하는 사람이 아닌 A시에 주민으로 등록한 사람이라는 점이 명확하게 드러나야 한다고 하였으므로 적절하다.
② '정'이 보험 기간뿐만 아니라 청구 기간에 대한 정보도 필요하다고 하였으므로 적절하다.
③ '병'이 새롭게 추가된 개 물림 사고와 사회재난 사망 사고를 포함하자고 하였으므로 적절하다.
⑤ '갑'이 시민안전보험에 관한 정보를 A시 누리집뿐만 아니라 코리아톡 앱을 통해서도 확인할 수 있게 되었다고 하였으므로 적절하다.

08

정답 ②

정답해설

ㄴ은 '병'의 의견을 검증하기 위해 필요한 자료이다.

오답해설

ㄱ. '을'의 의견을 검증하기 위해서는 전체 이용자 중 원동기 면허가 없는 사람들의 비율이 필요하다.
ㄷ. '정'의 의견을 검증하기 위해서는 개인형 이동장치 전용도로 설치 실태에 대한 자료가 필요하다.

09

정답 ④

정답해설

선택지의 구성상 (가)에는 쉼표 뒤의 내용과 반대의 내용이 들어가야 하는데, 쉼표 뒤의 내용을 정리하면 삶의 질 수치는 $A_1, \cdots, A_n > B_1, \cdots, B_n$으로 나타낼 수 있다. 이 관계와 반대되면서 '갑'의 주장에 부합하는 것은 'B국의 행복 정도가 A국의 행복 정도보다 더 크지만'이다.
이 사례와 '갑'의 주장을 결합하면 (나)에는 '갑'은 'B국이 A국보다 더 행복한 국가라고 말해야 할 것이다'가 들어가야 한다.

합격 가이드

빈칸 채우기 문제는 반드시 선택지의 구성을 보고 거기에 맞춰 판단해야 한다. 평소 문제풀이 연습을 할 때에도 마찬가지이다. 평소에는 선택지를 보지 않고 풀다가 시험장에서는 선택지에 맞춰서 판단하려는 것 자체가 넌센스다.

10

정답 ④

정답해설

(가) : 주관적 심리 상태만으로는 자신이 행복하다고 느낄 수 있지만 객관적 조건이 갖춰지지 않아 행복하지 않은 경우가 있을 수 있다(ㄴ).
(나) : 주관적 심리 상태가 행복의 필수 조건이라고 하였으므로 자신이 행복하지 않다고 느낀다면 반드시 행복하지 않다(ㄷ).

11

정답 ①

정답해설

투여된 약이 치유에 긍정적 효과가 있다면 자연 치유될 확률보다 높아야 하고, 부정적 효과가 있다면 낮아야 한다. 따라서 어떠한 효과도 없다면 치유될 확률에 변화가 없어야 한다. 또한 투여된 약 이외의 다른 요인이 개입하지 않았다는 점이 보장되어야 한다.

오답해설

ㄴ. 투여된 약 이외의 다른 요인이 개입하지 않았다는 점까지 보장되어야 한다.
ㄷ. 긍정적인 효과가 없다는 것을 보이기 위해서는 치유될 확률이 더 낮아지거나 최소한 변화가 없어야 한다.

12

정답 ④

정답해설

ㄴ. '병'은 의식의 보유 여부가 도적적 지위의 부여 여부의 근거가 될 수 없다고 명시적으로 언급하였고, '정'은 의식의 보유 여부가 아니라 우리와 어떤 관계를 맺고 있는지에 따라 결정된다고 하였다.
ㄷ. '을'은 명시적으로 로봇이 의식을 갖지 않는다고 하였으므로, 실제로 로봇에게 의식이 있다고 밝혀진다면 입장을 바꿔야 한다.

오답해설

ㄱ. '을'은 로봇에게 의식이 없다고 명확히 언급하였지만 '정'은 로봇에게 의식이 있는지 없는지 명확히 밝히지 않았다.

13

정답 ①

정답해설

예비전력이 50만 kW이면 심각단계에 해당하며 이때 모든 공공기관은 실내조명을 완전 소등해야 한다. 그리고 예비전력이 180만 kW이면 경계단계에 해당하는데 이미 그 전 단계인 주의단계에 해당했을 때 실내조명의 50% 이상을 소등했어야 한다.

오답해설

ㄴ. 예비전력의 수준에 관계없이 취약계층 보호시설에 해당하지 않는 공공기관은 냉방 온도를 25℃ 이상으로 설정하여 운영해야 한다.
ㄷ. 장애인 승강기는 전력수급 위기단계와 관계없이 상시 가동해야 한다.

14

정답 ③

정답해설

각 교육과정을 '공', '리', '글', '직', '전'으로 표기하여 대우 명제와 함께 정리하면 다음과 같다.
ⅰ) 공○ → 리○ / 리× → 공×
ⅱ) 글○ → (직○∧전○) / (직×∨전×) → 글×
ⅲ) 리×∨전×
이제 ⅲ)을 통해 두 가지 경우로 나누어 판단해 보자.
ⅳ) 리×, 전○인 경우 : ⅰ)에 의해 공×이며, 나머지는 확정할 수 없다(리×, 전○, 공×).

ⅴ) 리○, 전×인 경우 : ⅱ)에 의해 글×이며, 나머지는 확정할 수 없다(리○, 전×, 글×).

ㄱ. ⅳ)와 ⅴ)에 따르면 공×이거나 글×이다.

ㄴ. ⅱ)의 대우명제에서 알 수 있는 내용이다.

오답해설

ㄷ. ⅴ)의 경우에 해당한다면 공×를 확정할 수 없다.

15 정답 ⑤

정답해설

제시된 정보들을 정리하면 다음과 같다.

ⅰ) 월○ → 수○

ⅱ) 화○ → 수×

ⅲ) 수요일 참석자 중 목요일 참석자가 존재

여기서 ⅰ)과 ⅲ)을 그림으로 그리면 다음과 같다.

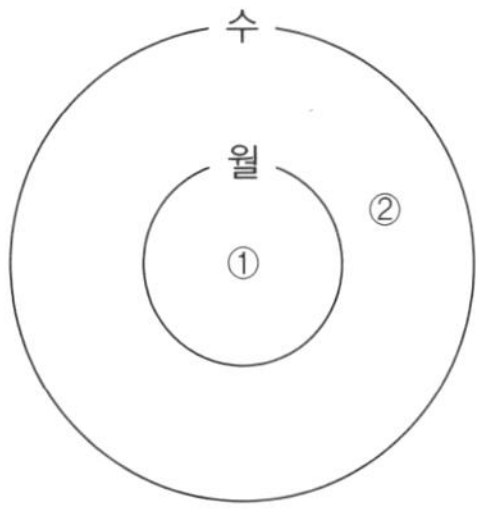

ⅲ)과 결론을 고려하면, 목요일에 참석한 사람이 ①에는 존재하지 않고 ②에 존재해야 하므로 이를 만족하는 정보는 ⑤이다.

합격 가이드

결과적으로 정보 ⅱ)는 문제 풀이에 전혀 영향을 주지 않았다. 따라서 무턱대고 정보만을 정리하여 모든 정보들을 포괄하는 일반화된 결론을 끌어내려고 하지 말고 주어진 결론을 추론해내는 데에 필요한 정보만 찾아내면 된다.

16 정답 ⑤

정답해설

해설의 편의를 위해 5명의 대표자를 각각 갑, 을, 병, 정, 무로 표시하자. 첫 번째 결과에서 2명이 A에 찬성한다고 하였으므로 갑과 을이 이에 해당한다고 가정하면 다음과 같이 나타낼 수 있다.

구분	갑	을	병	정	무
A	○	○	×	×	×
B					
C					
D					

그리고 두 번째 결과와 네 번째 결과를 반영하면 다음과 같다.

구분	갑	을	병	정	무
A	○	○	×	×	×
B	○	○			
C					
D	×	×			

다음으로 다섯 번째 결과에서 2명이 D에 찬성한다고 하였으므로 병과 정이 이에 해당한다고 가정하면 다음과 같다.

구분	갑	을	병	정	무
A	○	○	×	×	×
B	○	○			
C					
D	×	×	○	○	×

여기에 여섯 번째 결과를 반영하면 다음과 같다.

구분	갑	을	병	정	무
A	○	○	×	×	×
B	○	○			
C			○	○	
D	×	×	○	○	×

그리고 다시 네 번째 결과를 반영하면 다음과 같다.

구분	갑	을	병	정	무
A	○	○	×	×	×
B	○	○	×	×	
C			○	○	
D	×	×	○	○	×

이제 세 번째 결과를 살펴보자. 만약 무가 B에 찬성한다면 B에 찬성하는 사람이 3명이 되는데 이 경우는 세 번째 결과와 모순된다. 그러므로 무는 B에 반대한다. 그리고 모두 하나 이상의 정책에 찬성했다고 하였으므로 무는 C에 찬성해야 한다.

구분	갑	을	병	정	무
A	○	○	×	×	×
B	○	○	×	×	×
C			○	○	○
D	×	×	○	○	×

따라서 최종적으로 제시된 결과들을 정리하면 다음과 같다.

구분	갑	을	병	정	무
A	○	○	×	×	×
B	○	○	×	×	×
C	○/×	×/○	○	○	○
D	×	×	○	○	×

ㄱ. 무가 3개 정책에 반대하므로 3개 정책에 반대하는 대표자가 있다.

ㄴ. 갑과 을이 B에 찬성하므로 B에 찬성하는 대표자는 2명이다.

ㄷ. C에 찬성하는 대표자는 총 4명이다.

합격 가이드

첫 번째와 다섯 번째 결과를 판단할 때 찬성하는 사람을 임의로 가정하였다. 나머지 결과들은 다른 정책의 찬반이 서로 얽혀있으나 이 두 결과는 그렇지 않으므로 이와 같이 임의로 할당하여 풀이해야 한다.

17

정답 ④

정답해설

ㄴ. 효소 B가 없으면 물질 C가 만들어지지 않아 자궁 근육을 수축시킬 수 없다.

ㄷ. 물질 C가 일정 수준의 농도가 되면 자궁 근육이 수축되어 출산이 일어난다.

오답해설

ㄱ. 물질 A는 비활성 상태인 효소 B를 활성 상태로 바꾸는 역할을 하는데, 이때 필요한 물질 A의 양은 제시문을 통해서는 알 수 없다.

18

정답 ②

정답해설

초기 형태의 수경을 쓸 때 수경 내압은 잠수하기 전의 공기압 그대로인 반면, 큰눈을 쓸 때에는 높아진 수압과 수경 내압이 같다. 따라서 큰눈을 쓰고 잠수했을 때의 수경 내압이 더 크다.

오답해설

① 부글래기를 포함해 제시된 수경들을 쓰면 빛이 공기에서 각막으로 굴절되므로 물체를 뚜렷하게 볼 수 있다.

③ 부글래기에 대한 설명이며, 모슬포 지역에서 사용한 적이 있었다.

④ 잠수를 하면 수압과 체내 압력이 같아지는데, 왕눈을 쓰면 체내 압력과 수경 내압이 같아지므로 이 세 개의 압력이 모두 같아진다.

⑤ 잠수를 하게 되면 수압에 의해 신체의 부피가 줄어들면서 체내 압력이 커져 수압과 같아진다.

19

정답 ④

정답해설

첫 번째로 큰 것을 ①, 두 번째로 큰 것을 ②로 표기하면 다음과 같다.

구분	굴절률	외부 양자효율	광자개수
A	②		①
B	②		②
C	①		②

굴절률과 외부 양자효율은 반비례 관계이므로 이를 정리하면 다음과 같다.

구분	굴절률	외부 양자효율	광자개수
A	②	①	①
B	②	①	②
C	①	②	②

이제 A와 B를 비교해 보자. 둘은 외부 양자효율이 같지만 여기에 내부 양자효율을 곱한 값과 비례하는 광자개수는 A가 더 크다. 그러므로 A의 내부 양자효율이 B보다 더 높다. 다음으로 B와 C를 비교해 보자. C의 외부 양자효율이 B보다 작음에도 여기에 내부 양자효율을 곱한 값과 비례하는 광자개수는 동일하다. 이는 C의 내부 양자효율이 B보다 높다는 것을 의미한다. 반면 A와 C는 서로 공통된 수치가 없으므로 대소관계를 판단할 수 없다.

오답해설

①·②·③·⑤ A의 내부 양자효율이 B보다 높으므로 A의 불순물 함유율은 B보다 작고, 같은 논리로 C의 불순물 함유율도 B보다 작다. 하지만 A와 C의 대소관계는 판단할 수 없다.

20

정답 ⑤

정답해설

ㄱ. 마지막 문단에서 침팬지 이와 사람 머릿니 사이의 염기서열 차이가 550만 년 동안 누적된 변화로 볼 수 있으며, 이로부터 1만 년당 염기서열이 얼마나 변화하는지 계산할 수 있다고 하였다. 이는 염기서열의 변화가 일정한 속도로 축적된다는 가정하에서 성립한다.

ㄴ. 제시된 논증은 ㄱ에서 언급한 것처럼 두 그룹의 염기서열의 차이가 동일해야 성립한다.

ㄷ. 선택지의 진술이 옳다면 침팬지 이와 사람 머릿니가 공통 조상에서 분기되었다는 전제가 무너지게 된다.

21

정답 ⑤

정답해설

ㄱ. A에 따르면 갑과 마찬가지로 을도 도덕적 잘못을 저질렀다는 것이 일반적인 직관이라고 하였다.

ㄴ. 대체가능성 논제를 수용하는 A는 갑의 행위가 도덕적으로 잘못되었다고 판단하고 있으며, B는 대체가능성 논제를 수용하고 있지 않지만 역시 도덕적으로 잘못되었다고 판단하고 있으므로 둘은 동일하다.

ㄷ. B는 A의 주장을 비판하는 근거로 대체가능성 논제가 존재하지 않는 대상의 고통과 쾌락을 도덕적 판단의 근거로 삼기 때문이라고 하였다.

22

정답 ③

정답해설

ㄱ. 미래세대의 구성원이 달라진다는 것 자체가 B의 주장이므로 선택지의 진술은 A와 무관하다.

ㄷ. A는 도덕적 판단을 결국 일반적인 직관에 부합하는지에 따라 결정한다. 따라서 일반적인 직관과는 별개의 또 다른 평가요소가 존재한다면 A의 주장은 약화된다.

오답해설

ㄴ. 존재하지 않는 대상의 고통과 쾌락을 도덕적 판단의 근거로 삼아서는 안된다고 주장하는 것은 B이므로 선택지의 진술은 A와 무관하다.

합격 가이드

문제는 ㉠에 대한 평가를 묻고 있으나, 이는 결국 A의 주장을 강화하는지 또는 약화하는지를 평가하는 것이다. 따라서 선택지의 진술이 A의 주장에 어떤 영향을 미치는지를 판단하면 된다.

23

정답 ①

정답해설

선택지와 같다면 ㉠과 ㉡ 모두 '제출한 적 있음'에 해당하므로 같다.

오답해설

ㄴ. ㉠과 ㉢이 다르다면 B가 아닌 A에 선택지의 내용이 들어가야 한다.

ㄷ. ㉤과 ㉥이 같다면 B에는 '신청인이 같은 내용으로 민원이나 국민제안을 제출한 적이 있는지 여부'가 들어가야 한다. 따라서 ㉦에는 '제출한 적 있음', ㉧에는 '제출한 적 없음'이 들어가게 되므로 다르다.

24 정답 ⑤

정답해설

빈칸 바로 위의 대화에서 도의회의 기능연속성계획은 재난 발생 상황에서도 도의회가 연속성 있게 수행할 필요가 있는 핵심 기능이 있다고 판단되는지가 관건이라고 하였고, 이를 판단할 권한은 해당 지방자치단체의 장(A도지사)에게 있다고 하였다. 따라서 빈칸에 들어갈 말로 ⑤가 가장 적절하다.

25 정답 ②

정답해설

현행 조례에 따르면 '갑'은 어느 곳에서도 교복 구입비 지원을 받을 수 없으므로 이를 해결하기 위해 조례를 개정해야 한다. 따라서 ㄷ과 같이 개정한다면 B시 관내에 있는 고등학교에 진학 예정인 '갑'이 교복 구입비를 지원받을 수 있게 된다.

01	02	03	04	05	06	07	08	09	10
②	①	⑤	③	④	①	⑤	④	①	⑤
11	12	13	14	15	16	17	18	19	20
④	⑤	②	④	①	①	②	④	③	③
21	22	23	24	25					
②	②	④	③	⑤					

※ 해설의 편의를 위해 첫 번째 제00조를 첫 번째 조, 두 번째 제00조를 두 번째 조 등으로 표기하였다.

01 정답 ②

정답해설

첫 번째 조 제6호에서 '월력요항'은 24절기 등의 자료를 표기한 것으로 달력 제작의 기준이 되는 자료라고 하였다.

오답해설

① 첫 번째 조 제4호에서 '그레고리력'은 윤년을 포함하는 양력이라고 하였다.
③ 과학기술정보통신부장관은 윤초를 발표하는 주체이며, 윤초를 결정하는 것은 윤초의 결정을 관장하는 국제기구이다.
④ 두 번째 조 제1항에서 양력인 그레고리력을 기준으로 하되, 음력을 병행하여 사용할 수 있다고 하였다.
⑤ 두 번째 조 제3항에서 매년 6월 말까지 다음 연도의 월력요항을 작성하여 관보에 게재하여야 한다고 하였다.

02 정답 ①

정답해설

첫 번째 조 제1항의 의미는 효력 발생 전에 종결된 법률관계에 대해서 특별한 규정이 있지 않는 한 새로운 법령이 적용되지 않는다는 것이다. 따라서 특별한 규정이 있다면 효력 발생 전에 종결된 법률관계일지라도 새로운 법령이 적용될 수 있다.

오답해설

② 두 번째 조에서 무효인 처분은 처음부터 효력이 발생하지 않는다고 하였다.
③ 세 번째 조 제1항에서 행정청은 부당한 처분의 전부나 일부를 소급하여 취소할 수 있다고 하였다.
④ 첫 번째 조 제2항의 의미는 처분 당시의 법령 등을 적용하기 곤란한 특별한 사정이 없는 한 처분 당시의 법령 등에 따라야 한다는 것이다. 따라서 특별한 사정이 있다면 처분 당시가 아닌 시점의 법령을 따를 수 있다.
⑤ 세 번째 조 제2항에서 부정한 방법으로 처분을 받은 경우에는 비교 · 형량하지 않는다고 하였다.

03 정답 ⑤

정답해설

세 번째 조 제1항에서 자율방범대의 명칭을 사용하여 기부금품을 모집하는 행위를 금지하고 있으며, 첫 번째 조 제3항에서 이를 위반하여 파출소장이 해촉을 요청한 경우, 경찰서장은 해당 자율방범대원을 해촉해야 한다고 하였다.

오답해설

① 첫 번째 조 제2항에서 자율방범대장이 추천한 사람을 자율방범대원으로 위촉하는 것은 경찰서장이라고 하였다.
② 두 번째 조 제3항에서 자율방범대원은 경찰과 유사한 복장을 착용해서는 안된다고 하였다.
③ 세 번째 조 제2항이 적용되는 것은 선거운동과 관련된 것이다.
④ 두 번째 조 제2항에서 자율방범활동 중임을 표시하는 복장을 착용하고, 자율방범대원의 신분을 증명하는 신분증을 소지해야 한다고 하였다.

04 정답 ③

정답해설

세 번째 조 제2항에서 환경부장관은 허가를 받지 않고 사업장을 설치 · 운영한 경우 사업장의 폐쇄를 명할 수 있다고 하였다.

오답해설

① 첫 번째 조 제1항에서 허가받은 사항을 변경하는 경우에도 별도의 허가를 받아야 한다고 하였다.
② 네 번째 조에서 7년 이하의 징역 또는 2억 원 이하의 벌금에 처한다고 하였다.
④ 두 번째 조에서 지역배출허용총량의 범위를 초과하게 되면 허가해서는 안된다고 하였다.
⑤ 세 번째 조에서 부정한 방법으로 허가를 받은 경우에는 허가를 취소할 수 있다고 하였다.

05 정답 ④

정답해설

두유에 함유된 식물성 단백질은 염화마그네슘을 만나면 응고되는데, 간수의 주성분이 염화마그네슘이다.

오답해설

① 50여 년 전 대두의 수확시기는 10월쯤이었으므로 5월쯤에는 그 전해에 수확한 대두로 두부를 만들 수 있었다.
② 콩비지에서 콩물을 빼낸 것이 두유이며, 두유를 염화마그네슘이 주성분인 간수로 응고시킨 후 여러 절차를 거쳐 만들어진 것이 두부이다.
③ 막 갈려 나온 콩비지에서는 식물성 단백질에서 나는 비린내가 나는데, 이 비린내는 익히면 없어진다.
⑤ 여름에는 반나절 정도 물에 담가둬야 한다고 하였다.

06

정답 ①

정답해설

균일하게 섞은 배즙 4mL과 해열시럽 4mL을 4분의 1만 먹었다고 하였으므로 남은 것은 배즙 3mL와 해열시럽 3mL이다. 여기에 사과즙 50mL을 균일하게 섞었는데 이것의 절반만 먹었다고 하였으므로 먹은 해열시럽은 1.5mL이고 더 먹여야 하는 해열시럽 역시 1.5mL이다.

07

정답 ⑤

정답해설

- A주차장 : 2,000+(1,000×20)=22,000원
- B주차장 : 경차 전용 주차장이므로 이용불가
- C주차장 : 3,000+(1,750×20)=38,000원, 일 주차권이 20,000원이므로 일 주차권 선택
- D주차장 : 5,000+(700×20)=19,000원
- E주차장 : {5,000+(1,000×16)}×0.8=16,800원

따라서 가장 저렴한 E주차장에 주차한다.

08

정답 ④

정답해설

직전과세년도에 근로소득과 사업소득이 모두 없는 甲과 직전 2개년도 중 한 번이라도 금융소득 종합과세 대상자였던 丙과 戊가 제외된다. 그리고 군복무를 하지 않았고 나이가 36세인 乙이 제외되므로 남은 丁이 가입할 수 있다.

09

정답 ①

정답해설

EDP의 부향률은 15~20%이고, EDC는 2~5%이므로 EDP가 더 높다.

오답해설

② 많은 양을 값싸게 얻을 수 있는 방법은 수증기 증류법이다.
③ 오늘날 향수의 대부분은 천연향료와 합성향료를 배합하여 만들어진다.
④ 고가이고 향유의 함유량이 적은 원료에서 향유를 추출하고자 할 때는 흡수법이 이용된다.
⑤ 부향률이 가장 높은 향수는 Parfum인데, 일반적으로 가장 많이 사용되는 것은 EDT이다.

10

정답 ⑤

정답해설

- 甲 : EDC의 지속시간이 1~2시간이므로 17~18시까지 향이 남아있다.
- 乙 : 향이 가장 강한 것은 Parfum이고, 지속시간이 8~10시간이므로 17시 30분~19시 30분까지 향이 남아있다.
- 丙 : 부향률이 18%라면 EDP로 지속시간이 5~8시간이므로 16~19시까지 향이 남아있다.
- 丁 : EDT의 지속시간이 3~5시간이므로 17~19시까지 향이 남아있다.
- 戊 : EDP의 지속시간이 5~8시간이므로 20~23시까지 향이 남아있다.

따라서 戊가 뿌린 향수의 향이 가장 늦은 시간까지 남아 있다.

11

정답 ④

정답해설

네 번째 조에서 관리 · 운영업무의 전부 또는 일부를 재위탁한 자에 대해서는 500만 원 이하의 과태료를 관리청이 부과한다고 하였다.

오답해설

① 세 번째 조 제2항에서 관리 · 운영업무의 일부를 위탁할 수 있다고 하였다.
② 첫 번째 조에서 효율성을 떨어뜨린다고 판단되는 경우는 물놀이구역과 수상레저구역으로 구분하지 않아도 된다고 하였다.
③ 세 번째 조 제3항에서 지역공동체 및 공익법인 등을 수탁자로 우선 지정할 수 있다고 하였다.
⑤ 두 번째 조 제1항에서 관리청은 관계 행정기관의 장과 협의하여야 한다고 하였다.

12

정답 ⑤

정답해설

두 번째 조 제3항에서 평가 중 어느 하나라도 불합격한 훈련견은 유관기관으로 관리전환할 수 있다고 하였다.

오답해설

① 첫 번째 조 제1항에서 119구조견교육대의 설치 주체는 소방청장이라고 하였다.
② 세 번째 조에서 종모견이 되기 위해서는 훈련견 평가에 모두 합격하여야 한다고 하였다.
③ 세 번째 조에서 종모견이 되기 위해서는 생후 20개월 이상이어야 한다고 하였다.
④ 두 번째 조 제2항 제2호에서 중간평가에 합격하기 위해서는 훈련 시작 12개월 이상이어야 한다고 하였다.

13

정답 ②

정답해설

㉠에 들어갈 수가 3이 된다면 선물 A를 받는 어린이가 없게 되므로 ㉠은 1 또는 2여야 한다. 이를 바탕으로 표를 정리하면 다음과 같다.

구분	착한×5	울음×1			울음×2		
		값	차이	선물	값	차이	선물
갑	15	3	12	A	6	9	B
을	15	2	13	A	4	11	A
병	10	3	7	B	6	4	B
정	5	0	5	B	0	5	B
무	5	3	2	B	6	−1	×

따라서 ㉠에 들어갈 숫자는 2이다.

14 정답 ④

정답해설

보고서 한 건당 (쪽수)×(근무일수)×(임원수)=1,000이므로 먼저 임원수를 제외한 나머지 둘만 판단해 보면 근무일수가 20일을 초과한다고 했으므로 보고서 한 건당 쪽수가 50쪽 미만이 되어야 한다. 이제 여기에 임원수를 고려해 보면 임원수가 2명 이상이라고 하였으므로, 보고서 한 건당 쪽수는 25쪽보다 작아야 한다. 선택지에서 25보다 작은 것 중 가장 큰 값은 20이다.

15 정답 ①

정답해설

A와 C의 접속시간이 서로 겹치지 않는다고 하였으므로 A가 9:00~9:13, C가 9:14~9:30 동안 접속하였다고 가정해 보자. 그렇다면 가장 많은 시간 동안 접속한 E가 A 또는 C와 겹치지 않는 시간을 찾으면 된다. ①의 9:04는 E가 9:05부터 접속하기 시작하였다면 A만 접속하는 것이 가능하지만 나머지는 A 혹은 C와 E가 같이 접속해야 하므로 불가능하다. 따라서 한 명만 접속해 있던 시각은 9:04이다.

16 정답 ①

정답해설

모두 곱한 값을 알아내기 위해 선택지 숫자들의 약수(1, 2, 3, 4만 가능)를 이용해 판단하면 다음과 같다.

- 8 : (1, 1, 2, 4), (1, 2, 2, 2)
- 9 : (1, 1, 3, 3)
- 10 : 불가능
- 12 : (1, 1, 3, 4), (1, 2, 2, 3)
- 16 : (1, 2, 2, 4), (1, 1, 4, 4), (2, 2, 2, 2)

이 중에서 '모두 곱한 값'과 '모두 더한 값'이 같은 것은 8(1, 1, 2, 4)뿐이다.

17 정답 ②

정답해설

먼저 乙은 원격지 전보에 해당하지 않으므로 제외하고, 나머지 배정대상자 신청액의 합을 구하면 200만 원이므로 예산 총액인 160만 원을 초과한다. 그러므로 '신청액 대비 배정액 비율'이 모두 같도록 배정해야 한다. 그런데 '신청액 대비 배정액 비율'이 모두 같다는 것은 신청액의 총액 대비 배정액 총액의 비율이 같다는 것을 의미하므로 이 비율을 구하면 200만×비율=160만이므로 비율은 80%가 된다. 따라서 이 비율을 甲의 신청액에 곱하면 70만×0.8=56만 원이 된다.

합격 가이드

이 문제는 甲에게 배정되는 금액을 구하라고 하였지만 甲의 신청액에서 삭감되는 금액을 구하라고 출제될 수도 있다. 선택지에 56만과 14만을 같이 배치하여 실수를 유도하게끔 출제할 수 있으니 주의하기 바란다.

18 정답 ④

정답해설

먼저 제시된 조건에 따라 각각의 기술능력 평가점수를 구하면 甲(68점), 乙(65점), 丙(69점), 丁(70점), 戊(65점)인데, 만점의 85%인 68점 미만의 점수를 받으면 선정에서 제외된다고 하였으므로 乙과 戊가 제외된다.
이제 남은 세 업체의 합산 점수를 구하면 甲(81점), 丙(84점), 丁(84점)이므로 丙과 丁이 동점이다. 따라서 기술능력 평가점수가 더 높은 丁이 사업자로 선정된다.

19 정답 ③

정답해설

먼저 재택근무 중인 丁을 제외하고 나머지 사람들을 판단해 보자.

구분	금요일	토요일	합
甲	2:05	2:00(최대시간 초과)	4:05
乙	2:55	–	2:55
丙	3:00(용무시간 차감)	1:30	4:30
戊	4:00(최대시간 초과)	–	4:00

따라서 초과근무 인정시간의 합이 가장 큰 근무자는 丙이다.

20 정답 ③

정답해설

먼저 甲은 5개 과목 평균이 60점이므로 총점은 300점이 되어야 하고, 2개 과목이 50점 미만이어야 한다. 채점표를 토대로 과목별로 가능한 점수를 판단하면 다음과 같다.

구분	점수 1	점수 2
A	70	30
B	70	30
C	60	40
D	60	40
E	80	20

i) A, B가 과락인 경우(둘 다 30점) : 총점이 260점이어서 불가능
ii) C, D가 과락인 경우(둘 다 40점) : 총점이 300점이어서 가능
iii) A, C(혹은 B, D)가 과락인 경우(순서대로 30점, 40점) : 총점이 280점이어서 불가능
iv) A, E(혹은 B, E)가 과락인 경우(순서대로 30점, 20점) : 총점이 240점이어서 불가능
v) C, E(혹은 D, E)가 과락인 경우(순서대로 40점, 20점) : 총점이 260점이어서 불가능

따라서 A와 B가 모두 70점, C와 D가 모두 40점, E가 80점인 경우가 가능하다.

21

정답 ②

정답해설

먼저 (6)이 일요일이므로 (5)는 토요일임을 알 수 있다. 따라서 (1)~(4)는 토요일과 일요일이 되어서는 안되며, (3)을 통해 4월 5일이 수요일이 되어서도 안된다는 것을 알 수 있다.

4월 5일	월	화	목	금(불가능)
4월 11일	일(불가능)	월	수(불가능)	목
4월 ㅁㅁ일	수			
4월 15일	–	금	–	월

위 표에서 4월 5일이 금요일이라면 11일인 목요일과 15일인 월요일 사이에 수요일이 들어가는 모순된 상황이 발생하므로 식목일은 금요일이 될 수 없다. 또한 요일이 겹치지 않아야 하므로 식목일은 화요일이 된다.

22

정답 ②

정답해설

5번(홀수)을 눌렀다면 그 층에서 멈출 것이므로 5번 누른 버튼은 4층, 5층, 6층 이상(A), 6층 이상(B) 중 하나(편의를 위해 4층을 5번 눌렀다고 가정함)일 것이다. 그런데 다른 버튼들을 1번 이하로만 눌렀다면 5층, 6층 이상(A), 6층 이상(B)을 1번씩 누르고 나머지 버튼에서 1번씩 2개층을 눌러야 한다. 이렇게 될 경우는 4~6층 이상(B)이 아닌 다른 층들에도 정지하게 되므로 모순된다.

오답해설

ㄱ · ㄹ. 어떤 사람이 4~6층 이상(B)이 아닌 다른 층을 6회 누르고 다른 사람이 4~6층 이상(B)을 누른 경우를 생각해 볼 수 있다.

ㄷ. 6층 이상(B)을 5번 누르고 6층 이상(A)을 3번, 5층과 4층을 각각 1번씩 누른 경우를 생각해 볼 수 있다.

합격 가이드

이 문제와 같이 임의로 특정 변수를 지정하는 것(예를 들어 4층을 누른 것으로 가정하는 경우)이 편한 문제들이 많이 등장하고 있다. 이런 경우 다른 조건들에서 명확하게 제한을 하고 있지 않다면 보다 직관적으로 풀이가 가능하다.

23

정답 ④

정답해설

먼저 확정된 조건인 세 번째와 다섯 번째 조건을 반영하여 표시해보면 다음과 같다(혼동을 피하기 위해 사람은 대문자로, 연락처는 소문자로 표기한다).

구분	a	b	c	d	e
A	–		○		
B		–			
C	○	×	–	×	×
D				–	
E	×	○	×	×	–

첫 번째 조건의 두 번째 문장에서 A의 연락처를 갖고 있는 사람이 3명이라고 하였으므로 이를 반영하면 다음과 같다.

구분	a	b	c	d	e
A	–		○		
B	○	–			
C	○	×	–	×	×
D	○			–	
E	×	○	×	×	–

다음으로 첫 번째 조건의 첫 번째 문장에서 A는 E의 연락처를 갖고 있음을 알 수 있다. E의 연락처를 갖고 있지 않다면 A는 B, C, D의 연락처를 갖고 있는 것이 되는데, 이는 이 중 2명만 A의 연락처를 갖고 있다는 조건에 위배되기 때문이다. 이를 반영하면 다음과 같다.

구분	a	b	c	d	e
A	–	△	○	△	○
B	○	–			
C	○	×	–	×	×
D	○			–	
E	×	○	×	×	–

이제 두 번째 조건을 살펴보면, B의 연락처를 가지고 있는 사람과 B가 연락처를 가지고 있는 사람이 겹치지 않는다. 이미 B가 A의 연락처를 가지고 있다고 하였으므로, A는 B의 연락처를 가지고 있지 않다. 이를 포함해 두 번째 조건을 반영하면 다음과 같다.

구분	a	b	c	d	e
A	–	×	○	○	○
B	○	–	○	×	×
C	○	×	–	×	×
D	○	○		–	
E	×	○	×	×	–

이제 여기에 네 번째 조건을 반영하면 다음과 같다.

구분	a	b	c	d	e
A	–	×	○	○	○
B	○	–	○	×	×
C	○	×	–	×	×
D	○	○	×	–	×
E	×	○	×	×	–

따라서 D의 연락처를 가지고 있는 사람은 A뿐이다.

24

정답 ③

정답해설

분침과 시침이 바뀐 상태에서 실제 시각과 동일한 시각을 나타내는 경우는 분침과 시침이 겹치는 순간뿐이다. 이 순간은 12시에 한 번, 이후에는 매시간마다 한 번씩 돌아오는데 구체적으로 이 시간을 구해보자.

먼저 분침은 분당 6도씩 이동하므로 이동한 분침의 각도는 $6x$로 나타낼 수 있으며, 시침은 분당 0.5도씩 이동하는데, 정오 이후 처음으로 겹치는 순간은 1시 이후일 것이므로 시침의 각도는 $30+0.5x$로 나타낼 수 있다.

이 둘이 같아지는 순간이 분침과 시침이 겹치는 순간이므로 $6x=30+0.5x$를 구하면 $x=5.45$이다. 따라서 오후 1시 5분 ㅇㅇ초에 시계가 실제 시각을 가리킬 것이므로 ㉠에는 ③이 들어가야 한다.

25

정답 ⑤

정답해설

세 번째 조 제2항에서 아동양육비는 지원대상자가 다른 법령에 따라 지원을 받고 있어도 지급할 수 있다고 하였다.

오답해설

① 첫 번째 조 제2호에서 미혼자가 아니어도 가~다목에 해당하면 지원대상자가 될 수 있다고 하였다.
② 첫 번째 조 제3호에서 자녀가 취학 중인 경우는 22세 미만이어야 가능하지만 병역의무를 이행하고 취학 중인 경우라면 그 기간을 가산한다고 하였으므로 지원대상자가 될 수 있다.
③ 세 번째 조 제1항에서 복지 급여는 지원대상자의 복지 급여 신청이 있는 경우에 실시한다고 하였다.
④ 세 번째 조 제3항에 의하면 미혼모가 5세 이하의 아동을 양육하는 경우는 추가적인 복지 급여를 실시하여야 한다고 하였다.

01	02	03	04	05	06	07	08	09	10
①	③	②	③	⑤	④	①	①	②	⑤
11	12	13	14	15	16	17	18	19	20
③	④	⑤	③	⑤	④	④	④	②	①
21	22	23	24	25					
③	①	③	④	②					

01 정답 ①

정답해설

첫 번째 조건에서 E가 제외되며, 두 번째 조건에서는 B가, 세 번째 조건에서는 D가, 네 번째 조건에서는 C가 제외된다. 따라서 남은 A가 입지조건을 모두 만족하는 지역이다.

02 정답 ③

정답해설

4월 7일의 진료의사 수가 20명이므로 이날의 진료의사 1인당 진료환자 수는 $\frac{580}{20}$=29명이다.

03 정답 ②

정답해설

육로수입량은 5개 농산물 모두 비슷한 수준인데 해상수입량과 항공수입량의 합은 땅콩이 다른 것들에 비해 상당히 작다. 따라서 분모가 가장 작은 땅콩의 육로수입량 비중이 가장 크다.

04 정답 ③

정답해설

업체별 인지도를 계산하면 다음과 같다.

- A : 36+30=66(유)
- B : 72+0=72(무)
- C : 20+48=68(유)
- D : 32+36=68(무)
- E : 40+24=64(무)
- F : 24+27=51(유)

따라서 홍보경력이 있는 홍보업체 중 인지도가 가장 높은 곳은 C이며, 홍보경력이 없는 홍보업체 중 인지도가 가장 높은 곳은 B이다.

05 정답 ⑤

정답해설

ㄴ. 2013~2022년 국외 출원 특허 건수를 대상 국가별로 살펴보면, 미국에 출원한 특허가 매년 가장 많았다는 부분을 위해 필요한 자료이다.

ㄷ. 2013~2022년 '갑'국 국방연구소는 2015년에만 상표권을 출원하였다는 부분을 위해 필요한 자료이다.

ㄹ. 2016년부터 2년마다 1건씩 총 4건의 실용신안을 국내 출원하였다는 부분을 위해 필요한 자료이다.

오답해설

ㄱ. 제시된 표에서 곧바로 계산할 수 있는 내용이므로 추가로 필요한 자료가 아니다.

06 정답 ④

정답해설

ㄴ. 분자가 되는 '연구개발 세액감면액'은 B국이 가장 크고, 분모가 되는 '연구개발 총지출액 대비 연구개발 세액감면액 비율'은 B국이 가장 작으므로 B국의 연구개발 총지출액이 가장 크다.

ㄷ. A국의 값은 $\frac{0.2}{4.97}$, B국의 값은 $\frac{0.07}{2.85}$인데, 분모는 A국이 B국의 2배에 미치지 못하는 반면, 분자는 A국이 B국의 2배 이상이므로 A국이 더 크다.

오답해설

ㄱ. C국의 GDP는 $\frac{2,104}{0.13}$, E국의 GDP는 $\frac{6,547}{0.13}$이므로 직접 계산하지 않아도 E국의 GDP가 더 크다는 것을 알 수 있다.

07 정답 ①

정답해설

2014년부터 2022년까지 매년 농업진흥지역 면적은 전체 농지 면적의 50%를 넘지 않는다.

오답해설

ㄴ. 2016년과 2017년, 2021년의 경우 농업진흥지역 면적이 전년에 비해 증가했다.

ㄷ. 2013년의 경우는 $\frac{14.6}{91.5}\times100≒15.96\%$이므로 15% 이상이다.

08 정답 ①

정답해설

농촌체험마을의 매출액이 75% 이하로 감소한 ②와 ④가 제외되며, 농촌민박의 매출액이 30% 이하로 감소한 ⑤가 제외된다. 이제 남은 ①과 ③을 비교해 보면 두 선택지의 방문객 수가 동일하므로 매출액만 판단해 보자. 농촌체험마을의 매출액 감소비율이 75%보다 크다는 것은 처음에 판단하였으므로 농촌융복합사업장의 매출액 감소비율을 판단해 보면 된다. 그런데 방송뉴스의 내용으로 판단해볼 때 ①과 ③ 중 하나는 75%보다 큰(구체적인 값은 아직 계산하지 않은) 감소율을 보이고, 다른 하나는 그보다 작다는 것을 알 수 있으므로 작은 것이 답이 된다. ①의 경우 ③보다 더 작은 값에서 더 적게 감소하였으므로 ①의 감소율이 더 작은 것을 알 수 있다.

합격 가이드

75% 감소를 판단할 때, 이를 직접 구하는 것은 매우 비효율적이다. A에 비해 B가 75% 이상 감소했다는 것은 B가 A의 1/4에 미치지 못한다는 것을 의미하므로 이를 활용하여 간단하게 판단하면 시간을 단축할 수 있다.

09 정답 ②

정답해설

ㄱ. 세 항목 모두 2021년의 좌표가 2020년에 비해 오른쪽에 위치하고 있다.

ㄷ. 수출량 대비 수입량 비율은 원점에서 해당 좌표까지 연결한 선의 기울기를 의미하는데 두 해 모두 임산물의 기울기가 가장 가파르다.

오답해설

ㄴ. 수산물과 축산물의 수입량 합은 2020년과 2021년이 동일하지만 임산물과 농산물은 2020년이 더 크다. 따라서 총수입량은 전년 대비 감소하였다.

ㄹ. 축산물의 증가율은 100%에 미치지 못하지만 수산물의 증가율은 100%이므로 축산물의 증가율이 가장 높지는 않다.

10 정답 ⑤

정답해설

ㄴ. 1406년의 '큰 비' 건수를 구하면 21건이므로 '큰 비'가 가장 많이 발생한 해는 1405년이고 이 해에 '우박'도 가장 많이 발생했다.

ㄷ. '큰 비'를 제외하고 나머지 유형을 판단해 보면, 상위 4개가 '천둥번개', '벼락', '우박', '짙은 안개'이며, 그다음이 '가뭄 및 홍수(57건)'이다. 그런데 '큰 비'의 전체 합은 직접 구하지 않더라도 57건보다 큰 것이 확실하므로 '큰 비'는 상위 5개 안에 들어감을 알 수 있다.

ㄹ. 1402년의 '짙은 안개' 건수를 구하면 15건이므로 이 해에 가장 많이 발생한 유형에 해당하며, 1408년의 '짙은 안개' 건수를 구하면 7건으로 역시 그 해에 가장 많이 발생한 유형에 해당한다.

오답해설

ㄱ. 상위 2개 연도는 1405년과 1406년이므로 발생 건수의 합은 74+59=133건이며, 하위 2개 연도는 1408년과 1404년이므로 발생 건수의 합은 23+29=52건이다. 따라서 전자는 후자의 3배에 미치지 못한다.

11 정답 ③

정답해설

회의별 총지급액을 계산하면 다음과 같다.

- (가) : {250+(200×2)+(150×3)}+(12×3)=1,100+36
- (나) : {200+(150×2)+(200×3)}+(16×3)=1,100+48
- (다) : {200+(150×2)+(150×3)}+(25×3)=950+75
- (라) : {150+(100×2)+(200×3)}+(30×3)=950+90

따라서 총지급액이 가장 큰 회의는 (나)이고, 세 번째로 큰 회의는 (라)이다.

합격 가이드

위 풀이처럼 앞의 세 항목이 모두 깔끔한 숫자로 계산되므로 마지막 십의 자리 이하 숫자들은 별도로 분리하는 것이 효율적이다.

12 정답 ④

정답해설

먼저 '영향력 지수'의 분모인 'IT 분야 전체 등록특허의 피인용도 지수'를 살펴보자. 이를 산식에 넣어서 계산하면 어떠한 상수가 나올 것이다. 그런데 이 상수는 모든 사람에게 공통적으로 적용되는 숫자이므로 그것이 얼마이든 순서를 판단할 때 영향을 주지 않는다. 그러므로 계산의 편의를 위해 이를 1로 두면, '영향력 지수'와 '피인용도 지수'가 같아지게 된다. 이를 토대로 '영향력 지수(피인용도 지수)'를 계산하면 다음과 같다.

- A : $\frac{28}{2}=14$
- B : $\frac{24}{3}=8$
- C : $\frac{26}{5}=5.2$
- D : $\frac{48}{3}=16$
- E : $\frac{78}{4}=19.5$

따라서 '영향력 지수'가 가장 큰 사람은 E(19.5)이다.

다음으로 '기술력 지수'는 '영향력 지수(피인용도 지수)'에 '해당 출원인의 등록특허 수'를 곱한 것이므로 '해당 출원인의 등록특허 피인용 횟수의 합'과 같다. 따라서 '기술력 지수'가 가장 작은 사람은 B(24)이다.

합격 가이드

이 문제와 같이 단순히 순서만을 묻는 문제에서는 공통적으로 포함되는 숫자를 가상의 숫자로 치환하여 풀이하는 것이 편하다. 또한 이처럼 산식이 곱셈이나 나눗셈으로 구성되는 경우라면 1로, 덧셈이나 뺄셈으로 구성되는 경우라면 0으로 놓고 계산하면 간단하다.

13 정답 ⑤

정답해설

2018년과 2022년, 2019년과 2021년이 바뀌어 제시되어 있다.

합격 가이드

그래프 변환 유형은 모든 수치들을 계산하려고 하기보다는 양 끝단의 수치들을 먼저 비교해 보는 것이 좋다. 예를 들어 2018년의 양자센서 비중은 10%에도 미치지 못하는데, 실제 표를 보면 그보다는 훨씬 크다. 거의 대부분의 문제는 그래프의 순서가 잘못된 경우가 출제포인트가 되므로 이 부분을 중심으로 먼저 판단하기 바란다. 실제 값이 32.7인데 그래프에서는 30.9로 표시되는 식으로는 많이 출제되지 않는다.

14 정답 ③

정답해설

ㄱ. 2022년의 '참나무시들음병'을 어림하면 1,500에 약간 미치지 못한다. 따라서 '솔껍질깍지벌레'만이 매년 발생면적이 감소한다.

ㄴ. 2018년의 전체 면적을 직접 계산할 필요 없이 맨 위의 세 항목만 눈으로 어림해도 77,000을 훌쩍 뛰어넘으므로 전년 대비 증가하였다.

오답해설

ㄷ. 2019년의 '솔잎혹파리'를 어림하면 30,000을 넘고, 2022년의 '참나무시들음병'은 ㄱ에서 1,500에 약간 미치지 못하는 것으로 판단하였으므로 전자가 후자의 30배 이상이 아님을 알 수 있다.

ㄹ. '참나무시들음병'의 전년 대비 증가율을 어림하면 대략 20%이고, '흰불나방'의 증가율은 대략 15%이므로 전자가 후자보다 크다.

15 정답 ⑤

정답해설

체질량지수는 제시된 그림에서 직선의 기울기와 같다. 기울기가 20인 선과 25인 선을 기준으로 하여 나머지 점들의 기울기를 구해보면 체질량지수가 가장 큰 학생은 G이고 가장 작은 학생은 C이다.

G의 기울기는 $\frac{107}{3.24}$이고, C의 기울기는 $\frac{51}{2.89}$이므로 C의 2배는 $\frac{102}{2.89}$가 되는데, 분자는 전자가 5만큼 큰 상태여서 5%에도 미치지 못하는 증가율을 보이지만 분모는 계산하지 않아도 이보다는 훨씬 크다. 따라서 G의 체질량지수는 C의 2배 이상이 아니다.

오답해설

① · ③ 체질량지수가 20인 선과 25인 선을 그리면 다음과 같다.

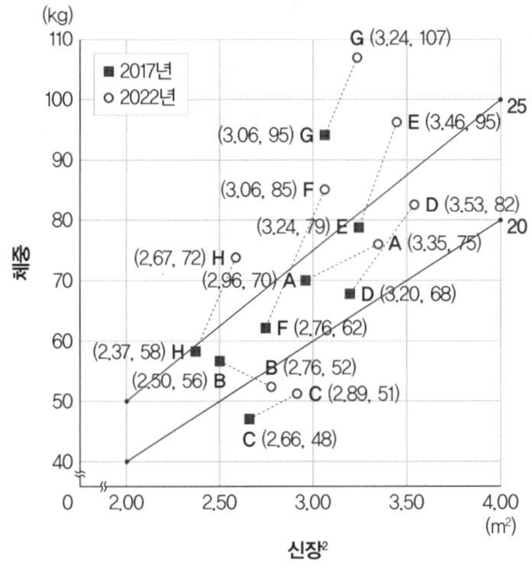

이에 따르면 '저체중'으로 분류된 학생은 2022년이 B와 C 2명이고, 2017년이 C 1명이다. 또한, 2017년과 2022년에 모두 '정상'으로 분류된 학생은 A와 D 2명이다.

② 직접 구하는 것이 더 간단하다. 평균이 10% 증가하였다는 것은 총합이 10% 증가하였다는 것과 같은 의미이므로 총합을 구하면 2017년은 536kg이고 2022년은 619kg이므로 10% 이상 증가한 것을 알 수 있다.

합격 가이드

④는 별도로 풀이하지 않았다. 현실적으로 이를 시험장에서 풀이하는 것은 불가능한데, 제곱수의 차이가 크다고 해서 실수치의 차이가 큰 것은 아니라는 것을 이용한 선택지를 구성하려다 미완에 그친 것이 아닌가 조심스레 추측해본다.

16 정답 ④

정답해설

ㄱ. 2017년은 2016년에 비해 분모가 증가한 반면, 분자는 감소하였으므로 계산할 필요 없이 2017년이 작다는 것을 알 수 있다. 그리고 2018년은 분모는 50%가량 증가한 반면 분자는 50%에 미치지 못하게 증가하였으므로 2018년이 작다. 이와 같이 나머지 연도도 어림하여 판단해보면 2016년의 값이 가장 크다는 것을 알 수 있다.

ㄴ. 눈으로 보아도 '데이터기반구축'의 전체 값은 나머지 둘에 비해 작으므로 제외하고 나머지 둘을 비교해 보자. 2019년부터 2022년까지의 '융합연구'의 값이 대략 22,000백만 원 더 큰데, 2016년만 보더라도 '자동화설비기기'가 23,000백만 원 이상 더 크다. 따라서 전체 정부연구비는 '자동화설비기기'가 더 크다.

ㄹ. '데이터기반구축'의 증가율은 대략 80%인 반면 나머지 둘의 증가율은 이에 미치지 못한다.

오답해설

ㄷ. 그래프상 2022년의 전년 대비 증가폭은 2019년의 전년 대비 증가폭과 비슷하다. 그런데 증가율 계산 시 분모가 되는 전년 값이 2019년이 훨씬 작으므로 증가율은 2019년이 더 크다.

17 정답 ④

정답해설

ㄴ. 산림청의 지원금액이 모두 '산림시설 복구'를 제외한 나머지에 쓰였다면 33,008+32,594의 값이 전체 국비 지원금액인 55,058보다 같거나 작아야 한다. 하지만 둘을 합한 값이 65,602이므로 이 값과 55,058과의 차이인 10,544만큼은 '산림시설 복구'에 쓰였음을 알 수 있다. 단위를 고려하면 10,544천만 원이므로 이는 1,000억 원을 넘는다.

ㄹ. '상 · 하수도 복구' 국비 지원금액은 10,930천만 원인데, 지방비 지원금액의 합은 눈으로 어림해도 이보다 크다.

오답해설

ㄱ. 계산의 편의를 위해 선택지를 "지방비 지원금액 대비 국비 지원금액 비율이 가장 낮은 지원항목은 '주택 복구'이다."로 변형해 판단해 보자. 이에 따르면 '주택 복구'의 값은 3에 조금 미치지 못하는데, '생계안정 지원'의 값은 2에 불과하므로 옳지 않다.

ㄷ. 전체 국비 지원금액의 20%라면 대략 11,000천만 원이 되는데 이를 표 2의 빈칸에 넣으면 전체 합이 57,000을 넘게 되므로 옳지 않다.

18 정답 ④

정답해설

1종 면허 남자 응시자 수는 28,191명이며, 2종 면허 남자 응시자 수는 28,139명이다.

오답해설

① 2종 면허 응시자 수는 42,469명이므로 1종 면허 응시자 수인 29,507명의 2배에 미치지 못한다.

② 전체 응시자 수를 72,000명으로 놓고 이의 60%를 계산하면 약 43,000명으로 44,012명에 한참 미치지 못한다.

③ 1종 보통 면허 합격률은 대략 $\frac{153}{243}$이고, 2종 보통 면허 합격률은 대략 $\frac{263}{393}$인데, 분자는 후자가 대략 70% 정도 크지만 분모는 그에 미치지 못하므로, 전자가 후자보다 작다.

⑤ 1종 대형 면허 여자 합격률은 $\frac{4}{50}$으로 10%에도 미치지 못하지만, 2종 소형 면허 여자 합격률은 $\frac{1}{5}$로 20%이므로 전자가 후자보다 작다.

19

정답 ②

정답해설

ㄱ. 국방비가 가장 많은 A국의 국방비가 전체의 80% 이상이라는 것의 의미는 나머지의 합이 A국의 $\frac{1}{4}$에 미치지 못한다는 것과 같다. A국의 $\frac{1}{4}$은 2,000을 약간 넘는데 나머지의 합은 그에 미치지 못한다.

ㄹ. A국의 군병력 1인당 국방비는 $\frac{8,010}{133}$이며, D국은 $\frac{320}{17}$이다. 그러므로 $\frac{8,010}{133}$과 D국의 3배인 $\frac{960}{17}$을 비교하면 되는데, 편의를 위해 전자를 $\frac{801}{13}$로 수정하여 $\frac{960}{17}$과 비교해 보자. 분모는 약 30% 정도 후자가 더 큰 반면, 분자의 증가율은 그에 미치지 못하므로 $\frac{801}{13} > \frac{960}{17}$임을 알 수 있다.

오답해설

ㄴ. B국의 인구 1인당 GDP는 대략 $\frac{139}{47}$이고 C국은 $\frac{167}{52}$인데, 분모는 후자가 약 10% 더 큰 반면, 분자의 증가율은 그보다 크다. 따라서 전자가 후자보다 작다.

ㄷ. 계산의 편의를 위해 선택지를 '국방비가 많은 국가일수록 국방비 대비 GDP 비율이 낮다.'로 수정하여 판단해 보자. E국의 국방비가 C국보다 크기 때문에, 국방비 대비 GDP 비율은 E국이 C국보다 낮아야 하는데, 어림해서 판단해 보면 그 반대임을 알 수 있다.

20

정답 ①

정답해설

• 일반건설공사(을) : (10억×1.99%)+5,500천
• 중건설공사 : (10억×2.35%)+5,400천

따라서 안전관리비는 일반건설공사(을)가 더 적다.

오답해설

ㄴ. • 일반건설공사(갑) : 4억×2.93%
  • 철도 · 궤도신설공사 : 4억×2.45%
  둘의 차이는 4억×0.48%이다. 그런데 4억×0.5%가 200만이므로 4억×0.48%는 200만보다 작다.

ㄷ. • 100억 : 100억×1.27%=1억 2천 7백만
  • 10억 : 10억×1.2%+3,250천=1,200만+325만=1,525만
  따라서 100억인 경우가 10억인 경우의 10배 미만이다.

21

정답 ③

정답해설

'미주'의 선거인 수는 대략 72,000명이므로 '미주'의 투표소당 선거인 수는 $\frac{72,000}{62}$이고, '유럽'은 $\frac{32,591}{47}$이다. 둘을 비교하면 분자는 전자가 2배 이상으로 큰 반면 분모의 증가율은 그에 미치지 못하므로 전자가 더 많다.

오답해설

ㄱ. '아주'의 투표소 수를 계산하면 68개소이므로 '중동'의 4배에 미치지 못한다.

ㄴ. '유럽'의 투표율을 $\frac{26}{33}$으로 놓고 어림하면 80%에 약간 미치지 못하는 수준이므로 투표율이 가장 높은 지역도, 가장 낮은 지역도 아니다. 따라서 가장 높은 지역은 '중동(83.0%)'이고 가장 낮은 지역은 '미주(68.7%)'이므로 둘의 차이는 15%p 이하이다.

합격 가이드

ㄹ은 판단하지 않았다. 물론 산식을 이용하여 제19대 선거인 수를 어림하여 구한 후 이것과 제20대 선거인 수의 차이를 구할 수는 있다. 하지만 ㄹ을 직접 판단하지 않더라도 답을 구할 수 있으므로 계산하지 않는 것이 바람직하다.

22

정답 ①

정답해설

먼저 첫 번째 조건을 통해 C, D, E 중 하나가 '안전사고'임을 알 수 있다. 다음으로 계산의 편의를 위해 두 번째 조건을 "2020년 해양사고 인명피해 인원 대비 발생 건수의 비율이 두 번째로 낮은 유형은 '전복'이다."로 변경해서 판단해 보면, A는 약 34.6, B는 약 4.3, C는 34.5, D는 16, E는 2와 3 사이이므로 두 번째로 낮은 유형은 B이다. 그러므로 B는 '전복'이므로 ③과 ⑤가 제외된다.
다음으로 세 번째 조건을 통해 E는 '충돌'이 될 수 없으므로 ④를 제외한다. 이제 계산이 번거로운 네 번째 조건을 보류하고 마지막 조건을 살펴보면 차이가 5명으로 가장 큰 D가 '화재폭발'이 되어 정답을 ①로 확정할 수 있다.

합격 가이드

네 번째 조건은 판단하지 않았다. 난도가 많이 높아질 경우에는 주어진 조건을 모두 활용해야 판단이 가능하지만, 일반적인 경우에는 선택지의 구성을 잘 이용하면 조건 하나 정도는 판단하지 않고도 정답을 이끌어 낼 수 있다.

23

정답 ③

정답해설

2020년의 전체 단속건수 정도는 직접 계산하는 것이 빠르므로 구해보면 약 6,000건으로 가장 많다.

오답해설

① 2017년의 '승차거부' 건수는 약 1,500건이고, 2018년의 '방범등 소등위반' 건수는 약 900건이다. 따라서 2017년의 단속건수 상위 2개 유형은 '승차거부'와 '정류소 정차 질서문란'이고, 2018년은 '승차거부'와 '방범등 소등위반'이므로 둘은 다르다.

② 2017년의 비율은 $\frac{1,500}{125}$이고, 2020년은 $\frac{717}{51}$인데, 분자는 전자가 2배에서 약간 더 큰 반면, 분모는 2.5배 정도 크다. 따라서 2020년의 '승차거부' 단속건수 비율이 가장 크다.

④ 2021년의 전체 단속건수는 약 3,200건이고, 2022년의 '방범등 소등위반' 건수는 약 1,200건이다. 따라서 2021년의 비중은 $\frac{1,214}{3,200}$이고, 2022년은 $\frac{1,200}{2,067}$이므로 직접 계산하지 않더라도 2022년의 값이 더 크다.

⑤ 2017년의 '승차거부' 단속건수는 약 1,500건이고, 2022년 '방범등 소등위반' 단속건수는 약 1,200건이므로 전자가 더 크다.

24

정답 ④

정답해설

표에서 쉽게 확인할 수 있는 내용이다.

오답해설

① 4월에 가격 차이가 가장 큰 정유사는 D(20원)이고, 5월은 B(45원)이므로 다르다.

② 4월에 휘발유 가격보다 경유 가격이 낮은 정유사는 없다.

③ 5월에 휘발유 가격이 가장 높은 정유사는 C인데, 경유 가격이 가장 높은 정유사는 D이므로 다르다.

⑤ 5월과 6월의 C의 휘발유 가격 차이는 139원인데, 경유 가격 차이는 128원이므로 휘발유의 가격 차이가 더 크다.

25

정답 ②

정답해설

5월 C정유사의 경유 원가가 4월과 같다고 하였으므로 4월 원가(y)를 구해보면, $y+0.5y+0.15y=1.65y=1,806$이므로, 4월 원가는 약 1,094원이다. 이제 5월 C정유사의 경유 유류세를 600원/L이라고 가정하면 경유 가격은 1,094+600+169.4=1,863.4원이 되는데 실제 가격은 1,885원으로 이보다 더 크다. 따라서 5월 c의 유류세는 600원/L 이상이다.

오답해설

ㄱ. 5월 휘발유 원가를 x원으로 놓고 계산해 보면, $x+0.4x+0.14x \rightarrow 1.54x=1,849$이므로 x는 약 1,200원이다.

ㄷ. 유류세의 금액이 같은 상황에서 6월 경유 가격이 4월보다 더 크다는 것은 6월 경유 원가가 4월보다 크다는 것을 의미한다. 그런데 경유 원가에 유류세율을 곱한 유류세가 같다고 하였으므로 유류세율은 6월이 4월의 50%보다 낮아야 한다.

합격 가이드

ㄷ은 자칫하면 계산의 수렁에 빠질 수 있는 선택지이다. 무턱대고 계산을 하려고 하기보다 어떻게 하면 계산을 줄이면서 판단할 수 있을까를 고민하고 접근하기 바란다.

2022 기출문제 정답 및 해설

2022년 언어논리 _ 정답 및 해설

01	02	03	04	05	06	07	08	09	10
⑤	①	①	②	②	⑤	①	⑤	①	③
11	12	13	14	15	16	17	18	19	20
④	⑤	③	②	②	⑤	④	③	④	③
21	22	23	24	25					
④	⑤	②	⑤	④					

01 정답 ⑤

정답해설

서희는 고려가 병력을 동원해 거란을 치지 않겠다고 한다면 소손녕이 철군할 것이라고 말했다.

오답해설

① 거란이 여진족이 사는 땅을 침범했다고 했을 뿐, 거란이 여진족이 고려의 백성이라고 주장했다는 내용은 찾을 수 없다.
② 여진족은 발해가 거란에 의해 멸망한 후에는 독자적 세력을 이루고 있었다고 했을 뿐, 여진족이 거란과 함께 고려를 공격했다는 내용은 찾을 수 없다.
③ 강동 6주는 고려가 압록강 하류의 여진족 땅까지 밀고 들어가 설치한 것이다.
④ 고려는 송 태종의 원병 요청을 거부하였다.

02 정답 ①

정답해설

해주 앞바다에 나타난 왜구가 조선군과 교전을 벌인 후 요동반도 방향으로 북상하자 태종의 명령으로 이종무가 대마도 정벌에 나섰다고 하였다.

오답해설

② 명의 군대가 대마도 정벌에 나섰다는 내용은 제시문에서 찾을 수 없다.
③ 세종은 이종무에게 내린 출진 명령을 취소하고, 측근 중 적임자를 골라 대마도주에게 귀순을 요구하는 사신으로 보냈다.
④ 태종은 이종무를 통해 실제 대마도 정벌을 실행하였으며, 더 나아가 세종이 이를 반대하였다는 내용은 제시문에서 찾을 수 없다.
⑤ 대마도주를 사로잡아 항복을 받아내기로 했던 곳은 니로이며, 여기서 패배한 군사들이 돌아온 곳이 견내량이다.

03 정답 ①

정답해설

히틀러가 유대인을 혐오스러운 적대자로 설정했던 것은 혐오가 정치적 선동의 도구로 이용된 사례에 해당한다.

오답해설

② 혐오의 감정이 특정 개인과 집단을 배척하기 위한 무기로 이용되었다.
③ 유대인을 암세포, 종양, 세균 등으로 묘사하면서 이들을 비인간적 존재로 전락시켰다.
④ 혐오의 감정을 사회 안정의 도구 내지는 법적 판단의 근거로 삼아야 한다는 주장이 있어왔다.
⑤ 혐오는 특정 집단을 오염물인 것으로 취급하고 자신은 그렇지 않은 쪽에 위치시켜 얻게 되는 심리적인 우월감 및 만족감과 연결되어 있다.

04 정답 ②

정답해설

계획적 진부화를 통해 신제품을 출시하면, 중고품 시장에서 판매되는 기존 제품이 진부화되고 경쟁력도 하락한다.

오답해설

① 기존 제품을 사용하는 소비자 입장에서는 크게 다를 것 없는 신제품 구입으로 불필요한 지출을 할 수 있다.
③ 소비자들의 취향이 급속히 변화하는 상황에서 계획적 진부화를 통해 소비자들의 만족도를 높일 수 있다.
④ 기존 제품의 가격을 인상하기 곤란한 경우 신제품을 출시해 인상된 가격을 매길 수 있다.
⑤ 계획적 진부화는 기존 제품이 사용 가능한 상황에서 소비자들의 수요를 자극하는 것이므로 물리적으로 사용 가능한 수명보다 실제 사용 기간이 짧아지게 된다.

05 정답 ②

정답해설

국방 서비스에 대한 비용을 지불하지 않았더라도 누군가의 소비가 다른 사람의 소비 가능성을 줄어들게 하지 않으므로 비경합적으로 소비될 수 있다.

오답해설

① 배제적이라는 것은 재화나 용역의 이용 가능 여부를 대가의 지불 여부에 따라 달리하는 것이다.

③ 여객기 좌석 수가 한정되어 있다면 원하는 모든 사람들이 그 여객기를 이용할 수 없으므로 경합적으로 소비될 수 있다.
④ 국방 서비스의 사례를 통해 무임승차가 가능한 재화 또는 용역이 과소생산되는 문제가 발생함을 알 수 있다.
⑤ 라디오 방송 서비스는 누군가의 소비가 다른 사람의 소비 가능성을 줄어들게 하지 않으므로 비경합적으로 소비할 수 있다.

06

정답 ⑤

정답해설

제시문은 독일의 통일이 단순히 서독에 의한 흡수 통일이 아닌 동독 주민들의 주체적인 참여를 통해 이뤄진 것임을 설명하고 있으므로 핵심 논지로 가장 적절한 것은 ⑤이다. 나머지 선택지는 이 논지를 이끌어내기 위한 근거들이다.

07

정답 ①

정답해설

(가) : 첫 번째 문단에서는 신이 자연 속에 진리를 감추어 놓았고 이것이 자연물 속에 비례의 형태로 숨어 있다고 하였다. 그리고 그 진리 중에서도 인체 비례가 가장 아름다운 진리라고 하였으므로 빈칸에 들어갈 내용으로는 '인체 비례에 숨겨진 신의 진리를 구현한'이 가장 적절하다.
(나) : 두 번째 문단에서는 인체 비례를 통한 동양 건축의 사례를 들면서 이것이 고대 서양에서의 비례와 동일하다고 하였으므로 빈칸에 들어갈 내용으로는 '조형미에 대한 동서양의 안목이 유사하였다'가 가장 적절하다.

08

정답 ⑤

정답해설

IMF의 자금 지원 전후로 결핵 발생률이 다르게 나타난다는 결과가 나와야 하므로 '실시 이전'부터를 '실시 이후'로 수정해야 한다.

09

정답 ①

정답해설

일반 수험생 중 유증상자는 소형 강의실에서 시험을 치르게 되며, 이곳에서는 KF99와 KF94 마스크 착용이 권장될 뿐, 의무 사항은 아니므로 KF80 마스크를 착용하고 시험을 치를 수 있다.

오답해설

② 일반 수험생 중 무증상자는 중대형 강의실에서 시험을 치르게 되며, 이곳에서는 마스크 착용 규정이 의무적으로 적용되지 않으므로 KF80 마스크를 착용하고 시험을 치를 수 있다.
③ · ④ 자가격리 수험생은 모두 특별 방역 시험장에서 시험을 치르게 되며, 이곳에서는 KF99 마스크를 의무적으로 착용해야 한다.
⑤ 확진 수험생은 생활치료센터에서 시험을 치르게 되며, 이곳에서는 센터장이 내린 지침을 따르면 되므로 센터장이 KF80 마스크 착용을 허용하는 경우 이를 착용하고 시험을 치를 수 있다.

10

정답 ③

정답해설

ㄱ. 고병원성 AI 바이러스는 경기도에서 3건, 충남에서 2건이 발표되어 총 5건이 검출되었으므로 수정해야 한다.
ㄷ. 바이러스 미분리는 야생 조류 AI 바이러스 검출 현황에 포함하지 않는다고 하였으므로 표에서 삭제해야 한다.

오답해설

ㄴ. 제시문에서 검사 중인 사례가 9건이라고 하였으므로 수정할 필요가 없다.

11

정답 ④

정답해설

ㄴ. C는 인간 존엄성이 인간 중심적인 견해이며, 인간 외의 다른 존재에 대해서 폭력적 처사를 정당화하는 근거로 활용된다고 하였다. 따라서 C의 주장은 동물실험의 금지를 촉구하는 캠페인의 근거로 활용 가능하다.
ㄷ. B는 인간 존엄성이 신이 인간에게 부여한 독특한 지위로 보면서 이를 비판하고 있으며 C는 위에서 설명한 바와 같다.

오답해설

ㄱ. 선택지의 내용이 A의 주장을 약화시키는 것이 되기 위해서는 A가 존엄사를 인정하지 않는다는 주장을 펼쳐야 한다. 하지만 그와는 무관한 주장을 하고 있으므로 A의 주장을 약화시키지 않는다.

12

정답 ⑤

정답해설

ㄱ. 나를 있게 하는 것의 핵심은 '특정한 정자와 난자의 결합'이다. ㉠과 같이 주장하는 이유는 그 결합 시점을 인위적으로 조절할 수 없기 때문인데, 그 특정한 정자와 난자가 냉동되어 수정 시험이 조절 가능하다면 내가 더 일찍 태어나는 것도 가능하게 된다.
ㄴ. ㉠ : A는 상상할 수 없다.
선택지의 대우 명제 : A를 상상할 수 없다면 A가 불가능하다.
결론 : 따라서 A는 불가능하다.
A에 '내가 더 일찍 태어나는 것'을 대입하면 ㉡을 이끌어낼 수 있다.
ㄷ. ㉢ : 태어나기 이전의 비존재는 나쁘다.
선택지의 명제 : 태어나기 이전의 비존재가 나쁘다면, 내가 더 일찍 태어나는 것이 가능하다.
결론 : 내가 더 일찍 태어나는 것이 가능하다.
결론의 명제는 ㉡의 부정과 같다.

합격 가이드

삼단논법을 활용한 문제는 매우 자주 출제된다. 이 문제와 같이 명제별로 A의 표현이 조금씩 다른 경우에는 표현 그 자체보다는 의미가 일치하는지의 여부로 판단해야 한다. 물론 그것도 애매한 경우에는 위 해설과 같이 A로 치환하여 분석하는 것도 도움이 된다.

13
정답 ③

정답해설

(가) 첫 번째 전제 : 어떤 수단이 우리가 원하는 이익을 얻는 최선의 수단이다.
두 번째 전제 : (어떤 수단이 우리가 원하는 이익을 얻는 최선의 수단이라면 우리에게는 그것을 실행할 의무와 필요성이 있다)
결론 : 우리에게 어떤 수단(생물 다양성 보존)을 보존할 의무와 필요성이 있다.

(나) 첫 번째 전제 : 내재적 가치를 지니는 것은 모두 보존되어야 한다.
두 번째 전제 : (모든 종은 내재적 가치를 지닌다)
결론 : 모든 종은 보존되어야 한다.

14
정답 ②

정답해설

A는 생명체가 도구적 가치를 가진다고 하였고, C는 생명체가 도구적 가치에 더해 내재적 가치도 가진다고 하였다. 따라서 A, C 모두 생명체가 도구적 가치를 가진다는 점에서는 일치된 견해를 가지고 있다.

오답해설

ㄱ. A는 우리에게 생물 다양성을 보존해야 할 의무와 필요성이 있다고 하였다. 그리고 B는 생물 다양성 보존이 최선의 수단은 아니라고는 하였을 뿐 보존의 필요성 자체를 부정한 것은 아니다.

ㄴ. B는 A의 두 전제 중 첫 번째 전제가 참이 아니기 때문에 생물 다양성을 보존하는 것이 필연적이 아니라고 하였다.

15
정답 ②

정답해설

을의 입장에서는 어떤 증거가 주어진 가설을 입증하는 정도가 작더라도, 증거 발견 후 가설이 참일 확률이 1/2보다 크기만 하면 그 증거가 해당 가설을 입증할 수 있다.

오답해설

ㄱ. 갑은 증거 발견 후 가설의 확률 증가분이 있다면, 증거가 가설을 입증한다고 하였고, 선택지의 진술은 이명제에 해당한다. 그런데 원명제와 이명제는 서로 동치가 아니므로 ㄱ은 적절하지 않다.

ㄴ. 'A인 경우에만 B이다'는 B → A로 나타낼 수 있다. '을에 따르면 증거가 가설을 입증한다 → 증거발견 이후 가설이 참일 확률이 1/2보다 크다'가 되므로 ㄴ은 적절하지 않다.

합격 가이드

전공 수준의 논리학을 학습할 필요는 없지만, 역-이-대우 명제 간의 관계 정도는 숙지해두는 것이 좋다. 물론 의미론적인 해석으로 풀이를 할 수도 있겠지만 그럴 경우 불필요하게 시간 소모가 많아진다.

16
정답 ⑤

정답해설

아홉자리까지 계산한 값이 11의 배수인 상태에서 추가로 0과 9사이의 어떤 수를 더해 여전히 11의 배수로 만들기 위해서는 확인 숫자가 0인 경우 이외에는 존재하지 않는다.

오답해설

① 첫 번째 부분은 책이 출판된 국가 뿐만 아니라 언어 권역도 나타낸다.
② ISBN-13을 어떻게 부여하는지는 제시문을 통해 알 수 없다.
③ 세 번째 부분은 출판사에서 임의로 붙인 번호일 뿐 출판 순서를 나타내는 것은 아니다.
④ 첫 번째 부분이 다르다면 다른 나라 또는 다른 언어권의 출판사에서 출판한 책이 된다.

17
정답 ④

정답해설

제시된 조건을 정리하면 다음과 같다.

i) A → ~B → ~C
ii) ~D → C
iii) ~A → ~E → ~C
iv) ~A → ~E → ~C → D (ii)의 대우와 iii)의 결합)

i)과 iv)에 의하면 A를 수강하든 안 하든 D는 무조건 수강하게 되어있다.

18
정답 ③

정답해설

ㄱ. 만약 세 종류의 자격증을 가진 후보자가 존재한다면 그 후보자는 A와 D를 모두 가지고 있어야 한다. 그런데 두 번째 조건에 의해 이 후보자는 B를 가지고 있지 않으므로 만약 이 후보자가 세 종류의 자격증을 가지기 위해서는 C도 가지고 있어야 한다. 그런데 세 번째 조건에 의해 이는 참이 될 수 없으므로 세 종류의 자격증을 가진 후보자는 존재할 수 없다.

ㄴ. 확정된 조건이 없으므로 가능한 경우를 따져보면 다음과 같다(갑은 ㄱ을 통해 확정할 수 있음).

구분	A	B	C	D
갑	○	×	×	○
을	○	○	×	×

네 번째 조건을 통해서 A와 B를 모두 가지고 있는 후보자가 존재한다는 것을 확인할 수 있으며, 두 번째 조건을 통해서 이 후보자가 D를 가지고 있지 않음을, 세 번째 조건을 통해서 C를 가지고 있지 않음을 확정할 수 있다. 이에 따르면 갑은 B를 가지고 있지 않으며, 을은 D를 가지고 있지 않다.

오답해설

ㄷ. 조건을 정리하면 ~D → ~C으로 나타낼 수 있으며, 이의 대우 명제는 C → D이다. 그러므로 C를 가지고 있다면 D 역시 가지고 있어야 하므로 C만 가지고 있는 후보자는 존재하지 않는다. 그런데 이는 어디까지나 조건에 불과할 뿐이므로 여전히 우리가 알 수 있는 것은 ㄴ의 갑과 을이 존재한다는 것뿐이다.

합격 가이드

이 문제와 같이 확정된 조건이 없는 경우에는 제시된 조건에서 끌어낼 수 있는 사례들을 따져보아야 한다. 중요한 점은 여기서 끌어낸 사례들 말고도 다른 것들이 존재할 수 있으며, 단지 제시된 조건만으로는 더 이상 추론할 수 없을 뿐이다. 최근에는 이런 유형의 문제들이 자주 출제되고 있으니 주의가 필요하다.

19

정답 ④

정답해설

먼저 갑은 기획 업무를 선호하는데, 만약 민원 업무를 선호한다면 홍보 업무도 선호하게 되어 최소 세 개 이상의 업무를 선호하게 된다. 그러므로 갑은 기획 업무만을 선호해야 한다. 다음으로 을은 민원 업무를 선호하므로 홍보 업무도 같이 선호함을 알 수 있는데, 세 개 이상의 업무를 선호하는 사원이 없다고 하였으므로 을은 민원 업무와 홍보 업무만을 선호해야 한다. 또한 인사 업무만을 선호하는 사원이 있다고 하였으며(편의상 병), 홍보 업무를 선호하는 사원 모두가 민원 업무를 선호하는 것은 아니라고 하였으므로 이를 통해 홍보 업무를 선호하지만 민원 업무는 선호하지 않는 사원이 존재함을 알 수 있다(편의상 정). 이를 정리하면 다음과 같다.

구분	민원	홍보	인사	기획
갑	×	×		○
을	○	○	×	×
병	×	×	○	×
정	×	○		

ㄴ. 을과 정을 통해 최소 두 명은 홍보 업무를 선호함을 알 수 있다.
ㄷ. 위 표에서 알 수 있듯이 모든 업무에 최소 한 명 이상의 신입사원이 할당되어 있음을 알 수 있다.

오답해설

ㄱ. 민원, 홍보, 기획 업무는 갑과 을이 한 명씩은 선호하고 있으며, 인사 업무에 대한 갑의 선호 여부는 제시된 조건만으로 알 수 없다.

합격 가이드

'민원 업무를 선호하는 신입사원은 모두 홍보 업무를 선호하였지만 그 역은 성립하지 않았다'의 의미는 무엇일까? 단지 '홍보 업무를 선호하는 신입사원 모두가 민원 업무를 선호하는 것은 아니다'에서 그쳐서는 안된다. 여기서 중요한 것은 홍보 업무를 선호하는 신입사원 중 민원 업무를 선호하지 않는 경우가 존재한다는 것이다.

20

정답 ③

정답해설

ㄱ. 일반적인 햇빛이 있는 낮이라면 청색광이 양성자 펌프를 작동시켜 밖에 있는 칼륨이온이 공변세포 안으로 들어오게 되지만 청색광을 차단할 경우에는 그렇지 않아 밖에 있는 칼륨이온이 들어오지 않는다.
ㄷ. 호르몬 A를 분비할 경우 햇빛 여부와 무관하게 기공이 열리지 않으며, 병원균 α는 독소 B를 통해 기공을 열리게 한다.

오답해설

ㄴ. 식물이 수분스트레스를 겪을 경우 기공이 열리지 않으며, 양성자 펌프의 작동을 못하게 하는 경우에도 기공이 열리지 않는다. 따라서 햇빛 여부와 무관하게 기공은 늘 닫혀있게 된다.

21

정답 ④

정답해설

실험의 조건에 따라 선호도를 정리하면 다음과 같다.

- 톤 : C > A > B
- 빈도 : A > B > C

ㄴ. B, C 중 B를 선택했다면 암컷이 빈도를 기준으로 삼고 있는 것이며, A, B, C 중 A를 선택했다는 것 역시 빈도를 기준으로 삼고 있다는 것이다. 따라서 이 실험결과는 ㉠을 강화하고, ㉡은 강화하지 않는다.
ㄷ. A, C 중 C를 선택했다면 암컷이 톤을 기준으로 삼고 있는 것이며, A, B, C 중 A를 선택했다는 것은 기준을 빈도로 변경했다는 것이다. 따라서 이 실험결과는 ㉠을 강화하지 않고 ㉡을 강화한다.

오답해설

ㄱ. A, B 중 A를 선택했다면 이를 통해서는 암컷이 톤과 빈도 중 어느 기준을 가지고 있는지 알 수 없다. 그런데 A, B, C 중 C를 선택했다면 암컷은 톤을 기준으로 삼고 있음을 알 수 있다. 따라서 이 실험결과가 ㉠과 ㉡을 강화, 약화하는지 여부는 판단할 수 없다.

22

정답 ⑤

정답해설

ㄱ. 경로 1(물)을 통과한 빛이 경로 2(공기)를 통과한 빛보다 오른쪽에 맺힌다면 경로 1을 통과한 빛의 속도가 빠르게 되어 입자이론이 타당하게 되므로 ㉠을 강화하고 ㉡을 약화한다.
ㄴ. 경로 1(물)을 통과한 빛이 경로 2(공기)를 통과한 빛보다 왼쪽에 맺힌다면 경로 1을 통과한 빛의 속도가 느리다는 것이므로 파동이론이 타당하게 되므로 ㉠을 약화하고 ㉡을 강화한다. 색깔에 따른 파장의 차이는 같은 경로를 통과했을 때에 의미가 있으므로 여기서는 판단의 대상이 되지 않는다.
ㄷ. 같은 경로를 통과했을 때에 색깔(파장)이 다른 두 빛이 스크린에 맺힌 위치가 다르다면 파동이론이 타당하게 되므로 ㉠을 약화하고 ㉡을 강화한다.

23

정답 ②

정답해설

2021년과 2022년의 신청 자격이 동일하다고 하였는데, 민원인이 두 해 모두 신청을 하였으므로 농업인과 토지조건은 모두 충족시키고 있음을 확인할 수 있다. 남은 것은 부정 수령과 관련된 사항인데 이를 정리하면 다음과 같다.

i) 2021년 부정 수령 판정 여부 : No(신청 가능), Yes(ii)
ii) 이의 제기 여부 : No(신청 불가), Yes(iii)
iii) 이의 제기 기각(신청 불가), 인용 or 심의 절차 진행 중(신청 가능)

따라서 2021년 부정 수령 판정 여부, 이의 제기 여부, 이의 제기 기각 여부만 알면 신청 자격이 있는지 확인 가능하다.

24

정답 ⑤

정답해설

갑은 법령과 조례가 서로 다른 것이므로 법령에 위배되지 않는다면 문제가 없다는 생각이지만 을은 조례가 법령의 범위 내에 있으므로 서로 충돌되는 것이 아니라는 입장이다. 이에 따르면 조례에 반하는 학칙은 교육법에 저촉되는 것이 된다.

오답해설

① · ③ 조례와 학칙 간의 충돌이 있을 경우에 대한 법적 판단을 묻고 있는데 선택지는 이와는 무관한 내용이다.

② 을은 '제8조 제1항에서의 법령에는 조례가 포함된다고 해석하고 있으며'라고 말하고 있으므로 선택지는 이와 반대된다.

④ 을은 전체적으로 법령과 조례가 서로 충돌되는 것이 아니라 하나의 체계 속에서 교육에 관한 내용을 규율하고 있다고 보고 있다.

25

정답 ④

정답해설

ㄴ. 복수 국적자 B를 △△국 국민으로 본다면 제1항의 적용을 받게 된다. 그런데 제1호에 따라 외국에서 영업활동에 종사하는 경우는 비거주자로 본다고 하였으므로 갑은 B를 비거주자로 주장하게 된다. 반면 B를 외국인으로 본다면 제2항의 적용을 받게 되는데 미국에서 영업활동을 한 기간이 1개월에 불과하므로 을은 B를 비거주자에 해당하지 않는다고 주장하게 된다.

ㄷ. D의 체재 기간이 5개월이므로 음악 연주가 영업활동에 해당하는지에 따라 판단이 달라지게 된다. 만약 영업활동에 해당하지 않는다면 D는 제1항의 적용을 받지 않게 되어 비거주자에 해당하지 않는다.

오답해설

ㄱ. 매년 방학 때마다 귀국하였으므로 그 기간을 모두 합치면 3개월을 넘기게 된다. 따라서 그 기간은 외국에 체재하는 기간에 포함되지 않으므로 A는 거주자로 구분된다.

01	02	03	04	05	06	07	08	09	10
⑤	①	⑤	①	②	②	③	④	②	③
11	12	13	14	15	16	17	18	19	20
①	②	③	⑤	①	③	④	②	③	③
21	22	23	24	25					
⑤	④	①	④	④					

01

정답 ⑤

정답해설

합병 등에 의하여 인증받은 요건이 변경된 경우에는 인증을 취소할 수 있을 뿐 반드시 취소해야 하는 것은 아니다.

오답해설

① 재해경감활동 비용 조건은 최초 평가에 한하여 3개월 내에 충족할 것을 조건으로 인증할 수 있다.
② 우수기업에 대한 재평가는 의무적으로 실시해야 하는 것이 아니다.
③ 평가 및 인증에 소요되는 비용은 신청하는 자가 부담한다.
④ 거짓으로 인증을 받은 경우 A부 장관은 인증을 취소하여야 한다.

02

정답 ①

정답해설

가족관계등록부에는 등록기준지가 기록되어야 한다. 그런데 김가을은 김여름의 성과 본을 따르므로 김여름의 등록기준지인 '부산광역시 남구 ◇◇로 2-22'가 기록되어야 한다.

오답해설

③ · ④ · ⑤ 가족관계등록부에는 출생연월일, 본, 성별이 기록되어야 한다.

03

정답 ⑤

정답해설

시장 등은 직접 시행하는 정비사업에 관한 공사가 완료된 때에는 그 완료를 해당 지방자치단체의 공보에 고시해야 한다.

오답해설

① 토지 등 소유자로 구성된 조합을 설립하는 경우는 시장 등이 아닌 자가 정비사업을 시행하려는 경우이다.
② 준공인가신청이 필요한 경우는 시장 등이 아닌 자가 정비사업 공사를 완료한 때이다.
③ · ④ 준공인가 후 공사완료의 고시가 있은 날의 다음 날에 정비구역이 해제되지만 이는 조합의 존속에 영향을 주지 않는다.

04

정답 ①

정답해설

총톤수 100톤 미만인 부선은 소형선박에 해당하며, 소형선박 소유권의 이전은 계약당사자 사이의 양도합의와 선박의 등록으로 효력이 생긴다.

오답해설

② 총톤수 20톤 이상인 기선은 선박의 등기를 한 후에 선박의 등록을 신청하여야 한다.
③ 선박의 신청은 선적항을 관할하는 지방해양수산청장에게 한다.
④ 선박국적증서는 등기가 아니라 등록신청을 한 후에 지방해양수산청장이 발급하는 것이다.
⑤ 등록 신청을 받은 후 이를 선박원부에 등록하는 것은 지방해양수산청장이다.

05

정답 ②

정답해설

봄보리는 봄에 파종하여 그해 여름에 수확하며, 가을보리는 가을에 파종하여 이듬해 여름에 수확하므로 봄보리의 재배 기간이 더 짧다.

오답해설

① 흰색 쌀과 여름에 심는 콩은 모두 가을에 수확한다.
③ 흰색 쌀은 논에서 수확한 벼를 가공한 것이며, 회색 쌀은 밭에서 자란 보리를 가공한 것이다.
④ 보릿고개는 하지까지이므로 그 이후에는 보릿고개가 완화된다.
⑤ 봄철 밭에서는 보리, 콩, 조가 함께 자라는 것을 볼 수 있었다고 하였다.

06

정답 ②

정답해설

출발지부터 대안경로의 시점까지의 평균속력은 모든 경우에서 동일하므로 대안 경로에서의 평균속력 $\left[\frac{\text{거리(A)}}{\text{시간(B)}}\right]$으로 판단해 보자.

ㄱ. 분자가 커지고 분모가 작아지므로 전체 값은 커진다. 따라서 대안경로를 선택한다.
ㄷ. 분자와 분모가 모두 작아지는 경우 분모의 감소율이 분자의 감소율보다 더 클 경우 전체 값은 증가한다. 이 경우에는 대안경로를 선택한다.

오답해설

ㄴ. 분자와 분모가 모두 커진다면 전체 값의 방향을 알 수 없다. 따라서 대안경로를 선택할 지의 여부를 알 수 없다.
ㄹ. 분자가 작아지고 분모가 커진다면 전체 값은 작아진다. 따라서 대안경로를 선택하지 않는다.

07

정답 ③

정답해설

총액의 차이가 9,300원이므로 선택지에서 이를 만족하는 경우를 찾으면 된다. 딸기 1상자가 더 계산되고, 복숭아 1상자가 덜 계산된 경우가 이에 해당한다.

08

정답 ④

정답해설

- 甲 : 의료법인 근로자에 해당하므로 참여 가능하다.
- 丙 : 대표는 참여 대상에서 제외되지만 사회복지법인의 대표이므로 참여 가능하다.
- 戊 : 임원은 참여 대상에서 제외되지만 비영리민간단체의 임원이므로 참여 가능하다.

오답해설

- 乙 : 회계법인 소속 노무사에 해당하므로 참여 불가능하다.
- 丁 : 대기업 근로자에 해당하므로 참여 불가능하다.

09

정답 ②

정답해설

국민참여예산사업은 국무회의에서 정부예산안에 반영된 후 국회에 제출된다.

오답해설

① 국민제안제도에서는 국민들이 제안을 할 수 있을 뿐이며 우선순위 결정 과정에는 참여하지 못한다.
③ 국민참여예산제도는 정부의 예산편성권 내에서 운영된다.
④ 결정된 참여예산 후보사업이 재정정책자문회의의 논의를 거쳐 국무회의에서 정부예산안에 반영되므로 순서가 반대로 되었다.
⑤ 예산국민참여단의 사업선호도는 오프라인 투표를 통해 조사한다.

10

정답 ③

정답해설

제시된 자료를 토대로 상황을 정리하면 다음과 같다.

2019년도			2020년도		
생활밀착형 사업	취약계층 지원사업	계	생활밀착형 사업	취약계층 지원사업	계
688억 원	112억 원	800억 원	870억 원	130억 원	1,000억 원

따라서 2019년도와 2020년도 각각에서 국민참여예산사업에서 취약계층 지원사업이 차지한 비율은 14%$\left(=\frac{112}{800}\times100\right)$, 13%$\left(=\frac{130}{1,000}\times100\right)$이다.

11

정답 ①

정답해설

보고자가 국장인 경우에는 가장 먼저 보고하므로 D법 시행령 개정안이 가장 먼저 보고되며, 법규 체계 순위에 따라 법이 다음으로 보고되어야 한다. 그런데 법에는 A법과 B법 두 개가 존재하므로 소관 부서명의 가나다 순에 따라 B법 개정안이 두 번째로 보고된다. 세 번째로는 소관 부서가 기획담당관으로 같은 C법 시행령 개정안이 보고되어야 하며, 네 번째로는 다시 법규 체계 순위에 따라 A법 개정안이 보고되어야 한다.

12

정답 ②

정답해설

- A사업 : 창호(내부)는 지원하지 않으므로 쉼터 수리비용만 해당한다. 따라서 본인부담 10%를 제외한 810만 원을 지원받을 수 있다
- B사업 : 쉼터 수리비용은 50만 원 한도 내에 지원 가능하므로 한도액인 50만 원을 지원받을 수 있으며, 창호 수리비용은 본인부담 50%를 제외한 250만 원을 지원받을 수 있다. 따라서 총 300만 원을 지원받을 수 있다.

甲은 둘 중 지원금이 더 많은 사업을 선택하여 신청한다고 하였으므로 A사업을 신청하게 되며, 이때 지원받게 되는 금액은 810만 원이다.

13

정답 ③

정답해설

방식 1~3에 따라 정리하면 다음과 같다.

1) 방식 1

구분	월	화	수	목	금
기본업무량	60	50	60	50	60
처리업무량	100	80	60	40	20
칭찬/꾸중	칭찬	칭찬	–	꾸중	꾸중

2) 방식 2

구분	월	화	수	목	금
기본업무량	60	50	60	50	60
처리업무량	0	30	60	90	120
칭찬/꾸중	꾸중	꾸중	–	칭찬	칭찬

3) 방식 3

구분	월	화	수	목	금
기본업무량	60	50	60	50	60
처리업무량	60	60	60	60	60
칭찬/꾸중	–	칭찬	–	칭찬	–

ㄴ. 위 표에 의하면 수요일에는 어느 방식을 선택하더라도 칭찬도 꾸중도 듣지 않는다.
ㄷ. 위 표에 의하면 어떤 방식을 선택하더라도 칭찬을 듣는 날수는 2일이다.

오답해설

ㄱ. 위 표에 의하면 방식 1을 선택할 경우 화요일에는 칭찬을 듣는다.
ㄹ. 칭찬을 듣는 날수에서 꾸중을 듣는 날수를 뺀 값을 계산하면 방식 1은 0, 방식 2는 0, 방식 3은 2이므로 방식 3을 선택하여야 한다.

14

정답 ⑤

정답해설

제시된 자료를 정리하면 다음과 같다(비희망 인원은 문제 풀이에 필요 없음).

남자 700명		여자 300명	
희망 280명		희망 150명	
A지역	B지역	A지역	B지역
168명(60%)	112명(40%)	30명(20%)	120명(80%)

ㄱ. 전체 직원 중 남자직원의 비율은 70%이다.
ㄷ. A지역 연수를 희망하는 직원은 198명이다.
ㄹ. B지역 연수를 희망하는 남자직원은 112명이다.

오답해설

ㄴ. 전체 연수 희망인원은 430명이므로 이의 40%는 172명인데, 여자 희망 인원은 150명에 불과하므로 40%를 넘지 않는다.

15

정답 ①

정답해설

판매가격을 5% 인하했다면 매출액이 0.4억 원만큼 감소하며, 나머지 항목이 같으므로 이익 역시 0.4억 원 감소한다. 따라서 甲은 지원금을 받는다.

오답해설

ㄱ. 모든 항목이 같다면 2021년의 이익과 2020년의 이익은 같다. 따라서 甲은 지원금을 받지 못한다.
ㄷ. 판매량이 10% 증가했다면 매출액에서 변동원가를 뺀 수치가 10%, 즉 0.16억 원 증가하였으나 고정원가는 0.05억 원 감소하는 데 그치므로 전체 이익은 증가한다. 따라서 甲은 지원금을 받지 못한다.
ㄹ. 판매가격과 판매량이 모두 증가했다면 매출액에서 변동원가를 뺀 수치는 증가하게 되는데 고정원가가 불변이므로 전체 이익은 증가한다. 따라서 甲은 지원금을 받지 못한다.

16

정답 ③

정답해설

甲~丙의 작년과 올해 성과급을 계산하면 다음과 같다.

구분	작년	올해
甲	1,050만 원(=3,500만 원×30%)	1,600만 원(=4,000만 원×40%)
乙	1,000만 원(=4,000만 원×25%)	1,600만 원(=4,000만 원×40%)
丙	450만 원(=3,000만 원×15%)	350만 원(=3,500만 원×10%)

따라서 丙은 작년에 비해 올해 성과급이 감소한다.

오답해설

① 甲의 작년 성과급은 1,050만 원이다.
② 甲과 乙의 올해 성과급은 1,600만 원으로 같다.
④ 丙의 올해 연봉과 성과급의 합은 3,850만 원으로 셋 중 가장 적다.
⑤ 丙은 성과급이 감소하였으므로 제외하고 甲과 乙을 비교해 보면 올해의 성과급은 같은 반면 작년의 성과급은 乙이 적다. 따라서 상승률은 乙이 더 크다.

17

정답 ④

정답해설

제시된 조건을 정리하면 다음과 같다.

- 전공시험 점수 : A > B > E, C > D
- 영어시험 점수 : E > F > G
- 적성시험 점수 : G > B, G > C

B와 E가 합격하였다면 전공시험 점수가 높은 A가 합격하였을 것이고, 적성시험 점수가 높은 G도 합격하였을 것이다. G가 합격하였다면 영어시험 점수가 높은 F도 합격하였을 것이다.

오답해설

① A의 합격 여부만을 가지고 B의 합격 여부를 판단할 수는 없다.
② G가 합격하였다면 영어시험 점수가 더 높은 E와 F도 합격하였을 것이고 E가 합격하였다면 전공시험 점수가 더 높은 A와 B도 합격하였을 것이다. 또한 B가 합격하였다면 적성시험 점수가 높은 G도 합격하였을 것이다. 하지만 C는 합격 여부를 판단할 수 없다.
③ A와 B가 합격하였다면 적성시험 점수가 높은 G가 합격하였을 것이고, G가 합격하였다면 영어시험 점수가 높은 E와 F도 합격하였을 것이다. 또한 E가 합격하였다면 전공시험 점수가 높은 A와 B도 합격하였을 것이다. 하지만 C와 D는 합격 여부를 판단할 수 없다.
⑤ B가 합격하였다면 전공시험 점수가 높은 A와 적성시험 점수가 높은 G가 합격하였을 것이다. G가 합격하였다면 영어시험 점수가 높은 E와 F도 합격하였을 것이므로 적어도 5명이 합격하였을 것이다.

18

정답 ②

정답해설

만약 乙이 4점 슛에 도전하지 않은 상태라면 이때 얻을 수 있는 최대 득점은 1, 2, 5회차에 모두 3점 슛을 성공시킨 9점이다. 甲이 3점 슛에 2번 도전하였을 경우의 최소 득점은 3점 슛을 1번 성공하고 2점 슛을 3번 성공시킨 9점이다. 따라서 乙이 4점 슛에 도전하지 않은 상태라면 甲에게 승리할 수 없으므로 만약 乙이 甲에게 승리하였다면 반드시 4점 슛에 도전했을 것이다.

오답해설

ㄱ. 甲이 2회차에 4점 슛을 실패하고 나머지 회차에 2점 슛을 성공시키는 경우가 합계 점수가 최소가 되는 경우인데 이때의 득점은 7점이다.
ㄷ. 선택지의 조건을 적용했을 때 乙의 최댓값보다 甲의 최솟값이 더 크다면 甲은 항상 승리하게 된다. ㄱ에서 甲의 최솟값은 7점임을 알 수 있었으며, 乙의 최댓값은 4점 슛 1번, 3점 슛 2번을 성공한 8점이다. 따라서 항상 甲이 승리하는 것은 아니다.

19 정답 ③

정답해설

양봉농가 간 거리가 12km 이상인 경우에만 양봉을 허가하고 있으므로 양봉농가를 최대한 많이 배치하기 위해서는 다음 그림과 같은 경우가 되어야 한다. 따라서 양봉농가의 수는 최대 7개가 가능하다.

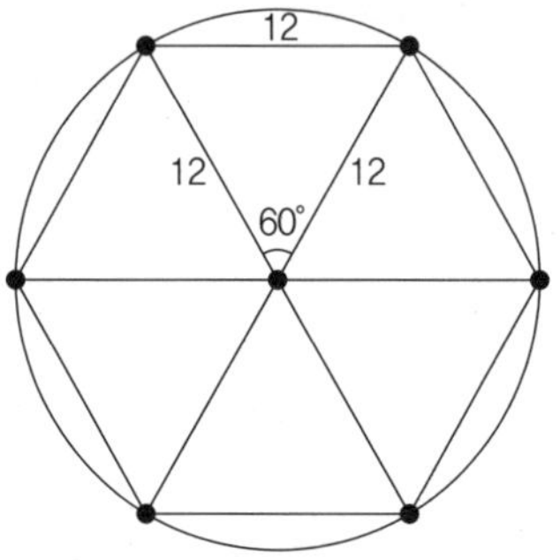

20 정답 ③

정답해설

만약 대화 중인 날이 7월 3일이라고 해보자. 그렇다면 어제는 7월 2일이고 그저께는 7월 1일이 되는데, 7월 1일의 만 나이가 21살이고, 같은 해의 어느 날의 만 나이가 23살이 되는 것은 불가능하다. 이는 대화 중인 날이 7월 3일 이후 어느 날이 되었든 마찬가지이므로 이번에는 앞으로 날짜를 당겨보자.

대화 중인 날이 1월 2일이라고 해보자(1월 3일은 7월 3일과 같은 현상이 발생하므로 제외한다). 그렇다면 어제는 1월 1일이고, 그저께는 12월 31일이 되는데, 1월 1일과 1월 2일 그리고 같은 해의 어느 날의 만 나이가 모두 다르게 되는 것은 불가능하다.

이번에는 대화 중인 날이 1월 1일이라고 해보자. 그렇다면 어제는 12월 31일이고 그저께는 12월 30일이 되는데 만약 12월 31일이 생일이라면 대화의 조건을 모두 충족한다.

따라서 甲의 생일은 12월 31일이며, 만 나이를 고려한 출생연도는 1999년이다. 甲의 주민등록번호 앞 6자리는 991231이 되어 각 숫자를 모두 곱하면 486이 된다.

합격 가이드

이와 같이 두뇌 테스트 같은 문제들이 종종 출제되곤 한다. 이런 문제를 만나게 되면 논리적으로 풀기보다는 이 문제의 해설과 같이 직관적인 수치를 직접 대입해서 판단하는 것이 훨씬 빠르고 정확하다. 실전에서 사용할 수도 없는 논리적인 틀을 굳이 찾아내려고 하지 말자.

21 정답 ⑤

정답해설

제시된 상황을 토대로 자료를 정리하면 다음과 같다.

1) 올해 최대 검사 건수 : (9×100×0.4)+(80×100×0.9)=360+7,200=7,560건
2) 내년 예상 검사 건수 : 7,560×1.2=9,072건
3) 내년 최대 검사 건수(현재 인원으로 검사 가정) : (9×90×0.4)+(80×90×0.9)=324+6,480=6,804건
4) 내년 부족 건수 : 9,072−6,804=2,268건
5) 증원 요청 인원 : 2,268÷81=28명

여기서 81로 나누는 이유는 '필요한 최소 직원 수'에서 올해 직원 수를 뺀 인원을 증원 요청한다고 했기 때문이다. 즉, 최대 검사 건수가 가장 많은 직원들로 충원한다고 가정해야 이것이 가능한데, 이에 해당하는 직원 그룹은 국장, 사무처리 직원, 과장을 제외한 나머지 직원들이다. 이들의 내년도 기준 검사건수는 90건이지만 품질 검사 교육 이수로 인해 10%를 차감한 81건으로 나누게 되는 것이다. 따라서 증원을 요청할 인원은 28명이다.

22 정답 ④

정답해설

제시된 조건을 토대로 4, 5회차를 제외한 세 사람의 문제 풀이 결과를 정리하면 다음과 같다.

구분	1	2	3	4	5	6	7
甲	1 ○	3 ○	7 ×	4		○	×
乙	1 ○	3 ○	7 ○	15		×	○
丙	1 ○	3 ×	2 ○	5		○	×

- 甲이 4회차에 4번 문제를 틀렸다면 5회차에 3번을 풀어야 하는데, 이는 같은 문제를 두 번 풀지 않는다는 조건에 위배된다. 따라서 甲은 4번을 맞추었다.
- 乙이 4회차에 15번 문제를 맞추었다면 5회차에 25번을 풀고 그 이후로는 문제를 풀지 않아야 한다는 조건에 위배된다. 따라서 乙은 15번을 틀렸다.
- 丙이 4회차에 5번 문제를 틀렸다면 5회차에 3번을 풀어야 하는데, 이는 같은 문제를 두 번 풀지 않는다는 조건에 위배된다. 따라서 丙은 5번을 맞추었다.

여기까지의 결과를 정리하면 다음과 같다.

구분	1	2	3	4	5	6	7
甲	1 ○	3 ○	7 ×	4 ○	9	○	×
乙	1 ○	3 ○	7 ○	15 ×	8	×	○
丙	1 ○	3 ×	2 ○	5 ○	11	○	×

乙이 5회차에 8번 문제를 틀렸다면 6회차에 5번, 7회차에 3번을 풀어야 하는데, 이는 같은 문제를 두 번 풀지 않는다는 조건에 위배된다. 따라서 乙은 8번을 맞추었다. 그런데 7회차까지 세 사람이 맞힌 정답의 개수가 같다고 하였으므로 甲과 丙 역시 해당되는 문제를 맞추었음을 알 수 있다.

이제 결과를 최종적으로 정리하면 다음과 같다.

구분	1	2	3	4	5	6	7
甲	1 ○	3 ○	7 ×	4 ○	9 ○	○	×
乙	1 ○	3 ○	7 ○	15 ×	8 ○	×	○
丙	1 ○	3 ×	2 ○	5 ○	11 ○	○	×

ㄴ. 4회차에는 甲과 丙 두 명이 정답을 맞췄다.
ㄹ. 위 표를 토대로 판단해 보면 乙은 6회차에 17번, 7회차에 9번을 풀었다.

오답해설

ㄱ. 4회차에 甲은 4번, 丙은 5번을 풀었다.
ㄷ. 5회차에는 세 명 모두 정답을 맞췄다.

23

정답 ①

정답해설

A가 E와 함께 참석한다면, F도 같이 참석해야 한다. 그런데 식사인원은 최대 4명이므로 (갑, A, E, F)를 한 조로 묶을 수 있다. 다음으로 C와 D는 함께 식사하지 않는다고 하였으므로 C가 들어간 조와 D가 들어간 조로 나누어 생각해보자. 남은 사람은 B와 G인데 G는 부팀장과 함께 식사한다고 하였으므로 B와 G는 하나의 세트로 묶을 수 있다. 그렇다면 갑, B, G가 고정된 상태에서 C 혹은 D를 추가로 묶어 한 조가 됨을 알 수 있다. 그런데 이렇게 될 경우 C 혹은 D 중 1명은 갑과 단 둘이 식사를 해야 하는 상황이 되고 만다. 이를 표시하면 다음과 같다. 따라서 A와 E는 함께 환영식사에 참석할 수 없다.

갑	A	B	C	D	E	F	G
○	○	×	×	×	○	○	×
○	×	○	○/×	×/○	×	×	○
○	×	×	×/○	○/×	×	×	×

오답해설

② (갑, B, C), (갑, E, F), (갑, A, D, G)인 경우에 가능하다.
③ (갑, A, C, G), (갑, B, D), (갑, E, F)인 경우에 가능하다.
④ D와 E가 함께 참석한다면 F도 함께 참석해야 하므로 (갑, D, E, F)를 한 조로 묶을 수 있다. 그런데 부팀장 A와 B는 함께 식사할 수 없으므로 A와 B는 각각 다른 조에 편성이 되어야 한다. 전체 인원으로 인해 남은 조는 2개뿐이므로 C는 부팀장인 A 또는 B와 같은 조에 편성될 수 밖에 없다.
⑤ G는 부팀장 A 또는 B와 함께 식사해야 하므로 갑, 부팀장1, G 3명을 일단 묶을 수 있는데 E와 F는 같이 식사해야 하므로 이들은 이 조에 편성될 수 없다. 그렇다면 남은 것은 부팀장2, C, D인데 부팀장2는 같이 식사를 할 수 없으므로 이 조가 4명이 되기 위해서는 C 혹은 D 중 1명이 이 조에 편성되어야 한다. 다음으로 갑과 E, F가 묶여진 조를 생각해볼 수 있는데 이 조에는 더 이상 다른 인원이 들어갈 수 없다. 왜냐하면 남은 사람은 B와 D뿐인데 이들이 나뉘게 될 경우 (갑, E, F)조에 들어가지 않은 사람인 갑과 단둘이 식사를 해야 하기 때문이다. 따라서 (갑, E, F)가 하나의 조로 묶이게 되며, 이를 표시하면 아래와 같다.

갑	A	B	C	D	E	F	G
○	○	×	○	×	×	×	○
○	×	×	×	×	○	○	×
○	×	○	×	○	×	×	×

24

정답 ④

정답해설

복잡하게 생각하면 머릿 속에서 정리가 쉽게 되지 않지만, 단순하게 생각하면 이보다 간단할 수는 없는 문제이다.

먼저 두 사람은 자신만의 일정한 속력으로 걷는다고 하였으므로 동일한 거리를 왕복하는 데 걸리는 시간은 동일하다는 것을 알 수 있다. 따라서 甲이 예상했던 시각보다 2분 일찍 사무실로 복귀했다는 것은 가는데 1분, 오는데 1분의 시간만큼 예상보다 빨랐다는 것을 의미한다.

다음으로 문제와는 다르게 만약 甲이 예상했던 시각에 맞추어 사무실로 복귀했다고 해보자. 그렇다면 실제 소요시간과 예상 소요시간이 같으므로 甲은 4분 일찍 자신의 사무실을 떠났을 것이다(예상 소요시간이 4분이므로 4분 전에 나가야 함은 너무나 당연하다). 그런데 문제에서는 2분 일찍(편도로는 1분) 일찍 도착하였으므로 甲은 원래 5분이 걸릴 것을 예상했는데 실제로는 4분밖에 걸리지 않았다는 결론이 나오게 된다.

25

정답 ④

정답해설

재외공무원이 일시귀국 후 국내 체류기간을 연장하는 경우에는 장관의 허가를 받아야 한다.

오답해설

① 재외공무원이 공무로 일시귀국하고자 하는 경우에는 장관의 허가를 받아야 한다.
② 공관장이 공무 외의 목적으로 일시귀국하려는 경우에는 장관의 허가를 받아야 하나, 배우자의 직계존속이 위독한 경우에는 장관에게 신고하고 일시귀국할 수 있다.
③ 재외공무원이 연 1회를 초과하여 공무 외의 목적으로 일시귀국하려는 경우에는 장관의 허가를 받아야 하나, 동반가족의 치료를 위하여 일시귀국하는 경우에는 일시귀국의 횟수에 산입하지 않는다.
⑤ 재외공무원이 연 1회를 초과하여 공무 외의 목적으로 일시귀국하기 위해서는 장관의 허가를 받아야 한다.

01	02	03	04	05	06	07	08	09	10
①	⑤	④	①	②	①	④	①	⑤	④
11	12	13	14	15	16	17	18	19	20
②	③	③	⑤	④	②	②	⑤	③	①
21	22	23	24	25					
③	⑤	①	④	②					

01

정답 ①

정답해설

2020년 7월 대비 15세 이상 인구가 1만 5천 명 감소하였는데, 경제활동인구는 3만 명 증가하였으므로 또 다른 구성요소인 비경제활동인구는 4만 5천 명 감소(A)하였을 것이다. 그리고 2021년 7월의 경제활동인구가 175만 7천 명인데, 실업자 수가 6만 1천 명이므로 또 다른 구성요소인 취업자는 169만 6천 명(B)일 것이다.

02

정답 ⑤

정답해설

ㄱ. 2019년 청구인이 내국인인 특허심판 청구건수는 어림해 보더라도 1,200건에 미치지 못하는데, 2018년은 이의 2배인 2,400건을 훌쩍 넘는다.

ㄴ. 직접 계산해보지 않더라도 청구인이 내국인이면서 피청구인이 내국인인 건수가 외국인인 건수의 3배를 넘으며, 청구인이 외국인인 경우도 같으므로 전체 합은 3배 이상이 될 것이다.

ㄷ. 전자는 270건이고 후자는 230건이므로 전자가 더 많다.

03

정답 ④

정답해설

보고서에 의하면 2018년 이후 예식장의 사업자 수는 감소하지만 자료에서 예식장의 경우 2019년의 사업자 수가 2018년에 비해 증가하였다.

04

정답 ①

정답해설

기획재정부장관, 보건복지부장관, 여성가족부장관, 국토교통부장관, 해양수산부장관, 문화재청장 총 6명이 심의안건에 모두 동의하였다.

오답해설

ㄴ. 25차에서는 6명이 부동의하였으나 26차에서는 4명이 부동의하였다.

ㄷ. 전체 위원의 $\frac{2}{3}$ 이상이 동의하기 위해서는 11명 이상이 동의해야 하는데 25차에서는 10명이 동의하였다.

합격 가이드

선택지를 판단할 때 전체 위원 수를 직접 헤아려본 수험생이 있을 것이다. 이는 각주를 꼼꼼하게 읽지 않았기 때문에 생기는 일이다. 각주에서 전체 위원의 수가 16명으로 명시되어 있다.

05

정답 ②

정답해설

- 첫 번째 조건 : C는 2010년대에 1천만 원 이상의 창업 건수가 더 많으므로 제외한다.
- 두 번째 조건 : D는 2010년대에 77건, 2000년대에 39건이므로 2배에 미치지 못하므로 제외한다.
- 세 번째 조건 : A는 1990년대에 200건을 넘는데 2020년 이후에는 2,000건에 훨씬 미치지 못하므로 제외한다.
- 네 번째 조건 : E는 전체 창업건수가 253건인데 이의 3%는 7건을 넘으므로 제외한다.

따라서 모든 조건을 충족하는 B가 보고서의 내용에 부합하는 도시이다.

06

정답 ①

정답해설

A지역의 3등급 쌀 가공비용은 25×100천 원인데 B지역의 2등급 현미 가공비용은 25×97천 원이므로 계산해 볼 필요 없이 전자가 더 크다.

오답해설

ㄴ. 1등급 현미 전체의 가공비용은 106×105천 원인데 2등급 현미 전체 가공 비용은 82×97천 원이므로 곱해지는 값들의 차이가 그리 크지 않은 상황이다. 따라서 직접 계산해 볼 필요 없이 2배에는 미치지 못할 것임을 알 수 있다.

ㄷ. 감소폭을 구하면 되는 것이므로 전체 총액을 구하지 말고 곧바로 감소액을 계산하면 다음과 같다.

- A지역 : (25×10)+(7×5)
- B지역 : (55×10)+(5×5)
- C지역 : (20×10)+(2×5)

B지역은 쌀의 가공비용이 다른 지역에 비해 압도적으로 많으므로 제외되며, A지역은 곱해지는 가공량이 모두 C지역에 비해 크다. 따라서 C지역의 감소폭이 가장 작다.

07

정답 ④

정답해설

제시된 자료를 정리하면 다음과 같다.

(단위 : 점)

구분	편익	피해액	재해발생위험도	합계(우선순위)
갑	6	15	17	38(2)
을	8	6	25	39(1)
병	10	12	10	32(3)

ㄱ. 재해발생위험도는 을, 갑, 병의 순으로 높은데, 우선순위도 이와 순서가 같다.
ㄷ. 피해액 점수와 재해발생위험도 점수의 합은 갑이 32점, 을이 31점, 병이 22점이므로 갑이 가장 크다.
ㄹ. 갑지역의 합계점수가 40점으로 변경되므로 갑지역의 우선순위가 가장 높아진다.

오답해설

ㄴ. 우선순위가 가장 높은 지역(을)과 가장 낮은 지역(병)의 피해액 점수 차이는 6점인데, 재해발생위험도 점수 차이는 15점이므로 후자가 전자보다 크다.

08

정답 ①

정답해설

해당 기간 동안 특허 출원건수 합은 식물기원이 58건, 동물기원이 42건, 미생물효소가 40건이므로 미생물효소가 가장 작다.

오답해설

ㄴ. 연도별로는 분모가 되는 전체 특허 출원건수가 동일하므로 유형별 특허 출원건수의 대소만 비교하면 된다. 이에 따르면 2019년에는 동물기원이 가장 높다.
ㄷ. 식물기원과 미생물효소가 전년 대비 2배 이상 증가하였으므로 이 둘만 비교하면 된다. 그런데 두 유형 모두 2021년의 출원건수가 2020년의 2배보다 1만큼 더 많은 상황이다. 그렇다면 2020년의 출원건수가 더 적은 미생물효소의 증가율이 더 높을 것임을 계산하지 않고도 알 수 있다.

09

정답 ⑤

정답해설

A : 서울특별시, 부산광역시, 광주광역시, 전라북도, 전라남도, 경상남도 총 6개 지역이 이에 해당한다.
B : 전라북도의 경우 전년 대비 증가폭이 0.3%p로 가장 크다.
C : 2019년 빈집비율이 가장 높은 지역은 전라남도(15.5%)이고, 가장 낮은 지역은 서울특별시(3.2%)인데, 2020년 역시 전자가 전라남도(15.2%), 후자가 서울특별시(3.2%)이다. 그런데 서울특별시의 빈집비율이 두 해 모두 동일하므로 전라남도의 빈집비율이 더 큰 2019년의 차이가 더 크다는 것을 알 수 있다. 따라서 빈집비율의 차이는 2019년에 비해 2020년에 감소하였다.

10

정답 ④

정답해설

ㄱ. 첫 번째 문단의 두 번째 문장을 작성하기 위해 필요한 자료이다.
ㄴ. 세 번째 문단의 첫 번째 문장을 작성하기 위해 필요한 자료이다.
ㄹ. 마지막 문단을 작성하기 위해 필요한 자료이다.

오답해설

ㄷ. 표 1을 통해 알 수 있으므로 추가로 필요한 자료가 아니다.

합격 가이드

추가로 필요한 자료를 묻는 문제의 경우 선택지의 자료들이 올바르게 작성되었는지를 따져볼 필요는 없다. 자료의 항목이 제대로 반영되어 있다면 수치들을 꼼꼼하게 살펴볼 필요 없이 곧바로 다음 문제로 넘어가도록 하자. 자료의 정오를 따져야 하는 경우는 문제에서 '올바르게 작성된 것은'과 같이 명확하게 표현해준다.

11

정답 ②

정답해설

ㄱ. 2016년의 비중은 $\frac{96}{322}$, 2018년은 $\frac{90}{258}$인데 분자의 경우 2016년이 2018년에 비해 10%에 미치지 못하게 크지만, 분모는 10%를 훨씬 넘게 크다. 따라서 2018년의 비중이 더 높다.
ㄷ. 2017년과 2018년은 전년에 비해 접수 건수가 감소하였으니 제외하고 2019년과 2020년을 비교해 보자. 2019년의 전년 대비 증가율은 $\frac{36}{168}$이이고, 2020년은 $\frac{48}{204}$인데, 2020년의 분자는 $\frac{1}{3}$만큼 2019년에 비해 크지만 2020년의 분모는 $\frac{1}{3}$보다 작게 크다. 따라서 증가율은 2020년이 더 크다.

오답해설

ㄴ. 2018년의 전년 이월 건수가 90건이고 2019년이 71건이므로 2018년이 답이 될 것으로 착각하기 쉬우나 마지막 2020년의 차년도 이월 건수가 131건임을 놓쳐서는 안된다. 따라서 2020년이 가장 많다.
ㄹ. 재결 건수가 가장 적은 연도는 2019년인데 해당 연도 접수 건수가 가장 적은 것은 2018년이다.

12

정답 ③

정답해설

멸종우려종 중 고래류가 80% 이상이라고 하였는데 이는 표에서 D에 해당함을 쉽게 알 수 있다. 다음으로 9개의 지표 중 멸종우려종 또는 관심필요종으로만 분류된 것은 B이므로 해달류 및 북극곰이 이에 해당한다. 마지막으로 A와 C 중 자료부족종으로 분류된 종이 없는 것은 C이므로 해우류가 이에 해당하게 되며 남은 A는 기각류임을 알 수 있다.

13

정답 ③

정답해설

이 자료에서 잠금해제료는 일종의 기본요금 성격을 가진다고 볼 수 있다. 그러므로 잠금해제료가 없는 A의 대여요금이 대여직후부터 일정 시점까지는 4곳 중 가장 낮지만 어느 시점부터는 분당대여료가 A보다 낮은 나머지 3곳의 요금이 작아질 것이다. 그럼 어느 시점에서 이런 일이 일어날까? 이를 알기 위해서 4곳의 요금식을 구하면 다음과 같다(x : 대여시간).

- A : $200x$
- B : $250+150x$
- C : $750+120x$
- D : $1,600+60x$

먼저 A와 B가 교차하는 시점을 알기 위해 둘을 같다고 놓고 풀어보면 5가 나오게 되는데, 이것은 5시간 이전까지는 A가 B보다 요금이 작지만 5시간을 기점으로 순서가 뒤바뀌게 된다는 것을 의미한다(이는 그래프를 그려보면 더 직관적으로 이해 가능한데, A는 원점을 지나는 직선인 반면 나머지는 모두 Y절편이 양수이면서 기울기가 A보다 작은 직선이기 때문이다).
같은 방식으로 계산해 보면 C는 10, D는 12가 되므로 B가 가장 먼저 A보다 낮은 요금이 된다는 것을 확인할 수 있다(이때, 실제 C의 값은 9.x가 되는데 요금은 분 단위로 부과되므로 10분부터 실제 요금이 달라지게 될 것이고 D도 같음).
이제 세 번째로 낮은 요금이 되는 것을 찾기 위해 B와 C, B와 D의 요금식을 풀어보면 C는 17, D는 15가 된다. 따라서 15분부터는 D의 요금이 가장 작게 된다.
그럼 남은 C가 마지막으로 낮은 요금이 되는 것일까? 만약 C가 마지막으로 낮은 요금이 된다면 어느 시점부터는 계속 C가 가장 낮은 요금이 되어야 하는데, 이는 기하학적으로 불가능하다. 왜냐하면, D는 C보다 기울기가 작기 때문에 이 둘이 교차한 이후부터는 D가 C의 아래쪽에 위치하기 때문이다. 따라서 C는 마지막으로 낮은 요금이 될 수 없다. 그렇다면 C는 어떤 경우에도 가장 낮은 요금이 되지 못하므로 (가)에는 C가 들어가게 된다.
다음으로 (나)를 판단해 보자. (나)는 C가 요금을 바꾼 이후에 가장 낮은 요금이 되지 못한다고 하였는데 잠금해제료 자체가 없는 A는 대여직후부터 일정 시점까지는 가장 낮은 요금이 될 수 밖에 없으므로 (나)는 A가 될 수 없다. 또한 C도 될 수 없다. 왜냐하면 C가 요금을 바꾼 이유가 자신들의 요금이 최저요금이 되지 못하기 때문이었는데, 바꾼 다음에도 여전히 최저요금이 되지 못한다는 것은 말이 되지 않기 때문이다(만약 그렇다면 처음부터 분당대여료를 50원 인하했으면 될 것이다). 그렇다면 남은 것은 B와 D인데 D도 (나)가 될 수 없다. D는 4곳 중에서 기울기가 가장 작기 때문에 그래프상에서 어느 순간부터는 가장 아래에 위치할 수밖에 없기 때문이다. 그렇다면 남은 B가 (나)에 해당한다.
마지막으로 (다)를 구하기 위해 C와 B의 요금을 계산해 보면 C는 2,550원[=750+(120×15)], B는 2,250원[=250+(100×20)]이 된다. 따라서 둘의 차이인 300이 (다)에 들어가게 된다.

합격 가이드

(나)를 판단할 때 C가 최저 요금이 될 수 없는 과정을 따로 계산하지 않았다. 물론, (가)를 구할 때와 마찬가지로 각각의 요금식을 구해서 판단할 수도 있지만 그러기에는 불필요하게 아까운 시간이 소모된다. 때로는 이와 같이 풀이 이외의 센스가 필요한 경우가 있다는 것을 알아두자.

14 정답 ⑤

정답해설

자료에 제시된 2019년의 지출 총액은 8,250억 원인데 이의 50%는 4,125억 원으로 2021년의 지출 총액인 4,434억 원보다 작다. 따라서 감소율이 50%에 미치지 못하므로 보고서에 부합하지 않는다.

15 정답 ④

정답해설

각급 학교의 수는 교장의 수와 같으므로 $\frac{\text{여성 교장 수}}{\text{비율}}$을 구하면 전체 학교의 수를 구할 수 있다. 그런데 중학교의 비율을 2로 나누면 나머지 학교들과 같은 3.8이 되므로 모두 분모가 같게 만들 수 있다. 분모가 같다면 굳이 분수식을 계산할 필요 없이 분자의 수치만으로 판단하면 되는데, 이에 따르면 초등학교는 222, 중학교는 90.5, 고등학교는 66이 되어 중학교와 고등학교의 합보다 초등학교가 더 크게 된다.

오답해설

① 제시된 표는 5년마다 조사한 자료이므로 매년 증가했는지 여부는 알 수 없다.
② 각 학교의 교장은 1명이므로 교장 수를 구하면 곧바로 학교의 수를 알 수 있다. 2020년의 여성 교장 수 비율이 40.3%이므로 전체 교장 수는 대략 6,000명으로 판단할 수 있는데, 6,000명의 1.8%는 108명에 불과하므로 1980년의 여성 교장 수에 미치지 못한다. 따라서 1980년의 전체 교장 수는 6,000명보다는 클 것이다.
③ 두 해 모두 여성 교장의 비율이 같은 반면 여성 교장 수는 1990년이 더 많으므로 전체 교장 수도 1990년이 더 많다. 그런데 여성 교장의 비율이 같다면 남성 교장의 비율도 같을 것이므로 이 비율에 더 많은 전체 교장의 수가 곱해진 1990년의 남성 교장 수가 더 많을 것이다.
⑤ 2000년의 초등학교 여성 교장 수는 490명이고 이의 5배는 2,450인데 이는 2020년에 비해 크다. 따라서 5배에 미치지 못한다.

16 정답 ②

정답해설

보고서의 순서대로 지역을 판단해 보면 다음과 같다.
i) TV 토론회 전에 B후보자에 대한 지지율이 A후보자보다 10%p 이상 높음 : 마 제외
ii) TV 토론회 후에 지지율 양상에 변화 : 라 제외
iii) TV 토론회 후 '지지 후보자 없음' 비율 감소 : 다 제외
iv) TV 토론회 후 두 후보자 간 지지율 차이가 3%p 이내 : 가 제외
따라서 보고서 내용에 해당하는 지역은 '나'이다.

17 정답 ②

정답해설

ㄱ. 각주의 식에 의하면 업종별 업체 수는 도입률에 업종별 스마트시스템 도입 업체 수를 곱해서 구할 수 있다. 그런데 그림 1에서 자동차부품보다 업체 수가 많은 업종들의 업체 수는 자동차부품에 비해 2배를 넘지 않는 반면, 이들의 도입률은 모두 절반에 미치지 못한다. 또한 자동차부품보다 업체 수가 적은 업종들은 모두 업체 수도 적고 도입률도 작다. 따라서 이 둘을 곱한 수치가 가장 큰 것은 자동차부품이다.
ㄷ. 도입률과 고도화율을 곱한 값을 비교하면 되는데, 외견상 확연히 1, 2위가 될 것으로 보이는 항공기부품과 자동차부품을 비교해 보면 항공기부품은 28.4×37.0, 자동차부품은 27.1×35.1이므로 곱해지는 모든 값이 더 큰 항공기부품이 더 크다.

오답해설

ㄴ. 고도화율이 가장 높은 업종이 항공기부품인 것은 그래프에서 바로 확인 가능하다. 다음으로 스마트시스템 고도화 업체 수는 각주의 산식을 통해 '도입률×고도화율×업종별 업체 수'임을 알 수 있는데, 자동차부품의 경우 '도입률×고도화율'은 항공기부품과 비슷한 데 반해 업종별 업체 수는 7배 이상 크다. 따라서 항공기부품의 스마트시스템 고도화 업체 수가 가장 많은 것은 아니다.
ㄹ. 도입률이 가장 낮은 업종은 식품바이오인데, 고도화율이 가장 낮은 업종은 금형주조도금이므로 서로 다르다.

18

정답 ⑤

정답해설

직접 계산하는 것 이외에는 마땅한 방법이 없는 문제이므로 주어진 산식에 맞추어 운전자별로 정지시거를 계산하면 다음과 같다.

구분	반응거리	맑은 날		비 오는 날	
		제동거리	정지시거	제동거리	정지시거
A	40	$\frac{20^2}{2\times0.4\times10}=50$	90	$\frac{20^2}{2\times0.1\times10}=200$	240
B	40	$\frac{20^2}{2\times0.4\times10}=50$	90	$\frac{20^2}{2\times0.2\times10}=100$	140
C	32	$\frac{20^2}{2\times0.8\times10}=25$	57	$\frac{20^2}{2\times0.4\times10}=50$	82
D	48	$\frac{20^2}{2\times0.4\times10}=50$	98	$\frac{20^2}{2\times0.2\times10}=100$	148
E	28	$\frac{20^2}{2\times0.4\times10}=50$	78	$\frac{20^2}{2\times0.2\times10}=100$	128

따라서 바르게 연결된 것은 ⑤이다.

19

정답 ③

정답해설

ㄱ. 2020년 어획량이 가장 많은 어종은 고등어인데, 이것은 전년에 비해 감소한 수치이므로 2019년에는 더 많았을 것이다. 반면, 그림에서 오징어를 제외한 고등어의 오른쪽에 위치한 어종들은 전년에 비해 어획량이 증가하였음에도 여전히 고등어에 비해 작은 상태이므로 2019년에도 고등어의 어획량에 미치지 못했을 것이다. 마지막으로 광어는 전년에 비해 어획량이 감소하기는 했으나 2020년의 어획량 자체가 고등어에 비해 턱없이 작다. 따라서 광어의 2019년 어획량도 고등어에 미치지 못한다.

ㄷ. 갈치의 평년비가 100%를 넘는다는 것은 갈치의 2011~2020년 연도별 어획량의 평균(A)보다 2020년의 어획량(B)이 더 많다는 것을 의미한다. 그런데 여전히 A보다 큰 2021년의 어획량이 더해진다면 이것이 포함된 2011~2021년 연도별 어획량의 평균은 당연히 A보다 커질 것이다.

오답해설

ㄴ. 선택지의 문장이 옳다면 $\frac{\text{전년비(\%)}}{\text{평년비(\%)}}$의 값이 1보다 커야 한다. 이는 그림의 원점에서 해당 어종에 해당하는 점을 연결한 직선의 기울기가 1보다 작아야 함을 의미하는데 조기는 이에 해당하지 않는다.

20

정답 ①

정답해설

해설의 편의를 위해 선수명은 종합기록 순위로 나타낸다.

ㄱ. 5위의 수영기록을 계산해 보면 약 1시간 20분 정도로 계산되므로 수영기록이 한 시간 이하인 선수는 1위, 2위, 6위이며, 이들의 T2기록은 모두 3분 미만이다.

ㄴ. 9위의 종합기록을 계산해 보면 9:48:07이며, 이 선수까지 포함해서 선택지를 판단해 보면 6위, 7위, 10위 선수가 이에 해당한다.

오답해설

ㄷ. 6위 선수의 달리기기록이 3위 선수보다 빠르므로 대한민국 선수 3명이 1~3위를 모두 차지할 수는 없다. 이때 8위 선수의 달리기 기록은 문제의 정오를 판단하는 데 영향을 주지 않으므로 계산하지 않는다.

ㄹ. 5위 선수를 제외하고 순위를 매겨보면 수영, T1 모두 4위를 기록하고 있다. 그런데 ㄱ에서 5위의 수영기록은 1시간 20분 정도라는 것을 이미 구해놓았으며 이 선수의 수영과 T1의 합산 기록은 10위 선수에 한참 뒤처진다. 따라서 10위 선수의 수영과 합산기록 모두 4위로 동일하다.

21

정답 ③

정답해설

고정원가와 변동원가율(=1-고정원가율)을 통해 제품별 제조원가를 구하고, 구해진 제조원가와 제조원가율을 통해 매출액을 구하면 다음과 같다(대소비교만 하면 되므로 천 단위 이하는 소수점으로 처리하였다).

구분	고정원가율	제조원가	매출액
A	60	100	400
B	40	90	300
C	60	55	약 180
D	80	62.5	625
E	50	20	200

따라서 C의 매출액이 가장 작다.

22

정답 ⑤

정답해설

ㄱ. 2019년의 국내 매출액은 123,473억 원이고, 2020년은 136,243억 원이므로 국내 매출액이 가장 큰 연도는 2020년이다. 그런데 분모가 되는 2020년의 총매출액은 3개 연도 중 가장 크고, 분자가 되는 국외 매출액은 가장 작으므로 총매출액 중 국외 매출액 비중은 2020년이 가장 작다.

ㄴ. 탄약의 매출액 증가액은 약 600억 원이므로 매출액 증가율은 2~3%인데 나머지 분야는 모두 이를 초과한다.

ㄹ. '적어도' 유형의 문제이다. 2020년 대기업의 국내 매출액은 119,586억 원이고 항공유도 분야의 매출액은 49,024억 원이다. 이 둘을 더하면 168,610억 원이 되는데 전체 총매출액은 153,867억 원이므로 이 둘의 차이인 14,743억 원은 항공유도 분야이면서 대기업 모두에 해당함을 알 수 있다.

오답해설

ㄷ. 선택지의 문장이 옳게 되기 위해서는 $\frac{16,612}{27,249}$가 1,012에 4를 곱해 구한 $\frac{4,048}{5,855}$보다 더 커야 한다. 이를 간단하게 비교하기 위해 앞 두자리 유효숫자로 변환하면 $\frac{16}{27}$과 $\frac{40}{58}$이 되는데 분자의 경우 후자가 전자의 2배보다 훨씬 큰 반면, 분모는 2배를 겨우 넘는 수준이다. 따라서 후자가 더 크다.

합격 가이드

증가율, 대소비교 등 일반적인 경우에는 유효숫자를 활용해 계산을 간단하게 하는 것이 필요하지만 '적어도' 유형의 경우는 이 문제와 같이 엄밀한 계산이 필요한 경우가 자주 있다. 어차피 덧셈 한 번과 뺄셈 한 번만 하면 되는 것이니 '적어도' 유형을 만나게 되면 정확하게 계산하도록 하자.

23

정답 ①

정답해설

보고서의 내용을 토대로 해당하는 분야를 판단하면 다음과 같다.

i) 종사자 수는 통신전자, 함정, 항공유도 분야만 증가 : A, C, D가 이에 해당한다.

ii) 2018~2020년 동안 매출액과 종사자 수가 매년 증가한 분야는 통신전자 : D

iii) 함정과 항공유도가 A, C에 해당하므로 이후에는 이 둘만 판단한다.

iv) 함정분야 종사자 수는 전체에서 가장 많이 증가 : A, C 둘만 비교하면 되며 C가 이에 해당한다.

따라서 남은 A가 항공유도에 해당한다.

합격 가이드

보고서의 내용을 보면 위에 언급한 내용 이외에도 기동에 대한 내용과 함정 분야의 매출액 증가율에 관한 내용도 포함되어 있다. 하지만 이미 A와 C로 범위가 좁혀져 있고 보고서에서 함정에 대한 것이 직접적으로 제시되어 있는 만큼 이와 연관이 없는 것, 복잡한 것은 거들떠 볼 필요도 없다.

24

정답 ④

정답해설

각주의 산식을 조합하여 풀이할 수도 있으나 그럴 경우 1인당 국내총생산이 분모에 위치하는 등 숫자의 구성이 매우 복잡하다. 그러므로 정석대로 첫 번째 각주를 통해 총인구를 구하고, 이를 이용해 이산화탄소 총배출량을 구해보자(계산의 편의를 위해 국내총생산의 억단위는 무시한다).

첫 번째 각주를 통해 총인구를 어림하여 구해보면 A는 3.x, B는 약 1.2, C는 약 0.5, D는 약 14로 계산된다. 그리고 두 번째 각주를 통해 이산화탄소 총배출량을 계산하면 A는 약 50, B는 약 10, C는 약 6, D는 약 100이다. 따라서 이산화탄소 총배출량이 적은 국가부터 나열하면 C－B－A－D이다.

합격 가이드

'1인당' 유형의 문제는 가급적이면 첫 번째 턴에서는 넘기고 시간이 남는 경우에 푸는 것이 현실적으로 안전하다. 물론 위의 해설은 매우 간단해 보이지만 실제 시험장에서 이러한 과정을 통해 풀이할 경우 상당한 시간이 소요된다.

25

정답 ②

정답해설

ㄱ. 2020년의 다중이용시설 급속충전기 수는 2019년에 비해 2배 이상 증가하였으나 일반시설은 2배에 미치지 못하므로 2020년의 비율이 2019년에 비해 크다. 또한 2021년의 다중이용시설 급속충전기 수는 2020년에 비해 50%보다 훨씬 많이 증가한 반면, 일반시설은 50%에 한참 미치지 못한다. 따라서 전체 급속충전기 수 대비 다중이용시설 급속충전기 수의 2021년의 비율도 2020년에 비해 크다.

ㄷ. 2019년과 2021년의 빈칸들을 어느 정도 어림해서 구해야 판단이 가능하다. 먼저 2019년의 휴게소의 급속충전기 수는 약 500대 정도 되며, 공동주택은 약 30대로 계산할 수 있다. 그리고 2021년의 주유소는 약 1,000대로 계산되므로 2019년에 비해 8배 증가하였다. 하지만 나머지 장소들의 증가율은 이에 미치지 못한다.

오답해설

ㄴ. 2021년의 공공시설 급속충전기 수는 약 3,700대인데, 쇼핑몰과 주차전용시설의 급속충전기 수의 합은 이보다 더 크다.

ㄹ. 2019년의 휴게소 급속충전기 수가 약 500대인데 이는 문화시설에 비해 적다.

PSAT

7급 / 민간경력자 PSAT 10+7개년 기출문제집

피셋

Public Service Aptitude Test

PART 2

7급 PSAT 기출문제 정답 및 해설

2021 기출문제 정답 및 해설

2021년 언어논리 _ 정답 및 해설

01	02	03	04	05	06	07	08	09	10
④	①	①	④	⑤	①	③	④	③	②
11	12	13	14	15	16	17	18	19	20
③	④	⑤	②	④	⑤	③	③	③	①
21	22	23	24	25					
①	②	⑤	④	③					

01 정답 ④

정답해설

제시문에 따르면 4괘가 상징하는 바는 그것이 처음 만들어질 때부터 오늘날까지 변함이 없다. 오늘날 태극기의 우측 하단에 있는 괘와 고종이 조선 국기로 채택한 기의 우측 하단에 있는 괘는 모두 곤괘로써 땅을 상징한다.

오답해설

① 미국 해군부가 『해상 국가들의 깃발들』이라는 책을 만든 것은 1882년 6월이고 통리교섭사무아문이 각국 공사관에 국기를 배포한 것은 1883년 이후이다.

② 태극 문양을 그린 기는 개항 이전에도 조선 수군이 사용한 깃발 등 여러 개가 있다.

③ 통리교섭사무아문이 배포한 기의 우측 상단의 있는 괘와 조선의 기 좌측 상단에 있는 괘가 상징하는 것이 같다.

⑤ 박영효가 그린 기의 좌측 상단의 있는 괘는 건괘로써 하늘을 상징하고 이응준이 그린 기는 감괘로써 물을 상징한다.

합격 가이드

흔히들 제시문의 첫 부분에 나오는 구체적인 내용들은 중요하지 않은 정보라고 판단하여 넘기곤 한다. 하지만 첫 부분에 등장하는 내용이 선택지의 문장으로 구성되는 경우가 상당히 많은 편이다. 첫 문단은 글 전체의 흐름을 알게 해주는 길잡이와 같은 역할도 하므로 그것이 지엽적인 정보일지라도 꼼꼼하게 챙기도록 하자.

02 정답 ①

정답해설

현재까지 법률에서 조례로 제정하도록 위임한 10건 중에서 7건은 이미 조례로 제정하였고 입법 예고 중인 것은 2건이다. 따라서 A시는 조례 제정을 위해 입법 예고가 필요한 것이 1건이다.

03 정답 ①

정답해설

외부 참여 가능성이 높은 모형은 C이고, 제시문에 따르면 C는 관료제의 영향력이 작고 통제가 약한 분야에서 주로 작동한다.

오답해설

② 상호 의존성이 보통인 모형은 B이고, 배타성이 강해 다른 이익집단의 참여를 철저히 배제하는 특징을 가진 것은 A이다.

③ 합의 효율성이 높은 모형은 A이다. 제시문에 따르면 특정 이슈에 대해 유기적인 연계 속에서 기능하는 경우, B가 A보다 효과적으로 정책 목표를 달성할 수 있다.

④ 주어진 정보만으로 각 모형에 참여하는 이익집단의 정책 결정 영향력을 비교할 수 없다.

⑤ C는 지속성이 낮고 참여자가 많지만 둘 간의 상관관계에 대해서는 알 수 없다.

04 정답 ④

정답해설

ㄴ. FD 방식은 입자가 구별되지 않고, 하나의 양자 상태에 하나의 입자만 있을 수 있다. 그러므로 두 개의 입자는 항상 다른 양자 상태에 존재하며, 양자 상태의 수를 n이라고 할 때 경우의 수는 $\frac{n(n-1)}{2}$이다. 따라서 양자 상태의 가짓수가 많아지면 두 입자가 서로 다른 양자 상태에 각각 있는 경우의 수는 커진다.

ㄷ. BE 방식에서는 두 입자가 구별되지 않고, 하나의 양자 상태에 여러 개의 입자가 있을 수 있으므로 이때의 경우의 수는 $n(n-1)$ 이다. MB 방식에서는 두 입자가 구별 가능하고, 하나의 양자 상태에 여러 개의 입자가 있을 수 있으므로 이때의 경우의 수는 n^2이다. 따라서 BE 방식에서보다 MB 방식에서의 경우의 수가 더 크다.

오답해설

ㄱ. 두 개의 입자에 대해, 양자 상태가 두 가지인 경우 BE 방식이라면 두 입자가 구별되지 않고 하나의 양자 상태에 여러 개의 입자가 있을 수 있으므로 경우의 수는 3이다.

05

정답 ⑤

정답해설

학습된 안정 반응을 일으키는 경우에 청각시상에서 측핵으로 전달되는 신호의 세기는 매우 미약해진다. 반면, 학습된 공포 반응을 일으키는 경우에 청각시상에서 측핵으로 전달되는 신호의 세기는 훨씬 센 강도로 증폭된다.

오답해설

① 학습된 안정 반응은 선조체에서 반응이 세게 나타나는 경우에 일어난다.
② 학습된 공포 반응을 일으키지 않는 소리 자극에 대한 정보는 제시되어 있지 않다.
③ 학습된 공포 반응은 청각시상, 측핵, 중핵 등에 의해 나타나는 반응이며, 선조체와 관련된 정보는 제시되어 있지 않다.
④ 학습된 안정 반응을 일으키는 청각시상에서 받는 소리 자극신호와 학습된 공포 반응을 일으키는 청각시상에서 받는 소리 자극 신호 간의 강도 비교에 대한 정보는 제시되어 있지 않다.

합격 가이드

많은 수험생들이 과학실험에 대한 제시문을 어려워한다. 아무래도 용어가 익숙하지 않고 실험과정에서 과다한 정보가 제시되기 때문일텐데, 이것은 제시문을 한 번 읽고 실험의 내용을 완벽하게 이해하려는 것에 기인한다. 과학실험 제시문은 두 번 읽는다는 생각을 해야 한다. 물론 연속해서 두 번 보는 것이 아니라, 첫 번째에는 큰 얼개를 잡는 느낌으로 읽고 두 번째에 선택지를 보면서 해당 부분을 찾아가며 자세히 읽는 것이다. 대부분의 실험문제는 제시문만 읽었을 때에는 의미가 명확하게 나타나지 않다가 선택지를 통해 구체화되는 경우가 많다. 한 번에 모든 것을 다 이루려고 하지 말자.

06

정답 ①

정답해설

A가 공연 예술단에 참가하는 것이 분명하므로 빈칸에는 갑이나 을이 수석대표를 맡는다는 것을 뒷받침할 내용이 들어가야 한다. 국제 예술 공연이 민간 문화 교류 증진을 목적으로 열리기 때문에 공연 예술단의 수석대표는 정부 관료가 맡아서는 안 된다. 수석대표는 지휘자나 제작자가 맡아야 하고 전체 세대를 아우를 수 있는 사람이어야 한다. 따라서 ①이 가장 적절하다.

07

정답 ③

정답해설

경아의 첫 번째 발언과 다른 사람들의 첫 번째 발언은 양립할 수 없다. 따라서 경아의 첫 번째 발언이 참인 경우와 거짓인 경우로 나누어 판단한다.

ⅰ) 경아의 첫 번째 발언이 참인 경우
각각 참만을 말하거나 거짓만을 말하므로 경아를 제외한 나머지는 모두 거짓을 말한다. 이 경우에 범인이 여러 명이 되어 모순이 생긴다.

ⅱ) 경아의 첫 번째 발언이 거짓인 경우
경아는 거짓을 말하고 나머지는 모두 참을 말한다. 따라서 바다, 다은, 경아는 범인이 아니고 은경이 범인이다.

ㄱ · ㄷ. 경아만 거짓을 말하고 나머지는 모두 참을 말한 경우 은경이 범인이므로 반드시 참이다.

오답해설

ㄴ. 경아가 거짓을 말하는 경우 다은과 은경 모두 참을 말하는 것이 된다.

08

정답 ④

정답해설

제시문을 기호화하면 다음과 같다.

ⅰ) 개인건강정보 → 보건정보 = ~보건정보 → ~개인건강정보
ⅱ) 팀 재편 → (개인건강정보∧보건정보)
= (~개인건강정보∨~보건정보) → ~팀 재편
ⅲ) (개인건강정보∧최팀장) → 손공정
= ~손공정 → ~개인건강정보∨~최팀장
ⅳ) 보건정보 → (팀 재편∨보도자료 수정)
= (~팀 재편∧~보도자료 수정) → ~보건정보
ⅴ) ~(최팀장 → 손공정) = 최팀장∧~손공정

ㄴ. 다섯 번째 조건에 따라 최팀장이 정책 브리핑을 총괄하고 손공정이 프레젠테이션을 맡지 않기 때문에 개인건강정보 관리 방식 변경에 관한 가안이 정책제안에 포함되지 않고, 국민건강 2025팀은 재편되지 않는다.
ㄷ. 보건정보의 공적 관리에 관한 가안이 정책제안에 포함된다면, 국민건강 2025팀이 재편되지 않기 때문에 보도자료가 대폭 수정될 것이다.

오답해설

ㄱ. 위 ㄴ 해설을 통해 알 수 있듯이 개인건강정보 관리 방식 변경에 관한 가안은 정책제안에 포함되지 않지만 보건정보의 공적 관리에 관한 가안이 정책제안에 포함되는지 여부는 알 수 없다.

09

정답 ③

정답해설

A와 D는 상태 오그라듦 가설을 받아들이기 때문에 세 번째와 네 번째 정보에 따라 코펜하겐 해석이나 보른 해석을 받아들인다. 이미 B가 코펜하겐 해석을 받아들이므로 만약 A와 D가 받아들이는 해석이 다르다면 둘 중 한 명은 코펜하겐 해석을, 다른 한 명은 보른 해석을 받아들인다는 것이므로 코펜하겐 해석을 받아들이는 사람은 적어도 두 명임을 알 수 있다.

오답해설

① 주어진 정보에 따르면 학회에 참가한 8명 중 코펜하겐 해석, 보른 해석, 아인슈타인 해석을 받아들이는 이가 있음은 알 수 있지만 많은 세계 해석을 받아들이는 사람이 있는지는 알 수 없다.
② 주어진 정보에 따라 상태 오그라듦 가설과 코펜하겐 해석 또는 보른 해석은 필요충분관계에 있다는 것을 알 수 있다. 상태 오그라듦 가설을 받아들이는 이는 5명이고 알려진 A, B, C, D 이외에도 한 명이 더 존재한다. B는 코펜하겐 해석을, C는 보른 해석을 받아들이므로 만약 A, D가 같이 코펜하겐 해석을 받아들인다고 해도 남은 한 명이 보른 해석을 받아들인다면 보른 해석을 받아들이는 이는 두 명이 되므로 반드시 참이 되지 않는다.
④ 학회에 참석한 8명 중 5명이 상태 오그라듦 가설을 받아들이고 이들은 코펜하겐 해석 또는 보른 해석을 받아들인다. 따라서 남은 3명 중에 아인슈타인 해석을 받아들이는 이가 존재한다. 만약 오직 한 명만이 많은 세계 해석을 받아들인다고 해도 첫 번째 조건에 따라 아인슈타인 해석, 많은 세계 해석, 코펜하겐 해석, 보른 해석 말고도 다른 해석들이 존재하므로 아인슈타인 해석을 받아들이는 이는 한 명일 수 있다.

⑤ 상태 오그라듦 가설을 받아들이는 5명 중에서 B는 코펜하겐 해석을, C는 보른 해석을 받아들이므로 남은 3명은 코펜하겐 해석 또는 보른 해석을 받아들인다. 만약 코펜하겐 해석을 받아들이는 이가 세 명이라면 B와 C를 제외한 3명 중에 2명이 존재해야 하고 이 경우 A와 D가 함께 코펜하겐 해석을 받아들일 수도 있으므로 반드시 참이 되지 않는다.

10 정답 ②

정답해설

실험 결과에 따르면 학습 위주 경험을 하도록 훈련시킨 실험군1의 쥐는 뇌 신경세포 한 개당 시냅스의 수가, 운동 위주 경험을 하도록 훈련시킨 실험군2의 쥐는 모세혈관의 수가 크게 증가했다. 따라서 학습 위주 경험은 시냅스 수에, 운동 위주 경험은 모세혈관 수에 영향을 미침을 추론할 수 있다.

오답해설

① 실험 결과에 따르면 실험군1의 쥐는 대뇌 피질의 지각 영역에서, 실험군2의 쥐는 대뇌 피질의 운동 영역에서 구조 변화가 나타났지만 어느 구조 변화가 더 크게 나타났는지는 알 수 없다.
③ 실험 결과에 따르면 대뇌 피질과 소뇌의 구조 변화는 나타났지만 신경세포의 수에 대한 정보는 알 수 없다.
④ · ⑤ 실험군1, 2의 쥐에서 뇌 신경세포 한 개당 시냅스 혹은 모세혈관의 수가 증가했고 대뇌 피질 혹은 소뇌의 구조 변화가 나타났지만 둘 사이의 인과관계는 알 수 없다.

11 정답 ③

정답해설

ㄱ. 방1은 음탐지 방해가 없고 방2는 같은 소리 음탐지 방해가 있는 환경이다. 실험 결과에 따르면 음탐지 방해가 없는 방1에서는 A와 B 공격 시간에 유의미한 차이가 없었지만 음탐지 방해가 있는 방2에서는 A만을 공격했다. 따라서 실험결과는 음탐지 방해가 있는 환경에서 X가 초음파탐지 방법을 사용한다는 가설을 강화한다.
ㄴ. 방2와 방3은 둘 다 음탐지 방해가 있는 환경이지만 방2는 같은 소리 음탐지 방해, 방 3은 다른 소리 음탐지 방해가 존재한다. 실험 결과에 따르면 같은 소리 음탐지 방해가 존재한 방2에서는 A만 공격했지만, 다른 소리 음탐지 방해가 존재하는 방3은 그 결과에 있어 방해가 없었던 방1과 차이가 없었다. 즉, 다른 소리 음탐지 방해는 음탐지 방법에 큰 영향을 미치지 않음을 알 수 있다. 따라서 X가 소리의 종류를 구별할 수 있다는 가설을 강화한다.

오답해설

ㄷ. 음탐지 방해가 없는 방1과 다른 소리 음탐지 방해가 있는 방3의 실험결과는 같고 둘 다 로봇의 종류에 따른 유의미한 차이를 보이지 않는다. 따라서 다른 소리가 들리는 환경에서 X가 초음파탐지 방법을 사용한다는 가설을 강화한다고 할 수 없다.

합격 가이드

강화 · 약화 문제는 실험의 핵심 구조와 반드시 연결되어야 하는 것은 아니며 실험을 전개해 나가는 과정에서 언급되었던 세부적인 과정들 모두가 대상이 될 수 있다. 따라서 핵심 구조와 직접 연결되지 않는다고 하여 무조건 영향을 미치지 않는다고 판단하는 실수를 하면 안 된다.

12 정답 ④

정답해설

ㄴ. (2)를 “전통적 인식론은 첫째 목표를 달성할 수 없거나 둘째 목표를 달성할 수 없다.”로 바꾸어도 (3)의 전건인 “만약 전통적 인식론이 이 두 가지 목표 중 어느 하나라도 달성할 수가 없다면”을 충족하기 때문에 위 논증에서 (6)은 도출된다.
ㄷ. (4)는 (2)와 (3)으로부터 도출되는 결론이자 (6)의 전제이다.

오답해설

ㄱ. 전통적 인식론의 목표에 새로운 목표가 추가된다고 해도 논증의 지지관계에는 영향을 끼치지 않으므로 (6)은 도출된다.

13 정답 ⑤

정답해설

ㄱ. ‘10만 원을 돌려준다.’를 A, ‘10억 원을 지불한다.’를 B로 두면 (1)은 ‘A이거나 B’의 형식을 가진 문장이 된다. (1)이 거짓일 때 추가 조건에 따라 10만 원을 돌려주는 동시에 A가 거짓인 10만 원을 돌려주지 않는다가 모두 성립하므로 ㉠의 추론 과정에서 ‘A이거나 B’의 형식을 가진 문장이 거짓이면 A와 B 모두 반드시 거짓이라는 원리가 사용되었음을 알 수 있다.
ㄴ. 제시문에 따르면 (1)이 거짓인 경우 10만 원을 돌려주는 동시에 10만 원을 돌려주지 않는다가 모두 성립하게 되어 (1)이 거짓인 경우는 가능하지 않고 (1)은 참일 수밖에 없다. 따라서 같은 문장의 긍정과 부정이 모두 성립하는 경우 그 가정의 부정은 반드시 참이라는 원리가 사용되었음을 알 수 있다.
ㄷ. 제시문에 따르면 (1)은 참일 수밖에 없고 이 경우 10만 원을 돌려주지 않으므로 10억 원을 지불하는 것이 반드시 참이어야 한다. (1)을 구성하는 A인 ‘10만 원을 돌려준다.’가 거짓이므로 B인 ‘10억 원을 지불한다.’가 반드시 참이라는 원리가 사용되었음을 알 수 있다.

14 정답 ②

정답해설

첫 번째 문단에 따르면 철학은 지적 작업에 포함되고 두 번째 문단에 따르면 귀추법은 귀납적 방법이다. 따라서 철학의 일부 논증에서 귀추법의 사용이 불가피하다는 주장은 모든 지적 작업에서 귀납적 방법의 필요성을 부정하는 견해를 반박한다.

오답해설

ㄱ. ㉠은 귀납적 방법이 철학에서 불필요하다는 견해이므로 과학의 탐구가 귀납적 방법에 의해 진행된다는 주장은 이를 반박한다고 볼 수 없다.
ㄷ. ㉠은 철학이라는 지적 작업에서 귀납적 방법의 필요성을, ㉡은 모든 지적 작업에서 귀납적 방법의 필요성을 부정하는 견해이다. 따라서 연역논리와 경험적 가설 모두에 의존하는 지적 작업이 있다는 주장은 ㉡을 반박할 수는 있지만 ㉠은 철학에 한정된 주장이므로 이를 반박한다고 볼 수 없다.

15 정답 ④

정답해설

ㄴ. 주어진 심리 실험 결과는 을에 따르면 '모든 A는 B이다'를 강한 의미로 이해하는 것과 같다.

ㄷ. 주어진 심리 실험 결과는 병에 따르면 전제 가운데 하나가 '어떤 A는 B이다'라는 형태의 명제로 이루어진 경우에 결론도 그런 형태이기만 하면 타당하다고 생각하는 경우에 해당한다.

오답해설

ㄱ. 갑에 의하면 사람들은 두 번째 전제인 "어떤 철학자도 과학자가 아니다."의 동치인 "모든 철학자는 과학자가 아니다."를 "모든 과학자는 철학자가 아니다."로 바꾸는 경향이 있다. 하지만 "어떤 과학자는 운동선수이다. 모든 과학자는 철학자가 아니다."라는 전제로부터 "어떤 철학자도 운동선수가 아니다."가 타당하게 도출되는 것은 아니므로 심리 실험 결과는 갑에 의해 설명되지 않는다.

합격 가이드

이 문제와 같이 '어떤'과 같은 양화사가 등장할 경우 제시된 논증들을 복잡한 기호논리학을 이용해 풀이하려는 수험생들이 있다. 물론 그것이 틀린 것은 아니지만 그렇게 복잡한 과정을 거치지 않아도 풀이가 가능한 문제를 굳이 어렵게 풀이할 필요는 없어 보인다. 기호화가 애매한 것은 기호화를 억지로 하려고 하지 말고 의미만 정리해두고 풀이하는 것이 효율적이다.

16 정답 ⑤

정답해설

병에 따르면 A시 공식 어플리케이션을 통한 신청만으로 변경하자는 것이 아니라 기존의 신청 게시판을 통한 신청 방법에 더해 어플리케이션을 이용하는 방법도 가능하게 하자는 것이다.

오답해설

① 을은 A시의 유명 공공 건축물을 활용하여 A시를 홍보하고 관심을 끌 수 있는 주제의 강의가 있었으면 좋겠다고 하였다.

② 을은 편안한 시간에 접속하여 수강하게 하고, 수강 가능한 기간을 명시해야 한다고 하였다.

③ 을은 코로나19 상황을 고려해 대면 교육보다 온라인 교육이 좋겠다고 하였다.

④ 을은 온라인으로 진행하되 교육 대상을 A시 시민만이 아니라 모든 희망자로 확대하자고 하였다.

17 정답 ③

정답해설

제시문의 내용에 따라 빈칸을 채우면 다음과 같다.

〈기 존〉

주관 기관	공공 기관					
채용 절차	채용 공고 ➡	원서 접수 ➡	서류 심사 ➡	필기 시험 ➡	면접 시험 ➡	합격자 발표

〈개 선〉

주관 기관	○○도			공공 기관		
채용 절차	채용 공고 ➡	원서 접수 ➡	필기 시험 ➡	서류 심사 ➡	면접 시험 ➡	합격자 발표

따라서 ⓛ과 ⓞ에는 서류 심사가 들어간다.

18 정답 ③

정답해설

ㄱ. A에 유사 사례의 유무를 따지는 기준이 들어가는 경우를 정리하면 다음과 같다.

구분	(가)	(나)	(다)
유사 사례 유무	○	○	×
입법 예고 여부	×	○	×

따라서 ⓡ과 ⓑ은 같다.

ㄴ. B에 따라 보고 여부가 결정된다는 것은 B가 '유사 사례 유무'임을 의미하므로 이를 정리하면 다음과 같다.

구분	(가)	(나)	(다)
입법 예고 여부	×	○	×
유사 사례 유무	○	○	×

따라서 ⓖ과 ⓒ은 같다.

오답해설

ㄷ. ⓡ과 ⓜ이 같은 경우는 위 ㄴ의 경우에 해당하므로 ⓖ과 ⓛ은 다르다.

19 정답 ③

정답해설

ㄱ. '을'의 의견을 확인하기 위해 필요한 자료이다.

ㄴ. '병'의 의견을 확인하기 위해 필요한 자료이다.

오답해설

ㄷ. '정'의 의견을 확인하기 위해서는 장애인 인구의 고령자 인구 비율이 비장애인 인구에 비해 높다는 내용의 자료가 필요하다.

20 정답 ①

정답해설

조출생률은 '인구 1천 명당 출생아 수'를 의미하므로 이를 계산하는 과정에서 전체 인구 대비 여성의 비율은 고려되지 않는다.

오답해설

ㄴ. 인구수와 조출생률이 같다고 하더라도 마지막 갑의 의견에서 언급한 것처럼 '전체 인구 대비 젊은 여성의 비율'이 다르면 합계 출산율 또한 다르게 나타날 수 있다.

ㄷ. 합계 출산율은 한 명의 여성을 기준으로 한 것이 아니라 연령대별로 출산율을 계산해 이를 합해서 얻는 것이다.

21

정답 ①

정답해설

(가) · (나) : 바로 다음의 내용이 흑인이 과대평가되었고, 반대로 백인은 과소평가 되었다는 것이므로, 재범을 '저지르지 않은' 사람을 '고위험군'으로 잘못 분류했다는 내용이 들어가야 한다.

(다) · (라) : 위와 반대로 바로 다음의 내용이 흑인은 과소평가되었고, 반대로 백인은 과대평가되었다는 것이므로, 재범을 '저지른 사람'을 '저위험군'으로 잘못 분류했다는 내용이 들어가야 한다.

22

정답 ②

정답해설

기저재범률이 동종 범죄에 기반한 것이든 이종 범죄에 기반한 것이든 간에 문제가 되는 것은 자신과 상관없는 흑인들의 재범률이라는 것이다. 따라서 동종 범죄를 저지른 사람들로부터 얻은 기저재범률이라고 할지라도 이 한계를 벗어나지 못하므로 ㉢을 강화하지 못한다.

오답해설

ㄱ. 흑인의 위험지수는 1부터 10까지 고르게 분포된 반면, 백인은 1부터 10까지 그 비율이 감소했다는 것이 문제이므로 10으로 평가된 사람의 비율이 같다고 해도 ㉠을 강화하지 못한다.

ㄴ. 예측의 오류 차이가 발생하는 것은 흑인과 백인의 기저재범률 간의 차이로 인한 것이지 어느 하나의 기저재범률의 높고 낮음으로 판단하는 것이 아니므로 ㉡을 약화하지 못한다.

23

정답 ⑤

정답해설

최초에 부정청탁을 받았을 때는 명확히 거절 의사를 표현하는 것으로 족하고, 이를 신고할 의무가 생기는 경우는 다시 동일한 부정청탁을 하는 경우이다.

오답해설

① 대가성이 있는 접대도 아니고 직무 관련성도 없으며, 금액 기준을 초과하지도 않는다.

② 직무 관련성이 있는 청탁이므로 청탁금지법상의 금품에 해당한다.

③ A와 C는 X회사라는 공통분모는 있으나 A로부터의 접대는 직무 관련성이 없다고 하였다.

④ 직무 관련성이 없는 경우에도 1회 100만 원 혹은 매 회계연도에 300만 원을 초과하는 경우라면 허용 한도를 벗어나게 된다.

24

정답 ④

정답해설

해당 키즈 카페에 대해 A 시의 시장이 충전시설의 설치를 권고하고, 이 권고에 따를 경우 지원금을 받을 수 있다.

오답해설

① · ② · ③ · ⑤ 해당 규정들이 신설되더라도 키즈 카페의 주차단위구획이 50여 구획에 불과하므로 지원금을 받을 수 없다.

25

정답 ③

정답해설

ㄱ. '갑'은 A가 이미 위원직을 한 차례 연임하였으므로 이의 임기가 종료됨과 동시에 위원과 위원장의 지위가 모두 사라졌다고 생각한다. 반면 '을'은 위원과 위원장의 임기나 연임 제한이 서로 별개이므로 A의 위원장직은 문제가 없다는 입장이다.

ㄴ. '갑'은 B가 위원장직을 한 차례 연임한 상태이므로 더 이상 위원장의 직위에 오를 수 없다고 생각하는 반면, '을'은 직위가 해제된 두 번째의 임기는 연임에 해당하지 않으므로 문제가 없다는 입장이다.

오답해설

ㄷ. 세 차례 연속하여 위원장이 되는 것만을 막는 것이라면 C의 출마는 규정에 위반되는 것이 아니므로 '갑'의 주장은 그르고, '을'의 주장은 옳다.

01	02	03	04	05	06	07	08	09	10
②	⑤	②	①	④	③	④	⑤	⑤	②
11	12	13	14	15	16	17	18	19	20
③	③	④	①	③	①	④	③	③	④
21	22	23	24	25					
②	②	⑤	①	⑤					

01

정답 ②

정답해설

보고서 첫 번째 문장은 표를 통해 작성할 수 있다. 또한 보고서 두 번째 문단은 ㄱ과 ㄷ을 활용하여 작성할 수 있다. 반면 보고서 첫 번째 문단 두 번째 문장을 작성하기 위해서는 2019년 지역별 · 규모별 안전체험관 수에 대한 자료가 필요하지만 ㄹ은 2018년 지역별 안전체험관 수에 대한 자료이므로 활용할 수 없다. 마지막 문단을 작성하기 위해 2019년 분야별 지역안전지수 1등급 지역에 대한 자료가 필요하지만 ㄴ은 분야별 지역안전지수 4년 연속(2015~2018년) 1등급, 5등급 지역에 대한 자료이므로 활용할 수 없다. 따라서 보고서를 작성하기 위해 추가로 이용한 자료는 ㄱ과 ㄷ이다.

합격 가이드

다양한 정보가 주어지는 자료해석의 특성상 모든 문제를 2분의 시간 내에 해결하기는 쉽지 않다. 따라서 특정 유형의 문제에서 시간을 단축해야 하는데 이 문제와 같이 '추가로 이용한 자료를 찾는 문제'가 시간을 아낄 수 있는 유형이다. 실전에서 이 유형의 문제는 내용의 옳고 그름을 일일이 계산하거나 판단할 필요가 없다. 선택지의 자료와 보고서를 빠르게 연결하면서 최대한 빨리 풀고 넘어가야 한다.

02

정답 ⑤

정답해설

2007년 10월 기준 평화유지활동을 수행 중이었던 임무단은 수단 임무단, 소말리아 임무단, 코모로 치안 지원 임무단, 다르푸르 지역 임무단으로 총 4개였다.

03

정답 ②

정답해설

ㄱ. 2014년의 국가채무는 1,323×0.297≒392.93조 원, 2020년의 국가채무는 1,741×0.36≒626.76조 원이다. 따라서 2020년의 국가채무는 2014년의 1.5배 이상이다.

ㄷ. 2019년의 적자성채무는 1,658×0.20≒331.6조 원, 2020년의 적자성채무는 1,741×0.207≒360.39조 원이다. 또한 2018년의 적자성채무는 1,563×0.183≒286.03조 원이므로 2019년부터 300조 원 이상이다.

오답해설

ㄴ. 금융성채무는 국가채무에서 적자성채무를 뺀 것이다. 그림 1에서 GDP 대비 국가채무 비율의 연도별 증가폭이 GDP 대비 적자성채무 비율의 증가폭보다 매년 크다면 GDP 대비 금융성채무는 매년 증가한다고 할 수 있다. 2019년에 국가채무 비율은 1.6% 증가했지만 적자성채무 비율은 1.7% 증가했으므로 금융성채무 비율은 감소했다.

ㄹ. 금융성채무가 국가채무의 50% 이상인지 알기 위해서는 그림 1에서 GDP 대비 국가채무 비율과 GDP 대비 적자성채무 비율을 비교하여 적자성채무 비율이 국가채무 비율의 50% 이하인지 확인하면 된다. 2017년에 국가채무 비율은 32.6%, 적자성채무 비율은 16.9%로 적자성채무 비율이 50%를 넘기 때문에 금융성채무는 50% 미만이다.

04

정답 ①

정답해설

이사 전 / 이사 후	소형	중형	대형	합
소형	15	10	5	30
중형	0	30	10	40
대형	5	10	15	30
계	20	50	30	100

ㄱ. 주택규모가 이사 전 소형에서 이사 후 중형으로 달라진 가구는 0이다.

ㄴ. 이사 전후 주택규모가 달라진 가구 수는 전체 가구 수에서 이사 전후 주택규모가 동일한 가구 수를 빼서 구할 수 있다. 100−15−30−15=40가구의 주택규모가 달라졌다. 따라서 이사 전후 주택규모가 달라진 가구 수는 전체 가구 수의 50% 이하이다.

오답해설

ㄷ. 주택규모가 대형인 가구 수는 이사 전과 이사 후 모두 30가구로 같다.

ㄹ. 이사 후 주택규모가 커진 가구 수는 소형에서 대형으로 간 5가구, 중형에서 대형으로 간 10가구로 총 15가구이다. 이사 후 주택규모가 작아진 가구 수는 중형에서 소형으로 간 10가구, 대형에서 소형, 중형으로 간 15가구로 총 25가구이다. 따라서 이사 후 주택규모가 커진 가구 수는 이사 후 주택규모가 작아진 가구 수보다 적다.

05

정답 ④

정답해설

폐기처리 공정으로 투입되는 경로는 재작업을 통한 경로, 검사를 통한 경로 총 두 가지이다. 각각 경로를 통해 투입되는 재료의 총량은 다음과 같다.

i) 재작업을 통한 경로 : 1,000×0.1×0.5=50kg

ii) 검사를 통한 경로 : {(1,000×1.0×0.9)+(1,000×0.1×0.5)}×1.0×0.2 =190kg

따라서 폐기처리 공정에 투입되는 재료의 총량은 50+190=240kg이다.

06

정답 ③

정답해설

i) 첫 번째 조건에 따라 연강수량이 세계평균의 2배 이상인 국가는 B와 G이므로 일본과 뉴질랜드가 B 또는 G이다.

ii) 두 번째 조건에 따라 연강수량이 세계평균보다 많은 국가 중 1인당 이용가능한 연수자원총량이 가장 적은 국가는 대한민국이므로 A가 대한민국이다.

iii) 세 번째 조건에 따라 1인당 연강수총량이 세계평균의 5배 이상인 국가를 연강수량이 많은 국가부터 나열하면 G, E, F이다. 따라서 뉴질랜드가 G, 캐나다가 E, 호주가 F가 되고 B가 일본이 된다.

iv) 네 번째 조건에 따라 1인당 이용가능한 연수자원총량이 영국보다 적은 국가 중 1인당 연강수총량이 세계평균의 25% 이상인 국가는 중국이므로 C가 중국이다.

v) 마지막 조건에 따라 1인당 이용가능한 연수자원총량이 6번째로 많은 국가는 프랑스이므로 H가 프랑스이다.

따라서 국가명을 알 수 없는 것은 D이다.

합격 가이드

매칭형 문제는 주어진 조건을 순서대로 살펴보는 것보다 순서를 바꿔가며 풀이하는 것이 효율적인 경우가 많다. 특히 하나의 조건만을 언급하고 있다거나 특정 수치가 주어지는 조건은 대개 후반부에 주어지는 편이므로 이 조건들을 우선적으로 판단하는 것도 하나의 전략이 될 수 있을 것이다.

07 정답 ④

정답해설

ㄱ. 80점을 기준으로 할 때, 갑~무의 국어 점수의 차이값은 +10, +5, −20, +15, −5이다. 이를 모두 더하면 +5이므로 국어 평균 점수는 80점 이상이다.

ㄷ. 국어, 영어, 수학 점수에 각각 가중치를 곱한 점수의 합은 갑~무 순서대로 84, 79, 78, 91, 90점이므로 가장 큰 학생은 정이다.

ㄹ. 병을 제외한 4명의 성별 수학 평균 점수는 다음과 같다.

• 남학생 수학 평균 점수$=\frac{(75+100)}{2}=87.5$점

• 여학생 수학 평균 점수$=\frac{(70+100)}{2}=85$점

병의 성별을 알 수 없으므로 남학생인 경우와 여학생인 경우로 나눠서 확인한다.

i) 병이 남학생인 경우

남학생 수학 평균 점수는 $\frac{(75+80+100)}{3}=86.67$점이 되어 여학생 평균 점수보다 높다.

ii) 병이 여학생인 경우

여학생 수학 평균 점수는 85점이 되므로 남학생 평균 점수가 더 높다.

따라서 병의 성별과 관계없이 수학 평균 점수는 남학생이 여학생보다 높다.

오답해설

ㄴ. 3개 과목 평균 점수가 가장 높은 학생은 무로 $\frac{(75+100+100)}{3}=91.67$점이고, 가장 낮은 학생은 을로 $\frac{(85+85+70)}{3}=80$점이다. 따라서 평균 점수 차이는 10점 이상이다.

08 정답 ⑤

정답해설

ㄱ. 2023년 인공지능반도체의 비중은 $\frac{325}{2,686}\times100≒12.1\%$이므로 매년 증가한다.

ㄴ. 2027년 시스템반도체 시장규모가 2021년보다 1,000억 달러 증가한 3,500억 달러라면 2027년 인공지능반도체의 비중은 33%를 초과해야 한다. 하지만 2027년 인공지능반도체의 비중은 31.3%에 불과하므로 시스템반도체 시장규모는 1,000억 달러 이상 증가했다.

ㄷ. 2025년 시스템반도체 시장규모는 $\frac{657}{0.199}≒3,301.5$억 달러이다. 이를 바탕으로 2022년 대비 2025년 시스템반도체, 인공지능반도체 증가율을 구하면 다음과 같다.

i) 시스템반도체 증가율 : $\frac{(3,301.5-2,310)}{2,310}\times100≒42.92\%$

ii) 인공지능반도체 증가율 : $\frac{(657-185)}{185}\times100≒255.1\%$

따라서 인공지능반도체 증가율이 시스템반도체 증가율의 5배 이상이다.

합격 가이드

빈칸이 있는 문제가 등장하면 빈칸의 수가 적을 경우 일단 빈칸을 먼저 채우는 것이 바람직하다. 왜냐하면 이런 류의 선택지는 결국 그 빈칸이 어떤 수치인지가 정오를 판별하는 데에 결정적인 역할을 할 수밖에 없기 때문이다. 이 문제는 단순한 계산으로만 이루어졌기에 정확한 수치를 구할 수 있지만, 설사 그렇지 않더라도 대략적으로라도 수치를 미리 채워놓는 것이 좋다.

09 정답 ⑤

정답해설

ㄱ. 도착 화물보다 출발 화물이 많은 지역은 A, B, D로 3개이다.

ㄷ. 지역 내 이동 화물을 제외할 때, 출발 화물과 도착 화물의 합이 가장 작은 지역은 C지역이고 출발 화물과 도착 화물의 차이가 가장 작은 지역도 C지역이다.

ㄹ. 도착 화물이 가장 많은 지역은 G지역이고, G지역의 출발 화물 중 지역 내 이동 화물의 비중은 $\frac{359}{1,294}\times100≒27.74\%$로 지역들 중 가장 크다.

오답해설

ㄴ. 지역 내 이동 화물이 가장 적은 지역은 C지역이고, 도착 화물이 가장 적은 지역은 D지역이다.

10 정답 ②

정답해설

i) 을의 첫 번째 대답에 따르면 세종을 제외한 3개 지자체에서 전일보다 자가격리자가 늘어났는데 그러기 위해서는 신규 인원이 해제 인원보다 많아야 한다. 표에서 B를 제외한 A, C, D는 신규 인원이 해제 인원보다 많으므로 B가 세종이다.

ii) 을의 두 번째 대답에 따르면 대전, 세종, 충북의 모니터링 요원 대비 자가격리자 비율이 1.8 이상이다. B인 세종을 제외한 A, C, D의 모니터링 요원 대비 자가격리자 비율은 다음과 같다.

• A : $\frac{(9,778+7,796)}{10,142}≒1.73$

• C : $\frac{(1,147+141)}{196}≒6.57$

• D : $\frac{(9,263+7,626)}{8,898}≒1.90$

따라서 A는 충남, C 또는 D가 대전 또는 충북이다.

ⅲ) 갑의 마지막 말에 따르면 대전이 4개 지자체 가운데 자가격리자 중 외국인이 차지하는 비중이 가장 높다. C와 D의 자가격리자 중 외국인이 차지하는 비중을 구하면 다음과 같다.

• C : $\frac{141}{(1,147+141)}\times100≒10.95\%$

• D : $\frac{7,626}{(9,263+7,626)}\times100≒45.15\%$

따라서 D가 대전, C가 충북이다.

11 정답 ③

정답해설

• 갑의 월간 출근 교통비 : $\left\{3,200-(450+200)\times\left(\frac{800}{800}\right)\right\}\times15=38,250$원

• 을의 월간 출근 교통비 : $(2,300-350)\times\left(\frac{800}{800}\right)\times22=42,900$원

• 병의 월간 출근 교통비 : $\left\{1,800-(250+100)\times\left(\frac{600}{800}\right)\right\}\times22=33,825$원

따라서 월간 출근 교통비를 많이 지출하는 직장인 순서대로 나열하면 을, 갑, 병이다.

12 정답 ③

정답해설

ㄱ. 국민총소득 대비 공적개발원조액 비율이 UN 권고 비율인 0.70%보다 큰 국가는 룩셈부르크, 노르웨이, 스페인, 덴마크, 영국이다. 룩셈부르크의 공적개발원조액은 제시된 자료에서 알 수 없지만 이를 제외한 노르웨이, 스페인, 덴마크, 영국의 공적개발원조액 합이 43+27+25+194=289억 달러이므로 250억 달러 이상이다.

ㄴ. 공적개발원조액 상위 5개국은 미국, 독일, 영국, 프랑스, 일본이고 이들의 공적개발원조액 합은 330+241+194+120+117=1,002억 달러이다. 6~15위 국가의 공적개발원조액 합을 구하면 53+52+45+43+43+31+29+27+25+25=373억 달러이다. 29개 회원국 중 공적개발원조액을 알 수 있는 15개국을 제외한 14개국의 공적개발원조액은 15위국의 것보다 같거나 작을 것이므로 14개국의 공적개발원조액 합의 최댓값은 25×14=350억 달러이다. 따라서 개발원조위원회 29개 회원국 공적개발원조액 합은 1,002+373+350=1,725억 달러보다 작거나 같을 것이다. 그러므로 공적개발원조액 상위 5개국의 공적개발원조액 합은 50% 이상이다.

오답해설

ㄷ. 독일의 공적개발원조액은 현재 241억 달러이다. 공적개발원조액만 30억 달러 증액하므로 국민총소득 대비 공적개발원조액 비율은 $\frac{30}{241}≒\frac{1}{8}$배 더 커질 것이다. 따라서 $0.61\times\left(1+\frac{1}{8}\right)≒0.0686$이므로 UN 권고비율인 0.70%보다 낮다.

13 정답 ④

정답해설

ㄱ. 2021년 오리 생산액 전망치는 1,327×(1−0.0558)≒1,253십억 원이다. 따라서 1.2조 원 이상이다.

ㄷ. 축산업 중 전년 대비 생산액 변화율 전망치가 2022년보다 2023년이 낮은 세부항목은 우유와 오리 2개이다.

ㄹ. 재배업과 축산업의 2020년 생산액 대비 2022년 생산액 전망치의 증감폭을 구하는 식은 다음과 같다.

• 재배업 : {30,270×(1+0.015)×(1−0.0042)}−30,270

• 축산업 : {19,782×(1−0.0034)×(1+0.0070)}−19,782

정확한 값을 도출하지 않아도 재배업의 증감폭은 천억 단위, 축산업의 증감폭은 백억 단위임을 알 수 있으므로 재배업의 증감폭이 더 크다.

오답해설

ㄴ. 2021년 돼지와 농업 생산액 전망치는 다음과 같다.

• 돼지 : 7,119×(1−0.0391)≒6,841십억 원

• 농업 : 50,052×(1+0.0077)≒50,437십억 원

농업 생산액 전망치의 15%는 약 7,566십억 원이므로 돼지 생산액 전망치는 그 이하이다.

14 정답 ①

정답해설

여사건을 이용하면 간단하게 풀이가 가능하다. 2020년 전체 회원 수가 85.2만 명인데 이의 85%는 85.2만에서 8.52만(10%)과 4.26만(5%)을 차감한 72.42만 명이다. 그런데 장기저축급여 가입 회원 수는 이보다 큰 744,733명이다. 따라서 장기저축급여 가입 회원 수는 전체 회원의 85% 이상이다.

15 정답 ③

정답해설

보도자료 마지막 문장에 의하면 간접광고(PPL) 취급액 중 지상파TV와 케이블TV 간 비중의 격차는 5%p 이하이다. 하지만 2018년 기준 매체별 PPL 취급액 현황에서 지상파TV와 케이블TV 취급액 차이는 573−498=75억 원이고 전체 간접광고 취급액에서 그 비중은 $\frac{75}{1,270}\times100≒5.9\%$로 5% 이상이다.

합격 가이드

자료-보고서형 문제는 외형적으로는 보고서형 문제이지만 실상은 일반적인 선택지형 문제와 동일한 유형이다. 단지 차이가 있다면 선택지의 정오판단에 거의 영향을 주지 못하는 잉여문장들이 많다는 것이다. 또한 보고서의 내용에 밑줄이 그어진 경우가 있다. 이런 경우 밑줄이 그어지지 않은 부분은 처음부터 아예 읽지도 말고 그냥 넘기기 바란다. 아주 간혹 그 부분이 있어야 의미 파악이 가능한 경우도 있기는 하지만 극소수에 불과하다.

16 정답 ①

정답해설

ㄱ. 월별 교통사고 사상자가 가장 많은 달은 8월(841건)이고, 이의 60%는 500을 약간 넘는 수준인 반면, 가장 적은 달인 1월은 492건으로 이에 미치지 못한다.

ㄴ. 그림 1과 그림 2를 살펴보면, 모든 월에서 교통사고 건당 사상자가 2명 이상이므로 연평균 값 역시 2명 이상이다.

오답해설

ㄷ. '안전거리 미확보'가 원인인 사고는 전체의 22.9%인데 '중앙선 침범'이 원인인 사고는 3.4%이므로 이의 7배인 23.8에 미치지 못한다.

ㄹ. '안전운전의무 불이행'인 교통사고 건수가 2,000건 이하가 되기 위해서는 전체 교통사고 건수가 3,000건에 미치지 못해야 하므로 월평균 건수가 250건 이하여야 한다. 그런데 1월, 2월, 12월을 제외하고는 모두 이를 크게 상회하고 있으므로 '안전운전의무 불이행'인 교통사고 건수는 2,000건을 웃돌게 된다.

17 정답 ④

정답해설

ⅰ) E의 재정자립도는 58.5와 65.7 사이에 위치해야 하므로 ⑤를 소거한다.

ⅱ) 주택노후화율이 가장 높은 지역이 I이므로 I의 시가화 면적 비율이 가장 낮아야 한다. 그러기 위해서는 (나)에 20.7보다 작은 수치가 들어가야 하므로 ①을 소거한다.

ⅲ) 10만 명당 문화시설수가 가장 적은 지역이 B이다. 그러므로 B는 10만 명당 체육시설수가 네 번째로 많다. 따라서 (다)에는 114.0과 119.2 사이의 숫자가 들어가야 하므로 ②를 소거한다.

ⅳ) H의 주택보급률은 도로포장률보다 높아야 한다. 따라서 (라)에는 92.5보다 큰 수치가 들어가야 하므로 ③을 소거한다.

따라서 들어갈 수 있는 값으로만 나열한 것은 ④이다.

18 정답 ③

정답해설

ㄱ. 국공립대학의 수용률 증가폭은 0.1이고 사립대학은 0.2이며, 비수도권 대학의 수용률은 두 해 모두 동일한 반면, 수도권 대학의 수용률은 증가하고 있다. 수도권 대학의 경우 분자는 커진 반면, 분모는 작아졌으므로 별도의 계산 없이 판단이 가능하다.

ㄹ. 표 2를 통해 확인할 수 있는 내용이다.

오답해설

ㄴ. 국공립대학의 수용가능 인원은 전년 대비 감소하였다. 왼쪽이 2020년, 오른쪽이 2019년이라는 것을 놓치면 함정에 빠질 수 있는 선택지이다.

ㄷ. 전체 대학 수가 196개이고 카드납부가 가능한 대학 수가 47개이므로 계산을 하지 않더라도 이 비율이 37.9%보다 훨씬 작을 것이라는 것을 알 수 있다.

19 정답 ③

정답해설

ⅰ) 매년 기본 연봉이 동일하므로 지급된 성과급의 차이가 4배인 것을 찾으면 그것이 각각 S와 B등급이 된다. 이에 따르면 갑의 경우 2018년에 S등급, 2020년에 B등급이 되므로 2020년의 2배인 2019년은 A등급으로 확정할 수 있다. 같은 논리로 을의 경우는 2019년에 S등급, 2018년과 2020년은 B등급임을 알 수 있다.

ⅱ) 2018년은 이미 갑이 S등급을 받은 상태이므로 병~기는 S등급이 될 수 없다. 그렇다면 병은 A-B-A 순서가 됨을 알 수 있다.

ⅲ) 2020년은 이미 갑과 을이 B등급을 받은 상태이므로 정~기 중 한 명이 B등급을 받아야 한다. 그런데 정과 기는 2020년에 2018~2020년 중 가장 많은 성과급을 받았으므로 B등급을 받을 수 없다. 따라서 남은 무가 B등급을 받은 것이 되며 2018년과 2019년 역시 모두 B등급으로 확정된다.

ⅳ) 2020년은 아직 S등급이 없는 상태이다. 따라서 편의상 정이 S등급이라고 두면 정은 2018년과 2019년에 A등급을 받은 것이 되며, 마지막으로 남은 기는 B-B-A 순서가 됨을 알 수 있다(2020년의 S등급을 기에게 할당해도 결과는 같다).

이를 정리한 후 실제 기본 연봉을 구하면 다음과 같다.

	2018	2019	2020	기본 연봉
갑	S	A	B	60
을	B	S	B	100
병	A	B	A	60
정	A	A	S	60
무	B	B	B	90
기	B	B	A	120

따라서 2020년 기본 연봉의 합은 490백만 원이다.

20 정답 ④

정답해설

ㄱ. 1일 하수처리용량이 500m^3 이상인 곳 중 지역등급이 Ⅰ, Ⅱ인 곳을 찾으면 총 5개이다.

ㄷ. 해당되는 곳은 2곳이므로 이들의 1일 하수처리용량의 합은 최소 1,000m^{3}이다.

ㄹ. 전자는 26곳이고 후자는 5곳이므로 5배 이상이다.

오답해설

ㄴ. 1일 하루처리용량이 500m^3 이상인 하수처리장 수는 14곳이며, 50m^3 미만인 하수처리장 수는 10곳이므로 1.5배에 미치지 못한다.

21 정답 ②

정답해설

ㄱ. 평가자 A, C, D의 평균점수가 89점이므로 평가자 E의 점수가 최댓값이 되어야 한다.

ㄹ. ㄱ에서 B가, ㄷ에서 C와 E가 제외된 상태이다. 하지만 ㄴ의 병은 경우의 수를 따지는 상황이어서 명확하게 제외되는 평가자를 찾기 어렵다. 이제 정을 살펴보면 평가자 B, C, D의 평균점수가 77점이므로 A를 제외할 수 있다. 마지막으로 남은 무를 살펴보면 D의 평가점수인 85점은 최댓값이 되어서 제외되거나 아니면 2번째로 큰 점수가 되어 E의 점수

가 제외되고 D의 점수는 종합점수 계산에 반영되어야 한다. 그런데 85점을 포함하여 계산해보면 어떤 경우에도 78점이라는 평균을 얻을 수 없다. 따라서 D의 평가점수는 최댓값이 되어 제외된다. 결과적으로 모든 평가자의 점수는 한 번씩은 모두 제외된다.

오답해설

ㄴ. 3가지 경우가 가능하다.
ⅰ) 68 < C < 78 : 최댓값과 최솟값을 제외하면 74, C, 76점이 남는다.
ⅱ) C < 68 : 68, 74, 76점이 남는다.
ⅲ) C > 78 : 74, 76, 78점이 남는다.
그런데 3가지 경우 모두 74점과 76점은 공통적으로 들어있으므로 이를 제외한 68, C, 78점을 통해 판단할 수 있다. 이에 따르면 최솟값과 최댓값의 총점 차이는 10점이므로 평균으로 계산된 종합점수의 차이는 3.33…점이어서 5점에 미치지 못한다.

ㄷ. 평가자 A, B, D의 평균이 89점이므로 C의 평가점수는 87점보다 작은 값이 되어야 한다.

22
정답 ②

정답해설

ㄴ. 2월의 '월평균 지상 10m 기온'이 영하인 도시는 A, C, D, E인데 이 중 '월평균 지표면 온도'가 영상인 도시는 C와 E이다.

ㄷ. 1월의 '월평균 지표면 온도'가 가장 낮은 도시는 D인데 D의 설계적설하중은 0.8kN/㎡이고 5개 도시 평균 설계적설하중은 0.9kN/㎡이므로 전자가 더 작다.

오답해설

ㄱ. D의 경우도 이에 해당한다.

ㄹ. 설계기본풍속이 두 번째로 큰 도시는 E인데, E는 8월의 '월평균 지상 10m 기온'이 세 번째로 높다.

23
정답 ⑤

정답해설

규칙을 표로 정리하면 다음과 같다.

구분	A	B	C	D	E
최초값	0.5	0.5	0.7	0.8	2.0
단계 1	0.75	0.75	1.05	1.2	3.0
단계 2	1.05			1.68	4.2
단계 3		0.6			3.36
수정값	1.05	1.0	1.05	1.68	3.36
증가폭	0.55	0.5	0.35	0.88	1.36
증가폭 순위	3	4	5	2	1

따라서 설계적설하중 증가폭이 두 번째로 큰 도시는 D이고, 가장 작은 도시는 C이다.

24
정답 ①

정답해설

그래프의 수치가 맞기 위해서는 2017년 국적항공사와 외국적항공사의 피해구제 접수 건수가 거의 같은 수치여야 한다. 하지만 표 3을 통해서 2017년의 피해구제 접수 건수를 구하면 국적항공사는 602건, 외국적항공사는 479건으로 차이가 크게 나는 상황이므로 구체적으로 계산할 필요 없이 옳지 않은 것으로 판단할 수 있다.

25
정답 ⑤

정답해설

ㄱ. 500건 근처에 있는 2014년과 2018년을 제외한 나머지 연도를 살펴보자. 2011~2013, 2016년의 산불 건수가 500건에 미치지 못하고 있으며 500건과의 차이도 큰 반면, 나머지 4개 연도의 산불건수는 500건을 넘고는 있으나 대략 150건 정도의 차이만을 보이고 있으므로 전체 연평균 산불 건수는 500건에 미치지 못함을 추론할 수 있다.

ㄴ. 산불 건수가 가장 많은 2017년의 검거율은 $\frac{305}{692}\times100$인 반면, 가장 적은 2012년은 $\frac{73}{197}\times100$이다. 이를 분수비교하면 전자의 분자는 후자의 4배 이상인 반면, 분모는 전자가 후자의 4배에 미치지 못한다. 따라서 전자인 2017년의 검거율이 더 높다.

ㄹ. 2020년 전체 산불 건수는 620건인데 이의 35%는 217건으로 빈칸에 들어갈 숫자와 일치한다.

오답해설

ㄷ. '논밭두렁 소각'(49건)의 검거율은 90%를 넘고, '성묘객 실화'(9건)는 66.7%이므로 후자의 건수와 검거율이 모두 작다.

01	02	03	04	05	06	07	08	09	10
④	①	⑤	④	④	①	①	③	②	③
11	12	13	14	15	16	17	18	19	20
②	⑤	③	④	③	④	③	④	⑤	⑤
21	22	23	24	25					
②	⑤	①	②	②					

01

정답 ④

정답해설

제4항에 따라 甲의 주민등록번호가 변경된 경우 운전면허증에 기재된 주민등록번호를 변경하기 위해서는 변경신청을 해야 한다.

오답해설

① 제2항에 의하면 주민등록번호 변경 여부에 관한 결정 청구의 주체는 B구청장이다.

② 제3항에 의하면 주민등록번호 변경 주체는 변경위원회가 아닌 주민등록지의 시장 등이다.

③ 제3항 제1호에 따라 주민등록번호를 변경하는 경우에도 번호의 앞 6자리 및 뒤 7자리 중 첫째 자리는 변경할 수 없으므로 甲의 주민등록번호 중 980101-2는 변경될 수 없다.

⑤ 제5항에 따라 주민등록번호 변경 기각결정에 대한 이의신청은 위원회가 아닌 B구청장에게 해야 한다.

02

정답 ①

※ 해설의 편의를 위해 첫 번째 제00조를 제1조, 두 번째 제00조를 제2조 등으로 표기하였다.

정답해설

제4조에 따라 물품출납공무원은 물품관리관의 명령이 없으면 물품을 출납할 수 없다.

오답해설

② 제1조에 의하면 필요한 경우 다른 중앙관서의 소속 공무원에게 위임할 수 있다.

③ 제3조 단서에 의하면 계약담당공무원이 아닌 물품관리관이 부적당하다고 인정하는 경우에 국가 외의 자의 시설에 보관할 수 있다.

④ 제2조 제1항에 의하면 물품출납공무원이 아닌 계약담당공무원에게 물품의 취득에 관한 필요한 조치를 할 것을 청구해야 한다.

⑤ 제5조 제2항에 의하면 물품출납공무원이 아닌 물품관리관이 수선에 필요한 조치를 할 것을 청구해야 한다.

03

정답 ⑤

정답해설

제○○조 제2항에 따라 甲이 乙과 丙 사이의 우편물을 불법으로 검열한 경우 2년의 징역과 3년의 자격정지에 처해질 수 있다.

오답해설

① 제□□조에 의하면 불법검열에 의하여 취득한 우편물은 징계절차에서 증거로 사용할 수 없다.

② 제□□조에 의하면 재판에서 증거로 사용할 수 없는 것은 공개되지 아니한 타인 상호 간의 대화를 녹음 또는 청취한 내용이므로 甲이 자신과 乙의 대화를 녹음한 것은 이에 해당하지 않는다.

③ 타인 상호 간의 공개되지 않은 대화를 녹음하여 공개한 경우 제○○조 제2항에 따라 1년 이상 10년 이하의 징역과 5년 이하의 자격정지에 처하며, 벌금에 처하진 않는다.

④ 제○○조 제3항 단서에 따라 이동통신사업자가 단말기의 개통처리를 위해 단말기기 고유번호를 제공받는 경우는 처벌받지 않는다.

04

정답 ④

정답해설

지원대상 선정 및 지원금 산정 방법을 순서대로 조건 1~4라고 하여 정리하면 다음과 같다.

i) 조건 1에 따라 총매출이 500억 원 미만인 기업만 지원하므로 A, B는 제외되며 우선 지원대상 기업은 D, E, G이다.

ii) 조건 3에 따라 F는 최대 2억 4천만 원, G는 최대 2억 원까지 지원받을 수 있다.

iii) 조건 2에 따라 우선 지원대상 기업의 우선순위는 G-E-D, 우선 지원대상이 아닌 기업의 우선순위는 C-F가 된다.

iv) 조건 4에 따라 예산 6억 원을 배정하면 다음과 같다.

- G : 2억 원
- E : 1억 2천만 원
- D : 1억 2천만 원
- F : 1억 6천만 원

따라서 기업 F가 받는 지원금은 1억 6,000만 원이다.

05

정답 ④

정답해설

5명으로 구성된 소조직이 a개, 6명으로 구성된 소조직이 b개 있다고 할 때 7명으로 구성된 소조직은 10－a－b개이다.

$5a+6b+7(10-a-b)=57$

$2a+b=13$

$\therefore (a, b)=(4, 5), (5, 3), (6, 1)$ (단, $a+b<10$)

따라서 5명으로 구성되는 소조직은 최소 4개, 최대 6개가 가능하다.

06

정답 ①

정답해설

부문별 업무역량 값을 구하기 위해 해당 업무역량 재능에 4를 곱한 값을 구하면 다음과 같다.

기획력	창의력	추진력	통합력
360	400	440	240

통합력의 업무역량 값을 다른 어떤 부문의 값보다 크게 만들기 위해서는 (통합력×3)이 200보다 커야 한다.
따라서 통합력에 투입해야 하는 노력의 최솟값은 67이다.
이때 노력 100에서 남은 33으로 통합력을 최대로 만들 수 있는지 확인해야 한다.
기획력과 추진력, 창의력과 추진력의 차이는 각각 80, 40이며 그 합 120을 3으로 나눈 40은 잔여하고 있는 노력 33보다 크므로 남은 노력이 추진력을 제외한 기획력과 창의력에 적절히 배분된다면 통합력의 업무역량은 최대가 될 수 있다.

07 정답 ①

정답해설

떡의 위치와 먹는 순서를 나열하면 다음과 같다.

떡의 위치	먹는 순서	떡 종류
1 (시작점)	2	호박떡
2	4	쑥떡
3	3	인절미
4	6	송편
5	5	무지개떡
6	1	팥떡

마지막으로 먹힌 송편은 위치 4에 있는 것이므로 이를 기준으로 떡들을 배치하면 송편 전에 먹은 떡은 무지개떡이 된다.

08 정답 ③

정답해설

쌀의 무게가 무거운 순서대로 나열하면 A, B, C, D이고 甲이 구매하려는 상품은 B와 C이다.
A+B=54kg, A+C=50kg, B+D=39kg, C+D=35kg를 통해 B와 C의 무게 차이는 4kg이라는 것을 알 수 있다.
또한 차이가 짝수이므로 B와 C의 무게 합 또한 짝수일 것이고, B+C=44kg이다.
따라서 C=20kg, B=24kg이다.

09 정답 ②

정답해설

A 괘종시계가 6시 정각을 알리기 위한 마지막 6번째 종을 치는 시작이 6시 6초라는 것은 5번의 종을 치는 데 총 6초가 걸렸다는 말과 동일하다.
따라서 총을 1회 치는 데 걸리는 시간은 6÷5=1.2초이다.
11시 정각을 알리기 위해서 총 11번의 종을 칠 것이고 마지막 11번째 종을 치기 위해 10번의 종을 쳐야 하므로 1.2×10=12초가 걸린다.
따라서 A 괘종시계가 11시 정각을 알리기 위한 마지막 종을 치는 시각은 11시 12초이다.

10 정답 ③

정답해설

A부서 주무관 5명이 오늘 해야 하는 일의 양은 모두 같으므로 이를 1로 두고 현재까지 한 일과 남겨 놓고 있는 일의 양을 구하면 다음과 같다.
丙만 현재까지 한 일과 남겨 놓고 있는 일을 자신을 기준으로 제시했기 때문에 丙의 일의 양을 제일 먼저 판단한다.

구분	현재까지 한 일	남겨 놓고 있는 일
甲	$\frac{1}{6}$	$\frac{5}{6}$
乙	$\frac{1}{3}$	$\frac{2}{3}$
丙	$\frac{2}{3}$	$\frac{1}{3}$
丁	$\frac{5}{6}$	$\frac{1}{6}$
戊	$\frac{1}{3}$	$\frac{2}{3}$

따라서 현재 시점에서 두 번째로 많은 양의 일을 한 사람은 丙이다.

11 정답 ②

정답해설

대화에 따라 성과점수는 乙>甲>丙>丁 순으로 배분되어야 한다. 또한 丁의 점수는 4점이다. 이를 근거로 성과점수를 甲~丁에게 최소로 배분하면 다음과 같다.

乙	甲	丙	丁	합계
7	6	5	4	22

남은 8점을 본인의 상급자보다는 낮게 받고 하급자보다는 높게 받아야 한다는 丙의 말에 따라 丁을 제외한 3명에게 분배하면 다음과 같다.

乙	甲	丙	丁	합계
10	9	7	4	30
11	8	7	4	30

따라서 丙이 받을 수 있는 최대 성과점수는 7점이다.

12 정답 ⑤

정답해설

주어진 조건에 따라 첫째 돼지의 집의 면적은 6m^2, 둘째 돼지의 집의 면적은 3m^2, 셋째 돼지의 집의 면적은 2m^2이다. 지지대를 제외하고 소요되는 비용은 1m^2당 벽돌집은 9만 원, 나무집은 6만 원, 지푸라기집은 3만 원이다. 이를 바탕으로 아기 돼지의 집 종류별 총 소요비용을 구하면 다음과 같다.

(단위 : 만 원)

집의 종류	첫째(6m^2)	둘째(3m^2)	셋째(2m^2)
벽돌집	54	27	18
나무집	56	38	32
지푸라기집	23	14	11

마지막 조건에 따라 둘째 돼지 집을 짓는 재료 비용이 가장 커야 하므로 첫째 돼지는 지푸라기집, 둘째 돼지는 나무집, 셋째 돼지는 벽돌집을 짓는다.

13

정답 ③

정답해설

i) 甲은 출원한 특허가 등록결정되었으므로 착수금과 동일한 금액을 사례금으로 지급받는다. 따라서 甲의 보수는 착수금의 2배이다.

甲의 보수=(1,200,000+35,000×2+15,000×3)×2=2,630,000원

ii) 乙은 출원한 특허가 거절결정되었으므로 착수금만 받는다.

乙의 보수=(1,200,000+100,000×4+35,000×16+9,000×30+15,000×12)이지만 140만 원을 초과하므로 乙은 140만 원만 받는다.

따라서 甲과 乙이 지급받는 보수의 차이는 263−140=123만 원이다.

14

정답 ④

정답해설

ㄴ. B의 허가가 취소되지 않으려면 최종심사 점수가 60점 이상이어야 한다. B의 감점 점수는 15.5점, ㉣를 제외한 기본심사 점수는 57점이므로 다음과 같은 식이 성립해야 한다.

57+㉣−15.5≥60

∴ ㉣≥18.5 (단, ㉣는 자연수)

그러므로 ㉣는 19점 이상이어야 한다.

ㄷ. C의 최종점수는 64점으로 허가정지이다. 만약 C가 2020년에 과태료를 부과받은 적이 없다면 C의 최종점수는 8점 상승하여 72점이 되고 재허가로 판정결과가 달라진다.

오답해설

ㄱ. A의 ㉣ 항목 점수가 15점이라면 A의 최종심사 점수는 75−9=66점이 되고 A는 이에 따라 허가 정지를 받는다.

ㄹ. 기본심사 점수와 최종심사 점수 간의 차이는 감점 점수의 크기와 같으므로 각 사업자의 감점 점수를 비교해야 한다. 각 사업자의 감점 점수를 구하면 A는 9점, B는 15.5점, C는 14점이므로 점수 간의 차이가 가장 큰 사업자는 B이다.

15

정답 ③

정답해설

제1항 제1호 나목에 따르면 정수장에서의 일반세균에 관한 수질검사는 매주 1회 이상 실시하여야 하고 검사빈도를 매월 1회 이상으로 할 수 있는 단서 규정에서 일반세균은 제외된다. 그러나 정수장 C는 일반세균을 대상으로 한 검사빈도를 매월 1회로 하고 있으므로 수질검사빈도를 충족하지 못했다. 제2항에 따르면 질산성 질소에 대한 수질기준은 10mg/L 이하이지만 정수장 B는 검사결과 11mg/L이므로 수질기준을 충족하지 못했다. 따라서 수질검사빈도와 수질기준을 둘 다 충족한 검사지점은 A, D, E이다.

16

정답 ④

정답해설

甲의 민원은 기타민원이므로 처리결과를 전화로 통지할 수 있다.

오답해설

① 甲의 민원은 기타민원이므로 구술 또는 전화로 신청가능하다.

② 민원의 신청은 문서와 전자문서를 통한 방법 모두 가능하다.

③ 접수한 민원이 다른 행정기관의 소관인 경우, 접수된 민원 문서를 지체없이 소관 기관에 이송하여야 한다.

⑤ 乙의 민원은 법정민원이므로 동일한 내용의 민원이라고 하더라도 종결처리할 수 없다.

17

정답 ③

정답해설

주민의견 청취와 건축위원회의 심의는 ○○부 장관이나 시·도지사가 착공을 제한하는 경우에 해당한다.

오답해설

① 甲의 신축건축물은 21층 이상이나 연면적 합계 10만 제곱미터 이상에 해당하지 않으므로 B구청장에게 건축허가를 받아야 한다.

② 광역시장은 지역계획에 특히 필요하다고 인정하면 허가를 받은 건축물의 착공을 제한할 수 있다.

④ 정당한 사유가 있는 경우에 1년의 범위에서 공사의 착수기간을 연장할 수 있는데, 이 경우는 그에 해당하지 않으므로 허가를 취소해야 한다.

⑤ 착공제한기간은 2년 이내이나 1회에 한하여 1년 이내의 범위에서 연장할 수 있으므로 최대 3년간 착공을 제한할 수 있다.

18

정답 ④

정답해설

위원의 수가 8명이면 최소 6명 이상이 되어야 개의할 수 있는데 이에 따라 4명 이상이 찬성해야 의결될 수 있다.

오답해설

① 외부 위원의 임기는 2년이나 2회에 한해 연임할 수 있으므로 최대 6년까지 가능하다.

② 전체 인원이 5명이라면 내부 위원 4명과 외부 위원 1명으로 구성된 경우인데 이는 외부 위원을 총 위원수의 3분의 1이상 위촉하여야 한다는 규정에 위배된다. 하지만 전체 인원이 6명이라면 내부 위원 4명과 외부 위원 2명으로 구성되게 되어 규정에 부합한다.

③ 내부 위원 4명이 모두 여성인 경우 남성 위원은 2명 이하가 되어서는 안되므로 최소 3명의 남성 위원이 있어야 한다. 따라서 7명으로 구성될 수 있다.

⑤ 출석 인원이 7명이므로 이의 3분의 2 이상인 5명 이상이 찬성하면 해당 안건이 통과된다. 이미 직접 출석한 5명이 찬성한 상태이므로 2명의 서면 의견에 상관없이 해당 안건은 찬성으로 의결된다.

19

정답 ⑤

정답해설

ㄴ. 2년 평균 인원이 27.×명이므로 원래의 기준에 의하면 분반이 허용되지 않지만, 강의만족도 평가점수가 90점 이상이었다면 2년 평균 기준이 27명 이상으로 완화되어 분반이 허용되었을 것이다. 하지만 분반이 허용되지 않았으므로 2020년의 평가점수는 90점 미만이다.

ㄷ. 강의만족도 평가점수가 92점이므로 수강인원 기준이 18명 이상으로 완화된다. 만약 2020년 수강인원이 16명이었다면 평균 수강인원이 18명이 되어 분반이 허용되었어야 하는데 그렇지 않았으므로 수강인원은 15명을 넘지 않는다.

오답해설

ㄱ. 2년 평균 기준과 1년 기준 모두에 해당하지 않으며 강의만족도 평가 점수도 90점에 못미치므로 분반이 허용되지 않는다.

20 정답 ⑤

정답해설

㉯ 관련 정부사업과의 연계가능성 지표가 5점에서 10점으로 확대되었다.
㉰ 논의된 내용 이외의 하위 지표는 현행대로 유지하였으며 '대학 내 주체 간 합의 정도'는 Ⅲ에서 이동하였다.
㉲ 시범사업 조기 활성화 가능성 지표가 삭제되었으며 세부항목인 '대학 내 주체 간 합의 정도'는 Ⅱ로 이동하였다.

오답해설

㉮ 신청 부지 안에 건축물이 포함되어 있어도 신청을 허용하기로 하였으나 수정안은 그렇지 않다.
㉱ 논의된 내용 이외의 것들은 현행 유지해야 하나 배점이 바뀌었다.

21 정답 ②

정답해설

주어진 대화를 통해 알 수 있는 사실을 정리하면 다음과 같다.
ⅰ) '乙' 이후에 '甲'
ⅱ)

구분	월	화	수
점심	乙 × 丙 ×	乙 ×	乙 ×
저녁	丙 ×	丙 ×	丙 ×

乙–甲(점심)–丙의 순서로 방문하였으며 乙이 월요일 저녁, 甲이 화요일 점심, 丙이 수요일 점심에 방문하였다.

오답해설

① 甲–乙–丙의 순서로 방문했으나, 甲이 월요일 점심, 저녁, 화요일 점심에 방문하는 3가지의 경우가 가능하여 방문시점을 확정할 수 없다.
③ (乙, 丙)–甲의 순서로 방문했으나, 乙과 丙의 순서를 확정할 수 없다.
④ 丙이 맨 처음에 방문했는지, 중간에 방문했는지를 확정할 수 없다.
⑤ 乙–甲–丙의 순서로 방문했으나, 甲이 화요일 점심에 방문했는지 저녁에 방문했는지를 확정할 수 없다.

22 정답 ⑤

정답해설

주어진 상황을 정리하면 다음과 같으며, 천 단위 이하는 생략한다. – 표시는 3회 연속 일치하여 더 이상 판단할 필요가 없는 경우이며, × 표시는 3회 연속 일치할 가능성이 없어 더 이상 판단하지 않는 경우이다.

구분	200								
월	100(O)				100(×)				
화	50(O)		50(×)		50(O)		50(×)		
수	25(O)	25(×)	25(O)	25(×)	25(O)	25(×)	25(O)	25(×)	
목	–	×	12.5(O)		×	12.5(O)	×	12.5(O)	×
금	–	×	6.25(O)	×	×	–	×	6.25(O)	×	×

총 4가지 경우에 앱을 제거하지 않으며, 이들을 모두 합하면 50,000명이다.

23 정답 ①

정답해설

장관이 필요하다고 인정하여 해당 지방자치단체의 장에게 주민투표를 요구하여 실시한 경우에는 지방의회의 의견을 듣지 않아도 된다.

오답해설

② 지방의회가 위원회에 통합을 건의할 때에는 통합대상 지방자치단체를 관할하는 특별시장 · 광역시장 또는 도지사(시 · 도지사)를 경유해야 한다.
③ 주민투표권자 총수의 50분의 1이므로 2,000명의 연서가 있어야 가능하다.
④ 통합추진공동위원회의 위원은 관계지방자치단체의 장 및 그 지방의회가 추천하는 자로 한다.
⑤ 지방자치단체의 장이 건의하는 경우 지방의회의 의결이 필요하다는 규정은 없다.

24 정답 ②

정답해설

ⅰ) 통합대상 지방자치단체 수 : 4(A군, B군, C군, D군)
ⅱ) 통합대상 지방자치단체를 관할하는 특별시 · 광역시 또는 도의 수 : 3(甲도, 乙도, 丙도)
ⅲ) 관계지방자치단체 수 : 7(ⅰ)과 ⅱ)의 합)
ⅳ) 각 관계지방자치단체 위원 수 : [(4×6)+(3×2)+1]÷7=4.× → 5명 (소수점 이하 올림)
ⅴ) 전체 위원 수 : 5×7=35명

25 정답 ②

정답해설

○○시가 광역자치단체이든 기초자치단체이든 '처음 두 자리'는 10으로 고정되므로 나머지 세 자리를 판단한다. 따라서 처음 두 자리가 20으로 시작하는 ⑤는 소거한다.

ⅰ) ○○시가 광역자치단체인 경우
A구와 B구는 기초자치단체에 해당하므로 마지막 자리는 0이어야 한다. 여기서 ③을 소거한다. 다음으로 기초자치단체들은 '그 다음 두 자리'에 각각의 고유한 값을 가져야 한다. B구가 03이므로 A구는 03이 아닌 숫자가 들어가야 한다.

ⅱ) ○○시가 기초자치단체인 경우
A구와 B구는 같은 기초자치단체에 속해 있으므로 '그 다음 두 자리'가 03으로 같아야 하는데 남은 선택지에서 이를 만족하는 것은 ②뿐이다.

2020 모의평가 정답 및 해설

2020년 언어논리 _ 정답 및 해설

01	02	03	04	05	06	07	08	09	10
⑤	③	④	④	⑤	⑤	①	④	②	①
11	12	13	14	15	16	17	18	19	20
①	②	①	②	⑤	③	①	③	⑤	②
21	22	23	24	25					
③	①	①	④	②					

01 정답 ⑤

정답해설

독립운동가들은 조소앙이 기초한 대한민국임시헌장을 채택했는데 대한민국임시헌장 제1조에 "대한민국은 민주공화제로 함."이라는 문구가 담겨 있었다.

오답해설

① 대한민국임시헌장은 3 · 1운동 직후 상하이에 모여든 독립운동가들이 임시정부를 만들기 위한 첫걸음으로 채택하였다.
② 대한민국 임시정부가 만들어진 것은 3 · 1운동 이후이며, '조소앙은 3 · 1운동이 일어나기 전, 대한제국 황제가 국민의 동의 없이 마음대로 국권을 일제에 넘겼다고 말하면서 국민은 국권을 포기한 적이 없다고 밝힌 대동단결선언을 발표한 적이 있다.'고 하였다.
③ 대한민국임시헌장을 기초할 때 조소앙은 국호를 '대한민국'으로 하고 정부 명칭도 '대한민국 임시정부'로 하자고 하였다.
④ 제헌국회는 제헌헌법을 만들었는데, 이 헌법에 우리나라의 명칭을 '대한민국'이라고 한 내용이 있다고 하였다. 이는 대한민국임시헌장의 정신을 계승한 것이다.

02 정답 ③

정답해설

척화론을 주장한 김상헌은 청에 항복하는 것은 있을 수 없는 일이라며 끝까지 저항하자고 했으며, 중화인 명을 버리고 오랑캐와 화의를 맺는 일은 군신의 의리를 버리는 것이라고 했다.

오답해설

① 최명길은 "나아가 싸워 이길 수도 없고 물러나 지킬 수도 없으면 타협하는 수밖에 없다."고 하였다.
② 청에 항복한 것은 인조 때의 일이다. 인조의 뒤를 이은 효종은 청에 복수하겠다는 북벌론을 내세우고, 예전에 척화론을 주장했던 자들을 중용하였다.
④ 인조 때에는 척화론을 주장했던 사람들이 정국을 주도하지 못했기 때문에 주화론을 내세웠던 사람들이 정계에서 쫓겨 나가는 일은 벌어지지 않았다.
⑤ '송시열 사후에 나타난 노론 세력은 최명길의 주장에 동조했던 사람들의 후손이 요직에 오르지 못하게 막았다.'에서 노론 세력은 척화론자임을 알 수 있다.

03 정답 ④

정답해설

제시문은 크게 보아 '어떤 질병의 성격을 파악할 때 질병의 발생이 개인적 요인뿐만 아니라 계층이나 직업 등의 요인과도 관련될 수 있음을 고려해야 한다. → 질병에 대처할 때도 사회적 요인을 고려해야 한다. → 질병의 치료가 개인적 영역을 넘어서서 사회적 영역과 관련될 수밖에 없다는 것은 질병의 대처 과정에서 사회적 요인을 반드시 고려해야 한다.'로 요약될 수 있다. 따라서 글의 논지로 ④가 가장 적절하다.

04 정답 ④

정답해설

'공범 원리'를 받아들이는 사람들은 타인의 악행에 가담한 경우 결과에 얼마나 영향을 주었는지와 무관하게 '도덕적 책임'이 있다고 주장하므로 '갑훈에게 도덕적 책임이 있다는 점에서 첫 번째 약탈과 두 번째 약탈은 차이가 없다.'는 결론이 도출된다.

05 정답 ⑤

정답해설

갑은 지금까지 한 것처럼 연명의료 전문 상담사의 상담을 받게 하는 조치를 유지하라고 하였다.

오답해설

① 2018년 2월부터 사전연명의료의향서를 제출하여 연명의료 거부 의사를 표명한 사람에 대해서 병원이 연명의료를 실행하지 않는다는 제도가 도입되었을 뿐 전국 모든 보건소에서 연명의료 전문 상담사가 사전연명의료의향서를 접수하기 시작한 것은 아니다.
② 2020년 4월 1일부터 전국 모든 보건소에서 사전연명의료의향서를 받도록 조치했다.
③ 연명의료 관련 기본 필수교육은 연명의료 전문 상담사 배치가 어려운 보건소의 직원들을 대상으로 실시한다.

④ 사전연명의료의향서 접수기관 중 연명의료 전문 상담사가 있는 경우는 전화 예약 시스템을 사용하지 않아도 된다.

06
정답 ⑤

정답해설

집합금지 및 집합제한업종에 속하지 않더라도 연 매출 4억 원 이하라는 사실을 증명할 수 있는 자료와 함께 코로나 19 확산으로 매출이 감소했음을 증빙하는 자료를 제출하면 지원금을 받을 수 있다.

07
정답 ①

정답해설

정은 보고서의 형식이나 내용은 누구에게 보고하느냐에 따라 크게 달라지며, 보고 대상이 명시적으로 드러날 수 있도록 주제를 더 구체적으로 표현하면 좋겠다고 하였다.

오답해설

② 을은 특강을 평일에 개최하되 참석 시간을 근무시간으로 인정해 준다면 참석률이 높아질 것 같다고 하였다.
③ · ④ 병은 중앙부터 소속 공무원에게는 세종시가 접근성이 더 좋으며, 특강 참석 대상이 누구인가에 따라 장소를 조정할 필요가 있다고 하였다.
⑤ 무는 강의에 관심이 있는 사람이라면 별도 비용이 있는지, 있다면 구체적으로 금액은 어떠한지 등이 궁금할 것이라고 하였다.

08
정답 ④

정답해설

ㄴ. ㉣ 뼈대근육은 (수의근, 줄무늬근)이고 ㉥ 심장근육은 (불수의근, 줄무늬근)이므로 '수의근'인지 여부가 다르다. 따라서 B에는 근육의 움직임을 의식적으로 통제할 수 있는지를 따지는 기준이 들어간다.
ㄷ. 우선 ㉠에 수의근이 들어가면 A와 대립되는 기준인 B에는 '불수의근'이 들어가야 한다. 이 기준에 민무늬근, 줄무늬근의 조건을 대입해 보면 다음과 같다(제3의 조건을 포함하여 분류한 표).

종류 기준	뼈대근육	내장근육	심장근육
A (수의근)	㉠ O 줄무늬근	㉡ X	㉢ X 줄무늬근
B (불수의근)	㉣ X	㉤ O 민무늬근	㉥ O

따라서 ㉤에는 민무늬근이 들어가야 한다.

오답해설

ㄱ. ㉡ 내장근육은 (불수의근, 민무늬근)이고, ㉢ 심장근육은 (불수의근, 줄무늬근)이므로 '㉡, ㉢이 같은 성질을 갖는다.'함은 '불수의근'이라는 점이다. 따라서 A에는 '근육의 움직임을 우리가 의식적으로 통제할 수 있는 지의 여부'가 들어가야 한다.

09
정답 ②

정답해설

제시문을 토대로 ㉠~㉤을 연결하면 다음과 같다.
㉠은 공기와 접하고 있는 가장 위쪽 부분에만 세균이 살고 있으므로 '절대 호기성 세균'이다. ㉡은 공기가 맞닿은 부분에는 세균이 전혀 없고 아래쪽으로 갈수록 세균이 많아지므로 '절대 혐기성 세균'이다. ㉢은 산소 농도가 높은 쪽에 더 많은 세균이 있으므로 '통성 세균'이다. ㉣은 '절대 호기성 세균'이 살아가는 환경의 산소 농도보다 낮은 농도의 산소에서만 살 수 있는 '미세 호기성' 세균이다. ㉤은 산소 농도와 무관하게 생존 가능한 '내기 혐기성' 세균이다.
따라서 ㉡은 산소 호흡을 할 수 없는 절대 혐기성 세균으로, 발효 과정만을 통해 에너지를 만들어 낸다.

오답해설

① ㉠은 '절대 호기성' 세균이다.
③ ㉢은 '통성 세균'이며 산소에 대한 내성이 있다.
④ ㉣은 '미세 호기성' 세균으로, 산소 호흡을 할 수 있다.
⑤ ㉤만 혐기성 세균이다.

10
정답 ①

정답해설

㉠ B학파는 다른 모든 종류의 상품과 마찬가지로 토지 문제 역시 수요 · 공급의 법칙에 따라 시장이 자율적으로 조정하도록 맡겨 두면 된다고 주장하므로 토지에 대한 투자는 상품 투자의 일종으로 본다고 할 수 있다.
㉡ A학파는 B학파와 달리 상품 투자와 토지 투자를 엄격히 구분하며 상품 투자는 상품 공급을 증가시키고 공급 증가는 다시 상품 투자의 억제 요인으로 작용하기 때문에 상품 투자에는 내재적 한계가 있는 반면 토지의 경우 토지 공급은 한정되어 있으므로 토지 투자는 상품 투자의 경우와는 달리 제어장치가 없다고 보았다.

11
정답 ①

정답해설

A형 응집원만을 선택적으로 제거한 적혈구를 B형인 사람에게 수혈하는 경우 B형 혈장 속의 응집소 α와 반응할 A형 응집원이 없으므로 응집 반응이 일어나지 않는다.

오답해설

② B형 응집원만을 선택적으로 제거한 AB형 적혈구에는 A형 응집원만 남아 있으므로 이를 A형인 사람에게 수혈해도 A형 혈장에는 응집소 β만 있으므로 응집 반응이 일어나지 않는다.
③ 응집소 β를 선택적으로 제거한 O형 혈장에는 응집소 α가 있으므로 이를 A형에게 수혈하면 응집 반응이 일어난다.
④ AB형인 사람은 A형 응집원 및 B형 응집원이 둘 다 있으므로 A, B, O형 혈액을 수혈받는 경우는 응집 반응이 일어나고 AB형 혈액을 수혈받는 경우에만 응집 반응이 일어나지 않는다.
⑤ O형인 사람은 응집소 α 및 응집소 β가 있으므로 A, B, AB형 적혈구를 수혈받으면 응집 반응이 일어난다.

12

정답 ②

정답해설

제시문에 주어진 조건을 표로 정리하면 다음과 같다.

구분	대학 평준화	고교 자체평가 확대	대입 정시 확대, 수시 축소	고교 평준화 강화
기회 균등 / 교육의 수월성				
국민 선호도	300명	400명	600명	700명
기존 교육재정	×	○	○	○
가계의 교육 부담 감소	○	○	×	○

표의 좌측 4가지 항목을 모두 만족시키는 것이 선택되므로 제시문에 나타나지 않은 '기회 균등 / 교육의 수월성' 항목에서 '고교 평준화 강화'가 선정된다면 최종 안건으로 선정 가능함을 알 수 있다.

13

정답 ①

정답해설

종전에는 연장근로를 소정근로의 연장으로 보았고, 1주의 최대 소정근로시간을 정할 때 기준이 되는 1주를 5일에 입각하여 보았다. 그리고 1주 중 소정근로일을 월요일부터 금요일까지의 5일로 보았기에 이 기간에 하는 근로만이 근로기준법상 소정근로시간의 한도에 포함된다고 해석하였다. 따라서 빈칸에는 ①이 들어가는 것이 가장 적절하다.

14

정답 ②

정답해설

개정 근로기준법에 의하면, 월요일부터 목요일까지 매일 10시간씩 일한 사람의 경우는 하루 소정근로시간 8시간에 매일 2시간씩 연장근로를 한 경우이고, 월요일~목요일까지 총 8시간을 연장근로했다. 따라서 월요일부터 목요일까지 총 40시간을 근로했고 주당 근로가능한 시간은 총 52시간이어서 남은 시간은 12시간이므로 금요일에 허용되는 최대 근로시간은 12시간이다. 따라서 제시문을 바르게 적용한 사람은 을이다.

오답해설

- 갑 : 개정 근로기준법에 의하면 연장근로는 1주일에 총 12시간을 넘을 수 없으므로 만일 1주 중 3일 동안 하루 15시간씩 일한 경우는 1일 소정근로시간 8시간을 제외하면 연장근로는 7시간이 된다. 그리고 3일을 연속 연장근로 7시간씩 했으므로 총 21시간 연장근로가 되어 1주일에 12시간의 연장근로시간을 초과하게 된다.
- 병 : 기존 근로기준법에서도 연장근로가 아닌 한 1일의 근로시간은 8시간을 초과할 수 없다고 법에 규정되어 있기 때문에, 이미 52시간을 근로한 근로자에게 휴일에 1일 8시간을 넘는 근로를 시킬 수 없다. 따라서 만일 근로자가 일요일에 12시간을 일한 경우 그 근로자의 종전 1주일 연장근로가 12시간을 넘기지 않은 경우라면 일요일 근무한 12시간 중 8시간을 초과한 4시간은 연장근로시간이 된다.

15

정답 ⑤

정답해설

매일 커피와 흡연을 하는 갑돌, 정순이 치석을 제거하지 않는 경우 그의 이가 노랄 확률은 90% 이상이다.

오답해설

① 갑돌이 매년 치석을 제거하는 경우 이가 노랄 확률은 20% 미만이다.
② 을순은 매년 치석을 제거하므로 이가 노랄 확률은 20% 미만이고 이가 노랗지 않을 확률은 반대 해석상 80% 이상이다.
③ 병돌이 흡연자라 해도 매년 치석을 제거하므로 이가 노랄 확률은 20% 미만이다.
④ 병돌이 매일 커피를 마신다 해도 매년 치석을 제거하므로 이가 노랄 확률은 20% 미만이다.

16

정답 ③

정답해설

세 진술을 순서대로 ①, ②, ③이라 하자.
① A가 찬성하면 B, C도 찬성한다($A \rightarrow B \wedge C$).
② C는 반대한다($\sim C$).
③ D가 찬성한다면 A와 E 중 한 개 이상은 찬성한다($D \rightarrow A \vee E$).
②에서 C는 반대하므로 ①의 대우에 따라 A도 반대한다.
ㄱ. A, C가 반대이므로 B, D, E 모두 찬성해야 안건이 승인된다.
ㄷ. 'D가 찬성한다면 A와 E 중 한 개 이상의 구는 찬성한다.'가 참이므로 대우명제 역시 참이다.

오답해설

ㄴ. C가 반대이므로 A도 반대이며 남은 B, D, E 중 B, E가 찬성하고 D가 반대하는 경우도 있으므로 반드시 B, D, E가 찬성이라 할 수는 없다. 따라서 안건이 승인되지 않을 수 있다.

17

정답 ①

정답해설

먼저 '가인'과 '라연'은 서로 병천이 보건복지부, 행정안전부에 배치된다고 하므로 모순관계에 있다. 따라서 '가인'과 '라연'은 동시에 참일 수 없고 둘 중 하나의 진술은 틀린 진술이다.

경우 1) 만일 '가인'이 틀린 진술이라면 자동적으로 '라연'은 옳은 진술이다.

갑진	고용노동부
을현	보건복지부
병천	행정안전부

경우 2) 만일 '라연'이 틀린 진술이라면 자동적으로 '가인'은 옳은 진술이다.

갑진	고용노동부
을현	행정안전부
병천	보건복지부

이를 근거로 판단하면 다음과 같다.
ㄱ. 모든 경우 '갑진은 고용노동부에 배치된다.'는 언제나 참임을 알 수 있다.

오답해설

ㄴ. 경우 1에서 '을현은 행정안전부에 배치된다.'는 거짓임을 알 수 있다.
ㄷ. '가인' 또는 '라연'의 예측이 틀린 경우이므로 '라연의 예측은 틀렸다.'는 반드시 참은 아니다.

18

정답 ③

정답해설

ㄱ. 할인 기회를 제공한 경우는 [E, F]와 [G, H]의 경우이며 각각 구매율은 b로, 할인 기회를 제공하지 않은 경우의 구매율(c, d)보다 높다.
ㄴ. 광고를 할 때 사후 서비스를 한 경우와 안 한 경우를 비교한 집단은 [C, D]와 [G, H]인데 각각 사후 서비스를 한 경우의 만족도는 안 한 경우보다 높았다.

오답해설

ㄷ. [C, D]의 경우 광고를 했음에도 사후 서비스를 안 한 경우 만족도는 c였고, [E, F]의 경우 광고를 안 한 경우로 사후 서비스도 안했을 때 만족도는 b였으므로 사후 서비스를 하지 않을 때, 광고를 한 경우가 하지 않은 경우보다 마케팅 만족도가 높다고 볼 수 없다.

19

정답 ⑤

정답해설

ㄱ. A라는 성질을 가진 대상이 존재할 때, 그 대상들 중 B라는 성질을 가지지 않는 대상이 있다면 U가 거짓이 되는 것에 대해 갑과 을은 모두 이견이 없다.
ㄴ. 을은 U에 A의 존재가 전제되었다고 보며, 병은 A의 존재가 전제되어야 U의 참 또는 거짓을 판정할 수 있다고 하였다.
ㄷ. 갑은 U를 'A이면서 B가 아닌 대상은 하나도 없다'로 이해한다. 따라서 U가 거짓이라면 'A이면서 B가 아닌 대상이 있다.'가 되며, 병은 A의 존재가 전제되어야 U의 참 또는 거짓을 판정할 수 있다고 하였다.

20

정답 ②

정답해설

전체 공무원(유형 Ⅰ) 중 100명(n개의 개체)을 조사해보니 이들은 업무의 70% 이상을 효과적으로 수행하고 있다(속성 P). 따라서 전체 공무원들(유형 Ⅰ에 속하는 모든 개체)은 업무의 70% 이상을 효과적으로 수행하고 있을 것이다(속성 P).

오답해설

① 우리나라 공무원 모두가 여행을 좋아하지만 음악을 좋아하는 공무원의 비율이 80%를 넘지 않는 경우를 생각해보면 타당한 논증이 아니다.
③ 통계적 일반화로 분류하기 위해서는 '우리나라 20대 공무원 중'이 아니라 '우리나라 공무원 중'이 되어야 한다.
④ 통계적 삼단논법으로 분류하기 위해서는 '공무원 갑은 해외 연수를 다녀왔다. 따라서 갑은 정부 정책을 지지할 것이다'가 되어야 한다.
⑤ 유비추론으로 분류하기 위해서는 '을'이 80세 이상 산다는 사실이 먼저 발견되어야 한다.

21

정답 ③

정답해설

ㄱ. 'B 그룹 쥐의 뇌보다 A 그룹 쥐(자극 X에 노출)의 뇌에서는 크기가 큰 신경세포뿐만 아니라 신경교세포도 더 많이 발견되었다.'와 'A 그룹의 쥐의 뇌에서는 신경전달물질 α가 더 많이 분비되었는데'를 통해 알 수 있다.
ㄴ. 'A 그룹 쥐(자극 X에 노출)의 대뇌피질은 B 그룹 쥐의 대뇌피질보다 더 무겁고 더 치밀했지만, 뇌의 나머지 부위의 무게에는 차이가 없었다.'를 통해 알 수 있다.

오답해설

ㄷ. B 그룹 쥐의 뇌보다 A 그룹(자극 X에 노출) 쥐의 뇌에서는 크기가 큰 신경세포뿐만 아니라 신경교세포도 더 많이 발견되었다고 하였다.

22

정답 ①

정답해설

발암물질 투여량이 많을수록 적은 수의 실험 대상으로도 암유발물질의 유효성을 판별할 수 있다고 하였다. 따라서 ㄱ은 ㉠의 논지를 강화한다.

오답해설

ㄴ. 사례는 '실험 대상인 쥐의 숫자를 줄이고도 다량의 발암물질을 투입하는 경우에는 발암물질의 유효성을 효과적으로 알 수 있다.'라는 내용이므로 ㉠의 논지를 약화한다.
ㄷ. '발암물질의 투여량을 늘리면 실험 대상의 수를 줄이더라도 유의미한 실험 결과를 확보할 수 있는 것이다.'라고 하므로 ㉠의 논지를 약화한다.

23

정답 ①

정답해설

A는 '종 차별주의가 옳지 않다는 주장은 모든 종을 동등하게 대우해야 한다는 종 평등주의가 옳다는 말과 같다.'라고 하므로 종 차별주의를 인정하면 당연히 종 평등주의를 부정하게 되며 반대의 경우도 마찬가지이므로 양자가 동시에 인정될 수 없는 모순관계에 있다고 본다. B는 '종 차별주의를 거부하는 것과 종 평등주의를 받아들이는 것은 별개다.'라고 하므로 양자를 양립불가의 모순관계로 보지 않는다. 따라서 ㄱ의 분석은 적절하다.

오답해설

ㄴ. C는 모든 인간이 동일한 존엄성과 무한한 생명 가치를 가진다는 견해에 동의하지 않는다.
ㄷ. C는 인간과 인간이 아닌 것 사이의 차별적 대우를 정당화하는 근거가 있다는 것에 동의한다. 다만 그 차별이 '의식'일 순 없다는 것이다. A 역시 종 차별주의자로 인간과 인간이 아닌 것 사이의 차별적 대우를 정당화하는 근거가 있다는 것에 동의한다.

24

정답 ④

정답해설

「ㅇㅇ구 건강관리센터 운영규정」에 따르면 '출산일을 기준으로 6개월 전부터 계속하여 ㅇㅇ구에 주민등록을 두고 실제로 ㅇㅇ구에 거주하고 있는 산모'에 한해 산모 · 신생아 건강관리 서비스를 이용할 수 있다. 사례의 갑은 2020년 6월 28일 아이를 출산했으므로 6개월 전인 2019년 12월 28일 이전에 ㅇㅇ구에 주민등록이 되고 실제 거주해야 한다. 따라서 변경 전 규정에 의하면 갑은 2020년 1월 1일에 ㅇㅇ구에 주민등록이 되었으므로 산모 · 신생아 건강관리 서비스를 이용할 수 없다. 만약 「ㅇㅇ구 건강관리센터 운영규정」의 '출산일'을 모두 '출산 예정일 또는 출산일'로 개정한다면 갑은 출산 예정일인 2020년 7월 2일을 기준으로 6개월 전인 2020년 1월 2일 이전인 2020년 1월 1일에 ㅇㅇ구에 주민등록을 했고 실거주했으므로 해당 서비스를 이용할 수 있다.

25

정답 ②

정답해설

'지점에 두어야 하는 손해사정사가 비상근이어도 무방하다.'라고 생각하는 을에 의하면 법인 B의 지점은 제00조 제2항을 어긴 것이 아니고 반대로 '지점에 두어야 하는 손해사정사는 상근이어야 한다.'라고 생각하는 갑에 의하면 법인 B의 지점은 제00조 제2항을 어긴 것이 된다. 따라서 ㄴ의 분석은 적절하다.

오답해설

ㄱ. 쟁점 1에서 법인 A는 총 8명의 손해사정사가 있다. 그런데 비상근 손해사정사 2명이 각각 다른 종류의 업무를 담당한다면 2개 종류에서 (비상근, 상근) 손해사정사가 업무를 담당하게 되어 이는 결과적으로 한 종류에서 1명 이상의 상근손해사정사를 둔 경우이므로 법 제00조 제1항을 위반하는 것이 아니다.

ㄷ. 법인과 그 지점에서 근무하는 손해사정사가 모두 상근이라면 쟁점 1과 쟁점 2의 을의 진술은 모두 옳다.

01	02	03	04	05	06	07	08	09	10
⑤	①	①	⑤	④	②	②	③	①	④
11	12	13	14	15	16	17	18	19	20
③	③	③	④	①	②	⑤	⑤	⑤	④
21	22	23	24	25					
①	④	③	③	②					

01

정답 ⑤

정답해설

보고서에 의하면 50대 이상은 현수막을 통해 정보를 획득한 관람객 수가 가장 많았다고 되어 있으나 ⑤의 경우 50대 이상이 TV를 통해 가장 많은 정보를 취득한다고 되어있다.

02

정답 ①

정답해설

조건을 반영하여 B의 판매량을 기준으로 표를 정리해 보면 다음과 같다.

간편식	A	B	C	D	E	F	평균
판매량	95	b	95	b	b−23	43	70

이 값을 토대로 평균을 통해 b값을 구해보면 70이 되며, E의 판매량은 b−23인 47이 된다.

03

정답 ①

정답해설

ㄱ. '공급자 취급부주의'의 경우 2019년과 2015년의 발생건수 차이는 6건이며, '시설미비'의 경우도 2019년과 2015년의 발생건수 차이는 6건으로 동일하다. 이 경우 분자값이 같으므로 개별 계산 없이 분모값이 작은 시설미비의 경우가 증가율이 더 크다.

ㄴ. '주택'의 연도별 사고건수 증감방향은 '증가 → 감소 → 증가 → 증가'이고 '차량'의 연도별 사고건수 증감방향도 '증가 → 감소 → 증가 → 증가'이다.

오답해설

ㄷ. 2016년 사고건수 상위 2가지는 '사용자 취급부주의(41건)'와 '시설미비(20건)'이며 전체 발생건수는 120건이므로 상위 두 가지 사고건수의 합(61건)은 나머지 발생건수의 합보다 크다.

ㄹ. 전체 사고건수에서 '주택'이 차지하는 비중이 35% 이상인지를 판단하려면 '전체 사고건수×0.35 < 주택 사고건수'인지를 판별하면 된다.

구분	2015년	2016년	2017년	2018년	2019년
전체 사고건수	121	120	118	122	121
전체×0.35	42.35	42	41.3	42.7	42.35
주택	48	50	39	42	47

따라서 2017년과 2018년은 주택이 차지하는 비중이 35% 미만이다.

04

정답 ⑤

정답해설

C 지역의 경우 2017년 Total−N이 0.68이므로 등급 외에 해당한다.

오답해설

① '감소 → 증가 → 감소 → 감소'로 동일하다.

② 2016년 B 지역의 전년 대비 해조류 군집 출현종수의 증감률은 약 24.5%이고, 2016년 B 지역의 전년 대비 해양 저서동물 출연종수의 증감률은 약 18.8%이다.

③ 2019년 해양 저서동물 출현종수가 가장 많은 지역은 D 지역이며 D 지역의 2019년 총질소(Total−N)는 0.07로 가장 낮다.

④ 2015년 COD 부문에서 1등급 기준인 1.00mg/L 이하인 지역은 D밖에 없다.

05

정답 ④

정답해설

최대수요와 최소수요의 차이는 구체적으로 계산하지 않아도 그래프의 상한과 하한의 거리차이를 통해 2018년이 2019년보다 작다는 것을 알 수 있다.

오답해설

① 공급예비력은 '전력공급능력−최대전력수요'이다. 따라서 2018년은 914이고, 2019년은 722이므로 2018년이 더 크다.

② 대략적인 크기비교를 하면 2018년은 분자에 100을 곱한 값(91,400)이 분모(7,879)보다 10배 초과이고 2019년 분자에 100을 곱한 값(72,200)이 분모(8,518)보다 10배 미만이다. 따라서 2018년이 더 크다.

③ 2019년과 2018년 1월에서 2월 사이만 비교해 봐도 2019년은 감소방향이나 2018년은 증가방향이다.

⑤ 전년 동월 대비 증가율이 가장 높은 달은 해당 월의 두 연도별 그래프 사이의 폭이 가장 큰 달이다. 따라서 8월이 가장 증가율이 크다.

06

정답 ②

정답해설

지역별 산사태 위험점수를 정리하면 다음과 같다.

지역 / 위험인자	A	B	C	D	E
경사길이(m)	20	30	20	10	0
모암	10	0	30	20	30
경사위치	10	20	10	30	20
사면형	0	30	20	30	10
토심(cm)	30	20	10	20	10
경사도(°)	10	30	20	10	0
합계 점수	80	130	110	120	70

따라서 합계 점수가 가장 높은 지역은 B이고 가장 낮은 지역은 E이다.

07

정답 ②

정답해설

ㄱ. 0~6km의 소요 시간을 더해 보면 출발 후 6km 지점을 먼저 통과한 선수는 A, C, D, B 순이다.

ㄷ. 0~3km 구간까지 오는 데 B는 17분 16초가 소요되었고 C는 17분 25초가 소요되어 B가 3km 지점에 먼저 도착했다. 하지만 3~4km 구간을 지나 4km에 도달한 누적 시간은 B가 23분 34초이고 C가 22분 40초이다. 따라서 3~4km 구간에서 B는 C에게 추월당했다.

오답해설

ㄴ. B의 10km 완주기록은 57분 54초이다.

ㄹ. A가 10km 지점을 통과한 순간은 51분 52초이며 D가 7km 지점을 지나는 시간은 D가 10km를 완주한 시간에서 7~10km 통과시간(5분 24초+5분 11초+5분 15초=15분 50초)을 뺀 41분 33초이다. 41분 33초부터 46분 57초까지 D가 7~8km 구간을 달리고 있으므로 옳지 않다.

08

정답 ③

정답해설

i) '메뉴 가격에 변동이 없을 경우, 일반식 이용자와 특선식 이용자의 수가 모두 2018년 12월에 비해 감소'한다고 했는데 ①은 일반식이 1,220으로 1,210보다 증가했으므로 틀린 그래프이다.

ii) '특선식 가격만을 1,000원 인상하여 7,000원으로 할 경우, 특선식 이용자 수는 2018년 7월 이후 최저치 이하로 감소하지만, 가격 인상의 영향 등으로 총매출액은 2018년 10월 이상으로 증가할 것으로 예측'된다고 했으므로 2018년 7월 이후 최저치는 8월이며 885명 이하여야 한다. 따라서 ②는 특선식만 1,000원 인상한 경우 890명이므로 제외된다.

iii) '일반식 가격만을 1,000원 인상하여 5,000원으로 할 경우, 일반식 이용자 수는 2018년 12월 대비 10% 이상 감소하며, 특선식 이용자 수는 2018년 10월보다 증가하지는 않으리라 예측'된다고 했으므로 2018년 12월 대비 10% 감소한 인원은 1,210−121=1,089명 이하여야 한다. 따라서 ⑤는 제외된다. 또 특선식 이용자가 2018년 10월인 979명보다 증가하지 않아야 하므로 따라서 남은 것은 ③, ④이다.

iv) 세 번째 문단에 따르면 특선식 가격만을 1,000원 인상하여 7,000원으로 할 경우, 특선식 이용자 수는 2018년 7월 이후 최저치 이하로 감소하지만, 가격 인상의 영향 등으로 총매출액은 2018년 10월 이상으로 증가할 것으로 예측된다. 즉, 총매출액이 2018년 10월 매출액인 '10,850'보다 증가한다고 했으므로 ③, ④ 중 하나가 답이다.

v) 굳이 계산하지 않아도 ③은 특선식 이용인원과 일반식 이용인원이 ④에 비해 각각 많으므로 당연히 매출 증가가 더 크다. ③, ④ 중 매출이 큰 것이 답이므로 굳이 세부적 계산을 하지 않아도 ③이 조건을 만족하는 답임을 알 수 있다.

09

정답 ①

정답해설

ㄱ. 산업용 전기요금은 일본이 160으로 가장 높고 가정용 전기요금은 독일이 203으로 가장 높다.

ㄴ. 한국의 경우 가정용, 산업용 전기요금 지수는 (75, 95)이다. 2018년 한국의 가정용, 산업용 전기요금은 100kw당 각각 $120, $95이므로 공식에 대입하여 가정용, 산업용 OECD 평균 전기요금을 구할 수 있다. OECD 평균가정용 전기요금을 x, OECD 산업용 전기요금을 y라고 하면 $x=160$이고, $y=100$이므로 x는 y보다 1.5배 이상이다.

오답해설

ㄷ. 가정용 전기요금이 한국보다 비싼 미국의 경우 산업용 전기요금은 한국보다 싸다.

ㄹ. 일본의 가정용, 산업용 전기요금지수는 138과 160이다. 이를 공식에 대입하여 일본의 가정용 전기요금과 산업용 전기요금을 구할 수 있다. 가정용 전기요금을 x라고 하고 산업용 전기요금을 y라고 하면, $x=220.8$, $y=160$이므로 가정용 전기요금이 산업용 전기요금보다 비싸다.

10

정답 ④

정답해설

먼저 두 번째 조건에서 D가 문화청이라는 것을 확정지을 수 있다. 다음으로 세 번째 조건을 통해서는 비율이 가장 큰 B가 과학청이 될 수 없고, 가장 작은 C는 혁신청이 될 수 없다. 같은 논리로 첫 번째 조건에서는 B가 우주청이 될 수 없으므로 B는 혁신청으로 확정지을 수 있다. 그리고 네 번째 조건을 통해 A가 우주청, C가 과학청임을 알 수 있다.

11

정답 ③

정답해설

2018년 공기업 여성 합격자 수는 2,087명인데 해당 자료는 전체의 25%라고 되어있다. 2018년 전체 공기업 합격자 수인 9,070명의 25%를 계산해보면 2,267.5명이므로 2,087명보다 비중이 크게 표시되어 있다.

12

정답 ③

정답해설

필수생활비는 '주거비+식비+의복비'이다. 주거비가 40만 원 이하인 가구는 A, B, C이며 이를 정리하면 다음과 같다.

- A : 주거비=30, 식비=90, 필수생활비=?
- B : 주거비=30, 식비=60, 필수생활비=100 → 의복비=10
- C : 주거비=40, 식비=70, 필수생활비=140 → 의복비=30

A는 그림 2의 5개 ( ) 구간 중 하나이며 그중 필수생활비가 가장 적은 것은 130만 원이다. 따라서 A의 필수생활비를 130만 원이라 하더라도 의복비는 10만 원이므로 필수생활비가 올라가면 주거비와 식비는 고정되어 있어 의복비가 올라간다. 따라서 주거비가 40만 원 이하인 가구의 의복비는 각각 10만 원 이상이다.

오답해설

① A의 의복비가 10만 원일 때(최소치) 같고 나머지 경우는 A의 의복비가 더 많다.

② J는 주거비 70, 식비 100, 필수생활비 170이므로 의복비 0이며, I는 주거비 60, 식비 70, 필수생활비 130이므로 의복비 0이다.

④ 식비 하위 3개인 가구는 B, G, L이며, 의복비는 각각 10, 10, 30이다. 따라서 의복비의 합은 50이다.

⑤ 식비가 80인 가구는 F, H, K이며 이때 K는 식비 80, 주거비 70이므로 의복비를 제외한 합이 150만 원이다.

13

정답 ③

정답해설

ㄱ. 이륙 중에 인적오류로 추락한 항공기 수는 55대이고(1블록을 비행기 1대로 계산한다) 착륙 중에 원인불명으로 추락한 항공기 수는 4.5대이므로 12배(54대) 이상이다.

ㄹ. 기계결함으로 추락한 항공기 수는 이륙 중, 비행 중, 착륙 중 기계결함으로 추락한 경우로 각각 3×5+5×5+3=43대이며 이는 전체 추락사고 발생건수 200대 중 20% 이상이다.

오답해설

ㄴ. 비행 중에 원인불명으로 추락한 항공기 수는 10.5대이고, 착륙 중에 기계결함으로 추락한 항공기 수 10.5대와 같다.

ㄷ. 비행 중에 인적오류로 추락한 항공기 수는 8×3+4=28대이므로 이륙 중에 기계결함으로 추락한 항공기 수는 5×3=15대보다 13대 많다.

14

정답 ④

정답해설

ㄱ. 비행에 적합한 날은 3월 3일, 8일, 10일, 11일, 12일, 15일로 총 6일이다.

ㄷ. 항공촬영에 적합한 기준은 비행 및 촬영 허가 기준을 모두 충족하고 허가신청 결과가 모두 허가인 때이다. 기상상황 항목별 드론 비행 및 촬영 기준을 동시에 만족하려면 지자기지수는 5 미만이어야 하고 풍속은 5 미만이어야 한다. 해당 기준을 만족시키는 경우를 살펴보면 총 4일이다.

오답해설

ㄴ. 촬영에 적합한 날은 3월 3일, 8일, 12일, 15일로 총 4일이다.

15

정답 ①

정답해설

산림경영단지 면적은 각주 4를 통해 $\frac{\text{임도 길이}}{\text{임도 밀도}}$임을 알 수 있으므로 표에서 단지별 임도 길이만 구하면 각 단지의 면적을 구할 수 있다.

먼저 A단지를 살펴보면 작업임도 비율이 30%이므로 각주에 따라 간선임도 비율은 70%임을 알 수 있다. 따라서 A단지의 전체 임도 길이는 100km로 구할 수 있다. 이와 같은 논리로 다른 단지의 임도 길이를 구하면 B는 50km, C는 50km, D는 40km, E는 100km이다.

이 수치를 앞서 구한 $\frac{\text{임도 길이}}{\text{임도 밀도}}$에 대입해 보면 A의 면적이 가장 넓음을 알 수 있다.

16

정답 ②

정답해설

권역 \ 정당	A	B	C	D	E	합
가	48	(9)	0	1	7	65
나	2	(3)	(23)	0	0	(28)
기타	55	98	2	1	4	160
전체	105	110	25	2	11	253

ㄱ. E 정당은 전체 11명이 당선되었고 그중 '가' 권역에서는 7명이 당선되었으므로 약 64%이다.

ㄷ. C 정당 전체 당선자 중 '나' 권역 당선자가 차지하는 비중은 (23/25)×100=92이고 A정당 전체 당선자 중 '가' 권역 당선자가 차지하는 비중은 (48/105)×100≒45.7이므로 2배 이상이다.

오답해설

ㄴ. '가' 권역의 당선자 수의 합은 65이고 '나' 권역의 당선자 수의 합은 28이므로 당선자 수의 합은 '가' 권역이 '나' 권역의 3배 미만이다.

ㄹ. B 정당의 당선자 수 중 '나' 권역은 3명이고 '가' 권역은 9명이므로 '가' 권역이 더 많다.

17

정답 ⑤

정답해설

일본의 '활용' 영역 원점수가 중국의 '활용' 영역 원점수인 73.6(가중치 반영 점수는 18.4)으로 변경되는 경우 가중치 반영 총점은 4.1점 높아져 45.58점이 되며 종전 1위, 2위의 점수보다는 낮고 종전 3위인 점수보다는 높아지므로 순위는 유지된다.

오답해설

① 한국의 종합순위는 10위이며 '성과' 영역 원점수는 6.70이고 이것의 8배는 53.60이다. '성과' 영역 2위인 미국의 '성과' 영역 원점수는 54.80이므로 '성과' 영역 1위는 종합순위 10위 안에 없다.

②

순위	4	5	8	9	10
국가	호주	캐나다	프랑스	핀란드	한국
종합점수	40.68	38.68	37.03	36.71	36.59

③ 영역별 순위가 가장 낮은 국가의 순위는 28위이므로 소프트웨어 경쟁력 평가대상 국가는 28개국 이상이다.

④ 한국의 '혁신' 영역점수는 10.375, '환경' 영역점수는 9.435, '인력' 영역점수는 5.5, '성과' 영역점수는 1.005, '활용' 영역점수는 10.275이다.

18

정답 ⑤

정답해설

분자가 되는 피해액은 D가 C의 2배를 넘지만 분모가 되는 행정면적은 D가 C의 2배보다 적게 넘는 상황이다. 따라서 이의 분수 값인 피해밀도는 D가 C보다 더 크므로 D가 가장 낮은 지역이 아니다.

오답해설

① 인구와 1인당 피해액을 곱하여 피해액을 판단해보면 선택지의 비율은 $\frac{1,604,432\times36,199}{51,778,544\times3,617}$로 나타낼 수 있다. 이를 어림해보면 $\frac{1,604,432}{51,778,544}$가 대략 $\frac{1}{32}$이고, $\frac{36,199}{3,617}$가 약 10이므로 이 비율은 35%에는 미치지 못한다.

② 이를 구하기 위해서는 지역별 1인당 피해액을 인구를 가중치로 하여 가중평균을 구해야 하지만 시간 내에 이를 직접 구하는 것은 불가능에 가깝다. 따라서 이를 매우 단순화하여 계산하는 것이 필요한데, B를 제외하고는 인구수가 비슷하므로 이를 단순평균하면 약 15,000이 되며, 이들의 인구 합을 어림해보면 B보다 약간 큰 수준이다. 따라서 B의 224원과 나머지의 15,000을 단순평균하면 적어도 전국 피해액인 3,617원 보다는 훨씬 클 것이다.

③ 전국 1인당 피해액의 5배는 약 18,000인데 D와 F의 1인당 피해액의 단순평균이 약 18,000이다. 그런데 D와 F의 인구수가 다르므로 이 두 지역의 1인당 피해액을 구하기 위해서는 인구수를 가중치로 하여 가중 평균을 구해야 하는데 F의 인구가 D보다 훨씬 크다. 따라서 가중 평균 값은 18,000보다 훨씬 클 것이다.
④ 분자인 피해액은 거의 비슷한 수준이나 분모인 행정면적은 B가 A의 약 10배이므로 이의 분수값인 피해밀도는 9배 이상이다.

19

정답 ⑤

정답해설

SD500의 샘플수를 x라고 하고 SD500 중 항복강도에 합격한 샘플 수를 y라고 하면 SD500의 항복강도는 $95=(y/x)\times100$이고, 전체 항복강도는 $(35+y+23)/(35+x+25)$이므로, $x=40$이 된다. 따라서 y는 38이다.
x, y 값이 결정되면 SD500의 최종 합격률을 구할 수 있다. 최종 합격률은 둘 다 합격한 경우여야 하므로 95%(23개)이다. 따라서 최종 불합격한 샘플 수는 2개이므로 항복강도 평가에서 불합격한 SD600 샘플 수는 2개이고, 이는 최종 불합격한 SD500 샘플 수와 같다.

오답해설

① SD500 샘플 수는 40개이다.
② 인장강도에서 합격한 샘플은 22개이고 항복강도에서 합격한 샘플은 23개이다. 인장강도에서 합격한 샘플 모두가 항복강도에서 합격했다고 볼 수 없다.
③ 항복강도 평가에서 합격한 SD500 샘플 수는 38개이므로 불합격한 샘플 수는 2개이다.
④ 최종 불합격한 샘플 수는 SD500은 2개, SD600은 4개로 총 6개이다.

20

정답 ④

정답해설

ㄱ. 2015년 와인 생산량 상위 8개국 중 와인 소비량이 생산량보다 많은 국가는 미국 1개이다.
ㄴ. 2015년 전체 생산량이 21,335(단위 생략)이므로 그 10%인 2,133를 더하면 23,468이다. 그리고 30,000의 75%는 22,500이므로 74.9%의 값은 22,500보다는 작다. 결론적으로 2015년 8개국의 생산량이 10% 증가했다면 증가된 생산량은 23,468이며 이는 22,500보다는 크다.
ㄷ. 2015년 중국 와인 소비량은 1,600이다. 2015년 미국의 와인 생산량은 2,975였고 이는 전체 생산량의 10.4%이다. 따라서 약 297이 전체 생산량의 1% 정도이다. 1,600을 297으로 나눈 값은 5.x이므로 1,600은 전체 생산량의 약 5.x%이므로 6% 미만이다.

오답해설

ㄹ. 2013년 스페인 와인 생산량을 어림하여 구하면 약 4,500이고, 2013년 영국 와인 소비량은 약 1,300이다.

21

정답 ①

정답해설

i) 일단 가장 짧은 루틴을 가지는 경우가 처리비용이 가장 적다. A와 E의 경우는 모두 오염도가 10 이상이므로 처리단계가 1번씩이며 최소비용 5가 든다. 따라서 비용이 가장 적은 제품은 A 또는 E인데 이를 만족하는 선택지는 ①, ②이다. 따라서 B와 C의 비용만 비교하면 해결된다.
ii) B, C의 처리비용 역시 많은 단계를 거치는 쪽만 판단하면 되고 일일이 계산하지 않아도 어느 쪽이 큰지 알 수 있다. B는 오염(2), 강도(3), 치수(3), 세척(1), 열가공(2), 치수확대기계가공(2)이고, C는 오염(1), 강도(1), 치수(4), 치수확대기계가공(3)이다. 양자 중 중복요소를 제거해 보면, B는 오염(1), 강도(2), 세척(1), 열가공(2)=5+20+5+100이고, C는 치수(1), 치수확대기계가공(1)=2+20=22이다. 따라서 B가 압도적으로 크다.

22

정답 ④

정답해설

• A : 영업이익은 '선용품공급업'이 3,471억 원으로 가장 많다.
• B : 영업이익률을 주어진 공식에 따라 구하면 '하역업'의 영업이익률은 (2,442/15,298)×100이므로 10% 이상이다.
• C : 사업체당 매출액이 부산항 해운항만산업 전체의 사업체당 매출액보다 적다고 했으므로 51억 원보다 매출액이 적어야 한다. 또 사업체당 영업이익은 3억 원을 초과해야 한다. 따라서 C에 들어갈 것은 '항만부대업'이다.
• D : 사업체당 영업비용과 매출액이 가장 적은 것으로 '수리업'에 해당한다.
따라서 A는 선용품공급업(1,413), B는 하역업(65), C는 항만부대업(323), D는 수리업(478)이며 사업체 수의 총합은 2,279개이다.

23

정답 ③

정답해설

전체 인구수는 교통사고 사망자 수를 인구 10만 명당 교통사고 사망자 수로 나눈 값이므로 2003년 전체 인구수는 약 4,700만 명이며, 2019년은 약 5,100만 명이다. 또한 2019년 전체 교통사고 건수는 331,500건이므로 인구 만 명당 교통사고 건수는 약 65건이다. 따라서 바르게 나열한 것은 ③이다.

24

정답 ③

정답해설

ㄱ. '2017년 한국은 중국을 밀어내고 수주량 1위를 차지했는데, 이는 2012년 중국에 1위 자리를 내어준 후 6년 만이다.'의 부분을 위해 필요하다.
ㄹ. '2017년 국내 대형 조선사는 해양플랜트 수주량 증가에 힘입어 실적이 개선되고 있다. 그러나 국내 중소형 조선사는 여전히 부진에서 벗어나지 못하고 있으며 국내 조선기자재업체의 실적 회복도 어려울 것으로 전망된다.'의 부분을 위해 필요하다.

25

정답 ②

정답해설

ㄴ. 국내 조선업 수주량은 2014년 대비 2015년은 220만 톤 감소했으므로 −20% 정도 되고 2015년 대비 2016년은 840만 톤 감소하여 약 80% 감소했으며, 2016년 대비 2017년은 약 400만 톤 증가했고 이는 약 200% 증가한 것이므로 2014년 이후 국내 조선업 수주량의 전년대비 증감률이 가장 큰 해는 2017년이다.

ㄷ. 2014년 이자보상배율이 1 미만인 중형업체 수는 전체 35개 중 25.7%이고 이는 약 9개 업체이다. 대형업체는 3개이므로 2014년 이자보상배율이 1 미만인 국내 조선기자재업체 수는 중형이 대형의 3배이다.

오답해설

ㄱ. '해당연도 국내 조선업 건조량=전년도 수주잔량+해당연도 수주량−해당연도 수주잔량'이므로 이를 구하면, 2016년 건조량은 1,342이고, 2015년 건조량은 1,204이지만 2017년 건조량 901보다 크기 때문에 2014년 건조량을 구하지 않더라도 옳지 않음을 알 수 있다.

ㄹ. 어림으로 계산해보면, 대형업체의 경우 2015년 전체 20개 업체 중 20%에서 2016년 25%로 증가했고 20개의 20%는 4개이며 25%는 5개이므로 1개 업체가 증가했다. 중형업체의 경우 35개의 17.1%는 35×0.17=5.95, 35개의 34.3%는 35×0.34=11.9, 약 6개 증가했다. 마지막으로, 소형업체의 경우 96개의 19.8%는 96×0.2=19.2, 96개의 38.5%는 96×0.38=36.4로 약 16개 증가했다. 따라서 이자보상배율이 1 미만인 국내 조선기자재업체 수의 2015년 대비 2016년 증감폭이 가장 큰 기업규모는 소형이다.

01	02	03	04	05	06	07	08	09	10
④	⑤	⑤	⑤	③	②	①	③	④	④
11	12	13	14	15	16	17	18	19	20
②	⑤	②	④	③	③	⑤	②	①	③
21	22	23	24	25					
③	②	①	①	⑤					

01

정답 ④

정답해설

2021년 60억 원의 총 사업비에 대해 전년과 동일한 국고지원인 25%를 요구하는 경우 해당 금액은 12억 원이다. 따라서 국고지원 비율이 총 사업비의 20%(12억 원) 이내인 경우라면 타당성조사를 전문위원회의 검토로 대체할 수 있다.

오답해설

① 250만 명의 3%는 7만 5천 명이므로 국제행사가 아니다.
② 2021년에 A박람회가 개최된다면 제6회이고 2022년에는 제7회가 된다. 따라서 2023년 8회부터는 국고지원 대상에서 제외된다.
③ 2021년 총 사업비가 52억 원이라면 타당성조사의 대상이지만 국고지원 비율이 20% 이내(10.4억 원인 경우)라면 타당성조사를 전문위원회의 검토로 대체할 수 있다.
⑤ 국고지원의 타당성조사 대상은 국제행사의 개최에 소요되는 총 사업비 50억 이상인 국제행사이므로 대상이 아니다.

02

정답 ⑤

정답해설

100만 원의 진흥기금과 3만 원의 가산금을 합한 금액을 납부한 영화상영관 경영자가 받을 수 있는 위탁수수료 상한은 진흥기금의 100분의 3인 3만 원이다.

오답해설

① 직전 연도에 애니메이션영화에 해당하는 영화를 연간 상영일수의 100분의 60 이상 상영한 영화상영관에 입장하는 관람객에 대해서는 진흥기금을 징수하지 않는다.
② 8월분 진흥기금 60만 원은 다음 달인 9월 20일까지 납부하면 가산금을 부과받지 않는다.
③ 진흥기금은 입장권의 5%이다. 따라서 입장권 가액에는 진흥기금이 포함되어 있다.
④ 연간 상영일수가 200일인 경우 직전 연도에 120일 이상 앞의 영화들을 상연한 경우에 면제되는 것이므로 직전 연도에 단편영화를 40일, 독립영화를 60일 상영했다하여 진흥기금을 징수하지 않는 것은 아니다.

03

정답 ⑤

정답해설

B청구는 소송물가액이 1억 원이고 원고는 甲, 피고는 乙이다. 피고 乙은 양산시를 주소로 하고 있으며 양산시를 관할 구역으로 하는 것은 양산시법원과 울산지방법원이다. 시 · 군법원은 지방법원 또는 그 지원이 재판하는 사건 중에서 소송물가액이 3,000만 원 이하인 금전지급청구소송을 전담하여 재판하므로 B청구처럼 물건인도청구는 그 대상이 아니다. 또한 B청구는 금전지급청구소송이 아니므로 원고의 주소지를 관할하는 법원은 재판을 할 수 없다. 따라서 B청구는 울산지방법원에서 관할한다.

오답해설

① · ② A청구는 금전지급청구이며 소송물가액이 3,000만 원 이하이므로 원고, 피고의 시 · 군법원이 전담한다. 원고 甲은 주소가 김포이고 피고 乙은 주소가 양산이므로 김포시법원, 양산시법원에 관할권이 있다.
③ · ④ B청구는 소송물가액이 1억 원이므로 시 · 군법원 관할 사건이 아니다.

04

정답 ⑤

정답해설

甲, 乙, 丙 중 가장 빨리 특허신청을 한 丙이 특허권을 취득하는가가 관건이다. 우선 丙은 2020년 7월 1일에 발명을 완수했고 그날 특허신청을 했으나 2020년 6월 1일 乙이 학술지에 丙이 발명한 내용을 먼저 논문 게재했으므로 丙은 신규성을 인정받을 수 없어 특허권을 취득하지 못한다. 乙은 신규성을 훼손한 당사자이며 1년 이내에 등록하는 경우 신규성의 간주를 받을 수 있는가를 검토해 보면 丙이 먼저 특허를 제출했기에 요건에 따라서 甲의 출원도 특허를 얻지 못한다. 결과적으로 甲, 乙, 丙 모두 특허를 얻지 못한다.

05

정답 ③

정답해설

우선 주택담보노후연금을 이용할 수 있는 자격은 주택소유자 또는 주택소유자의 배우자, 즉 둘 중 하나가 60세 이상이면 된다. 따라서 ㄴ은 옳지 않으므로 선택지 중 ②, ④, ⑤를 제외하고 남은 ㄱ, ㄷ의 진위만 검토하면 된다.

ㄱ. 甲은 총 한도액 3억 원 중 50%인 1억 5천만 원 범위 내에서 '해당 주택의 임차인에게 임대차보증금을 반환하는 용도'와 동조 동항 1호의 방식을 결합한 방식을 선택할 수 있다.
ㄷ. 甲은 총 한도액 3억 원 중 50%인 1억 5천만 원 범위 내에서 '해당 주택을 담보로 대출받은 금액 중 잔액을 상환하는 용도'와 동조 동항 제2호의 방식을 결합한 방식을 선택할 수 있다.

오답해설

ㄴ. 甲 또는 배우자의 연령이 60세 이상이면 주택담보노후연금보증을 통해 노후생활자금을 대출받을 수 있다.

06

정답 ②

정답해설

지역개발 신청 동의를 받기 위해서는 개발하고자 하는 지역의 총 토지면적의 3분의 2 이상에 해당하는 토지 소유자의 동의 및 지역개발을 하고자 하는 지역 토지의 소유자 총수의 2분의 1 이상의 동의를 얻어야 한다.

X지역은 100개의 토지로 이뤄져 있고 면적합계가 총 $6km^2$이므로 $4km^2$ 이상의 토지소유자의 동의와 82인의 2분의 1인 41인 이상의 동의를 얻어야 한다. 甲이 소유한 면적은 X지역 전체면적의 4분의 1이므로 $6 \times 0.25 = 1.5km^2$, 乙은 $2km^2$, 丙, 丁, 戊, 己는 공동소유하며 소유면적은 $1km^2$이므로 甲~己의 소유면적은 $1.5+2+1=4.5km^2$이 되어, 이는 전체의 3분의 2인 $4km^2$ 이상이다.

甲이 두 개의 토지를 소유해도 동의를 필요로 하는 소유자 수 산정에는 1인으로 평가되므로 甲과 乙은 모두 1명으로 평가되고 토지의 공동소유자 간에는 대표 공동소유자 1인만이 소유자로 평가된다. 따라서 甲, 乙, [丙~己_1인]는 총 3인에 해당하는 평가를 받으며 38명의 동의를 추가로 얻으면 동의를 얻은 수가 41명이므로 전체 소유자 2분의 1에 해당한다.

오답해설

① 乙이 10개의 토지를 갖고 있어도 1인이 여러 개의 토지를 소유하는 경우 소유하는 토지의 수와 무관하게 1인으로 본다.

③ · ④ · ⑤ 주어진 조건으로 단정 지을 수 없다.

07

정답 ①

정답해설

월요일 12시간, 화요일 12시간, 목요일 12시간, 금요일 4시간으로 총 40시간이다. 따라서 乙의 근무계획은 승인될 수 있다.

오답해설

- 甲 : 甲의 수요일 근무는 09~13시까지로 4시간이나 12~13시까지는 점심시간이므로 인정 근무는 3시간이어서 총 근무시간은 39시간이다.
- 丙 : 월요일 08~24시까지 16시간이며 점심과 저녁시간 2시간을 제외한 인정근무 시간은 14시간이나 1일 근무시간은 12시간을 넘을 수 없다.
- 丁 : 월요일 9시간, 화요일 12시간, 목요일 10시간, 금요일 8시간으로 총 39시간이다.

08

정답 ③

정답해설

㉠ 1936년 제11회 베를린 올림픽 이후로 1940년, 1944년 두 번은 올림픽이 개최되지 못했으나 개최 차수에는 들어가므로 1948년은 제14회 대회가 된다.

㉡ 1948년은 제5회 동계 대회이고 1992년까지는 총 44년이 흘렀으므로 총 11회의 동계 올림픽이 개최되었음을 알 수 있다. 따라서 1992년 대회는 제16회가 된다.

09

정답 ④

정답해설

ㄱ. 월요일에 발표되는 주간예보는 일일예보를 포함하여 일일예보가 예보한 기간(월요일에 발표된 일일예보는 월요일 당일, 화요일, 수요일까지 예보한다)인 수요일 다음 날(목요일)부터 5일간을 예보하므로 예보의 종점은 다음 주 월요일이다.

ㄴ. 3시간 예보는 매일 0시부터 시작하여 3시간 간격으로 8회 발표하므로 0, 3, 6, 9, 12, 15, 18, 21, 24시 정각에 발표하며, 일일예보는 매일 5, 11, 17, 23시에 발표하므로 양자가 겹치지 않는다.

ㄹ. 대도시 A의 대설경보 예보 기준은 24시간 신적설량이 대도시일 때 20cm 이상이며, 대설주의보의 예보 기준은 24시간 신적설량이 울릉도일 때 20cm 이상으로 서로 같다.

오답해설

ㄷ. 일일예보는 매일 5시, 11시, 17시, 23시에 발표하며 1일 단위로 예보한다. 따라서 23시에 발표하는 예보 역시 5시에 발표하는 예보와 같은 내용이며 새로운 내용의 예보는 다음 날 5시에 새롭게 발표된다.

10

정답 ④

정답해설

만약 직원 수가 8명이라면, A는 8개, B는 4개, C는 2개, D는 1개를 배분하게 되어 총 15개가 배분될 것이다. 그런데 배분된 사무용품의 개수가 1,050개이므로 이를 비례식으로 나타내면 $8:15=x:1{,}050$이 되어 총 직원 수는 560명이 된다.

11

정답 ②

정답해설

1인당 워크숍 비용을 구해 보면 렌터카 비용은 10km당 1,500원이므로 1km는 150원이다. 각 펜션의 왕복 교통비는 다음과 같다.

- A : $100 \times 150 = 15{,}000$ → 왕복 : 30,000원
- B : $150 \times 150 = 22{,}500$ → 왕복 : 45,000원
- C : $200 \times 150 = 30{,}000$ → 왕복 : 60,000원

구분	A펜션	B펜션	C펜션
펜션까지의 거리(km)	100	150	200
1박당 숙박요금(원)	100,000	150,000	120,000
1인당 워크숍 비용	3만+10만 =13만 원	4만 5천+15만 =19만 5천원	6만+12만 =18만 원
숙박기준인원(인)	4	6	8
추가인원 (인당 1만 원/1일)	4	2	0
총 비용	17만 원	21만 5천 원	18만 원

甲은 워크숍 비용을 최소화하므로 A펜션을 예약하고 그 비용은 170,000원이다.

12
정답 ⑤

정답해설

ㄱ. 甲국이 B국과 FTA를 체결하는 경우 A국에서 수입하는 1톤당 비용과 B국에서 수입하는 1톤당 비용은 15달러로 동일하다. 따라서 甲국이 B국과도 FTA를 체결한다면, 기존에 A국에서 수입하던 것과 동일한 비용으로 X를 수입할 수 있다.

ㄷ. 보험료가 추가된 경우, A국에서 수입하는 1톤당 비용은 21달러이고, B국에서 수입하는 1톤당 비용은 20달러이다. 따라서 B국에서 수입하는 것이 유리하다.

오답해설

ㄴ. C국이 A국과 동일한 1톤당 단가인 12달러를 제시한다면 C국에서 수입하는 1톤당 비용은 15.4달러인데 A국에서 수입하는 1톤당 비용은 15달러이다. 따라서 A국에서 수입하는 것이 저렴하다.

13
정답 ②

정답해설

올바른 다섯 자리의 우편번호를 x라고 가정하면, 甲이 잘못 표기한 우편번호는 (10×x)+2이고, 乙이 잘못 표기한 우편번호는 200,000+x이다. 제시문에서 '甲이 잘못 표기한 우편번호 여섯 자리 수는 乙이 잘못 표기한 우편번호 여섯 자리 수의 3배가 되었다.'고 했으므로 3(200,000+x)=(10×x)+2에서, x=85,714이다.
따라서 올바른 우편번호의 첫자리와 끝자리 숫자의 합은 8+4=12이다.

14
정답 ④

정답해설

甲과 乙이 서로 같은 것을 낸 적이 없다고 하였다. 그런데 甲은 가위를 6회, 乙은 가위를 4회 냈다고 하였고 이들은 서로 동시에 낸 것이 아니므로, 甲이 가위를 낸 6번 동안 乙은 바위 3회, 보 3회를 낸 것이 되고, 乙이 가위를 낸 4번 동안 甲은 바위 1회, 보 3회를 낸 것이 된다. 따라서 甲이 가위를 6번 냈을 때는 3승 3패, 甲이 바위 1회, 보 3회를 냈을 때는 1승 3패가 되어 총 4승 6패가 된다.

15
정답 ③

정답해설

누구와 인사교류를 하든지 甲의 소속인 ㅇㅇ기관의 승인 조건을 충족해야 하므로 먼저 살펴보면 A의 경우 현직급임용년월이 3년 이상 차이가 나므로 제외된다. 다음으로 ㅁㅁ기관 소속의 B와 C를 살펴보면 B의 경우 최초임용년월이 5년 이상 차이가 날뿐더러 연령도 3세 이상 차이가 나므로 제외된다. 마지막으로 △△기관 소속의 D와 E를 살펴보면 E의 경우 최초임용년월이 2년 이상 차이가 나므로 제외된다.
따라서 甲과 인사교류를 할 수 있는 사람은 C와 D이다.

16
정답 ③

정답해설

아직 놓여져 있지 않은 카드는 1, 2, 4, 4, 5 다섯 장이므로 이를 이용하여 선택지들을 판단해보자. 선택지 ③은 A에 4, B에 4, C에 5, D에 2, E에 1이 놓이는 경우가 가능하므로 옳지 않다.

오답해설

① A에 1이 놓여질 경우 오른쪽의 3이 2만큼 크므로 조건에 위배되며, 5가 놓여질 경우 왼쪽의 1보다 4만큼 커서 역시 조건에 위배된다. 따라서 남은 2와 4가 A에 놓여질 수 있다.
② 먼저 B에 1이 놓여진다면 C에는 2가 놓여지게 되는데 그럴 경우 D에는 남은 4와 5 중 놓을 수 있는 것이 없으므로 조건에 위배된다. 다음으로 B에 2가 놓여질 경우 C에는 1이 놓여지는데 이 경우에도 D에는 놓을 수 있는 것이 없다. 마지막으로 왼쪽 카드보다 1만큼 커야 하므로 B에는 5가 놓여질 수 없다.
④ D에 2가 놓여지는 경우를 따져보면 A에 4, B에 4, C에 5, D에 2, E에 1이 놓여지는 경우뿐이다.
⑤ E에 4가 놓여진다면 A에는 2만 놓을 수 있는데, 이 경우 남은 1, 4, 5를 B, C, D에 순서를 달리해 놓더라도 모두 조건에 위배된다. 그리고 E에 5가 놓여진다면 A, C, D의 순서대로 (2, 1, 4), (2, 4, 1), (4, 1, 2), (4, 2, 1)이 가능한데 모두 조건에 위배된다.

17
정답 ⑤

정답해설

소비장려 수산자원인 '전어'는 제외되고, 소비촉진 기간 '4월 1일~7월 31일'은 제외되며(대구, 전어, 꽃게, 소라의 금지기간과 소비촉진 기간 중 일부가 중첩된다), 지역경제활성화 지역인 C, D, E, F가 제외된다.
따라서 아무런 제외 사유가 없는 수산자원은 '새조개'이다.

18
정답 ②

정답해설

자동차별 지불 금액을 구하면 다음과 같다.

- A=4,000−1,500+400=2,900만 원
- B=3,500−1,000=2,500만 원
- C=3,500−500+175=3,175만 원

따라서 지불 금액은 B < A < C 순으로 크다.

19
정답 ①

정답해설

도농교류 활성화 점수가 50점 미만인 농가는 선정하지 않으므로 D는 제외된다. 제외대상을 고려해서 높은 점수부터 나열하면 A(120점), F(110점), E(105점), C(104.5점), B(100점)이며 E와 F는 동일한 (라) 지역이므로 F만이 선정되고 그다음 최고점수인 C가 선정되어 상위 3개 농가는 A, C, F이다.

20
정답 ③

정답해설

ㄱ. (나)의 점수는 13점으로 (가)와 동점이나 (가)는 입법부 항목의 점수가 1점이므로 '개정안의 개별 평가항목 점수 중 어느 하나라도 2점 미만인 경우, 해당 개정안은 채택하지 않는다.'는 규칙에 따라 채택될 수 없다. 따라서 추가 절차를 진행하지 않는 경우 (나)가 채택된다.

ㄴ. 3개 개정안 모두를 대상으로 입법부 수용가능성을 높이는 절차를 최대한 진행하는 경우 입법부 수용가능성은 최대 2회 진행할 수 있고 이 경우 총 1점의 가점을 받게 된다. 3개의 개정안에 대해 입법부 수용가능성 절차를 최대로 진행하면, (가)와 (나)가 총 14점으로 동점이나 국정과제 관련도가 높은 (가)가 선택된다.

오답해설

ㄷ. (나)에 대한 부처간회의를 1회 진행하고 (다)에 대한 관계자간담회를 2회 진행하는 경우, (나)가 채택된다.

21
정답 ③

정답해설

ㄴ. 빈칸이 없는 乙과 丁, 戊를 먼저 구해보면 丁의 점수는 乙과 戊에 비해 낮다. 따라서 3위 안에 들기 위해서는 丁의 점수가 甲과 丙 모두보다 높아야 한다. 그러나 ㉡이 5보다 작은 경우(이 경우 丙의 점수가 최솟값이 된다)에도 $\frac{20}{3}+10$점으로 丙은 丁보다 높다.

ㄷ. 심사위원별 평가점수를 계산해보면 乙은 $\frac{22}{3}$, 丁은 $\frac{20}{3}$, 戊는 $\frac{24}{3}$이므로 乙과 戊의 조회수 등급 차이가 $\frac{2}{3}$보다 커야 한다. 그런데 戊가 D등급 乙 받는다고 하더라도 그 차이는 0.6점에 그쳐 $\frac{2}{3}$보다 작다. 따라서 戊는 乙과 丁보다 무조건 높은 점수를 받게 되므로 수상하게 된다.

오답해설

ㄱ. ㉠이 5점이라면 甲의 총 점수는 $\frac{22}{3}+9.7$점이고 乙의 총 점수도 이와 같다.

ㄹ. 만약 ㉠이 10점, ㉡이 9점인 경우 甲의 점수는 8+9.7점, 丙의 점수는 8+10점이 되어 丙의 점수가 더 높다.

22
정답 ②

정답해설

ㄴ. '모든 숫자를 붙여 쓰기 때문에 상당히 길지만 네 자리씩 끊어 읽으면 된다.'를 통해 W-K 암호체계에서 한글 단어를 변환한 암호문의 자릿수는 4의 배수라는 것을 알 수 있다.

ㄷ. '1830 / 0015 / 2400'은 다음과 같다.

18〈자음〉	30〈모음〉	0015〈받침〉	24〈자음〉	00〈모음〉
ㅇ	ㅏ	ㅁ	ㅎ	없음

모음은 '30~50'에 순서대로 대응하며 '24' 뒤에는 모음이 와야 하는데 '00'이 왔으므로 한글 단어로 대응되지 않아 해독될 수 없다.

오답해설

ㄱ. 1945년 3월 중국에서 광복군과 함께 특수훈련을 하고 있었으며 이 시기에 선생은 한글 암호인 W-K(우전킴) 암호를 만들었다고 하였다.

ㄹ. W-K 암호체계에서 한글 '궤'는 '11363239'이 아니라 '1148'이다.

11〈자음〉	48〈모음〉	3239
ㄱ	ㅞ	x

23
정답 ①

정답해설

'3 · 1운동!' 중 마지막 부호는 느낌표이고 느낌표는 '6600'이라고 했으므로 선택지 중 6600으로 끝나는 경우는 ①, ②, ④이다. '3 · 1'에서 가운뎃점은 8000이므로 ④를 제외한다. 따라서 ①, ②만 검토하면 된다. 두 수를 비교할 때 차이가 나는 부분은 '동'의 모음부분인 'ㅗ'(34)이다. 즉, '3 · 1운동!'을 바르게 변환한 것은 ①이다.

24
정답 ①

정답해설

주어진 조건에 따르면 전기평가점수가 후기평가점수보다 높은 경우에는 가중치를 50:50으로 산정한 경우(X)가 최댓값이 되고, 후기평가점수가 더 높은 경우에는 가중치를 20:80으로 산정한 경우의 점수(Y)가 최댓값이 된다.
A기관과 B기관의 차이가 2점이라고 가정할 때, A기관의 후기평가점수가 X+2, B기관의 후기평가점수를 X라고 한다면, C기관의 최종평가점수인 80점(전기 90점, 후기 70점을 대입한 최종값은 80이다)보다 A기관과 B기관의 최종평가점수가 더 높기 위해서는 A기관과 B기관 모두 전기평가점수보다 후기평가점수가 더 높아야 한다. 왜냐하면, A, B 두 기관의 전기점수가 C기관보다 각각 20점, 10점이 낮음에도 최종값은 A, B가 C보다 크다는 것은 전기보다는 후기에 점수를 잘 받았다는 것을 의미하기 때문이다.
이제 A와 B의 최종값이 2점 차이라는 전제에서 Y값에 해당하는 20:80의 비율로 최종값을 구해 보면 다음과 같다.

- $A=\frac{(20\times60)+\{80\times(X+2)\}}{100}=\frac{1,360+80X}{100}$
- $B=\frac{(20\times70)+(80\times X)}{10}=\frac{1,400+80X}{100}$

이에 따르면 B의 최종평가점수가 더 높으므로 A=B+2, 즉 A > B라는 전제와 모순된다. 따라서 A는 B보다 최소 3점 많음을 알 수 있으므로 ㄱ은 옳다.

오답해설

ㄴ. ㄱ에서 A, B, D기관의 최종평가점수 모두가 C기관의 최종점수인 80점을 초과하기 위해서는 후기평가점수가 전기평가점수보다 높아야 함을 알 수 있다. 따라서 Max[X, Y]는 Y가 되며, 이는 최종평가점수를 산정하는 가중치는 20:80임을 의미한다. 그런데 위에서 A와 B의 전기평가점수의 차이가 10점이며, 최종평가점수의 차이는 최소 3점이라는 것을 알 수 있었다. 따라서 D가 주어진 순위를 만족하는 가장 낮은 점수인 81점을 맞더라도, B기관의 후기평가점수는 최소 84점이라는 것을 알 수 있다.

ㄷ. ㄴ에서 20:80의 가중치로 계산할 때는 전기평가점수의 차이가 10점인 경우에 주어진 순위를 만족하기 위해서는 후기평가점수의 차이가 최소 3점 이상이어야 했다. 따라서 B기관은 D기관 보다 후기평가점수가 최소 3점 높고, A기관은 B기관보다 후기평가점수가 최소 3점 높으므로 A기관과 D기관의 후기평가점수 차이는 최소 6점이다.

25

정답 ⑤

정답해설

甲이 소속된 과는 총 9명이고 내선번호는 7016~7024번이다. 내선번호는 7001~7045까지이므로 甲이 소속된 과보다 앞선 번호는 7001~7015이다. 따라서 甲과는 제1과는 아니다. 각 과는 최소 7명 이상이므로 내선번호도 7개 이상의 연번을 갖는다. 또 甲이 제1과가 아니므로 甲 앞에 乙, 丙, 丁 중 하나가 제1과로 온다. 경우를 나눠 살펴보면, 乙이 제1과인 경우, 乙은 정원보다 4개의 내선번호를 더 가지고 총원이 가장 많다고 했으므로 甲의 9보다 많은 수이어야 하며 4개 여유분을 뺀 최대 11명을 가질 수 있다.

- 乙 : 7001~7015(乙이 소속된 과의 총원은 11명+4개의 여유분 번호)
- 甲 : 7016~7024(총원 9명, 총원과 내선번호의 개수는 같음)
- 丙 : 7025~7034(번호 10개, 총원은 번호보다 3개 적으므로 총원은 7명)
- 丁 : 丙이 소속된 과의 과장 내선번호는 5이며 동일한 다음 수는 7035이므로 丁이 소속된 과의 과장은 7035번이며 7035~7045의 숫자가 배정된다.

이상의 정보를 종합하면 총원이 35명이므로 乙(11명), 甲(9명), 丙(7명)에 따라서 丁이 소속된 과의 총원은 8명이다. 그리고 앞 번호부터 제1과~제4과이므로 乙(제1과) → 甲(제2과) → 丙(제3과) → 丁(제4과)이다. 따라서 옳게 짝지어진 것은 ⑤이다.

PSAT

7급 / 민간경력자 PSAT 10+7개년 기출문제집

피셋

Public Service Aptitude Test

PART 3

민간경력자 PSAT 기출문제 정답 및 해설

2021 기출문제 정답 및 해설

2021년 언어논리 _ 정답 및 해설

01	02	03	04	05	06	07	08	09	10
③	③	①	②	④	⑤	⑤	①	③	②
11	12	13	14	15	16	17	18	19	20
④	①	①	④	⑤	①	③	④	③	②
21	22	23	24	25					
③	④	⑤	②	④					

01 정답 ③

정답해설

13세기 이후를 고려 후기라고 하고 이때 만들어진 향도들은 마을 주민들을 구성원으로 하여 이들이 관혼상제를 치를 때 그것을 지원했다고 하였다.

오답해설

① 고려 왕조가 건국 초에 불교를 진흥했다는 것은 알 수 있지만 이를 위해 직접 지방 각 군현에 향도를 조직하였는지는 알 수 없다.
② 향도가 매향을 했다는 사실은 알 수 있지만 이를 통해 얻은 침향을 이용해 향을 판매하였는지는 알 수 없다.
④ 자신이 관할하는 군현의 하천 정비 등의 일을 한 향도는 고려 후기 마을 단위의 향도이다.
⑤ 12세기에 접어들어 석탑 조성 공사의 횟수가 줄었고 고려 후기에는 같은 마을 주민들을 구성으로 하는 향도가 나타났음을 알 수 있지만 둘 사이의 인과관계는 알 수 없다.

02 정답 ③

정답해설

조일통어장정에 따르면 어업준단을 발급받고자 하는 일본인은 소정의 어업세를 먼저 내야 했으며 이 장정 체결 직후에 조선해통어조합연합회가 만들어졌다.

오답해설

① '어업에 관한 협정'에 따라 일본인의 어업 면허 신청을 대행하는 일을 한 곳은 조선해수산조합이다.
② 조일통어장정에 일본인의 어업 활동에 대한 어업준단 발급 내용이 담겨 있음을 알 수 있지만 조선인의 어업 활동 금지에 대해 규정하고 있는지는 알 수 없다.
④ 조선해통어조합연합회가 조일통상장정에 근거하여 조직되었거나 이를 근거로 일본인의 한반도 연해 조업을 지원했는지는 알 수 없다.
⑤ 한반도 해역에서 조업하는 일본인은 조일통어장정에 따라 어업준단을 발급받거나 어업에 관한 협정에 따라 어업법에 따른 어업 면허를 발급받아야 했다.

03 정답 ①

정답해설

긱 노동자들은 고용주가 누구든 간에 자신의 직업을 독립적인 프리랜서 또는 개인 사업자 형태로 인식한다.

오답해설

② 정보통신 기술의 발달은 긱을 더 활성화시키지만 프레카리아트 집단에 어떤 영향을 미치는지는 알 수 없다.
③ 긱 노동자 집단과 프레카리아트 계급이 서로 어떤 영향을 미치는지는 알 수 없다.
④ 프레카리아트가 위험한 계급으로 전락한다는 것은 알 수 있지만 이들이 겪는 부정적 경험과 정규직 근로자로의 변화 가능성은 알 수 없다.
⑤ 비정규직 근로자들이 늘어나면서 프레카리아트 계급이 형성되지만 이들에 대한 노동 보장 강화가 프레카리아트 계급 축소나 긱 노동자 집단의 확산을 가져오는지는 알 수 없다.

04 정답 ②

정답해설

르베리에는 관찰을 통해 얻은 천왕성의 궤도와 뉴턴의 중력 법칙에 따라 산출한 궤도의 차이를 수학적으로 계산하여 해왕성의 위치를 정확하게 예측했지만 이 과정에서 뉴턴의 중력 법칙을 대신할 다른 법칙이 필요했는지는 알 수 없다.

오답해설

①·⑤ 르베리에는 해왕성을 예측하는 데 사용한 방식과 동일한 방식으로 불칸을 예측하려고 했다.
③ 수성의 궤도에 대한 르베리에의 가설은 미지의 행성인 불칸이 존재한다는 것이다. 불칸의 존재를 확신하고 첫 번째 관찰자가 되기 위해 노력한 천문학자들이 존재했으며 불칸을 발견했다고 주장하는 천문학자가 존재했다고 한 부분을 통해 알 수 있다.
④ 르베리에는 관찰을 통해 얻은 천왕성의 궤도와 뉴턴의 중력 법칙에 따라 산출한 궤도 사이의 차이를 수학적으로 계산하여 해왕성의 위치를 예측하였다.

05
정답 ④

정답해설

제시문은 서구사회의 기독교적 전통이 이에 속하는 이들은 정상적인 존재, 그렇지 않은 이들은 비정상적인 존재로 구분한다고 하며 특히, 후자에 해당하는 대표적인 것으로 적그리스도, 이교도들, 나병과 흑사병에 걸린 환자들을 예로 들었다. 빈칸 앞의 내용은 기독교인들이 적그리스도의 모습을 외설스럽고 추악하게 표현하고, 이교도들을 추악한 얼굴의 악마로, 그들이 즐기는 의복이나 음식을 끔찍이 묘사하여 자신들과 구분되는 존재로 만들었으며 나병과 흑사병에 걸린 환자들은 실제 여부와 무관하게 뒤틀어지고 흉측한 모습으로 형상화시켰다는 것이다. 따라서 빈칸에 들어갈 내용은 이를 요약한 ④가 적절하다.

합격 가이드

이 문제와 같이 결론 내지는 중심 내용을 찾는 유형은 세부적인 내용을 꼼꼼히 살피는 독해보다는 뼈대를 중심으로 크게 읽어나가는 독해가 바람직하다. 제시문의 경우는 '두 번째, 마지막'과 같은 표현들이 가장 큰 뼈대가 되는 것들이다.

06
정답 ⑤

정답해설

ⓜ의 앞 문장은 타이핑 속도가 빠른 사람들은 대체로 타이핑 실력이 뛰어난 편이며 오타 수는 적을 수밖에 없다고 이야기하고 있다. 또한 ⓜ 뒤에 연결되는 문장은 이를 통해 도출되는 평균치를 근거로 내려진 처방은 적절하지 않을 가능성이 높다는 내용이다. 따라서 ⓜ은 '타이핑 실력이라는 요인이 통제되지 않은 상태에서'로 수정되는 것이 적절하다.

07
정답 ⑤

정답해설

갑과 을의 대화에 따르면 외부용 PC에서 자료를 받아 내부용 PC로 보내기 위해서는 자료 공유 프로그램을 이용해야 한다. 또한 외부용 PC에서 자료를 받기 위해서 사용 가능한 이메일 계정은 예외적으로 보안부서에 승인을 받기 전까지는 원칙적으로 ㅇㅇ메일 뿐이다. 따라서 외부 자문위원의 자료를 전달받아 내부용 PC에 저장하기 위해서는 외부 자문위원의 PC에서 ㅇㅇ메일 계정으로 자료를 보낸 뒤, 외부용 PC로 ㅇㅇ메일 계정에 접속해 자료를 내려받아 자료 공유 프로그램을 이용하여 내부용 PC로 보내야 한다.

08
정답 ①

정답해설

도시재생 사업의 목표는 지역 역량의 강화와 지역 가치의 제고를 모두 달성하는 것이다. 첫 번째 단계는 공동체 역량 강화 과정으로 지역 강화와 지역 가치가 모두 낮은 상태에서 지역 역량을 키우는 것이다. 따라서 A에서 C로 가는 과정인 ⓒ이 공동체 역량 강화 과정이 되고 ㉠이 지역 역량이 됨을 알 수 있다. 두 번째 단계는 전문화 과정으로 강화된 지역 역량의 토대에서 지역 가치 제고를 이끌어내는 것이다. 따라서 C에서 A'로 가는 과정인 ⓔ이 전문화 과정이 되고 ⓛ이 지역 가치가 됨을 알 수 있다. 또한 A에서 B로 가는 젠트리피케이션은 지역 역량이 강화되지 않은 채 지역 가치만 상승되는 현상으로 ⓛ이 지역 가치임을 확인할 수 있다.

09
정답 ③

정답해설

ㄱ. (가)에 따르면 가능한 모든 결과의 목록을 완전하게 작성한다면, 그 결과들 중 하나는 반드시 나타난다고 할 수 있다. 그러므로 로또 복권 구매시 모든 가능한 숫자의 조합을 모조리 산다면 무조건 당첨된다는 사례는 (가)로 설명할 수 있다.

ㄴ. (나)에 따르면 개인의 확률이 매우 낮더라도 집단의 확률은 매우 높을 수 있다. 따라서 어떤 사람이 교통사고를 당할 확률은 매우 낮지만 대한민국이라는 집단에서 교통사고가 거의 매일 발생한다는 사례는 (나)로 설명할 수 있다.

오답해설

ㄷ. 주사위를 수십 번 던졌을 때 1이 연속으로 여섯 번 나올 확률과 수십만 번 던졌을 때 1이 연속으로 여섯 번 나올 확률을 비교하는 것은 (가)가 아닌 (나)와 관련 있는 사례이다.

10
정답 ②

정답해설

A의 발언에 따르면 연구 성과를 원칙으로 한 공공 자원의 배분은 비주류 연구의 약화로 이어져 해당 분야 전체의 발전이 저하되며 문제 파악을 어렵게 하는 등 부작용을 가져올 우려가 있다. 반면 B의 발언에 따르면 연구 성과를 원칙으로 한 공공 자원의 배분은 공정하고 효율적이며 연구 성과 측면에서도 일관적인 배분 방식이라고 할 수 있다. 따라서 성과만을 기준으로 연구자들을 차등 대우하면 연구자들의 사기가 저하되어 해당 분야 전체의 발전이 저해된다는 사실은 A의 주장을 강화하지만 B의 주장은 강화하지 않는다.

오답해설

ㄱ. A의 주장은 연구 성과에 따라서만 공공 자원을 배분하는 것은 적절하지 않다는 것이다. 따라서 공공 자원을 연구 성과에 따라 배분하지 않으면 도덕적 해이가 발생할 가능성이 커진다는 사실은 A의 주장을 강화하지 않는다.

ㄴ. B의 주장은 연구 성과가 공공 자원 분배에 대한 일관성 있는 기준이 될 수 있다는 것이다. 따라서 연구 성과에 대한 평가가 시간이 지나 뒤집히는 경우가 자주 있다는 사실은 B의 주장을 강화하지 않는다.

합격 가이드

강화 · 약화를 따지는 문제를 지나치게 어렵게 접근하려는 수험생이 있다. 사실 강화 · 약화 문제는 논리적으로 엄밀하게 분석한다면 밑도 끝도 없이 어려워지는 유형이다. 하지만 PSAT에서는 그러한 풀이를 요구하는 것이 아니라 전체 논증과 방향성이 일치하는지의 여부를 판정하는 수준으로 출제된다. 크게 보아 강화 · 약화 유형은 추론형과 일치 · 부합형 문제를 섞어 놓은 것이다. 딱 그만큼의 수준으로 풀이하면 된다. 또한 답이 아닌 선택지를 놓고 이것이 약화인지 무관인지를 따지는 일은 정말 무의미한 행동이다. 선택지 5개가 모두 논리적으로 딱딱 맞아떨어지는 경우는 없다.

11 정답 ④

정답해설

제시문에 따르면 4괘가 상징하는 바는 그것이 처음 만들어질 때부터 오늘날까지 변함이 없다. 오늘날 태극기의 우측 하단에 있는 괘와 고종이 조선 국기로 채택한 기의 우측 하단에 있는 괘는 모두 곤괘로써 땅을 상징한다.

오답해설

① 미국 해군부가 『해상 국가들의 깃발들』이라는 책을 만든 것은 1882년 6월이고 통리교섭사무아문이 각국 공사관에 국기를 배포한 것은 1883년 이후이다.
② 태극 문양을 그린 기는 개항 이전에도 조선 수군이 사용한 깃발 등 여러 개가 있다.
③ 통리교섭사무아문이 배포한 기의 우측 상단의 있는 괘와 조선의 기 좌측 상단에 있는 괘가 상징하는 것은 같다.
⑤ 박영효가 그린 기의 좌측 상단의 있는 괘는 건괘로, 하늘을 상징하고 이응준이 그린 기는 감괘로, 물을 상징한다.

합격 가이드

흔히들 제시문의 첫 부분에 나오는 구체적인 내용들은 중요하지 않은 정보라고 판단하여 넘기곤 한다. 하지만 첫 부분에 등장하는 내용이 선택지의 문장으로 구성되는 경우가 상당히 많은 편이다. 첫 번째 문단은 글 전체의 흐름을 알게 해주는 길잡이와 같은 역할도 하므로 그것이 지엽적인 정보일지라도 꼼꼼하게 챙기도록 하자.

12 정답 ①

정답해설

현재까지 법률에서 조례로 제정하도록 위임한 10건 중에서 7건은 이미 조례로 제정하였고 입법예고 중인 것은 2건이다. 따라서 A시가 조례 제정을 위해 입법 예고가 필요한 것은 1건이다.

13 정답 ①

정답해설

외부 참여 가능성이 높은 모형은 C이고, 제시문에 따르면 C는 관료제의 영향력이 작고 통제가 약한 분야에서 주로 작동한다.

오답해설

② 상호 의존성이 보통인 모형은 B이고, 배타성이 강해 다른 이익집단의 참여를 철저히 배제하는 특징을 가진 것은 A이다.
③ 합의 효율성이 높은 모형은 A이다. 제시문에 따르면 특정 이슈에 대해 유기적인 연계 속에서 기능하는 경우 B가 A보다 효과적으로 정책 목표를 달성할 수 있다.
④ 제시된 정보만으로 각 모형에 참여하는 이익집단의 정책 결정 영향력을 비교할 수 없다.
⑤ C는 지속성이 낮고 참여자가 많지만 둘 간의 상관관계에 대해서는 알 수 없다.

14 정답 ④

정답해설

ㄴ. FD 방식은 입자가 구별되지 않고, 하나의 양자 상태에 하나의 입자만 있을 수 있다. 그러므로 두 개의 입자는 항상 다른 양자 상태에 존재하며, 양자 상태의 수를 n이라고 할 때 경우의 수는 $\frac{n(n-1)}{2}$이다. 따라서 양자 상태의 가짓수가 많아지면 두 입자가 서로 다른 양자 상태에 각각 있는 경우의 수는 커진다.
ㄷ. BE 방식에서는 두 입자가 구별되지 않고, 하나의 양자 상태에 여러 개의 입자가 있을 수 있으므로 이때 경우의 수는 $n(n-1)$ 이다. MB 방식에서는 두 입자가 구별 가능하고, 하나의 양자 상태에 여러 개의 입자가 있을 수 있으므로 이때 경우의 수는 n^2이다. 따라서 BE 방식에서보다 MB 방식에서의 경우의 수가 더 크다.

오답해설

ㄱ. 두 개의 입자에 대해 양자 상태가 두 가지인 경우 BE 방식이라면 두 입자가 구별되지 않고 하나의 양자 상태에 여러 개의 입자가 있을 수 있으므로 경우의 수는 3이다.

15 정답 ⑤

정답해설

학습된 안정 반응을 일으키는 경우에 청각시상에서 측핵으로 전달되는 신호의 세기는 매우 미약해진다. 반면, 학습된 공포 반응을 일으키는 경우에 청각시상에서 측핵으로 전달되는 훨씬 센 강도로 증폭된다.

오답해설

① 학습된 안정 반응은 선조체에서 반응이 세게 나타나는 경우에 일어난다.
② 학습된 공포 반응을 일으키지 않는 소리 자극에 대한 정보는 제시되어 있지 않다.
③ 학습된 공포 반응은 청각시상, 측핵, 중핵 등에 의해 나타나는 반응이며, 선조체와 관련된 정보는 제시되어 있지 않다.
④ 학습된 안정 반응을 일으키는 청각시상에서 받는 소리 자극신호와 학습된 공포 반응을 일으키는 청각시상에서 받는 소리 자극 신호 간의 강도 비교에 대한 정보는 제시되어 있지 않다.

합격 가이드

많은 수험생들이 과학실험에 대한 제시문을 어려워한다. 아무래도 용어가 익숙하지 않고 실험과정에서 과다한 정보가 제시되기 때문일텐데, 이것은 제시문을 한 번 읽고 실험의 내용을 완벽하게 이해하려는 것에 기인한다. 과학실험에 대한 제시문은 두 번 읽는다는 생각을 해야 한다. 물론 연속해서 두 번 보는 것이 아니라, 첫 번째에는 큰 얼개를 잡는 느낌으로 읽고 두 번째에 선택지를 보면서 해당 부분을 찾아가며 자세히 읽는 것이다. 대부분의 실험문제는 제시문만 읽었을 때에는 의미가 명확하게 나타나지 않다가 선택지를 통해 구체화되는 경우가 많다. 한 번에 모든 것을 다 이루려고 하지 말자.

16

정답 ①

정답해설

A가 공연 예술단에 참가하는 것이 분명하므로 빈칸에는 갑이나 을이 수석대표를 맡는다는 것을 뒷받침할 내용이 들어가야 한다. 국제 예술 공연이 민간 문화 교류 증진을 목적으로 열리기 때문에 공연 예술단의 수석대표는 정부 관료가 맡아서는 안되므로 수석대표는 지휘자나 제작자가 맡아야 하고 전체 세대를 아우를 수 있는 사람이어야 한다.

17

정답 ③

정답해설

경아의 첫 번째 발언과 다른 사람들의 첫 번째 발언은 양립할 수 없다. 그러므로 경아의 첫 번째 발언이 참인 경우와 거짓인 경우로 나누어 판단한다.

i) 경아의 첫 번째 발언이 참인 경우
각각 참만을 말하거나 거짓만을 말하므로 경아를 제외한 나머지는 모두 거짓을 말한다. 이 경우에 범인이 여러 명이 되어 모순이 생긴다.

ii) 경아의 첫 번째 발언이 거짓인 경우
경아는 거짓을 말하고 나머지는 모두 참을 말한다. 따라서 바다, 다은, 경아는 범인이 아니고 은경이 범인이다.

ㄱ · ㄷ. 경아만 거짓을 말하고 나머지는 모두 참을 말한 경우 은경이 범인이므로 반드시 참이다.

오답해설

ㄴ. 경아가 거짓을 말하는 경우 다은과 은경 모두 참을 말하는 것이 된다.

18

정답 ④

정답해설

제시문을 기호화하면 다음과 같다.

i) 개인건강정보 → 보건정보 = ~보건정보 → ~개인건강정보

ii) 팀 재편 → (개인건강정보∧보건정보)
= (~개인건강정보∨~보건정보) → ~팀 재편

iii) (개인건강정보∧최팀장) → 손공정
= ~손공정 → ~개인건강정보∨~최팀장

iv) 보건정보 → (팀 재편∨보도자료 수정)
= (~팀 재편∧~보도자료 수정) → ~보건정보

v) ~(최팀장 → 손공정) = 최팀장∧~손공정

ㄴ. 다섯 번째 조건에 따라 최팀장이 정책 브리핑을 총괄하고 손공정이 프레젠테이션을 맡지 않기 때문에 개인건강정보 관리 방식 변경에 관한 가안이 정책제안에 포함되지 않고, 국민건강 2025팀은 재편되지 않는다.

ㄷ. 보건정보의 공적 관리에 관한 가안이 정책제안에 포함된다면, 국민건강 2025팀이 재편되지 않기 때문에 보도자료가 대폭 수정될 것이다.

오답해설

ㄱ. 위 ㄴ 해설을 통해 알 수 있듯이 개인건강정보 관리 방식 변경에 관한 가안은 정책제안에 포함되지 않지만 보건정보의 공적 관리에 관한 가안이 정책제안에 포함되는지 여부는 알 수 없다.

19

정답 ③

정답해설

A와 D는 상태 오그라듦 가설을 받아들이기 때문에 세 번째와 네 번째 정보에 따라 코펜하겐 해석이나 보른 해석을 받아들인다. 이미 B가 코펜하겐 해석을 받아들이므로 만약 A와 D가 받아들이는 해석이 다르다면 둘 중 한 명은 코펜하겐 해석을, 다른 한 명은 보른 해석을 받아들인다는 것이므로 코펜하겐 해석을 받아들이는 사람은 적어도 두 명임을 알 수 있다.

오답해설

① 제시된 정보에 따르면 학회에 참가한 8명 중 코펜하겐 해석, 보른 해석, 아인슈타인 해석을 받아들이는 이가 있음은 알 수 있지만 많은 세계 해석을 받아들이는 사람이 있는지는 알 수 없다.

② 제시된 정보에 따라 상태 오그라듦 가설과 코펜하겐 해석 또는 보른 해석은 필요충분관계에 있다는 것을 알 수 있다. 상태 오그라듦 가설을 받아들이는 이는 5명이고 알려진 A, B, C, D 이외에도 한 명이 더 존재한다. B는 코펜하겐 해석을, C는 보른 해석을 받아들이므로 만약 A, D가 같이 코펜하겐 해석을 받아들인다고 해도 남은 한 명이 보른 해석을 받아들인다면 보른 해석을 받아들이는 이는 두 명이 되므로 반드시 참이 되지 않는다.

④ 학회에 참석한 8명 중 5명이 상태 오그라듦 가설을 받아들이고 이들은 코펜하겐 해석 또는 보른 해석을 받아들인다. 따라서 남은 3명 중에 아인슈타인 해석을 받아들이는 이가 존재한다. 만약 오직 한 명만이 많은 세계 해석을 받아들인다고 해도 첫 번째 조건에 따라 아인슈타인 해석, 많은 세계 해석, 코펜하겐 해석, 보른 해석 말고도 다른 해석들이 존재하므로 아인슈타인 해석을 받아들이는 이는 한 명일 수 있다.

⑤ 상태 오그라듦 가설을 받아들이는 5명 중에서 B는 코펜하겐 해석을, C는 보른 해석을 받아들이므로 남은 3명은 코펜하겐 해석 또는 보른 해석을 받아들인다. 만약 코펜하겐 해석을 받아들이는 이가 세 명이라면 B와 C를 제외한 3명 중에 2명이 존재해야 하고 이 경우 A와 D가 함께 코펜하겐 해석을 받아들일 수도 있으므로 반드시 참이 되지는 않는다.

20

정답 ②

정답해설

실험 결과에 따르면 학습 위주 경험을 하도록 훈련시킨 실험군1의 쥐는 뇌 신경세포 한 개당 시냅스의 수가, 운동 위주 경험을 하도록 훈련시킨 실험군2의 쥐는 모세혈관의 수가 크게 증가했다.

오답해설

① 실험 결과에 따르면 실험군1의 쥐는 대뇌 피질의 지각 영역에서, 실험군2의 쥐는 대뇌 피질의 운동 영역에서 구조 변화가 나타났지만 어느 구조 변화가 더 크게 나타났는지는 알 수 없다.

③ 실험 결과에 따르면 대뇌 피질과 소뇌의 구조 변화는 나타났지만 신경세포의 수에 대한 정보는 알 수 없다.

④ · ⑤ 실험군1, 2의 쥐에서 뇌 신경세포 한 개당 시냅스 혹은 모세혈관의 수가 증가했고 대뇌 피질 혹은 소뇌의 구조 변화가 나타났지만 둘 사이의 인과관계는 알 수 없다.

21

정답 ③

정답해설

ㄱ. 방1은 음탐지 방해가 없고 방2는 같은 소리 음탐지 방해가 있는 환경이다. 실험 결과에 따르면 음탐지 방해가 없는 방1에서는 A와 B 공격 시간에 유의미한 차이가 없었지만 음탐지 방해가 있는 방2에서는 A만을 공격했다. 따라서 실험결과는 음탐지 방해가 있는 환경에서 X가 초음파탐지 방법을 사용한다는 가설을 강화한다.

ㄴ. 방2와 방3은 둘 다 음탐지 방해가 있는 환경이지만 방2는 같은 소리 음탐지 방해, 방 3은 다른 소리 음탐지 방해가 존재한다. 실험 결과에 따르면 같은 소리 음탐지 방해가 존재한 방2에서는 A만 공격했지만, 다른 소리 음탐지 방해가 존재하는 방3은 그 결과에 있어 방해가 없었던 방1과 차이가 없었다. 즉, 다른 소리 음탐지 방해는 음탐지 방법에 큰 영향을 미치지 않음을 알 수 있다. 따라서 X가 소리의 종류를 구별할 수 있다는 가설을 강화한다.

오답해설

ㄷ. 음탐지 방해가 없는 방1과 다른 소리 음탐지 방해가 있는 방3의 실험 결과는 같고 둘 다 로봇의 종류에 따른 유의미한 차이를 보이지 않는다. 따라서 다른 소리가 들리는 환경에서 X가 초음파탐지 방법을 사용한다는 가설을 강화한다고 할 수 없다.

합격 가이드

강화 · 약화 문제는 실험의 핵심구조와 반드시 연결되어야 하는 것은 아니며 실험을 전개해 나가는 과정에서 언급되었던 세부적인 과정들 모두가 대상이 될 수 있다. 따라서 핵심구조와 직접 연결되지 않는다고 하여 무조건 영향을 미치지 않는다고 판단하는 실수를 범하지 말기 바란다.

22

정답 ④

정답해설

ㄴ. (2)를 "전통적 인식론은 첫째 목표를 달성할 수 없거나 둘째 목표를 달성할 수 없다."로 바꾸어도 (3)의 전건인 "만약 전통적 인식론이 이 두 가지 목표 중 어느 하나라도 달성할 수가 없다면"을 충족하기 때문에 위 논증에서 (6)은 도출된다.

ㄷ. (4)는 (2)와 (3)으로부터 도출되는 결론이자 (6)의 전제이다.

오답해설

ㄱ. 전통적 인식론의 목표에 새로운 목표가 추가된다고 해도 논증의 지지관계에는 영향을 끼치지 않으므로 (6)은 도출된다.

23

정답 ⑤

정답해설

ㄱ. '10만 원을 돌려준다.'를 A, '10억 원을 지불한다.'를 B로 두면 (1)은 'A이거나 B'의 형식을 가진 문장이 된다. (1)이 거짓일 때 추가 조건에 따라 10만 원을 돌려주는 동시에 A가 거짓인 10만 원을 돌려주지 않는다가 모두 성립하므로 ㉠의 추론 과정에서 'A이거나 B'의 형식을 가진 문장이 거짓이면 A와 B 모두 반드시 거짓이라는 원리가 사용되었음을 알 수 있다.

ㄴ. 제시문에 따르면 (1)이 거짓인 경우 10만 원을 돌려주는 동시에 10만 원을 돌려주지 않는다가 모두 성립하게 되어 (1)이 거짓인 경우는 가능하지 않고 (1)은 참일 수밖에 없다. 따라서 같은 문장의 긍정과 부정이 모두 성립하는 경우 그 가정의 부정은 반드시 참이라는 원리가 사용되었음을 알 수 있다.

ㄷ. 제시문에 따르면 (1)은 참일 수밖에 없고 이 경우 10만 원을 돌려주지 않으므로 10억 원을 지불하는 것이 반드시 참이어야 한다. (1)을 구성하는 A인 10만 원을 돌려준다가 거짓이므로 B인 10억 원을 지불한다가 반드시 참이라는 원리가 사용되었음을 알 수 있다.

24

정답 ②

정답해설

첫 번째 문단에 따르면 철학은 지적 작업에 포함되고 두 번째 문단에 따르면 귀추법은 귀납적 방법이다. 따라서 철학의 일부 논증에서 귀추법의 사용이 불가피하다는 주장은 모든 지적 작업에서 귀납적 방법의 필요성을 부정하는 견해를 반박한다.

오답해설

ㄱ. ㉠은 귀납적 방법이 철학에서 불필요하다는 견해이므로 과학의 탐구가 귀납적 방법에 의해 진행된다는 주장은 이를 반박한다고 볼 수 없다.

ㄷ. ㉠은 철학이라는 지적 작업에서 귀납적 방법의 필요성을, ㉡은 모든 지적 작업에서 귀납적 방법의 필요성을 부정하는 견해이다. 따라서 연역논리와 경험적 가설 모두에 의존하는 지적 작업이 있다는 주장은 ㉡을 반박할 수는 있지만 ㉠은 철학에 한정된 주장이므로 이를 반박한다고 볼 수 없다.

25

정답 ④

정답해설

ㄴ. 제시된 심리 실험 결과는 을에 따르면 '모든 A는 B이다'를 강한 의미로 이해하는 것과 같다.

ㄷ. 제시된 심리 실험 결과는 병에 따르면 전제 가운데 하나가 '어떤 A는 B이다'라는 형태의 명제로 이루어진 경우에 결론도 그런 형태이기만 하면 타당하다고 생각하는 경우에 해당한다.

오답해설

ㄱ. 갑에 의하면 사람들은 두 번째 전제인 "어떤 철학자도 과학자가 아니다."의 동치인 '"모든 철학자는 과학자가 아니다."를 "모든 과학자는 철학자가 아니다."로 바꾸는 경향이 있다. 하지만 "어떤 과학자는 운동선수이다. 모든 과학자는 철학자가 아니다."라는 전제로부터 "어떤 철학자도 운동선수가 아니다."가 타당하게 도출되는 것은 아니므로 심리 실험 결과는 갑에 의해 설명되지 않는다.

합격 가이드

이 문제와 같이 '어떤'과 같은 양화사가 등장할 경우 제시된 논증들을 복잡한 기호논리학을 이용해 풀이하려는 수험생들이 있다. 물론 그것이 틀린 것은 아니지만 그렇게 복잡한 과정을 거치지 않아도 풀이가 가능한 문제를 굳이 어렵게 풀이할 필요는 없어 보인다. 기호화가 애매한 것은 기호화를 억지로 하려고 하지 말고 의미만 정리해두고 풀이하는 것이 효율적이다.

01	02	03	04	05	06	07	08	09	10
⑤	⑤	④	②	①	③	⑤	②	④	①
11	12	13	14	15	16	17	18	19	20
②	⑤	②	①	④	③	④	⑤	⑤	②
21	22	23	24	25					
③	③	④	①	③					

01
정답 ⑤

정답해설

ㄱ. 사업비가 부산의 사업비 240억 원을 초과하는 지역은 경기, 강원, 충북, 충남, 전북, 전남, 경북, 경남으로 총 8개이다.

ㄴ. 사업비 상위 2개 지역은 경남과 강원이고 사업비 합은 440+420=860억 원이다. 하위 4개 지역은 세종, 인천, 울산, 제주이며 사업비 합은 0+80+120+120=320억 원이다. 따라서 상위 2개 지역의 사업비 합이 하위 4개 지역의 사업비 합의 2배 이상이다.

ㄷ. 전체 사업비는 4,000억 원이므로 400억 원 이상인 지역을 찾으면 강원, 경남 2개이다.

02
정답 ⑤

정답해설

표에 따르면 수출 부문에서 동남권은 '감소', 제주권은 '보합'이었으며, 나머지 권역은 '증가'이다. 하지만 보고서에 따르면 수출 부문은 동남권을 제외한 모든 권역이 '증가'였다고 되어있으므로 수출 부문이 부합하지 않는다.

03
정답 ④

정답해설

ㄱ. 여성 건국훈장 포상 인원은 매년 증가하고 있다.

ㄷ. 2015년 남성 애국장 포상 인원은 130명, 남성 애족장 포상 인원은 191명이므로 둘의 차이는 61명이다. 다음으로 차이가 많이 나는 해인 2017년 남성 애국장과 애족장 포상 인원의 차이는 100−43=57명으로 제시된 연도 중에서 2015년이 가장 차이가 크다.

ㄹ. 건국포장 포상 인원 중 여성 비율이 가장 낮은 해는 $\frac{1}{43}\times100≒2.3\%$인 2017년이다. 대통령표창 포상 인원 중 여성 비율이 가장 낮은 해도 마찬가지로 $\frac{2}{74}\times100≒2.7\%$로 2017년이다.

오답해설

ㄴ. 2018년 건국훈장 포상 인원은 150명으로 전체 포상 인원인 355명의 절반 미만이다.

04
정답 ②

정답해설

그림에서 A는 기타 민원인이 전체의 10.2%를 차지한다. 표에서 기타가 합계의 약 10%를 차지하는 것은 사전검증이므로 A는 사전검증이다. B는 기타 민원인이 전체의 21.7%를 차지한다. 표에서 기타가 합계의 약 20% 이상을 차지하는 것은 화물이므로 B는 화물이다.

05
정답 ①

정답해설

ㄱ. 2020년 상위 10개 스포츠 구단 중 전년보다 순위가 상승한 구단은 C, D, E, I로 4개이며 순위가 하락한 구단은 F, J, H로 3개이다.

ㄴ. 2020년 상위 10개 스포츠 구단 중 미식축구 구단은 A, G, I이며 구단 가치액 합은 58+40+37=135억 달러이다. 농구 구단은 C, D, E이며 구단 가치액 합은 45+44+42=131억 달러이다.

오답해설

ㄷ. 2020년 상위 10개 스포츠 구단 중 전년 대비 가치액 상승률이 가장 큰 구단은 E구단으로 $\frac{9}{33}\times100≒27.27\%$ 상승했으며, 종목은 농구이다.

ㄹ. 제시된 표는 2020년 가치액 기준 상위 10개 구단에 관한 자료이므로 현재 제시된 표에서 2019년 가치액 10위의 구단에 대한 정보는 알 수 없다. 2019년 9위인 E구단의 가치액이 33억 달러, 11위인 I구단의 가치액이 31억 달러이므로 2019년 10위 구단의 가치액은 31억 달러보다 많고 33억 달러보다 작을 것이다. 이를 고려해 판단하면 2020년 상위 10개 스포츠 구단의 가치액 합이 2019년 상위 10개 스포츠 구단의 가치액 합보다 크다.

06
정답 ③

정답해설

보고서 첫 번째 문단은 전공계열별 희망직업 취업률에 대한 정보이며 이는 표를 이용해 작성할 수 있다. 두 번째 문단 첫 번째 문장은 전공계열별 희망직업 선택 동기에 관한 정보이며 이는 ㄷ을 통해 작성할 수 있다. 두 번째 문단 두 번째 문장은 전공계열별 희망직업의 선호도 분포에 대한 정보이며 이는 ㄴ을 통해 작성할 수 있다. 마지막 문단은 희망직업 취업여부에 따른 직장 만족도에 대한 정보이지만 ㄹ과 달리 계열에 따른 차이를 설명하고 있으므로 ㄹ은 활용할 수 없다.

따라서 보고서를 작성하기 위해 추가로 이용한 자료는 ㄴ, ㄷ이다.

07
정답 ⑤

정답해설

성능지표는 기준시간을 수행시간으로 나눈 것이다. 내비게이션의 성능지표를 구하면 $\frac{7,020}{500}=14.04$이므로, 가장 낮은 성능지표를 가지고 있는 것은 내비게이션이다.

오답해설

① 명령어 수가 두 번째로 많은 유전체 분석은 수행시간이 세 번째로 길다.
② CPI가 가장 낮은 프로그램은 양자 컴퓨팅, 기준시간이 가장 긴 프로그램은 영상 압축이다.
③ 내비게이션의 수행시간은 500초이다. 만약 인공지능 바둑의 수행시간이 내비게이션 수행시간인 500초와 같다면 인공지능 바둑의 성능지표는 20을 넘어야 한다. 하지만 인공지능 바둑의 성능지표는 18.7이므로 수행시간은 500초보다 길어야 한다.
④ 클럭 사이클 수는 'CPI×명령어 수'로 구할 수 있다. 기준 시간이 가장 짧은 프로그램인 내비게이션의 클럭 사이클 수는 1,250으로 문서 편집의 클럭 사이클 수인 587.86보다 많다.

08

정답 ②

정답해설

ㄱ. 산불 발생건당 피해면적은 그림 3의 세로축에서 확인할 수 있으며 J지역이 가장 크다.
ㄷ. 산불 발생건당 피해액은 그림 1에서 원점과 각 점을 이은 직선의 기울기로 비교할 수 있으며 D지역이 가장 크고 B지역이 가장 작다.

오답해설

ㄴ. 산불 발생건당 피해재적은 그림 2의 세로축에서 확인할 수 있으며 J지역이 가장 크고 G지역이 가장 작다.
ㄹ. 산불 피해면적은 그림 3의 각 점과 가로축, 세로축으로 이루어지는 사각형의 면적을 통해 확인할 수 있으며 A지역이 가장 크고 E지역이 가장 작다.

합격 가이드

격자형 그래프를 읽고 선택지를 판단하는 문제는 난도의 차이가 있을지언정 매우 자주 등장하는 유형이다. 특히 이와 같은 격자형 그래프에서는 45°선과 기울기, 더 나아가 기울기의 역수를 이용한 문제들이 단골로 출제되고 있으니 개념을 확실히 익혀두기 바란다.

09

정답 ④

정답해설

i) B지역에서 타워크레인 작업제한 조치가 한 번도 시행되지 않은 월은 1월, 2월, 12월이다. 따라서 (가)는 15 미만이어야 한다.
ii) 매월 C지역의 최대 순간 풍속은 A지역보다 높고 D지역보다 낮으므로 (나)는 21.5 초과 32.7 미만이어야 한다.
iii) E지역에서 설치 작업제한 조치는 매월 시행되었으므로 (다)는 15 초과이다. 또한 운전 작업제한 조치는 2월과 11월을 제외한 모든 월에 시행되었으므로 (다)는 20 미만이어야 한다.

따라서 큰 것부터 순서대로 나열하면 (나), (다), (가)이다.

10

정답 ①

정답해설

발전원은 원자력, 화력, 수력, 신재생 에너지로만 구성되므로 2015년 프랑스의 전체 발전량 중 원자력 발전량의 비중은 전체에서 각 발전원의 비중을 뺀 100－2.1－3.5－0.4－10.4－6.6＝77%이다.

11

정답 ②

정답해설

보고서 첫 번째 문장은 표를 통해 작성할 수 있다. 또한 보고서 두 번째 문단은 ㄱ과 ㄷ을 활용하여 작성할 수 있다. 반면 보고서 첫 번째 문단 두 번째 문장을 작성하기 위해서는 2019년 지역별 · 규모별 안전체험관 수에 대한 자료가 필요하지만 ㄹ은 2018년 지역별 안전체험관 수에 대한 자료이므로 활용할 수 없다. 마지막 문단을 작성하기 위해 2019년 분야별 지역안전지수 1등급 지역에 대한 자료가 필요하지만 ㄴ은 분야별 지역안전지수 4년 연속(2015~2018년) 1등급, 5등급 지역에 대한 자료이므로 활용할 수 없다. 따라서 보고서를 작성하기 위해 추가로 이용한 자료는 ㄱ과 ㄷ이다.

합격 가이드

자료해석은 과목의 특성상 모든 문제를 2분의 시간 내에 해결하기는 쉽지 않다. 따라서 특정 유형의 문제에서 시간을 벌어야 하는데 이 문제와 같이 '추가로 이용한 자료를 찾는 문제'가 시간을 아낄 수 있는 유형이다. 이 유형의 문제는 실전에서는 내용의 옳고 그름을 일일이 계산하거나 판단할 필요가 없다. 선택지의 자료와 보고서를 빠르게 연결하면서 최대한 빨리 풀고 넘어가야 한다.

12

정답 ⑤

정답해설

2007년 10월 기준 평화유지활동을 수행 중이었던 임무단은 수단 임무단, 소말리아 임무단, 코모로 치안 지원 임무단, 다르푸르 지역 임무단으로 총 4개였다.

13

정답 ②

정답해설

ㄱ. 2014년의 국가채무는 1,323×0.297≒392.93조 원, 2020년의 국가채무는 1,741×0.36≒626.76조 원이다. 따라서 2020년의 국가채무는 2014년의 1.5배 이상이다.
ㄷ. 2019년의 적자성채무는 1,658×0.20≒331.6조 원, 2020년의 적자성채무는 1,741×0.207≒360.39조 원이다. 또한 2018년의 적자성채무는 1,563×0.183≒286.03조 원이므로 2019년부터 300조 원 이상이다.

오답해설

ㄴ. 금융성채무는 국가채무에서 적자성채무를 뺀 것이다. 그림 1에서 GDP 대비 국가채무 비율의 연도별 증가폭이 GDP 대비 적자성채무 비율의 증가폭보다 매년 크다면 GDP 대비 금융성채무는 매년 증가한다고 할 수 있다. 2019년에 국가채무 비율은 1.6%p 증가했지만 적자성채무 비율은 1.7%p 증가했으므로 금융성채무 비율은 감소했다.
ㄹ. 금융성채무가 국가채무의 50% 이상인지 알기 위해서는 그림 1에서 GDP 대비 국가채무 비율과 GDP 대비 적자성채무 비율을 비교하여 적자성채무 비율이 국가채무 비율의 50% 이하인지 확인하면 된다. 2017년에 국가채무 비율은 32.6%, 적자성채무 비율은 16.9%로 적자성채무 비율이 국가채무 비율이 50%를 넘기 때문에 금융성채무는 50% 미만이다.

14

정답 ①

정답해설

제시된 표의 빈칸을 채우면 다음과 같다.

(단위 : 가구)

이사 후 \ 이사 전	소형	중형	대형	합
소형	15	10	5	30
중형	0	30	10	40
대형	5	10	15	30
계	20	50	30	100

ㄱ. 주택규모가 이사 전 소형에서 이사 후 중형으로 달라진 가구는 0가구이다.

ㄴ. 이사 전후 주택규모가 달라진 가구 수는 전체 가구 수에서 이사 전후 주택규모가 동일한 가구 수를 빼서 구할 수 있다. 100−15−30−15=40가구의 주택규모가 달라졌다. 따라서 이사 전후 주택규모가 달라진 가구 수는 전체 가구 수의 50% 이하이다.

오답해설

ㄷ. 주택규모가 대형인 가구 수는 이사 전과 이사 후 모두 30가구로 같다.

ㄹ. 이사 후 주택규모가 커진 가구 수는 소형에서 대형으로 간 5가구, 중형에서 대형으로 간 10가구로 총 15가구이다. 이사 후 주택규모가 작아진 가구 수는 중형에서 소형으로 간 10가구, 대형에서 소형, 중형으로 간 15가구로 총 25가구이다. 따라서 이사 후 주택규모가 커진 가구 수는 이사 후 주택규모가 작아진 가구 수보다 적다.

15

정답 ④

정답해설

폐기처리 공정으로 투입되는 경로는 재작업을 통한 경로, 검사를 통한 경로 총 두 가지이다. 각각 경로를 통해 투입되는 재료의 총량은 다음과 같다.

i) 재작업을 통한 경로 : 1,000×0.1×0.5=50kg

ii) 검사를 통한 경로 : [(1,000×1.0×0.9)+(1,000×0.1×0.5)]×1.0×0.2 =190kg

따라서 폐기처리 공정에 투입되는 재료의 총량은 50+190=240kg이다.

16

정답 ③

정답해설

i) 첫 번째 조건에 따라 연강수량이 세계평균의 2배 이상인 국가는 B와 G이므로 일본과 뉴질랜드가 B 또는 G이다.

ii) 두 번째 조건에 따라 연강수량이 세계평균보다 많은 국가 중 1인당 이용가능한 연수자원총량이 가장 적은 국가는 대한민국이므로 A가 대한민국이다.

iii) 세 번째 조건에 따라 1인당 연강수총량이 세계평균의 5배 이상인 국가를 연강수량이 많은 국가부터 나열하면 G, E, F이다. 따라서 뉴질랜드가 G, 캐나다가 E, 호주가 F가 되고 B가 일본이 된다.

iv) 네 번째 조건에 따라 1인당 이용가능한 연수자원총량이 영국보다 적은 국가 중 1인당 연강수총량이 세계평균의 25% 이상인 국가는 중국이므로 C가 중국이다.

v) 마지막 조건에 따라 1인당 이용가능한 연수자원총량이 6번째로 많은 국가는 프랑스이므로 H가 프랑스이다.

따라서 국가명을 알 수 없는 것은 D이다.

합격 가이드

매칭형 문제는 제시된 조건을 순서대로 살펴보는 것보다 순서를 바꿔가며 풀이하는 것이 효율적인 경우가 많다. 특히 하나의 조건만을 언급하고 있다거나 특정 수치가 주어지는 조건은 대개 후반부에 주어지는 편이므로 이 조건들을 우선적으로 판단하는 것도 시간을 절약하는 하나의 전략이 될 수 있다.

17

정답 ④

정답해설

ㄱ. 80점을 기준으로 갑~무의 국어 점수의 차이값은 +10점, +5점, −20점, +15점, −5점이다. 이를 모두 더하면 +5점이므로 국어 평균 점수는 80점 이상이다.

ㄷ. 국어, 영어, 수학 점수에 각각 가중치를 곱한 점수의 합은 갑~무 순서대로 84점, 79점, 78점, 91점, 90점이므로 가장 큰 학생은 정이다.

ㄹ. 병을 제외한 4명의 성별 수학 평균 점수를 계산하면 다음과 같다.

• 남학생 수학 평균 점수 $=\frac{(75+100)}{2}=87.5$점

• 여학생 수학 평균 점수 $=\frac{(70+100)}{2}=85$점

병의 성별을 알 수 없으므로 병이 남학생인 경우, 여학생인 경우로 나눠서 확인한다.

i) 병이 남학생인 경우

남학생 수학 평균 점수는 $\frac{(75+80+100)}{3}=86.67$점이 되어 여학생 평균 점수보다 높다.

ii) 병이 여학생인 경우

여학생 수학 평균 점수는 85점이 되므로 남학생 평균 점수가 더 높다.

따라서 병의 성별과 관계없이 수학 평균 점수는 남학생이 여학생보다 높다.

오답해설

ㄴ. 3개 과목 평균 점수가 가장 높은 학생은 무로 $\frac{(75+100+100)}{3}=$ 91.67점이고, 가장 낮은 학생은 을로 $\frac{(85+85+70)}{3}=80$점이다. 따라서 평균 점수 차이는 10점 이상이다.

18

정답 ⑤

정답해설

ㄱ. 2023년 인공지능반도체의 비중은 $\frac{325}{2,686}\times100 \fallingdotseq 12.1\%$이므로 매년 증가한다.

ㄴ. 2027년 시스템반도체 시장규모가 2021년보다 1,000억 달러 증가한 3,500억 달러라면 2027년 인공지능반도체의 비중은 33%를 초과해야 한다. 하지만 2027년 인공지능반도체의 비중은 31.3%에 불과하므로 시스템반도체 시장규모는 1,000억 달러 이상 증가했다.

ㄷ. 2025년 시스템반도체 시장규모는 $\frac{657}{0.199} \fallingdotseq 3,301.5$억 달러이다. 이를 바탕으로 2022년 대비 2025년 시스템반도체, 인공지능반도체 증가율을 구하면 다음과 같다.

• 시스템반도체 증가율 : $\frac{(3,301.5-2,310)}{2,310}\times100\fallingdotseq42.92\%$

• 인공지능반도체 증가율 : $\frac{(657-185)}{185}\times100\fallingdotseq255.1\%$

따라서 인공지능반도체 증가율이 시스템반도체 증가율의 5배 이상이다.

합격 가이드

빈칸이 있는 문제가 등장하면 빈칸의 수가 적을 경우 일단 빈칸을 먼저 채우는 것이 바람직하다. 왜냐하면 이런 유형의 문제는 결국 그 빈칸이 어떤 수치인지가 정오를 판별하는 데에 결정적인 역할을 할 수밖에 없기 때문이다. 이 문제는 단순한 계산으로만 이루어졌기에 정확한 수치를 구할 수 있지만, 설사 그렇지 않더라도 대략적으로라도 빈칸에 들어갈 수치를 미리 채워놓는 것이 좋다.

19

정답 ⑤

정답해설

ㄱ. 도착 화물보다 출발 화물이 많은 지역은 A, B, D로 3개이다.

ㄷ. 지역 내 이동 화물을 제외할 때, 출발 화물과 도착 화물의 합이 가장 작은 지역은 C지역이고 출발 화물과 도착 화물의 차이가 가장 작은 지역도 C지역이다.

ㄹ. 도착 화물이 가장 많은 지역은 G지역이고, G지역의 출발 화물 중 지역 내 이동 화물의 비중은 $\frac{359}{1,294}\times100\fallingdotseq27.74\%$로 지역들 중 가장 크다.

오답해설

ㄴ. 지역 내 이동 화물이 가장 적은 지역은 C지역이고, 도착 화물이 가장 적은 지역은 D지역으로 다르다.

20

정답 ②

정답해설

i) 을의 첫 번째 대답에 따르면 세종을 제외한 3개 지자체에서 전일보다 자가격리자가 늘어났는데 그러기 위해서는 신규 인원이 해제 인원보다 많아야 한다. 표에서 B를 제외한 A, C, D는 신규 인원이 해제 인원보다 많으므로 B가 세종이다.

ii) 을의 두 번째 대답에 따르면 대전, 세종, 충북의 모니터링 요원 대비 자가격리자 비율이 1.8 이상이다. B인 세종을 제외한 A, C, D의 모니터링 요원 대비 자가격리자 비율은 다음과 같다.

• A : $\frac{(9,778+7,796)}{10,142}\fallingdotseq1.73$

• C : $\frac{(1,147+141)}{196}\fallingdotseq6.57$

• D : $\frac{(9,263+7,626)}{8,898}\fallingdotseq1.90$

따라서 A는 충남, C 또는 D가 대전 또는 충북이다.

iii) 갑의 마지막 말에 따르면 대전이 4개 지자체 가운데 자가격리자 중 외국인이 차지하는 비중이 가장 높다. C와 D의 자가격리자 중 외국인이 차지하는 비중은 다음과 같다.

• C : $\frac{141}{(1,147+141)}\times100\fallingdotseq10.95\%$

• D : $\frac{7,626}{(9,263+7,626)}\times100\fallingdotseq45.15\%$

따라서 D가 대전, C가 충북이다.

21

정답 ③

정답해설

• 갑의 월간 출근 교통비 : $\left\{3,200-(450+200)\times\left(\frac{800}{800}\right)\right\}\times15=38,250$원

• 을의 월간 출근 교통비 : $(2,300-350)\times\left(\frac{800}{800}\right)\times22=42,900$원

• 병의 월간 출근 교통비 : $\left\{1,800-(250+100)\times\left(\frac{600}{800}\right)\right\}\times22=33,825$원

따라서 월간 출근 교통비를 많이 지출하는 직장인 순서대로 나열하면 을, 갑, 병이다.

22

정답 ③

정답해설

ㄱ. 국민총소득 대비 공적개발원조액 비율이 UN 권고 비율인 0.70%보다 큰 국가는 룩셈부르크, 노르웨이, 스페인, 덴마크, 영국이다. 룩셈부르크의 공적개발원조액은 제시된 자료에서 알 수 없지만 이를 제외한 노르웨이, 스페인, 덴마크, 영국의 공적개발원조액 합이 43+27+25+194=289억 달러이므로 250억 달러 이상이다.

ㄴ. 공적개발원조액 상위 5개국은 미국, 독일, 영국, 프랑스, 일본이고 이들의 공적개발원조액 합은 330+241+194+120+117=1,002억 달러이다. 6~15위 국가의 공적개발원조액 합을 구하면 53+52+45+43+43+31+29+27+25+25=373억 달러이다. 공적개발원조액을 알 수 있는 15개국을 제외한 14개국의 공적개발원조액은 15위국의 것보다 같거나 작을 것이므로 14개국의 공적개발원조액 합의 최댓값은 25×14=350억 달러이다. 그러므로 개발원조위원회 29개 회원국 공적개발원조액 합은 1,002+373+350=1,725억 달러보다 작거나 같을 것이다. 따라서 공적개발원조액 상위 5개국의 공적개발원조액 합은 50% 이상이다.

오답해설

ㄷ. 독일의 공적개발원조액은 현재 241억 달러이다. 공적개발원조액만 30억 달러 증액하므로 국민총소득 대비 공적개발원조액 비율은 $\frac{30}{241}\fallingdotseq\frac{1}{8}$배 더 커질 것이다. 따라서 $0.61\times\left(1+\frac{1}{8}\right)\fallingdotseq0.0686$이므로 UN 권고비율인 0.70%보다 낮다.

23

정답 ④

정답해설

ㄱ. 2021년 오리 생산액 전망치는 1,327×(1−0.0558)≒1,253십억 원이므로 1.2조 원 이상이다.

ㄷ. 축산업 중 전년 대비 생산액 변화율 전망치가 2022년보다 2023년이 낮은 세부항목은 우유와 오리로 2개이다.

ㄹ. 재배업과 축산업의 2020년 생산액 대비 2022년 생산액 전망치의 증감폭을 구하는 식은 다음과 같다.

• 재배업 : {30,270×(1+0.015)×(1−0.0042)}−30,270

• 축산업 : {19,782×(1−0.0034)×(1+0.0070)}−19,782

정확한 값을 도출하지 않아도 재배업의 증감폭은 천억 단위, 축산업의 증감폭은 백억 단위임을 알 수 있으므로 재배업의 증감폭이 더 크다.

오답해설

ㄴ. 2021년 돼지와 농업 생산액 전망치를 계산하면 다음과 같다.

- 돼지 : 7,119×(1－0.0391)≒6,841십억 원
- 농업 : 50,052×(1＋0.0077)≒50,437십억 원

농업 생산액 전망치의 15%는 약 7,566십억 원이므로 돼지 생산액 전망치는 그 이하이다.

24

정답 ①

여사건을 이용하면 간단하게 풀이가 가능하다. 2020년 전체 회원 수가 85.2만 명인데 이의 85%는 85.2만에서 8.52만(10%)과 4.26만(5%)을 차감한 72.42만 명이다. 그런데 장기저축급여 가입자 수는 이보다 큰 약 75만 명이다. 따라서 장기저축급여 가입자 수는 전체 회원의 85% 이상이다.

25

정답 ③

보도자료의 마지막 문장에 의하면 간접광고(PPL) 취급액 중 지상파TV와 케이블TV 간 비중의 격차는 5%p 이하이다. 하지만 제시된 자료에서 2018년 기준 매체별 PPL 취급액 현황에서 지상파TV와 케이블TV 취급액 차이는 573－498＝75억 원이고 전체 간접광고 취급액에서 그 비중은 $\frac{75}{1,270}\times 100 \fallingdotseq 5.9$%로 5% 이상이므로 부합하지 않는다.

합격 가이드

자료-보고서형 문제는 외형적으로는 보고서형 문제이지만 실상은 일반적인 선택지형 문제와 동일한 유형이다. 단지 차이가 있다면 선택지의 정오판단에 거의 영향을 주지 못하는 잉여문장들이 많다는 것이다. 또한 보고서의 내용에 밑줄이 그어진 경우가 있다. 이런 경우 밑줄이 그어지지 않은 부분은 처음부터 아예 읽지도 말고 그냥 넘기기 바란다. 아주 간혹 그 부분이 있어야 의미 파악이 가능한 경우도 있기는 하지만 극소수에 불과하다.

01	02	03	04	05	06	07	08	09	10
①	⑤	⑤	②	④	⑤	①	③	③	②
11	12	13	14	15	16	17	18	19	20
④	①	⑤	④	④	①	①	③	②	③
21	22	23	24	25					
②	⑤	③	④	③					

※ 해설의 편의를 위해 첫 번째 제00조를 첫 번째 조, 두 번째 제00조를 두 번째 조 등으로 표기하였다.

01 정답 ①

정답해설

제1항 단서에서 근로자 본인 외에도 조부모의 직계비속이 있는 경우에는 가족돌봄휴직을 허용하지 않을 수 있다고 규정하고 있다. 조부모와 부모를 함께 모시고 사는 근로자는 본인 외에도 조부모의 직계비속인 부모가 있으므로 사업주는 가족돌봄휴직을 허용하지 않을 수 있다.

오답해설

② 제3항에 따르면 사업주가 가족돌봄휴직을 허용하지 아니하는 경우에는 해당 근로자에게 그 사유를 서면으로 통보하여야 한다.

③ 제2항 단서에 따르면 근로자가 청구한 시기에 가족돌봄휴가를 주는 것이 정상적인 사업 운영에 중대한 지장을 초래하는 경우에는 근로자와 협의하여 그 시기를 변경할 수 있다.

④ 제4항 제2호 단서에 따르면 가족돌봄휴가 기간은 가족돌봄휴직 기간에 포함된다.

⑤ 제4항 제2호에 따르면 가족돌봄휴가 기간은 연간 최장 10일이며 같은 항 제3호에서 감염병의 확산 등을 원인으로 심각단계의 위기경보가 발령되는 경우, 가족돌봄휴가 기간을 연간 10일의 범위에서 연장할 수 있다. 연간 10일에서 감염병 확산을 원인으로 5일 연장되었으므로 사업주는 최장 15일의 가족돌봄휴가를 허용할 수 있다.

합격 가이드

상황판단에서는 법령이나 조약을 구체적으로 제시하고 이를 해석할 수 있는지, 혹은 사례에 적용할 수 있는지를 묻는 문제가 다수 출제된다. 법조문에 익숙하지 않은 수험생은 이 유형의 문제를 처음 접했을 때 어렵게 느껴질 수도 있지만, 자세히 들여다보면 법조문 문제 역시 형태를 달리한 '내용일치 문제'에 해당한다. 오히려 일반적인 텍스트와 달리 법조문은 구조가 짜임새 있기 때문에 익숙해지면 더 쉽게 답을 찾을 수 있는 유형이기도 하다.

02 정답 ⑤

정답해설

제1항 단서와 같은 항 제1호에 따르면 대가를 받지 아니하고 청소년이 포함되지 아니한 특정인에 한하여 상영하는 단편영화에 대해서는 상영 전까지 상영등급을 분류받지 않아도 된다. 따라서 초청한 노인을 대상으로 상영등급을 분류받지 않은 단편영화를 무료로 상영하는 것은 법에 저촉되지 않는다.

오답해설

① 제2항 단서에 따르면 예고편영화는 전체관람가 또는 청소년 관람불가로 분류된다.

② 제5항에 따르면 누구든지 청소년 관람불가 영화의 경우에는 청소년을 입장시켜서는 안되며, 제4항처럼 이에 대한 단서가 없기 때문에 부모와 함께 입장하여 관람하는 것은 허용되지 않는다.

③ 제1항 단서와 같은 항 제2호에 따르면 영화진흥위원회가 추천하는 영화제에서 상영하는 영화에 대해서는 상영등급을 분류받지 않아도 된다.

④ 제2항 단서에 따르면 청소년 관람불가 예고편영화는 청소년 관람불가 영화의 상영 전후에만 상영할 수 있다.

03 정답 ⑤

정답해설

제1항과 제2항 제1호에 따라 분양자인 乙은 지반공사의 하자에 대해 담보책임을 지고 이에 대한 존속기간은 10년이므로 乙은 최소한 2030. 5. 1.까지 담보책임을 진다. 제5항에 따르면 담보책임에 관해 이 법에 규정된 것보다 불리한 특약은 효력이 없으므로 乙과 甲이 5년으로 존속기간을 정했다고 해도 이는 효력이 없다. 따라서 2027. 10. 1.에도 乙은 담보책임을 진다.

오답해설

① 丙은 시공자로서 제1항에 따라 담보책임을 진다. 제2항 제3호에 따라 丙은 전유부분일 경우 인도한 날부터 3년인 2023. 7. 1.까지, 공용부분일 경우 사용승인일부터 3년인 2023. 5. 1.까지 담보책임을 진다.

② 丙은 시공자로서 제1항과 제2항 제2호에 따라 과실이 없더라도 철골공사의 하자에 대해 담보책임을 진다.

③ 제1항 내지 제3항에 따라 乙은 전유부분인 거실에 대한 방수공사의 하자에 대한 담보책임을 인도한 날부터 5년이 되는 2025. 7. 1.까지 지게 된다.

④ 제4항에 따라 제2항의 하자로 인해 건물이 멸실된 경우, 담보책임 존속기간은 멸실된 날로부터 1년이므로 丙은 2024. 10. 1.까지 담보책임을 지게 된다.

04 정답 ②

정답해설

甲은 정책연구용역 계약을 긴급계약으로 의뢰하려고 하므로 총소요기간은 1+2+10+1+10+7=31일이다. 4월 30일은 계약 체결 마지막 절차인 우선순위 대상자와의 협상이 끝난 다음 날이어야 한다. 따라서 계약 의뢰는 3월 30일에, 공고 종료 후 결과통지는 4월 12일에 이루어져야 한다.

05

정답 ④

정답해설

제시된 조건에 따라 연구실 번호와 연구원, 책 제목을 연결하면 다음과 같다.

연구실번호	311호	312호	313호	314호	315호
연구원	E	D	B	A	C
책제목	『전환이론』	『공공정책』	『연구개발』	『사회혁신』	『복지실천』

따라서 A에게 전달할 책 제목과 A의 연구실 번호가 옳게 짝지어진 것은 ④이다.

06

정답 ⑤

정답해설

○○부처의 주무관은 총 20명이다.

i) 甲주무관의 첫 번째 발언에 의하면 성과등급이 세 단계 오른 주무관은 乙주무관 1명이다.

ii) 乙주무관의 첫 번째 발언에 의하면 작년과 동일한 성과등급을 받은 주무관은 1명이다.

iii) 甲주무관의 두 번째 발언에 의하면 작년에 비해 성과등급이 두 단계 변한 주무관 수를 n이라고 할 때 성과등급이 한 단계 변한 주무관 수는 $2n$이다.

이를 식으로 정리하면 $20=1+1+n+2n$이며, $n=6$이다.

따라서 성과등급이 한 단계 변한 주무관의 수(㉠)는 $2n=12$명이다.

07

정답 ①

정답해설

친손자는 아들의 아들이므로 물으리와 뿌타의 친손자는 잇파이의 아들인 물으리이다. 물으리는 뿌타와 결혼할 수 있다.

오답해설

ㄴ. 잇파이와 카포타의 친손자는 물으리의 아들인 잇파이이다.

ㄷ. 외손녀는 딸의 딸이므로 굼보와 마타의 외손녀는 카포타의 딸인 마타이다.

ㄹ. 굿피와 잇파타의 친손녀는 굼보의 딸인 카포타이다. 카포타는 잇파이와 결혼할 수 있다.

08

정답 ③

정답해설

제시된 내용을 표로 정리하면 다음과 같다.

날짜	7/1	7/2	7/3	7/4	7/5	7/6
수확한 수박(개)	100	100	100	100	100	0
판매된 수박(개)	80	100	110	100	100	10
		7/1 20	7/2 20	7/3 10	7/4 10	7/5 10
	7/1 80	7/2 80	7/3 90	7/4 90	7/5 90	

만약 모든 수박을 수확한 당일에 다 판매했다면 500×1=500만 원의 판매액을 얻었겠지만 수확 다음 날 판매된 수박은 20% 할인된 가격인 8,000원에 판매되었으므로 甲에게 개당 0.2만 원의 손해가 생긴 것이다. 따라서 총 판매액은 500만 원에서 (20+20+10+10+10)×0.2=14만 원을 뺀 486만 원이다.

09

정답 ③

정답해설

ㄱ. 전기와 도시가스 요금이 각각 1만 2천 원으로 같을 때 월 CO_2 배출량은 다음과 같다.

- 전기 : {(12,000÷20)÷5}×2=240kg
- 도시가스 : (12,000÷60)×2=400kg

따라서 전기 사용으로 인한 월 CO_2 배출량이 도시가스 사용으로 인한 CO_2 배출량보다 적다.

ㄴ. 주어진 전기 요금과 도시가스 요금에 따른 CO_2 배출량은 다음과 같다.

- 전기 : {(50,000÷20)÷5}×2=1,000kg
- 도시가스 : (30,000÷60)×2=1,000kg

따라서 전기 요금 5만 원, 도시가스 요금 3만 원인 경우 월 CO_2 배출량은 동일하다.

오답해설

ㄷ. 포인트는 배출 감소량에 비례하여 지급된다. 전기는 5kWh 사용할 때마다 2kg의 CO_2가 배출되므로 1kWh당 0.4kg이 배출됨을 알 수 있다. 따라서 전기 1kWh보다 도시가스 $1m^3$를 절약했을 때 더 많은 포인트를 지급받는다.

합격 가이드

언어논리 영역과 달리 상황판단이나 자료해석 영역에서 모든 문제를 시간 내에 정확하게 풀 수 있는 이른바 "PSAT형 인간"은 극소수에 불과하다. 애초에 PSAT이 그러한 능력을 요구하는 시험도 아니므로 답을 정확하게 맞힌다거나 고득점을 받는 것을 목표로 하기보다는, 주어진 시간 안에 내가 이 문제를 풀 수 있는지 혹은 풀지 못하는지를 빠르게 판단하는 것이 차선의 전략이다. 이 문제는 단순한 계산문제에 해당한다. 그러나 사칙연산에 약한 수험생에게는 난이도에 따라 시간을 잡아먹는 문제가 될 수 있고, 평소에 조건이나 단서를 놓치는 등의 실수가 잦은 수험생에게는 오답을 체크할 확률이 높은 문제이다. 따라서 평소 기출문제를 최대한 많이 풀어 자신의 강점과 약점을 파악한 후, 풀 수 없는 문제는 패스하고 풀 수 있는 문제에 집중하여 정답률을 높이는 것이 핵심 전략이라고 할 수 있다.

10

정답 ②

정답해설

지방자치단체가 동일한 공립 박물관 설립에 대해서 3회 연속으로 사전평가 부적정 판정을 받은 경우, 그 박물관 설립에 대해 향후 1년간 사전평가 신청이 불가능하므로 C는 丙박물관에 대한 2021년 상반기 사전평가를 신청할 수 없다.

오답해설

ㄱ. 국비 지원 여부와 관계없이 지방자치단체가 공립 미술관을 설립하려는 경우 사전평가를 받아야 한다.

ㄴ. 사전평가에서 적정으로 판정되는 경우, 지방자치단체는 부지매입비를 제외한 건립비의 최대 40%를 국비로 지원받을 수 있으므로 B는 건물 건축비 40억 원에 대해 최대 16억 원까지 국비 지원받을 수 있다.

11

정답 ④

정답해설

제4항에 따라 甲의 주민등록번호가 변경된 경우 운전면허증에 기재된 주민등록번호를 변경하기 위해서는 변경신청을 해야 한다.

오답해설

① 제2항에 의하면 주민등록번호 변경 여부에 관한 결정 청구의 주체는 B구청장이다.
② 제3항에 의하면 주민등록번호 변경 주체는 변경위원회가 아닌 주민등록지의 시장 등이다.
③ 제3항 제1호에 따라 주민등록번호를 변경하는 경우에도 번호의 앞 6자리 및 뒤 7자리 중 첫째 자리는 변경할 수 없으므로 甲의 주민등록번호 중 '980101-2'는 변경될 수 없다.
⑤ 제5항에 따라 주민등록번호 변경 기각결정에 대한 이의신청은 위원회가 아닌 B구청장에게 해야 한다.

12

정답 ①

정답해설

네 번째 조 제2항에 따라 물품출납공무원은 물품관리관의 명령이 없으면 물품을 출납할 수 없다.

오답해설

② 첫 번째 조에 의하면 필요한 경우 다른 중앙관서의 소속 공무원에게 위임할 수 있다.
③ 세 번째 조 단서에 의하면 계약담당공무원이 아닌 물품관리관이 부적당하다고 인정하는 경우에 국가 외의 자의 시설에 보관할 수 있다.
④ 두 번째 조 제1항에 의하면 물품출납공무원이 아닌 계약담당공무원에게 물품의 취득에 관한 필요한 조치를 할 것을 청구해야 한다.
⑤ 다섯 번째 조 제2항에 의하면 물품출납공무원이 아닌 물품관리관이 수선에 필요한 조치를 할 것을 청구해야 한다.

13

정답 ⑤

정답해설

첫 번째 조 제2항에 따라 甲이 乙과 丙 사이의 우편물을 불법으로 검열한 경우 2년의 징역과 3년의 자격정지에 처해질 수 있다.

오답해설

① 두 번째 조에 의하면 불법검열에 의하여 취득한 우편물은 징계절차에서 증거로 사용할 수 없다.
② 두 번째 조에 의하면 재판에서 증거로 사용할 수 없는 것은 공개되지 아니한 타인 상호 간의 대화를 녹음 또는 청취한 내용이므로 甲이 자신과 乙의 대화를 녹음한 것은 이에 해당하지 않는다.
③ 타인 상호 간의 공개되지 않은 대화를 녹음하여 공개한 경우 첫 번째 조 제2항에 따라 1년 이상 10년 이하의 징역과 5년 이하의 자격정지에 처하며, 벌금에 처하진 않는다.
④ 첫 번째 조 제3항 단서에 따라 이동통신사업자가 단말기의 개통처리를 위해 단말기기 고유번호를 제공받는 경우는 처벌받지 않는다.

14

정답 ④

정답해설

i) 첫 번째 조건에 따라 총매출이 500억 원 미만인 기업만 지원하므로 A, B는 제외되며 우선 지원대상 기업은 D, E, G이다.
ii) 세 번째 조건에 따라 F는 최대 2억 4천만 원, G는 최대 2억 원까지 지원받을 수 있다.
iii) 두 번째 조건에 따라 우선 지원대상 기업의 우선순위는 G－E－D, 우선 지원대상이 아닌 기업의 우선순위는 C－F가 된다.
iv) 마지막 조건에 따라 예산 6억 원을 배정하면 다음과 같다.
- G : 2억 원
- E : 1억 2천만 원
- D : 1억 2천만 원
- F : 1억 6천만 원

따라서 기업 F가 받는 지원금은 1억 6천만 원이다.

15

정답 ④

정답해설

5명으로 구성된 소조직이 a개, 6명으로 구성된 소조직이 b개 있다고 할 때 7명으로 구성된 소조직은 10－a－b개이다.

$5a+6b+7(10-a-b)=57$

$\rightarrow 2a+b=13$

$\therefore (a, b)=(4, 5), (5, 3), (6, 1)$ (단, $a+b < 10$)

따라서 5명으로 구성되는 소조직은 최소 4개, 최대 6개가 가능하다.

16

정답 ①

정답해설

부문별 업무역량 값을 구하기 위해 해당 업무역량 재능에 4를 곱한 값을 구하면 다음과 같다.

기획력	창의력	추진력	통합력
360	400	440	240

통합력의 업무역량 값을 다른 어떤 부문의 값보다 크게 만들기 위해서는 (통합력×3)이 200보다 커야 한다. 따라서 통합력에 투입해야 하는 노력의 최솟값은 67이다. 이때 노력 100에서 남은 33으로 통합력을 최대로 만들 수 있는지 확인해야 한다. 기획력과 추진력, 창의력과 추진력의 차이는 각각 80, 40이며 그 합 120을 3으로 나눈 40은 잔여하고 있는 노력 33보다 크므로 남은 노력이 추진력을 제외한 기획력과 창의력에 적절히 배분된다면 통합력의 업무역량은 최대가 될 수 있다.

17

정답 ①

정답해설

떡의 위치와 먹는 순서를 정리하면 다음과 같다.

떡의 위치	먹는 순서	떡 종류
1 (시작점)	2	호박떡
2	4	쑥떡
3	3	인절미

4	6	송편
5	5	무지개떡
6	1	팥떡

마지막으로 먹힌 송편은 위치 4에 있는 것이므로 이를 기준으로 떡들을 배치하면 송편 전에 먹은 떡은 무지개떡이 된다.

18

정답 ③

정답해설

쌀의 무게가 무거운 순서대로 나열하면 A, B, C, D이고 甲이 구매하려는 상품은 B와 C이다.

A+B=54kg, A+C=50kg, B+D=39kg, C+D=35kg를 통해 B와 C의 무게 차이는 4kg이라는 것을 알 수 있다. 차이가 짝수이므로 B와 C의 무게 합 또한 짝수일 것이며, B+C=44kg이다.

따라서 선택지 중 조건을 만족하는 것은 ③이며, C=20kg, B=24kg이다.

19

정답 ②

정답해설

A괘종시계가 6시 정각을 알리기 위한 마지막 6번째 종을 치는 시작이 6시 6초라는 것은 5번의 종을 치는 데 총 6초가 걸렸다는 말과 동일하다.

그러므로 종을 1회 치는 데 걸리는 시간은 6÷5=1.2초이다.

11시 정각을 알리기 위해서 총 11번의 종을 칠 것이고 마지막 11번째 종을 치기 위해 10번의 종을 쳐야하므로 1.2×10=12초가 걸린다.

따라서 A괘종시계가 11시 정각을 알리기 위한 마지막 종을 치는 시각은 11시 12초이다.

20

정답 ③

정답해설

A부서 주무관 5명이 오늘 해야 하는 일의 양은 모두 같으므로 이를 1로 두고 현재까지 한 일과 남겨 놓고 있는 일의 양을 정리하면 다음과 같다.

이때 丙만 현재까지 한 일과 남겨 놓고 있는 일을 자신을 기준으로 제시했기 때문에 丙의 일의 양을 제일 먼저 판단한다.

구분	현재까지 한 일	남겨 놓고 있는 일
甲	$\frac{1}{6}$	$\frac{5}{6}$
乙	$\frac{1}{3}$	$\frac{2}{3}$
丙	$\frac{2}{3}$	$\frac{1}{3}$
丁	$\frac{5}{6}$	$\frac{1}{6}$
戊	$\frac{1}{3}$	$\frac{2}{3}$

따라서 현재 시점에서 두 번째로 많은 양의 일을 한 사람은 丙이다.

21

정답 ②

정답해설

대화에 따라 성과점수는 乙>甲>丙>丁 순으로 배분되어야 한다. 또한 丁의 점수는 4점이다. 이를 근거로 성과점수를 甲~丁에게 최소로 배분하면 다음과 같다.

(단위 : 점)

乙	甲	丙	丁	합계
7	6	5	4	22

남은 8점을 본인의 상급자보다는 낮게 받아야 한다는 丙의 말에 따라 丁을 제외한 3명에게 분배하면 다음과 같다.

(단위 : 점)

乙	甲	丙	丁	합계
10	9	7	4	30
11	8	7	4	30

따라서 丙이 받을 수 있는 최대 성과점수는 7점이다.

22

정답 ⑤

정답해설

제시된 조건에 따라 첫째 돼지 집의 면적은 6m^2, 둘째 돼지 집의 면적은 3m^2, 셋째 돼지 집의 면적은 2m^{2}이다. 지지대를 제외하고 소요되는 비용은 1m^{2}당 벽돌집은 9만 원, 나무집은 6만 원, 지푸라기집은 3만 원이다. 이를 바탕으로 아기 돼지 삼형제의 집 종류별 총 소요비용을 계산하면 다음과 같다.

(단위 : 만 원)

집의 종류	첫째(6m^2)	둘째(3m^2)	셋째(2m^2)
벽돌집	54	27	18
나무집	56	38	32
지푸라기집	23	14	11

마지막 조건에 따라 둘째 돼지 집을 짓는 재료 비용이 가장 커야 하므로 첫째 돼지는 지푸라기집, 둘째 돼지는 나무집, 셋째 돼지는 벽돌집을 짓는다.

23

정답 ③

정답해설

- 甲은 출원한 특허가 등록결정되었으므로 착수금과 동일한 금액을 사례금으로 지급받는다. 따라서 甲의 보수는 착수금의 2배이다.
  甲의 보수=(1,200,000+35,000×2+15,000×3)×2=2,630,000원
- 乙은 출원한 특허가 거절결정되었으므로 착수금만 받는다.
  乙의 보수=(1,200,000+100,000×4+35,000×16+9,000×30+15,000×12)이지만 140만 원을 초과하므로 乙은 140만 원만 받는다.

따라서 甲과 乙이 지급받는 보수의 차이는 263−140=123만 원이다.

24

정답 ④

정답해설

ㄴ. B의 허가가 취소되지 않으려면 최종심사 점수가 60점 이상이어야 한다. B의 감점 점수는 15.5점, ㉣를 제외한 기본심사 점수는 57점이므로 다음과 같은 식이 성립해야 한다.

$57+㉣-15.5 \geq 60$

$\therefore$ ㉣≥ 18.5 (단, ㉣는 자연수)

따라서 ㉣는 19점 이상이어야 한다.

ㄷ. C의 최종점수는 64점으로 허가정지이다. 만약 C가 2020년에 과태료를 부과받은 적이 없다면 C의 최종점수는 8점 상승하여 72점이 되고 재허가로 판정결과가 달라진다.

오답해설

ㄱ. A의 ㉣ 항목 점수가 15점이라면 A의 최종심사 점수는 $75-9=66$점이 되고 A는 이에 따라 허가 정지를 받는다.

ㄹ. 기본심사 점수와 최종심사 점수 간의 차이는 감점 점수의 크기와 같으므로 각 사업자의 감점 점수를 비교해야 한다. 각 사업자의 감점 점수를 구하면 A는 9점, B는 15.5점, C는 14점이므로 점수 간의 차이가 가장 큰 사업자는 B이다.

25

정답 ③

정답해설

제1항 제1호 나목에 따르면 정수장에서의 일반세균에 관한 수질검사는 매주 1회 이상 실시하여야 하고 검사빈도를 매월 1회 이상으로 할 수 있는 단서 규정에서 일반세균은 제외된다. 그러나 정수장 C는 일반세균을 대상으로 한 검사빈도를 매월 1회로 하고 있으므로 수질검사빈도를 충족하지 못했다. 제2항에 따르면 질산성 질소에 대한 수질기준은 10mg/L 이하이지만 정수장 B는 검사결과 11mg/L이므로 수질기준을 충족하지 못했다. 따라서 수질검사빈도와 수질기준을 둘 다 충족한 검사지점은 A, D, E이다.

2020 기출문제 정답 및 해설

2020년 언어논리 _ 정답 및 해설

01	02	03	04	05	06	07	08	09	10
③	①	①	⑤	④	⑤	④	②	②	④
11	12	13	14	15	16	17	18	19	20
①	②	③	③	④	③	①	⑤	④	③
21	22	23	24	25					
②	②	③	②	⑤					

01

정답 ③

정답해설

세 번째 문단에서 대통령이 국무회의 심의 결과에 구속되지 않는다는 점에서 자문기관과 큰 차이가 없다고 하였다.

오답해설

① 행정부에는 국무총리, 행정각부, 감사원 등이 있으며 이들은 모두 대통령 소속하에 있다.

②·④ 영국 의원내각제의 내각은 의결기관이지만 국무회의는 이와 법적 성격이 다르다고 하였고, 국무회의의 심의 사항은 헌법에 명시되어 있으며 해당 심의는 필수적이라는 점에서 단순한 자문기관이 아니라고 하였다.

⑤ 국무위원으로서 행정각부의 장은 대통령, 국무총리와 법적으로 동등한 지위를 갖는다.

02

정답 ①

정답해설

향안에 이름이 오르는 것을 입록이라고 불렀고, 입록된 사람은 유향소의 장인 좌수 혹은 별감을 선출하는 선거에 참여할 수 있었다.

오답해설

② 17세기 들어 삼향의 조건을 갖추지 않았다는 이유로 향안 입록을 거부하는 유향소가 크게 줄었다고는 하였으나 이는 삼향의 조건을 갖춘 사람을 찾기가 어려워서이지 아전의 부정행위를 막기 위함은 아니었다.

③ 순서가 바뀌었다. 입록 신청자가 생기면 유향소 회원들이 한 곳에 모여 이를 받아들일지 결정하는 투표 즉, 권점을 통해 입록의 허용 여부를 결정했다고 하였다.

④ 서얼이나 상민과 혼인한 사람은 어떤 경우라도 향안에 입록될 수 없었고, 이 규정이 사라진 적도 없었다고 하였다.

⑤ 17세기에는 삼향의 조건을 갖추지 않았다는 이유로 향안 입록을 거부하는 유향소가 크게 줄었다고 하였지만, 이것이 모든 권점 통과자가 삼향의 조건을 갖추지 않았다는 의미는 아니다.

03

정답 ①

정답해설

『상정고금예문』이 발간된 것은 몽골의 1차 고려 침략이 시작된 해인데, 재조대장경은 몽골이 침략해 들어온 이후에 제작을 시작하였고 완성까지는 16년이 걸렸다고 하였다. 따라서 재조대장경의 제작시기가 몽골의 몇 차 침략인지와 무관하게 『상정고금예문』의 발간이 더 빠르다.

오답해설

② 고려 현종 때 간행을 시작해 거란에서 들여온 대장경을 수입해 분석한 후 선종 때에 이르러 완성한 것은 초조대장경이며, 재조대장경은 그 이후에 만든 것이다.

③ 전세계에 남아 있는 대장경 인쇄용 경판 가운데 가장 오래된 것은 초조대장경판이 아니라 재조대장경판이다.

④ 『무구정광대다라니경』과 재조대장경 모두 목판으로 인쇄된 것이다.

⑤ 재조대장경은 불교 신앙으로 국난을 극복하겠다는 뜻에서 만든 것이며 이것이 불교 진흥을 위해 고려 시대에 만들어진 최초의 대장경인지는 제시문을 통해서는 알 수 없다.

04

정답 ⑤

정답해설

우리나라 소년법상 10세 이상 19세 미만의 소년 중 그대로 두면 장래에 범법행위를 할 우려가 있는 소년을 우범소년으로 규정하여 소년사법의 대상으로 하고 있다고 하였다.

오답해설

① 국친 사상에 따르면 죄를 범하지는 않았지만 그대로 둔다면 범행을 할 가능성이 있는 소년까지 소년사법의 대상으로 보게 되므로, 소년사법의 대상 범위를 확대하는 철학적 기초가 된다.

② 성인사법은 자기책임주의를 엄격히 적용한다.

③ 우리나라 소년법상 범죄 의도를 소유할 능력이 없는 것은 9세 이하의 소년인데, 촉법소년은 10세 이상 14세 미만의 소년 중 형벌 법령에 저촉되는 행위를 한 자를 지칭한다.

④ 영국의 관습법에 따르면 7세 이하 소년은 범죄 의도를 소유할 능력이 없는 것으로 간주된다.

05

정답 ④

정답해설

같은 모어를 사용한다는 것은 동일한 랑그를 사용하는 것과 같은 의미인데, 랑그와 스틸은 서로 연관이 없으므로 동일한 랑그를 사용하더라도 스틸은 다를 수 있다.

오답해설

① 랑그는 태어날 때부터 부모가 쓰는 언어이므로 선택권이 없다. 하지만 스틸 역시 몸에 각인된 것이어서 주체가 자유롭게 선택할 수 없고, 에크리튀르는 우리가 선택할 수 있다.

② 언어에 대한 개인의 호오 감각에 기인하는 것은 스틸인데, 선택 가능한 방언에 대한 것은 에크리튀르의 영역이므로 둘은 서로 연관이 없다.

③ 동일한 에크리튀르를 사용하는 경우는 사회적으로 같은 직업 등을 가지는 상황을 의미하며, 같은 지역 출신이 사용하는 지역방언은 랑그의 범주에 속한다.

⑤ 스틸은 내적인 규제이며, 에크리튀르는 외적인 규제와 내적인 규제 사이에 위치한다.

합격 가이드

2~3가지의 항목을 서로 비교, 대조하는 형태의 제시문은 매년 등장하는 유형이다. 이러한 유형은 제시문에 얼마나 간결하고 명확하게 표시를 하느냐에 따라 풀이 시간의 편차가 크다. 난도가 높지 않음에도 어설프게 표시를 할 경우 제시문을 다시 읽어야 하는 상황이 생길 수 있으니 자신만의 표시방법을 체화시키도록 하자.

06

정답 ⑤

정답해설

두 번째 문단에 따르면 정서주의자들은 도덕적 언어를 사람의 행위에 영향을 주거나 자신의 태도를 표현하는 목적으로 사용한다고 말한다.

오답해설

① 정서주의자들에 따르면 태도를 보고하는 것은 참 거짓을 판단할 수 있는 정보를 전달하는 것인데, 태도를 표현하는 목적으로 도덕적 언어를 사용하는 것은 태도를 보고하는 것이 아니다.

② 정서주의자들에 따르면 도덕적 언어는 태도를 보고하는 목적 즉, 정보 전달의 목적으로 사용하는 것이 아니다.

③ 정서주의라고 해서 언어가 참 거짓을 판별할 수 있는 정보를 전달하는 목적을 가진다는 것을 부정하는 것은 아니며, 도덕적 언어가 정보 전달의 목적으로 사용되지 않는다는 것을 강조하는 것일 뿐이다. 제시된 "세종대왕은 한글을 창제하였다."는 도덕적 언어를 사용하는 것이 아니므로 얼마든지 참 거짓을 판별할 수 있다.

④ 정서주의가 언어 사용의 세 가지 목적에 주목한다고는 하였지만 그들 중 어느 것이 더 중요한 것인지에 대해서는 언급하고 있지 않다.

07

정답 ④

정답해설

빈칸 앞에서 민주주의에 대한 주장과 처칠의 말을 인용하면서 알고리즘에 대해서도 마찬가지의 결론을 내릴 수 있다고 하였다. 즉, 민주주의가 결점이 많다고 해서 그것을 채택하지 않아야 한다는 주장은 옳지 않다는 것이 앞 문장의 논지이므로 빈칸에는 "알고리즘이 결점을 가지고 있지만 그렇다고 해서 이를 배제해서는 안되며, 이보다 더 나은 대안은 찾기 어렵다."는 의미를 가진 문장이 들어가야 한다.

합격 가이드

언어논리의 문항을 분류할 때 흔히 '표현능력'으로 나타내는 빈칸 채우기 유형은 가장 전략적인 풀이가 필요한 형태 중 하나이다. 물론, 정석대로 풀이하자면 문단별로 핵심 내용을 파악하여 의미가 통하는 선택지를 골라야 한다. 하지만 선택지 중 최소 1~2개는 눈에 띄는 키워드만으로도 연결이 가능하게끔 출제된다. 반드시 이를 통해 선택지를 소거한 후 좁혀진 경우의 수를 가지고 대입해야 한다. 이러한 문단은 중간에 위치하는 경우가 많다. 단순히 선택지 ①부터 순차적으로 풀이하는 수험생과 이렇게 전략적으로 풀이하는 수험생의 소요시간은 많게는 2분 이상 차이나게 되는데, 2분이면 한 문제를 풀 수 있는 시간임을 명심하자.

08

정답 ②

정답해설

"아이를 엄격한 방식보다는 너그러운 방식으로 키우는 것이 더 좋다."라는 문장은 "살인은 악이다."와 같이 절대적인 가치판단을 표현한다.

오답해설

① "아이를 엄격한 방식보다는 너그러운 방식으로 키우는 것이 더 좋다."라는 문장은 관찰에 의해 테스트할 수 있는 주장을 표현하지 않는다. 그런데 경험적 진술은 모두 관찰을 통해 객관적인 과학적 테스트가 가능하므로 이는 경험적 진술이 될 수 없다.

③ "아이를 엄격한 방식보다는 너그러운 방식으로 키우는 것이 좋다."라는 문장은 절대적인 가치판단을 표현하고 있으며, 절대적인 가치판단은 과학적 테스트를 통한 입증의 대상이 될 수 없다.

④ 상대적인 가치판단은 특정한 목표를 달성하려면 어떤 행위가 좋다는 것을 진술한다고 하였다. 따라서 정서적으로 안정된 창조적 개인으로 키우려면(특정한 목표) 아이를 엄격한 방식보다는 너그러운 방식으로 키우는 것이 더 좋다는 것은 상대적인 가치판단이다.

⑤ 특정한 목표를 달성하려면 어떤 행위가 좋다는 진술은 경험적 진술이고, 경험적 진술은 모두 관찰을 통해 객관적인 테스트가 가능하다.

09

정답 ②

정답해설

제시된 실험은 크게 두 가지의 차이를 두고 진행되었다. 하나는 다리의 길이를 다르게 하여 걸음 수를 다르게 한 것이고, 다른 하나는 다리 길이를 다르게 한 시점을 다르게 하여 걸음 수 이외의 변수를 찾아보려고 하였다. 결과적으로 출발하기 전에 다리 길이를 다르게 한 경우는 결과에 차이를 가져오지 못했으며, 먹이통에 도착한 후 다리 길이를 다르게 한 경우에만 결과에 차이를 가져왔다. 이는 개미가 둥지에서 먹이통까지 이동할 때의 걸음 수를 기억했다가 다시 되돌아올 때에는 그 걸음 수만큼 걸어오는 것으로 출발지를 찾아간다는 것을 의미하므로 ②가 가장 적절한 가설이라고 할 수 있다.

10

정답 ④

정답해설

㉠ : (4)는 (3)의 부정인데, (3)이 도덕과 무관한 주장이므로 ㉠에 의해 (4)도 도덕과 무관한 주장이라고 하기 위해서는 ㉠에 "어떤 주장이 도덕과 무관한 주장이라면, 그 주장의 부정도 도덕과 무관한 주장이다"라는 B가 들어가야 한다.

㉡ : (5)는 (4)에서 도출된 것이므로, (4)가 도덕과 무관한 주장이므로 ㉡에 의해 (5)도 도덕과 무관한 주장이라고 하기 위해서는 ㉡에 "도덕과 무관한 주장으로부터 도출된 것은 모두 도덕과 무관한 주장이다"라는 C가 들어가야 한다.

㉢ : (5)는 (1)의 부정인데, (1)이 도덕적 주장이므로 ㉢에 의해 (5)도 도덕적 주장이라고 하기 위해서는 ㉢에 "어떤 주장이 도덕적 주장이라면, 그 주장의 부정도 도덕적 주장이다"라는 A가 들어가야 한다.

11

정답 ①

정답해설

㉠ : 갑의 "신입직원 가운데 일부가 봉사활동에 지원했습니다"와 선택지들의 ㉠을 결합하면 다음과 같다.

- 갑이 "하계연수 참여자 가운데는 봉사활동에 지원했던 사람이 없습니다."라고 한 경우

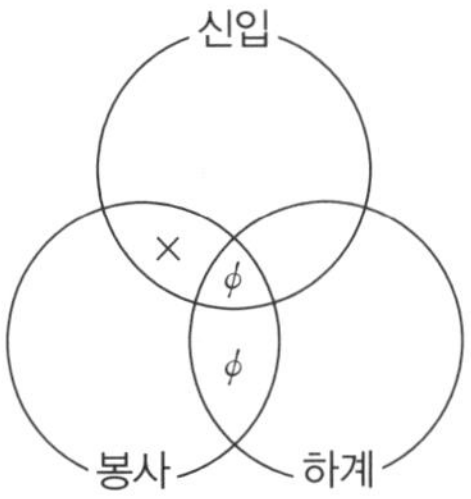

이를 통해 을의 첫 번째 결론에 도달할 수 있다.

- 갑이 "하계연수 참여자는 모두 봉사활동에도 지원했던 사람입니다." 라고 한 경우

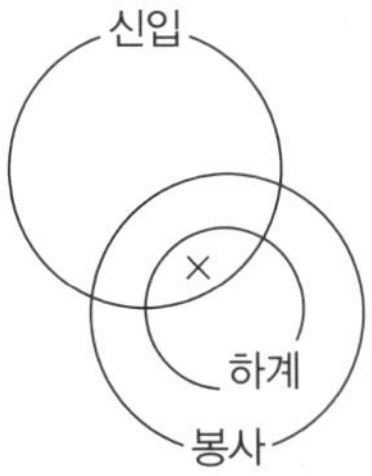

만약 × 표시된 부분에 해당자가 있을 경우 갑의 진술에는 부합하나, 이를 통해 을의 첫 번째 결론에는 도달하지 못한다.

- 갑이 "하계연수 참여자 가운데 봉사활동에도 지원했던 사람이 있습니다."라고 한 경우

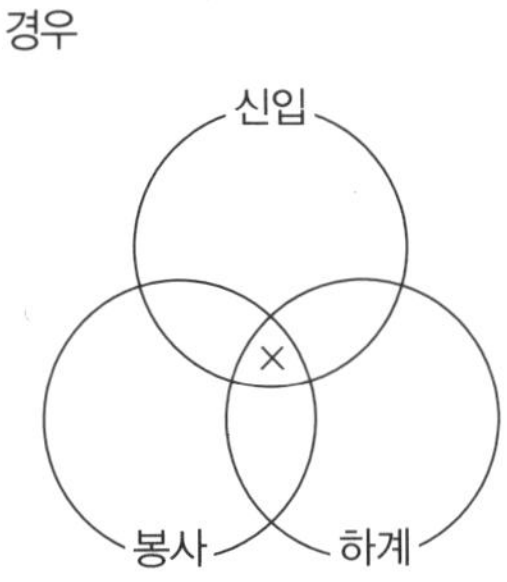

만약 × 표시된 부분에 해당자가 있을 경우 갑의 진술에는 부합하나, 이를 통해 을의 첫 번째 결론에는 도달하지 못한다.

㉡ : 갑의 두 번째 진술이 "봉사활동 지원자는 전부 하계연수에도 참여했다."로 변경되었을 경우는 아래와 같이 나타낼 수 있다.

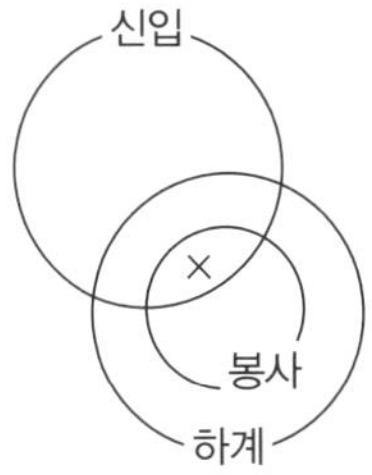

이때 × 표시된 부분에 해당자가 있을 경우 "신입직원 가운데 하계연수 참여자가 있다."는 결론은 도출할 수 있으나, 나머지 선택지들의 결론은 도출할 수 없다.

합격 가이드

빈칸 채우기 유형의 문제는 단순히 내용이해의 측면에서 출제하기보다는 삼단논법과 같이 명확하게 답이 떨어질 수 있는 논리적인 추론과정을 묻는 문제가 출제되는 편이다. 따라서 제시문을 읽어나갈 때 논리적인 연결고리가 보이면 반드시 체크하고 넘어가기 바란다. 다행인 것은 빈칸 채우기 유형에서는 비교적 쉬운 논리적 판단이 요구된다는 사실이다.

12

정답 ②

정답해설

제시된 정보들을 조건식으로 나타내면 다음과 같다.

- (A∧B∧C) → (D∨E)
- (C∧D) → F
- ~E
- (F∨G) → (C∧E)
- H → (~F∨~G)

먼저 확정된 조건(E는 참석하지 않는다)을 시작으로 이 조건식들을 풀이해 보자. 이를 위해 네 번째 조건식을 대우로 변환하면 (~C∨~E) → (~F∧~G)가 되는데, 이 대우 명제와 ~E를 결합하면 F와 G가 참석하지 않는다는 중간결론을 얻게 된다. 또한, 두 번째 조건식을 대우로 변환하면 ~F → (~C∨~D)가 되는데 앞에서 F가 참석하지 않는다고 하였으므로 C 또는 D가 불참한다는 또 하나의 결론을 얻게 된다. 그러므로 E와 F, G는 불참이 확정되었고 C와 D중에서는 최소 1명 최대 2명이 불참한다는 것을 알 수 있으므로, 대책회의에 최대로 많은 전문가가 참석하기 위해서는 C와 D 중 한 명만이 불참해야 한다. 결론적으로 참석하는 전문가는 A, B, (C 혹은 D), H의 최대 4명이 된다.

합격 가이드

거의 대부분의 논리문제는 대우 명제를 결합하여 숨겨진 논리식을 찾는 수준을 벗어나지 않는다. 따라서 '~라면'이 포함된 조건식이 등장한다면 일단 대우명제로 바꾼 것을 같이 적어주는 것이 좋다. 조금 더 과감하게 정리한다면 제시된 조건식은 그 자체로는 사용되지 않고 대우 명제로만 사용되는 경우가 대부분이다.

13

정답 ③

정답해설

한백겸과 이원익 등이 광해군 즉위 초에 공물을 쌀로 내게 하는 조치인 대동법을 경기도에 시행하자고 하였으며 광해군이 이를 받아들였다.

오답해설

① 현종이 대동법을 전라도 전역에 확대 시행했다고는 하였으나 전국 모든 지역으로까지 확대했는지는 알 수 없다.
② 효종은 전라도 일부 지역과 충청도까지 대동법을 적용했다고 하였을 뿐이며 김육의 주장을 받아들인 것은 효종이 아니라 인조이다.
④ 이원익 등이 제안한 것은 백성들이 소유한 토지의 다과에 따라 쌀을 공물로 거두고, 이렇게 수납한 쌀을 국가가 필요로 하는 물품을 구매하는 데 사용하자는 것이지 방납을 금지하자는 것은 아니었다.
⑤ 한백겸 등이 대동법을 주장한 배경에는 상인이 백성들의 의뢰를 받아 특산물을 생산지에서 구매하는 방납의 폐단이 있었을 것이지만 이를 제시문에서 명시적으로 찾을 수는 없으며, 또한 방납 역시 상인이 관청의 의뢰를 받아 대납하는 것이 아닌 백성의 의뢰를 받아 대납하는 것이다.

14

정답 ③

정답해설

요세는 무신인 최충헌이 집권하고 있을 때 지눌로부터 독립하여 백련사라는 결사를 만들어 활동하였다.

오답해설

① 화엄종은 통일신라 초기에 왕실이 후원한 종파이며, 돈오점수 사상을 전파하는 데 주력한 것은 고려 시대 지눌의 수선사이다.
② 조계선은 지눌의 정혜사에서 강조한 수행 방법이며, 정혜사는 이후 수선사로 이름이 바뀌었다는 것만 언급되어 있을 뿐 그 이상의 정보는 주어져 있지 않다. 또한 요세의 백련사와 조계선이 어떠한 관계를 가지고 있는지는 제시문을 통해서는 알 수 없다.
④ 정혜사가 어디에서 조직되었는지는 알 수 없으며, 백련사가 만들어진 곳은 강진이다.
⑤ 정혜사는 지눌이 명종 때 거조사라는 절에서 지눌이 만든 신앙결사이며, 그 본거지를 순천으로 근거지를 옮기는 중에 요세가 독립하여 백련사라는 신앙결사를 만들었다. 또한 요세는 천태종을 중시했다고 하였지만 이것이 지눌의 영향 때문인지는 알 수 없다.

15

정답 ④

정답해설

빈칸 다음 문장에서 법원이 본연의 임무인 재판을 통해 당사자의 응어리를 풀어주어야 한다고 하였고, 앞 문단에서 사법형 ADR 활성화 정책이 민간형 ADR이 활성화되는 것을 저해한다고 하였다. 따라서 이를 종합하면 빈칸에 들어갈 문장으로 ④가 가장 적절하다.

합격 가이드

빈칸 채워넣기 유형은 해당 문단 하나만 봐서는 애매한 것들이 많다. 따라서 다른 빈칸들과 계속 연결 지어가면서 가장 합리적인 선택지를 선택해야 한다. 이 문제와 달리 빈칸이 복수로 제시된 경우도 종종 출제되는데, 이때는 첫 번째 빈칸은 쉬우면서도 여러 개의 선택지가 모두 가능한 것처럼 느껴지는 경우가 많은 만큼 두 번째 빈칸부터 판단해 보는 것도 좋은 전략이다.

16

정답 ③

정답해설

세 번째 문단의 후반부에서 "자신의 처지가 주술적 힘, 신이나 우주의 섭리와 같은 것에 종속되어 있다는 견해에는 부정적이었다."고 하였다. 따라서 프롤레타리아트는 종교에 대해 부정적인 입장을 취했을 것이므로 ③과 같이 수정하는 것이 적절하다.

17

정답 ①

정답해설

제시된 첫 번째 실험에서는 아무것도 놓여있지 않은 둥지가 아닌 원형으로 배치된 솔방울의 중심으로 날아갔다고 하였으며, 두 번째 실험에서는 삼각형으로 배치된 솔방울(둥지가 놓여있는 곳)이 아닌 원형으로 배치된 돌멩이들의 중심으로 날아갔다. 따라서 말벌은 물체의 재질보다 물체로 만든 모양에 의존하여 방향을 찾는다고 추론할 수 있다.

구분	원형	삼각형
솔방울	O	×
돌멩이	O	–

18

정답 ⑤

정답해설

입수 초기가 지난 후 손의 열손실이 시간에 따라 감소하는 것은 장갑을 낄 때나 안 낄 때나 동일하며, 단지 장갑을 안 낄 때가 더 빠르게 감소할 뿐이다.

오답해설

① 손의 온도가 떨어지면 움직임이 둔해지고 정확도가 떨어져 물속에서의 작업 수행 능력이 감소된다.
② 두 번째 문단에서 입수 초기와 그 이후를 비교하면서 장갑을 끼었을 때 손의 열손실에 영향을 주는 사실을 서술하고 있으며, 마지막 문단에서는 입수 후 시간이 지남에 따라 팔의 열손실이 장갑을 낄 때보다 안 낄 때 더 빠르게 감소한다고 하였다.
③ 입수 초기에는 장갑을 낄 때나 안 낄 때나 손의 열손실이 증가하는데, 장갑을 낄 때보다 안 낄 때 더 빠르게 증가한다.
④ 입수 후 손의 열절연도는 장갑을 낄 때보다 안 낄 때 더 빠르게 증가하여 입수 후 약 20분이 지나면 손의 열손실이 장갑을 낄 때보다 안 낄 때 더 작아진다.

19

정답 ④

정답해설

먼저 C는 스키를 관람한다고 하였으므로 해안지역이 아닌 지역에서 열리는 나머지 한 종목은 봅슬레이뿐이다. 그러므로 A와 B 중 한 사람은 반드시 봅슬레이를 관람해야 하므로 이를 두 가지 경우의 수로 나누어 판단해 보자. 또한, C는 스키를 관람하는 것으로 확정되었으므로 이후에는 이를 고려하지 않는다.

i) A가 봅슬레이를 관람하는 경우
네 번째 조건의 대우 명제에 의해 B는 쇼트트랙을 관람하지 않음을 알 수 있으나, 그 외의 조건만으로는 다른 종목에 대한 사항을 확정할 수 없다.

ii) B가 봅슬레이를 관람하는 경우
다섯 번째 조건의 대우 명제에 의해 E는 쇼트트랙과 아이스하키를 관람하지 않는다는 것을 알 수 있으므로 E는 컬링을 관람하는 것으로 확정할 수 있다. 하지만 그 외의 조건만으로는 A와 D는 각각 쇼트트랙 혹은 아이스하키를 관람한다는 것만 확정할 수 있다.

ㄴ. 첫 번째의 경우 B는 쇼트트랙을 관람하지 않는다고 하였으며, 두 번째의 경우는 B가 봅슬레이를 관람한다고 하였다. 따라서 B는 쇼트트랙을 관람하지 않는다.

ㄷ. E가 쇼트트랙을 관람하는 경우는 첫 번째 경우에만 해당하는데 위에서 살펴본 것처럼 첫 번째 경우에서는 B가 쇼트트랙을 관람하는 것 이외에는 모두 가능하다.

오답해설

ㄱ. A가 봅슬레이를 관람하는 경우는 첫 번째 경우인데, 이 경우 D는 쇼트트랙, 아이스하키, 컬링 중 어느 하나를 관람해도 무관하므로 반드시 아이스하키를 관람해야 하는 것은 아니다. 따라서 반드시 참이라고 볼 수 없다.

20

정답 ③

정답해설

얼핏 보기에는 복잡한 문제처럼 보이지만 세 번째 조건부터 다섯 번째 조건까지만 유의미한 조건일 뿐 나머지는 등장인물들의 소개에 불과하다. 조건들을 기호화하면 다음과 같다.

i) 문화특화지역 → 유물발견
ii) (동구∧경제특화지역) → 부유
iii) ~동구 → 아파트거주

iii)의 대우 명제는 '~아파트거주 → 동구'이므로 병이 아파트에 살지 않는다면 동구에 거주함을 알 수 있으며 경제특화지역에 거주하므로 선택지의 '(~아파트 거주∧경제특화지역) → 부유'는 ii)와 동치이다. 따라서 반드시 참이다.

오답해설

① 위의 조건식으로부터 '유물발견 → ~부유'는 필연적으로 도출되지 않는다.
② '부유 → 경제특화지역'은 조건식 ii)의 역 명제에서 도출될 수 있으나 역명제를 통한 진술이 반드시 참이라고는 할 수 없다.
④ 위의 조건식으로부터 '~아파트거주 → ~유물발견'는 필연적으로 도출되지 않는다.
⑤ 위의 조건식으로부터 '문화특화지역 → ~아파트 거주'는 필연적으로 도출되지 않는다.

21

정답 ②

정답해설

두 번째 문단에 모여있는 논증들을 정리하면 다음과 같다.

i) 주관적 판단에 의존 → 우연적 요소에 좌우
ii) 우연적 요소에 좌우 → 보편적 적용되지 않음
iii) 보편적 적용되지 않음 → 객관성 보장되지 않음

이 논증들에서 '주관적 판단에 의존 → 객관성 보장되지 않음'이라는 새로운 명제를 끌어낼 수 있는데 이 명제에서 '주관적 판단에 의존 → 도덕 규범이 아님'이라는 명제를 도출하기 위해서는 ②의 '객관성 보장되지 않음 → 도덕 규범이 아님'이라는 논증이 추가되어야 한다.

합격 가이드

제시문에서 조건문의 형식을 가진 문장이 나오면 일단 조건식을 이용한 문제가 아닐까라는 의문을 가져야 함은 당연하다. 하지만 그것이 지나쳐서 그러한 문제들을 모조리 조건식으로만 풀이하려는 수험생들이 있는데 이는 매우 바람직하지 못하다. 제시된 물음과 답변을 조건식으로 변환하여 선택지를 분석했을 때 딱딱 맞아떨어지는 것이 몇 개나 있었는가? 형식논리학이 모든 논리구조를 포섭하려는 시도를 하고는 있지만 수험생의 입장에서 그 시도들에 합류할 필요는 없다. 형식논리학은 논증분석의 한 부분일 뿐이다.

22

정답 ②

정답해설

을에 의하면 공정한 법에 대해서만 선별적으로 준수의 의무를 부과해야 한다고 하였는데, 이를 위해서는 어느 법이 공정한 것인지에 대한 기준이 존재해야 한다. 하지만 이와 같은 별도의 기준이 없다면 을의 주장은 약화된다.

오답해설

ㄱ. 갑에 의하면 그 나라에서 시민으로 일정 기간 이상 살았다면 법이 공정한지의 여부와는 무관하게 마땅히 지켜야만 한다고 하여 예외를 인정하고 있지 않다. 따라서 예외적인 경우에 약속을 지키지 않아도 된다면 갑의 주장은 약화된다.

ㄷ. 병에 의하면 법의 선별적 준수는 허용되지 않으므로 결국 그 법이 공정하든 공정하지 않든 모두 준수해야 한다. 하지만 단순히 이민자를 차별하는 법이 존재한다는 것 자체만으로는 이 법을 준수해야 하는지를 판단할 수 없으므로 병의 주장을 약화시킨다고 볼 수 없다.

23

정답 ③

정답해설

ㄱ. 가설 1은 강제조치가 쥐의 행동에 영향을 준다는 것이므로 대립가설에 해당하며, 가설 2는 강제조치가 영향을 주지 않는다는 것이므로 영가설에 해당한다.

ㄴ. 실험의 결과 대부분의 쥐들이 이전에 가지 않았던 방향으로 갔다고 하였는데, 이는 결국 이전 행동에서 이루어진 강제조치가 다음 번 행동에 영향을 주는 것이라고 할 수 있으므로 대립가설을 강화한다.

오답해설

ㄷ. 실험의 내용이 어떻게 변경되든 실험 결과 쥐들이 이전에 가지 않았던 방향으로 갔다는 것, 즉 다음 번 행동에 영향을 주었다는 것에는 변화가 없다. 따라서 영가설을 강화하지 않는다.

24

정답 ②

정답해설

식역 이하의 반복 점화가 추상적인 수준에서 나타나는 것이라면 의미상 같은 낱말인 'five'를 프라임으로 '다섯'을 타겟으로 제시한 경우가 'five'만을 의식적으로 제시한 경우보다 더 빠른 반응속도를 나타내야 한다. 선택지의 진술은 이를 뒷받침하므로 ㉠을 강화한다.

오답해설

ㄱ. '인지'의 의미를 해당 낱말을 알아차리는 것으로 본다면, 식역 이하로 반복하여 같은 낱말을 제시하였다고 해도 해당 낱말 자체를 인지하지는 못하며 단지 다른 대상과 연결되었을 때 처리 속도에 영향을 미치게 된다. 따라서 선택지의 진술은 ㉠에 영향을 주지 못한다.

ㄴ. '금성'과 '샛별'은 외양은 다르지만 실제 의미는 같다. 따라서 '금성'을 프라임, '샛별'을 타깃으로 제시했다는 것은 식역 이하의 반복 점화가 추상적인 수준에서 나타나는 지의 여부를 알아보기 위한 것이라고 할 수 있다. 하지만 선택지에서는 점화효과가 나타나지 않았다고 하였으므로 반복 점화가 추상적인 수준에서 나타나는 것이 아니라는 것이 된다. 따라서 ㉠을 강화하는 것이라고 볼 수 없다.

합격 가이드

실험 유형의 제시문에서 가장 중요한 것은 가설을 정확하게 정리하는 것, 즉 인과관계를 명확하게 하는 것과 선택지의 내용들이 이 가설의 어느 부분을 흔들고 있는지를 확실히 하는 것이다. 다른 유형의 문제는 선택지를 먼저 읽고 제시문으로 올라가는 전략이 가능하지만 실험 유형은 그렇게 할 경우 전혀 엉뚱한 방향으로 답을 선택할 가능성이 높아진다. 따라서 제시문을 확실하게 정리하지 않은 상태에서는 선택지로 내려가는 것을 삼가는 것이 좋다.

25

정답 ⑤

정답해설

ㄱ. 갑은 알게 된 과학 지식의 수를 기준으로, 병은 해결된 문제의 수를 기준으로 과학의 성장 여부를 평가하고 있다.

ㄴ. 갑은 알게 된 지식의 수가 누적적으로 증가하고 있으므로 과학이 성장한다고 하였다. 하지만 을은 과거에 과학 지식이었던 것이 후대에 들어 과학 지식이 아닌 것으로 판정된 사례를 들어 과학 지식의 수가 누적적으로 증가하고 있지 않다고 하였다.

ㄷ. 병은 해결된 문제의 수가 증가하고 있으므로 과학이 성장한다고 하였다. 하지만 정은 어떤 과학 이론을 받아들이냐에 따라 해결해야 할 문제가 달라지므로 해결된 문제의 수가 증가했는지 판단할 수 없다고 하였다.

01	02	03	04	05	06	07	08	09	10
④	③	④	①	⑤	⑤	①	②	②	④
11	12	13	14	15	16	17	18	19	20
③	④	⑤	⑤	④	②	③	②	③	①
21	22	23	24	25					
③	②	①	⑤	④					

01

정답 ④

정답해설

ㄱ. '2019년 회계부정행위 신고 건수는 모두 64건으로 2018년보다 29건 감소하였다.'라는 부분을 작성하기 위해 사용되었다.

ㄴ. '2013년부터 2016년까지 연간 최대 32건에 불과하였던 점을 감안하면'이라는 부분을 작성하기 위해 사용되었다.

ㄷ. '회계부정행위 신고에 대한 최대 포상금 한도가 2017년 11월 규정 개정 후에는 1억 원에서 10억 원으로 상향됨'이라는 부분을 작성하기 위해 사용되었다.

오답해설

ㄹ. 보고서에서는 신고 건수에 대한 내용만 제시되어 있을 뿐, 신고 포상금 지급 현황에 대한 내용은 언급되어 있지 않다.

합격 가이드

간혹, 조심성이 지나친 수험생들의 경우 '보고서 작성에 사용되지 않은 자료' 유형의 선택지를 판단할 때 그 자료가 실제와 일치하는지까지 따져보기도 한다. 하지만 이는 불필요한 과정이다. 그런 경우에는 문제에서 '그래프로 올바르게 표현한 것은?'과 같이 명시적으로 풀이방향을 제시한다.

02

정답 ③

정답해설

먼저 풀이의 편의를 위해 항목별 공사비를 합산하여 다시 정리하면 다음과 같다.

(단위 : 개월, 억 원)

공종	공법	공사기간	공사비
토공사	A	4	14
	B	3	15
	C	3	13
골조공사	D	12	64
	E	14	59
	F	15	64
마감공사	G	6	90
	H	7	86

조건에서 공종별로 한 종류의 공법만을 사용한다고 하였으므로 공종별로 공사비가 가장 작은 것들을 선택하면 된다. 위 표에 따르면 토공사의 경우는 공법 C가, 골조공사의 경우는 공법 E가, 마감공사의 경우는 공법 H가 공사비가 가장 작으므로 이 공법들의 공사기간을 모두 더한 24개월이 총공사비를 최소화할 때의 총공사기간이다.

03

정답 ④

정답해설

ㄴ. A, C, D, E유형의 경우 2018년 1학기에 비해 2018년 2학기에 장학생 수와 장학금 총액이 모두 증가하였다.

ㄹ. E장학금의 경우 2019년 1학기에 장학생 수가 2,188명, 장학금 총액이 2,379백만 원으로 가장 많다.

오답해설

ㄱ. 2017~2019년 동안 매학기 장학생 수가 증가하는 장학금 유형은 없다.

ㄷ. 계산의 편의를 위해 '장학생 1인당 장학금'을 '장학금 1백만 원당 장학생'으로 변환하여 이 수치가 가장 작은 장학금 유형을 찾아보자. B장학금의 경우는 이 수치가 $\frac{20}{70}\left(=\frac{1}{3.5}\right)$이나 A장학금의 경우는 약 $\frac{1}{3.7}$로 B장학금보다 더 작다. 따라서 2019년 2학기 장학생 1인당 장학금이 가장 많은 유형은 B가 될 수 없다.

합격 가이드

ㄱ, ㄴ, ㄷ, ㄹ형 문제는 ㄱ부터 순차적으로 판단하는 것이 아니라 철저하게 전략적으로 판단해야 한다. 일단 본격적인 풀이에 들어가기에 앞서 선택지들을 훑으며 계산 없이 곧바로 판단이 가능한 것들이 있는지 살피고, 그것이 있다면 정오를 판별한 후 바로 선택지로 넘어가 소거법을 적용해야 한다. 경우에 따라서는 2개만 확인하고도 정답을 찾을 수 있는 경우도 있으니 반드시 선택지를 활용하기 바란다.

04

정답 ①

정답해설

ㄱ. 지점 D의 직원 1인당 매출액은 3억 원을 넘는 반면, 나머지 지점들은 모두 이에 미치지 못한다.

ㄴ. 지점 C의 목표매출액 달성률은 90%인 반면, 나머지 지점들은 모두 이에 미치지 못한다.

오답해설

ㄷ. 5개 지점 매출액의 평균은 약 14억 원으로 계산되는데, 이를 초과하는 지점은 B(21억 원), C(18억 원) 2곳이다.

ㄹ. 5개 지점의 매출액이 각각 20%씩 증가한다면, 전체 매출액 역시 20%(약 14억 원) 증가하게 된다. 하지만 증가한 수치 역시 여전히 목표매출액인 90억 원에 미치지 못한다.

05 정답 ⑤

정답해설

먼저 적중률로 제시된 표의 수치를 적중횟수로 변환하여 나타내면 다음과 같다(문제 풀이에 사용되지 않는 참가자 B에 대한 자료는 생략한다).

구분	1	2	3	4	5
A	1	( )	3	3	( )
C	( )	5	4	( )	5

A의 총 적중횟수를 살펴보면, 이미 1라운드에서 1발을 적중시킨 상황이므로 나머지 라운드들에서 1발만 적중시킨 경우는 추가로 1회까지만 가능하다. 그러므로 비어있는 두 번의 라운드에서 1회는 1발만 적중시키고, 남은 하나의 라운드에서는 2발을 적중시켜 총 적중횟수가 10회가 되는 것이 A의 총 적중횟수가 최소로 되는 경우이다.

다음으로 C의 총 적중횟수를 살펴보면, 비어있는 두 번의 라운드에서 모두 5발을 적중시켜 총 적중횟수가 24회가 되는 것이 C의 총 적중횟수가 최대로 되는 경우이다.

따라서 둘의 차이는 24−10=14이다.

06 정답 ⑤

정답해설

ㄷ. 초미세먼지 농도가 가장 낮은 지역은 강원도인데, 이 지역의 초미세먼지로 인한 조기사망자수는 443명이며 충청북도의 403명보다 많다.

ㄹ. 그림에서 대구의 좌표는 부산에 비해 상단에 위치하므로 연령표준화 사망률이 더 높음을 알 수 있지만, 초미세먼지로 인한 조기사망자수는 대구가 672명으로 부산의 947명보다 적다.

오답해설

ㄱ. 경기도의 초미세먼지로 인한 조기사망자수가 2,352명이므로 서울의 1,763명보다 많다.

ㄴ. 대구는 강원도에 비해 연령표준화 사망률도 높고, 초미세먼지로 인한 조기사망자수도 많다.

07 정답 ①

정답해설

경기의 2018년 어선 수는 1,703척인데 여기서 10%만큼 감소한 수치는 약 1,530척이다. 그런데 2019년의 어선 수를 계산해 보면 1,583척으로 이보다는 크다는 것을 알 수 있으므로 증감률은 10%에 미치지 못한다.

오답해설

② 세종의 경우 2018년 7척에서 2019년 8척으로 증가하였다.

③ 인천의 경우 2톤 이상 3톤 미만 어선 수가 184척에서 3톤 이상 4톤 미만 어선수가 191척으로 증가하였다.

④ 2018년의 경우는 충남이 세 번째로 크지만 2019년의 경우 세 번째로 큰 지역은 부산이다.

⑤ 2018년과 2019년 모두 인천의 비율은 2배에 미치지 못하지만, 제주의 비율은 2배를 훨씬 뛰어넘는다.

08 정답 ②

정답해설

2011년의 유상거래 최저 가격은 10원/kg이므로 바르게 작성되지 않았다.

합격 가이드

그래프 변환 유형의 문제에서 늘 고민되는 것이 복잡한 계산을 요하는 선택지이다. 가장 기본적인 원칙은 이러한 유형은 해당 선택지를 제외한 나머지를 모두 판단하여 정오가 판별이 되면 굳이 계산을 하지 않는 것이며, 나머지가 모두 맞다면 이 선택지를 곧바로 답으로 체크하는 것이다. 하지만 어느 경우에도 해당하지 않는다면 직접 계산하기보다는 포인트를 잡아 판단하는 것이 필요하다. 즉, ③과 같은 경우는 60%를 기준으로 이를 넘었는지 아닌지를 먼저 판단해 보는 것이다(60%는 원래의 숫자의 절반에 10%를 더한 것이기 때문에 눈어림으로도 판별 가능하다).

09 정답 ②

정답해설

표 2에서 남성 응답자의 수는 214×4.2%이며, 여성 응답자의 수는 115×11.3%인데 이 둘을 곱셈비교하면 214에서 115로는 절반에 조금 못미치게 감소한 반면, 4.2%에서 11.3%으로는 2배 넘게 증가하여 후자 쪽으로 증가하는 힘이 더 크다는 것을 알 수 있다. 따라서 여성 응답자의 수가 더 많다.

오답해설

① 표 1에 의하면 남성과 여성 모두 연령대가 높아질수록 탈모 증상 경험자의 비율이 높다.

③ 탈모 증상 완화를 시도한 응답자의 비율이 높아진다는 것은 시도하지 않은 응답자의 비율이 낮아진다는 것과 같은 의미이다. 이를 표 2에 적용하면 연령대가 낮아질수록 탈모 증상 완화를 시도하지 않은 비율이 60대 62.8%부터 20대 0.0%까지 지속적으로 감소하고 있다.

④ 표 2에 의하면 탈모 증상 경험자의 수는 329명(=214+115)인데, 부모의 탈모경험이 있다고 한 응답자의 수는 236명이다. 그런데 329명의 70%는 230을 간신히 넘는 수준인데 반해 부모의 탈모 경험이 있는 사람의 수는 236명이므로 해당 비율은 70%를 넘는다.

⑤ '적어도' 유형의 선택지이다. 표 2에서 부모의 탈모 경험이 있다고 한 응답자의 수는 236명이고, 탈모 증상이 심각하다고 한 응답자의 수는 150명인데, 만약 이들이 서로 중복되지 않는 그룹이라면 전체 탈모 증상 경험자의 수가 최소 386명이 되어야 한다. 하지만 탈모 증상 경험자의 수는 329명에 불과하므로 적어도 57명(=386−329)은 서로 중복되는 그룹이라는 것을 알 수 있다.

10

정답 ④

정답해설

ㄱ. 도입처가 서울대공원인 경우의 자연적응률은 $\frac{5}{7}\left(=\frac{30}{42}\right)$이며 자연출산인 경우는 $\frac{39}{46}$인데, 이를 분수비교하기 위해 전자의 분자와 분모에 6을 곱해보자. 이 경우 분자는 30에서 39로 30% 증가한 반면, 분모는 42에서 46으로 10%에도 미치지 못하게 증가하고 있다. 따라서 분자의 증가율이 더 크므로 자연출산인 경우의 자연적응률$\left(\frac{39}{46}\right)$이 더 크다.

ㄷ. 반달가슴곰의 폐사율은 자연출산이 $\frac{5}{46}$이고, 증식장출산이 $\frac{1}{8}$이므로 이 둘을 분수비교하면 된다. 먼저 증식장출산의 폐사율의 분모와 분자에 5를 곱하면 $\frac{5}{40}$이 되는데 이를 $\frac{5}{46}$과 비교하면 분자는 같고 분자는 작으므로 자연출산의 폐사율이 증식장출산보다 낮다.

ㄹ. 도입처가 러시아인 반달가슴곰 중 폐사한 것은 9개체인데, 폐사원인이 자연사가 아닌 것은 총 7개체이므로 적어도 2개체는 자연사로 인해 폐사했다.

오답해설

ㄴ. 자연출산 반달가슴곰의 생존율을 구하면 $\frac{41}{46}$인데, 분모인 46의 10%는 4.6이므로 이 분수값이 90% 이상이 되기 위해서는 생존율이 $\frac{41.4}{46}$보다 커야 한다.

11

정답 ③

정답해설

'2015~2017년 국내 드론 산업 관련 민간 R&D 기업규모별 투자 현황'은 보고서를 작성하기 위해 사용된 자료가 아니다.

오답해설

① '2017년 국내 드론 활용 분야별 사업체수를 살펴보면, 농업과 콘텐츠 제작 분야의 사업체수가 전체의 80% 이상을 차지하였고, 사업체수의 전년 대비 증가율에 있어서는 교육 분야가 농업과 콘텐츠 제작 분야보다 각각 높았다.'라는 부분을 작성하기 위해 사용된 자료이다.

② '세계의 드론 산업 시장은 주로 미국과 유럽을 중심으로 형성되어 왔으나, 2013년과 비교하여 2018년에는 유럽 시장보다 오히려 아시아 · 태평양 시장의 점유율이 더 높아졌다.'라는 부분을 작성하기 위하여 사용된 자료이다.

④ '2015~2017년 기술 분야별로 정부 R&D 예산 비중을 살펴보면, 기반기술과 응용서비스기술의 예산 비중의 합은 매년 65% 이상이다.'라는 부분을 작성하기 위하여 사용된 자료이다.

⑤ '2017년 국내 드론 활용 산업의 주요 관리 항목을 2013년 대비 증가율이 높은 항목부터 순서대로 나열하면, 조종자격 취득자수, 장치신고 대수, 드론 활용 사업체수 순이다.'라는 부분을 작성하기 위하여 사용된 자료이다.

12

정답 ④

정답해설

ㄴ. '시설'과 '기자재' 항목의 경우 교육 만족도가 높은 순으로 나열하면 1학년, 2학년, 4학년, 3학년으로 동일하다.

ㄹ. '전공' 항목의 경우 모든 학년에서 만족도가 3.90점 이상을 기록하고 있으나 나머지 항목들은 모두 그 이하의 만족도를 보이고 있다.

오답해설

ㄱ. 학년별로 응답인원이 많은 순으로 나열하면 4학년, 3학년, 1학년, 2학년인데 반해 '시설'과 '기자재' 항목을 만족도가 높은 순으로 나열하면 1학년, 2학년, 4학년, 3학년이므로 둘의 순서는 다르다.

ㄷ. 학년이 높아질수록 항목별 교육 만족도가 높아지는 항목은 존재하지 않는다.

13

정답 ⑤

정답해설

표 2에 따르면 B지역의 2017년 섭취량은 10g이며, 2018년은 30g이므로 3배 증가했음을 확인할 수 있다. 이때 3배 증가했다는 것은 200% 증가했다는 것과 같은 의미이므로 해당 그래프는 옳지 않다.

14

정답 ⑤

정답해설

ㄷ. 결국 2019년 케이블PP의 광고매출액을 구해야 하는 문제이다. 케이블PP를 제외한 나머지 매체들의 광고매출액을 더하면 16,033억 원이며 이를 이용해 케이블PP의 광고매출액을 구하면 15,008억 원이다. 따라서 케이블PP의 광고매출액은 매년 감소하고 있다.

ㄹ. 매체별 증감률을 직접 계산할 필요 없이 모바일은 거의 2배 가까이 증가한 반면, 나머지는 이에 한참 미치지 못하고 있다.

오답해설

ㄱ. 바로 증가율을 계산하기보다 일단 눈어림으로 판단이 가능한지부터 확인해 보자. 2017년의 경우는 전년에 비해 약 8,000억 원 증가하였고, 2018년부터 2019년은 약 9,000억 원 증가하였는데, 2017년은 좀 헷갈릴 수 있겠지만 2018년과 2019년은 계산해 보지 않아도 30%를 곱한 수치가 9,000억 원보다 크다.

ㄴ. 전형적인 분수비교형 선택지이다. 계산의 편의를 위해 앞의 2자리만 떼어내어 판단해 보면, 2017년 방송 매체 중 지상파TV 광고매출액이 차지하는 비중은 $\frac{14}{35}$이며, 온라인 매체 중 인터넷(PC) 광고매출액이 차지하는 비중은 $\frac{20}{57}$이다. 이를 비교해 보면, 방송 매체 중 지상파TV 광고매출액의 비중이 더 크다.

15

정답 ④

정답해설

마지막 조건을 먼저 살펴보기 위해 그림 1과 그림 2를 통해 압류건수가 큰 값부터 나열하면, 부동산 압류건수는 C－A－B－서－D－동 순이며, 자동차 압류건수는 C－B－서－A－D－동 순임을 확인할 수 있다. 따라서 이를 통해 C와 D가 각각 중부청 혹은 남부청임을 알 수 있으며 이를 두 번째 조건과 결합하면 C가 중부청, D가 남부청임을 알 수 있다. 여기까지 풀이하면 정답은 찾을 수 있으나 계속 진행해 보자. 첫 번째 조건을 살펴보면 자동차 압류건수의 경우 중부청(C)이 남동청보다 2배 이상 많다고 하였으므로 남은 A와 B 중 A가 남동청임을 알 수 있으며 남은 B는 북부청으로 확정된다.

합격 가이드

매칭형 문제를 해결하기 위해서 가장 먼저 할 일은 제시된 조건을 적절히 조합하여 최대한 빨리 확정되는 변수를 찾아야 한다는 것이다. 평이한 수준이라면 조건 한 개 혹은 두 개를 결합하면 확정되는 변수가 나오기 마련이지만, 난도가 올라간다면 조건들로는 변수가 확정되지 않고 경우의 수를 나누어야 하는 경우를 출제하게 된다. 후자의 경우라면 민간경력자 시험 수준에서는 시간 내에 풀이하기에 버거운 수준이 될 것이므로 일단 패스하는 것이 옳다.

16

정답 ②

정답해설

ㄱ. '2002년부터 2017년까지 국세 대비 국세청세수의 비율은 매년 증가추세를 보인다.'라는 부분을 작성하기 위해 추가로 필요한 자료이다.

ㄷ. '세목별로는 소득세, 부가가치세, 법인세 순으로 높다. 세무서별로 살펴보면 세수 1위는 남대문세무서, 2위는 수영세무서이다.'라는 부분을 작성하기 위해 추가로 필요한 자료이다.

17

정답 ③

정답해설

ㄴ. 경제적 중요도가 A인 분류군 중, '을'국에서 종의 수가 두 번째로 많은 분류군은 총채벌레목(176종)이다.

ㄷ. 털이목의 다양성은 $\frac{1}{700}$인데, 경제적 중요도가 C인 나머지 분류군들의 다양성은 모두 이보다 크다.

오답해설

ㄱ. 경제적 중요도가 S인 분류군 중, '갑'국에서 종의 수가 세 번째로 많은 분류군은 벌목(2,791종)이다.

ㄹ. 경제적 중요도가 S인 분류군 중, '병'국의 분류군별 종 다양성이 10% 이상인 분류군은 노린재목, 벌목, 파리목 3개이다.

18

정답 ②

정답해설

ㄱ. 표 1에서 직접 합계를 계산할 필요 없이 항목별 점수의 차이를 이용해 계산하면 간단하다. 먼저 '사업적 가치'에 속한 두 가지 항목은 모두 B사업이 10점씩 크며, '공적 가치'에 속한 두 가지 항목은 모두 A사업이 10점씩 크다. 그리고 '참여 여건'에 속한 두 가지 항목은 두 사업의 점수가 동일하므로 결과적으로 6개 항목 원점수의 합은 같다.

ㄷ. '참여 여건'에 속한 두 가지 항목은 원점수가 동일하므로 이를 제외한 나머지 4가지 항목을 차이값을 이용해 판단해 보자.

평가 항목	A사업	B사업
경영전략 달성	－	+2
수익창출	－	+1
정부정책 지원	+3	－
사회적 편익	+2	－
합계	+5	+3

위 표에 따라 A사업이 신규 사업으로 최종 선정된다.

오답해설

ㄴ. 표 2에서 '공적 가치'에 할당된 가중치의 합은 0.5이므로 '참여 여건'에 할당된 가중치의 합(0.2)와 '사업적 가치'에 할당된 가중치의 합(0.3)보다 크다.

ㄹ. '정부정책 지원 기여도' 가중치와 '수익창출 기여도' 가중치를 서로 바꿀 경우 차이값을 정리하면 다음과 같다.

평가 항목	A사업	B사업
경영전략 달성	－	+2
수익창출	－	+3
정부정책 지원	+1	－
사회적 편익	+2	－
합계	+3	+5

위 표에 따라 B사업이 신규 사업으로 최종 선정된다.

19

정답 ③

정답해설

A : 미국의 이미지 분야 순위는 6위 → 4위 → 3위 → 1위로 매년 '상승'하고 있다.

B : '프랑스'는 2019년 이미지 분야 순위가 8위인 반면, 실체 분야 순위는 3위를 기록하여 둘의 차이는 5인데, 나머지 국가들의 차이는 이에 미치지 못하고 있다.

C : 독일, 캐나다, 미국, 스위스, 이탈리아, 호주 '6'개국이 2016년에 비해 2017년 이미지 분야 순위가 상승한 국가이다.

20 정답 ①

정답해설

가로축의 수치와 세로축의 수치가 일치하는 대각선을 그린 후 그 대각선의 상단에 위치하고 있는 것을 찾으면 된다. 이에 따르면 '생태계붕괴' 항목만이 발생가능성 지수 대비 영향도의 비가 1을 넘고 있으며 나머지는 모두 1에 미달하고 있다.

오답해설

② 영향도와 발생가능성 지수의 차이가 가장 크다는 것은 ①의 설명에서 언급한 대각선에서 가장 멀리 떨어졌다는 것과 같은 의미이다. 그림에 의하면 '대량 살상 무기'가 대각선에서 가장 멀리 떨어져 있는 항목이다.
③ '에너지가격 충격'의 영향도는 3.20이며, 발생가능성 지수는 3.00이므로 영향도 대비 발생가능성 지수의 비는 $\frac{3.0}{3.2}$로 1 이하이다.
④ 영향도와 발생가능성 지수가 각각의 '전체 평균' 이하인 경제적 리스크의 수는 인플레이션, 디플레이션, 재정 메커니즘 실패, 에너지가격 충격, 중요 기반시설 실패 등의 6개이며, 각각의 '전체 평균' 이상인 경제적 리스크는 존재하지 않는다.
⑤ 영향도와 발생가능성 지수 각각의 평균선을 X, Y축으로 볼 때 모든 환경적 리스크는 1사분면상에 위치하고 있으므로 '전체 평균' 이상이다.

21 정답 ③

정답해설

지정 취소 전 전체 멸종위기종 중 '조류'의 비율은 $\frac{63}{264}$인데, 각 분류에서 5종씩 지정을 취소한다면 분모는 35만큼, 분자는 5만큼 감소하게 된다. 이에 따르면 분모는 10% 이상의 감소율을 보이게 되지만 분자는 10%에 미치지 못하게 감소하므로 전체 값은 커지게 된다.

오답해설

① 멸종위기종으로 '포유류'만 10종을 추가로 지정한다면, 전체 멸종위기종은 274종, 포유류는 30종으로 증가한다. 그런데 274의 10%는 27.4여서 30보다 작으므로 멸종위기종 중 '포유류'의 비율은 10% 이상이다.
② 멸종위기종 중 멸종위기 I 급의 비율을 구하면 '무척추동물'과 '식물' 모두 $\frac{1}{8}$로 동일하다.
④ 전형적인 분수비교 문제이다. 먼저 '조류' 중에서 멸종위기 II 급의 비율은 $\frac{49}{63}$이고, '양서 · 파충류'의 비율은 $\frac{6}{8}\left(=\frac{3}{4}\right)$인데, '조류'와 비교하기 위해 이의 분모와 분자에 15를 곱한 $\frac{45}{60}$과 비교해 보자. 분모의 경우는 60에서 63로 3만큼 증가한 상태이며, 분자는 45에서 49로 4만큼 증가한 상태이다. 그런데 분자의 경우 분모보다 더 적은 수에서 더 많이 증가하였으므로 증가율은 분모보다 크며, 이는 결국 $\frac{49}{63}$이 $\frac{45}{60}$보다 더 크다는 것을 의미한다.
⑤ 이 선택지는 각각의 비율을 직접 계산하는 것이 아니라, 분류별로 멸종위기 I 급의 수와 II 급의 수 중 어느 것이 더 큰가를 판단하는 것이다. 표에 따르면 포유류를 제외한 모든 분류에서 멸종위기 II 급의 수가 더 크다.

22 정답 ②

정답해설

선택지의 문장이 옳게 되기 위해서는 지방청들을 '업무 만족도'와 '인적 만족도'가 큰 순서대로 나열했을 때 순서가 동일해야 한다. 하지만 '업무 만족도'가 가장 낮은 것은 충청청인데 반해, '인적 만족도'가 가장 낮은 것은 '호남청'이므로 둘의 순서는 같지 않다.

오답해설

① 모든 연령대에서 '인적 만족도'가 '업무 만족도'보다 높다.
③ '30세 미만'에서 '50세 이상'까지 연령대가 높아질수록 '업무 만족도'와 '인적 만족도'가 모두 높아진다.
④ 경인청의 '업무 만족도'와 '인적 만족도'는 5개 지방청 중 가장 높으며, '시설 만족도'는 동남청과 공동 1위를 차지하고 있는 상황이다. 따라서 직접 이들의 합을 계산할 필요 없이 경인청의 만족도의 합이 가장 크다.
⑤ 가중평균의 원리를 이용한 문제이다. 만약 남자 응답자와 여자 응답자가 동수라면 전체 업무 만족도는 남자(4.07점)과 여자(4.15점)의 산술평균인 4.11점이 되어야 한다. 하지만 실제 전체 업무 만족도는 4.12점으로 여자 응답자에 가까운 상황이다. 따라서 여자 응답자의 수가 더 많다.

23 정답 ①

정답해설

ㄱ. 자녀가 1명인 가구의 경우는 가구별 총급여액이 800만 원부터 1,300만 원까지 근로장려금이 140만 원으로 동일하다.
ㄷ. 총급여액이 2,200만 원이고 자녀가 3명 이상인 가구의 근로장려금은 약 70만 원인데 반해, 총급여액이 600만 원이고 자녀가 1명인 가구의 근로장려금은 그보다 크다.

오답해설

ㄴ. 무자녀 가구의 경우는 가구별 총급여액이 600만 원부터 900만 원까지 근로장려금이 70만 원으로 동일하다.
ㄹ. 총급여액이 2,000만 원인 가구라고 할 지라도, 무자녀인 경우와 자녀가 1인인 경우는 근로장려금이 지급되지 않는다.

24 정답 ⑤

정답해설

제시된 그림의 빈칸을 채우면 다음과 같다.

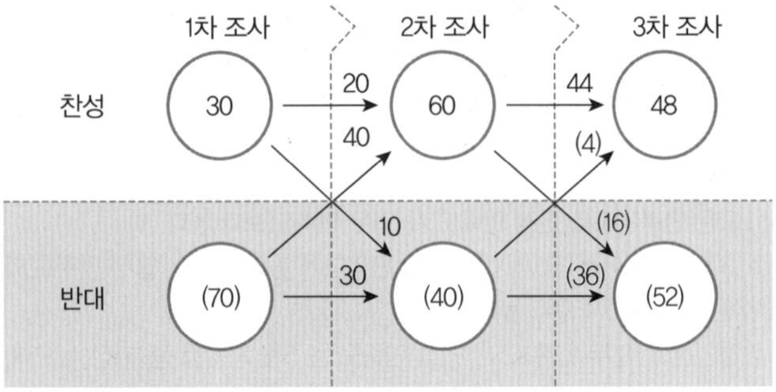

먼저 1차 조사와 2차 조사에서 모두 찬성한 인원수는 20명인데, 2차 조사에서 찬성을 하고 3차 조사에서 반대한 16명 모두가 이 20명에 속한다면 최소 4명은 1~3차 조사에서 모두 찬성했다고 볼 수 있다. 또한 1차 조사와 2차 조사에서 모두 반대한 인원수는 30명인데, 2차 조사에서 반대를 하고 3차 조사에서 찬성한 4명 모두가 이 30명에 속한다면 최소 26명은 1~3차 조사에서 모두 반대했다고 볼 수 있다. 따라서 1~3차 조사에서 한 번도 의견을 바꾸지 않은 사람은 최소 30명이다.

오답해설

① 3차 조사에 응답한 사람은 100명(= 48+52)이다. 한편, 이를 직접 계산하지 않더라도 1차 조사에 반대한 사람이 70명이라는 것에서 전체 조사 인원이 100명이라는 것을 알 수 있으며, 조사 도중 이탈하거나 새로 유입되는 인원이 없다는 것을 통해 2차 조사와 3차 조사 인원 모두 100명임을 알 수 있다.
② 2차 조사에서 반대한다고 응답한 사람 중 3차 조사에서도 반대한다고 응답한 사람은 36명이다.
③ 2차 조사에서 찬성한다고 응답한 사람 중 3차 조사에서 반대한다고 응답한 사람은 16명이다.
④ 먼저 1차 조사에서 반대한 사람 중 2차와 3차 조사에서 모두 반대한 인원의 최대치는 30명이며, 1차 조사에서 반대한 사람 중 2차 조사에서는 찬성하였으나 3차 조사에서는 다시 반대한 인원의 최대치는 16명이다. 따라서 이 둘을 합한 46명을 제외한 24명이 선택지에서 묻는 인원의 최소치이다.

25 정답 ④

정답해설

선택지 ④의 내용을 표로 정리하면 다음과 같다.

(단위 : 원)

구분	단팥빵 구매액	차이	월급
2016년	140,000	21,000	161,000
2012년	84,000	4,300	88,300
		16,700	

2016년과 2012년의 차이는 16,700원으로 15,000원보다 크다.

오답해설

① 이병 월급은 2012년 81,700원에서 2020년 408,100원으로 5배 이상 증가하였으므로 400% 이상 증액되었다.
② 증가율을 직접 구할 필요 없이 배수만으로도 판단이 가능하다. 상병의 2016년 월급은 2012년에 비해 2배에 미치지 못하게 증가하였으나 2020년 월급은 2016년에 비해 2배 이상 증가하였다.
③ 단팥빵의 경우 기간별로 400원씩 동일한 액수만큼 증가하고 있으므로 보다 적은 값에서 같은 금액만큼 증가한 2016년의 2012년 대비 증가율이 더 높다.
⑤ 분수를 비교하는 선택지이다. 2012년에 병장이 한 달 월급만을 사용하여 구매할 수 있는 햄버거의 수는 $\frac{108,300}{2,400}$개이며, 2020년은 $\frac{540,900}{3,500}$개인데 계산의 편의를 위해 분모와 분자를 각각 100으로 나누면 전자는 $\frac{1,083}{24}$, 후자는 $\frac{5,409}{35}$로 정리할 수 있다. 그런데 선택지에서는 후자가 전자의 3배 이하라고 하였으므로 $\frac{3,249}{24} > \frac{5,409}{35}$인지의 여부를 확인하면 된다. 이를 계산하면 전자는 약 135인 반면 후자는 150을 넘는다. 따라서 구매할 수 있는 햄버거의 최대 개수는 2020년이 2012년의 3배 이상이다.

01	02	03	04	05	06	07	08	09	10
③	⑤	⑤	①	①	④	②	⑤	⑤	①
11	12	13	14	15	16	17	18	19	20
②	⑤	①	③	④	④	⑤	②	②	③
21	22	23	24	25					
③	④	②	③	④					

※ 해설의 편의를 위해 첫 번째 제00조를 첫 번째 조, 두 번째 제00조를 두 번째 조 등으로 표기하였다.

01 정답 ③

정답해설

두 번째 조 제3항에서 실무위원회의 위원에 대한 사항을 규정하고 있는데, 제1호와 제2호에서는 소속 기관의 장이 지명하는 위원에 대해 규정하고 있다. 따라서 실무위원회의 위원이 되기 위해서 반드시 광역교통위원회 위원장의 위촉이 필요한 것은 아니다.

오답해설

① 두 번째 조 제3항 제3호에서 '광역교통위원회의 위원장이 성별을 고려해 위촉하는 50명 이내의 사람'이라고 하였다.
② 두 번째 조 제2항에서 '실무위원회의 위원장은 광역교통위원회의 상임위원이 된다.'라고 하였다.
④ 첫 번째 조 제1항 제3호에서 '그 밖에 광역교통 관련 전문지식과 경험이 풍부한 사람'이라고 하여 공무원이 아닌 사람 중에서도 위원이 될 수 있음을 규정하고 있다.
⑤ 첫 번째 조 제2항에 따르면 광역교통위원회의 위원은 국토교통부장관이 임명한다.

합격 가이드

법조문 유형의 경우 이와 같이 각각의 조문에 제목이 없이 '00조'라고만 주어지는 형태가 상당히 많이 출제되고 있다. 이러한 경우는 시각적으로 구분해 주기 위해 '00조' 부분에 동그라미를 쳐두고 문제를 푸는 것이 상당히 도움이 된다. 가능하다면 조별로 키워드 하나씩을 뽑아 동그라미를 쳐두는 것이 좋다. 그것이 결국 각 조문의 제목이 되는 것이다.

02 정답 ⑤

정답해설

기증자가 배아의 보존기간을 5년 미만으로 정한 경우라면 그 기간이 끝난 후에 체외에서 피임기술의 개발을 위한 연구 목적으로 이용할 수 있다.

오답해설

① 두 번째 조 제3항에 따르면 누구든지 반대급부를 조건으로 배아의 제공을 알선할 수 없다.
② 세 번째 조 제1항과 제2항에 따르면 기증자가 항암치료를 받는 경우가 아닌한 배아의 보존기간을 5년 이상으로 정할 수 없다.
③ 두 번째 조 제1항에서 '누구든지 임신 외의 목적으로 배아를 생성하여서는 아니 된다.'고 하였다.
④ 네 번째 조에서 규정하고 있는 배아의 연구 목적의 이용은 체외에서만 가능하다.

03 정답 ⑤

정답해설

두 번째 조 제2항 제1호에 따르면 우수수입업소로 등록된 자가 수입하는 수입식품의 경우는 수입식품의 검사 전부 또는 일부를 생략할 수 있다.

오답해설

① 첫 번째 조 제1항과 제2항에 따르면 우수수입업소 등록을 신청하기 위해서는 식품의약품안전처장이 정하는 기준에 따라 '해외제조업소'에 대하여 위생관리 상태를 점검해야 한다.
② 첫 번째 조 제4항에 따르면 우수수입업소 등록의 유효기간은 등록된 날부터 3년이라고 하였으므로, 업소 乙의 등록은 2023년 2월 20일까지 유효하다.
③ 첫 번째 조 제5항 제1호에 따르면 부정한 방법으로 우수수입업소로 등록된 경우에는 등록을 취소하여야 한다.
④ 첫 번째 조 제6항에 따르면 3년 동안 우수수입업소 등록을 신청할 수 없는 경우는 제5항에 따라 등록이 취소된 업소인 경우에만 해당한다. 따라서 영업정지 1개월의 행정처분을 받은 丁은 이 조항에 따른 규제를 받지 않는다.

04 정답 ①

정답해설

세 번째 조 제1항에 의하면 누구든지 공표된 저작물을 저작권자의 허락없이 청각장애인을 위하여 한국수어로 변환할 수 있으며, 이러한 한국수어를 복제, 공중송신할 수 있다.

오답해설

ㄴ. 세 번째 조 제2항의 내용을 적용받기 위해서는 해당 시설 등이 영리를 목적으로 하지 아니하여야 한다.
ㄷ. 두 번째 조 제2항의 내용이 적용되는 대상은 문자로 이루어진 저작물인 어문저작물이다.

05 정답 ①

정답해설

공직부패는 사적 이익을 위해 권력을 남용하는 것이고, 이해충돌은 공적 의무와 사적 이익이 대립하는 객관적 상황 자체를 의미한다.

오답해설

② 이해충돌의 개념이 확대되어 외관상 발생 가능성이 있는 것만으로도 이해충돌에 대해 규제하는 것이 정당화되고 있다.
③ 공적 의무와 사적 이익이 충돌한다는 점에서 이해충돌은 공직부패와 공통점이 있다.
④ 공직부패는 드문 현상이지만 이해충돌은 일상적으로 발생하는 것이다.
⑤ 이해충돌에 대한 전통적인 규제는 공직부패의 사전예방에 초점이 맞추어져 있었던 반면, 최근에는 정부의 의사결정과정과 결과에 대한 신뢰성 확보로 초점이 변화하고 있다.

06

정답 ④

정답해설

숙박호텔과 무관하게 이용할 수 있으며, 인천공항에서 13:00~24:00에 출발하는 미주노선을 제외한 국제선에 해당하므로 ④의 경우 이용할 수 있다.

오답해설

① 국제선 이용승객을 대상으로 하는 서비스이므로 이용할 수 없다.
② 인천공항에서 출발하는 항공편을 대상으로 하는 서비스이므로 이용할 수 없다.
③ 사이판을 포함한 미주노선은 제외되므로 이용할 수 없다.
⑤ 인천공항에서 13:00~24:00에 출발하는 항공편을 대상으로 하므로 이용할 수 없다.

07

정답 ②

정답해설

각 국가의 무역의존도를 계산하면 다음과 같다.

- A : $\frac{300+300}{1,000}=\frac{600}{1,000}=\frac{3,600}{6,000}$
- B : $\frac{250+250}{3,000}=\frac{500}{3,000}=\frac{1,000}{6,000}$
- C : $\frac{200+200}{2,000}=\frac{400}{2,000}=\frac{1,200}{6,000}$

따라서 무역의존도가 높은 순서대로 나열하면 A, C, B 순이다.

08

정답 ⑤

정답해설

시안별 가능한 평가 점수의 총합은 다음과 같다.

(단위 : 점)

A	B	C	D	E
90	67~97	70~90	85	75

ㄱ. D와 E의 총합은 A보다 작으므로 B와 C의 총합과 무관하게 채택될 수 없다.
ㄴ. 만약 C가 90점을 얻고 B가 그보다 작은 점수를 얻는다면 A와 동점이 되지만, 총합이 동점일 경우 학습내용 점수가 높은 시안을 채택한다는 조건에 따라 A가 채택되게 된다.
ㄷ. ㉠이 23점이라면 B의 총합은 90점이 된다. 만약 C가 가능한 최고점인 90점을 받고 총합이 90점으로 확정된 A까지 고려하더라도 B의 학습내용 점수가 이들보다 높은 30점이므로 B가 채택되게 된다.

09

정답 ⑤

정답해설

⑤는 제시된 조건을 모두 충족하고 있다.

오답해설

① 시작점을 포함하여 3개의 점만 거치게 된다.
② 595의 경우는 한 번 그은 직선 위에 또 다른 직선을 겹쳐서 그어야 한다.
③ 시작점과 끝점이 5로 동일하다.
④ 6에서 4로 이동하기 위해서는 중간에 5를 거쳐야 하는데 642987에는 5가 누락되어 있다.

합격 가이드

이와 같이 규칙을 완전히 새로 규정하고 그것을 적용하는 유형은 규칙 자체를 처음부터 이해하려고 하면 곤란하다. 이 문제는 규칙 자체가 매우 쉬운 것이었지만 그렇지 않은 경우에는 규칙을 이해하는 데 너무 많은 시간을 소모하기 마련이다. 따라서 처음 읽을 때에는 흐름만 파악하고 선택지를 직접 대입하면서 풀이하는 것이 좋다. 또한 규칙이 난해한 경우에는 예를 제시하는 경우도 있는데 그런 경우는 제시된 예를 먼저 보면서 규칙을 역으로 파악하는 전략도 필요하다.

10

정답 ①

정답해설

먼저 전문의 수가 2명 이하이거나, 기존 의료기관까지의 거리가 1km 미만인 乙과 戊를 제외한 나머지 세 곳의 점수를 계산하면 다음과 같다.

(단위 : 점)

구분	인력	경력	인력+경력	행정처분	지역별 분포	총합
甲	8	14	22	2	4.4	28.4
丙	10	10	20	10	−4	26
丁	8	20	28	2	−5.6	24.4

따라서 산재보험 의료기관으로 지정되는 것은 총합이 가장 높은 甲이다.

11

정답 ②

정답해설

세 번째 조 제1항에서 법원행정처장을 Ⅰ급비밀 취급 인가권자로 규정하였고, 제2항에서는 Ⅰ급비밀 취급 인가권자가 Ⅱ급 및 Ⅲ급비밀 취급 인가권자가 된다고 하였다.

오답해설

① 네 번째 조 제4항에서 '비밀 취급의 인가 및 해제와 인가 등급의 변경은 문서로 하여야 하며'라고 하였다.
③ 네 번째 조 제2항에서 '비밀 취급의 인가는 대상자의 직책에 따라 필요한 최소한의 인원으로 제한하여야 한다.'고 하였다.
④ 네 번째 조 제3항 제1호에서 '고의 또는 중대한 과실로 중대한 보안 사고를 범한 때'에는 취급의 인가를 해제하여야 한다고 하였으므로 고의가 없더라도 중대한 과실을 범하였다면 취급의 인가를 해제하여야 한다.
⑤ 다섯 번째 조 제2항에서 'Ⅰ급비밀 취급을 인가하는 때에는 새로 신원조사를 실시하여야 한다.'고 하였다.

12

정답 ⑤

정답해설

두 번째 조 제2호에서 '행정재산의 용도로 사용하던 소유자 없는 부동산을 행정재산으로 취득하였으나 그 행정재산을 당해 용도로 사용하지 아니하게 된 경우에는 그러하지 아니하다.'라고 하였다.

오답해설

① 두 번째 조 제1호에서 '중앙관서의 장이 행정목적으로 사용하기 위하여 국유재산을 행정재산으로 사용 승인한 경우'에는 매각할 수 없다고 하였다.
②·④ 세 번째 조 제2항 제1호에 의하면 '수의계약의 방법으로 매각하는 경우'에 총괄청의 승인없이 매각이 가능한 것이며 지명경쟁인 경우에는 그렇지 않다.
③ 세 번째 조 제2항 제3호에 의하면 '법원의 확정판결에 따른 소유권의 변경'의 경우에는 총괄청의 승인없이 매각이 가능하다.

13

정답 ①

정답해설

A국은 새로운 기술에 의한 발명인지를 판단하는 데 있어서 국내에서의 새로운 기술을 기준으로 하므로 특허권을 부여받을 수 있다.

오답해설

② A국은 특허권의 보호기간을 특허권을 부여받은 날로부터 10년으로 한정한다.
③ A국은 새로운 기술에 대한 발명을 한 사람에게 금전적 보상을 해주는 대신 특허권이라는 독점권을 주는 제도를 채택하였다.
④ A국은 특허권을 신청에 의한 특허심사절차를 통해 부여하고 있다.
⑤ A국은 특허권의 효력발생범위를 A국 영토 내로 한정하고 있다.

14

정답 ③

정답해설

공직자가 시민을 대표하는 훌륭한 인간상으로 시민의 모범이 되어야 한다는 것은 '축소된 사생활 보호의 원칙'을 주장하는 쪽의 견해이다.

오답해설

① 공직자는 일반시민이 아니기 때문에 일반시민들에게 적용되는 '동등한 사생활 보호의 원칙'을 적용할 수 없다.
② 플라톤은 통치자는 가족과 사유재산을 갖지 말아야 한다고 하여 일반시민의 사생활만큼 보호될 필요가 없다고 하였다.
④ 사생활이 보장되지 않으면 공직 희망자가 적어져 인재 활용이 제한되고 다양성도 줄어들게 된다.
⑤ 공직자는 일반시민보다 우월한 권력을 가지고 있다는 것 때문에 축소된 사생활 보호의 원칙이 적용되어야 한다.

15

정답 ④

정답해설

ㄱ. 甲국에서 고급 휘발유로 판매되는 휘발유의 옥탄가가 93이므로 A시에서 판매되는 고급휘발유의 옥탄가는 이보다 2가 낮은 91이다.
ㄴ. 실린더 내의 과도한 열이나 압력, 혹은 질 낮은 연료의 사용 등으로 인해 노킹 현상이 발생한다.
ㄷ. 노킹 현상이란 공기·휘발유 혼합물이 점화되기 전에 연소되는 현상을 말하므로 노킹 현상이 일어나지 않는다면 공기·휘발유 혼합물은 점화가 된 이후에 연소된다.

오답해설

ㄹ. 내연기관 내에서의 연소란 탄화수소가 공기 중의 산소와 반응하여 이산화탄소와 물을 생성하는 것이다.

16

정답 ④

정답해설

丁과 戊는 요건을 모두 충족하므로 국내이전비를 지급받는다.

오답해설

- 甲 : 동일한 울산광역시 내에서의 이전이므로 국내이전비를 지급받지 못한다.
- 乙 : 이사화물을 이전하지 않으므로 국내이전비를 지급받지 못한다.
- 丙 : 거주지를 이전하지 않으므로 국내이전비를 지급받지 못한다.
- 己 : 이전일이 발령일보다 앞서므로 국내이전비를 지급받지 못한다.

17

정답 ⑤

정답해설

버튼을 누르는 순서에 따라 甲의 말이 위치하는 칸을 나열하면 A → L → L → B → B → L이므로 최종적으로 말은 L에 위치하게 된다.

18

정답 ②

정답해설

- 참석수당 지급기준액(3시간) : 100,000+50,000=150,000원
- 원고료 지급기준액(슬라이드 20면=A4 10면) : 10,000×10=100,000원
- 총 지급기준액 : 150,000+100,000=250,000원
- 기타소득세 : (250,000×40%)×소득세율(20%)=20,000원
- 주민세 : 20,000×주민세율(10%)=2,000원

∴ 원천징수 후 지급액 : 250,000−20,000−2,000=228,000원

19

정답 ②

정답해설

- 현재 표시된 모든 숫자는 비밀번호에 쓰이지 않는다고 하였으므로 3, 6, 4, 9를 제외한 1, 2, 5, 7, 8, 0의 6개 숫자 중 5개가 사용된다.
- 현재의 숫자에 따라 들어갈 숫자가 짝수인지 홀수인지가 정해지는데 이에 따르면 비밀번호는 '짝-홀-홀-홀-짝'으로 구성되었다.
- 둘째 자리 숫자는 현재 둘째 자리에 표시된 '6'보다 크다고 하였으므로 가능한 것은 '7'과 '8'이다.
- 그런데 가장 큰 숫자가 첫째 자리에 온다고 하였으므로 둘째 자리에는 '7', 첫째 자리에는 '8'이 들어가야 한다. 이는 짝수-홀수의 조건에도 부합한다.
- 비밀번호는 모두 다른 숫자로 구성되어 있다고 하였으므로 셋째~다섯째에 들어갈 숫자는 1, 2, 5, 0 중 3개이다.
- 그런데 이 숫자들은 홀수-홀수-짝수로 배열되어야 하므로 셋째와 넷째에 들어갈 숫자는 1과 5이다.
- 먼저 1-5-2로 구성된 경우라면, 이는 가장 작은 숫자가 다섯째 자리에 온다는 조건에 위배되며, 1-5-0으로 구성된 경우는 인접한 두 숫자의 차이가 5보다 작아야 한다는 조건에 위배되므로 두 경우 모두 가능하지 않다.
- 다음으로 5-1-2로 구성된 경우 역시 위와 같은 이유로 조건에 위배되므로 5-1-0으로 구성된 경우만 가능하다.
- 따라서 비밀번호는 8-7-5-1-2이며, 둘째 자리 숫자와 넷째 자리 숫자의 합은 8이 된다.

20

정답 ③

정답해설

ㄱ. E시에서 홀수일에는 차량번호가 홀수로 끝나는 차량의 운행이 제한되므로 1234인 차량은 운행 가능하다.

ㄹ. D시에서는 토요일에는 차량 운행에 제한이 없으며, E, F시에서는 홀수일에 차량번호가 홀수로 끝나는 차량의 운행이 제한되므로 9790인 차량이 운행 가능하다. 따라서 D시에서 F시로 이동할 수 있다.

오답해설

ㄴ. A시에서 짝수일에는 차량번호가 짝수로 끝나는 차량의 운행이 제한되므로 5639인 차량은 운행 가능하다. 하지만 D시의 경우 목요일에는 차량번호가 4 또는 9로 끝나는 차량의 운행이 제한되므로 5639인 차량은 운행이 불가능하다.

ㄷ. A시와 H시는 제한 대상에 있어서 서로 역의 관계에 있으므로 동일한 날에 두 도시를 동시에 방문하는 것은 불가능하다.

21

정답 ③

정답해설

ㄱ. 키가 제일 작은 사람이 1번, 그다음으로 작은 사람이 2번, …의 순으로 6명을 나열하는 방법일 때만 모든 어린이의 뒤통수가 다 보이게 된다.

ㄴ. 세 번째로 큰 어린이가 5번 자리에 서 있다면, 더 키가 큰 2명의 어린이가 다른 곳에 서 있어야 한다. 그런데 어떤 경우가 되더라도 5번 자리의 어린이보다 키가 큰 어린이 중 최소 1명은 1~4번에 서있어야 하므로 A방향에서 보았을 때 이 어린이의 뒤통수는 보이지 않게 된다.

ㄷ. 만약 A방향에서 6번 자리에 서 있는 어린이의 뒤통수가 보인다면 이는 1번부터 5번까지의 자리에 서 있는 어린이들이 모두 6번 어린이보다 키가 작다는 것이 된다. 하지만 이 경우에는 B방향에서 오로지 6번 어린이의 얼굴만 보이게 되므로 모순이 발생한다.

오답해설

ㄹ. 만약 A방향에서 4명의 뒤통수가 보인다면 1번부터 4번까지는 우측으로 갈수록 키가 커지게 서 있다는 것이고 나머지 5번과 6번 자리에는 4번보다 키가 작은 어린이들이 서 있다는 것이 된다. 그런데 이 경우에는 B방향에서도 3명의 얼굴이 보일 수 있다.

22

정답 ④

정답해설

ㄱ. 3라운드까지의 결과를 정리하면 다음과 같다.

구분	1라운드	2라운드	3라운드	합계
A팀	가위(승 : 2점)	가위(승 : 2점)	바위	4점
B팀	보	보	보(승 : 0점)	0점

따라서 두 팀의 점수의 합은 4점이다.

ㄷ. 4라운드와 5라운드의 선수배치가 다음과 같다면 최종점수 4:5로 B팀이 승리할 수 있다.

구분	4라운드	5라운드
A팀	가위	보
B팀	바위(승 : 3점)	가위(승 : 2점)

오답해설

ㄴ. A팀이 잔여 라운드에서 모두 오른손잡이(보)를 출전시킬 때 가능한 경우를 정리하면 다음과 같다.

구분	4라운드		5라운드	
	경우 1	경우 2	경우 1	경우 2
A팀	보(승 : 0점)	보	보	보(승 : 0점)
B팀	바위	가위(승 : 2점)	가위(승 : 3점)	바위

경우 1에서는 A팀이 추가점을 얻지 못한 반면, B팀은 3점을 얻어 최종점수 4:3으로 A팀이 승리한다. 그리고 경우 2에서도 A팀이 추가점을 얻지 못한 반면, B팀은 2점을 얻는데 그쳐 최종점수 4:2로 A팀이 승리한다.

23 정답 ②

정답해설

i) 제시된 항목들을 통해 다음 표를 작성할 수 있다. 이때 주의할 것은 제시된 조건에서는 丁이 언급되어 있지 않으며, 甲도 투자종목이외의 것과는 연결할 수 없는 상황이라는 것이다. 이럴 때에는 중심변수를 甲~丁이 아닌 30~60대로 잡는 것이 효율적이다. 통상 이러한 유형의 문제에서는 첫 줄에 제시된 변수들(이 문제의 경우는 甲~丁, 투사상품의 종류)을 그대로 중심변수로 잡지 말고 조건에서 더 많이 연결되는 것을 찾아 이를 통해 풀어나가는 것이 더 효율적이다.

구분	30대	40대	50대	60대
	회사원	회사원	주부	사업가
	丙	乙		
	수익률		투자액	
주식				
채권				
선물				
옵션				

ii) 50대 주부는 주식에 투자하였다는 조건과 40대 회사원 乙이 옵션에 투자하지 않았다는 조건, 60대 사업가가 채권에 투자하지 않았다는 조건을 반영하면 다음과 같다.

구분	30대	40대	50대	60대
	회사원	회사원	주부	사업가
	丙	乙		
	수익률		투자액	
주식	×	×	O	×
채권			×	×
선물			×	
옵션		×	×	

iii) 위 표에서 甲은 50대 주부와 60대 사업가 둘 중 하나인데, 甲은 주식과 옵션에 투자하지 않았다고 하였으므로 甲은 60대 사업가이다.

구분	30대	40대	50대	60대
	회사원	회사원	주부	사업가
	丙	乙	丁	甲
	수익률		투자액	
주식	×	×	O	×
채권			×	×
선물			×	
옵션		×	×	

iv) 위 조건에 따라 60대 사업가는 선물에 투자하였음을 알 수 있으며 이를 통해 남은 빈칸을 채워보면 다음과 같다.

구분	30대	40대	50대	60대
	회사원	회사원	주부	사업가
	丙	乙	丁	甲
	수익률		투자액	
주식	×	×	O	×
채권	×	O	×	×
선물	×	×	×	O
옵션	O	×	×	×

따라서 '선물 투자자는 사업가이다.'인 ②는 옳다.

24 정답 ③

정답해설

제시된 상황을 표로 정리하면 다음과 같다.

구분	학생 수	미세먼지 증감	순간 미세먼지
15:50	0		90
16:00		-15	75
16:10	2	-15	60
		+10	70
16:20		-5	65
⋮		⋮	⋮
16:40		-5	55
16:50	5	-15	40
		+25	65
17:00		+10	75
⋮		⋮	⋮
18:00		+10	135
18:10	0	-15	120
⋮		⋮	⋮
19:10		-15	30

위 표에 따르면 19시 10분에 공기청정기의 미세먼지 양이 30이 되어 자동으로 꺼지게 된다.

25 정답 ④

정답해설

올림픽 AD카드에 '2'가 표시되어 있지 않으므로 선수준비 구역에는 출입이 불가능하다.

오답해설

① 패럴림픽 AD카드에 'ALL' 표시가 되어있으므로 모든 시설에 출입이 가능하다.
② 패럴림픽 AD카드에 'T1' 표시가 되어있으므로 VIP용 지정차량에 탑승이 가능하다.
③ 올림픽 AD카드에 'OFH' 표시가 되어있으므로 올림픽 패밀리 호텔에 입장이 가능하다.
⑤ 올림픽 AD카드에 'TM' 표시가 되어있으므로 미디어 셔틀버스에 탑승이 가능하며, 'IBC' 표시도 되어있으므로 국제 방송센터에 입장이 가능하다.

2019 기출문제 정답 및 해설

2019년 언어논리 _ 정답 및 해설

01	02	03	04	05	06	07	08	09	10
⑤	①	①	②	④	①	①	③	③	③
11	12	13	14	15	16	17	18	19	20
⑤	⑤	⑤	②	③	③	⑤	②	④	④
21	22	23	24	25					
④	②	①	③	⑤					

01 정답 ⑤

정답해설

충청도 방언은 충청도 특유의 언어 요소만을 가리키는 것이 아니라 충청도 토박이들이 전래적으로 써 온 한국어 전부를 뜻한다고 하였으므로 한국어란 표준어와 지역 방언이 모두 하나로 모여진 개념이라고 할 수 있다.

오답해설

① 방언을 비표준어로서 낮잡아 보는 인식이 담겨 있다고 하였다.
② 방언이 표준어보다 열등하다는 오해와 편견이 포함되어 있다고 하였으므로 방언을 낮추어 부른다는 의미가 들어가야 옳다.
③ 그 지역의 말 가운데 표준어에는 없는, 그 지역 특유의 언어 요소만을 지칭한다고 하였으므로 다른 지역과의 이질성을 강조하는 내용이 들어가야 한다.
④ 한국어를 이루고 있는 각 지역의 말 하나하나 즉, 그 지역의 언어 체계를 방언이라 하였으므로 각 지역의 방언은 한국어라는 언어의 하위 구성요소라고 볼 수 있다.

합격 가이드

빈칸을 채우는 유형에서 가장 중요한 것은 부연설명하는 부분과 예시를 드는 부분이다. 물론 일반론적인 설명이 그 전에 제시되기는 하지만 많은 경우에 그 문장만을 읽어서는 잘 와닿지 않는 편이다. 때문에 대부분의 제시문에서는 그 이후에 이를 이해하기 쉬운 단어를 사용하여 다시 설명한다든지 아니면 직접적인 사례를 들어 설명한다. 앞서 언급된 일반론적인 설명보다 오히려 이런 부분이 더 중요하다.

02 정답 ①

정답해설

제시문의 내용을 그림으로 정리하면 다음과 같다.

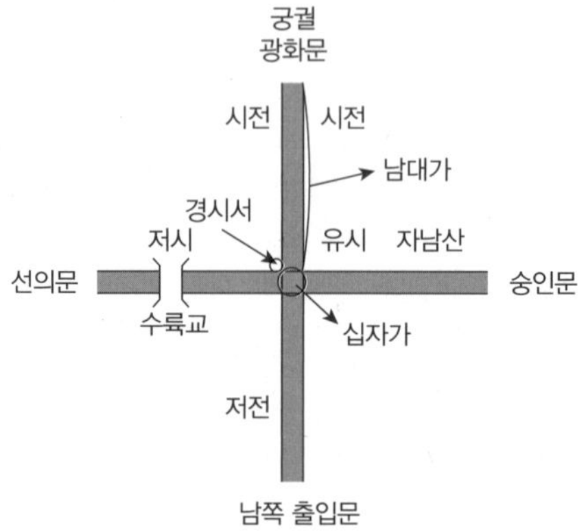

위 그림에 따르면 남대가의 북쪽 끝에 궁궐의 출입문인 광화문이 위치하고 있다.

오답해설

② 위 그림에 따르면 수륙교가 있던 곳으로부터 동북쪽 방향에 자남산이 위치하고 있다.
③ 위 그림에 따르면 선의문과 경시서의 중간 지점에 저시 골목이 위치하고 있다.
④ 위 그림에 따르면 남쪽 출입문과 십자가를 연결하는 길의 중간 지점에 저전이 모여 있다.
⑤ 위 그림에 따르면 십자가에서 선의문으로 가는 길의 중간 지점에 수륙교가 위치하고 있다.

합격 가이드

이와 같이 공간개념을 활용한 문제가 종종 출제되곤 한다. 이 문제와 같이 지형에 관한 문제도 출제될 수 있고, 세포의 세부구조를 설명한 문제도 출제될 수 있다. 이러한 유형의 문제는 시간이 걸리더라도 반드시 도식화를 시켜야 한다. 단순히 문장으로는 이해되지 않는 부분이 많을 뿐더러 그러한 부분에 오답포인트가 숨어있기 때문이다.

03 정답 ①

정답해설

최초진입기업이 후발진입기업의 시장 진입을 어렵게 하기 위해 마케팅 활동을 한다고는 하였지만 이를 위한 마케팅 비용이 후발진입기업보다 많아야 하는지는 제시문에 언급되어 있지 않다.

오답해설

② 후발진입기업의 모방비용은 최초진입기업이 신제품 개발에 투자한 비용 대비 65% 수준이라고 하였다.
③ 기업이 시장에 최초로 진입하여 무형 및 유형의 이익을 얻는 것을 A효과라 하는데 시장에 최초로 진입하여 후발기업에 비해 소비자에게 우선적으로 인지되는 것은 무형의 이익 중 하나라고 볼 수 있다.
④ 후발진입기업의 경우, 절감된 비용을 마케팅 등에 효과적으로 투자하여 최초진입기업의 시장 점유율을 단기간에 빼앗아 와야 한다고 하였다.
⑤ B효과는 후발진입기업이 최초진입기업과 동등한 수준의 기술 및 제품을 보다 낮은 비용으로 개발할 수 있을 때만 가능하다고 하였다.

합격 가이드

전형적인 A, B형 문제이다. 난도가 낮다면 A, B라는 단어가 제시문 전체에 걸쳐 등장하므로 이른바 '찾아가며 풀기' 전략이 통할 수 있으나 이 문제와 같이 다른 단어로 치환하여 등장할 경우는 그것이 사실상 불가능하다. 따라서 A, B가 존재한다는 것에 그치지 말고 각각의 주요한 키워드를 하나씩 잡고 제시문을 읽는 것이 올바른 독해법이다.

04 정답 ②

정답해설

2000년 주세법 개정을 통해 주세율이 72%로 통일되었다. 따라서 희석식 소주는 종전의 35%에서 37%p 상승하였고, 증류식 소주는 50%에서 22%p 상승하였으므로 희석식 소주의 주세율 상승폭이 더 컸다.

오답해설

① WTO 협정에 따르면 어떠한 제품들이 ⅰ) 직접적인 경쟁 관계에 있고, ⅱ) 동시에 대체 관계가 존재한다면 세율이 같아야 한다. 하지만 이 중 어느 하나만 충족하는 경우에 어떻게 처리되어야 하는지는 언급되어 있지 않다.
③ 세금 총액을 알기 위해서는 소주와 위스키의 가격과 판매량을 알아야 하는데 제시문에서는 그러한 자료를 찾을 수 없다.
④ 일본과의 WTO 분쟁 판정 결과를 근거로 한국의 주세율을 조정하려고 했던 국가는 미국과 EU이다. 캐나다는 일본을 제소하였던 국가이며 한국을 제소했는지의 여부는 언급되어 있지 않다.
⑤ WTO는 국산품인 소주에 비해 수입품인 위스키에 높은 주세율을 적용하는 것이 잘못되었다고 하였다. 하지만 이것은 어디까지나 국내에서 판매되는 주류에 대한 세금이 같아야 한다는 것이지 일본의 주세율에 맞추라는 것은 아니었다.

05 정답 ④

정답해설

마지막 문단에 따르면 슈퍼잡초를 제거하기 위해서 제초제를 더 자주 사용하는 등의 부작용으로 인해 농부들이 더 많은 비용을 지불할 수밖에 없었다고 하였다.

오답해설

① 유전자변형 작물을 재배하는 지역에서는 일반 작물 재배와 비교하여 살충제 소비가 줄어들었다고 하였다. 따라서 최소한 살충제는 증가하지 않은 것을 확인할 수 있으므로 모든 종류의 농약 사용이 증가하였다고 볼 수는 없다.
② 유전자 변형 작물을 재배하던 농부들이 제초제를 매년 반복해서 사용하자 글리포세이트에 내성을 가진 잡초가 생겨났다고 하였다. 따라서 최소 몇 년 후부터 슈퍼잡초가 나타났다고 추론할 수 있다.
③ 유전자 변형 작물을 재배한 이후 16년간 일반 작물 재배와 비교하여 살충제 소비가 약 56,000톤 줄었다고 하였으나, 일반 작물 재배의 경우 어떠하였는지에 대해서는 언급하고 있지 않다.
⑤ 제시문을 통해서 유전자 변형 작물을 재배하는 지역에서 슈퍼잡초가 발생했다는 사실은 알 수 있으나 일반 작물을 재배하는 지역에서도 그러한지는 알 수 없다.

06 정답 ①

정답해설

S는 자신의 연구 결과를 토대로 가족 구성원이 많은 집에 사는 아이들은 가족 구성원들이 집안으로 끌고 들어오는 병균들에 의한 잦은 감염 덕분에 장기적으로 알레르기 예방에 유리하다고 주장하고 있다. 결국 이는 알레르기에 걸릴 확률은 병균들에 얼마나 많이 노출되었는지에 달려 있으므로 이와 의미가 가장 유사한 ①이 빈칸에 들어갈 내용으로 적절하다고 볼 수 있다.

07 정답 ①

정답해설

제시된 논증은 사람들은 고난과 좌절이 사라지기를 원하며, 그것들이 그저 사라졌다고 믿기를 원하지 않는 것을 전제하고 있다. 즉, 사람들은 행복 기계에 들어가 거짓 믿음 속에 사는 것을 원하지 않는다는 것인데, 만약 선택지와 같이 대부분의 사람이 행복 기계에 들어가는 것을 선호한다면 이 같은 논지를 약화시키는 결과를 가져오게 된다.

오답해설

② 제시문의 행복 기계는 제시된 논증을 전개하기 위해 도입된 가상의 개념일 뿐이다. 따라서 이것이 실존하는지의 여부는 논증의 전개에 아무런 영향을 주지 못한다.
③ 치료를 위해 신체의 고통을 견딘다는 것은 그 고통보다 더 심한 질병을 치료하기 위한 것이며, 결국 그 질병을 피하려는 것을 '기초 선호'로, 고통을 견디는 것을 이를 위한 '수단'으로 이해할 수도 있다. 그렇게 본다면 선택지의 진술이 참이라고 하여도 논지는 약화되지 않을 것이다.
④ 제시문의 논증에 따르면 참인 믿음과 거짓인 믿음이 실용적 손익에서 동등할 경우 전자를 후자보다 더 선호해야 할 이유가 없다고 하였다. 즉, 참인 믿음을 선호하는 이유는 실용적 이익이 아닌 참인 믿음이 '기초 선호'이기 때문인데 만약 선택지의 진술이 입증된다면 이 주장을 뒤집는 것이 되어 논지를 약화하게 된다.
⑤ 제시문의 논증에 따르면 참인 믿음을 선호하는 것은 실용적 이익 때문이 아닌 참인 믿음이 '기초 선호'이기 때문이라고 하였다. 따라서 수학적 참인 정리를 실용적 이익이 없음에도 믿는 것이 사실이라면 이는 논지를 강화한다고 볼 수 있다.

08

정답 ③

정답해설

선택지의 논증을 정리하면 다음과 같다.

i) ㉥ '행동주의가 옳다' → '인간은 철학적 좀비와 동일한 존재'

ii) ㉡ '철학적 좀비는 인간과 동일한 행동 성향을 보인다'

: '행동 성향으로는 인간과 철학적 좀비는 동일한 존재이다'

iii) ㉤ '마음은 자극에 따라 행동하려는 성향이다'

: 행동주의에 대한 부연설명이므로 '행동주의가 옳다'는 의미로 대체할 수 있다.

즉, 선택지의 논증은 'A이면 B이다. B이다. 따라서 A이다'로 단순화시킬 수 있으며 이는 후건긍정의 오류로서 논리적으로 반드시 참이 되지 않는다.

오답해설

① ㉠은 고통을 인식하는지에 대한 논의인 반면 ㉡은 외부로 드러나는 행동에 대한 논의이다. 제시문에서는 의식과 행동을 별개의 개념으로 보고 있으므로 ㉠과 ㉡은 동시에 참이 될 수 있다.

② 선택지의 논증을 정리하면 다음과 같다.

i) ㉣ '인간은 철학적 좀비와 동일한 존재' → '인간은 고통을 느끼지 못하는 존재'

ii) ㉣의 대우 '인간은 고통을 느끼는 존재' → '인간은 철학적 좀비와 동일한 존재가 아님'

iii) ㉠ '인간은 고통을 느끼는 존재'

iv) ㉢ '인간은 철학적 좀비는 동일한 존재가 아님'

㉣과 ㉣의 대우는 논리적으로 동치이므로 ㉣과 ㉠이 참이라면 삼단논법에 의해 ㉢은 반드시 참이 된다.

④ 선택지의 논증을 정리하면 다음과 같다.

i) ㉥ '행동주의가 옳다' → '인간은 철학적 좀비와 동일한 존재'

ii) ㉥의 대우 '인간은 철학적 좀비와 동일한 존재가 아님' → '행동주의는 옳지 않다'

iii) ㉢ '인간은 철학적 좀비와 동일한 존재가 아님'

iv) ㉦ '행동주의는 옳지 않다'

㉥과 ㉥의 대우는 논리적으로 동치이므로 ㉥과 ㉢이 참이라면 삼단논법에 의해 ㉦은 반드시 참이 된다.

⑤ ㉤은 행동주의에 대한 부연설명인데 ㉤이 거짓이라는 것은 행동주의가 거짓이라는 것과 같은 의미가 된다. 그런데 동시에 ㉦이 거짓이라면 행동주의가 참이라는 의미가 되어 ㉤과 ㉦이 서로 모순되는 결과가 발생한다. 따라서 둘은 동시에 거짓일 수 없다.

09

정답 ③

정답해설

제시문의 내용을 벤 다이어그램으로 나타내면 다음과 같다.

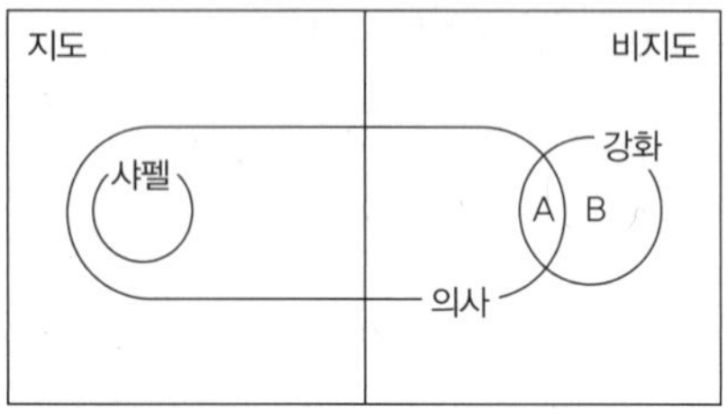

* A는 공집합이 아님

ㄱ. A부분은 의사결정트리 방식을 적용하면서 비지도학습의 사례에 속하는 것인데, 제시문에서 A부분이 존재한다고 하였으므로 거짓임을 알 수 있다.

ㄴ. A부분은 샤펠식 과정의 적용사례가 아니면서 의사결정트리 방식을 적용한 경우에 해당하는데, 제시문에서 A부분이 존재한다고 하였으므로 참임을 알 수 있다.

오답해설

ㄷ. 강화학습을 활용하는 머신러닝 사례들 중 의사결정트리 방식이 적용되지 않은 경우는 그림에서 B부분에 해당하는데 제시문에서 B부분에 대한 언급이 없으므로 참 거짓을 확정할 수 없다.

10

정답 ③

정답해설

제시문의 논증을 기호화하면 다음과 같다.

i) A → B

ii) B와 C가 모두 선정되는 것은 아님

iii) B ∨ D

iv) ~C → ~B = B → C

먼저 ii)와 iv)를 통해 B가 선정된다면 iv)에 의해 C가 선정되어야 하는데 ii)에서 B와 C는 동시에 선정되는 것은 아니라고 하였으므로 B는 선정되지 않는 것을 알 수 있다. 그러므로 i)의 대우 명제를 이용하면 A 역시 선정되지 않는다.

마지막으로 iii)에서 B와 D 중 적어도 한 도시는 선정된다고 하였는데 위에서 B가 선정되지 않는다고 하였으므로 D는 반드시 선정되어야 한다.

따라서 이를 정리하면 A와 B는 선정되지 않으며, C는 알 수 없고, D는 선정되므로 ㄱ과 ㄷ은 반드시 참이다.

11

정답 ⑤

정답해설

완전한 문자 체계란 구어의 범위를 포괄하는 기호 체계를 말하는데 제시문에서는 고대 이집트 상형문자를 완전한 문자 체계의 하나로 보고 있다. 따라서 고대 이집트 상형문자는 구어의 범위를 포괄하고 있다고 볼 수 있다.

오답해설

① 수메르인들이 문자를 만들어 쓴 이유는 구어를 베끼기 위해서가 아니라 거래 기록의 보존처럼 구어로는 하지 못할 일을 하기 위해서라고 하였다.

② 수메르어 문자 체계가 완전하지 않았기 때문에 자기 마음을 표현하는 시를 적고 싶었더라도 그렇게 할 수 없었다고 하였다.

③ 수메르어 기호를 읽고 쓸 줄 아는 사람은 얼마 되지 않았다고 하였다.

④ 원시 수메르어 문자체계는 숫자를 나타내는 데 1, 10, 60 등의 기호를 사용했고 사람, 동물 등을 나타내기 위해 다른 종류의 기호를 사용했다고 하였다.

12 정답 ⑤

정답해설

세종 때 도첩 신청자가 내도록 규정된 면포 수량은 150필인 반면, 예종 때는 50필이었다.

오답해설

① 태종이 도첩을 위조해 승려가 된 자를 색출하게 한 것은 사실이지만 이들에게 면포 30필을 내게 하지는 않았다.
② 태조가 면포 150필을 내게 한 대상은 새로 승려가 되려는 자들이지 이전에 승려였던 자들이 아니었다.
③ 세조는 명부에 이름만 올려놓고 승려생활을 하지 않는 부자들이 많은 문제를 해결하기 위해 즉위하자마자 대책을 세울 것을 명했다. 그리고 수년 후 내야 할 면포 규정을 30필로 낮추되 심경, 금강경, 살달타를 암송해야 도첩을 준다는 규정을 시행하였다.
④ 성종은 납부해야 할 면포 수량을 50필로 하고 심경, 금강경, 살달타, 법화경을 암송해야 도첩을 준다는 예종 때의 규정을 그대로 유지하였다.

13 정답 ⑤

정답해설

심리증상의 정도는 총격 사건 중 자신의 총기 사용이 얼마나 정당했는가와 반비례한다고 하였는데 범죄자가 경찰관보다 강력한 무기로 무장한 경우라면 그 정당성이 높은 경우에 해당한다. 따라서 심리증상의 정도가 약할 것이라고 추론할 수 있다.

오답해설

① 총격이 오가는 동안 83%의 경찰관이 시간왜곡을 경험했고, 63%가 청각왜곡을 겪었다고 하였다.
② 대부분의 미국 경찰관은 총격 사건을 경험하지 않고 은퇴한다고 하였다.
③ 특히 총격 피해자가 사망했을 경우 사건 후 높은 위험 지각, 분노 등의 심리증상이 잘 나타난다고 하였다. 청각왜곡과 같은 지각왜곡현상은 총격 사건이 일어나는 동안에 발생하는 현상이라고 하였고, 피해자가 사망한 경우와의 연관성은 언급되어 있지 않다.
④ 총격 사건 후에 높은 위험 지각, 분노 등의 심리증상이 나타나는 것은 알 수 있으나 이것이 총격 사건 중의 지각왜곡과 상관관계가 있는지의 여부는 알 수 없다.

14 정답 ②

정답해설

지에밥의 녹말이 누룩곰팡이를 통해 엿당이나 포도당으로 분해되는 것이 당화과정이고, 이 엿당이나 포도당이 효모를 통해 알코올로 분해되는 과정을 발효과정이라 한다. 그리고 이 당화과정과 발효과정 중에 나오는 에너지로 인하여 열이 발생하게 되는데, 이 열로 술독 내부의 온도인 품온이 높아진다고 하였다.

오답해설

① 청주는 탁주에 비해 알코올 농도가 높지만 탁도는 낮은 술이라고 하였다.
③ 아밀라아제는 녹말을 엿당이나 포도당으로 분해한다. 엿당이나 포도당을 알코올로 분해하는 것은 효모의 역할이다.
④ 청주와 막걸리가 구분되는 과정에서 효모의 양이 어떻게 작용하는지는 제시문을 통해 알 수 없다.
⑤ 당화과정이 완료된 이후에 발효과정이 시작된다.

15 정답 ③

정답해설

ㄱ. '사적 한계순생산가치'란 한 기업이 생산과정에서 투입물 1단위를 추가할 때 그 기업에 의해 직접 발생하는 순생산가치의 증가분이며, 여기에 부가적으로 발생하는 사회적 비용과 편익을 고려한 것이 '사회적 한계순생산가치'이다. 따라서 '사적 한계순생산가치'에는 사회적 편익이 고려되지 않는다.
ㄴ. '사회적 한계순생산가치'는 '사적 한계순생산가치'에 부가적으로 발생하는 사회적 비용과 편익을 고려한 것이다. 그런데 이것이 존재하지 않는다면 '사적 한계순생산가치'와 '사회적 한계순생산가치'가 동일하게 된다.

오답해설

ㄷ. 사회에 부가적으로 발생하는 비용이 동일하다고 하더라도 각 기업의 '사적 한계순생산가치'와 부가적으로 발생하는 사회적 편익이 다르다면 기업 A와 B의 '사회적 한계순생산가치'는 다르게 된다.

16 정답 ③

정답해설

제시문의 논증을 간략하게 도식화하면 다음과 같다.

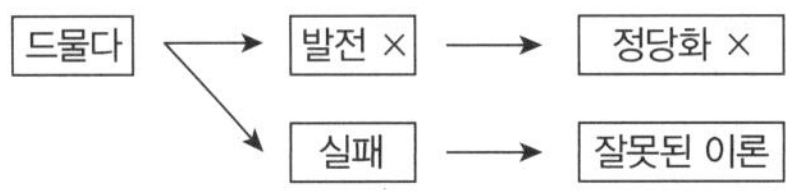

먼저 제시문을 정리하면 ⓐ를 근거로 '과학의 역사가 바람직한 방향으로 발전하지 않았거나(발전 ×, 도식에서의 표현–이하 동일)' 또는 '과학적 탐구 방법의 특징을 드러내는 데 실패했다(실패)'라는 소결론을 이끌어 냈다는 것을 알 수 있다. 이는 위의 도식에서 알 수 있듯이 '귀납이 과학의 역사에서 사용된 경우가 드물다(드물다)'를 근거로 할 때 도출될 수 있는 결론이므로 ⓐ에는 ㄱ이 들어가야 가장 적절하다는 것을 알 수 있다.
다음으로 이를 통한 최종결론은 위의 도식에서 알 수 있듯이 '귀납주의에서는 수많은 과학적 지식이 정당화되지 않은 것으로 간주해야 하거나' 또는 '귀납주의가 과학적 탐구 방법에 대한 잘못된 이론이다'가 되어야 한다. 이 결론이 선언적 형식을 가져야 하는 이유는 앞에서 언급한 것처럼 '귀납이 과학의 역사에서 사용된 경우가 드물다.'를 근거로 한 소결론이 선언의 형태였기 때문이다. 따라서 "(A ∨ B)=(~A → B)"에 따라 논리적으로 이와 동치인 ㅁ이 ⓑ에 들어가기에 가장 적절한 문장이 된다. 선택지 ㄷ은 두 명제를 선언이 아닌 연언의 형식으로, ㄹ은 조건문의 형식으로 진술하였기에 답이 될 수 없다.

합격 가이드

이른바 '꼬리에 꼬리를 무는' 논증 유형이다. 이러한 유형은 키워드만 잘 잡고 이를 연결하면 아무리 복잡한 논증구조를 가지고 있더라도 쉽게 정답을 찾아낼 수 있다. 다행히 이 문제의 경우는 이 키워드들이 모두 동일한 단어로 주어졌지만, 이는 얼마든지 같은 의미를 지니는 단어 내지는 어구로 변환하여 출제될 수 있다. 이럴 때에는 주어진 단어들을 그대로 사용하지 말고 위의 도식처럼 간단한 단어 하나로 통일한 후 과감하게 단순화시키는 것이 중요하다. 각각의 단어의 의미가 조금은 다르다고 생각하여 별개의 논증으로 놓으면 그 어떤 명제도 연결되지 않는 상황이 생기고 만다.

17

정답 ⑤

정답해설

제시문에서 언급한 '진리성 논제'란 어떠한 자료가 단지 올바른 문법 형식을 갖추고 있다는 것에 그치지 않고 그 내용 또한 참이어야 한다는 것이다. 이에 대해 '진리 중립성'을 주장하는 사람들은 그 '정보'가 틀린 내용을 담고 있고 있더라도 이해하는 주체의 인지 행위에서 분명한 역할을 할 수 있으므로 꼭 '참'이어야 하는 것은 아니라고 비판하였다. 따라서 이와 가장 의미가 통하는 선택지는 ⑤이다.

합격 가이드

이 문제와 같이 제시문에서는 대립되는 두 개의 견해를 제시하고 있는 반면, 문제에서는 이를 명확하게 언급하지 않은 유형들이 종종 출제된다. 하지만 문제의 겉모습과는 다르게 본질은 두 개의 견해를 비교하는 것이다. 이 문제의 경우 '진리성 논제'를 비판하라고 하였으므로 상대측인 '진리 중립성'에 근거한 비판을 찾으면 된다. 제시문에서는 둘을 실컷 비교해놓고 정작 선택지를 분석할 때는 원점에서 풀이하는 실수는 하지 말자.

18

정답 ②

정답해설

제시된 논증의 가장 중요한 전제는 인간 본성의 '좋은' 특성이 '나쁜' 특성과 밀접하게 연결되어 있다는 것이며, 때문에 인간의 본성을 선별적으로 개선하려고 하면 그와 연결된 '좋은' 특성에도 영향을 미치게 된다는 것이다. 그런데 선택지의 진술은 이와 반대의 내용으로 '좋은' 특성과 '나쁜' 특성이 서로 분리되어 있어 선별적으로 변경하더라도 영향을 끼치지 못한다고 하였으므로 전체 논증을 약화한다고 볼 수 있다.

오답해설

ㄱ. 인간 본성이 인간이 갖는 도덕적 지위와 존엄성의 궁극적 근거이므로 인간 본성을 무너뜨릴 위험성이 있는 시도를 하지 말아야 한다는 것이다. 따라서 선택지의 진술은 전체 논증을 강화한다고 볼 수 있다.

ㄴ. 인간 본성을 지닌 모든 존재가 지금의 상태보다 더 훌륭하게 되길 희망하는 것은 전체적인 논증과는 직접적인 연관관계가 없다. 따라서 전체 논증을 강화하지도 약화하지도 않는다고 볼 수 있다.

19

정답 ④

정답해설

제시된 조건을 간략하게 기호화하면 다음과 같다.

ⅰ) (폭탄 ∨ 공대공) → ~정비

ⅱ) 비행시간 → ~공대공

ⅲ) 정비

여기서 ⅲ)과 ⅰ)의 대우 명제를 결합하면 ⅳ) ~폭탄 ∧ ~공대공을 추가로 확인할 수 있다.

결국 네 가지의 조건 중에서 폭탄 적재량 조건과 공대공 전투능력 조건은 충족할 수 없으므로 차기 전투기로 선정되기 위해서는 '정비시간' 조건과 '비행시간' 조건을 충족시켜야 한다.

ㄴ. 차기 전투기로 선정되기 위해서는 '정비시간' 조건과 '비행시간' 조건을 충족시켜야 한다. 따라서 공군이 도입한 기종은 비행시간이 길 것이다.

ㄷ. 위 ⅱ)를 대우 명제로 변환하면 공대공 → ~비행시간로 나타낼 수 있다.

오답해설

ㄱ. A사의 기종은 비행시간이 길고 폭탄 적재량이 많다고 하였는데 위 ⅰ)에서 폭탄 적재량이 많으면 정비시간은 길어진다는 것을 알 수 있으므로 필수조건인 ⅲ)을 만족시키지 못한다. 따라서 예측과 달리 A사의 기종은 선택되지 않았을 것이다.

20

정답 ④

정답해설

제시된 대화 내용을 벤 다이어그램으로 정리하면 다음과 같다.

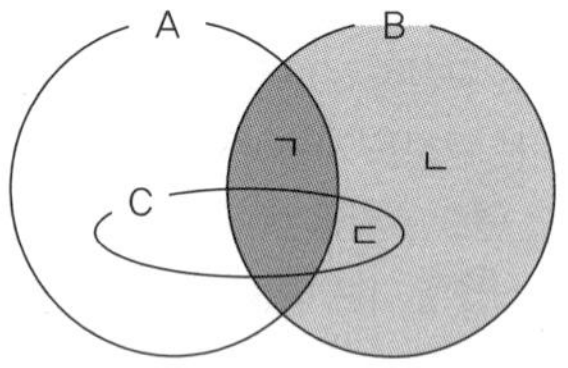

먼저 서희의 대화를 통해 ㄱ은 공집합이라는 것과 ㄴ이 공집합이 아니라는 것을 알 수 있다. 여기에 종범의 대화를 추가하여 ㄷ이 공집합이라는 결론을 얻어내는 것이 이 문제의 핵심이다. 따라서 이를 정확하게 표현한 ④가 답이 된다.

합격 가이드

항목이 3개라면 따질 것도 없이 벤 다이어그램으로 해결하는 것이 모든 면에서 효과적이다. 간혹 이를 논리식으로 구성하여 풀이하려는 수험생들이 있는데 그것은 항목이 많아져 시각적으로 표현이 어려울 때 사용하는 방법이다. 만약 이 문제를 논리식으로 풀이한다면 선택지 5개를 모두 분석해야 하며, 만약 논리식으로 구현하기 어려운 조건이 포함되어있다면 풀이의 난도는 상승할 수밖에 없다.

21

정답 ④

정답해설

최항 집권기인 1253년에 예쿠의 몽골군이 충주성을 공격했으나 충주성의 천민들이 관군의 도움 없이 성을 지켜냈다고 하였다.

오답해설

① 최우가 집권한 이후 몽골이 침입한 것은 제시문 제일 처음에 등장하는 1차 침입과 살리타의 2차 침입, 1235년, 1247년, 1253년, 1254년 여섯 차례이다.

② 자랄타이가 고려를 침입한 해는 1254년인데, 이때는 아직 최항이 집권하고 있을 시기이다.

③ 김준과 유경이 최의를 죽인 것은 맞지만 권력을 고려 국왕에게 되돌려 주었는지는 알 수 없다.

⑤ 살리타가 처인성에서 전사한 후 몽골군이 퇴각한 것은 맞지만 여전히 최우 정권은 강화도에 위치하고 있었다. 몽골이 고려의 개경 복귀를 요구하고 고려 내에서 이를 받아들이자고 주장하는 사람들이 많았을 뿐이다.

22

정답 ②

정답해설

'이중기준론'에 의하면 음란한 표현은 수정헌법 제1조의 보호 대상이 아니다. 따라서 음란물 유포를 금하는 법령은 '이중기준론'의 입장과 상충되지 않는다.

오답해설

① '이중기준론'에서는 추잡하고 음란한 말 등은 수정헌법 제1조의 보호 대상이 아니라고 하였는데 이를 위해서는 추잡하고 음란한 말 등에 대한 기준이 정해져야 할 것이다. 따라서 시민을 보호하기 위해 제한해야 할 만큼 저속한 표현의 기준을 정부가 정하는 것은 '이중기준론'의 입장과 상충되지 않는다.

③ · ④ '내용중립성 원칙'에 의하면 정부가 어떤 경우에도 표현되는 내용에 대한 평가에 근거하여 표현을 제한해서는 안 된다. 따라서 어떤 영화의 주제가 나치즘을 찬미한다는 이유, 경쟁 기업을 비방하는 내용의 광고라는 이유로 상영 내지는 방영을 금하게 하는 법령이 존재한다면 이는 '내용중립성 원칙'의 입장과 대치된다.

⑤ TV 방송의 내용이 특정 정치인을 인신공격하는 내용인 경우 '이중기준론'의 입장에서는 그것이 수정헌법이 보호하지 않는 표현이라는 이유로 해당 방송을 제재할 것을 주장할 것이고, '내용중립성 원칙'의 입장에서는 어떤 경우에도 표현되는 내용에 대한 평가에 근거하여 표현을 제한해서는 안 된다는 이유로 해당 방송을 제재하는 것은 잘못이라고 주장할 것이다.

23

정답 ①

정답해설

제시문에서 언급한 주파수 재사용률을 높이기 위해 사용하는 방법은 일정 거리 이상 떨어진 기지국에서 동일한 주파수 대역을 다시 사용하는 것이다. 기지국의 전파 강도를 높이는 경우에 대한 내용은 제시문에서 찾을 수 없다.

오답해설

② 인접한 셀들은 서로 다른 주파수 대역을 사용하고, 인접하지 않은 셀에는 이미 사용하고 있는 주파수 대역을 다시 사용하게끔 셀을 구성하여 방대한 지역을 제한된 몇 개의 주파수 대역으로 서비스할 수 있다고 하였다.

③ 주파수 간섭 문제를 피하기 위해 인접한 셀들은 서로 다른 주파수 대역을 사용한다고 하였으므로 이를 역으로 생각하면 인접 셀에서 같은 주파수 대역을 사용하면 주파수 간섭 문제가 발생할 수 있다.

④ 시스템 설계자는 통화량이 많은 곳은 셀의 반지름을 줄이고 통화량이 적은 곳은 셀의 반지름을 늘려 서비스 효율성을 높인다고 하였다.

⑤ 하나의 기지국이 감당할 수 있는 최대 통화량은 일정하다고 하였으므로 기지국의 수를 늘리면 수용 가능한 통화량이 증가하는 것은 당연하다.

24

정답 ③

정답해설

ㄱ. 티코 브라헤는 당시 천체의 운동을 설명하는 유일한 이론이었던 아리스토텔레스의 자연학을 통해 연주시차가 관찰되지 않을 가능성을 부정하였다.

ㄷ. 티코 브라헤는 코페르니쿠스 체계가 옳다면 공전 궤도상 서로 마주 보는 두 지점에서 한 별을 관찰했을 때 서로 다른 각도로 관찰된다는 것, 즉 연주시차가 관찰된다는 점에 주목했다. 그리고 오랜 시간에 걸쳐 연주시차가 관찰되는지 조사했으나 그렇지 않았다. 결국 티코 브라헤는 이를 토대로 코페르니쿠스 체계는 옳지 않다는 결론을 내렸다.

오답해설

ㄴ. 티코 브라헤는 연주시차와 아리스토텔레스의 자연학이라는 최선의 이론적 설명을 통해 코페르니쿠스의 이론을 반증했다. 종교적 편견은 당시 천문학자들이 코페르니쿠스 체계에 대해 가지고 있었다고 생각되는 것이다(제시문은 이를 반박하고 있다).

합격 가이드

많은 수험생들이 과학 관련 제시문 문제를 버거워하는 경향이 있다. 아무래도 제시문에서 언급된 단어들과 내용들이 생소하기 때문일 것인데, 오히려 이런 경우는 논리적 함축을 담고 있는 경우가 거의 없어서 제시문 자체만 이해하면 문제는 의외로 쉽게 풀리는 경우가 많다. 또 하나의 장벽은 정보의 많은 양일 것이다. 심한 경우는 조사를 제외한 나머지 단어가 모두 의미를 지니는 단어로 제시되는 경우도 있을 정도인데, 이런 제시문은 어차피 한 번 읽고 모든 내용을 기억하는 것은 불가능하다. 따라서 오히려 밑줄 내지는 표시를 일반적인 제시문보다 훨씬 적게 한 후 다시 읽는다는 생각을 할 필요가 있다.

25

정답 ⑤

정답해설

먼저 빈칸 뒤 문장인 '세셀리아초파리의 Ir75a 유전자도 후각수용체 단백질을 만든다는 것인데'라는 부분을 살펴보자. 첫 번째 문단과 이 문장의 내용을 종합하면 결국 빈칸에는 노랑초파리의 어떠한 성질이 들어가야 하고 그 성질에서 결론을 유추할 수 있어야 한다.
그런데 그 성질이라는 것은 결국 바로 앞 문장에서 알 수 있듯이 프로피온산 냄새를 맡을 수 있다는 것이며 이것이 빈칸 뒤 문장의 Ir75a 유전자와 연관이 있어야 한다. 따라서 이 같은 내용이 적절하게 포함된 것은 ⑤이다.

합격 가이드

표현능력을 측정하는 이른바 '빈칸 채우기' 유형이다. 초창기에는 이 문제와 같이 앞뒤 문장만으로도 빈칸을 채울 수 있었으나 최근에는 제시문 전체의 흐름을 이해해야 정답을 찾을 수 있게끔 출제되고 있으며 난도 역시 그만큼 높아져 있는 상태이다. 사실 이 제시문은 빈칸 채우기 유형보다는 일치 · 부합형 문제에 적합한 것으로 판단되는데 무리하게 빈칸 채우기 형태로 출제하지 않았나 하는 의구심이 든다.

01	02	03	04	05	06	07	08	09	10
④	③	④	②	⑤	⑤	①	①	⑤	①
11	12	13	14	15	16	17	18	19	20
⑤	④	①	②	③	③	①	②	③	②
21	22	23	24	25					
④	③	③	②	⑤					

01

정답 ④

정답해설

ㄱ. 보고서 세 번째 문단의 국회 국민청원건수에 대한 내용을 작성하기 위해 필요한 자료이다.

ㄷ. 보고서 두 번째 문단의 상임위원회당 처리 법안수에 대한 내용을 작성하기 위해 필요한 자료이다.

ㄹ. 보고서 첫 번째 문단의 국회의원 1인당 제출법안건수를 구하기 위해 필요한 자료이다.

오답해설

ㄴ. 보고서에서는 국회 국민청원 중 본회의 처리건수에 대한 내용은 언급되어 있지 않다. 단지 ㄱ의 국회 국민청원건수에 대한 내용만 언급되어 있을 뿐이다.

합격 가이드

해설에서는 편의를 위해 선택지를 먼저 보고 보고서를 찾아가는 방식을 택했지만, 실전에서는 그보다는 먼저 보고서를 순차적으로 읽어내려가면서 없는 자료를 선택지에서 찾는 방식을 택해야 한다. 왜냐하면 보고서에 필요한 자료라고 해서 선택지에 다 들어가 있는 것은 아니기 때문이다. 이렇게 출제된 예가 드물기는 해도 과거에 몇 번 있었다.

02

정답 ③

정답해설

먼저 표의 인간개발지수를 이용하여 그림의 A~D를 연결하면, A는 도미니카공화국, B는 멕시코, C는 불가리아, D는 대한민국임을 알 수 있다.

ㄱ. A국(도미니카공화국)의 인터넷 사용률은 52%이다.

ㄹ. 1인당 GDP가 가장 높은 국가는 노르웨이이며, 이는 그림에서 우측 최상단에 위치한 점과 연결된다. 따라서 노르웨이의 시민지식 평균점수도 가장 높다.

오답해설

ㄴ. GDP 대비 공교육비 비율은 B국(멕시코) 5.2%, C국(불가리아) 3.5%이다.

ㄷ. 최근 국회의원 선거 투표율의 하위 3개국은 B국(멕시코, 47.7%), 칠레(49.3%), C국(불가리아, 54.1%)이며 D국(대한민국, 58%)은 이보다 높다.

03

정답 ④

정답해설

그래프의 세로축은 화재발생건수 천 건당 인명피해자수를 나타내고 있다. 2012년도만 계산해 보면 그 비율은 약 51.4으로 십단위 수로 나타난다. 제시된 그래프는 화재발생건수 대비 인명피해자수 비율이 아니라 구조활동건수 대비 인명피해자수 비율이다.

합격 가이드

선택지 ①은 단순히 자료를 읽으면 되는 것이지만 나머지는 모두 일정한 계산을 요하는 것들이다. 이러한 문제가 나오면 방도가 없다. 다만, 선택지 ④의 경우는 그래프에 나타난 수치의 단위를 파악하여 모두 계산해 보지 않아도 답을 찾을 수 있다. 선택지 ⑤는 그야말로 시간소모형 선택지이다. 이러한 선택지는 증감 방향만 잡고 넘어가든지 아니면 아예 손을 대지 않는 것이 상책이다.

04

정답 ②

정답해설

2012년 비수도권의 지가변동률은 1.47%로 수도권의 0.37%에 비해 높으며, 2013년 비수도권은 1.30%로 수도권의 1.20%에 비해 높다. 마지막으로 2015년 비수도권은 2.77%로 수도권의 1.90%에 비해 높으므로 총 3개 연도에서 비수도권의 지가변동률이 수도권의 지가변동률보다 높다.

오답해설

ㄱ. 2013년 비수도권의 지가변동률은 1.30%로 2012년 1.47%에 비해 하락하였다.

ㄷ. 수도권의 경우는 2018년이 전년에 비해 1.80%p 높아 전년 대비 지가변동률 차이가 가장 크지만, 비수도권은 2017년이 전년에 비해 1.00%p 높아 차이가 가장 크다.

05

정답 ⑤

정답해설

'우수수준'의 학생비율은 표에서 '550점 이상'의 누적비율에서 '625점 이상'의 누적비율을 차감하여 구할 수 있다. 이에 의하면 B국은 30%인 반면, D국은 33%이므로 D국이 B국보다 높다.

오답해설

① 그림에서 2018년의 차이는 1점에 불과한 반면 1998년의 차이는 17점이나 되어 1998년이 훨씬 크다는 것을 알 수 있다.

② '갑'국의 전체 평균점수는 남학생의 평균점수와 여학생의 평균점수를 가중평균한 값이므로 두 값 사이에 존재할 수밖에 없다. 그런데 2014년의 전체 평균점수는 610~616점 범위 안에 위치하나 2018년은 605~606점 범위에 있으므로 당연히 2014년의 전체 평균점수가 더 크다.

③ 표에서 G국과 H국은 '수월수준'의 학생비율이 7%로 동일하지만 평균점수는 G가 더 높다.

④ '기초수준 미달'의 학생비율이 가장 높다는 것은 표의 '400점 이상' 누적 비율이 가장 낮음을 의미하므로 91%를 기록한 F국이 이에 해당한다.

합격 가이드

이른바 '여사건'을 이용한 문제이다. 이 문제는 제시된 자료의 구성이 여사건을 한눈에 알 수 있도록 제시되었지만 그렇지 않은 경우가 훨씬 많은 편이다. 여사건 개념을 이해하고 있더라도 문제를 풀 때 이를 적용하지 못하는 경우가 있다. 선택지 ④의 경우 이를 풀이하기 위해 100에서 차감한 숫자들을 직접 비교하는 경우가 바로 그것이다. 여사건은 100에서 해당 숫자를 뺄 수 있느냐가 중요한 것이 아니다. 선택지 ④와 같이 400점 이상의 비율이 가장 낮은 항목이 무엇인지를 곧바로 잡아낼 수 있어야 한다.

06

정답 ⑤

정답해설

ㄷ. 표 2에서 두 순위가 2017년 대비 2018년에 모두 상승한 브랜드는 AU와 HY 2개뿐이다.

ㄹ. 일단 표 2의 자동차업계 내 순위에서 2018년 부분은 1위부터 7위까지 순서대로 나열되어 있고 2017년 부분은 TO~WO까지의 6개 브랜드와 하단에서 두 번째인 XO가 7위를 차지하고 있다. 이를 토대로 표 1에서 필요한 정보만을 나타내면 다음과 같다.

구분	2017	2018
TO	248	279
BE	200	218
BM	171	196
HO	158	170
FO	132	110
WO	56	60
AU	–	42
HY	–	–
XO	38	–
NI	–	–

선택지에서 묻는 것은 '상위 7개 브랜드 가치평가액의 평균'의 대소를 비교하는 것이었다. 그런데 이는 다르게 생각하면 '상위 7개 브랜드 가치평가액의 총합'의 대소를 비교하는 것과 동일한 결과를 가져오게 됨을 알 수 있다.

먼저 브랜드별로 2017년과 2018년을 비교해보자. 공교롭게도 FO를 제외한 나머지 브랜드들은 2018년의 가치평가액이 더 크다는 것을 알 수 있는데, 그 차이가 FO의 감소분을 상쇄하고도 남는다. 따라서 총합은 2018년이 더 크다는 것을 알 수 있으며, 평균 역시 2018년이 더 크게 된다.

오답해설

ㄱ. 2017년 대비 2018년 '전체 제조업계 내 순위'가 하락한 브랜드는 FO, XO, NI의 3개 브랜드인데 XO의 브랜드 가치평가액은 2018년 39억 달러로 2017년에 비해 1억 달러 상승하였다.

ㄴ. 브랜드별로 2017년과 2018년의 브랜드 가치평가액 차이를 계산하면 FO가 22억 달러로 세 번째로 크다.

합격 가이드

선택지 ㄴ과 같은 것은 첫 번째 풀이단계에서는 스킵해야 한다. 이 문제에서는 간단한 뺄셈으로 판단이 가능했지만 결과론적으로 그 선택지를 판단하지 않더라도 답을 선택하는 데 아무런 문제가 없었다. 이는 단지 사후적 · 결과론적으로 해석한 것이 아니다. 실제 출제를 할 때 불필요하게 시간을 허비하게끔 선택지를 넣는 경우가 매우 많다는 점을 활용한 것이다.

07

정답 ①

정답해설

먼저 확인해야 하는 것은 A프랜차이즈가 서울과 6대 광역시에만 위치하고 있느냐이다. 정석대로 하려면 제시된 숫자들을 정확하게 더한 값이 전체의 총합과 일치하는지를 판단해 보아야 하나, 실전에서는 일의 자리 숫자만 더해보고 일치하는지의 여부로 판단해도 충분하다. 이 문제의 경우는 서울과 6대 광역시를 제외한 나머지 지역에는 프랜차이즈가 위치하고 있지 않은 상황이다.

만약 중규모 가맹점과 대규모 가맹점이 모두 서울 지역에 위치하고 있다면 이 둘의 결제건수인 4,758건이 모두 서울 지역에서 발생한 것이 된다. 그렇다면 서울 지역의 결제건수인 142,248건에서 4,758건을 차감한 137,490건이 최소로 가능한 건수이다.

오답해설

② 서울 지역의 결제건수인 142,248건에 6,000건을 더하더라도 전체 결제건수인 148,323건에 미치지 못한다. 따라서 6대 광역시 가맹점의 결제건수 합은 6,000건 이상이다.

③ 표 2에서 결제건수 대비 결제금액을 어림해보면 소규모와 대규모 가맹점은 건당 2만 원에 근접한 수치로 계산되는데, 중규모 가맹점의 경우는 건당 2만 원에 한참 미치지 못한다.

④ 대구 지역의 가맹점수 대비 결제금액은 약 300만 원인데 반해 나머지 지역들은 이에 한참 미치지 못한다.

⑤ 전체 가맹점수인 1,363개에서 이의 10%를 차감한 값이 90% 값이다. 이를 계산하면 1,363−136=1,227개이므로 서울의 가맹점수인 1,269개는 이보다 크다.

합격 가이드

90%와 10%를 이용하는 문제는 매년 출제될 만큼 중요한 유형이다. 이 수치는 선택지에서 직접 묻고 있지 않더라도 대소비교 및 어림산 시에 유용하게 활용되므로 기계적으로 풀이가 가능해야 한다. 또한 선택지 ①은 흔히 말하는 '적어도~' 유형의 문제이다. 의외로 이 유형의 문제를 빨리 풀어내지 못하는 수험생이 많다. 이것은 알기는 알지만 연습이 부족해서 생기는 일이다. 표의 구조와 수치를 제시하는 방식은 늘 변하기 마련이다. 따라서 기출문제에서 등장하는 '적어도~' 유형의 문제를 한 곳에 몰아두고 풀어보는 것도 좋은 방법이다. 다른 유형도 마찬가지로 이렇게 몰아서 푸는 연습이 되어 있다면 다시는 틀리지 않는다.

08 정답 ①

정답해설

단순한 덧셈과 뺄셈으로만 이루어진 빈칸 채우기 문제는 일단 빈칸을 채워 놓고 시작하는 것이 편하다. 곱셈 혹은 나눗셈이라면 상황에 맞춰서 판단해야 하겠지만 덧셈, 뺄셈의 자료는 거의 대부분 선택지의 구성 자체가 그 빈칸을 채우지 않고는 풀 수 없게끔 출제된다. 시청자평가지수는 만족도지수와 질평가지수의 평균이므로 이를 이용하여 주시청 시간대의 빈칸을 채워 넣으면 다음과 같다.

구분		주시청 시간대	
유형	방송사	만족도지수	질평가지수
지상파	A	(7.26)	7.20
	B	7.23	(7.01)
	C	7.11	6.93
	D	(7.41)	7.23
종합편성	E	7.10	7.02
	F	(7.94)	7.88
	G	7.20	(7.06)
	H	7.08	7.00

ㄱ. 표에 의하면 각 지상파 방송사는 전체 시간대와 주시청 시간대 모두 만족도지수가 질평가지수보다 높다.

ㄴ. 표에 의하면 각 종합편성 방송사의 질평가지수는 주시청 시간대가 전체 시간대보다 높다.

오답해설

ㄷ. 방송사 D의 경우 전체 시간대의 시청자 평가지수는 7.24이고, 주시청 시간대의 시청자 평가지수는 7.32로 주시청 시간대가 더 높다.

ㄹ. 표에서 만족도지수의 경우 주시청 시간대가 전체 시간대보다 높은 것은 B, D, E, F, G, H이고 시청자평가지수의 경우 주시청 시간대가 전체 시간대보다 낮은 것은 A, B, C이다. 따라서 둘에 모두 해당하는 것은 B뿐이다.

합격 가이드

수험생의 입장에서는 가장 피하고 싶은 문제 유형이다. 물론 풀이 자체는 어렵지 않으며 풀이만 제대로 했다면 정답을 찾는 데에는 문제가 없었을 것이다. 하지만 문제를 풀고 난 이후에 걸린 시간을 체크해 보았는가? 바로 이런 문제가 무서운 문제이다. 풀 때에는 쭉쭉 풀려나가기에 시간 가는 줄 모르는 문제가 바로 이런 유형이다. 만약 선택지에 ㄱ, ㄴ, ㄹ과 같이 ㄱ, ㄴ 이외의 다른 것이 들어 있었다고 생각해보자. 웬만하면 이런 유형의 문제는 패스하는 것이 좋다고 생각된다.

09 정답 ⑤

정답해설

ㄴ. 선택지의 상황을 따른다면 결국 진로상담은 교수와 진로컨설턴트에게만 해당된다. 그림 2와 표를 통해 진로상담건수가 2,403건임을 알 수 있고 이 중 641건이 진로컨설턴트에 의해 진행되었으므로 결국 교수가 진행한 진로상담은 1,762건임을 알 수 있다. 이는 교수가 진행한 전체 건수의 30%(약 1,300건)을 훨씬 초과한다.

ㄷ. 표의 전체 항목을 비교하는 것으로, 4학년, 1학년, 2학년, 3학년의 순으로 상담건수가 많았다.

ㄹ. 그림 1의 상담횟수별 학생수를 모두 더하면 된다. 이를 계산하면 4,496명이므로 4,600명에 미치지 못한다.

오답해설

ㄱ. 표에서 2학년과 3학년을 비교해보면 분모가 되는 전체 상담건수는 3학년이 적은 반면, 분자가 되는 상담직원수는 3학년이 더 크다. 따라서 전체 상담건수 중 상담직원의 상담건수가 차지하는 비중은 3학년이 2학년보다 더 크다.

합격 가이드

전체 스캔을 통해 간단한 선택지부터 판단하는 것이 얼마나 중요한지를 정확히 보여준 문제이다. 위의 해설에서 보듯 ㄷ과 ㄹ은 정말 간단한 덧셈뿐이었지만 ㄱ과 ㄴ은 그보다는 까다로운 선택지들이었다. 만약 스캔을 통해 ㄷ과 ㄹ을 먼저 판단했더라면, ㄱ 혹은 ㄴ 둘 중 하나만 확인하면 정답을 찾을 수 있었다.

10 정답 ①

정답해설

먼저 세 번째 조건을 살펴보면, 세 개의 항목을 합한 것보다도 더 많은 영업이익을 기록한 것은 '가'일 수밖에 없다. 따라서 '가'를 D로 먼저 확정지어 놓도록 하자.

이제 첫 번째 조건을 살펴보면, 직원수는 '영업이익/직원 1인당 영업이익'으로 구할 수 있는데 나~마 중 이 수치가 가장 큰 것은 '라'이므로 이것이 A와 연결됨을 알 수 있다. 여기까지만 판단하면 선택지 소거법을 이용해 정답을 찾을 수 있다. 하지만 나머지 조건을 통해 보다 엄밀하게 분석해 보자.

두 번째 조건을 살펴보면, '가(D)', '나', '다', '마' 중에서 평균연봉 대비 직원 1인당 영업이익이 가장 적은 것이 C라고 하였는데, 어림해서 이를 계산해보면 '다'가 C에 해당함을 알 수 있다.

이제 남은 것은 (나, 마)와 (B, E)를 연결하는 것인데 마지막 조건을 통해 '나'를 B와, '마'를 E와 연결시킬 수 있게 된다.

합격 가이드

이 문제를 해설하는 과정에서는 구체적인 수치를 전혀 언급하지 않았다. 이는 어림으로 가능한 부분이기도 했지만 보기를 어떤 순서대로 체크하는지를 부각시키기 위한 측면이 더 강하다. 매칭형 문제는 첫째도 둘째도 선택지이다. 선택지를 굳이 무시하고 전체를 모두 매칭시키는 것이 대체 무슨 소용이란 말인가?

11

정답 ⑤

정답해설

선택지의 자료는 제시된 보고서를 작성하는 데 직접적으로 활용되지 않았다.

오답해설

① 두 번째 항목인 '자원봉사단체 등록 현황'을 작성하기 위해 필요한 자료이다.
② 첫 번째 항목에 포함된 '인구수 대비 자원봉사자 등록률'을 계산하기 위해 필요한 자료이다.
③ 첫 번째 항목인 '자원봉사자 등록 현황' 및 세 번째 항목인 '연령대별 자원봉사자 등록 현황'을 작성하기 위해 필요한 자료이다.
④ 네 번째 항목인 '자원봉사자 활동 현황'을 작성하기 위해 필요한 자료이다.

합격 가이드

'직접적인 근거로 활용되지 않은 자료'를 찾는 유형은 반드시 선택지를 보고 그 선택지가 필요한 자료가 있는지를 역으로 찾아봐야 한다. 간혹 보고서에는 존재하지만 선택지에는 없는 자료들이 등장하기 때문이다. 이런 경우는 문제를 보고 선택지를 찾아갈 경우 불필요한 시간소모가 있을 수밖에 없다.

12

정답 ④

정답해설

ㄱ. 선택지에서는 '학과당 교원 수'로 제시되었으나 제시된 자료를 그대로 활용하기 위해 '교원당 학과 수'로 바꿔 판단해 보자. 물론 그럴 경우 대소관계는 반대로 판단해야 할 것이다. 이 같은 논리로 판단하면 공립대학은 10%를 조금 넘는 수준인데 반해, 사립대학은 20%에는 미치지 못하지만 공립대학보다는 크다는 것을 어림으로도 확인할 수 있다. 따라서 학과당 교원 수는 공립대학이 더 많다.

ㄴ. 전체 대학 입학생 수가 355,772명이므로 이의 20%는 7만 명을 조금 넘는다는 것을 알 수 있다. 하지만 국립대학의 입학생 수는 7만 8천 명을 넘고 있기 때문에 국립대학 입학생 수가 차지하는 비율은 20% 이상이다.

ㄷ. ㄱ과 같은 논리로 졸업생 수 대비 입학생 수의 비율로 판단해 보면, 국립대학은 100%를 넘는 반면 공립대학은 100%에 미치지 못한다. 그러므로 졸업생 수 대비 입학생 수는 국립대학이 공립대학보다 더 크다. 따라서 입학생 수 대비 졸업생 수의 비율은 공립대학이 더 높다.

오답해설

ㄹ. 남성 직원 수가 여성 직원 수보다 많다면 여성 직원 수가 전체 직원 수의 절반에 미치지 못해야 한다는 것을 의미한다. 그런데 공립대학의 경우는 여성 직원 수가 전체의 절반을 넘는다.

합격 가이드

이 문제와 같이 최대한 제시된 자료를 그대로 이용할 수 있게끔 선택지를 변형하는 것에 익숙해지는 것을 추천한다. 물론, 이렇게 접근할 경우 선택지를 반대로 해석해야 하기에 실수할 가능성이 있는 것은 사실이다. 그러나 분수식을 거꾸로 해석하는 과정에서 생길 수 있는 계산 실수 및 시간 소모를 생각한다면 이 방법이 더 효율적이다.

13

정답 ①

정답해설

ㄱ. 표에서 살펴보면 매년 체류외국인수의 10%가 불법체류외국인수보다 작다.

ㄹ. 80%를 구하기보다는 20%를 이용해서 판단하는 것이 효율적이다. 즉, 선택지의 내용이 옳게 되기 위해서는 체류외국인 범죄건수에서 불법체류외국인 범죄건수가 차지하는 비중이 20% 이하가 되어야 하는데 제시된 자료를 어림해 보면 모두 성립하고 있다.

오답해설

ㄴ. 불법체류외국인 범죄건수가 전년 대비 증가한 것은 2017년과 2018년인데 굳이 어림산을 하지 않아도 2018년의 증가율이 훨씬 크다는 것을 알 수 있다. 반면, 합법체류외국인의 범죄건수가 증가한 해는 2016년과 2018년인데 단순히 눈대중으로 보아도 2016년의 증가율이 훨씬 크다.

ㄷ. 체류외국인 범죄건수가 전년에 비해 감소한 해는 2015년과 2017년이며, 2015년의 경우는 합법체류외국인 범죄건수와 불법체류외국인 범죄건수도 전년에 비해 감소하였다. 그러나 2017년의 경우 불법체류외국인 범죄건수는 전년에 비해 증가하였다.

합격 가이드

90%와 10%, 80%와 20%는 문제의 상황에 따라 얼마든지 자유자재로 변환하여 판단할 수 있어야 한다. 흔히 '여사건'이라고 하는 개념이 이것인데, 이는 많은 연습을 통해 숙달되지 않으면 오히려 시간을 더 소모할 수도 있는 방법이다. 물론, 있는 그대로 풀이했을 때의 복잡함에 거부감이 없는 수험생이라면 그렇게 풀이해도 무방하겠지만 권하지 않는다.

14

정답 ②

정답해설

먼저 첫 번째 조건을 살펴보면 A와 B는 감소폭이 비슷한 반면 B의 2010년의 배출량 기준이 훨씬 낮다. 따라서 A가 한국이 아님은 분명하다. 그리고 D 역시 그래프상으로도 감소율이 그리 크지 않음을 알 수 있으므로 D도 한국이 아니라는 것을 확인할 수 있다. 그렇다면 B와 C 중 감소율이 높은 것이 한국이라는 결론에 도달하게 되는데, 이를 구체적으로 계산해 보면 B의 감소율은 38%, C의 감소율은 35%이 되어 결국 B를 한국으로 확정지을 수 있다.

다음으로 두 번째 조건을 살펴보면 한국(B)과 2015년의 배출량 기준의 차이가 30g/km 이상인 것은 D뿐이므로 D가 일본임을 알 수 있다.

이제 마지막 조건을 살펴보면, 2020년 배출량 기준이 높은 순서대로 나열하면 A－일본－한국－C가 되는데 미국이 한국과 벨기에보다 기준이 높다고 하였으므로 결국 A는 미국, C는 벨기에로 연결시킬 수 있다.

15
정답 ③

정답해설

그림에서 제시된 수치들이 모두 비율로 나타나 있으므로 굳이 해당되는 수치를 직접 계산할 필요 없이 비율을 이용하여 대소비교를 해도 무방하다.

ㄴ. 비율수치를 이용해 계산하면 D사업 예산은 (19%×51%)이고, C사업 예산은 (19%×42%)이므로 C사업 예산이 더 적다.

ㄷ. B사업과 C사업 예산의 합은 42%×(34%+19%) 즉, (42%×53%)로 나타낼 수 있는데 이는 어림해서 판단하면 20%대 초반이다. 그런데 경제복지 예산의 비중은 30%이므로 이보다 크다.

오답해설

ㄱ. 총 예산이 135억 원이고 교육 예산은 이의 9%이므로 직접 계산하면 교육 예산은 12.15억 원이다.

ㄹ. A-2사업 예산은 (42%×47%×48%)로 나타낼 수 있는데 뒤의 47%와 48%가 모두 50%라고 하더라도 약 10%로 계산된다. 따라서 실제 수치는 이보다 적은 9% 정도라고 어림할 수 있어서 이의 3배는 약 27% 정도로 추산할 수 있다. 그런데 도시안전 분야의 예산은 19%에 불과하여 이보다 적다.

합격 가이드

만약 단순한 대소비교가 아니라 선택지 ㄱ과 같이 실제 수치를 묻는 것이더라도 위와 같은 풀이법은 유효하다. 일단 비율로 구한 후에 전체 수치에 곱하면 그만이기 때문이다.

16
정답 ③

정답해설

제시된 표에는 빈칸이 3개가 주어져 있다. 그중 간단한 계산만으로 채울 수 있는 '경종의 족내혼 후비 수'와 '충숙왕의 몽골출신 후비 수'를 먼저 채워 넣으면 각각 4명과 3명이다.

태조부터 경종까지의 족내혼 후비 수의 합은 6명이며, 문종부터 희종까지의 족내혼 후비 수의 합은 8명으로 다르다.

오답해설

① 실제로 계산하는 방법 이외에는 뾰족한 수가 없는 선택지이다. 계산해보면 전체 족외혼 후비 수는 92명이며 족내혼 후비 수는 28명이므로 전자가 후자의 3배 이상이다.

② 위에서 계산한 것과 같이 몽골출신 후비 수가 가장 많은 왕은 충숙왕(3명)이다.

④ 태조의 후비 수(29명)는 광종과 경종의 모든 후비 수의 합(7명)의 4배 이상이다.

⑤ 경종의 족내혼 후비 수(4명)가 충숙왕의 몽골출신 후비 수(3명)보다 많다.

합격 가이드

빈칸이 주어지는 자료는 모든 수험생들을 시험에 들게 한다. 빈칸들을 모두 채울 것인지 아니면 일단 선택지를 통해 판단할 것인지를 미리 결정하기가 어렵기 때문이다. 한 가지 확실한 것은 단순한 덧셈이나 뺄셈으로 빠르게 채울 수 있는 것이라면 일단 채워놓고 시작하는 것이 편하다는 것이다. 그런 것들은 결국 선택지를 판단하는 과정에서 채워야 하기 때문이기도 하다. 다만 빈칸의 개수가 5개 이상인 경우는 선택지를 통해 채워야 하는 경우가 많은 만큼 미리 채우지 않는 것이 효율적이다. 대부분 선택지에서 특정한 조건을 주고 채우게끔 하는 경우가 많다.

17
정답 ①

정답해설

제시된 조건에 따라 선거구별로 선출되는 국회의원을 표시하면 다음 그림과 같다.

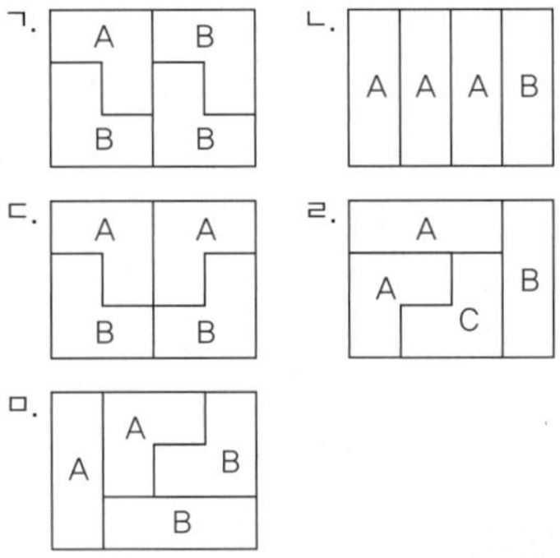

따라서 B정당의 국회의원이 가장 많이 선출되는 선거구 획정방법은 ㄱ임을 알 수 있다.

18
정답 ②

정답해설

제시된 자료를 통해 법정 필요 교원수와 충원해야 할 교원수를 계산하면 다음과 같다. 재학생수별로 법정 필요 교원수 산정기준이 다르다는 점에 주의하도록 하자.

(단위 : 명)

구분	A	B	C	D	E
재학생수	900	30,000	13,300	4,200	18,000
재직 교원수	44	1,260	450	130	860
필요 교원수	41	1,579	665	200	900
충원 교원수	0	319	215	70	40

따라서 충원 교원수가 많은 순서대로 나열하면 B, C, D, E, A 순이다.

19
정답 ③

정답해설

ㄱ. 서울특별시 실내 라돈 농도의 평균값이 66.5Bq/㎥이므로 이의 1.1배는 73.15Bq/㎥인데, 경기도의 평균값은 74.3Bq/㎥으로 이보다 크다.

ㄷ. 기준치를 초과하는 공동주택의 비율이 5% 이상인 행정구역은 대전광역시, 경기도, 강원도, 충청북도, 충청남도, 전라북도, 전라남도, 경상북도, 제주특별자치도 9곳이다.

오답해설

ㄴ. 세종특별자치시와 충청북도를 비교하면 실내 라돈 농도의 평균값은 충청북도가 높으나 중앙값은 세종특별자치시가 더 높다.

합격 가이드

5% 값을 구하는 문제도 자주 등장하는 유형인데, '5%는 절반에서 자릿수를 하나 당긴 것'으로 이해하면 직관적으로 판단할 수 있다. 특히나 이 문제와 같이 여러 개의 항목을 비교해야 하는 경우에도 빠른 판단이 가능하므로 무조건 스킵하는 것은 삼가야 한다.

20 정답 ②

정답해설

(가) : A유형의 시험체 강도 평균은 24.2MPa이며, 기준강도는 24MPa이므로 각 시험체 강도가 모두 기준강도에서 3.5MPa을 뺀 값(20.5MPa) 이상이어야 한다. A유형의 3개의 시험체는 모두 이 조건을 충족하므로 판정결과는 합격이다.

(나) : C유형의 시험체 강도 평균은 35.1MPa이며, 기준강도는 35MPa이므로 각 시험체 강도가 모두 기준강도에서 3.5MPa을 뺀 값(31.5MPa) 이상이어야 한다. C유형의 3개의 시험체는 모두 이 조건을 충족하므로 판정결과는 합격이다.

(다) : E유형의 시험체 강도 평균은 45.5MPa이며, 기준강도는 45MPa이므로 각 시험체 강도가 모두 기준강도의 90%(40.5MPa) 이상이어야 한다. 그런데 E유형의 시험체 1은 이 조건을 충족하지 못하므로 판정결과는 불합격이 된다.

21 정답 ④

정답해설

선택지를 분석하다 보면 결국은 2018년과 2019년의 제공횟수를 모두 구할 수밖에 없는 문제이다. 수험생의 입장에서는 가장 피하고 싶은 문제이며, 실제로도 이런 문제는 일단 넘기는 것이 상책이다.

구분	제공횟수			만족도	
메뉴	2017	2018	2019	2017	2018
A	40	44	44	87	75
B	34	34	34	71	72
C	45	36	0	53	35
D	31	31	31	79	79
E	40	36	36	62	77
F	60	60	54	74	68
G	–	9	9	–	73
H	–	–	42	–	–
전체	250	250	250	–	–

위 표에 의하면 2019년 메뉴 E의 제공횟수는 36회인데, A는 44회이므로 A가 더 많다.

오답해설

① 메뉴 중 2017년 대비 2019년 제공횟수가 증가한 메뉴는 A 1개뿐이다.

②·③ 2018년 G와 2019년 H는 모두 전체 제공횟수인 250회에서 나머지 메뉴들의 제공횟수를 차감하여 구할 수 있다. 이에 따르면 2018년 G의 제공횟수는 9회이며, 2019년 H의 제공횟수는 42회이다.

⑤ A~G 중 2018년과 2019년 제공횟수의 차이가 가장 큰 것은 C이고 그 다음이 F이다.

합격 가이드

깜빡하고 어이없는 실수를 하기 좋은 것이 선택지 ⑤이다. 분명히 선택지에서는 판단의 범위를 A~G로 주었는데 급하게 풀다보면 이것을 무시하고 전체 범위(A~H)에서 판단하기 쉽다. 평소에는 절대 하지 않을 것 같은 실수 한두 개쯤은 실전에서는 하기 마련이다. 그것을 최소화시키기 위해서는 부단히 많은 연습이 필요하다.

22 정답 ③

정답해설

여러 개의 자료로 분산된 수치들을 하나로 정리하면 다음과 같다.

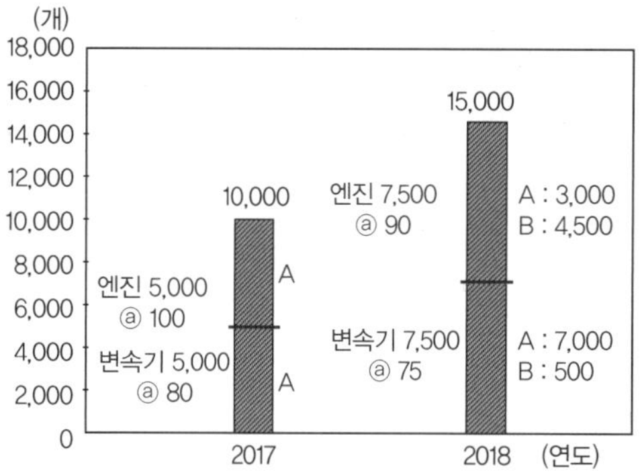

2018년에 '갑'자동차회사가 납품받은 엔진과 변속기 납품액 합은 (7,500개×90만 원)+(7,500개×75만 원)=1,237,500만 원이며, 2017년은 (5,000개×100만 원)+(5,000개×80만 원)=900,000만 원이므로 2018년이 2017년에 비해 30% 이상 증가하였다.

오답해설

① A기업의 엔진 납품 개수는 2018년이 3,000개이고 2017년이 5,000개이므로 2018년이 2017년의 60% 수준에 불과하다.

② 2018년 B기업의 변속기 납품 개수는 500개이며 엔진 납품 개수는 4,500개이므로 비율은 약 11.1%이다.

④ 2018년에 '갑'자동차회사가 납품받은 변속기 납품 개수는 7,500개이며 2017년은 5,000개이므로 2018년이 2017년의 2배에 미치지 못한다.

⑤ 2018년 A, B기업의 엔진 납품액의 합은 (7,500개×90만 원)이며, 변속기 납품액의 합은 (7,500개×75만 원)이다. 두 산식에서 7,500개가 공통으로 들어있으므로 이들은 굳이 직접 계산하지 않아도 엔진 납품액이 더 크다는 것을 알 수 있다.

합격 가이드

이 문제는 전형적인 5급 공채의 스타일이며 앞으로는 민간경력자 시험에서도 얼마든지 출제될 수 있다는 것을 암시하는 대목이다. 이와 같이 3개 이상의 자료가 서로 연결되어 제시되는 경우는 이를 따로따로 판단할 것이 아니라 위의 그림처럼 한곳에 일목요연하게 정리하는 것이 필요하다. 일부 수험생들은 그 시간이 아깝다고 하곤 하는데, 오히려 정리만 되고나면 선택지를 판단하는 데에 걸리는 시간이 얼마 걸리지 않아 전체 풀이시간이 단축된다. 또한 이런 문제들이 난도는 낮은 경우가 대부분이므로 놓치지 말자.

23 정답 ③

정답해설

제시된 조건을 통해 표 1의 빈칸을 채우는 것이 관건이므로 개편 전 자치구부터 살펴보기로 하자.

한 곳만 인접하고 있는 행정동이 존재한다면 그것을 가장 먼저 확정지을 수 있으나 그렇지 않은 상황이므로 이미 확정되어 주어져 있는 것들을 통해 역으로 찾아가는 방법을 택해야 한다. 일단 A, C, F는 각각 '가', '나', '다' 자치구임이 알려져 있으므로 이들은 인접해 있더라도 같은 자치구가 아니다. 따라서 F의 경우 인접한 행정동이 C와 E의 2곳이지만 C는 '나' 자치구이므로 F는 E와만 연결되어 '다' 자치구임을 알 수 있다. 다음으로 C는 B, E, F와 인접하고 있으나 이미 E와 F는 '다' 자치구임이 확인되었으므로 C와

B는 '나' 자치구가 되며, 마지막으로 남은 A와 D가 '가' 자치구가 됨을 알 수 있다.

개편 후의 자치구 역시 같은 논리로 접근하면 된다. D와 E 행정동이 각각 '라', '마' 자치구임이 알려져 있으므로 이들은 인접해 있더라도 같은 자치구가 아니다. 따라서 D는 A, B, E와 인접해 있지만 E는 '마' 자치구이므로 D, A, B는 '라' 자치구임을 알 수 있다. 그리고 같은 논리로 남은 C, E, F는 '마' 자치구가 됨을 알 수 있다.

이제 위의 내용을 표로 정리하면 다음과 같다.

구분 행정동	인구(명)	개편 전	개편 후
A	1,500	가	(라)
B	2,000	(나)	(라)
C	1,500	나	(마)
D	1,500	(가)	라
E	1,000	(다)	마
F	1,500	다	(마)

위의 표에 의하면 자치구 개편 전, 자치구 '가'의 인구는 3,000명인데 반해 자치구 '나'의 인구는 3,500명으로 '나'가 더 많다.

오답해설

① 위의 표에 의하면 자치구 개편 전, 행정동 E는 자치구 '다'에 속한다.

② 위의 표에 의하면 자치구 개편 후, 행정동 C와 행정동 E는 같은 자치구에 속한다.

④ 위의 표에 의하면 자치구 개편 후, 자치구 '라'의 인구는 5,000명이며 자치구 '마'의 인구는 4,000명이다.

⑤ 위의 표에 의하면 행정동 B는 개편 전 자치구 '나'에 속하고, 개편 후 자치구 '라'에 속한다.

24

정답 ②

정답해설

재무팀이 2종목에서 이긴 상황에서 기획팀이 최대의 승점을 얻을 수 있는 경우는 다음과 같다.

i) 재무팀과의 맞대결을 펼친 단체줄넘기에서 승리하고
ii) 족구에서는 기획팀이 재무팀에 패배하고
iii) 피구에서는 재무팀이 인사팀에 승리하고
iv) 제기차기에서는 기획팀이 인사팀에 승리하는 경우이다.

그런데 이 경우 재무팀이 얻은 승점은 280점인데 반해 기획팀은 270점에 그치므로 기획팀이 종합 우승을 할 수는 없다.

오답해설

① 법무팀은 모든 종목에서 결승에 진출하지 못했으므로 현재까지 얻은 120점이 최종 획득점수이다. 그런데 기획팀의 경우 진출한 3종목의 결승전에서 모두 패하더라도 210점을 획득하므로 법무팀보다 승점이 높게 된다. 따라서 법무팀은 남은 경기결과에 상관없이 종합 우승을 할 수 없다.

③ 기획팀이 남은 경기에서 모두 지면 얻게 되는 승점은 210점이며, 피구에서 인사팀이 재무팀을 이겼다고 가정하더라도 재무팀의 승점은 290점이 된다. 한편 이 경우 인사팀이 얻게 되는 승점은 220점에 불과하므로 결국 재무팀이 종합 우승을 차지하게 된다.

④ 재무팀이 남은 경기에서 모두 패하면 얻게 되는 승점은 220점이며, 기획팀과 인사팀의 승점은 마지막 제기차기의 결승결과에 따라 달라지게 된다. 만약 인사팀이 승리하게 되면 인사팀은 220점, 기획팀은 280점을 얻게 되고, 기획팀이 승리하게 되면 인사팀은 200점, 기획팀은 300점을 얻게 된다. 이를 정리하면 다음과 같다.

i) 인사팀 승리 : 기획팀(280점), 재무팀(220점), 인사팀(220점)
ii) 기획팀 승리 : 기획팀(300점), 재무팀(220점), 인사팀(200점)

따라서 인사팀이 승리하는 경우도 각주2)에 따라 재무팀이 종합 준우승을 차지하게 되며, 기획팀이 승리하는 경우는 재무팀이 종합 준우승을 차지하게 된다.

⑤ 인사팀이 남은 경기인 피구와 제기차기에서 모두 이긴다면 인사팀이 얻을 수 있는 승점 합계는 220점이며 이 두 종목에서 재무팀은 80점, 기획팀은 70점을 확보하게 된다. 그런데 단체줄넘기와 족구는 모두 기획팀과 재무팀이 결승에 진출한 상태이므로 어느 조합의 결과가 나오더라도 두 팀의 종합승점은 220점을 넘게 된다. 따라서 인사팀은 종합 우승을 할 수 없다.

25

정답 ⑤

정답해설

②의 해설에서 언급한 것처럼 총 수송비용의 최소 금액은 구미 공장에서의 공급량이 550개인 상태, 즉 구미 공장에서 대구 물류센터까지의 수송량이 200개, 광주 물류센터까지의 수송량이 150개인 경우에 성립한다. 따라서 최대공급량이 600개에서 550개로 줄어든다고 하여도 총 수송비용은 감소하지 않는다.

오답해설

① 청주 공장에서 부산 물류센터까지의 수송량을 x개라고 할 때, 제시된 정보를 토대로 부등식을 작성하면 다음과 같다.

i) $500 \geq 300+x$, $200 \geq x$
ii) $400 \leq 200+x$, $200 \leq x$

이를 연립하여 풀면 x는 200개이다.

② 전체 수송량이 고정되어 있지 않은 상황에서 총 수송비용을 최소화하기 위해서는 결국 전체 수송량을 최소화해야 한다. 이는 결국 구미 공장에서 대구 물류센터와 광주 물류센터로 수송하는 물량을 최소요구량만큼만 배정해야 함을 의미한다. 따라서 구미 공장에서 광주 물류센터까지의 수송량은 150개가 되어야 한다.

③ 총 수송비용은 청주에서 부산까지의 수송량이 200개로 고정된 상태에서 ②의 해설에서 언급한 것처럼 구미 공장에서 대구 물류센터와 광주 물류센터로 수송하는 물량을 최소요구량만큼만 배정한 상태에서 가능하다. 따라서 이를 계산하면 다음과 같다.

{(5×200개)+(2×200개)+(3×150개)}+{(4×300개)+(2×200개)}+(2×300개)=405만 원이 된다.

④ 구미 공장에서 서울 물류센터까지의 수송량이 0개이므로 이의 수송비용이 증가한다고 해도 총 수송비용의 최소 금액은 변하지 않는다.

01	02	03	04	05	06	07	08	09	10
①	②	④	①	③	②	①	②	③	⑤
11	12	13	14	15	16	17	18	19	20
①	⑤	②	②	⑤	⑤	④	③	①	④
21	22	23	24	25					
③	②	⑤	④	①					

※ 해설의 편의를 위해 첫 번째 제○○조를 첫 번째 조, 두 번째 제○○조를 두 번째 조 등으로 표기하였다.

01 정답 ①

정답해설

ㄱ. 지방자치단체의 장은 사용 · 수익을 허가한 행정재산을 국가나 지방자치단체가 직접 공용 또는 공공용으로 사용하기 위하여 필요로 하게 된 경우에는 그 허가를 취소할 수 있다.

ㄴ. 지방자치단체의 장은 행정재산의 사용 · 수익을 허가하였을 때에는 매년 사용료를 징수하여야 하나 천재지변이나 재난을 입은 지역주민에게 일정기간 사용 · 수익을 허가하는 경우에는 사용료를 면제할 수 있다.

오답해설

ㄷ. 지방자치단체의 장이 허가를 취소할 경우 손실이 발생한 자에게 보상해야 하는 경우는 국가나 지방자치단체가 직접 공용 또는 공공용으로 사용하기 위하여 필요로 하게 된 경우이다. 행정재산을 그 사용 목적에 위배되게 사용한 경우는 취소대상에만 해당될 뿐 손실을 보상해야 하는 경우에 해당하지 않는다.

ㄹ. 수익허가를 갱신 받으려는 자는 수익허가기간이 끝나기 1개월 전에 지방자치단체의 장에게 갱신을 신청하여야 한다. 따라서 G는 허가 종료일인 2019년 2월 28일의 1개월 전인 1월 31일까지 신청하여야 한다.

합격 가이드

법조문형 문제는 시간이 무한정 주어진다면 모든 수험생이 다 풀 수 있는 문제이다. 하지만 현실은 그렇지 않기에 어느 정도의 요령이 필요하다. 예를 들어 세 번째 조 제2항 같은 경우는 '면제하는 경우'라는 단어 하나만 잡고 곧바로 다음 조문으로 넘어가야 한다. 세부적인 내용은 찬찬히 읽는다고 해서 모두 외워지는 것도 아니고 실제 선택지에서는 그 중 한 개만 다뤄지기 때문이다. 선택지를 보고 역으로 올라오라는 의미는 바로 이런 세부사항을 처리하는 방법을 의미하는 것이지, 조문 자체를 아예 읽지도 않고 선택지부터 보라는 의미가 아니다.

02 정답 ②

정답해설

화장을 하려는 자는 화장시설을 관할하는 시장(C시의 장) 등에게 신고하여야 한다.

오답해설

① 사망한 때부터 24시간이 지난 후가 아니면 매장 또는 화장을 하지 못한다.

③ 가족묘지를 설치 · 관리하려는 자는 해당 묘지 소재지를 관할하는 시장 등의 허가를 받아야 한다.

④ 세 번째 조 제1항에 따르면 매장을 한 자는 시장 등에게 신고하여야 하지만 자연장은 제외된다고 하였다.

⑤ 먼저 乙의 유골을 개장하여야 하므로 유골의 현존지 또는 개장지(B시)의 시장 등에게 신고하여야 하며, 다음으로 D시 소재 공설묘지에 합장하기 위해서는 매장지를 관할하는 시장 등(D시의 장)에게 신고하여야 한다. 즉, 허가가 아니라 신고를 하여야 한다.

03 정답 ④

정답해설

제시된 상황에서는 전자문서가 아닌 서면으로 제출하였으므로 특허출원료 산정시 '나'와 '라' 조항이 적용된다.

i) 국어로 작성한 경우
- 특허출원료 : 66,000+(7×1,000)=73,000원
- 특허심사청구료 : 143,000+(44,000×3)=275,000원

∴ 수수료 총액 : 348,000원

ii) 외국어로 작성한 경우
- 특허출원료 : 93,000+(7×1,000)=100,000원
- 특허심사청구료 : 275,000원

∴ 수수료 총액 : 375,000원

04 정답 ①

정답해설

협반은 수라상을 차리는 두 개의 상 중 하나인데 둘째 날에 수라는 총 3회 차려졌으므로 협반 역시 3회 사용되었을 것이다.

오답해설

② 화성참은 둘째 날의 일정인데 상차림표에 미음은 등장하지 않는다. 미음은 첫째 날 중로에서만 차려졌다.

③ 첫째 날과 둘째 날 낮에는 모두 주다반과만 차려졌다.

④ 후식류를 자기에 담아 차린 것은 반과상인데 첫째 날 밤에는 시흥참에서, 둘째 날에는 화성참에서 야다반과가 차려졌다.

⑤ 국수를 주식으로 하는 것은 반과상인데 첫째 날에는 조다반과, 주다반과, 야다반과가 차려졌고, 둘째 날에는 주다반과, 야다반과가 차려졌으므로 총 5회 차려졌다.

05 정답 ③

정답해설

ㄱ. '각기'는 ㄱ이 3회 사용되어 단어점수는 $2^3/1=8$이며, '논리'는 ㄴ이 2회 사용되었고 ㄹ이 1회 사용되어 $(2^2+2^1)/2=3$이다.

ㄴ. 예를 들어 '글자'의 단어점수는 $(2^1+2^1+2^1)/3=2$이며, '곳'의 단어점수 역시 $(2^1+2^1)/2=2$이다. 따라서 단어의 글자 수와 자음점수가 달라도 단어점수가 같을 수 있다.

오답해설

ㄷ. 글자 수가 4개인 단어 중 단어점수가 최대로 나오는 경우는 '난난난난'과 같이 하나의 자음이 총 8회 나오는 경우이다. 이 경우의 단어점수는 $2^8=256$이므로 250점을 넘을 수 있다.

합격 가이드

규칙의 난도를 떠나서 규칙 자체가 생소한 경우에는 이 문제와 같이 마지막에 실제 적용 예시를 들어주는 것이 일반적이다. 사례가 주어진 문제라면 굳이 고집스럽게 원칙만 들여다보지 말고 사례를 통해 직관적으로 규칙을 이해하는 것이 더 효율적이다. 의외로 사례를 안 들여다보고 제시된 조건만으로 풀이하려는 고집 센 수험생들이 상당히 많은데 합격하지 않으면 그런 고집은 아무도 알아주지 않는다.

06

정답 ②

정답해설

먼저 회의시설에서 C를 받은 도시는 제외한다고 하였으므로 대전과 제주를 제외한 서울과 인천, 부산만을 놓고 점수를 계산하면 다음과 같다.

(단위 : 점)

구분	서울	인천	부산
회의 시설	10	10	7
숙박 시설	10	7	10
교통	7	10	7
개최 역량	10	3	10
가산점	–	10	5
합산점수	37	40	39

따라서 합산점수가 가장 높은 인천이 국제행사의 개최도시로 선정된다.

07

정답 ①

정답해설

먼저 청소 횟수가 가장 많은 C구역을 살펴보면, 이틀을 연달아 같은 구역을 청소하지 않는다고 하였으므로 다음의 경우만 가능함을 알 수 있다.

일	월	화	수	목	금	토
C		C	×		C	

다음으로 B구역을 살펴보면, B구역은 청소를 한 후 이틀간은 청소를 할 수 없다고 하였으므로 토요일은 불가능함을 알 수 있다. 만약 토요일에 B구역을 청소하면 남은 1회는 월요일 혹은 목요일에 진행해야 하는데 어떤 경우이든 다음 청소일과의 사이에 이틀을 비우는 것이 불가능하기 때문이다.

일	월	화	수	목	금	토
C	B	C	×	B	C	

그렇다면 남은 A구역은 토요일에 청소하는 것으로 확정되어 다음과 같은 일정표가 만들어지게 된다.

일	월	화	수	목	금	토
C	B	C	×	B	C	A

따라서 B구역 청소를 하는 요일은 월요일과 목요일이다.

08

정답 ②

정답해설

네 번째와 다섯 번째의 조합에서 D+F=82만 원, B+D+F=127만 원이며 두 식을 차감하면 B=45만 원이다. B업체는 정가에서 10% 할인한 가격이므로 원래의 가격은 50만 원이다.

오답해설

ㄱ. 첫 번째와 두 번째 조합에서 A업체의 가격이 26만 원이라면 C+E=76만 원, C+F=58만 원이며 두 식을 차감하면 E−F=18만 원이다. 즉, E업체의 가격이 F업체의 가격보다 18만원 비싸다.

ㄷ. 두 번째 조합에서 C업체의 가격이 30만 원이라면 F업체의 가격은 28만 원이다. 그런데 문제의 단서에서 각 업체의 가격이 모두 상이하다고 하였으므로 E업체의 가격은 28만 원이 아니다.

ㄹ. 첫 번째와 세 번째 조합에서 A+C+E=76만 원, A+D+E=100만 원이며 두 식을 차감하면 C−D=−24만 원이다. 즉, D업체의 가격이 C업체의 가격보다 24만 원 비싸다.

합격 가이드

연립방정식을 응용한 문제로, 두 식을 서로 차감하여 변수의 값을 찾아내는 유형이다. 최근에는 연립방정식 자체를 풀이하게 하는 경우보다 이와 같이 식과 식의 관계를 통해 문제를 풀어야 하는 경우가 종종 출제된다. 가장 중요한 것은 변수의 수를 최소화시키는 것이며 이 문제가 가장 전형적인 형태라고 할 수 있다. 유형 자체를 익혀두도록 하자.

09

정답 ③

정답해설

ㄱ. 甲의 자본금액이 200억 원이므로 아무리 종업원 수가 적더라도 '자본금액 50억 원을 초과하는 법인으로서 종업원 수가 100명 이하인 법인'이 납부해야 하는 20만 원 이상은 납부해야 한다.

ㄹ. 甲의 종업원 수가 100명을 초과한다면 50만 원을 납부해야 하며, 乙의 종업원 수가 100명을 초과한다면 10만 원을, 丙의 자본금액이 100억 원을 초과한다면 50만 원을 납부해야 하므로 이들이 납부해야 할 최대 금액은 110만 원이다.

오답해설

ㄴ. 乙의 자본금이 20억 원이고 종업원이 50명이라면 '그 밖의 법인'에 해당하여 5만 원을 납부해야 한다.

ㄷ. 丙의 종업원 수가 200명이나 자본금이 10억 원 이하라면 '그 밖의 법인'에 해당하여 5만 원을 납부해야 한다.

10

정답 ⑤

정답해설

먼저 대상기관이 5개이므로 정성평가의 선정비율에 이를 반영하면 '상'에는 1개, '중'에는 3개, '하'에는 1개 기관이 할당됨을 알 수 있다. 이제 제시된 상황 중 훼손된 부분인 정성평가 부분만을 따로 떼어내어 살펴보자.

A가 20점을 얻었다는 것은 분야별로 B와 C가 1개 기관씩만 할당되어 있는 '상'을 모두 A가 가져갔다는 것을 의미한다. 그리고 B와 C가 11점을 얻었다는 것은 배점의 분포상 분야별로 모두 '중'을 가져갔다는 것을 의미한다. 따라서 남은 자리는 분야별로 '중' 1개, '하' 1개라는 것을 알 수 있다.

그렇다면 D와 E가 얻을 수 있는 경우의 수는 '중중(11)/하하(4)', '중하(7)/하중(8)', '하중(8)/중하(7)', '하하(4)/중중(11)'의 4가지로 정리할 수 있으며 이를 반영하면 다음과 같은 평가표를 작성할 수 있다.

(단위 : 점)

평가 기관	정량평가	정성평가				최종점수			
A	71	21				91			
B	80	11				91			
C	69	11				80			
D	74	11	7	8	4	85	81	82	78
E	66	4	8	7	11	70	74	73	77

위의 표에서 보듯 E기관은 어떤 경우든 모두 5위를 차지한다.

오답해설

①·② A와 B가 91점으로 같지만, 최종점수가 동점일 경우에는 정성평가 점수가 높은 순서대로 순위를 결정하므로 A는 어떤 경우이든 1위를 차지하며, B는 2위를 차지한다.

③·④ 위의 표에서 보듯 D기관이 80점 이상을 얻는 경우가 3가지나 존재하므로 이 경우에 해당한다면 D가 3위, C는 4위를 차지하게 된다.

11 정답 ①

정답해설

기획재정부 장관은 각 국제금융기구에 출자를 할 때에 미합중국통화 또는 그 밖의 자유교환성 통화나 금 또는 내국통화로 납입할 수 있다고 하였다.

오답해설

ㄴ. 기획재정부 장관은 출자금을 한꺼번에 또는 분할하여 납입할 수 있다고 하였다.

ㄷ. 출자금을 내국통화로 출자하는 경우 그 출자금의 전부 또는 일부를 내국통화로 표시된 증권으로 출자할 수 있다고 하였다.

ㄹ. 기획재정부장관은 출자한 증권의 전부 또는 일부에 대하여 각 국제금융기구가 지급을 청구하면 지체 없이 이를 지급하여야 한다고 하였다. 즉, 한국은행장이 아니라 기획재정부장관이 지급해야 한다.

12 정답 ⑤

정답해설

하자로 인한 매매계약 해제권은 매수자에게 있지만 착오로 인한 해제는 계약당사자 모두가 가능하다. 또한 2019년 6월 20일은 하자로 인한 계약해제를 할 수 있는 6개월이 지난 시점이므로 하자를 이유로는 매매계약을 해제할 수 없지만, 착오를 이유로 계약을 해제할 수 있는 기간에는 해당한다.

오답해설

① 하자담보책임을 물어 계약을 해제할 수 있는 권리는 매수인에게 있는 것이지 매도인이 가지고 있는 것이 아니다.

② 하자로 인한 손해배상청구권은 하자가 있다는 사실을 안 날로부터 6개월 내에 행사하여야 한다. 하지만 2019년 6월 20일은 하자가 있다는 사실을 알게 된 날(2018년 6월 20일)로부터 1년이 지난 시점이다.

③ 착오를 이유로 한 계약취소는 착오에서 벗어난 날로부터 3년 이내에 행사하여야 하는데 2019년 9월 20일은 이 기간 내에 있으므로 매매계약을 취소할 수 있다.

④ 하자로 인한 계약해제는 하자가 있다는 사실을 안 날로부터 6개월 내에 행사하여야 하는데 2019년 6월 20일은 이 기간이 지난 상태이므로 매매계약을 해제할 수 없다.

합격 가이드

설명문의 형식으로 구성된 법조문 유형의 문제는 단순히 내용을 이해하고 끝날 것이 아니라 글 자체를 법조문의 형태로 재구성하며 문제를 풀이할 수 있어야 한다. 예를 들어 첫 번째 문단을 제1조, 두 번째 문단을 제2조와 같이 내용을 분리해서 읽어야 한다는 것이다. 그렇게 하면 불필요한 수식어구들이 사라지면서 핵심적인 내용만 남게 되는데 이렇게 풀이할 수 있으려면 상당히 많은 연습이 있어야 가능하다.

13 정답 ②

정답해설

재산명시절차의 관할법원으로부터 조회를 받은 공공기관은 정당한 사유 없이 조회를 거부하지 못한다고 하였으므로 정당한 사유가 있다면 이를 거부할 수 있다.

오답해설

① 재산명시절차의 관할법원은 재산명시를 신청한 채권자의 신청에 따라 공공기관 등에 채무자 명의의 재산에 관하여 조회할 수 있다.

③ 누구든지 재산조회의 결과를 강제집행 외의 목적으로 사용해서는 안 된다고 하였다.

④ 조회를 받은 기관 등의 장이 정당한 사유 없이 자료제출을 거부한 때에는 법원은 결정으로 500만 원 이하의 과태료에 처한다고 하였다.

⑤ 채권자가 조회신청을 할 경우에는 조회에 드는 비용을 미리 내야 한다고 하였다.

합격 가이드

심화된 법률지식을 가지고 있을 필요는 없지만 일부 용어들은 출제의 포인트로 자주 등장하므로 미리 익혀두면 좋다. 예를 들어 이 문제에서 등장한 직권 vs 신청, 벌금 vs 과태료와 같은 용어들은 일단 문제에 등장하면 체크를 해두는 것이 좋다. 난도가 낮은 문제일수록 이를 활용해 출제되는 경향이 강하다.

14 정답 ②

정답해설

ㄱ. 구분 가능한 최소 각도가 1′일 때의 시력이 1.0이고 2′일 때의 시력이 1/2(=0.5)이므로 구분 가능한 최소 각도가 10′이라면 시력은 1/10(=0.1)이다.

ㄴ. 구분 가능한 최소 각도가 $\left(\frac{1}{2}\right)'$일 때의 시력이 2.0이고 5″는 $\left(\frac{5}{60}\right)'=\left(\frac{1}{12}\right)'$이므로 천문학자 A의 시력은 12로 추정할 수 있다.

오답해설

ㄷ. 구분할 수 있는 최소 각도가 작을수록 시력이 더 좋은 사람이다. 따라서 乙의 시력이 甲보다 더 좋다.

15

정답 ⑤

정답해설

규칙에 따라 음과 악기의 지점을 연결하면 다음과 같다.

㉮	㉯	㉰	㉱	㉲	㉳	㉴	㉵	㉶	㉷	㉸
A		B	C		D		E	F		G

따라서 ㉵에 해당하는 음은 E이고, 가락에 E는 4회 나오므로 ㉵도 4회 눌러야 한다.

16

정답 ⑤

정답해설

제시된 상황을 벤 다이어그램으로 나타낸 후 계산하면 다음과 같다.

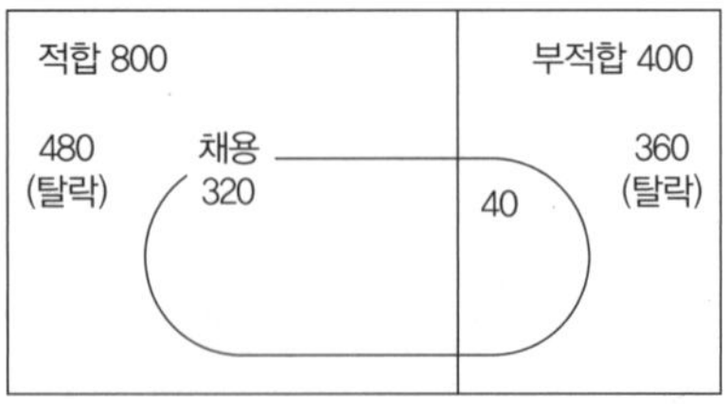

㉠ 오탈락률 : $\frac{480}{800} \times 100 = 60\%$

㉡ 오채용률 : $\frac{40}{400} \times 100 = 10\%$

합격 가이드

항목의 수가 3개 이하로 주어진 경우에는 벤 다이어그램으로 정리하는 것이 바람직하며, 그 이상으로 늘어나는 경우는 논리식을 구성하는 방법을 통해 접근해야 한다. 그러나 일부 조건의 경우는 벤 다이어그램 혹은 논리식 그 어느 것으로도 표현할 수 없는 것이 등장할 수 있다. 간혹 일부 수험서에서는 이런 것들을 복잡한 논리식으로 표현하게끔 하고 있으나 바람직하지 못하다. 일단, 그 조건을 제외한 나머지를 통해 조건을 간결하게 정리한 후 해당 조건을 언어적으로 풀이하는 것이 가장 효율적이다.

17

정답 ④

정답해설

제시된 상황을 토대로 가능한 경우를 정리하면 다음과 같다.

ⅰ) 甲 : 12일을 포함하여 총 4일을 운행하기 위해서는 홀짝제가 적용되는 3일 중 하루를 운행하지 않아야 한다. 그러므로 甲은 13일을 제외하고 운행했음을 알 수 있다. 그렇다면 甲의 차량은 짝수 차량이라는 것을 알 수 있으며 15일과 16일에도 운행을 하였으므로 끝자리 숫자가 8, 0은 아니라는 것을 끌어낼 수 있다. 따라서 甲의 차량은 2, 4, 6 중 하나의 숫자로 끝나는 차량임을 알 수 있다.

ⅱ) 乙 : 운행이 가능한 날은 모두 자신의 자동차로 출근했다고 하였으므로 12~14일 중 하루는 반드시 운행을 했을 것이다. 모든 숫자는 홀수와 짝수 둘 중 하나에 포함되기 때문이다. 결국 乙은 13일에 운행했을 것이다. 나머지 하루는 15일 혹은 16일인데 15일에 운행을 하고 16일에 하지 않았다면 끝자리 숫자는 9일 것이며, 15일에 운행을 하지 않고 16일에 운행을 했다면 끝자리 숫자는 7이 될 것이다.

ⅲ) 丙 : 13일에 운행을 했다는 부분에서 홀수 차량임을 알 수 있으며 15, 16일에 운행했다는 부분에서 끝자리가 7, 9가 아님을 알 수 있다. 따라서 丙의 차량은 1, 3, 5 중 하나의 숫자로 끝나는 차량임을 알 수 있다.

구분	12	13	14	15	16	끝자리
甲	○	×	○	○	○	2, 4, 6
乙	×	○	×	둘 중 하루		7, 9
丙	×	○	×	○	○	1, 3, 5

따라서 끝자리 숫자의 합의 최댓값은 6+9+5=20이다.

18

정답 ③

정답해설

생소한 유형의 문제를 시험장에서 만났을 때 뭔가 원칙을 찾아내기 위해 소중한 시간을 허비하는 경우가 있다. 이 시험은 주관식 시험이 아니기에 최대한 선택지를 활용하여 직접 대입하는 것이 효율적이다. 실제로 다음과 같이 정리해보면 생각보다 시간소모가 별로 없다는 것을 확인할 수 있다.

B-A-C의 경우는 다음과 같다.

전구번호	1	2	3	4	5	6
상태	○	○	○	×	×	×
B	○	×	○	○	×	○
A	○	×	×	○	×	×
C	×	×	×	×	×	×

오답해설

① A-B-C의 경우는 다음과 같다.

전구번호	1	2	3	4	5	6
상태	○	○	○	×	×	×
A	○	○	×	×	×	×
B	○	×	×	○	×	○
C	○	×	×	×	×	×

② A-C-B의 경우는 다음과 같다.

전구번호	1	2	3	4	5	6
상태	○	○	○	×	×	×
A	○	○	×	×	×	×
C	×	×	×	×	×	×
B	×	○	×	○	×	○

④ B-C-A의 경우는 다음과 같다.

전구번호	1	2	3	4	5	6
상태	○	○	○	×	×	×
B	○	×	○	○	×	○
C	○	×	○	×	×	×
A	○	×	×	×	×	×

⑤ C-B-A의 경우는 다음과 같다.

전구번호	1	2	3	4	5	6
상태	○	○	○	×	×	×
C	×	×	○	×	×	×
B	×	○	○	○	×	○
A	×	○	×	○	×	×

19 정답 ①

정답해설

개별반 편성 시 만 1세 미만 4명에는 보육교사 2명, 만 1세 이상 만 2세 미만 5명에는 보육교사 1명이 필요하여 총 3명이 필요하다. 혼합반 편성 시에는 영유아가 9명이므로 보육교사 3명이 필요하다. 따라서 어떤 경우이든 최소 3명의 보육교사가 필요하다.

오답해설

ㄴ. 개별반 편성 시 만 1세 이상 만 2세 미만 6명에는 보육교사 2명, 만 2세 이상 만 3세 미만 12명에는 보육교사 2명이 필요하여 총 4명이 필요하다. 혼합반 편성 시에는 영유아가 18명이므로 보육교사 4명이 필요하다. 따라서 어떤 경우이든 최소 4명의 보육교사가 필요하다.

ㄷ. 개별반 편성 시 만 1세 미만 1명에게는 보육교사 1명, 만 2세 이상 만 3세 미만 2명에도 보육교사 1명이 필요하여 총 2명이 필요하다. 이 그룹은 혼합반 편성이 불가능하므로 최소 2명의 보육교사가 필요하다.

20 정답 ④

정답해설

먼저 제시된 기준표의 수치인 비율을 인원수로 변환하여 판단하도록 하자. 등급별 세부학점은 교수 재량으로 정할 수 있으므로 여기서는 감안하지 않는다.

(단위 : 명)

등급	A	B	C	D	F
인원수	2~6	4~7	4~8	0~8	0~8

ㄱ. D와 F등급의 최소비율이 각각 0%이므로 모든 학생들에게 C등급 이상을 부여할 수 있으며 C등급 내에서 C^+와 C^0의 비율은 교수 재량이므로 C등급에 해당하는 모든 학생들에게 C^+를 부여하는 것도 가능하다.

ㄷ. A등급에 최대로 할당 가능한 인원이 6명인데 만약 이보다 1명 적은 5명을 할당했다면 이 1명을 B등급에 배정할 수 있다. 따라서 B등급에 할당할 수 있는 최대 인원수는 8명이 되며, B등급 내에서 B^+를 부여할 것인지의 여부는 교수의 재량이므로 이 8명 모두에게 B^+를 부여할 수 있다.

ㄹ. 59점을 받은 학생은 18등을 기록한 정호채 학생인데 이 학생이 받을 수 있는 최고등급을 살펴보면 다음과 같다.
만약 A와 B등급에 최대 기준치만큼 배정한다면 13등까지 배정되게 되어 이 학생은 다음 등급인 C등급을 받을 수 있고, C등급 내에서 C^+와 C^0 중 어느 학점을 부여할 것인지는 교수의 재량이므로 이 학생은 C^+와 C^0 모두 받을 수 있다. 또한 C등급을 최소 인원인 4명만 할당하면 D등급을 받을 수 있고(D^+와 D^0 모두 받을 수 있음), D등급에서 최소 인원인 0명을 할당하면 F등급도 받을 수 있다. 따라서 59점을 받은 정호채 학생이 받을 수 있는 등급은 C^+, C^0, D^+, D^0, F 중 하나이다.

오답해설

ㄴ. 79점을 받은 학생은 7등을 기록한 이태근 학생이다. 만약 A등급과 B등급에 각각 최소기준인 2명과 4명을 할당한다면 이 학생은 C등급으로 밀려날 수 있다.

21 정답 ③

정답해설

제시된 상황을 그림으로 정리하면 다음과 같다.

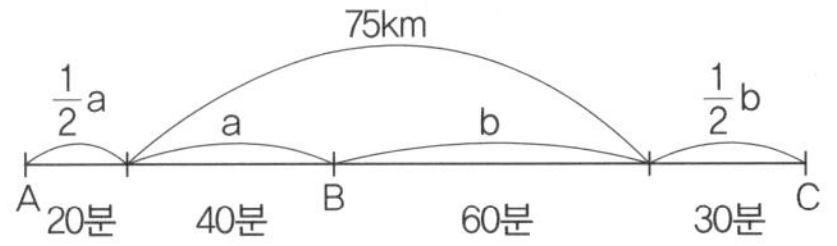

여기서 중요한 것은 첫 번째 대화 지점부터 B까지의 소요시간이 40분이고, B부터 두 번째 대화 지점까지의 소요시간이 60분이라는 점이다. 이는 이 자동차가 '일정한 속력'으로 달린다는 정보를 이용해 추론 가능하다. 즉, 속력이 일정할 때에는 거리가 2배 늘어나면 소요시간도 2배 늘어나게 되는 것이다. 그림에서 볼 수 있듯이 75km를 이동하는 데 100분이 소요되었으므로 A에서 B까지의 소요시간인 60분간 이동한 경우에는 45km를 이동했음을 알 수 있다.

합격 가이드

거리, 위치 등 공간적인 개념을 다루는 문제는 말로 문제를 이해하려고 하기보다는 위와 같이 그림으로 그려 직관적으로 판단하는 것이 좋다. 단, 그림을 그릴 때 기준에 일관성이 있어야 한다. 통상 이러한 문제는 주어지는 자료가 많은 편인데 어느 부분은 시간단위로, 다른 부분은 분 단위로 제시된 경우에 이것을 하나로 통일하는 것이 좋다는 의미이다. 풀이하면서 바꾸면 된다고 생각할 수 있으나 실전에서는 그것이 말처럼 쉽지 않다. 그림으로 정리가 끝난 후에는 기계적인 풀이만 할 수 있게끔 정리하는 것이 좋다.

22 정답 ②

정답해설

제시된 질문과 대답을 순서대로 살펴보면 다음과 같다.

i) 민경과 지나 : 생일이 5명 중에서 가장 빠를 가능성이 있다고 하였으므로 지나의 생일은 3월이 되어야 한다. 다만 다른 3월생의 날짜를 알지 못하므로 가장 빠른지의 여부를 확신하지 못하는 것이다.

ii) 정선과 혜명 : 앞의 대화에서 지나가 3월생이라고 하였는데 정선의 생일이 그보다 빠를 가능성이 있다고 하였다. 따라서 나머지 3월생은 혜명이 된다.

iii) 지나와 민경 : 이제 남은 자리는 6월(1명)과 9월(2명)이다. 만약 민경이 6월생이라면 나머지 정선과 효인은 9월이 되어야 하므로 몇 월생인지는 알 수 있다. 하지만 그렇지 않다고 하였으므로 민경은 9월생이 되어야 한다.

iv) 혜명과 효인 : 민경이 9월생인데 효인은 자신이 민경보다 생일이 빠른지를 확신할 수 없다고 하였다. 만약 효인이 6월생이었다면 당연히 자신의 생일이 빠르다는 것을 알 수 있지만 그렇지 않다고 하였으므로 효인은 9월생이어야 한다.

따라서 6월생은 정선이다.

23 정답 ⑤

정답해설

구간별 혼잡도 정보는 결국 해당 정류장의 승하차가 완료된 인원을 통해 알 수 있는 정보이다. 따라서 이를 반영하여 표를 정리하면 다음과 같다. 계산과정에서 일시적으로 40명을 초과하는 탑승인원이 산출될 수 있으나 승하차가 동시에 이루어진다는 전제에 따라 곧바로 조정되므로 이 부분은 무시하도록 한다.

정류장	승차(명)	하차(명)	승하차 후(명)
A	20	0	20
B	(㉠)	10	36~40
C	5	( )	36~40
D	( )	10	( )
E	15	( )	16~25
F	0	( )	( )

이제 정류장별로 차례로 빈칸을 채워보자.

i) B정류장 : A정류장 출발 시 20명이었던 인원에서 10명이 하차하였고 승차가 완료된 인원이 36~40명이 되어야 하므로 승차인원은 26~30명의 범위 안에 있어야 한다.

ii) C정류장 : B정류장 출발 시 36~40명이 탑승하고 있었고 C정류장에서 5명이 승차하였다. 따라서 하차인원을 감안하지 않으면 탑승자는 41~45명인데, 하차인원을 감안한 인원수가 36~40명이므로 하차인원은 1~9명의 범위 안에 있어야 한다.

iii) D정류장 : C정류장 출발 시 36~40명이 탑승하고 있었고 D정류장에서 10명이 하차하였다. 따라서 승차인원을 감안하지 않으면 탑승자는 26~30명인데, 이 버스의 승차정원이 40명이므로 승차인원은 0~14명의 범위 안에 있어야 한다. 따라서 승하차인원을 모두 감안한 탑승인원은 26~40명이다.

iv) E정류장 : D정류장 출발 시 26~40명이 탑승하고 있었고 E정류장에서 15명이 탑승하였다. 따라서 하차인원을 감안하지 않으면 탑승자는 41~55명인데, 하차인원을 감안한 인원수가 16~25명이므로 하차인원은 16~39명의 범위 안에 있어야 한다.

iii)에서 D정류장의 승하차인원을 모두 감안한 탑승인원은 26~40명이라고 하였으므로 제시문의 기준에 의해 '혼잡' 또는 '매우 혼잡'으로 표시된다.

오답해설

① ii)에서 하차인원은 1~9명의 범위 안에 있어야 한다고 하였다.
② iv)에서 하차인원은 16~39명의 범위 안에 있어야 한다고 하였다.
③ i)에서 승차인원은 26~30명의 범위 안에 있어야 한다고 하였으므로 최솟값과 최댓값의 합은 56이다.
④ A정류장 승하차 후 탑승인원이 20명이므로 제시문의 기준에 의해 '보통'으로 표시된다.

24 정답 ④

정답해설

ㄴ. 사슴의 남은 수명이 20년인 경우, 사슴으로 계속 살아갈 경우의 총 효용은 20×40=800인 반면, 독수리로 살 경우의 효용은 (20−5)×50=750이다. 사슴은 총 효용이 줄어드는 선택은 하지 않는다고 하였으므로 독수리를 선택하지는 않을 것이다.

ㄷ. 사슴의 남은 수명을 x년이라고 할 때, 사자를 선택했을 때의 총 효용은 250×(x−14)이며, 호랑이를 선택했을 때의 총 효용은 200×(x−13)이다. 이 둘을 연립하면 x, 즉 사슴의 남은 수명이 18년일 때 둘의 총 효용이 같게 된다.

오답해설

ㄱ. 사슴의 남은 수명이 13년인 경우, 사슴으로 계속 살아갈 경우의 총 효용은 13×40=520인 반면, 곰으로 살 경우의 효용은 (13−11)×170=340이다. 사슴은 총 효용이 줄어드는 선택은 하지 않는다고 하였으므로 곰을 선택하지는 않을 것이다.

25 정답 ①

정답해설

당사자가 법원에 출석하여 소송을 진행할 수 없는 장애사유가 발생한 경우 법원의 재판에 의해 절차진행이 중지되며(재판중지), 이후 취소재판에 의해 중지가 해소되고 절차가 진행된다고 하였다.

오답해설

ㄱ. 사망한 당사자에게 이미 변호사가 소송대리인으로 선임되어 있을 때는 변호사가 소송을 대리하는 데 지장이 없으므로 절차는 중단되지 않는다.

ㄴ. 소송대리인인 변호사가 사망한 경우 당사자가 절차를 진행할 수 있기 때문에 중단사유가 되지 않는다.

ㄷ. 천재지변이나 그 밖의 사고로 법원이 직무수행을 할 수 없게 된 경우에 별도의 법원의 재판 없이 소송절차는 당연히 중지된다(당연중지). 이후 법원의 직무수행불능 상태가 소멸함과 동시에 중지는 해소되고 절차는 진행된다.

2018 기출문제 정답 및 해설

2018년 언어논리 _ 정답 및 해설

01	02	03	04	05	06	07	08	09	10
④	④	③	⑤	②	④	②	③	④	③
11	12	13	14	15	16	17	18	19	20
①	③	②	⑤	②	①	①	①	③	④
21	22	23	24	25					
⑤	④	②	⑤	②					

01 정답 ④

정답해설

제시문은 첫 번째 문단에서 이앙법의 확산이 양반과 농민들 중에서 다수의 부농이 나타나게 된 계기가 되었다는 역사학자들의 주장을 언급한 후 두 번째 문단에서 양반층에게 이 주장이 적용되기 어렵다고 하였고, 세 번째 문단에서 농민층이 부농으로 성장하기 어려웠던 이유를 들면서 첫 번째 문단의 내용을 비판하는 내용으로 구성되어 있다. 따라서 빈칸에 들어가기에 가장 적절한 것은 이 둘을 모두 포괄하고 있는 ④이다.

02 정답 ④

정답해설

㉣의 바로 다음 문장의 저임금 구조의 고착화로 농장주와 농장 노동자 간의 소득 격차가 갈수록 벌어졌다는 내용을 통해 '중간 계급으로의 수렴'이 아닌 '계급의 양극화'가 들어가야 함을 알 수 있다. 따라서 선택지의 내용처럼 수정하는 것이 적절하다.

오답해설

① 전통적인 자급자족 형태의 농업과 대비되는 상업적 농업의 특징을 설명하고 있으므로 수정할 필요가 없다.
② 앞의 문장에서 언급한 지주와 소작인 간의 인간적이었던 관계와 의미상 통하는 내용이 들어와야 하므로 수정할 필요가 없다.
③ 대량 판매 시장을 위해 변화되는 양상을 설명하고 있으므로 수정할 필요가 없다.
⑤ 수익을 얻기 위해 토지 매매가 본격화되었다는 것을 통해 재산이 공유화되지 않고 개별화되었다는 의미의 문장이 필요하다는 것을 알 수 있으므로 수정할 필요가 없다.

합격 가이드

이 문제와 같은 유형은 제시문을 읽을 때 다른 지문들보다는 약한 강도로 읽어나가는 것이 효율적이다. 즉 세부적인 내용에 집착하지 말고 큰 줄기 위주로 읽어나가되 글 전체의 주제가 무엇인지를 파악하는 수준으로 읽어야 한다는 것이다. 밑줄은 전혀 엉뚱한 곳이 아니라 전체 주제와 긴밀하게 연관되는 곳에 그어져 있으며 결국 주제에 어긋나는 문장을 찾는 문제와 다를 바 없다.

03 정답 ③

정답해설

자유 개념에 기초하고 있는 자유민주주의에서는 개인의 자유를 강조할 수록 사회적 공공성이 약화될 수밖에 없다고 하였다.

오답해설

① 공화국이라는 용어는 사회적 공공성 개념과 연결되는데 반해, 한국 사회에 널리 유포된 자유민주주의의 개념은 자유 개념이 강조된 서구의 고전적 자유주의 전통에서 비롯되었다고 하였다.
② 임시정부가 출범하면서 '민주공화국'이라는 표현을 사용한 이유나 논거에 대해서 명확하게 언급하고 있지는 않다. 다만, 임시정부와 헌법의 '민주공화국'이라는 개념이 사회적 공공성 개념을 언급할 때 그 일례로 제시되었다는 점과 사회적 공공성과 자유주의는 대립되는 구조를 가진다는 점을 통해 옳지 않음을 알 수 있다.
④ 반공이 국시가 되면서 공공성을 강조하는 '공화국'이라는 용어보다 자유가 강조된 '자유민주주의'가 훨씬 더 널리 사용되었다고 하였다.
⑤ 자유민주주의가 1960년대 이후 급속히 팽배하기 시작한 개인주의와 결합하면서 사회적 공공성이 더욱 후퇴하였다고 하였다.

04 정답 ⑤

정답해설

지식 통합 작업은 지식을 수집하여 독자들에게 제공하고자 하는 애초의 목적에서 더 나아가 지식을 선별하고 배치하는 편집 권한까지 포함하게 된다고 하였다.

오답해설

① 소송을 제기한 것은 저작권자가 아니라 출판업계이며 이 합의도 연방법원이 거부하였다.
②·③ 구글의 지식 통합 작업을 통한 지식의 독점은 한쪽 편이 상대방보다 훨씬 많은 지식을 가지는 지식의 비대칭성을 강화하여 사회계약의 토대자체가 무너질 수 있다고 하였다.
④ 구글의 디지털도서관에서 무료로 서비스되고 있는 것들은 저작권 보호기간이 지난 책들이지 스캔을 완료한 1,500만 권의 도서 전체가 아니다.

05 정답 ②

정답해설

타자들로 가득한 현실을 경험함으로써 인간은 스스로 변화하는 동시에 현실을 변화시킬 동력을 얻는다고 하였다.

오답해설

① 체험사업에서는 눈에 보이지 않는 구조, 장기간 반복되는 일상 등은 제공할 수 없다고 하였다.
③ 가상현실은 실제와 가상의 경계를 모호하게 한다고 하였다.
④ 경험이 타자와의 만남인 반면 체험 속에서 인간은 언제나 자기 자신만을 볼 뿐이라고 하였다.
⑤ 체험사업을 운영하는 이들은 직접 겪지 못하는 현실을 잠시나마 체험함으로써 미래에 더 좋은 선택을 할 수 있게 한다고 하나, 이것은 그들의 홍보문구일 뿐 이때의 현실은 체험하는 사람의 필요와 여건에 맞추어 미리 짜놓은 현실, 치밀하게 계산된 현실이라고 하였으므로 실제로는 선택에 큰 도움은 주지 못한다.

06

정답 ④

정답해설

북극성은 자기 나침반보다 더 정확하게 천구의 북극점을 가리킨다고 하였다.

오답해설

① 고대에는 별이 뜨고 지는 것을 통해 방위를 파악하였는데, 최근까지 서태평양 캐롤라인 제도의 주민은 이 방법을 통해 현대식 항해 장치 없이도 방위를 파악하였다고 하였다.
② 캐롤라인 제도의 주민은 남극점 자체를 볼 수 없으나 남십자성이 천구의 남극점 주위를 돌고 있으므로 남쪽을 파악하는 데 큰 어려움이 없다고 하였다.
③ 천구의 북극점은 지구 자전축의 북쪽 연장선상에 있기 때문에 천구의 북극점에 있는 별은 공전을 하지 않고 정지된 것처럼 보인다고 하였다.
⑤ 천구의 북극점에 있는 별을 제외하고 북극성을 포함한 별이 천구의 북극점을 중심으로 공전하는 것처럼 보이는 것은 지구가 자전하기 때문이라고 하였다.

07

정답 ②

정답해설

제시된 논증을 구조화하면 다음과 같다.

i) (가)
ii) B이다.
∴ 결론 : A이다.

가장 단순한 삼단논법의 구조를 이용한다면 (가)에는 'B이면 A이다'가 들어가야 한다. 이를 제시문의 표현으로 바꾸면, '달이 지구를 항상 따라다닌다'면 '지구는 공전하지 않는다'로 나타낼 수 있는데 ㄱ은 이의 대우 명제이므로 논리적으로 타당하다. 따라서 ⓐ에는 ㄱ이 들어가야 한다.
(라), (마)의 ⓑ에는 '밤에 금성을 관찰할 때 망원경을 사용하면 빛 번짐 현상을 없앨 수 있다는 것'과 관련된 내용이 들어가야 한다. 이와 함께 당시 학자들은 육안을 통한 관찰을 신뢰하며, 밤보다 낮에 관찰한 것이 더 정확하다는 것을 결합한 ㅁ이 들어가는 것이 논리적으로 타당하다.

08

정답 ③

정답해설

ㄱ. 윤리적으로 허용되는 행위의 예를 들면서 응급환자를 태우고 병원 응급실로 달려가던 중 신호를 위반하고 질주하는 행위는 맥락에 따라 윤리적으로 정당화 가능한 행위로 판단된다고 언급하고 있다.
ㄷ. 윤리적으로 권장되는 행위나 윤리적으로 허용되는 행위에 대해 옳음이나 그름이라는 윤리적 가치 속성을 부여한다면, 이 행위들에는 윤리적으로 옳음이라는 속성이 부여될 것이라고 하였다.

오답해설

ㄴ. '윤리적으로 옳은 행위가 무엇인가?'라는 질문에 답할 때, 윤리적으로 해야 하는 행위, 즉 적극적인 윤리적 의무에 대해서만 주목하는 경향이 있는데, 해야 하는 행위, 권장되는 행위, 허용되는 행위인지를 모두 따져볼 필요가 있다고 하였다.

09

정답 ④

정답해설

제시문의 논리는 '이성의 명령에 따른 것이 아니라면 그것은 심리적 성향에서 비롯된 행위이다.'라는 명제로 나타낼 수 있는데 선택지의 진술은 이것과 이(異)의 관계가 있는 명제로, 논리적으로 동일한 명제라고 할 수 없다.

오답해설

① 동물의 행위는 단지 본능적 욕구에 따라 행동하는 것일 뿐이기 때문에 이를 선하다거나 악하다고, 즉 도덕적으로 평가할 수 없다.
② 감정이나 욕구는 주관적이어서 사람마다 다르며, 같은 사람이라도 상황에 따라 변하기 마련이다. 이 때문에 감정이나 욕구는 시공간을 넘어 모든 인간에게 적용될 수 있는 보편적인 도덕의 원리가 될 수 없다고 하였다.
③ 심리적 성향에서 비롯된 행위는 감정과 욕구에 따른 것이지 도덕성과는 무관한 것이라고 하였다.
⑤ 의무에서 나온 행위가 아니라면 심리적 성향에서 비롯된 행위가 된다고 하였다.

10

정답 ③

정답해설

먼저 제시된 조건만으로 소거되는 단체를 찾아보면, 어떤 형태로든 지원을 받고 있는 단체는 최종 후보가 될 수 없다는 점에서 B를 제거할 수 있으며, 부가가치 창출이 가장 적었던 E 역시 최종 후보가 될 수 없다.
다음으로 제시된 조건을 정리해 보면, $(\sim A \vee \sim C) \rightarrow (B \vee E)$으로 나타낼 수 있으며 이를 대우로 변환하면, $(\sim B \wedge \sim E) \rightarrow (A \wedge C)$으로 표시할 수 있다. 이 조건식과 앞서 B와 E가 모두 최종 후보가 될 수 없다는 것을 결합하면 결국 A와 C가 최종 후보에 올라간다는 것을 알 수 있다.
이제 D가 최종 후보가 될 경우 자유무역협정을 체결한 국가와 교역을 하는 단체는 모두 최종 후보가 될 수 없다는 두 번째 조건을 정리하면, $(D \rightarrow \sim A)$ 으로 나타낼 수 있으며, 이를 대우로 변환하면 $(A \rightarrow \sim D)$로 표시할 수 있다. 그런데 앞서 A는 최종 후보에 올라가는 것이 확정되어 있는 상태이기 때문에 D는 후보가 될 수 없다는 것을 알 수 있다.
결국 최종 후보는 A와 C만 남은 상황인데 조건에서 올림픽 단체를 엔터테인먼트 사업단체보다 우선한다고 하였으므로 폐막식 행사를 주관하는 C가 최종 선정된다.

11 정답 ①

정답해설

사찰에서는 기본적으로 남문－중문－탑－금당－강당－승방 등이 남북으로 일직선상에 놓였다. 즉, 탑은 중문과 강당 사이의 직선상에 위치하고 있다.

오답해설

②·③ 진신사리는 그 수가 한정되어 있었으므로 삼국시대 말기에 이르러서는 탑 안에 사리를 대신하여 작은 불상이나 불경을 모셨다. 즉, 탑 안을 비워둔 것은 아니었으며 사리를 모시는 곳이 금당의 불상으로 바뀐 것은 더더욱 아니다.

④ 삼국시대의 사찰에 회랑이 필수적이었다는 것만 언급되어 있을 뿐 삼국시대 이후에 대해서는 언급되어 있지 않다.

⑤ 신전이 성역임을 나타내기 위한 건축적 장치는 회랑이라고 하였다.

12 정답 ③

정답해설

제시문의 소재는 '회전문'이며 (나)에서는 그보다 더 포괄적인 개념인 '문'에 대한 일반적인 내용을 서술하고 있으므로 가장 앞에 위치해야 함을 알 수 있다. '그 대표적인 예가 회전문이다.'라고 언급하고 있는 부분을 통해서도 이를 유추해 볼 수 있다. 또한 (나)의 후반부에는 '회전문의 구조와 기능'이라는 부분이 언급되어 있다. 그러므로 이 문구를 통해 (나) 다음에 위치할 문단은 '구조와 기능'을 구체화시킨 (가)가 됨을 알 수 있으며, 그 뒤에는 이를 구체적인 사례를 들며 비판한 (라)가 위치하는 것이 가장 적절하다. 마지막으로는 이를 종합하여 회전문을 가장 미개한 형태의 문으로 규정한 (다)가 들어가야 매끄러울 것이다. 따라서 (나)－(가)－(라)－(다) 순서로 배열되어야 한다.

13 정답 ②

정답해설

마지막 문단에 따르면 문사 계층은 서구의 계몽사상가들처럼 기존의 유교적 질서와 다른 정치적 대안을 제시할 수는 없었다.

오답해설

① 문사 계층이 윤리적 덕목을 군주가 실천하도록 함으로써 갈등 자체가 발생하지 않도록 힘썼다는 내용은 있지만 갈등을 원활히 관리하지 못했다고 하여 군주를 교체할 수 있었다는 내용은 언급되어 있지 않다.

③·④·⑤ 유교 전통에서는 통치자의 윤리만을 문제 삼았을 뿐, 갈등하는 세력들 간의 공존을 위한 정치나 정치제도에는 관심을 두지 않았는데 이러한 측면이 동아시아에서의 민주주의의 실현 가능성을 제한하였다고 하였다.

14 정답 ⑤

정답해설

사회적 동조가 있는 상태에서는 개인의 성향과 상관없이, 즉 충동적인 것과는 무관하게 루머를 사실이라고 믿는 경우가 많았다.

오답해설

① 사람들이 사회적·개인적 불안감을 해소하기 위한 수단으로 루머에 의지한다고 하였다.

② 사회적 동조는 개인이 어떤 정보에 대해 판단하거나 그에 대한 태도를 결정하는 데 정당성을 제공한다고 하였다.

③ 집단주의 문화권 사람들은 루머를 믿는 사람들로부터 루머에 대한 정보를 얻고 그것을 근거로 하여 판단하며, 다른 사람들의 의견에 개인의 생각을 일치시키는 경향이 두드러진다고 하였다.

④ 루머에 대한 지지 댓글을 많이 본 사람들은 루머에 대한 반박 댓글을 많이 본 사람들에 비해 루머를 사실로 믿는 경향이 더욱 강한 것으로 나타났다. 따라서 이를 역으로 생각하면 반박 댓글을 많이 본 사람들이 루머를 사실로 믿는 경향이 더 약함을 알 수 있다.

15 정답 ②

정답해설

(나)는 풍요와 함께 격차가 발생하는 것을 인정하는 입장이지만 그중에서도 풍요를 더 중시하는 입장이다. 그런데 선택지에서 제시된 진술은 결국 기술의 발전에 따른 풍요가 모든 사람들에게 그 혜택을 돌아가게 한다는 점에서 (나)와 일맥상통한다고 볼 수 있으므로 논지를 강화한다고 볼 수 있다.

오답해설

ㄱ. 숙련된 노동자, 자본가에 유리한 방향으로 진행된다는 것은 결국 기술의 발전으로 인해 경제적 격차가 더 커진다는 의미이므로 디지털 기술의 발전이 경제적 풍요와 격차를 모두 가져온다는 (가)의 논지를 강화한다고 볼 수 있다.

ㄷ. (다)는 풍요보다 격차를 더 중시하는 입장이다. 그런데 선택지의 진술은 풍요로 인한 긍정적 효과가 격차에 의해 발생하는 부정적 효과를 상쇄할 수 없기에 격차를 더 중시해야 한다는 의미를 내포하고 있으므로 논지를 강화한다고 볼 수 있다.

16 정답 ①

정답해설

지도 학습 방식을 위해서는 사전 학습 데이터가 반드시 제공되어야 하며, 이를 학습한 결과를 바탕으로 사물을 분별하게 된다고 하였다.

오답해설

ㄴ. 자율 학습을 응용한 딥러닝 작업은 고도의 연산 능력이 요구되기 때문에 웬만한 컴퓨팅 능력으로는 이를 시도하기 쉽지 않았다고 하였다.

ㄷ. 딥러닝 기술의 활용 범위는 RBM과 드롭아웃이라는 새로운 알고리즘이 개발된 후에야 비로소 넓어졌다고 하였다.

17

정답 ①

정답해설

제시문에 따르면 물체까지의 거리가 먼 경우에는 주변의 물체들에 대한 과거의 경험에 기초하여 거리를 추론한다고 하였다. 그런데 해당 물체에 대한 경험도 없고 다른 사물들을 보이지 않도록 한 상태라면 이 추론 과정이 작동하지 않아 거리를 판단할 수 없다. 선택지의 진술은 이 같은 입장을 반영하고 있으므로 제시문의 주장을 강화한다.

오답해설

ㄴ. 제시문의 주장에 의하면 선택지와 같이 경험적 판단기준이 없는 상황에서는 거리를 짐작할 수 없어야 한다. 그러나 선택지의 진술은 이와 상반된 내용을 담고 있으므로 제시문의 주장을 약화한다고 볼 수 있다.

ㄷ. 한쪽 눈이 실명이라면 두 직선이 이루는 각의 크기를 감지할 수 없으므로 거리를 파악할 수 없어야 하지만 선택지의 진술은 그 반대이므로 제시문의 주장을 약화시킨다.

18

정답 ①

정답해설

동물실험을 옹호하는 사람들은 ⅰ) 동물이 자극에 대해 반응하고 행동하는 양상이 인간과 유사하다고 하면서 ⅱ) 인간과 동물이 다르기 때문에 실험에서 동물을 이용해도 된다고 하는 모순적인 근거를 제시하고 있다.

오답해설

ㄴ · ㄷ. 영장류를 대상으로 한 실험은 인간과 동물이 심리적으로도 유사하다는 것이 기본 전제로 깔려있기 때문에 심리적 유사성이 불확실하다는 표현은 옳지 않으며, 그럼에도 '사람에게는 차마 하지 못할 잔인한 행동을 동물에게 하고 있다.'고 하여 윤리적으로 비판적인 입장을 취하고 있다.

19

정답 ③

정답해설

제시문의 내용을 토대로 빈칸을 추론하면, 남을 속이는 사기꾼과는 반대의 뉘앙스를 지닌 어구가 들어가야 함을 알 수 있다. 이는 빈칸 뒤의 문장에서 '기생 식물이 양분을 빨아먹기 위해서는 건강한 나무가 있어야 하는 것과 같다.'라는 비유로도 나타나고 있는데, 이를 종합하면, 빈칸에는 '건강한 나무'의 이미지를 지니는 어구가 들어가야 한다. 따라서 선택지에서 이와 가장 유사한 의미를 지니는 것은 ③이라고 할 수 있다.

20

정답 ④

제시된 조건을 정리하면 다음과 같다.

ⅰ) 먼저, 신임 사무관은 '을' 한 명이고 '을'은 '갑'과 단둘이 가는 한 번의 출장에만 참석한다고 하였으므로 '갑'이 모든 출장에 참가하는 총괄 사무관임을 알 수 있다(편의상 A팀으로 칭한다).

ⅱ) 다음으로 '병'과 '정'이 함께 출장을 가는 경우가 있다고 하였으므로 '갑', '병', '정' 3명이 가는 출장(B팀)이 존재함을 알 수 있다. 출장 인원은 최대 3인으로 제한되어 있으므로 '갑', '병', '정', '무' 4인이 가는 출장은 존재할 수 없다.

ⅲ) 신임 사무관 '을'을 제외한 나머지 사무관들은 최소 2회의 출장에 참여해야 하고 '병'과 '정'이 함께 참여하는 한 번의 출장은 ⅱ)에 언급되어 있으므로 남은 2팀에는 '병'과 '정'이 각각 따로 포함되어야 한다. 그리고 아직 언급되지 않은 '무' 역시 신임 사무관이 아니어서 최소 2회의 출장을 가야 하므로 남은 2팀은 '갑, 병, 무'(C팀), '갑, 정, 무'(D팀)가 됨을 알 수 있다.

ⅳ) 만약 A팀이 참여하는 지역이 광역시라면 나머지 3개 지역 중 한 곳만이 광역시가 된다. 그런데 '을'은 한 번의 출장에만 참여한다고 하였으므로 이렇게 될 경우 병~무 중 누가 되었든 광역시 출장에 한 번만 참여하게 되어 조건에 위배된다. 따라서 광역시는 A팀이 참여하는 지역을 제외한 나머지 지역 중 2곳이 되어야 한다.

이를 표로 정리하면 다음과 같다.

구분	갑	을	병	정	무
A팀	○	○			
B팀	○		○	○	
C팀	○		○		○
D팀	○			○	○

ⅱ)와 ⅲ)에 의하면 '정'은 두 번의 출장에 참가하게 된다.

오답해설

① ⅰ)에 의하면 '갑'이 모든 출장에 참가하는 총괄 사무관이다.

② ⅳ)에 의하면 '을'이 출장을 가는 지역은 광역시가 아니다.

③ ⅲ)에 의하면 '갑', '병', '무'가 함께 가는 출장이 존재한다.

⑤ ⅲ)에 의하면 '무'는 C팀과 D팀에 포함되어 두 곳에 출장을 가게 되며, D팀에 속해 있으므로 '정'과 '무'가 같이 출장을 가는 것도 확인할 수 있다.

합격 가이드

제시된 조건 중 마지막에 제시된 광역시와 관련된 조건을 통해 지역을 확정지으려다 불필요한 시간소모가 있었던 수험생이 있었을 것이다. 결론적으로 제시된 조건만으로는 광역시가 어느 곳인지 확정지을 수 없었고 사후적으로는 정답을 결정하는 데 아무런 영향도 주지 않았다. 실전에서는 분명 한 가지 정도의 조건이 애매하여 정리가 되지 않는 경우가 존재한다. 이때 무리하게 시간을 들여가며 더 고민하기보다는 일단 정리된 조건만 가지고 선택지를 판단해 보자. 5개 중에서 2~3개는 정오 판별이 가능할 것이다. 미뤄두었던 조건은 그때 판단해도 늦지 않다.

21

정답 ⑤

정답해설

일본의 정책들은 함경도를 만주와 같은 경제권으로 묶음으로써 조선의 다른 지역과 경제적으로 분리시켰다고 하였다.

오답해설

① 1935년 회령의 유선탄광에서 폭약이 터져 800여 명의 광부가 매몰돼 사망했던 사건이 있었고 나운규의 고향이 회령이었다.

② 조선의 최북단 지역인 오지의 작은 읍이었던 무산 · 회령 · 종성 · 온성의 개발이 촉진되어 근대적 도시로 발전하였다.

③ 청진 · 나진 · 웅기 등이 대륙 종단의 시발점이 되는 항구였고, 회령 · 종성 · 온성이 양을 목축하는 축산 거점으로 부상하였다. 그리고 〈아리랑〉의 기본 줄거리가 착상된 배경이 나운규의 고향인 회령에서 청진까지 부설되었던 철도 공사였다.

④ 일본이 식민지 조선의 북부 지역에서 광물과 목재 등 군수산업 원료를 약탈하는 데 주력하게 되었고, 이를 위해 함경도에서 생산된 광물자원과 콩, 두만강변 원시림의 목재를 일본으로 수송하기 위해 함경선, 백무선 등의 철도를 부설하였다.

22

정답 ④

정답해설

ㄴ. ㄱ과 달리 ㄴ에서는 영희가 초보운전자라는 사실을 철수가 알고 있는 상황이므로 '영희'를 '초보운전자'로 대치할 수 있는 상황이다. 따라서 철수는 '어떤 초보운전자가 교통사고를 일으켰다.'는 것을 믿는다고 할 수 있다.

ㄷ. 도출된 문장에서 철수가 믿고 있는 것은 누군가 '교통사고를 일으켰다.'는 것에 한정되고 그 이후의 진술은 철수의 믿음과는 무관한 객관적인 진술일 뿐이다. 따라서 도출 가능한 내용이다.

오답해설

ㄱ. '영희가 민호의 아내가 아니라는 것'은 어디까지나 객관적인 진술일 뿐 이를 철수가 알고 있는지는 확정지을 수 없다. 따라서 여전히 철수는 '영희가 교통사고를 일으켰다.'고 믿을 뿐이며 영희가 누구인지는 이 믿음에 영향을 주지 않는다.

23

정답 ②

정답해설

주식회사가 생기기 이전에는 노동자가 생산수단들을 소유할 수 없었지만 이제는 거의 모든 생산수단이 잘게 쪼개져 누구나 그 일부를 구입할 수 있다고 하였다.

오답해설

① 기업은 주주의 이익을 최우선적으로 고려하지만, 사회적 활동을 위해 노력하기도 한다고 하였다. 따라서 주주의 이익과 사회적 공헌이 상충할 때라도 주주의 이익을 우선적으로 선택하고 사회적 공헌은 부차적이라는 것을 알 수 있다.

③ · ⑤ 이해관계자 자본주의는 주주의 이익뿐만 아니라 지역사회 등 기업과 연계되어 있는 이해관계자들도 고려해야 한다는 입장이다. 그렇지만 어디까지나 이는 부수적인 요소일 뿐 주도적인 역할을 한다거나 최우선적인 고려요소가 되는 것은 아니다.

④ 이해관계자 자본주의는 주주 자본주의가 주주의 이익만을 고려하는 것에 대한 비판에서 나온 것이다. 따라서 이 둘이 혼합된다면 기업의 사회적 공헌활동은 주주 자본주의에서보다 강화될 것이다.

24

정답 ⑤

정답해설

A, B, C 각각에 가상의 수치를 넣어 계산하는 방식으로 풀이해 보자.

제시된 조건들을 만족하는 원형 판의 형태는 다음과 같다. 비율만 같다면 다음의 수치가 아니라 어떠한 수치일지라도 상관없다.

구분	지름	두께
A	2	1
B	1	1
C	2	2

다음으로 B의 진동수를 1로 놓고 나머지 A와 C의 진동수를 계산해 보면 다음과 같다.

구분	지름	두께	진동수
A	2	1	1/4
B	1	1	1
C	2	2	1/2

이를 정리하면 B의 진동수는 A의 4배이며, C의 진동수는 A의 2배임을 알 수 있다. 여기서 제시문의 마지막 문장을 활용하면 B는 A보다 '두 옥타브 높은(㉠)' 음을 내고, C는 A보다 '한 옥타브 높은(㉡)' 음을 낸다는 것을 추론해 낼 수 있다.

합격 가이드

간단한 수학식의 원리를 이용한 문제는 매년 출제되는 유형은 아니지만 언어논리와 상황판단을 통틀어 2~3년에 한 번꼴로 출제된다. 제시문에서 언급한 원리를 통해 풀이하는 방법이 정석이겠으나, 실전에서는 굳이 그럴 필요 없이 가상의 수치를 대입해 풀이하는 것이 시간을 절약할 수 있는 방법이며 실수를 줄이는 가장 좋은 방법이다.

25

정답 ②

정답해설

먼저 A와 B의 진술은 적어도 둘이 모두 참이 될 수 없는 상황이므로 이를 경우의 수로 나누어 판단해보도록 하자.

i) A : 참, B : 거짓
둘 중 B만 거짓말을 하고 있는 상황이므로 C는 참이 되어야 모순이 발생하지 않는다. 따라서 이 경우는 B는 가해자로, A와 C는 가해자가 아닌 것으로 추정된다.

ii) A : 거짓, B : 참
B가 참을 말하고 있다면 C는 거짓이 되어야 하는데 A와 B 중 한 명만 거짓을 말하고 있다고 가정하고 있으므로 C는 참이 되어야 하는 모순된 상황이 발생한다. 따라서 이 경우는 제외된다.

iii) A : 거짓, B : 거짓
이미 A와 B가 모두 거짓을 말하고 있는 상황이므로 C 역시 거짓이 되어야 모순이 발생하지 않는다. 따라서 이 경우는 A, B, C 모두 가해자로 추정된다.

결국 모순이 발생하지 않은 두 가지 경우 i)과 iii)을 통해 B는 가해자인 것이 확실하지만 나머지 A와 C는 가해자의 여부를 확정지을 수 없는 상황임을 알 수 있다.

합격 가이드

초기 PSAT에서는 진술과 제시문을 토대로 처음부터 참 거짓이 확정되는 유형이 출제되었으나 최근에는 모든 경우의 수를 열어두는 유형으로 출제 스타일이 진화한 상태이다. 하지만 진술문 중 모순이 되는 경우가 '반드시' 한 쌍은 주어지므로 그것을 기반으로 풀어나가기 바란다. '반드시'를 강조하는 이유는 이를 따르지 않고 가능한 경우의 수를 모두 따져가며 풀이하는 수험생이 의외로 많다는 사실 때문이다.

01	02	03	04	05	06	07	08	09	10
②	⑤	⑤	①	①	②	①	④	⑤	③
11	12	13	14	15	16	17	18	19	20
②	②	④	⑤	④	⑤	①	③	①	③
21	22	23	24	25					
⑤	③	②	④	④					

01 정답 ②

정답해설

ㄱ. 습도가 70%일 때 연간소비전력량이 가장 적은 제습기는 A(790kwh)임을 알 수 있다.

ㄷ. 습도가 40%일 때 제습기 E의 연간소비전력량은 660kwh이고, 습도가 50%일 때 제습기 B의 연간소비전력량은 640kwh이므로 E가 더 많다.

오답해설

ㄴ. 제습기 D와 E를 비교하면, 60%일 때 D(810kwh)가 E(800kwh)보다 소비전력량이 더 많은 반면, 70%일 때에는 E(920kwh)가 D(880kwh)보다 더 많아 순서가 다르게 된다.

ㄹ. 제습기 E의 경우 습도가 40%일 때의 연간전력소비량은 660kwh이므로 이의 1.5배는 990kwh로 계산되는 반면 습도가 80%일 때의 연간전력소비량은 970kwh이므로 전자가 후자보다 크다.

02 정답 ⑤

정답해설

먼저 각각의 스마트폰의 종합품질점수를 계산하면 다음과 같다.

(단위 : 점)

구분	A	B	C	D	E	F	G	H	I
점수	13	10	11	12	11	9	13	11	12

ㄷ. 항목의 수가 같은 상황에서 평가점수 평균의 대소를 구하는 것이므로 굳이 평균을 구할 필요 없이 총점을 비교하면 된다. 이를 계산하면 통신사 갑의 통화성능 총점은 4점, 을은 3점, 병은 5점이므로 병이 가장 높다.

ㄹ. 직접 계산할 필요 없이 멀티미디어 항목은 스마트폰 I에서 2점을 얻은 것을 제외하고는 모두 3점으로 최소한 공동으로 1위는 차지하고 있다.

오답해설

ㄱ. 소매가격이 200달러인 스마트폰은 B, C, G이며 이 중 종합품질점수가 가장 높은 스마트폰은 G(13점)이다.

ㄴ. 소매가격이 가장 낮은 스마트폰은 H(50달러)이며 종합품질점수가 가장 낮은 스마트폰은 F(9점)이므로 다르다.

03 정답 ⑤

정답해설

선택지의 그래프는 2017년의 항공사별 잔여석 수가 아닌 2016년의 값으로 만들어진 것이다.

합격 가이드

그래프 변환 문제의 경우 모든 선택지를 순서대로 체크하는 것보다 계산 없이 단순히 자료 확인만으로 정오판별이 가능한 것, 덧셈과 뺄셈으로 가능한 것 그리고 비율 등 나눗셈을 통해 계산해야 하는 것의 순서로 체크하여야 한다. 이 문제의 경우 ③이 가장 복잡한 계산을 요구하지만 그에 대한 판단을 하지 않더라도 정답을 확인할 수 있었다. 다만, 최근 5급 공채에서 선택지 ①에 복잡한 비율 계산을 요구하는 그래프가 제시되었고 정답 또한 ①이었던 적이 있었음은 주목할 만하다.

04 정답 ①

정답해설

2015년의 투자액은 2014년에 비해 3배 이상 증가하였는데 다른 연도에서는 이 정도의 증가율을 보이는 것이 없다. 따라서 전년 대비 증가율이 가장 높은 해는 2015년이다.

오답해설

② 투자건수의 전년 대비 증가율이 가장 낮은 연도는 비교연도의 수치(60건)가 가장 크고 증가폭(3건)이 가장 작은 2017년이다.

③ 2012년의 투자건수 8건과 2015년의 투자건수 25건의 합은 33건으로 2017년의 투자건수는 63건보다 작다.

④ 투자액이 가장 큰 연도는 390억 원을 기록한 2016년이다.

⑤ 그림에서 꺾은선 그래프가 계속 증가하는 방향으로 나타나고 있다.

05 정답 ①

정답해설

스노보드에서 A국이 획득한 모든 메달 수는 2개이고, B국이 획득한 메달 수는 7개이므로 둘을 합하면 9개로 계산되는데, 이 수치는 다른 어떤 종목의 합보다도 크다.

오답해설

② A국이 획득한 금메달 수는 14개이고, C국이 획득한 동메달 수는 11개이다.

③ A국이 루지(6개), 봅슬레이(4개), 스켈레톤(1개) 종목에서 획득한 모든 메달 수의 합은 11개이고, C국이 크로스컨트리 종목에서 획득한 모든 메달 수는 14개이므로 후자가 전자보다 크다.

④ B국이 메달을 획득한 종목의 수는 11개인 반면, D국은 9개에 그치고 있다. 따라서 메달을 획득한 종목의 수가 가장 많은 국가는 B국이다.

⑤ 각국이 획득한 은메달 수를 계산하면 A국 10개, B국 8개, C국 14개, D국 8개이므로 이를 순서대로 나열하면 C>A>B=D이다.

합격 가이드

선택지 ④와 같이 해당 항목에 데이터가 있는지의 여부만 판단하면 되는 경우가 종종 출제되는 편이다. 이러한 경우 거의 대부분 데이터가 없는 경우가 더 적으므로 빈칸으로 남아있는 항목의 개수를 파악하는 것이 단 몇 초의 시간이라도 절약할 수 있는 방법이다.

06

정답 ②

정답해설

11위를 차지한 '썬더맨'은 10월에 개봉된 영화 중 흥행순위 1~20위 내에 든 유일한 국외제작영화이다.

오답해설

① 흥행순위 1~20위 내의 영화 중 한 편의 영화도 개봉되지 않았던 달은 2월뿐인데, 2월의 국외제작영화 관객수는 6,282천 명이며 국내제작영화 관객수는 8,900천 명이므로 전자가 후자보다 작다.

③ 표 2에 의하면 매달 국외제작영화 개봉편수가 국내제작영화 개봉편수보다 많다.

④ 국외제작영화 관객수가 가장 많았던 달은 7월이며, 7월에 개봉된 영화 중 흥행순위 1~20위 내에 든 국외제작영화 개봉작은 '거미인간(4위)', '슈퍼카인드(18위)'이다.

⑤ 흥행순위가 1위인 영화는 '버스운전사'인데, '버스운전사'의 관객수는 12,100천 명이고 국내제작영화 전체 관객수가 113,905천 명이므로 이의 10%보다 '버스운전사'의 관객수가 더 많다.

07

정답 ①

정답해설

ㄱ. A지역 인구 중 도망노비를 제외한 사노비(솔거노비, 외거노비)가 차지하는 비율은 1720년 28.5%인데 나머지 연도는 모두 20% 부근에 위치하고 있다.

ㄴ. 1720년 A지역의 사노비 수는 2,228×40%이며, 1774년은 3,189×34.8%이므로 곱셈비교를 이용하면 1774년의 사노비 수가 더 많다.

오답해설

ㄷ. 1720년 A지역 사노비 중 외거노비가 차지하는 비율은 10.0/40.0, 1762년은 8.5/31.7이므로 분수비교를 통해 1762년이 더 높음을 알 수 있다.

ㄹ. A지역 인구 중 솔거노비가 차지하는 비율은 1774년부터 높아지고 있다.

합격 가이드

ㄴ과 ㄷ의 곱셈비교와 분수비교를 보다 구체적으로 풀이하면 다음과 같다. ㄴ에서 3,189는 2,228에 비해 대략 1,000이 증가한 것이므로 약 40% 가량의 증가율을 보인다고 할 수 있는데 반해, 40은 34.8에 비해 약 20% 가량의 증가율만을 보이고 있다. 따라서 3,189×34.8%가 더 크다. ㄷ에서 분자는 8.5에서 10으로 증가하여 20%에 미치지 못하는 증가율을 보이고 있으나, 분모는 31.7에서 40으로 증가하여 20%를 넘는 증가율을 보이고 있다. 따라서 8.5/31.7가 더 크다.

08

정답 ④

정답해설

2015년의 경우 SOC 투자규모는 전년 대비 감소한 반면, 총지출 대비 SOC 투자규모 비중은 증가하였다.

오답해설

① 2017년 총지출 대비 SOC 투자규모 비중이 6.9%이므로 조단위를 생략한 총지출은 (23.1/6.9)×100으로 계산할 수 있다. 이는 어림하더라도 300이 넘는다.

② 2014년 SOC 투자규모의 전년 대비 증가율이 30%라면 2014년의 SOC 투자규모가 26조 원을 넘어야 하는데 실제 2014년의 SOC 투자규모는 25.4조 원에 그치고 있으므로 증가율은 30% 이하이다.

③ 2014~2017년 동안 SOC 투자규모가 전년에 비해 가장 큰 비율로 감소한 해는 SOC 투자규모의 변화가 크지 않은 상황에서 전년 대비 감소폭이 1.3조 원으로 가장 큰 2017년이다.

⑤ 직접 계산할 필요 없이 수치적 감각으로 풀이가 가능한 선택지이다. 2017년의 SOC 투자규모가 2016년에 비해 감소한 상황에서 만약 2018년의 전년 대비 감소율이 2017과 동일하다면 감소폭은 2017년의 1.3조 원에 비해 덜 감소할 수밖에 없다. 즉, 2018년 SOC 투자규모가 3.1조 원 이상 감소하여 2018년에 20조 원 이하로 내려가는 것은 불가능하므로 2018년 SOC 투자규모는 20조 원 이상이 될 수밖에 없다.

09

정답 ⑤

정답해설

'가능한 것은?'을 묻는 문제라면 무조건 선택지를 이용하여 풀이해야 한다. 먼저, 제시된 조건 중 확정된 값이 있는 '병'을 살펴보면, (가)+(다)+16,000=44,000이므로 (가)+(다)=28,000임을 알 수 있다. 여기서 선택지 ①을 제외시킬 수 있다.

다음으로 제시된 조건들을 종합하면 다음의 부등식을 이끌어낼 수 있다.

(가)+(나)+(다)>24,000+(나)>44,000

→ 28,000+(나)>24,000+(나)>44,000

따라서 (나)>20,000임을 알 수 있다. 그런데 남은 선택지 중 이를 만족하는 것은 ⑤뿐이므로 정답을 확정할 수 있다.

10

정답 ③

정답해설

ㄴ. 이른바 '여사건'의 개념을 활용하는 문제이다. '학생비만율'이 증가한다는 것은 뒤집어 생각하면 '비만 아님'의 비율이 감소하는 것을 의미하는데 그림에서 이를 확인할 수 있다.

ㄹ. 2017년 '학생비만율'의 남녀 학생 간 차이는 중학생(4.7%p)이 초등학생(5.7%p)보다 작다.

오답해설

ㄱ. 표 1에서 2014년 중학교 여학생의 평균 키는 전년에 비해 감소하였음을 알 수 있다.

ㄷ. 2017년의 고등학교 남학생의 '학생비만율'에 대한 자료는 표 2를 통해 알 수 있으나, 2013년의 자료는 제시되지 않았으므로 알 수 없다.

11

정답 ②

정답해설

B국부터 F국까지의 5개국의 GDP를 모두 백의 자리에서 올림하여 계산하더라도 15,500십억 달러에 불과하여 A국의 18,562십억 달러에 미치지 못한다.

오답해설

ㄱ. B국과 C국을 비교하면 GDP와 GDP 대비 국가자산총액의 변화 방향이 동일함을 알 수 있으나 선택지의 진술은 이와 반대로 서술되어 있다.

ㄷ. 각주에서 주어진 산식을 통해 국가자산총액은 'GDP 대비 국가자산총액 ×GDP'로 계산됨을 알 수 있다. 즉, 단위수를 무시하면 D국의 국가자산총액은 2,650×522, F국은 1,404×828로 나타낼 수 있는데 이를 대략적으로 어림산을 해보더라도 전자가 훨씬 크다.

합격 가이드

이 문제에서는 ㄴ과 ㄷ선택지를 판단하기 위해 어림산을 사용하였다. 특히 ㄴ의 경우는 반올림이 아닌 올림을 사용하였는데 이 방법은 어느 특정 항목과 복수의 항목들의 합을 비교할 때 매우 유용하다. 올림을 사용하여 계산한 결과는 실제 수치보다 크기 마련인데 이 수치보다 더 큰 값을 가지는 항목이 있다면 당연히 실제 결과도 크기 때문이다. 구체적으로 수치화하기는 어렵지만 80% 이상은 올림으로 대소비교가 가능하다.

12 정답 ②

정답해설

해설의 편의를 위해 아래와 같이 빈 동그라미들을 각각 A~D라 하자.

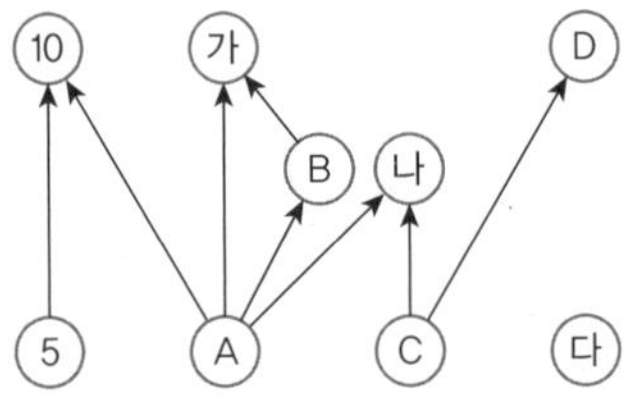

먼저 2부터 10까지의 숫자 중에서 배수관계가 없는 숫자는 7이 유일하므로 '다'는 7임을 알 수 있다. 다음으로 10의 약수는 2와 5이므로 'A'에는 2가 들어가야 하며, 'B'에는 2(A)의 배수가, '가'에는 2(A)의 '배수의 배수'가 들어가야 한다. 그런데 2부터 10까지의 숫자 중에서 2와 이러한 관계를 가질 수 있는 조합은 2, 4, 8뿐이다. 따라서 'B'는 4가 되고 '가'는 8이 되어야 한다.

'나'에는 2의 배수 중 아직 할당이 되지 않은 유일한 숫자인 6이 들어가야 하며, 'C'에는 6의 약수인 2와 3 중에서 3이 들어가야 한다. 마지막으로 'D'에는 아직까지 배정되지 않은 유일한 숫자인 9(3의 배수)가 들어가게 된다. 따라서 '가', '나', '다'에 해당하는 수의 합은 8+6+7=21이다.

13 정답 ④

정답해설

ㄴ. 예측 날씨와 실제 날씨가 일치한 일수는 도시 A가 6일, 도시 B가 7일, 도시 C가 5일, 도시 D가 4일, 도시 E가 3일이다. 따라서 이 둘이 일치한 일수가 가장 많은 도시는 B이다.

ㄷ. 7월 2일의 경우는 어느 도시도 예측 날씨와 실제 날씨가 일치하지 않았으나 나머지 날은 적어도 도시 한 곳 이상은 일치하고 있다.

오답해설

ㄱ. 7월 8일에 도시 A의 예측 날씨는 '비'였으나 실제 날씨는 '맑음'이었다.

14 정답 ⑤

정답해설

1993년 미곡과 맥류 재배면적의 합은 2,000천 정보가 넘는 반면, 곡물 재배면적 전체의 70%는 약 1,900천 정보이다.

오답해설

① 1932년의 경우 미곡 재배면적은 전년 대비 감소하였으나, 두류는 증가하였으므로 1931~1934년의 기간 동안 미곡과 두류의 전년 대비 증감 방향이 일치하는 것은 아니다.

② 1932년부터는 서류의 생산량이 두류보다 더 많다.

③ 1934년의 경우 잡곡의 재배면적이 서류의 2배에 미치지 못한다.

④ 재배면적당 생산량이 가장 크다는 것은 생산량당 재배면적이 가장 작다는 것을 의미한다. 직관적으로 보아도 서류의 분모가 분자의 대략 20배의 값을 지니므로 가장 작은 것을 알 수 있다.

합격 가이드

선택지 ④와 같이 '~당'을 판단해야 하는 선택지는 자료해석 문제의 단골메뉴이다. 여기서 한 가지 참고할 부분은 최대한 제시된 자료를 그대로 사용하는 것이 시간을 절약하는 방법이라는 것이다. 즉, 선택지에서는 '재배면적당 생산량'을 구하라고 되어 있더라도 이를 '생산량당 재배면적'으로 바꾸어 판단해도 무방하다는 것이다. 제시된 자료가 분수의 형태일 때 이를 굳이 분모와 분자를 뒤집어 판단할 경우 불필요한 시간이 소모되기 마련이다.

15 정답 ④

정답해설

미국이 4대 분야에서 획득한 점수의 합(15.4점)은 프랑스가 4대 분야에서 획득한 점수의 합(14.9점)보다 크다.

오답해설

① 기술력 분야에서는 프랑스의 점수가 5.0점으로 가장 높다.

② 성장성 분야에서 점수가 가장 높은 국가는 한국(4.2점)이고, 시장지배력 분야에서 점수가 가장 높은 국가는 미국(5.0점)이다.

③ 브랜드파워 분야의 최댓값은 미국의 4.3점이고 최솟값은 일본의 1.1점이다. 따라서 이 둘의 차이는 3.2점이다.

⑤ 시장지배력 분야의 점수는 일본(1.7점)이 프랑스(3.4점), 미국(5.0점)보다 낮다.

합격 가이드

④의 경우 미국과 프랑스가 획득한 점수를 모두 합하는 방법도 있지만 양국 간의 점수 차이를 비교하여 보다 간단하게 해결하는 방법도 있다. 즉, 시장지배력과 브랜드파워 분야에서는 미국이 프랑스에 비해 각각 1.6점, 0.6점 크고, 기술력과 성장성 분야에서는 각각 0.8점, 0.9점 작다. 따라서 이 값들을 상계처리하면 미국이 4대 분야에서 획득한 점수의 합이 프랑스보다 더 크다는 것을 알 수 있다.

16

정답 ⑤

정답해설

ㄴ. 각주에서 주어진 공식을 변형하면 '에너지소비량=에너지원단위×매출액'으로 나타낼 수 있다. 이에 의하면 기업 A는 2015년 2014년에 비해 매출액과 에너지원단위가 모두 증가하였으므로 둘의 곱인 에너지소비량 역시 증가하였으며, 2016년과 2017년의 경우 매출액은 증가하고 에너지원단위는 감소하였으나 매출액의 증가율이 에너지원단위의 감소율을 상쇄하고도 남을 정도로 크므로 에너지소비량 역시 증가하였다.

ㄷ. 단위수를 배제하고 2016년 기업 A의 에너지소비량을 구하면 0.25×400=100이고, 기업 B는 0.15×800=120이므로 기업 B가 더 크다.

오답해설

ㄱ. 2015년의 경우 기업 A의 에너지원단위는 2014년 0.25에서 0.30으로 증가하였다. 따라서 두 기업의 에너지원단위가 매년 감소한 것은 아니다.

합격 가이드

ㄴ과 ㄷ에서 에너지소비량을 일일이 계산하여 수치가 증가하였는지 확인할 수도 있지만, 에너지소비량의 크기가 주어진 점과 원점을 잇는 직선을 대각선으로 하는 직사각형 면적임을 이해한다면 그 크기를 통해 보다 직관적으로 비교할 수 있다.

17

정답 ①

정답해설

ㄱ. 표를 통해 2016년 매분기 '느타리' 1kg의 도매가는 '팽이' 3kg의 도매가보다 높다는 것을 알 수 있다.

ㄴ. 표와 그림을 통해 2015년 분기별 '팽이'의 소매가를 계산하면 1분기는 (3,136+373)원, 2분기는 (3,080−42)원, 3분기는 (3,080−60)원, 4분기는 (3,516−389)원으로 계산할 수 있으므로 매 분기 3,000원/kg을 넘는다.

오답해설

ㄷ. 표와 그림을 통해 2016년 1분기 '새송이'의 소매가는 5,233원/kg이고, 2015년 4분기는 5,363−45=5,318원/kg임을 알 수 있다.

ㄹ. 2016년 1분기 '느타리' 도매가의 1.5배는 약 8,600원/kg이므로 소매가에 미치지 못한다. 따라서 1분기의 경우 소매가가 도매가의 1.5배를 넘는다. 6,000의 1.5배가 9,000이라는 사실을 활용하여 어림해 보는 것도 하나의 방법이다.

18

정답 ③

정답해설

이와 같이 빈칸의 수가 많지 않고 보기도 적은 경우는 거의 대부분 빈칸을 채워놓고 시작하는 것이 편한 경우가 많으며, 꼭 편리성의 측면을 떠나 결국에는 다 채워야 정답을 판단할 수 있게 구성되는 경우가 많다. 표의 빈칸을 채우면 다음과 같다.

구분	갑	을	병	정	범위
A	7	8	8	6	2
B	4	6	8	10	(6)
C	5	9	8	8	(4)
D	6	10	9	7	4
E	9	7	6	5	4
중앙값	(6)	(8)	8	(7)	−
교정점수	(6)	8	(8)	7	−

ㄱ. 위 표에 의하면 면접관 중 범위가 가장 큰 면접관은 B이다.

ㄷ. 병의 교정점수는 8점이며 갑은 6점으로 병이 더 크다.

오답해설

ㄴ. 응시자 중 중앙값이 가장 작은 응시자는 갑이다.

19

정답 ①

정답해설

2013년 한국, 중국, 일본 모두에서 원자재 수입액이 수출액보다 크므로 원자재 무역수지는 모두 적자이다.

오답해설

ㄴ. 2000년과 2013년을 비교할 때 한국의 원자재 수출액과 자본재 수출액은 2013년에 50% 이상 증가했으나 소비재 수출액의 경우는 그렇지 않다.

ㄷ. 무역특화지수의 값이 클수록 수출경쟁력이 높다고 하였으므로 일본과 한국의 자본재 무역특화지수를 구하면 다음과 같다.

- 일본 : (4,541−2,209)/(4,541+2,209)≒23/68
- 한국 : (3,444−1,549)/(3,444+1,549)≒19/50

둘을 분수비교하면 한국이 더 크므로 자본재 수출경쟁력은 한국이 더 높다.

20

정답 ③

정답해설

D국의 여성 대학진학률이 4%p 상승하면 여성 대학진학률이 15%가 되며 이는 남성 대학진학률과 같은 값이 되어 대학진학률 격차지수는 1.00으로 계산된다. 이를 이용하여 D국의 간이 성평등지수를 구하면 (0.70+1.00)/2=0.850이다.

오답해설

ㄱ. A국의 여성 평균소득과 남성 평균소득이 각각 1,000달러씩 증가하면 평균소득 격차지수는 9,000/17,000이 되어서 간이 성평등지수는 {(9/17)+1}/2=13/17으로 계산된다. 그런데 이는 0.80에 미치지 못한다.

ㄴ. B국의 여성 대학진학률이 85%라면 대학진학률 격차지수는 85/80로 계산되는데, 이 값이 1을 넘으면 1로 한다고 하였으므로 이를 이용하여 B국의 간이 성평등지수를 구하면 (0.6+1)/2=0.8으로 계산된다. 따라서 C국의 간이 성평등지수(0.82)보다 낮다.

21

정답 ⑤

정답해설

2017년 대비 2018년의 총 연봉 증가율은 A팀과 E팀 모두 50% 이상이지만, 2018년 총 연봉의 크기가 E팀이 훨씬 크므로 2017년의 총 연봉 역시 E팀이 더 큼을 추론할 수 있다.

오답해설

① 표를 이용하여 2018년 '팀 선수 평균 연봉'을 구하면, A팀 3억 원, B팀 2.5억 원, C팀 3억 원, D팀 5억 원, E팀 4억 원으로 계산되므로 D팀이 가장 많다.
② C팀의 2018년 선수 인원수인 8명은 전년 대비 33.3% 증가한 수치이므로 2017년의 선수 인원수는 6명으로 계산되는데 이는 전년 대비 2명이 증가한 수치이다. 또한 D팀의 2018년 선수 인원수 6명은 전년 대비 50% 증가한 수치이므로 2017년의 선수 인원수는 4명으로 계산되며 이 역시 전년 대비 2명이 증가한 것이다.
③ A팀의 2018년 선수 인원수 5명은 전년 대비 25% 증가한 수치이므로 2017년의 선수 인원수는 4명임을 알 수 있다. 또한, 2018년 총 연봉 15억 원은 전년 대비 50% 증가한 수치이므로 2017년의 총 연봉은 10억 원임을 알 수 있다. 따라서 2017년 A팀의 '팀 선수 평균 연봉'은 10/4=2.5억 원으로 계산되며 2018년은 3억 원으로 주어져 있다.
④ 2018년 선수 인원수의 증가율이 가장 높은 팀은 B팀인데, 전년 대비 100% 증가하여 10명이 된 것이므로 2017년의 선수 인원수는 5명이었고 여기에 5명이 증가된 것이 2018년의 선수 인원수임을 알 수 있다. 그러나 나머지 팀들은 눈으로 어림해보아도 5명 이상 증가할 수 없으므로 B팀의 선수 인원수가 가장 많이 증가했음을 알 수 있다. 또한 2018년 연봉의 증가율이 가장 높은 팀도 B팀인데, 전년 대비 150% 증가하여 25억 원이 된 것이므로 이의 증가액을 직접 계산하지 않더라도 다른 팀들에 비해 증가폭이 가장 크다.

22 정답 ③

정답해설

ㄴ. 보고서의 내용 중 '특히, 2016년에 A국은 정부연구개발비 대비 민간연구개발비 비율이 가장 작다.'라는 내용을 작성하기 위해 추가로 필요한 자료이다.
ㄷ. 보고서의 내용 중 '이는 2014~2016년 동안, A국 민간연구개발에 대한 정부의 지원금액이 매년 감소한 데 따른 것으로 분석된다.'라ㄴ는 내용을 작성하기 위해 추가로 필요한 자료이다.

합격 가이드

추가로 필요한 자료 찾기 유형의 문제에서 특히 주의할 점은 보고서의 모든 내용을 보기에서 전부 커버하는 것은 아니라는 데에 있다. 이 문제의 경우 보고서의 첫 문장인 2015년 대비 2016년 연구개발비 증가율에 대한 자료는 보기에 제시되어 있지 않다. 만약, 이 자료를 찾기 위해 보기를 여러 번 읽었던 수험생이라면 분명 불필요한 시간소모가 있었을 것이며 페이스도 엉켰을 가능성이 매우 높다.

23 정답 ②

정답해설

근무지 이동 지침을 통해 별관으로 40명이 넘는 인원이 이동할 수 없으므로 영업1팀(27명), 영업2팀(30명)은 이동할 수 없다는 사실을 알 수 있다. 이들이 이동하기 위해서는 13명 혹은 10명 이하인 팀이 있어야 하는데 인사팀은 이동할 수 없다고 하였기 때문이다. 그러므로 이동 가능한 팀은 ⅰ) 지원팀(16명), 기획1팀(16명), ⅱ) 기획2팀(21명), ⅲ) 영업3팀(23명)인데 이 중 ⅱ)와 ⅲ)에 해당하는 기획2팀과 영업3팀은 두 팀 인원의 합이 40명을 초과하므로 동시에 이동할 수 없다. 따라서 이동 후 별관의 인원수는 37명 혹은 39명이 되어야 하며(②, ③), 본관 1층의 인원수는 26명이 되어야 하므로 가능한 경우는 ②뿐이다.

합격 가이드

'가능한 경우'를 찾는 문제는 매년 1문제씩은 출제되는 유형이다. 물론, 조건을 통해 가능한 경우를 찾아내고 이에 부합하는 선택지를 고르는 것이 가장 정확한 방법이다. 하지만 이러한 유형은 선택지들을 직접 조건에 대입하는 것이 오히려 더 시간소모가 적은 경우가 많다. 만약 정답이 ① 혹은 ②라면 절약되는 시간은 엄청날 것이다.

24 정답 ④

정답해설

A, B, C팀의 인원수를 각각 a, b, c라 하면 표 1과 표 2를 이용하여 아래의 연립방정식을 도출할 수 있다.

$a+b=80$

$40a+60b=4,200$

$\therefore a=30, b=50$

다음으로 b+c가 120이라는 점을 이용하여 c가 70임을 알 수 있다. 따라서 (가)는 100이 되고, 팀 연합 C+A의 총점은 $(30\times40)+(70\times90)=7,500$이므로 (나)는 75가 된다.

25 정답 ④

정답해설

해설의 편의를 위해 왼쪽으로의 이동을 (−), 오른쪽으로의 이동을 (+)로 표시하자.

먼저 A를 살펴보면, 3회차까지의 결과값이 +3인데 5회차까지의 결과값도 역시 +3이므로 4회차와 5회차에 비기거나 졌음을 알 수 있다. 그런데 4회차를 보면 A는 바위를 낸 상태이고 B와 D가 가위를 냈으므로 질 수는 없는 상황이다. 따라서 4회차에서 A는 비겼음을 추론할 수 있으며 이를 통해 (나)에는 '보'가 들어가야 함을 알 수 있다. 그리고 이는 4회차에서는 4명의 참가자가 모두 무승부를 기록한 것까지 알 수 있게 한다.

이제 D를 살펴보면, D는 4회차까지는 3패 후 1무를 기록한 상황이므로 결과값이 0인데 5회차의 결과값은 −3이므로 D는 5회차에서 '가위'로 승리했음을 알 수 있으며, (다)에는 '가위'가 들어가야 한다. 결과적으로 5회차에서 A~C는 모두 패한 것이 된다.

이제 B를 살펴보면, 2회차를 제외한 나머지의 결과값이 −3인데, 2회차를 반영한 결과값은 −2이다. 따라서 B는 2회차에서 '바위'로 승리했음을 알 수 있으며, (가)에는 '바위'가 들어가야 한다.

합격 가이드

보기에 따라서는 혼동을 야기할 수도 있는 문제이다. 이 문제는 기본적으로 A~D 4명이 동시에 가위바위보를 하는 것을 전제로 하고 있다. 물론 전체의 흐름을 통해 그러한 방식임을 알아차릴 수도 있겠지만 일부 수험생들이 둘씩 짝을 지어 가위바위보 게임을 하는 것을 가정하고 풀이하다 결국 포기하였었다. 3회차의 판정 결과를 토대로 2×2 방식이 아니라는 점을 알아차리는 것까지를 테스트하려고 했던 것인지는 알 수 없으나 이를 빠르게 파악하는 것이 필요하였다.

01	02	03	04	05	06	07	08	09	10
③	⑤	⑤	②	①	①	③	①	③	②
11	12	13	14	15	16	17	18	19	20
④	⑤	⑤	④	⑤	③	①	④	④	①
21	22	23	24	25					
⑤	②	③	②	①					

※ 해설의 편의를 위해 첫 번째 제00조를 첫 번째 조, 두 번째 제00조를 두 번째 조 등으로 표기하였다.

01 정답 ③

정답해설

지식수준과 관여도가 모두 낮은 공중을 '비활동 공중'이라고 하는데 이들이 쟁점에 노출되어 쟁점에 대한 관여도가 높아지게 되면 '환기 공중'으로 변화한다고 하였다.

오답해설

① 정책의 쟁점 관리는 정책 쟁점이 미디어 의제로 전환된 후부터 진행된다.
② '비활동 공중'은 어떤 쟁점에 대해 지식수준과 관여도가 모두 낮은 공중을 말하며, 쟁점에 대한 지식수준이 높지만 관여도가 낮은 공중은 '인지 공중'이다.
④ 공중은 정책의 쟁점관리 전략에 따라 다른 유형으로 변화할 수 있다.
⑤ 인지 공중의 관여도를 높여 활동 공중으로 이끄는 것이 매우 어렵기 때문에 이들이 정책 쟁점에 긍정적 태도를 가지게 하는 것만으로도 전략적 성공이라고 하였다.

02 정답 ⑤

정답해설

첫 번째 조 제3항에 의하면 시장 · 군수 · 구청장이 공공하수도를 설치하려면 시 · 도지사의 인가를 받아야 한다.

오답해설

① 두 번째 조 제2항에 의하면 공공하수도가 둘 이상의 지방자치단체의 장의 관할구역에 걸치는 경우, 관리청이 되는 자는 공공하수도 설치의 고시를 한 시 · 도지사 또는 인가를 받은 시장 · 군수 · 구청장으로 한다고 하였다. 따라서 해당 공공하수도의 관리청은 B자치구의 구청장이 아닌 A자치구의 구청장이다.
② 첫 번째 조 제5항에 의하면 시 · 도지사가 국가의 보조를 받아 설치하고자 하는 공공하수도에 대하여 고시 또는 인가를 하고자 할 때에는 환경부장관의 승인이 아닌 협의가 필요하다.
③ 첫 번째 조 제4항에 의하면 시장 · 군수 · 구청장이 인가받은 사항을 폐지하려면 시 · 도지사의 인가를 받아야 한다.
④ 첫 번째 조 제2항에 의하면 고시한 사항을 변경하고자 하는 때에도 해당 내용을 고시하여야 한다고 하였으므로 변경이 가능함을 전제하고 있다.

합격 가이드

이와 같이 별다른 특성이 없는 법조문은 수험생의 입장에서 참 곤혹스러운 유형이라고 할 수 있다. 차근차근 읽어가기도 그렇고 선택지부터 보기에도 그런 애매한 유형인데, 이런 유형을 만나면 각 조문의 '주체'가 무엇인가와 익숙한 법률용어들(이 문제의 경우는 고시, 인가 등)에만 체크해두고 선택지로 넘어가는 것이 좋다. 특성이 없는 조문이라는 것은 결국 출제의 포인트가 한정적이라는 얘기인데, 결국 그것은 주체와 법률용어를 섞어놓는 것 이외에는 별다른 포인트가 없다는 의미가 된다. 이런 유형을 풀 때 가장 위험한 것은 처음부터 차근차근 숙지하며 읽어가는 것이다. 하나하나의 조문이 별개의 내용으로 구성되어 있는 편이 대부분이며 따라서 흐름을 잡기가 쉽지 않아 괜한 시간낭비가 될 가능성이 높기 때문이다.

03 정답 ⑤

정답해설

다산은 무관의 반열에 서는 자는 도덕성을 첫째의 자질로 삼고 재주와 슬기를 다음으로 해야 한다고 하였다.

오답해설

① 좌우별감은 좌수의 아랫자리라고 하였다.
② 감사나 어사로 하여금 식년에 각각 9명의 좌수후보자를 추천한다고 하였다.
③ 다산은 아전을 임명할 때, 진실로 쓸 만한 사람을 얻지 못하면 그저 자리를 채우기는 하되 정사는 맡기지 말라고 하였다.
④ 좌수후보자들에게 모두 종사랑의 품계를 주고 감사나 어사로 하여금 이들 중 9명씩을 추천하게 한 후에 그중 3명을 뽑아 경관에 임명한다고 하였다.

04 정답 ②

정답해설

'다'항목에서 폐기 대상 판정 시 위원들 사이에 이견이 있는 자료는 당해 연도의 폐기 대상에서 제외하고 다음 연도의 회의에서 재결정한다고 하였다. 그런데 폐기심의위원회의 회의는 연 2회 정기적으로 개최한다고 하였으므로, 만약 그 해의 첫 번째 정기회의에서 폐기 대상으로 논의되었다면 그 해의 두 번째 정기회의가 아닌 그다음 해의 정기회의에서 재결정하게 된다.

오답해설

① '다'항목에서 폐기심의위원회는 폐기 여부만을 판정하며 폐기 방법의 결정은 사서에게 위임한다고 하였다.
③ 폐기심의위원회의 위원들은 실물과 목록을 대조하여 확인하여야 한다고 하였다.
④ 매각과 소각은 폐기 방법의 하나이고 '마'항목에서 폐기한 자료는 현행 자료 목록에서 삭제하되, 폐기한 자료의 목록과 폐기 경위에 관한 기록을 보존한다고 하였다.

⑤ '가'항목에서 도서관 직원은 이용하기 곤란하다고 생각되는 자료는 발견 즉시 회수하여 사무실로 옮겨야 한다고 하였다. 그리고 그 자료를 사서들이 추려낸 후 폐기 대상 자료로 판단되는 것을 폐기심의대상 목록으로 작성하는 것이다.

05

정답 ①

정답해설

ㄱ. 신청인은 두 번째 조 제1항에서 다음 각 호의 어느 하나에 해당하는 곳을 관할하는 지방법원에 조정을 신청해야 하며 그 세부 항목의 하나로 피신청인의 근무지를 들고 있다.

ㄷ. 조정담당판사는 신청인과 피신청인 사이에 합의된 사항이 조정조서에 기재되면 조정 성립으로 사건을 종결시키며, 이 조정조서는 판결과 동일한 효력이 있다고 하였다.

오답해설

ㄴ. 조정담당판사는 조정을 하지 아니하는 결정으로 사건을 종결시킬 수 있으나 신청인은 이 결정에 대해서 불복할 수 없다고 하였다.

ㄹ. 네 번째 조에서 다음 각 호의 어느 하나에 해당하는 경우에는 조정신청을 한 때에 민사소송이 제기된 것으로 본다고 하였으며 그 세부 항목의 하나로 조정 불성립으로 사건이 종결된 경우를 들고 있다.

ㅁ. 조정담당판사는 신청인이 부당한 목적으로 조정신청을 한 것임을 인정하는 경우에는 조정을 하지 아니하는 결정으로 사건을 종결시킬 수 있다고 하였다. 여기서 조정을 하지 아니하는 결정은 조정 불성립과는 다른 개념이다.

06

정답 ①

정답해설

ㄱ. 거주지 제한이 있는 것은 세 번째 조의 임대료 감액에 대한 사항이다. 선택지의 경우는 임대료의 감액이 아닌 임대의 가능 여부를 묻고 있으므로 세 번째 조가 아닌 두 번째 조가 적용되는데 이는 거주지 제한 조건이 없다.

ㄴ. 연간 임대료는 해당 폐교재산평정가격의 1천분의 10이 하한이므로 평정가격이 5억 원일 때 500만 원이 된다. 다만, 지방자치단체가 폐교재산을 문화시설로 사용하려는 경우에는 이 임대료의 1천분의 500까지 감액할 수 있으므로 연간 임대료의 최저액은 250만 원이다.

오답해설

ㄷ. 연간 임대료로 지불해야 할 최저액이 폐교재산평정가액의 0.7%이 되기 위해서는 해당 시설이 세 번째 조 제2항 제2호에 해당해야 한다. 그런데 선택지의 사례는 지역주민이 단독으로 폐교재산을 소득증대시설로 사용하려고 하는 상황이기에 이에 해당하지 않는다.

ㄹ. 세 번째 조 제1항 제2호에 의하면 단체 또는 사인이 폐교재산을 공공체육시설로 사용하려는 경우에는 연간 임대료를 감액하여 임대할 수 있다고 하였다.

합격 가이드

이와 같이 세부적인 항목이 제시되는 법조문은 세부적인 내용은 일단은 읽지 말고 선택지를 판단할 때 찾아가는 식으로 풀이해야 한다. 단, 그 세부항목들이 어떤 것에 대한 것인지, 즉 상위범주에 대해서는 확실하게 정리를 하고 선택지를 읽어야 한다.

07

정답 ③

정답해설

축척의 기준단위가 cm이기 때문에 계산된 수치들을 cm로 변환하면 다음과 같다.

- 두 지점 사이의 표고 차이 : 180−150=30m=3,000cm
- 두 지점 사이의 실제 수평거리 : 25,000×4=100,000cm

따라서 A와 B를 잇는 사면의 경사도는 3,000/100,000=0.030이다.

08

정답 ①

정답해설

백신 A의 최소 접종연령이 12개월이므로 만 1세가 되는 12개월이 되는 날 1차 백신을 맞고, 2차 백신은 최소 접종간격인 12개월이 지난날인 만 2세가 되는 날보다 4일 이내로 앞당겨서 맞는다면 만 2세가 되기 전에 백신 A의 예방접종을 2회 모두 실시할 수 있다.

오답해설

ㄴ. 생후 45개월에 백신 B를 1차 접종하고 2차와 3차 접종을 최소 접종간격(각 4주, 합 8주)에 맞춰 마쳤다면 3차 접종을 생후 48개월이 되기 전에 마칠 수 있게 된다. 따라서 이 경우에는 만 4세 이후에 3차 접종을 유효하게 하지 않은 것이 되므로 4차 접종을 생략할 수 없다.

ㄷ. 백신 C의 최소 접종연령이 6주, 즉 42일이므로 40일에 1차 접종을 한 경우는 4일 이내로 앞당겨서 일찍 접종을 한 경우에 해당하여 유효하다. 그러나 2차 접종은 1차 접종 후 4주, 즉 28일 이후에 해야 하므로 최소한 생후 68일 이후에 맞아야 하나 선택지의 생후 60일은 5일 이상 앞당겨서 접종한 경우에 해당하여 무효처리된다.

09

정답 ③

정답해설

블록 6개를 붙인 경우에는 검은 블록이 어디에 위치하고 있든지 위아래의 숫자의 합이 7이 될 수밖에 없다. 따라서 하얀 블록만으로 이루어진 막대기 6개를 제외한 30개의 막대기의 위아래의 숫자의 합은 210이 되어야 한다. 그런데 윗면에 쓰인 숫자의 합이 109라고 하였으므로 아랫면에 쓰인 숫자의 합은 101이 됨을 알 수 있다.

10

정답 ②

정답해설

먼저 세 번째 상황에서 丁이 의사소통역량만 갖추고 있으면 진학지도업무를 제외한 모든 업무를 수행할 수 있다고 하였다. 따라서 丁은 대인관계역량, 문제해결역량, 자원관리역량을 가지고 있다는 것을 확인할 수 있다.
다음으로 네 번째 상황에서 甲이 심리상담업무를 수행할 수 있다고 하였으므로 의사소통역량과 대인관계역량을 가지고 있음을 알 수 있으며, 乙과 丙은 진학지도에 필요한 문제해결역량과 정보수집역량을 가지고 있음을 확인할 수 있다.

두 번째 상황에서는 丙을 제외한 모든 채용후보자가 자원관리역량을 갖추고 있다고 하였으므로 위 ii)와 연결하여 甲이 의사소통역량, 대인관계역량, 자원관리역량을 가지고 있고 乙은 문제해결역량, 정보수집역량, 자원관리역량을 가지고 있음을 알 수 있다.

이제 보유하고 있는 역량이 확정되지 않은 丙을 살펴보면, ii)에서 丙은 문제해결역량과 정보수집역량을 가지고 있다고 하였고, 자원관리역량은 丙이 가지고 있지 않으며, 대인관계역량을 갖춘 후보자가 2명(이미 甲과 丁으로 확정됨)이라고 하였으므로 丙이 가진 역량은 문제해결역량, 정보수집역량, 의사소통역량임을 알 수 있다.

이를 표로 정리하면 다음과 같다.

구분	보유역량	가능 업무
甲	의사소통, 대인관계, 자원관리	심리상담, 지역안전망구축
乙	문제해결, 정보수집, 자원관리	진학지도
丙	의사소통, 문제해결, 정보수집	위기청소년지원, 진학지도
丁	대인관계, 문제해결, 자원관리	지역안전망구축

따라서 서로 다른 업무를 맡아 4가지 업무를 빠짐없이 분담하기 위해서는 甲과 丙이 채용되어야 한다.

11

정답 ④

정답해설

변경 전에는 '자녀돌봄휴가'를 사용할 수 있는 사유가 초·중·고등학교에서 공식적으로 주최하는 행사와 공식적인 상담에 국한되었던 반면, 변경 후에는 자녀의 병원진료 등에도 쓸 수 있도록 하였다.

오답해설

① 변경 전에는 생후 1년 미만의 영아를 자녀로 둔 공무원만 대상이었으나 변경 후에는 만 5세 이하 자녀를 둔 공무원으로 확대되었으며, 시간도 1일 1시간에서 1일 2시간으로 늘어났다.

② 변경 전에는 자녀의 수에 관계없이 공무원 1인당 연간 최대 2일의 '자녀돌봄휴가'를 사용할 수 있을 뿐이었지만 변경 후에는 자녀가 3명 이상일 경우 1일을 가산한 3일까지 사용할 수 있게 하였다.

③ 변경 전에는 '모성보호시간'이 적용되는 기간에 제한이 있었지만 변경 후에는 이를 임신 기간 전체로 확대하였으므로 임신 중인 여성 공무원은 임신 개월수에 관계없이 '모성보호시간'을 사용할 수 있다.

⑤ 변경 후에는 만 5세 이하 자녀를 둔 공무원은 1주일에 2일에 한해 1일에 2시간 범위 내에서 '육아시간'을 사용할 수 있도록 하였으므로 1주일에 총 4시간의 '육아시간'을 사용하여 근무시간을 단축할 수 있다.

합격 가이드

제도의 변경을 다루는 유형의 문제는 어떤 식으로 선택지가 구성되든지간에 정답은 변경 후를 다룬 것이 될 수밖에 없다. 물론 이 문제와 같이 변경 후의 내용만을 묻는 경우보다는 변경 전과 후를 비교하는 경우가 더 많이 출제되고는 있으나 그 경우에도 포인트는 변경 후의 내용이다. 만약 시간이 부족하여 선택지를 모두 판단할 수 없는 상황이라면 이 점을 잘 활용하기 바란다.

12

정답 ⑤

정답해설

ㄷ. 세 번째 조 제1항에 의해 사업자가 표시·광고행위를 하면서 고시된 중요정보를 표시·광고하지 않은 경우에는 1억 원 이하의 과태료를 부과한다고 하였다. 따라서 1억 원 이하인 5천만 원의 과태료를 부과하는 것이 가능하다. 또한 제2항에서 공정거래위원회가 과태료를 부과한다고 하였다.

ㄹ. 두 번째 조 제1항에서 공정거래위원회는 소비자 보호를 위해 필요한 경우에는 중요정보와 함께 표시·광고의 방법을 고시할 수 있다고 하였다.

오답해설

ㄱ. 두 번째 조 제1항에서 공정거래위원회는 상품 등이나 거래 분야의 성질에 비추어 소비자 보호 등을 위하여 필요한 경우는 중요정보를 고시할 수 있다고 하였다.

ㄴ. 첫 번째 조 제1항과 제2항에 의해 사업자가 다른 사업자로 하여금 거래질서를 해칠 우려가 있는 비방적인 표시·광고를 한 경우에는 2년 이하의 징역 또는 1억 5천만 원 이하의 벌금에 처한다고 하였다. 과태료와 벌금을 바꿔놓고 출제하는 것은 매우 자주 출제되는 포인트이니만큼 절대로 틀려서는 안 될 것이다.

13

정답 ⑤

정답해설

군국기무처가 통과시킨 의안에는 1880년대 이래 개화운동에서 강조한 개혁안과 더불어 동학운동에서 요구한 개혁안이 포함되었다.

오답해설

① 고종은 이노우에 공사가 요구한 군국기무처의 폐지를 12월 17일 칙령으로 실시하였다.

② 군국기무처의 이름은 1882년부터 1883년까지 존속하였던 기무처의 이름을 따서 흥선대원군이 명명하였다.

③ 군국기무처의 기능은 청일전쟁에서 일본이 최초의 결정적인 승리를 거둔 1894년 9월 중순 이후 서서히 약화되기 시작하였다.

④ 군국기무처가 3개월 동안 통과시킨 개혁의안이 210건이므로 월 평균 70건의 의안을 통과시켰다.

14

정답 ④

정답해설

ㄱ. 일본 참의원의 임기는 6년이고, 프랑스 상원의원의 임기도 6년이다.

ㄷ. 우리나라에서는 선거 무효 판결, 당선 무효, 당선인의 임기 개시 전 사망 등의 사유가 있는 경우에 재선거를 실시한다고 하였다.

ㄹ. 의원이 임기 중 사망하였을 때 실시하는 선거가 보궐선거인데 다수대표제를 사용하는 대부분의 국가에서는 보궐선거를 실시한다고 하였다.

오답해설

ㄴ. 미국은 임기 6년의 상원의원을 매 2년마다 1/3씩 선출한다.

15
정답 ⑤

정답해설

두 번째 조 제2항 제2호에 의하면 무죄재판서의 공개로 인하여 사건 관계인의 명예나 사생활의 비밀 또는 생명 · 신체의 안전이나 생활의 평온을 현저히 해칠 우려가 있는 경우라면 무죄재판서의 일부를 삭제하여 게재할 수 있다고 하였다.

오답해설

① 첫 번째 조 제1항에 의하면 무죄재판을 받아 확정된 사건의 피고인은 무죄재판이 확정된 때부터 3년 이내에 무죄재판서를 게재하도록 해당 사건을 기소한 검사의 소속 지방검찰청에 청구할 수 있다.
② 첫 번째 조 제3항에 의하면 무죄재판서 게재 청구가 취소된 경우에는 다시 그 청구를 할 수 없다고 하였다.
③ 첫 번째 조 제2항에 의하면 무죄재판서 게재 청구를 하지 아니하고 사망한 때에는 그 상속인이 이를 청구할 수 있는데, 같은 순위의 상속인이 여러 명일 때에는 상속인 모두가 그 청구에 동의하였음을 소명하는 자료도 함께 제출하여야 한다.
④ 두 번째 조 제4항에 의하면 무죄재판서의 게재기간은 1년으로 한다고 하였다.

합격 가이드

이 문제와 같이 선택지에 불필요한 단서 내지는 수식어구가 포함된 경우가 꽤 자주 출제된다. 수험생들을 혼란에 빠뜨릴 목적이 노골적으로 드러난 유형인데 이런 선택지들은 이후에 분석할 때는 별것 아니게 느껴지지만 시험장에서는 매우 부담스럽게 다가오기 마련이다. 때문에 조문을 너무 깊이 있게 읽지 말라는 것이다. 예를 들어 첫 번째 조 제3항의 경우는 "취소된 경우는 할 수 없다"와 같이 간결하게 정리하는 습관을 들여야 한다. 그 앞에 있는 수식어구는 선택지를 판단하는 과정에서 읽는 것이 바람직하다. 즉, 처음에는 뼈대만 추리고 살은 나중에 붙여야 한다.

16
정답 ③

정답해설

ㄴ. 결국 甲은 乙에게 수선으로 인한 채무를 변제하지 않겠다고 하는 것이므로 유치권자 乙은 채권의 변제를 받기 위하여 해당 옷을 경매할 수 있다.
ㄷ. 유치권은 점유의 상실로 인하여 소멸한다고 하였다.

오답해설

ㄱ. 유치권자는 채권 전부의 변제를 받을 때까지 유치물 전부에 대하여 그 권리를 행사할 수 있다고 하였다. 따라서 수선비의 일부만 지급받은 경우 수선한 옷을 돌려줄 의무는 없다.
ㄹ. 유치권자는 채무자의 승낙 없이 유치물의 사용, 대여 또는 담보제공을 하지 못한다고 하였으므로 乙이 수선한 옷을 타인에게 대여하기 위해서는 甲의 승낙이 있어야 한다.

17
정답 ①

정답해설

먼저 제시문의 첫 번째 인원변동 후 각 부처의 인원 구성을 살펴보면 다음과 같다.

A부처	B부처
109명	91명
A소속 : 100명	A소속 : 0명
B소속 : 9명	B소속 : 91명

ㄱ. 첫 번째의 인원변동 후 A부처의 인원은 109명(A부처 소속 100명, B부처 소속 9명)이며, B부처의 인원은 91명(A부처 소속 0명, B부처 소속 91명)이 된다. 이 상태에서 두 번째 인원변동이 진행되면 두 부처의 인원은 모두 100명으로 동일해지는데, 보기 ㄱ에서 A부처에 B부처 소속 공무원이 3명 남아있다고 하였으므로 A부처는 A부처 소속 97명, B부처 소속 3명으로 구성되어 있음을 알 수 있으며, 이는 A부처에서 B부처로 보낸 9명 중 3명은 A부처 소속이었다는 것을 알 수 있다. 따라서 B부처의 인원구성은 A부처 소속 3명, B부처 소속 97명임을 알 수 있다.

A부처	B부처
100명	100명
A소속 : 97명	A소속 : 3명
B소속 : 3명	B소속 : 97명

ㄴ. 첫 번째의 인원변동 후 A부처의 인원은 109명(A부처 소속 100명, B부처 소속 9명)이며, B부처의 인원은 91명(A부처 소속 0명, B부처 소속 91명)이 된다. 이 상태에서 두 번째 인원변동이 진행되면 두 부처의 인원은 모두 100명으로 동일해지는데, 보기 ㄴ에서 B부처에 A부처 인원이 2명이라고 하였으므로 B부처는 A부처 소속 2명, B부처 소속 98명으로 구성되어 있음을 알 수 있으며, 이는 A부처에서 B부처로 보낸 9명 중 2명은 A부처 소속이었다는 것을 의미한다. 따라서 A부처의 인원구성은 A부처 소속 98명, B부처 소속 2명임을 알 수 있다.

A부처	B부처
100명	100명
A소속 : 98명	A소속 : 2명
B소속 : 2명	B소속 : 98명

따라서 괄호 안에 들어갈 숫자의 합은 3+2=5이다.

18
정답 ④

정답해설

먼저 국가 및 지방자치단체 소유 건물은 지원 대상에서 제외한다고 하였으므로 丙은 지원대상에서 제외되며, 전월 전력사용량이 450kwh 이상인 건물은 태양열 설비 지원 대상에서 제외되므로 乙 역시 제외된다. 마지막으로 용량(성능)이 지원 기준의 범위를 벗어나는 신청은 지원 대상에서 제외된다고 하였으므로 戊도 제외된다.
지원금을 받을 수 있는 것은 甲과 丁이며 이들의 지원금을 계산하면 다음과 같다.

- 甲 : 8kW×80만 원=640만 원
- 丁 : 15kW×50만 원=750만 원

따라서 가장 많은 지원금을 받는 신청자는 丁이다.

19 정답 ④

정답해설

ㄱ. 甲이 짝수가 적힌 카드를 뽑았다면 1차 시기에서 얻을 수 있는 점수는 무조건 짝수가 된다. 짝수에 어떠한 수를 곱하더라도 그 수는 짝수가 되기 때문이다. 그리고 2차 시기에서는 2점 혹은 0점을 얻는 경우만 존재하므로 1차 시기에서 얻은 짝수 점수에 2점 내지는 0점을 더한 최종점수는 홀수가 될 수 없다.

ㄷ. 甲이 4가 적힌 카드를 뽑고 1차 시기에서 던진 다트가 구역 1에 꽂힐 경우 12점을 얻게 되며 2차 시기에서 중앙선 위쪽에 꽂힐 경우 2점을 얻게 되어 최종점수는 14점이 가능하다. 반면 乙이 1차 시기에서 던진 다트가 구역 이외에 꽂히고 2차 시기에서는 중앙선 아래쪽에 꽂힌다면 최종점수는 0점이 되게 된다. 따라서 차이는 14점이다.

오답해설

ㄴ. 甲이 숫자 2가 적힌 카드를 뽑았다면 1차 시기에서 얻을 수 있는 점수는 (6, 4, 2, 0)이고 여기에 2차 시기의 (2, 0)을 더한 최종점수는 (8, 6, 4, 2, 0)의 5가지 경우가 존재하게 되므로 옳지 않다.

20 정답 ①

정답해설

ⅰ) 게임 결과 총 14점을 획득하였고 두더지를 맞힌 횟수를 모두 더하면 12번이므로 대장 두더지 2번, 부하 두더지 10번을 맞혔음을 알 수 있다.

ⅱ) 먼저 A는 대장이든 부하든 상관없이 2번 맞았다고밖에 볼 수 없다. 왜냐하면, 대장 두더지가 2번 맞은 것이 확정된 상황에서 만약 A가 2번이 아닌 다른 짝수 횟수만큼(예 4번) 맞았다고 한다면 A는 맞은 두더지 중에 가장 적게 맞은 것이 아니기 때문이다. 또한 A는 '맞은 두더지 중'에 가장 적게 '맞았다'는 부분을 통해 0이 될 수도 없다.

ⅲ) 또한 한 번도 맞지 않은 두더지가 1마리라는 점에서 B와 C는 모두 0이 아님을 알 수 있으며 D 역시 자신의 발언을 통해 0이 아님을 확정할 수 있다. 따라서 한 번도 맞지 않은 두더지는 E이다.

ⅳ) 다음으로 A, C, D가 맞은 횟수의 합이 9이므로 이를 만족하는 경우를 따져보면 다음과 같다.

A	B	C	D	E	합
2		2	5	0	
2		3	4	0	
2		4	3	0	
2		5	2	0	

ⅴ) 또한, B와 C가 같다는 조건과 전체 맞은 횟수의 합이 12라는 점을 고려하면 아래의 표와 같이 정리할 수 있다.

A	B	C	D	E	합
2	2	2	5	0	11(×)
2	3	3	4	0	12
2	4	4	3	0	13(×)
2	5	5	2	0	14(×)

ⅵ) 위의 표에서 두 번째 경우만 모든 조건을 충족하며 이 중 2번 맞은 것은 A뿐이므로 A가 대장 두더지임을 알 수 있다.

21 정답 ⑤

정답해설

먼저 12명의 위원이 1인당 2표씩 투표하므로 총 투표수는 24표가 되며, 위원 1인이 얻을 수 있는 최대 득표수는 11표라는 것을 확정하고 선택지를 분석해 보자.

ㄴ. 득표자가 총 3명이고 그중 1명이 7표를 얻었다면, 잔여 투표수는 17표(=24−7)가 되는데, 17표는 홀수이므로 동일한 수의 합으로 구할 수 없다. 따라서 나머지 2명은 다른 득표수를 가질 수밖에 없으므로 누가 몇 표로 최다 득표자가 되느냐에 상관없이 추첨은 이루어지지 않는다. 만약 7표를 가진 사람이 2명이라고 하더라도 나머지 한 사람이 10표를 얻은 것이 되므로 이들을 위한 투표가 이루어지지 않는다.

ㄷ. 최다 득표자가 8표를 얻었다면, 잔여 투표수는 16표가 되는데, 추첨이 없으면서 8표 득표자가 최다 득표자가 되기 위해서는 나머지 위원들이 7표 이하를 얻어야 한다. 그런데 7표 이하의 득표만으로 16표를 만들기 위해서는 최소 3명이 필요하게 되어 전체 득표자는 4명 이상이 되게 된다.

위원1	위원2	위원3	위원4
8표	7표	7표	2표
위원장	최소 3명 이상 필요		

오답해설

ㄱ. 득표자가 4명 이상인 경우를 찾으면 옳지 않은 것이 된다. 먼저 한 명의 위원이 5표를 얻었다고 하였으므로 잔여 투표수는 19표(=24−5)인데, 두 명의 위원이 9표씩을 얻고 남은 1명이 1표를 얻는 경우가 이에 해당된다.

위원1	위원2	위원3	위원4
9표	9표	5표	1표
이들 중 추첨을 통해 결정			

합격 가이드

이러한 유형의 문제는 철저하게 반례를 찾는 식으로 풀이해야 한다. 시간이 많이 걸리는 원칙적인 풀이를 통해 정답을 찾을 수도 있겠지만 굳이 빠른 길을 놔두고 돌아갈 필요는 없다. 일부 수험생은 이러한 풀이에 대해 원칙적인 풀이를 할 수 있어야 실력이 는다고 착각하는 경향이 있는데 전혀 그렇지 않다. 어차피 시험장에서 활용할 수 없는 방법이라면 그 어떤 것이라도 버려야 한다.

22 정답 ②

정답해설

먼저 계산의 편의를 위해 각 업체의 시간당 작업면적을 계산하면 A업체는 2㎡, B업체는 1㎡, C업체는 1.5㎡로 계산된다.

이때 B는 시간당 1㎡, C는 시간당 1.5㎡를 완료할 수 있으므로 B와 C가 같이 작업을 진행할 경우 시간당 2.5㎡를 완료할 수 있다. 이 속도로 전체 면적인 60㎡을 진행한다면 24시간이 소요된다.

오답해설

ㄱ. 작업이 순차적으로 이루어지지 않고 동시에 작업하는 상황에서는 가용 가능한 모든 업체를 모두 동원하는 경우에 가장 빠르게 작업을 마무리 할 수 있다. 이 경우 A, B, C 모든 업체가 작업을 진행할 경우 시간당 4.5㎡의 속도로 작업을 진행하며 다른 어떤 조합을 통해서도 이보다 더 큰 수치는 나올 수 없다.

ㄷ. ㄱ에서 살펴본 바와 같이 A, B, C가 동시에 작업을 진행하면 시간당 4.5㎡를 진행할 수 있고 소요되는 비용은 (60/4.5)×27이며, ㄴ에서 살펴본 것처럼 B와 C가 동시에 진행하면 시간당 2.5㎡를 진행할 수 있고 소요되는 비용은 (60/2.5)×17로 나타낼 수 있다. 이를 분수비교하기 위해 양변을 60으로 나누고 분모에 10을 곱해주면 27/45와 17/25의 비교로 변환할 수 있다. 이를 비교하면 분모는 25에서 45로 20이, 분자는 17에서 27로 10이 증가하였는데 이는 직접 계산을 해보지 않아도 분모의 증가율이 더 클 것이라는 것은 충분히 어림할 수 있다. 따라서 27/45가 17/25보다 작다는 것을 확인할 수 있으며 B, C가 동시에 진행하는 경우의 비용이 더 크다.

23 정답 ③

정답해설

제시된 질문들에 대해 참가자들이 모두 제대로 손을 들었다면 질문 1, 2, 3에 손을 든 참가자 수의 합이 전체 참가자인 100명이 되어야 한다. 그러나 실제 손을 든 참가자 수의 합은 106명으로 6명이 초과되는 상황인데, 제시문에서는 그 이유가 양손잡이 중 일부가 모든 질문에 손을 들었기 때문이라고 하였다. 그렇다면 질문 1과 2에(질문 3의 경우는 옳게 든 것이므로) 모두 손을 들었던 양손잡이는 3명이라는 사실을 알 수 있으며 따라서 올바르게 손을 들었다면 왼손잡이는 13명, 오른손잡이는 77명, 양손잡이는 10명이라고 판단할 수 있다.

ㄱ. 양손잡이는 10명이라고 하였다.

ㄴ. 왼손잡이는 13명, 양손잡이는 10명이므로 왼손잡이가 더 많다.

오답해설

ㄷ. 오른손잡이는 77명이고 왼손잡이 수의 6배는 78명이다. 따라서 오른손잡이의 수는 왼손잡이 수의 6배 미만이다.

24 정답 ②

정답해설

ㄴ. 너무 강한 상대여서 이길 확률이 0%인 경우, 그 경기를 이긴다면 얻게 되는 엘로 점수는 32×1.0=32이며 이길 확률이 조금이라도 있는 경우라면 이 수치가 32보다 작아지게 되므로 옳은 내용이다.

ㄹ. 먼저 승리할 확률이 0.76인 경우, 0.5일 때보다 엘로 점수가 200점 높다는 점에서 엘로 점수의 차이와 승리확률이 비례관계에 있음을 알 수 있다. 따라서 A가 B에게 승리할 확률이 0.8이라면 둘의 차이는 200점보다 크다는 것을 알 수 있고, 같은 논리로 B와 C의 엘로 점수 차이도 200점보다 크다고 판단할 수 있다. 이를 토대로 A와 C의 엘로 점수 차이는 400점 이상임을 알 수 있으며 이는 ㄷ)과 같이 A가 C에게 승리할 확률이 0.9 이상이 됨을 의미한다.

오답해설

ㄱ. 경기에서 승리한 선수가 얻게 되는 점수는 그 경기에서 패배할 확률에 K를 곱한 수치인데 그 경기에서 패배할 확률이라는 것은 결국 상대선수가 승리할 확률과 동일하므로 둘은 항상 같을 수밖에 없다.

ㄷ. A가 B에게 패배할 확률이 0.1이라는 것은 A가 B에게 승리할 확률이 0.9임을 의미한다. 이를 첫 번째 산식을 통해 살펴보면, 만약 둘 사이의 엘로 점수 차이가 400점일 때 A가 B에게 승리할 확률은 0.9x임을 알 수 있으며 차이가 400점보다 더 커진다면 A가 B에게 승리할 확률은 1에 가까워지게 된다(뒤집어 말하면 A가 B에게 패배할 확률이 0에 가까워진다). 따라서 A가 B에게 패배할 확률이 0.0x에서 0.1로 커지기 위해서는 엘로 점수 차이가 400점보다 작아져야 한다.

합격 가이드

상황판단의 문제들 중에는 본 문제와 같이 복잡한 수식이 제시된 것들이 종종 등장하는 편이다. 여기서 확실히 알아두어야 할 것은 출제자는 그 수식을 직접 계산하여 구체적인 수치를 도출하게끔 문제 구성을 하지 않는다는 것이다. 본 문제의 경우도 제시문에 언급된 수치들과 선택지를 잘 활용하면 실상 계산할 것은 별로 없었다. 여러분들이 준비하는 시험은 공학수학이 아니라 PSAT임을 명심하자.

25 정답 ①

정답해설

甲은 절 제목에 '과학' 또는 '정책'이 들어간 절을 하루에 한 개 이상 읽는다고 하였으므로 최소한 2절까지는 읽어야 한다. 2절은 20페이지까지이므로 옳은 내용임을 알 수 있다.

오답해설

ㄴ. 3월 3일에 甲이 6절까지, 즉 61페이지까지 읽었다면 4일에는 10절까지 읽을 수 있다. 왜냐하면 하루에 최대로 읽을 수 있는 분량이 40페이지인데 11절의 끝은 103페이지여서 읽는 것이 불가능하기 때문이다. 그렇다면 5일에는 11절부터, 즉 92페이지부터 읽기 시작하는 것이 되는데 책의 마지막 쪽이 133페이지여서 하루에 최대로 읽을 수 있는 분량을 넘어선다. 따라서 3월 5일까지 다 읽는 것은 불가능하다.

ㄷ. 1일차에 4절(33페이지)까지, 2일차에 8절(67페이지)까지, 3일차에 12절(106페이지)까지, 4일차에 133페이지까지 읽는 경우가 가능하므로 甲이 책 A를 다 읽는 데 소요되는 최소한의 시간은 4일이 됨을 알 수 있다.

합격 가이드

문제 초반에 제시된 '133쪽'이라는 정보를 놓치고 풀이한 수험생이 의외로 많았던 문제이다. 문제를 집중해서 풀다보면 시야가 좁아지기 마련인데 핵심적인 정보인 목차에 집중하다보니 '133쪽'이라는 정보를 놓친 것이다. 상황판단에서는 이렇게 정보가 분산되어 제시되는 경우가 상당히 많다. 자료가 여러 개 주어졌다면 의식적으로 초반에 중요한 정보가 하나쯤은 심어져 있다는 것을 생각하자.

국가공무원 5급 및 7급 민간경력자 일괄채용 및 국가공무원 7급 공개경쟁채용 답안지

컴퓨터용 흑색사인펜만 사용

책 형
㉮ ㉯ ㉰ ㉱ ㉲

[필적감정용 기재] * 아래 예시문을 옮겨 적으시오
본인은 ○○○(응시자성명)임을 확인함
기 재 란

성 명	
자필성명	본인 성명 기재
시험장소	

응시번호							
	⓪	⓪	⓪	⓪	⓪	⓪	⓪
	①	①	①	①	①	①	①
	②	②	②	②	②	②	②
	③	③	③	③	③	③	③
	④	④	④	④	④	④	④
⑤	⑤	⑤	⑤	⑤	⑤	⑤	⑤
⑥	⑥	⑥	⑥	⑥	⑥	⑥	⑥
⑦	⑦	⑦	⑦	⑦	⑦	⑦	⑦
	⑧	⑧	⑧	⑧	⑧	⑧	⑧
	⑨	⑨	⑨	⑨	⑨	⑨	⑨

생년월일					
⓪	⓪	⓪	⓪	⓪	⓪
①	①	①	①	①	①
②	②			②	②
③	③			③	③
④	④			④	④
⑤	⑤			⑤	⑤
⑥	⑥			⑥	⑥
⑦	⑦			⑦	⑦
⑧	⑧			⑧	⑧
⑨	⑨			⑨	⑨

※ 시험감독관 서명 (성명을 정자로 기재할 것)
적색 볼펜만 사용

○○영역(1~10번)					
1	①	②	③	④	⑤
2	①	②	③	④	⑤
3	①	②	③	④	⑤
4	①	②	③	④	⑤
5	①	②	③	④	⑤
6	①	②	③	④	⑤
7	①	②	③	④	⑤
8	①	②	③	④	⑤
9	①	②	③	④	⑤
10	①	②	③	④	⑤

○○영역(11~20번)					
11	①	②	③	④	⑤
12	①	②	③	④	⑤
13	①	②	③	④	⑤
14	①	②	③	④	⑤
15	①	②	③	④	⑤
16	①	②	③	④	⑤
17	①	②	③	④	⑤
18	①	②	③	④	⑤
19	①	②	③	④	⑤
20	①	②	③	④	⑤

○○영역(21~25번)					
21	①	②	③	④	⑤
22	①	②	③	④	⑤
23	①	②	③	④	⑤
24	①	②	③	④	⑤
25	①	②	③	④	⑤

국가공무원 5급 및 7급 민간경력자 일괄채용 및 국가공무원 7급 공개경쟁채용 답안지

컴퓨터용 흑색사인펜만 사용

책 형
㉮ ㉯ ㉰ ㉱ ㉲

[필적감정용 기재] * 아래 예시문을 옮겨 적으시오
본인은 ○○○(응시자성명)임을 확인함
기 재 란

성 명	
자필성명	본인 성명 기재
시험장소	

응시번호							
	⓪	⓪	⓪	⓪	⓪	⓪	⓪
	①	①	①	①	①	①	①
	②	②	②	②	②	②	②
	③	③	③	③	③	③	③
	④	④	④	④	④	④	④
⑤	⑤	⑤	⑤	⑤	⑤	⑤	⑤
⑥	⑥	⑥	⑥	⑥	⑥	⑥	⑥
⑦	⑦	⑦	⑦	⑦	⑦	⑦	⑦
	⑧	⑧	⑧	⑧	⑧	⑧	⑧
	⑨	⑨	⑨	⑨	⑨	⑨	⑨

생년월일					
⓪	⓪	⓪	⓪	⓪	⓪
①	①	①	①	①	①
②	②			②	②
③	③			③	③
④	④			④	④
⑤	⑤			⑤	⑤
⑥	⑥			⑥	⑥
⑦	⑦			⑦	⑦
⑧	⑧			⑧	⑧
⑨	⑨			⑨	⑨

※ 시험감독관 서명 (성명을 정자로 기재할 것)
적색 볼펜만 사용

○○영역(1~10번)					
1	①	②	③	④	⑤
2	①	②	③	④	⑤
3	①	②	③	④	⑤
4	①	②	③	④	⑤
5	①	②	③	④	⑤
6	①	②	③	④	⑤
7	①	②	③	④	⑤
8	①	②	③	④	⑤
9	①	②	③	④	⑤
10	①	②	③	④	⑤

○○영역(11~20번)					
11	①	②	③	④	⑤
12	①	②	③	④	⑤
13	①	②	③	④	⑤
14	①	②	③	④	⑤
15	①	②	③	④	⑤
16	①	②	③	④	⑤
17	①	②	③	④	⑤
18	①	②	③	④	⑤
19	①	②	③	④	⑤
20	①	②	③	④	⑤

○○영역(21~25번)					
21	①	②	③	④	⑤
22	①	②	③	④	⑤
23	①	②	③	④	⑤
24	①	②	③	④	⑤
25	①	②	③	④	⑤

좋은 책을 만드는 길, 독자님과 함께 하겠습니다.

2026 최신판 시대에듀 7급 / 민간경력자 PSAT 10+7개년 기출문제집

개정3판1쇄 발행	2025년 09월 25일 (인쇄 2025년 09월 11일)
초 판 발 행	2023년 03월 20일 (인쇄 2023년 02월 22일)
발 행 인	박영일
책 임 편 집	이해욱
편 저	시대PSAT연구소
편 집 진 행	안희선 · 한성윤
표지디자인	박종우
편집디자인	최혜윤 · 장성복
발 행 처	(주)시대고시기획
출 판 등 록	제10-1521호
주 소	서울시 마포구 큰우물로 75 [도화동 538 성지 B/D] 9F
전 화	1600-3600
팩 스	02-701-8823
홈 페 이 지	www.sdedu.co.kr
I S B N	979-11-434-0009-3 (13350)
정 가	25,000원

7급/민간경력자

PSAT

10+7개년 기출문제집

정답 및 해설